教育部人文社会科学重点研究基地基金资助项目
陕 西 师 范 大 学 人 文 社 会 科 学 基 金 重 点 项 目

陕西师范大学学术著作出版基金资助出版

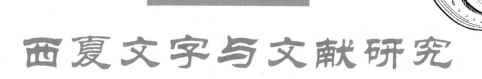

西夏文字与文献研究

韩小忙 著

TONGYIN BEIYIN YINYI ZHENGLI YU YANJIU

《同音背隐音义》
整理与研究

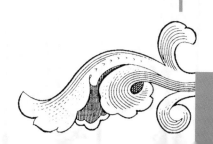

中国社会科学出版社

图书在版编目（CIP）数据

《同音背隐音义》整理与研究／韩小忙著．—北京：中国
社会科学出版社，2011.5
　ISBN 978 - 7 - 5004 - 9863 - 6

　Ⅰ．①同…　Ⅱ．①韩…　Ⅲ．①西夏语 - 音韵学 - 研究
②同音 - 研究　Ⅳ．①H211.71

　中国版本图书馆 CIP 数据核字(2011)第 098618 号

出版策划　任　　明
特邀编辑　乔继堂
责任校对　林福国
技术编辑　王炳图

出版发行　**中国社会科学出版社**
社　　址　北京鼓楼西大街甲 158 号　　　邮　编　100720
电　　话　010 - 84029450（邮购）
网　　址　http://www.csspw.cn
经　　销　新华书店
印　　刷　北京奥隆印刷厂　　　　　装　订　一二零一印刷厂
版　　次　2011 年 5 月第 1 版　　　印　次　2011 年 5 月第 1 次印刷
开　　本　880×1230　1/16
印　　张　42　　　　　　　　　　插　页　66
字　　数　1235 千字
定　　价　380.00 元

谨以此书恭祝李范文先生八十华诞！

内容提要

  《同音背隐音义》是针对此前所称"《音同》（丁种本）背注"这个文献题名而拟定的正式书题。《同音》丁种本是俄藏黑水城西夏文文献之一种（俄藏编号 X1），该文献仅存前 33 页，是一个残本。《同音》丁种本是《同音》乙种本系统（新版）中的一个版本。值得特别指出的是，除两页序言以外，该文献每页正文的背面多有墨书小字注释文字，原来称为"背注"，我们现在改称"背隐音义"。虽然《同音背隐音义》这种著述形式在西夏文文献中比较罕见，但是其在六朝以降的汉文文献中却屡见不鲜，如《说文音隐》、《毛诗背隐义》等。由于这种"音义"类注释正好写在某个文献的背面与该字相对应的位置，故名之曰"音隐"（或隐音）、"音义隐"（或隐音义）。

  背隐音义的形式

  ㈠位置 墨书小字注释均写于每页正文背面的相应位置，故名之曰"背隐音义"（简称"背隐"）。由于是在背面作注释，时间稍长，如果注意力不集中的话，往往容易盯错位置。仔细审读背隐音义的内容，错位的注释，具体可分为以下两种情况，即上下错位和左右错位。(1)上下错位：即指将注释错写于与正文相邻的上、下字的位置。(2)左右错位：是指盯错了行，将应该写于正确位置的注释，错写于相邻的字行中了。总体上来看，作注的人还是非常认真的，以上这两种情况不是很多，左右错位仅发现 2 例，上下错位亦仅 10 例。与错位书写一样，对于背隐音义中写错的字，注者往往亦随手涂改成黑墨蛋，然后重写。有的写到一半时，发现写错了，甚或留下一个半拉字，径直重新书写下去。这些情况亦不是很多。

  ㈡特定符号 由于是随手作注，为了方便，作注者使用了一些特定的书写代替符号。主要有两种常用符号：即"ㄥ"和"……"。(1)"ㄥ"号表示重复。(2)"……"号表示指向。

  ㈢无背隐音义原因分析 《同音》丁种本正文大字背面不作注的有 59 处，大致分为以下三种情况：(1)正文中注字已经注明了词义，故背面不作解释。(2)前后文中已有总的解释，故中间部分不作注。(3)有 10 处不作注者，原因不详（无规律），估计属于遗漏所致。

  背隐音义的内容

  《同音》丁种本前 33 页正文共有大字 3329 个，注字 3559 个。其中注出背隐音义的 3270 处。

  ㈠释义 背隐音义的内容以释义为主。(1)名词：普通名词多以同义词、近义词解释，或指出其用途。专有名词情况复杂：①族姓：《同音》全书中，正文注字注明"族姓"二字的，是汉姓，则背面单注一个"汉"字；是番姓，往往注出与大字相结合组成族姓的另一个字，因为党项人多为复姓。正文中大小字相连组成族姓的，背面多以"族姓"二字作注。②地名、人名：多在背面注明"地名、人名"等字样。③其他诸如草名、树名、虫名、鸟名、菜名、鬼名、兽名、星名、珠名、疤名等注法与地名、人名大体相似。(2)其他词类：①动词多以同义词解释，或对这个动作进行描述。②形容词或以同义词解释，或指出其所属类别。③代词多以同类词互相解释。④数词一般以"数某"解释，或直接以同义词解释。⑤副词以同义词解释。⑥助词往往注以"语助"二字。

(二)注音 (1)反切：多在族姓、人名、外来借音字的背面注出反切注音。(2)对音：背隐音义的一大特点就是给出了许多词语的汉语对音，有明确以"汉语××"表示的，更多的则是直接以对音字出注。少数词的背面仅标以汉语对音，多数情况下不但给出汉语对音，而且常常还要解释正文的词义。

背隐音义的成因与成书年代的推定

(一)背隐音义的成因及作注者文化背景的推测 从背隐音义的内容来看，作注的目的很可能是因为《同音》的正文太过简略，不能满足学习或使用的需要，注者便以《同音》正文为基础，参考《文海宝韵》等书的内容，并结合自己所掌握的西夏文知识，在这个《同音》版本的背面进行了补充注释。背隐音义的作者虽然没有留下自己的姓名，但是我们可以根据背隐音义的若干特点，分析考证其所处的文化背景。研究发现，背隐音义的作者如果不是熟悉西夏文的汉人，那至少也是对汉语相当精通的番人。其作注的目的，很可能是给初通西夏文的汉人看的，或者是给懂一些汉语的西夏人看的。

(二)背隐音义形成年代的推定 根据《同音》丁种本刊印的年代，结合背隐音义的内容，我们推断《同音背隐音义》形成的年代应该在《同音》丁种本刊印后不久，即公元 12 世纪中晚期。其相对年代应该在《同音》乙种本之后，《文海》抄本和《合编》之前。

背隐音义的学术价值

(一)背隐音义与相关西夏文辞书 (1)背隐音义与《同音》：背隐音义是对《同音》正文的补充解释，其自然与《同音》的关系最为密切。尤其是《同音》丁种本对《同音》甲种本有改动的内容，背隐音义往往加以利用，这些都对我们研究《同音》的不同版本提供了难得的新材料。(2)背隐音义与《文海宝韵》：背隐音义的内容简捷明了，对比发现，其往往好像是从《文海》释文中截取出来的一样，这一部分恰恰最能代表该字的意义或本质。借此，我们可以将背隐音义与《文海》刻本、抄本相结合来校证今人著述中的错误。(3)背隐音义与《同音文海宝韵合编》：《合编》是《同音》与《文海》二书的合抄，背隐音义与之自然亦有密切关系，二者之间可以在内容上互相证明、补充或者比较。

(二)背隐音义与西夏文字研究 (1)字形：有些西夏字字形方面的材料很少，然而却在背隐音义中出现，甚或其中还有字形构造解说方面的材料，这些都为我们了解某个字的正确写法以及字形结构提供了新的例证。(2)字音：背隐音义提供了大约 66 例反切材料，不但可以弥补已往材料的不足，而且也可以用新的例证验证已经发现的相关音韵材料。同时，背隐音义还提供了大量的对音材料，亦为我们了解该字的汉语对音有所帮助。背隐音义中注有"汉语××"者即有 24 例。另外，还有一批对音注释，虽然没有标明"汉语××"，但是，一看便知是以汉语对音的形式作注，这样的注释更多，有 80 例。(3)字义：在《同音》正文中，虽然各个大字的排列以声类为纲，但是注释小字通常情况下与大字是同义词，或者大字与注字连用构成双音节词。由于正文往往只有一个注字，如果我们对大字和注字的意义都不清楚的时候，这样注字就完全失去了提供字义信息的作用。对于这些意义不明的字，背隐音义的存在无疑不啻为前进道路上的一座灯塔，可以使我们将以往无法联系起来的点串连起来，解决一批字的意义。

总之，《同音背隐音义》的学术价值是多方面的，十分有必要对其加以整理，也一定会吸引更多的西夏语言文字研究者的目光。

Abstract

The Hidden Sound and Meaning at the Verso of *Tongyin* (hereafter the Hidden Sound and Meaning at the Verso) is a formal title of the book which was previously mentioned as the Commentaries at the Verso of the Edition Ⅳ of *Tongyin*, инв. No. X1, the first 33 pages preserved, is a version of the Edition Ⅱ of *Tongyin*. It is remarkable that there are many commentaries at the verso of the text (now renamed the Hidden Sound and Meaning at the Versoin stead of Beizhu) except the preface. Though the commentary form was rare in Xixia materials, it was common in Chinese manuscripts after Six Dynasties, such as the Hidden Sound of Shuowen, the Hidden Sound and Meaning at the Verso of Maoshi and so on. Because the commentaries of the sound and meaning at the Verso are further statement and explanation to the words on the positive, this kind of books was called the hidden sound or the hidden sound and meaning.

The form of the commentaries at the verso

I. The position of the commentaries. The commentaries, being at the corresponding position of the verso, are sometimes in the wrong place which can be divided into the following two categories: 1) Dislocation between above and below. It means that the commentaries were misplaced after the next word. 2) Dislocation between left and right. It means that the commentaries were misplaced in the next line. But on the whole the commentaries were still very seriously. There are only 10 mistakes in the former case and 2 mistakes in the latter case. Just like in the dislocation, the wrong characters which in the commentaries at the verso were often painted black and were written again. When the writer found he was writing a wrong character he would stop in the midway, then the half character was left. These conditions are not many too.

Ⅱ. Specific marks. For convenience, The author used some specific written marks which can be divided into two kinds: the mark " 与 " indicates repetition and the mark" ……" indicates direction.

Ⅲ. The reason of no commentaries at the verso. This kind of situation can be divided into three cases: 1) The meaning of the character in the text has been marked. 2) There was already commentaries to the character in the context. 3) It's not clear why there are no commentaries in another ten places . That probably belongs to the omission.

The content of the commentaries at the Verso

I. The definitions. The commentaries at the verso are mainly concerning explanation. 1) The nouns. Common nouns are mainly explained either by synonyms and homoionyms or by pointing out their applications. But the situation of the proper nouns are complex: ①Family names. The Han surname is marked by the character " Chinese (汉)". The ethnic surname, being mostly compound surname, is marked with the full express, which means the other elements of the ethnic surname that is related to the big character are also given. The ethnic surname with full express, the big character connected with the small character, is marked by " ethnic surname (族姓)". ②The names of people and places are marked in the commentaries at the verso. ③The annotation method to the names of grass, tree, bird, vegetable, ghost, animal, star, pearl and scar is like the names of people and places. 2) The other parts of speech. ①The verbs are mainly explained either by synonyms or by brief description. ②The adjectives are mainly explained either by synonyms or by pointing out the category. ③The pronouns are mainly explained by synonyms. ④The numerals are generally marked with number, and sometimes explained by synonyms. ⑤The adverbs are mainly explained by synonyms. ⑥The particles are generally marked with the two words: grammatical particle.

II. Phonetic notation. 1) Fanqie spelling. Fanqie spelling is used in the names of ethnic surnames, names and loan – words. 2) The transcriptions. The one significant characteristic of the commentaries at the verso is the Chinese transcriptions to many characters. Some of them are marked with " Chinese × × ", and others are noted directly by transcription characters. In most cases, the commentator gave the word in text not only the transcription but also the meaning.

Inference of the reason and the date of the commentaries at the verso

I. Presumption of the reasons and the cultural background of the commentator.

Tongyin is too brief to satisfy the need of study and usage. Taking the text of *Tongyin* as a base, referring to *Wenhai Baoyun* and other books and combining his acknowledge in Xixia characters, the commentator made the commentaries at the verso of the edition of *Tongyin*, Though the author did not leave his own name, we can analyze and make textual criticism to the civilization background of his era according to several characteristics of the commentaries at the verso. The research indicates that the author was either a person from Han nationality who was familiar with Xixia character or a person from Xixia who was fairly proficient to Chinese. The purpose that he made commentaries is either for a person from Han nationality who began to learn Xixia character or a person from Xixia who understood some Chinese.

Ⅱ. Dating the commentaries at the verso. According to the press age of the forth version of *Tongyin* and combining the content of the commentaries at the verso, We date the commentaries at the verso to be no longer than the press of the forth version of *Tongyin*, namely, the middle and late period of 12th century when the cecond edition of *Tongyin* was published but the handwritten copy of *Wenhai Baoyun* and *Combination* had not published yet.

Academic Value of the hidden sound and meaning at the verso

I. The hidden sound and meaning at the verso and the related Xixia dictionaries. 1) The commentaries at the verso and *Tongyin*. The content of the commentaries at the verso was the replenishment to the book of *Tongyin*. Especially the revision of the forth version based on the first edition of *Tongyin* was often used by the commentaries at the verso. These have provided the valuable new materials for us to study the different versions of *Tongyin*. 2) The commentaries at the verso and *Wenhai Baoyun*. By way of contrasting We may find by comparison that the content of the commentaries at the verso seemingly came from one part of the annotations of *Wenhai Baoyun* by which the meaning or essence of characters just can be best represented. So we can revise the error in the modern works though cooperation of the commentaries at the verso with the block – printed edition and handwritten copy of *Wenhai Baoyun*. 3) The commentaries at the verso and the *Combination of Tongyin and Wenhai Baoyun*. Being the composition of the two books *Tongyin* and *Wenhai Baoyun*, the *Combination* has the close relationship with the commentaries at the verso. They can be proved, replenished and compared mutually in contents.

Ⅱ. The hidden sound and meaning at the verso and the study of Xixia characters. 1) Formation of the characters. The materials of the formation of Xixia characters were too few, so the datum of this aspect provides the new illustrations for us to understand the correct style of writing these characters. 2) The pronunciation of the characters. 66 examples of Fanqie spelling are provided that can not only make up the shortcoming of the material which we have, but also verify to these phonetic materials. The Chinese transcriptions of many words in the commentaries at the verso contribute to us to understand the phonetic reconstruction. There are 24 examples marked with " Chinese × ×" in the commentaries at the verso. Moreover, there are more than 80 explanatory notes of Chinese transcription which have no marks. 3) The meaning of Xixia characters. Arranged according to the classification of initials, the big characters in *Tongyin* either form the synonyms or disyllabic words with the little characters in explanatory notes. If we are unclear to the meaning of the big character and the note word would lose the effect of providing the meaning of a word completely. As for the characters whose meanings are unknown, the commentaries at the verso are like a lighthouse on advancing road which can let us contact those contents and solve their meanings.

In a word, the systematic learning value being many – sided, it is very necessary for us to make a collating study on the forth edition of *Tongyin* which will attract the sight of even more researchers of language and characters.

目　　录

图版目录

壹·绪　　论

　　随着《俄藏黑水城文献》、《英藏黑水城文献》等大型图册的不断影印出版[1]，许多珍贵的西夏文原始文献陆续公诸于世，我们足不出户，便可以深入了解和研究这些过去难得一见的稀世典藏。最近数年笔者集中就俄藏黑水城文献中的语言文字类文献进行整理、校刊、识读，并编制了各种索引[2]。这样做的好处是不但系统学习了西夏文字，而且又能带着问题开始自己的学术研究。本书的完成，正是这一阶段的初步研究成果之一[3]。

一　本课题国内外研究现状述评

　　《俄藏黑水城文献》第7册的"书前提要"在介绍完《同音》的重要学术价值之后，又说道："值得特别提出的是新发现的一种《音同》本（X1[4]），每纸背面用墨书小字为正面刻本文字作了补注，注释包括字形构造、字义和字音等，其注释形式和《文海宝韵》略同，具有特殊的学术价值。"既然是俄藏黑水城文献，不是已经于1908～1909年就被沙俄探险家科兹洛夫（Козлов. П. К. 1863～1935年）发现了吗？为什么现在提到这个文献时又说成是新发现的呢？其实早在20世纪30年代，前苏联著名西夏学专家聂夫斯基（Невский Н. А. 1892～1938年），就曾在众多的俄藏黑水城文献中发现并使用了这个文献。在《西夏语发音研究的有关材料》一文中，他对《同音背隐音义》的有关内容就已进行了简要介绍[5]，并摘录了260余条《同音背隐音义》的内容，编进了他的《西夏语词典》（手稿）里。由于他当时并未在其《词典》中注明

----

[1]　以上两种图书均由上海古籍出版社陆续正式出版。《俄藏黑水城文献》已经出版至第13册（1997～2006年），第1～6册为汉文文献，其中第6册有叙录；第7～14册系西夏文世俗文献，估计其中第14册应该有叙录；第15册以后为西夏文佛经（估计有10册以上）。《英藏黑水城文献》共计5册（2005～2010年），其中第5册有叙录。《法藏敦煌西夏文文献》计1册（2007年）。俄藏文献系统完整，英、法所藏多为残片。宁夏大学等单位编辑的《中国藏西夏文献》共20册，2005～2007年由甘肃人民出版社和敦煌文艺出版社联合推出。这套大型图册汇集了国内各单位历年收藏和出土的各类质地的西夏文献、文物中的绝大部分，其中系统完整的文献以佛经为主，其余多为零散残页。

[2]　笔者正在加紧工作，希望自己电脑化的校刊本和各种索引能够给大家的学习和研究带来方便。

[3]　《同音文海宝韵合编》和《同音背隐音义》的整理与研究，是对这两个过去学界了解不多的原始文献的誊录和校刊；后面即将出版的《基于六书理论的西夏文字分析》和《基于世俗文献的西夏文字形整理》，则是从整体上对西夏文字的全面整理。

[4]　本书作者按：这是《俄藏黑水城文献》出版时，对原无俄藏编号的黑水城出土文献的新编号。为便于大家了解《俄藏黑水城文献》的编辑体例（尤其是《同音》丁种本及《同音背隐音义》），在此对《俄藏黑水城文献》第7册书前"编例"第5条转引如下："每幅图版下均有说明文字，内容依此为：俄藏编号、文献题、卷次或子题、图版总数与序数。写在纸背的文献在原编号后缀以V（verso）字。若文献原无俄藏编号，则依出现次序另编新号，并以X标识，如X1，X2等。有的文献同一页中正反面内容相关，如正面为正文，背面为注释或校改，则按便于阅读的原则，或插排于正文之中，或附排于正文之后。"另外需要说明的是，《音同》是就字面意思对该书名的直译，我们认为应该译为《同音》，这样更加符合汉语的语法习惯。例如我们一般称《同音字典》，可能很少有人称《音同字典》的。

[5]　Невский Н. А. *Тангутская филология*：*Исслебования и словарь*. Т. 1. Москва: Издательство восточной литературы，1960. стр. 121-122.

这些原始西夏文材料的具体出处，加之这一文献与抄本《文海宝韵》后来被送往装裱师处修复装裱去了，聂夫斯基去世之后，此事便没有了下文。这也就是 20 世纪 60 年代前苏联编定的《西夏文写本和刊本》[1]中未见注录以上两种文献的原因。直到 20 世纪 90 年代初，丢失已久的文献才由当年装裱师的家属送回俄罗斯科学院东方学研究所圣彼得堡分所[2]。

鉴于《同音背隐音义》的重要性，2003 年底，笔者作博士论文的时候就已经将背隐音义翻阅过两遍，并将有关内容誊录了下来。通过仔细比对，发现可用于字形校证方面的材料很少，亦考虑到背隐音义字迹潦草，用于校证字形说服力有限，故未采用。此后又数次翻阅背隐音义，并于 2006 年 8 月将其誊录稿输入电脑，形成了电子文本。同时，以《俄藏〈同音〉丁种本背注整理与研究》为题，申报了教育部人文社会科学重点研究基地 2006 年度重大研究项目，年底即获批准立项（项目批准号：06JJD740016）。不久前出版的《〈同音文海宝韵合编〉整理与研究》一书中，笔者已经使用了背隐音义的一些相关内容[3]；前几年发表的数篇对《夏汉字典》（第一版）校证的文章，亦较多地使用了背隐音义的材料[4]。

1997 年李范文先生编著《夏汉字典》（第一版）时，因为当时能够见到的西夏文原始文献太少，曾经抄录过聂夫斯基《西夏语词典》中有关背隐音义的内容，但是李先生仅仅注出了聂氏《词典》的页码，亦无从知晓这些文献的原始出处。通过对背隐音义相关内容的深入了解，我们方才明白了聂夫斯基《西夏语词典》中的此类例证的原始出处来自《同音背隐音义》，并为《夏汉字典》（第一版）的转录找到了明证。2008 年 6 月《夏汉字典》（修订本）由中国社会科学出版社出版。我们发现，在这个新版字典中，最为明显的是增加了两种西夏文原始文献的内容，其一为手抄本《文海宝韵》，其二即为《同音背隐音义》的内容。由于自己正在对这个文献进行深入研究，自然对背隐音义的内容十分关注。在得到《夏汉字典》（修订本）后，即花费了近一个月的时间，将字典中关于背隐音义的内容翻阅了两遍。核对的结果显示，《夏汉字典》（修订本）所录背隐音义的内容尤其是其中字迹潦草的内容与我的录文出入较大。另外，《同音背隐音义》还有许多特点，《夏汉字典》（修订本）限于体例无法反映出来[5]。有鉴于此，我决定继续自己的研究，集中就这份文献进行系统整理，为大家提供一份相对清晰且准确度较高的电脑誊录稿；同时，尽可能全面揭示《同音背隐音义》的特点，以便于大家进一步研究和利用。

二 开展研究的基本情况

本课题的总体思路：第一步，首先对《同音背隐音义》的内容进行认真仔细的辨识，然后誊录出来，再进行夏汉对译。第二步，对《同音背隐音义》的内容进行分类研究，揭示该文献

---

〔1〕 З. И. Горбачева и Е. И. Кычанов. *Тангутские рукописи и ксилографы*. Москва：Издательство восточной литературы，1963. 中国社会科学院民族研究所历史研究室资料组编译：《西夏文写本和刊本》，载《民族史译文集》第 3 辑，北京，内部资料，1978 年。

〔2〕 史金波等编著：《电脑处理〈文海宝韵〉研究》第 57～58 页，东京外国语大学国立亚非语言文化研究所 2000 年版。

〔3〕 拙著于 2008 年 6 月由中国社会科学出版社出版。

〔4〕 参见拙作《〈夏汉字典〉补证之二：字音订补》，载《宁夏社会科学》2008 年第 1 期；《〈夏汉字典〉补证之三：字义补识（一）》，载《宁夏社会科学》2005 年第 3 期；《〈夏汉字典〉补证之四：字义补识（二）》，载《宁夏社会科学》2006 年第 2 期。

〔5〕 参与此次《夏汉字典》修订工作的贾常业先生曾经对背隐音义的特点进行过简要的总结。详见贾常业《西夏词典的注字及构字特点》，载《宁夏社会科学》2007 年第 5 期。

的特点。

　　本课题的研究目标：将《同音背隐音义》的内容客观地介绍出来，并进行一些初步研究，为学术界利用此文献提供基础材料。

　　本课题的重点：就是对原始文献的誊录。因为《同音背隐音义》的字迹潦草，而且有些内容模糊不清，非仔细辨认不可。一份清晰而且准确率较高的誊录本，对学术界更进一步利用该文献价值比较大。

　　本课题的难点：其一，西夏字的辨识。背隐音义为墨书行楷，字迹潦草，内容模糊，很难辨认，因而这一工作比较耗费时间，有时候还需要借助放大镜来识字。其二，西夏字输入电脑。虽然笔者为了作博士论文，曾在北大方正系统下建立了一个西夏文字库，但是输入速度比较慢（只能用内码输入），因而亦比较费工夫耗时间。

　　本课题的基本内容：《同音背隐音义》虽然字迹潦草，而且有些内容模糊不清，但是经过仔细辨认，绝大多数内容还是能够辨认清楚的。《同音》丁种本前33页正文共有大字3329个，注字3559个。其中注出背隐音义的3270处，因前后内容相同或正文大字、注字一目了然未注的有59处。背隐音义中的西夏文字总数为10686个，无法辨识的字有39个（即文中标示"×"号者）。由于背隐音义的内容是对正文的进一步解释或补充，因而背隐音义的内容以释义为主，部分族姓、人名以及译音字下标注反切注音，部分背隐音义中直接标注汉语对音或以"汉语××"标注汉语对音，只有个别地方涉及字形构造的解释。

　　本课题主要创新处：主要是为学术界提供了一份相对清晰完整的《同音背隐音义》的电脑誊录稿。这份文献，除了早期前苏联著名西夏文专家聂夫斯基曾摘录了260余条之外（详见附表一：聂夫斯基摘录《同音背隐音义》统计），再也无人得见，故而利用率很低[1]。就是聂夫斯基的摘录，也因为背隐音义字迹不清而造成错误和漏字等情况亦为数不少。聂夫斯基的摘录不足背隐音义内容的零头，且多为比较容易辨认的内容。前述《夏汉字典》（修订本）中虽然亦对背隐音义进行了比较全面的移录，但是许多地方并不尽如人意，甚至多处尚有遗漏（详见附表二：《夏汉字典》（修订本）遗漏《同音背隐音义》材料统计）。

三　主要参考的西夏文原始文献介绍

　　目前已知的西夏文辞书可以大致分为两大类：一类为语言学字典，即有关的音韵学著作，如《同音》、《文海宝韵》、《同音文海宝韵合编》和《五音切韵》等；一类是字书，即识字读本类书籍，如《番汉合时掌中珠》、《三才杂字》、《同义》、《新集碎金置掌文》、《纂要》等。前一类以声韵为纲编次，是研究和了解西夏语言文字最为基本的材料；后一类以事类为目罗列，目的在于识字。这9种西夏文辞书，对于我们了解和研究西夏文字至关重要，当是本书利用和参考的重

---

[1]　《夏汉字典》（第一版）曾部分转录了聂夫斯基对背隐音义摘录的内容，但不知其具体出处。《夏汉字典》（修订本）中虽然新增加了背隐音义的内容，但是并未删除正文中所引聂夫斯基《西夏语词典》的内容。例如《夏汉字典》（修订本）1824"䮾"字条。

点，故对其略作如下介绍。

(1)《同音》

西夏文韵书。不分卷，刻本，蝴蝶装。依据《同音》甲、乙种本的序言、重校序和跋可知，该书成书约在西夏早期。《同音》初编者为切韵博士令昑犬长、罗瑞灵长等人，后又有学士浑吉白和勿明犬乐的改编本，学士兀啰文信、义长的整理本，梁德养的校勘本等至少 5 种本子问世。其中义长的整理本（甲种本）标明成书时间为西夏正德壬子六年（公元 1132 年），处于西夏中期；梁德养的校勘本刊刻的年代当在西夏乾祐早年（公元 1176 年以前）〔1〕，处于西夏晚期。《同音》全书收西夏字 5800 余字，依重唇音、轻唇音、舌头音、舌上音、牙音、齿头音、正齿音、喉音、来日舌齿音等九品分类。每品中音相同者列为一组（纽），以小圆圈相隔，无同音字的独字置于各品之末。《同音》正文字头字形较大，占满格，下有小字注释，占半格。注释多为一字，间有两字者，少见三字者。此书以声类为纲，系统地反映了西夏字的字义，对研究西夏语言，诠释西夏字义有非常重要的价值，尤其是构拟西夏语声母系统最为重要的原始文献〔2〕。

俄藏黑水城文献中的《同音》共有甲、乙、丙、丁 4 个版本。目前所见《同音》的不同版本，其实可归纳为以甲、乙种本为底本的甲种本（旧版）和乙种本（新版）两大系统。《同音》甲种本系统的目前发现有两种，《同音》俄藏甲种本保存较为完整（俄 Инв. No. 207），英藏一残片仅存 10 余字〔3〕。乙种本系统的则发现比较多。俄藏乙种本（俄藏编号为俄 Инв. No. 208 209 4775）、丙种本（俄藏编号为俄 Инв. No. 2619）、丁种本（俄藏编号为俄 X1）均属乙种本系统。史金波公布的俄藏黑水城文献中未登录的《同音》残页，亦属乙种本系统〔4〕。除上述《同音》甲种本一小块残片之外，斯坦因在黑水城所获其余《同音》残页均属乙种本系统〔5〕。另外国内数次发现的《同音》残页亦属乙种本系统〔6〕。因此本书的《同音》乙种本即指乙种本系统而言，我将各处不同的《同音》乙种本系统的内容拼成了一个相对完整的本子。具体做法如下：第 1 ~ 33 页用俄藏丁种本；第 34 ~ 53A 面用俄藏乙种本；第 53B 面（残）、54A 面（残）用英藏本；第 56 页（残）用史金波公布于"西夏研究专号"上的残页。此处对拼足本已经说明，因此文中不再标示乙种本的不同来源〔7〕。当然，在特殊情况下，如果其他版本的内容如有注出的必要则视情况而定。

同音甲14A45：即《同音》甲种本第 14 页 A 面第 4 行第 5 字。一整页分为 A、B 两面，A 代

---

〔1〕 聂夫斯基：《西夏语发音研究的有关资料》，载聂氏所著《西夏语文学》第 78 ~ 79 页，中国社会科学出版社 2007 年版。
〔2〕 参见《俄藏黑水城文献》第 7 册图版 1 ~ 121，上海古籍出版社 1997 年版。
〔3〕 西北第二民族学院等编：《英藏黑水城文献》第 2 册，第 321 页上左 Or. 12380 - 2072（K. K. Ⅲ. 014. d），上海古籍出版社 2005 年版。
〔4〕 史金波：《简介英国藏西夏文献》所附影印件，载《国家图书馆学刊》2002 年增刊（西夏研究专号），第 122 页。
〔5〕 西北第二民族学院等编：《英藏黑水城文献》第 1 ~ 5 册中，均有《同音》乙种本残片刊出，上海古籍出版社 2005 ~ 2010 年版。
〔6〕 岳邦湖、陈炳应：《我国发现的西夏文字典〈音同〉残篇的整理复原与考释》，辑入中国民族古文字学会编《中国民族古文字》，中国社会科学出版社 1984 年版；陈炳应：《西夏文物研究》第 213 ~ 263 页，宁夏人民出版社 1985 年版（不过这批《同音》乙种本残片《中国藏西夏文献》中未见公布）。史金波、黄振华：《黑城新出西夏文辞书〈音同〉初探》，载《文物》1987 年第 7 期；宁夏大学西夏学研究中心等编：《中国藏西夏文献》第 16 册，第 385 页；第 17 册，第 133 ~ 140 页，甘肃人民出版社、敦煌文艺出版社 2005 ~ 2006 年版。宁夏文物考古研究所编著：《山嘴沟西夏石窟》下册图版二九〇至二九三，文物出版社 2007 年版。
〔7〕 有关国内外散见的《同音》残片的详细情况，参见拙作《西夏文韵书〈同音〉残片的整理》（待刊稿）。

表右面，B代表左面。

(2)《文海》（全称《文海宝韵》或《大白高国文海宝韵》）

西夏文韵书。二卷，附杂类一卷。有刻本（详本）、抄本（简本）和辑佚本，共3种。本书重点参考了前两种本子。

根据《文海》抄本残序以及《五音切韵》的序言等原始文献所述，《文海》初编本当为西夏早期著作[1]。《文海》刻本（俄藏编号为俄 Инв. No. 211 212 213），蝴蝶装，残存平声和杂类部分，缺上声和入声部分。《文海》抄本（俄藏编号为俄 Инв. No. 4154 8364），蝴蝶装，但版心有线捻穿孔。无封面、封底；页面上下单栏，左右双栏；每页分左右两面，面7行，行间有隔线。前有序言（残）；然后为平声（第一卷）、上声和入声（第二卷）的全部韵类代表字（韵目）以及韵部所属字；再次为杂类（残）平、上声中九品声类所属字。各韵及杂类所属字下有简略的注释。由刻本和抄本综合可知，《文海》分为平声、上声入声、杂类三部分。平声97韵，上声入声86韵，依韵序先后排列。每韵中始列韵目，后列韵类各所属字，同音的字排列在一起。各个字头字形较大，占满格。字头之下为双行小字注释，分三部分：先有4字，用以解释该字的字形结构；然后是比较详细的字义解释部分；最后为反切注音，同音的字只在第一个字下注音，并指出同音字的数目多少。同音字组（纽）之间以小圆圈相隔。杂类部分有平、上声两部分，每部分又依重唇音、轻唇音、舌头音、舌上音、牙音、齿头音、正齿音、喉音、来日舌齿音等九品分类，各品中同音字亦排列在一起，注释同上。《文海》以韵为纲，系统地反映了西夏语的语音体系[2]。

文海刻①40B21[3]："刻"指刻本。"①"代表平声韵（相应②代表上声和入声；③代表杂类）。一整页分为A、B两面，A代表右面，B代表左面。英文大写字母之前的数字代表页数（用两位数），之后的数字有二位，第一位代表行数，第二位代表字数（即该字为某行第几个大字）。"文海刻①40B21"即表示该字为《文海》刻本平声第40页左面第2行第1字。

文海抄①18B7.01[4]："抄"指抄本。"①"代表平声韵（相应②代表上声和入声；③代表杂类）。一整页分为A、B两面，A代表右面，B代表左面。英文大写字母之前的数字代表页数（用两位数）。英文大写字母之后，"."之前的数字代表行数（用一位数，每半页一般为7行，最多只有8行，不超过10行），之后的数字代表字数（用两位数，每行字数不等，多有超过10个字的）。"文海抄①18B7.01"即表示该字为《文海》抄本平声韵第18页左面第7行第1字。由于《文海》抄本无封面、封底，且正文中没有标示页码，所以各人使用时对原件页码的编排有自己的理解，不尽相同。如史金波先生套用刻本分卷另起页码的做法，亦将《文海》抄本分成3卷，各卷自有页码；笔者曾经依上海古籍出版社的影印编号为准对《文海》抄本进行统一编排页码[5]。该书虽然前后皆残又无页码，但是根据残存情况我们可以大体复原有关内容，且前后连贯一致，故认为应该统一编排页码为宜。考虑到《文海》抄本毕竟与《文海》刻本不同，

〔1〕　约成书于西夏惠宗秉常天赐礼盛国庆年间（公元1069～1073年），即11世纪中叶。现存《文海》刻本约成书于北宋建炎二年（公元1128年）之后。

〔2〕　参见《俄藏黑水城文献》第7册图版122～232，上海古籍出版社1997年版。

〔3〕　《文海》刻本，页面：29×18厘米，页面：23.5×15.4厘米。

〔4〕　《文海》抄本，页面：25.8×22.1厘米。

〔5〕　参见拙著《〈同音文海宝韵合编〉整理与研究》第4页，中国社会科学出版社2008年版。

且其只是一个略抄本，故认为应将整部书统一编排页码，不再分卷另起页码。

　　(3)《合编》（全称《同音文海宝韵合编》）

　　西夏文韵书。不分卷，抄本（有卷子装、有蝴蝶装），失题名，现名是根据文献内容拟定的。目前所见《合编》共有5种抄本（计俄藏3、英藏1、宁藏1），以俄藏甲种本（卷子装）最为典型，其体例就是将与该字有关的《文海》部分的内容夹抄于《同音》的内容之下。《合编》中有关《同音》的内容，各个大字顺序的排列以及注释小字的内容均接近于《同音》乙种本[1]；《合编》中有关《文海》的内容，类似于《文海》刻本[2]。依次为：字形构造、词义解释、反切注音、声调，除声调外，均为双行小字。凡《合编》俄藏的不同版本以"甲、乙、丙"标明不同出处；其他两个收藏单位的残片，均以收藏地简称"英、宁"标明。例如"合编甲15.071"即指该字曾出现于《合编》俄藏甲种本第15页第7行第1字中；"合编英02.051"即指该字曾出现于《合编》英藏本第2页第5行第1字中；"合编宁01.023"即指该字曾出现于《合编》宁藏本第1页第2行第3字中。页码标示中，"."之前的数字代表页数（用两位数），之后的数字前两位代表行数（用两位数，因为每页的行数多超过10行），最后一位数代表字数（一行最多不超过10个大字）。

　　(4)《切韵》（全称《五音切韵》）

　　西夏文韵书。不分卷，抄本。《切韵》前有序言，后为韵表，再为韵图。现存共有6种抄本。《切韵》成书较早，前有西夏皇帝的御制序言，阐明此书编纂的背景和经过。序中还提及"建立《五音切韵》摄《文海宝韵》之字"，说明这两部著作具有密切的关系，二书均为西夏早期著作。书的正文首列西夏语105韵母，其次是"九音显门"，以西夏文分九品音列三十六字母，系套用汉语声纽类别。最后为西夏语韵表，九品音中每品列一韵表，表上为声类代表字，左为韵类代表字，中间为声类结合音节字。再后为西夏语韵图，每一韵类一图[3]。有的抄本有线格，有的无线格。图中纵向表声横向表韵。此书韵表和韵图形式独特，与中国古代汉语韵图类著作《韵镜》和《七音略》等在构图形式和性质上不甚相同，值得注意[4]。

　　切韵甲31B1[5]：《切韵》各种本子均无页码，笔者用的是《俄藏黑水城文献》第7册对该

---

[1] 之所以说《合编》中有关《同音》的内容"接近于《同音》乙种本"，是因为《合编》中多出了18个新字，这是《同音》乙种本所没有的。另外，《合编》中有关《同音》的内容稍有变化的就是个别注释小字（包括注字本身以及位置）。其余如大字、分组符号九品音分类等无变化。详见拙著《〈同音文海宝韵合编〉整理与研究》中的有关内容。

[2] 之所以说《合编》中有关《文海》的内容"类似于《文海》刻本"，是因为《合编》中有关《文海》的内容，释义部分要比《文海》刻本的简略，而反切注音部分则比《文海》刻本详细。在《文海》刻本中，往往第一个释义是《同音》的内容，而《合编》因为已有《同音》内容在先，故省之。另外，《合编》多数情况下在行文中省掉了《文海》刻本中常用的语尾词"也"字，或句尾"……之谓（也）"等。其他诸如"字形构造"等在形式和内容亦有所变化。而《合编》中有关反切注音的内容比《文海》刻本详细的原因则是由其体例决定的。详见拙著《〈同音文海宝韵合编〉整理与研究》中的有关内容。

[3] 全书共应有105个韵图，但实际上多有残缺。详见李范文所著《〈五音切韵〉与〈文海宝韵〉比较研究》，中国社会科学出版社2006年版。

[4] 参见《俄藏黑水城文献》第7册图版258～398，上海古籍出版社1997年版，俄Инв.No.620（甲种本）、俄Инв.No.621（乙种本）、俄Инв.No.622（丙种本）、俄Инв.No.623（丁种本）、俄Инв.No.624（戊种本）、俄Инв.No.7192（己种本）。西田龙雄著：《西夏语韵图〈五音切韵〉的研究》，日本京都大学文学部纪要，1981～1983年（No.20～22）。史金波的汉译文见《民族语文研究情报资料集》第5、6集，北京，内部资料，1985年；李范文著：《〈五音切韵〉与〈文海宝韵〉比较研究》，中国社会科学出版社2006年版。

[5] 本书以甲种本为主。《切韵》甲种本页面：13×9.5厘米，文面：10.8×7.2厘米。

文献所编的页码。"切韵甲31B1"即表示该字在《切韵》第 31 页 B 面第 1 行。

(5)《杂字》(全称《三才杂字》)

西夏文字书。不分卷,刻本,蝴蝶装。类似汉文"杂字体"字书。以天、地、人三才分部(残存 32 部),所收西夏词语无注释。有初刻本、乾祐十八年(公元 1187 年)杨山复刻本及乾定二年(公元 1224 年)抄本等多种,内容全同而行款小异[1]。

《杂字》共有 6 种版本[2],各种版本形式有别。

杂字乙10B6[3]:唯乙种本中缝原始页码清晰可辨,故以乙种本原始页码为标准,然后将其他各种本子拼到乙种本上来,形成百纳本的《杂字》,几乎可以接近完本。"杂字乙10B6"即表示该字在《杂字》乙种本第 10 页 B 面第 6 行。

(6)《掌中珠》(全称《番汉合时掌中珠》)

西夏文字书。不分卷,刻本,蝴蝶装。西夏乾祐二十一年(公元 1190 年)骨勒茂才撰。为西夏文和汉文合璧"杂字体"字书。《掌中珠》以天、地、人三才分部,所收词语以夏汉互义、夏汉互音 4 行对译。书有初刻本和复刻本之分,复刻本比初刻本增加了十余条词语。西夏文字的早期释读此书乃为锁钥[4]。

掌中珠甲25A12[5]:"A"之前为页数(用两位数)。一整页分为 A、B 两面,A 代表右面,B 代表左面。"A"之后有两位数,第一位代表该字所在的栏数(每面共分 3 栏),第二位代表行数(每栏共 4 行)。"掌中珠甲25A12"表示该字在《掌中珠》甲种本第 25 页 A 面第 1 栏第 2 行。由于《掌中珠》以分栏的形式将西夏文与汉文音义互注,比较容易阅读,所以我们仅指明其所在栏数和行数,而没有精确到具体位置。

(7)《同义》

西夏文同义词典。四卷,抄本(原为刻本),蝴蝶装。西夏乾祐十九年(公元 1188 年)梁习宝撰,梁德养校定。俄藏今存讹七公茂势抄本(俄 Инв. No.2539)及无名氏抄本各一种(俄 Инв. No.2345)[6]。《同义》以全清、边清、半清浊和全浊将西夏字分为 4 卷 30 篇,几乎将所有的西夏字统属其中。《同义》以字义为纲,系统地反映了西夏文的字义类别[7]。最近刊布的英藏黑水城文献以及宁夏文物考古研究所均有《同义》刻本残页发现[8]。

---

〔1〕《俄藏黑水城文献》第 10 册图版 39~69,上海古籍出版社 1999 年版;聂鸿音、史金波:《西夏文〈三才杂字〉考》,《中央民族大学学报》1995 年第 6 期;李范文等编著:《电脑处理西夏文〈杂字〉研究》,东京外国语大学 1997 年版。

〔2〕《俄藏黑水城文献》第 10 册图版 39~69,俄 Инв. No.2535V(甲种本)、俄 Инв. No.210 6340(乙种本)、俄 Инв. No.4428(丙种本)、俄 Инв. No.4151 80816(丁种本)、俄 Инв. No.710(戊种本)、俄 Инв. No.6965V(己种本)。

〔3〕本书以乙种本为主。《杂字》乙种本页面:26.5×18.5 厘米,文面:20.3×14 厘米。

〔4〕参见《俄藏黑水城文献》第 10 册图版 1~37,上海古籍出版社 1999 年版。俄 Инв. No.215 216 217 218 685 4777(甲种本)、俄 Инв. No.215 216 217 218 685 4777(乙种本)、俄 Инв. No.214(丙种本);Kwanten, Luc(陆宽田):*The Timely Pearl. A 12th Century Tangut Chinese Glossary*(《合时掌中珠——十二世纪的番汉字典》),Volume Ⅰ. Bloomington:Indiana University. 1982;黄振华等整理:《番汉合时掌中珠》,宁夏人民出版社 1989 年版;李范文:《宋代西北方音——〈番汉合时掌中珠〉对音研究》,中国社会科学出版社 1994 年版,该书中有多种《掌中珠》的影印本及作者的校勘本。

〔5〕本书以甲种本为主。《掌中珠》甲种本页面:23×15.5 厘米,文面:18.7×12 厘米。

〔6〕参见《俄藏黑水城文献》第 10 册图版 70~107,上海古籍出版社 1999 年版。

〔7〕克恰诺夫(E. I. Kychanov):《〈义同一类〉初探》,载林英津等编《汉藏语研究:龚煌城先生七秩寿庆论文集》,台北"中央研究院"语言学研究所 2004 年版;李范文、韩小忙:《同义研究》第 1~23 页,中国社会科学出版社 2005 年版。

〔8〕参见拙作《刻本〈同义〉残片的发现及其学术价值》,载《宁夏社会科学》2009 年第 4 期。

同义 27A1[1]："A"之前为页数（用两位数）。一整页分为 A、B 两面，A 代表右面，B 代表左面。"A"之后为行数（用一位数）。虽然《同义》有俄藏甲、乙种本两个抄本和两种刻本的残页存世，但是以俄藏甲种本较为完整，故本书以此本为主，并将其余两个本子的内容亦纳入其中。

（8）《碎金》（全称《新集碎金置掌文》）

西夏文字书。一卷，抄本，蝴蝶装。西夏息齐文智编撰。"千字文"体字书，每句五言，约计千言。现存耶西般若茂抄本（Инв. No. 714）和无名氏习字写本（Инв. No. 742V）各一种[2]。除俄藏外，国内外数家收藏的《碎金》残页，也陆续公诸于世[3]。

碎金 08B3[4]：《碎金》两种本子均无页码，亦用《俄藏黑水城文献》第 10 册对该文献的编码。"碎金 08B3"即表示该字在《碎金》甲种本第 8 页 B 面第 3 行。《碎金》虽有甲、乙种本两种，因为甲种本完整，未涉及乙种本，故不标示甲、乙。

（9）《纂要》

西夏文字书。不分卷，刻本，蝴蝶装（俄 Инв. No. 124）。西夏语译汉语"杂字体"字书。今存"乐器（第）六章"及"花名（第）七章"。每则西夏词语下以西夏字音译汉语（双行小注），云"汉语某某"，体例独特[5]。

纂要 09A4：《纂要》仅存一页半，为原文的第 8 页 B 面和第 9 页一整页。"纂要 09A4"即表示该字在《纂要》第 9 页 A 面第 4 行。

⑩汉文《杂字》

西夏人所编汉文字书。不分卷，抄本，蝴蝶装（俄 Дх2822）。书的前后皆残，残存 36 面，书名根据残存内容拟定。该书以事分类，现存 20 部，即"汉姓名、番姓名、衣物部、斛豆部、果子部、农田部、诸匠部、身体部、音乐部、药物部、器用部、屋舍部、论语部、禽兽部、礼乐部、颜色部、官位部、司分部、地分部、亲戚长幼"。对照西夏文中的同类词语，这些应该就是当时西夏人比较规范的汉译名物称呼，对于我们了解当时名物的夏汉互译无疑具有积极的借鉴作用[6]。

《杂字》（汉）02B4：即表示该姓氏在汉文《杂字》第 2 页 B 面第 4 行。

---

[1] 本书以俄藏甲种本为主。《同义》甲种本页面：19.5×16 厘米，文面：17.2×13.2 厘米。

[2] 参见《俄藏黑水城文献》第 10 册图版 108～119，上海古籍出版社 1999 年版；史金波、聂鸿音：《西夏文本〈碎金〉研究》，载《宁夏大学学报》（哲学社会科学版）1995 年第 2 期。

[3] 英藏见西北第二民族学院等编《英藏黑水城文献》第 2、3 册，上海古籍出版社 2005 年版；甘肃省博物馆、敦煌研究院所藏见宁夏大学西夏学研究中心等编《中国藏西夏文献》第 16 册，第 18～22 页；内蒙古藏见《中国藏西夏文献》第 17 册，第 155～156 页，甘肃人民出版社、敦煌文艺出版社 2005 年版。

[4] 《碎金》甲种本页面：20.5×14 厘米，文面：15.7×10.4 厘米。

[5] 参见《俄藏黑水城文献》第 10 册图版 38～39，上海古籍出版社 1999 年版；史金波、聂鸿音：《西夏文〈纂要〉释补》，载李晋有等主编：《中国少数民族古籍论》第 2 辑，巴蜀书社 1998 年版。关于此文献的名称，有称《要集》的（如聂夫斯基《西夏语词典》、李范文《夏汉字典》等），有称《纂要》的（如《俄藏黑水城文献》等）。

[6] 参见《俄藏黑水城文献》第 6 册图版 137～146，上海古籍出版社 2000 年版；史金波：《西夏汉文本〈杂字〉初探》，载白滨等编《中国民族史研究》（二），中央民族学院出版社 1989 年版；孙伯君：《西夏番姓译正》，载《民族研究》2009 年第 5 期。由于笔者所做的工作是对《同音背隐音义》的译释和整理，涉及许多名物的夏汉互译。所以我将与此关系密切的汉文文献《杂字》亦罗列在参考文献的最后，专门予以介绍，以期引起同行们研究时注意。

附表一：聂夫斯基摘录《同音背隐音义》材料统计（265 个）

字形	同音乙本声类	声调韵类	龚煌城拟音	同音丁本	背隐原文	背隐汉译	背隐俄(英)译	李号	聂书页码
𗹦	Ⅰ 1	2.10	bji	03A52	✓	✓	✓	4520	Ⅰ 573
𗸪	Ⅰ 3	1.11	bji	03A65	✓		✓	3697	Ⅱ 055
𗻰	Ⅰ 13	2.25	mə	03B64	✓			0327	Ⅰ 359
𗼲	Ⅰ 13	2.25	mə	03B78	✓		✓	2851	Ⅰ 346
𗺔	Ⅰ 13	2.25	mə	04A11	✓			4380	Ⅰ 482
𗽈	Ⅰ 17	1.20	mja	04A27	✓			3334	Ⅱ 311
𗺪	Ⅰ 24	1.30	mjɨ	04B27	✓			5077	Ⅰ 437
𗷓	Ⅰ 25	1.03	bju	04B28	✓			2334	Ⅰ 240
𗷉	Ⅰ 29	1.49	po	04B71	✓			1140	Ⅰ 543
𗷍	Ⅰ 29	1.49	po	04B74	✓			3443	Ⅱ 132
𗾴	Ⅰ 35	2.25	phə	05A53	✓		✓	4833	Ⅰ 312
𗶺	Ⅰ 45	2.29	mjɨɨ	05B38	✓		✓	0704	Ⅱ 253
𗸠	Ⅰ 47	1.01	phu	05B51	✓	✓	✓	4960	Ⅰ 307
𗶎	Ⅰ 53	1.51	phjo	06A11	✓		✓	5421	Ⅰ 439
𗺣	Ⅰ 56	1.02	bju	06A24	✓	✓		0360	Ⅱ 226
𗻇	Ⅰ 57	1.02	bju	06A27	✓	✓	✓	5415	Ⅰ 438
𗼀	Ⅰ 58	2.62	bo	06A33	✓	✓		5189	Ⅱ 257
𗷖	Ⅰ 62	1.62	pjɨj	06A63	✓			0715	Ⅱ 359
𗻴	Ⅰ 63	2.55	pjɨj	06A66	✓			3557	Ⅰ 340
𗸼	Ⅰ 66	1.20	phja	06A75	✓		✓	5847	Ⅰ 386
𗿀	Ⅰ 67	1.75	mur	06B11	✓		✓	4117	Ⅰ 493
𗸇	Ⅰ 67	1.75	mur	06B13	✓	✓		2041	Ⅰ 340
𗹥	Ⅰ 68	2.12	bjii	06B21	✓			1973	Ⅰ 197
𗾩	Ⅰ 69	2.14	ba	06B22	✓			3962	Ⅱ 473
𗾝	Ⅰ 69	2.14	ba	06B25	✓			3914	Ⅱ 473
𗹠	Ⅰ 74	1.33	mej	06B47	✓	✓		2701	Ⅰ 221
𗺜	Ⅰ 76	2.42	mo	06B57	✓	✓		4575	Ⅱ 388
𗻓	Ⅰ 76	2.42	mo	06B61	✓			2918	Ⅰ 207
𗷗	Ⅰ 86	1.64	pja	07A28	✓	✓		3084	Ⅰ 341
𗺠	Ⅰ 96	1.66	pie	07A65	✓		✓	0601	Ⅱ 554
𗺦	Ⅰ 96	1.66	pie	07A66	✓		✓	0810	Ⅱ 555
𗻾	Ⅰ 99	2.15	bia	07A76	✓		✓	4851	Ⅰ 308

字形	同音乙本声类	声调韵类	龚煌城拟音	同音丁本	背隐原文	背隐汉译	背隐俄(英)译	李号	聂书页码
𗣫	Ⅰ106	2.34	meej	07B34	✓			1282	Ⅰ537
𗣫	Ⅰ106	2.34	meej	07B35	✓			1380	Ⅰ530
𗢏	Ⅰ108	1.65	be	07B44	✓	✓		5859	Ⅱ434
𗧹	Ⅰ110	1.33	phej	07B48	✓			1088	Ⅱ261
𗫡	Ⅰ112	2.56	ba	07B55	✓			3319	Ⅱ063
𗷫	Ⅰ114	1.30	pji	07B68	✓	✓		2642	Ⅱ071
𗌬	Ⅰ124	1.83	maar	08A32	✓			4378	Ⅰ488
𗑙	Ⅰ131	2.46	phjoo	08A54	✓	✓		4284	Ⅰ505
𗤙	Ⅰ139	2.05	buu	08B11	✓			2138	Ⅱ334
𗉛	Ⅰ140	2.51	pu	08B12	✓			1633	Ⅰ382
𗧁	Ⅰ157	1.75	bur	08B63	✓	✓		4747	Ⅰ421
𗞌	Ⅰ165	1.49	pho	09A13	✓			3056	Ⅰ350
𗋽	Ⅰ-7	1.63	ma	09A37	✓	✓		4820	Ⅰ283
𗅷	Ⅰ-10	1.67	mji	09A42	✓			0166	Ⅱ166
𗒦	Ⅰ-57	2.83	pjowr	09B31	✓	✓		5954	Ⅱ510
𗔈	Ⅰ-62	2.45	poo	09B36	✓			1033	Ⅱ536
𗮀	Ⅰ-88	2.84	meer	09B68	✓	✓		2057	Ⅱ136
𗍓	Ⅰ-122	2.37	bjij	10A42	✓			1664	Ⅰ382
𗴈	Ⅰ-123	1.61	pjij	10A43	✓			3439	Ⅱ134
𗂰	Ⅰ-129	2.34	pheej	10A51	✓			4222	Ⅰ504
𗂩	Ⅰ-135	1.84	bər	10A57	✓			0208	Ⅱ170
𗷸	Ⅰ-147	2.07	me	10A73	✓			0708	Ⅰ428
𗫭	Ⅱ1	2.07	we	10B33	✓			2039	Ⅱ138
𗗼	Ⅱ4	1.08	we	10B67	✓			1881	Ⅱ438
𗒆	Ⅱ7	2.60	wji	11A11	✓			1162	Ⅰ534
𗕊	Ⅱ9	2.32	wjij	11A28	✓			0753	Ⅰ413
𗤾	Ⅱ19	2.68	wjijr	11A71	✓			0973	Ⅰ535
𗤉	Ⅱ21	2.54	wjij	11B11	✓			3625	Ⅱ308
𗤴	Ⅱ21	2.54	wjij	11B12	✓			5602	Ⅱ487
𗣟	Ⅱ29	1.31	wəə	11B47	✓			2323	Ⅰ249
𗵒	Ⅱ32	1.69	wji	11B58	✓			2140	Ⅱ311
𗌞	Ⅱ32	1.69	wji	11B61	✓			4539	Ⅰ182
𗰷	Ⅱ36	1.54	wow	11B73	✓			0072	Ⅱ203
𗿭	Ⅱ37	2.73	war	11B74	✓			2994	Ⅱ196

字形	同音乙本声类	声调韵类	龚煌城拟音	同音丁本	背隐原文	背隐汉译	背隐俄(英)译	李号	聂书页码
繼	Ⅱ38	2.57	wja	12A11	✓	✓		3794	Ⅱ351
鼠	Ⅱ47	1.84	wər	12A42	✓			2924	Ⅱ495
蒙	Ⅱ53	1.17	wa	12A58	✓			1360	Ⅰ322
蕭	Ⅲ4	2.42	thwo	13A26	✓			4290	Ⅰ505
薮	Ⅲ4	2.42	thwo	13A27	✓	✓		4337	Ⅰ505
滋	Ⅲ7	1.04	du	13A41	✓			2495	Ⅱ081
緩	Ⅲ9	2.03	nju	13A61	✓		✓	2786	Ⅱ057
莑	Ⅲ13	1.30	thjɨ	13A76	✓			5671	Ⅱ368
税	Ⅲ13	1.30	thjɨ	13A77	✓	✓		0827	Ⅰ586
报	Ⅲ14	1.30	thjɨ	13B11	✓			5548	Ⅱ275
琉	Ⅲ14	1.30	thjɨ	13B12	✓	✓		0792	Ⅱ229
蕃	Ⅲ15	2.35	djiij	13B14	✓			0136	Ⅱ205
彌	Ⅲ15	2.35	djiij	13B21	✓			0077	Ⅰ179
很	Ⅲ16	1.36	thjij	13B22	✓	✓		1564	Ⅰ407
藏	Ⅲ16	1.36	thjij	13B23	✓			0954	Ⅱ458
阱	Ⅲ16	1.36	thjij	13B24	✓			4657	Ⅰ574
礎	Ⅲ16	1.36	thjij	13B25	✓			1593	Ⅰ411
聚	Ⅲ17	2.33	thjij	13B28	✓			3728	Ⅱ284
隔	Ⅲ17	2.33	thjij	13B31	✓			4570	Ⅱ389
绕	Ⅲ17	2.12	njii	13B33	✓			3591	Ⅱ072
殊	Ⅲ18	2.12	njii	13B37	✓			1691	Ⅱ145
段	Ⅲ19	1.54	tow	13B38	✓			3336	Ⅱ344
乘	Ⅲ19	1.54	tow	13B44	✓	✓		1533	Ⅰ452
参	Ⅲ20	2.42	to	13B47	✓			4859	Ⅱ583
绕	Ⅲ20	2.42	to	13B48	✓			3117	Ⅱ037
毅	Ⅲ22	1.71	tio	13B56	✓			5939	Ⅱ619
绲	Ⅲ23	1.30	njwɨ	13B57	✓			3129	Ⅱ038
族	Ⅲ26	2.38	thew	13B71	✓			5363	Ⅱ280
翱	Ⅲ28	1.17	tha	13B78	✓	✓		3973	Ⅱ449
綫	Ⅲ29	2.54	tjij	14A13	✓	✓	✓	3155	Ⅰ399
聯	Ⅲ31	1.61	tjij	14A16	✓			1868	Ⅰ595
教	Ⅲ32	1.62	tjɨj	14A22	✓			1301	Ⅰ528
蕙	Ⅲ33	2.28	njwɨ	14A25	✓	✓		5047	Ⅱ527
绥	Ⅲ35	2.71	ner	14A32	✓			3338	Ⅱ344

字形	同音乙本声类	声调韵类	龚煌城拟音	同音丁本	背隐原文	背隐汉译	背隐俄(英)译	李号	聂书页码
懃	Ⅲ35	2.71	ner	14A33	✓	✓		5275	Ⅰ445
蕬	Ⅲ35	2.71	ner	14A34	✓	✓		4366	Ⅰ487
愈	Ⅲ35	2.71	ner	14A35	✓	✓		4771	Ⅰ422
縄	Ⅲ36	2.34	deej	14A36	✓	✓		2747	Ⅱ058
縰	Ⅲ37	1.01	thu	14A41	✓			3565	Ⅱ078
獌	Ⅲ37	1.01	thu	14A42	✓			2078	Ⅱ110
絋	Ⅲ37	1.01	thu	14A43	✓			1600	Ⅱ471
飒	Ⅲ37	1.01	thu	14A45	✓			3949	Ⅱ473
絽	Ⅲ37	1.01	thu	14A46	✓			3951	Ⅱ472
徭	Ⅲ38	2.01	thu	14A54	✓		✓	5268	Ⅰ449
犕	Ⅲ40	2.28	dji	14A57	✓			0337	Ⅱ645
龘	Ⅲ40	2.28	dji	14A58	✓			1185	Ⅱ645
璇	Ⅲ40	2.28	dji	14A62	✓	✓		1769	Ⅰ374
絤	Ⅲ40	2.28	dji	14A63	✓			0804	Ⅰ373
絤	Ⅲ40	2.28	dji	14A67	✓	✓		4901	Ⅰ287
絑	Ⅲ41	1.30	dji	14A72	✓			3422	Ⅰ246
彲	Ⅲ41	1.30	dji	14A73	✓			3957	Ⅱ661
飛	Ⅲ41	1.30	dji	14A74	✓			2898	Ⅰ246
舵	Ⅲ42	1.30	dji	14A75	✓			1931	Ⅱ354
甐	Ⅲ43	2.45	thoo	14A78	✓			0253	Ⅱ633
孩	Ⅲ44	1.36	njij	14B14	✓			1732	Ⅰ378
瓊	Ⅲ45	2.33	njij	14B18	✓			1723	Ⅱ541
縼	Ⅲ45	2.33	njij	14B22	✓			1858	Ⅱ541
睡	Ⅲ45	2.33	njij	14B23	✓	✓		1926	Ⅰ198
飛	Ⅲ45	2.33	njij	14B25	✓			1674	Ⅱ251
緻	Ⅲ45	2.33	njij	14B33	✓			1678	Ⅱ540
斛	Ⅲ45	2.33	njij	14B34	✓		✓	5147	Ⅱ484
龔	Ⅲ45	2.33	njij	14B35	✓			3846	Ⅱ174
絋	Ⅲ46	2.03	thju	14B43	✓			3383	Ⅱ069
獯	Ⅲ47	1.03	thju	14B45	✓	✓		1424	Ⅰ357
緺	Ⅲ47	1.03	thju	14B46	✓			5005	Ⅰ303
縦	Ⅲ47	1.03	thju	14B47	✓			3881	Ⅱ452
教	Ⅲ47	1.03	thju	14B48	✓			3918	Ⅱ452
効	Ⅲ47	1.03	thju	14B51	✓			4001	Ⅱ452

字形	同音乙本声类	声调韵类	龚煌城拟音	同音丁本	背隐原文	背隐汉译	背隐俄(英)译	李号	聂书页码
緂	Ⅲ51	2.38	dew	14B67	✓			2775	Ⅱ044
緂	Ⅲ51	2.38	dew	14B68	✓			5335	Ⅱ369
緂	Ⅲ51	2.38	dew	14B72	✓	✓		0864	Ⅱ565
緂	Ⅲ51	2.38	dew	14B73	✓			5609	Ⅱ260
緂	Ⅲ52	2.33	djij	14B74	✓			2316	Ⅱ243
緂	Ⅲ52	2.33	djij	14B75	✓			3092	Ⅱ061
緂	Ⅲ52	2.33	djij	14B76	✓			3093	Ⅱ061
緂	Ⅲ52	2.33	djij	14B78	✓		✓	4841	Ⅱ570
緂	Ⅲ53	1.36	djij	15A14	✓			2532	Ⅱ243
緂	Ⅲ53	1.36	djij	15A15	✓	✓		2463	Ⅰ398
緂	Ⅲ57	1.54	dow	15A43	✓			1834	Ⅱ342
緂	Ⅲ60	1.30	njɨ	15A54	✓			3986	Ⅱ474
緂	Ⅲ61	2.14	da	15A55	✓			0738	Ⅱ502
緂	Ⅲ61	2.14	da	15A56	✓	✓		2645	Ⅱ070
緂	Ⅲ61	2.14	da	15A57	✓			2646	Ⅱ328
緂	Ⅲ61	2.14	da	15A61	✓			0978	Ⅰ268
緂	Ⅲ63	1.82	djwar	15A67	✓			0564	Ⅱ558
緂	Ⅲ68	1.67	tji	15B32	✓			5199	Ⅱ374
緂	Ⅲ70	2.55	tjɨj	15B45	✓			2528	Ⅱ442
緂	Ⅲ72	1.27	thə	15B52	✓			0971	Ⅰ532
緂	Ⅲ74	2.78	dwewr	15B58	✓	✓		0615	Ⅱ420
緂	Ⅲ74	2.78	dwewr	15B61	✓			1806	Ⅱ421
緂	Ⅲ75	2.42	no	15B62	✓			3646	Ⅱ056
緂	Ⅲ75	2.42	no	15B63	✓			2066	Ⅱ054
緂	Ⅲ75	2.42	no	15B64	✓		✓	3285	Ⅱ098
緂	Ⅲ75	2.42	no	15B67	✓		✓	5668	Ⅱ487
緂	Ⅲ75	2.42	no	15B73	✓			5249	Ⅱ545
緂	Ⅲ75	2.42	no	15B75	✓	✓		1991	Ⅰ334
緂	Ⅲ75	2.42	no	15B76	✓			2963	Ⅰ455
緂	Ⅲ76	1.72	tjo	16A13	✓	✓		0093	Ⅱ200
緂	Ⅲ81	2.56	da	16A34	✓			1817	Ⅰ550
緂	Ⅲ83	1.70	to	16A43	✓			0148	Ⅰ183
緂	Ⅲ84	1.30	njwɨ	16A51	✓			5657	Ⅱ268
緂	Ⅲ85	1.67	dji	16A56	✓			3298	Ⅱ321

字形	同音乙本声类	声调韵类	龚煌城拟音	同音丁本	背隐原文	背隐汉译	背隐俄(英)译	李号	聂书页码
蕤	Ⅲ88	1.49	no	16A71	✓			4108	Ⅰ464
姿	Ⅲ92	2.33	tjij	16B22	✓	✓	✓	4856	Ⅰ121
旎	Ⅲ94	1.11	tji	16B27	✓			3450	Ⅰ414
彣	Ⅲ94	1.11	tji	16B28	✓			5537	Ⅱ479
瓻	Ⅲ95	1.24	tã	16B34	✓	✓	✓	1439	Ⅰ121、Ⅱ639
荔	Ⅲ96	2.53	nej	16B36	✓			4301	Ⅰ480
瓶	Ⅲ96	2.53	nej	16B37	✓			5202	Ⅱ585
須	Ⅲ96	2.53	nej	16B41	✓			3206	Ⅱ329
綫	Ⅲ98	1.42	thjɨj	16B46	✓			3666	Ⅱ331
涎	Ⅲ99	2.57	nja	16B48	✓	✓		0838	Ⅰ560
繳	Ⅲ99	2.57	nja	16B51	✓			5450	Ⅱ374
後	Ⅲ100	2.44	njwo	16B53	✓	✓		1824	Ⅰ559
耒	Ⅲ100	2.44	njwo	16B54	✓			0429	Ⅰ556
端	Ⅲ104	1.64	tja	16B71	✓			1820	Ⅰ557
繳	Ⅲ105	2.33	njij	17A13	✓			5734	Ⅱ298
怩	Ⅲ105	2.33	njij	17A14	✓	✓		2917	Ⅰ216
廷	Ⅲ106	1.59	dju	17A18	✓			1152	Ⅱ447
薷	Ⅲ107	1.03	nju	17A33	✓			4849	Ⅰ121
綫	Ⅲ108	1.42	tjɨj	17A34	✓	✓	✓	1772	Ⅰ121、Ⅱ223
羧	Ⅲ109	2.17	thja	17A43	✓		✓	1792	Ⅱ185
殁	Ⅲ116	1.17	ta	17A68	✓	✓	✓	1312	Ⅰ122
齏	Ⅲ120	2.61	tjɨ	17B16	✓			0952	Ⅰ533
蓼	Ⅲ142	2.29	njɨɨ	18A17	✓	✓	✓	4148	Ⅰ122
溔	Ⅲ145	2.19	naa	18A26	✓	✓	✓	4974	Ⅰ122
細	Ⅲ155	1.57	nioow	18A72	✓	✓	✓	3125	Ⅰ122
覷	Ⅲ164	2.03	thjwu	18B24	✓			0018	Ⅰ183
聚	Ⅲ164	2.03	thjwu	18B25	✓			0048	Ⅰ183
樺	Ⅲ165	2.84	deer	18B28	✓			4055	Ⅰ369
瓶	Ⅲ167	2.61	thjɨ	18B33	✓			4468	Ⅱ634
魏	Ⅲ167	2.61	thjɨ	18B34	✓		✓	0828	Ⅰ122、Ⅰ586
潾	Ⅲ169	1.40	dəj	18B41	✓	✓	✓	0600	Ⅰ122
蕭	Ⅲ170	2.41	deew	18B44	✓			1450	Ⅰ526
濱	Ⅲ171	2.61	njɨ	18B46	✓	✓		3734	Ⅰ253
蘘	Ⅲ174	2.52	nju	18B54	✓		✓	4834	Ⅰ122

字形	同音乙本 声 类	声调 韵类	龚煌城 拟 音	同音 丁本	背隐 原文	背隐 汉译	背 隐 俄(英)译	李号	聂 书 页 码
𢫀	Ⅲ178	2.10	njwi	18B66	✓			4572	Ⅰ564
𢧵	Ⅲ179	1.11	nji	18B68	✓			1089	Ⅰ323
𦟛	Ⅲ181	2.68	njijr	18B75	✓	✓	✓	0877	Ⅰ122
𥘵	Ⅲ181	2.68	njijr	18B76	✓			0873	Ⅱ231
𨂃	Ⅲ181	2.68	njijr	18B78	✓			0908	Ⅱ196
𦢍	Ⅲ-37	1.68	nə	19B35	✓			1854	Ⅱ553
𥙫	Ⅲ-126	2.60	nji	20A76	✓	✓		1561	Ⅱ504
𧵳	Ⅲ-128	2.06	njuu	20A78	✓			1821	Ⅰ562
𦆊	Ⅳ1	1.82	njar	21A11	✓			2119	Ⅱ021
𥙺	Ⅳ6	1.10	dźji	21A24	✓			1451	Ⅱ217
𦏭	Ⅳ6	1.10	dźji	21A25	✓			0578	Ⅱ499
𩾁	Ⅳ7	?	nuə	21A26	✓			4718	Ⅰ277
𦎡	Ⅳ-4	2.40	dźjiw	21A44	✓		✓	3975	Ⅱ452
𦓚	Ⅴ1	2.01	ŋwu	21A71	✓			3055	Ⅰ337
𩕸	Ⅴ1	2.01	ŋwu	21A73	✓			3388	Ⅱ082
𦙟	Ⅴ3	2.14	ka	21B27	✓			0963	Ⅱ155
𥿤	Ⅴ4	2.48	ŋjow	21B43	✓	✓		0229	Ⅰ410
𥢈	Ⅴ4	2.48	ŋjow	21B52	✓	✓		0379	Ⅰ430
𥿠	Ⅴ9	1.01	khu	22A16	✓			0344	Ⅱ223
𦝈	Ⅴ11	2.25	kwə	22A24	✓			1993	Ⅰ342
𥫋	Ⅴ11	2.25	kwə	22A31	✓		✓	2317	Ⅱ246
𦂈	Ⅴ14	1.84	ŋwər	22A47	✓		✓	0292	Ⅰ431
𦱉	Ⅴ19	2.54	gjij	22A72	✓	✓		4220	Ⅰ513
𦛗	Ⅴ19	2.54	gjij	22A76	✓	✓		0891	Ⅱ615
𤖤	Ⅴ20	1.63	ka	22B12	✓			5460	Ⅱ380
𥥩	Ⅴ21	2.56	ka	22B16	✓			2819	Ⅰ234
𪕶	Ⅴ23	2.31	kiej	22B35	✓		✓	4724	Ⅰ307
𩘹	Ⅴ23	2.31	kiej	22B36	✓		✓	4503	Ⅱ612
𩙱	Ⅴ23	2.31	kiej	22B37	✓		✓	4504	Ⅱ612
𦜓	Ⅴ25	1.36	khjij	22B47	✓			5195	Ⅱ426
𦟝	Ⅴ28	1.54	kow	22B64	✓	✓		3265	Ⅱ099
𦗵	Ⅴ29	2.47	kow	22B67	✓	✓		3753	Ⅱ133
𪆊	Ⅴ39	2.26	khiə	23A46	✓			1974	Ⅰ199
𩭅	Ⅴ40	1.27	kə	23A64	✓			1073	Ⅰ522

字形	同音乙本声类	声调韵类	龚煌城拟音	同音丁本	背隐原文	背隐汉译	背隐俄(英)译	李号	聂书页码
𗘰	V 42	1.56	kjow	23A76	✓			1201	Ⅰ 375
𗭱	V 46	1.45	kjiw	23B26	✓		✓	2792	Ⅱ 346
𗟇	V 53	1.11	gji	23B56	✓			3541	Ⅰ 343
𗼋	V 61	2.05	ŋwuu	24A44	✓			0445	Ⅰ 552
𘃥	V 70	2.33	gjij	24B13	✓			4115	Ⅰ 485
𗵔	V 73	1.54	khow	24B36		✓		0834	Ⅱ 605
𗤁	V 76	1.01	gu	24B47	✓		✓	0678	Ⅱ 274
𗤛	V 80	2.85	kjɨɨr	24B67	✓			2941	Ⅰ 197
𗯲	V 86	1.69	kjwɨ̣	25A23	✓			5107	Ⅰ 449
𗴥	V 141	1.09	kie	26B31	✓			1031	Ⅱ 666
𗜦	V 182	1.38	khieej	27B22	✓			5247	Ⅱ 377
𗝩	V 192	1.85	kiər	27B52	✓	✓		4679	Ⅱ 534
𗑝	V 196	2.33	kjwij	27B65	✓	✓		0191	Ⅱ 289
𗙼	V 202	1.89	kor	28A12	✓	✓	✓	2287	Ⅰ 394
𗥾	V -10	1.55	khiow	28A42	✓			1057	Ⅰ 201
𘕣	V -22	2.05	khuu	28A56	✓		✓	5172	Ⅱ 382
𘕞	V -109	2.20	kia	29A25	✓			1548	Ⅰ 527
𗣓	Ⅵ4	1.67	dzji	29B68	✓			1048	Ⅱ 291
𘕰	Ⅵ11	2.47	tshow	30A28	✓	✓		4134	Ⅰ 498
𗖀	Ⅵ12	1.68	tsə	30A34	✓	✓		3612	Ⅱ 318
𗲈	Ⅵ17	1.45	dzjiw	30A54	✓			4215	Ⅰ 481
𗬑	Ⅵ22	2.42	so	30B13	✓			4782	Ⅰ 420
𗒘	Ⅵ30	2.10	sji	30B58	✓	✓		2530	Ⅱ 613
𗯹	Ⅵ32	2.44	sjo	30B65	✓			5108	Ⅰ 450
𗢮	Ⅵ46	1.30	dzjɨ	31A62	✓			5292	Ⅱ 279
𗭴	Ⅵ55	1.08	dze	31B32	✓			2664	Ⅱ 067
𘕦	Ⅵ63	2.42	dzjo	31B58	✓			4357	Ⅰ 471
𗜰	Ⅵ68	1.20	dzja	31B77	✓	✓		1283	Ⅱ 221
𗵊	Ⅵ139	1.27	dzwə	33B72	✓			3543	Ⅱ 427

附表二：《夏汉字典》（修订本）遗漏《同音背隐音义》材料统计（65个）

字形	同音乙本声类	声调韵类	龚煌城拟音	同音丁本	背隐全缺	背隐少字	有汉译少原文	背隐多字	李号
𗾾	I 8	2.33	bjij	03B36		✓			1890
𗺿	I 12	2.86	bjiir	03B54		✓			2705
𗴭	I 15	1.31	məə	04A16		✓			1958
𗽪	I 16	1.27	mə	04A24		✓			3682
𗿀	I 17	1.20	mja	04A38		✓			1530
𗾑	I 28	2.33	mjij	04B62			✓		1908
𗢭	I 49	1.01	pu	05B58	✓				2678
𗍹	I 57	1.02	bju	06A28		✓			5524
𗴀	I 59	1.30	bjɨ	06A45	✓				0579
𗯴	I 74	1.33	mej	06B47		✓			2701
𗆼	I 84	1.11	pji	07A18		✓			2228
𗦇	I 110	1.33	phej	07B47	✓				2827
𗉮	I 138	1.51	pjo	08A75		✓			0604
𗊂	I 151	1.67	pji	08B47		✓			5456
𗥑	I -34	1.59	bju	09A72				✓	1443
𗜰	I -41	1.86	bjɨr	09B11		✓			5037
𗤰	I -79	1.39	phjiij	09B57		✓			1956
𗸬	I -106	2.13	pẽ	10A22		✓			2095
𗽙	II 1	2.07	we	10B31			✓		1381
𗄽	II 5	1.10	wji	10B68		✓			2625
𗈦	II 11	2.02	wju	11A36	✓				2835
𗰖	II 15	1.07	wjuu	11A52		✓			1225
𗼇	II 21	2.54	wjij	11A77				✓	3813
𗟁	II 28	2.27	wjɨ	11B43				✓	2590
𗋈	II 51	1.61	wjij	12A55		✓			0688
𗵥	II -5	1.53	wjoo	12B25		✓			0122
𗹁	II -15	2.08	wie	12B37		✓			4659
𗔊	II -35	1.51	wjo	12B63	✓				3621
𗤵	III 1	1.17	na	13A15		✓			0573
𗦛	III 1	1.17	na	13A17	✓				0286
𗧀	III 27	2.14	tha	13B72		✓			3640
𗆊	III 33	2.28	njwɨ	14A24		✓			3360

字形	同音乙本声类	声调韵类	龚煌城拟音	同音丁本	背隐全缺	背隐少字	有汉译少原文	背隐多字	李号
[illegible]	Ⅲ38	2.01	thu	14A48		√			1799
[illegible]	Ⅲ44	1.36	njij	14B15	√				0529
[illegible]	Ⅲ54	2.10	nji	15A23	√				3575
[illegible]	Ⅲ68	1.67	tjị	15B31				√	0078
[illegible]	Ⅲ73	2.41	teew	15B55	√				5092
[illegible]	Ⅲ75	2.42	no	15B66	√				0127
[illegible]	Ⅲ87	2.60	djị	16A66		√			1389
[illegible]	Ⅲ115	1.87	dewr	17A65	√				5571
[illegible]	Ⅲ149	1.21	njaa	18A48		√			0176
[illegible]	Ⅲ-10	2.17	dja	19A72	√				4342
[illegible]	Ⅲ-113	1.36	tjwij	20A61		√			4231
[illegible]	Ⅲ-127	1.49	thwo	20A77				√	2326
[illegible]	Ⅴ23	2.31	kiej	22B34		√			0066
[illegible]	Ⅴ49	2.24	khjã	23B42		√			5110
[illegible]	Ⅴ139	1.09	kie	26B23		√			4533
[illegible]	Ⅴ141	1.09	kie	26B31	√				1031
[illegible]	Ⅴ170	1.09	kiwe	27A55		√			4090
[illegible]	Ⅴ200	1.38	kieej	27B75	√				0228
[illegible]	Ⅴ-112	1.95	khjoor	29A28	√				4754
[illegible]	Ⅵ12	1.68	tsə̣	30A34	√				3612
[illegible]	Ⅵ17	1.45	dzjiw	30A54		√			4215
[illegible]	Ⅵ18	2.40	dzjiw	30A63	√				0288
[illegible]	Ⅵ59	1.83	saar	31B44		√			3131
[illegible]	Ⅵ102	1.07	sjuu	32B73	√				1422

贰. 背隐音义的整理与研究

一　体例说明

1. 《同音》丁种本页码的标示：《同音》俄藏丁种本完整地保存了该文献的前 33 页（包括两页序言），故页码用两位数表示；我们将一个完整的页码分为 A、B 两面，A 代表右面（前半页），B 代表左面（后半页），这样便于编号统计；每半页 7 竖行，每行 8 个大字，故行数和字数用一位数表示。例如同音_丁 27B74：即《同音》丁种本第 27 页 B 面第 7 行第 4 字。编号 "10B1A"："××A" 指这一行（字）出现于《同音》丁种本 "品名" 部分，"A" 为 "article"（品、章、节）的缩写。《同音》正文大字、注字之后的符号 "。"，表示不同音的字组之间的间隔。每品中字音相同者为一组（纽），以符号 "。" 相隔，无同音字的集中列于各品的最后，称为 "独字"。

2. 为了阅读方便，在整理和研究部分，我们将《同音》丁种本正文、注字、背隐音义（誊录时简称 "背隐"）及研究解释文字依次排列。首先，列出大字和注字（字号大小不同，一目了然），然后给出相应的拟音和汉译；其次，为背隐音义的原文和汉译；最后，是研究解释部分（以按语的形式），为本书作者对以上内容给出的详细解读及研究。

3. 誊录和汉译时，背隐音义原文中 "ㄣ" 号，多数情况下代表该字与前一字重复，有时则代表《同音》正文中的大字。不同的情况，我们会在 "按语" 部分予以解释。背隐音义中往往用 "……" 线将背隐音义与正文中的大小字相连，用于特指，同时这也是一种省减的做法。由于是在原书的背面作注，注释者往往因为看错行或盯错字而将注释内容写错地方，写错后，往往涂改成墨蛋，然后在旁边重写。对于这些特殊情况，我们亦会在文中一一指明，以便大家对照阅读原文。背隐音义中反切注音之后写得较小的汉字 "二、三、四" 等，是指同纽字有二、三或四个。背隐音义中回行书写者，本书誊录时以 "/" 分隔，以示区别。凡是原文字迹不清者，均以 "×" 号代替。

4. 在研究解释的按语部分，我们列举的主要西夏文原始文献的出处，以上述 9 种西夏文辞书为主（见绪论·三·主要参考的西夏文原始文献介绍），基本上未涉及其他西夏文世俗文献和佛经（个别地方解释时涉及者已经注明出处）。因为世俗文献和佛经的数量很大，暂时还无法进行穷尽式研究，我们将在以后的著作中充分利用。另外，许多背隐音义的内容我们目前还难以给出十分满意的解读，希望博雅君子再进一步研究。

二 整理与研究

03A4A 𘂦𗙅𗓁𘁝𘕉

重唇音一品[1]

03A51 𗓁𗺌 bji 2.10 lji 2.60 往昔

[背隐] 𗙹𗒹

往昔

[按语] 背隐中以同义词解释正文。与正文同样的词组还有同音乙47A23；同音甲02A51、46B13；文海刻①10B62、15A71；合编甲23.084；同义20A1[2]，可见此二字多以词组的形式出现。该字字形构造：𗺌𗺌𗺌𗺌（昔：朝左就右）（文海抄②33B6.04）。

03A52 𗱕𗓁 dzju 1.02 bji 2.10 指挥

[背隐] 𗱕𗓁

指示

[按语] 背隐以近义词解释正文。参见下文同音丁29B75 及其背隐[3]。与正文同样的词组还有同音甲02A53；文海刻③02B12；掌中珠甲28B32（正文后该词的汉语译释即来源于此）[4]；合编甲24.053；同义20B5；碎金10A3 等。该字的字形构造：𗱕（𗓁）𗓁（𗓁）（指挥：词右许右）（文海抄②33B6.05）。聂Ⅰ573 录背隐内容[5]。

03A53 𗓁𗙹 bji 2.10 ·jaar 2.75 喊叫

[背隐] 𘕉𘃀𗰜𗱕

物无苦寻

[按语] 背隐的内容显然是对正文的解释，指出"喊叫"的原因。与正文同样的词组还有同音甲02A52、44A71；合编甲07.173 等。

03A54 𗓁𗾔 bji 2.10 mjijr 2.68 官吏

[背隐] 𗎖𗤆𗓁𗓁𘂦𗤧𗤆𗤨𗷔𗾔

帝之下属治育庶民者

---

[1] 原文此前内容为《同音重校序》、《同音本序》以及九品音分类。《同音背隐音义》从"重唇音一品"之下的正文开始。故笔者的整理和研究也从这里开始。附录中所收的西夏文字亦从"重唇音一品"开始统计。之所以要在图版中将与背隐音义无关的前两页序言带上，是考虑到文献的完整性，同时亦是对读者阅读和了解相关信息的补充。

[2] 按语中所引西夏文原始文献的先后顺序，以与《同音》丁种本及《同音背隐音义》关系的远近为基础。具体顺序如下：《同音》乙种本、《同音》甲种本、《文海》刻、《文海》抄、《合编》、《杂字》、《掌中珠》、《纂要》、《同义》、《碎金》、《切韵》。

[3] 《同音》正文多为二字词组，且往往固定搭配，所以在词组中前文以注字出现的字，在后文往往成为被解释的大字。对比发现，词组相同者背隐音义的内容往往相同或近似，前后可以相互参照。过去学界对《同音》的研究，多半将其作为音韵学著作来研究，很少有人关注其作为一部词汇集的真实用意。这也正是我们在按语中对背隐音义解释较少，而对《同音》正文词组解释较多的原因。即是说，在今后的研究中我们应该更多的从这方面来研究和认识《同音》，才能看清这部书的真正价值。

[4] 之所以用括号指明该词的汉译来源，是想提醒大家该词有明确的汉译文可供参考。

[5] 指出聂夫斯基《西夏语词典》的页码，以便大家研究时对照。

[按语] 背隐的内容是对正文的解释，说明"官吏"的职责。参见下文同音丁03B13 及其背隐。与正文同样的词组还有同音甲02A54、02B14；同义10A7 等。

03A55 𗗟𗐶 bji 2.10 lja 1.19 躲避

[背隐] 𗐶𗐶𗐶𗐶
自藏不现

[按语] 背隐的内容是对正文的解释，指出"躲避"的状态。与正文同样的词组还有同音乙49B31；同音甲02A55；合编甲04.122；同义30A1 等。

03A56 𗐶𗐶 ɣar 2.73 bji 2.10 惊愕

[背隐] 𗐶𗐶𗐶𗐶𗐶
先未曾闻见

[按语] 背隐的内容是对正文的解释，指出"惊愕"的原因。与正文同样的词组还有同音乙45B14；同音甲02A56、43B38；文海刻①50A51；合编甲01.072；同义10B7 等。

03A57 𗐶𗐶 bji 2.10 tshjij 1.35 步行

[背隐] 𗐶𗐶𗐶
行走往

[按语] 背隐以同义词解释正文。与正文同样的词组还有同音乙38B28；同音甲02A58、38A25；文海刻①57B53；同义19A2 等。

03A58 𗐶𗐶 bjɨ 1.30 bji 2.10 以下

[背隐] 𗐶𗐶
下方

[按语] 背隐以同义词解释正文。参见下文同音丁06A44 及其背隐。与正文同样的词组还有同音甲02A61、05A51；文海刻①75B62；合编甲02.181；同义16B6 等。

03A61 𗐶𗐶 tsjij 1.61 bji 2.10 绳索

[背隐] 𗐶𗐶𗐶
系缚用

[按语] 背隐的内容是对正文的解释，指出"绳索"的用途。与正文同样的词组还有同音甲02A64、35B42；文海刻①66B22；合编甲07.163 等。

03A62 𗐶𗐶 。bjɨ 1.30 bji 2.10 满溢

[背隐] 𗐶𗐶𗐶𗐶
满溢流过

[按语] 背隐的内容是对正文的解释，指出"满溢"的程度。参见下文同音丁10A63 及其背隐。与正文同样的词组还有同音甲02A65、05A52；同义20A2 等。

03A63 𗐶𗐶 bji 1.11 djɨ 2.28 财产

[背隐] �?�?�?�?�?
大小物共名

[按语] 背隐的内容是对正文的解释，指出"财产"的外延。参见下文同音丁 14A57 及其背隐。与正文同样的词组还有同音甲 02A62、13A76；文海刻①16B21；掌中珠甲 26B12（正文后该词的汉语译释即来源于此）；同义 14A7 等。

03A64 㲉羍 。ṡji 2.09 bji 1.11 单薄

[背隐] 㲉㲉蕭㲉

细弱尖梢

[按语] 背隐的内容是对正文的解释，指出"单薄"的程度。与正文同样的词组还有同音乙 36A23；同音甲 02A63、35A64；文海刻①16B22 等。

03A65 㲉㲉 dżjaa 1.21 bji 1.11 火符

[背隐] 㲉㲉

宫殿符牌

[按语] 背隐的内容是对正文的解释，指出"火符"乃是一种"宫殿符牌"。与正文同样的词组还有同音甲 02A66。该字又见同义 02B4。文海刻①16B31 有该字的详细材料。聂Ⅱ055 录背隐内容。

03A66 㲉毛 bji 1.11 bjij 2.33 高下

[背隐] 㲉毛㲉㲉㲉

高下测量用

[按语] 背隐的内容是对正文的解释。与正文同样的词组还有同音甲 02A67；文海刻①16B32；掌中珠乙 29A32（正文后该词的汉语译释即来源于此）等。合编甲 04.201 顺序不同。

03A67 㲉㲉 bji 1.11 we 1.08 丙丁

[背隐] 㲉㲉㲉㲉

十干中有

[按语] 背隐的内容是对正文的解释，指出"丙丁"的"丙"是"十大天干"〔1〕之一。参见下文同音丁 10B56 及其背隐。与正文同样的词组还有同音甲 02A68、09B45；掌中珠甲 09B32（正文后该词的汉语译释即来源于此）；同义 18B4 等。

03A68 㲉㲉 bji 1.11 ɣie 1.09 威力

[背隐] 㲉㲉

威力

[按语] 背隐以同义词解释正文。与正文同样的词组还有同音乙 44A52；同音甲 02A57、43B45；文海刻①23A43；合编英 02.082；同义 24B5 等。

03A71 㲉㲉 swew 1.43 bji 1.11 光明

[背隐] 㲉㲉㲉㲉

明亮显明

[按语] 背隐以同义词解释正文。与正文同样的词组还有同音乙 35A64；同音甲 02A71、

---

〔1〕 十大天干指：甲、乙、丙、丁、戊、己、庚、辛、壬、癸。十大天干是传统用做表示次序的符号。

31B44；文海_刻①69A61 等。

03A72 髒_羸 bji 1.11 kju 1.59 茁壮

  [背隐] 瓻瓻瓻羸菝祎

    有血脉沸动摇

  [按语] 背隐的内容是对正文的解释，指出"茁壮"的原因。参见下文同音_丁21B61 及其

    背隐。与正文同样的词组还有同音_甲02A72、20B78；文海_刻①16B52；同义 23B3

    等。

03A73 獬_敄 。bji 1.11 wer 1.77 丰稔

  [背隐] 敄敄絚

    问丰稔

  [按语] 背隐的内容是对正文的解释。与正文同样的词组还有文海_刻①82B22；同义 02A2

    等。

03A74 絟繝 lha 1.20 mjijr 2.68 神圣

  [背隐] 敩引移絟庲蠢

    神圣应为皆获

  [按语] 背隐的内容是对正文的解释。与正文同样的词组还有同音_乙53A22；同音_甲

    02A74、52B55；文海_刻①32A61；合编_甲11.032；同义 02A4 等。

03A75 藤繸 mə 2.25 mjijr 2.68 精神

  [背隐] 豕酾絖酡敠

    身体依靠处

  [按语] 背隐的内容是对正文的解释。与正文同样的词组还有同音_甲02A75。该字又见掌

    中珠_甲20B32；同义 23A3 等。

03A76 繡繸 。mə 2.25 mjijr 2.68 精神

  [背隐] 敊厰繸絖

    威风有精神

  [按语] 背隐的内容是对正文的解释。参见下文同音_丁03B77 及其背隐。与正文同样的词

    组还有同音_甲02A76、02B77；文海_刻①39A62；合编_甲03.043；同义 03A6 等。

03A77 筱膠 ·ju 2.02 mjijr 2.68 庶民

  [背隐] 羭筱瓻瓻丨絊

    庶民地上人民

  [按语] 背隐中的"丨"代表该字本身[1]。背隐音义以同义词解释正文。与正文同样的

    词组还有同音_甲02A77。该字又见同音_甲10B46；同音_乙31A38；同义 17A3；碎金

    03A4 等。

03A78 繷繸 rjɨj 2.37 mjijr 2.68 暗昧

  [背隐] 敩引敆繸敠

---

〔1〕 这种符号，全部背隐音义中仅出现此一处。不知道这样理解对不对？

神圣苦显处

[按语] 背隐的内容是对正文的解释。与正文同样的词组还有同音乙47B25；同音甲02B11、47A38；同义02A4 等。

03B11 𘟿𘚴 tja 1.20 mjijr 2.68（人名）

[背隐] 𘝞𘙍𘙹𘝂𘞖𘞤𘞰

先人名 khia rjijr bə zji

[按语] 背隐先指出正文的类别为一"人名"，而且是一个"先人名"，然后还说出了其具体称呼。参见下文同音丁14A31 及其背隐。文海刻①28B21 则说该词为一族姓"𘞰𘞤𘟿𘚴"。这样看来该词既是人名，又是族姓。与正文同样的词组还有同音甲02B12、13A47；杂字乙12B7；同义06A6 等。

03B12 𘝞𘚴 rjɨj 2.37 mjijr 2.68（树名）

[背隐] 𘚴𘙹

树名

[按语] 背隐指出正文的类别为一"树名"。与正文同样的词组还有同音甲02B13、47A35；杂字乙06B6；同义09A7 等。

03B13 𘜒𘙍 bji 2.10 mjijr 2.68 官吏

[背隐] 𘞩𘞤

有位

[按语] 背隐的内容是对正文的解释，说明"官吏"是"有位"之人。参见上文同音丁03A54 及其背隐。与正文同样的词组还有同音甲02A54、02B14；同义10A7 等。

03B14 𘞤𘙍 tjoo 1.53 mjijr 2.68 寻找

[背隐] 𘝂𘙹𘞤𘝂

寻找所需

[按语] 背隐的内容是对正文的解释，指出"寻找"的目的是"所需"的东西。参见下文同音丁19B17 及其背隐。与正文同样的词组还有文海刻①30B21；同义12B6 等。

03B15 𘞩𘙍 mee 2.11 mjijr 2.68 神圣

[背隐] 𘝞𘝂𘝾𘞤𘝾𘞰

变化为得神圣

[按语] 背隐的内容是对正文的解释。与正文同样的词组还有同音甲02B16。该字又见文海刻①32A61、③10A72 等。

03B16 𘝾𘞤 。mjijr 2.68 gjij 1.61 辰星

[背隐] 𘞩𘞰𘜒

十二宫

[按语] 背隐的内容是对正文的解释。与正文同样的词组还有同音甲02B17；掌中珠甲08B12（正文后该词的汉语译释即来源于此）等。

03B17 𘞰𘞤 pə 1.27 bju 2.03 大象

[背隐] 𘝞𘞤𘝂𘝾

香象粗大

［按语］背隐的内容是对正文的解释。参见下文同音﹑04B43 及其背隐。与正文同样的词组还有同音﹖02B18、03B47；文海﹒①07A22；合编﹖10.191 等。

03B18 𘟂𘞲 tsor 2.80 pə 1.27 小畜

［背隐］𘞲𘟂𘞲
小马驹

［按语］背隐的内容是对正文的解释。与正文同样的词组还有同音﹖02B21、32A61；文海﹒①32B71；同义 13B2 等。

03B21 𘞲𘟂 pə 1.27 lej 2.53 贪图

［背隐］𘞲乀𘟂𘞲𘞲𘞲
艰险莫贪图财

［按语］"乀"代表该字与前一字重复。背隐音义的内容是对正文的解释，后二字"图财"采取了音译的形式。与正文同样的词组还有同音﹖02B22；同义 23A5 等。

03B22 𘞲𘟂 pə 1.27 po 1.49 长辈

［背隐］𘞲𘞲
岁大

［按语］背隐的内容是对正文的解释。参见下文同音﹑04B74 及其背隐。与正文同样的词组还有同音﹖02B23、04A11；文海﹒①32B72；杂字﹒14B6；合编﹖02.021等。

03B23 𘞲𘞲 pə 1.27 wja 2.57（草名）

［背隐］𘞲𘞲𘞲𘞲/𘞲𘞲
卜病烧用/草名

［按语］背隐的内容先是对正文的解释，然后指出正文的类别为一"草名"。参见下文同音﹑12A12 及其背隐。与正文同样的词组还有同音﹖02B24、11A11；同义 10A1 等。

03B24 𘞲𘞲 pə 1.27 yji 1.69 矿石

［背隐］𘞲𘞲𘞲
石生铁

［按语］背隐的内容是对正文的解释，指出"矿石"的用途是产生铁等金属的。与正文同样的词组还有同音﹐42B34；同音﹖02B25、42A13；文海﹒①33A12；同义 25A7 等。

03B25 𘞲𘞲 pə 1.27 gjwi 2.10（鬼名）

［背隐］𘞲𘞲𘞲𘞲
男鬼鬼名

［按语］背隐指出正文的类别为一"鬼名"，而且是一个"男鬼"。参见下文同音﹑24A57 及其背隐。与正文同样的词组还有同音﹖02B26、23A73；文海﹒①40B51；合编﹖09.121；同义 32A7 等。

03B26 𘞲𘞲 ₒ pə 1.27 we 1.08 离火

[背隐] 蕬嵍嵍嵍

火焰热暖

[按语]"离"为八卦之一，代表火。背隐音义的内容正体现了这一点。参见下文同音_丁10B52 及其背隐。与正文同样的词组还有同音_甲02B27、09B53；文海_刻①40B62；同义 18B4 等。

03B27 恍蕬 tshji̱ 1.30 pər 1.84 一岁羊

[背隐] 恍蕬

一岁羊

[按语] 背隐的内容是对正文的解释，指出这种羊的特征是"一岁羊"。与正文同样的词组还有同音_甲02B28；文海_刻①32B71、文海_刻①87A31 等。

03B28 蕬蕬 。phər 1.84 pər 1.84 除去

[背隐] 蕬蕬蕬蕬蕬蕬

除离使尘埃除

[按语] 背隐先以同义词"除离"解释正文，再以"使尘埃除"具体解释。与正文同样的词组还有同音_甲02B31；文海_刻①87A32；同义 24B6 等。

03B31 蕬蕬 gji 2.10 bjij 2.33 妻眷

[背隐] 蕬蕬蕬蕬蕬蕬

夫妻男女共名

[按语] 背隐的内容是对正文的解释。此处背隐音义的解释不如同音_丁23B63 处背隐音义所注的明确，将"妻眷"（家属）理解成了"夫妻"。参见下文同音_丁23B63 及其背隐。与正文同样的词组还有同音_甲02B32、23A11；文海_刻①88A11；杂字_乙15A7；掌中珠_甲20B12（正文后该词的汉语译释即来源于此）；合编_甲23.181等。

03B32 蕬蕬 · u 2.01 bjij 2.33 嗔怒

[背隐] 蕬蕬蕬蕬

嗔怒不乐

[按语] 背隐先以同义词解释正文，再以反义词解释正文。与正文同样的词组还有同音_乙44B78；同音_甲02B33、44B16；文海_刻①71A31；合编_甲11.084；同义 26B7 等。

03B33 蕬蕬 bjij 2.33 ɣji̱r 1.86 尊朕

[背隐] 蕬蕬蕬蕬/蕬蕬

特出无比/天子

[按语] 背隐的内容是对正文的解释。与正文同样的词组还有同音_乙42B27；同音_甲02B34、41B76；文海_刻①89A71；同义 02A7 等。

03B34 蕬蕬 · jaa 2.18 bjij 2.33 金兑

[背隐] 蕬

金

[按语] 背隐以同义词解释正文。"兑"为八卦之一，代表金。与正文同样的词组还有同音_乙43B48；同音_甲02B37、43A27；文海_刻①72A31；合编_甲13.121；同义 18A2

等。

03B35 㒈 tjwɨ 1.69 bjij 2.33 女阴男根

　　[背隐] 未注

　　[按语] 背隐对正文未作解释，原因不详[1]，估计属于遗漏所致。可参见下文同音丁
　　　　　19B34 及其背隐。与正文同样的词组还有同音乙 19B34；同音甲 02B37、43A27；
　　　　　杂字乙 17A7 等。

03B36 㞑 。bjij 2.33 so 2.42 高上

　　[背隐] 㞑㠯绨

　　　　　高不低

　　[按语] 背隐先以同义词解释正文，再以反义词解释正文。参见下文同音丁 30A77 及其背
　　　　　隐。与正文同样的词组还有同音乙 30A77；同音甲 02B41、29B46 等。

03B37 㱐 bjij 2.33 ɣa 1.17 黎明

　　[背隐] 㱐㠯绨/翆㼪

　　　　　日未出/黎明

　　[按语] 背隐先解释"黎明"处在一天的什么时刻，再以同义词解释正文。与正文同样的
　　　　　词组还有同音乙 43A11；同音甲 02B35、42A62；文海刻①67A32；同义 13A1；碎金
　　　　　02B3 等。

03B38 蕻㲳 bjij 2.33 rjijr 2.68 近侧

　　[背隐] 㠯㷺㕵逐

　　　　　使不远居

　　[按语] 背隐的内容是对正文的解释。与正文同样的词组还有同音乙 48A23；同音甲
　　　　　02B36、47B37；文海刻①35B41；同义 21A5 等。

03B41 㵻㹟 。dzjij 1.42 bjij 2.33 时时

　　[背隐] 㵻㣲㹟㧁

　　　　　时到时用

　　[按语] 背隐的内容是对正文的解释。与正文同样的词组还有同音甲 02B42。该字又见同
　　　　　义 13A5。

03B42 夒㹏 bə 2.25 bjij 1.36 bjij（虫名）

　　[背隐] 夒㹤

　　　　　虫名

　　[按语] 背隐指出正文的类别为一"虫名"。与正文同样的词组还有同音甲 02B44；杂字乙
　　　　　10B3 等。该字又见同义 28A5。

03B43 㺅㹌 ŋewr 1.87 bjij 1.36 鸣响

　　[背隐] 㷠㺅㺫㷺㺅ㄥ

─────────────

〔1〕　大部分未做背隐音义的地方，原因都比较明确。只有少数原因不明。是遗漏？还是其他原因？不管怎样，按语中我们均
　　　有所交代。

震鸣音出鸣响

［按语］“ㄣ”代表该字与前一字重复。背隐音义的内容是对正文的解释。与正文同样的词组还有同音$_{甲}$ 02B45、22B26；文海$_{刻}$①58B42；同义 08A3 等。

03B44 [illegible] 。bə 2.25 bjij 1.36 陋旧

［背隐］[illegible]

陋旧不新

［按语］背隐先以同义词解释正文，再以反义词解释正文。参见下文同音$_{丁}$ 04A73 及其背隐。与正文同样的词组还有同音$_{甲}$ 02B46、03A76；文海$_{刻}$①18A62；合编$_{甲}$ 08.082；同义 12B2 等。

03B45 [illegible] mur 1.75 bjij 1.61 愚俗

［背隐］[illegible]

愚俗不慧愚俗

［按语］背隐前后以同义词解释正文，中间以反义词解释正文。与正文同样的词组还有同音$_{甲}$ 02B47；文海$_{刻}$①80A32；合编$_{甲}$ 19.031；同义 32A4 等。

03B46 [illegible] phə 1.27 bjij 1.61 富有

［背隐］[illegible]

有物大富

［按语］背隐的内容是对正文的解释。参见下文同音$_{丁}$ 05A54 及其背隐。与正文同样的词组还有同音$_{甲}$ 02B51、04A57；文海$_{刻}$①67A11；杂字$_{乙}$ 15A2；同义 10B3 等。

03B47 [illegible] ·a ? bjij 1.61 高升

［背隐］[illegible]/[illegible]

高上贡奉/高升

［按语］背隐的内容是对正文的解释。与正文同样的词组还有同音$_{甲}$ 02B52。该字又见掌中珠$_{甲}$ 27B22；同义 17B6；碎金 10A6 等。文海$_{刻}$①67A12 有该字的详细材料。

03B48 [illegible] bjij 1.61 ·ju 2.02 仰视

［背隐］[illegible]

肩上视后视

［按语］背隐的内容是对正文的解释。与正文同样的词组还有同音$_{甲}$ 02B48。该字又见同义 16A1。文海$_{刻}$①67A13 有该字的详细材料。

03B51 [illegible] bjij 1.61 we 2.07 危险

［背隐］[illegible]

山无旁地间悬

［按语］背隐的内容是对正文的解释，指出“危险”的状态。参见下文同音$_{丁}$ 10B28 及其背隐。与正文同样的词组还有同音$_{甲}$ 02B53、09B31；文海$_{刻}$①67A21；掌中珠$_{甲}$ 12B12（正文后该词的汉语译释即来源于此）；同义 25B1 等。

03B52 [illegible] rowr 1.91 bjij 1.61 皮干

［背隐］[illegible]

未真干也

[按语] 背隐的内容是对正文的解释。背隐音义的内容接近文海_刻①67A22 中的解释。文海_刻①67A22 燦：燦靴燲燰（晒左外光），从该字的字形构造可以看出，该字的意思正如背隐音义所言。与正文同样的词组还有同音_甲02B54、55B43 等。

03B53 薐薇 。bjij 1.61 sji 1.11 檀树

[背隐] 薇艻焱焱

树名美丽

[按语] 背隐指出正文的类别为一"树名"，然后指出该树还很"美丽"。所谓"美丽"可能指檀香而言。与正文同样的词组还有同音_甲02B55；文海_刻①67A31 等。该字又见掌中珠_甲21A32；同义 09A3 等。文海_刻①67A31 有该字的详细材料。

03B54 膰羓 bjiir 2.86 dzjwɨ 1.30 祐助

[背隐] 殇膰潎/靛膰

相祐助/祐助

[按语] 背隐以同义词解释正文。与正文同样的词组还有同音_甲02B56。该字又见杂字_乙14A8；掌中珠_甲32A22（正文后该词的汉语译释即来源于此）；同义 10A7 等。

03B55 刐豰 。bjiir 2.86 tshjiij 1.39 注解

[背隐] 飚綝憼豽/豲刐耏裮

大字疏用/汉语注解

[按语] 背隐先是对正文的解释，指出其作用；然后给出汉语的音义混合解释。04A26 背隐音义中"綵裮"（挂钩）与此背隐音义中的"耏裮"（注解）类似。与正文同样的词组还有同音_甲02B57。该字又见同音_甲09A7A；同义 21A4 等。

03B56 翤繻 mjɨr 1.86 mə 2.25 族姓

[背隐] 蘱毊莼瓣/繻篼猵莸

宗姓宗号/姓类显用

[按语] 背隐的内容是对正文的解释。参见下文同音_丁07A72 及其背隐。与正文同样的词组还有同音_甲02B58、06B23；文海_刻①67B31；杂字_乙10B8；合编_丙A15 等。

03B57 糁繎 mə 2.25 njijr 2.68 种种

[背隐] 糀祥篼猵/糀猵

同类杂混/杂混

[按语] 背隐的内容是对正文的解释。参见下文同音_丁18B77 及其背隐。与正文同样的词组还有同音_甲02B64、18A62；文海_刻①73A42；合编_甲10.082；同义 22A3 等。

03B58 糈繻 mə 2.25 ·jiw 2.40（菜名）

[背隐] 龭艻

菜名

[按语] 背隐指出正文的类别为一"菜名"。与正文同样的词组还有同音_乙42A63；同音_甲02B62、41B42；杂字_乙07B1；同义 10A4 等。

03B61 衻羅 mə 2.25 ɣie 2.59 声音

[背隐] 𗼨𗓳𗼨𗓳𗼔𗼕
言语震鸣音出

[按语] 背隐的内容是对正文的解释。与正文同样的词组还有同音乙44A54；同音甲 02B67、43B48；文海刻①14A32；合编甲09.042；同义08A4等。

03B62 𗓳甲 mə 2.25 wee 1.12 生产

[背隐] 𗓳𗓳𗓳𗓳
生产孩子

[按语] 背隐的内容是对正文的解释。参见下文同音丁12A17及其背隐。与正文同样的词组还有同音甲02B63、11A17；文海刻①51A32；杂字乙15B4；同义23B2等。

03B63 𗓳甲 mə 2.25 tsji 2.10 蝇

[背隐] 𗓳𗓳
虫名

[按语] 背隐指出正文的类别为一"虫名"。参见下文同音丁30B48及其背隐。与正文同样的词组还有同音甲02B65、30A15；杂字乙10B3；掌中珠甲17A32（正文后该词的汉语译释即来源于此）；同义28A2等。

03B64 𗓳甲 mə 2.25 khjiij 1.39 戏耍

[背隐] 𗓳𗓳𗓳𗓳
互不独居

[按语] 背隐的内容是对正文的解释。与正文同样的词组还有同音甲02B66。该字又见同义20A4。聂Ⅰ359录背隐内容。

03B65 𗓳甲 mə 2.25 phe 1.08 夫妻

[背隐] 𗓳𗓳/𗓳𗓳
所属/夫妻

[按语] 背隐的内容是对正文的解释。参见下文同音丁07B23及其背隐。与正文同样的词组还有同音甲03A26、06B46；合编丙B31；同义05B4等。

03B66 𗓳甲 mə 2.25 rjur 1.76 忧伤

[背隐] 𗓳𗓳𗓳𗓳𗓳
好生厌恶病痛

[按语] 背隐的内容是对正文的解释。与正文同样的词组还有同音乙51B23；同音甲 03A15、51A26；文海刻①81B12；合编甲17.064；同义30A7等。

03B67 𗓳甲 mə 2.25 rjur 1.76 牛虻

[背隐] 𗓳𗓳𗓳
牛蛆虫

[按语] 背隐的内容是对正文的解释，并且指出了这种虫子的特点，专门寄生于牛的身上。与正文同样的词组还有同音乙51B24；同音甲03A16、51A32；文海刻①81B21；杂字乙10B2；同义28A3等。

03B68 𗓳甲 mə 2.25 dio 1.71 姐妹

[背隐] 𗥤𗤋
至亲

[按语] 背隐的内容是对正文的解释。参见下文同音$_丁$ 20A12 及其背隐。与正文同样的词组还有同音$_甲$ 02B68、19A68；文海$_刻$①78A32；杂字$_乙$ 14B8 等。

03B71 𗿷𗤋 mə 2.25 low 2.47（树名）

[背隐] 𗤋𗿷
树名

[按语] 背隐指出正文的类别为一"树名"。与正文同样的词组还有同音$_乙$ 49B17；同音$_甲$ 02B71、49A34；杂字$_乙$ 07A3；同义 09A7 等。

03B72 𗤄𗿷 sji 1.30 mə 2.25 柴薪

[背隐] 𗠁𗤋
燃料

[按语] 背隐的内容是对正文的解释，指出"柴薪"的用途。与正文同样的词组还有同音$_甲$ 02B72。该字又见同义 09B2。

03B73 𗿷𗤋 mə 2.25 la 2.14 诚实

[背隐] 𗀔𗥃𗤋𗠁
真实实诚

[按语] "𗥃"代表该字与前一字重复。背隐音义以同义词解释正文。与正文同样的词组还有同音$_乙$ 47B14；同音$_甲$ 02B73、46B71；文海$_刻$①08B21；同义 02B2 等。

03B74 𗤋𗿷 rar 2.73 mə 2.25 泉源

[背隐] 𗤋𗠁𗥃
水出处

[按语] 背隐的内容是对正文的解释。与正文同样的词组还有同音$_乙$ 46B73；同音$_甲$ 02B74、46A63；文海$_刻$③05B22；杂字$_乙$ 05B1；掌中珠$_甲$ 12A12（正文后该词的汉语译释即来源于此）；碎金 09B2 等。

03B75 𗱈𗤋 mə 2.25 mjiij 1.39 昏迷

[背隐] 𗤋𗱈𗠁𗥃 / 𗱈𗤋
死至气回 / 昏迷

[按语] 背隐先是对正文的解释，然后再以同义词注释。参见下文同音$_丁$ 06B31 及其背隐。与正文同样的词组还有同音$_甲$ 02B75、05B43；文海$_刻$①34B62；同义 31B1 等。

03B76 𗤋𗿷 ·jow 2.48 mə 2.25 模样

[背隐] 𗤋𗠁𗥃𗿷
身体依靠

[按语] 背隐的内容是对正文的解释。与正文同样的词组还有同音$_乙$ 43A73；同音$_甲$ 02B76、42B51；同义 23B3 等。

03B77 𗤋𗿷 mə 2.25 mjijr 2.68 精神

[背隐] 𗀊𗍳𗏁𗕿
威仪威风

[按语] 背隐的内容是对正文的解释。参见上文同音丁03A76及其背隐。与正文同样的词组还有同音甲02A76、02B77；文海刻①39A62；合编甲03.043；同义03A6等。

04B78 𗋅𗜓 mə 2.25 nejr 1.73 润滑

[背隐] 𗜓𗋅
润滑

[按语] 背隐以同义词解释正文。与正文同样的词组还有同音甲02B78；文海刻79A33；同义11A6等。聂I346录背隐内容。

04A11 𗋅𗜓 。mə 2.25 ·ji 1.11 芜荑

[背隐] 𗜓𗫉𗭼𗩴
树上结果

[按语] 背隐的内容是对正文的解释，重在树上结出的果实。与正文同样的词组还有同音甲02B61；掌中珠甲15A32（正文后该词的汉语译释即来源于此）；合编甲23.183；碎金08B1等。聂I482录背隐内容。

04A12 𗋅𗍞 mər 2.76 tśhji 2.09 根本

[背隐] 𗍞𗍳𗍳
所出处

[按语] 背隐的内容是对正文的解释。与正文同样的词组还有同音乙37B15；同音甲03A11、36B51；文海刻①84A51；合编甲24.101；同义05A7等。

04A13 𗋅𗔲 mər 2.76 wer 1.77 鹤鹤

[背隐] 𗏁𗍳𗏒𗩴𗰛/𗰛
冬季牧者鹤/鹤

[按语] 背隐的内容是对正文的解释。参见下文同音丁11A58及其背隐。与正文同样的词组还有同音甲03A14、10A58；文海刻①82B12；同义27B5等。

04A14 𗋅𗔲 mər 2.76 wer 1.77 逢遇

[背隐] 𗔲𗍳
逢遇

[按语] 背隐以同义词解释正文。参见下文同音丁11A57及其背隐。与正文同样的词组还有同音甲03A12、10A57；文海刻①65A61；合编甲19.051；同义23A4等。

04A15 𗋅𗕔 。mər 2.76 sjwã 2.24 灰边

[背隐] 𗍳𗫉𗏁𗜓𗩴/𗭼𗜓𗫉𗕿𗩴
马色栗边黄/黑边白之谓

[按语] 背隐的内容是对正文的解释。与正文同样的词组还有同音甲03A13。该字又见杂字乙08B4；同义16A3等。

04A16 𗀊𗜓 məə 1.31 dzji 2.60（鬼名）

贰. 背隐音义的整理与研究 33

[背隐] 􀀀􀀀􀀀􀀀/􀀀􀀀
灾害为者/鬼名

［按语］背隐先是对正文的解释，然后指出正文的类别为一"鬼名"。与正文同样的词组还有同音乙39A68；同音甲03A17、39A11；文海刻①84B72；合编甲09.121；同义32A7 等。

04A17 􀀀􀀀 。ku 2.04 məə 1.31 盲瞎

[背隐] 􀀀􀀀􀀀􀀀
有目不见

［按语］背隐先是对正文的解释。参见下文同音丁25A72 及其背隐。与正文同样的词组还有同音甲24B26；文海刻①40B61 等。

04A18 􀀀􀀀 mə 1.27 bju 2.03 （虫名）

[背隐] 􀀀􀀀
虫名

［按语］背隐指出正文的类别为一"虫名"。参见下文同音丁04B42 及其背隐。与正文同样的词组还有同音甲03A25、03B46；文海刻①33A52；杂字乙10B3；同义28A4 等。

04A21 􀀀􀀀 ɣu 1.04 mə 1.27 神仙

[背隐] 􀀀􀀀􀀀􀀀􀀀􀀀􀀀􀀀
贵富战三神仙守护者神

［按语］背隐的内容是对正文的解释。与正文同样的词组还有同音乙42A46；同音甲03A24、41B26；文海刻①33A61；合编甲22.051；同义27B3 等。文海刻①33A61：􀀀􀀀􀀀􀀀􀀀􀀀􀀀􀀀神者神仙也，贵神仙也，富神仙也，战神仙也，庶民争相供养之守护者神是也。比较背隐音义与《文海》可以看出，显然背隐音义中的"贵、富、战"三字是"贵神仙、富神仙、战神仙"的缩写（"􀀀"与"􀀀"为同义词）。

04A22 􀀀􀀀 ŋwər 1.84 mə 1.27 皇天

[背隐] 􀀀􀀀􀀀􀀀􀀀
覆盖遮蔽处

［按语］背隐的内容是对正文的解释，指出"天"的作用。与正文同样的词组还有文海刻①87B61；杂字甲02B5；掌中珠甲04A32（正文后该词的汉语译释即来源于此）；同义02A1 等。

04A23 􀀀􀀀 tśja 1.19 mə 1.27 护羊神

[背隐] 􀀀􀀀􀀀
羊中神

［按语］背隐的内容是对正文的解释。与正文同样的词组还有同音乙36B55；同音甲03A22、36A17 等。

04A24 􀀀􀀀 mə 1.27 ·ioow 1.57 功用

[背隐] 𰀀𰀁𰀂𰀃
恩功有功

[按语] 背隐的内容是对正文的解释。与正文同样的词组还有文海_刻①60A22；合编_甲23.071；同义 02A3 等。

04A25 𰀄𰀅 。ŋwu 2.01 mə 1.27 雕鹫

[背隐] 𰀆𰀇𰀈𰀉𰀊
雕雕鹫大鸟

[按语] 背隐先以同义词解释正文，再解释这种猛禽为"大鸟"。参见下文同音_丁 21A76 及其背隐。与正文同样的词组还有同音_甲 03A21、20B26；文海_刻①69B61；同义 27B3 等。

04A26 𰀋𰀌 dzow 1.54 mja 1.20 挂钩

[背隐] 𰀍𰀎𰀏𰀐/𰀑𰀒
互持挂钩/水上

[按语] 背隐的内容是对正文的解释。背隐音义中"𰀏𰀐"（挂钩）采取的是音义结合的方式。"𰀏"音"钩"通"挂钩"的"钩"。03B55 背隐音义中的"𰀓𰀔"（注解）与之类似。参见下文同音_丁 31A51 及其背隐。与正文同样的词组还有同音_甲 03A31；文海_刻①28A12 等。

04A27 𰀕𰀖 mja 1.20 ・wu 2.51 男女（雌雄）

[背隐] 𰀗𰀘
人畜

[按语] 背隐的内容是对正文的解释，指出对人而言区分男女，对牲畜而言区分雌雄或公母。与正文同样的词组还有同音_甲 03A32；文海_刻①28A21；杂字_乙 15A7 等。聂 II 311 录背隐内容。

04A28 𰀙𰀚 bee 2.11 mja 1.20 （鸟名）

[背隐] 𰀛𰀜
鸟名

[按语] 背隐指出正文类别为一"鸟名"。参见下文同音_丁 07A61 及其背隐。与正文同样的词组还有同音_甲 03A38、06B12；文海_刻①28A22；杂字_乙 09B6；同义 27B6 等。

04A31 𰀝𰀞 mja 1.20 tshjij 2.54 万万

[背隐] 𰀟𰀠
数万

[按语] 背隐的内容是对正文的解释。参见下文同音_丁 32B74 及其背隐。与正文同样的词组还有同音_甲 03A33、32A64；文海_刻①28A23；同义 22A2 等。

04A32 𰀡𰀢 mja 1.20 meej 2.34 思念

[背隐] 𰀣𰀤𰀥𰀦
思念思念

[按语] 背隐以同义词解释正文。参见下文同音_丁 07B34 及其背隐。与正文同样的词组还

有同音_甲03A34、06B56；文海_刻①42B51；合编_丙B44；同义08B1 等。

04A33 𗥦𗤊 mja 1.20 njij 2.33 末尾

[背隐] 𗮮𗯤
末尾

[按语] 背隐以同义词解释正文。参见下文同音_丁17A13 及其背隐。与正文同样的词组还有同音_甲03A41、16A32；文海_刻①60B22；合编_甲13.093；同义04A3 等。

04A34 𗤊𗯧 mja 1.20 dźjwij 2.32 东方

[背隐] 𗮮𗯤𗾺𗩾𗡪
东方日出处

[按语] 背隐先以同义词解释正文，再解释"东方"乃"日出处"。与正文同样的词组还有同音_乙39A77；同音_甲03A35、39A17；文海_刻①85B71；合编_甲06.151；同义16B3 等。

04A35 𗥦𗤊 ɣa 1.17 mja 1.20 门槛

[背隐] 𗤧𗥦𗤊𗳦
帐出入处

[按语] 背隐的内容是对正文的解释，指出"门槛"应在的位置。与正文同样的词组还有同音_甲03A36；文海_刻①28A42；杂字_乙17B4 等。

04A36 𗤊𗡪 mja 1.20 khju 1.03 地下

[背隐] 𗢳𗥦/𗮮𗯤
土地/以下

[按语] 背隐的内容是对正文的解释。与正文同样的词组还有同音_甲03A37；合编_甲04.201 等。该字又见同义25B3。

04A37 𗥦𗤊 nju 1.03 mja 1.20 耳环

[背隐] 𗥦𗤊𗳦𗮮/𗥦𗤊𗡪
耳上应有/饰耳用

[按语] 背隐的内容是对正文的解释，并指出其用途。与正文同样的词组还有同音_甲03A42；文海_刻①28A52；杂字_乙06A8；掌中珠_甲25A32（正文后该词的汉语译释即来源于此）；碎金07B2 等。

04A38 𗤊𗡪 mja 1.20 ·io 1.71 河洲

[背隐] 𗮮𗯤/𗾺𗩾
水围/界边

[按语] 背隐的内容是对正文的解释。与正文同样的词组还有同音_乙45A45；同音_甲03A43；文海_刻①28A53；杂字_乙04B6 等。

04A41 𗥦𗤊 mja 1.20 kjwi 2.60 镫

[背隐] 𗮮𗯤𗾺𗩾
脚依靠处

[按语] 背隐的内容是对正文的解释，并指出其用途。参见下文同音丁26B36 及其背隐。与正文同样的词组还有同音甲03A44、25B66；文海刻①28A61；掌中珠乙33B32（正文后该词的汉语译释即来源于此）；同义15A7 等。

04A42 𗕜𗥔 dza 2.14 mja 1.20 比喻

[背隐] 𗕜𗥔𗥔

语助及

[按语] 背隐指出正文的类别为一"语气助词"。与正文同样的词组还有同音甲03A45。该字又见同义21A7；碎金10B1 等。文海刻①28A62 有该字的详细材料。

04A43 𗦻𗥔 mja 1.20 nji 2.29 昔日

[背隐] 𗦻𗥔𗥔𗥔

先前过去

[按语] 背隐以同义词解释正文。与正文同样的词组还有同音甲03A46；文海刻①28A72 等。该字又见同义13A6。

04A44 𗦻𗥔 mja 1.20 lhjuu 1.07 （人名）

[背隐] 𗦻𗥔𗥔𗥔/𗦻𗥔𗥔𗥔𗥔

ljij khjij 先有/ljij khjij 先人名

[按语] 背隐指出正文的类别为一"人名"，并且指出其为一个具体的"先人名"。与正文同样的词组还有同音乙49B41；同音甲03A47、49A47；文海刻①28A71 等。

04A45 𗦻𗥔 njii 2.12 mja 1.20 鲵鱼

[背隐] 𗥔

鱼

[按语] 背隐以同义词解释正文。也可以认为背隐音义是注明类别，即"鲵鱼"乃鱼的一种。参见下文同音丁13B36 及其背隐。与正文同样的词组还有同音甲03A27、12B52；文海刻①28A73；同义27B1 等。

04A46 𗥔𗥔 。mja 1.20 mji 1.30 娘娘

[背隐] 𗥔𗥔𗥔𗥔/𗥔𗥔

出生有处/母娘

[按语] 背隐的内容是对正文的解释。参见下文同音丁04B26 及其背隐。与正文同样的词组还有同音甲03A28、03B28；文海刻①37B42；杂字乙14B6；掌中珠甲20A22（正文后该词的汉语译释即来源于此）；同义05B6 等。

04A47 𗥔𗥔 tsji 1.29 mjo 2.44 觉悟

[背隐] 𗥔𗥔/𗥔𗥔

心中/晓慧

[按语] 背隐的内容是对正文的解释。与正文同样的词组还有同音甲03A48；文海刻①68A31；同义08B2 等。同音甲39B57；文海刻①13A41（颠倒[1]）。

---

[1] 对比发现，凡是二字组成的词语前后顺序可以颠倒，则表明这两个词组成的是并列词组，故顺序可前可后。

04A48 𗥔 mjo 2.44 ·jij 2.33 未羊

　　[背隐] 𗥔
　　　　　羊

　　[按语] 背隐以同义词解释正文。"未"乃"十二地支"之一，代表"羊"。与正文同样的词组还有同音甲03A51（颠倒）；杂字乙09A6；同义28B2等。

04A51 𗥔 。mjo 2.44 ·jij 1.36 自我

　　[背隐] 𗥔/𗥔
　　　　　非他/自身

　　[按语] 背隐的内容是对正文的解释，先是排他，后再肯定。与正文同样的词组还有同音乙42A75；同音甲03A52、41B55；同义29A6等。

04A52 𗥔 mjo 1.51 mji 1.11 听闻

　　[背隐] 𗥔𗥔𗥔𗥔
　　　　　以耳闻音

　　[按语] 背隐的内容是对正文的解释。与正文同样的词组还有同音甲03A53；同义08B2（颠倒）等。

04A53 𗥔 。mjo 1.51 mji 1.11 喂食

　　[背隐] 𗥔𗥔
　　　　　使食

　　[按语] 背隐以同义词解释正文。参见下文同音丁05B32及其背隐。与正文同样的词组还有同音甲03A54、04B36等。

04A54 𗥔 bə 1.27 da 2.14 起离

　　[背隐] 𗥔𗥔𗥔/𗥔𗥔
　　　　　坐卧急/起立

　　[按语] 背隐的内容是对正文的解释。参见下文同音丁15A58及其背隐。与正文同样的词组还有同音甲03A55、14A73；文海刻①33B31；合编甲05.043；同义19A4等。

04A55 𗥔 bə 1.27 dzjɨ 1.30 抛弃

　　[背隐] 𗥔𗥔/𗥔𗥔
　　　　　毁弃/丢失

　　[按语] 背隐以同义词解释正文。参见下文同音丁31A56及其背隐。与正文同样的词组还有同音甲03A56、30B24；文海刻①33B32；杂字乙21B6；合编甲17.174；同义20A6；碎金04A3等。

04A56 𗥔 bə 1.27 lwər 2.76 礼仪

　　[背隐] 𗥔𗥔/𗥔𗥔
　　　　　行为/礼仪

　　[按语] 背隐的内容是对正文的解释。与正文同样的词组还有同音甲03A57；文海刻③14B71等。该字又见同义03A2。文海刻①33B41有该字的详细材料。

04A57 㗊蕤 phji 1.11　bə 1.27 本源

　　[背隐] 襃䊸叕

　　　　　出生处

　　[按语] 背隐的内容是对正文的解释。参见下文同音丁05A13 及其背隐。与正文同样的词
　　　　　组还有同音甲03A58、04A21；文海刻①33B42；同义02A5 等。

04A58 結瓶 。lji 2.61　bə 1.27（人名）

　　[背隐] 瓶䊸結瓶㦱/繿蕤䊸㣫

　　　　　黑头之父/先祖人名

　　[按语] 背隐先是对正文的解释，然后指出其为"先祖人名"。与正文同样的词组还有同
　　　　　音甲03A61；文海刻①10B41；合编甲22.032 等。该字又见同义02A6；杂字乙
　　　　　12A5；碎金04B5 等。文海刻①33B51：瓶䊸結瓶㦱瓶䊸結瓶繿蕤㣫䊸䊸（bə 者
　　　　　lji bə 也黑头之父先人名是也）。对比背隐与文海中加点的内容，二者何等相似。

04A61 㦱䊸䊸 bə 1.27　lji 1.29　ljo 1.51（骨骼名）

　　[背隐] 㦱

　　　　　骨

　　[按语] 背隐指出正文的类别为一"骨骼名称"。但注释简略，仅注一"骨"字。与正文
　　　　　同样的词组还有同音乙49A17、54A13；同音甲03A68、48B44、53B51；文海刻①
　　　　　33B22、36B71、57B72；同义04B1 等。

04A62 㳁蕤 bə 1.27　mej 2.30 绵软

　　[背隐] 㝡蕤

　　　　　柔软

　　[按语] 背隐以同义词解释正文。参见下文同音丁05A78 及其背隐。与正文同样的词组还
　　　　　有同音甲03A64、04B14；文海刻①41A12；合编甲03.162；同义23A1；碎金08A2
　　　　　等。

04A63 㴻蕤 。bə 1.27　mej 2.30 馈赠

　　[背隐] 㹂㣫/䊸㦱

　　　　　续宴/礼薄

　　[按语] 背隐的内容是对正文的解释。参见下文同音丁05B11 及其背隐。与正文同样的词
　　　　　组还有同音甲03A74、04B15；文海刻①33B21；同义24A2 等。

04A64 㕭㫼 bju 2.03　bə 2.25 公牛

　　[背隐] 㹂耕䊸/㹂

　　　　　牛中公/牛

　　[按语] 背隐的内容是对正文的解释。参见下文同音丁04B38 及其背隐。与正文同样的词
　　　　　组还有同音甲03A62、03B44；同义28B1 等。

04A65 㣫蕤 bə 2.25　tsjij 1.35 负担

　　[背隐] 㣫㼀叕/㣫厶

　　　　　背上处/负担

[按语] 背隐的内容是对正文的解释。"ㄥ"代表《同音》正文中的大字，而非表示与前
一字重复。因为正文为一动词词组，未见"𱠇"字连用仍为动词的例证。合编甲
03.012 则有"𱠇𱠇"二字连用组词的例证。与正文同样的词组还有同音乙
36B42；同音甲 03A63、36A16；杂字乙 15B8；同义 19B6 等。

04A66 𱠇𱠇 bə 2.25 ɣa 2.14（地名）

[背隐] 𱠇𱠇𱠇𱠇
野外阔往

[按语] 背隐的内容是对正文的解释。与正文同样的词组还有同音甲 03A65；碎金 09A1
等。该字又见同义 25B7。

04A67 𱠇𱠇 bə 2.25 rjijr 2.68 膨胀

[背隐] 𱠇𱠇𱠇
有风过

[按语] 背隐的内容是对正文的解释。与正文同样的词组还有同音乙 48A13；同音甲
03A66、47B27；文海刻①11A12；同义 08A6 等。

04A68 𱠇𱠇 bə 2.25 low 2.47 圆粒

[背隐] 𱠇𱠇𱠇𱠇
棱脚没有

[按语] 背隐的内容是对正文的解释。与正文同样的词组还有同音乙 50A35；同音甲
03A67、49B42；文海刻①48B12；合编甲 02.121；同义 04B3 等。

04A71 𱠇𱠇 bə 2.25 wor 1.89 鸳鸯

[背隐] 𱠇𱠇
鸟名

[按语] 背隐指出正文的类别为一"鸟名"。与正文同样的词组还有同音甲 03A71；文海刻
①90B51；杂字乙 09B4；掌中珠甲 17A12（正文后该词的汉语译释即来源于此）；
合编甲 04.172 等。

04A72 𱠇𱠇𱠇 bə 2.25 wə 1.68 nju 1.03（菜名）

[背隐] 𱠇𱠇
菜名

[按语] 背隐指出正文的类别为一"菜名"。参见下文同音丁 12A48、17A32 及其背隐。与
正文同样的词组还有同音甲 03A75、16A54；文海刻①08B61、74B61；同义 10A3
等。

04A73 𱠇𱠇 bə 2.25 bjij 1.36 陋旧

[背隐] 𱠇𱠇
陋旧

[按语] 背隐以同义词解释正文。出参见上文同音丁 03B44 及其背隐。与正文同样的词组
还有同音甲 02B46、03A76；文海刻①18A62；合编甲 08.082；同义 12B2 等。

04A74 𱠇𱠇𱠇 bə 2.25 djɨr 2.77 xow 1.54（疮疤名）

[背隐] 𗾝𗋽

疤名

[按语] 背隐指出正文的类别为一"疤名"。参见下文同音丁 16B12 及其背隐。与正文同样的词组还有同音乙 43B76；同音甲 03A77、15B31、43A57；文海刻①60B41 等。

04A75 𗮮𗟲 bə 2.25 lu 1.58 蛆虫

[背隐] 未注

[按语] 背隐对正文未作解释，原因不详，估计属于遗漏所致。与正文同样的词组还有同音乙 49B55；同音甲 03A72、49A58；文海刻①63B62；杂字乙 10B1；掌中珠甲 17A32（正文后该词的汉语译释即来源于此）；合编甲 06.223；同义 28A2 等。

04A76 𗋗𗋽 bə 2.25 ljij 2.55（草名）

[背隐] ××/𗳦𗋽

××/草名

[按语] 背隐前 2 字看不清楚，后 2 字指出正文的类别为一"草名"。与正文同样的词组还有同音乙 52A14；同音甲 03A78、51B48；杂字乙 07B2；同义 10A2 等。

04A77 𗱀𗋽 bə 2.25 du 2.04 浮图（塔）

[背隐] 𗂧𗗚𗙏𗪚

舍利藏处

[按语] 背隐的内容是对正文的解释，指出"塔"的用途。这个词无疑借自汉语"浮图"，在西夏文"凉州碑"上正作"塔"讲[1]。参见下文同音丁 13A52 及其背隐。与正文同样的词组还有同音甲 03B11、12A61；杂字乙 13B3；同义 13B5 等。

04A78 𗋽𗋽 bə 2.25 du 2.04 袜肚

[背隐] 𗋽𗼨𗗚

令围胸

[按语] 背隐的内容是对正文的解释，指出"袜肚"是一种围上身用的服饰。参见下文同音丁 13A53 及其背隐。与正文同样的词组还有同音甲 03B12、12A62；杂字乙 06B1；掌中珠甲 24B22（正文后该词的汉语译释即来源于此）；同义 12A6；碎金 07B6 等。

04B11 𗮂𗋽 。ŋwər 1.84 bə 2.25 青灰

[背隐] 𗵒𗋽𗋽𗋽

颜色青灰

[按语] 背隐的内容先指出正文的类别为"颜色"；然后以同义词解释。与正文同样的词组还有同音甲 03B13。该字又见同义 16A6。

04B12 𗋽𗋽 mji 2.28 kia 2.15（树名）

[背隐] 𗋽𗋽

---

[1] 聂鸿音：《西夏的佛教术语》，载李范文主编《第二届西夏学国际学术研讨会论文集》（即李范文主编《西夏研究》第 3 辑）第 387~391 页，中国社会科学出版社 2006 年版。

树名

[按语] 背隐指出正文的类别为一 "树名"。参见下文同音﹍22A12 及其背隐。与正文同样的词组还有同音﹍03B15、21A22；杂字﹍06B6；同义09A4 等。

04B13 ☒☒ mjɨ 2.28 njij 2.33 下颏

[背隐] ☒☒☒☒☒

有齿处以下

[按语] 背隐的内容是对正文的解释。参见下文同音﹍14B33 及其背隐。与正文同样的词组还有同音﹍03B16、13B37；杂字﹍16B5；同义03B2 等。

04B14 ☒☒ mjɨ 2.28 zjɨ 1.69 童子

[背隐] ☒☒

后引

[按语] 背隐的内容是对正文的解释。与正文同样的词组还有同音﹍03B21、52B18；文海﹍①77A72；杂字﹍16A1 等。

04B15 ☒☒ mjɨ 2.28 khji 2.10 屁股

[背隐] ☒☒

屁股

[按语] 背隐以同义词解释正文。参见下文同音﹍23A33 及其背隐。与正文同样的词组还有同音﹍03B22、22A58；文海﹍①22B51；杂字﹍17A1；合编﹍06.023；同义04A5 等。我们发现正文与背隐两个词语相互注释，参阅同音﹍13A17、13A75 及其背隐。

04B16 ☒☒ mej 1.33 mjɨ 2.28 沉默

[背隐] ☒☒☒

遇不语

[按语] 背隐的内容是对正文的解释。与正文同样的词组还有同音﹍03B32。该字又见同音﹍15B61；同音﹍14B73；同义29B6 等。

04B17 ☒☒ mjɨ 2.28 rjar 2.74 足迹

[背隐] ☒☒☒

类人足

[按语] 背隐的内容是对正文的解释。与正文同样的词组还有同音﹍53B66；同音﹍03B25、53B32；文海﹍①86A22；杂字﹍21B5；合编﹍01.111；同义25B7 等。

04B18 ☒☒ mjɨ 2.28 tju 1.03 点火

[背隐] ☒☒☒

火出处

[按语] 背隐的内容是对正文的解释。参见下文同音﹍16A41 及其背隐。与正文同样的词组还有同音﹍03B27、15A54；文海﹍①08B12；合编﹍04.023；同义18B1 等。

04B21 ☒☒ 。mjɨ 2.28 njaa 2.18 弥药

[背隐] ☒☒

　　　　番人

　　〔按语〕背隐的内容是对正文的解释，"弥药"即是对"番人"的称呼。参见下文同音_丁18B71 及其背隐。与正文同样的词组还有同音_甲03B26、18A54；文海_刻③09B43；杂字_乙13B3；合编_甲17.204；同义 06A5 等。

04B22 𗼎𗟲 nja 2.17 mji 1.30 你他

　　〔背隐〕𗼎𗟲𗓑𗓑/𗃛𗦳

　　　　你我显用/非己

　　〔按语〕背隐的内容是对正文的解释。与正文同样的词组还有同音_甲16B75；合编_甲17.041；同义 29A5 等。文海_刻①37B21 有该字的详细材料。

04B23 𗼓𗥃 mji 1.30 rjijr 2.68 忧伤

　　〔背隐〕𗥃𗼓/𗼓𗥃

　　　　厌恶/生悲

　　〔按语〕背隐的内容是对正文的解释。与正文同样的词组还有同音_乙48A15；同音_甲03B23；文海_刻①37B22；同义 30A7 等。参阅同音_乙05A37。

04B24 𗼔𗟀𗓑 mji 1.30 da 2.56 bjiir 2.86 不：语助

　　〔背隐〕未注

　　〔按语〕背隐对正文未作解释。其实正文中小字对大字的注释已经非常清楚，故无需再作背隐音义。该字又见同音_甲03B24；杂字_乙21A5；掌中珠_甲29A32（正文后该词的汉语译释即来源于此）；同义 21A7；碎金 07A5 等。文海_刻①37B31 有该字的详细材料。

04B25 𗼕𗋽 mji 1.30 ·ji 1.11 此刻

　　〔背隐〕𗼕𗋽

　　　　此刻

　　〔按语〕背隐以同义词解释正文。与正文同样的词组还有同音_乙43A52；同音_甲03B31、42B28；合编_甲03.155；同义 13A6；碎金 06B3 等。文海_刻①37B41 有该字的详细材料。

04B26 𗼗𗆐 mja 1.20 mji 1.30 娘娘

　　〔背隐〕𗆐𗼗

　　　　母娘

　　〔按语〕背隐以同义词解释正文。参见上文同音_丁04A46 及其背隐。与正文同样的词组还有同音_甲03A28、03B28；文海_刻①37B42；杂字_乙14B6；掌中珠_甲20A22（正文后该词的汉语译释即来源于此）；同义 05B6 等。

04B27 𗼘𗇋 。mji 1.30 da 2.56 迷惑

　　〔背隐〕𗇋𗇋𗼘𗟀

　　　　迷惑不对

　　〔按语〕背隐的内容是对正文的解释。参见下文同音_丁16A34 及其背隐。与正文同样的词组还有同音_甲03B33；文海_刻①88B52；合编_甲06.192；碎金 10A5 等。聂Ⅰ437 录

背隐内容。

04B28 㑊^㑊 bju 1.03 gji 2.10 童子

[背隐] 㑊㑊/㑊㑊

童子/生产

[按语] 背隐的内容是对正文的解释。与正文同样的词组还有同音_甲03B34；文海_刻①
08A71 等。聂Ⅰ240 录背隐内容。

04B31 㑊^㑊 bju 1.03 wjor 1.90 脊梁

[背隐] 㑊㑊㑊㑊/㑊㑊

马背翼脊/水波

[按语] 背隐的内容是对正文的解释。与正文同样的词组还有同音_甲03B35；文海_刻①
91A41；合编_甲24.082 等。

04B32 㑊^㑊 bju 1.03 sjij 1.35 依顺

[背隐] 㑊㑊㑊㑊

和合依顺

[按语] 背隐的内容是对正文的解释。与正文同样的词组还有同音_乙35B47；同音_甲
03B37、35A17；文海_刻①11B54；合编_甲03.023 等。

04B33 㑊^㑊 bju 1.03 wjij 2.54 奉送

[背隐] 㑊㑊㑊㑊

驱遣分离

[按语] 背隐的内容是对正文的解释。参见下文同音_丁11A77 及其背隐。与正文同样的词
组还有同音_甲03B38、10A76；文海_刻①08A63；杂字_乙16A8；掌中珠_甲34A12（正
文后该词的汉语译释即来源于此）；同义 19A6 等。

04B34 㑊^㑊 kə 1.68 bju 1.03 满胀

[背隐] 㑊㑊㑊㑊

风出于内

[按语] 背隐的内容是对正文的解释。参见下文同音_丁28B22 及其背隐。与正文同样的词
组还有同音_甲03B41、28A12；文海_刻①08A61；同义 12A1 等。

04B35 㑊^㑊 。bju 1.03 gjij 1.61 逊星

[背隐] 㑊㑊

星名

[按语] 背隐指出正文的类别为一"星名"。与正文同样的词组还有同音_甲03B36；掌中
珠_甲07B12（正文后该词的汉语译释即来源于此）等。该字又见同义 13A4。

04B36 㑊^㑊 bju 2.03 njij 2.33 黄鹂子

[背隐] 㑊㑊

鸟名

[按语] 背隐指出正文的类别为一"鸟名"。参见下文同音_丁14B27 及其背隐。与正文同

样的词组还有同音_甲03B42、13B51；杂字_乙09B3；掌中珠_甲17A12（正文后该词的汉语译释即来源于此）等。

04B37 𗆊𗧘 lhjij 1.61 bju 2.03 骨髓

[背隐] 𗧘𗆊
骨中

[按语] 背隐的内容是对正文的解释，"骨髓"当在"骨中"。与正文同样的词组还有同音_乙49B47；同音_甲03B43、49A54；杂字_乙17A7；同义04B1等。

04B38 𗧘𗆊 bju 2.03 bə 2.25 公牛

[背隐] 𗧘𗆊
㮴牛

[按语] 背隐的内容是对正文的解释。参见上文同音_丁04A64及其背隐。与正文同样的词组还有同音_甲03A62、03B44；同义28B1等。

04B41 𗧘𗆊 bju 2.03 ·o 1.49 权势

[背隐] 𗧘𗆊𗧘𗆊
权势诏义

[按语] 背隐的内容是对正文的解释。与正文同样的词组还有同音_乙45A36；同音_甲03B45、44B48；文海_刻①56B42；同义02B1等。

04B42 𗧘𗆊 mə 1.27 bju 2.03 （虫名）

[背隐] 𗧘𗆊
蛆虫

[按语] 背隐指出正文的类别为"蛆虫"之一种。参见上文同音_丁04A18及其背隐。与正文同样的词组还有同音_甲03A25、03B46；文海_刻①33A52；杂字_乙10B3；同义28A4等。

04B43 𗧘𗆊 pə 1.27 bju 2.03 大象

[背隐] 𗧘𗆊𗧘𗆊/𗧘𗆊𗧘𗆊
与牛类似牛/比威力大也

[按语] 背隐的内容是对正文的解释，即"与牛类似，比牛威力大也"。参见上文同音_丁03B17及其背隐。与正文同样的词组还有同音_甲02B18、03B47；文海_刻①07A22；合编_甲10.191等。

04B44 𗧘𗆊 tsə 1.68 bju 2.03 颜色

[背隐] 𗧘𗆊
颜色

[按语] 背隐以同义词解释正文。与正文同样的词组还有同音_甲03B48。该字又见同义16A5。

04B45 𗧘𗆊 ·o bju 2.03 ɣju 1.03 唤请

[背隐] 𗧘𗆊𗧘𗆊
召唤使来

[按语] 背隐的内容是对正文的解释。与正文同样的词组还有同音乙42B17；同音甲03B51、41B65；同义23A3 等。

04B46 㕎䆁 tji 1.67 mjij 1.36 粥

　　[背隐] 䆁
　　　　　粥

[按语] 背隐以同义词解释正文。与正文同样的词组还有同音甲03B52；掌中珠甲33A22（正文后该词的汉语译释即来源于此）等。该字又见同义11A4。

04B47 䩄䶞 mjij 1.36 gjwar 2.74 腿胫

　　[背隐] 䩄ᵅ 䶞ᵅ
　　　　　肢单腿单

[按语] 背隐的内容是对正文的解释。参见下文同音丁28A34 及其背隐。与正文同样的词组还有同音甲03B68、27B14；文海刻①70B31；杂字乙17A2；同义04A5 等。

04B48 絹蔬 mjij 1.36 mə 1.68 无非

　　[背隐] 㦬㲳/蔬㕎絹俙㞕
　　　　　无非/非亦无之谓

[按语] 背隐以同义词解释正文，并且进行了解释。参见下文同音丁08B17 及其背隐。与正文同样的词组还有同音甲03B72、07B58；文海刻①26A71；同义20A3 等。

04B51 㺙㬵 。tshjij 1.35 mjij 1.36 背后

　　[背隐] 㷴㬵
　　　　　背后

[按语] 背隐以同义词解释正文。与正文同样的词组还有同音乙38B25；同音甲03B66、38A22；文海刻①63B42；同义23B6 等。

04B52 㴮㺙 wie 2.08 mjij 2.33 煨焖

　　[背隐] 㴮㸅㺙㳱
　　　　　煮熟限超

[按语] 背隐以同义词解释正文。参见下文同音丁12B37 及其背隐。与正文同样的词组还有同音甲03B53、11B44 等。该字又见同义18B6。

04B53 㼱㲵 tshju 1.02 mjij 2.33 （鬼名）

　　[背隐] 㼩㵝
　　　　　鬼名

[按语] 背隐指出正文的类别为一“鬼名”。与正文同样的词组还有同音乙39A37；同音甲03B54、38B41；文海刻①64A51；同义32B2 等。

04B54 㻣㺙 sji 1.69 mjij 2.33 死亡

　　[背隐] 㻟㕎㥕㦐㲱㺑
　　　　　散食动手分盛

[按语] 背隐的内容是对正文的解释。与正文同样的词组还有同音甲03B56；文海刻①

　　　　34B73；合编甲11.031等。该字又见同义20B2。

04B55 𗣊𗦻 sji 1.30 mjij 2.33 死亡

　　　　[背隐] 𗣊𗦻𗤼𗕐𗫴

　　　　　　死亡如丧亡

　　　　[按语] 背隐的内容是对正文的解释。与正文同样的词组还有同音甲03B55。该字又见文
　　　　　　　海刻③20B41；同义20B1等。

04B56 𗣼𗫴 mjij 2.33 gjuu 2.06（族姓）

　　　　[背隐] 𗥦𗫴

　　　　　　族姓

　　　　[按语] 背隐指出正文的类别为一"族姓"。与正文同样的词组（即此西夏复姓）还有杂
　　　　　　　字乙13A3等。同音甲03B57：𗣼𗥦𗫴 mjij 2.33 mjir 1.86 mə 2.25（mjij：族姓）。

04B57 𗦻𗟶 tshji 1.67 mjij 2.33 土地

　　　　[背隐] 𗦻𗟲

　　　　　　土地

　　　　[按语] 背隐以同义词解释正文。参见下文同音丁30A52及其背隐。与正文同样的词组还
　　　　　　　有同音甲03B58、33B62；文海刻①73B22；杂字乙04B6；同义25A5等。

04B58 𗫴𗀀 ·a ? mjij 2.33 阿娘

　　　　[背隐] 𗫴𗢳𗭪𗫴

　　　　　　祖母婆母

　　　　[按语] 背隐的内容是对正文的解释。与正文同样的词组还有同音甲03B61；杂字乙14B6；
　　　　　　　同义05B6等。

04B61 𗰖𗫴 zər 2.76 mjij 2.33 母牛

　　　　[背隐] 𗤰𗰖𗥦𗫴

　　　　　　牛中母牛

　　　　[按语] 背隐的内容是对正文的解释。与正文同样的词组还有同音乙51A36；同音甲
　　　　　　　03B62、50B42；同义28B1等。

04B62 𗰖𗫴 zər 2.76 mjij 2.33（族姓）

　　　　[背隐] 𗭪𗫴𗰵𗝠

　　　　　　帝姓嵬名

　　　　[按语] 背隐指出正文的类别为一"族姓"，而且为西夏皇族姓氏。与正文同样的词组
　　　　　　　（即此西夏复姓）还有同音乙51A37；同音甲03B63、50B43；文海刻①16A72；同
　　　　　　　义06A5等。

04B63 𗫲𗫴 mji 1.11 mjij 2.33 不未

　　　　[背隐] 𗥦𗫴

　　　　　　语助

　　　　[按语] 背隐指出正文的类别为一"语气助词"。参见下文同音丁05B24及其背隐。与正

文同样的词组还有同音_甲03B64、04B28 等。

04B64 𗱲𗁨 mjij 2.33 pu 2.51（族姓）

　　[背隐] 𗱲𗁨

　　　　　族姓

　　[按语] 背隐指出正文的类别为一"族姓"。与正文同样的词组（即此西夏复姓）还有杂
　　　　　字_乙12B3；碎金04A5 等。同音_甲03B71：𗱲𗁨𗁨 mjij 2.33 mjir 1.86 mə 2.25
　　　　　（mjij：族姓）。

04B65 𗼎𗤙 lhjwij 1.61 mjij 2.33 观察

　　[背隐] 𗤙𗤙𗤙𗤙𗤙

　　　　　远看不全明

　　[按语] 背隐的内容是对正文的解释。与正文同样的词组还有同音_甲03B65。该字又见同
　　　　　义 19B1。

04B66 𗓑𗁨 。mjii 1.14 mjij 2.33 宿舍

　　[背隐] 𗓑𗤙𗁨𗤙/𗤙𗤙

　　　　　屋舍宿处/居处

　　[按语] 背隐的内容是对正文的解释。与正文同样的词组还有同音_甲03B73；杂字_乙18A5
　　　　　等。该字又见同义13B4。

04B67 𗤙𗁨 po 1.49 wji 2.09 报知

　　[背隐] 𗤙𗤙𗤙𗤙/𗤙𗤙𗤙𗤙

　　　　　好坏使知/苦乐报知

　　[按语] 背隐的内容是对正文的解释。参见下文同音_丁10B75 及其背隐。与正文同样的词
　　　　　组还有同音_甲03B74、09B72；文海_刻①55B32 等。

04B68 𗤙𗁨 mo 2.42 po 1.49（鬼名）

　　[背隐] 𗤙𗤙

　　　　　鬼名

　　[按语] 背隐指出正文的类别为一"鬼名"。参见下文同音_丁06B61 及其背隐。与正文同
　　　　　样的词组还有同音_甲03B75、05B74；文海_刻①55B42；合编_甲17.093；同义 32B1
　　　　　等。

04B71 𗤙𗁨 so 2.42 po 1.49 均匀

　　[背隐] 𗤙𗤙𗤙𗤙

　　　　　均匀不大（不）小

　　[按语] 背隐的内容是对正文的解释。参见下文同音_丁30A78 及其背隐。与正文同样的词
　　　　　组还有同音_甲03B76、29B44；文海_刻①55B41 等。聂 I 543 录背隐内容。

04B72 𗤙𗁨 po 1.49 we 2.07 城堡

　　[背隐] 𗤙𗤙𗤙

　　　　　躲藏处

［按语］背隐的内容是对正文的解释，指出其用途。与正文同样的词组还有同音$_{\text{甲}}$ 03B77；文海$_{\text{刻}}$①55B52；合编$_{\text{丙}}$ B26 等。

04B73 [illegible] mjaa 1.23 po 1.49 疮疤

［背隐］[illegible]/[illegible]/[illegible]

驼马肋/腿疮/疤名

［按语］背隐先是对正文的解释，然后指出其类别为一“疤名”。与正文同样的词组还有同音$_{\text{甲}}$ 03B78；文海$_{\text{刻}}$①55B51 等。该字又见同义 31B5。

04B74 [illegible] pə 1.27 po 1.49 长辈

［背隐］[illegible]

岁大

［按语］背隐的内容是对正文的解释。参见上文同音$_{\text{丁}}$ 03B22 及其背隐。与正文同样的词组还有同音$_{\text{甲}}$ 02B23、04A11；文海$_{\text{刻}}$①32B72；杂字$_{\text{乙}}$ 14B6；合编$_{\text{甲}}$02.021等。聂Ⅱ132 录背隐内容。

04B75 [illegible] po 1.49 tshjij 1.36 锹

［背隐］[illegible]/[illegible]

掘地用/汉语锹

［按语］背隐的内容是对正文的解释，指出其用途；然后注音说明是“汉语锹”。参见下文同音$_{\text{丁}}$ 30B75 及其背隐。与正文同样的词组还有同音$_{\text{甲}}$ 04A12、30A42；文海$_{\text{刻}}$①55B61；杂字$_{\text{乙}}$ 23A3；掌中珠$_{\text{乙}}$ 26B32（正文后该词的汉语译释即来源于此）；纂要 08B1；同义 15A4 等。

04B76 [illegible] po 1.49 nju 1.03（族姓）

［背隐］[illegible]

族姓

［按语］背隐指出正文的类别为一“族姓”。参见下文同音$_{\text{丁}}$ 17A31 及其背隐。与正文同样的词组（即此西夏复姓）还有同音$_{\text{甲}}$ 04A13、16A55；文海$_{\text{刻}}$①08B52；同义 06A6 等。

04B77 [illegible] sew 2.38 po 1.49 花斑

［背隐］[illegible]

驴马有花（斑）

［按语］背隐的内容是对正文的解释。参见下文同音$_{\text{丁}}$ 32B27 及其背隐。与正文同样的词组还有同音$_{\text{甲}}$ 04A14、31B76；文海$_{\text{刻}}$①55B71；杂字$_{\text{乙}}$ 08B5；合编$_{\text{甲}}$03.172等。

04B78 [illegible] 。po 1.49 ɣjị 1.69（人名）

［背隐］[illegible]

先人名

［按语］背隐指出正文的类别为一“人名”。与正文同样的词组还有同音$_{\text{乙}}$ 42B36；杂字$_{\text{乙}}$ 13A2；同义 29B1 等。

05A11 [illegible] phji 1.11 tsja 2.16（农具名）

[背隐] 㷀㵅㳠㳨㳫
农具脚上处

[按语] 背隐的内容是对正文的解释，指出"㠊㦕"乃农具根脚处的一个部件。与正文同样的词组还有同音乙36B57；同音甲04A16、36A26；同义14B3等。

05A12 㳬㳨 。phji 1.11 tśju 1.02 收获

[背隐] 㳩ㄥ㳾㳵
种种做办

[按语] "ㄥ"代表该字与前一字重复。背隐音义的内容是对正文的解释。与正文同样的词组还有同音甲04A17。该字又见同义10B1。

05A13 㴀㳼 phji 1.11 bə 1.27 本源

[背隐] 㴂㴁㳨
本源处

[按语] 背隐的内容是对正文的解释。参见上文同音丁04A57及其背隐。与正文同样的词组还有同音甲03A58、04A21；文海刻①33B42；同义02A5等。

05A14 㴃㴄 phji 1.11 rjɨj 2.37 意谋

[背隐] 㴅/㴆㴇
计/谋略

[按语] 背隐以同义词解释正文。背隐音义中"㴅"字与正文大字组成词组"㴃㴅"（计谋），相同的词组又见文海刻①16A42。与正文同样的词组还有同音甲04A22。该字又见同义08B1。文海刻①16A42有该字的详细材料。

05A15 㴈㴉 phji 1.11 kiej 2.31 奴仆

[背隐] 㴊㴋㴌/㴍㴎㴏
女仆/僮奴婢

[按语] 背隐以同义词解释正文。参见下文同音丁22B37及其背隐。结合两处背隐音义的内容，"㴈㴉"当指"女仆"而言。与正文同样的词组还有同音甲04A23、21B58；文海刻①16A61；杂字乙16A6；合编甲02.072；同义25A3等。

05A16 㴐㴑 phji 1.11 phjo 2.44 使令

[背隐] 㴒㴓
语助

[按语] 背隐指出正文的类别为一"语气助词"。参见下文同音丁06A13及其背隐。与正文同样的词组还有同音甲04A24、05A18等。

05A17 㴔㴕 kjur 2.70 phji 1.11 房屋

[背隐] 㴖㴗㳨/㴘㴙
往居处/家室

[按语] 背隐的内容是对正文的解释。参见下文同音丁23B34及其背隐。与正文同样的词组还有同音甲04A25、22B52；文海刻①49A41；杂字乙17B2；合编09.062；同义13B4等。

05A18 𗧤𗊱 。lju 2.52 phji 1.11 脑顶

    [**背隐**] 𗧤𗊱𗊱𗧤/𗧤𗊱𗊱
        高上高上/头上天

    [**按语**] 背隐的内容是对正文的解释。与正文同样的词组还有同音_甲04A26。该字又见同义02A1。文海_刻①16A41有该字的详细材料。

05A21 𗦳𗽻 mee 2.11 sjij 2.37 神圣

    [**背隐**] 𗦳𗽻𗦳𗽻𗦳𗽻/𗦳𗽻
        种种善变有灵/神圣

    [**按语**] "𗵆"代表该字与前一字重复。背隐音义的内容是对正文的解释。与正文同样的词组还有同音_乙39A11；同音_甲04A27、38A75；文海_刻①64B43；合编_甲09.152；同义02A4等。

05A22 𗦳𗁅 mee 2.11 rar 1.80 山山

    [**背隐**] 𗦳𗁅𗦳𗁅/𗦳𗦳𗁅𗁅
        本源番源/处山顶山

    [**按语**] 背隐的内容是对正文的解释。与正文同样的词组还有同音_甲04A28。该字又见同义25A6。

05A23 𗦳𗿷 mee 2.11 rjir 2.72 地势

    [**背隐**] 𗦳𗿷/𗦳𗿷
        地稳/广阔

    [**按语**] 背隐的内容是对正文的解释。与正文同样的词组还有同音_乙47A42；同音_甲04A31、46B32；文海_刻①54A61；同义25B3等。

05A24 𗦳𗿷 mee 2.11 rjir 2.72 病患

    [**背隐**] 𗦳𗿷
        病患

    [**按语**] 背隐以同义词解释正文。与正文同样的词组还有同音_甲46B55。该字又见同义31A4。

05A25 𗦳𗁅 ·ji 2.28 mee 2.11 睡觉

    [**背隐**] 𗦳𗁅𗁅
        使婴儿睡觉

    [**按语**] 背隐的内容是对正文的解释。与正文同样的词组还有同音_甲04A33。该字又见杂字_乙15B7；同义05A5等。

05A26 𗦳𗁅𗁅 mee 2.11 lji 2.09 no 2.42 香：芬芳

    [**背隐**] 𗦳𗁅𗁅𗁅
        妇女未生

    [**按语**] 背隐的内容是对正文的解释。与正文同样的词组还有同音_甲04A34。该字又见同义32A2。

05A27 𗥺𗫵 mee 2.11 sjiw 1.46 新旧

[背隐] 𗥺𗫵𗣼𗫵

衣着破旧

[按语] 背隐内容是对正文的解释。与正文同样的词组还有同音甲04A35；同义12A6 等。

05A28 𗥺𗫵 mee 2.11 rjir 2.72 燕子

[背隐] 𗈁𗟡/𗴾𗫉𗥃𗣼

燕子/夏季牧者

[按语] 背隐的内容是对正文的解释。与正文同样的词组还有同音乙47A48；同音甲
04A36、46B34；同义27B6 等。合编甲23.112 有该字的详细材料[1]。

05A31 𗯿𗫵 sju 1.59 mee 1.12 散撒

[背隐] 𗍺𗣼/𗥺𗫉𗫵

散撒/变稀疏

[按语] “𗍺”字原文右侧错写为“匕”。背隐音义的内容是对正文的解释。与正文同样
的词组还有同音乙36A43；同音甲04A37、35B14；文海刻①64B72；同义24B1 等。

05A32 𗺎𗫵 。lji 2.09 mee 1.12 芬芳

[背隐] 𗺎𗫉𗫵𗫭彡

芬芳香极甚

[按语] “彡”代表该字与前一字重复。背隐音义的内容是对正文的解释。与正文同样的
词组还有同音甲04A38。该字又见同义12A2。文海刻①19A11 有该字的详细材料。

05A33 𗟡𗫵 phjij 1.36 lja 1.19 躲藏

[背隐] 𗟡𗥃𗫵

另逃匿

[按语] 背隐的内容是对正文的解释。与正文同样的词组还有同音甲04A41；文海刻①
27A51 等。

05A34 𗴻𗟡 tsju 1.59 phjij 1.36 打击

[背隐] 𗴻𗣼𗫵

使动摇

[按语] 背隐的内容是对正文的解释。参见下文同音丁32A41 及其背隐。与正文同样的
词组还有同音甲04A42、31B12；同义17B7 等。

05A35 𗟡𗫵 phjij 1.36 sji 1.10 先前

[背隐] 𗴾𗫵

过去

[按语] 背隐以同义词解释正文。与正文同样的词组还有同音甲04A43；文海刻①28A72；
合编甲23.061 等。该字又见同义20A1。

---

[1] 本书中该字条内容的解释参考了贾常业先生的意见。拙著《〈同音文海宝韵合编〉整理与研究》中的相关内容当改过。

05A36 䂀䏼 phiow 1.55 phjij 1.36 亮白

    [背隐] 緑絧

         颜色

    [按语] 背隐指出正文的类别为"颜色"之一种。与正文同样的词组还有同音_甲04A44；
杂字_乙15B5等。该字又见同义13A4。

05A37 飯䍸絼 phjij 1.36 mji 1.30 rjijr 2.68 噫：忧伤

    [背隐] 絼絾/×骸骰×/賸䎒

         忧伤/×闻见×/天落

    [按语] 背隐的内容是对正文的解释，其中有二字看不清楚。从背隐音义残存内容分析，
此词似有"杞人忧天"之义。与正文同样的词组还有同音_甲04A46。该字又见同
义30A7。参阅同音_丁04B23。

05A38 䴑䴘 thu 1.01 phjij 1.36 言词

    [背隐] 䏿䏻絺䏮

         语词华美

    [按语] 背隐的内容是对正文的解释。与正文同样的词组还有同音_甲04A47；文海_刻①
05B52；合编_甲03.182等。

05A41 䏳䏦 。twu 1.58 phjij 1.36 摆正

    [背隐] 絻殟䌤䏮

         掩置有为

    [按语] 背隐的内容是对正文的解释。与正文同样的词组还有同音_甲04A48；同义17B6
等。

05A42 絜䏮 phə 2.25 phio 1.51 （兽名）

    [背隐] 絲絾

         兽名

    [按语] 背隐指出正文的类别为一"兽名"。参见下文同音_丁06A12及其背隐。与正文同
样的词组还有同音_甲04A52、05A17；同义27A4等。

05A43 絜䏰䏴 phə 2.25 rjar 2.74 new 1.43 （菜名）

    [背隐] 絟絾

         菜名

    [按语] 背隐指出正文的类别为一"菜名"。参见下文同音_丁18B53及其背隐。与正文同
样的词组还有同音_甲04A52、05A17等。该字又见掌中珠_甲14B32；同义10A4等。

05A44 憭䏽 phə 2.25 ljiij 2.35 毁坏

    [背隐] 憭×××

         不×××

    [按语] 背隐的内容显然是对正文的解释，可惜多数字看不清楚。与正文同样的词组还有
同音_甲04A55。该字又见同义20A6。

05A45 [illegible] phə 2.25 swu 1.01 干肉

[背隐] [illegible]

肉无津

[按语] 背隐的内容是对正文的解释。与正文同样的词组还有同音$_{\text{乙}}$ 34B76；同音$_{\text{甲}}$ 04A56、34A78；文海$_{\text{刻}}$①53A42；杂字$_{\text{乙}}$ 19A2；同义 20A4 等。

05A46 [illegible] phə 2.25 djị 1.67 辛苦

[背隐] [illegible]

不肯长

[按语] 背隐的内容是对正文的解释。参见下文同音$_{\text{丁}}$ 16A53 及其背隐。与正文同样的词组还有同音$_{\text{甲}}$ 04A58、15A72；文海$_{\text{刻}}$①73A71；同义 30B5 等。

05A47 [illegible] phə 2.25 lo ? 褐衫

[背隐] [illegible]

褐

[按语] 背隐以同义词解释正文。与正文同样的词组还有同音$_{\text{甲}}$ 04A61、55B53；杂字$_{\text{乙}}$ 06A4；掌中珠$_{\text{甲}}$ 24B12（正文后该词的汉语译释即来源于此）；同义 12A4；碎金 08A1 等。

05A48 [illegible] phə 2.25 zjwu 2.02 褷襴

[背隐] [illegible]×[illegible]

汉语褷襴

[按语] 背隐标明该词汉语的读音，但是与汉语“褷”相对应的西夏字看不清楚。与正文同样的词组还有同音$_{\text{乙}}$ 54A56；同音$_{\text{甲}}$ 04A62、54A27；杂字$_{\text{乙}}$ 06A5；掌中珠$_{\text{甲}}$ 24B12（正文后该词的汉语译释即来源于此）；同义 12A4 等。

05A51 [illegible] phə 2.25 thwu 2.01 乳头

[背隐] [illegible]/[illegible]

酥中烧汉/语乳头谓

[按语] 背隐的内容是对正文的解释，并注明该词的汉语读音。参见下文同音$_{\text{丁}}$ 20A68 背隐音义。从两处背隐音义可知，“乳头”乃是一种早点类食品。与正文同样的词组还有同音$_{\text{甲}}$ 04A65、19B63；杂字$_{\text{乙}}$ 18B7；掌中珠$_{\text{甲}}$ 33A22（正文后该词的汉语译释即来源于此）；同义 11B1 等。

05A52 [illegible] phə 2.25 kia 1.18 陶罐

[背隐] [illegible]/[illegible]

瓦罐/腹阔

[按语] 背隐的内容是对正文的解释。参见下文同音$_{\text{丁}}$ 21B76 及其背隐。与正文同样的词组还有同音$_{\text{甲}}$ 04A66、21A28；文海$_{\text{刻}}$①25B33；杂字$_{\text{乙}}$ 18B1；同义 14B5 等。

05A53 [illegible] phə 2.25 zewr 1.87 绚丽

[背隐] [illegible]

诸种色混

[按语] "ㄣ"代表该字与前一字重复。背隐音义的内容是对正文的解释。与正文同样的
词组还有同音甲04A67。该字又见同义16B2。聂Ⅰ312录背隐内容。

05A54 絹𦉥 phə 1.27 bjij 1.61 富有

[背隐] 𦉥𦉥

大富

[按语] 背隐以近义词解释正文。参见上文同音丁03B46及其背隐。与正文同样的词组还
有同音甲02B51、04A57；文海刻①67A11；杂字乙15A2；同义10B3等。

05A55 𦉥𦉥 ｡ phə 1.27 tsjïr 2.77 骄傲

[背隐] 𦉥𦉥/𦉥𦉥

骄傲/自大

[按语] 背隐以同义词解释正文。与正文同样的词组还有同音乙41A66；同音甲04A51、
41A22；文海刻①38A12；合编丙A25；同义26B6等。

05A56 𦉥𦉥 pji 1.67 phə 1.27 吐蕃

[背隐] 𦉥𦉥

蕃国

[按语] 背隐的内容是对正文的解释，指出"吐蕃"即"蕃国"。与正文同样的词组还有
同音甲36A11。该字又见文海刻①33A41；同义07A7；碎金05B1等。该字音
"鹘"，见掌中珠甲17A14。

05A57 𦉥𦉥 zji 2.60 phə 1.27 价值

[背隐] 𦉥𦉥𦉥

买卖价

[按语] 背隐的内容是对正文的解释。与正文同样的词组还有同音甲04A63；文海刻①
25B21；合编甲07.113等。

05A58 𦉥𦉥 ｡ sjwi 1.10 phə 1.27 牙齿

[背隐] 𦉥𦉥𦉥𦉥𦉥

齿亦齿之谓

[按语] 背隐以同义词解释正文。与正文同样的词组还有同音甲04A64；合编甲18.161等。
该字又见文海刻①33A51；同义03B5等。

05A61 𦉥𦉥 me 2.07 sju 2.03 美丽

[背隐] 𦉥𦉥𦉥𦉥𦉥ㄣ

色美妙光耀耀

[按语] "ㄣ"代表该字与前一字重复。背隐音义的内容是对正文的解释。与正文同样的
词组还有同音甲04A68。该字又见同义16B1。

05A62 𦉥𦉥𦉥 me 2.07 mjïr 1.86 mə 2.25 me：族姓

[背隐] 未注

[按语] 背隐对正文未作解释。其实正文中小字对大字的注释已经非常清楚，故无需再作

背隐音义。同音_甲04A71 与丁种本正文表述相同。该字又见杂字_乙12B2；同义 06B6 等。

05A63 𗼊𗂼 me 2.07 ljiir 1.92（族姓）

　　［背隐］𗂼𗮔

　　　　　族姓

　　［按语］背隐指出正文的类别为一"族姓"。与正文同样的词组（即此西夏复姓）还有同音_乙53A43；同音_甲04A73、52B73；文海_刻①92A21；杂字_乙13B1；同义 06B3 等。

05A64 𗤁𗼊 me 2.07 njij 2.33 巽风

　　［背隐］𗤁

　　　　　风

　　［按语］背隐以同义词解释正文。"巽"为八卦之一，代表风。参见下文同音_丁14B26 及其背隐。与正文同样的词组还有同音_甲04A74、13B43；文海_刻①36B51；杂字_乙04A7；同义 07B7 等。

05A65 𗼊𗱶 lhji 2.28 me 2.07 尘土

　　［背隐］𗱶

　　　　　土

　　［按语］背隐以同义词解释正文。与正文同样的词组还有同音_乙56A62；同音_甲04A75；掌中珠_甲13A12（正文后该词的汉语译释即来源于此）；合编_甲04.014 等。该字又见同义 25B7。参阅同音_丁05A67 背隐。

05A66 𗱶𗼊 me 2.07 gjij 1.61 彗星

　　［背隐］𗱶𗂼

　　　　　星名

　　［按语］背隐指出正文的类别为一"星宿名"。与正文同样的词组还有同音_甲04A76。掌中珠_甲08A32 为"𗱶𗼊"（月字）。该字又见同义 13A4。

05A67 𗼊𗱶𗼊 me 2.07 lhji 2.28 me 2.07 埃：尘土

　　［背隐］𗱶𗼊𗂼

　　　　　尘土纷（乱）

　　［按语］背隐的内容是对正文的解释。上文同音_丁05A65 内容与此相似，可参阅。同音_甲04A77：𗼊𗤁𗱶 me 2.07 mji 1.11 dźjij 1.61（埃：不行）。该字又见同义 25A4。

05A68 𗼊𗤁 me 2.07 njij 2.33 女妹

　　［背隐］𗤁𗂼／𗤁𗂼

　　　　　女妹／姑妹

　　［按语］背隐以同义词解释正文。参见下文同音_丁14B25 及其背隐。与正文同样的词组还有同音_甲04A78、13B44；文海_刻①65B73；同义 05B7 等。

05A71 𗱶𗼊 khjwi 2.28 me 2.07 肮脏

　　［背隐］𗱶𗂼𗮔

肮脏脏

[按语] 背隐以同义词解释正文。参见下文同音_丁25B65 及其背隐。与正文同样的词组还有同音_甲07B76、25A18；文海_刻①12B42；同义 32A1 等。

05A72 𩤴𤲞 ma 2.14 me 2.07 涂抹

[背隐] 𤲞𤲞𤲞𤲞𤲞

诸物上涂物

[按语] 背隐的内容是对正文的解释。参见下文同音_丁07A73 及其背隐。与正文同样的词组还有同音_甲06B24、07B77；合编_甲18.071 等。

05A73 𤲞𤲞 zji 2.61 me 2.07 安乐

[背隐] 𤲞𤲞𤲞𤲞

安乐全俱

[按语] 背隐的内容是对正文的解释。与正文同样的词组还有同音_乙52B68；同音_甲07B78、52B15；杂字_乙15B8；合编_甲12.161；同义 26B5 等。

05A74 𤲞𤲞 。· ji 2.28 me 2.07 睡眠

[背隐] ×××/𤲞𤲞

×××/困来

[按语] 背隐的内容是对正文的解释。前面因纸张起褶皱，背隐音义看不清楚。与正文同样的词组还有同音_乙42B48；同音_甲08A11 等。该字又见同义 05A5。

05A75 𤲞𤲞 mej 2.30 rjijr 2.68 毛发

[背隐] 𤲞𤲞𤲞𤲞

毛发共名

[按语] 背隐的内容是对正文的解释。与正文同样的词组还有同音_乙48A17；同音_甲04B11、47B31；杂字_乙09A7 等。该字又见同义 15B6。

05A76 𤲞𤲞𤲞 lji 2.61 ·o 2.42 mej 2.30 （草名）

[背隐] 𤲞𤲞

草名

[按语] 背隐指出正文的类别为一"草名"。与正文同样的词组还有同音_乙45A32、53B28；同音_甲04B12、44B41、53A65；杂字_乙08A4；同义 09B5 等。

05A77 𤲞𤲞 khji 2.28 mej 2.30 （鸟名）

[背隐] 𤲞𤲞

鸟名

[按语] 背隐指出正文的类别为一"鸟名"。参见下文同音_丁25B16 及其背隐。与正文同样的词组还有同音_甲04B13、24B41；杂字_乙09B5 等。

05A78 𤲞𤲞 bə 1.27 mej 2.30 绵软

[背隐] 𤲞𤲞

柔软

［按语］背隐以同义词解释正文。参见上文同音$_{丁}$ 04A62 及其背隐等内容。与正文同样的词组还有同音$_{甲}$ 03A64、04B14；文海$_{刻}$①41A12；合编$_{甲}$ 03.162；同义 23A1；碎金 08A2 等。

05B11 [illegible] bə 1.27 mej 2.30 馈赠

［背隐］[illegible]

续宴礼薄

［按语］背隐的内容是对正文的解释。参见上文同音$_{丁}$ 04A63 及其背隐。与正文同样的词组还有同音$_{甲}$ 03A74、04B15；文海$_{刻}$①33B21；同义 24A2 等。

05B12 [illegible] 。bie̩ 1.66 mej 2.30 柳絮

［背隐］×××

×××

［按语］由于背隐音义字迹十分潦草，无法辨识。与正文同样的词组还有同音$_{甲}$ 04B16。该字又见同义 23B2。

05B13 [illegible] bu 1.01 wəə 1.31 降伏

［背隐］[illegible]

降伏变好熟

［按语］背隐的内容是对正文的解释。参见下文同音$_{丁}$ 12B43 及其背隐。与正文同样的词组还有同音$_{甲}$ 04B17、11B48；文海$_{刻}$①81B61；同义 30B2 等。

05B14 [illegible] bu 1.01 mjɨr 1.86 mə 2.25 bu：族姓

［背隐］[illegible]

卫

［按语］经过对背隐音义中有关族姓类词语注释的通盘考察，发现凡是复姓，正文标以“×：族姓”者，往往在该大字之下的背隐音义中多注出复姓中另外一个字，表示大字与该字可以组成一个完整的复姓姓氏（党项人以复姓居多）。此背隐音义中的“[illegible]”字，即与大字“[illegible]”组成复姓“[illegible]”（卫慕），该西夏复姓又见文海$_{刻}$①05B11；杂字$_{乙}$ 11B4；同义 06B1；碎金 04B3 等。同音$_{甲}$ 04B18 与丁种本正文表述相同。文海$_{刻}$①05B11 有该字的详细材料。

05B15 [illegible] bu 1.01 lo̩ 1.70 蒲苇

［背隐］[illegible]

草名

［按语］背隐指出正文类别为一“草名”。与正文同样的词组还有同音$_{甲}$ 04B25；文海$_{刻}$①05B12；杂字$_{乙}$ 07B7；掌中珠$_{甲}$ 16A12（正文后该词的汉语译释即来源于此）等。

05B16 [illegible] bu 1.01 tja̩ 1.64 畦埂

［背隐］[illegible]

先一种耕田

［按语］背隐的内容是对正文的解释。与正文同样的词组还有同音$_{甲}$ 04B26；同义 26A1 等。文海$_{刻}$①05A71：[illegible]（埂者先未种先一种耕田之

谓）。比较背隐音义与文海加点部分的内容，二者完全一致。

05B17 𗩾𗥤 da 2.56 bu 1.01 序言

　　[背隐] 𗩾𗥤𗥤𗥤

　　　　先所说（的）话

　　[按语] 背隐的内容是对正文的解释。与正文同样的词组还有同音甲04B27；文海刻①
　　　　55A63 等。

05B18 𗥤𗥤 。bu 1.01 ljuu 1.07 没渡

　　[背隐] 𗥤𗥤

　　　　日没

　　[按语] 背隐的内容是对正文的解释。与正文同样的词组还有同音甲04B23；同义 20A2
　　　　等。

05B21 𗥤𗥤 bu 2.01 ・jɨj 2.37 巢舍

　　[背隐] 𗥤𗥤𗥤𗥤

　　　　鸟停留处

　　[按语] 背隐的内容是对正文的解释。与正文同样的词组还有同音甲04B24；杂字乙 10A1
　　　　等。该字又见同义 29B7。

05B22 𗥤𗥤 bu 2.01 ku 2.04（虫名）

　　[背隐] 𗥤𗥤

　　　　虫名

　　[按语] 背隐指出正文的类别为一"虫名"。参见下文同音丁 25A73 及其背隐。与正文同
　　　　样的词组还有同音甲04B21、24B25；杂字乙 10B3；同义 27A7 等。

05B23 𗥤𗥤 。kha 2.14 bu 2.01（虫名）

　　[背隐] 𗥤𗥤𗥤𗥤/𗥤𗥤𗥤𗥤

　　　　雀子水下/往变 kha bu

　　[按语] 背隐的内容是对正文的解释。参见下文同音丁 27A65 及其背隐。与正文同样的词
　　　　组还有同音甲04B22、26B37；杂字乙 10B4；合编甲 11. 103；同义 28A1 等。比较
　　　　合编甲 11. 103：𗥤𗥤𗥤𗥤𗥤𗥤𗥤𗥤𗥤（雀子水中往变 kha bu 成谓）。

05B24 𗥤𗥤 mji 1.11 mjij 2.33 不未

　　[背隐] 𗥤𗥤

　　　　语助

　　[按语] 背隐指出正文的类别为一"语气助词"。参见上文同音丁 04B63 及其背隐。与正
　　　　文同样的词组还有同音甲03B64、04B28 等。

05B25 𗥤𗥤𗥤 。mji 1.11 mjɨr 1.86 mə 2.25 mji：族姓

　　[背隐] 未注

　　[按语] 背隐对正文未作解释。其实正文中小字对大字的注释已经非常清楚，故无需再作
　　　　背隐音义。同音甲04B31 与丁种本正文表述相同。该字又见文海刻①16A72；同义
　　　　06A5；碎金 03A5 等。

05B26 ⿰ gja 2.17　mji 2.10　我吾

　　[背隐] ⿰⿰

　　　　　非他

　　[按语] 背隐以排他法对正文作出解释。参见下文同音丁27A15 及其背隐。与正文同样的
　　　　　词组还有同音甲04B32、26A53；文海刻①48A32；同义29A6 等。

05B27 ⿰ mjɨ 2.28　mji 2.10　弥药

　　[背隐] ⿰⿰⿰

　　　　　弥药人

　　[按语] 背隐的内容是对正文的解释。与正文同样的词组还有同音甲04B33。该字又见杂
　　　　　字乙10B8；同义06A6 等。

05B28 ⿰。mji 2.10　tsjɨ 1.29　解悟

　　[背隐] ⿰⿰

　　　　　解悟

　　[按语] 背隐以同义词解释正文。与正文同样的词组还有同音甲04B34。该字又见同义
　　　　　08B2。

05B31 ⿰ nju 1.03　mji 1.11　耳闻

　　[背隐] ⿰⿰⿰⿰

　　　　　音出闻知

　　[按语] 背隐的内容是对正文的解释。与正文同样的词组还有同音甲04B35；文海刻①
　　　　　23A62 等。

05B32 ⿰。mji 1.11　mjo 1.51　喂食

　　[背隐] ⿰⿰⿰

　　　　　使饮食

　　[按语] 背隐的内容是对正文的解释。参见上文同音丁04A53 及其背隐。与正文同样的词
　　　　　组还有同音甲03A54、04B36 等。

05B33 ⿰ mjij 1.61　mjɨj 1.32　女女

　　[背隐] ⿰⿰⿰⿰⿰

　　　　　女女女之谓

　　[按语] 背隐以同义词解释正文。与正文同样的词组还有同音甲04B37。该字又见文海刻①
　　　　　42A22；杂字乙14A3；碎金05A3 等。

05B34 ⿰⿰ mjɨj 1.32　wejr 1.73　（鸟名）

　　[背隐] ⿰⿰

　　　　　鸟名

　　[按语] 背隐指出正文的类别为一"鸟名"。参见下文同音丁11B42 及其背隐。与正文同
　　　　　样的词组还有同音甲04B38、10B41；文海刻①79A51；杂字乙09B1；同义27B5
　　　　　等。

05B35 𗉉𗟲 mjii 1.32 ·jur 2.70 奴仆

[背隐] 𗟲𗉉𗉉

老妈子

[按语] 背隐以同义词解释正文。与正文同样的词组还有同音乙 43B25；同音甲 04B41、
42B77；文海刻①16A61；合编甲 02.072；同义 25A3 等。

05B36 𗉉𗟲 。mjii 1.32 mur 1.75 黑夜

[背隐] 𗟲𗉉𗉉𗟲

日没成夜

[按语] 背隐的内容是对正文的解释。与正文同样的词组还有同音甲 04B43；文海刻①
42A32；合编甲 22.041 等。

05B37 𗉉𗟲 mjii 2.29 mji 1.67 告知

[背隐] 𗉉𗟲

境界

[按语] 背隐的内容是对正文的解释，但是是对该词另外一层意思"境界"的解释。参见
下文同音丁 09A42 及其背隐。与正文同样的词组还有同音甲 04B44、08B12；文
海刻①73A12；合编甲 02.173 等。同义 21A1 颠倒。

05B38 𗉉𗟲 mjii 2.29 tsju 1.02 骆驼

[背隐] 𗉉𗟲

骆驼

[按语] 背隐以同义词解释正文。与正文同样的词组还有同音乙 37A15；同音甲 04B45、
36A58；文海刻①22B21；杂字乙 08B8；合编甲 23.191；同义 28A7 等。聂Ⅱ253 录
背隐内容。

05B41 𗉉𗟲 。mjii 2.29 khiew 2.39（树名）

[背隐] 𗉉𗟲

树名

[按语] 背隐指出正文的类别为一"树名"。参见下文同音丁 23A41 及其背隐。与正文同
样的词组还有同音甲 04B42、22A61；杂字乙 06B6；同义 09A6 等。

05B42 𗉉𗟲 tjwi 1.30 pjij 1.36 拷打

[背隐] 𗟲𗉉𗉉

拷打击

[按语] 背隐以同义词解释正文。参见下文同音丁 19B76 及其背隐。与正文同样的词组还
有同音甲 04B46；文海刻①89B32；合编甲 19.022；同义 30A4 等。

05B43 𗉉𗟲 pja 1.20 pjij 1.36 恭敬

[背隐] 𗟲𗉉𗉉𗟲

尊敬侍奉

[按语] 背隐的内容是对正文的解释。参见下文同音丁 06A57 及其背隐。与正文同样的词

组还有同音_甲04B47、05A65；文海_刻①12A12；合编_甲10.063；同义 17B1 等。

05B44 𘕕𘂝 pja 1.20 pjij 1.36 青玄

[背隐] 𘕕𘂝

橘青

[按语] 背隐的内容是对正文的解释，采取了音义结合的形式。前一字用音表示"橘"这个概念，后一字用该字的字义表达"青"的意思，二者结合指出这种颜色就像橘子未成熟时的颜色。参见下文同音_丁06A56 及其背隐。与正文同样的词组还有同音_甲04B48、05A62；同义 16A6 等。

05B45 𘕕𘅍 。pja 1.20 pjij 1.36 马口

[背隐] 𘕕𘅍𘂝𘕕𘅍/𘅍𘕕𘂝𘅍𘕕

斜掩有为用/汉语马口谓

[按语] 背隐的内容是对正文的解释，指出其用途，并注明该词的汉语读音。参见下文同音_丁06A61 及其背隐。与正文同样的词组还有同音_甲04B52、05A67；文海_刻①27B61；同义 15A1 等。纂要 09A4 虽然二字顺序颠倒了，但是给出的汉语对音是一致的。根据此词在《纂要》中的位置，知其为一种器具，但具体是什么，尚不清楚。

05B46 𘕕𘂝 phu 1.01 tsju 1.02（族姓）

[背隐] 𘕕𘅍

族姓

[按语] 背隐指出正文的类别为一"族姓"。与正文同样的词组（即此西夏复姓）还有同音_甲04B53；文海_刻①05A43；杂字_乙11A6；同义 06B3；碎金 05A3 等。

05B47 𘕕𘅍 kju 1.59 phu 1.01 地坤

[背隐] 𘕕𘅍

土地

[按语] 背隐以同义词解释正文。"坤"为八卦之一，代表地。参见下文同音_丁21B58 及其背隐。与正文同样的词组还有同音_甲04B54、20B77；文海_刻①28A51；杂字_乙04B5；掌中珠_甲11B22（正文后该词的汉语译释即来源于此）；合编_甲02.092；同义 25A4 等。

05B48 𘕕𘅍 phu 1.01 pjij 1.42 普遍

[背隐] 𘕕𘅍𘂝𘅍𘕕

普遍至满足

[按语] 背隐的内容是对正文的解释。参见下文同音_丁06B35 及其背隐。与正文同样的词组还有同音_甲04B55、05B47；文海_刻①51B62；合编_甲06.053；同义 28B6 等。

05B51 𘕕𘅍 phu 1.01 tsji 1.30 袍子

[背隐] 𘕕𘅍𘂝𘅍

战中所穿

[按语] 背隐的内容是对正文的解释，指出"袍子"的用途。与正文同样的词组还有同

音甲04B56；杂字乙06A5 等。该字又见同义12B4。聂Ⅰ307 录背隐内容。

05B52 𗣩𗼧 。phu 1.01 rur 1.75（草名）

[背隐] 𗣩𗼧

草名

[按语] 背隐指出正文的类别为一"草名"。与正文同样的词组还有同音乙54A68；同音甲04B57、47A16；文海刻①80B51；杂字乙07B6；同义09B6 等。

05B53 𗟷𗬩 sji 1.30 phu 2.01 草木

[背隐] 𗬩𗣩𗬩

木草蓬

[按语] 背隐的内容是对正文的解释。与正文同样的词组还有同音甲04B58；文海刻①17B32 等。

05B54 𗱚𗢛 。phu 2.01 ka 1.17 泥鞋

[背隐] 𗢛𗱚𗤼𗰖𗡪

雪泥中所穿

[按语] 背隐的内容是对正文的解释，指出"泥鞋"的用途。参见下文同音丁21B18 及其背隐等内容。与正文同样的词组还有同音甲04B61、20B54；文海刻③09A31；同义12A7 等。

05B55 𗟷𗤁 tjij 2.55 pu 1.01 噎塞

[背隐] 𗍲𗟷𗤁𖿢𗟷

气迫气频频

[按语] "𖿢"代表该字与前一字重复。背隐音义的内容是对正文的解释。该字又见同音甲04B62；同义28B7。文海刻①05A41 有该字的详细材料。

05B56 𗣩𗟷𗬩 pu 1.01 mjir 1.86 mə 2.25 pu：族姓

[背隐] 未注

[按语] 背隐对正文未作解释。其实正文中小字对大字的注释已经非常清楚，故无需再作背隐音义。同音甲04B63 与丁种本正文表述相同。该字又见同义06B2；碎金05B6 等。文海刻①05A32 有该字的详细材料。

05B57 𗣩𗬩 pu 1.01 pu 1.01（鸟名）

[背隐] 𗣩𗬩𗰖

鸟名雅

[按语] 背隐指出正文的类别为一"鸟名"。与正文同样的词组还有文海刻①05A33；杂字乙09B5 等。同音甲04B64：𗣩𗬩𗬩 dźjwow 1.56 pu 1.01 pu 1.01（鸟：pu pu）。

05B58 𗬩𗬩 。·jiw 2.40 pu 1.01（草名）

[背隐] 𗣩𗼧

草名

[按语] 背隐指出正文的类别为一"草名"。与正文同样的词组还有同音乙42A64；同音甲04B65、41B43；文海刻①05A42；杂字乙08A4；同义09B7等。

05B61 𗱕𗮍 khieej 1.38 mjaa 1.23 果实

[背隐] 𗷫𗏁𗖻𗰞𗵦/𗰷𗤒𗥃𗵉𗮅
草木谷物日/限足结果谓

[按语] 此处"𗥃"代表《同音》正文中的大字，而非表示与前一字重复。背隐音义的内容是对正文的解释。参见下文同音丁27B22及其背隐。与正文同样的词组还有同音甲04B66、26B68；文海刻①73B42；合编甲13.141等。

05B62 𗰜𗴭 zji 1.69 mjaa 1.23 夫妻

[背隐] 𗢳𗏞𗕯𗰙
男女共名

[按语] 背隐的内容是对正文的解释。与正文同样的词组还有同音乙52B65；同音甲04B67、52B23；杂字乙15A7；同义06A2等。

05B63 𗰮𗅥 ·wo 1.70 mjaa 1.23 粗大

[背隐] 𗢻𗰷𗰮𗴜
不细粗大

[按语] 背隐先以反义词解释正文，再以同义词解释正文。与正文同样的词组还有同音乙45B23；同音甲04B68；文海刻①30B31等。

05B64 𗦛𗴓 tuu 1.05 mjaa 1.23 寻找

[背隐] 𗴓𗙇/𗴚𗼇𗴾𗷾
寻找/为求所用

[按语] 背隐的内容是对正文的解释。参见下文同音丁19B51及其背隐。与正文同样的词组还有同音甲04B71、19A34；文海刻①59A52；同义17A6等。

05B65 𗸈𗴭 mjaa 1.23 djɨr 2.77 疮疤

[背隐] 𗰚𗿒𗢬𗔦
刀剑伤痕

[按语] 背隐的内容是对正文的解释。与正文同样的词组还有同音甲04B72。该字又见掌中珠甲19B12。文海刻①30B32有该字的详细材料。

05B66 𗤒𗴘 。 dzjwu 1.02 mjaa 1.23 霹雳

[背隐] 𗵒𗿒𗴘/𗶮𗮝𗵉
刀剑刃/齿利谓

[按语] 背隐的内容是对正文的解释。与正文同样的词组还有同音甲04B73；杂字乙03A6；掌中珠甲07B22（正文后该词的汉语译释即来源于此）等。

05B67 𗴘𗮍 khwej 2.30 mjaa 2.21 大大

[背隐] 𗮍𗤒𗟲
大大尊

[按语] 背隐以同义词解释正文。与正文同样的词组还有同音_甲04B74。该字又见同义02A7。

05B68 㳇㿟 。rejr 2.66 mjaa 2.21 多多

　　[背隐] 㿟㿟

　　　　多多

　　[按语] 背隐以同义词解释正文。与正文同样的词组还有同音_甲04B75。该字又见同义10B5；碎金05B1 等。

05B71 㽟䆯 be 2.07 ŋjow 2.48 南海

　　[背隐] 䁕䆯

　　　　南海

　　[按语] 背隐以同义词解释正文。与正文同样的词组还有同音_甲04B76；杂字_乙05A8 等。

05B72 㓥䌫 be 2.07 lhji 2.60 日月

　　[背隐] 㾊䇖䆯㾈

　　　　明暖为者

　　[按语] 背隐的内容是对正文的解释。与正文同样的词组还有同音_乙51B75；同音_甲04B77、51B13；文海_刻①68A12；杂字_乙19B3；掌中珠_甲04B32（正文后该词的汉语译释即来源于此）；合编_甲09.092；碎金02A4 等。

05B73 㐬䎁䇖 be 2.07 mjir 1.86 mə 2.25 be：族姓

　　[背隐] 䇘

　　　　ba

　　[按语] 背隐中"䇘"与大字"㐬"组成复姓"䇘㐬"。同音_甲04B78 与丁种本正文表述相同。该西夏复姓又见同音_甲05B35；同音_乙06B24；杂字_乙12A3；碎金05A5 等。

05B74 㿟䇖 wə 1.27 be 2.07 皮篷

　　[背隐] 㿥䆯㿠㾈

　　　　割下表皮

　　[按语] 背隐的内容是对正文的解释。参见下文同音_丁12A27 及其背隐。与正文同样的词组还有同音_甲05A11、11A27；文海_刻①34B32；合编_甲04.061；同义12B5；碎金08A1 等。

05B75 䎁䆯 be 2.07 phiow 1.55 双两

　　[背隐] 㿟

　　　　二

　　[按语] 背隐以同义词解释正文。参见下文同音_丁08A64 及其背隐。与正文同样的词组还有同音_甲05A12、07B31；文海_刻①42A61；合编_甲21.111；同义21B7 等。

05B76 㿙㿟 。be 2.07 dziej 2.31 圆轮

　　[背隐] 㾈㿠㾊㿟

　　　　使毛发卷

[按语] 背隐的内容是对正文的解释，指出此物是用来卷头发用的。与正文同样的词组还
有同音甲05A13。该字又见同义03B2。

05B77 𗴖𗈶 phjo 1.51 lji̱ 2.61 土地

[背隐] 𗴖𗈶

地下

[按语] 背隐以同义词解释正文。与正文同样的词组还有同音甲05A14；文海刻①58A21；
杂字乙04B5；合编甲07.082；同义25A4 等。

05B78 𗣼𗈶 wjor 1.90 phjo 1.51 卜骨

[背隐] 𗈶𗣼𗈶𗣼𗈶

卜骨测问处

[按语] 背隐的内容是对正文的解释。与正文同样的词组还有同音甲05A15；杂字乙16B7
（颠倒）等。该字又见碎金10A2。文海刻①58A41 有该字的详细材料。

06A11 𗈶𗣼 phjo 1.51 phe 1.08 灵巧

[背隐] 𗈶𗣼𗈶𗣼

勇猛巧男

[按语] 背隐的内容是对正文的解释。参见下文同音丁07B21 及其背隐。与正文同样的词
组还有同音甲05A16、06B42；文海刻①58A31；合编甲03.202 等。聂Ⅰ439 录背隐
内容。

06A12 𗣼𗈶 。phə 2.25 phjo 1.51 （兽名）

[背隐] 𗈶𗣼

兽名

[按语] 背隐指出正文的类别为一"兽名"。参见上文同音丁05A42 及其背隐。与正文同
样的词组还有同音甲04A52、05A17；同义27A4 等。

06A13 𗣼𗈶 phjo 2.44 phji 1.11 使令

[背隐] 𗈶𗣼𗈶

作语助

[按语] 背隐指出正文的类别为一"语气助词"。参见上文同音丁05A16 及其背隐。与正
文同样的词组还有同音甲04A24、05A18 等。

06A14 𗣼𗈶 。phjo 2.44 kar 2.73 分离

[背隐] 𗈶𗣼

显明

[按语] 背隐的内容是对正文的解释。参见下文同音丁28B23 及其背隐。与正文同样的词
组还有同音甲05A21、28A14；文海刻①06B22；同义22B1 等。

06A15 𗣼𗈶 me 2.58 naa 2.19 寻找

[背隐] 𗈶𗣼/𗈶𗣼

寻找/寻找

[按语] 背隐以同义词解释正文。参见下文同音丁18A27及其背隐。与正文同样的词组还有同音甲05A22、17A64；文海刻①30B21；同义17A6等。

06A16 𗱪𗈪 mej 2.30 me 2.58 毫末
　　[背隐] 𗱪𗈪
　　　　　 翼末
　　[按语] 背隐的内容是对正文的解释。与正文同样的词组还有同音甲05A23。该字又见杂字乙18B5；掌中珠甲21B12（正文后该词的汉语译释即来源于此）；同义28A1等。

06A17 𗴲𗈪 zjiw 1.46 me 2.58 抛弃
　　[背隐] 𗴲𗈪𗴲𗈪
　　　　　 抛弃抛弃
　　[按语] 背隐以同义词解释正文。与正文同样的词组还有同音乙48A63；同音甲05A24、47B73；文海刻①55A12；同义20A6等。

06A18 𗫨𗈪 me 2.58 ma 2.56 散撒
　　[背隐] 𗫨𗈪𗫨𗈪𗫨
　　　　　 木条枝条碎
　　[按语] 背隐的内容是对正文的解释。参见下文同音丁09B28及其背隐。与正文同样的词组还有同音甲05A25、08B73；文海刻①64B72；同义04B5等。

06A21 𗴲𗈪 。lju 2.52 me 2.58 粉
　　[背隐] 𗴲𗈪𗴲𗈪/𗴲𗈪𗴲𗈪
　　　　　 所做细面/又面上抹
　　[按语] 背隐的内容是对正文的解释，而且指出"粉"有两层意思：其一，指"所做细面"的面粉；其二，指"面上抹"的化妆粉。与正文同样的词组还有同音乙47B63；同音甲05A26、47A71；杂字乙18B6；掌中珠甲25B22（正文后该词的汉语译释即来源于此）；同义11B1等。

06A22 𗫨𗈪 bju 1.02 mjir 1.86 mə 2.25 bju：族姓
　　[背隐] 𗫨
　　　　　 sji
　　[按语] 背隐中"𗫨"字与大字"𗈪"组成复姓姓氏"𗫨𗈪"。该西夏复姓又见杂字乙11A2。同音甲05A38与丁种本正文表述相同。该字又见文海刻①06B73；同义06B2；碎金04B5等。文海刻①06B73有该字的详细材料。

06A23 𗴲𗈪 bia 2.15 bju 1.02 搅拌
　　[背隐] 𗴲𗈪𗴲𗈪𗴲𗈪𗈪
　　　　　 拌食物混渣酪汁
　　[按语] 背隐的内容是对正文的解释。参见下文同音丁09A48及其背隐。与正文同样的词组还有同音甲05A27、08B21；同义11A7等。

06A24 𗫨𗈪 bia 2.15 bju 1.02 爬行
　　[背隐] 𗴲𗈪𗴲𗈪

膝手行动

[按语] 背隐的内容是对正文的解释。参见下文同音丁07B11 及其背隐。与正文同样的词组还有同音甲05A33、06B32；文海刻①07A12；杂字乙15B8；同义19A4 等。聂Ⅱ226 录背隐内容。

06A25 褴愢 ljïï 2.29 bju 1.02（疾病名）

[背隐] 乱胤愢愢毲猵眤耕/庇愢愢蒭

马背佝偻及草露中/佝偻行谓

[按语] 下一字的背隐音义误写此字之下，然后又涂抹掉。本书称这种错位的注释为"上下错位"：即指将注释错写于与正文相邻的上一个字的背面位置。下文06A26、32A43~32A46 之背隐音义错误内容同此。背隐音义的内容是对正文的解释。与正文同样的词组还有同音乙52A23；同义甲05A32、51B26；文海刻①07A13；同义31B4 等。

06A26 愢愢 。ljïï 2.29 bju 1.02（草名）

[背隐] 猵翎

草名

[按语] 下一字的背隐音义误写此字之下，然后又涂抹掉。关于上下错位现象的解释，参见上一字。背隐音义指出正文的类别为一"草名"。与正文同样的词组还有同音乙52A24；同义甲05A31、51B25；杂字乙07B5；同义10A5 等。

06A27 愢毲 bju 1.02 dzjwo 1.48 聪明

[背隐] 骹耄

智慧

[按语] 背隐以近义词解释正文。与正文同样的词组还有同音乙38A27；同音甲05A34、37B11；文海刻①52A33；合编甲24.072；同义03A2 等。聂Ⅰ438 录背隐内容。

06A28 溜毲 bju 1.02 be 1.65 明亮

[背隐] 祕骲蒇祇骹縗縗/溜死朱絛蒭

杂乱彼目数显明/明沙子之谓

[按语] 背隐的内容是对正文的解释。参见下文同音丁07B38 及其背隐。与正文同样的词组还有同音甲05A35。该字又见同义13A4。

06A31 蕿荓 rejr 2.66 bju 1.02 大象

[背隐] 胤兹箢胤矄/骹藏縏

与牛类似比牛/威力大

[按语] 背隐的内容是对正文的解释。与正文同样的词组还有同音乙50A31；同音甲05A36、49B35；杂字乙09A3；同义28A7 等。

06A32 蘱翺 。bju 1.02 ku 2.51 兄弟

[背隐] 绢骲弥蒭

兄弟至亲

[按语] 背隐的内容是对正文的解释。参见下文同音丁22A42 及其背隐。与正文同样的词

组还有同音_甲05A37、21A62；文海_刻①07A31；杂字_乙15B1；同义05B1等。

06A33 𗼊𗥦 bow 1.54 bo 2.62（族姓）

[背隐] 𗼊𗥦𗍣𗒘

先人族姓

[按语] 背隐指出正文的类别为一"族姓"，且为一"先人族姓"。参见下文同音_丁10A52及其背隐。与正文同样的词组（即此西夏复姓）还有同音_甲05A41、06B15；文海_刻①59B23；同义06B6等。聂Ⅱ257录背隐内容。

06A34 𗜓𗥦 yjɨr 1.86 bo 2.62（鸟名）

[背隐] 𗜓𗒘

鸟名

[按语] 背隐指出正文的类别为一"鸟名"。与正文同样的词组还有同音_乙42B24；同音_甲05A42、41B75；文海_刻①89A62等。

06A35 𗜟𗥦 yjɨr 1.86 bo 2.62 交配

[背隐] 𗜟𗒘𗥦

父姻

[按语] 背隐的内容是对正文的解释。与正文同样的词组还有同音_乙42B26；同音_甲05A43、41B74；文海_刻①89A61；同义05B4等。

06A36 𗫡𗥦 ta 1.17 bo 2.62 逃跑

[背隐] 𗫡𗒘𗥦𗷬

野入他往

[按语] 背隐的内容是对正文的解释。与正文同样的词组还有同音_甲05A44。该字又见杂字_乙13B5；同义19B5等。

06A37 𗥦𗒆 sjɨ 1.69 bo 2.62 箭矢

[背隐] 𗒆

箭

[按语] 背隐以同义词解释正文。与正文同样的词组还有同音_乙37B45；同音_甲05A45、37A16；文海_刻①25B51；合编_甲23.073；同义18B2等。

06A38 𗰖𗥦 gu 2.01 bo 2.62 中粗

[背隐] 𗰖𗥦𗒘𗰖𗭪

中粗头尾细

[按语] 背隐的内容是对正文的解释。与正文同样的词组还有同音_甲05A46。

06A41 𗙏𗥦。 tji 1.67 bo 2.62 吃食

[背隐] 𗙏𗥦𗥦𗙏

吃食饮食

[按语] 背隐以同义词解释正文。与正文同样的词组还有同音_甲05A47；合编_甲18.112等。该字又见同义11A5；碎金09A6等。

06A42 㩵𦣻 bjɨ 1.30 za 1.17 敌寇

  [背隐] 𦣻𦣻
       敌寇

  [按语] 背隐以同义词解释正文。与正文同样的词组还有同音_乙52A78；同音_甲05A53、
       52A27；文海_刻①77A71；合编_甲10.112；同义 30A2 等。

06A43 𦣻𦣻 bjɨ 1.30 bjij 2.33 高上

  [背隐] 𦣻𦣻𦣻𦣻
       上高不低

  [按语] 背隐先以同义词解释正文，再以反义词解释正文。与正文同样的词组还有同音_甲
       05A48；文海_刻①71A32；合编_甲02.031 等。

06A44 𦣻𦣻 bjɨ 1.30 bji 2.10 以下

  [背隐] 𦣻𦣻𦣻𦣻
       底下不高

  [按语] 背隐先以同义词解释正文，再以反义词解释正文。参见上文同音_丁03A58 及其背
       隐。与正文同样的词组还有同音_甲02A61、05A51；文海_刻①75B62；合编_甲
       02.181；同义 16B6 等。

06A45 𦣻𦣻 bjɨ 1.30 bjɨ 1.30 稀少

  [背隐] 𦣻𦣻/𦣻𦣻𦣻𦣻
       小块/稀少少小

  [按语] 背隐的内容是对正文的解释。与正文同样的词组还有同音_甲02B43；文海_刻①
       92A31 等。该字又见同义 13A7。

06A46 𦣻𦣻 。bjɨ 1.30 djij 2.33 面颊

  [背隐] 𦣻𦣻
       口头

  [按语] 背隐的内容是对正文的解释。参见下文同音_丁15A13 及其背隐。与正文同样的词
       组还有同音_甲05A54、14A27；文海_刻①69A41；杂字_乙16B5；同义 03B2 等。

06A47 𦣻𦣻 bja 2.17 du 2.04（族姓）

  [背隐] 𦣻𦣻
       族姓

  [按语] 背隐指出正文的类别为一"族姓"。参见下文同音_丁13A48 及其背隐。与正文同
       样的词组（即此西夏复姓）还有同音_甲05A55、12A57；杂字_乙12A1；合编_甲
       06.091；同义 06B4；碎金 04B5 等。

06A48 𦣻𦣻 phja 1.20 bja 2.17 断绝

  [背隐] 𦣻𦣻𦣻𦣻/𦣻𦣻𦣻𦣻
       穷尽切割/断绝割断用

  [按语] 背隐的内容是对正文的解释。参见下文同音_丁06A74 及其背隐。与正文同样的词

组还有同音_甲05A56、05B14；同义 26A4 等。

06A51 𘚉𘚎 ·o 1.49 bja 2.17 腹肚

[背隐] 𘚉𘚎𘚎𘚎

粪便囊也

[按语] 背隐的内容是对正文的解释。与正文同样的词组还有同音_甲05A57；文海_刻①56B52；掌中珠_甲19A12（正文后该词的汉语译释即来源于此）等。该字又见同义04A2。

06A52 𘚎𘚎 bja 2.17 ŋwu 2.01（族姓）

[背隐] 𘚎𘚎𘚎𘚎

族姓地名

[按语] 背隐指出正文的类别为"族姓、地名"。与正文同样的词组（即此西夏复姓）还有同音_甲05A58。该字又见同义07A7。

06A53 𘚎𘚎 。bja 2.17 ·ji 2.60 马鞍

[背隐] 𘚎𘚎𘚎𘚎𘚎

畜脊上所置

[按语] 背隐的内容是对正文的解释。与正文同样的词组还有同音_甲05A61；文海_刻③03A21；杂字_乙00B4；合编_甲24.042 等。

06A54 𘚎𘚎 bja 1.20 pju 2.03 蝴蝶

[背隐] 𘚎𘚎𘚎

飞虫名

[按语] 背隐指出正文的类别为一"飞虫名"。参见下文同音_丁08A41 及其背隐。与正文同样的词组还有同音_甲05A63、07A73；文海_刻①27B42；杂字_乙10B2；掌中珠_甲17A22（正文后该词的汉语译释即来源于此）；同义 28A2 等。

06A55 𘚎𘚎 bja 1.20 tjij 2.33 浅薄

[背隐] 𘚎𘚎𘚎𘚎𘚎

开阔不深浅

[按语] 背隐的内容是对正文的解释。参见下文同音_丁16B14 及其背隐。与正文同样的词组还有同音_甲05A64、15B32；文海_刻①52A42；同义04B6 等。

06A56 𘚎𘚎 pja 1.20 pjij 1.36 青玄

[背隐] 𘚎𘚎

橘青

[按语] 背隐的内容是对正文的解释，不过采取的是特殊的音义结合的形式。参见上文同音_丁05B44 及其背隐等内容。与正文同样的词组还有同音_甲04B48、05A62；同义16A6 等。

06A57 𘚎𘚎 pja 1.20 pjij 1.36 恭敬

[背隐] 𘚎𘚎𘚎𘚎

尊敬侍奉

[按语] 背隐的内容是对正文的解释。参见上文同音丁05B43 及其背隐。与正文同样的词组还有同音甲04B47、05A65；文海刻①12A12；合编甲10.063；同义17B1 等。

06A58 [Tangut] bja 1.20 pjɨ 1.30 爹爹

[背隐] [Tangut characters]
辈高岁大

[按语] 背隐的内容是对正文的解释。参见下文同音丁07B71 及其背隐。与正文同样的词组还有同音甲05A66、07A28；文海刻①56B41；杂字乙14B6；掌中珠甲20A22（正文后该词的汉语译释即来源于此）；合编甲02.021；同义05B1；碎金07A1 等。

06A61 [Tangut] ○ bja 1.20 pjij 1.36 马口

[背隐] [Tangut characters]
汉语马口谓

[按语] 背隐注明该词的汉语读音。参见上文同音丁05B45 及其背隐。与正文同样的词组还有同音甲04B52、05A67；文海刻①27B61；纂要09A4（颠倒）；同义15A1 等。

06A62 [Tangut] khiwə 1.28 pjɨj 1.62 角角

[背隐] [Tangut characters]
角亦角之谓

[按语] 背隐的内容是对正文的解释。参见下文同音丁26B15 及其背隐。与正文同样的词组还有同音甲05A68；同义03B6 等。

06A63 [Tangut] lhjwɨ 2.28 pjɨj 1.62 中钺

[背隐] [Tangut characters]
刀剑兵器

[按语] 背隐的内容是对正文的解释。与正文同样的词组还有同音甲05A72。该字又见同义18B1。聂Ⅱ359 录背隐内容。

06A64 [Tangut] ○ kiwej 1.34 pjɨj 1.62 腕力

[背隐] [Tangut characters]
弓拉足满足

[按语] 背隐的内容是对正文的解释。与正文同样的词组还有同音甲05A71。该字又见同义28B7。

06A65 [Tangut] sji 1.11 pjɨj 2.55 锹

[背隐] [Tangut characters]
撒扬／飞用汉语锹

[按语] 背隐的内容是对正文的解释，指出其用途，并注明该词的汉语读音。与正文同样的词组还有同音甲05A73；纂要08B1 等。掌中珠甲24A12：[Tangut]（火锹）。该字又见同义15A4。

06A66 [Tangut] ○ dzioow 2.50 pjɨj 2.55 和面

[背隐] [Tangut characters]
水面混合

[按语] 背隐的内容是对正文的解释。与正文同样的词组还有同音甲05A74；同义11A4
等。聂 I 340 录背隐内容。

06A67 𗈁𗖊 pə 1.27 məə 1.31 离火

　　[背隐] 𗨻𗖊𗣺
　　　　　使热暖

[按语] 背隐的内容是对正文的解释。与正文同样的词组还有同音甲05A76。该字又见同
义18B4。

06A68 𗤦𗣍 。khji 2.10 məə 1.31 吹气

　　[背隐] 𗖊𗍳𗤦𗣺𗣺
　　　　　火中令风打

[按语] 背隐的内容是对正文的解释。与正文同样的词组还有同音甲05A75；同义08A1
等。

06A71 𗙏𗣺 phju 1.03 thjij 1.36 筵席

　　[背隐] 𗣾𗣍𗧃/𗣍𗤶
　　　　　无忧食/多为

[按语] 背隐的内容是对正文的解释。参见下文同音丁13B23 及其背隐。与正文同样的词
组还有同音甲05B11、12B42；文海刻③06A52；同义11A2 等。

06A72 𗥤𗣍 phju 1.03 ・wu 2.51 牲畜

　　[背隐] 𗧃𗥤
　　　　　牲畜

[按语] 背隐以同义词解释正文。与正文同样的词组还有同音甲05B12。该字又见文海刻①
08A42；同义28B1 等。

06A73 𗤁𗤽 。phju 1.03 ・ju 2.02 寻找

　　[背隐] 𗆧𗤁𗤶𗤽
　　　　　宝寻增找

[按语] 背隐的内容是对正文的解释。与正文同样的词组还有同音甲05B13。该字又见同
义12B6。

06A74 𗧃𗤽 bja 2.17 phja 1.20 断绝

　　[背隐] 𗧃𗣍𗣾𗨻
　　　　　段断割折

[按语] 背隐以同义词解释正文。参见上文同音丁06A48 及其背隐。与正文同样的词组还
有同音甲05A56、05B14；同义26A4 等。

06A75 𗣺𗤽 phjij 2.33 phja 1.20 贩卖

　　[背隐] 𗣺𗤽
　　　　　买卖

[按语] 背隐以同义词解释正文。参见下文同音丁10A58 及其背隐。与正文同样的词组还

有同音甲04A45、05B15；合编甲09.192 等。聂Ⅰ386 录背隐内容。

06A76 𗱗𗱗 bju 2.02 phja 1.20 边侧

[背隐] 𗱗𗱗/𗱗𗱗𗱗𗱗

边侧/近边近侧

[按语] 背隐以同义词解释正文。与正文同样的词组还有同音甲05B16。该字又见同义
16B4。

06A77 𗱗𗱗 。 phja 1.20 khjij 1.36（树名）

[背隐] 𗱗𗱗

树名

[按语] 背隐指出正文的类别为一"树名"。参见下文同音丁22B45 及其背隐。与正文同
样的词组还有同音甲05B17、21B71；文海刻①28A11；杂字乙07A2；同义09B2
等。

06A78 𗱗𗱗 njaa 1.21 mur 1.75 黑暗

[背隐] 𗱗𗱗

黑暗

[按语] 背隐以同义词解释正文。与正文同样的词组还有同音甲05B22；文海刻①11A61；
合编甲07.073 等。

06B11 𗱗𗱗 we 1.08 mur 1.75（树名）

[背隐] 𗱗𗱗𗱗𗱗𗱗××/𗱗𗱗/𗱗𗱗𗱗

树名汉语乌××/漆树/枝量大

[按语] 背隐指出正文的类别为一"树名"；注明了该词的汉语读音，可惜字迹不甚清楚；
并进行了进一步的解释。参见下文同音丁10B58 及其背隐。与正文同样的词组还
有同音甲05B23、09B38；文海刻①13B13；杂字乙07A2；文海刻①13B13；同义
09A4 等。聂Ⅰ493 录背隐内容。

06B12 𗱗𗱗 mur 1.75 lhja 2.57 迷惑

[背隐] 𗱗𗱗

下愚

[按语] 背隐的内容是对正文的解释。与正文同样的词组还有同音甲05B24。该字又见文
海刻①80A52；同义32A6 等。

06B13 𗱗𗱗 thwo 2.42 mur 1.75 酒酒

[背隐] 𗱗

酒

[按语] 背隐以同义词解释正文。参见下文同音丁13A27 及其背隐。与正文同样的词组还
有同音甲05B25、12A37；同义11B2 等。聂Ⅰ340 录背隐内容。

06B14 𗱗𗱗 。 kji 1.30 mur 1.75 倏然

[背隐] 𗱗𗱗𗱗𗱗

突然已有

[按语] 背隐的内容是对正文的解释。与正文同样的词组还有同音_甲05B26。该字又见同义29B7。

06B15 𗼻𗥃 sej 1.33 bjii 2.12 计算

　　[背隐] 𗥃𗼻𗥃𗥃
　　　　　算使明显

　　[按语] 背隐的内容是对正文的解释。参见下文同音_丁32A56 及其背隐。与正文同样的词组还有同音_甲05B27、31B28；文海_刻①43A31；合编_甲11.142；同义21B6；碎金09A4 等。

06B16 𗥃𗥃 pju 2.52 bjii 2.12 冠盖

　　[背隐] 𗥃𗥃𗥃
　　　　　依靠处

　　[按语] 背隐的内容是对正文的解释。参见下文同音_丁08B23 及其背隐。与正文同样的词组还有同音_甲05B28、07B64；文海_刻①63A62；合编_甲07.204 等。

06B17 𗥃𗥃 bjii 2.12 lhā 1.24 光耀

　　[背隐] 𗥃𗥃𗥃𗥃
　　　　　头发花耀

　　[按语] 背隐的内容是对正文的解释。与正文同样的词组还有同音_甲05B31。该字又见同义16B1。

06B18 𗥃𗥃 tsjij 1.61 bjii 2.12 网索

　　[背隐] 𗥃𗥃𗥃𗥃𗥃𗥃
　　　　　索过撒网捕牲畜

　　[按语] 背隐的内容是对正文的解释。与正文同样的词组还有同音_乙36A67；同音_甲05B32 等。该字又见同义15B5。

06B21 𗥃𗥃 。bjii 2.12 rjir 2.72 草民

　　[背隐] 𗥃𗥃𗥃𗥃𗥃
　　　　　庶民及千万

　　[按语] 背隐的内容是对正文的解释。与正文同样的词组还有同音_乙47A55；同音_甲05B33、46B46；文海_刻①88B22；合编_丙A52；同义17A3 等。聂Ⅰ197 录背隐内容。

06B22 𗥃𗥃 ba 2.14 laa 1.22 怜惜

　　[背隐] 𗥃𗥃
　　　　　怜惜

　　[按语] 背隐以同义词解释正文。与正文同样的词组还有同音_乙50A56；同音_甲05B36、48B65；文海_刻①30A42；合编_甲07.071；同义23A6 等。聂Ⅱ473 录背隐内容。

06B23 𗥃𗥃 piəj 2.65 ba 2.14 妙语

　　[背隐] 𗥃𗥃𗥃𗥃𗥃
　　　　　合和语妙语

[按语] 背隐的内容是对正文的解释。参见下文同音丁07A57（无背隐音义）。与正文同样的词组还有同音甲05B34、06A74；文海刻①70A32；合编丙A33；同义21A1 等。

06B24 𗆾𗪊 ba 2.14　be 2.07（族姓）

[背隐] 𗆾𗪊
族姓

[按语] 背隐指出正文的类别为一"族姓"。与正文同样的词组（即此西夏复姓）还有同音甲05B35；杂字乙12A3；碎金05A5 等。参阅同音丁05B73 背隐音义。

06B25 𗀝 。·a？ba 2.14 阿婆

[背隐] 𗀝𗓓𗾪𗈪𗖵
阿婆及地名

[按语] 背隐的内容是对正文的解释；并指出该词的另外一层用法，即还可作为地名。与正文同样的词组还有同音甲05B37；文海刻①38A42 等。聂Ⅱ473 录背隐内容。

06B26 𗭀𗠃 ·jir 1.79　mjiij 1.39 养育

[背隐] 𗥾𗟲𗖍
得吃穿

[按语] 背隐的内容是对正文的解释。与正文同样的词组还有同音甲05B38；文海刻①49B52 等。

06B27 𗲰𗟲 dzju 1.02　mjiij 1.39 梦幻

[背隐] 𗾪𗗻𗴺𗣼𗥉
睡精神见知

[按语] 背隐的内容是对正文的解释。参见下文同音丁29B76 及其背隐。与正文同样的词组还有同音甲05B41、29A42；文海刻①49B61；同义08B1 等。

06B28 𗪊𗟲 ku 1.58　mjiij 1.39 下后

[背隐] 𗪊𗗻𗟲𗣼𗥉𗖵
背后下上末干

[按语] 背隐的内容是对正文的解释。与正文同样的词组还有同音甲05B42。该字又见文海刻①49B62；同义04A5 等。

06B31 𗔮𗟲 。mə 2.25　mjiij 1.39 昏迷

[背隐] 𗔮𗤙𗗧𗣼
昏迷气回

[按语] 背隐的内容是对正文的解释。参见上文同音丁03B75 及其背隐。与正文同样的词组还有同音甲02B75、05B43；文海刻①34B62；同义31B1 等。

06B32 𗥫𗓓 phia 1.18　śia 1.18（树名）

[背隐] 𗥫𗓓
树名

[按语] 作注者误将06B22 的背隐音义写于此字下，然后又涂掉。本书称这种错位的注释

为"左右错位"：即指因为盯错了行，将应该写于正确位置的注释，错写于相邻的字行中了。下文 12A58 之背面错写了 12A48 的背隐音义内容同此。背隐音义指出正文的类别为一"树名"。与正文同样的词组还有同音乙 38B16；同音甲 05B44、37B77；文海刻①25A63；杂字乙 06B5；同义 09A4 等。

06B33 萉 phia 1.18 pia 1.18 耙扒

[背隐] 𦾰𫁡𬘗𫄤𬗋𨏲𫄷
翻火盛灰等弃用

[按语] 背隐的内容是对正文的解释，指出"耙扒"的用途。参见下文同音丁 07A37 及其背隐。与正文同样的词组还有同音甲 05B45、06A48；文海刻①25A52；合编乙 02下 42；同义 14B7 等。

06B34 𦟈 。phia 1.18 mjɨr 1.86 mə 2.25 phiaː族姓

[背隐] 𫄤
lji

[按语] 背隐中"𦟈"字与正文大字"𫄤"组成复姓"𦟈𫄤"（芭里）。该西夏复姓又见杂字乙 12B4；同义 06B3；碎金 04B4 等。汉译文见西夏人自己编纂的汉文本《杂字》（汉）[1]03A1"番姓名"部分。同音甲 05B46 与丁种本正文表述相同。

06B35 𫄤𫄷 phu 1.01 pjij 1.42 普遍

[背隐] 𬘾𫁡𬗋𨏲𬗍
皆上至满足

[按语] 背隐的内容是对正文的解释。参见上文同音丁 05B48 及其背隐。与正文同样的词组还有同音甲 04B55、05B47；文海刻①51B62；合编甲 06.053；同义 28B6 等。

06B36 𫄷𬘗 pjij 1.42 tshew 2.38 （草名）

[背隐] 𬘗𬗋
草名

[按语] 背隐指出正文的类别为一"草名"。参见下文同音丁 33A47 及其背隐。与正文同样的词组还有同音甲 05B51、32B34；文海刻①51B63；杂字乙 08A1；同义 09B6 等。

06B37 𫁡𬗋 。sjwɨ 2.28 pjij 1.42 篷毡

[背隐] 𬘾𬗍
雨衣

[按语] 背隐的内容是对正文的解释。与正文同样的词组还有同音甲 05B52；文海刻①51B71；杂字乙 06A5；碎金 08B6 等。

06B38 𫄤𬗋 bjuu 2.06 dzju 2.03 主将

[背隐] 𬘾𫁡𬗋𬗍𬘗𨏲

---

〔1〕 为了区分西夏文《杂字》（全称《三才杂字》）与西夏人自己编纂的汉文本《杂字》，我们在汉文本《杂字》后用圆括号括一个"汉"字，以视区别。凡未标明者，均视为出自西夏文《杂字》。

镇压统军人者

[按语] 背隐的内容是对正文的解释。与正文同样的词组还有同音甲05B53。该字又见同
义10A7。

06B41 㤖幅 bjuu 2.06 wjuu 2.06 收缩

[背隐] 㿉ㄗ/㿉彩毨

收缩/缩语同

[按语] "ㄗ"代表该字与前一字重复。背隐音义的内容是对正文的解释。参见下文同
音丁12B21及其背隐。与正文同样的词组还有同音甲05B54、11B21；同义12B3
等。

06B42 婧帅 lji 2.61 bjuu 2.06 里程

[背隐] 骰缫缪骰臙羚帗

三百六十步一算

[按语] 背隐的内容是对正文的解释。也就是说在西夏，360步为一里路程。与正文同样
的词组还有同音甲05B55。该字又见同义22A6。

06B43 㤖彿 。bjuu 2.06 mjii 1.14 赏赐

[背隐] 㿉㿅㿇

巧赏赐

[按语] 背隐的内容是对正文的解释。与正文同样的词组还有同音甲05B56。同义24A1顺
序不同。

06B44 㿅㿈 kaar 1.83 mej 1.33 眼目

[背隐] 㿉㿅㿇㿈

看见显用

[按语] 背隐的内容是对正文的解释，指出"眼目"的用途。参见下文同音丁27B58及其
背隐。与正文同样的词组还有同音甲05B57、27B54；同义03B3等。

06B45 㿉㿈 mej 1.33 tsjwi 1.16 （族姓）

[背隐] 㿉缟

族姓

[按语] 背隐指出正文的类别为一"族姓"。与正文同样的词组（即此西夏复姓）还有同
音乙34B42；同音甲05B58、34A43；文海刻①21B53；杂字乙11B6等。

06B46 㿉㿈 ŋwer 2.71 mej 1.33 跪拜

[背隐] 㿇㿉缇缑

自集坐蹲

[按语] 背隐的内容是对正文的解释。参见下文同音丁26B72及其背隐。与正文同样的词
组还有同音甲05B61、26A41；文海刻①43B22等。

06B47 㿉㿈 mej 1.33 sjwij 1.36 显明

[背隐] 㿇㿈/㿉㿈

分明/显明

［按语］背隐以同义词解释正文。与正文同样的词组还有同音$_{甲}$ 05B62。该字又见文海$_{刻}$①43B21；同义 16A2 等。聂Ⅰ221 录背隐内容。

06B48 [illegible] sjii 1.14 mej 1.33 观察

［背隐］ [illegible]/[illegible]

观察虚实/使明

［按语］背隐的内容是对正文的解释。参见下文同音$_{丁}$ 32A71 及其背隐。与正文同样的词组还有同音$_{甲}$ 05B63、31B43；文海$_{刻}$①59B72 等。

06B51 [illegible] ɣor 2.80 mej 1.33 连筒

［背隐］ [illegible]

帐帘连筒

［按语］背隐的内容是对正文的解释。与正文同样的词组还有同音$_{甲}$ 05B64；文海$_{刻}$①43B31 等。

06B52 [illegible] ₒ low 2.47 mej 1.33 热暖

［背隐］ [illegible]

不冷

［按语］背隐以反义词解释正文。与正文同样的词组还有同音$_{甲}$ 05B65。该字又见同义 13A4。

06B53 [illegible] mjii 1.14 khjow 1.56 赐给

［背隐］ [illegible]

捨赐赠

［按语］背隐的内容是对正文的解释。参见下文同音$_{丁}$ 26A16 及其背隐。与正文同样的词组还有同音$_{甲}$ 05B66、25A43；文海$_{刻}$①12B32 等。

06B54 [illegible] nji 1.11 mjii 1.14 屋舍

［背隐］ [illegible]

住宿处

［按语］背隐的内容是对正文的解释。参见下文同音$_{丁}$ 18B67 及其背隐。与正文同样的词组还有同音$_{甲}$ 05B67、18A48；文海$_{刻}$①56B21 等。

06B55 [illegible] ·o 1.49 mjii 1.14（族姓）

［背隐］ [illegible]

族姓

［按语］背隐指出正文的类别为一“族姓”。与正文同样的词组（即此西夏复姓）还有同音$_{甲}$ 05B68；文海$_{刻}$①19B61；杂字$_{乙}$ 11B3 等。

06B56 [illegible] ₒ mjii 1.14 bjij 2.33 宫鬟

［背隐］ [illegible]

帝宫鬟

[按语] 背隐的内容是对正文的解释。与正文同样的词组还有同音甲05B71；文海刻①19B62 等。正文中注释小字，似乎《同音》甲、丁种本（乙本残缺）和《文海》刻本均错为"歒"字。

06B57 𗤮𗈶 bow 2.47 mo 2.42 羞愧

[背隐] 𗤮𗈶

羞愧

[按语] 背隐以同义词解释正文。参见下文同音丁07A64 及其背隐。与正文同样的词组还有同音甲05B72、06B14；文海刻①15A53；合编乙04 下 41 等。聂Ⅱ388 录背隐内容。

06B58 𗤮𗈶𗈶 mo 2.42 da 2.56 bjiir 2.86 乎：语助

[背隐] 𗈶𗈶𗈶

作不作

[按语] 背隐的内容是对正文的解释。同音甲05B73 与丁种本正文表述相同。该字又见杂字乙16B2；掌中珠31B12（正文后该词的汉语译释即来源于此）；同义22A3 等。

06B61 𗈶𗈶 mo 2.42 po 1.49（鬼名）

[背隐] 𗈶𗈶𗈶𗈶𗈶𗈶

鬼神中羞薄鬼谓

[按语] 背隐的内容是对正文的解释。参见上文同音丁04B68 及其背隐。与正文同样的词组还有同音甲03B75、05B74；文海刻①55B42；合编甲17.093；同义32B1 等。聂Ⅰ207 录背隐内容。

06B62 𗈶𗈶 mo 2.42 ·jar 2.74 疲乏

[背隐] 𗈶𗈶𗈶𗈶

辛苦疲乏

[按语] 背隐的内容是对正文的解释。与正文同样的词组还有同音甲05B75；文海刻①63A71 等。

06B63 𗈶𗈶 zjwi 1.67 mo 2.42 外甥

[背隐] 𗈶𗈶𗈶

亲有主

[按语] 背隐的内容是对正文的解释。与正文同样的词组还有同音甲05B76；掌中珠甲20B12（正文后该词的汉语译释即来源于此）；同义05B2 等。

06B64 𗈶𗈶 。 mo 2.42 zji 1.11 孤男

[背隐] 𗈶𗈶×𗈶𗈶×𗈶

父无×孤不×气

[按语] 背隐的内容是对正文的解释，但是其中二字看不清楚。与正文同样的词组还有同音甲05B77；杂字乙14A4 等。该字又见掌中珠甲06B12（正文后该词的汉语译释即来源于此）。

06B65 𗈶𗈶 pha 1.17 tsjiw 1.45（族姓）

[背隐] 𗼎𗼎
族姓

[按语] 背隐指出正文的类别为一"族姓"。与正文同样的词组（即此西夏复姓）还有同音甲06A12；文海刻①22A21；杂字乙13A8 等。

06B66 𗼎𗼎 。pha 1.17 tśhiew 1.44 破损

[背隐] 𗼎𗼎𗼎𗼎/𗼎𗼎
毁败/已用破损

[按语] 背隐的内容是对正文的解释。与正文同样的词组还有同音乙40A43；合编甲13.132；同义26B1 等。

06B67 𗼎𗼎 dzjij 2.33 pha 1.17 差别

[背隐] 𗼎𗼎
差别

[按语] "𗼎"代表该字与前一字重复。背隐音义以同义词解释正文。与正文同样的词组还有同音甲06A13。同义29A7 顺序不同。

06B68 𗼎𗼎 · a ? pha 1.17 一半

[背隐] 𗼎𗼎
不全

[按语] 背隐以反义词解释正文。与正文同样的词组还有同音甲05B78。

06B71 𗼎𗼎 。pha 1.17 śio 1.50 跟随

[背隐] 𗼎𗼎𗼎
背后随

[按语] 背隐的内容是对正文的解释。与正文同样的词组还有同音甲06A14。该字又见同义23B4。

06B72 𗼎𗼎 we 1.08 mjij 1.61 黎明

[背隐] 𗼎𗼎/𗼎𗼎𗼎
黎明/日未出

[按语] 背隐的内容是对正文的解释。参见下文同音丁10B46 及其背隐。与正文同样的词组还有同音甲06A15、09B47；文海刻①67A32；同义13A1 等。

06B73 𗼎𗼎 dzjij 1.35 mjij 1.61 寒冷

[背隐] 𗼎𗼎𗼎𗼎
寒时恶来

[按语] 背隐的内容是对正文的解释。与正文同样的词组还有同音甲06A16；文海刻①67A41；合编甲24.051；同义31A3 等。

06B74 𗼎𗼎 。dzji ? mjij 1.61 女女

[背隐] 𗼎𗼎𗼎
女女女

[按语] 背隐以同义词解释正文。与正文同样的词组还有同音甲06A17；同义05B7 等。

06B75 𘉞𘜼 mjij 1.36 mjij 2.54 无无

　　[背隐] 𘉞𘜼
　　　　　无无

[按语] 背隐以同义词解释正文。与正文同样的词组还有同音甲06A18。该字又见同义
　　　　20A3；碎金04B3 等。

06B76 𘑾𘏒 。mjij 2.54 ɣie 1.09 体工

　　[背隐] 𘑾𘏒𘏒
　　　　　当奴仆

[按语] 背隐的内容是对正文的解释。与正文同样的词组还有同音甲06A21；掌中珠甲
　　　　22B22（正文后该词的汉语译释即来源于此）；碎金08A3 等。在这里，正文"体
　　　　工"的"体"，读"bèn"（通"笨"）而非"tǐ"[1]。"体工"就是苦力，干粗
　　　　活的人。亦即今天的"小工"，即指没有技术，只能干体力活的人。《辞源》、
　　　　《辞海》、《王力古汉语字典》等辞书在谈到"体"通"笨"时，皆列举的是同一
　　　　个文献作为例证。即《资治通鉴》唐咸通十二年："赐酒百斛，餠馅四十橐驼，
　　　　以饲体夫。"并指出此处"体夫"乃抬运灵柩的人夫。《掌中珠》中出现"体工"
　　　　一词，于此词的解释又多一新例证，可补充对该词的诠释。

06B77 𘀄𘏿𘉂 bjiij 2.35 mjir 1.86 mə 2.25 bjiij：族姓

　　[背隐] 未注

[按语] 背隐对正文未作解释。其实正文中小字对大字的注释已经非常清楚，故无需再作
　　　　背隐音义。同音甲06A23 与丁种本正文表述相同。该字又见同义06B3；碎金
　　　　04B4 等。

06B78 𘈬𘏿 rer 2.71 bjiij 2.35 缘行

　　[背隐] 𘈬𘏿𘏿𘏿
　　　　　行者行往

[按语] 背隐的内容是对正文的解释。与正文同样的词组还有同音甲06A22；杂字甲02A2；
　　　　合编甲18.112 等。该字又见同义19A2。

07A11 𘎽𘏿 。tshjii 1.32 bjiij 2.35 加入

　　[背隐] 𘎽𘏿𘏿ㄥ
　　　　　排列行列

[按语] "ㄥ"代表该字与前一字重复。背隐音义的内容是对正文的解释。与正文同样的
　　　　词组还有同音甲06A26。

07A12 𘏿𘏿 sjwi 1.30 bjiij 1.39 种倍

　　[背隐] 𘏿𘏿𘏿𘏿𘏿𘏿/𘏿𘏿𘏿𘏿𘏿𘏿

---

[1] 掌中珠甲22B24 所注该汉字字音的西夏字"𘏿"，与"孛（掌中珠甲08A34）、鹁（掌中珠甲17A14）、脖（掌中珠甲
　　19A14）"对音。显然"笨、脖"音近。

利生及又利增/比本超则倍谓

[按语] 背隐的内容是对正文的解释。与正文同样的词组还有同音_甲06A25。

07A13 𗍕𗋈 。tsja 1.19 bjiij 1.39 背道

    [背隐] 𗋈𗍕𗋈

    不道往

[按语] 背隐的内容是对正文的解释。与正文同样的词组还有同音_甲06A24。该字又见同义29A7。

07A14 𗍕𗋈 bie 2.08 lhew 2.38 解开

    [背隐] 𗋈𗍕𗋈

    绳解释

[按语] 背隐的内容是对正文的解释。与正文同样的词组还有同音_乙48B16；同音_甲06A27；杂字_乙22B4；合编_甲03.074；同义19B2等。

07A15 𗍕𗋈 lə 2.25 bie 2.08（树名）

    [背隐] 𗋈𗍕

    树名

[按语] 背隐指出正文的类别为一"树名"。与正文同样的词组还有同音_乙50A65；同音_甲06A28、49B73；杂字_乙07A2；同义09B1等。

07A16 𗍕𗋈 bie 2.08 γa 1.17（草名）

    [背隐] 𗋈𗍕𗋈𗍕𗋈𗍕

    医病患用草药

[按语] 背隐的内容是对正文的解释，指出其用途；并指明这种草乃是一种草药。与正文同样的词组还有同音_乙43A21；同音_甲06A31、42A67；文海_刻①24A11；杂字_乙08A2；合编_乙03上11；同义10A1等。

07A17 𗍕𗋈 。tsə 1.68 bie 2.08 栗色

    [背隐] 𗋈𗍕𗋈

    诸栗色

[按语] 背隐的内容是对正文的解释。与正文同样的词组还有同音_甲06A32。该字又见同义16A7。合编_乙03上12有该字的详细材料。

07A18 𗍕𗋈 pji 1.11 le 2.07 壁虎

    [背隐] 𗋈𗍕𗋈/𗍕𗋈

    先人名/红边

[按语] 背隐先指出正文的类别为一"先人名"；后又对该词的另一层意思进行了解释。与正文同样的词组还有同音_甲06A33；文海_刻①16A22；合编_乙03上21等。

07A21 𗍕𗋈 sji 2.28 pji 1.11（族姓）

    [背隐] 𗋈𗍕

    族姓

[按语] 背隐指出正文的类别为一"族姓"。与正文同样的词组（即此西夏复姓）还有同音甲06A34；文海刻①16A23；杂字乙12B1；合编乙03上22；同义07A4；碎金04B4等。

07A22 𗧁𗣼 sji 1.29 pji 1.11（虫名）

[背隐] 𗧁𘂣

虫名

[按语] 背隐指出正文的类别为一"虫名"。与正文同样的词组还有同音乙39A13；同义甲06A35、38B13；文海刻①16A31；杂字乙10B5；合编甲09.182；同义28A3等。

07A23 𗢭𘜔 。pji 1.11 pio 1.50 霹雳

[背隐] 𗢭𗷫××

音出××

[按语] 背隐的内容是对正文的解释，可惜后二字看不清楚。参见下文同音丁08A51及其背隐。与正文同样的词组还有同音甲06A36、07B13；文海刻①16A32；杂字乙00B7；同义08A3等。

07A24 𗧁𗣼 pjij 1.61 pja 2.57 巫师

[背隐] 𗧁𘂣/𗣼𘄒𗢭𗣼𗧁

巫巫/巫不导巫巫

[按语] 背隐的内容是对正文的解释。参见下文同音丁10A43及其背隐。与正文同样的词组还有同音甲06A37、52A56；合编乙03上41等。合编乙03上41有该字的详细材料。

07A25 𗧁𘜔 。pja 2.57 we 1.08（鸟名）

[背隐] 𗧁𘂣

鸟名

[按语] 背隐指出正文的类别为一"鸟名"。与正文同样的词组还有同音甲06A41；合编乙03上42等。该字又见同义28A2。

07A26 𗊱𗣼 pja 1.64 ka 1.63 掌握

[背隐] 𗊱𗒾𗧁𗣼𗣼𗣼

掌内盛物握持

[按语] 背隐的内容是对正文的解释。参见下文同音丁22B13及其背隐。与正文同样的词组还有同音甲06A38、21B34等。文海刻①70A73；合编乙03上51等有该字的详细材料。

07A27 𗧁𗭄 rjir 2.72 pja 1.64 汁渣

[背隐] 𗧁𗭄𗣼

无汁沉

[按语] 背隐的内容是对正文的解释。意思是：没有汁了，全都沉下去了，剩下的就是渣。与正文同样的词组还有同音甲06A43；文海刻①41B51等。文海刻①70B11；合

编乙03 上 52 等有该字的详细材料。

07A28 𰀁𰀂 · o 2.42 pja 1.64 酒脑

　　[背隐]　𰀃𰀄𰀅𰀆
　　　　　汉语酒脑

　　[按语]　背隐注明了该词的汉语读音。与正文同样的词组还有同音甲 06A44；合编乙02 下
　　　　　11 等。该字又见同义 11B2。聂 I 341 录背隐内容。

07A31 𰀇𰀈 。pja 1.64 djwu 2.03 补衲

　　[背隐]　𰀉𰀊𰀋
　　　　　缝破烂

　　[按语]　背隐的内容是对正文的解释。与正文同样的词组还有同音甲 06A42；合编乙02 下
　　　　　12 等。该字又见同义 12A5。

07A32 𰀌𰀍 tew 1.43 bo 2.42 孵化

　　[背隐]　𰀎𰀏𰀐𰀑𰀒
　　　　　鸟卵日足开

　　[按语]　背隐的内容是对正文的解释。与正文同样的词组还有同音甲 09A44；杂字乙 09B8；
　　　　　合编乙02 下 21；同义 28A1 等。

07A33 𰀓𰀔𰀕 bo 2.42 mjir 1.86 mə 2.25 bo：族姓

　　[背隐]　未注

　　[按语]　背隐对正文未作解释。其实正文中小字对大字的注释已经非常清楚，故无需再作
　　　　　背隐音义。同音甲 06A45 与丁种本正文表述相同。该字又见同义 07A4。合编乙02
　　　　　下 22 有该字的详细材料。

07A34 𰀖𰀗 。dzjwi 1.69 bo 2.42 杖柱

　　[背隐]　𰀘𰀙𰀚
　　　　　依靠用

　　[按语]　背隐的内容是对正文的解释，指出其用途。与正文同样的词组还有同音甲 06A46；
　　　　　合编乙02 下 31 等。该字又见同义 18B3。

07A35 𰀛𰀜 pia 1.18 lwu 2.01 藏匿

　　[背隐]　𰀝𰀞𰀟𰀠
　　　　　自隐不现

　　[按语]　背隐的内容是对正文的解释。与正文同样的词组还有同音甲 06A53。文海刻①
　　　　　25A41；合编乙02 下 32 等有该字的详细材料。

07A36 𰀡𰀢 kja 2.57 pia 1.18 疤痕

　　[背隐]　𰀣𰀤𰀥𰀦𰀧
　　　　　身上痕迹有

　　[按语]　背隐的内容是对正文的解释。与正文同样的词组还有同音甲 06A47；合编乙02 下
　　　　　41；同义 31B2 等。

07A37 𗀔𗄔 phia 1.18 pia 1.18 耙扒

[背隐] 𗄔𗁅𗀭𗏹𗊛

盛灰弃粪用

[按语] 背隐的内容是对正文的解释，指出"耙扒"的用途。参见上文同音丁06B33 及其背隐。与正文同样的词组还有同音甲05B45、06A48；文海刻①25A52；合编乙 02 下 42；同义 14B7 等。

07A38 𗄦𗄔 lu 2.01 pia 1.18 巧匠

[背隐] 𗄔𗏹𗀭𗎚𗐀𗎚𗐱

巧匠之巧兄弟巧匠

[按语] 背隐的内容是对正文的解释。与正文同样的词组还有同音乙 49A62；同音甲 06A51、49A12；文海刻①25A61；合编乙 02 下 51；同义 17B1 等。

07A41 𗀣𗀭 。pia 1.18 no 2.42 鼠鼠

[背隐] 𗀣𗄴

虫名

[按语] 背隐指出正文的类别为一"虫名"。参见下文同音丁 15B77 及其背隐。与正文同样的词组还有同音甲 06A52、15A16；文海刻①25A62；杂字乙 10A6；合编丙 A11；同义 27A7 等。

07A42 𗀭𗄔 tã 1.24 pho 1.49 单衣

[背隐] 𗂇𗀭

单衣

[按语] 背隐以同义词解释正文。参见下文同音丁 16B34 及其背隐。与正文同样的词组还有同音甲 06A54、15B52；文海刻①56A11；合编丙 A12；同义 12B1 等。

07A43 𗀭𗀭 。pho 1.49 śjij 1.35 泼洒

[背隐] 𗀭𗄔𗀣𗄴𗏹𗀭

洒水洗涤使净

[按语] 背隐的内容是对正文的解释。与正文同样的词组还有同音甲06A55；文海刻① 56A12；合编丙 A13 等。

07A44 𗀭𗄔·u 2.01 mju 2.03 嬉戏

[背隐] 𗄦𗀭𗄴𗀭

游戏心欢

[按语] 背隐的内容是对正文的解释。与正文同样的词组还有同音甲06A58；合编乙 04 上 21 等。该字又见同义 26B5。

07A45 𗀭𗄦𗀭 mju 2.03 mjɨr 1.86 mə 2.25 mju：族姓

[背隐] 𗄴𗋾𗀭𗎚

番之先兄

[按语] 背隐的内容是对正文的解释。同音甲06A61 与丁种本正文表述相同。该字又见同

义 06A6。合编丙 A15 有该字的详细材料。

07A46 𗾔𗍳 。mju 2.03 ljɨj 2.55 动摇

    [背隐] 𗾔𗍳

        动摇

    [按语] 背隐以同义词解释正文。与正文同样的词组还有同音乙 52A16；同音甲 06A62、51B53；文海刻①86B71；合编甲 17.024；同义 19B3 等。

07A47 𗢳𗣼𗢳 phow 1.54 mjɨr 1.86 mə 2.25 phow：族姓

    [背隐] 未注

    [按语] 背隐对正文未作解释。其实正文中小字对大字的注释已经非常清楚，故无需再作背隐音义。同音甲 06A63 与丁种本正文表述相同。该字又见文海刻①59B21；杂字乙 12A3；同义 06B5；碎金 05A1 等。合编丙 A21 有该字的详细材料。

07A48 𗢳𗤁 phow 1.54 sjwaa 1.21 胁襟

    [背隐] 𗢳𗤁𗤁

        衣服领

    [按语] 背隐的内容是对正文的解释。与正文同样的词组还有同音甲 06A65；杂字乙 15B3 等。文海刻①59B12；合编丙 A22 等有该字的详细材料。

07A51 𗣼𗢳 。lhji 2.60 phow 1.54 一个月

    [背隐] 𗤣𗤣𗤣

        三十日

    [按语] 背隐的内容是对正文的解释。与正文同样的词组还有同音甲 06A64；文海刻①59B22；掌中珠甲 11A22（正文后该词的汉语译释即来源于此）；合编丙 A23 等。

07A52 𗢳𗣸 phow 2.47 tji 1.67 置问

    [背隐] 𗢳𗤁𗤣𗤣𗤣𗤣

        寻找捎话找物

    [按语] 背隐的内容是对正文的解释。与正文同样的词组还有同音甲 06A67。该字又见同义 21A3。

07A53 𗢳𗤣 。phow 2.47 phə 1.27 骄傲

    [背隐] 𗤣𗤣𗤣𗤣

        自骄傲也

    [按语] 背隐的内容是对正文的解释。与正文同样的词组还有同音甲 06A68；文海刻①38A12；合编丙 A25 等。

07A54 𗤁𗤣 piəj 2.65 njaa 1.21 蝌蚪

    [背隐] 𗤣𗤣

        虫名

    [按语] 背隐指出正文的类别为一"虫名"。与正文同样的词组还有同音甲 06A71；杂字乙 10B4 等。

07A55 㒼𫜪 tsewr 2.78 piəj 2.65 发辫

　　[背隐] 𦀿𬀩𰃰𫝾
　　　　　鞍鞭亦是

　　[按语] 背隐的内容是对正文的解释。与正文同样的词组还有同音_甲06A72；合编_丙A31；同义 15A7 等。

07A56 𫝾𬀩 rjijr 2.68 piəj 2.65 毛发

　　[背隐] 𫜪㒼𬀩
　　　　　头发发

　　[按语] 背隐以同义词解释正文。与正文同样的词组还有同音_甲06A73；文海_刻①85A52；合编_丙A32 等。

07A57 𬀩𬀩 。piəj 2.65 ba 2.14 妙语

　　[背隐] 未注

　　[按语] 背隐对正文未作解释，原因不详，估计属于遗漏所致。参见上文同音_丁06B23 及其背隐。与正文同样的词组还有同音_甲05B34、06A74；文海_刻①70A32；合编_丙A33；同义 21A1 等。

07A58 𬀩𰃱 mej 1.33 bee 2.11 眉目

　　[背隐] 𬀩𰃱
　　　　　眼眶

　　[按语] 背隐的内容是对正文的解释，指出"眉"与"眼眶"的关系。与正文同样的词组还有同音_甲06A78；合编_甲11.172 等。该字又见掌中珠_甲18B22；同义 03B3 等。合编_丙A34 有该字的详细材料。

07A61 𬀩𫜪 bee 2.11 mja 1.20 （鸟名）

　　[背隐] 𫜪𬀩𬀩𰃱
　　　　　鸟名 bee 也

　　[按语] 背隐指出正文的类别为一"鸟名"。参见上文同音_丁04A28 及其背隐。与正文同样的词组还有同音_甲03A38、06B12；文海_刻①28A22；杂字_乙09B6；同义 27B6 等。

07A62 𬀩𰃱 。xwẽ 2.13 bee 2.11 魔鬼

　　[背隐] 𫜪𬀩
　　　　　变鬼

　　[按语] 背隐的内容是对正文的解释。与正文同样的词组还有同音_乙43B78；同音_甲06B11、43A61；合编_丙A36；同义 32B2 等。

07A63 𫜪𫜪 dzjir 1.86 bow 2.47 迅速

　　[背隐] 𫜪𫜪
　　　　　迅速

　　[按语] 背隐以同义词解释正文。参见下文同音_丁33B45 及其背隐。与正文同样的词组还

有同音_甲06B13、33A36；文海_刻①67A62；合编_丙A41；同义 19A3 等。

07A64 𗤺𗤆 。bow 2.47 mo 2.42 羞愧

[背隐] 𗤺𗤆
羞愧

[按语] 背隐以同义词解释正文。参见上文同音_丁06B57 及其背隐。与正文同样的词组还有同音_甲05B72、06B14；文海_刻①15A53；合编_乙04 下 41 等。

07A65 𗤺𗤆 pie 1.66 dzjwow 1.56 漂浮

[背隐] 𗤺𗤆𗤆/𗤺𗤆𗤆
耳污垢/皮漂浮

[按语] 背隐的内容是对正文的解释。与正文同样的词组还有同音_甲06B16；合编_乙04 下 42；同义 31B6 等。聂Ⅱ554 录背隐内容。

07A66 𗤺𗤆 sjii 1.14 pie 1.66 剖割

[背隐] 𗤆
剥

[按语] 背隐以同义词解释正文。与正文同样的词组还有同音_甲06B17；文海_刻①86B32 等。聂Ⅱ555 录背隐内容。

07A67 𗤺𗤆 。nja 1.20 pie 1.66 吐出

[背隐] 𗤺𗤆𗤆𗤆𗤆
入口一半弃

[按语] 背隐的内容是对正文的解释。与正文同样的词组还有同音_甲06B18。该字又见文海_刻①72A21；同义 12A1 等。合编_丙A45 有该字的详细材料。

07A68 𗤺𗤆 thjwi 1.67 mjir 1.86 少壮

[背隐] 𗤺𗤆
年少

[按语] 背隐的内容是对正文的解释。参见下文同音_丁19B67 及其背隐。与正文同样的词组还有同音_甲06B21；文海_刻①88B12；杂字_乙15A8；合编_丙A46；同义 13B1 等。

07A71 𗤺𗤆 mjir 1.86 we 2.07 畜兽

[背隐] 𗤺𗤆𗤆𗤆𗤆𗤆
畜兽二（者）中牲畜

[按语] 背隐的内容是对正文的解释。与正文同样的词组还有同音_甲06B22。该字又见同义 28A5。文海_刻①88B21；合编_丙A51 等有该字的详细材料。

07A72 𗤺𗤆 。mjir 1.86 mə 2.25 族姓

[背隐] 𗤆
人

[按语] 背隐以同义词解释正文大字。参见上文同音_丁03B56 及其背隐。与正文同样的词组还有同音_甲02B58、06B23；文海_刻①67B31；杂字_乙10B8；合编_丙A15 等。

07A73 𗋦𗋦 ma 2.14　me 2.07　涂抹

　　　[背隐] 𗋦𗋦

　　　　　　涂抹

　　　[按语] 背隐以同义词解释正文。参见上文同音丁05A72 及其背隐。与正文同样的词组还
　　　　　　有同音甲06B24、07B77；合编甲18.071 等。

07A74 𗤓𗤓 ma 2.14　njo 1.72　膏药

　　　[背隐] 𗋦𗋦𗋦𗋦𗋦

　　　　　　所涂药（之）义是

　　　[按语] 背隐的内容是对正文的解释。与正文同样的词组还有同音甲08B72；合编乙02 上
　　　　　　41 等。该字又见同义14A4。合编丙A54 有该字的详细材料。

07A75 𗤓𗤓 ○ ma 2.14　njij 2.33　往昔

　　　[背隐] 𗋦𗋦𗋦𗋦

　　　　　　过去先前

　　　[按语] 背隐以同义词解释正文。参见下文同音丁14B23 及其背隐。与正文同样的词组还
　　　　　　有同音甲06B25、13B46；文海刻①15A71；合编丙A55；同义20A1 等。

07A76 𗤓𗤓 tji 1.67　bia 2.15　吃粥

　　　[背隐] 𗋦𗋦

　　　　　　煮米

　　　[按语] 背隐的内容是对正文的解释。与正文同样的词组还有同音甲06B27。该字又见同
　　　　　　义11A4。合编丙A56 有该字的详细材料。聂Ⅰ308 录背隐内容。

07A77 𗤓𗤓 bia 2.15　tsji 2.10　棉帽

　　　[背隐] 𗋦𗋦𗋦𗋦𗋦

　　　　　　妇人所戴冠

　　　[按语] 背隐的内容是对正文的解释。参见下文同音丁30B47 及其背隐。与正文同样的词
　　　　　　组还有同音甲06B28、30A14；杂字乙06A8；掌中珠甲25A32（正文后该词的汉语
　　　　　　译释即来源于此）；合编丙B11；同义12A4 等。

07A78 𗤓𗤓 bia 2.15　du 2.04　祐

　　　[背隐] 𗋦𗋦𗋦

　　　　　　妇所有

　　　[按语] 背隐的内容是对正文的解释。参见下文同音丁13A54 及其背隐。与正文同样的词
　　　　　　组还有同音甲06B31、12A63；杂字乙06B1；掌中珠甲24B32（正文后该词的汉语
　　　　　　译释即来源于此）；合编丙B12；同义12A5 等。

07B11 𗤓𗤓 ○ bia 2.15　bju 1.02　爬行

　　　[背隐] 𗋦𗋦𗋦

　　　　　　手膝行

　　　[按语] 背隐的内容是对正文的解释。参见上文同音丁06A24 及其背隐。与正文同样的词

组还有同音_甲05A33、06B32；文海_刻①07A12；杂字_乙15B8；同义19A4 等。

07B12 𗰷𗖰 zjij 1.61　pə 1.68　着中

　　［背隐］𗖰𗰷

　　　　　　巧中

　　［按语］背隐的内容是对正文的解释。与正文同样的词组还有同音_乙52A11；同音_甲
　　　　　　06B33、51B16；杂字_乙00B6 等。

07B13 𗖰𗖰 pə 1.68　sjij 1.36　脓血

　　［背隐］𗖰𗖰𗖰／𗖰𗖰𗖰

　　　　　　疤口内／浊汁出

　　［按语］背隐的内容是对正文大字的解释。参见下文同音_丁29B47 及其背隐。与正文同样
　　　　　　的词组还有同音_甲06B34、28B78；文海_刻①39B42 等。合编_丙B15 有该字的详细材
　　　　　　料。

07B14 𗖰𗖰 pə 1.68　lji 2.09　肉香

　　［背隐］𗖰𗖰𗖰𗖰

　　　　　　烧肉芳香

　　［按语］背隐的内容是对正文的解释。与正文同样的词组还有同音_甲06B36；文海_刻①
　　　　　　74A61；杂字_乙19A5；合编_丙B16 等。

07B15 𗖰𗖰 ◦ pə 1.68　lji 2.09　早产

　　［背隐］𗖰𗖰𗖰𗖰𗖰

　　　　　　日未足先出

　　［按语］背隐的内容是对正文的解释。与正文同样的词组还有同音_甲06B35；文海_刻③
　　　　　　18B11；合编_甲21.071 等。

07B16 𗖰𗖟 njijr 1.74　bji 1.69　猿

　　［背隐］𗖰𗖰

　　　　　　兽名

　　［按语］背隐指出正文的类别为一"兽名"。与正文同样的词组还有同音_甲06B37；合编_乙
　　　　　　03 下 41 等。

07B17 𗖰𗖰 sji 2.10　bji 1.69　巧妇

　　［背隐］𗖰𗖰

　　　　　　巧妇

　　［按语］背隐以同义词解释正文。与正文同样的词组还有同音_甲06B41。该字又见同义
　　　　　　02A5。文海_刻①76A42；合编_丙B23 等有该字的详细材料。

07B18 𗖰𗖰 ◦ mej 1.33　bji 1.69　眼泪

　　［背隐］𗖰𗖰𗖰𗖰

　　　　　　眼内水出

　　［按语］背隐的内容是对正文的解释。与正文同样的词组还有同音_甲06B38；合编_乙03 下

51 等。

07B21 𗰴𗡊 phjo 1.51 phe 1.08 灵巧

    [背隐] 𗫲𗵘𗳺𗣼

        巧男做办

    [按语] 背隐的内容是对正文的解释。参见上文同音_丁06A11 及其背隐。与正文同样的词组还有同音_甲05A16、06B42；文海_刻①58A31；合编_甲03.202 等。

07B22 𗰷𗡊 dzjwɨ 1.69 phe 1.08 墙壁

    [背隐] 𗗦𗳾

        城堡

    [按语] 背隐的内容是对正文的解释。参见下文同音_丁31B18 及其背隐。与正文同样的词组还有同音_甲06B44、30B57；文海_刻①12B52；杂字_乙17B2；合编_丙B26；同义 13B6 等。

07B23 𗰸𗡊 mə 2.25 phe 1.08 夫妻

    [背隐] 𗧯𗤶𗰸𗡊

        自属夫妻

    [按语] 背隐的内容是对正文的解释。参见上文同音_丁03B65 及其背隐。与正文同样的词组还有同音_甲03A26、06B46；合编_丙B31；同义 05B4 等。

07B24 𗡊𗤁 phe 1.08 khjij 1.36 灰白

    [背隐] 𗢭𗤁

        颜色

    [按语] 背隐指出正文的类别为"颜色"之一种。参见下文同音_丁22B44 及其背隐。与正文同样的词组还有同音_甲06B43、21B68；文海_刻①47B21 等。

07B25 𗡊𗤈 。khə 2.25 phe 1.08（族姓）

    [背隐] 𗧯𗵘

        族姓

    [按语] 背隐指出正文的类别为一"族姓"。参见下文同音_丁24B57 及其背隐。与正文同样的词组（即此西夏复姓）还有同音_甲06B45；文海_刻①12B63；杂字_乙13B1；合编_丙B33；同义 06B5；碎金 04B2 等。

07B26 𗫵𗡊 pjwɨïr 1.92 gjuu 2.06 劝护

    [背隐] 𗗦𗵘𗤶𗣼

        分离争人

    [按语] 背隐的内容是对正文大字的解释。参见下文同音_丁27A75 及其背隐。与正文同样的词组还有同音_甲06B47、26B45；文海_刻①92A32；合编_丙B34；同义 02B5 等。

07B27 𗡊𗤺 。la 1.63 pjwɨïr 1.92 欺骗

    [背隐] 𗤶𗡊𗵘𗣼

        成为他人

［按语］背隐的内容是对正文的解释。与正文同样的词组还有同音_甲06B48；杂字_乙21B6 等。

07B28 􀀀 phjɨ 1.30 ljwu 1.03 舍弃

［背隐］􀀀

亡

［按语］背隐以同义词解释正文。与正文同样的词组还有同音_乙50A53；同音_甲06B51、49B58；文海_刻①91B62 等。

07B31 􀀀 njij 2.33 phjɨ 1.30 lu 1.58 听闻见

［背隐］􀀀

闻听晓悟

［按语］背隐的内容是对正文的解释。参见下文同音_丁17A15 及其背隐。与正文同样的词组还有同音_乙49B54；同音_甲06B54、16A37、49A65；文海_刻①37B13、63B61；合编_丙B41；同义08B2 等。

07B32 􀀀 phjɨ 2.28 lhjɨ 1.30 lhji 2.10 （虫名）

［背隐］􀀀/􀀀

蛇类/虫名

［按语］背隐指出正文的类别为一"蛇类虫名"。与正文同样的词组还有同音_乙48B44；同音_甲06B52、47A26；文海_刻①39A71、③20B33；杂字_乙10B6；合编_丙B42；同义27B1 等。

07B33 􀀀 phjɨ 2.28 śiew 1.44 枝条

［背隐］􀀀

细树条

［按语］背隐的内容是对正文的解释。与正文同样的词组还有同音_甲06B53；文海_刻①54A13；合编_丙B43；同义09B2 等。

07B34 􀀀 mja 1.20 meej 2.34 思念

［背隐］􀀀/􀀀

思念/思念

［按语］背隐以同义词解释正文。参见上文同音_丁04A32 及其背隐。与正文同样的词组还有同音_甲03A34、06B56；文海_刻①42B51；合编_丙B44；同义08B1 等。聂Ⅰ537 录背隐内容。

07B35 􀀀 meej 2.34 dzu 2.01 东方

［背隐］􀀀

东方日出处

［按语］背隐的内容是对正文的解释。参见下文同音_丁33A37 及其背隐。与正文同样的词组还有同音_甲06B55、32B18；文海_刻①72B11；合编_丙B45；同义25A5 等。聂Ⅰ530 录背隐内容。

07B36 𗐼𗾴 meej 2.34 dzu 2.01 马马

    [背隐] 𗤁

          马

    [按语] 背隐以同义词解释正文。参见下文同音丁33A36 及其背隐等内容。与正文同样的
          词组还有同音甲06B57、32B21；文海刻①47B32；杂字乙08B2；合编丙B46；同义
          28A6 等。

07B37 𗾴𗾴 ｡dzjwo 2.44 meej 2.34 洞穴

    [背隐] 𗾴

          窗

    [按语] 背隐的内容是对正文的解释。与正文同样的词组还有同音乙38A31；同音甲
          06B58、37B13；文海刻③18A22；合编丙B51 等。同音丁16A26 内容与此字相关，
          可参阅。

07B38 𗾴𗾴 bju 1.02 be 1.65 明亮

    [背隐] 𗾴𗾴

          粗糙

    [按语] 背隐的内容是对正文的解释，但是有些词不达意，或者我们目前尚无法理解西夏
          人这样解释的意图。从背隐的内容来看，应该是释义，绝非反切注音。参见上文
          同音丁06A28 及其背隐。与正文同样的词组还有同音甲05A35。该字又见同义
          13A4。

07B41 𗾴𗾴 khjow 1.56 be 1.65 力量

    [背隐] 𗾴𗾴

          穿陷

    [按语] 背隐的内容是对正文的解释。参见下文同音丁26A15 及其背隐。与正文同样的词
          组还有同音甲06B62。

07B42 𗾴𗾴 ｡dzjiw 1.45 be 1.65 土沙

    [背隐] 𗾴𗾴𗾴𗾴

          红土粗沙

    [按语] 背隐的内容是对正文的解释。与正文同样的词组还有同音甲06B66；文海刻①
          28A51；合编甲02.092；同义25B4 等。

07B43 𗾴𗾴 gjwii 1.14 be 1.65 枪矛

    [背隐] 𗾴𗾴

          战具

    [按语] 背隐的内容是对正文的解释。与正文同样的词组还有同音甲06B64。该字又见同
          义18B1。合编丙B55 有该字的详细材料。

07B44 𗾴𗾴 ｡dzjwa 1.19 be 1.65 钗錍

    [背隐] 𗾴𗾴𗾴𗾴

汉语錍子

[按语] 背隐注明了该词的汉语读音。与正文同样的词组还有同音乙37B38；同音甲06B63；杂字乙06B2；合编丙B56；同义18A4 等。聂Ⅱ434 录背隐内容。

07B45 𗐴𗐴 be 2.58 thew 1.43 穿陷

[背隐] 𗐴𗐴𗐴

彼中出

[按语] 背隐的内容是对正文的解释。与正文同样的词组还有文海刻③15A61；合编丙B53等。同音甲06B65：𗐴𗐴𗐴 be 2.58 mji 1.11 dʑij 1.61（穿：不行）。

07B46 𗐴𗐴 。bji 2.60 be 2.58 逸唆

[背隐] 𗐴𗐴𗐴𗐴𗐴

学坏口有为

[按语] 背隐的内容是对正文的解释。与正文同样的词组还有同音甲06B67。该字又见同义29B1。

07B47 𗐴𗐴 phej 1.33 sja 1.19 系缚

[背隐] 𗐴𗐴𗐴

使不解

[按语] 背隐的内容是对正文的解释。与正文同样的词组还有同音甲06B68；文海刻①06B43；合编甲02.143 等。

07B48 𗐴𗐴 。 phej 1.33 lja 1.19 中间

[背隐] 𗐴𗐴／𗐴𗐴

二间／二间

[按语] 背隐以同义词解释正文。与正文同样的词组还有同音乙49B33；同音甲06B71；文海刻①43A72 等。二者之间。聂Ⅱ261 录背隐内容。

07B51 𗐴𗐴 wji 1.67 pa 2.56 猿猴

[背隐] 𗐴𗐴

兽名

[按语] 背隐指出正文的类别为一"兽名"。与正文同样的词组还有同音甲06B73。该字又见同义27A3。

07B52 𗐴𗐴 mji 1.11 pa 2.56（族姓）

[背隐] 𗐴𗐴

族姓

[按语] 背隐指出正文的类别为一"族姓"。与正文同样的词组（即此西夏复姓）还有杂字乙11B5。该字又见同义07A1。同音甲06B74：𗐴𗐴𗐴 pa 2.56 mjir 1.86 mə 2.25（pa：族姓）。

07B53 𗐴𗐴 pa 2.56 biej 1.60 妙语

[背隐] 𗐴𗐴𗐴𗐴

甲胄坚固

[按语] 背隐的内容是对正文的解释。参见下文同音丁09B18 及其背隐。与正文同样的词组还有同音甲06B76、08B62；文海刻①70A32；合编丙A33 等。将正文解释成"妙语"与下文同音丁09B18 及其背隐音义没有矛盾，但是却与此处的背隐音义的内容对不上。在研究《同义》时，我们发现"𪏲"字（同义18B3）与类似于背隐音义内容的词放在一起，当时百思不得其解，现在看来可以解释了。"𪏲"字音"pa"（巴），是否可以通"靶"呢？靶不正可以同"甲胄坚固"相合了吗？看来"𪏲"在作"妙语"解之外，还可以作为汉语借词用，通"靶"。

07B54 𣂷 。·jwɨ 1.30 pa 2.56 饥渴

[背隐] 𦇚𥎊𥾉𦈒
内热口干

[按语] 背隐的内容是对正文的解释。与正文同样的词组还有同音甲06B77。该字又见同义20A4。

07B55 𦋅𦈒 pa 2.56 njwɨ 1.30 茂盛

[背隐] 𦇚𦇚𦈒𦇚
少壮年少

[按语] 背隐的内容是对正文的解释。参见下文同音丁16A51 及其背隐。与正文同样的词组还有同音甲06B78、15A64；文海刻①39B41；合编丙A46；同义13B1 等。聂Ⅱ063 录背隐内容。

07B56 𦈒𦇚 sji 1.11 pa 2.56 树叶

[背隐] 未注

[按语] 背隐对正文未作解释，其原因不详，估计属于遗漏所致。与正文同样的词组还有同音甲07A11。该字又见同义09B1。

07B57 𣲘𦇚 pa 2.56 ·jijr 1.74 刚强

[背隐] 𦇚𦇚𦈒
天出来

[按语] 背隐的内容是对正文的解释，是否指夏天中午阳光很强的时候？与正文同样的词组还有同音甲07A12。该字又见同义04B5。

07B58 𦇚𦇚 pa 2.56 naa 2.19 菠薐

[背隐] 𦇚𦇚
菜名

[按语] 背隐指出正文的类别为一"菜名"。与正文同样的词组还有同音甲07A13；杂字乙07A8；掌中珠甲14B22（正文后该词的汉语译释即来源于此）等。

07B61 𦇚𦇚𦈒 pa 2.56 dzjwɨ 1.30 互助

[背隐] 𦈒𦇚𦈒××𦇚𦇚𦈒
互祐助××及族姓

[按语] 背隐的内容是对正文的解释，中间二字看不清楚。可以看出，该词既有"祐助"
之义，同时亦可用作族姓。与正文同样的词组还有同音_甲07A14；文海_刻③19B52
等。

07B62 𗰔𗫉 。pa 2.56 rjijr 2.68（族姓）

[背隐] 𗰔𗫉／𗰔𗫉
头发／族姓

[按语] 背隐的内容先解释了正文有"头发"的意思；然后指出该词又可作为"族姓"
用。与正文同样的词组（即此西夏复姓）还有同音_甲07A15。该字又见同义
03B2。

07B63 𗟲𗟲 mjiij 2.35 nioow 1.57 下后

[背隐] 𗟲𗟲
背后

[按语] 背隐以同义词解释正文。与正文同样的词组还有同音_甲07A16。该字又见杂字_甲
03A4；掌中珠_甲03B22（正文后该词的汉语译释即来源于此）；同义23B6 等。

07B64 𗟲𗟲 mjiij 2.35 we 2.07 名号

[背隐] 𗟲／𗟲𗟲𗟲
名／喊则用

[按语] 背隐的内容是对正文的解释。与正文同样的词组还有同音_甲07A17；文海_刻①
84A32；合编_甲23.043 等。

07B65 𗟲𗟲 。·a ? mjiij 2.35 名号

[背隐] 𗟲𗟲𗟲𗟲𗟲𗟲𗟲
名重何谓名重谓

[按语] 背隐的内容是对正文的解释。该字又见同义20A7。同音_甲07A18：𗟲𗟲𗟲 mjiij
2.35 mji 1.11 dźjij 1.61（名：不行）。

07B66 𗟲𗟲 pji 1.30 njwo 2.44 往昔

[背隐] 𗟲𗟲
往昔

[按语] 背隐以同义词解释正文。参见下文同音_丁16B54 及其背隐。与正文同样的词组还
有同音_甲07A21、52A36；文海_刻①08B63；合编_丙A55；同义20A1 等。

07B67 𗟲𗟲 pji 1.30 sjij 1.36 今朝

[背隐] 𗟲𗟲𗟲𗟲𗟲𗟲𗟲
一年一日算日用

[按语] 背隐的内容是对正文的解释。参见下文同音_丁29B44 及其背隐。与正文同样的词
组还有同音_甲07A26、28B75；文海_刻①17B71；同义13A2；碎金02B3 等。

07B68 𗟲𗟲 pji 1.30 bju 2.02 旁边

[背隐] 𗟲𗟲

　　　　　边侧

　　[按语] 背隐以同义词解释正文。与正文同样的词组还有同音_甲07A27。该字又见文海_刻①
　　　　　37B11；同义 03B4 等。聂Ⅱ071 录背隐内容。

07B71 𗀓𗱕 。pja 1.20 pjɨ 1.30 爹爹

　　[背隐] 𗀓𗱕𗀓𗀓

　　　　　岁大辈高

　　[按语] 背隐的内容是对正文的解释。参见上文同音_丁06A58 及其背隐。与正文同样的词
　　　　　组还有同音_甲05A66、07A28；文海_刻①56B41；杂字_乙14B6；掌中珠_甲20A22（正
　　　　　文后该词的汉语译释即来源于此）；合编_甲02.021；同义 05B1；碎金 07A1 等。

07B72 𗀓𗀓 pej 1.33 wər 1.84 头胎

　　[背隐] 𗀓𗀓𗀓𗀓𗀓/𗀓𗀓𗀓𗀓

　　　　　先前出生也/又族姓是

　　[按语] 背隐的内容先解释该词的基本意义为"头胎"；然后又指出其又可作为"族姓"
　　　　　用。参见下文同音_丁12A42 及其背隐。与正文同样的词组还有同音_甲07A31、
　　　　　11A63 等。

07B73 𗀓𗀓 pej 1.33 nioow 1.57 外后

　　[背隐] 𗀓𗀓

　　　　　外后

　　[按语] 背隐以同义词解释正文。与正文同样的词组还有同音_甲07A32。该字又见文海_刻①
　　　　　43A61；同义 04A7 等。

07B74 𗀓𗀓 。pej 1.33 bia 2.15 粥粥

　　[背隐] 𗀓𗀓𗀓𗀓𗀓𗀓/𗀓𗀓𗀓𗀓𗀓

　　　　　乳中粥烧乳酪/乳撒粥粥谓

　　[按语] 背隐的内容是对正文的解释。与正文同样的词组还有同音_甲07A33；文海_刻①
　　　　　43A63；杂字_乙19A6；同义 11A4 等。

07B75 𗀓𗀓 tha 2.14 baa 1.22（族姓）

　　[背隐] 𗀓𗀓

　　　　　族姓

　　[按语] 背隐指出正文的类别为一"族姓"。参见下文同音_丁13B73 及其背隐。与正文同
　　　　　样的词组（即此西夏复姓）还有同音_甲07A34、13A22；文海_刻①29B72；杂字_乙
　　　　　13A5；同义 06B6 等。

07B76 𗀓𗀓 njiij 1.39 baa 1.22 忘记

　　[背隐] 𗀓𗀓𗀓𗀓𗀓

　　　　　心愚不会记

　　[按语] 背隐的内容是对正文的解释。与正文同样的词组还有同音_甲07A35。该字又见文
　　　　　海_刻①29B73；同义 31A6 等。

07B77 𘚷𘜶𘏃 pa 1.17 mjịr 1.86 mə 2.25 pa：族姓

[背隐] 𘃊𘜻

pu 1.01 la 1.17（反切）

[按语] 背隐注明了该字的反切音。同音甲07A36 与丁种本正文表述相同。该字又见文
海刻①22A13；同义 06B3 等。

07B78 𘏈𘏃 。zjịr 2.85 pa 1.17 水波

[背隐] 𘏈𘜉𘌹𘞵

以风打水

[按语] 背隐内容是对正文的解释。与正文同样的词组还有同音甲07A37；同义08B7 等。

08A11 𘎵𘏄 zjo 2.44 miej 1.34 肉冻

[背隐] 𘋳𘎵𘊅

汤酪汁

[按语] 背隐的内容是对正文的解释。与正文同样的词组还有同音甲07A41；文海刻①
44A72 等。

08A12 𘐝𘑁 bju 2.03 miej 1.34 呼唤

[背隐] 𘊂𘋼𘐝𘎝𘌜

扬手呼使来

[按语] 背隐的内容是对正文的解释。与正文同样的词组还有同音甲07A42。该字又见同
义 23B4。

08A13 𘐷𘌜 。miej 1.34 njaa 1.21 黑痣

[背隐] 𘈉𘎹𘌙𘌿/𘋿𘌙

身命中有/肉中

[按语] 背隐的内容是对正文的解释。与正文同样的词组还有同音甲07A43；文海刻①
44B11 等。

08A14 𘒆𘌰 mej 1.33 bioo 1.53 观看

[背隐] 𘈉𘉻𘑇

审视看

[按语] 背隐的内容是对正文的解释。与正文同样的词组还有同音甲07A44。该字又见文
海刻①58B72；同义 16A1 等。

08A15 𘎑𘇽 ·ja 1.20 bioo 1.53 猫猫

[背隐] 𘌟𘇽𘈡

捕鼠者

[按语] 背隐的内容是对正文的解释。与正文同样的词组还有同音乙43A36；同音甲
07A45、45B22；文海刻①29A21；杂字乙10A5；同义 27A5 等。

08A16 𘍨𘏤 we 2.07 bioo 1.53 巡逻

[背隐] 𘓎𘏤𘑇𘎟𘈡

军巡看守者

[按语] 背隐的内容是对正文的解释。与正文同样的词组还有同音_甲07A46；文海_刻① 58B73 等。

08A17 薮蔟 。mjuu 2.06 bioo 1.53 牛配种

[背隐] 毵㤭嬲刚

牛牛交配

[按语] 背隐的内容是对正文的解释。与正文同样的词组还有同音_甲07A47。该字又见文海_刻①59A12；同义 23B1 等。

08A18 焱蔟 boo 2.45 mjir 1.86 mə 2.25 boo：族姓

[背隐] 㤭毧焱㳿毣

牛马毛亦是

[按语] 背隐的内容是对正文的又一层意思的解释。通常情况下，该词为"族姓"用字。同时，又可作为牛马毛的"毛"来用。亦即其属于汉语借词。同音_甲07A51 与丁种本正文表述相同。该字又见同义 06B5；碎金 08A4 等。

08A21 蕕蔟 。du 2.04 boo 2.45（树名）

[背隐] 蕤绹

树名

[按语] 背隐指出正文的类别为一"树名"。与正文同样的词组还有同音_甲07A52。该字又见同义 09B1。

08A22 復蔟 phã 1.24 mjir 1.86 mə 2.25 phã：族姓

[背隐] 未注

[按语] 背隐对正文未作解释。其实正文中小字对大字的注释已经非常清楚，故无需再作背隐音义。同音_甲07A53 与丁种本正文表述相同。该字又见同义 06B3；碎金 06B2 等。

08A23 復蔟 。phã 1.24 da 2.56 ɣiej 1.34 phã：真言

[背隐] 未注

[按语] 背隐对正文未作解释。其实正文中小字对大字的注释已经非常清楚，故无需再作背隐音义。同音_甲07A54：復祀 phã 1.24 ɣie 2.59。该字又见同义 01A5。

08A24 豼蔟 bji 1.67 bji 2.10 低下

[背隐] 嘉毣豼

自谦卑

[按语] 背隐的内容是对正文的解释。与正文同样的词组还有同音_甲07A55。该字又见同义 20A5。

08A25 祕祀 low 2.47 bji 1.67 坡壁

[背隐] 祕豻㲵祀

坡面墙壁

[按语] 背隐的内容是对正文的解释。与正文同样的词组还有同音甲07A56；文海刻①72B72 等。该字又见文海刻①72B72；同义 25B1 等。

08A26 𗇛𗇑 bji 1.67 wji 1.10 变薄

[背隐] 𗇑𗇛𗇛𗇑

厚减削剥

[按语] 背隐的内容是对正文的解释。与正文同样的词组还有同音甲07A57。该字又见同义 04B5。

08A27 𗇑𗇑 。njaa 2.18 bji 1.67 屎尿

[背隐] 𗇑𗇑𗇑

膀胱内水

[按语] 背隐的内容是对正文的解释。与正文同样的词组还有文海刻①73A11。该字又见同义 32A2。

08A28 𗇑𗇑 piã 1.25 ·o 1.49 辅主

[背隐] 𗇑𗇑𗇑𗇑𗇑𗇑

正军之祐助者

[按语] 背隐的内容是对正文的解释。与正文同样的词组还有同音甲07A62；文海刻①32A22；杂字乙22B7 等。文海刻①32A22：𗇑𗇑𗇑𗇑𗇑𗇑𗇑𗇑𗇑𗇑𗇑𗇑𗇑𗇑（辅者辅军也辅主也正军之祐助者也）。对比背隐音义与《文海》中加点的内容，背隐音义的内容就像是从《文海》中截取出来的一样。

08A31 𗇑𗇑 。śjwi 1.10 piã 1.25 板牙

[背隐] 𗇑𗇑𗇑

前面齿

[按语] 背隐的内容是对正文的解释。与正文同样的词组还有同音甲07A63；文海刻①32A23 等。该字又见同义 03B5。

08A32 𗇑𗇑 maar 1.83 sji 1.11 （树名）

[背隐] 𗇑𗇑𗇑𗇑𗇑/𗇑𗇑𗇑𗇑𗇑

木美丽特殊/汉语斑子木

[按语] 背隐的内容是对正文的解释，并注明了该词的汉语读音。与正文同样的词组还有同音甲07A64；文海刻①86B22；杂字乙06B6；同义 09A3 等。聂 I 488 录背隐内容。

08A33 𗇑𗇑 。maar 1.83 śjwo 2.44 美妙

[背隐] 𗇑𗇑𗇑𗇑𗇑

所能见美丽

[按语] 背隐的内容是对正文的解释。与正文同样的词组还有同音甲07A65 等。该字又见同义 22B3。文海刻①86B31 有该字的详细材料。

08A34 𗇑𗇑 kiə 2.26 piəj 2.36 钵盔

[背隐] 蒉
盉
[按语] 背隐以同义词解释正文。参见下文同音丁23A71 及其背隐。与正文同样的词组还
有同音甲07A66、24B14；文海刻③10B62；杂字乙18A8；同义 14B1 等。

08A35 脅𦟓 piəj 2.36 lja 1.19 藏匿
[背隐] 嘉𣀮𦟓𧆜
自藏逃往
[按语] 背隐的内容是对正文的解释。与正文同样的词组还有同音甲07A67、49A37 等。

08A36 㺊豪 。thu 2.01 piəj 2.36（兽名）
[背隐] 彤𥷚
兽名
[按语] 背隐指出正文的类别为一"兽名"。参见下文同音丁14A53 及其背隐。与正文同
样的词组还有同音甲07A68、13A71；杂字乙10A5；同义 27A6 等。

08A37 菼𦣻 pju 2.03 pjo 1.51 燃烧
[背隐] 麗𥬰𥬰
烧使熟
[按语] 背隐的内容是对正文的解释。参见下文同音丁08A75 及其背隐。与正文同样的词
组还有同音甲07A71、07B45；文海刻①58A12；同义 18B5 等。

08A38 祸𦣻 ka 2.14 pju 2.03（族姓）
[背隐] 纤菝／翤𦈡
pji 1.11 mju 2.03（反切）／族姓
[按语] 背隐先注明了该字的反切音，又指出正文的类别为一"族姓"。同音甲07A72：𦣻
翤𦈡 pju 2.03 mjir 1.86 mə 2.25（pju：族姓）。该字又见同义07A3。

08A41 㣊𡮂 。pja 1.20 pju 2.03 蝴蝶
[背隐] 𡮂𥬰
虫名
[按语] 背隐指出正文的类别为一"虫名"。参见上文同音丁06A54 及其背隐。与正文同
样的词组还有同音甲05A63、07A73；文海刻①27B42；杂字乙10B2；掌中珠甲
17A22（正文后该词的汉语译释即来源于此）；同义 28A2 等。

08A42 㣊薐 lhjow 2.48 bā 1.24 桌盘
[背隐] 屁𧁼𥫱𥫱𥫱
食馔置处盘
[按语] 背隐的内容是对正文的解释。与正文同样的词组还有同音乙49A41；同音甲
07A74、48B33；文海刻①30B72；杂字乙18B2；同义 14B6 等。

08A43 㣊𡮂 bā 1.24 ŋiaa 2.20 鹅
[背隐] 𥫱𥬰

禽名

[按语] 背隐指出正文的类别为一"禽名"。参见下文同音_丁28B75 及其背隐。与正文同样的词组还有同音_甲07A75、28A68；文海_刻①31A11；杂字_乙09B2；掌中珠_甲16B32（正文后该词的汉语译释即来源于此）；同义27B5 等。

08A44 𗭣𗤌 。 tsjij 1.61 bā 1.24 缠绕

[背隐] 𗭣𗤌𗭣𗤌𗤌

绳索缠绕

[按语] 背隐的内容是对正文的解释。与正文同样的词组还有同音_甲07A76；同义15B1 等。

08A45 𗟻𗟻 be 1.08 dji 2.60 遣送

[背隐] 𗟻𗟻𗟻𗟻

驱遣送行

[按语] 背隐的内容是对正文的解释。参见下文同音_丁16A65 及其背隐。与正文同样的词组还有同音_甲07A77、15B14；文海_刻①08A63；同义19A6 等。

08A46 𗟻𗟻 be 1.08 ɣa 2.56 癫狂

[背隐] 𗟻𗟻𗟻𗟻

疯狂胡说

[按语] 背隐的内容是对正文的解释。与正文同样的词组还有同音_乙43B24；同音_甲07A78、42B72；文海_刻①73A61；合编_甲24.091；同义31A6 等。

08A47 𗟻𗟻 。 tsur 1.75 be 1.08 病患

[背隐] 𗟻𗟻

病患

[按语] 背隐以同义词解释正文。参见下文同音_丁33B21 及其背隐。与正文同样的词组还有同音_甲07B11、32B77；文海_刻①86A12；同义31A5 等。

08A48 𗟻𗟻 pio 1.50 tsã 1.24 爆裂

[背隐] 𗟻𗟻𗟻

裂不停

[按语] 背隐的内容是对正文的解释。与正文同样的词组还有同音_甲07B12；文海_刻①57A53；同义19B4 等。

08A51 𗟻𗟻 。 pji 1.11 pio 1.50 霹雳

[背隐] 𗟻𗟻𗟻

雷音出

[按语] 背隐的内容是对正文的解释。参见上文同音_丁07A23 及其背隐。与正文同样的词组还有同音_甲06A36、07B13；文海_刻①16A32；杂字_乙00B7；同义08A3 等。

08A52 𗟻𗟻 sji 2.60 par 2.73 蓬草

[背隐] 𗟻𗟻𗟻

柴草蓬

[按语] 背隐以同义词解释正文。与正文同样的词组还有同音甲07B14。该字又见同义09B1。

08A53 𗧁𗣼 。 tśji 1.29 par 2.73 白蹄

[背隐] 𗍳𗄹𗵽𗦻𗵽𗧁

马身有花白蹄

[按语] 背隐的内容是对正文的解释。与正文同样的词组还有同音乙40A36；同音甲07B15、39B62；文海刻①36A52；杂字乙08B5 等。

08A54 𗂰𗵹 phjoo 2.46 dzjiw 1.45 桌柜

[背隐] 𗍳𗵹𗄼𗄻

汉语桌子

[按语] 背隐注明了该词的汉语读音。参见下文同音丁30A54 及其背隐。与正文同样的词组还有同音甲07B16、29B21；文海刻③02B52；杂字乙17B6 等。聂Ⅰ505 录背隐内容。

08A55 𗍨𗵹 。 phjoo 2.46 śjwii 2.12 合和

[背隐] 𗼎𗵹𗄼𗵹

合和依顺

[按语] 背隐的内容是对正文的解释。与正文同样的词组还有同音乙39B26；同音甲07B17、39A38；文海刻③03A52；合编甲18.062 等。

08A56 𗍨𗫂 ？ phjar 1.82 平展

[背隐] 𗍳𗤋𗄼

头平软

[按语] 背隐的内容是对正文的解释。与正文同样的词组还有同音甲07B18。该字又见同义04B4。文海刻①85A51 有该字的详细材料。

08A57 𗬰𗤋𗧁 。 phjar 1.82 da 2.56 ɣiej 1.34 phjar：真言

[背隐] 𗵻𗵹𗬰𗵹𗫂

驱邪恶用

[按语] 背隐的内容是对正文的解释。同音甲07B21 与丁种本正文表述相同。该字又见同义01A5。文海刻①85A42 有该字的详细材料。

08A58 𗵽𗫂 bowr 1.91 śiwe 1.09 蜜蜂

[背隐] 𗵽𗤋

虫名

[按语] 背隐指出正文的类别为一"虫名"。与正文同样的词组还有杂字乙10B2；掌中珠甲17A32（正文后该词的汉语译释即来源于此）等。

08A61 𗫂𗵽 new 1.43 bowr 1.91 精液

[背隐] 𗤋

阴根

[按语] 背隐的内容是对正文的解释，指出"精液"乃由"阴根"而来。与正文同样的词组还有同音_甲07B23；文海_刻①91A72；杂字_乙16B8 等。

08A62 𘟲𘟲 。lji 1.67 bowr 1.91 箭袋

[背隐] 𘟲𘟲𘟲

箭有袋

[按语] 背隐的内容是对正文的解释。与正文同样的词组还有同音_甲07B24；文海_刻①91A63；同义 18B2 等。

08A63 𘟲𘟲 khiew 2.39 phiow 1.55 弓弩

[背隐] 𘟲

弓

[按语] 背隐以同义词解释正文。参见下文同音_丁23A42 及其背隐。与正文同样的词组还有同音_甲07B28、22A62；文海_刻①61A41；合编_甲23.073；同义 18B2 等。

08A64 𘟲𘟲 be 2.07 phiow 1.55 双两

[背隐] 𘟲𘟲

二双

[按语] 背隐以同义词解释正文。参见上文同音_丁05B75 及其背隐。与正文同样的词组还有同音_甲05A12、07B31；文海_刻①42A61；合编_甲21.111；同义 21B7 等。

08A65 𘟲𘟲 。phiow 1.55 njaa 1.21 黑白

[背隐] 𘟲𘟲

颜色

[按语] 背隐指出正文的类别为"颜色"之一种。参见下文同音_丁18A48 及其背隐。与正文同样的词组还有同音_甲07B32、17B14；文海_刻①75A22；同义 16A4 等。

08A66 𘟲𘟲 phio 2.43 ljij 2.37 （乐器名）

[背隐] 𘟲𘟲𘟲

导乐用

[按语] 背隐的内容是对正文的解释，指出其用途。与正文同样的词组还有同音_乙52B18；同音_甲07B33、52A37；合编_甲23.202；同义 20B7 等。

08A67 𘟲𘟲 pie 1.66 phio 2.43 蛙蛇

[背隐] 𘟲𘟲𘟲𘟲

无脚下行

[按语] 背隐的内容是对正文大字的解释。参见下文同音_丁09B65 及其背隐。与正文同样的词组还有同音_甲07B34、09A45；合编_丙B42 等。

08A68 𘟲𘟲 。·jij 2.37 phio 2.43 天窗

[背隐] 𘟲𘟲𘟲

烟过处

[按语] 背隐的内容是对正文的解释，并指出其用途。与正文同样的词组还有同音甲07B35；杂字乙18A3；掌中珠甲23A22（正文后该词的汉语译释即来源于此）等。

08A71 絹耤微 mja 1.64 da 2.56 niow 2.48 伤：恶言

  [背隐] 荒微
  互害

  [按语] 背隐的内容是对正文的解释。该字又见同义30B2。文海刻①70B21有该字的详细材料。

08A72 絲蘸 。lji 2.61 mja 1.64 掘地

  [背隐] 乖释斷
  有齿掘

  [按语] 背隐的内容是对正文的解释。该字又见同义26A5。文海刻①70B22有该字的详细材料。

08A73 髡妦 mjaa 1.23 bej 1.33（疤名）

  [背隐] 髡绚
  疤名

  [按语] 背隐指出正文的类别为一"疤名"。与正文同样的词组还有同音甲07B43。该字又见同义31B4。文海刻①43B42有该字的详细材料。

08A74 髌骇 。phej 1.33 bej 1.33 系缚

  [背隐] 髌骇雍瓶
  网罗绳索

  [按语] 背隐的内容是对正文的解释。与正文同样的词组还有同音甲07B44。该字又见同义15B1；碎金03B6等。文海刻①43B41有该字的详细材料。

08A75 絉絮 pju 2.03 pjo 1.51 燃烧

  [背隐] 蕌绌/敨祇
  柴草/使熟

  [按语] 背隐的内容是对正文的解释。先言"柴草"乃可燃之物，再言其燃烧的结果可"使（食物）熟"。参见上文同音丁08A37及其背隐。与正文同样的词组还有同音甲07A71、07B45；文海刻①58A12；同义18B5等。

08A76 縦溦 。pjo 1.51 tsjij 2.33 诽谤

  [背隐] 荒俙縦溦
  互相诋毁

  [按语] 背隐的内容是对正文的解释。参见下文同音丁29B42及其背隐。与正文同样的词组还有同音甲07B46、28B73；文海刻①58A11；同义29B1等。

08A77 耐骺 buu 2.05 gjij 1.36 特殊

  [背隐] 骹骺缀衔
  特殊受益

[按语] 背隐的内容是对正文的解释。与正文同样的词组还有同音_甲07B51；文海_刻①
86B22；合编_甲21.171 等。

08A78 〿〿 rjar 2.74 buu 2.05（草名）
　　[背隐] 〿〿
　　　　草名
　　[按语] 背隐指出正文的类别为一"草名"。与正文同样的词组还有同音_甲07B48；杂字_乙
　　　　08A2；同义 09B4 等。

08B11 〿〿。la 2.14 buu 2.05 坟墓
　　[背隐] 〿〿
　　　　墓地
　　[按语] 背隐以同义词解释正文。与正文同样的词组还有同音_乙52A51；同音_甲07B52 等。
　　　　聂Ⅱ334 录背隐内容。

08B12 〿〿 da 2.14 pu 2.51 长子
　　[背隐] 〿〿
　　　　老大
　　[按语] 背隐的内容是对正文的解释。与正文同样的词组还有同音_甲07B53。该字又见同
　　　　义 22A2；碎金 04A5 等。聂Ⅰ382 录背隐内容。

08B13 〿〿。la 1.17 pu 2.51 纬线
　　[背隐] 〿〿〿〿〿〿
　　　　口内所回所撒纬线
　　[按语] 背隐的内容是对正文的解释。与正文同样的词组还有同音_甲07B54；同义 12B5
　　　　等。

08B14 〿〿 bjo 2.44 la 2.14 分明
　　[背隐] 〿〿
　　　　分明
　　[按语] 背隐以同义词解释正文。与正文同样的词组还有同音_乙47B16；同音_甲07B55、
　　　　46B66；文海_刻①06B22；同义 16A2 等。

08B15 〿〿。tśji 1.67 bjo 2.44 苦罚
　　[背隐] 〿〿〿
　　　　失捕物
　　[按语] 背隐的内容是对正文的解释。言"苦罚"乃因"失捕物"所致。与正文同样的
　　　　词组还有同音_乙39A45；同音_甲07B56、38B47；文海_刻①50B52；同义 30B6 等。

08B16 〿〿 mə 1.68 ljwɨ 1.69 牛犊
　　[背隐] 〿〿
　　　　一岁牛
　　[按语] 背隐的内容是对正文的解释。与正文同样的词组还有同音_乙48B31；同音_甲

07B57、48A36 等。

08B17 絹祇 。mjij 1.36 mə 1.68 无非

　　[背隐] 祇嫐絹缮
　　　　　无无无义

　　[按语] 背隐以同义词解释正文。参见上文同音丁04B48 及其背隐。与正文同样的词组还
　　　　　有同音甲03B72、07B58；文海刻①26A71；同义20A3 等。

08B18 蕜㺒 na 1.17 mjuu 2.06 深渊

　　[背隐] 㻸㥠
　　　　　大海

　　[按语] 背隐的内容是对正文大字的解释。与正文同样的词组还有合编甲07.044。该字又
　　　　　见同义08B6。

08B21 㫰薮 gur 1.75 mjuu 2.06 丑牛

　　[背隐] 㥠㫰㻸㹬
　　　　　牛牛牛牛

　　[按语] 背隐以同义词解释正文。"丑"乃"十二地支"之一,代表"牛"[1]。与正文同
　　　　　样的词组还有同音甲07B62；杂字乙09A3 等。

08B22 㣲拼 。thjowr 2.83 mjuu 2.06 动摇

　　[背隐] 㺷菝㵼祇
　　　　　使击动摇

　　[按语] 背隐以同义词解释正文。与正文同样的词组还有同音甲07B63。该字又见杂字乙
　　　　　04A7；同义19B4 等。

08B23 㤝㲳 pju 2.52 bjii 2.12 冠盖

　　[背隐] 㻉㻉㺸㤝㺒
　　　　　监主戴冠冕

　　[按语] 背隐以同义词解释正文。参见上文同音丁06B16 及其背隐。与正文同样的词组还
　　　　　有同音甲05B28、07B64；文海刻①63A62；合编甲07.204 等。

08B24 㣶㻤 。pju 2.52 wa 2.56 宫殿

　　[背隐] 㿃㺞㻅㻘/㺽㻤
　　　　　天子居处/内宫

　　[按语] 背隐的内容是对正文的解释。与正文同样的词组还有同音甲07B65 等。该字又见
　　　　　杂字乙17B2；掌中珠甲28A12(正文后该词的汉语译释即来源于此)；同义13B4；
　　　　　碎金03B3。

08B25 㺘㻚 pju 1.59 wer 1.77 威仪

---

[1] "十二地支"也称"十二支",是传统用来表示次序的符号,依次为:子、丑、寅、卯、辰、巳、午、未、申、酉、戌、
　　亥。"十二生肖"则是代表十二地支而用来记人的出生年月的十二种动物,依次为:鼠、牛、虎、兔、龙、蛇、马、羊、
　　猴、鸡、狗、猪。就是说十二地支与十二生肖是相配的,如子年生的人属鼠,未年生的人属羊等,也叫属相。

[背隐] 𗰖𗤳
威仪

[按语] 背隐以同义词解释正文。参见下文同音丁11A61及其背隐。与正文同样的词组还有同音甲07B68、10A64；文海刻①82B21；同义03A6等。

08B26 𗺉𗫐 pju 1.59 lo 1.70 爱慕

[背隐] 𗥤𗫐𗠁𗤳𗤳
使爱慕他（人）子

[按语] 背隐的内容是对正文的解释。与正文同样的词组还有同音乙48B38；同音甲07B66、48A46；文海刻①65A11；同义28B2等。

08B27 𗣀𗫐 pju 1.59 lo 1.70 胁迫

[背隐] 𗤴𗥦𗣀𗥦
强行逼迫

[按语] 背隐的内容是对正文的解释。与正文同样的词组还有同音乙48B37；同音甲07B73、48A45；文海刻①65A12；同义25A1等。

08B28 𗠛𗤧 pju 1.59 dzjo 1.72 比喻

[背隐] 𗴈𗤧𗠛𗤴𗤴
实无量测限

[按语] 背隐的内容是对正文的解释。与正文同样的词组还有同音乙34A61；同音甲07B67、33B51等。

08B31 𗤣𗤳 mji 1.30 pju 1.59 不尊

[背隐] 𗤳𗤴𗤣𗤧
无所比处

[按语] 背隐的内容是对正文的解释。与正文同样的词组还有同音甲07B71。

08B32 𗤪𗤬 。pju 1.59 pjar 2.74 残缺

[背隐] 𗤴𗤴𗤪𗤷
破碎残缺

[按语] 背隐的内容是对正文的解释。参见下文同音丁09A77及其背隐。与正文同样的词组还有同音甲07B72、08B48；文海刻①65A31；合编甲04.085；同义31B2等。

08B33 𗥯𗤻 phji 1.14 kiej 2.31 遣送

[背隐] 𗥯𗤻𗤳
监使往

[按语] 背隐的内容是对正文的解释。参见下文同音丁22B36及其背隐。与正文同样的词组还有同音甲07B74、21B54；文海刻①35A72；合编甲21.052；碎金08B2等。

08B34 𗤰𗥱 。dzjwow 1.56 phji 1.14 飞翔

[背隐] 𗤰𗥱𗤾
鸟展翅

［按语］背隐的内容是对正文的解释。与正文同样的词组还有同音_甲07B75。

08B35 🔲🔲 ɣu 1.04 phjɨ 1.69 卷头

　　［**背隐**］🔲🔲🔲

　　　　　头发卷

　　［按语］背隐的内容是对正文的解释。与正文同样的词组还有同音_甲08A12。该字又见同义 05A1。文海_刻①76A32 有该字的详细材料。

08B36 🔲🔲。tshjɨ 1.30 phjɨ 1.69 妙语

　　［**背隐**］🔲🔲🔲🔲

　　　　　妙语歌唱

　　［按语］背隐的内容是对正文的解释。参见下文同音_丁33A52 及其背隐。与正文同样的词组还有同音_甲08A13、32B37；文海_刻①70A32；合编_甲11.113；同义 21A4 等。

08B37 🔲🔲 gjiw 1.45 bəj 1.40 宽阔

　　［**背隐**］🔲🔲🔲🔲

　　　　　阔平地稳

　　［按语］背隐的内容是对正文的解释。参见下文同音_丁25B13 及其背隐。与正文同样的词组还有杂字_乙04B7；合编_甲23.094 等。

08B38 🔲🔲。tsji 1.67 bəj 1.40 苦难

　　［**背隐**］🔲🔲

　　　　　不乐

　　［按语］背隐以反义词解释正文。与正文同样的词组还有同音_甲08A15；合编_甲07.033 等。

08B41 🔲🔲 low 2.47 pie 1.09 宽阔

　　［**背隐**］🔲🔲

　　　　　不狭

　　［按语］背隐以反义词解释正文。与正文同样的词组还有同音_甲08A18、49B46；同义 04B7 等。

08B42 🔲🔲。ljow 2.49 pie 1.09 龙柏

　　［**背隐**］🔲🔲

　　　　　树名

　　［按语］背隐指出正文的类别为一"树名"。与正文同样的词组还有同音_乙50B34；同音_甲08A21、50A45；文海_刻①14A23；杂字_乙06B5；掌中珠_甲13B12（正文后该词的汉语译释即来源于此）；同义 09A6 等。

08B43 🔲🔲 tshio 1.50 bo 1.49 队列

　　［**背隐**］🔲🔲🔲🔲ㄅ🔲🔲/🔲ㄅ🔲🔲

　　　　　队列一列列集合/聚集引导

　　［按语］"ㄅ"代表该字与前一字重复。背隐音义的内容是对正文的解释。与正文同样的词组还有同音_乙36A18；同音_甲08A22、35A58 等。

08B44 偷𧛔 。koor 1.94 bo 1.49 锦袍

　　[背隐] 𪏛𦐇𧜀𧝓𦣙

　　　　汉语长马袍

　　[按语] 背隐注明了该词的汉语读音。与正文同样的词组还有同音_甲08A23；文海_刻①56A22；杂字_乙06A8 等。

08B45 𧝁𧝖 pji 1.67 dzjij 1.35 议论

　　[背隐] 𩥉𦶠𧜀𧝁

　　　　论策共谋

　　[按语] 背隐的内容是对正文的解释。与正文同样的词组还有同音_乙38A71；同音_甲08A24、37B58；文海_刻①72B51；同义 21A2 等。

08B46 𧜼𧝖 pji 1.67 ·jij 2.37 不野[1]

　　[背隐] 𧜼𧝎𩥉

　　　　蕃之谓

　　[按语] 背隐内容是对正文的解释，即"𧜼𧝖"是"𧜼"的另外一种称呼。与正文同样的词组还有同音_乙43A58；同音_甲08A25、42B34；文海_刻①33A41；同义 07A7 等。

08B47 𧜑𧝖 。tsjo 1.72 pji 1.67 脂肪

　　[背隐] 𩥉𩥾𧜑𧝖/𧝖𧜑

　　　　腿内乳脂/脂乳

　　[按语] 背隐的内容是对正文的解释。与正文同样的词组还有同音_甲08A26；文海_刻①72B61；杂字_乙17A5 等。

08B48 𧝘𧝕 phjɨɨ 1.32 phjii 2.12 谄谀

　　[背隐] 𩥦𩥿𦶠𧝓

　　　　随他奉承

　　[按语] 背隐的内容是对正文的解释。参见下文同音_丁10A17 及其背隐。与正文同样的词组还有同音_甲08A27、09A67；文海_刻①42A11；杂字_乙16B1；同义 21A3；碎金 06B4 等。

08B51 𧝘𧝶 。phjii 2.12 ·jij 1.36 轻巧

　　[背隐] 𦣙𩥦𧝌𧝶𧝈

　　　　不气心轻松

　　[按语] 背隐的内容是对正文的解释。与正文同样的词组还有文海_刻①57B52；合编_甲11.083 等。

08B52 𧝙𧝚 phəə 1.31 ka 1.17 结合

　　[背隐] 𧝙𧝚

　　　　结合

---

[1]　此称呼根据黄振华先生的考释而来，参见黄振华《西夏语同义词词源研究刍议》，载《民族语文》2002 年第 5 期。

[按语] 背隐以同义词解释正文。参见下文同音丁21A78 及其背隐。与正文同样的词组还有同音甲08A31、20B28；文海刻①22B62；杂字乙17B4；合编甲22.061；同义12B2 等。

08B53 𗣼𗆟 。phəə 1.31 sja 2.17 厌恶

[背隐] 𗏇𗣼𗐴𗉵/𗤋𗆟𗦁𗐴𗈁

厌恶诋毁/损威说坏话

[按语] 背隐的内容是对正文的解释。参见下文同音丁32B16 及其背隐。与正文同样的词组还有同音甲08A32、31B62；文海刻①40B41；同义29B1 等。

08B54 𗕿𗆟 njijr 1.74 ba 1.17 猿猴

[背隐] 𗕿𗐴𗈁𗤋𗏇𗆟

兽名有二手脚

[按语] 背隐的内容先指出正文的类别为一"兽名"，然后指出这种兽的特征。与正文同样的词组还有同音甲08A34；杂字乙10A8 等。

08B55 𗙇𗆟 。ba 1.17 tjwɨ 1.30 乞求

[背隐] 𗏇𗐴𗈁𗙇𗆟𗣳

投掷衣服求雨

[按语] 背隐的内容是对正文的解释。与正文同样的词组还有同音甲08A35；文海刻①22A51 等。

08B56 𗤋𗆟 mjo 2.64 rjɨr 2.77 孤独

[背隐] 𗤋𗆟𗈁𗏇/𗤋𗆟𗈁𗈁

独者子无/孤者子亡

[按语] 背隐的内容是对正文的解释，正好揭示了正文大、小字的字形构造。与正文同样的词组还有同音甲08A36；杂字乙16A7 等。

08B57 𗤋𗆟 。mjo 2.64 sa 2.14 枯竭

[背隐] 𗙇𗙇𗤋𗆟

干沉瘀竭

[按语] 背隐的内容是对正文的解释。与正文同样的词组还有同音甲08A37；合编甲12.081 等。

08B58 𗧾𗆟 bieej 1.38 dzjow 1.56 虫屎

[背隐] 𗐴𗆟

长粪

[按语] 背隐的内容是对正文的解释，并指出了这种粪便的特征。与正文同样的词组还有同音乙35B74；同音甲08A42、35A44；文海刻①49B31；杂字乙10B6；同义28A4 等。

08B61 𗧾𗆟 。bieej 1.38 gjuu 2.06 （虫名）

[背隐] 𗈁𗐴

虫名

[按语] 背隐指出正文的类别为一"虫名"。参见下文同音丁27A72 及其背隐等内容。与正文同样的词组还有同音甲08A43、26B51；文海刻①49B22；杂字乙10B6；同义28A4 等。

08B62 𗀔𗤶 tsiow 1.55 bur 1.75 聚集

[背隐] 𗀔𗤶𗀔𗤶𗀔

一切所聚集

[按语] 背隐的内容是对正文的解释。与正文同样的词组还有同音甲08A44；文海刻①61A71；合编甲17.133；同义10B5 等。

08B63 𗤶𗀔 。·u 2.01 bur 1.75 透贝

[背隐] 𗤶𗀔𗤶𗀔

汉语透贝

[按语] 背隐注明了该词的汉语读音。与正文同样的词组还有同音乙45A18；同音甲08A45、44B18；杂字乙05B6；掌中珠甲26A12（正文后该词的汉语译释即来源于此）；同义18A5 等。聂Ⅰ421 录背隐内容。

08B64 𗤶𗀔 sja 1.19 phie 2.08 解绳

[背隐] 𗤶𗀔𗤶

使解除

[按语] 背隐的内容是对正文的解释。与正文同样的词组还有同音甲08A46。

08B65 𗤶𗀔 。phie 2.08 kjwij 1.62 折宿纸

[背隐] 𗤶𗀔𗤶𗀔𗤶𗀔

纸中汉语折宿纸

[按语] 背隐的内容是对正文的解释，并注明了该词的汉语读音。但这种纸到底与今天的哪一种类似，目前还难以考证清楚。与正文同样的词组还有同音甲08A47。该字又见同义18A6。

08B66 𗤶𗀔𗤶 biaa 2.20 mjir 1.86 mə 2.25 biaa；族姓

[背隐] 未注

[按语] 背隐对正文未作解释。其实正文中小字对大字的注释已经非常清楚，故无需再作背隐音义。同音甲08A48 与丁种本正文表述相同。该字又见同义07B5；碎金06A6 等。

08B67 𗤶𗀔 。biaa 2.20 xow 2.47 （树名）

[背隐] 𗤶𗀔𗤶

蒉茹果

[按语] 背隐的内容是对正文的解释，重在强调这种树上所结出的果实。与正文同样的词组还有同音乙43B72；同音甲08A51、43A53；文海刻①80B32；同义11A7 等。

08B68 𗤶𗀔 bjuu 1.07 kja 1.64 敬畏

[**背隐**] 𗣫𗟲𗰦𗸆𗣱
敬畏尊侍奉

[**按语**] 背隐的内容是对正文的解释。参见下文同音丁28B54 及其背隐。与正文同样的词组还有同音甲08A53、28A47；文海刻①87B12；合编甲04.082 等。

08B71 𗴟𗴜 。bjuu 1.07 sji 1.11 桂树

[**背隐**] 𗧃𗰈𗤶
月宫树

[**按语**] 背隐的内容是对正文的解释，指出这种树就是传说中生长于月亮之上的树。与正文同样的词组还有同音甲08A54。该字又见杂字甲03A3；掌中珠甲04B32（正文后该词的汉语译释即来源于此）；同义09B3 等。

08B72 𗣖𗣗 mji 1.11 2.20 phiaa 不分

[**背隐**] 𗧝𗤋/𗡲𗣉
颜色/phjii 1.14 tsiaa 2.20（反切）

[**按语**] 背隐先是对正文的解释；然后注明了该字的反切音。与正文同样的词组还有同音甲08A55。该字又见同义26A6。

08B73 𗣣𗣨 。djii 1.14 2.20 phiaa 分分

[**背隐**] 𗣣𗣰
分分

[**按语**] 背隐以同义词解释正文。与正文同样的词组还有同音甲08A56、15B18 等。该字又见同义21B5。

08B74 𗣢𗤽 njiij 1.39 mji 2.61 忘记

[**背隐**] 𗣢𗤓/𗤁𗣶
心愚/不记

[**按语**] 背隐的内容是对正文的解释。与正文同样的词组还有同音甲08B18。该字又见同义32A3。

08B75 𗤜𗤧 。mji 2.61 sjow 1.56 跳跃

[**背隐**] 𗥽𗥼𗤥𗥞
跳跃跳跃

[**按语**] 背隐以同义词解释正文。与正文同样的词组还有同音乙37A61；同音甲03B17、36B21；文海刻①62A21；同义19B6 等。

08B76 𗴣𗴬 puu 1.05 puu 1.05 饱满

[**背隐**] 𗤾𗥕𗥐𗤴
轻如膨胀

[**按语**] 背隐的内容是对正文的解释。与正文同样的词组还有同音甲09A37。该字又见同义05A1。文海刻①11A12 有该字的详细材料。

08B77 𗴤𗴙 。puu 1.05 kjuu 1.07 懈怠

　　　　[背隐] 𗆞𗤶𗴟𗁰
　　　　怯弱疲倦
　　　　[按语] 背隐的内容是对正文的解释。与正文同样的词组还有同音甲09A12；合编甲
　　　　12.061；同义20A3等。

09B78 𗖴𗰖 nju 1.03 ba 1.17 耳聋
　　　　[背隐] 𗖴𗰖𗀈
　　　　音不闻
　　　　[按语] 背隐的内容是对正文的解释。该字又见同义31B2。文海刻①22A41有该字的详细
　　　　材料。

09A11 𗗙𗤋𗴍 。ba 1.17 bji 1.11 wa 1.17（切身字[1]）
　　　　[背隐] 𗖵𗼋/𗗙𗼋
　　　　真言/梵语
　　　　[按语] 背隐指出正文的类别为一"真言、梵语"。同音甲09A32与丁种本正文表述相同。
　　　　该字又见同义01B3。合编英01.011有该字的详细材料。

09A12 𗭪𗜲 zjïr 2.85 pho 1.49 水泊
　　　　[背隐] 𗇃𗼋𗭪𗘂
　　　　雨来水沟
　　　　[按语] 背隐的内容是对正文的解释。与正文同样的词组还有同音甲06A56；掌中珠甲
　　　　12A22（正文后该词的汉语译释即米源于此）等。该字又见同义08B6。文海刻①
　　　　55B73有该字的详细材料。

09A13 𗾴𗜲 。lji 2.27 pho 1.49 蒲
　　　　[背隐] 𗿱𗼋𗥷𗬅𗜲
　　　　蒲芦汉语蒲
　　　　[按语] 背隐先以同义词解释正文；然后注明了该词的汉语读音。"蒲芦"就是今天所说
　　　　的"葫芦"[2]。与正文同样的词组还有同音甲06A57；杂字乙18A3；纂要08B3
　　　　等。聂Ⅰ350录背隐内容。

09A2A 𗥷𗖴𗰖𗴟𗁰
重唇音独字

09A31 𗴍𗜲 bie 1.66 sji 1.11 柳树
　　　　[背隐] 𗌠𗴍/𗴍𗥷
　　　　杨柳/树名
　　　　[按语] 背隐先以同义词解释正文；然后指出正文的类别为一"树名"。与正文同样的词

----

[1] 将专门用于翻译真言、梵语的这类反切拼合字称为"切身字"古已有之，今人有关论述，参见孙伯君《西夏佛经翻译的用字特点与译经时代的判定》，载《中华文史论丛》总第86辑，上海古籍出版社2007年版。
[2] 谭宏姣：《古汉语植物命名研究》第55页，中国社会科学出版社2008年版。

组还有同音_甲08A71；文海_刻①72A22；合编_甲11.042 等。

09A32 𗥔𗥔 ŋwu 1.58 mar 1.80 盟誓

[背隐] 𗥔𗥔𗥔𗥔/𗥔𗥔𗥔𗥔𗥔

杀狗打誓/信记誓言誓

[按语] 背隐的内容是对正文的解释。与正文同样的词组还有同音_甲08A72。该字又见同义 30B7。文海_刻①83B42 有该字的详细材料。

09A33 𗥔𗥔𗥔 phie 1.09 mjɨr 1.86 mə 2.25 phie：族姓

[背隐] 𗥔𗥔

phju 1.03 śie 1.09（反切）

[按语] 背隐注明了该字的反切音。同音_甲08A73 与丁种本正文表述相同。该字又见同义 07B1；碎金 05B5 等。文海_刻①14A31 有该字的详细材料。

09A34 𗥔𗥔 nə 1.68 bioo 2.46 疮癞

[背隐] 𗥔𗥔𗥔𗥔

疮癞人出

[按语] 背隐的内容是对正文的解释。参见下文同音_丁19B35 及其背隐。与正文同样的词组还有同音_甲08A74、19A17；文海_刻③14A71；同义 31B4 等。

09A35 𗥔𗥔 biə 1.28 liej 1.60 杨柳

[背隐] 𗥔𗥔𗥔𗥔𗥔𗥔𗥔𗥔

树名及柳枝怯弱动

[按语] 背隐先指出正文的类别为一"树名"，然后是对正文的解释。与正文同样的词组还有同音_乙50B26；同音_甲08A75、50A33；文海_刻①35A41；同义 09B2 等。

09A36 𗥔𗥔 tsjɨ 1.30 ba 1.63 铙钹

[背隐] 𗥔𗥔𗥔𗥔

汉语铙钹

[按语] 背隐注明了该词的汉语读音。参见下文同音_丁32A75 及其背隐。与正文同样的词组还有同音_甲08A76、31B51；文海_刻①69A11；掌中珠_甲21A22（正文后该词的汉语译释即来源于此）；合编_甲07.174；同义 01B5 等。

09A37 𗥔𗥔 mjij 1.61 ma 1.63 女婿

[背隐] 𗥔𗥔𗥔

女之夫

[按语] 背隐的内容是对正文的解释。与正文同样的词组还有同音_甲08A77；杂字_乙15A5 等。聂 I 283 录背隐内容。

09A38 𗥔𗥔𗥔 mẽ 1.15 ljɨ 2.61 mjiij 2.35 mẽ：地名

[背隐] 𗥔𗥔

口泽

[按语] 背隐与正文连用组成一个完整的地名"𗥔𗥔𗥔"（门口泽），参阅文海_刻①20A73。

同音_甲08A78 与丁种本正文表述相同。该字又见同义 25B7。文海_刻①20A73 有该字的详细材料。杂字_乙13B5"莆燚缬"（门口咒），可参阅。

09A41 鞴骸裾 mji 1.16 mji 1.11 lji 1.16（切身字）

　　［背隐］骼縍
　　　　　　真言
　　［按语］背隐指出正文的类别为一"真言"用字。同音_甲08B11 与丁种本正文表述相同。该字又见同义 01A6。文海_刻①21A32 有该字的详细材料。

09A42 祇祝 mjii 2.29 mji 1.67 告知

　　［背隐］蒲燚/骸祝
　　　　　　好坏/使知
　　［按语］背隐的内容是对正文的解释。参见上文同音_丁05B37 及其背隐。与正文同样的词组还有同音_甲04B44、08B12；文海_刻①73A12；合编_甲02.173 等。同义 21A1 颠倒。聂Ⅱ166 录背隐内容。

09A43 禐祝 pa 2.14 ljaa 1.23 赞颂

　　［背隐］豖骸
　　　　　　爱惜
　　［按语］背隐的内容是对正文的解释。与正文同样的词组还有同音_甲08B13；文海_刻①30B42；杂字_乙15B8 等。

09A44 蔬瓷 phər 1.84 ka 2.14 除离

　　［背隐］縍佽裾祝/骸蔬
　　　　　　尘埃使除/除离
　　［按语］背隐的内容是对正文的解释。与正文同样的词组还有同音_甲08B14；合编_甲04.153 等。

09A45 甪缟 ？？xew 1.43（草名）

　　［背隐］猯匌
　　　　　　草名
　　［按语］背隐指出正文的类别为一"草名"。与正文同样的词组还有同音_乙46B34；同音_甲08B15、43B28；文海_刻①53A61；杂字_乙08A1；同义 10A2 等。

09A46 缟猯 phiej 2.31 śji 2.60（草名）

　　［背隐］猯匌
　　　　　　草名
　　［按语］背隐指出正文的类别为一"草名"。与正文同样的词组还有同音_甲08B16。该字又见同义 09B7。

09A47 綫弨 djii 2.37 phjaa 1.23 停止

　　［背隐］綍绢縍戨縍緔祒绢
　　　　　　测无量限为律不许

[按语] 背隐的内容是对正文的解释。与正文同样的词组还有同音甲08B17。该字又见同义05A4。文海刻①30A72 有该字的详细材料。

09A48 𗗙𗬼 bia 2.15 bju 1.02 搅拌

[背隐] 𗧒𗗙𗬼
水乳混

[按语] 背隐的内容是对正文的解释。参见上文同音丁06A23 及其背隐。与正文同样的词组还有同音甲05A27、08B21；同义11A7 等。

09A51 𗣀𗣬 mer 2.71 mar 2.73 迷惑

[背隐] 𗣬𗙏𗣀𗤁𗣡
弱苦居不乐

[按语] 背隐的内容是对正文的解释。与正文同样的词组还有同音甲08B22。该字又见同义24A5；碎金03B6 等。

09A52 𗇟𗛱 pio 1.71 śji 1.69 底下

[背隐] 𗛱𗛆𗛱𗛆𗇟𗇫
底下低下不高

[按语] 背隐先以同义词解释正文，再以反义词解释正文。与正文同样的词组还有同音乙37B48；同义甲08B23、37A22 等。

09A53 𗼇𗬦 mər 1.84 ljaa 2.18 口唇

[背隐] 𗬦𗧊
口腔

[按语] 背隐的内容是对正文的解释。与正文同样的词组还有同音甲08B24、54B27 等。

09A54 𗿒𗤓 phjii 1.32 meer 2.84 惊慌

[背隐] 𗧪𗿒𗤓𗿛
使畏趋惊

[按语] 背隐的内容是对正文的解释。与正文同样的词组还有同音甲08B25。该字又见同义30B1。文海刻①42A12 有该字的详细材料。

09A55 𗼞𗤴 mur 2.69 wji 1.67 冰雹

[背隐] 𗤴𗨳𗤬
冷圆球

[按语] 背隐的内容是对正义的解释。与正文同样的词组还有同音甲08B26。该字又见同义09A1。

09A56 𗢳𗦪 dzeej 2.34 pjo 2.64 乘骑

[背隐] 𗢳𗤓𗦪𗦪
使骑乘驮

[按语] 背隐的内容是对正文的解释。与正文同样的词组还有同音甲08B27。该字又见同义19B6。

09A57 崓龍 piej 2.31 phjɨj 1.42 结合

　　[背隐] 瓶䂺

　　　　　竹缩

　　[按语] 背隐的内容是对正文的解释。参见下文同音丁09B45 及其背隐。与正文同样的词
　　　　　组还有同音甲08B28、09A21 等。

09A58 㺾誵繍 beej 1.37 mjɨr 1.86 mə 2.25 beej：族姓

　　[背隐] 㾂緺

　　　　　bjuu 1.07 kheej 1.37（反切）

　　[按语] 背隐注明了该字的反切音。同音甲08B31 与丁种本正文表述相同。该字又见同义
　　　　　07A2。文海刻①49A23 有该字的详细材料。

09A61 㸩絹 sjɨ 1.30 mjiij 1.39 死尸

　　[背隐] 縦揆㽞㺗

　　　　　命断尸置

　　[按语] 背隐的内容是对正文的解释。与正文同样的词组还有同音甲08B32。该字又见同
　　　　　义20B1。文海刻①49B72 有该字的详细材料。

09A62 罷繩 tshjo 2.44 paa 1.22 变物

　　[背隐] 罷㺗㾂

　　　　　物所触

　　[按语] 背隐的内容是对正文的解释。与正文同样的词组还有同音甲08B33 等。该字又见
　　　　　同义02B5。文海刻①29B71 有该字的详细材料。

09A63 㽞龍 phoo 1.52 pheej 1.37 覆盖

　　[背隐] 㾂㽞罷㺗㾂

　　　　　盖上为置物

　　[按语] 背隐的内容是对正文的解释。参见下文同音丁10A54 及其背隐。与正文同样的词
　　　　　组还有同音甲06A76、08B34 等。

09A64 㺾㽞 wjɨ 1.19 mju 1.03 舅父

　　[背隐] 㽞㾂㺗㽞

　　　　　姑之嫡亲

　　[按语] 背隐的内容是对正文的解释。与正文同样的词组还有同音甲08B35；文海刻③
　　　　　02B31 等。

09A65 㽞後 bio 1.71 tsã 1.24 破裂

　　[背隐] 㾂㽞㺗

　　　　　裂不陷

　　[按语] 背隐的内容是对正文的解释。与正文同样的词组还有同音乙34B13；同音甲
　　　　　08B36、33B78；文海刻①50B73；合编甲13.073 等。

09A66 㺾誵繍 phuu 2.05 pjowr 2.83 成长

[**背隐**] 𗣼𗟻𗷱𗷢
　　　　枝叶长大

[**按语**] 背隐的内容是对正文的解释。参见下文同音丁09B31及其背隐。与正文同样的词组还有同音甲08B37、08B74；文海刻①54A13；合编甲01.031；同义28B5等。

09A67 𗣰𗟻 bə ? bu 1.01 沉没

[**背隐**] 𗣳𗶤𗵳𗤶𗽤
　　　　往下沉不明

[**按语**] 背隐的内容是对正文的解释。与正文同样的词组还有同音甲08B38。该字又见同义20A2。

09A68 𗠯𗪼 sjij 1.36 par 1.80 血凝

[**背隐**] 𗠯𗤊
　　　　血集

[**按语**] 背隐的内容是对正文的解释。与正文同样的词组还有同音甲08B41。该字又见同义31A7。文海刻①84B31有该字的详细材料。

09A71 𗫻𗄊 biee 1.13 nja 2.17 奔驰

[**背隐**] 𗫐𗘤𗢺/𗢺𗄊
　　　　驰趋驰/奔驰

[**按语**] 背隐以同义词解释正文。参见下文同音丁17B48及其背隐。与正文同样的词组还有同音甲08B42；文海刻①86A52；合编甲16.021；同义19A5等。

09A72 𗰇𗮇𗮉 bju 1.59 bjɨ 1.69 pju 2.03（切身字）

[**背隐**] 𗟾𗤊/𗵃𗤛𗰏𗳺
　　　　bji 1.67 tsju 1.59（反切）/经典中用

[**按语**] 背隐中"𗤛"字之前似为一错字，后面又重写。背隐音义先注出了该字的反切音；然后指出其用途。同音甲08B43与丁种本正文表述相同。该字又见同义01A7。文海刻①65A32有该字的详细材料。

09A73 𗩧𗩨 pe 1.08 ŋwer 2.71 肮脏

[**背隐**] 𗦜𗩨𗤝𗧥
　　　　脏臭不净

[**按语**] 背隐先以同义词解释正文，再以反义词解释正文。参见下文同音丁26B71及其背隐。与正文同样的词组还有同音甲08B44、26A37；文海刻①12B42；合编甲04.073；同义32A1等。

09A74 𗫪𗵀𗈁 mar 2.73 mjɨr 1.86 mə 2.25 mar：族姓

[**背隐**] 𗣫𗮼
　　　　mji 1.11 war 1.80（反切）

[**按语**] 背隐注明了该字的反切音。同音甲08B45与丁种本正文表述相同。该字又见同义07A5；碎金04B5。

09A75 㐁𭰼 seew 2.41 pjɨr 1.86 比较

　　[背隐] 㐁𭰼㪍𭰼

　　　　　测物分别

　　[按语] 背隐的内容是对正文的解释。与正文同样的词组还有同音甲08B46。该字又见同义08B3。文海刻①88B61 有该字的详细材料。

09A76 㷀𭰼 mjɨɨ 2.29 pji 2.60 忠告

　　[背隐] 𭰼𭰼㷀𭰼𭰼

　　　　　隐蔽处密语

　　[按语] 背隐的内容是对正文的解释。与正文同样的词组还有同音甲08B47。该字又见同义20B4。

09A77 㷀𭰼 pju 1.59 pjar 2.74 残缺

　　[背隐] 𭰼𭰼㷀𭰼𭰼

　　　　　残缺不具全

　　[按语] 背隐先以同义词解释正文，再以反义词解释正文。参见上文同音丁08B32 及其背隐。与正文同样的词组还有同音甲 07B72、08B48；文海刻①65A31；合编甲04.085；同义31B2 等。

09A78 㷀𭰼 khjɨ 1.30 piow 1.55 脚边

　　[背隐] 𭰼𭰼／𭰼𭰼𭰼

　　　　　边侧／仙脚边

　　[按语] 背隐的内容是对正文的解释。"仙脚边"，其义不明。"𭰼"（仙）字，是否为"𭰼"（山）字之误？与正文同样的词组还有同音甲08B51；文海刻①61A32 等。

09B11 𭰼𭰼 bjɨr 1.86 ɣa 1.63 刀剑

　　[背隐] 㷀𭰼𭰼

　　　　　砍剥用

　　[按语] 背隐的内容是对正文的解释，指出其用途。与正文同样的词组还有同音乙43B17；同音甲08B52、42B67；文海刻①17A42；杂字乙23A2；合编甲06.183；碎金09A1 等。

09B12 𭰼𭰼 bja 1.64 ljwa 1.20 股腿

　　[背隐] 𭰼𭰼

　　　　　下肢

　　[按语] 背隐的内容是对正文的解释。与正文同样的词组还有同音乙54A37；同音甲08B53、53B78；文海刻①70B31；杂字乙17A2；合编甲12.083；同义04A5 等。掌中珠甲19A12 用字不同。

09B13 㷀𭰼𭰼 phji 1.16 da 2.56 ɣiej 1.34 phji：真言

　　[背隐] 㷀𭰼

　　　　　phji 1.11 lji 1.16（反切）

[按语] 背隐注明了该字的反切音。同音甲08B54 与丁种本正文表述相同。该字又见同义 01A5。文海刻①21A31 有该字的详细材料。

09B14 𗧉𗆟 mu 1.04 mər 1.84 杵唇

　　[背隐] 𗧉𗧉／𗆟𗆟

　　　　　木杵／尖臼

　　[按语] 背隐的内容是对正文的解释。与正文同样的词组还有同音甲08B55。该字又见同义 14B7。文海刻①10A52 有该字的详细材料。

09B15 𗧉𗿢 mu 2.04 njii 2.12 抹连

　　[背隐] 𗧢𗿢／𗐹／𗿢𗦟

　　　　　连缀／撒／微着

　　[按语] 背隐的内容是对正文的解释。与正文同样的词组还有同音甲08B56。该字又见同义 14A3。

09B16 𗂅𗿢 piə 1.28 lia 1.18 绚丽

　　[背隐] 𗥹𗥹𗿢𗿡

　　　　　有美丽色

　　[按语] 背隐的内容是对正文的解释。与正文同样的词组还有同音乙52A66；同音甲08B57、52A13；文海刻①25B61；合编甲21.153；同义16A6 等。

09B17 𗿢𗏈 pə 1.27 mior 2.81 粗糙

　　[背隐] 𗼷𗽛𗿡

　　　　　有毛发

　　[按语] 背隐的内容是对正文的解释。与正文同样的词组还有同音甲08B58；文海刻① 79A32；合编甲04.104 等。

09B18 𗀝𗴡 pa 2.56 bej 1.60 妙语

　　[背隐] 𗴡𗼭𗼻𗴡𗼻𗏈

　　　　　妙语增语增饰

　　[按语] 背隐的内容是对正文的解释。参见上文同音丁07B53 及其背隐。与正文同样的词组还有同音甲06B76、08B62；文海刻①70A32；合编丙A33 等。

09B21 𗼷𗦟 · a ? biej 2.53 一条

　　[背隐] 𗒽𗒀𗦟𗿡

　　　　　枝条没有

　　[按语] 背隐的内容是对正文的解释。与正文同样的词组还有同音甲08B63。该字又见同义 21B6。

09B22 𗦟𗿢 biej 1.60 sji 2.60 （草名）

　　[背隐] 𗦟𗿢

　　　　　草名

　　[按语] 背隐指出正文的类别为一"草名"。与正文同样的词组还有同音甲08B64；文海刻

①65B72 等。该字又见同义 10A2。文海_刻①65B72 有该字的详细材料。

09B23 㑥㞃 pjwiir 2.85 sji 2.10 脾肝

　　［背隐］ 㲖㞃

　　　　　腹内

　　［按语］背隐的内容是对正文的解释。与正文同样的词组还有同音_甲08B65；杂字_乙17A4；掌中珠_甲18B32（正文后该词的汉语译释即来源于此）等。

09B24 㲖㞃 mer 2.71 lhja 2.57 迷惑

　　［背隐］ 㲖㞃㲖㞃

　　　　　东西迷惑

　　［按语］背隐的内容是对正文的解释。与正文同样的词组还有同音_甲08B66；文海_刻①80A52；同义 32A6 等。

09B25 㲖㞃㞃 pji 1.16 da 2.56 ɣiej 1.34 pji：真言

　　［背隐］ 㲖㞃

　　　　　pji 1.11 lji 1.16（反切）

　　［按语］背隐注明了该字的反切音。同音_甲08B67 与丁种本正文表述相同。该字又见同义 01A5。文海_刻①21A23 有该字的详细材料。

09B26 㲖㞃 lhjii 1.14 mie 2.59 减退

　　［背隐］ 㲖㞃㞃㞃

　　　　　拒退为取

　　［按语］背隐的内容是对正文的解释。与正文同样的词组还有同音_甲08B68。该字又见同义 29B5。

09B27 㲖㞃 rejr 2.66 biar 1.81 多多

　　［背隐］ 㲖㞃㞃/㞃㞃㞃

　　　　　利多有/益多得

　　［按语］背隐的内容是对正文的解释。与正文同样的词组还有同音_甲08B71。该字又见同义 10B4。文海_刻①84B71 有该字的详细材料。

09B28 㲖㞃 me 2.58 ma 2.56 散撒

　　［背隐］ 㲖㞃㞃

　　　　　圆碎块

　　［按语］背隐的内容是对正文的解释。参见上文同音_丁06A18 及其背隐。与正文同样的词组还有同音_甲05A25、08B73；文海_刻①64B72；同义 04B5 等。

09B31 㲖㞃 phuu 2.05 pjowr 2.83 成长

　　［背隐］ 㲖㞃

　　　　　长大

　　［按语］背隐以同义词解释正文。参见上文同音_丁09A66 及其背隐。与正文同样的词组还有同音_甲08B37、08B74；文海_刻①54A13；合编_甲01.031；同义 28B5 等。聂Ⅱ510

录背隐内容。

09B32 𘟛𘝣 bjiir 2.86 pow 1.54 祐助

[背隐] 𘝣𘟛

祐助

[按语] 背隐以同义词解释正文。与正文同样的词组还有同音甲08B75。该字又见同义10A7。文海刻①59B12 有该字的详细材料。

09B33 𘞂𘜰 pji 1.69 pji 1.67 议论

[背隐] 𘜰𘝀𘞂𘝥

论策谋略

[按语] 背隐的内容是对正文的解释。与正文同样的词组还有同音甲08B76；文海刻①72B51；同义21A2 等。

09B34 𘞲𘝻 -jir 2.77 mej 1.33 观察

[背隐] 𘝻𘞲𘝠𘝅

观察寻找

[按语] 背隐的内容是对正文的解释。与正文同样的词组还有同音甲08B77；文海刻①43B23；同义12B6 等。

09B35 𘝙𘝵 mjii 2.12 yie 2.08 利益

[背隐] 𘝝𘝫／𘝴𘞕𘞴𘝥

养育／使得吃穿

[按语] 背隐的内容是对正文的解释。与正文同样的词组还有同音甲08B78。该字又见同义28A5；碎金03B1 等。

09B36 𘝖𘝜 poo 2.45 ror 2.80 自绕

[背隐] 𘝜𘞖𘝖𘞋

我之是谓

[按语] 背隐的内容是对正文的解释。与正文同样的词组还有同音甲09A11；同义29A6等。聂Ⅱ536 录背隐内容。

09B37 𘞀𘝠 dzja 1.20 pej 1.60 腹肚

[背隐] 𘝠𘝂

腹端

[按语] 背隐的内容是对正文的解释。参见下文同音丁31B77 及其背隐。与正文同样的词组还有同音甲09A13、31A48 等。该字又见同义04A2。文海刻①65B52 有该字的详细材料。

09B38 𘞙𘞖 biej 2.31 dji 2.10 田畴

[背隐] 𘟛𘞌𘞟𘞙𘞖

收割田畴谷物

[按语] 背隐的内容是对正文的解释。参见下文同音丁18A44 及其背隐。与正文同样的词

组还有同音_甲09A14、17A73；同义26A1等。

09B41 〓〓 war 1.80 pjiw 1.45 穷困

[背隐] 〓〓〓/〓〓〓

无吃穿/无住处

[按语] 背隐的内容是对正文的解释。与正文同样的词组还有同音_甲09A15。该字又见同义20A4。文海_刻①54A31有该字的详细材料。

09B42 〓〓〓 bo 1.49 bji 2.10 ·o 1.49（切身字）

[背隐] 〓〓

真言

[按语] 背隐指出正文的类别为一"真言"用字。同音_甲09A16与丁种本正文表述相同。该字又见同义01B5。

09B43 〓〓〓 mjiw 2.40 dzjwo 2.44 mjiij 2.35 mjiw：人名

[背隐] 〓〓

mjijr 2.68 gjiw 2.40（反切）

[按语] 背隐注明了该字的反切音。同音_甲09A17与丁种本正文表述相同。该字又见同义07B2。

09B44 〓〓 bju 1.03 mior 1.90 韵 mior

[背隐] 〓〓

mji 1.11 tśior 1.90（反切）

[按语] 背隐注明了该字的反切音。同音_甲09A18与丁种本正文表述相同。该字又见同义01B5。文海_刻①91A13有该字的详细材料。

09B45 〓〓 piej 2.31 phjij 1.42 结合

[背隐] 〓

结合

[按语] 背隐与正文大字结合可组成词组。参见上文同音_丁09A57及其背隐。与正文同样的词组还有同音_甲08B28、09A21等。

09B46 〓〓〓 mjar 1.82 mjij 1.36 ·jar 1.82（切身字）

[背隐] 〓〓〓〓〓〓

梵语韵脚中用

[按语] 背隐的内容是对正文的解释，指出其用途。同音_甲09A22与丁种本正文表述相同。该字又见同义01B3。合编_甲01.011有该字的详细材料。

09B47 〓〓〓 phja 2.17 phji 1.11 ·ja 2.17（切身字）

[背隐] 未注

[按语] 背隐对正文未作解释。观察上下文的内容，可以发现同类词语性质相同。为了节省笔墨，作者仅在同类词语的前后给出解释，中间部分省略。同音_甲09A23与丁种本正文表述相同。该字又见同义01B3。合编_甲01.012有该字的详细材料。

09B48　䖈䶫㣟 phjow 2.48　phji 2.10　·jow 2.48（切身字）

[背隐] 未注

[按语] 背隐对正文未作解释的原因见同音丁09B47 按语部分。同音甲09A24 与丁种本正文表述相同。该字又见同义01B3。合编甲01.013 有该字的详细材料。

09B51　䶫㣟㣟 phjā 2.24　phji 2.10　·jā 2.24（切身字）

[背隐] 未注

[按语] 背隐对正文未作解释的原因见同音丁09B47 按语部分。同音甲09A25 与丁种本正文表述相同。该字又见同义01B2。合编甲01.014 有该字的详细材料。

09B52　㽹㣟㣟 bja 2.17　bji 1.11　·ja 2.17（切身字）

[背隐] 未注

[按语] 背隐对正文未作解释的原因见同音丁09B47 按语部分。同音甲09A26 与丁种本正文表述相同。该字又见同义01B3。合编甲01.021 有该字的详细材料。

09B53　㽹㽹㽸 bji 1.16 bji 1.11　pji 1.16（切身字）

[背隐] 未注

[按语] 背隐对正文未作解释的原因见同音丁09B47 按语部分。同音甲09A27 与丁种本正文表述相同。该字又见同义01B3。合编甲01.022 有该字的详细材料。

09B54　䶫㣟㣟 phjar 1.82　phji 2.10　·jar 1.82（切身字）

[背隐] 未注

[按语] 背隐对正文未作解释的原因见同音丁09B47 按语部分。同音甲09A28 与丁种本正文表述相同。该字又见同义01B4。合编甲01.023 有该字的详细材料。

09B55　䶫㣟㣟 mja 2.17　mji 1.11　·ja 2.17（切身字）

[背隐] 䖈㣟㣟㣟㣟
皆真言中用

[按语] 背隐的内容是对正文的解释，表明包括以上未作背隐音义的切身字均为真言中用字。同音甲09A31 与丁种本正文表述相同。该字又见同义01B4。合编甲01.024 有该字的详细材料。

09B56　㽹㣟 mjijr 1.74　ljij 1.61 兴盛

[背隐] 䖈㣟㣟
长大茂盛

[按语] 背隐的内容是对正文的解释。与正文同样的词组还有同音甲09A33。该字又见同义28B5。文海刻①79A62；合编甲01.031 等有该字的详细材料。

09B57　㽹㣟 sa 1.17　phjiij 1.39 均匀

[背隐] 㽹ㄣ㣟
除差别

[按语] "ㄣ" 代表该字与前一字重复。背隐音义的内容是对正文的解释。与正文同样的词组还有同音甲09A35；文海刻①35A62；合编甲18.024 等。

09B58 ⿰⿱ phji 1.11 sji 1.67 簸箕

　　[背隐] ⿰⿱/⿰⿱⿰⿱

　　　　遗留/好坏分离

　　[按语] 背隐的内容是对正文的解释。参见下文同音丁30B38 及其背隐。与正文同样的词
　　　　组还有同音甲09A34、29B72；文海刻①16A62；杂字乙18B5；掌中珠甲26B22（正
　　　　文后该词的汉语译释即来源于此）；同义22B1 等。

09B61 ⿰⿱ dźa ？ phjij 1.61 偏斜

　　[背隐] ⿰⿱⿰⿱⿰⿱

　　　　偏斜不正斜

　　[按语] 背隐的内容是对正文的解释，前后为同义词，中间为反义词。与正文同样的词组
　　　　还有同音甲09A36。该字又见同义30A1。文海刻①66B62；合编甲01.041 等有该字
　　　　的详细材料。

09B62 ⿰⿱ bjaa 1.23 sji 1.11 穷尽

　　[背隐] ⿰⿱⿰⿱/⿰⿱⿰⿱

　　　　无穷尽/绝尽无成

　　[按语] 背隐的内容是对正文的解释。与正文同样的词组还有同音甲09A38。该字又见同
　　　　义20A4。文海刻①30B11 有该字的详细材料。

09B63 ⿰⿱ phia 1.18 bia 1.18 掰裂

　　[背隐] ⿰⿱⿰⿱⿰⿱

　　　　分离成两半

　　[按语] 背隐的内容是对正文的解释。与正文同样的词组还有同音甲09A42。该字又见同
　　　　义26B1。文海刻①25B11 有该字的详细材料。

09B64 ⿰⿱ phiar 1.81 khiee 1.13 散乱

　　[背隐] ⿰⿱⿰⿱

　　　　懈退松

　　[按语] 背隐的内容是对正文的解释。与正文同样的词组还有同音甲09A43。该字又见同
　　　　义29A5。文海刻①84B61 有该字的详细材料。

09B65 ⿰⿱ pie 1.66 phio 2.43 蛙蛇

　　[背隐] ⿰⿱

　　　　蛙蛙

　　[按语] 背隐以同义词解释正文。参见上文同音丁08A67 及其背隐。与正文同样的词组还
　　　　有同音甲07B34、09A45；合编丙B42 等。

09B66 ⿰⿱ -ej 2.30 bia 1.18 破裂

　　[背隐] ⿰⿱⿰⿱

　　　　破裂朽

　　[按语] 背隐的内容是对正文的解释。与正文同样的词组还有同音甲09A46。该字又见同

　　　　　义 26A6。文海刻①25B12 有该字的详细材料。

09B67 　□□ phəj 1.40　bəj 1.40　广阔

　　　[背隐]　□□□/□□

　　　　　　地平阔/平坦

　　　[按语]　背隐的内容是对正文的解释。与正文同样的词组还有同音甲09A47。该字又见同

　　　　　义 02A7。文海刻①50B32 有该字的详细材料。

09B68 　□□ tsho 2.62　meer 2.84　惊慌

　　　[背隐]　□□

　　　　　　敬畏

　　　[按语]　背隐的内容是对正文的解释。与正文同样的词组还有同音甲09A48。该字又见同

　　　　　义 19B4。合编甲01.062 有该字的详细材料。聂Ⅱ136 录背隐内容。

09B71 　□□ bjii 1.32　ljij 2.33　跳跃

　　　[背隐]　□□

　　　　　　跳跃

　　　[按语]　背隐以同义词解释正文。与正文同样的词组还有同音乙52B44；同音甲09A51、

　　　　　52A63；文海刻①30B12；合编甲13.073 等。

09B72 　□□ mjor 1.90 2.56　γiej 1.34　真实

　　　[背隐]　□□□□

　　　　　　无杂真实

　　　[按语]　背隐先以反义词解释正文，再以同义词解释正文。与正文同样的词组还有同音甲

　　　　　09A52；合编甲19.063 等。

09B73 　□□ mej 2.30　mjar 1.82　毛发

　　　[背隐]　□□

　　　　　　毛发

　　　[按语]　背隐以同义词解释正文。该字又见同义 15B6。文海刻①85A52；合编甲01.071 等

　　　　　有该字的详细材料。

09B74 　□□ pā 1.24　dʑji ?　惊讶

　　　[背隐]　□□□□□□□/□/□

　　　　　　不曾闻见听惊愕/惊奇/惊怪

　　　[按语]　背隐的内容是对正文的解释。其中"□"与正文大字连用组成词组"□□"（惊

　　　　　奇），相同词组又见文海刻①30B52；"□"与正文小字连用组成词组"□□"（惊

　　　　　怪），相同词组又见文海刻①30B52、合编甲01.072 等。与正文同样的词组还有同

　　　　　音甲09A54。该字又见同义 10B7。文海刻①30B52；合编甲01.072 等有该字的详细

　　　　　材料。

09B75 　□□ bji 2.60　məə 1.31　吹吹

　　　[背隐]　□□□□

应使谗唆

[按语] 背隐的内容是对正文的解释。从背隐音义的内容来看，该词既是"吹气"的"吹"，也有"吹牛皮说大话"的"吹"之义。与正文同样的词组还有同音_甲09A55；文海_刻①08A31；合编_甲07.174 等。

09B76 𘓿𘎑 lju 1.02 bar 1.80 笛鼓

[背隐] 𘓿𘎑/𘎑𘓿𘓿𘎑

聚集/唤用音出

[按语] 背隐的内容是对正文的解释。与正文同样的词组还有同音_甲09A56；文海_刻① 83B51 等。

09B77 𘓿𘎑 lo 2.62 bar 2.73 双两

[背隐] 𘎑𘓿𘎑

双双二

[按语] 背隐以同义词解释正文。与正文同样的词组还有同音_甲09A57；文海_刻①61A42；合编_甲 21.111 等。

09B78 𘓿𘎑 sji 1.67 biər 1.85 瘜瘜

[背隐] 𘎑𘓿𘎑𘓿

人鼻窦炎畜瘜肉

[按语] 背隐的内容是对正文的解释。参见下文同音_丁30B37 及其背隐。与正文同样的词组还有同音_甲09A58、29B71；同义 31A5 等。

10A11 𘓿𘎑 piə 2.26 ɣiej 1.34 鞋靴

[背隐] 𘎑𘓿

所穿

[按语] 背隐的内容是对正文的解释。与正文同样的词组还有同音_乙43B43；同音_甲 09A61、43A26；文海_刻①45A11；杂字_乙06B1；合编_甲01.091；同义 12A6 等。

10A12 𘓿𘎑 bju 1.03 ber 1.77 赐奉

[背隐] 𘎑𘓿𘎑/𘓿𘎑𘎑𘓿

诚为累/已特别授

[按语] 背隐的内容是对正文的解释。与正文同样的词组还有同音_甲09A62。该字又见同义 10B4。文海_刻①81B62 有该字的详细材料。

10A13 𘓿𘎑 dzju 2.02 ber 2.71 逢遇

[背隐] 𘓿𘓿𘎑𘓿𘎑/𘎑𘓿

各自来中遇/逢遇

[按语] "𘓿"代表该字与前一字重复。背隐音义的内容是对正文的解释。与正文同样的词组还有同音_乙40A11；同音_甲09A63、39B36；文海_刻①65A61；合编_甲03.041；同义 23A4 等。

10A14 𘓿𘎑 bieej 1.38 rejr 2.66 安乐

　　　　[**背隐**] 𗣷𗥦/𗋽𗧓

　　　　　　安稳/无忧

　　　　[**按语**] 背隐先以同义词解释正文，再以反义词解释正文。与正文同样的词组还有同音_乙
　　　　　　50A24；同音_甲 09A64、49B28；文海_刻①49A53；合编_甲 23.161 等。

10A15 𗣷𗥦𗧓 biej 1.34　mjɨr 1.86　mə 2.25　biej：族姓

　　　　[**背隐**] 𗄴𗥦

　　　　　　bji 1.11　śiej 1.34（反切）

　　　　[**按语**] 背隐注明了该字的反切音。同音_甲 09A65 与丁种本正文表述相同。该字又见同义
　　　　　　07A4；碎金 04A5 等。文海_刻①44B12 有该字的详细材料。

10A16 𗱕𗱕 pho 1.49　phər 1.84　泼洒

　　　　[**背隐**] 𗧓𗱕𗱕𗧓

　　　　　　口内泼洒

　　　　[**按语**] 背隐的内容是对正文的解释。与正文同样的词组还有同音_甲 09A66。该字又见同
　　　　　　义 09A1。合编_甲 01.103 有该字的详细材料。

10A17 𗴭𗴭 phjɨɨ 1.32　phjii 2.12　谄谀

　　　　[**背隐**] 𗴭𗴭

　　　　　　奉承

　　　　[**按语**] 背隐以同义词解释正文。参见上文同音_丁 08B48 及其背隐。与正文同样的词组还
　　　　　　有同音_甲 08A27、09A67；文海_刻①42A11；杂字_乙 16B1；同义 21A3；碎金 06B4
　　　　　　等。

10A18 𗣷𗥦 mjɨ 2.61　rjar 2.74　踪迹

　　　　[**背隐**] 𗣷𗥦𗧓

　　　　　　持痕迹

　　　　[**按语**] 背隐的内容是对正文的解释。与正文同样的词组还有同音_甲 09A68；杂字_乙 21B5
　　　　　　等。

10A21 𗴭𗴭 bəə 1.31　lu 1.58　蛆虫

　　　　[**背隐**] 𗴭𗴭𗴭𗴭

　　　　　　疤中生蛆

　　　　[**按语**] 背隐的内容是对正文的解释。与正文同样的词组还有文海_刻①40B42。同音_甲
　　　　　　03A73；𗴭𗴭𗴭 bəə 1.31　mji 1.11　dźjij 1.61（蛆：不行）。该字又见同义 28A2。
　　　　　　文海_刻①40B42 有该字的详细材料。

10A22 𗣷𗥦 pẽ 2.13　ljɨɨj 2.37　往昔

　　　　[**背隐**] 𗣷𗥦𗧓𗋽/𗣷𗥦

　　　　　　本身所说/昔言

　　　　[**按语**] 背隐的内容是对正文的解释。与正文同样的词组还有同音_乙 52B26；同音_甲
　　　　　　07A21、52A36；同义 20A1 等。

10A23 𗼊𗴂 bio 1.50 tshjɨɨ 1.32 行列

　　[背隐] 𗴂ㄥ𗴂𗴂𗴂
　　　　　行列排长队

　　[按语]　"ㄥ"代表该字与前一字重复。背隐音义的内容是对正文的解释。与正文同样的
　　　　　词组还有同音_乙 34A11；同音_甲 33A78；合编_甲 04.011 等。

10A24 𗈁𗈁 wju 2.52 pẽ 1.15 粪便

　　[背隐] 𗈁𗈁/𗈁𗈁
　　　　　粪便/不净

　　[按语]　背隐先以同义词解释正文，再以反义词解释正文。参见下文同音_丁 11A47 及其背
　　　　　隐等内容。与正文同样的词组还有同音_甲 07A22、10A46；文海_刻①37A21；合编_甲
　　　　　04.105 等。

10A25 𗼊𗈁 bio 2.43 dzjwa 1.19（族姓）

　　[背隐] 𗼊𗈁
　　　　　族姓

　　[按语]　背隐指出正文的类别为一"族姓"。与正文同样的词组（即此西夏复姓）还有同
　　　　　音_甲 07A24；杂字_乙 12A6 等。

10A26 𗼊𗼊𗈁 miej 2.31 mjɨr 1.86 mə 2.25 miej：族姓

　　[背隐] 𗈁
　　　　　sjɨ

　　[按语]　背隐与正文大字组成复姓"𗈁𗼊"。该西夏复姓又见杂字_乙 12A8。在西夏世俗文
　　　　　献中，这个族姓通常作为汉族姓氏"孟"出现。该汉姓又见同义 07A5；碎金
　　　　　06A6 等。同音_甲 07A38 与丁种本正文表述相同。合编_甲 01.131 有该字的详细材
　　　　　料。

10A27 𗼊𗈁 boo 1.52 śiew 2.39 颜色

　　[背隐] 𗈁𗈁
　　　　　颜色

　　[按语]　背隐以同义词解释正文。与正文同样的词组还有同音_甲 07A48；文海_刻①75A22；
　　　　　同义 16A3；碎金 10A5 等。

10A28 𗼊𗈁 bji 1.67 sjwɨ 1.30 尿尿

　　[背隐] 𗈁𗈁𗈁
　　　　　使尿来

　　[按语]　背隐的内容是对正文的解释。与正文同样的词组还有同义 32A2 等。同音_甲
　　　　　07A61：𗈁𗈁𗈁 bji 1.67 mji 1.11 dźjij 1.61（尿：不行）。文海_刻①72B62；合
　　　　　编_甲 01.133 等有该字的详细材料。

10A31 𗼊𗈁 tshu 1.01 bja 1.64 粗糙

　　[背隐] 𗈁𗈁

不软

［按语］背隐以反义词解释正文。参见下文同音$_{\text{丁}}$ 33A31 及其背隐。与正文同样的词组还有同音$_{\text{甲}}$ 32B15；同义 05A2 等。

10A32 [illegible] bie 2.08 phiow 1.55（草名）

［背隐］ [illegible]

草名

［按语］背隐指出正文的类别为一“草名”。与正文同样的词组还有同音$_{\text{乙}}$ 45A77；同音$_{\text{甲}}$ 07B27、43B32；文海$_{\text{刻}}$①26A21、61A33；杂字$_{\text{乙}}$ 08A2；同义 10A1 等。

10A33 [illegible] bjạ 2.57 njwij 1.36 噎塞

［背隐］ [illegible]

喉内阻不肯往

［按语］背隐的内容是对正文的解释。与正文同样的词组还有同音$_{\text{甲}}$ 07B26。该字又见同义 12A1。合编$_{\text{甲}}$ 01.142 有该字的详细材料。

10A34 [illegible] khjɨ 1.30 phọ 2.62 白蹄

［背隐］ [illegible]/[illegible]

韵脚及白/又下肢

［按语］背隐的内容是对正文的解释。与正文同样的词组还有同音$_{\text{甲}}$ 07B36。该字又见同义 31B3。比较合编$_{\text{甲}}$ 01.143：[illegible]××[illegible]（切脚及白蹄××谓）。

10A35 [illegible] gja 1.20 bej 1.33 军败

［背隐］ [illegible]

败逃

［按语］背隐的内容是对正文的解释。与正文同样的词组还有同音$_{\text{甲}}$ 07B41。该字又见同义 30B2。文海$_{\text{刻}}$①43B32 有该字的详细材料。

10A36 [illegible] bej 2.30 sjwi 1.11 系缚

［背隐］ [illegible]

系缚

［按语］背隐以同义词解释正文。与正文同样的词组还有同音$_{\text{甲}}$ 07B42；文海$_{\text{刻}}$①06B43；杂字$_{\text{乙}}$ 23A6；合编$_{\text{甲}}$ 07.202 等。

10A37 [illegible] buu 1.05 ljɨj 2.37 礼仪

［背隐］ [illegible]

礼仪

［按语］背隐以同义词解释正文。与正文同样的词组还有同音$_{\text{乙}}$ 52B23；同音$_{\text{甲}}$ 07B47、52A38；文海$_{\text{刻}}$①11A21；同义 03A4 等。

10A38 [illegible] bjɨj 1.42 gar 2.73 利益

［背隐］ [illegible]

利益众多得

[按语] 背隐的内容是对正文的解释。参见下文同音丁27B71及其背隐。与正文同样的词组还有同音甲08A17、27A56；同义10B6等。

10A41 𗥱𗤁 lhjwo 1.48 ba 1.17 退还

[背隐] 𗥱々𗥱𗤁

背后退还

[按语]"々"代表该字与前一字重复。背隐音义的内容是对正文的解释。与正文同样的词组还有同音甲08A33、55A57；同义23A4等。

10A42 𗯨𗜓 bjij 2.37 wji 1.10 欺骗

[背隐] 𗷅𗷓𗋈𗷟/𗸃𗜓

依顺寻利/欺骗

[按语] 背隐的内容是对正文的解释。与正文同样的词组还有同音甲08A16。该字又见同义29B7。合编甲01.164有该字的详细材料。聂Ⅰ382录背隐内容。

10A43 𗤦𗤁 pjij 1.61 pja 2.57 巫师

[背隐] 𗣼𗣪𗢛𗸃𗤺

灾害抗拒者

[按语] 背隐的内容是对正文的解释。参见上文同音丁07A24及其背隐。与正文同样的词组还有同音甲06A37、52A56；合编乙03上41等。聂Ⅱ134录背隐内容。

10A44 𗤻𗤅 biaa 2.20 njaa 1.21 黑黑

[背隐] 𗸅×𗴟𗸐𗸃

边×上所蔽

[按语] 背隐的内容是对正文的解释，可惜第一字看不清楚。与正文同样的词组还有同音甲08A52等。该字又见同义16A4。合编甲01.172有该字的详细材料。

10A45 𗨢𗨉·o 1.49 pjij 2.54 腹肋

[背隐] 𗪟𗫉𗪢𗨉𗨢𗤁

屁股以上腹肋

[按语] 背隐的内容是对正文的解释。与正文同样的词组还有同音甲08A38；文海刻①81A41；杂字乙17A1等。

10A46 𗅲𗤁 phja 2.17 tsjij 2.54 皮夹

[背隐] 𗬓𗸉𗤓𗸃𗈪𗤴𗵖

盛物用汉语皮夹

[按语] 背隐先是对正文的解释；然后注明了该词的汉语读音。与正文同样的词组还有同音乙36A71；同音甲05B18、35B38；同义15B6等。合编甲01.181有该字的详细材料。

10A47 𗱢𗤁 bju 2.02 pjij 1.42 边侧

[背隐] 𗱢𗤁

边侧

[按语] 背隐以同义词解释正文。与正文同样的词组还有同音_甲05B48。该字又见同义 16B4；碎金 05B2 等。文海_刻①51B72 有该字的详细材料。

10A48 𗹭𗹬 phow 2.47 dzuu 2.05 烽火台

[背隐] 𗹭𗹬𗹭𗹭𗹭

所应举火处

[按语] 背隐的内容是对正文的解释。与正文同样的词组还有同音_甲06A66。该字又见同义 15B4。文海_刻③14B51 有该字的详细材料。

10A51 𗹮𗹮 pheej 2.34 bju 1.02 分明

[背隐] 𗹮𗹮

分离

[按语] 背隐以同义词解释正文大字。该字又见同义 16B7。合编_甲01.192 有该字的详细材料。聂 I 504 录背隐内容。

10A52 𗹯𗹯 bow 1.54 bo 2.62（族姓）

[背隐] 𗹯𗹯

族姓

[按语] 背隐指出正文的类别为一 "族姓"。参见上文同音_丁06A33 及其背隐。与正文同样的词组（即此西夏复姓）还有同音_甲05A41、06B15；文海_刻①59B23；同义 06B6 等。

10A53 𗹰𗹰 mã 1.24 tsiwa 1.18 运气

[背隐] 𗹰/𗹰𗹰𗹰𗹰𗹰

国/人丑好物来

[按语] 背隐的内容是对正文的解释。𗹰用虚线指向小字，表示国运。与正文同样的词组还有同音_乙40B54；同音_甲06B26、40A75；文海_刻①26A52；合编_甲18.033；同义 07B6 等。

10A54 𗹱𗹱 phoo 1.52 pheej 1.37 覆盖

[背隐] 𗹱𗹱𗹱𗹱𗹱/𗹱

盖上置物处/deej 1.37

[按语] 背隐的内容是对正文的解释；然后指明该字的韵类。参见上文同音_丁09A63 及其背隐。与正文同样的词组还有同音_甲06A76、08B34 等。

10A55 𗹲𗹲 mjɨr 1.86 mjijr 1.74 庶人

[背隐] 𗹲𗹲𗹲

没有官

[按语] 背隐的内容是对正文的解释。与正文同样的词组还有同音_甲02A78。该字又见同义 17A3；碎金 06B6 等。文海_刻①79A61 有该字的详细材料。

10A56 𗹳𗹳 dja 2.17 phji 2.10 舍弃

[背隐] 𗹳𗹳𗹳𗹳

不知丢失

[按语] 背隐的内容是对正文的解释。与正文同样的词组还有同音_甲04A18；文海_刻①91B62 等。该字又见同义20A2。合编_乙01 右 11 有该字的详细材料。

10A57 綴肎 tsə 1.68 bər 1.84 色衰

[背隐] 綴祇毹叚／緿毛袘絹

色退物苦／劳苦色衰

[按语] 背隐的内容是对正文的解释。与正文同样的词组还有同音_甲03B14；文海_刻①36B31；合编_甲21.051 等。聂Ⅱ170 录背隐内容。

10A58 罷糀 phjij 2.33 phja 1.20 贩卖

[背隐] 耕糀

买卖

[按语] 背隐以同义词解释正文。参见上文同音_丁06A75 及其背隐。与正文同样的词组还有同音_甲04A45、05B15；合编_甲09.192 等。聂Ⅰ386 录背隐内容。

10A61 緂繹 ·a ？pjij 2.33 阿爸

[背隐] 巍繹毺緜旐毛

父祖比（己）大辈高

[按语] 背隐的内容是对正文的解释。与正文同样的词组还有同音_甲04B51；杂字_乙14B6 等。该字又见同义05B1。合编_甲02.021 有该字的详细材料。

10A62 乮膌 bju 2.02 śjwã 2.24 边侧

[背隐] 薇叕厐

到头处

[按语] 背隐的内容是对正文的解释。与正文同样的词组还有同音_乙41B11；同音_甲05A28、41A35；合编_甲01.182 等。

10A63 胐龍 bjɨ 1.30 bji 2.10 满溢

[背隐] 蓕龍紣䏍蒡紣

已满以后流过

[按语] 背隐的内容是对正文的解释。参见上文同音_丁03A62 及其背隐。与正文同样的词组还有同音_甲02A65、05A52；同义20A2 等。

10A64 纚緿 zji 2.10 phju 2.03 最上

[背隐] 毻毛

高上

[按语] 背隐以同义词解释正文。与正文同样的词组还有同音_乙47B72；同音_甲47A77 等。该字又见碎金02A5。合编_甲02.031 有该字的详细材料。

10A65 茷緿 ·ju 2.02 mur 1.75 愚俗

[背隐] 敊

愚

[按语] 背隐以同义词解释正文。与正文同样的词组还有同音甲05B21；文海刻①23A62
　　　等。该字又见同义32A4。文海刻①80A32 有该字的详细材料。

10A66 𘚈𘟙𘓄 phej 2.30 mjɨr 1.86 mə 2.25 phej：族姓

　[背隐] 𘟙𘓄/𘚈

　　　phu 2.01 mej 2.30（反切）/tśja

[按语] 背隐先注明了该字的反切音；然后指出背隐音义中的最后一字"𘓄"可以与正文
　　　中的大字"𘚈"组成复姓"𘚈𘓄"。同音甲06B72：𘚈𘓄 phej 2.30 tśja 1.19 正是
　　　如此。该字又见杂字乙14B3；同义06B6 等。

10A67 𘎎𘏨 phjuu 1.07 bjii 2.12 覆盖

　[背隐] 𘎎𘏨/𘏨𘏨𘏨

　　　覆盖/遮蔽处

[按语] 背隐的内容是对正文的解释。与正文同样的词组还有同音甲05A78；合编甲20.041
　　　等。

10A68 𘕿𘕿 pa 1.63 pa 1.63 均匀

　[背隐] 𘝶𘝶𘝶𘕿ㄥ

　　　不大（不）小均匀

[按语] "ㄥ"代表该字与前一字重复。背隐音义的内容是对正文的解释。与正文同样的
　　　词组还有同音甲06B75；文海刻①50B62；合编甲23.171 等。

10A71 𘆈𘕤 mjij 1.36 sej 1.33 寂静

　[背隐] 𘆈𘕤𘆈𘈩𘏨

　　　无杂乱处居

[按语] 背隐的内容是对正文的解释。与正文同样的词组还有同音甲03B67；文海刻①
　　　32B21 等。该字又见同义01A4。合编甲02.042 有该字的详细材料。

10A72 𘜶𘜶 xiəj 2.36 bee 1.12 杏栗

　[背隐] 𘜶𘈩𘜶𘏨𘎖𘎖

　　　树名汉语栗子

[按语] 背隐先指出正文的类别为一"树名"；然后注明了该词的汉语读音。与正文同样
　　　的词组还有同音乙44B54；同音甲06A77、44A56；文海刻①18B72；掌中珠甲
　　　14A12（正文后该词的汉语译释即来源于此）；同义09A5 等。由此可见"杏、
　　　栗"这两种树的习性相同，常常生长在一起。

10A73 𘘂𘘂 rer 2.71 me 1.08 缨鬓

　[背隐] 𘘂𘘂𘘂𘏨𘘂𘎖

　　　美丽汉语肚子

[按语] 背隐的内容先是对正文的解释；然后注明了该词的汉语读音。与正文同样的词组
　　　还有同音甲04A72。该字又见同义15B6。合编甲02.051 有该字的详细材料。聂 I
　　　428 录背隐内容。

10B1A 𗀩𗱕𗳇𗐪𗦻
轻唇音二品

10B21 𗴂𗈶𗷙 we 2.07 tshow 1.54 rjij 2.37 教：指示

[背隐] 𗷙𗈜𗈶𗲲

指教指示

[按语] 背隐以同义词解释正文。同音_甲09B21 与丁种本正文表述相同。合编_甲02.061 有该字的详细材料。同音_丁30A23 与此字相关可参阅。

10B22 𗐔𗀹 dzjwi 1.69 we 2.07 城堡

[背隐] 𗄈𗆄𗭢

掩蔽处

[按语] 背隐的内容是对正文的解释。与正文同样的词组还有同音_甲09B22。该字又见同义 13B6；碎金 03B6 等。合编_甲02.062 有该字的详细材料。

10B23 𗰖𗰜𗴾 rar 1.80 we 2.07 姓名

[背隐] 𗴈𗴾

族姓

[按语] 背隐以同义词解释正文。与正文同样的词组还有同音_甲09B23；文海_刻①89B12；合编_甲21.013 等。

10B24 𗴂𗿒 na 1.17 we 2.07 黑夜

[背隐] 𗐉𗅋𗿒 / 𗼇𗽶𗿒

不明黑 / 颜色黑

[按语] 背隐的内容是对正文的解释。参见下文同音_丁13A11 及其背隐。与正文同样的词组还有同音_甲09B24、12A21 等。该字又见同义 16A5。合编_甲02.064 有该字的详细材料。

10B25 𗿿𗐩 zjiir 2.85 we 2.07 浆酪

[背隐] 𗤉𗧚

白清

[按语] 背隐的内容是对正文的解释。与正文同样的词组还有同音_乙54A21；同音_甲09B25、53B61；同义 11B2 等。合编_甲02.071 有该字的详细材料。

10B26 𗼱𗐪 so 2.42 we 2.07 奴仆

[背隐] 𗐪𗆟𗷙

仆奴婢

[按语] 背隐以同义词解释正文。参见下文同音_丁30A74 及其背隐。与正文同样的词组还有同音_甲09B26、29B38；文海_刻①11A41；同义 25A2 等。

10B27 𗴉𗐯 rjar 2.74 we 2.07 （草名）

[背隐] 𗨢𗐊 / 𗴉𗊒

沙中 / 草名

［按语］背隐的内容先是对正文的解释，指出其生长的环境；然后指出正文的类别为一
"草名"。与正文同样的词组还有同音乙53B65；同音甲09B28、53B28；杂字乙
08A1；合编甲02.073 等。

10B28 𗦻𗧋 bjij 1.61 we 2.07 危险

［背隐］ 𗦻𗧋𗧓𗦻𗧋𗧋

地无旁山间悬

［按语］背隐的内容是对正文的解释。参见上文同音丁03B51 及其背隐。与正文同样的词
组还有同音甲02B53、09B31；文海刻①67A21；掌中珠甲12B12（正文后该词的汉
语译释即来源于此）；同义25B1 等。

10B31 𗧓𗧋 sji 2.27 we 2.07 幔帐

［背隐］ 𗧓𗧋𗧋𗧋𗧋𗧋𗧋𗧋𗧋𗧋

帐里及新媳面上盖也

［按语］背隐的内容是对正文的解释，指出其用途，可用于帐篷中，亦可用作新媳妇的
"盖头"。与正文同样的词组还有同音乙39A17；同音甲09B27、37A17；同义14A2
等。

10B32 𗧋𗧋 la 2.14 we 2.07（乐器名）

［背隐］ 𗧋𗧋𗧋

领歌用

［按语］背隐的内容是对正文的解释，指出其用途。与正文同样的词组还有同音乙47B17；
同音甲09B44、46B73；合编甲23.053；同义20B7 等。

10B33 𗧋𗧋 we 2.07 gjwi 2.10 土地

［背隐］ 𗧋𗧋

土地

［按语］背隐以同义词解释正文。参见下文同音丁24A54 及其背隐。与正文同样的词组还
有同音甲09B43、23A71；文海刻①28A51；杂字乙04B5；合编甲07.082；同义
25A4 等。聂Ⅱ138 录背隐内容。

10B34 𗧋𗧋 we 2.07 gjwi 2.10 野兽

［背隐］ 𗧋𗧋

野兽

［按语］背隐以同义词解释正文。参见下文同音丁24A61 及其背隐。与正文同样的词组还
有同音甲09B42、23A76；文海刻①72A61；合编甲02.193；同义27A3 等。

10B35 𗧋𗧋 we 2.07 tser 1.77 土地

［背隐］ 𗧋𗧋

土地

［按语］背隐以同义词解释正文。参见下文同音丁31B65 及其背隐。与正文同样的词组还
有同音甲09B33、31A36；文海刻①73B22；杂字乙04B5；合编甲07.082 等。

10B36 𗧋𗧋 。 sja 2.16 we 2.07 安乐

[背隐] 𗾊𗾊𗾊𗾊
安乐美丽

[按语] 背隐的内容是对正文的解释。与正文同样的词组还有同音乙36A64；同音甲09B57、35B34；文海刻①63B72；同义22B6等。

10B37 𗾊𗾊 njij 1.36 we 2.07 亲切

[背隐] 𗾊𗾊𗾊𗾊/𗾊𗾊𗾊
物切亲近/至亲一二

[按语] 背隐的内容是对正文的解释。背隐音义中的"𗾊、𗾊"分别与正文大字连用，组成词组"𗾊𗾊、𗾊𗾊"（一处、二处）。与正文同样的词组还有同音甲09B65等。比较合编甲02.101：𗾊𗾊𗾊𗾊𗾊𗾊𗾊𗾊（亲近亲及一处二处谓）。

10B38 𗾊𗾊 we 2.07 wəə 1.31 有为

[背隐] 𗾊𗾊𗾊𗾊𗾊
自己享有

[按语] 背隐的内容是对正文的解释。与正文同样的词组还有同音甲09B66。该字又见同义29A6；碎金03A2等。合编甲02.102有该字的详细材料。

10B41 𗾊𗾊𗾊 we 2.07 mjir 1.86 mə 2.25 we：族姓

[背隐] 𗾊
汉

[按语] 背隐指出正文的类别为一"汉族姓"。同音甲09B36与丁种本正文表述相同。该字又见杂字乙14B3；同义07B6等。合编甲02.103有该字的详细材料。

10B42 𗾊𗾊 we 2.07 sjwo 2.44 交配

[背隐] 𗾊𗾊𗾊
鸟互主

[按语] 背隐的内容是对正文的解释。与正文同样的词组还有同音甲09B41。该字又见同义23B2。合编甲02.104有该字的详细材料。

10B43 𗾊𗾊 lji 2.61 we 2.07 驴

[背隐] 𗾊𗾊
牲畜

[按语] 背隐的内容是对正文的解释，指出"驴"乃牲畜之一种。与正文同样的词组还有同音甲09B32；文海刻①70B61；掌中珠甲16A32（正文后该词的汉语译释即来源于此）；碎金09B4等。

10B44 𗾊𗾊 。we 2.07 ·jaa 2.18 歌唱

[背隐] 𗾊𗾊𗾊𗾊𗾊𗾊
谷物场上高歌

[按语] 背隐的内容是对正文的解释。与正文同样的词组还有同音乙43B51；同义甲09B35、43A28；同义20B7等。

10B45 𗾊𗾊 tjij 1.42 we 1.08 聪明

[背隐] 𗄊𗤯𗄾𗄊

聪慧有智

[按语] 背隐的内容是对正文的解释。参见下文同音丁17A34及其背隐。与正文同样的词组还有同音甲09B46、16A56；文海刻①13A41等。

10B46 𗼋𗥤 we 1.08 mjij 1.61 黎明

[背隐] 𗄊𗼋𗥤/𗮺𗥤

日未出/黎明

[按语] 背隐的内容是对正文的解释。参见上文同音丁06B72及其背隐。与正文同样的词组还有同音甲06A15、09B47；文海刻①67A32；同义13A1等。

10B47 𗥥𗤯 we 1.08 dzji 2.60（疤名）

[背隐] 𗄾𗤯/𗮺𗄊

肉刺/疤名

[按语] 背隐先是对正文的解释；然后指出正文的类别为一"疤名"。参见下文同音丁29B64及其背隐。与正文同样的词组还有同音甲09B48；文海刻①13A51；合编甲02.121；同义31B5等。

10B48 𗤯𗮺 dʑwow 1.56 we 1.08 飞禽

[背隐] 𗄾𗼋

种种

[按语] 背隐的内容是对正文的解释，指出此词乃所有"飞禽"的总称。与正文同样的词组还有同音乙38A75；同音甲09B51、37B64；文海刻①13A52；杂字乙09A8；掌中珠甲16B22（正文后该词的汉语译释即来源于此）等。

10B51 𗼋𗄊 zjiw 1.46 we 1.08 六六

[背隐] 𗄾

六

[按语] 背隐以同义词解释正文。与正文同样的词组还有同音乙48A56；同音甲09B52、47B67；文海刻①54B62；合编甲02.132；同义22A1等。

10B52 𗮺𗼋 pə 1.27 we 1.08 离火

[背隐] 𗤯

火

[按语] 靠两边原有背隐音义，但又涂掉。无法找到写错的背隐音义其原来的正确位置在哪里。背隐音义以同义词解释正文。参见上文同音丁03B26背隐音义。与正文同样的词组还有同音甲02B27、09B53；文海刻①40B62；同义18B4等。

10B53 𗮺𗤯 we 1.08 ljwij 1.61 栋梁

[背隐] ××

××

[按语] 由于背隐音义字迹十分潦草，无法辨识。仔细辨别，靠两边原有背隐音义，但又涂掉了。与正文同样的词组还有同音乙51B48；同音甲09B55、51A54；文海刻①

68A61；合编甲02.125；同义 14A1 等。

10B54 𗾈𗄟 we 1.08 tshjij 1.42 细细

[背隐] 𗄟𗄟

细细

[按语] 背隐以同义词解释正文。与正文同样的词组还有同音甲09B54；合编甲02.131；同义 04B5 等。

10B55 𗄟𗿆 we 1.08 ·jiw 2.40 老六

[背隐] 𗄟𗄟𗄟

第六个兄弟

[按语] 背隐的内容是对正文的解释。与正文同样的词组还有同音甲09B56；杂字乙 15A1；合编甲 17.163 等。

10B56 𗄟𗄟 bji 1.11 we 1.08 丙丁

[背隐] 𗄟𗄟𗄟𗄟

十干中有

[按语] 背隐的内容是对正文的解释，指出"丙丁"的"丁"是"十大天干"之一。参见上文同音丁03A67 及其背隐。与正文同样的词组还有同音甲 02A68、09B45；掌中珠甲09B32（正文后该词的汉语译释即来源于此）；同义 18B4 等。

10B57 𗄟𗄟 phio 2.43 we 1.08 龙蛇（辰巳）

[背隐] 𗄟𗄟𗄟𗄟𗄟𗄟𗄟𗄟

云中生起地上雨行

[按语] 背隐的内容是对正文的解释。与正文同样的词组还有同音甲09B37。该字又见掌中珠甲 10A12（正文后括号内该词的汉语译释即来源于此）；同义 27B2；碎金 02B1 等。文海刻①13B12；合编甲02.134 等有该字的详细材料。

10B58 𗄟𗄟 。we 1.08 mur 1.75（树名）

[背隐] 𗄟𗄟𗄟𗄟

树黑有龙

[按语] 背隐的内容是对正文的解释。参见上文同音丁06B11 及其背隐。与正文同样的词组还有同音甲05B23、09B38；文海刻①13B13；杂字乙 07A2；文海刻①13B13；同义 09A4 等。

10B61 𗄟𗄟 sju 1.03 we 1.08 贮藏

[背隐] 𗄟𗄟𗄟

库内置

[按语] 背隐的内容是对正文的解释。与正文同样的词组还有同音甲09B61；文海刻①58A62；合编甲03.131 等。

10B62 𗄟𗄟 ·o 1.49 we 1.08 悬挂

[背隐] 𗄟𗄟𗄟𗄟

悬挂系缚

　　[按语] 背隐的内容是对正文的解释。与正文同样的词组还有同音_甲09B58；文海_刻①
　　　　　 55A42 等。

10B63 散翱繡 we 1.08 mjɨr 1.86 mə 2.25 we：族姓

　　[背隐] 未注

　　[按语] 背隐对正文未作解释。其实正文中小字对大字的注释已经非常清楚，故无需再作
　　　　　 背隐音义。同音_甲09B67 与丁种本正文表述相同。该字又见杂字_乙11A8；同义
　　　　　 06B1 等。文海_刻①13B31 有该字的详细材料。

10B64 𦊆𧥧 sə 1.27 we 1.08 塞满

　　[背隐] 𪊴𧨏𢟍𢿅𨽾繝
　　　　　 来处有去处无

　　[按语] 背隐的内容是对正文的解释。与正文同样的词组还有同音_甲09B34。该字又见同
　　　　　 义 14A5。文海_刻①13B32 有该字的详细材料。

10B65 𣸧稅 sji 2.09 we 1.08 谷熟

　　[背隐] 𥿄𩕳稅
　　　　　 结果熟

　　[按语] 背隐的内容是对正文的解释。与正文同样的词组还有同音_甲09B62；文海_刻①
　　　　　 30B22 等。

10B66 𥽬𥿇 we 1.08 sioow 1.57 熟熟

　　[背隐] 𥽬𥿇𥿇
　　　　　 搓揉熟

　　[按语] 背隐的内容是对正文的解释。同音_甲09B63：𥽬𣸧𦊆 we 1.08 mji 1.11 dźjij 1.61
　　　　　 （熟：不行）。该字又见同义 11B2。合编_甲02.154 有该字的详细材料。

10B67 稝𦈐 ○ we 1.08 so 2.42 粟粟

　　[背隐] 𣸧𦈍/𥽬𧥧×蒜𣸕
　　　　　 谷名/汉语×军米

　　[按语] 背隐先指出正文的类别为一"谷名"；然后注明了该词的汉语读音，可惜前面有
　　　　　 无法辨识的字。该字又见同义 11B2。聂Ⅱ438 录背隐内容。

10B68 𥾶𥽬 wji 1.10 bjiij 2.35 宾驿

　　[背隐] 𨳊繡/𪊴𥾶
　　　　　 wju 1.02 śji 1.10（反切）/来宾

　　[按语] 背隐先注明了该字的反切音；然后是对正文的解释。与正文同样的词组还有同
　　　　　 音_甲09B74；文海_刻①14B62；合编_甲02.174 等。

10B71 𦊴𦈐 wji 1.10 wjo 1.51 送行

　　[背隐] 𦊴𦈐
　　　　　 送行

　　[按语] 背隐以同义词解释正文。参见下文同音_丁12B58 及其背隐。与正文同样的词组还
　　　　　 有同音_甲11A68、11B55；文海_刻③07A61；合编_甲05.071 等。

10B72 𗣫𗣫 。wji 1.10 wji 1.10 年年

   [背隐] 𗣫ㄥ

      年年

   [按语]"ㄥ"代表该字与前一字重复。背隐音义以同义词解释正文。与正文同样的词组

      还有同音甲09B75；文海刻①54A32 等。

10B73 𗣫𗤺 dʑi ? wji 2.09 技艺

   [背隐] 𗣫𗤺

      技艺

   [按语]背隐以同义词解释正文。与正文同样的词组还有同音乙36B32；同音甲09B77、

      35B74；文海刻①75B32；同义17A5 等。

10B74 𗣫𗤺𗤺 wji 2.09 mjir 1.86 mə 2.25 wji：族姓

   [背隐] 𗤺

      bu

   [按语]背隐中的"𗤺"字，与大字"𗣫"组成复姓"𗣫𗤺"（卫慕），该西夏复姓又见

      文海刻①05B11；杂字乙11B4；同义06B1；碎金04B3 等。同音甲09B71 与丁种本

      正文表述相同。合编甲02.172 有该字的详细材料。

10B75 𗣫𗤺 po 1.49 wji 2.09 报知

   [背隐] 𗣫𗤺𗤺

      语相知

   [按语]背隐的内容是对正文的解释。参见上文同音丁04B67 及其背隐。与正文同样的词

      组还有同音甲03B74、09B72；文海刻①55B32 等。

10B76 𗣫𗤺 wji 2.09 ·o 1.49 主家

   [背隐] 𗤺𗤺𗤺𗤒𗤺

      来宾住宿处

   [按语]背隐的内容是对正文的解释。与正文同样的词组还有同音甲09B73；文海刻①

      14B62 等。

10B77 𗣫𗤺 。wji 2.09 khju 1.03 底下

   [背隐] 𗤺𗤺

      以下

   [按语]背隐以同义词解释正文。参见下文同音丁29A71 及其背隐。与正文同样的词组还

      有同音甲09B76、26A18；文海刻①37B52；同义16B6 等。

10B78 𗣫𗤺 wji 2.60 wjo 2.64 能会

   [背隐] 𗣫𗤺

      获得

   [按语]背隐的内容是对正文的解释。参见下文同音丁12B23 及其背隐。与正文同样的词

      组还有同音甲09B78、11B24；同义17B2 等。

11A11 𗣫𗤺 dʑjwir 1.86 wji 2.60 磋磨

[背隐] 𗇁𗱾𗧤𗃾𗣉
谷物做面用

[按语] 背隐的内容是对正文的解释，指出其用途。与正文同样的词组还有同音_甲10A11、40A41；合编_甲03.063 等。聂Ⅰ534 录背隐内容。

11A12 𗇁𗱾 wji 2.60 wji 2.61 遣送

[背隐] 𗱕𗱾𗱶𗏁
遣送使往

[按语] 背隐的内容是对正文的解释。参见下文同音_丁11B63 及其背隐。与正文同样的词组还有同音_甲10A12、10B62；合编_甲04.021；同义 19A7 等。

11A13 𗧲𗧢 。wji 1.69 wji 2.60 变化

[背隐] 𗧲𗮂𗠀𗆐𗣫𗧫
变化他于己处

[按语] 背隐的内容是对正文的解释。与正文同样的词组还有同音_甲10A18。该字又见同义 29B7。合编_甲02.191 有该字的详细材料。

11A14 𗾞𗾞 dʑwu 1.02 wji 1.67 人人

[背隐] 𗼻
人

[按语] 背隐以同义词解释正文。与正文同样的词组还有同音_甲10A13、37A24；同义 17A3 等。

11A15 𗸐𗕟 njijr 1.74 wji 1.67 申猴

[背隐] 𗸼𗸐
野兽

[按语] 背隐以同义词解释正文。"申"乃"十二地支"之一，代表"猴"。与正文同样的词组还有同义 27A3。该字又见碎金 02B2。文海_刻①72A61 有该字的详细材料。

11A16 𗇁𗱾 wji 1.67 wer 2.71 雪雨

[背隐] 𗉛𗙏𗆧
冬季降

[按语] 背隐的内容是对正文大字的解释。参见下文同音_丁11A65 及其背隐。与正文同样的词组还有同音_甲10A15；文海_刻③09A31 等。

11A17 𗣼𗉛 · ji 1.30 wji 1.67 姻亲

[背隐] 𗣞𗧢
近亲

[按语] 背隐以近义词解释正文。与正文同样的词组还有文海_刻①72A72；杂字_乙15A5；碎金 08A6 等。

11A18 𗤒𗣉 ljij 2.55 wji 1.67 甜味

[背隐] 𗤒𗏁𗤙𗢢/𗏹𗣓
甜不酸苦/共名

[按语] 背隐的内容是对正文的解释。与正文同样的词组还有同音_乙 52A13；同音_甲 10A21、51B47；杂字_乙 18B8 等。

11A21 𗣼_𗀔 wji 1.67 mjaa 1.23 梨

[背隐] 𗣼/𗀔

梨/树

[按语] 背隐的内容是对正文的解释。"𗣼"字乃正文大字的汉语注音；"𗀔"字与正文小字连用组成"𗀔𗀔"（果树）。与正文同样的词组还有同音_甲 10A22；掌中珠_甲 14A12（正文后该词的汉语译释即来源于此）等。该字又见同义 09B3。合编_甲 02.203 有该字的详细材料。

11A22 𗀕_𗀖 wji 1.67 rjar 1.82 东方

[背隐] 𗀗𗀘𗀙𗀚

东日出处

[按语] 背隐的内容是对正文的解释。与正文同样的词组还有同音_甲 10A24；文海_刻①72B11；杂字_乙 05A2；合编_甲 06.151；同义 25A5 等。

11A23 𗀛_𗀜 wji 1.67 pjij 1.62 斧钺

[背隐] 𗀝/𗀞𗀟𗀠

头/剁砍用

[按语] 背隐的内容是对正文的解释。背隐音义中"𗀝"与正文大字连用组成"𗀛𗀝"（斧头）；下文指出"斧头"的用途。与正文同样的词组还有同音_甲 10A16；文海_刻①72B12 等。

11A24 𗀡_𗀢 。wji 1.67 rjar 2.74 踪迹

[背隐] 𗀣𗀤𗀥

全中疤

[按语] 背隐的内容是对正文的解释。与正文同样的词组还有同音_甲 10A23；文海_刻①25A51；掌中珠_甲 30A32（正文后该词的汉语译释即来源于此）等。

11A25 𗀦_{𗀧𗀨} wjij 2.32 mjir 1.86 mə 2.25 wjij：族姓

[背隐] 𗀩𗀪

wji 1.10 pjij 2.33（反切）

[按语] 背隐注明了该字的反切音。同音_甲 10A25 与丁种本正文表述相同。该字又见同义 06B2。合编_甲 02.213 有该字的详细材料。

11A26 𗀫_𗀬 wja 1.19 wjij 2.32 父兄

[背隐] 𗀭

兄弟

[按语] 背隐以同义词解释正文。与正文同样的词组还有同音_甲 10A26、11A24；同义 05B1 等。

11A27 𗀮_𗀯 wjij 2.32 zjɨ 1.69 敌寇

[背隐] 𗀰𗀱

敌寇

[按语] 背隐以同义词解释正文。与正文同样的词组还有同音乙52B61；同音甲10A27、52B17；文海刻①37B43；杂字乙23B8；合编甲10.141；同义30A2 等。

11A28 𗾑𗧃 lja 1.64 wjij 2.32 面额

[背隐] 𗾑𗧃𗥤

面白有

[按语] 背隐的内容是对正文的解释。与正文同样的词组还有同音甲10A28。该字又见同义16A4。合编甲02.222 有该字的详细材料。聂 I 413 录背隐内容。

11A31 𗧃𗆧𗱶 wjij 2.32 mjir 1.86 mə 2.25 wjij：族姓

[背隐] 未注

[按语] 背隐对正文未作解释。其实正文中小字对大字的注释已经非常清楚，故无需再作背隐音义。同音甲10A31 与丁种本正文表述相同。该字又见杂字乙13A7；同义06B4；碎金05A2 等。合编甲02.223 有该字的详细材料。

11A32 𗢳𗪡𗧃 wjij 2.32 da 2.56 bjiir 2.86 wjij：语助

[背隐] 未注

[按语] 背隐对正文未作解释。其实正文中小字对大字的注释已经非常清楚，故无需再作背隐音义。同音甲10A32 与丁种本正文表述相同。该字又见同义21B1；碎金10A6 等。合编甲02.224 有该字的详细材料。

11A33 𗨙𗀓 du 1.04 wjij 2.32 置在

[背隐] 𗨙

置

[按语] 背隐以同义词解释正文。参见下文同音丁13A41 及其背隐。与正文同样的词组还有同音甲10A33、12A48 等。该字又见同义25A3。合编甲02.225 有该字的详细材料。

11A34 𗬰𗫧 dja 2.17 wjij 1.35 已有

[背隐] 𗫧𗬰𗰖𗫨

伴随中居

[按语] 背隐的内容是对正文的解释。与正文同样的词组还有同音甲10A34。该字又见同义22A3。文海刻①45A61 有该字的详细材料。

11A35 𗴂𗒘 rjir 2.77 wjij 1.35 所往

[背隐] 𗒘𗰔/𗬰𗒛

起立/已去

[按语] 背隐的内容是对正文的解释。与正文同样的词组还有同音甲10A35；文海刻①84B71、87B11；合编甲04.081 等。

11A36 𗴂𗆧𗱶 wju 2.02 mjir 1.86 mə 2.25 wju：族姓

[背隐] 𗴆𗂧三

wji 1.10 ljwu 1.03 三（反切）

[按语] 背隐注明了该字的反切音。反切之下的汉字"三"字，表明以下 3 字用同一个反切音，为同音字。同音_甲 10A44 与丁种本正文表述相同。该字又见杂字_乙 11B6；同义 06B5；碎金 05A2 等。合编_甲 02.233 有该字的详细材料。

11A37 𗧃𗹦 wju 2.02 kha 2.14 肠肠

[背隐] 𗫨𗹦

肠缠

[按语] 背隐的内容是对正文的解释。参见下文同音_丁 27A64 及其背隐。与正文同样的词组还有同音_甲 10A43、26B36；杂字_乙 17A4；同义 04A3 等。

11A38 𗒲𗹝 。thja 2.17 wju 2.02 赌子

[背隐] 𗧃𗰀

赌子

[按语] 背隐注明了该词的汉语读音。"赌子"即赌博时所用的"筹码"。参见下文同音_丁 17A43 背隐音义。与正文同样的词组还有同音_甲 10A36、16A65；文海_刻①79B71；合编_甲 17.122；同义 14B6 等。

11A41 𗹎𗀔 wju 1.02 ·zar 2.73 彩礼

[背隐] 𗒰𗒱𗫰𗳉

亲戚赠物

[按语] 背隐的内容是对正文的解释。与正文同样的词组还有同音_乙 52A72；同音_甲 10A42、52A15；文海_刻①07A51；同义 24A4 等。

11A42 𗖰𗼋 wju 1.02 njijr 1.74 野兽

[背隐] 未注

[按语] 背隐对正文未作解释，原因不详，估计属于遗漏所致。参见下文同音_丁 19A15 及其背隐。与正文同样的词组还有同音_甲 10A41、18A64；文海_刻①79A71；杂字_乙 10A3；掌中珠_甲 16A12（正文后该词的汉语译释即来源于此）；合编_丙 B22；同义 27A3 等。

11A43 𗴿𗷒 kji 2.61 wju 1.02 焦糊

[背隐] 𗷒𗷓𗫰𗄚

火中使烂

[按语] 背隐的内容是对正文的解释。参见下文同音_丁 24B76 及其背隐。与正文同样的词组还有同音_甲 10A37、24A23；文海_刻①07A61；同义 20A7 等。

11A44 𗫡𗰝 。pə 1.27 wju 1.02 药锅

[背隐] 𗉛

铁

[按语] 背隐的内容是对正文的解释，表明在西夏时期"锅"一般已经是铁制的了。与正文同样的词组还有同音_甲 10A38；文海_刻①07A62；合编_甲 03.011 等。

11A45 𗸰𗰝 ·a ？wju 2.52 一担

[背隐] 𗰀𗫫𗰩

肩上处

[按语] 背隐的内容是对正文的解释。与正文同样的词组还有同音_甲10A47。该字又见同义 19B6。合编_甲03.012 有该字的详细材料。

11A46 㣺㣺 wju 2.52 ·o 1.49 村主

[背隐] 㣺㣺㣺㣺
居主实多

[按语] 背隐的内容是对正文的解释。与正文同样的词组还有同音_甲10A45。

11A47 㣺㣺 。wju 2.52 pẽ 1.15 粪便

[背隐] 㣺㣺㣺
驴马粪

[按语] 背隐的内容是对正文的解释。参见上文同音_丁10A24 及其背隐。与正文同样的词组还有同音_甲07A22、10A46;文海_刻①37A21;合编_甲04.105 等。

11A48 㣺㣺 khu 1.04 wju 1.59 碗勺

[背隐] 㣺㣺㣺/㣺㣺㣺
食需用/分食用

[按语] 背隐的内容是对正文的解释,指出其用途。参见下文同音_丁27B73 及其背隐。与正文同样的词组还有同音_甲10A48、27A57;同义 14B1;碎金 08A5 等。

11A51 㣺㣺 。sji 1.69 wju 1.59 尸瓶

[背隐] 㣺㣺㣺㣺㣺
死亡盛食用

[按语] 背隐的内容是对正文的解释,指出其用途。与正文同样的词组还有同音_甲10A51;合编_甲11.031 等。

11A52 㣺㣺 njij 2.33 wjuu 1.07 悲闵

[背隐] 㣺㣺㣺㣺
闵慈怜吝

[按语] 背隐的内容是对正文的解释。与正文同样的词组还有同音_甲10A53。该字又见同义 01A4。文海_刻①11B53 有该字的详细材料。

11A53 㣺㣺 。wjuu 1.07 kjij 1.61 朽烂

[背隐] 㣺㣺㣺㣺
寿限已超

[按语] 背隐的内容是对正文的解释。参见下文同音_丁26A71 及其背隐。与正文同样的词组还有同音_甲10A52、25B27;文海_刻①67B42;同义 13A7 等。

11A54 㣺㣺 dzu 1.01 wer 1.77 爱慕

[背隐] 㣺㣺㣺㣺
和睦互不厌

[按语] 背隐的内容是对正文的解释。与正文同样的词组还有同音_甲10A54;文海_刻①77B71;合编_甲17.101 等。

11A55 𗣼𗱌 kwə 2.25 wer 1.77 听闻

    [背隐] 𗱌𗤊𗢭𗱊

          用耳闻音

    [按语] 背隐的内容是对正文的解释。参见下文同音丁22A31 及其背隐。与正文同样的词
          组还有同音甲10A55、21A53；文海刻①82A71；同义08B2 等。

11A56 𗣼𗭪 khji 1.30 wer 1.77 （地名）

    [背隐] 𗁨𗫂

          地名

    [按语] 背隐指出正文的类别为一"地名"。参见下文同音丁25B24 及其背隐。与正文同
          样的词组还有同音甲10A56、24B46；文海刻①38B42；杂字乙13B4 等。

11A57 𗣼𗼑 mər 2.76 wer 1.77 逢遇

    [背隐] 𗤊𗦇

          逢遇

    [按语] 背隐以同义词解释正文。参见上文同音丁04A14 及其背隐。与正文同样的词组还
          有同音甲03A12、10A57；文海刻①65A61；合编甲19.051；同义23A4 等。

11A58 𗣼𗼑 mər 2.76 wer 1.77 鹤鹤

    [背隐] 𗦇

          鹤

    [按语] 背隐以同义词解释正文。参见上文同音丁04A13 及其背隐。与正文同样的词组还
          有同音甲03A14、10A58；文海刻①82B12；同义27B5 等。

11A61 𗱌𗱊 。pju 1.59 wer 1.77 威仪

    [背隐] 𗱊𗨁

          威仪

    [按语] 背隐以同义词解释正文。参见上文同音丁08B25 及其背隐。与正文同样的词组还
          有同音甲07B68、10A64；文海刻①82B21；同义03A6 等。

11A62 𗤊𗤻 wer 1.77 sjij 1.35 恩功

    [背隐] 𗧓𗫂𗭪𗱌𗱊

          天好坏显用

    [按语] 背隐的内容是对正文的解释。与正文同样的词组还有同音乙35B53；同音甲
          10A66、35A23 等。该字又见同义02A2。文海刻①82B22 有该字的详细材料。

11A63 𗤻𗤻 mej 2.30 wer 1.77 毛发

    [背隐] 𗤻𗢭𗫂

          毛新出

    [按语] 背隐的内容是对正文的解释。与正文同样的词组还有同音甲10A65。该字又见同
          义15B6。合编甲03.051 有该字的详细材料。

11A64 𗱊𗨁 。tja 1.64 wer 1.77 装饰

[背隐] 𗥃𗥔𗣜𗤔
美丽语增

[按语] 背隐的内容是对正文的解释。参见下文同音_丁16B74 及其背隐。与正文同样的词组还有同音_甲10A63、16A21；文海_刻①70B43 等。

11A65 𗼝𗤁 wji 1.67 wer 2.71 雪雨

[背隐] 𗤦𗆢
下雨

[按语] 背隐的内容是对正文大字的解释。参见上文同音_丁11A16 及其背隐。与正文同样的词组还有同音_甲10A15；文海_刻③09A31 等。

11A66 𗣫𗤁 thə 2.25 wer 2.71 羽翼

[背隐] 𗤁/𗆢
箭/鸟

[按语] 背隐的内容是对正文的解释。"𗤁"字用虚线指向正文大字，"𗆢"字写于正文小字之上，两两分别组词。参见下文同音_丁19B28 及其背隐。与正文同样的词组还有同音_甲10A61、19A12；文海_刻③14B41 等。

11A67 𗥃𗤁 。tja 2.57 wer 2.71 铺帛

[背隐] 𗤭𗤛𗤦
散落失

[按语] 背隐的内容是对正文的解释。参见下文同音_丁20B27 及其背隐。与正文同样的词组还有同音_甲10A62、16A17；掌中珠_甲25B22（正文后该词的汉语译释即来源于此）；同义 12A7 等。

11A68 𘃡𗤁 wjijr 2.68 wjir 2.72 拥抱

[背隐] 𗥃𗤔𗤞
胸上持

[按语] 背隐的内容是对正文的解释。参见下文同音_丁12B27 及其背隐。与正文同样的词组还有同音_甲10A67、11B31；杂字_乙15B7；同义 19B7 等。

11A71 𗢳𗤁 wjijr 2.68 lwə 2.76 磨碨

[背隐] 𗤦𗤳𗤁𗤮𗥃
谷皮去除用

[按语] 背隐的内容是对正文的解释，指出其用途。与正文同样的词组还有同音_甲10A68；杂字_乙18B5 等。聂 I 535 录背隐内容。

11A72 𗤁𗥃 。luu 1.05 wjijr 2.68 凿掘

[背隐] 𗢳𗤍𗤭𗤩
物无寻找

[按语] 背隐的内容是对正文的解释。与正文同样的词组还有同音_甲10A71。该字又见同义 26A5。合编_甲03.071 有该字的详细材料。

11A73 𗥔𗤁 ljïï 1.32 wjijr 1.74 豺狼

[背隐] 𗼀𗆻𗣨𗉱𗈜
　　　色红尾巴拖

[按语] 背隐的内容是对正文的解释，指出了"豿"的特征。与正文同样的词组还有同音_甲 10A72；文海_刻①80A11；杂字_乙 10A4；同义 27A5 等。

11A74 𗣨𗣲 。dzjwow 1.56 wjijr 1.74 测卦

[背隐] 𗆐𗤄𗣱𗣲𗤇
　　　好坏意问处

[按语] 背隐的内容是对正文的解释。与正文同样的词组还有同音_甲 10A73。合编_甲03.073 有该字的详细材料。

11A75 𗣨𗤁 wja 2.57 wjij 2.54 遣送

[背隐] 𗱕𗣲𗵒𗈜
　　　解开使往

[按语] 背隐的内容是对正文的解释。参见下文同音_丁 11B78 及其背隐。与正文同样的词组还有同音_甲 10A74、10B77；合编_甲02.184；同义 19B2 等。

11A76 𗱬𗤁 śja 1.19 wjij 2.54 系缚

[背隐] 𗰱𗱬𗉭𗵒𗈜
　　　捆缚使不解

[按语] 背隐的内容是对正文的解释。与正文同样的词组还有同音_乙 36A56；同义_甲 10A75、35B31；文海_刻①51A62 等。

11A77 𗸯𗤁 bju 1.03 wjij 2.54 奉送

[背隐] 𗤄𗤇𗱕/𗈜
　　　遣送往/使

[按语] 背隐的内容是对正文的解释，即"遣送，使往"。参见上文同音_丁 04B33 及其背隐。与正文同样的词组还有同音_甲 03B38、10A76；文海_刻①08A63；杂字_乙 16A8；掌中珠_甲 34A12（正文后该词的汉语译释即来源于此）；同义 19A6 等。

11A78 𗸯𗤐 ·u 2.51 wjij 2.54 库存

[背隐] 𗤇𗥔𗵐/𗣲𗸯𗤇
　　　宝神看/者藏处

[按语] 背隐的内容是对正文的解释。与正文同样的词组还有同音_甲 10A77；同义 14A4 等。

11B11 𗣲𗩫 kwə 1.27 wjij 2.54 背后

[背隐] 𗣲𗫂𗣨
　　　头后方

[按语] 背隐的内容是对正文的解释。参见下文同音_丁 22A32 及其背隐。与正文同样的词组还有同音_甲 10B11；文海_刻①34B51；杂字_乙 16B4；合编_甲 03.091 等。聂Ⅱ308 录背隐内容。

11B12 𗱬𗣖 。ljɨ 1.69 wjij 2.54 补衲

［背隐］[illegible]

洞边堵

［按语］背隐的内容是对正文的解释。与正文同样的词组还有同音$_{乙}$ 51A48；同音$_{甲}$ 11A52、50B54；文海$_{刻}$①77A52；同义 12B3 等。聂Ⅱ487 录背隐内容。

11B13 [illegible] śja 1.19 wa 2.56（地名）

［背隐］[illegible]

地名

［按语］背隐指出正文的类别为一“地名”。与正文同样的词组还有同音$_{乙}$ 36A51；同音$_{甲}$ 10B12、35B26；文海$_{刻}$①27A11；合编$_{甲}$ 03.093；同义 25A6 等。

11B14 [illegible] wa 2.56 lju 2.02 担散

［背隐］[illegible]

肩上持举

［按语］背隐的内容是对正文大字的解释。与正文同样的词组还有同音$_{甲}$ 10B15。该字又见同义 24A7。合编$_{甲}$ 03.094 有该字的详细材料。

11B15 [illegible] zjij 1.36 wa 2.56 广昊

［背隐］[illegible]

不窄义

［按语］背隐以反义词解释正文。与正文同样的词组还有同音$_{甲}$ 10B13、55A66 等。合编$_{甲}$ 03.101 有该字的详细材料。

11B16 [illegible] ku 2.51 wa 2.56 内宫

［背隐］[illegible]

天子宫城

［按语］背隐的内容是对正文的解释。参见下文同音$_{丁}$ 22A37 及其背隐。与正文同样的词组还有同音$_{甲}$ 10B14、21A58；文海$_{刻}$①73B31；杂字$_{乙}$ 17B2；同义 13B4；碎金 03B3 等。

11B17 [illegible] njir 2.72 wa 2.56 台坛

［背隐］[illegible]

帝宫处台

［按语］背隐的内容是对正文的解释。与正文同样的词组还有同音$_{甲}$ 10B16。该字又见同义 01A3。合编$_{甲}$ 03.103 有该字的详细材料。

11B18 [illegible] sjwu 2.02 wa 2.56 安乐

［背隐］[illegible]

天地神合成就之义是

［按语］背隐的内容是对正文的解释。与正文同样的词组还有同音$_{乙}$ 38A12；同音$_{甲}$ 10B17、37A61 等。

11B21 [illegible] ○ phjo 1.51 wa 2.56 担保

［背隐］[illegible]

变换不信用之持

［按语］背隐的内容是对正文的解释。与正文同样的词组还有同音_甲10B18；碎金 10A2
等。

11B22 𗹬𗤋 gjwow 1.56 we 1.65 强胜

［背隐］𗵃𗤋𗵃

变强胜

［按语］背隐的内容是对正文的解释。与正文同样的词组还有同音_甲10B21。该字又见同
义 23A1。合编_甲03.112 有该字的详细材料。

11B23 𗤋𗤋 mə 2.25 we 1.65 昏迷

［背隐］𗤋𗤋𗤋𗤋

死时留语

［按语］背隐的内容是对正文的解释。与正文同样的词组还有同音_甲10B22。该字又见同
义 20B1。文海_刻①71B52 有该字的详细材料。

11B24 𗤋𗤋 laa 1.22 we 1.65 锈染

［背隐］𗤋𗤋𗤋

污垢着

［按语］背隐的内容是对正文的解释。与正文同样的词组还有同音_甲10B23。该字又见同
义 31B6。文海_刻①71B61 有该字的详细材料。

11B25 𗤋𗤋 。we 1.65 lə 2.25 愚蒙

［背隐］𗤋𗤋𗤋

无智慧

［按语］背隐以反义词解释正文。与正文同样的词组还有同音_甲10B24、54B13；掌中珠_甲
31A22（正文后该词的汉语译释即来源于此）；同义 32A4 等。

11B26 𗤋𗤋 wejr 2.66 sji 1.11（树名）

［背隐］𗤋𗤋/𗤋

wer 1.77 rejr 2.66（反切）/名

［按语］背隐注明了该字的反切音；背隐音义中最后一字"名"与正文中的注释小字
"树"，共同组成"树名"用于指示正文的类别。与正文同样的词组还有同音_甲
10B26。该字又见同义 09A5。合编_甲03.122 有该字的详细材料。

11B27 𗤋𗤋 wejr 2.66 low 2.47（地名）

［背隐］𗤋𗤋𗤋𗤋/𗤋𗤋

地下赤道/地名

［按语］背隐的内容先是对正文的解释；然后指出正文的类别为一"地名"。与正文同样
的词组还有同音_甲10B25；合编_甲03.123 等。

11B28 𗤋𗤋 。wejr 2.66 siwã 1.25 系拴

[背隐] 𗤃𗥃𗤕𗧚𗨜
牛鼻木遮盖

[按语] 背隐的内容是对正文的解释。与正文同样的词组还有同音乙 40B41；同音甲 10B38、40A62；同义 14B7 等。

11B31 𗥃𗤭 sju 1.03 wej 2.30 贮藏

[背隐] 𗥃𗧙𗨜
库内置

[按语] 背隐的内容是对正文的解释。与正文同样的词组还有同音甲 10B37；文海刻① 58A62；同义 14A5 等。

11B32 𗤷𗤼 tsja 1.19 wej 2.30 敬告

[背隐] 𗧔𗧙𗧅𗧉
报答回话

[按语] 背隐的内容是对正文的解释。与正文同样的词组还有同音甲 10B33。该字又见同义 08A6。合编甲 03.132 有该字的详细材料。

11B33 𗤽𗥄 bej 2.30 wej 2.30 索桩

[背隐] 𗧂𗧖𗨞𗨜
畜系缚处

[按语] 背隐的内容是对正文的解释。与正文同样的词组还有同音甲 10B35。该字又见同义 15A4。合编甲 03.133 有该字的详细材料。

11B34 𗨅𗧰 wej 2.30 sji 1.67 （神名）

[背隐] 𗦉𗧞𗧍𗨟
天神玉嗒

[按语] 背隐的内容是对正文的解释。与正文同样的词组还有同音甲 10B27；文海刻① 73B51；同义 02B6 等。

11B35 𗥍𗥗 sjwo 1.48 wej 2.30 扫除

[背隐] 𗣓𗧑𗧟𗥗
使变清洁

[按语] 背隐的内容是对正文的解释。与正文同样的词组还有同音乙 37A67；同音甲 10B32、36B36；文海刻①55B11；杂字乙 18A4；同义 22B2 等。

11B36 𗥘𗥾 。phjii 1.14 wej 2.30 飞翔

[背隐] 𗨦𗧉𗧋𗨡
空中旋转

[按语] 背隐的内容是对正文的解释。与正文同样的词组还有杂字乙 09B8。该字又见同义 19B1。合编甲 03.143有该字的详细材料。

11B37 𗢸𗤼𗥓 wəj 1.40 mjir 1.86 mə 2.25 wəj：族姓

[背隐] 𘝔𘝖

we 1.08 lwəj 1.40（反切）

[按语] 背隐注明了该字的反切音。同音_甲10B28 与丁种本正文表述相同。该字又见同义 06B2；碎金 06B1 等。文海_刻①50B71 有该字的详细材料。

11B38 𘝗𘝘。wəj 1.40 sji 1.11（树名）

[背隐] 𘝘𘝙/𘝚𘝛

树名/gjii buu

[按语] 背隐指出正文的类别为一"树名"；然后注明了该词的读音。与正文同样的词组还有同音_甲10B34；文海_刻①50B72；杂字_乙07A1 等。

11B41 𘝜𘝝 gjwir 1.86 wejr 1.73 茂盛

[背隐] 𘝞𘝟𘝠𘝡

增长长大

[按语] 背隐的内容是对正文的解释。参见下文同音_丁29A46 及其背隐。与正文同样的词组还有同音_甲11B27、28B43；合编_甲01.031 等。

11B42 𘝢𘝣。mjii 1.32 wejr 1.73（鸟名）

[背隐] 𘝤

鸟

[按语] 背隐指出正文的类别为一"鸟"的名称。比较前后类似词语的背隐音义内容，此处显然省略了一个"名"字。参见上文同音_丁05B34 及其背隐。与正义同样的词组还有同音_甲04B38、10B41；文海_刻①79A51；杂字_乙09B1；同义 27B5 等。

11B43 𘝥𘝦𘝧 wji 2.27 da 2.56 bjiir 2.86 wjɨ：语助

[背隐] 未注

[按语] 下一字的注释曾写于此字下，发现写错后，该二字已被涂抹掉。背隐音义对正文未作解释。其实正文中小字对大字的注释已经非常清楚，故无需再作背隐音义。该字又见同义 21B3。合编_甲03.154 有该字的详细材料。

11B44 𘝨𘝩 thji 2.28 wji 2.27 此刻

[背隐] 𘝨𘝪

此时

[按语] 背隐以同义词解释正文。参见下文同音_丁13A71 及其背隐。与正文同样的词组还有同音_甲10B45、12B14；文海_刻①17B71；合编_甲19.104；同义 21A6 等。

11B45 𘝫𘝬𘝭。wjɨ 2.27 mjɨr 1.86 mə 2.25 wjɨ：族姓

[背隐] 𘝮

bju

[按语] 背隐中"𘝮"字，与大字"𘝫"组成复姓"𘝫𘝮"，该西夏复姓其他文献未见，当为一新见姓氏。同音_甲10B44 与丁种本正文表述相同。该字又见杂字_乙12A5；

同义 07A5；碎金 04B2 等。合编_甲03.161 有该字的详细材料。

11B46 𗣼_普 wəə 1.31 lhjii 1.14 柔软

[背隐] 𗣼𗤁𗤓

如绵软

[按语] 背隐的内容是对正文的解释。与正文同样的词组还有同音_甲10B48。该字又见同义 04B4。文海_刻①41A12 有该字的详细材料。

11B47 𗤓𗣼 。wjuu 1.07 wəə 1.31 慈孝

[背隐] 𗤁𗤓𗣼𗤁

闵慈依顺

[按语] 背隐的内容是对正文的解释。与正文同样的词组还有同音_甲10B51；文海_刻① 62A22 等。聂Ⅰ249 录背隐内容。

11B48 𗣼𗤓 wəə 1.31 mjijr 2.68 属者

[背隐] 𗤓𗤁𗣼𗤁

各自受明

[按语] 背隐的内容是对正文的解释。与正文同样的词组还有同音_甲10B46；文海_刻① 48A52；杂字_乙24A8 等。

11B51 𗣼𗤓 。wəə 1.31 khie 1.09 憎恶

[背隐] 𗤓𗤁

心疑

[按语] 背隐的内容是对正文的解释。与正文同样的词组还有同音_甲10B47；文海_刻① 41A31；同义 31A4 等。

11B52 𗤓𗣼 zewr 1.87 wja 1.64 花美

[背隐] 𗣼𗤁𗤓

色美丽

[按语] 背隐的内容是对正文的解释。与正文同样的词组还有同音_甲10B52。该字又见同义 16B1。文海_刻①70A42 有该字的详细材料。

11B53 𗣼𗤓 tsə 1.68 wja 1.64 色美

[背隐] 𗤓𗤁𗣼𗤁

美妙有爱

[按语] 背隐的内容是对正文的解释。与正文同样的词组还有同音_甲10B53。该字又见同义 16B1。文海_刻①70A51 有该字的详细材料。

11B54 𗤓𗣼 ljii 1.32 wja 1.64 旗帜

[背隐] 𗣼𗤓

花旗

[按语] 背隐注明了该词的汉语读音，但不像其他背隐音义，用"汉语××"来表示，而

是直接注出其读音。该字又见同义 01B5。合编_甲 03.181 有该字的详细材料。

11B55 𗒹𗤶 ŋwuu 1.05 wja 1.64 话语

[背隐] 𗥔𗤶𗈼𗤶

语解语置

[按语] 背隐的内容是对正文的解释。与正文同样的词组还有碎金 03B5。该字又见同义 20B6。文海_刻①70A52 有该字的详细材料。

11B56 𗊬𗒸 khjwɨ 2.28 wja 1.64（草名）

[背隐] 𗒸𗧇

草名

[按语] 背隐指出正文的类别为一"草名"。参见下文同音_丁 25B64 及其背隐等内容。与正文同样的词组还有同音_甲 10B56、25A17；文海_刻①70A61；杂字_乙 08A3；同义 10A5 等。

11B57 𗊬𗤔 ｡bə 2.25 wja 1.64 疮瘤

[背隐] 𗤔𗈼𗈼𗈼

肉中疤出

[按语] 背隐内容是对正文的解释。与正文同样的词组还有同音_甲 10B57；杂字_乙 17A6 等。

11B58 𗒹𗤶 mja 1.20 wjɨ 1.69 老妇

[背隐] 𗤶𗈼𗈼/𗥔𗈼

妇老迈/年岁大

[按语] 背隐的内容是对正文的解释。与正文同样的词组还有同音_甲 10B61；文海_刻① 75B12 等。聂Ⅱ311 录背隐内容。

11B61 𗔆𗤶 ｡wjɨ 1.69 lhjij 1.61 巫师

[背隐] 𗈼𗈼𗈼𗈼

速除鬼用

[按语] 背隐的内容是对正文的解释。与正文同样的词组还有同音_甲 10B63、54B73；文海_刻③04A61 等。聂Ⅰ182 录背隐内容。

11B62 𗒹𗤶 ·ja 1.20 wjɨ 2.61 末尾

[背隐] 𗈼𗈼𗈼𗈼𗈼𗈼

于末尾上声借

[按语] 背隐的内容是对正文的解释，并指出该字为上声字，而且是一个汉语借词。与正文同样的词组还有同音_乙 43A35；同音_甲 10B58、42B12；合编_甲 06.151 等。

11B63 𗒹𗤶 wjɨ 2.60 wjɨ 2.61 遣送

[背隐] 𗈼𗈼𗈼𗈼𗈼

赐本为上官

[按语] 背隐的内容是对正文的解释。参见上文同音_丁 11A12 及其背隐。与正文同样的词

组还有同音甲10A12、10B62；合编甲04.021；同义19A7 等。

11B64 𗣼𗩨 wjɨ 1.69 djii 2.12 变化

　　[背隐] 𗣼𗩨

　　　　变幻

　　[按语] 背隐以同义词解释正文。参见下文同音丁16A73 及其背隐。与正文同样的词组还有同音甲10B64、15B21；文海刻①75B31；合编甲02.191 等。

11B65 𗩨𗣼 。dzjɨ ？wjɨ 1.69 技艺

　　[背隐] 𗩨𗣼𗩨𗣼

　　　　技艺全备

　　[按语] 背隐的内容是对正文的解释。与正文同样的词组还有同音甲10B65。该字又见同义17A6。文海刻①75B32 有该字的详细材料。

11B66 𗪿𗧆 mjiij 2.35 wa 1.17 名跋

　　[背隐] 𗪿𗧆

　　　　族姓

　　[按语] 背隐指出正文大字的类别为一"族姓"。同音甲10B66 与《同音》丁种本表述相同。该字又见文海刻①24A71；杂字乙12A4；同义07A3 等。

11B67 𗣼𗧆 gju 1.03 wa 1.17 亥猪

　　[背隐] 𗣼𗧆

　　　　鼻圈

　　[按语] 背隐的内容是对正文的解释。参见下文同音丁24A11 及其背隐。与正文同样的词组还有同音甲10B68、23A25；合编甲06.021；同义28B3 等。

11B68 𗪿𗣼 zjɨɨr 2.85 wa 1.17 水涡

　　[背隐] 𗪿𗣼𗧆

　　　　水旋深

　　[按语] 背隐的内容是对正文的解释。与正文同样的词组还有同音甲10B67。该字又见同义08B7。文海刻①24A73 有该字的详细材料。

11B71 𗣼𗱻 。tha 2.14 wa 1.17 （族姓）

　　[背隐] 𗪿𗧆

　　　　族姓

　　[按语] 背隐指出正文的类别为一"族姓"。参见下文同音丁13B76 及其背隐。与正文同样的词组（即此西夏复姓）还有同音甲10B71、13A23；文海刻①24B11；杂字乙11A5；同义06A7 等。

11B72 𗣼𗧆 wow 1.54 wejr 1.73 旺盛

　　[背隐] 𗣼𗪿𗩨𗧆𗱻

　　　　势强恩功用

[按语] 背隐的内容是对正文的解释。与正文同样的词组还有同音甲10B72。该字又见同义29A1。文海刻①60B61有该字的详细材料。

11B73 蒎茈 。wow 1.54 gjii 2.12 需求

[背隐] 蒎茈 蒎茈

希望需求

[按语] 背隐的内容是对正文的解释。参见下文同音丁23A13及其背隐。与正文同样的词组还有同音甲10B73、22A34等。聂Ⅱ203录背隐内容。

11B74 蒜蝥 tsiow 1.55 war 2.73 聚集

[背隐] 蒜蒜蝥

排行坐

[按语] 背隐的内容是对正文的解释。与正文同样的词组还有同音甲11A61。该字又见同义05A2。合编甲04.011有该字的详细材料。聂Ⅱ196录背隐内容。

11B75 蒜蔺 siew 1.44 war 2.73 枝条

[背隐] 蒜茭

枝条

[按语] "蒜"字原文误为"蒜"字（应属形近而误），若按"蒜"（Ⅴ38 2.39 khiew 弓）讲不通[1]。背隐音义以同义词解释正文。与正文同样的词组还有同音乙41A21；同音甲10B74、40B46等。该字又见同义09B1。合编甲04.012有该字的详细材料。

11B76 蒜蒜 tu 1.58 war 2.73 落网

[背隐] 蒜蒜蒜

网内入

[按语] 背隐的内容是对正文的解释。与正文同样的词组还有同音甲10B75。该字又见同义15B5。合编甲04.013有该字的详细材料。

11B77 蒜茈 。lhji 2.28 war 2.73 尘土

[背隐] 茈蒜蝥

土灰飞

[按语] 背隐的内容是对正文的解释。与正文同样的词组还有同音甲10B76、48A57；文海刻①87A22；同义25B7等。

11B78 蒜蒜 wja 2.57 wjij 2.54 遣送

[背隐] 蒜蒜蒜蒜

解开使往

---

[1] 合编甲04.012此字所错与此处相同，见拙著《〈同音文海宝韵合编〉整理与研究》第541页，中国社会科学出版社2008年版。

[按语] 背隐的内容是对正文的解释。参见上文同音丁 11A75 及其背隐。与正文同样的词组还有同音甲 10A74、10B77；合编甲 02.184；同义 19B2 等。

12A11 綴䋶 tshja 2.17 wja 2.57（菜名）

[背隐] 龘䋶
菜名

[按语] 背隐指出正文的类别为一"菜名"。参见下文同音丁 32A13 及其背隐。与正文同样的词组还有同音甲 10B78、31A51；杂字乙 07B2；同义 10A3 等。聂Ⅱ351 录背隐内容。

12A12 䋶䋶 。pə 1.27 wja 2.57（草名）

[背隐] 䨪䨪蘺䨪䏻
点火火燃用

[按语] 背隐的内容是对正文的解释，指出这种草通常可以用来点火。参见上文同音丁 03B23 及其背隐。与正文同样的词组还有同音甲 02B24、11A11；同义 10A1 等。

12A13 䋶䨪䋶 wẽ 1.15 mjɨr 1.86 mə 2.25 wẽ：族姓

[背隐] 䋶
汉

[按语] 背隐指出正文的类别为一"汉族姓"。同音甲 11A12 与丁种本正文表述相同。该字又见杂字乙 14B4；同义 07B3 等。文海刻①20B42 有该字的详细材料。

12A14 䋶䋶 。wẽ 1.15 ljij 2.37（族姓）

[背隐] 䨪䋶
族姓

[按语] 背隐指出正文的类别为一"族姓"。与正文同样的词组（即此西夏复姓）还有同音甲 11A13；文海刻①20B51；杂字乙 13A4 等。

12A15 䋶䋶䋶 wẽ 1.15 dzjwo 2.44 mjiij 2.35 wẽ：人名

[背隐] 䋶
汉

[按语] 背隐指出正文的类别为一"汉族人名或族姓"用字。同音甲 11A14 与丁种本正文表述相同。该字又见同义 07B3；碎金 05B4 等。文海刻①20B52 有该字的详细材料。

12A16 䋶䋶 。wẽ 1.15 dzʑiəj 2.36（地名）

[背隐] 䨪䋶䋶䋶
盐池名

[按语] 背隐指出正文的类别为一"地名"，而且是一个产盐的地方。与正文同样的词组还有文海刻①20B53。同音甲 11A15：䋶䋶䋶 wẽ 1.15 1.15 ljɨ 2.61 mjiij 2.35。该字又见同义 25B7。文海刻①20B53 有该字的详细材料。

12A17 䋶䋶 mə 2.25 wee 1.12 生产

[背隐] 䋶䋶䋶䋶

生产出生

[按语] 背隐的内容是对正文的解释。参见上文同音丁03B62 及其背隐。与正文同样的词组还有同音甲02B63、11A17；文海刻①51A32；杂字乙15B4；同义23B2 等。

12A18 蕣蕣 。 wee 1.12 to 2.42 负债

[背隐] 䵝蘒藠

借物债

[按语] 背隐的内容是对正文的解释。参见下文同音丁13B51 及其背隐。与正文同样的词组还有同音甲11A16、12B65；文海刻①19A22；杂字乙20B8；合编甲12.031等。

12A21 楊觽 wər 2.76 wjor 1.90 脊梁

[背隐] 蒎

背

[按语] 背隐以同义词解释正文。与正文同样的词组还有同音甲11A21；合编甲04.041 等。

12A22 被蔪 。 twe 2.58 wjor 1.90 檩

[背隐] 祁样

檩梁

[按语] 背隐注明了该词的汉语读音；然后以同义词解释正文。参见下文同音丁16B43 及其背隐。与正文同样的词组还有同音甲11A18、15B62；文海刻①91A42；杂字乙17B4；掌中珠甲22A22（正文后该词的汉语译释即来源于此）；同义13B7 等。

12A23 觽觽 wjor 2.81 wjor 2.81 巢窝

[背隐] 孆瓾逐熝藠

禽犬住宿处

[按语] 背隐的内容是对正文的解释。参见下文同音丁12A24 及其背隐。与正文同样的词组还有同音甲11A22、11A23 等。

12A24 觽觽 。 wjor 2.81 wjor 2.81 窝巢

[背隐] 㥠㹮嶽/頳㣺

不弱养/养育

[按语] 背隐的内容是对正文的解释。参见上文同音丁12A23 及其背隐。与正文同样的词组还有同音甲11A22、11A23 等。

12A25 蕣蕣 wja 1.19 mja 1.20 父母

[背隐] 衰徽藠

出生处

[按语] 背隐的内容是对正文的解释。与正文同样的词组还有文海刻①25B22、78B21；杂字乙16A2；合编甲24.101 等。

12A26 藠藠 。 ·ji 1.30 wja 1.19 谓曰

[背隐] 骫爈

语助

[按语] 背隐指出正文的类别为一"语气助词"。与正文同样的词组还有同音甲11A25；文

海_刻①26B21 等。

12A27 𗫼𗰭 wə 1.27 be 2.07 皮篷

  ［背隐］𗰭

  皮

  ［按语］背隐以同义词解释正文。参见上文同音_丁05B74 及其背隐等内容。与正文同样的
  词组还有同音_甲05A11、11A27；文海_刻①34B32；合编_甲04.061；同义 12B5；碎
  金 08A1 等。

12A28 𗫼𗰛 wə 1.27 gji 2.10 夫妻

  ［背隐］𗰛𗰭𗫼𗰛

  自主属明

  ［按语］背隐的内容是对正文的解释。与正文同样的词组还有文海_刻①34B41；同义 05B4；
  碎金 07A3 等。

12A31 𗰭𗫼 dzju 2.03 wə 1.27 主主

  ［背隐］𗰭𗰛

  主持

  ［按语］背隐以同义词解释正文。与正文同样的词组还有同音_甲11A28；合编_甲08.063等。
  文海_刻①34B42 有该字的详细材料。

12A32 𗰛𗫼 。 wə 1.27 lji 1.67 争吵

  ［背隐］𗰭𗰛𗰛𗰭𗫼

  大小语回

  ［按语］背隐的内容是对正文的解释。与正文同样的词组还有同音_乙47A33；同音_甲
  11A31、46B22；同义 30A3 等。

12A33 𗫼𗰭 nja ? wər 2.76 霜露

  ［背隐］𗰛𗰭𗰛

  秋时降

  ［按语］背隐的内容是对正文的解释。参见下文同音_丁21A46 及其背隐。与正文同样的词
  组还有同音_甲11A34、20A25；合编_甲04.071；同义 09A1 等。掌中珠_甲09A12：𗫼
  𗰭（霜雪）。

12A34 𗰭𗰛 wər 2.76 zjir 2.72 脊背

  ［背隐］𗰛

  脊梁

  ［按语］背隐以同义词解释正文。与正文同样的词组还有同音_乙47B51；同音_甲11A32、
  47A62；文海_刻①91A41；杂字_乙16B7；掌中珠_甲18B22（正文后该词的汉语译释
  即来源于此）；同义 03B6 等。

12A35 𗰭𗰛 pe 1.08 wər 2.76 肮脏

  ［背隐］𗰛𗰭

  不净

[按语] 背隐以反义词解释正文。与正文同样的词组还有同音甲11A35。该字又见同义32A1。合编甲04.073有该字的详细材料。

12A36 〔西夏字〕。mej 1.33 wər 2.76 眼膜

[背隐] 〔西夏字〕

黄白色出

[按语] 背隐的内容是对正文的解释。与正文同样的词组还有同音甲11A33。该字又见同义31B2。合编甲04.074有该字的详细材料。

12A37 〔西夏字〕lhjɨ 1.69 wər 1.84 奔驰

[背隐] 〔西夏字〕

所行迅速

[按语] 背隐的内容是对正文的解释。与正文同样的词组还有同音甲11A37；合编甲16.021等。

12A38 〔西夏字〕rejr 2.66 wər 1.84 恭敬

[背隐] 〔西夏字〕/〔西夏字〕

心静聪明敬畏/敬

[按语] 背隐的内容是对正文的解释。背隐音义中"〔西夏字〕"字与正文小字"〔西夏字〕"组成词组"〔西夏字〕"（恭敬），相同词组又见文海刻①87B12。与正文同样的词组还有同音甲11A36。该字又见同义30A7。文海刻①87B12有该字的详细材料。

12A41 〔西夏字〕rjir 2.72 wər 1.84 夭亡

[背隐] 〔西夏字〕

寿不到幼死

[按语] 背隐的内容是对正文的解释。与正文同样的词组还有同音甲11A62。该字又见同义20B1。文海刻①87B21有该字的详细材料。

12A42 〔西夏字〕。pej 1.33 wər 1.84 头胎

[背隐] 〔西夏字〕

交配得驹

[按语] 背隐的内容是对正文大字的解释。参见上文同音丁07B72及其背隐。与正文同样的词组还有同音甲07A31、11A63等。聂Ⅱ495录背隐内容。

12A43 〔西夏字〕wjar 1.82 khjiw 2.40 翻掘

[背隐] 〔西夏字〕

农耕使残缺

[按语] 背隐的内容是对正文的解释。与正文同样的词组还有同音甲11A42。该字又见同义26B3。文海刻①85A31有该字的详细材料。

12A44 〔西夏字〕。kjir 1.79 wjar 1.82 毛细

[背隐] 〔西夏字〕/〔西夏字〕

细布/散乱

[按语] 此背隐音义先写于上一字下，然后又涂掉。背隐音义的内容是对正文的解释。与

正文同样的词组还有同音_甲11A43；文海_刻①85A41 等。

12A45 羇羇 wjii 1.14 wjoo 1.53 商贸

　　[**背隐**] 秆糁

　　　　买卖

　　[按语] 背隐的内容是对正文的解释。参见下文同音_丁12B25 及其背隐。与正文同样的词
　　　　组还有同音_甲11A45、11B26；文海_刻①20A13；合编_英03.033；同义 24A6 等。

12A46 緬嘯 lwu 2.01 wjii 1.14 隐藏

　　[**背隐**] 嘯皺恍蔽

　　　　自藏不见

　　[按语] 背隐的内容是对正文的解释。与正文同样的词组还有同音_甲11A44。该字又见同
　　　　义 29B6。文海_刻①19A72 有该字的详细材料。

12A47 骸蘷 。dzju 1.02 wjii 1.14 欺骗

　　[**背隐**] 泐徽縬骸

　　　　愚蠢学坏

　　[按语] 背隐的内容是对正文的解释。与正文同样的词组还有同音_甲11A46；合编_甲
　　　　01.164；同义 29B6 等。

12A48 藼藩蕳 bə 2.25 wə 1.68 nju 1.03（菜名）

　　[**背隐**] 藞缈/藕㡲

　　　　菜名/wu 1.58 twə 1.68（反切）

　　[按语] 背隐先指出正文的类别为一 "菜名"；然后注明了该字的反切音。参见上文同
　　　　音_丁04A72 及下文同音_丁17A32 及其背隐。与正文同样的词组还有同音_甲03A75、
　　　　16A54；文海_刻①08B61、74B61；同义 10A3 等。

12A51 菾龍 wə 1.68 nar 2.73 老老

　　[**背隐**] 蔲弽

　　　　岁大

　　[按语] 背隐的内容是对正文的解释。参见下文同音_丁19A73 及其背隐。与正文同样的词
　　　　组还有同音_甲11A48、18B53；文海_刻①21A71；合编_甲18.161 等。

12A52 藗猻 。pju 2.03 wə 1.68 烧燎

　　[**背隐**] 藼辇糁猻蔲

　　　　以外火烧烤

　　[按语] 背隐的内容是对正文大字的解释。该字又见同义 18B5。文海_刻①74B63 有该字的
　　　　详细材料。

12A53 骹緺 lji 1.29 wjij 1.61 粪屎

　　[**背隐**] 恍骹緺××

　　　　牛粪屎××

　　[按语] 背隐的内容是对正文的解释，后二字看不清楚。与正文同样的词组还有同音_甲
　　　　11A54。该字又见同义 32A1。文海_刻①66A62 有该字的详细材料。

12A54 𗴴𗏁 ？ wjij 1.61 长短

    [背隐] 𗴴𗏁𗏁

        裁截

    [按语] 背隐中"𗴴"似先写错，又于旁边重写。背隐音义的内容是对正文的解释。该字
        又见同义 20A5。文海_刻①66A71 有该字的详细材料。

12A55 𗼓𗥦 。 rər 1.84 wjij 1.61 缝补

    [背隐] 𗼓𗥦𗏁

        使缝连

    [按语] 背隐的内容是对正文的解释。与正文同样的词组还有同音_甲 11A55；文海_刻①
        66A72 等。

12A56 𗥦𗏁 gjwi 2.10 wa 1.63 赢词

    [背隐] 𗏁𗥦𗥦𗏁

        胜利得益

    [按语] 背隐的内容是对正文大字的解释。与正文同样的词组还有同音_甲 11A57。该字又
        见同义 02A3。文海_刻①69B72 有该字的详细材料。

12A57 𗥦𗏁 。 gjwir 2.77 wa 1.63 肩膀

    [背隐] 𗥦𗏁𗥦𗏁

        肩臂中间

    [按语] 背隐的内容是对正文的解释。参见下文同音_丁 26B37 及其背隐。与正文同样的词
        组还有同音_甲 11A56；同义 03B7 等。

12A58 𗥦𗏁 lwu 2.01 wa 1.17 隐藏

    [背隐] 𗥦𗏁

        藏匿

    [按语] 背隐以同义词解释正文。作注者误将 12A48 的背隐音义写于此字下，然后又涂
        掉。本书称这种错位的注释为"左右错位"，参见同音_丁 06B32 中的相关解释。
        与正文同样的词组还有同音_甲 11A64。该字又见同义 29B6。合编_甲 04.122 有该字
        的详细材料。聂 I 322 录背隐内容。

12A61 𗥦𗏁 。 dzuu 2.05 wa 1.17 趺坐

    [背隐] 𗥦𗏁𗥦/𗏁

        脚回交/跏趺

    [按语] 背隐的内容是对正文的解释。"𗏁"与正文大字连用组成词组"𗏁𗥦"（跏趺）。
        与正文同样的词组还有同音_甲 11A65。该字又见同义 05A5。合编_甲 04.123 有该字
        的详细材料。

12A62 𗥦𗏁 tjij 2.55 wo 2.42 礼仪

    [背隐] 𗥦𗏁𗥦

        足够测

    [按语] 背隐的内容是对正文的解释。与正文同样的词组还有同音_甲 11A66。该字又见同

义 22B5。合编_甲04.124 有该字的详细材料。

12A63 䑊膠 。ljwij 2.54 wo 2.42 可取

　　[背隐] 畟
　　　　　所

　　[按语] 背隐以同类词解释正文。与正文同样的词组还有同音_甲11A67。该字又见同义
　　　　　23A1。合编_甲04.131 有该字的详细材料。

12A64 𦤦𩑶 wā 2.22 khjij 1.36 养育

　　[背隐] 𦤦𥞆
　　　　　养育

　　[按语] 背隐以同义词解释正文。与正文同样的词组还有同音_甲11B37；合编_甲04.051；同
　　　　　义 28A5 等。

12A65 𥘵𥘶𦀖 。wā 2.22 ɣie 2.59 neew 2.41 wā：音善

　　[背隐] 𥘵𥘶/𦀖𥞆
　　　　　牲畜/快乐

　　[按语] 背隐的内容是对正文的解释，指出这是牲畜快乐时发出的声音。同音_甲11B36 与
　　　　　丁种本正文表述相同。该字又见同义 01A6。合编_甲04.133 有该字的详细材料。

12A66 𥞆𦀖 mə 1.68 wor 2.80 牛犊

　　[背隐] 𦤦𥞆𥘵
　　　　　牛所生

　　[按语] 背隐的内容是对正文的解释。与正文同样的词组还有同音_甲11A73；文海_刻①
　　　　　77A12；杂字_乙09A4；合编_甲03.124；同义 13B2 等。

12A67 𥞆𥘶𦀖 。wor 2.80 mjɨr 1.86 mə 2.25 wor：族姓

　　[背隐] 未注

　　[按语] 背隐对正文未作解释。其实正文中小字对大字的注释已经非常清楚，故无需再作
　　　　　背隐音义。同音_甲11A74 与丁种本正文表述相同。该字又见同义 07A6。合编_甲
　　　　　04.142 有该字的详细材料。

12A68 𥘵𦀖 tsjo 1.72 wiə 2.26 脂肪

　　[背隐] 𥘵𥘶𥞆
　　　　　畜有脂

　　[按语] 背隐的内容是对正文的解释。与正文同样的词组还有同音_乙35A74；同音_甲
　　　　　11A75、32A31；文海_刻①22B61；杂字_乙17A5；合编_甲04.143 等。

12A71 𥞆𦀖 。ljɨ 2.61 wiə 2.26 地肥

　　[背隐] 𥘶
　　　　　肥

　　[按语] 背隐以同义词解释正文大字。与正文同样的词组还有同音_甲11A76。该字又见同
　　　　　义 23A1。合编_甲04.144 有该字的详细材料。

12A72 𦀖𥘵 mjiij 2.35 wjɨ 1.29 名佛

[背隐] 𗧀𗫂𗸟𗍹

汉语同佛

[按语] 背隐的内容是对正文大字的解释。与正文同样的词组还有同音_甲11B62。该字又见同义01A3。文海_刻①37A52 有该字的详细材料。

12A73 𗗂𗫂 wjɨ 1.29 ljɨ 1.69 宝宝

[背隐] 𗼩/𗄦𗷅

矿/瑞象

[按语] 背隐的内容是对正文的解释。宝物出自矿藏，同时宝物代表着祥瑞。与正文同样的词组还有同音_甲11B61。该字又见同义18A6。文海_刻①37A61 有该字的详细材料。

12A74 𗫂𗋽 。phər 1.84 wjɨ 1.29 除去

[背隐] 𗴿𗱲𗈪𗖻

使除尘土

[按语] 背隐的内容是对正文的解释。该字又见同义24B7。合编_甲04.153 有该字的详细材料。

12A75 𗗂𗯟𗘅 wiã 2.23 dzjwo 2.44 mjiij 2.35 wiã：人名

[背隐] 𗼩

万

[按语] 背隐的内容是对正文另一层意思的解释。该字可以作为族姓、人名用字，同时也有数字"千万"的"万"的意思。同音_甲11B22与丁种本正文表述相同。该字又见掌中珠_甲27B14；碎金06A1 等。合编_甲04.154 有该字的详细材料。

12A76 𗫂𗱲 。lji 1.67 wiã 2.23 箭簇

[背隐] 𗨱𗫂𗅳

射箭头

[按语] 背隐的内容是对正文的解释。与正文同样的词组还有同音_甲11B45；文海_刻①26A62 等。

12B1A 𗒬𗫾𗸜𗼨𗷢

轻唇音独字

12B21 𗼨𗼩 bjuu 2.06 wjuu 2.06 收缩

[背隐] 𗘋𗼩𗷅

结交围

[按语] 背隐的内容是对正文的解释。参见上文同音_丁06B41 及其背隐。与正文同样的词组还有同音_甲05B54、11B21；同义12B3 等。

12B22 𗫾𗼨 wor 1.89 tew 1.43 鸡蛋

[背隐] 𗫂

禽

[按语] 背隐指出正文大字的类别为一"禽名"（简化）。与正文同样的词组还有同音_甲16B65。该字又见同义 27B2。文海_刻①90B51 有该字的详细材料。

12B23 𗁷𗏵 wji 2.60 wjo 2.64 能会

[背隐] 𗁷𗏵𗏵𗏵

巧善成为

[按语] 背隐的内容是对正文的解释。参见上文同音_丁10B78 及其背隐。与正文同样的词组还有同音_甲09B78、11B24；同义 17B2 等。

12B24 𗁷𗏵 ·a ？ wjo 1.72 孤寡

[背隐] 𗏵𗏵

无夫

[按语] 背隐的内容是对正文的解释。与正文同样的词组还有同音_甲11B25。该字又见杂字_乙16A6；掌中珠_甲06B22（正文后该词的汉语译释即来源于此）。文海_刻① 78B21 有该字的详细材料。

12B25 𗏵𗏵 wjii 1.14 wjoo 1.53 商贸

[背隐] 𗏵𗏵/𗏵

买卖/令

[按语] 背隐的内容是对正文的解释。背隐音义中"𗏵"字用虚线指向正文小字，二者组成词组"𗏵𗏵"（令易）。参见上文同音_丁12A45 及其背隐。与正文同样的词组还有同音_甲11A45、11B26；文海_刻①20A13；合编_英03.033；同义 24A6 等。

12B26 𗏵𗏵 wee 1.12 wee 1.12 负失

[背隐] 𗏵𗏵𗏵𗏵

物失债有

[按语] 背隐的内容是对正文的解释。与正文同样的词组还有同音_甲11B28。该字又见同义 24A2。文海_刻①19A22 有该字的详细材料。

12B27 𗏵𗏵 wjijr 2.68 wjir 2.72 拥抱

[背隐] 𗏵𗏵

拥抱

[按语] 背隐以同义词解释正文。参见上文同音_丁11A68 及其背隐。与正文同样的词组还有同音_甲10A67、11B31；杂字_乙15B7；同义 19B7 等。

12B28 𗏵𗏵 tsu 2.51 wja 1.19 咳吐

[背隐] 𗏵𗏵𗏵𗏵

垢动溢出

[按语] 背隐的内容是对正文的解释。与正文同样的词组还有同音_乙34A71；同音_甲11B32、33B66 等。文海_刻①26B22 有该字的详细材料。

12B31 𗏵𗏵 wow 1.54 war 1.80 绝望

[背隐] 𗏵𗏵/𗏵𗏵

有用/穷尽

［按语］背隐的内容是对正文的解释。与正文同样的词组还有同音_甲11B33。该字又见同义 30B1。合编_甲04.193 有该字的详细材料。

12B32 㲋膗 xjwïj 2.55 wej 2.30 悬浮
［背隐］㲋㲋㲋㲋
地下莫到
［按语］背隐的内容是对正文的解释。与正文同样的词组还有同音_甲11B34；杂字_乙21A6 等。合编_甲04.201 有该字的详细材料。

12B33 羬骹 wa 2.14 ·jaa 1.21 何然
［背隐］㲋㲋㲋/㲋㲋
不明白/问语
［按语］背隐的内容是对正文的解释。与正文同样的词组还有同音_乙46B21；同音_甲11B38、46A34 等。合编_甲04.202 有该字的详细材料。

12B34 㐫韷綧 wow 1.54 mjir 1.86 mə 2.25 wow：族姓
［背隐］㲋/㲋㲋
汉/·u 1.01 lwow 1.54（反切）
［按语］背隐先指出正文的类别为一"汉族姓"；然后注明了该字的反切音。同音_甲11B41 与丁种本正文表述相同。该字又见杂字_乙14A6；掌中珠_甲06B14；同义 07B1；碎金 05B3 等。文海_刻①60B71 有该字的详细材料。

12B35 羥羧骹 wur 1.75 wer 1.77 pu 1.01（切身字）
［背隐］未注
［按语］背隐对正文未作解释，可能因为该字为切身字，注字已经交代清楚了大字的来龙去脉，故未注。同音_甲11B42 与丁种本正文表述相同。该字又见同义 01A7。文海_刻①80B11 有该字的详细材料。

12B36 㳤綕 xjwi 1.10 siwə 1.28 子鼠
［背隐］羥纤
wjï 1.29 pji 1.11（反切）
［按语］背隐注明了该字的反切音。"子"乃"十二地支"之一，代表"鼠"。与正文同样的词组还有同音_乙39B32；同音_甲11B43；杂字_乙10A5；同义 27A7 等。

12B37 㲋飝 wie 2.08 mjij 2.33 煨焖
［背隐］㲋㲋㲋㲋
煮熟限超
［按语］背隐的内容是对正文的解释。参见上文同音_丁04B52 及其背隐。与正文同样的词组还有同音_甲03B53、11B44 等。该字又见同义 18B6。

12B38 㲋㲋 wier 1.78 wior 1.90 爱惜
［背隐］㲋㲋㲋㲋
爱惜不厌
［按语］背隐先以同义词解释正文，再以反义词解释正文。与正文同样的词组还有同音_甲

11B46；文海刻①38B72 等。文海刻①91A31 有该字的详细材料。

12B41 [illegible] gjwow 1.56 wier 1.78 投掷

［背隐］ [illegible]

投掷

［按语］ 背隐以同义词解释正文。参见下文同音丁 27B44 及其背隐。与正文同样的词组还有同音甲 11B35、27A21 等。文海刻①82B52 有该字的详细材料。

12B42 [illegible] xju 1.02 xa 1.17 吹拂

［背隐］ [illegible]/[illegible]

吹起/使除

［按语］ 背隐的内容是对正文的解释。与正文同样的词组还有同音乙 46A35；同音甲 11B47、45B44；文海刻①40B63；同义 08A6 等。

12B43 [illegible] bu 1.01 wəə 1.31 降伏

［背隐］ [illegible]/[illegible]

降伏/变好

［按语］ 背隐的内容是对正文的解释。参见上文同音丁 05B13 及其背隐。与正文同样的词组还有同音甲 04B17、11B48；文海刻①81B61；同义 30B2 等。

12B44 [illegible] xjwi 1.16lji̤ 2.61 mjiij 2.35 xjwi：地名

［背隐］ [illegible]/[illegible]

均分/木黑

［按语］ 背隐的内容是对正文大字另一层意思的解释。即此字通常作为译音字用于地名等，同时又具有“均分”的“分”这个意思。“木黑”意义不明。同音甲 11B51 与丁种本正文表述相同。该字又见同义 25B6；碎金 05B5 等。文海刻①21B42 有该字的详细材料。

12B45 [illegible] wu̇ 1.58 sji 1.11 榆树

［背隐］ [illegible]

大砍义亦是芜荑出

［按语］ 背隐的内容是对正文的解释，但具体所指难以翻译清楚。与正文同样的词组还有同音甲 11B52；文海刻①63A72 等。

12B46 [illegible] tshie 2.07 wiəj 2.36 放屁

［背隐］ [illegible]

内风下出

［按语］ 背隐的内容是对正文的解释。与正文同样的词组还有同音甲 11B53。该字又见同义 32A2。合编甲 05.033 有该字的详细材料。

12B47 [illegible] wiow 1.55 wjɨ 1.29 piow 1.55（切身字）

［背隐］ 未注

［按语］ 背隐对正文未作解释，可能因为该字为切身字，注字已经交代清楚了大字的来龙去脉，故未注。同音甲 11B54 与丁种本正文表述相同。该字又见同义 01A7。文

海_刻①61B22 有该字的详细材料。

12B48 𗼺<small>韵缉</small> wow 2.47 mjir 1.86 mə 2.25 wow：族姓

[背隐] 𗆚/𗽉𗈬

番/·u 2.01 kwow 2.47（反切）

[按语] 背隐指出正文的类别为一"番族姓"；然后注明了该字的反切音。同音_甲11B57
与丁种本正文表述相同。该字又见杂字_甲11A1；掌中珠_甲35B14；同义 06B1 等。
合编_甲05.042 有该字的详细材料。

12B51 𗂆𗉃 sjwi 1.10 wor 1.89 起起

[背隐] 𗉃𗂆

起起

[按语] 背隐以同义词解释正文。与正文同样的词组还有同音_甲11B58。该字又见同义
19A4。文海_刻①90B52 有该字的详细材料。

12B52 𗌮<small>弁</small> wji 1.10 wjo 1.51 作为

[背隐] 𗼻𗌮𗉲

工匠事

[按语] 背隐的内容是对正文的解释。参见下文同音_丁12B63 及其背隐。与正文同样的词
组还有同音_甲09B68、11A71；文海_刻①89A72；同义 17A6 等。

12B53 𗋒𗈪 dzjo 1.51 wjij 1.61 长短

[背隐] 𗈪𗆐𗌮

莫到短

[按语] 背隐的内容是对正文大字的解释。与正文同样的词组还有同音_甲10A78；合编_甲
20.031 等。文海_刻①66A61 有该字的详细材料。

12B54 𗉨𗢭 xa 2.14 wej 1.33 安乐

[背隐] 𗎁𗉨𗢭𗢭

语好升高

[按语] 背隐的内容是对正文的解释。与正文同样的词组还有同音_乙44B25；同音_甲
10B31、44A22；文海_刻①42B62；同义 20B4 等。

12B55 𗤁𗤻 wji 1.29 sjwi 2.10 祖尊

[背隐] 𗏹𗆐𗈪

生出处

[按语] 背隐的内容是对正文的解释。参见下文同音_丁31A42 及其背隐。从两处背隐音义
的内容来看，该词有两层意思：其一，作"祖、尊"讲；其二，有"铁匠"之
义。查羌族相关的民族学材料，铁匠乃是这个民族崇拜和尊敬的对象之一[1]。
与正文同样的词组还有同音_甲10B42、30A75 等。文海_刻①36A12；合编_甲05.061
有该字的详细材料。

---

[1] 陈兴龙：《羌族释比文化研究》第 67 页，四川民族出版社 2007 年版。

12B56 𗫶𗰀 wju 2.02 war 1.80 肠缠

　　[背隐] 𗫶𗰀
　　　　　围绕

　　[按语] 背隐以同义词解释正文大字。与正文同样的词组还有同音甲11A58。该字又见同
　　　　　义04A3。文海刻①84A62 有该字的详细材料。

12B57 𗫶𗰀 zji 1.11 wier 1.78 男男

　　[背隐] 𗫶𗰀
　　　　　童子

　　[按语] 背隐的内容是对正文的解释。与正文同样的词组还有同音甲11A41；文海刻①
　　　　　77A72；杂字乙14B7 等。

12B58 𗫶𗰀 wji 1.10 wjo 1.51 送行

　　[背隐] 𗫶𗰀
　　　　　送行

　　[按语] 背隐以同义词解释正文。参见上文同音丁10B71 及其背隐。与正文同样的词组还
　　　　　有同音甲11A68、11B55；文海刻③07A61；合编甲05.071 等。

12B61 𗫶𗰀 dzu 1.01 wier 1.78 爱惜

　　[背隐] 𗫶𗰀𗫶𗰀
　　　　　需用不厌

　　[按语] 背隐的内容是对正文的解释。与正文同样的词组还有文海刻①30B42。该字又见同
　　　　　义23A6。文海刻①82B51 有该字的详细材料。

12B62 𗫶𗰀𗫶𗰀 xjwe 1.08 xjwi 1.10 pe 1.08（切身字）

　　[背隐] 𗫶𗰀𗫶𗰀
　　　　　韵脚梵语

　　[按语] 背隐的内容是对正文的解释。该字又见同义08A5。合编甲05.073 有该字的详细
　　　　　材料。

12B63 𗫶𗰀 wji 1.10 wjo 1.51 作为

　　[背隐] 𗫶𗰀
　　　　　wji 1.10 kjo 1.51（反切）

　　[按语] 背隐的内容是对正文的解释。参见上文同音丁12B52 及其背隐。与正文同样的词
　　　　　组还有同音甲09B68、11A71；文海刻①89A72；同义17A6 等。

12B64 𗫶𗰀 rjir 2.77 wjo 1.51 所所

　　[背隐] 𗫶𗰀/𗫶𗰀/𗫶𗰀
　　　　　语助/我谓/wji 1.10 tshjo 2.44（反切）

　　[按语] 背隐指出正文的类别为一"语气助词"；然后是对正文的解释；最后注明了该字
　　　　　的反切音。与正文同样的词组还有合编甲05.082。该字又见同义17B5。合编甲
　　　　　05.082 有该字的详细材料。

12B7A 𗼞𗰗𗟱𗘞𗟱

舌头音三品

13A11 𗼞𗰗 na 1.17 we 2.07 黑夜

  [背隐] 𗰗𗟱𗙾𗟱
  晚黑以后

  [按语] 背隐的内容是对正文的解释。参见上文同音丁10B24 及其背隐。与正文同样的词组还有同音甲09B24、12A21 等。该字又见同义16A5。合编甲06.011 有该字的详细材料。

13A12 𗶷𗼞 nwu 1.01 na 1.17 婴儿

  [背隐] 𗰗𗟱
  柔软

  [按语] 背隐的内容是对正文的解释。参见下文同音丁19A74 及其背隐。与正文同样的词组还有同音甲12A26、18B54；文海刻①06B51；杂字乙15B6；同义04B4 等。

13A13 𗼞𗰗 na 1.17 rar 2.73 明日

  [背隐] 𗰗𗟱𗼞𗟱
  今日过则

  [按语] 背隐的内容是对正文的解释。与正文同样的词组还有同音乙46B75；同音甲12A22、46A65；文海刻①22B31；掌中珠甲10B32（正文后该词的汉语译释即来源于此）；同义13A5；碎金02B5 等。

13A14 𗭪 na 1.17 mjɨr 1.86 mə 2.25 na：族姓

  [背隐] 𗰗
  ɣwə

  [按语] 背隐中"𗰗"字与大字"𗭪"组成复姓"𗰗𗭪"，该西夏复姓又见文海刻①22B32；杂字乙12B4 等。同音甲12A27 与丁种本正文表述相同。该字又见同义06B5。文海刻①22B32 有该字的详细材料。

13A15 𗼞𗰗 na 1.17 gju 1.03 戌亥

  [背隐] 𗰗𗟱𗙾𗼞
  护家者狗

  [按语] 背隐的内容是对正文大字的解释。"戌"乃"十二地支"之一，代表"狗"。与正文同样的词组还有同音甲12A23；掌中珠甲10A12（正文后该词的汉语译释即来源于此）；同义28B3 等。

13A16 𗼞𗰗 na 1.17 dziə 1.28 巫狐

  [背隐] 𗰗𗟱𗙾𗟱
  巫巫象现

  [按语] 背隐的内容是对正文大字的解释。与正文同样的词组还有同音甲12A24。

13A17 𗰗𗼞 。 thjɨ 2.28 na 1.17 屁股

  [背隐] 𗹭𗂡
    屁股

  [按语] 背隐以同义词解释正文。参见下文同音丁13A75 及其背隐。与正文同样的词组还
     有同音甲12A25、12B17；文海刻①22B51；同义04A5 等。我们发现正文与背隐音
     义两个词语相互注释，参阅同音丁04B15、23A33 及其背隐。

13A18 𗤛 djii 1.42 na 1.17 浅深
  [背隐] 𗹭𗤴
    不浅

  [按语] 背隐以反义词解释正文大字。参见下文同音丁18B48 及其背隐。与正文同样的词
     组还有同音甲12A28、18A27；掌中珠甲12B12（正文后该词的汉语译释即来源于
     此）等。

13A21 𗤢 tshwu 1.01 na 1.17 肥胖
  [背隐] 𗤢𗤢𗤴
    脂肪有

  [按语] 背隐的内容是对正文的解释。与正文同样的词组还有同音乙35B24；同音甲
     12A31、33A77；文海刻①79A12；杂字乙17A3；合编甲04.143 等。

13A22 𗤛 na 1.17 lji 2.61 mjiij 2.35 南：地名
  [背隐] 𗤴𗤴𗤴
    晒南方

  [按语] 背隐的内容是对正文大字的解释。该字又见同音甲19A51；掌中珠甲11A34（正文
     后该词的汉语译释即来源于此）；同义25B6；碎金06A1 等。文海刻①22B52 有该
     字的详细材料。

13A23 𗤴 neew 2.41 nju 2.03 善畜
  [背隐] 𗹭𗤴
    不劣

  [按语] 背隐以反义词解释正文大字。参见下文同音丁13A61 及其背隐。与正文同样的词
     组还有同音甲12A34、12A64 等。合编甲06.033 有该字的详细材料。

13A24 𗤴 neew 2.41 wji 1.10 安稳
  [背隐] 𗤴𗤴𗤴𗤴𗤴
    安稳徐徐往

  [按语] 背隐的内容是对正文的解释。与正文同样的词组还有同音甲12A33；文海刻①
     07B51 等。

13A25 𗤴 neew 2.41 sji 2.60（草名）
  [背隐] 𗤴𗤴
    njwi 1.30 teew 2.41（反切）

  [按语] 背隐注明了该字的反切音。与正文同样的词组还有同音甲12A32；杂字乙08A3 等。

13A26 𗤴𗤴 kji 1.30 thwo 2.42 所容

[背隐] 骶骸

陷入

[按语] 背隐的内容是对正文的解释。与正文同样的词组还有同音_甲12A35。该字又见同义26A3。合编_甲06.042有该字的详细材料。聂Ⅰ505录背隐内容。

13A27 䔾骸 thwo 2.42 mur 1.75 酒酒

[背隐] 骸

酒

[按语] 背隐以同义词解释正文。参见上文同音_丁06B13及其背隐。与正文同样的词组还有同音_甲05B25、12A37；同义11B2等。聂Ⅰ505录背隐内容。

13A28 骶莕 xə 2.25 thwo 2.42 梧桐

[背隐] 蕤㥪㥪

木内壕

[按语] 背隐的内容是对正文的解释。与正文同样的词组还有同音_乙45A65；同音_甲12A36、44B78；杂字_乙06B5；同义09B3等。

13A31 骰骶 thwo 2.42 ŋwuu 1.05 何语

[背隐] 骸骸骶骸

何也问语

[按语] 背隐的内容是对正文的解释。与正文同样的词组还有同音_甲12A42。该字又见同义21B2。合编_甲06.045有该字的详细材料。

13A32 骸骸 thwo 2.42 ·ji 1.30 吼叫

[背隐] 蕃/骸骸

乱/吼叫

[按语] 背隐的内容是对正文的解释。背隐音义中"蕃"字指向大字"骸"，二者连用组成词组"蕃骸"（乱吼）。与正文同样的词组还有同音_甲12A43。该字又见同义08A5。合编_甲06.051有该字的详细材料。

13A33 骸骶 。zji 1.67 thwo 2.42 靴底

[背隐] 骸骶

脚底

[按语] 背隐的内容是对正文的解释。与正文同样的词组还有同音_甲12A44；掌中珠_甲25A12（正文后该词的汉语译释即来源于此）等。

13A34 骸骸 tshji 2.10 thwo 1.49 普遍

[背隐] 骸骸骸骸骸

使皆到普遍

[按语] 背隐的内容是对正文的解释。参见下文同音_丁30A47及其背隐。与正文同样的词组还有同音_甲12A38、29A77；文海_刻①57A12；同义28B6等。

13A35 骶骸 。sjwi 2.10 thwo 1.49 梦幻

　　　　[背隐] 貕齬灓蒿褡
　　　　　　 梦中呓受惊

　　　　[按语] 背隐的内容是对正文的解释。参见下文同音丁31A41及其背隐。与正文同样的词
　　　　　　　 组还有同音甲12A41、30A78；文海刻①57A21；同义30B7等。

13A36 骹缷 sjij 2.54 thow 1.54 智通

　　　　[背隐] 姷毻訛
　　　　　　 使通同

　　　　[按语] 背隐的内容是对正文大字的解释。与正文同样的词组还有同音甲19B68。该字又
　　　　　　　 见同义29A1。文海刻①59B51有该字的详细材料。

13A37 绪訋缝 thow 1.54 mjɨr 1.86 mə 2.25 thow：族姓

　　　　[背隐] 绪缷
　　　　　　 地名

　　　　[按语] 背隐指出正文的类别为"地名"，正文又标明"族姓"，可见此字为"地名、族
　　　　　　　 姓"用字无疑。同音甲12A46与丁种本正文表述相同。该字又见杂字乙14A6；掌
　　　　　　　 中珠甲22A1；同义07B7；碎金05B4等。

13A38 羖佟　。·ja 2.17 thow 1.54（鸟名）

　　　　[背隐] 孈缷
　　　　　　 鸟名

　　　　[按语] 背隐指出正文的类别为一"鸟名"。与正文同样的词组还有同音乙43A38；同音甲
　　　　　　　 12A47、42B14；杂字乙09B2；同义27B7等。

13A41 骹佟 wjij 2.32 du 1.04 置在

　　　　[背隐] 翍悷
　　　　　　 置定

　　　　[按语] 背隐以同义词解释正文。参见上文同音丁11A33及其背隐。与正文同样的词组还
　　　　　　　 有同音甲10A33、12A48等。该字又见同义25A3。合编甲02.225有该字的详细材
　　　　　　　 料。聂Ⅱ081录背隐内容。

13A42 骹悷 du 1.04 djɨj 2.37 安定

　　　　[背隐] 焱姫悷骸
　　　　　　 停止不乱

　　　　[按语] 背隐的内容是对正文的解释。参见下文同音丁17B64及其背隐。与正文同样的词
　　　　　　　 组还有同音甲12A51、17A23等。文海刻①10A61有该字的详细材料。

13A43 骹褖 du 1.04 njɨ 2.29 怨骂

　　　　[背隐] 斳骹褡骹
　　　　　　 犯罪处骂

　　　　[按语] 背隐的内容是对正文的解释。参见下文同音丁18A21及其背隐。与正文同样的词
　　　　　　　 组还有同义29B2。该字又见同音甲12A54。文海刻①10A62有该字的详细材料。

13A44 脿骹 du 1.04 rjɨj 2.37 楼阁

[背隐] 蕋

　　　楼

[按语] 背隐注明了该词的汉语读音。与正文同样的词组还有同音乙47B32；同音甲12A52、47A43；文海刻①10A71；杂字乙17B4；掌中珠乙21B32（正文后该词的汉语译释即来源于此）；合编甲06.074；同义13B4；碎金03B4等。

13A45 羱羱 du 1.04　da 2.14 笨重

[背隐] 羱羱羱羱羱

　　　迟缓不敏捷

[按语] 背隐的内容是对正文的解释。参见下文同音丁15A61及其背隐。与正文同样的词组还有同音甲12A53、14A74；文海刻①10B11；同义32A4等。

13A46 羱羱 。du 1.04　dju 1.03 禁止

[背隐] 羱羱羱羱

　　　不通驱赶

[按语] 背隐的内容是对正文的解释。参见下文同音丁18A58及其背隐。与正文同样的词组还有同音甲12A55、17B24；文海刻①30A72；合编甲09.043；同义25A1等。

13A47 羱羱 du 2.04　wji 1.10 限量

[背隐] 羱羱羱羱羱

　　　争是非使明

[按语] 背隐的内容是对正文的解释。与正文同样的词组还有同音甲12A56；文海刻①30A72；合编英03.082等。

13A48 羱羱 bja 2.17　du 2.04 （族姓）

[背隐] 羱羱

　　　族姓

[按语] 背隐指出正文的类别为一"族姓"。参见上文同音丁06A47及其背隐。与正文同样的词组（即此西夏复姓）还有同音甲05A55、12A57；杂字乙12A1；合编甲06.091；同义06B4；碎金04B5等。

13A51 羱羱 du 2.04　lji 2.09 （树名）

[背隐] 羱羱

　　　树名

[按语] 背隐指出正文的类别为一"树名"。与正文同样的词组还有同音乙49B71；同音甲12A58、49B11；杂字乙07A1；同义09A5等。

13A52 羱羱 bə 2.25　du 2.04 浮图（塔）

[背隐] 羱羱羱羱羱

　　　舍利有处墓

[按语] 背隐的内容是对正文的解释。参见上文同音丁04A77及其背隐。与正文同样的词组还有同音甲03B11、12A61；杂字乙13B3；同义13B5等。

13A53 羱羱 bə 2.25　du 2.04 袜肚

[背隐] 缓敀菰
　　　围胸用

[按语] 背隐的内容是对正文的解释。参见上文同音丁 04A78 及其背隐。与正文同样的词
　　　组还有同音甲 03B12、12A62；杂字乙 06B1；掌中珠甲 24B22（正文后该词的汉语
　　　译释即来源于此）；同义 12A6；碎金 07B6 等。

13A54 㱿豹 。bia 2.15 du 2.04 祐
　　　[背隐] 㲒
　　　　　祐

[按语] 背隐注明了该词的汉语读音。参见上文同音丁 07A78 及其背隐。与正文同样的词
　　　组还有同音甲 06B31、12A63；杂字乙 06B1；掌中珠甲 24B32（正文后该词的汉语
　　　译释即来源于此）；合编丙 B12；同义 12A5 等。

13A55 㼑蘁 nju 2.03 nju 2.52 喂乳
　　　[背隐] 箛屙
　　　　　吸乳

[按语] 背隐的内容是对正文的解释。与正文同样的词组还有同音甲 12A68；杂字乙 15B6
　　　等。

13A56 㤲绵 mji 1.11 nju 2.03 不祥
　　　[背隐] 毹绕绊㺼㤲菲
　　　　　善巧心上不往

[按语] 背隐的内容是对正文的解释。与正文同样的词组还有同音甲 12A66；文海刻 ③
　　　09A61；合编甲 11.084 等。

13A57 蓤絷 nju 2.03 djiij 2.35 燃香
　　　[背隐] 籍绺
　　　　　神全

[按语] 背隐的内容是对正文的解释。参见下文同音丁 13B18 及其背隐。与正文同样的词
　　　组还有同音甲 12A71、12B31；同义 10A2 等。背隐音义中二字《夏汉字典》（修
　　　订本）5138 "籍" 字条下誊录成 "籍绺"，译为 "六神"，并给出了一大段按语
　　　予以解释。因为辞书中，此二字均不是十分清楚，虽然我们有疑虑，还是先采纳
　　　了李先生的意见。在将《天盛律令·名略》输入电脑时，在名略下 14A2 中（即
　　　《天盛律令》第 19 卷第 1333 条名目），此二字明显写作 "籍绺"，史金波等汉译
　　　本译作 "增福"。另外在《圣立义海》①29A5 又见到这两个字，仍然清楚的写成
　　　"籍绺"。由此来看，将其誊录成 "籍绺"，并译为 "六神"，应该是错误的，由
　　　此而进行的解释也是不足信的。至于如何翻译此二字，由于例证太少，还有待于
　　　进一步研究。

13A58 蘝绲 nja 1.20 nju 2.03 下降
　　　[背隐] 㶩绱貌
　　　　　鸟下落

[按语] 背隐的内容是对正文的解释。与正文同样的词组还有同音_甲 12A67。该字又见杂字_乙 10A2；掌中珠_甲 10B22（正文后该词的汉语译释即来源于此）；同义 05A3 等。合编_甲 06.112 有该字的详细材料。

13A61 𗄼𗥤 neew 2.41 nju 2.03 善畜

[背隐] 𗥤𗯨

牲畜

[按语] 背隐以同义词解释正文。参见上文同音_丁 13A23 及其背隐等内容。与正文同样的词组还有同音_甲 12A34、12A64 等。合编_甲 06.113 有该字的详细材料。聂Ⅱ057 录背隐内容。

13A62 𗥤𗟲 。nju 2.03 ŋewr 2.78 多数

[背隐] 𗖔𗟲𗥤𗄼

算数使明

[按语] 背隐的内容是对正文的解释。参见下文同音_丁 23B16 及其背隐。与正文同样的词组还有同音_甲 12A65、22B33；文海_刻①41B32；合编_甲 17.091；同义 21B6；碎金 09A4 等。

13A63 𗼅𗟲 njiij 1.39 ka 1.63 心命

[背隐] 𗨁𗼅

慧觉

[按语] 背隐的内容是对正文的解释。与正文同样的词组还有同音_甲 12A75；掌中珠_甲 18B32（正文后该词的汉语译释即来源于此）等。

13A64 𗟲𗣼 njiij 1.39 njij 1.36 死冈

[背隐] 𗣼𗟲𗢾𗣼

人死后主

[按语] 背隐的内容是对正文的解释。参见下文同音_丁 14B15 及其背隐。与正文同样的词组还有同音_甲 12A76、13B41；文海_刻①50A12；同义 30A6 等。

13A65 𗾞𗟲 njiij 1.39 kha 1.17 心中

[背隐] 𗈦𗾞

中间

[按语] 背隐以同义词解释正文。参见下文同音_丁 29B12 及其背隐。与正文同样的词组还有同音_甲 26B41 等。该字又见杂字_乙 13A2；同义 16B5。文海_刻①50A21 有该字的详细材料。

13A66 𗥺𗟲 。lew 2.38 njiij 1.39 燕珠

[背隐] 𗥺𗯨

珠名

[按语] 背隐指出正文的类别为一"珠名"。与正文同样的词组还有同音_甲 12A77；文海_刻①50A22；杂字_乙 05B4 等。

13A67 𗟲𗼨 kji 1.30 njiij 1.39 已入

[背隐] 㤜㳰㥉㳱㳰

不驱赶使居

[按语] 背隐的内容是对正文的解释。与正文同样的词组还有同音甲12B12。该字又见同义23A5。文海刻①50A23 有该字的详细材料。

13A68 蘿𧄔。njiij 1.39 zow 2.47 信任

[背隐] 㣆㲸㲺㲩㳱

信使往心上

[按语] 背隐的内容是对正文的解释。与正文同样的词组还有同音乙50B23；同音甲12B11、50A26；文海刻①50A31；同义02B2 等。

13A71 㳟㲺 thji 2.28 wji 2.27 此刻

[背隐] 㲺㲺

此刻

[按语] 背隐以同义词解释正文。参见上文同音丁11B44 及其背隐。与正文同样的词组还有同音甲10B45、12B14；文海刻①17B71；合编甲19.104；同义21A6 等。

13A72 㳟㳱 thji 2.28 la ？ 蝎蝎

[背隐] 㲻㲮

毒虫

[按语] 背隐指出正文的类别为一"毒虫"。与正文同样的词组还有同音乙53A78；同音甲12B13、53A38；杂字乙10B5；同义28A4 等。

13A73 㳟㳱 thji 2.28 ɣu 2.04 天子

[背隐] 㲺㲲

天子

[按语] 背隐以同义词解释正文。与正文同样的词组还有同音乙42A47；同音甲12B15、41B22；文海刻①68B62；同义02B1 等。

13A74 㳰㳱 thji 2.28 ɣu 2.04 （族姓）

[背隐] 㳱㳱

族姓

[按语] 背隐指出正文的类别为一"族姓"。与正文同样的词组（即此西夏复姓）还有同音乙42A48；同音甲12B16、41B27；杂字乙12B8；同义06B6；碎金05A3 等。

13A75 㳰㳱。thji 2.28 na 1.17 屁股

[背隐] 㳰㳱

屁股

[按语] 背隐以同义词解释正文。参见上文同音丁13A17 及其背隐。与正文同样的词组还有同音甲12A25、12B17；文海刻①22B51；同义04A5 等。我们发现正文与背隐音义两个词语相互注释，参阅同音丁04B15、23A33 及其背隐。

13A76 㳱㳲 tshjii 1.32 thji 1.30 审查

[背隐] 𘟙𗹦𗧑
解使出

[按语] 背隐的内容是对正文的解释。与正文同样的词组还有同音乙 41A76；同音甲 12B23、41A32；文海刻①41B32 等。聂Ⅱ368 录背隐内容。

13A77 𗽉𗿧 mja 1.20 thji 1.30 东方

[背隐] 𗤶𗯴/𗤶𗯴
东方/东方

[按语] 背隐以同义词解释正文。背隐音义两组内容相同，一个注正文大字，一个注正文小字，说明正文大、小字为同义词。与正文同样的词组还有同音甲 12B21；文海刻①49A12；合编甲 08.073 等。聂Ⅰ586 录背隐内容。

13A78 𗿧𗧀 。 thji 1.30 wji 1.10 呼喊

[背隐] 𘊄𗊂𗦮
唤名用

[按语] 背隐的内容是对正文的解释。与正文同样的词组还有同音甲 12B18；文海刻①83A72 等。

13B11 𗥗𗧢 thji 1.30 kjiir 2.85 （地名）

[背隐] 𗊂𘊄𗤈/𗧑
地名泽/川

[按语] 背隐指出正文的类别为一"地名"。后边两个字可以分别与正文组成一个泽名（地斤泽）[1]或一个川名（地斤川）。参见下文同音丁 24B68 及其背隐。与正文同样的词组还有同音甲 12B24、24A18；文海刻①37B73；合编甲 06.153；同义 25B6 等。聂Ⅱ275 录背隐内容。

13B12 𗧑𗤶 thji 1.30 khjwi 2.10 山坳

[背隐] 𗀔
山

[按语] 背隐的内容是对正文的解释。参见下文同音丁 28B51 及其背隐。与正文同样的词组还有同音甲 12B25、28A44；文海刻①38A11；合编甲 06.154 等。聂Ⅱ229 录背隐内容。

13B13 𗤶𗧑 。 thji 1.30 rjar 1.82 骄傲

[背隐] 𗤶𗸰
矜高

[按语] 背隐的内容是对正文的解释。与正文同样的词组还有同音甲 12B22；文海刻①38A12；合编丙 A25；同义 26B6 等。

13B14 𗢳𗧢𗣼 kie 1.66 ŋwo 2.42 djiij 2.35 金银锭

---

[1] 《同音》丁种本及其背隐中出现了两种不同写法的"地斤泽"，可见此地名在西夏历史上的地位。另外一处见同音丁 27A46 及其背隐。

[背隐]　繿 弿 袴

做圆粒

[按语]　背隐的内容是对正文的解释。同音甲12B26 与丁种本正文表述相同。该字又见同义 18A2。合编甲06.162 有该字的详细材料。聂Ⅱ205 录背隐内容。

13B15 𥻘 䐗 djiij 2.35　la 2.14　坟墓

[背隐]　偀 鮷 䐗

丘坟墓

[按语]　背隐以同义词解释正文。与正文同样的词组还有同音甲12B27；同义 32A3（颠倒）等。合编甲06.163 有该字的详细材料。

13B16 䴾 𢆨 sjwi 2.10　djiij 2.35　巧匠

[背隐]　𤤴 㩻 𥻘 䕞

巧匠巧匠

[按语]　背隐以同义词解释正文。参见下文同音丁31A43 及其背隐。与正文同样的词组还有同音甲12B28、30A76；同义 17B1 等。

13B17 𤞑 袴 djiij 2.35　wji 1.10　计谋

[背隐]　㡲 䋘 㧢 絲 㩻

互不义则捕

[按语]　背隐的内容是对正文的解释。与正文同样的词组还有同音甲12B33；文海刻③05A12；杂字乙22B3 等。

13B18 𧻐 㧲 nju 2.03　djiij 2.35　燃香

[背隐]　䕞 䋘 䕞 㧲

神全火行

[按语]　背隐的内容是对正文的解释。参见上文同音丁13A57 及其背隐。与正文同样的词组还有同音甲12A71、12B31；同义 10A2 等。

13B21 䋘 𤞢 。ŋo 2.42　djiij 2.35　悲痛

[背隐]　㩻 𤞢

悲哀

[按语]　背隐以近义词解释正文。与正文同样的词组还有同义 30A7。该字又见同音甲12B32。合编甲06.173 有该字的详细材料。聂Ⅰ179 录背隐内容。

13B22 𥻘 䕞 thjij 1.36　du 1.58　田野

[背隐]　䕞 㦸 䕞 𧻐

野大山黑

[按语]　背隐的内容是对正文的解释。与正文同样的词组还有同音甲12B37；文海刻①63A43；合编甲11.012 等。聂Ⅰ407 录背隐内容。

13B23 㦸 䕞 phju 1.03　thjij 1.36　筵席

[背隐]　㡲 䴾 袴 㦸

　　　　吃宴坐席

　　[按语] 背隐的内容是对正文的解释。参见上文同音丁06A71 及其背隐。与正文同样的词组还有同音甲05B11、12B42；文海刻③06A52；同义11A2 等。聂Ⅱ458 录背隐内容。

13B24 𗼫𗥔 thjij 1.36 miej 1.34 呼喊

　　[背隐] 𗥔𗄊𗼫𗄊

　　　　喊叫使来

　　[按语] 背隐的内容是对正文的解释。与正文同样的词组还有同音甲12B44；合编甲10.022 等。合编甲06.182 有该字的详细材料。聂Ⅰ574 录背隐内容。

13B25 𗼫𗥔 thjij 1.36 khji 1.11 刀刀

　　[背隐] 𗄊𗥔𗄊𗥔

　　　　刀剑兵器

　　[按语] 背隐内容是对正文的解释。参见下文同音丁23A35 及其背隐。与正文同样的词组还有同音甲12B38、22A56；文海刻①17A42；同义18B1 等。聂Ⅰ411 录背隐内容。

13B26 𗼫𗥔 。thjij 1.36 lhwu 1.01 衣服

　　[背隐] 𗥔𗄊

　　　　所穿

　　[按语] 背隐的内容是对正文的解释。与正文同样的词组还有同音甲12B36、55B42；文海刻③12A31；同义12A2 等。

13B27 𗥔𗄊 thjij 2.33 sjo 2.44 云何

　　[背隐] 𗄊𗥔𗥔𗄊

　　　　不明问师

　　[按语] 背隐的内容是对正文的解释。参见下文同音丁30B66 及其背隐。与正文同样的词组还有同音甲19B47、30A31；文海刻①40A31；合编甲04.202；同义21A5 等。

13B28 𗥔𗄊 dwəə 1.31 thjij 2.33 突凸

　　[背隐] 𗄊𗥔𗄊

　　　　有圆粒

　　[按语] 背隐的内容是对正文的解释。与正文同样的词组还有同音甲12B41、18B67 等。合编甲06.193 有该字的详细材料。聂Ⅱ284 录背隐内容。

13B31 𗥔𗄊 phji 1.11 thjij 2.33 意谋

　　[背隐] 𗄊𗥔𗄊𗄊

　　　　意谋圈套

　　[按语] 背隐的内容是对正文的解释。与正文同样的词组还有同音甲12B43；文海刻①16A42；合编甲24.013 等。聂Ⅱ389 录背隐内容。

13B32 𗥔𗄊 。zjwu 2.02 thjij 2.33 如定（族姓）

　　[背隐] 𗄊𗥔𗄊𗄊/𗥔

　　　族姓城名/州

　　[按语] 背隐指出正文的类别为一"族姓、城名"。背隐中的"敥"以虚线与正文大字相连，二字共同组成地名亦是城名"荆敥（定州）"。与正文同样的词组（即此西夏复姓）还有同音乙54A55；同音甲12B45、54A26；杂字乙12A2；同义06B3 等。

13B33 𱫎𱫏 twew 1.43　njii 2.12　连接

　　[背隐] 𱫐彡/𱫐𱫑

　　　　相持/使持

　　[按语]"彡"代表该字与前一字重复。背隐音义的内容是对正文的解释。参见下文同音丁19B71 及其背隐。与正文同样的词组还有同音甲12B46；同义14A4 等。聂Ⅱ072 录背隐内容。

13B34 𱫒𱫓 nju 1.03　njii 2.12　耳鼻

　　[背隐] 𱫔𱫕𱫖𱫗

　　　　涕来气往

　　[按语] 背隐的内容是对正文大字的解释。参见下文同音丁17A28 及其背隐。与正文同样的词组还有同音甲12B51、16A52 等。合编甲06.203 有该字的详细材料。

13B35 𱫘𱫙 sjwɨ 2.28　njii 2.12　何何

　　[背隐] 𱫚𱫛𱫜𱫝𱫞

　　　　名实何有

　　[按语] 背隐的内容是对正文的解释。与正文同样的词组还有同音甲12B47；合编甲06.204；同义21A5 等。

13B36 𱫟𱫠 njii 2.12　mja 1.20　鲵鱼

　　[背隐] 𱫡

　　　　鱼

　　[按语] 背隐指出正文的类别为"鱼"之一种。参见上文同音丁04A45 及其背隐。与正文同样的词组还有同音甲03A27、12B52；文海刻①28A73；同义27B1 等。

13B37 𱫢𱫣 。sjwɨ 1.30　njii 2.12　哄闹

　　[背隐] 𱫤𱫥𱫦𱫧𱫨𱫩

　　　　震鸣语实不闻

　　[按语] 背隐的内容是对正文的解释。与正文同样的词组还有同音乙35A73；同音甲12B48、32A22；文海刻①40A22；同义08A5 等。聂Ⅱ145 录背隐内容。

13B38 𱫪𱫫 tow 1.54　so 2.42　（草名）

　　[背隐] 𱫬𱫭

　　　　草果

　　[按语] 背隐的内容是对正文的解释，重在该草所结出的果实。参见下文同音丁30B12 及其背隐。与正文同样的词组还有同音甲12B53、29B48；杂字乙08A7；同义09B7 等。聂Ⅱ344 录背隐内容。

13B41 𱫮𱫯𱫰 tow 1.54　mjɨr 1.86　mə 2.25　tow：族姓

［背隐］□

zjwi

［按语］背隐中“□”与正文大字共同组成复姓“□□”。该西夏复姓又见杂字$_{乙}$ 11A7。同音$_{甲}$ 12B55 与丁种本正文表述相同。

13B42 □□ kji 1.30 tow 1.54 所得

［背隐］□□□□

获利互助

［按语］背隐的内容是对正文的解释。与正文同样的词组还有同音$_{甲}$ 12B54；文海$_{刻}$①18B41 等。文海$_{刻}$①59B41 有该字的详细材料。

13B43 □□ tow 1.54 lhowr 2.82 鹌鹑

［背隐］□□

鸟名

［按语］背隐指出正文的类别为一“鸟名”。与正文同样的词组还有同音$_{乙}$ 53B42；同音$_{甲}$ 12B56、53A78；文海$_{刻}$①59B42；杂字$_{乙}$ 09B6；掌中珠$_{甲}$ 17A22（正文后该词的汉语译释即来源于此）；同义 28A1 等。

13B44 □□ tow 1.54 lhowr 2.82（草名）

［背隐］□□/□□□

草名/日下花

［按语］背隐先指出正文的类别为一“草名”；然后是对正文的解释。与正文同样的词组还有同音$_{乙}$ 53B46；同音$_{甲}$ 12B57、53B13；同义 10A5 等。聂Ⅰ452 录背隐内容。

13B45 □□。tow 1.54 kjij 1.36 虫虫

［背隐］□□

虫虫

［按语］背隐以同义词解释正文。参见下文同音$_{丁}$ 24A65 及其背隐。与正文同样的词组还有同音$_{甲}$ 12B58、23B12；文海$_{刻}$①63B62；杂字$_{乙}$ 10B1；同义 28A2 等。

13B46 □□ to 2.42 śja 2.16 出现

［背隐］□□□

日月出

［按语］背隐的内容是对正文的解释。同音$_{甲}$ 12B61：□□·a ？ to 2.42。该字又见同义 16A2。合编$_{甲}$ 06.224 有该字的详细材料。

13B47 □□ to 2.42 dźjwa 1.19 毕竟

［背隐］□□

做作

［按语］背隐的内容是对正文的解释。与正文同样的词组还有同音$_{乙}$ 41B46；同音$_{甲}$ 12B63、37A12；文海$_{刻}$①40A51；同义 17B5 等。聂Ⅱ583 录背隐内容。

13B48 □□ dzji 2.10 to 2.42 哭泣

　　[背隐] 𗗙𗗙𗗙
　　　　　哭哭泣
　　[按语] 背隐以同义词解释正文。参见下文同音丁31B16 及其背隐。与正文同样的词组还
　　　　　有同音甲12B62、30B56；文海刻①37A51；同义30A6 等。聂Ⅱ037 录背隐内容。

13B51 𗗙𗗙 wee 1.12 to 2.42 负债
　　[背隐] 𗗙𗗙𗗙𗗙
　　　　　借债未取
　　[按语] 背隐的内容是对正文的解释。参见上文同音丁12A18 及其背隐。与正文同样的词
　　　　　组还有同音甲11A16、12B65；文海刻①19A22；杂字乙20B8；合编甲12.031 等。

13B52 𗗙𗗙 。to 2.42 zji 2.10 尽皆
　　[背隐] 𗗙𗗙
　　　　　一切
　　[按语] 背隐的内容是对正文的解释。与正文同样的词组还有同音乙47B66；同音甲
　　　　　12B64、47A76；文海刻①70B62；掌中珠甲20A12（正文后该词的汉语译释即来源
　　　　　于此）；同义22A3 等。

13B53 𗗙𗗙 njaa 1.21 to 1.49 黑黑
　　[背隐] 𗗙𗗙
　　　　　纯黑
　　[按语] 背隐的内容是对正文的解释。与正文同样的词组还有同音甲12B66；文海刻①
　　　　　56A31 等。

13B54 𗗙𗗙 。to 1.49 to 1.49（族姓）
　　[背隐] 𗗙𗗙
　　　　　族姓
　　[按语] 背隐指出正文的类别为一"族姓"。与正文同样的词组（即此西夏复姓）还有文
　　　　　海刻①56A32；杂字乙11A5 等。同音甲12B67：𗗙𗗙𗗙 to 1.49 mjɨr 1.86 mə 2.25
　　　　　（to：族姓）。

13B55 𗗙𗗙 tio 1.71 ·jwi 2.10 碾场
　　[背隐] 𗗙𗗙𗗙𗗙
　　　　　谷物践踏
　　[按语] 背隐的内容是对正文的解释。与正文同样的词组还有同音乙44B17；同音甲
　　　　　12B72、44A16；掌中珠甲27A12（正文后该词的汉语译释即来源于此）；合编甲
　　　　　02.111 等。

13B56 𗗙𗗙 。rər 1.84 tio 1.71 缝缀
　　[背隐] 𗗙𗗙𗗙
　　　　　以线缝
　　[按语] 背隐的内容是对正文的解释。与正文同样的词组还有同音甲12B71。该字又见同
　　　　　义12A3。聂Ⅱ619 录背隐内容。

13B57 㑊𥹖 mej 2.30 njwɨ 1.30 守护

    [背隐] 𥹖𥹒𥹓𥹔𥹕

        守护遮蔽处

    [按语] 背隐的内容是对正文的解释。与正文同样的词组还有同音_甲12B74；文海_刻①40A52 等。文海_刻①40A52 有该字的详细材料。聂Ⅱ038 录背隐内容。

13B58 𥹖𥹗 sjwo 2.44 njwɨ 1.30 美妙

    [背隐] 𥹘𥹙𥹚

        眼前合

    [按语] 背隐的内容是对正文的解释。与正文同样的词组还有同音_甲12B73。该字又见同义 22B3。文海_刻①40A61 有该字的详细材料。

13B61 𥹛𥹜 njwɨ 1.30 sjwɨr 1.86 谚语

    [背隐] 𥹝𥹞𥹟𥹠𥹡

        俗语说话巧

    [按语] 背隐的内容是对正文的解释。与正文同样的词组还有同音_甲12B75。该字又见同义 20B5。文海_刻①40A62 有该字的详细材料。

13B62 𥹢𥹣 。njwɨ 1.30 go 2.42 送除

    [背隐] 𥹤𥹥𥹦ㄥ𥹧

        驱遣轻易往

    [按语] "ㄥ"代表该字与前一字重复。背隐音义的内容是对正文的解释。与正文同样的词组还有同音_甲12B76。该字又见同义08A6。文海_刻①40A71 有该字的详细材料。

13B63 𥹨𥹩 tsjo 1.72 njwɨ 2.28 膏脂

    [背隐] 𥹪𥹫𥹬𥹭𥹮

        脂油多饮食

    [按语] 背隐的内容是对正文的解释。与正文同样的词组还有同音_甲12B77；杂字_乙17A5 等。

13B64 𥹯𥹰 。njwɨ 2.28 sjow 1.56 春季

    [背隐] 𥹱𥹲𥹳𥹴

        时二三月

    [按语] 背隐的内容是对正文的解释。与正文同样的词组还有同音_甲12B78；杂字_乙20A1；同义08B3 等。

13B65 𥹵𥹶 · a ? thew 1.43 穿透

    [背隐] 𥹷𥹸𥹹𥹺

        穿透则穿

    [按语] 背隐的内容是对正文的解释。与正文同样的词组还有同音_甲13A11。该字又见同义 26A3。文海_刻①52B61 有该字的详细材料。

13B66 𥹻𥹼 。tshjaa 1.21 thew 1.43 刚直

[背隐] 菔 敔 獭 缪
闻见刚正

[按语] 背隐的内容是对正文的解释。与正文同样的词组还有同音乙 36A48；同音甲 13A12、35B18；文海刻①52B62；同义 17B2 等。

13B67 雅拼 thew 2.38 khie 2.59 除去

[背隐] 巯龚
除离

[按语] 背隐以同义词解释正文。参见下文同音丁 28B73 及其背隐。与正文同样的词组还有同音甲 13A13、28A66 等。该字又见同义 24B6。

13B68 雅靿缑 thew 2.38 mjɨr 1.86 mə 2.25 thew：族姓

[背隐] 缴
汉

[按语] 背隐指出正文的类别为一"汉族姓"。同音甲 13A14 与丁种本正文表述相同。该字又见杂字乙 14A6；掌中珠甲 12B24；同义 07B3；碎金 06B2 等。

13B71 缀旅 。la 1.17 thew 2.38 戏要

[背隐] 慨蕤菲
不道往

[按语] 背隐的内容是对正文的解释。与正文同样的词组还有同音甲 13A15。该字又见同义 26B5。聂Ⅱ280 录背隐内容。

13B72 绣弥 tha 2.14 dzjwɨ 1.69 柱杖

[背隐] 乔缰菲
柱坐用

[按语] 背隐的内容是对正文的解释。参见下文同音丁 32A24 及其背隐。与正文同样的词组还有同音甲 13A16；同义 25A4（颠倒）等。该字又见杂字乙 13B3；掌中珠甲 14A24 等。

13B73 菔缠 tha 2.14 baa 1.22（族姓）

[背隐] 靿缪
族姓

[按语] 背隐指出正文的类别为一"族姓"。参见上文同音丁 07B75 及其背隐。与正文同样的词组（即此西夏复姓）还有同音甲 07A34、13A22；文海刻①29B72；杂字乙 13A5；同义 06B6 等。

13B74 嚇慨 sju 1.02 tha 2.14 桎梏

[背隐] 彼愀孜
关碍处

[按语] 背隐的内容是对正文的解释。与正文同样的词组还有同音甲 13A17。该字又见杂字乙 00B2；同义 15A7 等。

13B75 菊馗 tha 2.14 gieej 1.38（地名）

[背隐]　犺犵/犺犺/犺
地名/大朱/小

[按语]　背隐先指出正文的类别为一"地名"；然后是对正文的解释。背隐音义可能表达了三层含义。第一，正文形成的词组为一地名；第二，这个词语还代表一种颜色，即"大朱"；第三，大字还有"大"的意思（汉语借词），其与背隐音义最后一字"犺"（小）相对。参见下文同音丁25A61及其背隐。与正文同样的词组还有同音甲13A18、24A75；文海刻①49B13等。

13B76　犺犵 tha 2.14　wa 1.17（族姓）

[背隐]　犺犺
族姓

[按语]　背隐指出正文的类别为一"族姓"。参见上文同音丁11B71及其背隐。与正文同样的词组（即此西夏复姓）还有同音甲10B71、13A23；文海刻①24B11；杂字乙11A5；同义06A7等。

13B77　犺犵 。tha 2.14　xa 2.14　大雁

[背隐]　犺
鸟

[按语]　背隐音义指出正文的类别为一"鸟名"（简化）。与正文同样的词组还有同音乙44B27；同音甲13A21、44B77；杂字乙09B2；同义27B7等。

13B78　犺犵 xwo 2.42　tha 1.17　黄驼

[背隐]　犺犵
骆驼

[按语]　背隐以同义词解释正文。与正文同样的词组还有同音甲13A25；杂字乙08B8；合编甲23.191等。聂Ⅱ449录背隐内容。

14A11　犺犵 。wji 1.29　tha 1.17　佛佛

[背隐]　犺犵犺犵犺
教导有情者

[按语]　背隐的内容是对正文的解释。与正文同样的词组还有同音甲13A24。该字又见掌中珠甲20B32；碎金05B1等。文海刻①22B12有该字的详细材料。

14A12　犺犵 tjij 2.54　lji 2.60　羔羊

[背隐]　犺犵犺
羔羊仔

[按语]　背隐的内容是对正文的解释。与正文同样的词组还有同音乙47A25；同义甲13A26；杂字乙09A6；同义13B2等。

14A13　犺犵 。tjij 2.54　tji 2.60　拥抱

[背隐]　犺犵犺
胸上持

[按语]　背隐的内容是对正文的解释。参见下文同音丁15B36及其背隐。与正文同样的词

组还有同音_甲 13A27、14B38；合编_甲 03.062；同义 19B7 等。聂 I 399 录背隐内容。

14A14 𗇁𗎩 tjịj 1.69 tjij 1.61 迅速

   [背隐] 𗎩𗇁

     迅速

   [按语] 背隐以同义词解释正文。参见下文同音_丁 17B14 及其背隐。与正文同样的词组还有同音_甲 13A28、16B41；文海_刻①76A71；合编_甲 04.081；同义 19A3 等。

14A15 𗢚_黄 。tjij 1.61 lheew 2.41 独一

   [背隐] 𗢚𗢚

     数一

   [按语] 背隐的内容是对正文的解释。与正文同样的词组还有同音_乙 48B13；同音_甲 13A31、48A21；文海_刻①37A11；同义 21B6 等。

14A16 𗣫𗇁 tjij 1.61 tji 1.67 减除

   [背隐] 𗣫ㄥ𗣫𗣤

     减掉一半

   [按语] "ㄥ"代表该字与前一字重复。背隐音义的内容是对正文的解释。参见下文同音_丁 15B32 及其背隐。与正文同样的词组还有同音_甲 13A33、14B47；文海_刻③20A21；同义 20A5 等。聂 I 595 录背隐内容。

14A17 𗇁𗎩 tjij 1.61 rjijr 2.68 彼方

   [背隐] 𗢚𗎩𗇆

     非此方

   [按语] 背隐以反义词解释正文。与正文同样的词组还有同音_甲 13A32。该字又见同义 16B7。文海_刻①67A52 有该字的详细材料。

14A18 𗎩𗇈 pju 1.59 tjij 1.61 至尊

   [背隐] 𗢚𗢚𗢚𗡤𗎩𗇈

     所比处无特出

   [按语] 背隐的内容是对正文的解释。与正文同样的词组还有同音_甲 13A34。该字又见同义 02A5。文海_刻①67A61 有该字的详细材料。

14A21 𗇁𗣫 ·jij 1.36 tjịj 1.62 自强

   [背隐] 𗥩𗢚𗇁𗣤

     不测自重

   [按语] 背隐的内容是对正文的解释。与正文同样的词组还有同音_甲 13A35；文海_刻①36A63；合编_甲 19.071 等。

14A22 𗎩𗢚 ŋur 1.75 tjịj 1.62 摊饼

   [背隐] 𗣤𗎩𗢚/𗢚

     谷物烧/均

[按语] 背隐的内容是对正文的解释。背隐音义最后一字"兹"指向正文小字，二字正是大字的字形构造用字，参见文海_刻①68B51。与正文同样的词组还有同音_甲13A36等。该字又见同义22A6。文海_刻①68B51有该字的详细材料。聂Ⅰ528录背隐内容。、

14A23 㠯龠 。tjij 1.62 rjij 2.37 绫罗

  [背隐] 能

        绫

  [按语] 背隐注明了该词的汉语读音。与正文同样的词组还有同音_乙47B41；同音_甲13A37、47A48；杂字_乙05B6；掌中珠_甲25B32（正文后该词的汉语译释即来源于此）；碎金07B4等。

14A24 䣗妣 njwi 2.28 ŋwo 2.42 辩才

  [背隐] 䣗妣/䒷蘓_三/形彰彰彰

    辩才/tha 2.14 tshow 2.47（反切）_三/语言合和

  [按语] 背隐的内容是对正文的解释，同时还注明了该字的反切音。反切之下的汉字"三"字，表明以下3字用同一个反切音，为同音字。参见下文同音_丁27A32及其背隐。与正文同样的词组还有同音_甲13A38、26A67；文海_刻③15B61；同义20B4等。

14A25 蘓妣 njwi 2.28 njaa 2.18 慧觉

  [背隐] 䣗菴

    心慧

  [按语] 背隐以同义词解释正文。参见下文同音_丁18B72及其背隐。与正文同样的词组还有同音_甲13A41、18A53；文海_刻①50A11；合编_甲06.121等。聂Ⅱ527录背隐内容。

14A26 㢆辫 。lhew 1.43 njwi 2.28 牧养

  [背隐] 缓额靴㣲

    养育治理

  [按语] 背隐的内容是对正文的解释。与正文同样的词组还有同音_乙48B18；同音_甲13A42、48A22；同义28A5等。

14A27 㢆辫艩 tja 1.20 da 2.56 bjiir 2.86 者：语助

  [背隐] 刻㣲

    tji 1.30 kja 1.20（反切）

  [按语] 背隐注明了该字的反切音。同音_甲13A45与丁种本正文表述相同。该字又见同义21A6；碎金02B6等。文海_刻①28B12有该字的详细材料。

14A28 㢆敝 tja 1.20 kjwij 2.33 笨巧

  [背隐] 㤜㣲㢆

    不巧善

  [按语] 背隐以反义词解释正文大字。参见下文同音_丁27B66及其背隐。与正文同样的词

组还有同音_甲13A46、27A46；合编_甲09.142；同义22B4 等。

14A31　𗖩𘄴 。tja 1.20 mjiir 2.68（族姓）

[背隐]　𗋩𗏇/𗏇

　　　　bə zji/拓（跋）

[按语]　背隐中前二字与正文大小字共同组成复姓"𗋩𗏇𗖩𘄴"。该西夏复姓又见文海_刻①28B21。后一字"𗏇"与正文大字"𗖩"组成复姓"𗖩𗏇"（拓跋），此复姓的西夏文写法不见于其他世俗文献。参见上文同音_丁03B11 及其背隐。与正文同样的词组（即此西夏复姓）还有还有同音_甲02B12、13A47；文海_刻①28B21；杂字_乙12B7；同义06A6 等。

14A32　𗐬𗏇·a ？ner 2.71 枯黄

[背隐]　𗖩𗏃

　　　　草梢

[按语]　背隐的内容是对正文的解释。与正文同样的词组还有同音_甲13A51。该字又见同义16A5。聂Ⅱ344 录背隐内容。

14A33　𗏓𗏃 new 1.43 ner 2.71 乳房

[背隐]　𘝞𗋈𗏓

　　　　乳来处

[按语]　背隐的内容是对正文的解释。参见下文同音_丁18B52 及其背隐。与正文同样的词组还有同音_甲13A48、18A31；文海_刻①52B71 等。聂Ⅰ445 录背隐内容。

14A34　𗏃𗏃 ner 2.71 mjaa 1.23 李子

[背隐]　𗏓𗍷𗞞𗼃

　　　　黄砂李子

[按语]　背隐注明了该词的汉语读音，并指出了这种水果的特征。与正文同样的词组还有同音_甲13A52；掌中珠_甲14A22（正文后该词的汉语译释即来源于此）等。该字又见杂字_乙07A4；同义09B3。聂Ⅰ487 录背隐内容。

14A35　𗘊𗏃 。·jir 2.77 ner 2.71 丝绢

[背隐]　𗏓𗏃𗗙

　　　　黄丝绢

[按语]　背隐注明了该词的汉语读音，并指出了这种绢的颜色。与正文同样的词组还有同音_甲13A53；杂字_乙05B7 等。聂Ⅰ422 录背隐内容。

14A36　𗏆𗏓 dzjwo 2.44 deej 2.34 嫌人

[背隐]　𗌚𗋈𗐬

　　　　不适意

[按语]　背隐的内容是对正文的解释。与正文同样的词组还有同音_甲13A54。该字又见同义29B1。聂Ⅱ058 录背隐内容。

14A37　𗒼𗏓 deej 2.34 tu 1.01（树名）

[背隐]　𗏓𘂔

树名

[按语] 背隐指出正文的类别为一"树名"。参见下文同音丁15B51 及其背隐等内容。与正文同样的词组还有同音甲13A55、14B62；文海刻①05B31；杂字乙07A3；同义09A7 等。

14A38 𗢃𗧡 。deej 2.34 tu 1.01（草名）

[背隐] 𗢃𗧡

草名

[按语] 背隐指出正文的类别为一"草名"。参见下文同音丁15B48 及其背隐。与正文同样的词组还有同音甲13A56、14B63；杂字乙08A3 等。

14A41 𗧡𗢃 thu 1.01 ŋewr 1.87 计算

[背隐] 𗢃𗧡

显明

[按语] 背隐的内容是对正文的解释。参见下文同音丁23B12 及其背隐。与正文同样的词组还有文海刻①90A11；杂字乙20B8；同义21B6 等。聂Ⅱ078 录背隐内容。

14A42 𗧡𗢃 lhji 1.69 thu 1.01 张弓

[背隐] 𗧡𗢃𗢃𗧡

弓弦置处

[按语] 背隐的内容是对正文的解释。与正文同样的词组还有同音甲13A57。该字又见掌中珠甲05B22；同义18B2 等。文海刻①05B33 有该字的详细材料。聂Ⅱ110 录背隐内容。

14A43 𗧡𗢃 thu 1.01 la 1.17 安置

[背隐] 𗢃𗧡𗧡

置安定

[按语] 背隐的内容是对正文的解释。与正文同样的词组还有同音甲46B74；同音乙47A73；同义12B5 等。文海刻①05B41 有该字的详细材料。聂Ⅱ471 录背隐内容。

14A44 𗧡𗢃 thu 1.01 lwu 1.01 和合

[背隐] 𗢃𗧡

混合

[按语] 背隐以同义词解释正文。与正文同样的词组还有同音甲13A62；文海刻①05B42 等。文海刻①05B42 有该字的详细材料。

14A45 𗧡𗢃 kjur 2.70 thu 1.01 技艺

[背隐] 𗢃𗧡

技艺

[按语] 背隐以同义词解释正文。参见下文同音丁23B31 及其背隐。与正文同样的词组还有同音甲13A65、22B51；文海刻①05B51；合编甲02.171；同义17A4 等。聂Ⅱ473 录背隐内容。

14A46 𗧡𗢃 。se 1.08 thu 1.01 语辞

[背隐] 𗾊𗅼𗾉𗹰

语词话语

[按语] 背隐内容是对正文的解释。参见下文同音丁32B47 及其背隐。与正文同样的词组还有同音甲13A64、32A33；文海刻①16A42；同义20B4 等。聂Ⅱ472 录背隐内容。

14A47 𗉚𗈪 lwər 2.76　thu 2.01　资源

[背隐] 𗹉𗶔𗸆𗒹

出生起处

[按语] 背隐的内容是对正文的解释。与正文同样的词组还有同音乙49A47；同音甲13A66、48B58；文海刻①16A33；同义02A5 等。

14A48 𗼋𗸆 dja 2.17　thu 2.01　解脱

[背隐] 𗒹𗣋𗾔𗅞/𗸆𗣋

释解使出/thjɨ 解

[按语] 背隐的内容先是对正文的解释；然后是解释该字的字形构造。与正文同样的词组还有同音甲13A63。该字又见同义19B2。由于背隐音义对该字字形构造的解释与文海抄②31A3.06 是一致的，再参照文海刻①38A22：𗸆 𗣋𗈪𗸆𗈮（召：thjɨ 左 thjɨ 右[1]）故笔者认为该字应为形声字，thjɨ（1.30）与 thu（2.01），二字互为声符，音近互注。

14A51 𗰟𗘂 ·jij 2.33　thu 2.01　骟羊

[背隐] 𗰟𗙏𗟖𗘞

羊畜未骟

[按语] 背隐的内容是对正文的解释。与正文同样的词组还有同音甲13A67；杂字乙09A7；同义28B2 等。

14A52 𗾔𗍱 thu 2.01　lji 2.09　（草名）

[背隐] 𗴴𗾔

毒草

[按语] 背隐指出正文的类别为一"草名"，而且是一种有毒的草。与正文同样的词组还有同音乙49B74；同音甲13A68、49B12；杂字乙08A2；同义10A2 等。

14A53 𗼵𗄑 thu 2.01　piəj 2.36　（兽名）

[背隐] 𗼵

兽

[按语] 背隐指出正文的类别为一"兽名"（简化）。参见上文同音丁08A36 及其背隐。与正文同样的词组还有同音甲07A68、13A71；杂字乙10A5；同义27A6 等。

14A54 𗤀𗼵 。khju 2.03　thu 2.01　阴根

[背隐] 𗤀𗸎𗎫

---

[1] 关于此类特殊字形构造的字（即用与本字音韵相同或相近而意义毫不相关的两个字来解释自己的构造），作者一时还无法解释清楚。参见拙著《〈同音文海宝韵合编〉整理与研究》第366 页脚注，中国社会科学出版社2008 年版。

雄（性）之根

［按语］背隐的内容是对正文的解释。参见下文同音丁26B55及其背隐。结合两处背隐音义，可以看出"[字]、[字]"二字，是男女阴部的通称。与正文同样的词组还有同音甲13A72、26A14；杂字乙17A6；同义04A4等。聂Ⅰ449录背隐内容。

14A55 [字][字] nja 1.20 thuu 1.05 哀叹

［背隐］[字][字][字][字][字]

视天荒性哀

［按语］背隐的内容是对正文的解释。与正文同样的词组还有同音甲13A73。该字又见同义27A1。文海刻①11A31有该字的详细材料。

14A56 [字][字] 。thuu 1.05 śjij 2.32 索求

［背隐］[字][字][字][字]

不足多求

［按语］背隐的内容是对正文的解释。与正文同样的词组还有同音甲13A74。该字又见同义23A6。文海刻①11A32有该字的详细材料。

14A57 [字][字] bji 1.11 dji 2.28 财产

［背隐］[字][字][字]

物种种

［按语］背隐的内容是对正文的解释。参见上文同音丁03A63及其背隐。与正文同样的词组还有同音甲02A62、13A76；文海刻①16B21；掌中珠甲26B12（正文后该词的汉语译释即来源于此）；同义14A7等。聂Ⅱ645录背隐内容。

14A58 [字][字] śji 1.29 dji 2.28 憔悴

［背隐］[字][字][字][字]

色好疲劳

［按语］背隐的内容是对正文的解释。与正文同样的词组还有同音乙38B75；同音甲13A77、38B15；文海刻①36B31；合编甲21.051；同义16B2等。聂Ⅱ645录背隐内容。

14A61 [字][字] dzji 1.30 dji 2.28 准备

［背隐］[字]ㄥ[字][字]

排列聚集

［按语］"ㄥ"代表该字与前一字重复。背隐音义的内容是对正文的解释。参见下文同音丁31A57及其背隐。与正文同样的词组还有同音甲13A75、30B25；文海刻①57B12；杂字乙21B4；掌中珠甲34A12（正文后该词的汉语译释即来源于此）；合编甲17.192；同义12B6；碎金10A3等。

14A62 [字][字] dji 2.28 ·ju 2.02 守护

［背隐］[字][字]

守护

［按语］背隐以同义词解释正文。与正文同样的词组还有同音甲13B15；同义02B5；碎金

07A4 等。聂Ⅰ374 录背隐内容。

14A63 ㄒ㐱𘚷 dji 2.28 da 2.56 bjiir 2.86 djɨ：语助

   [**背隐**] 𘚷𘚷

       送与

   [按语] 背隐的内容是对正文的解释。同音甲13B16 与丁种本正文表述相同。该字又见杂字乙10A2；同义21A7 等。聂Ⅰ373 录背隐内容。

14A64 𘚷𘚷 dji 2.28 kjwiir 1.92 狄骨（匈奴）

   [**背隐**] 𘚷𘚷

       族姓

   [按语] 背隐指出正文的类别为一"族姓"。参见下文同音丁24A77 及其背隐。与正文同样的词组还有同音甲13B22、23B26；文海刻①92A42；同义07A7 等。

14A65 𘚷𘚷 dji 2.28 kjwiir 1.92 （鸟名）

   [**背隐**] 𘚷𘚷

       飞禽

   [按语] 背隐指出正文的类别为一"飞禽"。参见下文同音丁24A78 及其背隐。与正文同样的词组还有同音甲13B21、23B27；文海刻①92A51；杂字乙09B7；同义27B6 等。

14A66 𘚷𘚷 dji 2.28 ɣu 2.04 （树名）

   [**背隐**] 𘚷𘚷

       树名

   [按语] 背隐指出正文的类别为一"树名"。与正文同样的词组还有同音乙42A51；同音甲13B18、41B28；杂字乙06B5；同义09A4 等。

14A67 𘚷𘚷 dji 2.28 tsji 1.11 碟

   [**背隐**] 𘚷

       碗

   [按语] 背隐以同类词解释正文。与正文同样的词组还有同音乙35A54；同音甲13B17、30A13；文海刻①10B31；杂字18B1；掌中珠甲23A32 （正文后该词的汉语译释即来源于此）；同义14B1 等。聂Ⅰ287 录背隐内容。

14A68 𘚷𘚷 la 2.14 dji 2.28 骆驼

   [**背隐**] 𘚷𘚷

       骆驼

   [按语] 背隐以同义词解释正文。与正文同样的词组还有同音乙47B12；同音甲13B23、46B68；文海刻①07A72；杂字乙08B7；掌中珠甲16A32 （正文后该词的汉语译释即来源于此）；合编甲17.191；同义28A7；碎金09B4 等。

14A71 𘚷𘚷 。la 2.14 dji 2.28 （草名）

   [**背隐**] 𘚷𘚷𘚷

       骆驼籽

[按语] 背隐注明了该词的汉语读音。与正文同样的词组还有同音乙 47B13；同音甲 13B24、46B67；杂字乙 08A3；同义 09B7 等。

14A72 𗙊𗣼 dji 1.30 njij 2.33 东宫

[背隐] 𗥃𗿀𗩾𗧓𗲲𗾭
场城帝王居处

[按语] 背隐的内容是对正文的解释。与正文同样的词组还有同音甲 13A78；文海刻① 38A52；同义 13B6 等。聂 I 246 录背隐内容。

14A73 𗁬𗤋 lu 2.01 dji 1.30 敕位

[背隐] 𗤋𗴿𗿒𗖈/𗴲𗜓𗪾𗤌𗲲𗘅𗧁/𗵐𗔧𗘉𗻤𗻟𗤋𗴿/𗼩𗣆𗤧𗵧
敕字与同/皇太子自属军卒/赐官叩头依敕字/为有谓也

[按语] 背隐的内容是对正文的解释。与正文同样的词组还有同音甲 13B13。该字又见同义 02B4。文海刻① 38A61 有该字的详细材料。聂 II 661 录背隐内容。比较文海刻① 38A61：𗁬𗤋𗴿𗿒𗖈𗤌𗴲𗜓𗪾𗤌𗲲𗘅𗧁𗵐𗔧𗻤𗻟𗤋𗼩𗣆（敕者皇帝儿子皇太子自享据敕依头赐军士官也）。

14A74 𗙊𗤘 。dji 1.30 djij 1.36 病患

[背隐] 𗤘𗙺ㄥ𗤌
病患加重

[按语] "ㄥ"代表该字与前一字重复。背隐音义的内容是对正文的解释。参见下文同音丁 15A17 及其背隐。与正文同样的词组还有同音甲 13B11、14A25；文海刻① 38A62；同义 31A5 等。聂 I 246 录背隐内容。

14A75 𗥊𗇋 dziəj 2.36 dji 1.30 肩梁

[背隐] 𗇋𗼩
肩头

[按语] 背隐以同义词解释正文。与正文同样的词组还有同音乙 37B21；同音甲 13B12、36B62；文海刻① 38A43；同义 03B6 等。聂 II 354 录背隐内容。

14A76 𗥭𗰒 。dji 1.30 dow 1.54 （族姓）

[背隐] 𗧁𗶦
族姓

[按语] 背隐指出正文的类别为一"族姓"。与正文同样的词组（即此西夏复姓）还有同音甲 13B14；文海刻① 38A51；杂字乙 11B4 等。该字又见同义 07A4。文海刻① 38A51 有该字的详细材料。

14A77 𗥭𗁬 khja 2.17 thoo 2.45 汲取

[背隐] 𗴲𗔧𗘉
盛水时

[按语] 背隐的内容是对正文的解释。与正文同样的词组还有同音甲 13B26；合编甲 11.042；同义 14B5 等。

14A78 𗼻𗮕 thoo 2.45 na 1.17 幽深

[背隐] 𗥜𗹙𗤒𗹙
深止莫止

[按语] 背隐的内容是对正文的解释。与正文同样的词组还有同音甲13B28；同义17A5
等。聂Ⅱ633录背隐内容。

14B11 𗤦𗾈 。thoo 2.45 wji 1.10 压制

[背隐] 𗣼𗰖
损害

[按语] 背隐的内容是对正文的解释。与正文同样的词组还有同音甲13B27；文海刻①
30A12 等。

14B12 𗾈𗥰 njij 1.36 ljij 1.61 侍奉

[背隐] 𗨨𗑗𗣼𗥰
爱颂语奉

[按语] 背隐的内容是对正文的解释。与正文同样的词组还有同音乙52A56；同音甲
13B48；文海刻①68A33；杂字乙16B1；碎金06B4等。

14B13 𗢳𗥵 nər 2.76 njij 1.36 黄红

[背隐] 𗣼𗤒
颜色

[按语] 背隐指出正文的类别为"颜色"之一种。参见下文同音丁17B25及其背隐。与正
文同样的词组还有同音甲13B32、16B54等。该字又见同义16A4。

14B14 𗒅𗥰 njij 1.36 xu 1.04（族姓）

[背隐] 𗣼𗤒𗤒𗣼
先有族姓

[按语] 背隐指出正文的类别为一"族姓"，而且这族姓出现的还比较早。与正文同样的
词组（即此西夏复姓）还有同音乙46B32；同音甲13B42、43A11；文海刻①
10B61；同义07B1等。聂Ⅰ378录背隐内容。

14B15 𗤒𗤒𗹙 njiij 1.39 njij 1.36 死闷

[背隐] 𗹙𗤒𗾈𗹙
后有人居

[按语] 背隐的内容是对正文的解释。参见上文同音丁13A64及其背隐。与正文同样的词
组还有同音甲12A76、13B41；文海刻①50A12；同义30A6等。

14B16 𗣼𗥰𗤒 njijr 2.68 njij 1.36 奴仆

[背隐] 𗤒𗣼𗾈
女奴仆

[按语] 背隐的内容是对正文的解释。参见下文同音丁18B76及其背隐。与正文同样的词
组还有同音甲13B38、18A55；文海刻①16A61；杂字乙16A6；同义25A3等。

14B17 𗾈𗤒 。njij 1.36 rjar 2.74 至亲

[背隐] 𗄊𗄊
父兄

[按语] 背隐的内容是对正文的解释。与正文同样的词组还有同音乙53B62；同音甲13B52；文海刻①26B13；合编甲04.052；同义05B1等。

14B18 𗄊𗄊 ŋwər 2.76 njij 2.33 彩帛

[背隐] 𗄊𗄊𗄊
丝种种

[按语] 背隐的内容是对正文的解释。参见下文同音丁22A54及其背隐。与正文同样的词组还有同音甲13B31、21A72；杂字乙05B7；掌中珠26A12（正文后该词的汉语译释即来源于此）；合编甲07.232；同义18A4等。聂Ⅱ541录背隐内容。

14B21 𗄊𗄊𗄊 njij 2.33 mjir 1.86 mə 2.25 njij：族姓

[背隐] 𗄊
bə

[按语] 背隐中"𗄊"字，与大字"𗄊"组成复姓"𗄊𗄊"，该西夏复姓又见杂字乙12A5；碎金04B5等。同音甲13B33与丁种本正文表述相同。该字又见掌中珠甲09B14；同义06A7等。

14B22 𗄊𗄊𗄊 lja 1.19 njij 2.33 逃匿

[背隐] 㣟/𗄊
散/𗄊

[按语] 背隐的内容是对正文的解释。背隐音义的前一个字写于大字旁边，与大字组成词组"㣟𗄊"（散逃）；后一个"𗄊"重复号，写于正文小字右上方，其与大字一起组成词组"𗄊𗄊𗄊𗄊"（逃之夭夭）。与正文同样的词组还有同音甲13B34；文海刻①84B52；同义30A1等。聂Ⅱ541录背隐内容。

14B23 𗄊𗄊 ma 2.14 njij 2.33 往昔

[背隐] 𗄊𗄊
过去

[按语] 背隐以同义词解释正文。参见上文同音丁07A75及其背隐。与正文同样的词组还有同音甲06B25、13B46；文海刻①15A71；合编丙A55；同义20A1等。聂Ⅰ198录背隐内容。

14B24 𗄊𗄊 ɣiə 1.28 njij 2.33 稀少

[背隐] 𗄊𗄊
稀少

[按语] 背隐以同义词解释正文。与正文同样的词组还有同音乙44A46；同义甲13B45、43B25；文海刻①92A31；杂字乙21B7；同义21B3等。

14B25 𗄊𗄊 me 2.07 njij 2.33 女妹

[背隐] 𗄊𗄊
女妹

[按语] 背隐以同义词解释正文。参见上文同音丁05A68 及其背隐。与正文同样的词组还
有同音甲04A78、13B44；文海刻①65B73；同义05B7 等。聂Ⅱ251 录背隐内容。

14B26 㑌㤈 me 2.07 njij 2.33 巽风

[背隐] 㲰
风

[按语] 背隐以同义词解释正文。参见上文同音丁05A64 及其背隐。与正文同样的词组还
有同音甲04A74、13B43；文海刻①36B51；杂字乙04A7；同义07B7 等。

14B27 㩆㣆 bju 2.03 njij 2.33 黄鹈子

[背隐] 㵲
鸟

[按语] 背隐指出正文的类别为一"鸟名"（简化）。参见上文同音丁04B36 及其背隐。与
正文同样的词组还有同音甲03B42、13B51；杂字乙09B3；掌中珠乙17A12（正文
后该词的汉语译释即来源于此）等。

14B28 㵟㣆 khwa 2.14 njij 2.33（草名）

[背隐] 㵟㣆
草 njij

[按语] 背隐指出正文的类别为一"草名"。参见下文同音丁25B32 及其背隐。与正文同
样的词组还有同音甲13B35、24B56；杂字乙07B6；同义10A1 等。

14B31 㷖㿱 khjow 1.56 njij 2.33 赠给

[背隐] 㿱㷖㾁㾀
送与给与

[按语] 背隐的内容是对正文的解释。同音甲13B55：㷖㿱㩆 khjow 1.56 njij 2.33 tśhjo
2.44（赠：给物）。该字又见同义24A4。

14B32 㶨㶕 tja 1.64 njij 2.33 逼迫

[背隐] 㶩㶬
逼迫

[按语] 背隐以同义词解释正文。参见下文同音丁16B73 及其背隐。与正文同样的词组还
有同音甲13B56、16A22；文海刻①70B42；合编甲19.071；同义25A1；碎金10A3
等。

14B33 㶸㣆 mjɨ 2.28 njij 2.33 下颏

[背隐] 㷇㷈㷉㷊㷋
有齿处以下

[按语] 背隐的内容是对正文的解释。参见上文同音丁04B13 及其背隐。与正文同样的词
组还有同音甲03B16、13B37；杂字乙16B5；同义03B2 等。聂Ⅱ540 录背隐内容。

14B34 㵾㺔 njij 2.33 ɣa 1.17 犬狗

[背隐] 㸃㺓㸅
护家犬

[按语] 背隐的内容是对正文的解释。与正文同样的词组还有同音乙43A12；同音甲13B53、42A61；文海刻①22A61；同义28B3等。聂Ⅱ484录背隐内容。

14B35 𗄊𗹢 nji 2.10 njij 2.33 你他

[背隐] 𗤋𗟲𗟻

他之谓

[按语] 背隐的内容是对正文的解释。参见下文同音丁15A22及其背隐。与正文同样的词组还有同音甲13B54、14A38等。聂Ⅱ174录背隐内容。

14B36 𗥃𗹢 ŋwuu 1.05 njij 2.33 语言

[背隐] 𗟻𗟲𗾜

所说话

[按语] 背隐的内容是对正文的解释。参见下文同音丁24A48及其背隐。与正文同样的词组还有同音甲16A35、23A63；文海刻①11B22；合编甲13.052；同义20B4等。

14B37 𗄊𗹢 dzju 2.03 njij 2.33 兵器

[背隐] 𗄊𗹢

兵器

[按语] 背隐以同义词解释正文。参见下文同音丁29B72及其背隐。与正文同样的词组还有同音甲16A36、29A36；文海刻①68B32；杂字乙22B8；合编甲10.141；同义18B4等。

14B38 𗄊𗹢 njij 2.33 sjij 2.33 芭罢

[背隐] 𗙿𗊬𗟻𗾴

为耙地用

[按语] 背隐的内容是对正文的解释，指出其用途。参见下文同音丁32B11及其背隐。与正文同样的词组还有同音甲16A33、31B58；掌中珠甲26B32（正文后该词的汉语译释即来源于此）；纂要08B1；同义15A3等。

14B41 𗄊𗹢 。lhə 1.27 njij 2.33（虫名）

[背隐] 𗄊𗹢

蛆虫

[按语] 背隐指出正文的类别为"蛆虫"之一种。与正文同样的词组还有同音甲13B36；杂字乙10B2；同义28A2等。

14B42 𗄊𗹢 thju 2.03 thja 2.17 彼此

[背隐] 𗄊𗊬𗾴𗟻

近侧近处

[按语] 背隐的内容是对正文的解释。参见下文同音丁17A42及其背隐。与正文同样的词组还有同音甲13B57、16A64；文海刻①18A32；合编甲21.122；同义16B6等。

14B43 𗄊𗹢 。thjɨ 1.30 thju 2.03 释放

[背隐] 𗄊𗟲𗟻𗹢

释解使出

[按语] 背隐的内容是对正文的解释。与正文同样的词组还有同音_甲13B58。该字又见同义 20A7。聂Ⅱ069 录背隐内容。

14B44 𦤑𦤖 thju 1.03 thju 1.03 真实

[背隐] 𦤑𦤖

真实

[按语] 背隐以同义词解释正文。与正文同样的词组还有同音_甲13B64；文海_刻①68A52；合编_甲23.193 等。

14B45 𦤖𦤑 nji 1.30 thju 1.03 至亲

[背隐] 𦤖𦤑

亲戚

[按语] 背隐以同义词解释正文。参见下文同音_丁15A52 及其背隐。与正文同样的词组还有同音_甲13B66、14A67；文海_刻①78A32；杂字_乙15B1；合编_甲07.203；同义 05B2 等。聂Ⅰ357 录背隐内容。

14B46 𦤑𦤖 rjur 1.76 thju 1.03 怨恨

[背隐] 𦤑𦤖

怨主

[按语] 背隐的内容是对正文的解释。与正文同样的词组还有同音_乙51B31；同音_甲13B65、51A24；文海_刻①81B42；同义 30A4 等。聂Ⅰ303 录背隐内容。

14B47 𦤑𦤖 sə 1.27 thju 1.03 塞满

[背隐] 𦤑𦤖 𦤑𦤖

靠住顶上

[按语] 背隐的内容是对正文的解释。与正文同样的词组还有同音_甲13B63。聂Ⅱ452 录背隐内容。

14B48 𦤑𦤖𦤑𦤖 thju 1.03 ·a ? mej 2.30 毛：一根

[背隐] 𦤑𦤖

弹毛

[按语] 背隐的内容是对正文的解释。同音_甲13B62 与丁种本正文表述相同。该字又见同义 22A6。文海_刻①08B41 有该字的详细材料。聂Ⅱ452 录背隐内容。

14B51 𦤑𦤖 。thu 1.01 thju 1.03 张拉

[背隐] 𦤑𦤖𦤑𦤖

弓弦置处

[按语] 背隐的内容是对正文的解释。与正文同样的词组还有同音_甲13B63。该字又见同义 18B2。文海_刻①08B42 有该字的详细材料。聂Ⅱ452 录背隐内容。

14B52 𦤑𦤖 dəə 1.31 wji 1.10 前年

[背隐] 𦤑𦤖𦤑𦤖𦤑

去年岁之前

[按语] 背隐的内容是对正文的解释。与正文同样的词组还有同音_甲13B68；杂字_乙19B8；掌中珠_甲11A22（正文后该词的汉语译释即来源于此）等。文海_刻①40B71 有该字的详细材料。

14B53 蘿蘿 。dəə 1.31 tshie 2.07 腐朽

　　[背隐] 蘿蘿

　　　　味坏

　　[按语] 背隐的内容是对正文的解释。与正文同样的词组还有同音_乙35A14；同音_甲19A44、34B15 等。文海_刻①40B72 有该字的详细材料。

14B54 繝繝 phəj 1.40 djij 1.61 平坦

　　[背隐] 繝繝繝

　　　　地广平

　　[按语] 背隐的内容是对正文的解释。与正文同样的词组还有同音_甲13B71；文海_刻①50B23；同义 02A7 等。文海_刻①67B11 有该字的详细材料。

14B55 繝繝 djij 1.61 tjwij 1.36 瓶盏

　　[背隐] 繝繝繝

　　　　操子盏

　　[按语] 背隐注明了该词的汉语读音。与正文同样的词组还有同音_甲13B73；杂字_乙18B2 等。

14B56 繝繝 lcw 2.38 djij 1.61 同类

　　[背隐] 繝繝

　　　　父子

　　[按语] 背隐的内容是对正文的解释。与正文同样的词组还有同音_甲13B76；文海_刻①67B12 等。

14B57 繝繝 khwu 2.51 djij 1.61 切割

　　[背隐] 繝繝繝繝

　　　　斩断切割

　　[按语] 背隐以同义词解释正文。与正文同样的词组还有文海_刻①89A41。该字又见同义 26A4。文海_刻①67B21 有该字的详细材料。

14B58 繝繝 dza 1.17 djij 1.61 杂种

　　[背隐] 繝繝繝繝繝繝/繝繝繝繝

　　　　己妇人他处所/往生子则

　　[按语] 背隐的内容是对正文的解释。与正文同样的词组还有同音_甲13B78。该字又见同义 25A2。文海_刻①67B22 有该字的详细材料。

14B61 繝繝 ·jiw 2.40 djij 1.61 药乜（族姓）

　　[背隐] 繝繝

　　　　族姓

[按语] 背隐指出正文的类别为一"族姓"。与正文同样的词组（即此西夏复姓）还有同音_甲13B72；文海_刻①67B31；杂字_乙12B5；同义 06B1；碎金 04A5 等。

14B62 𗰖𗏇 djij 1.61 njir 2.72 台阶

[背隐] 𗰖𗏇𗥤𗋕𗳌

　　　　心安定如台

[按语] 背隐的内容是对正文的解释。参见下文同音_丁19A18 及其背隐。与正文同样的词组还有同音_甲13B75、18A67 等。文海_刻①67B32 有该字的详细材料。

14B63 𗵆𗏇 。djo 1.72 djij 1.61 悲叹

[背隐] 𗵆𗏇𗥔𗳌

　　　　呼叫音出

[按语] 背隐的内容是对正文的解释。参见下文同音_丁20A65 及其背隐。与正文同样的词组还有同音_甲13B74、19B56；文海_刻①67B33；同义 30A6 等。

14B64 𗉛𗏇𗥤 dew 1.43 mjir 1.86 mə 2.25 dew：族姓

[背隐] 𗉛𗏇＿

　　　　du 1.04 lew 1.43＿（反切）

[按语] 背隐注明了该字的反切音。反切之下的汉字"二"字，表明以下 2 字用同一个反切音，为同音字。同音_甲14A11 与丁种本正文表述相同。该字又见杂字_乙13A5；同义 06B5；碎金 05A5 等。文海_刻①53A11 有该字的详细材料。

14B65 𗏇𗋚 。ljuu 1.07 dew 1.43 雕刻

[背隐] 𗉛𗏇𗋚𗳌

　　　　凿地翻掘

[按语] 背隐的内容是对正文的解释。与正文同样的词组还有同音_甲14A14；合编_甲14.012；同义 26A4 等。文海_刻①53A12 有该字的详细材料。

14B66 𗍺𗏇 kji 1.30 dew 2.38 下雨

[背隐] 𗏇𗳌𗥤

　　　　洗水着

[按语] 背隐的内容是对正文的解释。与正文同样的词组还有同音_甲14A18。该字又见同义 08B7。

14B67 𗏇𗳌 dew 2.38 wji 1.10 归顺

[背隐] 𗏇𗋚

　　　　投诚

[按语] 背隐的内容是对正文的解释。与正文同样的词组还有同音_甲14A12；文海_刻①73A31；合编_甲04.161 等。聂Ⅱ044 录背隐内容。

14B68 𗏇𗏇 kiwej 2.31 dew 2.38 真实

[背隐] 𗉜𗉛𗏇𗋕

　　　　真实不虚

[按语] 背隐先以同义词解释正文，再以反义词解释正文。与正文同样的词组还有同音_甲 14A13；合编_甲17.183 等。聂Ⅱ369 录背隐内容。

14B71 𘈖𘟙 dźju 2.52 dew 2.38 诱饵

   [背隐] 𘗯𘗵𘟙𘈖

     待使来用

[按语] 背隐的内容是对正文的解释。与正文同样的词组还有同音_乙40A13；杂字_乙10A1；合编_甲19.053；同义 29B7 等。

14B72 𘟙𘈖 dew 2.38 mjaa 1.23 果子

   [背隐] 𘈱𘈖

     果子

[按语] 背隐注明了该词的汉语读音。与正文同样的词组还有同音_甲14A16；掌中珠_甲14A12（正文后该词的汉语译释即来源于此）等。该字又见杂字_乙07A5；同义 09B3 等。聂Ⅱ565 录背隐内容。

14B73 𘈖𘈱 。dew 2.38 lji 2.09 道理

   [背隐] 𘈖𘈲

     所说

[按语] 背隐的内容是对正文的解释。与正文同样的词组还有同音_乙49B76；同义_甲14A17、49B17；文海_刻①18B12；文海_刻①18B12；同义 20B5 等。聂Ⅱ260 录背隐内容。

14B74 𘈱𘟙 djij 2.33 sji 2.10 曾用

   [背隐] 𘈲𘈱𘈖

     做作为

[按语] 背隐的内容是对正文的解释。与正文同样的词组还有同音_甲14A31。该字又见同义 17B3。聂Ⅱ243 录背隐内容。

14B75 𘈲𘈱 mjɨ 1.30 djij 2.33 不然

   [背隐] 𘈖𘈱𘟙𘈲

     语后依随

[按语] 背隐的内容是对正文的解释。该字又见同义 21B3。聂Ⅱ061 录背隐内容。

14B76 𘈱𘈲 tshji 1.16 djij 2.33 （地名）

   [背隐] 𘗯𘈲/𘈱𘟙

     buu dzjij/地名

[按语] 背隐前二字用意不明；然后指出正文的类别为一"地名"。与正文同样的词组还有同音_甲14A22；同义 25B5 等。聂Ⅱ061 录背隐内容。

14B77 𘈱𘟙 djij 2.33 dji 2.10 饮喝

   [背隐] 𘈖𘈲

     清饮

［按语］背隐的内容是对正文的解释。参见下文同音丁18A38 及其背隐。与正文同样的词组还有同音甲14A32、17A77；文海刻③21A31 等。

14B78 㩲祥 dji 2.28 djij 2.33 当与

　　［背隐］骨𦌾䌵𦅊
　　　　　语先依随

　　［按语］背隐的内容是对正文的解释。该字又见同义21B2；碎金10A6 等。聂Ⅱ570 录背隐内容。

15A11 㩖雍 dzji 1.11 djij 2.33 苦罚

　　［背隐］𦊀𦌾𦅃毛
　　　　　苦罚劳苦

　　［按语］背隐以同义词解释正文。参见下文同音丁31B13 及其背隐。与正文同样的词组还有同音甲14A34、30B47；文海刻①77A23；合编甲17.103；同义30B6 等。

15A12 散飛 lə 2.25 djij 2.33 盗窃

　　［背隐］㪔㪁
　　　　　偷盗罪

　　［按语］背隐的内容是对正文的解释。与正文同样的词组还有同音乙53A62；同义甲14A26、53A21；文海刻①25A21；合编甲09.171；同义29B4 等。

15A13 㲾𦊀 。bji 1.30 djij 2.33 面颊

　　［背隐］𦌾㲾
　　　　　口头

　　［按语］背隐的内容是对正文的解释。参见上文同音丁06A46 及其背隐。与正文同样的词组还有同音甲05A54、14A27；文海刻①69A41；杂字乙16B5；同义03B2 等。

15A14 㲅𦍟 djij 1.36 lhji 2.60 日月

　　［背隐］㲾𦍟𦌾
　　　　　日月始

　　［按语］背隐的内容是对正文的解释。与正文同样的词组还有同音甲14A23。该字又见掌中珠甲10B32；杂字甲03A3；同义13A3；碎金10B3 等。聂Ⅱ243 录背隐内容。

15A15 㩵㲅 ŋwə 1.27 djij 1.36 神圣

　　［背隐］㲅引𦅊𦌾
　　　　　神圣有灵

　　［按语］背隐的内容是对正文的解释。参见下文同音丁27A42 及其背隐。与正文同样的词组还有同音甲14A24、26A77；文海刻①35A11；杂字甲02B5；同义02A4 等。聂Ⅰ398 录背隐内容。

15A16 㲅𦍟 low 2.47 djij 1.36 丘陵

　　［背隐］𦊀毛𦍟㪔
　　　　　地高陵尖

[按语] 背隐的内容是对正文的解释。与正文同样的词组还有同音_甲14A28；杂字_乙04B7（颠倒）等。该字又见同义25A7。

15A17 𩵔𩵔 。djɨ 1.30 djij 1.36 病患

[背隐] 𥷛𥹢𥹢𥸡
病患加重

[按语] 背隐的内容是对正文的解释。参见上文同音_丁14A74及其背隐。与正文同样的词组还有同音_甲13B11、14A25；文海_刻①38A62；同义31A5等。

15A18 𥸗𥸗 sjɨ 1.69 nji 2.10 清洁

[背隐] 𥹢𥹥𥹉𥸡
鲜洁清净

[按语] 背隐的内容是对正文的解释。参见下文同音_丁33B56及其背隐。与正文同样的词组还有同音_甲14A37、33A47；文海_刻①76B31；同义22B2等。

15A21 𦈶𥸗𥸗 nji 2.10 da 2.56 bjiir 2.86 nji：语助

[背隐] 𥸗𥹢𥸡
如二踢

[按语] 背隐的内容是对正文的解释。同音_甲14A41与丁种本正文表述相同。

15A22 𥷛𥸗 nji 2.10 njij 2.33 你他

[背隐] 𥹥𥹢𥸡
他彼你

[按语] 背隐以同类词解释正文。参见上文同音_丁14B35及其背隐。与正文同样的词组还有同音_甲13B54、14A38等。

15A23 𥷛𥸗 nji 2.10 lhjij 1.42 听闻

[背隐] 𥹥𥹢𥹉𥸡
以耳闻音

[按语] 背隐的内容是对正文的解释。与正文同样的词组还有同音_甲18A26；合编_丙B41等。文海_刻③10A42有该字的详细材料。

15A24 𥷛𥸗 lja 2.16 nji 2.10 瑞象

[背隐] 𥹥𥹢𥹉𥸡𥸗
吉不吉显用

[按语] 背隐的内容是对正文的解释。与正文同样的词组还有同音_乙49B35；同音_甲18A25、49A43；文海_刻①18B23；合编_甲05.053；同义02A2等。

15A25 𥷛𥸗 nji 2.10 nji 2.10 悄悄

[背隐] 𥹥𥹉𥹢𥹥𥸡
隐语不使知

[按语] 背隐的内容是对正文的解释。与正文同样的词组还有同音_甲14A35；文海_刻①27B12等。该字又见同义29B7。

15A26 𗧅𗈁 。rjir 2.77 nji 2.10 所逼

[背隐] 𗧅𗈁𗈁𗧅
逼迫使往

[按语] 背隐的内容是对正文的解释。与正文同样的词组还有同音甲14A36。该字又见同义25A2。

15A27 𗈁𗈁𗧅 do 1.49 mjir 1.86 mə 2.25 do：族姓

[背隐] 𗧅𗈁𗈁
we sjij bji
　　　　　．

[按语] 根据文海刻①56A51对该字的解释，应该是背隐音义中的三个字组成一个复姓"𗧅𗈁𗈁"与"𗈁𗈁𗧅"类似。同音甲14A42与丁种本正文表述相同。该字又见同义07A6。文海刻①56A51有该字的详细材料。

15A28 𗈁𗧅 do 1.49 γor 1.89（树名）

[背隐] 𗧅𗈁
树名

[按语] 背隐指出正文的类别为一"树名"。与正文同样的词组还有同音甲14A43、42A74；文海刻①56A52；杂字乙07A2；同义09A5等。

15A31 𗈁𗧅 do 1.49 mjaa 1.23 桃

[背隐] 𗧅
桃

[按语] 背隐注明了该词的汉语读音。与正文同样的词组还有同音甲14A44；掌中珠甲14B12（正文后该词的汉语译释即来源于此）等。该字又见杂字乙07A6；同义09B3等。

15A32 𗈁𗧅 phio 2.43 do 1.49 毒蛇

[背隐] 𗧅𗈁𗈁
吃药死

[按语] 背隐的内容是对正文的解释。与正文同样的词组还有杂字乙10B6。该字又见同义27A1。文海刻①56A61有该字的详细材料。

15A33 𗈁𗧅 。do 1.49 tshjii 1.32 读诵

[背隐] 𗧅𗈁𗈁𗧅
观看文字

[按语] 背隐内容是对正文的解释。与正文同样的词组还有同音甲14A47；文海刻①56A62等。该字又见同义21A4；碎金08B3等。文海刻①56A62有该字的详细材料。

15A34 𗈁𗧅 do 2.42 pha 1.17 差异

[背隐] 𗧅𗈁𗈁𗧅
彼此不同

[按语] 背隐的内容是对正文的解释。与正文同样的词组还有文海刻①63B12；合编甲

17.052；同义 29A7；碎金 09A5 等。

15A35 𗾱𗨁 sji 2.60 do 2.42 毒草

[背隐] 𗨁

毒草

[按语] 背隐以同义词解释正文。该字又见同音甲 14A48；杂字乙 07B8；同义 10A5 等。

15A36 𗴺𗑇 nja 2.17 do 2.42 于你

[背隐] 𗇁𗱕𗑇

近不远

[按语] 背隐的内容是对正文的解释。与正文同样的词组还有同音甲 14A52。该字又见杂字乙 15B2；掌中珠甲 35A22（正文后该词的汉语译释即来源于此）；同义 21A7；碎金 06B5 等。

15A37 𗙏� 。ŋwu 2.01 do 2.42 引退

[背隐] 𗧩�／𗆀

回头／卷

[按语] 背隐的内容是对正文的解释。前二字解释正文大字；后一字解释正文小字。与正文同样的词组还有同音甲 14A46。该字又见同义 26A7。

15A38 𗄽𗉛 rer 2.71 dow 1.54 街道

[背隐] 𗦻𗫤𗑱𗋈𗫩

人过处街巷

[按语] 背隐的内容是对正文的解释，最后二字当为汉语译音。与正文同样的词组还有同音乙 48B74；同音甲 14A53、48B16；文海刻①59B61；同义 13B6 等。

15A41 𗦀𗫒 ·a？ dow 1.54 一条

[背隐] 𗀾𗗚𗫒

褐丝条

[按语] 背隐的内容是对正文的解释。与正文同样的词组还有同音甲 14A56。该字又见同义 12A6。文海刻①59B62 有该字的详细材料。

15A42 𗫟𗌢 dow 1.54 ɣiwəj 1.41 横斜

[背隐] 𗱕𗫟

不正

[按语] 背隐以反义词解释正文。与正文同样的词组还有同音乙 46B22；同音甲 46A35；合编甲 13.091；同义 04B6 等。

15A43 𗀍𗫠 。dow 1.54 mej 1.33 观察

[背隐] 𗥑𗪺𗄷

寻找检查

[按语] 背隐的内容是对正文的解释。与正文同样的词组还有同音甲 14A55；文海刻①59B72 等。该字又见同义 12B6。文海刻①59B72 有该字的详细材料。聂Ⅱ342 录

　　　背隐内容。

15A44 㡆𦀖 dow 2.47 rjijr 2.68 腿胫

　　[背隐] 㡓𦀖

　　　　　腿胫

　　[按语] 背隐以同义词解释正文。与正文同样的词组还有同音甲14A57；杂字乙17A2 等。
　　　　　该字又见同义04A6。

15A45 𥸮𦀖 dow 2.47 njaa 1.21 黑熊

　　[背隐] 𦀖

　　　　　熊

　　[按语] 背隐以同义词解释正文。与正文同样的词组还有同音甲14A58；杂字乙10A7 等。
　　　　　该字又见杂字乙10A7；同义27A5 等。

15A46 菝𥚃。dow 2.47 wji 1.10 欲动

　　[背隐] 𦀖𥚃缓菝

　　　　　旧病欲动

　　[按语] 背隐的内容是对正文的解释。该字又见同音甲14A61；同义23B1 等。

15A47 㲉徼 rjir 2.77 nji 2.28 所到

　　[背隐] 𦀖㲉㡆

　　　　　诸处皆

　　[按语] 背隐的内容是对正文的解释。与正文同样的词组还有同音甲14A62；文海刻①
　　　　　10B32；合编甲22.031 等。

15A48 㡓鞁。·jij 1.36 nji 2.28 盈能

　　[背隐] 㲉𦀖㲉𥚃

　　　　　限量测写

　　[按语] 背隐的内容是对正文的解释，是否指"盈能"的职能？与正文同样的词组还有同
　　　　　音乙44A61；同音甲14A63；杂字乙00A8 等。其实此职官在《天盛律令》中使用
　　　　　频率很高，如律令④31B7。

15A51 𦀖㡆 nji 1.30 njijr 2.68 人情

　　[背隐] 㲉𥚃𦀖㡆

　　　　　有愧谦词

　　[按语] 背隐的内容是对正文的解释。与正文同样的词组还有同音甲14A66；掌中珠甲
　　　　　29A12（正文后该词的汉语译释即来源于此）等。

15A52 㡆㲉 nji 1.30 thju 1.03 至亲

　　[背隐] 㡓㡆

　　　　　亲戚

　　[按语] 背隐以同义词解释正文。参见上文同音丁14B45 及其背隐。与正文同样的词组还
　　　　　有同音甲13B66、14A67；文海刻①78A32；杂字乙15B1；合编甲07.203；同义

05B2 等。

15A53 𗰖𗆟 nji 1.30 kiej 1.60 姑妹

　　[背隐] 𗰖𗆟𗰖
　　　　　父之姐妹

　　[按语] 背隐的内容是对正文的解释。与正文同样的词组还有同音_甲14A64；杂字_乙15A8
　　　　　等。掌中珠 20B13 即译为"姑"。

15A54 𗢨𗰖 。nji 1.30 wji 1.29 岳母

　　[背隐] 𗰖𗢨𗆟𗰖
　　　　　妻子之母

　　[按语] 背隐的内容是对正文的解释。与正文同样的词组还有同音_甲14A65；文海_刻①
　　　　　38A42；杂字_乙15A5；碎金 07A2 等。聂Ⅱ474 录背隐内容。

15A55 𗆟𗢨 dzjwi 1.69 da 2.14 大城

　　[背隐] 𗆟𗢨
　　　　　大城

　　[按语] 背隐的内容是对正文的解释。与正文同样的词组还有同音_甲14A72。该字又见同
　　　　　义 02A4。聂Ⅱ502 录背隐内容。

15A56 𗢨𗰖 da 2.14 kia 1.18 老家

　　[背隐] 𗰖𗢨𗆟𗰖𗰖
　　　　　父母住处家

　　[按语] 背隐的内容是对正文的解释。参见下文同音_丁21B73 及其背隐。与正文同样的词
　　　　　组还有同音_甲14A68、21A24；文海_刻①25B22；杂字_乙16B1；同义 05B5 等。聂Ⅱ
　　　　　070 录背隐内容。

15A57 𗢨𗆟 pu 2.51 da 2.14 老大

　　[背隐] 𗆟𗰖𗢨𗆟
　　　　　兄弟中最大

　　[按语] 背隐的内容是对正文的解释。与正文同样的词组还有文海_刻①05A32；同义 22A2
　　　　　（颠倒）等。同音_甲14A71：𗢨𗆟𗆟 da 2.14 mjir 1.86 mə 2.25（da：族姓）。该
　　　　　字又见杂字_乙14B8。聂Ⅱ328 录背隐内容。

15A58 𗰖𗆟 bə 1.27 da 2.14 起离

　　[背隐] 𗆟𗰖𗆟𗰖
　　　　　坐卧起动

　　[按语] 背隐的内容是对正文的解释。参见上文同音_丁04A54 及其背隐。与正文同样的词
　　　　　组还有同音_甲03A55、14A73；文海_刻①33B31；合编_甲05.043；同义 19A4 等。

15A61 𗰖𗆟 。du 1.04 da 2.14 沉重

　　[背隐] 𗰖𗆟
　　　　　迟缓

[按语] 背隐的内容是对正文的解释。参见上文同音丁 13A45 及其背隐等内容。与正文同
样的词组还有同音甲 12A53、14A74；文海刻①10B11；同义 32A4 等。聂 I 268 录
背隐内容。

15A62 𗣼𗼮 dã 1.24 ka 1.17（族姓）

　　[背隐] 𗣼𗼮𗣼𗺌
　　　　　族姓地名

　　[按语] 背隐指出正文的类别为一"族姓、地名"。参见下文同音丁 21B22 及其背隐。与
　　　　正文同样的词组（即此西夏复姓）还有文海刻①31A41；杂字乙 12A2 等。同音甲
　　　　14A75：𗣼𗣼𗺌 dã 1.24 mjir 1.86 mə 2.25（dã：族姓）。

15A63 𗤋𗽃𗣀 dã 1.24 khji 1.30 wji 1.10 踢：脚踹

　　[背隐] 𗭁𗾔
　　　　　踩踏

　　[按语] 背隐的内容是对正文的解释。同音甲 14A76 与丁种本正文表述相同。该字又见同
　　　　义 30A3。文海刻①31A42 有该字的详细材料。

15A64 𗤋𗽃𗣀 dã 1.24 dzjwi 1.30 wji 1.10 啖：互喂

　　[背隐] 𗾅𗿒𗹟𗹾𗾔
　　　　　饮喂使饮食

　　[按语] 背隐的内容是对正文的解释。同音甲 14A77 与丁种本正文表述相同。该字又见同
　　　　义 11B6。文海刻①31A51 有该字的详细材料。

15A65 𗤋𗽃𗣀 ∘ dã 1.24 du 1.04 tã 1.24（切身字）

　　[背隐] 𗢫𗤋
　　　　　梵语

　　[按语] 背隐指出正文的类别为一"梵语"。同音甲 19B42 与丁种本正文表述相同。该字
　　　　又见同义 01B2。

15A66 𗿒𗞆 djwar 1.82 lwu 2.01 ·jij 2.37 刀：藏鞘

　　[背隐] 𗾔𗙴𗫼𗵀/𗾦𗾔
　　　　　秘密不见/dju 1.59 tjwar 1.82（反切）
　　　　　　　　　　　　　・

　　[按语] 背隐的内容先是对正文的解释；然后注明了该字的反切音。同音甲 14A78 与丁种
　　　　本正文表述相同。该字又见同义 18B1。文海刻①86A71 有该字的详细材料。

15A67 𗼮𗿒 ∘ tshji 1.10 djwar 1.82 皮肤

　　[背隐] 𗾆𗾌
　　　　　皮薄

　　[按语] 背隐的内容是对正文的解释。与正文同样的词组还有同音甲 14B11。该字又见同
　　　　义 04A7。文海刻①86A72 有该字的详细材料。聂 II 558 录背隐内容。

15A68 𗣼𗺌 lja 2.16 duu 1.05（族姓）

　　[背隐] 𗣼𗺌𗺀𗾏
　　　　　族姓奴仆

[按语] 背隐先指出正文的类别为一"族姓"；然后是对正文又一层意思的解释。与正文同样的词组（即此西夏复姓）还有同音乙 49B36；杂字乙 11B7；同义 06B7；碎金 04B3 等。同音甲 14B12：𗀉𗀉𗀉 duu 1.05 mjɨr 1.86 mə 2.25（duu：族姓）。

15A71 𗀉𗀉 lu 1.01 duu 1.05 贮藏

　　[背隐] 𗀉/𗀉𗀉
　　　　　集/贮藏

　　[按语] 背隐的内容是对正文的解释。背隐音义中"𗀉"字指向大字，二者组成词组"𗀉𗀉"（积集）。与正文同样的词组还有同音乙 49A74；同音甲 14B13、49A17；同义 14A4 等。

15A72 𗀉𗀉 。djii 1.14 duu 1.05 分份

　　[背隐] 𗀉/𗀉𗀉𗀉𗀉
　　　　　分/分测量用

　　[按语] 背隐的内容是对正文的解释。该字又见同义 21B5。文海刻①11A51 有该字的详细材料。

15A73 𗀉𗀉 sə 1.27 duu 2.05 堵塞

　　[背隐] 𗀉𗀉𗀉𗀉𗀉
　　　　　来处有不过

　　[按语] 背隐的内容是对正文的解释。与正文同样的词组还有同音甲 14B15。该字又见同义 14A5。

15A74 𗀉𗀉 kə 1.68 duu 2.05 满溢

　　[背隐] 𗀉𗀉𗀉𗀉𗀉
　　　　　满溢后啖吞

　　[按语] 背隐的内容是对正文的解释。该字又见同音甲 14B16；同义 11B6 等。

15A75 𗀉𗀉 phio 2.43 duu 2.05 蛇蟮

　　[背隐] 𗀉𗀉𗀉
　　　　　无脚蛇

　　[按语] 背隐的内容是对正文的解释。与正文同样的词组还有同音甲 14B17；文海刻① 37A22；同义 27B2 等。

15A76 𗀉𗀉 duu 2.05 dwəə 1.31 突凸

　　[背隐] 𗀉𗀉
　　　　　圆粒

　　[按语] 背隐的内容是对正文的解释。参见下文同音丁 19B15 及其背隐。与正文同样的词组还有同音甲 14B18 等。该字又见同义 02A6。

15A77 𗀉𗀉 yie 1.09 duu 2.05 努力

　　[背隐] 𗀉𗀉𗀉𗀉
　　　　　勤奋不怠

[按语] 背隐的内容是对正文的解释。与正文同样的词组还有同音_甲14B22。该字又见同义17B3。

15A78 㣍_龍 duu 2.05 nja 2.57 烦恼

[背隐] 㲉𥺊𦄂𦄏

　　　 有罪后随

[按语] 背隐的内容是对正文的解释。参见下文同音_丁16B52 及其背隐。与正文同样的词组还有同音_甲15B68；同义30B7 等。

15B11 𦄏_隨 。duu 2.05 śjwa 1.19 大胆

[背隐] 𦄮𦄏𥺊𦄂

　　　 自己敢作

[按语] 背隐的内容是对正文的解释。与正文同样的词组还有同音_甲14B23。该字又见同义17B2。

15B12 𦄮𦄏 kha 2.14 niaa 2.20 结巴

[背隐] 𥺊𦄏𦄂𦄮

　　　 语莫得口吃

[按语] 背隐的内容是对正文的解释。参见下文同音_丁27A66 及其背隐。与正文同样的词组还有同音_甲14B24、26B38；文海_刻①71A22；合编_甲10.133；同义30B4 等。

15B13 𦄂𦄏 khjwɨ 1.30 niaa 2.20 压力

[背隐] 𥺊𦄏𦄂𦄮

　　　 手前已压

[按语] 背隐的内容是对正文的解释。与正文同样的词组还有同音_甲14B25。该字又见同义19B1。

15B14 𦄂𦄏 tsior 2.81 niaa 2.20 涂泥

[背隐] 𦄮𦄏

　　　 涂抹

[按语] 背隐以同义词解释正文。与正文同样的词组还有同音_乙37B74；同音_甲14B26、37A51；杂字_乙17B7；合编_乙02 上 32；同义14A3 等。

15B15 𦄂_藏 niaa 2.20 ɣjiw 2.40 琉璃

[背隐] 𦄏𥺊𦄂

　　　 珠明亮

[按语] 背隐的内容是对正文的解释。与正文同样的词组还有同音_甲14B27；杂字_乙05B3；同义18A3 等。掌中珠_甲13A12 用字不同。

15B16 𦄏𦄂 niaa 2.20 ·wo 1.70 冰冻

[背隐] 𦄮𥺊

　　　 水冻

[按语] 背隐的内容是对正文的解释。与正文同样的词组还有同音_甲14B28。该字又见同

义 09A1。

15B17 𗌰𗏵 niaa 2.20 tsior 1.90 泥壁

　　[背隐]　𗀂𗖵

　　　　　泥壁

　　[按语]　背隐注明了该词的汉语读音。同音甲 14B31；杂字乙 17B7；纂要 09A5 三者一致，但用字与乙本稍有不同。该字又见同义 14B2。

15B18 𗍳𗏵 · jɨr 2.77 niaa 2.20 唐呢

　　[背隐]　𗖵𗏵

　　　　　唐呢

　　[按语]　背隐注明了该词的汉语读音。与正文同样的词组还有同音甲 14B32。该字又见杂字乙 05B7；掌中珠甲 26A12（正文后该词的汉语译释即来源于此）；同义 18A5 等。

15B21 𗏵𗖵 。 niaa 2.20 sjow 1.56 铁矿

　　[背隐]　𗖵𗏵

　　　　　熔石

　　[按语]　背隐的内容是对正文的解释。与正文同样的词组还有同音甲 14B33、36B23 等。

15B22 𗏵𗖵 · o 2.42 tji 1.67 酿酒

　　[背隐]　𗖵𗏵𗖵𗏵

　　　　　米醋酝酿

　　[按语]　背隐的内容是对正文的解释。与正文同样的词组还有同音甲 14B36；文海刻① 25A11；合编甲 10.071 等。

15B23 𗏵𗖵 dja 2.17 tji 1.67 安置

　　[背隐]　𗖵𗏵𗖵

　　　　　不移动

　　[按语]　背隐以反义词解释正文。与正文同样的词组还有同音甲 14B35。该字又见杂字乙 10A1；同义 14A4；碎金 10A6 等。文海刻①73A22 有该字的详细材料。

15B24 𗏵𗖵 ɣu 1.04 tji 1.67 归顺

　　[背隐]　𗖵𗏵𗖵

　　　　　投降

　　[按语]　背隐的内容是对正文的解释。与正文同样的词组还有同音甲 14B42；文海刻① 61B12 等。

15B25 𗏵𗖵 。 tji 1.67 tewr 1.87 笨重

　　[背隐]　𗖵𗏵𗖵𗏵

　　　　　音响不轻

　　[按语]　背隐的内容是对正文的解释。参见下文同音丁 20A14 及其背隐。与正文同样的词组还有同音甲 14B48、19A72；文海刻①73A32；同义 08A2 等。

15B26 𗏵𗖵 tji 1.67 sjwo 1.48 发愿

[背隐] 蘿牖
念物

　　[按语] 背隐的内容是对正文的解释。与正文同样的词组还有同音甲14B43。该字又见掌
　　　　　　中珠甲36B12；同义08B1 等。文海刻①73A41 有该字的详细材料。

15B27 厇蘿 tji 1.67 sioow 1.57 食馔
　　[背隐] 緂祋祋縦
餐食种种

　　[按语] 背隐的内容是对正文的解释。"祋"原文误为"祊"。与正文同样的词组还有同
　　　　　　音甲14B44；文海刻①73A42；杂字乙18B5；掌中珠甲33A12（正文后该词的汉语
　　　　　　译释即来源于此）等。

15B28 厇脁 tji 1.67 tji 1.67 饮食
　　[背隐] 脁脁祇
使饮食

　　[按语] 背隐的内容是对正文的解释。与正文同样的词组还有同音甲14B45。该字又见杂
　　　　　　字乙19A7；同义11B7 等。文海刻①73A43 有该字的详细材料。

15B31 蘿脁 tji 1.67 gjwij 1.36 祈祷
　　[背隐] 薿甕
供养

　　[按语] 背隐的内容是对正文的解释。参见下文同音丁24A23 及其背隐。与正文同样的词
　　　　　　组还有同音甲14B46；文海刻①48B52；合编甲17.023；同义01A4 等。

15B32 蘿脁　。tjij 1.61 tji 1.67 减除
　　[背隐] 瓧豬祋
减掉（一）半

　　[按语] 背隐的内容是对正文的解释。参见上文同音丁14A16 及其背隐等内容。与正文同
　　　　　　样的词组还有同音甲13A33、14B47；文海刻③20A21；同义20A5 等。聂Ⅱ374 录
　　　　　　背隐内容。

15B33 脁叕 wor 1.89 tji 2.60 起处
　　[背隐] 帉/骺脁
来/语助

　　[按语] 背隐的内容是对正文的解释。背隐音义中"帉"指向正文大字，二字连用组成
　　　　　　"帉叕"（来处）。与正文同样的词组还有同音甲14B34；文海刻①55A72；合编甲
　　　　　　17.181 等。

15B34 緯絹 tji 2.60 sa 2.14 干涸
　　[背隐] 帉絹羃
干涸

　　[按语] 背隐以同义词解释正文。参见下文同音丁30A67 及其背隐。与正文同样的词组还
　　　　　　有同音甲14B37、29B34 等。该字又见同义20A6。

15B35 𗣃𗣓 · jɨ 2.28 tji 2.60 睡觉

　　[背隐] 𗣃𗣓𗭼

　　　　　能睡着

　　[按语] 背隐的内容是对正文的解释。与正文同样的词组还有同音甲14B41；杂字乙15B7
　　　　　等。该字又见杂字乙15B7；同义22B2 等。

15B36 𗤻𗤻 。tjij 2.54 tji 2.60 拥抱

　　[背隐] 𗤻𗙴𗭣

　　　　　胸上持

　　[按语] 背隐的内容是对正文的解释。参见上文同音丁14A13 及其背隐。与正文同样的词
　　　　　组还有同音甲13A27、14B38；合编甲03.062；同义19B7 等。

15B37 𗥓𗥔 ɣu 1.04 tjɨj 2.55 系头

　　[背隐] 𗥕𗥖𗥗𗥘

　　　　　冠发束缚

　　[按语] 背隐的内容是对正文的解释。与正文同样的词组还有同音甲14B53。该字又见同
　　　　　义15B2。

15B38 𗦊𗦋 tjɨj 2.55 dzjo 2.44 礼仪

　　[背隐] 𗦌𗦍/𗦎𗦏𗦐𗦑

　　　　　礼仪/为正法用

　　[按语] 背隐先以同义词解释正文；然后是对正文的解释，指出其用途。参见下文同音丁
　　　　　31B48 及其背隐。与正文同样的词组还有同音甲14B51、31A21；文海刻①11A21；
　　　　　合编甲01.161 等。

15B41 𗧀𗧁 kwə 1.68 tjɨj 2.55 墼模

　　[背隐] 𗧂𗧃

　　　　　墼模

　　[按语] 背隐注明了该词的汉语读音。与正文同样的词组还有同音甲14B52。该字又见杂
　　　　　字乙17B7；同义14B2 等。

15B42 𗨀𗨁 ljɨ 2.61 tjɨj 2.55 地图

　　[背隐] 𗨂𗨃𗨄𗨅/𗨆𗨇

　　　　　依地貌画/地图

　　[按语] 背隐的内容先是对正文的解释；然后注明了该词的汉语读音。与正文同样的词组
　　　　　还有同音甲14B54。在《天盛律令》中该词组出现频率较高，达17 次之多，多译
　　　　　为"地区、地段"，如律令④12A4。

15B43 𗩀𗩁 njijr 2.68 tjɨj 2.55 镜子

　　[背隐] 𗩂𗩃𗩄𗩅

　　　　　看形象用

　　[按语] 背隐的内容是对正文的解释，指出其用途。与正文同样的词组还有同音甲14B57

等。该字又见杂字乙24A3；同义18A3等。

15B44 𗙸𗙸 dziej 2.31　tjij 2.55 信印

　　[背隐] 𗙸𗙸𗙸𗙸

　　　　　信记载用

　　[按语] 背隐的内容是对正文的解释。与正文同样的词组还有同音甲14B56。该字又见同义02B4。

15B45 𗙸𗙸 。gja 1.20　tjij 2.55 军政

　　[背隐] 𗙸𗙸

　　　　　违律

　　[按语] 背隐的内容是对正文的解释。与正文同样的词组还有同音甲14B55。该字又见同义03A4。聂Ⅱ442录背隐内容。

15B46 𗙸𗙸 tu 1.01　mur 1.75 愚蠢

　　[背隐] 𗙸𗙸

　　　　　愚蠢

　　[按语] 背隐以同义词解释正文。与正文同样的词组还有同音甲14B61；文海刻①71B62；合编甲19.031等。

15B47 𗙸𗙸 la 1.63　tu 1.01 厚阔

　　[背隐] 𗙸

　　　　　阔

　　[按语] 背隐以同义词解释正文。与正文同样的词组还有同音甲14B58；文海刻①05B21等。该字又见同义10B5。文海刻①05B21有该字的详细材料。

15B48 𗙸𗙸 deej 2.34　tu 1.01 （草名）

　　[背隐] 𗙸

　　　　　草

　　[按语] 背隐指出正文的类别为一"草名"（简化）。参见上文同音丁14A38及其背隐。与正文同样的词组还有同音甲13A56、14B63；杂字乙08A3等。

15B51 𗙸𗙸 。deej 2.34　tu 1.01 （树名）

　　[背隐] 𗙸

　　　　　树

　　[按语] 背隐指出正文的类别为一"树名"（简化）。参见上文同音丁14A37及其背隐。与正文同样的词组还有同音甲13A55、14B62；文海刻①05B31；杂字乙07A3；同义09A7等。

15B52 𗙸𗙸 thə 1.27　lo 2.42 磚碌

　　[背隐] 𗙸𗙸𗙸𗙸

　　　　　草地碾用

　　[按语] 背隐的内容是对正文的解释，指出其用途。与正文同样的词组还有同音乙48A45；

同音_甲14B65、47B56；文海_刻①33B61；掌中珠_甲26B22（正文后该词的汉语译释即来源于此）；同义15A4 等。聂Ⅰ532 录背隐内容。

15B53 𗹦𗾒 。thə 1.27 deej 1.37 合力

[背隐] 𗹦𗾒𗏹

力聚集

[按语] 背隐的内容是对正文的解释。与正文同样的词组还有同音_甲14B64；文海_刻①33B62 等。该字又见同义18B1。文海_刻①33B62 有该字的详细材料。

15B54 𗧫𘚭 teew 2.41 yjiw 1.46 砧

[背隐] 𗲩

砧

[按语] 背隐以同义词解释正文。与正文同样的词组还有同音_甲14B68。纂要09A1 用字不同。该字又见杂字_乙18B4；同义14B7 等。

15B55 𗿋𗧫 se 2.07 teew 2.41 勒紧

[背隐] 𗅤𗧫

迹出

[按语] 背隐的内容是对正文的解释。与正文同样的词组还有同音_甲14B67。该字又见同义15A7。

15B56 𗒼𗧫 。dza 2.14 teew 2.41 计谋

[背隐] 𗭀𗇋𗒼𗉦

不偏中计

[按语] 背隐的内容是对正文的解释。与正文同样的词组还有同音_甲14B66；合编_甲18.142 等。该字又见同义17B3。

15B57 𗄈𗷛 dwewr 2.78 tha 1.17 佛觉

[背隐] 𗄈𗥃𗄈

业圆满

[按语] 背隐的内容是对正文的解释。与正文同样的词组还有同音_甲14B71。该字又见掌中珠_甲36A22。

15B58 𗄈𗄻 mji 1.11 dwewr 2.78 闻知

[背隐] 𗃛𗄈

解悟

[按语] 背隐的内容是对正文的解释。与正文同样的词组还有同音_甲14B72。该字又见同义08B2。聂Ⅱ420 录背隐内容。

15B61 𗄈𗗙 。mjɨ 2.28 dwewr 2.78 沉默

[背隐] 𗭀𗗙𗧲

不语静

[按语] 背隐的内容是对正文的解释。与正文同样的词组还有同音_甲14B73；同义29B6

等。聂Ⅱ421 录背隐内容。

15B62 𗖵𗴪 ne 1.65 no 2.42 宣说

　　[背隐] 𗖵𗴪

　　　　　谓说

　　[按语] 背隐以同义词解释正文。与正文同样的词组还有同音甲14B74；文海刻①55A31
　　　　　等。聂Ⅱ056 录背隐内容。

15B63 𗴪𗴪 no 2.42 no 2.42 时时

　　[背隐] 𗴪𖿢

　　　　　时时

　　[按语] "𖿢"代表该字与前一字重复。背隐音义以同义词解释正文。与正文同样的词组
　　　　　还有文海刻①29A32。同音甲14B75：𗴪𗴪𗖵 no 2.42 no 2.42 tji 1.69。该字又见
　　　　　同义 13A7。聂Ⅱ054 录背隐内容。

15B64 𗴪𗴪 no 2.42 śjwo 2.44 美妙

　　[背隐] 𗴪𗴪

　　　　　色美

　　[按语] 背隐的内容是对正文的解释。与正文同样的词组还有同音甲14B76。该字又见同
　　　　　义 22B4。聂Ⅱ098 录背隐内容。

15B65 𗴪𗴪 njij 2.33 no 2.42 （鸟名）

　　[背隐] 𗴪

　　　　　鸟

　　[按语] 背隐音义指出正文所属的类别为一"鸟名"（简化）。与正文同样的词组还有同
　　　　　音甲14B77；杂字乙09B7；同义 27B4 等。

15B66 𗴪𗴪 lju 2.52 no 2.42 脑脑

　　[背隐] 𗴪𗴪

　　　　　头骨

　　[按语] 背隐的内容是对正文的解释。与正文同样的词组还有同音甲14B78。该字又见杂
　　　　　字乙05B4；掌中珠甲18A32（正文后该词的汉语译释即来源于此）；同义04B1 等。

15B67 𗴪𗴪 lji 2.09 no 2.42 闻香

　　[背隐] 𗴪𗴪

　　　　　嗅闻

　　[按语] 背隐的内容是对正文大字的解释。与正文同样的词组还有同音乙49B78；同音甲
　　　　　15A17；文海刻①40B72；杂字乙18B8；合编丙B16；同义 12A2 等。聂Ⅱ487 录背
　　　　　隐内容。

15B68 𗴪𗴪 tshji 1.11 no 2.42 （族姓）

　　[背隐] 𗴪𗴪

　　　　　族姓

［按语］背隐指出正文的类别为一"族姓"。与正文同样的词组（即此西夏复姓）还有同音乙42A74；同音甲15A11、41B53；文海刻①48A31；杂字乙12A2；同义06B1等。

15B71 𗱶𗊱 no 2.42 nej 2.30 安稳

［背隐］𗊱𗱶

安乐

［按语］背隐以同义词解释正文。与正文同样的词组还有同音甲15A12。该字又见同义22B6。

15B72 𗱶𗊱 no 2.42 lji 1.69 财宝

［背隐］𗊱𗱶𗊱𗱶𗊱

仓库看护处

［按语］背隐的内容是对正文的解释。与正文同样的词组还有同音甲15A15。该字又见同义18A6。

15B73 𗱶𗊱 no 2.42 dźjwa 1.19 缎带

［背隐］𗊱𗱶

布绢

［按语］背隐的内容是对正文的解释。与正文同样的词组还有同音乙37B42；同音甲36B77；杂字乙06A3；合编甲23.034；碎金07B4等。聂Ⅱ545录背隐内容。

15B74 𗊱𗱶 gji 1.30 no 2.42 童子

［背隐］𗊱𗱶

童子

［按语］背隐以同义词解释正文。参见下文同音丁28A63及其背隐。与正文同样的词组还有同音甲15A14、27B51；文海刻①66B52等。

15B75 𗱶𗊱 no 2.42 rjir 2.72 往昔

［背隐］𗊱𗱶

往昔

［按语］背隐以同义词解释正文。与正文同样的词组还有同音乙47A36；同音甲15A22、46B25；文海刻①08B63；合编丙A55；同义20A1等。聂Ⅰ334录背隐内容。

15B76 𗊱𗱶 tshji 1.11 no 2.42 需用

［背隐］𗊱𗱶

需用

［按语］背隐以同义词解释正文。参见下文同音丁30A42及其背隐。与正文同样的词组还有同音甲29B11；文海刻①17B21；同义23A7等。聂Ⅰ455录背隐内容。

15B77 𗊱𗱶 pia 1.18 no 2.42 鼠鼠

［背隐］𗊱

鼠

［按语］背隐以同义词解释正文。参见上文同音丁07A41及其背隐等内容。与正文同样的

词组还有同音_甲06A52、15A16；文海_刻①25A62；杂字_乙10A6；合编_丙A11；同义 27A7 等。

15B78 鞍_毵 。no 2.42 tshjwu 1.03 沼泽
　　[背隐]　䡵凤凰缪/㸚/猗
　　　　　　青散撒义/泽/地
　　[按语]　背隐的内容是对正文的解释。背隐音义中"㸚"字与正文大字连用组成词组"㸚鞍"（沼泽）；背隐音义中"猗"字与正文小字连用组成词组"毵猗"（绿地）。与正文同样的词组还有同音_甲15A18。该字又见同义 25B3。

16A11 荡_荡 tji 1.67 tjo 1.72 安置
　　[背隐]　㸚玑蔟祀
　　　　　　不使移动
　　[按语]　背隐的内容是对正文的解释。与正文同样的词组还有同音_甲15A27。该字又见同义 14A5。文海_刻①78B42 有该字的详细材料。

16A12 � 荡 ·o 2.42 tjo 1.72 酿酒
　　[背隐]　㹻盉蔴祀
　　　　　　捂盖使酿
　　[按语]　背隐的内容是对正文的解释。与正文同样的词组还有同音_甲15A26。该字又见同义 11B3。文海_刻①78B51 有该字的详细材料。

16A13 蕤蕤 tji 1.67 tjo 1.72 供养
　　[背隐]　蕤蕤
　　　　　　供养
　　[按语]　背隐以同义词解释正文。同音_甲15A24；㹻蕤 ·a ? tjo 1.72。该字又见同义 01A3。文海_刻①78B52 有该字的详细材料。聂Ⅱ200 录背隐内容。

16A14 㹻峰 。tji 1.67 tjo 1.72 饮食
　　[背隐]　㹻跣祀
　　　　　　使饮食
　　[按语]　背隐的内容是对正文的解释。与正文同样的词组还有同音_甲15A25；杂字_乙19A7 等。该字又见同义 11B5。文海_刻①78B61 有该字的详细材料。

16A15 㹻㹺 bja 2.17 du 2.51 腹肚
　　[背隐]　缒㹻/㹺
　　　　　　dji 1.67 ku 2.51（反切）/厚
　　[按语]　背隐先注明了该字的反切音；然后是对正文的解释，背隐音义中"㹺"指向正文小字，指腹厚。与正文同样的词组还有同音_甲15A31；杂字_乙17A4；同义 04A2 等。

16A16 蕤蕤 sji 1.11 du 2.51 木桶
　　[背隐]　㹻㹻㹻/猗
　　　　　　盛装袋/桶

    ［按语］背隐的内容先是对正文的解释；然后注明了该词的汉语读音。与正文同样的词组还有同音_甲15A33；杂字_乙18B2 等。掌中珠_甲22B32 用字不同。

16A17 􀀀􀀀 。du 2.51 sjij 2.37 斗升

  ［背隐］􀀀􀀀􀀀

    十升一（斗）

  ［按语］背隐的内容是对正文的解释。与正文同样的词组还有同音_乙38B77；同音_甲15A32、38A73；掌中珠_甲22A32〔1〕等。

16A18 􀀀􀀀 da 1.63 sji 1.11 （树名）

  ［背隐］􀀀􀀀

    树名

  ［按语］背隐指出正文的类别为一"树名"。与正文同样的词组还有同音_甲15A34；文海_刻①69A32；杂字_乙07A1 等。文海_刻①69A32 有该字的详细材料。

16A21 􀀀􀀀 bie 2.08 da 1.63 栗栗

  ［背隐］􀀀􀀀􀀀􀀀􀀀

    人羊马颜色

  ［按语］背隐的内容是对正文的解释。与正文同样的词组还有同音_甲15A35；合编_乙03 上12；同义 16A7 等。

16A22 􀀀􀀀 kheej 1.37 da 1.63 棋牌

  ［背隐］􀀀􀀀􀀀

    双陆牌

  ［按语］背隐注明了该词的汉语读音。与正文同样的词组还有同音_甲15A36；文海_刻①79B71；合编_甲17.122 等。

16A23 􀀀􀀀 lji 1.67 da 1.63 箭杆

  ［背隐］􀀀􀀀

    无簇

  ［按语］背隐的内容是对正文的解释。与正文同样的词组还有同音_甲15A37；文海_刻①69A51；杂字_乙23A4 等。

16A24 􀀀􀀀 mej 2.30 da 1.63 毛发

  ［背隐］􀀀􀀀

    毛发

  ［按语］背隐以同义词解释正文。与正文同样的词组还有同音_甲15A38；文海_刻①69A52；同义 15B6 等。

16A25 􀀀􀀀 。da 1.63 ŋwuu 1.05 圣谕

  ［背隐］􀀀􀀀􀀀􀀀／􀀀􀀀􀀀􀀀

---

〔1〕《掌中珠》则将此二字译为建筑构件中的"枓栱"。

光明圣谕/普遍之义

[按语] 背隐的内容是对正文的解释，"皇恩浩荡布告天下"乃为圣谕。与正文同样的词组还有同音_甲15A44。文海_刻①69A61 有该字的详细材料。

16A26 薜𤼇𤼇 da 1.63 dźjwo 2.44 meej 2.34 孔：洞穴

[背隐] 𤼇𤼇𤼇𤼇

洞穴刺穿

[按语] 背隐以同义词解释正文。同音_甲15A46 与丁种本正文表述相同。该字又见同义 26A4。文海_刻①69A62 有该字的详细材料。

16A27 㣵薜 。no 1.49 da 1.63 肋折

[背隐] 㣵㣵

筋断

[按语] 背隐以同义词解释正文。与正文同样的词组还有同音_甲15A45。该字又见同义 26A5。文海_刻①69A71 有该字的详细材料。

16A28 㣵薜 mju 2.03 da 2.56 移动

[背隐] 㣵薜𤼇𤼇

流动震动

[按语] 背隐以同义词解释正文。该字又见同义 19B1。

16A31 㣵薜 。yie 2.59 da 2.56 钟磬

[背隐] 㣵薜𤼇𤼇/㣵

佛前击打/磬

[按语] 背隐的内容先是对正文的解释；然后注明了该词的汉语读音。与正文同样的词组还有同音_甲15A48；同义01B5 等。

16A32 㣵薜 ŋwuu 1.05 da 2.56 语言

[背隐] 㣵薜𤼇

所说话

[按语] 背隐的内容是对正文的解释。与正文同样的词组还有同音_甲15A41；文海_刻① 85A42；合编_英03.083 等。

16A33 㣵薜 · jir 2.77 da 2.56 公事

[背隐] 㣵薜

公事

[按语] 背隐注明了该词的汉语读音。与正文同样的词组还有同音_甲15A43；文海_刻③ 15A21；合编_甲22.072；碎金04A2 等。

16A34 㣵薜 mji 1.30 da 2.56 迷惑

[背隐] 㣵薜

何是

[按语] 背隐的内容是对正文的解释。参见上文同音_丁04B27 及其背隐。与正文同样的词

组还有同音_甲03B33；文海_刻①88B52；合编_甲06.192；碎金10A5等。聂Ⅰ550录背隐内容。

16A35 𗼩𗑱 dzji 1.11 da 2.56 错误

[背隐] 𗱤𗰖

不牢

[按语] 背隐的内容是对正文的解释。参见下文同音_丁31B12及其背隐。与正文同样的词组还有同义32A6。

16A36 𗑱𗴿。tsja 1.20 da 2.56 热冷

[背隐] 𗎝𗱤

干冷

[按语] 背隐的内容是对正文大字的解释。与正文同样的词组还有同音_甲19A37；文海_刻③10B32；碎金02A5等。

16A37 𗾔𗧻𗾔 tju 1.03 mjɨr 1.86 mə 2.25 tju：族姓

[背隐] 𗱤𗓋_四

tji 1.11 kju 1.03_四（反切）

[按语] 背隐注明了该字的反切音。反切之下的汉字"四"字，表明以下4字用同一个反切音，为同音字。同音_甲15A51与丁种本正文表述相同。

16A38 𗾔𗾔 tju 1.03 tju 1.03 斑鸠

[背隐] 𗿢𗱤

鸟颈

[按语] 背隐的内容是对正文的解释，指出这种鸟颈部有特点。与正文同样的词组还有文海_刻①08B11；杂字_乙09B5等。文海_刻①08B11有该字的详细材料。

16A41 𗐴𗴟 mjɨ 2.28 tju 1.03 点火

[背隐] 𗊰𗴟𗹙

点火用

[按语] 背隐的内容是对正文的解释。参见上文同音_丁04B18及其背隐。与正文同样的词组还有同音_甲03B27；15A54；文海_刻①08B12；合编_甲04.023；同义18B1等。

16A42 𗴟𗴉。tju 1.03 tjij 2.33 愚蠢

[背隐] 𗱤𗾇

愚蠢

[按语] 背隐以同义词解释正文。参见下文同音_丁16B23及其背隐。与正文同样的词组还有同音_甲15A55、15B44；文海_刻①08B13；合编_甲03.121；同义32A4等。

16A43 𗱤𗔟 kjɨ 1.30 to 1.70 凝结

[背隐] 𗡪𗱤𗔟𗎹

酥油血结

[按语] 背隐的内容是对正文的解释。与正文同样的词组还有同音_甲15A58。该字又见同

义 11B3。文海_刻①77B22 有该字的详细材料。聂 I 183 录背隐内容。

16A44 𗣼𗢍 khjij 1.36 to 1.70 西西
　　[背隐] 𗆀𗺓
　　　　　本西
　　[按语] 背隐的内容是对正文的解释。参见下文同音_丁 22B47 及其背隐。与正文同样的词组还有同音_甲 15A57、21B64；文海_刻①70A72；同义 16B4 等。

16A45 𗣼𗢍 ｡ khjij 1.36 to 1.70（树名）
　　[背隐] 𗢍𗜓𗢍𗣼
　　　　　有节担用
　　[按语] 背隐的内容是对正文的解释。参见下文同音_丁 22B46 及其背隐。与正文同样的词组还有同音_甲 15A56、21B65；文海_刻①77B32；杂字_乙 07A1；同义 09A3 等。

16A46 𘊄𗢍 njwɨ 1.30 sji 1.11 樱（桃）树
　　[背隐] 𗢍𘈖
　　　　　树名
　　[按语] 背隐指出正文的类别为一"树名"。与正文同样的词组还有同音_甲 15A61；文海_刻①39B22 等。该字又见杂字_乙 07A6；掌中珠_甲 14A12（正文后该词的汉语译释即来源于此）；同义 09B3 等。

16A47 𗊱𘊄 sji 2.10 njwɨ 1.30 神祇
　　[背隐] 𗊱𘊄𗊱𘊄𗊱
　　　　　天神地祇地
　　[按语] 背隐的内容是对正文的解释。与正文同样的词组还有同音_甲 15A62。文海_刻①39B31 有该字的详细材料。

16A48 𗶆𘊄 lhjɨ 1.30 njwɨ 1.30 乳酪
　　[背隐] 𗶆𗏁𗼲𗷾
　　　　　乳中集撒
　　[按语] 背隐的内容是对正文的解释。与正文同样的词组还有同音_乙 48B47；同音_甲 15A63、48A52；文海_刻①39B32；合编_甲 02.071；同义 11A6；碎金 08B1 等。

16A51 𗫦𘊄 ba 2.56 njwɨ 1.30 茂盛
　　[背隐] 𗫦𘏚𗫦𘏚
　　　　　年小少壮
　　[按语] 背隐的内容是对正文的解释。参见上文同音_丁 07B55 及其背隐。与正文同样的词组还有同音_甲 06B78、15A64；文海_刻①39B41；合编_丙 A46；同义 13B1 等。聂 II 268 录背隐内容。

16A52 𗸦𘊄 ｡ pə 1.68 njwɨ 1.30 脓脓
　　[背隐] 𗸦𘊄𗣫𗬝
　　　　　脓血浊汁

[按语] 背隐的内容是对正文的解释。与正文同样的词组还有同音甲15A65；同义 31B5 等。文海刻①39B42 有该字的详细材料。

16A53 愧羆 phə 2.25 dji 1.67 辛苦

　　[背隐] 鬆嫐髴
　　　　　不肯长

　　[按语] 背隐的内容是对正文的解释。参见上文同音丁05A46 及其背隐。与正文同样的词组还有同音甲04A58、15A72；文海刻①73A71；同义30B5 等。

16A54 燊緈 nja 1.20 dji 1.67 沉没

　　[背隐] 嫰莚蘒
　　　　　往下沉

　　[按语] 背隐的内容是对正文的解释。与正文同样的词组还有同音甲15A71。该字又见同义 20A2。文海刻①73A72 有该字的详细材料。

16A55 羅緈 ŋo 2.42 dji 1.67 瘀疾

　　[背隐] 羅貔憥嫐
　　　　　血脉不通

　　[按语] 背隐的内容是对正文的解释。与正文同样的词组还有同音甲15A73。该字又见同义 31A4。文海刻①73B11 有该字的详细材料。

16A56 緩緂 dji 1.67 lej 2.30 践踏

　　[背隐] 胲嫐鶨
　　　　　以脚踩

　　[按语] 背隐的内容是对正文的解释。与正文同样的词组还有同音甲15A75、50A66；文海刻①73B12；同义15A4 等。聂Ⅱ321 录背隐内容。

16A57 剛嫒 。dzjɨj 2.37 dji 1.67 交配

　　[背隐] 緗虻嬲
　　　　　驴马配

　　[按语] 背隐的内容是对正文的解释。与正文同样的词组还有同音甲15A74；合编甲18.092 等。

16A58 玅蓨 dji 1.67 tho 1.70 疯癫

　　[背隐] 玅緂憪玅
　　　　　说不该说

　　[按语] 背隐的内容是对正文的解释。参见下文同音丁16B67 及其背隐。与正文同样的词组还有同音甲15A76、16A14；文海刻①77B43 等。

16A61 皎緂 。dji 1.67 ·jɨj 2.37 牢狱

　　[背隐] 毸緵逸嫐
　　　　　罪人居处

　　[按语] 背隐的内容是对正文的解释。与正文同样的词组还有同音甲15A77。该字又见同

义 32B2。文海_刻①73A62 有该字的详细材料。

16A62 𗧤𗤋 dji 2.60 lji 2.09 沉香

   [背隐] 𗧤𗤋/𗧤𗤋

       树名/沉香

   [按语] 背隐指出正文的类别为一"树名";然后注明了该词的汉语读音。与正文同样的词组还有同音_乙49B68;同音_甲15A67、49A75;掌中珠_甲21B12（正文后该词的汉语译释即来源于此）;同义09A5 等。

16A63 𗘢𗤋 dji 2.60 nji 2.10 谛听

   [背隐] 𗸝𗤋𗘢𗤋

       心静不乱

   [按语] 背隐的内容是对正文的解释。与正文同样的词组还有同音_甲15A68。该字又见同义 01A4。

16A64 𗤋𗤋 dzjwɨ 2.28 dji 2.60 修造

   [背隐] 𗤋𗤋

       修造

   [按语] 背隐以同义词解释正文。参见下文同音_丁32A22 及其背隐。与正文同样的词组还有同音_甲15B12、31A63;文海_刻①89A72;掌中珠_甲21B32（正文后该词的汉语译释即来源于此）;同义17B4 等。

16A65 𗤋𗤋 be 1.08 dji 2.60 遣送

   [背隐] 𗤋𗤋𗤋𗤋

       驱遣送行

   [按语] 背隐以同义词解释正文。参见上文同音_丁08A45 及其背隐。与正文同样的词组还有同音_甲07A77、15B14;文海_刻①08A63;同义19A6 等。

16A66 𗤋𗤋𗤋 dji 2.60 mjir 1.86 mə 2.25 dji：族姓

   [背隐] 𗤋𗤋𗤋/𗤋𗤋𗤋

       人脚能/寿命长

   [按语] 背隐的内容是对正文大字的解释。审视背隐音义的内容,不免使我们联想到《碎金》中的一句话："弥药勇健行,契丹步履缓。"（碎金05A6）如此联想如果稍嫌材料不足的话,那么可能至少与"𗤋"有关系的番人[1],腿脚比较利落,善于行走,而且寿命长。同音_甲15A78 与丁种本正文表述相同。该字又见杂字_乙11A4;同义06B5;碎金05A2 等。

16A67 𗤋𗤋 zjɨ 2.27 dji 2.60 安居

   [背隐] 𗤋𗤋𗤋𗤋𗤋

       不迁移远不往

---

[1] 查阅有关材料,与"𗤋"有关的番姓有4个:𗤋𗤋（契狄）(文海_刻①47B12);𗤋𗤋（吟狄）(杂字_乙11A4);𗤋𗤋（咩狄）(杂字_乙12B2);𗤋𗤋（布狄）(杂字_乙12B4)。

[按语] 背隐的内容是对正文的解释。与正文同样的词组还有同音乙54A45；同音甲 15B11、54A16；文海刻①49B12；同义05A3 等。

16A68 （字）。dzja 1.20 dji 2.60 发髻

[背隐] （字）

发缠绕

[按语] 背隐的内容是对正文的解释。参见下文同音丁31B75 及其背隐。与正文同样的词组还有同音甲15B13、31A46；文海刻③04A32；合编丙 B56；同义03B2 等。

16A71 （字） no 1.49 sji 1.11 橡木

[背隐] （字）

细橡

[按语] 背隐的内容是对正文的解释。与正文同样的词组还有同音甲15B15。该字又见同义14A1。文海刻①56A41 有该字的详细材料。聂 I 464 录背隐内容。

16A72 （字）。tshji 1.10 no 1.49 肋肉

[背隐] （字）

肺心居处

[按语] 背隐的内容是对正文的解释。与正文同样的词组还有同音甲15B16 等。该字又见杂字乙22B7；掌中珠甲18B32（正文后该词的汉语译释即来源于此）；同义04A1；碎金07B6 等。文海刻①56A42 有该字的详细材料。

16A73 （字） wji 1.69 djii 2.12 变化

[背隐] （字）

变化

[按语] 背隐以同义词解释正文。参见上文同音丁11B64 及其背隐。与正文同样的词组还有同音甲10B64、15B21；文海刻①75B31；合编甲 02.191 等。

16A74 （字） rer 2.71 djii 2.12 板具

[背隐] （字）/（字）

隔/板中隔

[按语] 背隐的内容是对正文的解释。背隐音义中的前一个字针对正文中的注释小字。该字又见同义14A1。

16A75 （字）。djii 2.29 djii 2.12 洗涤

[背隐] （字）

使淋湿

[按语] 背隐的内容是对正文的解释。参见下文同音丁17A53 及其背隐。与正文同样的词组还有同音甲15B22、16A75；同义09A2 等。

16A76 （字） dwu 2.01 njaa 1.21 黑豆

[背隐] （字）

豌豆

[按语] 背隐注明了"黑豆"同类词"豌豆"的汉语读音。也许是背隐音义作者误将"黑豆"认作"豌豆",才有如此注音。与正文同样的词组还有同音甲15B23;掌中珠甲15B32(正文后该词的汉语译释即来源于此)等。该字又见杂字乙08A6;同义11A3;碎金09A2等。

16A77 飝飝 swu 2.01 dwu 2.01 类似

[背隐] 飝貌舭

形象同

[按语] 背隐的内容是对正文的解释。与正文同样的词组还有同音甲15B25;同义04B2等。

16A78 窥蘣 。tsə 1.68 dwu 2.01 筯

[背隐] 蘣

匙

[按语] 背隐以同类词注释正文。参见下文同音丁30A36及其背隐。与正文同样的词组还有同音甲15B24、29A72;文海刻①75A42;杂字乙18B1;掌中珠甲23A32(正文后该词的汉语译释即来源于此);同义14B1;碎金08A5等。

16B11 緂猳 ku 2.51 djɨr 2.77 表里

[背隐] 猳帨

外表

[按语] 背隐以同义词解释正文大字。参见下文同音丁22A38及其背隐。与正文同样的词组还有同音甲15B26、21A57;掌中珠甲26A22(正文后该词的汉语译释即来源于此);合编甲22.061等。

16B12 餦帨毻 bə 2.25 djɨr 2.77 xow 1.54(疮疤名)

[背隐] 帨毻綅毻

牛身生疮

[按语] 背隐的内容是对正文的解释。参见上文同音丁04A74及其背隐。与正文同样的词组还有同音乙43B76;同音甲03A77、15B31、43A57;文海刻①60B41等。

16B13 絹蘣綑 。djɨr 2.77 bə 2.25 ɣor 2.80(草名)

[背隐] 猵綅蘣

草名 djɨr

[按语] 背隐指出正义的类别为一"草名"。与正文同样的词组还有同音乙43A33;同音甲15B28、42A78等。同义09B2有后二字。

16B14 槑痛 pja 1.20 tjij 2.33 浅薄

[背隐] 槑譃

浅薄

[按语] 背隐以同义词解释正文。参见上文同音丁06A55及其背隐。与正文同样的词组还有同音甲05A64、15B32;文海刻①52A42;同义04B6等。

16B15 㒃􀀀􀀀 tjij 2.33 ka 2.14 pja 1.20（鸟名）

　　［背隐］ 􀀀
　　　　　　鸟

　　［按语］背隐指出正文的类别为一"鸟名"（简化）。同音􀀀15B33 与《同音》丁种本正文
　　　　　　表述相同。该字又见杂字􀀀09B7；同义 27B4 等。

16B16 􀀀􀀀 · o 1.49 tjij 2.33 脖脐

　　［背隐］ 􀀀􀀀􀀀􀀀
　　　　　　腹底中有

　　［按语］背隐的内容是对正文的解释。与正文同样的词组还有同音􀀀15B34；杂字􀀀17A1；
　　　　　　掌中珠􀀀19A12（正文后该词的汉语译释即来源于此）等。

16B17 􀀀􀀀 gjwã 2.24 tjij 2.33 顽羊

　　［背隐］ 􀀀
　　　　　　兽

　　［按语］背隐指出正文的类别为一"兽名"（简化）。从背隐音义内容来看，顽羊非羊，
　　　　　　而为兽。这也可以从"顽羊"的西夏文构成上看出来，其中有"兽"（􀀀）的成
　　　　　　分，而没有"羊"（􀀀）的成分。参见下文同音丁 29B15 及其背隐。与正文同样
　　　　　　的词组还有同音􀀀15B35、26B64；杂字􀀀10A6；掌中珠􀀀16B12（正文后该词的
　　　　　　汉语译释即来源于此）；同义 27A4；碎金 09B5 等。

16B18 􀀀􀀀 ŋwcr 1.77 tjij 2.33 等同

　　［背隐］ 􀀀􀀀􀀀􀀀
　　　　　　相等平等

　　［按语］"􀀀"代表该字与前一字重复。背隐音义以同义词解释正文。参见下文同音丁
　　　　　　26B75 及其背隐。与正文同样的词组还有同音􀀀15B38、27B43；文海􀀀③04B62；
　　　　　　同义 22B5 等。

16B21 􀀀􀀀 tjij 2.33 rjijr 2.68 恩功

　　［背隐］ 􀀀􀀀􀀀􀀀/􀀀􀀀􀀀
　　　　　　正直安稳谓/巧助义

　　［按语］"􀀀"代表该字与前一字重复。背隐音义的内容是对正文的解释。与正文同样的
　　　　　　词组还有同音􀀀15B43。该字又见同义 20B6。

16B22 􀀀􀀀 tjij 2.33 rjur 1.76 萤火虫

　　［背隐］ 􀀀􀀀
　　　　　　虫明

　　［按语］背隐的内容是对正文的解释。与正文同样的词组还有同音􀀀51B16；同音􀀀
　　　　　　15B41、51A36；同义 27B7 等。聂 I 121 录背隐内容。

16B23 􀀀􀀀 。tju 1.03 tjij 2.33 愚蠢

　　［背隐］ 􀀀􀀀

愚蠢

[按语] 背隐以同义词解释正文。参见上文同音丁16A42 及其背隐。与正文同样的词组还有同音甲15A55、15B44；文海刻①08B13；合编甲03.121；同义32A4 等。

16B24 𗫂𗤘 · a ？ tjij 1.36 一品

[背隐] 𗫂𗣡

限量

[按语] 背隐以同义词解释正文。与正文同样的词组还有同音甲15B36 等。文海刻①56A21 则为 "𗫂𗤘𗤘"（一行行、一列列）。该字又见杂字乙10B7；掌中珠甲18A34；同义22A5；碎金10B1 等。

16B25 𗫶𗤘 。tji 1.30 tjij 1.36 假若

[背隐] 𗄱𗒹

语助

[按语] 背隐指出正文的类别为一 "语气助词"。参见下文同音丁19A26 及其背隐。与正文同样的词组还有同音甲15B37、18A75；文海刻①76A61；同义21A6；碎金10B1 等。

16B26 𗤘𗫶 tji 1.11 wji 1.10 休做

[背隐] 𗄱𗒹

语助

[按语] 背隐指出正文的类别为一 "语气助词"。与正文同样的词组还有同音甲15B45；掌中珠甲29A12（正文后该词的汉语译释即来源于此）等。文海刻①16B62 有该字的详细材料。

16B27 𗤘𗤘 tji 1.11 ta 1.17 末尾

[背隐] 𗤛𗤛

末尾

[按语] 背隐以同义词解释正文。参见下文同音丁17A71 及其背隐。与正文同样的词组还有同音甲15B48、16B26；文海刻①85B71；同义16B3 等。聂Ⅰ414 录背隐内容。

16B28 𗀂𗤘 。tji 1.11 tjaa 1.21 滴答

[背隐] 𗣡𗲰

水滴

[按语] 背隐以同义词解释正文。参见下文同音丁19B72 及其背隐等内容。与正文同样的词组还有同音甲15B47、19A58；文海刻①16B71；同义08A4 等。聂Ⅱ479 录背隐内容。

16B31 𗤝𗤘 ta 1.24 lhie 2.08 疥癞

[背隐] 𗀔𗤛𗲰

疥癞疮

[按语] 背隐以同义词解释正文。与正文同样的词组还有同音甲15B55；文海刻①31A13

等。该字又见同义 26B7。

16B32 釋𰀁 kie 1.66 tā 1.24 金丹

　　[背隐] 𰀂/𰀃/𰀄𰀅
　　　　　担/担/金子

　　[按语] 背隐的内容是对正文的解释。从背隐音义的内容来看，此字有两层意思：其一，为负担的"担"，应为汉语借词；其二，译音"丹"。与正文同样的词组还有同音甲15B54。该字又见杂字乙12B8；同义 19B6 等。文海刻①31A21 有该字的详细材料。

16B33 𰀆𰀇 tā 1.24 low 2.47 刚正

　　[背隐] 𰀈𰀉/𰀊𰀋
　　　　　刚直/正直

　　[按语] 背隐以同义词解释正文。"𰀊"字右误写为一竖。与正文同样的词组还有同音乙50A38；同音甲15B53、49B45；文海刻①52B62；同义 17B2 等。

16B34 𰀌𰀍 tā 1.24 pho 1.49 单衣

　　[背隐] 𰀎𰀏𰀐𰀑
　　　　　无里单衣

　　[按语] 背隐的内容是对正文的解释。参见上文同音丁07A42 及其背隐。与正文同样的词组还有同音甲06A54、15B52；文海刻①56A11；合编丙A12；同义 12B1 等。聂Ⅰ121、Ⅱ639 录背隐内容。

16B35 𰀒𰀓 。tshjɨ 1.29 tā 1.24 契丹

　　[背隐] 𰀔𰀕
　　　　　族姓

　　[按语] 背隐指出正文的类别为一"族姓"。与正文同样的词组还有同音乙40A18；同音甲15B51；文海刻①31A32、36A71；同义 07A7；碎金 05A6 等。

16B36 𰀖𰀗 niej 2.53 ljij 1.61 苗芽

　　[背隐] 𰀘𰀙𰀚𰀛𰀜𰀝
　　　　　种地下有未出

　　[按语] 背隐的内容是对正文的解释。与正文同样的词组还有同音乙51A13；同音甲15B56、51B32；掌中珠甲09B22[1]；同义 11A2 等。聂Ⅰ480 录背隐内容。

16B37 𰀞𰀟 niej 2.53 lhju 2.52 竹竹

　　[背隐] 𰀠𰀡
　　　　　有节

　　[按语] 背隐的内容是对正文的解释，指出这种植物的生理特点。与正文同样的词组还有同音甲15B57。该字又见杂字乙07A4；同义 09A3 等。聂Ⅱ585 录背隐内容。

---

[1]《掌中珠》则将此二字译为十大天干中的"甲乙"。

16B38 𗾍𗾍 khwə 1.27　niej 2.53　昏晕

    [背隐] 𗾍／𗾍𗾍

        使／生死

    [按语] 背隐的内容是对正文的解释。背隐音义中"𗾍"字，与正文大字连用组成使动用法。参见下文同音丁25B54 及其背隐。与正文同样的词组还有同音甲15B58、24B77；文海刻①60B43 等。

16B41 𗾍𗾍 。nio 2.63　niej 2.53　鼠鼠

    [背隐] 𗾍𗾍

        地藏

    [按语] 背隐的内容是对正文的解释，指出这种动物的生活习性。参见下文同音丁17A51 及其背隐。与正文同样的词组还有同音甲15B61、16A73；杂字乙10A6；同义27A7 等。聂Ⅱ329 录背隐内容。

16B42 𗾍𗾍 tsiej 2.53　twe 2.58　连续

    [背隐] 𗾍𗾍𗾍

        互接续

    [按语] 背隐的内容是对正文的解释。与正文同样的词组还有同音乙41A22；同音甲15B63、40B45；文海刻①48B11；同义24A3 等。

16B43 𗾍𗾍 。twe 2.58　wjor 1.90　檩

    [背隐] 𗾍／𗾍

        檩／椽

    [按语] 背隐先注明了该词的汉语读音；然后注出正文大字的近义词。参见上文同音丁12A22 及其背隐等内容。与正文同样的词组还有同音甲11A18、15B62；文海刻①91A42；杂字乙17B4；掌中珠甲22A22（正文后该词的汉语译释即来源于此）；同义13B7 等。

16B44 𗾍𗾍𗾍 thjij 1.42　mjir 1.86　mə 2.25　thjij：族姓

    [背隐] 𗾍𗾍

        地名

    [按语] 背隐指出正文的类别为一"地名"，正文又标明该字为"族姓"，可见该字多用作译音字。该字又见杂字乙14A6；掌中珠甲03A24；同义07B2；碎金05B4 等。文海刻①52A32 有该字的详细材料。

16B45 𗾍𗾍 thjij 1.42　mej 1.33　聪明

    [背隐] 𗾍𗾍𗾍𗾍

        巧智聪明

    [按语] 背隐的内容是对正文的解释。与正文同样的词组还有同音甲15B65。该字又见同义02A6。文海刻①52A33 有该字的详细材料。

16B46 𗾍𗾍 ·a ? thjij 1.42　高天

[背隐] 𘃸𘗽𗗚／𘡩
天上到／高

[按语] 背隐的内容是对正文的解释。背隐音义中"𘡩"字与正文小字连用组成词组"𗗚𘡩"（很高）。与正文同样的词组还有同音甲15B64。该字又见杂字乙13B4；同义25A6等。文海刻①52A41有该字的详细材料。聂Ⅱ331录背隐内容。

16B47 𗸈𘡩𗖊 。thjij 1.42 thjij 1.36 kjij 1.42（切身字）
[背隐] 𗇅𗾺
真言

[按语] 背隐指出正文的类别为一"真言"。同音甲19B43与丁种本正文表述相同。该字又见同义01B2。

16B48 𗘂𗾳 dzjwɨ 1.30 nja 2.57 祐助
[背隐] 𗘂𗾳
祐助

[按语] 背隐以同义词解释正文。与正文同样的词组还有同音甲15B66。该字又见同义10A7。聂Ⅰ560录背隐内容。

16B51 𗦛𗾳 la 1.63 nja 2.57 手帕
[背隐] 𗜓𗤿𘏨
好不坏

[按语] 背隐的内容是对正文的解释。与正文同样的词组还有同音甲15B67；掌中珠甲25B22（正文后该词的汉语译释即来源于此）等。聂Ⅱ374录背隐内容。

16B52 𗔀𗧺 。duu 2.05 nja 2.57 烦恼
[背隐] 𗄊𗣼𗊱𘏨
有罪因随

[按语] 背隐的内容是对正文的解释。参见上文同音丁15A78及其背隐。与正文同样的词组还有同音甲15B68；同义30B7等。

16B53 𗗂𗮀 gjwi 2.10 njwo 2.44 词语
[背隐] 𗣼𗇅𗮀𗰕
所说词语

[按语] 背隐的内容是对正文的解释。与正文同样的词组还有文海刻①11B22；同义20B6等。聂Ⅰ559录背隐内容。

16B54 𗇟𗮀 pji 1.30 njwo 2.44 往昔
[背隐] 𗷅𗮀
往昔

[按语] 背隐以同义词解释正文。参见上文同音丁07B66及其背隐。与正文同样的词组还有同音甲07A21、52A36；文海刻①08B63；合编丙A55；同义20A1等。聂Ⅰ556录背隐内容。

16B55 𗌟𗟲 ljwij 1.61 njwo 2.44 怨恨

[背隐] 𗌟𗟲𗟲𗟲
怨债回报

[按语] 背隐的内容是对正文的解释。与正文同样的词组还有同音甲15B74；文海刻①
69A22 等。

16B56 𗫂𗟲 。mjɨ 1.30 njwo 2.44 莫哂

[背隐] 𗫂𗟲𗟲𗟲
宣恶损威

[按语] 背隐的内容是对正文的解释。与正文同样的词组还有同音甲15B73。该字又见掌
中珠乙01B7（正文后该词的汉语译释即来源于此）。

16B57 𗫂𗟲 nur 1.75 neej 2.34 指示

[背隐] 𗫂𗟲
指教

[按语] 背隐以近义词解释正文。参见下文同音丁20A21 及其背隐。与正文同样的词组还
有文海刻①80B53；掌中珠甲36B32（正文后该词的汉语译释即来源于此）；合编甲
02.061 等。

16B58 𗫂𗟲 noo 2.45 neej 2.34 捎带

[背隐] 𗫂𗟲𗟲𗟲
置物于他

[按语] 背隐的内容是对正文的解释。参见下文同音丁17B66 及其背隐。与正文同样的词
组还有同音甲15B77、17A26；同义14A5 等。

16B61 𗫂𗟲 。tsjwɨ 1.30 neej 2.34 揉搓

[背隐] 𗫂𗟲𗟲𗟲
握紧揉搓

[按语] 背隐的内容是对正文的解释。与正文同样的词组还有同音甲15B76；文海刻①
48B51；合编甲21.161 等。

16B62 𗫂𗟲 djij 2.37 ta 1.63 停止

[背隐] 𗫂𗟲
不乱

[按语] 背隐的内容是对正义的解释。参见下文同音丁17B63 及其背隐。与正文同样的词
组还有同音甲16A11、17A24；文海刻①69A21；合编甲06.072 等。

16B63 𗫂𗟲 phə 1.27 ta 1.63 嫁娶

[背隐] 𗫂𗟲𗟲𗟲𗟲
女嫁娶怨娶

[按语] 背隐的内容是对正文的解释。与正文同样的词组还有同音甲16A12；文海刻①
69A22；杂字乙15A4 等。

16B64 𗗲𗀔 。low 2.47 ta 1.63 坡塬
　　［背隐］𗗲𗆧𗀔𗃛𗆤𗃀
　　　　　川中有地高阔
　　［按语］背隐的内容是对正文的解释。与正文同样的词组还有同音甲15B78；杂字乙04B8
　　　　　等。该字又见杂字乙04B8；同义25A7 等。文海刻①69A31 有该字的详细材料。

16B65 𗗲𗄭 kja 1.64 tho 1.70（草名）
　　［背隐］𗗲𗄭
　　　　　草名
　　［按语］背隐指出正文的类别为一"草名"。参见下文同音丁27A71 及其背隐等内容。与
　　　　　正文同样的词组还有同音甲16A13、26B44；文海刻①70A41；杂字乙07B5；同义
　　　　　10A1 等。

16B66 𗄭𗀔 tho 1.70 djij 1.61 截段
　　［背隐］𗅋𗄭𗄻
　　　　　切一半
　　［按语］背隐的内容是对正文的解释。与正文同样的词组还有同音甲16A15。该字又见同
　　　　　义26B2。文海刻①77B42 有该字的详细材料。

16B67 𗴼𗄭 dji 1.67 tho 1.70 疯癫
　　［背隐］𗴼𗇋𗰖𗴼
　　　　　说不该说
　　［按语］背隐的内容是对正文的解释。参见上文同音丁16A58 及其背隐。与正文同样的词
　　　　　组还有同音甲15A76、16A14；文海刻①77B43 等。

16B68 𗄭𗄭 。kja 1.64 tho 1.70 琴瑟
　　［背隐］𗄭𗅆
　　　　　乐器
　　［按语］背隐指出正文的类别为一"乐器名"。参见下文同音丁27A68 及其背隐。与正文
　　　　　同样的词组还有同音甲16A16、26B43；文海刻①77B51 等。

16B71 𗄭𗄭 tja 1.64 dzjwɨ 1.30 罪恶
　　［背隐］𗅆𗄭𗄭
　　　　　使获罪
　　［按语］背隐的内容是对正文的解释。参见下文同音丁33B73 及其背隐。与正文同样的词
　　　　　组还有同音甲16A24、33A74；文海刻③03B51；同义29B3 等。聂Ⅰ557 录背隐内
　　　　　容。

16B72 𗄭𗄭 tja 1.64 deej 1.37 传达
　　［背隐］𗄭𗄭𗄭𗄭 、
　　　　　互相取与
　　［按语］背隐的内容是对正文的解释。参见下文同音丁19B56 及其背隐。与正文同样的词

组还有同音_甲 16A23、19A42；文海_刻①70B41；杂字_乙 15A4；同义 24A6；碎金 10A3 等。

16B73 𗥔𗤊 tja 1.64 njij 2.33 逼迫

　　［背隐］𗥔𗤊𗥔𗤊

　　　　　侵扰互逼

　　［按语］背隐的内容是对正文的解释。参见上文同音_丁 14B32 及其背隐。与正文同样的词组还有同音_甲 13B56、16A22；文海_刻①70B42；合编_甲 19.071；同义 25A1；碎金 10A3 等。

16B74 𗥔𗤊 tja 1.64 wer 1.77 装饰

　　［背隐］𗥔𗤊ㄥ𗥔

　　　　　使行列合

　　［按语］"ㄥ"代表该字与前一字重复。背隐音义的内容是对正文的解释。参见上文同音_丁 11A64 及其背隐。与正文同样的词组还有同音_甲 10A63、16A21；文海_刻① 70B43 等。

16B75 𗥔𗤊 tja 1.64 lhoo 1.52 依靠

　　［背隐］𗥔𗤊𗥔𗤊

　　　　　遮蔽处有

　　［按语］背隐的内容是对正文的解释。与正文同样的词组还有同音_乙 56A67；同音_甲 16A18、50A41；文海_刻①70B51；同义 10A7 等。

16B76 𗥔𗤊 tja 1.64 rjar 1.82 田畦

　　［背隐］𗥔𗤊

　　　　　农耕

　　［按语］背隐的内容是对正文的解释。与正文同样的词组还有同音_甲 16A25；文海_刻① 70B52 等。该字又见同义 26A1。文海_刻①70B52 有该字的详细材料。

16B77 𗥔𗤊 sju 2.03 tja 1.64 骡子

　　［背隐］𗥔𗤊𗥔𗤊

　　　　　驴马互配

　　［按语］背隐的内容是对正文的解释，谓"骡子"是由驴和马交配所产之杂种。与正文同样的词组还有同音_甲 16A26。该字又见掌中珠_甲 16B12（正文后该词的汉语译释即来源于此）；同义 28A7 等。文海_刻①70B61 有该字的详细材料。

16B78 𗥔𗤊 。zji 2.10 tja 1.64 皆全

　　［背隐］𗥔𗤊𗥔

　　　　　皆悉都

　　［按语］背隐以同义词解释正文。与正文同样的词组还有同音_甲 16A27。该字又见同义 22A3。文海_刻①70B62 有该字的详细材料。

17A11 𗥔𗤊 dzjwɨ 1.30 njij 2.33 帝王

[背隐] 𗽉𗥦
天子

[按语] 背隐以同义词解释正文。与正文同样的词组还有同音_甲16A28；合编_甲06.141等。

17A12 𗣼𗄼 rjar 1.82 njij 2.33 东方

[背隐] 𗄼𗱳𗤒𗥤
东日出处

[按语] 背隐的内容是对正文的解释。与正文同样的词组还有同音_乙51A57；同音_甲16A31、50B62；文海_刻①72B11；合编_丙B45 等。

17A13 𗜈𗄼 mja 1.20 njij 2.33 末尾

[背隐] 𗤊𗧡
背后

[按语] 背隐以近义词解释正文。参见上文同音_丁04A33 及其背隐。与正文同样的词组还有同音_甲03A41、16A32；文海_刻①60B22；合编_甲13.093；同义04A3 等。聂Ⅱ298录背隐内容。

17A14 𗥦𗣰 njij 2.33 rar 1.80 月亮山

[背隐] 𗼻𗤒𗥤
月出处

[按语] 背隐的内容是对正文的解释，但是这个"月亮山"到底在哪里，我们已经无从知晓。与正文同样的词组还有同音_甲16A34；杂字_乙05A2 等。聂Ⅰ216录背隐内容。

17A15 𗥦𗣰𗤒 njij 2.33 phjɨ 1.30 lu 1.58 听：闻见

[背隐] 𗥨𗣰𗣰𗧷
闻听闻听

[按语] 背隐以同义词解释正文。参见上文同音_丁07B31 及其背隐。与正文同样的词组还有同音_乙49B54；同音_甲06B54、16A37、49A65；文海_刻①37B13、63B61；合编_丙B41；同义08B2 等。

17A16 𗧾𗡂 ŋwu 2.01 njij 2.33 ？？

[背隐] 𗫼𗾈𗄼
用已乱

[按语] 背隐的内容是对正文的解释。参见下文同音_丁21A74 及其背隐。根据两处背隐音义的内容，我们还难以确定该词的意思，故存疑。与正文同样的词组还有同音_甲16A38、20B24；同义19B5 等。

17A17 𗡪𗥦 。njij 2.33 śjow 1.56 慈愍

[背隐] 𗼺𗾣𗥤
生善心

[按语] 背隐的内容是对正文的解释。与正文同样的词组还有同音_乙37A52；同音_甲16A41、36B22；文海_刻①11B54；杂字_甲02A4；合编_甲03.023；同义01A4 等。

17A18 𘚉𘝞 rjir 2.77 dju 1.59 中间

　　[背隐]　𘙎𘝜

　　　　　　中间

　　[按语]　背隐以同义词解释正文。与正文同样的词组还有同音甲16A44。该字又见同义
　　　　　　16B5。文海刻①65A43 有该字的详细材料。聂Ⅱ447 录背隐内容。

17A21 𘚒𘝞 njwi 2.28 dju 1.59 春乏

　　[背隐]　𘙎𘝜

　　　　　　疲乏

　　[按语]　背隐以同义词解释正文。与正文同样的词组还有同音甲16A43。文海刻①65A51 有
　　　　　　该字的详细材料。

17A22 𘙟𘝞 rjur 1.76 dju 1.59 叹息

　　[背隐]　𘙎𘝜

　　　　　　叹息

　　[按语]　背隐以同义词解释正文。与正文同样的词组还有同音乙51B27；同音甲16A45、
　　　　　　51A28；文海刻①67B33；同义30A6 等。

17A23 𘙤𘝞 dzju 2.02 dju 1.59 逢遇

　　[背隐]　𘙥𘞃𘞉/𘞔

　　　　　　分别来/相遇

　　[按语]　"𘞃"代表该字与前一字重复。背隐音义的内容是对正文的解释。背隐音义中
　　　　　　"𘞔"字与小字连用组成"𘞔𘙤"（相遇）。与正文同样的词组还有同音甲16A47。
　　　　　　该字又见同义23A4。文海刻①65A61 有该字的详细材料。

17A24 𘙧𘝦 dziəj 2.36 dju 1.59 恩功

　　[背隐]　𘙨𘞕𘞖𘙤

　　　　　　强弱安如

　　[按语]　背隐的内容是对正文的解释。与正文同样的词组还有同音乙37B18；同音甲
　　　　　　16A51、36B63；文海刻③06B22；同义23A1 等。

17A25 𘚖𘝧𘝨 dju 1.59 mjir 1.86 mə 2.25 dju：族姓

　　[背隐]　𘚗

　　　　　　rjur

　　[按语]　背隐中"𘚗"字，与大字"𘚖"组成复姓"𘚗𘚖"，该西夏复姓又见杂字乙
　　　　　　12A5；同义06B2；碎金04B1 等。同音甲16A48 与丁种本正文表述相同。文海刻
　　　　　　①65A71 有该字的详细材料。

17A26 𘚘𘝩 。khji 1.30 dju 1.59 脚腿

　　[背隐]　𘙎𘝜

　　　　　　脚腿

　　[按语]　背隐以同义词解释正文。与正文同样的词组还有同音甲16A46 等。该字又见杂

字乙 17A2；掌中珠甲 19A12（正文后该词的汉语译释即来源于此）；同义 04A6 等。文海刻①65A72 有该字的详细材料。

17A27 𗫌𗱵 sjo 2.44 nju 1.03 汗汗

[背隐] 𗫌𗱵𗱵𗱵𗱵

汗液如滴水

[按语] 背隐的内容是对正文的解释，似乎表示的是"大汗淋漓"的样子。与正文同样的词组还有同音甲 12A72。该字又见同义 09A2。文海刻①08B43 有该字的详细材料。

17A28 𗪱𗱵 nju 1.03 njii 2.12 耳鼻

[背隐] 𗪱𗱵𗱵

听声用

[按语] 背隐的内容是对正文大字的解释，指出其用途。参见上文同音丁 13B34 及其背隐。与正文同样的词组还有同音甲 12B51、16A52 等。合编甲 06.203 有该字的详细材料。

17A31 𗎤𗱵 po 1.49 nju 1.03 （族姓）

[背隐] 𗱵𗱵/𗱵

族姓/官

[按语] 背隐指出正文的类别为一"族姓"，而且是一个官姓。参见上文同音丁 04B76 及其背隐。与正文同样的词组（即此西夏复姓）还有同音甲 04A13、16A55；文海刻①08B52；同义 06A6 等。

17A32 𗱵𗱵𗱵 bə 2.25 wə 1.68 nju 1.03 （菜名）

[背隐] 𗱵𗱵

菜名

[按语] 背隐指出正文的类别为一"菜名"。参见上文同音丁 04A72、12A48 及其背隐。与正文同样的词组还有同音甲 03A75、16A54；文海刻①08B61、74B61；同义 10A3 等。

17A33 𗱵𗱵 。 nju 1.03 rjijr 2.68 （族姓）

[背隐] ××/𗱵𗱵

××/族姓

[按语] 背隐的内容先是对正文的解释，可惜看不清楚；然后指出正文的类别为一"族姓"。与正文同样的词组（即此西夏复姓）还有文海刻①08B62。该字又见杂字乙 12B5；同义 07A6 等。同音甲 16A53：𗱵𗱵𗱵 nju 1.03 mjir 1.86 mə 2.25 （nju：族姓）。聂Ⅰ121 录背隐内容。

17A34 𗱵𗱵 tjij 1.42 we 1.08 聪明

[背隐] 𗱵𗱵𗱵𗱵

智慧有者

[按语] 背隐的内容是对正文的解释。参见上文同音丁 10B45 及其背隐。与正文同样的词

组还有同音甲09B46、16A56；文海刻①13A41 等。聂 I 121、II 223 录背隐内容。

17A35 〇〇 tjij 1.42 ljij 2.37 日日

[背隐] 〇〇〇〇〇

明暖为者日

[按语] 背隐的内容是对正文的解释。与正文同样的词组还有同音乙52B25；同音甲
16A57、52A45；文海刻①52A22；同义 13A1 等。

17A36 〇〇 rjar 2.74 tjij 1.42 抚马

[背隐] 〇〇〇〇〇

马畜阳具拔抽

[按语] 背隐的内容是对正文的解释。与正文同样的词组还有同音甲16A58；杂字乙08B2；
同义 28A6 等。

17A37 〇〇 sjow 1.56 tjij 1.42 铁钉

[背隐] 〇〇〇〇

系连用栓

[按语] 背隐的内容是对正文的解释。与正文同样的词组还有同音甲16A61。该字又见杂
字乙14B4；掌中珠甲09B34；同义 14B7 等。文海刻①52A31 有该字的详细材料。

17A38 〇〇 。tjij 1.42 swew 1.43 明灯

[背隐] 〇〇〇〇

火炬火把

[按语] 背隐的内容是对正文的解释。背隐音义中"〇"字原文误为"〇（I-37 1.86
pjir 比较）"字。与正文同样的词组还有同音甲15B42。该字又见掌中珠甲23B32；
同义 18B5 等。文海刻①48B32 有该字的详细材料。

17A41 〇〇 thja 2.17 ·jij 1.36 其他

[背隐] 〇〇/〇〇

语助/于上

[按语] 背隐指出正文的类别为一"语气助词"；然后是对正文的解释。与正文同样的词
组还有同音乙42B11；同音甲16A63、41B61；同义 21A5 等。

17A42 〇〇 thju 2.03 thja 2.17 彼此

[背隐] 〇〇

于彼

[按语] 背隐的内容是对正文的解释。参见上文同音丁14B42 及其背隐。与正文同样的词
组还有同音甲13B57、16A64；文海刻①18A32；合编甲21.122；同义 16B6 等。

17A43 〇〇 。thja 2.17 wju 2.02 赌子

[背隐] 〇〇

赌子

[按语] 背隐注明了该词的汉语读音。参见上文同音丁11A38 及其背隐。与正文同样的词

组还有同音_甲10A36、16A65；文海_刻①79B71；合编_甲17.122；同义14B6 等。聂Ⅱ185 录背隐内容。

17A44 𗾗𗾩 lji 1.69 nji 2.60 珠宝

　　[背隐] 𗃛𗍳𗆖𗆀

　　　　　身上应有

　　[按语] 背隐的内容是对正文的解释。与正文同样的词组还有同音_甲16A66。该字又见杂字_乙04A4；掌中珠_甲12B32（正文后该词的汉语译释即来源于此）；同义18A3；碎金07B2 等。

17A45 𗾝𗾒 nji 2.60 dzji 1.30 獭皮

　　[背隐] 𘀝𗣁

　　　　　獭皮

　　[按语] 背隐注明了该词的汉语读音。与正文同样的词组还有同音_甲16A67。该字又见同义27A6。

17A46 𗾤𗾒 。 nji 2.60 ·jiw 2.40 地巫

　　[背隐] 𗆖𗾒𗩾𗏁

　　　　　地巫之谓

　　[按语] 背隐的内容是对正文的解释。与正文同样的词组还有同音_甲16A68。该字又见同义02B6。

17A47 𗾲𗾧 rer 2.71 nio 2.63 稻穗

　　[背隐] 𗂃𘓓𗃸𗮔𗾧×∕

　　　　　谷结果处梢∕×

　　[按语] 背隐的内容是对正文的解释，回行后有一个字，可惜看不清楚。与正文同样的词组还有同音_甲16A72。该字又见同义11A2。合编_甲13.111 有该字的详细材料。

17A48 𗾵𗾧 sjo 2.44 nio 2.63 汗液

　　[背隐] 𗮔𘄴𗧓𗪚

　　　　　稍微潮湿

　　[按语] "𘄴"代表该字与前一字重复。背隐音义的内容是对正文的解释。与正文同样的词组还有同音_乙40B68；同音_甲16A71、40B22；文海_刻①08B43；同义09A2 等。

17A51 𗾸𗾧 nio 2.63 niej 2.53 鼠鼠

　　[背隐] 𗆖𗴾𗓽

　　　　　地藏鼠

　　[按语] 背隐的内容是对正文的解释。参见上文同音_丁16B41 及其背隐。与正文同样的词组还有同音_甲15B61、16A73；杂字_乙10A6；同义27A7 等。

17A52 𗾺𗾧 。 bjii 2.12 nio 2.63 毫柔

　　[背隐] 𗣁∕𘄴

　　　　　皮∕揉

　　　［按语］背隐的内容是对正文的解释。好像应该是两个背隐音义中的字以"……"相连，指揉皮。与正文同样的词组还有同音甲16A74。该字又见同义18B7。

17A53 绁绁 djii 2.29 djii 2.12 洗涤
　　　［背隐］綹𤷭𧚫
　　　　　使淋湿
　　　［按语］背隐的内容是对正文的解释。参见上文同音丁16A75及其背隐。与正文同样的词组还有同音甲15B22、16A75；同义09A2等。

17A54 缓缓 。djii 2.29 djiij 1.39 嬉笑
　　　［背隐］缨缨
　　　　　喜欢
　　　［按语］背隐的内容是对正文的解释。参见下文同音丁19B38及其背隐。与正文同样的词组还有同音甲16A76、19A23；文海刻①50A32；杂字乙16A5；同义20B6等。

17A55 缘缘 tə 1.68 ror 2.80 污垢
　　　［背隐］薆薆
　　　　　熏染
　　　［按语］背隐的内容是对正文的解释。与正文同样的词组还有同音乙50A21；同音甲16A78、49B26；文海刻①71B61；杂字乙18A4；合编甲03.114；同义31B6等。

17A56 𧗸𧗸 。zow 2.47 tə 1.68 持握
　　　［背隐］𧗸𧗸𧗸
　　　　　掌内物
　　　［按语］背隐的内容是对正文的解释。背隐音义最后一字"𧗸"指向正文小字，应该视为二者组成词组"𧗸𧗸"（持物），即指掌内持物。与正文同样的词组还有同音甲16B11。该字又见同义24A7。文海刻①74B11有该字的详细材料。

17A57 薆薆 sji 2.10 de 1.65 神神
　　　［背隐］猞薆猞
　　　　　大地神
　　　［按语］背隐的内容是对正文的解释。与正文同样的词组还有同音甲16B14。文海刻①71B21有该字的详细材料。

17A58 飙飙 ywa 1.17 de 1.65 巧妇
　　　［背隐］飙憔耕赖
　　　　　女媳中巧
　　　［按语］背隐的内容是对正文的解释。与正文同样的词组还有同音乙43B65；同音甲16B15、43A47；文海刻①76A42；合编丙B23；同义17A4等。

17A61 𦘔龍 de 1.65 so 2.42 阴阳
　　　［背隐］賸猞貌𠁊疹𦘔𠁊
　　　　　天地像测者占算

[按语] 背隐的内容是对正文的解释。参见下文同音丁30B14 及其背隐。与正文同样的词组还有掌中珠甲08B12；同义21B3 等。同音甲16B16：𗼩𘔲𗙴 de 1.65 mji 1.11 dźjij 1.61（阴：不行）。

17A62 𗁋𘏨 。de 1.65 njij 1.36 红土

[背隐] 𗀉𗁋𗿒𘝶𘏨
红土泥土楼

[按语] 背隐的内容是对正文的解释。与正文同样的词组还有同音甲16B13。该字又见同义25B4。文海刻①71B31 有该字的详细材料。

17A63 𗫹𗾺 lo ? dewr 1.87 羔羊

[背隐] 𘘥𗖰𗲏/𘔲𗬠𘕘
比羔大/狗羊岁

[按语] 背隐的内容是对正文的解释。与正文同样的词组还有同音甲16B21。该字又见杂字乙09A6；同义13B2 等。文海刻①90B11 有该字的详细材料。

17A64 𗣼𗾦 ta 1.17 dewr 1.87 监主

[背隐] 𗥐𗤻𘈈𗤨
大冠监主

[按语] 背隐的内容是对正文的解释。参见下文同音丁17A72 及其背隐。与正文同样的词组还有同音甲16B17、16B32；文海刻①22A71；合编甲04.063；同义02B2 等。

17A65 𗣼𗾛 。ta 1.17 dewr 1.87（农具名）

[背隐] 𗍦𗲖𗥻
粳米撒

[按语] 背隐注明了该词的汉语读音。根据下文同音丁17A73 背隐音义的内容，可以判断该词代表一种农具播种机的名称。参见下文同音丁17A73 及其背隐。与正文同样的词组还有同音甲16B18、16B33；同义15A6 等。

17A66 𘋬𗁋 kə 1.27 ta 1.17（虫名）

[背隐] 𗄽𗾋𗁋
虫名沙

[按语] 背隐指出正文的类别为一"虫名"。背隐音义中最后一个"𗁋"（沙）字，与正文组成"𗁋𘋬𗁋"（沙疙瘩）这个虫名（参阅文海刻①22A52、①33B72 等）。参见下文同音丁23A55 及其背隐。与正文同样的词组还有同音甲16B25、22B22；文海刻①22A52；杂字乙10B4；同义28A4 等。

17A67 𗣼𘉺 ta 1.17 lhji 1.69 打打

[背隐] 𗁋𗧂𗏁/𗏱
汉语同/打

[按语] 背隐的内容是对正文的解释，即指此"𗣼"（打）为汉语借词，同西夏语"𗏱"（打）。该字又见掌中珠甲31A34；同义30A4 等。文海刻①22A53 有该字的详细材

料。同音甲16B24：𗀔𗀯𗅳 ta 1.17 dzjwo 2.44 mjiij 2.35（打：人名）。

17A68 𗀔𗀯 kə 1.27 ta 1.17 狗崽

    [背隐] 𗀔𗀯𗀯
        狗崽子

    [按语] 背隐的内容是对正文的解释。参见下文同音丁23A56 及其背隐。与正文同样的词组还有同音甲16B27、22A76；文海刻①34A11；杂字乙13B8；同义13B1；碎金05A4 等。聂Ⅰ122 录背隐内容。

17A71 𗀔𗀯 tji 1.11 ta 1.17 末尾

    [背隐] 𗀔𗀯
        末尾

    [按语] 背隐以同义词解释正文。参见上文同音丁16B27 及其背隐。与正文同样的词组还有同音甲15B48、16B26；文海刻①85B71；同义16B3 等。

17A72 𗀔𗀯 ta 1.17 dewr 1.87 监主

    [背隐] 𗀔𗀯𗀯
        大监主

    [按语] 背隐的内容是对正文的解释。参见上文同音丁17A64 及其背隐。与正文同样的词组还有同音甲16B17、16B32；文海刻①22A71；合编甲04.063；同义02B2 等。

17A73 𗀔𗀯 ta 1.17 dewr 1.87（农具名）

    [背隐] 𗀔𗀯𗀯𗀯𗀯
        农具粳米撒

    [按语] 背隐的内容是对正文的解释。参见上文同音丁17A65 及其背隐。与正文同样的词组还有同音甲16B18、16B33；同义15A6 等。

17A74 𗀔𗀯 ta 1.17 ·jow 2.48 燕子

    [背隐] 𗀔
        鸟

    [按语] 背隐音义中指出正文的类别为一"鸟名"（简化）。与正文同样的词组还有同音甲16B28；文海刻①22A72；杂字乙09B6；掌中珠甲17A22（正文后该词的汉语译释即来源于此）等。

17A75 𗀔𗀯 。te 1.08 ta 1.17 逃避

    [背隐] 𗀔𗀯𗀯𗀯
        惊恐骇往

    [按语] 背隐的内容是对正文的解释。参见下文同音丁20A18 及其背隐。与正文同样的词组还有同音甲16B31、19A76；文海刻①22B11；同义19A3 等。

17A76 𗀔𗀯 djii 1.14 djoo 1.53 分分

    [背隐] 𗀔𗀯
        分持

[按语] 背隐的内容是对正文的解释。参见下文同音丁20B24 及其背隐。与正文同样的词组还有文海刻①59A62；同义21B4 等。

17A77 𗥨𗐴 。djuu 2.06 djoo 1.53 刺穿

[背隐] 𗐴𗥨

使穿

[按语] 背隐的内容是对正文的解释。参见下文同音丁20B37 及其背隐。与正文同样的词组还有同音甲16B34、17A12；同义26A3 等。

17A78 𗧘𗵁 sjo 1.72 dee 2.11 农耕

[背隐] 𗥔𗽋𗵁

割成条

[按语] 背隐的内容是对正文的解释。与正文同样的词组还有同音乙34B22；同音甲16B36、34A18；文海刻①79A21；合编甲04.085；同义26B3 等。

17B11 𗧯𗴟 。niəj 2.36 dee 2.11 浊秽

[背隐] 𗥔𗽋𗴟𗴟

污粪不净

[按语] 背隐的内容是对正文的解释。参见下文同音丁21A43 及其背隐。与正文同样的词组还有同音甲16B37、20A53；文海刻①41A31；合编甲03.171；同义31B6 等。

17B12 𗥺𗇋 gji 2.10 tjɨ 1.69 时时

[背隐] 𗇋𗇋𗥺𗥺

时时时时

[按语] 背隐以同义词解释正文。参见下文同音丁23B71 及其背隐。与正文同样的词组还有同音甲16B43、23A14；文海刻①37B72 等。

17B13 𗇋𗥺 tjɨ 1.69 gji 2.10 孩子

[背隐] 𗇇𗥺𗇋𗕋

男女共名

[按语] 背隐的内容是对正文的解释。参见下文同音丁23B65 及其背隐。与正文同样的词组还有同音甲16B44、23A13；文海刻①66B52；杂字乙14B7；合编05.063；同义05B2 等。

17B14 𗇈𗘂 。tjɨ 1.69 tjij 1.61 迅速

[背隐] 𗥫𗐴

迅速

[按语] 背隐以同义词解释正文。参见上文同音丁14A14 及其背隐。与正文同样的词组还有同音甲13A28、16B41；文海刻①76A71；合编甲04.081；同义19A3 等。"𗥫"（左右结构）明显与"𗧇"（上下结构）写法不同，当为异体字。

17B15 𗇝𗴟 tjɨ 2.61 lhji 2.60 破裂

[背隐] 𗴟𗐴

破裂

[按语] 背隐以同义词解释正文。与正文同样的词组还有同音乙51B68；同音甲16B38、51A77；文海刻③20A71 等。该字又见同义26A7。

17B16 蔽龏 。 wjɨ 2.27 tjɨ 2.61 获得

[背隐] 鞃鑅

有物

[按语] 背隐的内容是对正文的解释。与正文同样的词组还有同音甲16B42。该字又见同义17B2。聂Ⅰ533 录背隐内容。

17B17 豨龏 · a ? tjɨ 2.61 破裂

[背隐] 蒿豨龏

自破裂

[按语] 背隐的内容是对正文的解释。与正文同样的词组还有同音甲16B45。该字又见同义26A7。

17B18 肼肅 。 tjɨ 2.61 · jar 2.74 疲倦

[背隐] 鞻毛縌纙

劳苦受苦

[按语] 背隐的内容是对正文的解释。与正文同样的词组还有同音乙43B57；同音甲16B46、43A37；文海刻①11A13；同义30B3 等。

17B21 羌敍 zu 1.01 djɨ 1.69 条带

[背隐] 玼玼羌敍

辫条条带

[按语] 背隐以同义词解释正文。与正文同样的词组还有同音甲16B47；文海刻①76B12；同义15B2 等。

17B22 緂孩 。 swej 1.33 djɨ 1.69 破碎

[背隐] 緂萚

小粒

[按语] 背隐的内容是对正文的解释。与正文同样的词组还有同音乙34B66；同音甲16B48、34A68；文海刻①44A22；合编甲19.084 等。

17B23 豨脪 · a ? djo 2.64 修造

[背隐] 祅瓶

修造

[按语] 背隐以同义词解释正文。与正文同样的词组还有同音甲16B51。该字又见掌中珠甲37A22；同义17A6 等。

17B24 玼煐 。 dzjwɨ 2.28 djo 2.64 改造

[背隐] 缀煐祅祅

旧重修正

[按语] 背隐的内容是对正文的解释。与正文同样的词组还有同音_甲16B52。该字又见同义 17B4。

17B25 𗀔𗀓 nər 2.76 njij 1.36 黄红

[背隐] 𗀓𗀔𗀕

如金色

[按语] 背隐的内容是对正文的解释。参见上文同音_丁14B13 及其背隐。与正文同样的词组还有同音_甲13B32、16B54 等。该字又见同义 16A4。

17B26 𗀖𗀗。nər 2.76 noo 1.52 指爪

[背隐] 𗀗𗀖

手脚

[按语] 背隐的内容是对正文的解释。参见下文同音_丁17B75 及其背隐。与正文同样的词组还有同音_甲16B53、19B57 等。

17B27 𗀘𗀙 tew 1.43 wji 1.10 捣击

[背隐] 𗀙𗀚𗀛

打击碎

[按语] 背隐的内容是对正文的解释。与正文同样的词组还有文海_刻①43B71；杂字_乙18B3 等。该字又见掌中珠_甲15B14；同义 30A3 等。文海_刻①52B31 有该字的详细材料。

17B28 𗀜𗀝 gaa 2.19 tew 1.43 消瘦

[背隐] 𗀞𗀟𗀠𗀡

瘦弱脂薄

[按语] 背隐的内容是对正文的解释。该字又见同义 30B5。文海_刻①52B32 有该字的详细材料。

17B31 𗀢𗀣 kə 1.27 tew 1.43 斧锛

[背隐] 𗀤𗀥

如斧

[按语] 背隐的内容是对正文的解释。参见下文同音_丁23A62 及其背隐。与正文同样的词组还有同音_甲16B58；文海_刻①34A23；合编_甲24.041；同义 29A4 等。

17B32 𗀦𗀧 njwɨ 1.69 tew 1.43 清津

[背隐] 𗀨𗀩𗀪𗀫𗀬

水如清油滴

[按语] 背隐的内容是对正文的解释。与正文同样的词组还有同音_甲16B63。该字又见同义 11B2。文海_刻①52B41 有该字的详细材料。

17B33 𗀭𗀮𗀯 tew 1.43 mjɨr 1.86 mə 2.25 tew：族姓

[背隐] 𗀰

pu

[按语] 背隐中"𗀰"字，与大字"𗀭"组成复姓"𗀰𗀭"，该西夏复姓又见文海_刻①

52B42；杂字乙12B4 等。同音甲16B56 与丁种本正文表述相同。该字又见同义07A4；碎金05A3 等。文海刻①52B42 有该字的详细材料。

17B34 㥴 ljwij 1.62 tew 1.43 痴傻

[背隐] 絴絹虤虤幜絹

无心沉昏不慧

[按语] 背隐的内容是对正文的解释。与正文同样的词组还有同音甲55A61。该字又见同义32A4。文海刻①52B43 有该字的详细材料。

17B35 𦏵 tew 1.43 njii 2.12 粘胶

[背隐] 夋惰輚鼰

皮角等煮

[按语] 背隐的内容是对正文的解释。该字又见同义14A4。文海刻①52B51 有该字的详细材料。

17B36 𦏵 tew 1.43 dźiã 2.23 蛋卵

[背隐] 孃後骹𥫂

鸟生未孵

[按语] 背隐的内容是对正文的解释。与正文同样的词组还有同音乙37A12；同音甲36A55 等。该字又见杂字乙09B8；同义28A1 等。文海刻①52B52 有该字的详细材料。

17B37 㿱瘟 。niəj 1.41 tew 1.43 浊污

[背隐] 㤰藤𠃌

不干净

[按语]"𠃌"代表该字与前一字重复。背隐音义以反义词解释正文。与正文同样的词组还有同音甲16B61。该字又见同义31A2。

17B38 㣼巍 wo 2.42 njar 1.82 校勘

[背隐] 骢愻繈繨祇

观是非使明

[按语] 背隐的内容是对正文的解释。与正文同样的词组还有同音甲16B71。该字又见同义16A3。文海刻①86A32 有该字的详细材料。

17B41 㱏婦 。nər 2.76 njar 1.82 弹指

[背隐] 刻㳉祇

使指响

[按语] 背隐的内容是对正文的解释。与正文同样的词组还有同音甲16B67。该字又见同义17B7。文海刻①86A41 有该字的详细材料。

17B42 㵀從 gjiij 1.39 njar 2.74 昏闷

[背隐] 䩦從

昏闷

[按语] 背隐以同义词解释正文。参见下文同音丁23B46 及其背隐。与正文同样的词组还

有同音_甲16B66、22B63；同义31B3 等。

17B43 𗍳𗫩𗆀 。njar 2.74 dźji ? mji 1.11 失：不见

[背隐] 𗆀𗾖𗆀

不疲倦

[按语] 背隐的内容是对正文的解释。该字又见同义 30B3。

17B44 𗖊𗫡 rjir 2.72 thaa 1.22 压制

[背隐] 𗊲𗬈𗫡𗬩

赶回物上

[按语] 背隐的内容是对正文的解释。与正文同样的词组还有同音_甲16B72。该字又见同义 25A2。文海_刻①30A11 有该字的详细材料。

17B45 𗷣𗈜 。·ju 1.02 thaa 1.22 鬼祟

[背隐] 𗈜𗵮𗵜𗽀

物为损害

[按语] 背隐的内容是对正文的解释。与正文同样的词组还有同音_甲16B73。该字又见同义 30B7。文海_刻①30A12 有该字的详细材料。

17B46 𗰖𗵆 nja 2.17 ŋa 2.14 你我

[背隐] 𗋽𗵻

他彼

[按语] 背隐以同类词注释正文。参见下文同音_丁23B22 及其背隐。与正文同样的词组还有文海_刻①47B43；合编_甲21.141 等。

17B47 𗰖 𗲂𗰖 nja 2.17 da 2.56 bjiir 2.86 nja：语助

[背隐] 𗲂𗸟𗰖𗆀

语下紧来

[按语] 背隐的内容是对正文的解释。同音_甲16B77 与丁种本正文表述相同。该字又见杂字_乙16B2；掌中珠_甲31A22；同义 21A5 等。

17B48 𗼨𗰖 。biee 1.13 nja 2.17 奔驰

[背隐] 𗾖/𗵻

驱/驱

[按语] 背隐的内容是对正文的解释。背隐音义中"𗾖"字与正文大字组成词组"𗾖𗰖"（驱驰），相同词组又见同音_甲16B76。背隐音义中"𗵻"字与正文大字组成词组"𗵻𗰖"（驱赶）。参见上文同音_丁09A71 及其背隐。与正文同样的词组还有同音_甲08B42；文海_刻①86A52；合编_甲16.021；同义 19A5 等。

17B51 𗋯𗄀 duu 1.05 djuu 1.07 贮藏

[背隐] 𗋯𗫩𗄀𗬩

贮藏多需

[按语] 背隐的内容是对正文的解释。与正文同样的词组还有同音_甲17A11。该字又见同

义 14A5。文海_刻①12A41 有该字的详细材料。

17B52 骸骸 。djuu 1.07 djuu 1.07 寻衅

　　[**背隐**] 荒骸骸修

　　　　　互相寻恶

　　[**按语**] 背隐的内容是对正文的解释。与正文同样的词组还有同音_甲16B78。该字又见同
　　　　　义 29B3。文海_刻①12A42 有该字的详细材料。

17B53 骶骸 nju 1.03 djwu 1.03 威仪

　　[**背隐**] 骸骸骸骸

　　　　　威仪好听

　　[**按语**] 背隐的内容是对正文的解释。与正文同样的词组还有同音_甲17A13；文海_刻①
　　　　　36B61 等。该字又见同义 03A6。文海_刻①09B41 有该字的详细材料。

17B54 骸骸 ŋwu 1.01 djwu 1.03 报答

　　[**背隐**] 骸骸骸骸

　　　　　报答回话

　　[**按语**] 背隐的内容是对正文的解释。与正文同样的词组还有同音_甲17A14；文海_刻①
　　　　　09B42；合编_甲03.132；同义 21A2 等。

17B55 骸骸 djwu 1.03 sja 1.20 挤杀

　　[**背隐**] 骸骸骸骸骸骸

　　　　　以指爪杀虮虱

　　[**按语**] 背隐的内容是对正文的解释。与正文同样的词组还有同音_甲17A15；文海_刻①
　　　　　09B43 等。该字又见同义 30A5。

17B56 骸骸 。mej 1.33 djwu 1.03 迷眼

　　[**背隐**] 骸骸骸骸

　　　　　物往眼中

　　[**按语**] 背隐的内容是对正文的解释。与正文同样的词组还有同音_甲17A16。该字又见同
　　　　　义 31B2。文海_刻①09B51 有该字的详细材料。

17B57 骸骸 wjij 1.61 djwu 2.03 缝补

　　[**背隐**] 骸骸骸骸

　　　　　使缝穿连

　　[**按语**] 背隐的内容是对正文的解释。与正文同样的词组还有同音_甲17A17。该字又见同
　　　　　义 12B2。

17B58 骸骸 。dwewr 2.78 djwu 2.03 知晓

　　[**背隐**] 骸骸

　　　　　觉悟

　　[**按语**] 背隐的内容是对正文的解释。与正文同样的词组还有同音_甲17A18；同义 08B2
　　　　　等。

17B61 𘅜𘄷 rejr 2.66 twe 1.08 多堆

　　［背隐］𘄷𘍦𘅜𘍳

　　　　　众多多有

　　［按语］背隐的内容是对正文的解释。与正文同样的词组还有同音甲 17A21。该字又见同义 10B4。文海刻①13B41 有该字的详细材料。

17B62 𘄷𘏇 。dzjiw 1.45 twe 1.08 堆积

　　［背隐］𘏇𘍳𘏐𘍦

　　　　　聚集集合

　　［按语］背隐的内容是对正文的解释。参见下文同音丁 30A53 及其背隐。与正文同样的词组还有同音甲 17A22、29B15 等。该字又见杂字乙 14A1；同义 14A5 等。文海刻①13B42 有该字的详细材料。

17B63 𘍦𘍳 djij 2.37 ta 1.63 停止

　　［背隐］𘅜𘏐𘍳

　　　　　不往居

　　［按语］背隐的内容是对正文的解释。参见上文同音丁 16B62 及其背隐。与正文同样的词组还有同音甲 16A11、17A24；文海刻①69A21；合编甲 06.072 等。

17B64 𘏐𘍦 。du 1.04 djij 2.37 安定

　　［背隐］𘏇𘅜𘅜𘍳

　　　　　寂静不动

　　［按语］背隐的内容是对正文的解释。参见上文同音丁 13A42 及其背隐。与正文同样的词组还有同音甲 12A51、17A23 等。

17B65 𘏐𘏇 noo 2.45 γa 1.17 连袋囊

　　［背隐］𘍦𘄷𘍳

　　　　　盛装用

　　［按语］背隐的内容是对正文的解释，指出其用途。与正文同样的词组还有同音乙 42B76；同音甲 17A25、42A54；文海刻①23B32；掌中珠甲 26B12（正文后该词的汉语译释即来源于此）；同义 14A7 等。

17B66 𘏐𘍳 noo 2.45 neej 2.34 捎带

　　［背隐］𘄷𘏐𘍦

　　　　　他处物

　　［按语］背隐的内容是对正文的解释。参见上文同音丁 16B58 及其背隐。与正文同样的词组还有同音甲 15B77、17A26；同义 14A5 等。

17B67 𘄷𘏐 kjwiir 1.92 noo 2.45 粗褐

　　［背隐］𘅜𘍳𘏇

　　　　　毛编织

　　［按语］背隐的内容是对正文的解释。与正文同样的词组还有同音甲 17A27；文海刻①

92A61 等。该字又见掌中珠_甲26A22；同义 18A5；碎金 09A4 等。

17B68 𗥑𗏁 。ŋwər 2.76 noo 2.45 青玄

　　[背隐] 𗏁𗫩𗥑
　　　　　颜色黑

　　[按语] 背隐的内容是对正文的解释。与正文同样的词组还有同音_甲17A28；杂字_乙15B5
　　　　　等。该字又见杂字_乙15B5；同义 16B1 等。

17B71 𗏁𗋽 tśhja 2.16 twu 1.58 公正

　　[背隐] 𗏁𗋽𗙉𗏁
　　　　　公平公正

　　[按语] 背隐的内容是对正文的解释。与正文同样的词组还有同音_甲17A34；文海_刻①
　　　　　51A71；合编_甲04.124 等。

17B72 𗏁𗡝 ·jij 1.36 twu 1.58 各自

　　[背隐] 𗢳𗏁𗡝𗏁𗡝
　　　　　区别指示用

　　[按语] 背隐的内容是对正文的解释。与正文同样的词组还有同音_甲17A33；文海_刻①
　　　　　41A22；合编_甲03.164；碎金 06B6 等。

17B73 𗋽𗏁 。tśjɨj 1.42 twu 1.58 正直

　　[背隐] 𗏁𗋽𗏁𗋽𗡝
　　　　　不弯曲偏斜

　　[按语] 背隐的内容是对正文的解释。与正文同样的词组还有同音_甲17A31；文海_刻①
　　　　　51A71 等。该字又见掌中珠_甲17B32；同义 17B6。文海_刻①63B21 有该字的详
　　　　　细材料。

17B74 𗏁𗠉 dʑju 2.02 noo 1.52 怯弱

　　[背隐] 𗏁𗠉𗏁𗡝
　　　　　犹如杨柳

　　[按语] 背隐的内容是对正文的解释，采用比喻的手法。与正文同样的词组还有同音_乙
　　　　　38A33；同音_甲19B58、37B15；文海_刻①58B32；同义 30B4 等。

17B75 𗏁𗡝 。nər 2.76 noo 1.52 指爪

　　[背隐] 𗏁𗡝𗏁𗋽
　　　　　手脚上有

　　[按语] 背隐的内容是对正文的解释。参见上文同音_丁17B26 及其背隐。与正文同样的词
　　　　　组还有同音_甲16B53、19B57 等。

17B76 𗏁𗡝 tu 1.58 rer 2.71 罗网

　　[背隐] 𗏁𗡝𗏁𗡝
　　　　　捕鸟兽用

　　[按语] 背隐的内容是对正文的解释，指出其用途。与正文同样的词组还有同音_甲17A35；

杂字乙10A1 等。该字又见杂字乙10A1；掌中珠甲06B22（正文后该词的汉语译释即来源于此）；同义 15B5 等。文海刻①63A41 有该字的详细材料。

17B77 㿵囊 。 tu 1.58 khjɨ 2.28 千万

　　[背隐] 㿵㿵绦㿵

　　　　　十百则数（千）

　　[按语] 背隐的内容是对正文的解释。参见下文同音丁25B17 及其背隐。与正文同样的词组还有同音甲17A36、24B38 等。

17B78 㿵㿵 thji 2.10 sə 1.27 末尾

　　[背隐] 盍㿵㿵

　　　　　下末尾

　　[按语] 背隐以同义词解释正文。参见下文同音丁33A21 及其背隐。与正文同样的词组还有同音甲17A41、32A76 等。该字又见同义 04A4。

18A11 㿵蕴 。 ljɨ 2.61 thji 2.10 地地

　　[背隐] 㿵

　　　　　地

　　[按语] 背隐以同义词解释正文。与正文同样的词组还有同音甲17A38。该字又见杂字乙14A6；掌中珠甲03B14；同义 26A1；碎金 05B4 等。

18A12 㿵㿵 dwər 2.76 dʑjaa 1.21 燃烧

　　[背隐] 蘸

　　　　　烧

　　[按语] 背隐以同义词解释正文。与正文同样的词组还有同音甲17A42、37A35；文海刻③07B31 等。

18A13 㿵丽 。 ·a ? dwər 2.76 一串

　　[背隐] 㿵㿵㿵

　　　　　互挨着

　　[按语] 背隐的内容是对正文的解释。与正文同样的词组还有同音甲17A43。该字又见同义 30A3。

18A14 㿵编 dwər 1.84 thwo 1.49 疲倦

　　[背隐] 㿵㿵

　　　　　厌弃

　　[按语] 背隐的内容是对正文的解释。参见下文同音丁20A77 及其背隐。与正文同样的词组还有同音甲17A45；文海刻①87B41 等。

18A15 㿵㿵 。 dwər 1.84 mjaa 1.23 染疮

　　[背隐] 㿵㿵

　　　　　染疮

　　[按语] 背隐注明了该词的汉语读音。与正文同样的词组还有同音甲17A44。该字又见同

义 31B4。

18A16 [illegible] njɨɨ 2.29 gjɨ 2.28 日夜

［背隐］[illegible]

日明

［按语］背隐的内容是对正文大字的解释。参见下文同音$_{丁}$ 23A21 及其背隐。与正文同样的词组还有同音$_{甲}$ 17A48、22A42；文海$_{刻}$①22B31 等。

18A17 [illegible] ○ njɨɨ 2.29 dźjwu 1.02 人人

［背隐］[illegible]

庶民人

［按语］背隐以同义词解释正文。与正文同样的词组还有同音$_{甲}$ 17A51；文海$_{刻}$③15B22；合编$_{甲}$ 23.124；同义 17A3 等。聂 I 122 录背隐内容。

18A18 [illegible] źjị 1.67 njɨɨ 2.29 烦恼

［背隐］[illegible]

有害

［按语］背隐的内容是对正文的解释。与正文同样的词组还有同音$_{甲}$ 17A52、55B27；文海$_{刻}$①24A22；掌中珠$_{甲}$ 35B12（正文后该词的汉语译释即来源于此）等。

18A21 [illegible] ○ du 1.04 njɨɨ 2.29 怨骂

［背隐］[illegible]

宣恶

［按语］背隐的内容是对正文的解释。参见上文同音$_{丁}$ 13A43 及其背隐。与正文同样的词组还有同义 29B2。该字又见同音$_{甲}$ 12A54。文海$_{刻}$①10A62 有该字的详细材料。

18A22 [illegible] tạ 2.56 njowr 2.83 收缩

［背隐］[illegible]

卷皱

［按语］背隐以同义词解释正文。参见下文同音$_{丁}$ 19A42 及其背隐。与正文同样的词组还有同音$_{甲}$ 17A54、18B55；文海$_{刻}$①74B51；同义 12B4 等。

18A23 [illegible] pha 1.17 njowr 2.83 迁移

［背隐］[illegible]

置处变

［按语］背隐的内容是对正文的解释。与正文同样的词组还有同音$_{甲}$ 17A55。该字又见杂字$_{乙}$ 18A5；同义 19B1 等。

18A24 [illegible] śjị 2.60 njowr 2.83 薅草

［背隐］[illegible]

除谷物中草

［按语］背隐的内容是对正文的解释。与正文同样的词组还有同音$_{甲}$ 17A56。该字又见同义 26A5。

18A25 俞𗏣 。rjij 2.37 njowr 2.83 穀子罗

　　[背隐] 𗏣𗤶𗢭/𗏊𗤶

　　　　　穀子罗/穀子

　　[按语] 背隐注明了该词的汉语读音。与正文同样的词组还有同音甲17A57。该字又见杂
　　　　　字乙05B7；掌中珠甲26A12（正文后该词的汉语译释即来源于此）；同义18A5等。

18A26 𗹰𗤁 rar 1.80 naa 2.19 千千

　　[背隐] 𗹰𗤁

　　　　　数千

　　[按语] 背隐的内容是对正文的解释。与正文同样的词组还有同音乙47A15；同音甲
　　　　　17A65、46A71；文海刻①63A42；同义22A2等。聂Ⅰ122录背隐内容。

18A27 𗆧𗤁 me 2.58 naa 2.19 寻找

　　[背隐] 𗢭𗤁𗤁𗆧

　　　　　需用寻找

　　[按语] 背隐的内容是对正文的解释。参见上文同音丁06A15及其背隐。与正文同样的词
　　　　　组还有同音甲05A22、17A64；文海刻①30B21；同义17A6等。

18A28 𗒀𗤁 sji 1.30 naa 2.19 菜蔬

　　[背隐] 𗴿𗪛

　　　　　食物

　　[按语] 背隐指出正文的类别为一"食物"。与正文同样的词组还有同音甲17A62；掌中
　　　　　珠甲14B12（正文后该词的汉语译释即来源于此）等。该字又见同义10A5。

18A31 𗪎𗤁 tshjwu 1.03 naa 2.19 盟誓

　　[背隐] 𗪎𗦻𘃡

　　　　　誓释净

　　[按语] 背隐的内容是对正文的解释。参见下文同音丁33A75及其背隐。与正文同样的词
　　　　　组还有同音甲17A63、32B57；文海刻①63B31；合编甲13.071；同义20B2等。

18A32 𗸫𗤁 。zjiir 2.85 naa 2.19 洪水

　　[背隐] 𗸫𗤁

　　　　　洪水

　　[按语] 背隐以同义词解释正文。与正文同样的词组还有同音甲17A66；掌中珠甲12B22
　　　　　（正文后该词的汉语译释即来源于此）等。

18A33 𗚀𗤁 dji 1.11 nar 2.73 移动

　　[背隐] 𗤁𘃡𗗚

　　　　　使动摇

　　[按语] 背隐的内容是对正文的解释。参见下文同音丁19B75及其背隐。与正文同样的词
　　　　　组还有同音甲17A67、19A63；文海刻①17A22；合编甲17.024；同义19B1等。

18A34 𗚀𗤁 dji 1.11 lji ？内西

[背隐] 𗊫𗤎𗦎𗦝𗮃𗜓
肺心腹肠界限

[按语] 背隐的内容是对正文的解释。与正文同样的词组还有同音_甲17A68；杂字_乙17A3 等。文海_刻①17A23 有该字的详细材料。

18A35 𗊫𗳦 dji 1.11 thjij 2.33 凸凹

[背隐] 𗣼𗒹𗤘𗳦/𗳦
此测写用/彼

[按语] 背隐的内容是对正文的解释。背隐音义最后一字"𗳦"与正文组成"𗳦𗊫𗳦"（彼凸凹），参见文海_刻①17A31。与正文同样的词组还有同音_甲17A71；文海_刻① 17A31 等。

18A36 𗊱𗳤 。dji 1.11 po 1.49 报答

[背隐] 𗦓𗊱𗦗𗒀
报答回话

[按语] 背隐的内容是对正文的解释。与正文同样的词组还有同音_甲17A72；文海_刻① 17A32；合编_甲03.132；同义 21A2 等。

18A37 𗢁𗤙 djij 2.33 2.33 dji 2.10 曾经

[背隐] 𗤥𗒤𗤟𗤠
已作所作

[按语] 背隐的内容是对正文的解释。与正文同样的词组还有同音_甲17A75。该字又见同义 17B3。

18A38 𗵘𗳦 djij 2.33 dji 2.10 饮喝

[背隐] 𗏹𗰛
清吞

[按语] 背隐的内容是对正文的解释。参见上文同音_丁14B77 及其背隐。与正文同样的词组还有同音_甲14A32、17A77；文海_刻③21A31 等。

18A41 𗤞𗳦 · jwir 2.77 dji 2.10 文字

[背隐] 𗳢𗤢𗞊𗦝𗖻
信记不忘用

[按语] 背隐的内容是对正文的解释。与正文同样的词组还有同音_乙46B45；同音_甲 17A76、44A35；文海_刻①56A62；掌中珠_甲27A22（正文后该词的汉语译释即来源于此）；合编_甲07.062 等。

18A42 𗈪𗳦 dzju 2.03 dji 2.10 全具

[背隐] 𗟀𗰜𗰝𗖹
无破裂孔

[按语] 背隐以反义词解释正文。参见下文同音_丁29B73 及其背隐。与正文同样的词组还有同音_甲17A74、29A37；文海_刻③14A22；同义 22B7 等。聂 I 201 录背隐内容。

18A43 繡𤲑 bə 2.25 dji 2.10 碎粒
　　[背隐] 𤲑𤲑
　　　　　碎粒
　　[按语] 背隐以同义词解释正文。与正文同样的词组还有同音甲17A78；文海刻①44A22；
　　　　　杂字乙03B6；合编甲23.023 等。

18A44 𤲑𤲑 。biej 2.31 dji 2.10 田畴
　　[背隐] 𤲑𤲑／𤲑𤲑
　　　　　所耕／与收
　　[按语] 背隐的内容是对正文的解释。参见上文同音丁09B38 及其背隐。与正文同样的词
　　　　　组还有同音甲09A14、17A73；同义26A1 等。

18A45 𤲑𤲑·ji 1.30 nja 1.64 婚姻
　　[背隐] 𤲑𤲑
　　　　　婚姻
　　[按语] 背隐以同义词解释正文。与正文同样的词组还有同音乙42B43；同音甲17B12；文
　　　　　海刻①70B72；同义05B4 等。

18A46 𤲑𤲑 。gjij 2.33 nja 1.64 织结
　　[背隐] 𤲑𤲑𤲑
　　　　　编织料
　　[按语] 背隐的内容是对正文的解释。与正文同样的词组还有同音甲17B13。该字又见同
　　　　　义12B5。文海刻①71A11 有该字的详细材料。

18A47 𤲑𤲑 njaa 1.21 zjiir 2.85 深水
　　[背隐] 𤲑𤲑𤲑𤲑
　　　　　海水深广
　　[按语] 背隐的内容是对正文的解释。与正义同样的词组还有同音甲17B15；文海刻①
　　　　　29B32 等。

18A48 𤲑𤲑 phiow 1.55 njaa 1.21 黑白
　　[背隐] 𤲑𠃊
　　　　　黑黑
　　[按语] "𠃊"代表《同音》正文中的大字，而非表示与前一字重复（可参考文海刻①
　　　　　29B41、①56A31 等）。背隐音义以同义词解释正文大字。参见上文同音丁08A65
　　　　　及其背隐。与正文同样的词组还有同音甲07B32、17B14；文海刻①75A22；同义
　　　　　16A4 等。

18A51 𤲑𤲑 。lha 1.20 njaa 1.21 （树名）
　　[背隐] 𤲑𤲑
　　　　　树名
　　[按语] 背隐指出正文的类别为一"树名"。与正文同样的词组还有同音乙53A25；同音甲

17B16、52B52；文海_刻①29B42；杂字_乙07A2；同义09B2 等。

18A52 骹羁 dzjɨj 1.42 nej 2.30 安稳

　　[**背隐**] 羁骹

　　　　　安乐

　　[按语] 背隐以同义词解释正文。参见下文同音_丁32B58 及其背隐。与正文同样的词组还
　　　　有同音_甲17B18、32A43；合编_甲11.131；同义22B7 等。

18A53 廋翺缘 nej 2.30 mjɨr 1.86 mə 2.25 乃：族姓

　　[**背隐**] 未注

　　[按语] 背隐对正文未作解释。其实正文中小字对大字的注释已经非常清楚，故无需再作
　　　　背隐音义。同音_甲17B17 与丁种本正文表述相同。该字又见杂字_乙12B5；掌中
　　　　珠_甲31B24（正文后该词的汉语译释即来源于此）；同义07A2；碎金04B5 等。

18A54 膁刻 mə 1.27 nej 2.30 天晚

　　[**背隐**] 毥谠矵徽

　　　　　夜晚夜晚

　　[按语] 背隐的内容是对正文大字的解释。与正文同样的词组还有同音_甲17B21；杂字_乙
　　　　19B5；掌中珠_甲10B12（正文后该词的汉语译释即来源于此）等。

18A55 猻缘 zjɨr 2.85 nej 2.30 水壬

　　[**背隐**] 骹嘣耕陵

　　　　　十干中有

　　[按语] 背隐的内容是对正文的解释，指出"壬"是"十大天干"之一。该字又见掌中
　　　　珠_甲09B32。

18A56 籃彶 。śja 1.19 nej 2.30 辇舆

　　[**背隐**] 藕缠/刻彶

　　　　　车帐/车表

　　[按语] 背隐的内容是对正文的解释。从背隐音义的内容来看，"舆"应该指车厢。与正
　　　　文同样的词组还有同音_乙36A53；同音_甲17B23、35B27；同义13B5 等。

18A57 瓶彶 dju 1.03 lheew 2.41 有有

　　[**背隐**] 瓲貌觥绢

　　　　　众多不无

　　[按语] 背隐的内容是对正文的解释。与正文同样的词组还有同音_乙48B12；同音_甲
　　　　17B25、48A17 等。文海_刻①08B71 有该字的详细材料。

18A58 蕬彶 du 1.04 dju 1.03 禁止

　　[**背隐**] 骹彶裆

　　　　　拒驱赶

　　[按语] 背隐的内容是对正文的解释。参见上文同音_丁13A46 及其背隐。与正文同样的词
　　　　组还有同音_甲12A55、17B24；文海_刻①30A72；合编_甲09.043；同义25A1 等。

18A61 憛衍 。 dju 1.03 rjijr 2.68 告呼

  [背隐] 憛蕬

    不服

  [按语] 背隐的内容是对正文的解释。与正文同样的词组还有同音乙 48A16；同音甲 17B27、47B26；文海刻①67B33；碎金 10A2 等。

18A62 蕬縦 dju 2.03 lho ? 得出

  [背隐] 蕬羪羢羢

    失而复得

  [按语] 背隐的内容是对正文的解释。与正文同样的词组还有同音甲 17B28。该字又见同义 16A2。

18A63 緋豩 。 wee 1.12 dju 2.03 生产

  [背隐] 豩縦

    孩子

  [按语] 背隐的内容是对正文的解释。与正文同样的词组还有同音甲 17B31；同义 23B2 等。

18A64 蕬阪 kor 1.89 njwij 1.36 咽喉

  [背隐] 阤踌褙厥豩

    吞咽气过处

  [按语] 背隐的内容是对正文的解释。参见卜文同音丁 28A11 及其背隐。与正义同样的词组还有同音甲 17B33、27B23；文海刻①48B41；杂字乙 16B6；掌中珠甲 18B12（正文后该词的汉语译释即来源于此）；同义 03B5 等。

18A65 脈葕 。 lu 2.51 njwij 1.36 阻塞

  [背隐] 脈葕豩紙

    阻不肯往

  [按语] 背隐的内容是对正文的解释。与正文同样的词组还有同音甲 17B32。该字又见同义 12A1。文海刻①48B42 有该字的详细材料。

18A66 蕬豩 sjir 1.86 tjir 1.86 满盈

  [背隐] 豩紤紤襓

    满足满足

  [按语] 背隐以同义词解释正文。与正文同样的词组还有同音甲 17B35；同义 28B7 等。文海刻①89A31 有该字的详细材料。

18A67 蕬搑 。 tsewr 2.78 tjir 1.86 沉重

  [背隐] 豩紕

    互相（压着）

  [按语] 背隐的内容是对正文的解释。参见下文同音丁 32A54 及其背隐。与正文同样的词组还有同音甲 17B34、31B24；同义 24B7 等。文海刻①89A32 有该字的详细材料。

18A68 㿲㿱 nioow 1.57 ku 1.58 背后

   [背隐] 㿲㿱

       背后

   [按语] 背隐以同义词解释正文。参见下文同音丁 25A12 及其背隐。与正文同样的词组还

       有同音甲 17B36、21A46；文海刻①63B42；同义 23B6 等。

18A71 㴂㴃 · jiw 1.45 nioow 1.57 因缘

   [背隐] 㸌㸍㸎㸏

       好坏生处

   [按语] 背隐的内容是对正文的解释。与正文同样的词组还有同音乙 44A76；同义

       17B37、43B72；文海刻①52B12；同义 17A6 等。

18A72 㴄㴅 。 nioow 1.57 kaar 1.83 称量

   [背隐] 㴆㴇㴈

       应正中

   [按语] 背隐的内容是对正文的解释。与正文同样的词组还有同音甲 17B38；同义 21B4

       等。聂 I 122 录背隐内容。

18A73 㴉㴊 dja 2.17 nu 1.01 背后

   [背隐] 㴋㴌㴍㴎

       彼中所见

   [按语] 背隐的内容是对正文的解释。与正文同样的词组还有同音甲 17B42。该字又见同

       义 19B5。文海刻①05B71 有该字的详细材料。

18A74 㴏㴐 。 djuu 2.06 nu 1.01 钻穿

   [背隐] 㴑㴒㴓

       使穿通

   [按语] 背隐的内容是对正文的解释。与正文同样的词组还有同音甲 17B43。该字又见同

       义 26A4。文海刻①05B72 有该字的详细材料。

18A75 㴔㴕 lja 1.64 nu 1.01 穿针

   [背隐] 㴖㴗㴘

       穿连用

   [按语] 背隐的内容是对正文的解释，指出其用途。与正文同样的词组还有同音甲 17B44。

       该字又见同义 15A2。文海刻①05B61 有该字的详细材料。

18A76 㴙㴚 。 nu 1.01 njaa 1.21 污黑

   [背隐] 㴛㴜㴝㴞

       水下污泥

   [按语] 背隐的内容是对正文的解释。与正文同样的词组还有同音甲 17B45；文海刻①

       05B62 等。该字又见同义 31B7。

18A77 㴟㴠 mej 1.33 thaar 1.83 目盲

[背隐] 𗋽𗙼𗙷𗙯
　　眼中不见

[按语] 背隐的内容是对正文大字的解释。与正文同样的词组还有同音甲17B47。该字又
　　　　见同义31B2。文海刻①86B41有该字的详细材料。

18A78 𗱕𗭪 。sja 2.16 thaar 1.83 显现

[背隐] 𗤄𗭪𗥤
　　凸现明

[按语] 背隐的内容是对正文的解释。与正文同样的词组还有同音乙36A62；同音甲
　　　　17B48、35B32等。该字又见同义16A1。文海刻①86B42有该字的详细材料。

18B11 𗮼𗉛 wja 1.19 tju 2.52 父祖

[背隐] 𗧋𗿟𗉛
　　族祖辈

[按语] 背隐的内容是对正文的解释。与正文同样的词组还有同音甲17B51。该字又见杂
　　　　字乙14B6；同义05B1等。

18B12 𘁨𗸪 mər 1.84 tju 2.52 嘴唇

[背隐] 𗭴𗉛
　　口边

[按语] 背隐的内容是对正文的解释。与正文同样的词组还有同音甲17B53；文海刻①
　　　　87A42；杂字乙16B6；同义03B4等。

18B13 𗥷𗉛 。tju 2.52 dzjij 2.37 交配

[背隐] 𗸪𗱕𗧋
　　父姻

[按语] 背隐的内容是对正文的解释。参见下文同音丁30A14及其背隐。与正文同样的词
　　　　组还有同音甲17B52、29A53；文海刻①19B12；合编甲02.104等。

18B14 𗭪𘁨 tu 1.58 tju 1.59 网罗

[背隐] 𗸨𗱕𗿟
　　捕物用

[按语] 背隐的内容是对正文的解释，指出其用途。与正文同样的词组还有同音甲17B55；
　　　　同义15B5等。文海刻①65A41有该字的详细材料。

18B15 𗉛𗿟 。tju 1.59 na 1.63 唾涕

[背隐] 𗭴𗋽
　　口内

[按语] 背隐的内容是对正文大字的解释，"唾液"出自于口腔内。参见下文同音丁19A75
　　　　及其背隐。与正文同样的词组还有同音甲17B54、18B56；文海刻①65A42；杂字乙
　　　　17A7；掌中珠甲19A32（正文后该词的汉语译释即来源于此）；同义31B7等。

18B16 𗉛𗭪 tha ? njij 2.33 逼迫

[背隐] 繊嵙虺㴱
力释紧迫

[按语] 背隐的内容是对正文的解释。与正文同样的词组还有同音甲17B56；文海刻①
65A12；合编甲18.091 等。

18B17 缋䩄 。rur 1.75 tha ？狭窄

[背隐] 㤢䒸斺
不宽阔

[按语] 背隐以反义词解释正文。与正文同样的词组还有同音甲17B57。该字又见同义
24B7。

18B18 㪍羆 thjwɨ 1.30 thjwu 2.03 逢遇

[背隐] 䜈羆
逢遇

[按语] 背隐以同义词解释正文。与正文同样的词组还有同音甲17B58。该字又见同义
23A5。文海刻①40A42 有该字的详细材料。

18B21 羉鏒 。thjwɨ 1.30 thjwu 2.03 完毕

[背隐] 㳟鏒
完毕

[按语] 背隐以同义词解释正文。与正文同样的词组还有同音甲17B61；同义17B5 等。文
海刻①40A51 有该字的详细材料。

18B22 㪍羆 thew 2.38 thjwu 2.03 逢遇

[背隐] 䜈羆
逢遇

[按语] 背隐以同义词解释正文。参见下文同音丁18B24 及其背隐。与正文同样的词组还
有同音甲17B62、17B64；文海刻①40A42；同义23A5 等。

18B23 鏒羉 。thew 2.38 thjwu 2.03 完毕

[背隐] 㳟鏒
完毕

[按语] 背隐以同义词解释正文。参见下文同音丁18B25 及其背隐。与正文同样的词组还
有同音甲17B63、17B65；同义17B5 等。

18B24 羉㪍 thew 2.38 thjwu 2.03 逢遇

[背隐] 䜈羆
逢遇

[按语] 背隐以同义词解释正文。参见上文同音丁18B22 及其背隐。与正文同样的词组还
有同音甲17B62、17B64；文海刻①40A42；同义23A5 等。聂Ⅰ183 录背隐内容。

18B25 羉鏒 。 thew 2.38 thjwu 2.03 完毕

[背隐] 㳟鏒

完毕

　　〔按语〕背隐以同义词解释正文。参见上文同音丁18B23 及其背隐。与正文同样的词组还
　　　　　　有同音甲17B63、17B65；同义17B5 等。聂Ⅰ183 录背隐内容。

18B26   doo 1.52 deer 2.84 研磨

　　〔背隐〕

　　　　　　手动研磨

　　〔按语〕背隐的内容是对正文的解释。参见下文同音丁20B53 及其背隐。与正文同样的词
　　　　　　组还有同音甲17B66、18A12；文海刻①58B31；合编宁01.010；同义17B7 等。

18B27   kjɨj 1.42 deer 2.84 惊慌

　　〔背隐〕

　　　　　　心堕

　　〔按语〕背隐的内容是对正文的解释。与正文同样的词组还有同音甲17B68。该字又见同
　　　　　　义30B1。

18B28   。·a ? deer 2.84 一圭

　　〔背隐〕

　　　　　　二指持

　　〔按语〕背隐的内容是对正文的解释。与正文同样的词组还有同音甲17B67；文海刻①
　　　　　　81A12 等。聂Ⅰ369 录背隐内容。

18B31   da 2.56 thə 1.68 逼供

　　〔背隐〕

　　　　　　急问逼迫

　　〔按语〕背隐的内容是对正文的解释。与正文同样的词组还有同音甲17B71。该字又见同
　　　　　　义29B3。文海刻①74B12 有该字的详细材料。

18B32   tej 1.33 thə 1.68 均匀

　　〔背隐〕

　　　　　　均匀不小大

　　〔按语〕背隐的内容是对正文的解释。与正文同样的词组还有同音甲17B72；合编英03.081
　　　　　　等。文海刻①74B21 有该字的详细材料。

18B33   gjij 2.54 thjɨ 2.61 鞍带

　　〔背隐〕

　　　　　　马鞍

　　〔按语〕背隐的内容是对正文的解释。参见下文同音丁22A73 及其背隐。与正文同样的词
　　　　　　组还有同音甲17B73、21B24；同义15A5 等。聂Ⅱ634 录背隐内容。

18B34   gjɨ 2.28 thjɨ 2.61 棺椁

　　〔背隐〕

　　　　　　尸袋

［按语］背隐的内容是对正文的解释。参见下文同音丁23A17 及其背隐。与正文同样的词组还有同音甲17B74、22A41；同义32A3 等。聂Ⅰ122、Ⅰ586 录背隐内容。

18B35 𗣤𗤋 。thji 2.61 piej 2.31 褶皱

　　［背隐］𗣤𗤋
　　　　　皱

　　［按语］背隐注明了该词的汉语读音。与正文同样的词组还有同音甲17B76。该字又见同义18A6。

18B36 𗤋𗣤 tjwar 1.82 ·a ？独特

　　［背隐］𗤉𗣤𗤋𗣤
　　　　　独自别居

　　［按语］"𗣤"代表该字与前一字重复。背隐音义的内容是对正文的解释。与正文同样的词组还有同音甲17B77。该字又见同义29A7。文海刻①86A61 有该字的详细材料。

18B37 𗤋𗣤 。djij 2.37 tjwar 1.82 停息

　　［背隐］𗤋𗣤𗤋
　　　　　过停止

　　［按语］背隐的内容是对正文的解释。与正文同样的词组还有同音甲17B78。该字又见同义05A4。文海刻①86A62 有该字的详细材料。

18B38 𗤋𗣤 dəj 1.40 ljij 2.37（族姓）

　　［背隐］𗤋𗣤
　　　　　族姓

　　［按语］背隐指出正文的类别为一"族姓"。与正文同样的词组（即此西夏复姓）还有同音甲18A13；文海刻①50B41；杂字乙11B4；同义06B6；碎金04B3 等。

18B41 𗤋𗣤 。dəj 1.40 ɣow 1.54（草名）

　　［背隐］𗤋𗣤
　　　　　草名

　　［按语］背隐指出正文的类别为一"草名"。与正文同样的词组还有同音乙44B61；同义18A14、44A63；文海刻①50B42、60B42；杂字乙07B6；同义10A3 等。聂Ⅰ122 录背隐内容。

18B42 𗤋𗣤 yu 1.04 deew 2.41 轻浮

　　［背隐］𗤋𗣤
　　　　　恭维

　　［按语］原文"𗤋"（Ⅸ32 1.30 lhji 恭维）误为"𗤋"（Ⅸ32 1.30 lhji 熊），应当属于形音相近而误。背隐音义以同义词解释正文。与正文同样的词组还有同音甲18A21。该字又见杂字乙12B8；同义26B6 等。

18B43 𗤋𗣤 sjuu 1.07 deew 2.41 爱慕

　　［背隐］𗤋𗣤𗤋𗣤𗤋

指爪遇不得

［按语］背隐的内容是对正文的解释。与正文同样的词组还有同音甲 18A17。该字又见同义 31A7。

18B44 □□ dwər 1.84 deew 2.41 厌倦

［背隐］□□□

不肯食

［按语］背隐的内容是对正文的解释。与正文同样的词组还有同音甲 18A18。该字又见同义 30B3。聂 I 526 录背隐内容。

18B45 □□ 。kier 1.78 deew 2.41 压迫

［背隐］□□

物损

［按语］背隐的内容是对正文的解释。参见下文同音丁 26B26 及其背隐。与正文同样的词组还有同音甲 18A22、25B56 等。该字又见同义 30B7。

18B46 □□ nji̱ 2.61 dwewr 2.78 慧觉

［背隐］□□

心慧

［按语］背隐的内容是对正文的解释。与正文同样的词组还有同音甲 18A23。该字又见同义 04A2。聂 I 253 录背隐内容。

18B47 □□ 。nji̱ 2.61 dzow 1.54 鼻腔

［背隐］□□□□□□□

涕来气出入处鼻

［按语］背隐的内容是对正文的解释。参见下文同音丁 31A47 及其背隐。与正文同样的词组还有同音甲 18A24、30B16；文海刻③03A22；合编甲 06.203；同义 03B4 等。

18B48 □□ djij 1.42 na 1.17 深浅

［背隐］□□□

浅薄不（深）

［按语］背隐先以同义词解释正文，再以反义词解释正文。背隐音义的最后一字“□”（不）字与正文小字相连组成“□□”（不深），从反面说明浅。参见上文同音丁 13A18 及其背隐。与正文同样的词组还有同音甲 12A28、18A27；掌中珠甲 12B12（正文后该词的汉语译释即来源于此）等。

18B51 □□ 。dzjuu 2.06 djij 1.42 窝藏

［背隐］□□□□□

偷骗伏居处

［按语］背隐的内容是对正文的解释。与正文同样的词组还有同音甲 18A28。该字又见同义 29B5。文海刻①52A51 有该字的详细材料。

18B52 □□ new 1.43 ner 2.71 乳房

[背隐] 𗆀𗆀𗆀
乳来处

[按语] 背隐的内容是对正文的解释。参见上文同音丁14A33 及其背隐。与正文同样的词组还有同音甲13A48、18A31；文海刻①52B71 等。

18B53 𗆀𗆀𗆀 。phə 2.25 rjar 2.74 new 1.43（菜名）

[背隐] 𗆀𗆀𗆀
草中出

[按语] 背隐的内容是对正文的解释。参见上文同音丁05A43 及其背隐。与正文同样的词组还有同音甲04A52、05A17 等。该字又见掌中珠甲14B32；同义10A4 等。

18B54 𗆀𗆀 nju 2.52 njo 2.64 喂乳

[背隐] 𗆀𗆀𗆀
使吸乳

[按语] 背隐的内容是对正文的解释。参见下文同音丁19B11 及其背隐。与正文同样的词组还有同音甲18A33、18B62；同义11B5 等。聂I122 录背隐内容。

18B55 𗆀𗆀 。nju 2.52 neew 2.41 善良

[背隐] 𗆀𗆀
不劣

[按语] 背隐以反义词解释正文。与正文同样的词组还有同音甲18A34；文海刻①62B51；合编甲10.162；同义22B7 等。

18B56 𗆀𗆀 lhjii 1.14 nejr 1.73 柔润

[背隐] 𗆀𗆀
粗光

[按语] 背隐的内容是对正文的解释。与正文同样的词组还有同音甲18A36。该字又见掌中珠甲24B12；同义04B4 等。文海刻①79A32 有该字的详细材料。

18B57 𗆀𗆀 。njo 1.72 nejr 1.73 润滑

[背隐] 𗆀𗆀
肉酥

[按语] 背隐的内容是对正文的解释。参见下文同音丁19A78 及其背隐。与正文同样的词组还有同音甲18A35、18B61；文海刻①79A11 等。文海刻①79A33 有该字的详细材料。

18B58 𗆀𗆀 rejr 2.66 dwa 2.14 众多

[背隐] 𗆀𗆀𗆀𗆀
众多众多

[按语] 背隐以同义词解释正文。与正文同样的词组还有同音甲18A38。该字又见同义10B4。

18B61 𗆀𗆀 dwa 2.14 dzjiw 1.45 贮集

[背隐] 𗾟𗗙𗾟

互上处

[按语] 背隐的内容是对正文的解释。与正文同样的词组还有同音_甲18A37。该字又见同义 14A5。

18B62 𗼈 。dwa 2.14 lja 1.19 躲藏

[背隐] 𗇁𗾟𗾟𗾟

隐藏他往

[按语] 背隐的内容是对正文的解释。与正文同样的词组还有同音_甲18A41。该字又见同义 30A1。

18B63 𗾟𗾟 twej 1.33 kwə 1.27 驼背

[背隐] 𗾟𗾟𗾟𗾟𗾟

（长）短多少不等

[按语] 背隐的内容是对正文的解释。与正文同样的词组还有同音_甲18A42。该字又见同义 10B4。文海_刻①43B43 有该字的详细材料。

18B64 𗾟𗾟 。twej 1.33 dziaa 2.20 瘸跛

[背隐] 𗾟𗾟𗾟𗾟

脚跛蹶跌

[按语] 背隐的内容是对正文的解释。与正文同样的词组还有同音_甲18A43。该字又见同义 26B2。文海_刻①43B51 有该字的详细材料。

18B65 𗾟𗾟 khio 2.43 njwi 2.10 巧善

[背隐] 𗾟𗾟

计巧

[按语] 背隐的内容是对正文的解释。参见下文同音_丁29B13 及其背隐。与正文同样的词组还有同音_甲18A44、26B31；文海_刻①58A52；合编_甲08.022；同义 17B3 等。

18B66 𗾟𗾟 。njwi 2.10 ？？？ 吞咽

[背隐] 𗾟𗾟𗾟𗾟

食喉内往

[按语] 背隐的内容是对正文的解释。参见下文同音_丁19B26 及其背隐。与正文同样的词组还有同音_甲18A47、18B78；同义 11B5 等。聂 I 564 录背隐内容。

18B67 𗾟𗾟 nji 1.11 mjii 1.14 屋舍

[背隐] 𗾟𗾟𗾟

住宿处

[按语] 背隐的内容是对正文的解释。参见上文同音_丁06B54 及其背隐。与正文同样的词组还有同音_甲05B67、18A48；文海_刻①56B21 等。

18B68 𗾟𗾟 。nji 1.11 njii 1.14 求婚

[背隐] 𗾟/𗾟𗾟𗾟

自／求夫妻

[按语] 背隐的内容是对正文的解释。参见下文同音丁20A74 及其背隐。与正文同样的词
组还有同音甲18A51、19B66；同义24A6 等。聂Ⅰ323 录背隐内容。

18B71 𗀗𗀗 mjɨ 2.28 njaa 2.18 弥药

[背隐] 𗀗𗀗

番人

[按语] 背隐的内容是对正文的解释。参见上文同音丁04B21 及其背隐。与正文同样的词
组还有同音甲03B26、18A54；文海刻③09B43；杂字乙13B3；合编甲17.204；同义
06A5 等。

18B72 𗀗𗀗 njwɨ 2.28 njaa 2.18 慧觉

[背隐] 𗀗𗀗

心慧

[按语] 背隐的内容是对正文的解释。参见上文同音丁14A25 及其背隐。与正文同样的词
组还有同音甲13A41、18A53；文海刻①50A11；合编甲06.121 等。

18B73 𗀗𗀗 。ŋwu 2.01 njaa 2.18 是非

[背隐] 𗀗𗀗𗀗𗀗

观差别用

[按语] 背隐的内容是对正文大字的解释。参见下文同音丁21A63 及其背隐。与正文同样
的词组还有同音甲18A52、20B13；文海刻①86A32；合编甲06.083 等。

18B74 𗀗𗀗 lhjwij 1.61 njijr 2.68 面容

[背隐] 𗀗𗀗

头上

[按语] 背隐的内容是对正文的解释。与正文同样的词组还有同音乙48A75；同音甲
18A52、20B13；同义03B2 等。

18B75 𗀗𗀗 sja 1.64 njijr 2.68 西方

[背隐] 𗀗𗀗

西方

[按语] 背隐以同义词解释正文。与正文同样的词组还有同音乙38A47；同音甲18A61、
37B33；文海刻①70A72；同义16B4 等。聂Ⅰ122 录背隐内容。

18B76 𗀗𗀗 njijr 2.68 njij 1.36 奴仆

[背隐] 𗀗𗀗

奴仆

[按语] 背隐以同义词解释正文。参见上文同音丁14B16 及其背隐。与正文同样的词组还
有同音甲13B38、18A55；文海刻①16A61；杂字乙16A6；同义25A3 等。聂Ⅱ231
录背隐内容。

18B77 𗀗𗀗 mə 2.25 njijr 2.68 种种

　　　[背隐] 𘊥𘟪𘃊
　　　　　杂类混

　　　[按语] 背隐的内容是对正文的解释。参见上文同音丁03B57 及其背隐。与正文同样的词组还有同音甲02B64、18A62；文海刻①73A42；合编甲10.082；同义22A3 等。

18B78 𘟫𘃄 njijr 2.68 ŋowr 2.82 嗔怒

　　　[背隐] 𘃄𘟫
　　　　　嗔怒

　　　[按语] 背隐以同义词解释正文。参见下文同音丁22A56 及其背隐。与正文同样的词组还有同音甲18A63、21A77；文海刻①71A31 等。聂Ⅱ196 录背隐内容。

19A11 𘃄𘟫 njijr 2.68 wji 1.10 嗔怒

　　　[背隐] 𘟫𘃄
　　　　　嗔怒

　　　[按语] 背隐以同义词解释正文。该字又见同义23A7。同音甲：18A57 𘃄𘟫𘃄 njijr 2.68 mji 1.11 dźjij 1.61（嗔：不行）。

19A12 𘟫𘃄 。njijr 2.68 ·jiir 2.86 铺张

　　　[背隐] 𘃄𘟪𘟫𘃄
　　　　　功德一铺

　　　[按语] 背隐的内容是对正文的解释。与正文同样的词组还有同音甲18A58。该字又见同义15B6。

19A13 𘟪𘃄 gjwow 1.56 njwi 1.11 强胜

　　　[背隐] 𘃄𘟪
　　　　　强胜

　　　[按语] 背隐以同义词解释正文。参见下文同音丁27B43 及其背隐。与正文同样的词组还有同音甲18A45、27A22；文海刻①18B32；杂字乙16A1；合编甲18.081；同义10B1 等。

19A14 𘟪𘃄 。khjwɨ 1.30 njwi 1.11 恩功

　　　[背隐] 𘃄𘟪𘟪𘃄𘟫
　　　　　已得功回报

　　　[按语] 背隐的内容是对正文的解释。参见下文同音丁25B63 及其背隐。与正文同样的词组还有同音甲18A46、25A22；文海刻①18B41；合编甲23.071；同义02A3 等。

19A15 𘃄𘟫 wju 1.02 njijr 1.74 野兽

　　　[背隐] 𘟪𘟫𐰃
　　　　　一切兽

　　　[按语]"𐰃"代表该字与前一字重复。背隐音义的内容是对正文的解释。参见上文同音丁11A42（无背隐音义）。与正文同样的词组还有同音甲10A41、18A64；文海刻①79A71；杂字乙10A3；掌中珠甲16A12（正文后该词的汉语译释即来源于此）；

合编丙B22；同义27A3 等。

19A16 𗰤𗤨 pej 1.33 njijr 1.74 头胎

[背隐] 𗥨𗯷𗱕

不时生

[按语] 背隐的内容是对正文的解释。从背隐音义的内容来看，是不是一般头胎婴儿出生的时间不好掌握？与正文同样的词组还有同音甲18A65。该字又见同义23B1。

19A17 𗱕𗤨 。njijr 1.74 ɣar 2.73 土地

[背隐] 𗁮𗅵

土地

[按语] 背隐以同义词解释正文。与正文同样的词组还有同音甲18A66；文海刻①64B11；合编甲07.082；同义25A5 等。

19A18 𗧊𗤨 djij 1.61 njir 2.72 台阶

[背隐] 𗥦𗤲𗥨𗰤

骑下处台

[按语] 背隐的内容是对正文的解释。参见上文同音丁14B62 及其背隐。与正文同样的词组还有同音甲13B75、18A67 等。

19A21 𗧏𗤨 。njir 2.72 sjij 2.32 借求

[背隐] 𗦚𗉇𗭡𗄛

互相回报

[按语] 背隐的内容是对正文的解释。与正文同样的词组还有同音甲18A68。该字又见同义24A2；碎金10A1 等。

19A22 𗰴𗤨 mər 2.76 njoor 1.95 本源

[背隐] 𗦨𗤨𗥨

出生处

[按语] 背隐的内容是对正文的解释。与正文同样的词组还有同音甲18A71。该字又见掌中珠甲20A24；同义23B2 等。文海刻①92B72 有该字的详细材料。

19A23 𗦵𗤨 zjiir 2.85 njoor 1.95 水坎

[背隐] 𗫂𗤲𗰀

潮湿露

[按语] 背隐的内容是对正文的解释。"坎"为八卦之一，代表水。与正文同样的词组还有同音乙54A18；同音甲18A72、53B58；文海刻①57A51 等。文海刻①93A11 有该字的详细材料。

19A24 𗴟𗤨 njij 1.36 njoor 1.95 东方

[背隐] 𗤨𗺉𗰴

东东方

[按语] 背隐以同义词解释正文。参见下文同音丁20B28 及其背隐。与正文同样的词组还

有同音$_{甲}$ 16A42、18A73；文海$_{刻}$①93A12；合编$_{甲}$ 06.151；同义 16B3 等。

19A25 □□ ○ nja 1.20 njoor 1.95 富裕

［背隐］ □□□□

食物多有

［按语］ 背隐的内容是对正文的解释。与正文同样的词组还有同音$_{甲}$ 18A74。该字又见杂字$_{乙}$ 15A2；同义 10B5 等。

19A26 □□ tjɨ 1.30 tjij 1.36 假若

［背隐］ □□□□

假若语助

［按语］ 背隐先以同义词解释正文；然后指出正文的类别为一“语气助词”。参见上文同音$_{丁}$ 16B25 及其背隐。与正文同样的词组还有同音$_{甲}$ 15B37、18A75；文海$_{刻}$① 76A61；同义 21A6；碎金 10B1 等。

19A27 □□ ○ tjɨ 1.30 ɣiej 1.34（兽名）

［背隐］ □□□□□

本源死马为失

［按语］ 背隐的内容是对正文的解释。与正文同样的词组还有同音$_{乙}$ 43B47；同音$_{甲}$ 18A76、43A23；杂字$_{乙}$ 10A7；同义 27A6 等。

19A28 □□ məə 1.31 thwər 1.84 燃烧

［背隐］ □□□

使燃烧

［按语］ 背隐的内容是对正文的解释。与正文同样的词组还有同音$_{甲}$ 18B11；杂字$_{乙}$ 19A3 等。文海$_{刻}$①87B32 有该字的详细材料。参阅同音$_{丁}$ 19A34 及其背隐等内容，二者形成互注。

19A31 □□ ○ thwər 1.84 tsu 2.01 起起

［背隐］ □/□

而/已

［按语］ 背隐的内容是对正文的解释。背隐音义二字分别与正文大、小字相连组成词组“□□、□□”（跃起、跃起）。与正文同样的词组还有同音$_{甲}$ 18B12。该字又见同义 19A4。

19A32 □□ nji ? d- ? 失败

［背隐］ □□□

比他弱

［按语］ 背隐的内容是对正文的解释。参见下文同音$_{丁}$ 19B53 及其背隐。与正文同样的词组还有同音$_{甲}$ 18B13、19A36；文海$_{刻}$①55A11；合编$_{甲}$ 17.173；同义 30B2 等。

19A33 □□ ○ nji ? noo 1.52 怯弱

［背隐］ □

弱

［按语］背隐以同义词解释正文。该字又见同义 30B2。同音甲 18B14：𘝯𘞄𘞜 nji ？ mji 1.11 dźjij 1.61（怯：不行）。

19A34 𘝧𘟛 njwi 2.61 dzjaa 1.21 燃烧

［背隐］𘞟𘟛

燃烧

［按语］背隐以同义词解释正文。与正文同样的词组还有同音甲 18B15。该字又见掌中珠甲 21A32；同义 18B4 等。参阅同音丁 19A28 及其背隐，二者形成互注。

19A35 𘝫𘞜 。 njwi 2.61 śji 2.60 灯草

［背隐］𘞓𘟞

灯草

［按语］背隐的内容为义音结合（释义加注音）的形式。即注释时第一个字用的是意思，而第二个字却用的是音译。与正文同样的词组还有同音甲 18B18；掌中珠乙 23B32（正文后该词的汉语译释即来源于此）等。

19A36 𘞥𘞇 gu 2.01 thwuu 1.05 共同

［背隐］𘝏𘞈𘞇𘟜

类同无异

［按语］背隐内容是对正文的解释。参见下文同音丁 23A24 及其背隐。与正文同样的词组还有同音甲 18B22。该字又见杂字乙 00A7；掌中珠甲 09A12（正文后该词的汉语译释即来源于此）；同义 22B5；碎金 02B6 等。文海刻①11B11 有该字的详细材料。

19A37 𘞧𘞊 。 thew 1.43 thwuu 1.05 穿通

［背隐］𘞧𘞇𘟟𘞊

穿透穿出

［按语］背隐的内容是对正文的解释。与正文同样的词组还有同音甲 18B21。该字又见同义 26B1。

19A38 𘞲𘞝 djii 1.32 la 1.63 检查

［背隐］𘞒𘞲𘝏𘝣𘞲

看好坏厚薄

［按语］背隐的内容是对正文的解释。与正文同样的词组还有同音甲 18B23；文海刻① 42A51 等。该字又见同义 21B4。文海刻①42A51 有该字的详细材料。

19A41 𘞺𘞼 。 djii 1.32 la 2.56 计量

［背隐］𘞦𘞆𘞺

有何量

［按语］背隐的内容是对正文的解释。该字又见同义 22A6。同音甲 18B24：𘞺𘞄𘞜 djii 1.32 mji 1.11 dźjij 1.61（量：不行）。

19A42 𘝧𘟙 ta 2.56 njowr 2.83 收缩

［背隐］[illegible]

收缩

［按语］背隐以同义词解释正文。参见上文同音丁 18A22 及其背隐。与正文同样的词组还有同音甲 17A54、18B55；文海刻①74B51；同义 12B4 等。

19A43 [illegible] 。kha 2.14 ta 2.56 胎盘

［背隐］[illegible]

生产

［按语］背隐的内容是对正文的解释。与正文同样的词组还有同音甲 18B65。该字又见同义 31B7。

19A5A [illegible]

舌头音独字

19A61 [illegible] dwã 1.24 dziã 2.23（地名）

［背隐］[illegible]

地名

［按语］背隐指出正文的类别为一“地名”。与正文同样的词组还有同音甲 18B41；文海刻①31B61；同义 25B5 等。

19A62 [illegible] sjɨ 1.30 -wã 2.22 死绝

［背隐］[illegible]

一帐皆（绝）

［按语］背隐的内容是对正文的解释。与正文同样的词组还有同音甲 18B42。该字又见同义 20B1。

19A63 [illegible] thẽ 2.13 mjɨr 1.86 mə 2.25 thẽ：族姓

［背隐］[illegible]/[illegible]

汉/thu 1.01 xẽ 2.13（反切）

［按语］背隐先指出正文的类别为一“汉族姓”；然后注明了该字的反切音。同音甲 18B43 与丁种本正文表述相同。该字又见杂字乙 14A8；掌中珠乙 07A34；同义 07B4 等。

19A64 [illegible] thwã 2.22 mjɨr 1.86 mə 2.25 thwã：族姓

［背隐］[illegible]/[illegible]

汉/thu 1.01 lwã 1.24（反切）

［按语］背隐先指出正文的类别为一“汉族姓”；然后注明了该字的反切音。同音甲 18B44 与丁种本正文表述相同。该字又见杂字乙 14B2；掌中珠甲 32A14；同义 07B3；碎金 05B6 等。

19A65 [illegible] tjɨɨ 1.32 mej 1.33 lo 2.42 瞪：眼窝

［背隐］[illegible]/[illegible]

tuu 1.05 tshjɨɨ 1.32（反切）/怒

［按语］背隐先注明了该字的反切音；然后是对正文的解释。同音甲 18B45 与丁种本正文

表述相同。该字又见同义 27A1。文海_刻①42A41 有该字的详细材料。

19A66 猻㧱 djɨj 1.42 djā 1.26 浅薄

　　[背隐] 蘿莚猻缗

　　　　　物去变浅

　　[按语] 背隐的内容是对正文的解释。与正文同样的词组还有同音_甲 18B46。该字又见同义 28B7。文海_刻①32B61 有该字的详细材料。

19A67 緻㣲 do 2.42 nio 2.63 毒草

　　[背隐] 緻㣲緻㲃

　　　　　变坏有毒

　　[按语] 背隐的内容是对正文的解释。与正文同样的词组还有同音_甲 18B47。该字又见同义 30A4。

19A68 㼼䙓 de 2.07 djiij 1.39 嬉笑

　　[背隐] 絴翮

　　　　　心喜

　　[按语] 背隐的内容是对正文的解释。与正文同样的词组还有同音_甲 18B48。该字又见同义 20B6。

19A71 緷鍫 thow 1.54 dar 1.80 通达

　　[背隐] 蕳䊐㣲莚

　　　　　慕而往至

　　[按语] 背隐的内容是对正文的解释。与正文同样的词组还有同音_甲 18B51；文海_刻① 83B61；同义 29A1 等。

19A72 蘐䊐㣲 dja 2.17 da 2.56 bjiir 2.86 dja：语助

　　[背隐] 絴㹻

　　　　　djɨ 1.30 sja 2.17（反切）

　　[按语] 背隐注明了该字的反切音。该字又见杂字_乙 15A3；掌中珠_甲 30B32；同义 21B2；碎金 10A1 等。

19A73 虇龍 wə 1.68 nar 2.73 老老

　　[背隐] 㺀㹻

　　　　　岁大

　　[按语] 背隐的内容是对正文的解释。参见上文同音_丁 12A51 及其背隐。与正文同样的词组还有同音_甲 11A48、18B53；文海_刻①21A71；合编_甲 18.161 等。

19A74 茶緣 nwu 1.01 na 1.17 婴儿

　　[背隐] 葭蒹

　　　　　柔软

　　[按语] 背隐的内容是对正文的解释。参见上文同音_丁 13A12 及其背隐。与正文同样的词组还有同音_甲 12A26、18B54；文海_刻①06B51；杂字_乙 15B6；同义 04B4 等。

19A75 𗰛𗢳 tju 1.59 na 1.63 唾涕

　　[背隐] 𗰛𗢳

　　　　　鼻内

　　[按语] 背隐的内容是对正文大字的解释，"鼻涕"来自于"鼻腔内"。参见上文同音_丁18B15 及其背隐。与正文同样的词组还有同音_甲17B54、18B56；文海_刻①65A42；杂字_乙17A7；掌中珠_甲19A32（正文后该词的汉语译释即来源于此）；同义 31B7 等。

19A76 𗿐𗺓 sjij 1.36 njwij 1.36 血凝

　　[背隐] 𗺓𗿐

　　　　　血粘

　　[按语] 背隐的内容是对正文的解释。该字又见同义 31A7。文海_刻①48B43 有该字的详细材料。

19A77 𗢳𗆍 dzjuu 2.06 na 1.17 劫盗

　　[背隐] 𗾦𗰔𗢳𗆍

　　　　　偷盗藏盖

　　[按语] 背隐的内容是对正文的解释。与正文同样的词组还有同音_甲18B58。该字又见掌中珠_甲06A32；同义 29B5 等。文海_刻①25A21 有该字的详细材料。

19A78 𗾣𗪘 njo 1.72 nejr 1.73 润滑

　　[背隐] 𗡞𗫼

　　　　　肉酥

　　[按语] 背隐的内容是对正文的解释。参见上文同音_丁18B57 及其背隐。与正文同样的词组还有同音_甲18A35、18B61；文海_刻①79A11 等。

19B11 𗉛𗺓 nju 2.52 njo 2.64 喂乳

　　[背隐] 𗉛𗺓𗿐

　　　　　使吸乳

　　[按语] 背隐的内容是对正文的解释。参见上文同音_丁18B54 及其背隐。与正文同样的词组还有同音_甲18A33、18B62；同义 11B5 等。

19B12 𗙫𗒹𗺓 tẽ 1.15 tu 1.01 nẽ 1.15（切身字）

　　[背隐] 𗷲𗷅𗸐

　　　　　真言用

　　[按语] 背隐的内容是对正文的解释，指出其用途。同音_甲18B63 与丁种本正文表述相同。该字又见同义 01A6。文海_刻①20B11 有该字的详细材料。

19B13 𗼮𗒹𗼕 tə 1.27 tu 1.01 thə 2.25（切身字）

　　[背隐] 𗷲𗷅𗼕

　　　　　真言 lə

　　[按语] 背隐指出正文的类别为"真言"用字。背隐音义最后一字是正文大字的反切下

字，其与第一个注释小字共同组成该大字的反切音。文海_刻①33B52 中，该字的
反切注音正是如此。同音_甲18B64 与丁种本正文表述相同。该字又见同义 01A7。
文海_刻①33B52 有该字的详细材料。

19B14 □□ tar 1.80　tər 1.84　践踏

　　[背隐]　□□

　　　　　压迫

　　[按语]　背隐以同义词解释正文。参见上文同音_丁19B54 及其背隐。与正文同样的词组还
　　　　　有同音_甲18B66、19A38；文海_刻①73B12；同义 24B7 等。

19B15 □□ duu 2.05　dwəə 1.31　突凸

　　[背隐]　□□

　　　　　尖凸

　　[按语]　背隐以同义词解释正文。参见上文同音_丁15A76 及其背隐。与正文同样的词组还
　　　　　有同音_甲14B18。该字又见同义 02A6。

19B16 □□ tji 2.10　tjo 2.44　停留

　　[背隐]　□□

　　　　　使停

　　[按语]　背隐的内容是对正文的解释。参见下文同音_丁20B26 及其背隐。与正文同样的词
　　　　　组还有同音_甲15B46、18B68；同义 05A3 等。

19B17 □□ tjoo 1.53　mjijr 2.68　寻找

　　[背隐]　□□

　　　　　寻找

　　[按语]　背隐以同义词解释正文。参见上文同音_丁03B14 及其背隐。与正文同样的词组还
　　　　　有文海_刻①30B21；同义 12B6 等。

19B18 □□□□ nẽ 1.15　lji 2.61　mjiij 2.35　nẽ：地名

　　[背隐]　□

　　　　　gji

　　[按语]　背隐中"□"字，与大字"□"组成地名"□□"，该地名又见文海_刻①20B12。
　　　　　同音_甲18B72 与丁种本正文表述相同。该字又见掌中珠_甲35A24；同义 25B7 等。
　　　　　文海_刻①20B12 有该字的详细材料。

19B21 □□ nwə 1.27　dwewr 2.78　知觉

　　[背隐]　□□

　　　　　觉悟

　　[按语]　背隐以同义词解释正文。与正文同样的词组还有同音_甲18B73；文海_刻①34B43
　　　　　等。

19B22 □□ twə 1.68　lhjii 1.14　抽拔

　　[背隐]　□

自

[按语] 背隐的内容是对正文的解释。与正文同样的词组还有同音甲18B74、54B17；文海刻③11A31；同义24B6 等。

19B23 𜵋𜵌 sioo 2.46 twee 2.11 双对

[背隐] 𜵍𜵎
双两

[按语] 背隐以同义词解释正文。与正文同样的词组还有同音乙41B66；同音甲18B75、38A72；文海刻①61A42；合编甲01.082 等。

19B24 𜵏𜵐 ne 1.65 tshjiij 1.39 宣说

[背隐] 𜵑𜵒𜵓𜵔𜵕
言说语说解

[按语] 背隐的内容是对正文的解释。与正文同样的词组还有同音乙35A68；同音甲18B76、31B66；文海刻①56A62；合编甲11.011 等。

19B25 𜵖𜵗𜵘 nu 1.58 njɨ 1.69 tu 1.01（切身字）

[背隐] 𜵙𜵚
njii 1.14 tu 1.58（反切）

[按语] 背隐注明了该字的反切音。同音甲18B77 与丁种本正文表述相同。该字又见同义01B5。文海刻①63A51 有该字的详细材料。

19B26 𜵛𜵜 njwi 2.10 ？？？ 吞咽

[背隐] 𜵝𜵞𜵟𜵠/𜵡
食喉内往/用

[按语] 背隐的内容是对正文的解释。参见上文同音丁18B66 及其背隐。与正文同样的词组还有同音甲18A47、18B78；同义11B5 等。

19B27 𜵢𜵣 thwo 1.49 thwej 1.33 支垫

[背隐] 𜵤𜵥𜵦
底有垫

[按语] 背隐的内容是对正文的解释。参见下文同音丁20A45 及其背隐。与正文同样的词组还有同音甲19A11、19B33；同义12B5 等。

19B28 𜵧𜵨 thə 2.25 wer 2.71 羽翼

[背隐] 𜵩𜵪𜵫
飞翔用

[按语] 背隐的内容是对正文的解释，指出其用途。参见上文同音丁11A66 及其背隐。与正文同样的词组还有同音甲10A61、19A12；文海刻③14B41 等。

19B31 𜵬𜵭𜵮 thã 1.24 zjɨɨr 2.85 gu 2.01 滩：水中

[背隐] 𜵯𜵰𜵱𜵲
水中干地

[按语] 背隐的内容是对正文的解释。同音甲19A13 与丁种本正文表述相同。

19B32 𗷋𗅉 tụ 1.96 tśji 2.09 冬至

[背隐] 𗷋𗅉/𗷋𗅉
族姓/地名

[按语] 背隐指出正文的类别通常为"族姓、地名"用字。与正文同样的词组还有同音乙 36A36；同音甲 19A14、35A75；文海刻①93A32；同义 07B3 等。

19B33 𗤊𗤊 sa 1.17 de 1.65 均匀

[背隐] 𗤊ㄥ𗤊𗤊
去除差别

[按语] "ㄥ"代表该字与前一字重复。背隐音义的内容是对正文的解释。与正文同样的词组还有同音乙 34A76；同音甲 19A15、33B73；文海刻①71B32；同义 15B6 等。

19B34 𗷋𗷋 tjwị 1.69 bjij 2.33 女阴男根

[背隐] 𗷋𗷋𗷋𗷋
生产处门

[按语] 背隐的内容是对正文大字的解释。参见上文同音丁03B35（无背隐音义）。与正文同样的词组还有同音乙 19B34；同音甲 02B37、43A27；杂字乙 17A7 等。文海刻①76B32：𗷋𗷋𗷋𗷋𗷋𗷋𗷋𗷋𗷋𗷋𗷋𗷋（女阴者妇之阴根也生育处门是也）。对比背隐音义与《文海》中加点的内容，背隐音义的内容就像是从《文海》中截取出来的一样。

19B35 𗷋𗷋 nə 1.68 bioo 2.46 疮癞

[背隐] 𗷋𗷋𗷋𗷋
人头畜出

[按语] 背隐的内容是对正文的解释，指出在人的头上、牲畜的身体上会生疮癞。参见上文同音丁09A34 及其背隐。与正文同样的词组还有同音甲 08A74、19A17；文海刻③14A71；同义 31B4 等。聂Ⅱ553 录背隐内容。

19B36 𗷋𗷋 kiej 1.34 na 2.56 骂詈

[背隐] 𗷋𗷋
口骂

[按语] 背隐的内容是对正文的解释。参见下文同音丁22B26 及其背隐。与正文同样的词组还有同音甲 19A18、21B57；文海刻①44B22；同义 29B2 等。

19B37 𗷋𗷋 rjar 2.74 twẽ 1.15 拂马

[背隐] 𗷋𗷋𗷋𗷋𗷋
马畜搔拂拭

[按语] 背隐的内容是对正文的解释。与正文同样的词组还有同音甲 19A21；文海刻①52A23；杂字乙 08B3 等。

19B38 𗷋𗷋 djị 2.29 djiij 1.39 嬉笑

[背隐] 𘟙𘝞
　　　　 嬉笑

[按语] 背隐以同义词解释正文。参见上文同音ᴛ 17A54 及其背隐。与正文同样的词组还
　　　　 有同音ᴄ 16A76、19A23；文海ᴋ①50A32；杂字ᴢ 16A5；同义 20B6 等。

19B41 𘟙𘝞 sa 2.14 -jar 2.74 联系

[背隐] 𘝞𘟙𘝞
　　　　 羊羔等

[按语] 背隐的内容是对正文的解释。与正文同样的词组还有同音ᴄ 19A24。该字又见同
　　　　 义 15B1。

19B42 𘝞𘟙 lo 2.62 njii 1.32 双二

[背隐] 𘝞𘟙𘝞
　　　　 数双二

[按语] 背隐的内容是对正文的解释。与正文同样的词组还有同音ᴢ 49B24。该字又见杂
　　　　 字ᴢ 19B7；掌中珠ᴄ 10A22（正文后该词的汉语译释即来源于此）；同义 21B7；
　　　　 碎金 03A1 等。文海ᴋ①42A61 有该字的详细材料。

19B43 𘝞𘟙 -ju 2.03 ？ 还债

[背隐] 𘝞𘟙𘝞
　　　　 报馈赠

[按语] 背隐的内容是对正文的解释。与正文同样的词组还有同音ᴄ 19A26、54A74；文
　　　　 海ᴋ①19A21；合编ᴄ 04.035 等。

19B44 𘝞𘟙 gjwi 1.30 dwuu 2.05 秘密

[背隐] 𘝞𘟙
　　　　 计谋

[按语] 背隐的内容是对正文的解释。参见下文同音ᴛ 29B21 及其背隐。与正文同样的词
　　　　 组还有同音ᴄ 19A27、25B71；文海ᴋ①86A71 等。

19B45 𘝞𘟙 kwə 2.25 twər 1.84 瘤结

[背隐] 𘝞𘟙𘝞𘟙
　　　　 树粗圆粒

[按语] 背隐的内容是对正文的解释。参见下文同音ᴛ 22A23 及其背隐。与正文同样的词
　　　　 组还有同音ᴄ 19A28、21A43；文海ᴋ①87B31；同义 09B2 等。

19B46 𘝞𘟙 nji 2.10 ɣa 1.17 袋囊

[背隐] 𘝞𘟙𘝞
　　　　 盛粮用

[按语] 背隐的内容是对正文的解释，指出其用途。与正文同样的词组还有同音ᴄ 19A31。
　　　　 该字又见掌中珠ᴄ 25B22。

19B47 𘝞𘟙 ɣor 2.80 twe 1.65 连接

［背隐］ [illegible]

使互相连接

［按语］ 背隐的内容是对正文的解释。与正文同样的词组还有同音$_{\text{甲}}$ 19A32；同义 15B3 等。文海$_{\text{刻}}$①71B71 有该字的详细材料。

19B48 [illegible] dźiow 2.48 njɨ̣ 1.69 告状

［背隐］ [illegible]

知知知

［按语］ 背隐以同义词解释正文大字。与正文同样的词组还有同音$_{\text{甲}}$ 19A33；碎金 10A2 等。该字又见同义 21A3。文海$_{\text{刻}}$①76B11 有该字的详细材料。

19B51 [illegible] tuu 1.05 mjaa 1.23 寻找

［背隐］ [illegible]

寻找需求

［按语］ 背隐的内容是对正文的解释。参见上文同音$_{\text{丁}}$ 05B64 及其背隐。与正文同样的词组还有同音$_{\text{甲}}$ 04B71、19A34；文海$_{\text{刻}}$①59A52；同义 17A6 等。

19B52 [illegible] dụ 1.58 gjij 2.33 旷野

［背隐］ [illegible]

大大义

［按语］ 背隐的内容是对正文的解释。参见下文同音$_{\text{丁}}$ 24B13 及其背隐。与正文同样的词组还有同音$_{\text{甲}}$ 19A35、23B32；文海$_{\text{刻}}$①63A43；合编$_{\text{甲}}$ 06.174 等。

19B53 [illegible] nji ？ d- ？ 失败

［背隐］ [illegible]

失败不利

［按语］ 背隐的内容是对正文的解释。参见上文同音$_{\text{丁}}$ 19A32 及其背隐。与正文同样的词组还有同音$_{\text{甲}}$ 18B13、19A36；文海$_{\text{刻}}$①55A11；合编$_{\text{甲}}$ 17.173；同义 30B2 等。

19B54 [illegible] tar 1.80 tər 1.84 践踏

［背隐］ [illegible]

压迫

［按语］ 背隐以同义词解释正文。参见上文同音$_{\text{丁}}$ 19B14 及其背隐。与正文同样的词组还有同音$_{\text{甲}}$ 18B66、19A38；文海$_{\text{刻}}$①73B12；同义 24B7 等。

19B55 [illegible] ·jiw 2.40 ta ？ 叛逆

［背隐］ [illegible]

大不孝

［按语］ 背隐的内容是对正文的解释。与正文同样的词组还有同音$_{\text{甲}}$ 19A41。该字又见同义 29B1。

19B56 [illegible] tjạ 1.64 deej 1.37 传达

［背隐］ [illegible]

　　　　　互相取与

　　［按语］背隐的内容是对正文的解释。参见上文同音丁16B72及其背隐。与正文同样的词组还有同音甲16A23、19A42；文海刻①70B41；杂字乙15A4；同义24A6；碎金10A3等。

19B57 𗥾𗤙 thjuu 1.07 kie 1.09 观察

　　［背隐］𗥾𗤙𗥾𗤙𗥾

　　　　　观看望使明

　　［按语］背隐的内容是对正文的解释。参见下文同音丁26B31及其背隐。与正文同样的词组还有同音甲19A43、25B61；文海刻①12A21；合编10.010；同义16A1等。

19B58 𗤙𗥾 le 2.07 djɨj 2.55 云雾

　　［背隐］𗥾𗤙

　　　　　烟气

　　［按语］背隐的内容是对正文的解释。与正文同样的词组还有同音甲55B34。该字又见杂字乙03A8；掌中珠甲08B32（正文后该词的汉语译释即来源于此）；同义08A1；碎金03B2等。

19B61 𗤙𗥾 dew 2.38 ？雨雨

　　［背隐］𗥾𗤙𗥾𗤙

　　　　　潮湿水落

　　［按语］背隐的内容是对正文的解释。与正文同样的词组还有同音甲19A46。该字又见杂字乙04A5。

19B62 𗤙𗥾 dewr 1.87 nwew 1.43 羊羊

　　［背隐］𗥾𗤙𗥾𗤙𗥾

　　　　　羊羊六立则

　　［按语］背隐的内容是对正文的解释。与正文同样的词组还有同音甲19A47；杂字乙09A6；同义13B2等。文海刻①53B21有该字的详细材料。

19B63 𗥾𗤙 thoo 1.52 theej 1.37 荡漾

　　［背隐］𗥾𗤙𗥾

　　　　　头上荡

　　［按语］背隐的内容是对正文的解释。参见下文同音丁20B15及其背隐。与正文同样的词组还有同音甲13B25、19A48；同义30A3等。

19B64 𗥾𗤙 thjoo 1.53 sjwo 2.44 美妙

　　［背隐］𗥾𗤙

　　　　　和美

　　［按语］背隐以同义词解释正文。与正文同样的词组还有同音甲19A52；文海刻①86B31等。该字又见杂字乙19B1；掌中珠甲36A22（正文后该词的汉语译释即来源于此）；同义22B3等。文海刻①59A61有该字的详细材料。

19B65 畜蒩 sjij 2.32 -jo 2.44 求取

　　[背隐] 蕹歡骹
　　　　　 债求取

　　[按语] 背隐的内容是对正文的解释。与正文同样的词组还有同音甲19A53。该字又见同义24A2。

19B66 骹豾 dzja 1.20 tho 2.62 长大

　　[背隐] 凝骸
　　　　　 茂盛

　　[按语] 背隐的内容是对正文的解释。参见下文同音丁31B76及其背隐。与正文同样的词组还有同音甲19A54、31A47；文海刻①15A42；掌中珠甲34A22（正文后该词的汉语译释即来源于此）；合编甲22.082；同义28B5等。

19B67 緆歉 thjwi 1.67 mjir 1.86 少壮

　　[背隐] 猿绷
　　　　　 年少

　　[按语] 背隐的内容是对正文的解释。参见上文同音丁07A68及其背隐。与正文同样的词组还有同音甲06B21；文海刻①88B12；杂字乙15A8；合编丙A46；同义13B1等。

19B68 猴很 thjwi 1.11 ljij 2.55 甘甜

　　[背隐] 猴骹豾骏
　　　　　 如蜜汁

　　[按语] 背隐的内容是对正文的解释。与正文同样的词组还有同音甲19A56。该字又见杂字乙18B7；掌中珠甲33B12（正文后该词的汉语译释即来源于此）；同义11A7等。文海刻①18A53有该字的详细材料。

19B71 绕绕 twew 1.43 njii 2.12 连接

　　[背隐] 绕偪绕赧
　　　　　 胶中使连

　　[按语] 背隐的内容是对正文的解释。参见上文同音丁13B33及其背隐。与正文同样的词组还有同音甲12B46；同义14A4等。

19B72 骹隔 tji 1.11 tjaa 1.21 滴答

　　[背隐] 骸骹
　　　　　 水滴

　　[按语] 背隐的内容是对正文的解释。参见上文同音丁16B28及其背隐。与正文同样的词组还有同音甲15B47、19A58；文海刻①16B71；同义08A4等。

19B73 蕹甤 njir 2.72 thej 1.33 台台

　　[背隐] 骹骹绵
　　　　　 坡平坦

　　[按语] 背隐的内容是对正文的解释。与正文同样的词组还有同音甲19A61；同义25B2

等。文海刻①42B71 有该字的详细材料。

19B74 憽慌 gja 2.17 ner 1.77 掸拂

　　［背隐］慌叕㣺

　　　　　拂拭羊

　　［按语］背隐的内容是对正文的解释。与正文同样的词组还有同音甲19A62；杂字乙09A7
　　　　　等。文海刻①81B71 有该字的详细材料。

19B75 㒃蔜 dji 1.11 nar 2.73 移动

　　［背隐］蔜䄩

　　　　　动摇

　　［按语］背隐的内容是对正文的解释。参见上文同音丁18A33 及其背隐。与正文同样的词
　　　　　组还有同音甲17A67、19A63；文海刻①17A22；合编甲17.024；同义19B1 等。

19B76 㣲编 tjwɨ 1.30 pjij 1.36 拷打

　　［背隐］蔜䄩

　　　　　拷打

　　［按语］背隐以同义词解释正文。参见上文同音丁05B42 及其背隐。与正文同样的词组还
　　　　　有同音甲04B46；文海刻①89B32；合编甲19.022；同义30A4 等。

19B77 㒃㒃 dji 2.60 wjii 1.14 悄悄

　　［背隐］㒃㒃㣺憽㣺

　　　　　自藏不说话

　　［按语］背隐的内容是对正文的解释。与正文同样的词组还有同音甲19A65。该字又见同
　　　　　义29B7。

19B78 㒃㒃 njij 1.36 ？红秃

　　［背隐］㣺憽䋽

　　　　　头发无

　　［按语］背隐的内容是对正文的解释。与正文同样的词组还有同音甲19A67。该字又见同
　　　　　义16A4。

20A11 蔜㒃 too 2.45 ŋwej 2.30 和睦

　　［背隐］㒃䄩

　　　　　议论

　　［按语］背隐的内容是对正文的解释。与正文同样的词组还有同音甲19A66；杂字乙22B3；
　　　　　合编甲06.061 等。

20A12 㣺㣺 mə 2.25 dio 1.71 姐妹

　　［背隐］䋽䄩

　　　　　兄弟

　　［按语］背隐以同类词注释正文。参见上文同音丁03B68 及其背隐。与正文同样的词组还
　　　　　有同音甲02B68、19A68；文海刻①78A32；杂字乙14B8 等。

20A13 𗹃𗵐 nər 1.84 tśhjiw 1.45 黄黄

　　[背隐] 𗵐𗹃𗟲

　　　　　如金色

　　[按语] 背隐的内容是对正文的解释。与正文同样的词组还有同音乙 37A43；同音甲
　　　　　19A71、36B14；文海刻①87A72；合编甲 13.121；同义 16A5 等。

20A14 𗮼𗫉 tji 1.67 tewr 1.87 笨重

　　[背隐] 𗫉𗮼𗫾𗵁𗵁

　　　　　笨拙愚笨拙

　　[按语] 背隐的内容是对正文的解释。参见上文同音丁 15B25 及其背隐。与正文同样的词
　　　　　组还有同音甲 14B48、19A72；文海刻①73A32；同义 08A2 等。

20A15 𗮈𗷻 thjowr 2.83 lju 1.59 动摇

　　[背隐] 𗵜𗱣

　　　　　动摇

　　[按语] 背隐以同义词解释正文。与正文同样的词组还有同音乙 51B42；同音甲 19A73、
　　　　　51A46；文海刻①65B41；同义 19B4 等。

20A16 𗱳𗹙 nə ? dźiə 1.28 沙狐野狐

　　[背隐] 𗫨𗽉

　　　　　野兽

　　[按语] 背隐指出正文的类别为"野兽"之一种。与正文同样的词组还有同音乙 38B53；
　　　　　同音甲 19A74、38A51；文海刻③07B73；杂字乙 10A4；掌中珠甲 16A22（正文后该
　　　　　词的汉语译释即来源于此）；碎金 09A6 等。

20A17 𗰷𗪊 dźjwow 1.56 te 1.65 鸟粪

　　[背隐] 𗰷𗒹

　　　　　鸟粪

　　[按语] 背隐以同义词解释正文。与正文同样的词组还有同音甲 19A75。该字又见杂字乙
　　　　　10A2；同义 32A2 等。文海刻①71B12 有该字的详细材料。

20A18 𗫜𗴢 te 1.08 ta 1.17 逃避

　　[背隐] 𗱸𗰸𗵡

　　　　　骇速往

　　[按语] 背隐的内容是对正文的解释。参见上文同音丁 17A75 及其背隐。与正文同样的词
　　　　　组还有同音甲 16B31、19A76；文海刻①22B11；同义 19A3 等。

20A21 𗭊𗫴 nur 1.75 neej 2.34 指示

　　[背隐] 𗵝𗫴

　　　　　使见

　　[按语] 背隐的内容是对正文的解释。参见上文同音丁 16B57 及其背隐。与正文同样的
　　　　　组还有文海刻①80B53；掌中珠甲 36B32（正文后该词的汉语译释即来源于此）；

合编_甲 02.061 等。

20A22 𗄊𗦮 po 1.49 tej 1.33 均匀

　　[背隐] 𗦮/𗦮𘟣

　　　　　小/均匀

　　[按语] "𘟣" 代表该字与前一字重复。背隐音义的内容是对正文的解释。与正文同样的
　　　　　词组还有同音_甲 19A78；文海_刻①42B63；合编_英 03.081 等。

20A23 𗜓𗣨 njaa 2.18 tśior 1.90 粪便

　　[背隐] 𗬰𗣨𗜓

　　　　　不净粪

　　[按语] 背隐的内容是对正文的解释。与正文同样的词组还有同音_甲 19B11。该字又见同
　　　　　义 32A1。

20A24 𗄊𗜓𗣨 twā 1.24 lji 2.61 mjiij 2.35 twā：地名

　　[背隐] 𗤿

　　　　　lwā

　　[按语] 背隐以同类词注释正文。根据文海_刻①31B53 对 "𗄊" 的解释，文海_刻①32A13 对
　　　　　"𗤿" 的解释，可知二字多出现在 "族姓、地名" 中，故知二字词类相同。同
　　　　　音_甲 19B12：𗄊𗥽 twā 1.24 wji 1.10（截断）。从《同音》甲种本还可知，该字不
　　　　　但常用做标音，而且还有动词 "切断" 的 "断" 之义，显然其又是一个汉语借
　　　　　词。该字又见掌中珠_甲 25A14；同义 25B5 等。文海_刻①31B53 有该字的详细材料。

20A25 𗰭𗧘 sjwɨ 1.30 tjwi 1.11 噎呛

　　[背隐] 𗰭𗧘

　　　　　闭塞

　　[按语] 背隐的内容是对正文的解释。参见下文同音_丁 32B67 及其背隐。与正文同样的词
　　　　　组还有同音_甲 19B13、32A52；文海_刻①40B23 等。文海_刻①18B31 有该字的详细材
　　　　　料。

20A26 𘜶𘝞 məə 1.31 nwu 1.58 火苗

　　[背隐] 𘜶𗢴

　　　　　火苗

　　[按语] 背隐以同义词解释正文。与正文同样的词组还有同音_甲 19B14；文海_刻①63B22
　　　　　等。该字又见同义 18B5。

20A27 𗤿𘘀 zjɨr 2.85 djaar 2.75 潮湿

　　[背隐] 𗤿𘘀

　　　　　潮湿

　　[按语] 背隐以同义词解释正文。与正文同样的词组还有同音_甲 19B15；文海_刻③20B42；
　　　　　合编_甲 07.224 等。

20A28 𗴮𘕿 tiaa 2.20 sa 2.14 干涸

[背隐] 𗊱𗊱𗊱𗊱
　　　物连不盛

[按语] 背隐的内容是对正文的解释。与正文同样的词组还有同音甲19B16。该字又见同义30B5。

20A31 𗊱𗊱 thju 1.03 djwij 1.61 庄严

[背隐] 𗊱𗊱𗊱𗊱
　　　威仪全具

[按语] 背隐的内容是对正文的解释。与正文同样的词组还有同音甲19B17；文海刻①68A52 等。该字又见同义02B4。文海刻①68A52 有该字的详细材料。

20A32 𗊱𗊱 djir 1.79 dewr 1.87 响声

[背隐] 𗊱𗊱𗊱𗊱
　　　鼓雷声响

[按语] 背隐的内容是对正文的解释。参见下文同音丁20A33 及其背隐。与正文同样的词组还有同音甲19B18、19B21；文海刻①83A23；同义08A2 等。

20A33 𗊱𗊱 djir 1.79 dewr 1.87 响声

[背隐] 𗊱𗊱𗊱
　　　鼓响声

[按语] 背隐的内容是对正文的解释。参见上文同音丁20A32 及其背隐。与正文同样的词组还有同音甲19B18、19B21；文海刻①83A23；同义08A2 等。

20A34 𗊱𗊱 khwa 1.63 ？ 拒绝

[背隐] 𗊱𗊱𗊱𗊱
　　　禁止不入

[按语] 背隐的内容是对正文的解释。与正文同样的词组还有同音甲19B22。该字又见同义25A1。

20A35 𗊱𗊱𗊱 ta 1.17 tji 1.11 la 1.17 （切身字）

[背隐] 𗊱𗊱
　　　梵语

[按语] 背隐指出正文的类别为一"梵语"。同音甲19B23 与丁种本正文表述相同。该字又见同义01A6。

20A36 𗊱𗊱 sjii 1.14 taar 1.83 屠宰

[背隐] 𗊱𗊱𗊱
　　　剥皮

[按语] 背隐的内容是对正文的解释。与正文同样的词组还有同音甲19B24；合编甲20.033 等。文海刻①86B32 有该字的详细材料。

20A37 𗊱𗊱 thjii 1.32 ɣiej 1.34 动摇

[背隐] 𗊱𗊱

动摇

［按语］背隐以同义词解释正文。与正文同样的词组还有同音乙 43B37；同音甲 19B25、43A18；文海刻①42A42 等。

20A38 [illegible] lhowr 2.82 dwej 1.33 疝气

［背隐］[illegible]

阴风出入

［按语］背隐的内容是对正文的解释。与正文同样的词组还有同音甲 19B26。该字又见同义 31B4。文海刻①43B52 有该字的详细材料。

20A41 [illegible] tə 1.27 xiwã 1.25 ŋwuu 1.05 tə：梵语

［背隐］[illegible]/[illegible]

韵脚/te 1.08 sə 1.27（反切）

［按语］背隐先是对正文的解释，指出其常用于"韵脚"中；然后注明了该字的反切音。同音甲 19B27 与丁种本正文表述相同。该字又见同义 01B5。文海刻①35A31 有该字的详细材料。

20A42 [illegible] twa 1.17 xiwã 1.25 ŋwuu 1.05 twa：梵语

［背隐］[illegible]

tu 1.01 wa 1.17（反切）

［按语］背隐注明了该字的反切音。同时，反切上下字亦是该字字形构造的来源。同音甲 19B28 与丁种本正文表述相同。该字又见同义 01B1。文海刻①24B12 有该字的详细材料。

20A43 [illegible] djaa 1.23 djɨɨ 1.32 lja 1.19（切身字）

［背隐］[illegible]

族姓/ljaa 1.23/śjwi

［按语］该字除了作为梵语字母之外，背隐音义还指出其亦可用做"族姓"。即背隐音义中"[illegible]"字，与大字"[illegible]"组成复姓"[illegible]"，该西夏复姓又见文海刻①30B41。背隐音义中另外还有一个字"[illegible]（ljaa 1.23）"，其是正文大字的反切下字，与正文第一个注字（正文的反切上字）组成大字的反切音。该字的反切下字与正文大字的声调一致，而注释小字（即字形构造来源中的第二个字）的声调则与大字不同，可以看出属于音近互注（-ja1.19≈-jaa1.23）。同音甲 19B31 与丁种本正文表述相同。该字又见同义 01B1。文海刻①30B41 有该字的详细材料。

20A44 [illegible] tjar 1.82 tjwi 1.11 njar 1.82（切身字）

［背隐］未注

［按语］背隐对正文未作解释，可能与上下文有关。因为这些字多为梵语真言字母，行文格式一致，故略而不注。同音甲 19B32 与丁种本正文表述相同。该字又见同义 01B5。文海刻①86A31 有该字的详细材料。

20A45 [illegible] thwo 1.49 thwej 1.33 支垫

［背隐］[illegible]

底下置物处

［按语］背隐的内容是对正文的解释。参见上文同音丁19B27 及其背隐。与正文同样的词组还有同音甲19A11、19B33；同义12B5 等。

20A46 ꧌꧃꧄ na 1.17 nwu 1.01 xa 1.17（切身字）

［背隐］ ꧅꧆꧇꧈

真言中用

［按语］背隐的内容是对正文的解释，指出其用途。同音甲19B35 与丁种本正文表述相同。该字又见同义01B3。

20A47 ꧉꧊꧋ diaa 2.20 djij 1.36 ·iaa 2.20（切身字）

［背隐］ 未注

［按语］背隐对正文未作解释。观察上下文的内容，可以发现同类词语性质相同。为了节省笔墨，作注者仅在同类词语的前面给出解释，后面类似部分全部省略，未作背隐音义。同音甲19B36 与丁种本正文表述相同。该字又见同义01B4。

20A48 ꧌꧍꧎ tiaa 2.20 tji 2.10 ·iaa 2.20（切身字）

［背隐］ 未注

［按语］背隐对正文未作解释，原因参见上文同音丁20A47。同音甲19B37 与丁种本正文表述相同。该字又见同义01B4。

20A51 ꧏ꧐꧑ djar 1.82 djij 2.33 ·jar 1.82（切身字）

［背隐］ 未注

［按语］背隐对正文未作解释，原因参见上文同音丁20A47。同音甲19B38 与丁种本正文表述相同。该字又见同义01B6。

20A52 ꧒꧓꧔ dja 2.17 djij 2.33 ·ja 2.17（切身字）

［背隐］ 未注

［按语］背隐对正文未作解释，原因参见上文同音丁20A47。同音甲19B41 与丁种本正文表述相同。该字又见同义01B6。

20A53 ꧕꧖꧗ djij 2.32 djij 2.33 wjij 2.32（切身字）

［背隐］ 未注

［按语］背隐对正文未作解释，原因参见上文同音丁20A47。该字又见同义01B6。

20A54 ꧘꧙꧚ new 1.43 nwu 1.01 tew 1.43（切身字）

［背隐］ 未注

［按语］背隐对正文未作解释，原因参见上文同音丁20A47。同音甲19B44 与丁种本正文表述相同。该字又见同义01B3。

20A55 ꧛꧜꧝ tja 2.17 tji 2.10 ·ja 2.17（切身字）

［背隐］ 未注

［按语］背隐对正文未作解释，原因参见上文同音丁20A47。同音甲19B45 与丁种本正文表述相同。该字又见同义01B4。

20A56 □□□ tjar 1.82 tji 2.10 ·jar 1.82（切身字）

［背隐］未注

［按语］背隐对正文未作解释，原因参见上文同音$_{丁}$ 20A47。同音$_{甲}$ 19B46 与丁种本正文表述相同。该字又见同义 01B6。

20A57 □□ -ow 2.47 wji 1.10 痢疾

［背隐］□□

清粪

［按语］背隐的内容是对正文的解释。与正文同样的词组还有同音$_{甲}$ 19B48。该字又见同义 31A7。

20A58 □□ gjɨɨ 1.32 djii 1.14 迅雷

［背隐］□□□□

震鸣音出

［按语］背隐的内容是对正文的解释。参见上文同音$_{丁}$ 22B74 及其背隐。与正文同样的词组还有同音$_{甲}$ 19B51、22A23；文海$_{刻}$①19B71；杂字$_{乙}$ 03A1；合编$_{甲}$ 12.102 等。

20A61 □□ lju 2.02 tjwij 1.36 瓶盏

［背隐］□□□□□/□

药茶酒食用/盏

［按语］背隐的内容是对正文的解释，指出其用途；然后注明了该词的汉语读音。与正文同样的词组还有同音$_{乙}$ 50A77；同音$_{甲}$ 19B52、50A18；文海$_{刻}$①48B31；掌中珠$_{甲}$ 23B22（正文后该词的汉语译释即来源于此）；同义 14B3 等。

20A62 □□ dźjij 1.35 daa 2.19 巡行

［背隐］□□□□

行驿出入

［按语］背隐的内容是对正文的解释。与正文同样的词组还有同音$_{甲}$ 19B53。该字又见掌中珠$_{甲}$ 28B14；同义 19B7 等。

20A63 □□ daa 1.22 ljɨ̣j 1.62 鬼魅

［背隐］□□□□□

他杀上吊死

［按语］背隐的内容是对正文的解释。与正文同样的词组还有同音$_{甲}$ 19B54；文海$_{刻}$①30A22；同义 20B2 等。

20A64 □□ njɨɨ 1.32 zjɨr 1.86 南晒

［背隐］□□□□

日暖出现

［按语］背隐的内容是对正文的解释。与正文同样的词组还有同音$_{甲}$ 19B55。该字又见同义 13A1。文海$_{刻}$①42A52 有该字的详细材料。

20A65 □□ djọ 1.72 djịj 1.61 悲叹

[背隐] 慄𗆐
呼告

[按语] 背隐的内容是对正文的解释。参见上文同音丁14B63 及其背隐。与正文同样的词组还有同音甲13B74、19B56；文海刻①67B33；同义30A6 等。

20A66 𗄊𗴷 lhjii 1.14 naa 1.22 抓抽

[背隐] 𗥓𗲉
以爪

[按语] 背隐的内容是对正文的解释。与正文同样的词组还有同音甲19B61。该字又见同义18B7。文海刻①30A21 有该字的详细材料。

20A67 𗾈𗟲𗄊 dej 1.33 mjir 1.86 mə 2.25 dej：族姓

[背隐] 𗄊𗙴
du 1.04 lej 1.33 （反切）

[按语] 背隐注明了该字的反切音。同音甲19B62 与丁种本正文表述相同。该字又见杂字乙13A5；同义06B5；碎金05A5 等。文海刻①42B72 有该字的详细材料。

20A68 𗄊𗲉 phə 2.25 thwu 2.01 乳头

[背隐] 𗢳𗲉𗾈𗸰
乳头夏茶

[按语] 背隐注明了该词的汉语读音，并指出这是一种早点"夏茶"。参见上文同音丁05A51 及其背隐。与正文同样的词组还有同音甲04A65、19B63；杂字乙18B7；掌中珠甲33A22（正文后该词的汉语译释即来源于此）；同义11B1 等。

20A71 𗵐𗄊𗲉 thja 2.17 thji 1.11 ·ja 2.17 （切身字）

[背隐] 未注

[按语] 背隐对正文未作解释。此数字离上文同音丁20A46～56 不远，性质类似，故亦未作注。同音甲19B64 与丁种本正文表述相同。该字又见掌中珠甲23A34；同义01B3 等。

20A72 𗄊𗲉𗲉 thej 2.53 thji 1.11 liej 2.53 （切身字）

[背隐] 未注

[按语] 背隐对正文未作解释，原因参见上文同音丁20A71。该字又见掌中珠甲28B34；同义07B6 等。

20A73 𗄊𗲉𗲉 thwej 1.33 thu 1.01 lwej 1.33 （切身字）

[背隐] 未注

[按语] 背隐对正文未作解释，原因参见上文同音丁20A71。同音甲19B65 与丁种本正文表述相同。该字又见掌中珠甲10A24；同义01B6 等。

20A74 𗄊𗲉 njii 1.14 nji 1.11 求婚

[背隐] 𗄊𗲉𗾈
结婚男（婚）

[按语] 背隐的内容是对正文的解释。参见上文同音_丁18B68 及其背隐。与正文同样的词组还有同音_甲18A51、19B66；同义 24A6 等。

20A75 𗁅𗖵 dzjwow 1.56 də 1.68 俊鸟

　　[背隐] 𗖵
　　　　　秀美

　　[按语] 背隐以同义词解释正文大字。与正文同样的词组还有同音_甲19B67。该字又见杂字_乙09B2；同义 27B3 等。文海_刻①74B31 有该字的详细材料。

20A76 𗏁𗖵 zji 1.11 nji 2.60 侄子

　　[背隐] 𗖵𗏁𗖵
　　　　　兄弟之子

　　[按语] 背隐的内容是对正文的解释。与正文同样的词组还有同音_甲19B69；文海_刻①38B41；杂字_乙14B8；同义 05B3 等。聂Ⅱ504 录背隐内容。

20A77 𗖵𗖵 dwər 1.84 thwo 1.49 疲倦

　　[背隐] 𗖵𗖵𗖵𗖵
　　　　　疲倦变弱

　　[按语] 背隐的内容是对正文的解释。参见上文同音_丁18A14 及其背隐。与正文同样的词组还有同音_甲17A45；文海_刻①87B41 等。

20A78 𗖵𗖵 dja 2.17 njuu 2.06 喜悦

　　[背隐] 𗖵𗖵
　　　　　心悦

　　[按语] 背隐的内容是对正文的解释。与正文同样的词组还有同音_甲12A73。该字又见同义 02B3；碎金 07A2 等。聂Ⅰ562 录背隐内容。

20B11 𗖵𗖵 yju 1.03 njuu 1.07 烟熏

　　[背隐] 𗖵𗖵𗖵𗖵
　　　　　穴内放烟

　　[按语] 背隐的内容是对正文的解释。与正文同样的词组还有同音_甲12A74；同义 18B7 等。

20B12 𗖵𗖵 kji 1.30 thu 2.01 亲近

　　[背隐] 𗖵𗖵𗖵
　　　　　使不远

　　[按语] 背隐的内容是对正文的解释。与正文同样的词组还有同音_甲12B34。该字又见同义 23A4。

20B13 𗖵𗖵 zeew 2.41 tio 2.63 忍压

　　[背隐] 𗖵𗖵𗖵𗖵
　　　　　镇压使平

　　[按语] 背隐的内容是对正文的解释。与正文同样的词组还有同音_甲12B68。该字又见同

义 02B2。

20B14 𘕣𘟣 ŋo 2.42 ？病患

　　[背隐] 𘙣𘟜

　　　病患

　　[按语] 背隐以同义词解释正文。与正文同样的词组还有同音甲12B35。该字又见同义31A4。

20B15 𘝵𘟣 thoo 1.52 theej 1.37 荡漾

　　[背隐] 𘝵𘟜𘟞

　　　头上荡

　　[按语] 背隐的内容是对正文的解释。参见上文同音丁19B63 及其背隐。与正文同样的词组还有同音甲13B25、19A48；同义30A3 等。

20B16 𘏣𘟜 njij 1.36 low 2.47 亲戚

　　[背隐] 𘙣𘟜

　　　至亲

　　[按语] 背隐以同义词解释正文。与正文同样的词组还有同音乙49B12；同音甲13B47、49A25；文海刻①08B22；掌中珠甲34B22（正文后该词的汉语译释即来源于此）；合编甲18.032 等。

20B17 𘟜𘟜 dəə 1.31 rjijr 1.74 急趋

　　[背隐] 𘝵𘟜

　　　迅速

　　[按语] 背隐的内容是对正文的解释。与正文同样的词组还有同音乙48A35；同音甲13B67、47B45；文海刻①79B51 等。

20B18 𘟣𘟜𘟞 tjo 1.72 dʑwɨ 1.30 ɣa 2.14 互相传染

　　[背隐] 𘟣𘟜

　　　传染

　　[按语] 背隐的内容是对正文的解释。同音甲15A23：𘟣𘟜𘟞 tjo 1.72 dʑwɨ 1.30 wji 1.10。同音甲50B24、同音乙51A26：𘟣𘟜 tjo 1.72 rjor 2.81（传染）。该字又见同义31A5。文海刻①78B62 有该字的详细材料。

20B21 𘟣𘟜 ljo 2.44 tjo 2.64 兄弟

　　[背隐] 𘙣𘟜

　　　至亲

　　[按语] 背隐的内容是对正文的解释。与正文同样的词组还有同音乙49B44；同音甲15A28、49A51；文海刻①07A31；杂字乙14B8；掌中珠乙20A32（正文后该词的汉语译释即来源于此）；合编甲07.203 等。

20B22 𘟣𘟜 tjwɨ 1.30 tju 2.03 拷打

　　[背隐] 𘟣𘟜

拷打

［按语］背隐以同义词解释正文。与正文同样的词组还有同音_甲15A53、19A64 等。该字又见同义 30A4。

20B23 𗣺𗣺 dźjaa 1.21 njwɨ 2.28 燃烧

［背隐］𗣺𗣺𗣺𗣺

使柴火燃

［按语］背隐的内容是对正文的解释。与正文同样的词组还有同音_甲15A66。该字又见同义 18B4。

20B24 𗣺𗣺 djii 1.14 djoo 1.53 分分

［背隐］𗣺𗣺𗣺𗣺

各自受取

［按语］背隐的内容是对正文的解释。参见上文同音_丁17A76 及其背隐。与正文同样的词组还有文海_刻①59A62；同义 21B4 等。

20B25 𗣺𗣺 njow 2.48 djɨr 2.77 努力

［背隐］𗣺𗣺

勤奋

［按语］背隐以同义词解释正文。参见下文同音_丁21B47 及其背隐。与正文同样的词组还有同音_甲15B27、20B67；合编_甲13.101；同义 17A7 等。

20B26 𗣺𗣺 tji 2.10 tjo 2.44 停留

［背隐］𗣺𗣺𗣺

使留住

［按语］背隐的内容是对正文的解释。参见上文同音_丁19B16 及其背隐。与正文同样的词组还有同音_甲15B46、18B68；同义 05A3 等。

20B27 𗣺𗣺 tja 2.57 wer 2.71 铺帛

［背隐］𗣺𗣺𗣺

丝散落

［按语］背隐的内容是对正文的解释。参见上文同音_丁11A67 及其背隐。与正文同样的词组还有同音_甲10A62、16A17；掌中珠_甲25B22（正文后该词的汉语译释即来源于此）；同义 12A7 等。

20B28 𗣺𗣺 njij 1.36 njoor 1.95 东方

［背隐］𗣺𗣺

东方

［按语］背隐以同义词解释正文。参见上文同音_丁19A24 及其背隐。与正文同样的词组还有同音_甲16A42、18A73；文海_刻①93A12；合编_甲06.151；同义 16B3 等。

20B31 𗣺𗣺 thja 1.20 bju 1.03 因此

［背隐］𗣺𗣺

语助

[按语] 背隐指出正文的类别为一"语气助词"。与正文同样的词组还有同音甲16A62；掌中珠甲27B22（正文后该词的汉语译释即来源于此）等。

20B32 𘛷𘚴 djii 1.32 tshwij 1.42 轻佻

[背隐] 𘊴𘚴𘚵

恭维轻佻

[按语] 背隐的内容是对正文的解释。原文中𘊴误为𘊵与正文同样的词组还有同音乙39B43；同音甲16A77、39A56；文海刻①42A43；同义26B6 等。

20B33 𘚴𘚵 da 2.56 de 2.58 解惑

[背隐] 𘚵𘚴

知晓

[按语] 背隐的内容是对正文的解释。与正文同样的词组还有同音甲15A42、16B12 等。该字又见同义02B3。

20B34 𘚴𘚵·a ? tjij 2.55 阻塞

[背隐] 𘊵𘊴𘚴

气噎气

[按语] 背隐的内容是对正文的解释。与正文同样的词组还有同音甲16B22。该字又见同义28B7。

20B35 𘚵𘚴 sə 1.27 tjij 1.62 塞满

[背隐] 𘊴𘚴𘊵𘚴

塞满变浅

[按语] 背隐的内容是对正文的解释。与正文同样的词组还有同音甲16B23。该字又见同义28B7。文海刻①68A73 有该字的详细材料。

20B36 𘚴𘚵𘚴 nja 1.20 da 2.56 bjiir 2.86 nja：语助

[背隐] 𘊵𘊴𘚴𘊵

高上而来

[按语] 背隐的内容是对正文的解释。同音甲16B74 与丁种本正文表述相同。该字又见杂字乙15A2；同义21B3 等。文海刻①28B31 有该字的详细材料。

20B37 𘚴𘚵 djuu 2.06 djoo 1.53 刺穿

[背隐] 𘊵𘚴𘊴𘊵

内有齿尖

[按语] 背隐的内容是对正文的解释。参见上文同音丁17A77 及其背隐。与正文同样的词组还有同音甲16B34、17A12；同义26A3 等。

20B38 𘚴𘚵 twu 2.51 ne 1.65 真话

[背隐] 𘊵𘚴𘊴

歪不说

[按语] 背隐的内容是对正文的解释。与正文同样的词组还有同音甲17A32；合编甲18.132
等。该字又见同义02A7。

20B41 𘉋𘉰 thji 1.11 dzji 1.10 饮食

[背隐] 𘝞𘉰

清饮

[按语] 背隐的内容是对正文的解释。与正文同样的词组还有同音甲17A37；文海刻①
73A43；合编甲17.161 等。

20B42 𘌽𘈦 dwər 2.76 tshjɨ 1.30 驱鬼

[背隐] 𘌽𘏹𘝞𘎗/𘈦

鬼灾逼用/牛

[按语] 背隐的内容是对正文的解释。与正文同样的词组还有同音甲17A46。该字又见同
义20B2。文海抄③51A3.01 有该字的字形构造解释：𘌽 𘝞𘎗𘌽𘍕（驱：逼左鬼
全）。结合以上材料可以看出，这种驱鬼的巫术活动是针对牛、羊等牲畜而进行
的[1]。

20B43 𘝒𘔿 ɣiwej 1.60 dwə 1.84 敌对

[背隐] 𘕰𘈦

使争

[按语] 背隐的内容是对正文的解释。与正文同样的词组还有同音乙45B61；同音甲
17A47；合编甲07.054；同义30A2 等。

20B44 𘕷𘕉 · jijr 1.74 thjwɨ 1.30 恐吓

[背隐] 𘕉𘝞𘕷𘈦

以音使惧

[按语] 背隐的内容是对正文的解释。与正文同样的词组还有同音甲17A58。该字又见同
义30B1。文海刻①39B21 有该字的详细材料。

20B45 𘌇𘔿 thjwɨ 2.28 lji 2.60 结合

[背隐] 𘕇𘎗𘌇𘌇

集中一切

[按语] 背隐的内容是对正文的解释。与正文同样的词组还有同音乙47A26；同音甲
17A61、46B18；文海刻①67B71；合编甲18.143；同义12B6；碎金09A5 等。

20B46 𘕷𘕉 mə 1.27 nja 1.64 天神

[背隐] 𘕷𘕉𘕷

守护者

[按语] 背隐的内容是对正文的解释。与正文同样的词组还有同音甲17B11；文海刻①
73B51；掌中珠甲20B32（正文后该词的汉语译释即来源于此）；合编甲07.191

---

〔1〕 参阅拙作《〈夏汉字典〉补证之三：字义补识（一）》，载《宁夏社会科学》2005 年第 3 期。

等。

20B47 ꤠꤡ zjɨ 1.69　dju 1.03　何时

　　[背隐] ꤢꤣ

　　　　　已过

　　[按语] 背隐的内容是对正文的解释。与正文同样的词组还有同音乙52B63；同音甲
　　　　　17B26、52B21；文海刻①77B11；同义13A6 等。

20B48 ꤤꤥꤦ nu 1.01　njij 1.36　tu 1.01（切身字）

　　[背隐] ꤧꤨ

　　　　　真言

　　[按语] 背隐指出正文的类别为"真言"中用字。同音甲17B41 与丁种本正文表述相同。

20B51 ꤩꤪ rer 2.71　thaar 1.83　口吃

　　[背隐] ꤫꤬꤭꤮꤯ꤰ

　　　　　语言音无损舌

　　[按语] 背隐的内容是对正文的解释。与正文同样的词组还有同音甲17B46。该字又见同
　　　　　义21A1。文海刻①86B51 有该字的详细材料。

20B52 ꤱꤲ thjɨ 1.69　·jiij 1.39　收缩

　　[背隐] ꤳꤴ

　　　　　收缩

　　[按语] 背隐以同义词解释正文。与正文同样的词组还有同音乙44A67；同音甲43B63；文
　　　　　海刻①50B12；同义12B3 等。

20B53 ꤵꤶ doo 1.52　deer 2.84　研磨

　　[背隐] ꤷꤸꤹꤺ

　　　　　手动研磨

　　[按语] 背隐的内容是对正文的解释。参见上文同音丁18B26 及其背隐。与正文同样的词
　　　　　组还有同音甲17B66、18A12；文海刻①58B31；合编宁01.010；同义17B7 等。

20B54 ꤻꤼ tji 1.67　doo 2.45　饮食

　　[背隐] ꤽꤾ

　　　　　舌嗜（可口）

　　[按语] 背隐的内容是对正文的解释。与正文同样的词组还有同音甲18A11。该字又见同
　　　　　义11B4。

20B55 ꤿꥀꥁ nej 2.53　mjɨr 1.86　mə 2.25　nej：族姓

　　[背隐] ꥂꥃ

　　　　　dji 1.67　liej 2.53（反切）

　　[按语] 背隐注明了该字的反切音。同音甲18A15 与丁种本正文表述相同。该字又见杂
　　　　　字乙11A5；合编宁01.012；同义06A5；碎金04A5 等。

20B56 ꥄꥅ mə 1.27　njɨj 2.55　天阴

[背隐] 𗀊𗥺𗥔𗰜
云至雾降

[按语] 背隐的内容是对正文的解释。与正文同样的词组还有同音_甲 18A16；掌中珠_甲 10B22（正文后该词的汉语译释即来源于此）等。

20B57 𗥔𗀊 xwẽ 1.15 neej 2.34 昏聩

[背隐] 𗥺𗀊𗥔
不明显

[按语] 背隐的内容是对正文的解释。与正文同样的词组还有同音_甲 18A77；同义 32A3 等。

20B58 𗥺𗀊 wa 2.56 neej 2.34 皇宫

[背隐] 𗥺𗥔
内宫

[按语] 背隐以同义词解释正文。与正文同样的词组还有同音_甲 18A78。该字又见杂字_乙 17B2；掌中珠_甲 28A24；同义 13B5；碎金 06A2 等。合编_宁 01.023 有该字的详细材料。

20B61 𗥺𗀊 zjiir 2.85 njwi 1.69 水津

[背隐] 𗥺𗀊𗥔𗥺𗀊
帐汗如水滴

[按语] 背隐的内容是对正文的解释。与正文同样的词组还有同音_甲 18B17。该字又见同义 09A1。文海_刻①76B41 有该字的详细材料。

20B62 𗀊𗥺 njwi 1.69 lhji 2.10 敏捷

[背隐] 𗥺𗀊𗥔
刚健速

[按语] 背隐的内容是对正文的解释。与正文同样的词组还有同音_甲 18B16、47A25；文海_刻①76B51；合编_甲 06.081；同义 19A7 等。

20B63 𗥺𗀊𗥔 thjaa 2.18 thji 1.11 ljaa 2.18（切身字）

[背隐] 𗥺𗀊
梵语

[按语] 背隐指出正文的类别为"梵语"中用字。该字又见掌中珠_甲 29A24；同义 01A7 等。

20B64 𗥺𗀊𗥔 𗥺𗀊𗥔𗥺 dwi 1.11 djwu 1.03 ljwi 1.11 一字二名

[背隐] 未注

[按语] 背隐对正文未作解释。《同音》乙、丁种本正文中注释小字之下多出"一字二名"4 字，就已经在提醒人们此字当有两层含义，这从文海_刻①09B43 对该字的解释中亦可看到。故此处未作背隐音义，当是作注者对此字的使用情况已了然于胸。文海_刻①09B43 有该字的详细材料。

20B7A 𗏁𗏨𗙟𗷦𗵒
舌上音四品

21A11 𗏁𗏨 thjɨ 1.69 njar 1.82 收缩

　　[背隐] 𗏁𗏨

　　　　　褶皱

　　[按语] 背隐以近义词解释正文。与正文同样的词组还有同音甲20A21。该字又见同义12B3。文海刻③02A10 有该字的详细材料。聂Ⅱ021 录背隐内容。

21A12 𗏨𗷦 。gur 1.75 njar 1.82 牛犊

　　[背隐] 𗷦𗵒

　　　　　齿立

　　[按语] 背隐的内容是对正文的解释。"齿立"可能是指牙口已经长齐。所以从背隐音义的内容来看，这里是指已经长成的牛犊。与正文同样的词组还有同音甲20A24。该字又见杂字乙09A4；同义13B2 等。

21A13 𗵒𗙟𗷦 njar 1.82 mjɨr 1.86 mə 2.25 njar：族姓

　　[背隐] 𗙟

　　　　　bio

　　[按语] 背隐中"𗙟"字，与大字"𗵒"组成复姓"𗵒𗙟"，该西夏复姓又见文海刻③02A11。同音甲20A22 与丁种本正文表述相同。该字又见同义06B7。文海刻③02A11 有该字的详细材料。

21A14 𗙟𗵒 。we 1.08 njar 1.82 鹰

　　[背隐] 𗙟𗵒𗷦𗵒

　　　　　捕鸟杀兔

　　[按语] 背隐的内容是对正文的解释，指出"鹰"的生活特点。与正文同样的词组还有同音甲20A23。该字又见杂字乙09B2；同义27B3 等。文海刻③02A12 有该字的详细材料。

21A15 𗵒𗙟 ŋa 2.56 niow 2.48 好坏

　　[背隐] 𗏨𗷦𗵒𗙟𗵒

　　　　　不善毒心有

　　[按语] 背隐的内容是对正文大字的解释。参见下文同音丁27B33 及其背隐。与正文同样的词组还有同音甲20A27、27A11；文海刻①16A62；合编甲01.033 等。

21A16 𗙟𗵒 。ljaa 1.23 niow 2.48 （人名）

　　[背隐] 𗵒𗙟𗷦

　　　　　妇人名

[按语] 背隐指出正文的类别为一 "人名",而且是一个妇女通常用的名字。与正文同样的词组还有同音 甲 20A28。该字又见杂字 乙 14A3。

21A17 꽶썛 dźiej 2.31 dźiow 2.48 信状

[背隐] 꽶썛썷썸
信记用

[按语] 背隐的内容是对正文的解释。与正文同样的词组还有同音 甲 20A31。该字又见杂字 乙 21A4;掌中珠 甲 30A12（正文后该词的汉语译释即来源于此）;同义 21A3;碎金 10A2 等。

21A18 썹썺 。 tsjij 1.42 dźiow 2.48 谋略

[背隐] 썹썻썼썽
计谋圈套

[按语] 背隐的内容是对正文的解释。与正文同样的词组还有同音 甲 20A32。该字又见同义 17A5。

21A21 썾썿 sjwo 2.44 dźji 2.09 美妙

[背隐] 쎀쎁쎂쎃
眼前合妙

[按语] 背隐的内容是对正文的解释。与正文同样的词组还有同音 甲 20A33。该字又见同义 22B3。

21A22 쎄쎅 。 zjij 2.54 dźji 2.09 儿童

[背隐] 쎆쎇
童子

[按语] 背隐以同义词解释正文。与正文同样的词组还有同音 乙 48B62;同音 甲 20A34、48A71;文海 刻 ①77A72;合编 甲 05.063;同义 05B2 等。

21A23 쎈쎉 dźji 1.10 ？？？ 清除

[背隐] 쎊쎋
除去

[按语] 背隐以同义词解释正文。与正文同样的词组还有同音 乙 41B15;同音 甲 20A35、41A41;文海 刻 ①14B72;同义 24B7 等。

21A24 쎌쎍쎎 la 1.63 dźji 1.10 骗术

[背隐] 쎏쎐쎑쎒
欺诈骗人

[按语] 背隐的内容是对正文的解释。与正文同样的词组还有同音 甲 20A36。该字又见同义 29B7。文海 刻 ①15A12 有该字的详细材料。聂 Ⅱ 217 录背隐内容。

21A25 쎓쎔 。 mjij 1.61 dźji 1.10 私奔

[背隐] 𘝵𘟾𘊍𘐱𘈈
　　　 女随他逃往

[按语] 背隐的内容是对正文的解释。与正文同样的词组还有同音_甲20A37。该字又见同义 19B5。文海_刻①15A11 有该字的详细材料。聂Ⅱ499 录背隐内容。

21A26 𗫋𘄴 nuə ? pjij 1.61 巫师

[背隐] 𘐴𘄴𘏅𗢲
　　　 占卜求者

[按语] 背隐的内容是对正文的解释。与正文同样的词组还有同音_甲13A43；同义 02B6 等。聂Ⅰ277 录背隐内容。

21A27 𗫋𘄴 。nuə ? sji 1.11 竹木

[背隐] 𗧻𗫋𗤁𘍶𘄴
　　　 中有节细也

[按语] 背隐的内容是对正文大字的解释。与正文同样的词组还有同音_甲13A44；文海_刻③21A22；杂字_乙07A1 等。

21A3A 𗏁𗭴𗗘𗵮𗦻

舌上音独字

21A41 𗫭𘄴 nji 1.29 ljii 1.14 裙裤

[背隐] 𗫭𘄴𗤁𗫭
　　　 妇人应有

[按语] 背隐的内容是对正文的解释。与正文同样的词组还有同音_甲20A51；文海_刻①36A21；掌中珠_甲24B32（正文后该词的汉语译释即来源于此）；同义 12A6；碎金 07B5 等。

21A42 𗰖𗟲 gji 1.11 niəj 1.41 清浊

[背隐] 𘏅𗰖𘈈
　　　 淤黑不（清）

[按语] 背隐的内容是对正文的解释。背隐音义的最后一字"𘈈"（不）与正文的注释小字"𗟲"（清）连用，组成词组"𘈈𗟲"（不清），从反面解释正文大字。与正文同样的词组还有同音_甲20A52；文海_刻①41B51 等。该字又见杂字_乙04B7；掌中珠_甲11B22（正文后该词的汉语译释即来源于此）；同义 31B6 等。文海_刻①51A31 有该字的详细材料。

21A43 𗟲𘝵 niəj 2.36 dee 2.11 浊秽

[背隐] 𘐱𘏅𘈈𘝵
　　　 内污不净

[按语] 背隐先以同义词解释正文，再以反义词解释正文大字。参见上文同音_丁17B11 及

其背隐。与正文同样的词组还有同音_甲16B37、20A53；文海_刻①41A31；合编_甲03.171；同义31B6 等。

21A44 𗹬𗧓 xã 1.24 dzjiw 2.40 汉年

[背隐] 𗲪𗳾

　　灭火

[按语] 背隐的内容是对正文的解释。参照《夏汉字典》（修订本）的解释，笔者将正文译为"汉年"，即指汉人的年节。背隐音义中"灭火"或"火灭"，即"熄火净灶"，正与"熬年守岁"的传说相一致。文海_抄②40A5.04 𗧓：𗤶𗤋𗳉𗧓（弓臂弃中）。该字的构造似在告诉我们停止一切打斗的意思，这与传说中的拴牢猪、鸡，封好宅院的道理相通。同义08B3.12～14：𗮉𗳩𗧓（正月、岁、年）。西夏文辞书《同义》中类似词语的堆放，也在告诉我们这个词应该解释为"年"（过年）才是比较合理的。与正文同样的词组还有同音_甲20A54。聂Ⅱ452 录背隐内容。

21A45 𗫂𗔘 niow 1.55 niəj 1.41 秽浊

[背隐] 𗧾𗔘𗜓𗤋

　　污浊不清

[按语] 背隐先以同义词解释正文，再以反义词解释正文。与正文同样的词组还有同音_甲20A55；文海_刻①61A52；同义31B6 等。

21A46 𗾔𗤊 nja ? wər 2.76 霜露

[背隐] 𗰔𗸪

　　寒露

[按语] 背隐的内容是对正文的解释。参见上文同音_丁12A33 及其背隐。与正文同样的词组还有同音_甲11A34、20A25；合编_甲04.071；同义09A1 等。

21A47 𗤋𗠣 zeew 2.41 ? 忍压

[背隐] 𗦻𗯰𗤋𗧓𗫡

　　摆正斜有为

[按语] 背隐的内容是对正文的解释。与正文同样的词组还有同音_甲20A26。该字又见同义17B5。

21A48 𗆐𗫂𗯰 nji 1.16 njij 1.36 ·ji 1.16（切身字）

[背隐] 𗤋𗰔

　　真言

[按语] 背隐指出正文的类别为一"真言"。同音_甲19B34 与丁种本正文表述相同。该字又见同义01B3。

21A5A 𘋥𘋌𘋈𘋩

牙音五品

21A61 𘋥𘋌 ŋwu 2.01 dźjo 2.64 笔墨

　　[背隐] 𘋥𘋌𘋈

　　　　书写用

　　[按语] 背隐的内容是对正文的解释。与正文同样的词组还有同音乙40B36；同音甲20B11、40A56；掌中珠甲27A22（正文后该词的汉语译释即来源于此）等。

21A62 𘋥 ŋwu 2.01 da 2.56 bjiir 2.86 ŋwu：语助

　　[背隐] ×𘋌𘋈𘋩

　　　　×所作使

　　[按语] 背隐的内容是对正文的解释，可惜第一字看不清楚。同音甲20B12与丁种本正文表述相同。该字又见同义21B1；碎金03A3等。

21A63 𘋈 ŋwu 2.01 njaa 2.18 是非

　　[背隐] 𘋩𗰖𘋌

　　　　真实可信

　　[按语] "𗰖"代表该字与前一字重复。背隐音义的内容是对正文大字的解释。参见上文同音丁18B73及其背隐。与正文同样的词组还有同音甲18A52、20B13；文海刻①86A32；合编甲06.083等。

21A64 𘋩 ŋwu 2.01 dźju 2.03 领主

　　[背隐] 𘋌𘋈𘋥／𘋩𘋈𘋌

　　　　头头也／大勇受

　　[按语] 背隐的内容是对正文的解释。与正文同样的词组还有同音甲20B14。该字又见杂字乙21A2；同义16B7等。

21A65 𘋩 ŋwu 2.01 dzwew 1.43 领襟

　　[背隐] 𘋈𘋌

　　　　衣服

　　[按语] 背隐的内容是对正文的解释，"领襟"乃衣服之部件。与正文同样的词组还有同音乙34A17；同音甲20B16、34A46；杂字乙06B2；掌中珠甲25A12（正文后该词的汉语译释即来源于此）等。

21A66 𘋦 sjɨ 2.27 ŋwu 2.01 稀少

　　[背隐] 𘋦𘋩

　　　　稀少

　　[按语] 背隐以同义词解释正文。与正文同样的词组还有同音乙39A16；同音甲20B15、38B12；文海刻①35B23；同义21B4等。

21A67 𘋧 lə 1.27 ŋwu 2.01 后末

　　[背隐] 𘋧𘋈

已然

［按语］背隐的内容是对正文的解释。从背隐音义的形式来看，笔者认为采取的是音义结合的形式。即前一字用其字音表示“然后”的“然”这个概念，后一字则其字面意思表示过去时态。与正文同样的词组还有同音乙 53A58；同音甲 20B17、53A22；同义 23B6 等。

21A68 [illegible] ɣu 2.04 ŋwu 2.01 管理

［背隐］ [illegible]

一种以下

［按语］背隐的内容是对正文的解释。与正文同样的词组还有同音乙 42A54；同音甲 20B18、41B25；同义 12A3 等。

21A71 [illegible] ljaa 2.18 ŋwu 2.01 口腔

［背隐］ [illegible]

说话用

［按语］背隐的内容是对正文的解释，指出其用途。与正文同样的词组还有同音甲 20B21；合编甲 12.051 等。该字又见同义 03B4。聂Ⅰ337 录背隐内容。

21A72 [illegible] ŋwu 2.01 lhji 2.10（族姓）

［背隐］ [illegible]

族姓

［按语］背隐指出正文的类别为一“族姓”。与正文同样的词组（即此西夏复姓）还有同音甲 20B22、47A24；杂字乙 13B1；同义 06A6 等。

21A73 [illegible] ŋwu 2.01 lwụ 1.58 哭啼

［背隐］ [illegible]

流泪

［按语］背隐的内容是对正文的解释。与正文同样的词组还有同音甲 20B23；文海刻① 13B52 等。该字又见同义 30A5。聂Ⅱ082 录背隐内容。

21A74 [illegible] ŋwu 2.01 njij 2.33 ？？

［背隐］ [illegible]

列队聚集

［按语］背隐的内容是对正文的解释。参见上文同音丁 17A16 及其背隐。与正文同样的词组还有同音甲 16A38、20B24；同义 19B5 等。

21A75 [illegible] ŋwu 2.01 nji 2.10 闻听

［背隐］ [illegible]

检察听义

［按语］背隐的内容是对正文的解释。与正文同样的词组还有同音甲 20B25；文海刻① 20A42 等。该字又见同义 19B5。

21A76 [illegible] ŋwu 2.01 mə 1.27 雕鹫

［背隐］ [illegible]

雕鹫

[按语] 背隐以同义词解释正文。参见上文同音ᴛ04A25 及其背隐。与正文同样的词组还
有同音甲03A21、20B26；文海刻①69B61；同义 27B3 等。

21A77 𦝩𦝙 。ziejr 2.67 ŋwu 2.01 居室

[背隐] 𦝩𦝙𦢶
住宿处

[按语] 背隐的内容是对正文的解释。与正文同样的词组还有同音甲20B27。该字又见同
义 13B6。

21A78 𦢸彼 phəə 1.31 ka 1.17 结合

[背隐] 𦣝𦣻𦤂𦤜
互相结合

[按语] 背隐的内容是对正文的解释。参见上文同音ᴛ08B52 及其背隐。与正文同样的词
组还有同音甲08A31、20B28；文海刻①22B62；杂字乙17B4；合编甲22.061；同义
12B2 等。

21B11 𦥝𦥹 rjij 2.37 ka 1.17 搅拌

[背隐] 𦦡𦧖𐢀𦨂𦩃𦪈𦫇
束缚搅拌后结合

[按语] 此处"𐢀"代表《同音》正文中的大字，而非表示与前一字重复（可参考文海刻
①22B71）。背隐音义的内容是对正文的解释。与正文同样的词组还有同音甲
20B32。该字又见掌中珠甲17A14；同义 15B4；碎金 07B1 等。文海刻①22B71 有
该字的详细材料。

21B12 𦬀𦭂 ka 1.17 ·o 1.49 月份

[背隐] 𦮔
月

[按语] 背隐以同义词解释正文。与正文同样的词组还有同音乙45A33；同义甲20B33、
44B45；文海刻①22B72；杂字甲03A2；同义 13A3 等。

21B13 𦯣𦰛 ljaa 2.18 ka 1.17 上颚

[背隐] 𦱜𦲓𦳁𦴍𦵌
口腔上半部

[按语] 背隐的内容是对正文的解释。与正文同样的词组还有同音甲20B34。该字又见同
义 03B5。文海刻①23A11 有该字的详细材料。

21B14 𦶛𦷜 ka 1.17 ŋwu 2.01 哭泣

[背隐] 𦸀𦹊
忧伤

[按语] 背隐的内容是对正文的解释。与正文同样的词组还有同音甲20B35。该字又见同
义 30A7。

21B15 𦺠𦻄 ka 1.17 ka 1.17 哥哥

　　　[背隐] 𗣼𗾟𗑷𗘺
　　　　　　比已大颂

　　　[按语] 背隐的内容是对正文的解释。与正文同样的词组还有同音甲20B36；杂字乙14B7
　　　　　　等。该字又见同义05B5。文海刻①23A12 有该字的详细材料。

21B16 𗈁翔 ka 1.17 ɣwie 1.09 权势

　　　[背隐] 𗦲𗄹
　　　　　　声高

　　　[按语] 背隐的内容是对正文的解释。与正文同样的词组还有同音甲20B41；文海刻①
　　　　　　14B41；同义02B2 等。

21B17 𗍫𗤩 yu 1.04 ka 1.17 平头

　　　[背隐] 𗧓𗢭𗵒
　　　　　　无差别

　　　[按语] 背隐的内容是对正文大字的解释。与正文同样的词组还有同音甲20B44；文海刻①
　　　　　　85A51；合编甲08.083 等。

21B18 𗴟𗍋 phu 2.01 ka 1.17 泥鞋

　　　[背隐] 𗋽𗄼𗤩𗰜
　　　　　　雪雨所穿

　　　[按语] 背隐的内容是对正文的解释。参见上文同音丁05B54 及其背隐。与正文同样的词
　　　　　　组还有同音甲04B61、20B54；文海刻③09A31；同义12A7 等。

21B21 𗁲𗭪 gji 2.28 ka 1.17 中心

　　　[背隐] 𗦇𗠁𗪉𗉝
　　　　　　心中二间

　　　[按语] 背隐的内容是对正文的解释。参见下文同音丁23A15 及其背隐。与正文同样的词
　　　　　　组还有同音甲20B55、22A36；文海刻①23A31；合编甲17.193；同义16B5 等。

21B22 𗼩𗷒 dā 1.24 ka 1.17（族姓）

　　　[背隐] 𗿒𗔨
　　　　　　族姓

　　　[按语] 背隐指出正文的类别为一"族姓"。参见上文同音丁15A62 及其背隐。与正文同
　　　　　　样的词组（即此西夏复姓）还有文海刻①31A41；杂字乙12A2 等。

21B23 𗷟𗽏 kow 1.54 ka 1.17 坎陷

　　　[背隐] 𗬩𗰟𗵒𗄹𗰜
　　　　　　地险高低坎

　　　[按语] 背隐的内容是对正文的解释。参见下文同音丁22B65 及其背隐。与正文同样的词
　　　　　　组还有同音甲20B46、22A17；文海刻①60A21；同义25B1 等。

21B24 𗱚𗽏 gjii 1.32 ka 1.17 分食

　　　[背隐] 𗼻𗷟𗤩𗤯
　　　　　　分食分盛

[按语] 背隐以同义词解释正文。参见下文同音丁22B73 及其背隐。与正文同样的词组还有同音甲20B37、22A22；文海刻①23A42；杂字乙19A5；合编甲03.021；同义11A5 等。

21B25 㣪䋕 khjow 1.56 ka 1.17 强力

　　[背隐] 䋕㣪

　　　　威力

　　[按语] 背隐以同义词解释正文。与正文同样的词组还有同音甲20B31；文海刻①14B42 等。该字又见同义24B5。文海刻①23A43 有该字的详细材料。

21B26 㿟覆 。ka 1.17 ljwa 1.20 急疾

　　[背隐] 㷭㦸㦸覆/覆

　　　　急以真言/急

　　[按语] 背隐的内容是对正文的解释。与正文同样的词组还有同音乙54A38；同音甲20B38、54A11；文海刻①23A51 等。

21B27 㸃佷 zar 2.73 ka 2.14 本源

　　[背隐] 㺵㺵微㺵

　　　　本源所到处

　　[按语] 背隐的内容是对正文的解释。与正文同样的词组还有同音乙52A71；同音甲20B58、52A17；文海刻①52B21；同义05A7 等。聂Ⅱ155 录背隐内容。

21B28 㷬祔 ljwij 2.54 ka 2.14 曾孙玄孙

　　[背隐] 㷬祔㺵㺵㺵微

　　　　曾孙之子五辈到

　　[按语] 背隐的内容是对正文的解释。与正文同样的词组还有同音乙51B46；同音甲20B43、51A51 等。该字又见杂字乙12B7；同义05B3。

21B31 㺵㸃 dzjow 1.56 ka 2.14 分离

　　[背隐] 㺵ㄥ

　　　　差别

　　[按语] "ㄥ"代表该字与前一字重复。背隐音义的内容是对正文的解释。与正文同样的词组还有同音乙36A12；同音甲20B47、35A47；文海刻③06A41；合编甲13.161；同义29A7（颠倒）等。

21B32 㷭㸃 ka 2.14 tsju 1.02 尸罐

　　[背隐] 㺵㺵㦸㺵㺵

　　　　死亡盛食用

　　[按语] 背隐的内容是对正文的解释，指出其用途。与正文同样的词组还有同音乙37A23；同音甲20B51、36A65；文海刻①07B22；合编甲03.022；同义20B2 等。

21B33 祔㺵㺵 ka 2.14 wji 2.27 dźji ? 伸已伸

　　[背隐] 㺵㺵㺵㺵

　　　　上视不俯

[按语] 背隐的内容是对正文的解释。同音乙36B23、同音甲20B48 与丁种本正文表述相同。该字又见同义 04B7。

21B34 𗥃𗤶 ka 2.14 dzji？老鸥

[背隐] 𗤺
　　　 鸟

[按语] 背隐指出正文的类别为一"鸟名"（简化）。与正文同样的词组还有同音乙36B26；同音甲20B52、35B68；杂字乙09B4；掌中珠甲17A12（正文后该词的汉语译释即来源于此）；同义 27B4 等。

21B35 𗥃𗤶 kə 1.27 ka 2.14 辛苦

[背隐] 𗤺/𗤺𗤶
　　　 苦/变弱

[按语] 背隐的内容是对正文的解释。背隐音义第一字指向大字，二者为同义词。参见下文同音丁23A66 及其背隐。与正文同样的词组还有同音甲20B53、22B17；同义 30A5 等。

21B36 𗥃𗤶 ka 2.14 tsjij 2.32 狮子

[背隐] 𗤺𗤶
　　　 兽帅

[按语] 背隐的内容是对正文的解释。与正文同样的词组还有同音乙36B45；同音甲20B57、36A13；杂字乙10A4；掌中珠甲07A22（正文后该词的汉语译释即来源于此）；同义 27A3 等。合编甲07.034 有该字的详细材料。

21B37 𗥃𗤶 low 2.47 ka 2.14 险坡

[背隐] 𗤺𗤶
　　　 高地

[按语] 背隐的内容是对正文的解释。与正文同样的词组还有同音乙50A42；同音甲20B42；文海刻①51A22；合编甲19.123 等。

21B38 𗥃𗤶 ○ ka 2.14 dwu 2.01 荚豆

[背隐] 𗤺𗤶
　　　 蜀豆

[按语] 背隐注明了该词的汉语读音。与正文同样的词组还有同音甲20B56。该字又见杂字乙08A6；同义 12A3 等。合编甲07.042 有该字的详细材料。

21B41 𗥃𗤶 gji 1.11 ŋjow 2.48 坡艮

[背隐] 𗤺𗤶𗤺𗤶𗤺𗤶
　　　 物种种出处坡

[按语] 背隐的内容是对正文的解释。"艮"为八卦之一，代表山。参见下文同音丁23B57 及其背隐。与正文同样的词组还有同音甲20B71、22B75；文海刻①17A63；同义 18A2 等。

21B42 𗥃𗤶 mja 1.20 ŋjow 2.48 河海

　　［背隐］ 𗙊𗗘𘈩𗥤𗗓
　　　　　一切水集处
　［按语］ "𗗓"代表该字与前一字重复。背隐音义的内容是对正文大字的解释。与正文同
　　　　　样的词组还有同音甲20B61；杂字乙05A6 等。合编甲07.044 有该字的详细材料。

21B43 𗙊𗱲 gju 2.03 ŋjow 2.48 海器
　　［背隐］ 𗥤
　　　　　海
　［按语］ 背隐注明了该词的汉语读音。与正文同样的词组还有同音甲20B62；杂字乙18B3；
　　　　　合编甲07.051 等。聂Ⅰ410 录背隐内容。

21B44 𗙊𗱲 ŋjow 2.48 rjir 2.72（族姓）
　　［背隐］ 𘈩𗗼
　　　　　族姓
　［按语］ 背隐指出正文的类别为一"族姓"。与正文同样的词组（即此西夏复姓）还有杂
　　　　　字乙13A8；碎金05A1 等。该字又见同义06B6。合编甲07.052 有该字的详细材
　　　　　料。同音甲20B65：𗙊𗱲𗗼 ŋjow 2.48 mjir 1.86 mə 2.25（ŋjow：族姓）。

21B45 𗙊𗱲 ŋjow 2.48 sji 1.11（树名）
　　［背隐］ 𗰜𗥤
　　　　　树名
　［按语］ 背隐指出正文的类别为一"树名"。与正文同样的词组还有同音甲20B74；杂字乙
　　　　　06B8 等。该字又见同义09A6。合编甲07.053 有该字的详细材料。

21B46 𗙊𗱲 ɣa 1.63 ŋjow 2.48 争斗
　　［背隐］ 𗙊𗱲𗥤𗗓𗗼
　　　　　争心欲亲近
　［按语］ 背隐的内容是对正文的解释。与正文同样的词组还有同音甲20B68。该字又见杂
　　　　　字乙00B8；同义30A3 等。合编甲07.054 有该字的详细材料。

21B47 𗙊𗱲 ŋjow 2.48 djir 2.77 努力
　　［背隐］ 𗙊𗗼𗥤
　　　　　不怠勤
　［按语］ 背隐先以反义词解释正文，再以同义词解释正文。参见上文同音丁20B25 及其背
　　　　　隐。与正文同样的词组还有同音甲15B27、20B67；合编甲13.101；同义17A7 等。

21B48 𗙊𗱲 kjir 2.85 ŋjow 2.48 案室
　　［背隐］ 𗥤𗗓𗥤𗗓𗗓
　　　　　文字遣送处
　［按语］ 背隐的内容是对正文的解释。与正文同样的词组还有同音甲20B73。该字又见掌
　　　　　中珠甲29A22；同义15A6；碎金10A6 等。合编甲07.062 有该字的详细材料。

21B51 𗙊𗱲 ŋjow 2.48 tsji 2.10（虫名）
　　［背隐］ 𗥤𗗓

蛆虫

　　［按语］背隐指出正文的类别为"蛆虫"之一种。参见下文同音丁30B43及其背隐。与正文同样的词组还有同音甲20B63、29B76；同义27B1等。合编甲07.063有该字的详细材料。

21B52 𗯟𗯟 ŋjow 2.48 nji 2.60 海珠

　　［背隐］𗯟𗯟

　　　　　海珠

　　［按语］背隐注明了该词的汉语读音。与正文同样的词组还有同音甲20B64。该字又见同义18A3。合编甲07.064有该字的详细材料。聂I430录背隐内容。

21B53 𗯟𗯟 ŋjow 2.48 rjur 1.76 怜惜

　　［背隐］𗯟𗯟

　　　　　怜惜

　　［按语］背隐以同义词解释正文。与正文同样的词组还有同音乙51B25；同音甲20B66、51A31；文海刻①81B22；同义17B3等。

21B54 𗯟𗯟。gjii 2.12 ŋjow 2.48 起起

　　［背隐］𗯟𗯟𗯟𗯟𗯟

　　　　　斜起往模样

　　［按语］背隐的内容是对正文的解释。参见下文同音丁23A11及其背隐。与正文同样的词组还有同音甲20B72、22A26；同义19B5等。合编甲07.072有该字的详细材料。

21B55 𗯟𗯟 kju 1.59 guu 1.05 黑黑

　　［背隐］𗯟

　　　　　黑

　　［按语］背隐以同义词解释正文。参见下文同音丁25B75及其背隐。与正文同样的词组还有同音甲20B75、25A34；文海刻①11A61；同义16A5等。

21B56 𗯟𗯟 dzjwow 1.56 kju 1.59 鹦鹉

　　［背隐］𗯟𗯟

　　　　　唇红

　　［按语］背隐的内容是对正文的解释，指出此种鸟的特点。与正文同样的词组还有同音甲20B76。该字又见杂字乙09B3；同义27B4等。文海刻①64A71有该字的详细材料。

21B57 𗯟𗯟 kju 1.59 sji 1.11 橘树

　　［背隐］𗯟𗯟

　　　　　树名

　　［按语］背隐指出正文的类别为一"树名"。与正文同样的词组还有同音甲21A11；文海刻①64A72；杂字乙06B7等。该字又见同义09A4。合编甲07.081有该字的详细材料。

21B58 𗯟𗯟 kju 1.59 phu 1.01 地坤

　　［背隐］𗯟𗯟

土地

[按语] 背隐以同义词解释正文。参见上文同音丁05B47 及其背隐。与正文同样的词组还有同音甲04B54、20B77；文海刻①28A51；杂字乙04B5；掌中珠甲11B22（正文后该词的汉语译释即来源于此）；合编甲02.092；同义 25A4 等。

21B61 蕹薻 bji 1.11 kju 1.59 苗壮

[背隐] 薻蕹祷

活动摇

[按语] 背隐的内容是对正文的解释。参见上文同音丁03A72 及其背隐。与正文同样的词组还有同音甲02A72、20B78；文海刻①16B52；同义 23B3 等。

21B62 蕹翫繡 kju 1.59 mjɨr 1.86 mə 2.25 kju：族姓

[背隐] 镛彝

先祖

[按语] 背隐的内容是对正文的解释，指出这个族姓是一个先祖的姓氏。同音甲21A17 与丁种本正文表述相同。该字又见同义 07A1。文海刻①64B21 有该字的详细材料。

21B63 椴槪 kju 1.59 kjiwr 1.88 寒冷

[背隐] 椎飛

寒冷

[按语] 背隐以同义词解释正文。参见下文同音丁24A31 及其背隐。与正文同样的词组还有同音甲21A12、23A46；文海刻①64B22；合编甲24.051；同义 31A3 等。

21B64 緵蘸 kju 1.59 naa 2.19 葱

[背隐] 跶綟

食物

[按语] 原文蘸误为嫲。背隐音义指出正文的类别为"食物"之一种。与正文同样的词组还有同音甲21A13。该字又见杂字乙07B1；掌中珠甲15A22（正文后该词的汉语译释即来源于此）；同义 10A4 等。文海刻①64B31；合编甲07.101 等有该字的详细材料。

21B65 脤蕊 kju 1.59 guu 1.05 宝宝

[背隐] 攵

宝

[按语] 背隐以同义词解释正文。参见下文同音丁25B74 及其背隐。与正文同样的词组还有同音甲21A14、25A35；文海刻①64B32 等。该字又见同义 18A2。文海刻①64B32；合编甲07.102 等有该字的详细材料。

21B66 薇菥 kjwɨ 1.69 kju 1.59 礼拜

[背隐] 顡慨

行礼

[按语] 背隐以同义词解释正文。参见下文同音丁25A22 及其背隐。与正文同样的词组还有同音甲21A16；文海刻①39A41；杂字乙16A8；同义 03A3 等。

21B67 𗣼𗣟 kju 1.59 gjij 1.61 收割

[背隐] 𗣟𗣼

收割

[按语] 背隐以同义词解释正文。与正文同样的词组还有同音甲21A15、21B21；文海刻①64B41；合编甲21.142；同义26A5 等。

21B68 𗣼𗤋 kju 1.59 lhju 1.59 鞭带

[背隐] 𗤋𗣼

马鞭

[按语] 背隐以同义词解释正文。与正文同样的词组还有同音甲21A21；同义15A7 等。文海刻①64B42；合编甲07.111 等有该字的详细材料。

21B71 𗣼𗥍 。kju 1.59 tshwew 1.43 供养

[背隐] 𗥍𗣼𗥺

于佛神

[按语] 背隐的内容是对正文的解释。参见下文同音丁32A61 及其背隐。与正文同样的词组还有同音甲21A18、31B32；文海刻①53B22；掌中珠甲21A32（正文后该词的汉语译释即来源于此）等。

21B72 𗥨𗥮 zji 2.60 kia 1.18 买价

[背隐] 𗥨𗥯

买价

[按语] 背隐以同义词解释正文。与正义同样的词组还有同音甲21A23。该字又见杂字乙12B3；掌中珠甲21B34；同义24A6；碎金06A2 等。文海刻①25B21 有该字的详细材料。

21B73 𗦟𗦠 da 2.14 kia 1.18 老家

[背隐] 𗦡𗦢𗦣𗦤

父母老居

[按语] 背隐的内容是对正文的解释。参见上文同音丁15A56 及其背隐。与正文同样的词组还有同音甲14A68、21A24；文海刻①25B22；杂字乙16B1；同义05B5 等。

21B74 𗧀𗧁 tswa 1.17 kia 1.18 牢好

[背隐] 𗧂𗧃𗧄

已牢好

[按语] 背隐的内容是对正文的解释。参见下文同音丁33B32 及其背隐。与正文同样的词组还有同音甲21A26、33A21；文海刻①23B11；同义17B3 等。

21B75 𗧅𗧆 kia 1.18 gju 2.03 器皿

[背隐] 𗧇𗧈𗧉𗧊

盛食物用

[按语] 背隐的内容是对正文的解释，指出其用途。参见下文同音丁24A21 及其背隐。与正文同样的词组还有同音甲21A25、23A36；文海刻①25B32；杂字乙18A8；掌中

珠甲23A22（正文后该词的汉语译释即来源于此）；同义14B1；碎金08A5 等。

21B76 㗊㗊 phə 2.25 kia 1.18 陶罐

    [背隐] 㗊㗊㗊

          棱陶器

    [按语] 背隐的内容是对正文的解释。参见上文同音丁05A52 及其背隐。与正文同样的词组还有同音甲04A66、21A28；文海刻①25B33；杂字乙18B1；同义14B5 等。

21B77 㗊㗊 kiew 2.39 kia 1.18 参差

    [背隐] 㗊㗊㗊㗊

          不合争物

    [按语] 背隐的内容是对正文的解释。与正文同样的词组还有同音甲21A31；掌中珠乙30B12（正文后该词的汉语译释即来源于此）；碎金10A5 等。

21B78 㗊㗊 。kia 1.18 lu 1.01 锅炉

    [背隐] 㗊㗊㗊

          熬胶用

    [按语] 背隐的内容是对正文的解释，指出其用途。与正文同样的词组还有同音甲21A32。该字又见同义14A4。文海刻①25B42；合编甲07.132 等有该字的详细材料。

22A11 㗊㗊 dze 1.08 kia 2.15 雁鸭

    [背隐] 㗊㗊

          水鸟

    [按语] 背隐指出正文的类别为一"鸟名"，而且这种鸟是生活于水中的。参见下文同音丁31B33 及其背隐。与正文同样的词组还有同音甲21A27、30B74；杂字乙09B2；掌中珠甲16B32（正文后该词的汉语译释即来源于此）；同义27B5 等。

22A12 㗊㗊 。mji 2.28 kia 2.15 （树名）

    [背隐] 㗊

          树

    [按语] 背隐指出正文的类别为一"树名"（简化）。参见上文同音丁04B12 及其背隐。与正文同样的词组还有同音甲03B15、21A22；杂字乙06B6；同义09A4 等。

22A13 㗊㗊 ze 1.08 khu 2.01 小筐

    [背隐] 㗊㗊㗊㗊

          贮藏时袋

    [按语] 背隐的内容是对正文的解释。与正文同样的词组还有同音甲21A34。该字又见同义14B5。合编甲07.141 有该字的详细材料。

22A14 㗊㗊 。khu 2.01 sjwi 1.10 豺狼

    [背隐] 㗊㗊

          兽臭

    [按语] 背隐的内容是对正文的解释，指出"豺"这种兽的生理特征。与正文同样的词组还有同音乙39B75；同音甲21A33、39B24；文海刻①15B51；杂字乙10A5；掌中

珠_甲16B22（正文后该词的汉语译释即来源于此）；同义 27A5 等。

22A15 蔽ź khu 1.01 nji 2.60 碧珊珠

[背隐] 繎雞

色青

[按语] 背隐的内容是对正文的解释。与正文同样的词组还有同音_甲21A35；文海_刻①
06A12；杂字_乙05B3；掌中珠_甲12B32（正文后该词的汉语译释即来源于此）；同
义 18A3；碎金 07B2 等。

22A16 散夼 sjij 2.54 khu 1.01 知识

[背隐] 脈縦毛巍

知悟有慧

[按语] 背隐的内容是对正文的解释。与正文同样的词组还有同音_甲21A36；文海_刻③
04A73 等。该字又见同义 03A2。文海_刻①06A13 有该字的详细材料。聂Ⅱ223 录
背隐内容。

22A17 蕤燕 zjuu 1.06 khu 1.01 铃铎

[背隐] 荔舵

喊铃

[按语] 背隐注明了该词的汉语读音。与正文同样的词组还有同音_乙50B67；同义_甲
21A37、50B11；文海_刻①06A21；同义 01B5 等。合编_甲07.152 有该字的详细材
料。

22A18 繹瓷 。tśjwow 2.49 khu 1.01 奉献

[背隐] 徉㣲㣲㣲

于佛神帝

[按语] 背隐的内容是对正文的解释。与正文同样的词组还有同音_乙40B16；同音_甲
21A38、40A36 等。该字又见同义 24A1。文海_刻①06A22 有该字的详细材料。

22A21 繎瓷 dźjwow 1.56 khu 1.01 （鸟名）

[背隐] 未注

[按语] 背隐对正文未作解释，原因不详，估计属于遗漏所致。与正文同样的词组还有同
音_甲21A42 等。该字又见杂字_乙09B4；同义 27B3 等。文海_刻①06A31 有该字的详
细材料。

22A22 繎瓷 。khu 1.01 ka 2.14 厌弃

[背隐] 澈㵄綃瓷

嫌弃厌弃

[按语] 背隐以同义词解释正文。与正文同样的词组还有同音_甲21A41；文海_刻①35B32；
合编_甲10.142 等。

22A23 蘿蕤 kwə 2.25 twər 1.84 瘤结

[背隐] 蕤緒絣

树圆粒

[按语] 背隐的内容是对正文的解释。参见上文同音丁 19B45 及其背隐。与正文同样的词组还有同音甲 19A28、21A43；文海刻①87B31；同义 09B2 等。

22A24 𗣜𗤉 kwə 2.25 lu 2.01 绳索

　　[背隐] 𗣜𗤉

　　　　绳索

　　[按语] 背隐以同义词解释正文。与正文同样的词组还有同音乙 49A58；同音甲 21A44、48B68；文海刻①56B62；杂字乙 23A6；合编甲 07.202；同义 15B1 等。聂 I 342 录背隐内容。

22A25 𗤃𗤉 kwə 2.25 lej 2.30 破裂

　　[背隐] 𗤉𗤃

　　　　破裂

　　[按语] 背隐以同义词解释正文。与正文同样的词组还有同音甲 21A47、54B62；文海刻①88A61 等。该字又见同义 26A6。合编甲 07.171 有该字的详细材料。

22A26 𗀼𗤉 nər 2.76 kwə 2.25 风湿病

　　[背隐] 𗀼𗖒𗤉𗀼𗗷

　　　　指粗变弯曲

　　[按语] 背隐的内容是对正文的解释。与正文同样的词组还有同音甲 21A48。该字又见同义 26B2。合编甲 07.172 有该字的详细材料。

22A27 𗅡𗤉 kwə 2.25 zew 2.38 嚎叫

　　[背隐] 𗅡𗤉

　　　　喊叫

　　[按语] 背隐以同义词解释正文。与正文同样的词组还有同音甲 21A51。该字又见同义 08A5。合编甲 07.173 有该字的详细材料。

22A28 𗤙𗤉 ŋjow 2.48 kwə 2.25 海螺

　　[背隐] 𗤉𗤙/𗤙𗤉

　　　　所吹/海螺

　　[按语] 背隐的内容是对正文的解释，指出其用途；然后注明了该词的汉语读音。与正文同样的词组还有同音甲 21A52；掌中珠甲 21A22（正文后该词的汉语译释即来源于此）等。该字又见同义 01B6。合编甲 07.174 有该字的详细材料。

22A31 𗤊𗤉 。kwə 2.25 wer 1.77 听闻

　　[背隐] 𗤊𗤉𗤋

　　　　用耳听

　　[按语] 背隐的内容是对正文的解释。参见上文同音丁 11A55 及其背隐。与正文同样的词组还有同音甲 10A55、21A53；文海刻①82A71；同义 08B2 等。聂 II 246 录背隐内容。

22A32 𗤌𗤍 kwə 1.27 wjij 2.54 背后

　　[背隐] 𗤌𗤍

　　　　背后

　　[按语] 背隐以同义词解释正文。参见上文同音丁11B11及其背隐。与正文同样的词组还
　　　　　　有同音甲10B11；文海刻①34B51；杂字乙16B4；合编甲03.091等。

22A33 𘌥鹿 kwə 1.27 lu 2.01 幸运

　　[背隐] 𗄟𗣜𗗋𗤁

　　　　物坏主好

　　[按语] 背隐的内容是对正文的解释。与正文同样的词组还有同音乙49A66；同音甲
　　　　　　21A45、48B78；文海刻①26A52；合编甲18.033；同义07B6等。

22A34 𗲏𘂛 。kwə 1.27 lu 2.01 毡

　　[背隐] 𗥪𗒘𗒷𗤑

　　　　帐毡头遮

　　[按语] 背隐的内容是对正文的解释。与正文同样的词组还有同音乙49A71；杂字乙18A2
　　　　　　等。该字又见同义14B4。合编甲07.184有该字的详细材料。

22A35 𗣼𘃸 rjir 2.77 ku 2.51 栱棚堂

　　[背隐] 𗤁�892𗤓𗤽

　　　　天神有处

　　[按语] 背隐的内容是对正文的解释。与正文同样的词组还有同音乙48A71；同音甲
　　　　　　21A55、51A65；杂字乙17B3；掌中珠甲22A12（正文后该词的汉语译释即来源于
　　　　　　此）等。

22A36 𗙻𘃿 khjii 2.29 ku 2.51 口腔

　　[背隐] 𗦳𗤼𗤄

　　　　口里面

　　[按语] 背隐的内容是对正文的解释。参见下文同音丁28A14及其背隐。与正文同样的词
　　　　　　组还有同音甲21A56、28A18；文海刻③11A22；同义03B4等。

22A37 𘃿𗙻 ku 2.51 wa 2.56 内宫

　　[背隐] 𗤁𗥫𗤓𗤽

　　　　天子居处

　　[按语] 背隐的内容是对正文的解释。参见上文同音丁11B16及其背隐。与正文同样的词
　　　　　　组还有同音甲10B14、21A58；文海刻①73B31；杂字乙17B2；同义13B4；碎金
　　　　　　03B3等。

22A38 𗼃𘃿 ku 2.51 djir 2.77 表里

　　[背隐] 𗷸𗣱

　　　　结合

　　[按语] 背隐的内容是对正文的解释。参见上文同音丁16B11及其背隐。与正文同样的词
　　　　　　组还有同音甲15B26、21A57；掌中珠甲26A22（正文后该词的汉语译释即来源于
　　　　　　此）；合编甲22.061等。

22A41 𗧿𘃸 zu 2.01 ku 2.51 系缚

[背隐] 魏骹
系缚

［按语］背隐以同义词解释正文。与正文同样的词组还有同音乙54A33；同音甲21A61、53B75；文海刻①18B52；合编甲01.152；同义15B2等。

22A42 覆翰 。bju 1.02 ku 2.51 兄弟
　　［背隐］絅翗
　　　　兄弟
　　［按语］背隐以同义词解释正文。参见上文同音丁06A32及其背隐。与正文同样的词组还有同音甲05A37、21A62；文海刻①07A31；杂字乙15B1；同义05B1等。

22A43 綜硪 tshjwu 1.03 ŋwər 1.84 天乾
　　［背隐］幐
　　　　天
　　［按语］背隐以同义词解释正文。参见下文同音丁33A68及其背隐。与正文同样的词组还有同音甲21A63、32B54等。文海刻①87B61；合编甲07.204等有该字的详细材料。

22A44 蔽菝 kwej 1.33 ŋwər 1.84 四四
　　［背隐］骹缀
　　　　数四
　　［按语］背隐的内容是对正文的解释。参见下文同音丁26B57及其背隐。与正文同样的词组还有同音甲21A65、26A22；文海刻①43B61；同义21B7等。合编甲10.051有该字的详细材料。

22A45 頦释 ŋwər 1.84 ka 1.63 七七
　　［背隐］骹薆
　　　　数七
　　［按语］背隐的内容是对正文的解释。参见下文同音丁22B14及其背隐。与正文同样的词组还有同音甲21A67、21B35；文海刻①69B31；同义22A1等。合编甲07.212有该字的详细材料。

22A46 巍秕 tshjwu 1.03 ŋwər 1.84 青青
　　［背隐］绿祯
　　　　颜色
　　［按语］背隐指出正文的类别为一"颜色"。参见下文同音丁33A71及其背隐。与正文同样的词组还有同音甲21A73、32B55等。该字又见杂字乙09B4；掌中珠乙07A32（正文后该词的汉语译释即来源于此）；同义16A4等。文海刻①87B73；合编甲07.213等有该字的详细材料。

22A47 禤襦 ɣwə 2.25 ŋwər 1.84 妻眷
　　［背隐］缵絾
　　　　妻眷
　　［按语］背隐以同义词解释正文。与正文同样的词组还有同音乙43A67；同音甲21A66、

42B44；杂字_乙 15A7；同义 06A1 等。文海_刻①88A11；合编_甲 07.221 等有该字的详细材料。聂 I 431 录背隐内容。

22A48 𗦤𗼇 。ŋwər 1.84 ·jiw 2.40 老七

[背隐] 𗱣𗏵𗵘

第七个兄弟

[按语] 背隐的内容是对正文的解释。与正文同样的词组还有同音_甲 21A71；文海_刻①88A12；杂字_乙 15A1；合编_甲 08.072 等。

22A51 𗡪𗡋 tsə 1.68 ŋwər 2.76 青色

[背隐] 𗧃𗨁

颜色

[按语] 背隐指出正文的类别为一"颜色"。与正文同样的词组还有同音_甲 21A64。该字又见杂字_乙 15B5；同义 16A6 等。合编_甲 07.223 有该字的详细材料。

22A52 𗥴𗟲 tsji 2.10 ŋwər 2.76 潮湿

[背隐] 𗈝/𗟲

地/湿

[按语] 背隐的内容是对正文的解释。背隐音义二字分别与正文大、小字组成词组"𗟲𗈝、𗥴𗟲"（湿地、潮湿）。与正文同样的词组还有同音_甲 21A74。该字又见同义 09A1。合编_甲 07.224 有该字的详细材料。

22A53 𗄹𗪊 ŋo 2.42 ŋwər 2.76 病愈

[背隐] 𗀀/𗉫

已/停

[按语] 背隐的内容是对正文的解释。背隐音义二字分别与正文大、小字组成词组"𗀀𗪊、𗄹𗉫"（已愈、病停）。与正文同样的词组还有同音_甲 21A75。该字又见同义 23A1。合编_甲 07.231 有该字的详细材料。

22A54 𗴧𗵫 。ŋwər 2.76 njij 2.33 彩帛

[背隐] 𗠝

丝

[按语] 背隐以同义词解释正文，彩帛乃丝绸之一种。参见上文同音_丁 14B18 及其背隐。与正文同样的词组还有同音_甲 13B31、21A72；杂字_乙 05B7；掌中珠_甲 26A12（正文后该词的汉语译释即来源于此）；合编_甲 07.232；同义 18A4 等。

22A55 𗪊𗡋 zji 2.10 ŋowr 2.82 悉皆

[背隐] 𗋐𗴘

一切

[按语] 背隐以同义词解释正文。与正文同样的词组还有同音_甲 21A76；同义 22A3 等。合编_甲 07.233 有该字的详细材料。

22A56 𗺛𗡍 njijr 2.68 ŋowr 2.82 嗔怒

[背隐] 𗴵𗭽𗈈𗵘

　　　　嗔怒不悦

　　[按语]　背隐先以同义词解释正文,再以反义词解释正文。参见上文同音丁18B78 及其背
　　　　　隐。与正文同样的词组还有同音甲18A63、21A77;文海刻①71A31 等。

22A57 𗆌𗥦 。dji 2.10 ŋowr 2.82 全具

　　[背隐]　𗥦𗆌𗆌𗥦
　　　　　无不圆满

　　[按语]　背隐的内容是对正文的解释。与正文同样的词组还有同音甲21A78;文海刻①
　　　　　66A21;合编英03.062;同义22B7 等。

22A58 𗇋𗇋 gjaa 2.21 ŋwe 1.08 安乐

　　[背隐]　𗇋𗇋
　　　　　安乐

　　[按语]　背隐以同义词解释正文。与正文同样的词组还有同音甲21B11。该字又见同义
　　　　　23B5。合编甲08.013 有该字的详细材料。

22A61 𗥦𗆌 gjaa 2.21 kjur 2.70 灵巧

　　[背隐]　𗆌𗥦𗆌𗥦
　　　　　巧勇作办

　　[按语]　背隐的内容是对正文的解释。参见下文同音丁23B33 及其背隐。与正文同样的词
　　　　　组还有同音甲21B12、22B47;合编丙B25;同义10B1 等。

22A62 𗥦𗆌 gjaa 2.21 lhju 2.52 吞咽

　　[背隐]　𗆌𗥦
　　　　　饮食

　　[按语]　背隐的内容是对正文的解释。与正文同样的词组还有同音乙48B27;同义甲
　　　　　21B13、48A34;文海刻③21A31;合编甲12.041 等。

22A63 𗆌𗥦 kjwɨ 1.30 gjaa 2.21 愚笨

　　[背隐]　𗆌𗥦𗆌𗥦𗆌
　　　　　愚笨不巧善

　　[按语]　背隐先以同义词解释正文,再以反义词解释正文。参见下文同音丁26A67 及其背
　　　　　隐。与正文同样的词组还有同音甲21B14、25B24;同义30B4 等。

22A64 𗥦𗆌 kwej 1.33 gjaa 2.21 蹄疾

　　[背隐]　𗆌𗥦𗆌𗥦𗆌
　　　　　马蹄瘸蹄病

　　[按语]　背隐的内容是对正文的解释。与正文同样的词组还有同音甲21B15。该字又见同
　　　　　义31A7。合编甲08.023 有该字的详细材料。

22A65 𗥦𗆌𗆌 gjaa 2.21 lji 2.61 mjiij 2.35 gjaa:地名

　　[背隐]　𗥦/𗆌
　　　　　mə/wjor

　　[按语]　根据《同音》以及合编甲08.024 的解释,应该是背隐音义中"𗥦"及"𗆌"分

别与正文大字组词形成不同的地名。同音_甲21B16 与丁种本正文表述相同。合编_甲08.024有该字的详细材料。

22A66 蘱薇 。gjaa 2.21 sji 1.11 木杆

[背隐] 蘱薇薇薇薇

挂旗处花杆

[按语] 背隐的内容是对正文的解释；然后注明了该词的汉语读音。该字又见同义01B6。

22A67 蘱微 tsjiir 1.93 gjij 1.61 选择

[背隐] 蘱蘱薇薇

好坏分离

[按语] 背隐的内容是对正文的解释。参见下文同音_丁32B32 及其背隐。与正文同样的词组还有同音_甲21B18、31B78；文海_刻①67B62；杂字_乙16A2；同义 22B1；碎金 07B1 等。

22A68 蘱薇 kjwi 2.60 gjij 1.61 割取

[背隐] 薇薇

谷物

[按语] 背隐的内容是对正文的解释，指出该动词作用的对象。与正文同样的词组还有同义 26A5（颠倒）；碎金08A3 等。文海_刻①67B71；合编_甲 08.033 等有该字的详细材料。

22A71 蘱薇 。tshji 2.09 gjij 1.61 本利

[背隐] 蘱薇薇薇

本上利来

[按语] 背隐的内容是对正文的解释。与正文同样的词组还有同音_甲21B22。该字又见掌中珠_甲29B22；同义 10B3；碎金 07A6 等。文海_刻①67B72；合编_甲08.041 等有该字的详细材料。

22A72 蘱薇 gjij 2.54 sji 1.11 红木

[背隐] 薇薇

红木

[按语] 背隐的内容是对正文的解释。与正文同样的词组还有同音_甲21B23。该字又见杂字_乙06B8；同义 09A7 等。合编_甲08.042 有该字的详细材料。聂 I 513 录背隐内容。

22A73 蘱薇 gjij 2.54 thji 2.61 鞍带

[背隐] 蘱薇薇

鞍上有

[按语] 背隐的内容是对正文的解释。参见上文同音_丁18B33 及其背隐。与正文同样的词组还有同音_甲17B73、21B24；同义 15A5 等。

22A74 蘱慪 wie 2.08 gjij 2.54 煨烧

[背隐] 蘱薇薇薇薇

炖熟限使多

[按语] 背隐的内容是对正文的解释。与正文同样的词组还有同音_甲 21B25；杂字_乙 19A4；同义 11A4 等。

22A75 緀𦓻 njaa 2.18 gjij 2.54 粪屎

[背隐] 𢕾𦓻𦓻

不净粪

[按语] 背隐先以反义词解释正文，再以同义词解释正文。与正文同样的词组还有同音_甲 21B26；合编_甲 13.041 等。该字又见同义 32A1。合编_甲 08.052 有该字的详细材料。

22A76 𪒠𦓻 。gju 2.52 gjij 2.54 身体

[背隐] 𢆡𦓻

身体

[按语] 背隐以同义词解释正文。参见下文同音_丁 24B52 及其背隐。与正文同样的词组还有同音_甲 21B27、23B71；文海_刻①55B41；合编_甲 12.112；同义 03B1 等。聂Ⅱ615 录背隐内容。

22A77 𣀼𦓻 · jiw 2.40 ka 1.63 生命

[背隐] 𣀼𦓻𦓻

生命依靠处

[按语] 背隐的内容是对正文的解释。与正文同样的词组还有同音_甲 21B28；同义 23B3 等。该字又见掌中珠_甲 18B32；同义 23B3 等。文海_刻①69B11；合编_甲 08.054 等有该字的详细材料。

22A78 𦓻𦓻 njiij 1.39 ka 1.63 轴心

[背隐] 𦓻𦓻𦓻𦓻

柱杖依处

[按语] 背隐的内容是对正文的解释。与正文同样的词组还有同音_甲 21B31。该字又见同义 16B6。文海_刻①69B12 有该字的详细材料。

22B11 𦓻𦓻 mej 2.30 ka 1.63 拔毛

[背隐] 𦓻ㄥ𦓻𦓻

拉扯牵扯

[按语] "ㄥ"代表该字与前一字重复。背隐音义的内容是对正文大字的解释。与正文同样的词组还有同音_甲 21B32。该字又见同义 15B6。文海_刻①69B21；合编_甲 08.062 等有该字的详细材料。

22B12 𦓻𦓻 yu 1.04 ka 1.63 头监

[背隐] 𦓻𦓻𦓻𦓻𦓻

主持主持

[按语] 背隐的内容是对正文的解释。与正文同样的词组还有同音_甲 21B33；文海_刻①69B22；合编_甲 13.112 等。合编_甲 08.063 有该字的详细材料。聂Ⅱ380 录背隐内

容。

22B13 𗄑𗰖 pja 1.64 ka 1.63 掌握

[背隐] 𗀔𗴮𗴕𗵘

手内藏持

[按语] 背隐的内容是对正文的解释。参见上文同音丁07A26 及其背隐。与正文同样的词组还有同音甲06A38、21B34 等。

22B14 𗽃𗰖 ŋwər 1.84 ka 1.63 七七

[背隐] 𗤓𗴮

数七

[按语] 背隐的内容是对正文的解释。参见上文同音丁22A45 及其背隐。与正文同样的词组还有同音甲21A67、21B35；文海刻①69B31；同义22A1 等。

22B15 𗴟𗰖 。wjɨ 2.61 ka 1.63 东方

[背隐] 𗴟𗰖𗤶

东东方

[按语] 背隐以同义词解释正文。与正文同样的词组还有同音甲21B45。该字又见同义16B3。文海刻①69B32；合编甲08.073 等有该字的详细材料。

22B16 𗠋𗴕 dzjij 2.32 ka 2.56 网纪

[背隐] 𗴟𗵘

绳索

[按语] 背隐的内容是对正文的解释。与正文同样的词组还有同音乙37B32；同音甲21B41、36B71；文海刻③17B51；合编甲07.163；同义15B1 等。聂Ⅰ234 录背隐内容。

22B17 𗝾𗴮 sju 2.03 ka 2.56 冬衣

[背隐] 𗤓𗴮

冬衣

[按语] 背隐的内容是对正文的解释。与正文同样的词组还有同音甲21B37。该字又见同义12B3。合编甲08.081 有该字的详细材料。

22B18 𗣼𗴮 bjij 1.36 ka 2.56 破烂

[背隐] 𗣼𗴕𗴕𗴮

陋旧不新

[按语] 背隐的内容是对正文的解释。与正文同样的词组还有同音甲21B36；文海刻③21A52 等。该字又见同义12B3。合编甲08.082 有该字的详细材料。

22B21 𗸰𗷦 dza 2.14 ka 2.56 等量

[背隐] 𗴟𗸰

平头

[按语] 背隐的内容是对正文的解释。与正文同样的词组还有同音甲21B38；文海刻①11A51 等。该字又见同义21B4。合编甲08.083 有该字的详细材料。

22B22 𗿳𗈁 · jiij 1.39 ka 2.56 刨

    [背隐] 𗈁𗤳𗈁

        手耙楼

    [按语] 背隐的内容是对正文的解释。与正文同样的词组还有同音甲21B42；纂要08B1
        等。该字又见同义22B7。合编甲08.084有该字的详细材料。

22B23 𗫂𗫖 dzji 1.30 ka 2.56 准分

    [背隐] 𗤧𗤳𗤟𗫂𗫖

        轻重无差别

    [按语] 背隐的内容是对正文的解释。与正文同样的词组还有同音甲21B43。该字又见同
        义22B4。

22B24 𗫂𗈁 。 kaar 1.83 ka 2.56 戥子

    [背隐] 𗈁𗫖

        戥子

    [按语] 背隐注明了正文大字的汉语读音。纂要09B2：𗫂𗈁(汉语称谓)；𗈁𗫖(汉语戥
        子)。在《纂要》中对正文大小字的意思分别交代的很清楚。与正文同样的词组
        还有同音甲21B44。该字又见同义14B6。从《同音》正文来看，二字组成了一个
        词组。从背隐音义的注释来看，正文显然是一个偏正词组，"戥"是中心词，
        "称"是修饰词，指"戥"是"称"的"戥"。故二字联合起来，表达的就是
        "戥子"这个概念。

22B25 𗫂𗈁 tsow 1.54 kiej 1.34 残缺

    [背隐] 𗈁𗤳𗤟𗫖

        残缺不全

    [按语] 背隐先以同义词解释正文，再以反义词解释正文。参见下文同音丁33A14及其背
        隐。与正文同样的词组还有同音甲21B62、32A71；文海刻①60A51；同义31B3
        等。

22B26 𗫂𗈁 kiej 1.34 na 2.56 骂詈

    [背隐] 𗫂𗈁

        坏话

    [按语] 背隐的内容是对正文的解释。参见上文同音丁19B36及其背隐。与正文同样的词
        组还有同音甲19A18、21B57；文海刻①44B22；同义29B2等。

22B27 𗫂𗈁 kiej 1.34 dzwa 1.17 短矮

    [背隐] 𗈁𗤳𗤟𗫖

        匀称体小

    [按语] 背隐的内容是对正文的解释。与正文同样的词组还有同音乙34B28；同音甲
        21B55、34A28；合编甲05.052；同义04B3等。

22B28 𗫂𗈁 kiej 1.34 kio 1.50 驱赶

[背隐] 𗄈𗄈𗄈𗄈

逼近使来

[按语] 背隐的内容是对正文的解释。与正文同样的词组还有同音甲21B47、21B56 等。该字又见杂字乙21A3；同义25A2 等。文海刻①44B31 有该字的详细材料。

22B31 𗄈𗄈 ku 1.04 kiej 1.34 犁弯

[背隐] 𗄈𗄈𗄈𗄈／𗄈

犁颈上有／箍

[按语] 背隐的内容是对正文的解释。参见下文同音丁25A78 及其背隐。与正文同样的词组还有同音甲21B52、24B31；文海刻①44B32；同义15A3 等。

22B32 𗄈𗄈。ku 1.04 kiej 1.34 凤凰

[背隐] 𗄈𗄈𗄈

鸟天子

[按语] 背隐的内容是对正文的解释。参见下文同音丁25A77 及其背隐。与正文同样的词组还有同音甲21B53、24B32；文海刻①44B41；杂字乙09B1；掌中珠甲16B22（正文后该词的汉语译释即来源于此）；同义27B2 等。

22B33 𗄈𗄈 goor 1.94 kiej 1.34 君子

[背隐] 𗄈𗄈𗄈

有技艺

[按语] 背隐的内容是对正文的解释。参见下文同音丁28A51 及其背隐。与正文同样的词组还有同音甲21B46、27B34；文海刻①92B41；合编甲17.151；同义17A4 等。

22B34 𗄈𗄈 khjɨ 1.30 kiej 1.34 脚掌

[背隐] 𗄈𗄈𗄈

手掌（手内表）

[按语] 背隐的内容是对正文的解释。与正文同样的词组还有同音甲21B48；杂字乙17A2 等。该字又见杂字乙17A2；同义04A6 等。

22B35 𗄈𗄈 kiə 2.26 kiej 2.31 颈椎

[背隐] 𗄈𗄈𗄈

颈骨节

[按语] 背隐的内容是对正文的解释。参见下文同音丁23A67 及其背隐。与正文同样的词组还有同音甲21B51、24B15；杂字乙16B7；同义03B6 等。聂Ⅰ307 录背隐内容。

22B36 𗄈𗄈 phjii 1.14 kiej 2.31 遣送

[背隐] 𗄈𗄈

遣送

[按语] 背隐以同义词解释正文。参见上文同音丁08B33 及其背隐。与正文同样的词组还有同音甲07B74、21B54；文海刻①35A72；合编甲21.052；碎金08B2 等。聂Ⅱ612 录背隐内容。

22B37 𗄈𗄈 phji 1.11 kiej 2.31 奴仆

[背隐] 𗏇𗝠𗝥
女奴仆

[按语] 背隐的内容是对正文的解释。参见上文同音丁05A15及其背隐。与正文同样的词组还有同音甲04A23、21B58；文海刻①16A61；杂字乙16A6；合编甲02.072；同义25A3等。聂Ⅱ612录背隐内容。

22B38 𗏇𗙏 kiej 2.31 khjij 2.33 驱赶

[背隐] 𗏇𗙏𗏇𗙏
逼迫到来

[按语] 背隐的内容是对正文的解释。与正文同样的词组还有同音甲21B47、21B56等。该字又见杂字乙21A3；同义25A2等。

22B41 𗏇𗙏 。zjij 2.54 kiej 2.31 作为

[背隐] 𗙏—𗏇𗙏
作为已作

[按语] 背隐的内容是对正文的解释。背隐音义中的"—"所表达的意思我们目前无法猜透（仅此一处），代表《同音》正文中的大字吗？目前还没有见到此字重复使用的例证，姑且存疑。与正文同样的词组还有同音甲21B61。该字又见同义17B5。

22B42 𗏇𗙏 lhja 1.20 khjij 1.36 敞开

[背隐] 𗏇𗙏𗏇𗙏
仰置使干

[按语] 背隐的内容是对正文的解释。与正文同样的词组还有同音甲21B63、55A32等。该字又见杂字乙04B5；同义13A2等。文海刻①47B11有该字的详细材料。

22B43 𗏇𗙏𗏇 khjij 1.36 mjir 1.86 mə 2.25 khjij：族姓

[背隐] 𗙏
dji
.

[按语] 背隐中"𗙏"字，与大字"𗏇"组成复姓"𗏇𗙏"，该西夏复姓又见文海刻①47B12。同音甲21B67与丁种本正文表述相同。该字又见杂字乙12B2；掌中珠甲21A14；同义06B6；碎金05A2等。文海刻①47B12有该字的详细材料。

22B44 𗏇𗙏 phe 1.08 khjij 1.36 灰白

[背隐] 𗏇𗙏
颜色

[按语] 背隐指出正文的类别为一"颜色"。参见上文同音丁07B24及其背隐。与正文同样的词组还有同音甲06B43、21B68；文海刻①47B21等。

22B45 𗏇𗙏 。phja 1.20 khjij 1.36 （树名）

[背隐] 𗏇𗙏
树名

[按语] 背隐指出正文的类别为一"树名"。参见上文同音丁06A77及其背隐。与正文同样的词组还有同音甲05B17、21B71；文海刻①28A11；杂字乙07A2；同义09B2

等。

22B46 𦬁𦽝 khjij 1.36 to 1.70（树名）

　　[背隐] 𦬯𦽙𦬁𦽝

　　　　竹类有节

　　[按语] 背隐的内容是对正文的解释。参见上文同音丁16A45及其背隐。与正文同样的词组还有同音甲15A56、21B65；文海刻①77B32；杂字乙07A1；同义09A3等。

22B47 𦬁𦽝 khjij 1.36 to 1.70 西西

　　[背隐] 𦬯𦽙

　　　　本西

　　[按语] 背隐的内容是对正文的解释。参见上文同音丁16A44及其背隐。与正文同样的词组还有同音甲15A57、21B64；文海刻①70A72；同义16B4等。聂Ⅱ426录背隐内容。

22B48 𦬁𦽝 khji 2.10 khjij 1.36 砍割

　　[背隐] 𦬯𦽙

　　　　砍割

　　[按语] 背隐以同义词解释正文。参见下文同音丁23A34及其背隐。与正文同样的词组还有同音甲21B72、22A55等。该字又见同义26A5。

22B51 𦬁𦽝 khji 1.30 khjij 1.36 侄子

　　[背隐] 𦬯𦽙

　　　　下辈

　　[按语] 背隐的内容是对正文的解释。参见下文同音丁25B23及其背隐。与正文同样的词组还有同音甲22A11、24B45；文海刻①38B41；杂字乙14B8；同义05B3等。

22B52 𦬁𦽝 · jur 1.76 khjij 1.36 畜养

　　[背隐] 𦬯𦽙𦬁𦽝𦽝

　　　　使得吃穿给

　　[按语] 背隐的内容是对正文的解释。与正文同样的词组还有同音乙43B31；同义甲21B77、42B75；文海刻①81A52；掌中珠甲21B32（正文后该词的汉语译释即来源于此）；合编甲04.132等。

22B53 𦬁𦽝 ° khji 1.30 khjij 1.36 脚腿

　　[背隐] 𦬯𦽙𦬁𦽝

　　　　下肢逆壕

　　[按语] 背隐的内容是对正文的解释。与正文同样的词组还有同音甲21B78；同义04A6等。

22B54 𦬁𦽝 nji 2.28 khjij 2.33 至到

　　[背隐] 𦬯𦽙𦬁𦽝

　　　　告到官家

　　[按语] 背隐的内容是对正文的解释。与正文同样的词组还有同音甲21B73；文海刻①

68A32 等。该字又见同义 29A1；碎金 03B5 等。

22B55 𗏴𗉝 khjij 2.33　yjir 1.86　巫巫

　　［背隐］𗏴
　　　　　巫

　　［按语］背隐以同义词解释正文。与正文同样的词组还有同音乙42B25；同音甲21B74、
　　　　　41B73；文海刻①89A52 等。该字又见同义 02B6。

22B56 𗏲𗉝 dźjwow 1.56　khjij 2.33　鹁鸽

　　［背隐］未注
　　［按语］背隐对正文未作解释，原因不详，估计属于遗漏所致。与正文同样的词组还有同
　　　　　音甲21B76。该字又见杂字乙09B3；掌中珠甲17A12（正文后该词的汉语译释即来
　　　　　源于此）；同义 27B6 等。

22B57 𗏪𗉝 bieej 1.38　khjij 2.33　安乐

　　［背隐］𗏪𗉝
　　　　　富贵

　　［按语］背隐的内容是对正文的解释。与正文同样的词组还有同音甲21B75。该字又见同
　　　　　义 22B4。

22B58 𗉝𗏾 。khjij 2.33　śja 2.16　麝

　　［背隐］𗏾
　　　　　兽

　　［按语］背隐音义指出正文所属的类别为一"兽名"（简化）。与正文同样的词组还有同
　　　　　音乙36A63；同音甲21B66、35B33；杂字乙10A7；同义 27A6 等。

22B61 𗎨𗎩 rar 2.73　kwa 1.17　度过

　　［背隐］𗎨𗎩𗎪𗎩
　　　　　年月日过

　　［按语］背隐的内容是对正文的解释。与正文同样的词组还有同音甲22A12。该字又见同
　　　　　义 20A2。文海刻①24B13 有该字的详细材料。

22B62 𗎫𗉫 。kwa 1.17　tsjir 1.86　系缚

　　［背隐］𗎫𗉫
　　　　　系缚

　　［按语］背隐以同义词解释正文。与正文同样的词组还有同音甲22A13；文海刻①24B21
　　　　　等。该字又见同义 12B4。文海刻①24B21 有该字的详细材料。

22B63 𗎬𗎭 na 1.17　kow 1.54　夜晚

　　［背隐］𗎬𗎭
　　　　　夜晚

　　［按语］背隐以同义词解释正文。与正文同样的词组还有同音甲22A14；文海刻①55B12；
　　　　　同义 31A2 等。

22B64 𗎮𗎯 kow 1.54　low 2.47　身体

[背隐] 𗰦𗗙
身体

[按语] 背隐以同义词解释正文。与正文同样的词组还有同音乙50A45；同音甲22A16、49B53；文海刻①60A12；杂字乙11B7；合编甲24.103；同义03B1 等。聂Ⅱ099 录背隐内容。

22B65 𗰧𗇋 kow 1.54 ka 1.17 坎陷

[背隐] 𗇋𗰧𗗙
地高低

[按语] 背隐的内容是对正文的解释。参见上文同音丁21B23 及其背隐。与正文同样的词组还有同音甲20B46、22A17；文海刻①60A21；同义25B1 等。

22B66 𗟲𗰨 。·ioow 1.57 kow 1.54 功用

[背隐] 𗇋𗰨𗰩𗰪
获得恩功

[按语] 背隐的内容是对正文的解释。与正文同样的词组还有同音甲22A18。该字又见掌中珠甲28A24；同义02A3 等。文海刻①60A22 有该字的详细材料。

22B67 𗰫𗰬 kow 2.47 nji 2.10 天子

[背隐] 𗰬𗰫
天子

[按语] 背隐以同义词解释正文。与正文同样的词组还有同音甲22A15；文海刻③19B51；碎金03B5 等。聂Ⅱ133 录背隐内容。

22B68 𗰭𗰮 。kow 2.47 tsja 1.19 阔步

[背隐] 𗰮𗰯𗰰
使阔行

[按语] 背隐的内容是对正文的解释。与正文同样的词组还有同音乙36B52；同义22B7 等。

22B71 𗰱𗰲 ŋewr 2.78 gjii 1.32 数九

[背隐] 𗰳𗰱
多数

[按语] 背隐的内容是对正文的解释。与正文同样的词组还有同音甲22A21；文海刻①42A73 等。该字又见杂字乙24A7；掌中珠甲04B12（正文后该词的汉语译释即来源于此）；同义22A1 等。文海刻①42A73 有该字的详细材料。

22B72 𗰴𗰵 。tshji 1.29 gjii 1.32 求索

[背隐] 𗰶𗰷𗰸𗰹
自进寻找

[按语] 背隐的内容是对正文的解释。与正文同样的词组还有同音乙40A17；同音甲22A25、39B46；文海刻①36A63；同义17A7 等。

22B73 𗰺𗰻 gjii 1.32 ka 1.17 分食

[背隐] 𘚔𘚔
分食

[按语] 背隐以同义词解释正文。参见上文同音丁21B24及其背隐。与正文同样的词组还有同音甲20B37、22A22；文海刻①23A42；杂字乙19A5；合编甲03.021；同义11A5等。

22B74 𘚔𘚔 。gjii 1.32 djii 1.14 迅雷

[背隐] 𘚔𘚔𘚔𘚔
震鸣音出

[按语] 背隐的内容是对正文的解释。参见上文同音丁20A58及其背隐。与正文同样的词组还有同音甲19B51、22A23；文海刻①19B71；杂字乙03A1；合编甲12.102等。

22B75 𘚔𘚔 wee 1.12 gjii 1.14 生产

[背隐] 𘚔𘚔𘚔𘚔
生产孩子

[按语] 背隐的内容是对正文的解释。与正文同样的词组还有同音甲22A27。该字又见杂字乙15B4；同义23B3等。文海刻①20A21有该字的详细材料。

22B76 𘚔𘚔𘚔 gjii 1.14 mjir 1.86 mə 2.25 gjii：族姓

[背隐] 未注

[按语] 背隐对正文未作解释。其实正文中小字对大字的注释已经非常清楚，故无需再作背隐音义。同音甲22A28与丁种本正文表述相同。该字又见掌中珠甲20A14；同义07A3；碎金06A5等。文海刻①20A31有该字的详细材料。

22B77 𘚔𘚔 sjwu 1.02 gjii 1.14 澄清

[背隐] 𘚔𘚔𘚔𘚔
清浊分离

[按语] 背隐的内容是对正文的解释。与正文同样的词组还有同音乙38A11；同音甲22A31、37A58；文海刻①41B51；杂字乙18A4；同义22B1等。

22B78 𘚔𘚔 。gjii 1.14 mjijr 2.68 乞丐

[背隐] 𘚔𘚔𘚔𘚔
诸处寻食

[按语] 背隐的内容是对正文的解释。与正文同样的词组还有同音甲22A32。该字又见同义25A3。文海刻①20A33有该字的详细材料。

23A11 𘚔𘚔 gjii 2.12 njow 2.48 起起

[背隐] 𘚔𘚔𘚔𘚔𘚔
斜起往模样

[按语] 背隐的内容是对正文的解释。参见上文同音丁21B54及其背隐。与正文同样的词组还有同音甲20B72、22A26；同义19B5等。

23A12 𘚔𘚔 kji 1.30 gjii 2.12 满足

[背隐] 𘚔𘚔

满足

［按语］背隐以同义词解释正文。与正文同样的词组还有同音甲22A33。该字又见同义28B6。

23A13 罳藱 。wow 1.54 gjii 2.12 需求

［背隐］茲䠶

需求

［按语］背隐以同义词解释正文。参见上文同音丁11B73 及其背隐。与正文同样的词组还有同音甲10B73、22A34 等。

23A14 緂氊 gji 2.28 ljow 2.49 技艺

［背隐］緂緂緂緒

计谋技艺

［按语］背隐以同义词解释正文。与正文同样的词组还有同音乙50B36；同音甲22A35、50A46；文海刻①05B51；合编甲02.171；同义17A5 等。

23A15 緂羍 gji 2.28 ka 1.17 中心

［背隐］緂緂

中心

［按语］背隐以同义词解释正文。参见上文同音丁21B21 及其背隐。与正文同样的词组还有同音甲20B55、22A36；文海刻①23A31；合编17.193；同义16B5 等。

23A16 緂氊·a？gji 2.28 ——

［背隐］罳緂

独一

［按语］背隐以同义词解释正文。与正文同样的词组还有同音乙44B28；同音甲22A38、44A28；文海刻①53A71 等。

23A17 緂氊 gji 2.28 thji 2.61 棺椁

［背隐］緂緂緂

枯尸袋

［按语］背隐的内容是对正文的解释。参见上文同音丁18B34 及其背隐。与正文同样的词组还有同音甲17B74、22A41；同义32A3 等。

23A18 緂氊 gji 2.28 mji 2.10 我吾

［背隐］緂慄緂

非他己

［按语］背隐的内容是对正文的解释。与正文同样的词组还有同音甲22A37。该字又见同义29A6。

23A21 緂氊 njii 2.29 gji 2.28 日夜

［背隐］緂緂

夜晚

［按语］背隐以同义词解释正文大字。参见上文同音丁18A16 及其背隐。与正文同样的词

组还有同音_甲17A48、22A42；文海_刻①22B31 等。

23A22 𗥤𗣟 。gji 2.28 ku 1.04 狭谷

　　[背隐] 𗇋𗣟𘈩

　　　　　山细岔

　　[按语] 背隐的内容是对正文的解释。参见下文同音_丁25A76 及其背隐。与正文同样的词
　　　　　组还有同音_甲22A43、24B28 等。该字又见同义 25B1。

23A23 𗳮𗥤 gu 2.01 ljwu 1.59 重栿

　　[背隐] 𗱧𗥤

　　　　　担栿

　　[按语] 背隐注明了"重栿"同类词"担栿"的汉语读音。也许是背隐音义作者误将
　　　　　"重栿"认作"担栿"，才有如此注音。与正文同样的词组还有同音_甲22A45；杂
　　　　　字_乙17B4；掌中珠_甲22A12（正文后该词的汉语译释即来源于此）等。

23A24 𗤶𗥤 gu 2.01 thwuu 1.05 共同

　　[背隐] 𗱧𗤛𗤶𗥤𘈩

　　　　　物多少人属

　　[按语] 背隐的内容是对正文的解释。参见上文同音_丁19A36 及其背隐。与正文同样的词
　　　　　组还有同音_甲18B22。该字的字形构造为：𗤶（𗤛）𗥤（𗥤）（共：gu 左内全）
　　　　　（文海_抄②31A4.06）。

23A25 𗤢𗥤 · a ？ gu 2.01 一辆

　　[背隐] 𗏹𘈩𗤢𗤉𗈂

　　　　　二合一一（辆）成

　　[按语] 背隐的内容是对正文的解释。与正文同样的词组还有同音_甲22A47。该字又见同
　　　　　义 21B7。

23A26 𗥤𗥤 gu 2.01 ka 1.17 中心

　　[背隐] 𗥤𗥤

　　　　　中心

　　[按语] 背隐以同义词解释正文。与正文同样的词组还有同音_甲22A48。该字又见杂字_甲
　　　　　03A3；掌中珠_甲03A32（正文后该词的汉语译释即来源于此）；同义 16B5；碎金
　　　　　03B6 等。

23A27 𗥤𗤢 。ya 1.17 gu 2.01 夫妻

　　[背隐] 𗼀𗤉𗤢𗥤𗤉

　　　　　男女共名

　　[按语] 背隐的内容是对正文的解释。与正文同样的词组还有同音_乙42B77；同音_甲
　　　　　22A46、42A56；文海_刻①23B41；杂字_乙15A7；同义 06A1 等。

23A28 𗥤𗤈 kew 2.38 khji 2.10 枸杞

　　[背隐] 𗤈𘈩

　　　　　树名

［按语］背隐指出正文的类别为一"树名"。参见下文同音丁27B51 及其背隐。与正文同样的词组还有同音甲22A51、27A26；杂字乙06B7；同义09A7 等。

23A31 觡𢼊 khji 2.10 nji 2.60 珠珠

［背隐］𢼊𢬊

珠名

［按语］背隐指出正文的类别为一"珠名"。与正文同样的词组还有同音甲22A52。该字又见杂字乙05B4；掌中珠甲12B32（正文后该词的汉语译释即来源于此）；同义18A3 等。

23A32 𢼊𢼊 lwew 1.43 khji 2.10 气气

［背隐］𥻗𢼊𢼊

气出入

［按语］背隐的内容是对正文的解释。与正文同样的词组还有同音甲22A53、55A73 等。该字又见杂字乙18B6；掌中珠甲09A34；同义08A1 等。

23A33 𢼊𢼊 mji 2.28 khji 2.10 屁股

［背隐］𢼊𢼊

屁股

［按语］背隐以同义词解释正文。参见上文同音丁04B15 及其背隐。与正文同样的词组还有同音甲03B22、22A58；文海刻①22B51；杂字乙17A1；合编甲06.023；同义04A5 等。我们发现正文与背隐音义两个词语相互注释，参阅同音丁13A17、13A75 及其背隐。

23A34 𢼊𢼊。 khji 2.10 khjij 1.36 砍割

［背隐］𢼊𢼊

砍割

［按语］背隐以同义词解释正文。参见上文同音丁22B48 及其背隐。与正文同样的词组还有同音甲21B72、22A55 等。

23A35 𢼊𢼊 thjij 1.36 khji 1.11 刀刀

［背隐］𢼊𢼊𢼊𢼊

刀剑兵器

［按语］背隐的内容是对正文的解释。参见上文同音丁13B25 及其背隐。与正文同样的词组还有同音甲12B38、22A56；文海刻①17A42；同义18B1 等。聂Ⅰ411 录背隐内容。

23A36 𢼊𢼊 gji 1.11 khji 1.11 失落

［背隐］𢼊𢼊𢼊

使丢弃

［按语］背隐的内容是对正文的解释。参见下文同音丁23B58 及其背隐。与正文同样的词组还有同音甲22B76；同义20A2 等。

23A37 𢼊𢼊。 khji 1.11 khjij 1.36 晾晒

[背隐] 眊毿袼

张敞开

[按语] 背隐的内容是对正文的解释。与正文同样的词组还有同音甲22A54。该字又见同义13A2。文海刻①17A52 有该字的详细材料。

23A38 絑袸 dźẽ 2.13 khiew 2.39 （虫名）

[背隐] 夐

虫

[按语] 背隐指出正文所形成词组的类别为一"虫名"（简化）。与正文同样的词组还有同音乙39B11；同音甲22A64、37B28；文海刻③17B12；杂字乙10B2；同义28A3等。

23A41 蘱蕭 mjii 2.29 khiew 2.39 （树名）

[背隐] 蕤翎

树名

[按语] 背隐指出正文的类别为一"树名"。参见上文同音丁05B41 及其背隐。与正文同样的词组还有同音甲04B42、22A61；杂字乙06B6；同义09A6 等。

23A42 蕭舞 khiew 2.39 phiow 1.55 弓弩

[背隐] 濁菀報

射用弓

[按语] 背隐的内容先是对正文的解释，并指出其用途；然后以同义词解释。参见上文同音丁08A63 及其背隐。与正文同样的词组还有同音甲07B28、22A62；文海刻①61A41；合编甲23.073；同义18B2 等。

23A43 縑瓶。dźẽ 2.13 khiew 2.39 （族姓）

[背隐] 彨绻

族姓

[按语] 背隐指出正文的类别为一"族姓"。与正文同样的词组（即此西夏复姓）还有同音乙39B12；同音甲37B31；文海刻③17B21；同义06B4；碎金04B4 等。

23A44 蕤蘿 khiə 2.26 dźio 1.50 （树名）

[背隐] 蕤翎

树名

[按语] 背隐指出正文的类别为一"树名"。与正文同样的词组还有同音乙38B47；同音甲22A65、38A45；文海刻③07B71；杂字乙06B6；同义09A7 等。

23A45 阩縤 khiə 2.26 ·o 1.49 （族姓）

[背隐] 彨绻

族姓

[按语] 背隐指出正文的类别为一"族姓"。与正文同样的词组（即此西夏复姓）还有同音甲22A66；杂字乙13A3 等。该字又见同义06B4。

23A46 挼圐 khiə 2.26 śio 2.43 交配

　　[背隐] 𗖩𗱕𗦮
　　　　牲畜配
　　[按语] 背隐的内容是对正文的解释。与正文同样的词组还有同音乙38B38；同音甲22A67、38A35；同义23B1等。聂Ⅰ199录背隐内容。

23A47 𗾾𗦮 khiə 2.26 śio 2.43 驱赶
　　[背隐] 𗅁𗥥
　　　　驱赶
　　[按语] 背隐以同义词解释正文。与正文同样的词组还有同音乙38B41；同音甲22A68、38A36等。该字又见同义19A3。

23A48 𗱕𗥤 khiə 2.26 śiəj 2.36 奴仆
　　[背隐] 𗥤𗱕𗒹/𗥤𗱕
　　　　奴仆扶/育寡
　　[按语] 背隐的内容是对正文的解释。与正文同样的词组还有同音乙41B56；同音甲22A71、37B54；文海刻③19A52；杂字乙12A5；同义25A2等。

23A51 𗱕𗥨 khiə 2.26 wji 1.67 味味
　　[背隐] 𗥨𗱕
　　　　肉干
　　[按语] 背隐的内容是对正文的解释。与正文同样的词组还有同音甲22A72。该字又见同义11A7。

23A52 𗱕𗥦 。 khiə 2.26 dziew 1.44 烦恼
　　[背隐] 𗱕𗥦
　　　　烦恼
　　[按语] 背隐以同义词解释正文。与正文同样的词组还有同音乙37B63；同音甲22A73、40B12；文海刻①53B52；同义29B2等。

23A53 𗇛𗥩 kə 1.27 lhowr 2.82 袋囊
　　[背隐] 𗥩𗇛𗦮
　　　　物有袋
　　[按语] 背隐的内容是对正文的解释。与正文同样的词组还有同音乙53B45；同音甲22A77、53B12；文海刻①33B63；同义14B2等。

23A54 𗇛𗥫𗥪 kə 1.27 tsji 1.30 lji 2.09 疥癞疮
　　[背隐] 𗥫𗥪𗇛
　　　　生疥癞
　　[按语] 背隐的内容是对正文的解释。参见下文同音丁32A74及其背隐。与正文同样的词组还有同音乙49B65；同音甲22A78、31B48、49A76；文海刻①31A13、33B71；同义26B7等。

23A55 𗇛𗥬 kə 1.27 ta 1.17 （虫名）
　　[背隐] 𗥬

沙

[按语] 背隐的内容是对正文的解释。参见上文同音_丁17A66 及其背隐。背隐音义中 "䖡"（沙）字，与正文组成 "䖡䗐䗐"（沙疙瘩）这个虫名。参阅文海_刻① 22A52、①33B72 等处内容。与正文同样的词组还有同音_甲16B25、22B22；文海_刻 ①22A52；杂字_乙10B4；同义 28A4 等。

23A56 䖡䗐 kə 1.27 ta 1.17 狗崽

[背隐] 䗐䗐䗐

狗崽子

[按语] 背隐的内容是对正文的解释。参见上文同音_丁17A68 及其背隐。与正文同样的词组还有同音_甲16B27、22A76；文海_刻①34A11；杂字_乙13B8；同义 13B1；碎金 05A4 等。

23A57 䖡䗐 kə 1.27 dze 2.07 荆棘

[背隐] 䗐䗐

有刺

[按语] 背隐的内容是对正文的解释。参见下文同音_丁31B35 及其背隐。与正文同样的词组还有同音_甲22A75、30B76；文海_刻①34A12；杂字_乙06B8；同义 09A6 等。

23A58 䖡䗐 kə 1.27 rar 2.73 蛙蛙

[背隐] 䗐

蛙

[按语] 背隐以同义词解释正文。与正文同样的词组还有同音_乙46B78；同音_甲22B21、46A72；文海_刻①34A21；合编_甲01.052；同义 27B1 等。

23A61 䖡䗐 kə 1.27 rar 2.73 断裂

[背隐] 䗐䗐䗐䗐䗐

危险不细绕

[按语] 背隐的内容是对正文的解释。与正文同样的词组还有同音_乙47A11；同音_甲22B16、46A73；文海_刻①34A22；杂字_乙23A5；合编_甲19.123；同义 04B6 等。

23A62 䖡䗐 kə 1.27 tew 1.43 斧锛

[背隐] 䗐䗐䗐

与钩似

[按语] 背隐的内容是对正文的解释。参见上文同音_丁17B31 及其背隐。与正文同样的词组还有同音_甲16B58；文海_刻①34A23；合编_甲24.041；同义 29A4 等。

23A63 䖡䗐 kə 1.27 lā 1.24 乳渣

[背隐] 䗐䗐

乳渣

[按语] 背隐的内容是对正文的解释。与正文同样的词组还有同音_乙51A65；同音_甲22B13、50B71；文海_刻①34A31；同义 11A7 等。

23A64 䖡䗐 kə 1.27 lā 1.24 神石

[背隐] 㧟霞
神石

[按语] 背隐的内容是对正文的解释。与正文同样的词组还有同音乙51A64；同音甲22B12、50B72；文海刻①31B32；同义25A7 等。聂 I 522 录背隐内容。

23A65 㧟蘿 noo 2.45 kə 1.27 褐袋

[背隐] 㧟㨷㧟㩜
袋囊盛袋

[按语] 背隐的内容是对正文的解释。与正文同样的词组还有同音甲22B18。该字又见同义14A7；碎金08A2 等。文海刻①34A41 有该字的详细材料。

23A66 㩜龍 。kə 1.27 ka 2.14 辛苦

[背隐] 㩜
苦

[按语] 背隐以同义词解释正文。参见上文同音丁21B35 及其背隐。与正文同样的词组还有同音甲20B53、22B17；同义30A5 等。

23A67 㩜龍 kiə 2.26 kiej 2.31 颈椎

[背隐] 㩜㩜
头颈

[按语] 背隐的内容是对正文的解释。参见上文同音丁22B35 及其背隐。与正文同样的词组还有同音甲21B51、24B15；杂字乙16B7；同义03B6 等。

23A68 㩜龍 kiə 2.26 tsia 1.18 危险

[背隐] 㩜㩜㩜
坡危险

[按语] 背隐的内容是对正文的解释。与正文同样的词组还有同音乙40A41；同音甲22B11、39B64；文海刻①25B52；同义15A4 等。

23A71 㩜龍 kiə 2.26 piəj 2.36 钵盔

[背隐] 㩜㩜
盔器

[按语] 背隐的内容是对正文的解释。参见上文同音丁08A34 及其背隐。与正文同样的词组还有同音甲07A66、24B14；文海刻③10B62；杂字乙18A8；同义14B1 等。

23A72 㩜龍 kiə 2.26 zē 2.13 莴苣

[背隐] 㩜㩜
苦草

[按语] 背隐的内容是对正文的解释。与正文同样的词组还有同音乙53B25；同音甲24B16、53A62；文海刻①14A43；杂字乙07B8；合编甲11.152；同义10A2 等。

23A73 㩜龍 kiə 2.26 zē 2.13 莴笋

[背隐] 㩜㩜㩜
草节软

[按语] 背隐的内容是对正文的解释。与正文同样的词组还有同音乙53B23；同音甲24B17、53A61；杂字乙08A1；同义10A5 等。

23A74 薽繮 kiə 2.26 zẽ 2.13 下巴

　　[背隐] 燚瘷萘
　　　　　骨柔软

　　[按语] 背隐的内容是对正文的解释。与正文同样的词组还有同音乙53B24；同音甲24B18、53A58；杂字乙16B5；同义03B4 等。

23A75 芇开 。kiə 2.26 tsia 1.18 刻叉

　　[背隐] 燚鑀
　　　　　农具

　　[按语] 背隐指出正文的类别为一"农具"。与正文同样的词组还有同音乙42A23；同音甲22B14、39B65；掌中珠甲26B22（正文后该词的汉语译释即来源于此）[1]；同义15A6 等。参阅合编甲22.012。

23A76 襕佤 mej 1.33 kjow 1.56 眼睑

　　[背隐] 巍燚瓲爻
　　　　　眼珠上皮

　　[按语] 背隐的内容是对正文的解释。与正文同样的词组还有同音甲22B25；同义03B3 等。聂Ⅰ375 录背隐内容。

23A77 孩翺繡 kjow 1.56 mjɨr 1.86 mə 2.25 kjow：族姓

　　[背隐] 未注

　　[按语] 背隐对正文未作解释。其实正文中小字对大字的注释已经非常清楚，故无需再作背隐音义。同音甲22B23 与丁种本正文表述相同。该字又见杂字乙14B1；掌中珠甲10A24；同义07B4；碎金06A3 等。文海刻①61B32 有该字的详细材料。

23A78 蘳蕬 。lji 1.29 kjow 1.56 松桧

　　[背隐] 蕬氕/蘇
　　　　　树名/刚强

　　[按语] 背隐先指出正文的类别为一"树名"；然后又指出该词的另外一个义项"刚强"。与正文同样的词组还有同音甲28A25。该字又见同义09A5。文海刻①61B33 有该字的详细材料。

23B11 燚燚 ŋewr 1.87 soo 1.52 震鸣

　　[背隐] 瓲巍瓲燚
　　　　　迅雷音出

　　[按语] 背隐的内容是对正文的解释。"震"为八卦之一，代表雷。与正文同样的词组还有同音乙34B12；同音甲33B77 等。该字又见杂字乙16A5；掌中珠甲10A22（正文后该词的汉语译释即来源于此）；同义08A3 等。文海刻①89B72 有该字的详细材

---

[1]《掌中珠》将二字颠倒了（包括注音）。

料。

23B12 𗼲𗏇 thu 1.01 ŋewr 1.87 计算

　　[背隐] 𗱕𗲠𗼲𗍳

　　　　算数使明

　　[按语] 背隐的内容是对正文的解释。参见上文同音丁14A41 及其背隐。与正文同样的词组还有文海刻①90A11；杂字乙20B8；同义21B6 等。

23B13 𗲠𗏇 ŋewr 1.87 rjar 1.82 判决书

　　[背隐] 𗏇𗲺

　　　　切割

　　[按语] 背隐的内容是对正文大字的解释。与正文同样的词组还有同音甲22B28；碎金07B4 等。该字又见掌中珠甲24A32；同义26B2；碎金07B4 等。文海刻①90A12 有该字的详细材料。

23B14 𗼲𗲠 ŋewr 1.87 le 2.07 惊恐

　　[背隐] 𗭊𗲠

　　　　惊恐

　　[按语] 背隐以同义词解释正文。与正文同样的词组还有同音乙52B76；同音甲22B31、52B32；文海刻①90A21；合编甲13.061；同义30A7 等。

23B15 𗏇𗼕 。ŋewr 1.87 khiee 1.13 杂乱

　　[背隐] 𗏇𗼕

　　　　杂乱

　　[按语] 背隐以同义词解释正文。参见下文同音丁28A57 及其背隐。与正文同样的词组还有同音甲22B32、27B45；文海刻①90A31；合编甲06.072；同义29A4 等。

23B16 𗏇𗭊 nju 2.03 ŋewr 2.78 多数

　　[背隐] 𗏇𗭊

　　　　多少

　　[按语] 背隐的内容是对正文的解释。参见上文同音丁13A62 及其背隐。与正文同样的词组还有同音甲12A65、22B33；文海刻①41B32；合编甲17.091；同义21B6；碎金09A4 等。

23B17 𗵒𗼇 lji 1.29 ŋewr 2.78 失落

　　[背隐] 𗼇𗵒

　　　　停滞

　　[按语] 背隐的内容是对正文的解释。与正文同样的词组还有同音甲22B34。该字又见同义32A5。

23B18 𗵒𗭊 gjij 2.33 ŋewr 2.78 鬼怪

　　[背隐] 𗵒𗭊𗲠𗵒

　　　　损害鬼神

　　[按语] 背隐的内容是对正文的解释。参见下文同音丁24B12 及其背隐。与正文同样的词

组还有同音$_{甲}$ 22B36、23B31；文海$_{刻}$①40B51；同义 32A7 等。

23B21 [illegible] ○ lha 1.20 ŋewr 2.78 鹿獐

［背隐］ [illegible]

雌斑鹿

［按语］ 背隐的内容是对正文的解释。与正文同样的词组还有同音$_{乙}$ 53A23；同音$_{甲}$ 22B35、52B51；文海$_{刻}$①12B11；杂字$_{乙}$ 10A6；掌中珠$_{甲}$ 16A22（正文后该词的汉语译释即来源于此）；同义 27A4；碎金 09B1 等。

23B22 [illegible] nja 2.17 ŋa 2.14 你我

［背隐］ [illegible]

自我

［按语］ 背隐以同义词解释正文大字。参见上文同音$_{丁}$ 17B46 及其背隐。与正文同样的词组还有文海$_{刻}$①47B43；合编$_{甲}$ 21.141 等。

23B23 [illegible] ○ ŋa 2.14 mjɨr 1.86 mə 2.25 ŋa：族姓

［背隐］ [illegible]/[illegible]

dzjɨ̣/ŋwə 1.27 ba 2.14（反切）

［按语］ 背隐中“[illegible]”字，与大字“[illegible]”组成复姓“[illegible]”，该西夏复姓又见同义 06B1。后面是该字的反切注音。同音$_{甲}$ 22B38 与丁种本正文表述相同。该字又见杂字$_{乙}$ 11A4。

23B24 [illegible] tśjịj 1.61 kjiw 1.45 年岁

［背隐］ [illegible]

十二个月一（年）

［按语］ 背隐的内容是对正文的解释。与正文同样的词组还有同音$_{乙}$ 36A65；同音$_{甲}$ 22B41 等。该字又见杂字$_{乙}$ 22B2；掌中珠$_{甲}$ 09B12（正文后该词的汉语译释即来源于此）；同义 13A5；碎金 03A2 等。文海$_{刻}$①54A32 有该字的详细材料。

23B25 [illegible] xu 1.01 kjiw 1.45（人名）

［背隐］ [illegible]

人地名

［按语］ 背隐指出正文的类别为一“人名、地名”。与正文同样的词组还有同音$_{甲}$ 22B42。该字又见掌中珠$_{甲}$ 04B14；同义 07A4；碎金 06B2 等。文海$_{刻}$①54A41 有该字的详细材料。

23B26 [illegible] śja 2.16 kjiw 1.45（草名）

［背隐］ [illegible]

马林

［按语］ 背隐注明了该词的汉语读音。与正文同样的词组还有同音$_{乙}$ 36A61；同音$_{甲}$ 22B43、35B24；杂字$_{乙}$ 07B6；同义 10A3 等。聂Ⅱ346 录背隐内容。

23B27 [illegible] ljɨ 1.29 kjiw 1.45（树名）

［背隐］ [illegible]

树名

[按语] 背隐指出正文的类别为一"树名"。与正文同样的词组还有同音甲22B45；杂字乙06B7 等。该字又见杂字乙06B7；同义09A5 等。文海刻①54A43 有该字的详细材料。

23B28 𗾉𗗙 。kjiw 1.45 kho 1.49 九曲

[背隐] 𗾉𗗙𗾉𗗙

九曲汉同

[按语] 背隐的内容是对正文的解释。该词应该是为"黄河九曲"之地这个特殊地方所造的专有名词。参见下文同音丁25B45 及其背隐。与正文同样的词组还有同音甲22B44、24B68；文海刻①54A51、56B11；同义25B2 等。

23B31 𗾉𗗙 kjur 2.70 thu 1.01 技艺

[背隐] 𗾉𗗙

技艺

[按语] 背隐以同义词解释正文。参见上文同音丁14A45 及其背隐。与正文同样的词组还有同音甲13A65、22B51；文海刻①05B51；合编甲02.171；同义17A4 等。

23B32 𗾉𗗙 sjwa 1.19 kjur 2.70 志记

[背隐] 𗾉𗗙/𗾉𗗙𗗙

圣旨/争斗物

[按语] 背隐的内容是对正文的解释。与正文同样的词组还有同音乙37A32；同音甲36A77 等。该字又见同义17A2。

23B33 𗾉𗗙 gjaa 2.21 kjur 2.70 灵巧

[背隐] 𗾉𗗙

巧勇

[按语] 背隐的内容是对正文的解释。参见上文同音丁22A61 及其背隐。与正文同样的词组还有同音甲21B12、22B47；合编丙B25；同义10B1 等。

23B34 𗾉𗗙 kjur 2.70 phji 1.11 房屋

[背隐] 𗾉𗗙

家室

[按语] 背隐的内容是对正文的解释。参见上文同音丁05A17 及其背隐。与正文同样的词组还有同音甲04A25、22B52；文海刻①49A41；杂字乙17B2；合编甲09.062；同义13B4 等。

23B35 𗾉𗗙 。kjwiir 1.92 kjur 2.70 偷盗

[背隐] 𗾉𗗙𗗙

不见拿

[按语] 背隐的内容是对正文的解释。与正文同样的词组还有同音甲22B48。该字又见杂字乙21B5；同义29B4 等。

23B36 𗾉𗗙 kjur 1.76 kjo 1.72 盛入

[背隐] 𗾊𗼺𗈼𗰖
盛物入内

[按语] 背隐的内容是对正文的解释。参见下文同音丁27B77 及其背隐。与正文同样的词组还有同音甲22B53、27B41；文海刻①78B22；杂字乙19A6 等。

23B37 𗌗𗰖 。kjur 1.76 laa 1.22 熏染

[背隐] 𗭗𗰖𗹬
火烟上

[按语] 背隐的内容是对正文的解释。与正文同样的词组还有同音乙50A58；同音甲22B54、49B67；文海刻①81A31 等。

23B38 𗤌𗐐 khjā 2.24 sji 2.10 敌寇

[背隐] 𗐐𗤌
敌寇

[按语] 背隐以同义词解释正文。参见下文同音丁30B58 及其背隐。与正文同样的词组还有同音甲22B55、30A23；文海刻①77A71；合编甲02.221；同义30A2 等。

23B41 𗤌𗆊 khjā 2.24 ŋwo 2.42 香象

[背隐] 𗆄𗆊𗬘
大香象

[按语] 背隐的内容是对正文的解释。参见下文同音丁27A33 及其背隐。与正文同样的词组还有同音甲22B56、26A68；文海刻①07A22；同义28A7 等。

23B42 𗬊𗆊 。kor 1.89 khjā 2.24 疥疮

[背隐] 𗮍𗭖/𗐐𗰖𗮍𗆊
牲畜/骆驼舌疮

[按语] "𗆊"字之前似有一个未写成的字，大概可能写错了。背隐音义的内容是对正文的解释。与正文同样的词组还有同音甲22B57。该字又见同义31B5。

23B43 𗙏𗤌 khjā 1.26 we 2.07 危险

[背隐] 𗸟𗮦
危险

[按语] 背隐以同义词解释正文。与正文同样的词组还有同音甲22B58。该字又见同义25B1。文海刻①32B11 有该字的详细材料。

23B44 𗤌𗤓𗍵 。khjā 1.26 da 2.56 ɣiej 1.34 khjā：真言

[背隐] 未注

[按语] 背隐对正文未作解释。其实正文中小字对大字的注释已经非常清楚，故无需再作背隐音义。同音甲22B61 与丁种本正文表述相同。该字又见同义01A6。文海刻①32B12 有该字的详细材料。

23B45 𗤀𗤓 dʑji ? gjiij 1.39 惊愕

[背隐] 𗤈𗤓
已见

［按语］背隐的内容是对正文的解释。与正文同样的词组还有同音甲22B62。该字又见同义10B7。文海刻①50A51有该字的详细材料。

23B46 𗾣𗾣 gjiij 1.39 njar 2.74 昏闷

［背隐］𗾣𗾣𗾣𗾣𗾣

昏迷如变死

［按语］背隐的内容是对正文的解释。参见上文同音丁17B42及其背隐。与正文同样的词组还有同音甲16B66、22B63；同义31B3等。

23B47 𗾣𗾣 ·u 2.01 gjiij 1.39 嬉闹

［背隐］𗾣𗾣𗾣

心所喜

［按语］背隐的内容是对正文的解释。与正文同样的词组还有同音甲22B65。该字又见杂字乙16A3；同义26B7等。文海刻①50A61有该字的详细材料。

23B48 𗾣𗾣 。ŋewr 2.78 gjiij 1.39 多数

［背隐］𗾣𗾣𗾣

数已超

［按语］背隐的内容是对正文的解释。与正文同样的词组还有同音甲22B64；文海刻①50A62；合编甲06.114等。

23B51 𗾣𗾣 njiij 1.39 kiej 2.53 欲望

［背隐］𗾣𗾣𗾣𗾣

心求需用

［按语］背隐的内容是对正文的解释。与正文同样的词组还有同音甲22B66。该字又见同义23B1。

23B52 𗾣𗾣 ·jɨr 2.77 kiej 2.53 台阶

［背隐］𗾣𗾣𗾣𗾣𗾣

地上人家室

［按语］前面有一字残。背隐音义的内容是对正文的解释。过去，大户人家的正房都是建在一个很大很高的台阶上。与正文同样的词组还有同音乙42A55；同音甲22B67、41B35等。该字又见同义13B5。

23B53 𗾣𗾣 rjur 1.76 kiej 2.53 世界

［背隐］𗾣𗾣

河洲

［按语］背隐的内容是对正文的解释。与正文同样的词组还有同音乙51B18；同音甲22B71、51A18；文海刻①81A71；同义02A2；碎金02A4等。

23B54 𗾣𗾣 。gjwi 2.10 kiej 2.53 合词

［背隐］𗾣𗾣𗾣𗾣𗾣𗾣𗾣𗾣

好坏分离判断使分明

［按语］背隐的内容是对正文的解释。与正文同样的词组还有同音甲22B72。该字又见同

义 16A2。该字的字形构造为：羡祓核胤（合：判下亲右）(文海抄②42B2.12)。

23B55 祾糖 gji 1.11　sej 1.33　清净

[背隐] 殇豻

清洁

[按语] 背隐以同义词解释正文。参见下文同音丁32A55 及其背隐。与正文同样的词组还
有同音甲22B73、31B27；文海刻①43A22；杂字乙18A5；合编甲03.141 等。

23B56 绰殘 njiij 1.39　gji 1.11　心正

[背隐] 豒祓绰糖

忠正心净

[按语] 背隐的内容是对正文的解释。与正文同样的词组还有同音甲22B74；文海刻①
07A41 等。该字又见同义02A6。文海刻①17A62 有该字的详细材料。聂Ⅰ343 录
背隐内容。

23B57 皳绨 gji 1.11　ŋjow 2.48　矿藏

[背隐] ××豟骸纖彶叕

××宝种种出处

[按语] 背隐的内容是对正文的解释，可惜前二字看不清楚。参见上文同音丁21B41 及其
背隐。与正文同样的词组还有同音甲20B71、22B75；文海刻①17A63；同义18A2
等。

23B58 掃祾 gji 1.11　khji 1.11　失落

[背隐] 嚞祾

自失

[按语] 背隐的内容是对正文的解释。参见上文同音丁23A36 及其背隐。与正文同样的词
组还有同音甲22B76；同义20A2 等。

23B61 豌祾 rewr 2.78　gji 1.11　忏悔

[背隐] 绵惛膥骸矷

先为非知悔

[按语] 背隐的内容是对正文的解释。与正文同样的词组还有同音乙53A46；同音甲
22B77、52B78 等。该字又见同义08B3。文海刻①17A72 有该字的详细材料。

23B62 皳犇 。rjijr 1.74　gji 1.11　利刃

[背隐] 萋薍皳缈

刀剑利名

[按语] 背隐的内容是对正文的解释。与正文同样的词组还有同音甲22B78。该字又见同
义18B1。文海刻①17B11 有该字的详细材料。

23B63 飛緷 gji 2.10　bjij 2.33　妻眷

[背隐] 缴緻

人妇

[按语] 背隐的内容是对正文的解释。参见上文同音丁03B31 及其背隐。与正文同样的词

组还有同音_甲 02B32、23A11；文海_刻①88A11；杂字_乙 15A7；掌中珠_甲 20B12（正文后该词的汉语译释即来源于此）；合编_甲 23.181 等。

23B64 𗐼𗗺 wə 1.27 gji 2.10 主持

[背隐] 𗗺𗐼

主持

[按语] 背隐以同义词解释正文。与正文同样的词组还有同音_甲 23A12；文海_刻①34B42；杂字_乙 15A6；合编_甲 04.063；同义 02B1 等。

23B65 𗐼𗊒 tjɨ 1.69 gji 2.10 孩子

[背隐] 𗊒𗐼

子女

[按语] 背隐的内容是对正文的解释。参见上文同音_丁 17B13 及其背隐。与正文同样的词组还有同音_甲 16B44、23A13；文海_刻①66B52；杂字_乙 14B7；合编_甲 05.063；同义 05B2 等。

23B66 𗐼𗽴 tsjwo 1.48 gji 2.10 贡奉

[背隐] 𗗺𗽴𗊒

取功赏

[按语] 背隐的内容是对正文的解释。与正文同样的词组还有同音_乙 38A15；同音_甲 23A15、37A64；文海_刻①55A52 等。

23B67 𗐼𗗺 gji 2.10 zow 2.47 执杀

[背隐] 𗼷/𗗺𗊒𗽴

立/他杀

[按语] 背隐的内容是对正文的解释。背隐音义中"𗼷"指向正文小字，二者为近义词。与正文同样的词组还有同音_甲 27B73。该字又见同义 32A3。

23B68 𗐼𗗺 dzjwij 2.32 gji 2.10 脂肪

[背隐] 𗊒𗽴𗐼𗗺𗼷/𗼷𗽴𗐼

肥肉块做干肉/吃肥肉脂

[按语] 背隐的内容是对正文的解释。与正文同样的词组还有同音_乙 39A76；同音_甲 23A16、39A21；杂字_乙 17A5；同义 11A4 等。

23B71 𗽴𗐼 。gji 2.10 tjɨ 1.69 时时

[背隐] 𗊒𗽴𗐼𗗺

时节不明

[按语] 背隐的内容是对正文的解释。参见上文同音_丁 17B12 及其背隐。与正文同样的词组还有同音_甲 16B43、23A14；文海_刻①37B72 等。

23B72 𗐼𗗺 gju 1.03 dzjaa 1.21 渡过

[背隐] 𗗺𗽴𗊒𗐼

渡过彼岸

[按语] 背隐的内容是对正文的解释。与正文同样的词组还有同音_乙 37B55；同音_甲

37A28；文海_刻③07A41；同义 19A5 等。

23B73 㽵㽵 tshjjir 1.86 gju 1.03 逼供

　　[背隐] 㽵㽵㽵㽵

　　　　真言实话

　　[按语] 背隐的内容是对正文的解释。与正文同样的词组还有同音_甲 23A18。该字又见掌
　　　　　中珠_甲 31A12；同义 21A3 等。文海_刻①09A31 有该字的详细材料。

23B74 㽵㽵 gju 1.03 dar 1.80 通达

　　[背隐] 㽵㽵㽵㽵

　　　　到往乐处

　　[按语] 背隐的内容是对正文的解释。与正文同样的词组还有同音_甲 23A31；文海_刻①
　　　　　09A41 等。该字又见同义 29A1。文海_刻①09A41 有该字的详细材料。

23B75 㽵㽵 gju 1.03 zjiir 2.85 水渠

　　[背隐] 㽵㽵㽵㽵

　　　　田畴灌水

　　[按语] 背隐的内容是对正文的解释。与正文同样的词组还有同音_甲 23A21。该字又见掌
　　　　　中珠_甲 12A12；同义 08B7；碎金 09B2 等。文海_刻①09A42 有该字的详细材料。

23B76 㽵㽵 rjir 2.72 gju 1.03 孤绝

　　[背隐] 㽵㽵㽵

　　　　不生育

　　[按语] 背隐的内容是对正文的解释。与正文同样的词组还有同音_乙 47A53；同音_甲
　　　　　23A34、46B36；文海_刻①09A43；杂字_乙 16A7；同义 20A4 等。

23B77 㽵㽵 mjiij 1.39 gju 1.03 稀疏

　　[背隐] 㽵㽵㽵㽵

　　　　尾毛少有

　　[按语] 背隐的内容是对正文的解释。与正文同样的词组还有同音_甲 23A27；合编_甲 19.012
　　　　　等。

23B78 㽵㽵 gju 1.03 zar 1.80 辛痛

　　[背隐] 㽵㽵

　　　　悲痛

　　[按语] 背隐的内容是对正文的解释。与正文同样的词组还有同音_乙 52A76；同音_甲
　　　　　23A23；文海_刻①84A52；同义 31B1 等。

24A11 㽵㽵 。gju 1.03 wa 1.17 亥猪

　　[背隐] 㽵㽵㽵㽵

　　　　有鼻圈猪

　　[按语] 背隐的内容是对正文的解释。"亥"乃"十二地支"之一，代表"猪"。参见上
　　　　　文同音_丁 11B67 及其背隐。与正文同样的词组还有同音_甲 10B68、23A25；合编_甲
　　　　　06.021；同义 28B3 等。

24A12 𗤿𗥃 rejr 2.66 gju 2.03 三三

　　［背隐］𗥃𗤿

　　　　　　数三

　　［按语］背隐的内容是对正文的解释。与正文同样的词组还有同音_乙 50A25；同音_甲
　　　　　　23A22、49B32；文海_刻③05A71；合编_甲 24.061；同义 21B7 等。

24A13 𗣜𗣊 low 2.47 gju 2.03 国家

　　［背隐］𗣊𗣜

　　　　　　国家

　　［按语］背隐以同义词解释正文。与正文同样的词组还有同音_乙 49B15；同音_甲 23A24、
　　　　　　49A22；文海_刻①81A71；同义 25A3 等。

24A14 𗥦𗥨𗥦 gju 2.03 mjir 1.86 mə 2.25 gju：族姓

　　［背隐］𗥪

　　　　　　sji

　　［按语］背隐中"𗥪"（Ⅵ30 2.10 sji 音［细］）原文误为"𗥫"（Ⅵ30 2.10 sji 媳）〔1〕
　　　　　　。背隐音义中"𗥪"字，与大字"𗥦"组成复姓"𗥪𗥦"，该西夏复姓又见杂
　　　　　　字_乙 11A3；同义 06B2 等。同音_甲 23A26 与丁种本正文表述相同。该字又见碎金
　　　　　　05A1。可参阅同音_丁 30B53 及其背隐。

24A15 𗣫𗣢 gju 2.03 rer 2.71 兵器

　　［背隐］𗣫𗣢

　　　　　　兵器

　　［按语］背隐以同义词解释正文。与正文同样的词组还有同音_乙 48B72；同音_甲 23A28、
　　　　　　48A76；文海_刻③14A21；杂字_乙 22B8；同义 18B4 等。

24A16 𗥰𗥱 rjijr 2.68 gju 2.03 劳苦

　　［背隐］𗥳𗥴

　　　　　　强往

　　［按语］背隐的内容是对正文的解释。与正文同样的词组还有同音_甲 23A32；文海_刻①
　　　　　　06A32 等。该字又见同义 30B4。

24A17 𗥶𗥷 lji 1.29 gju 2.03 （草名）

　　［背隐］𗥸𗥹

　　　　　　草名

　　［按语］背隐指出正文的类别为一"草名"。与正文同样的词组还有同音_乙 49A18；同音_甲
　　　　　　48B45；文海_刻①36B72；杂字_乙 07B7；同义 09B6 等。

24A18 𗥺𗥻 gju 2.03 ljwi 2.60 筋节

　　［背隐］𗥼𗥽

---

〔1〕　二字因形、音相近而讹。但它们词性不同，出现的场合自然不同，不应混淆。《夏汉字典》新、旧版本均将错就错，见
　　　《夏汉字典》5469"𗥫"字条。

腕力

[按语] 背隐的内容是对正文的解释。与正文同样的词组还有同音乙50B77；同音甲50B18；杂字乙17A5 等。该字又见掌中珠甲19A32；同义04B1。

24A21 𗦲 kia 1.18 gju 2.03 器具

[背隐] 𗦲𗤁𗭉

盛食用

[按语] 背隐的内容是对正文的解释，指出其用途。参见上文同音丁21B75 及其背隐。与正文同样的词组还有同音甲21A25、23A36；文海刻①25B32；杂字乙18A8；掌中珠甲23A22（正文后该词的汉语译释即来源于此）；同义14B1；碎金08A5 等。

24A22 𗏁 。·jɨr 2.77 gju 2.03 绢丝

[背隐] 𗣾𗏁𗣾/𗣾

丝所作/丝

[按语] 背隐的内容先是对正文的解释；然后注出其汉语读音。与正文同样的词组还有同音乙45B55；同音甲23A37、45A57；掌中珠甲25B32（正文后该词的汉语译释即来源于此）等。

24A23 𗗓 tji 1.67 gjwij 1.36 祈祷

[背隐] 𗗓𗗓𗗓𗗓𗗓

烧香供佛神

[按语] 背隐的内容是对正文的解释。参见上文同音丁15B31 及其背隐。与正文同样的词组还有同音甲14B46；文海刻①48B52；合编甲17.023；同义01A4 等。

24A24 𗙏 dzaa 1.22 gjwij 1.36 过饱

[背隐] 𗙏𗙏

食过（量）

[按语] 背隐的内容是对正文的解释。该字又见同义12A1。文海刻①48B61 有该字的详细材料。

24A25 𗫰 。lə 2.25 gjwij 1.36 （人名）

[背隐] 𗫰𗫰𗫰𗫰𗫰

先祖人名智慧

[按语] 背隐先指出正文的类别为一"先祖人名"；然后是对正文的解释，即该词又有"智慧"之义。与正文同样的词组还有同音甲23A42；文海刻①48B62 等。该字又见同义06A7。

24A26 𗦆 tshjwi 1.10 kjiwr 1.88 紧急

[背隐] 𗦆𗦆/𗦆

紧急/飞

[按语] 背隐先以同义词解释正文；然后指出"紧急"的极端表现"飞"起来。与正文同样的词组还有同音乙38B31；同音甲23A43、38A26；文海刻①90B23；同义25A1 等。

24A27 𘁩𘟣 kjiwr 1.88 dzju 2.02 鹭鸶鹤

[背隐] 𘟣

　　　　鸟

[按语] 背隐指出正文的类别为一"鸟名"（简化）。与正文同样的词组还有同音乙 40A12；同音甲 23A44；杂字乙 09B1；掌中珠甲 16B32（正文后该词的汉语译释即来源于此）；同义 27B5 等。

24A28 𘁩𘟣 kjiwr 1.88 tow 1.54 蚂蚁

[背隐] 𘟣

　　　　虫

[按语] 背隐指出正文的类别为一"虫名"（简化）。与正文同样的词组还有同音甲 23A45。该字又见杂字乙 10B4；掌中珠甲 17A32（正文后该词的汉语译释即来源于此）；同义 28A4 等。文海刻①90B32 有该字的详细材料。

24A31 𘁩𘟣 。kju 1.59 kjiwr 1.88 寒冷

[背隐] 𘟣𘟣

　　　　寒冷

[按语] 背隐以同义词解释正文。参见上文同音丁 21B63 及其背隐。与正文同样的词组还有同音甲 21A12、23A46；文海刻①64B22；合编甲 24.051；同义 31A3 等。

24A32 𘁩𘟣 la 1.63 kjiwr 2.79 手肘

[背隐] 𘟣𘟣𘟣𘟣

　　　　臂腕相连

[按语] 背隐的内容是对正文的解释。与正文同样的词组还有同音甲 23A47；同义 03B7 等。

24A33 𘁩𘟣 kjiwr 2.79 lhjwij 1.35 曲斜

[背隐] 𘟣𘟣𘟣𘟣

　　　　曲斜不正

[按语] 背隐先以同义词解释正文，再以反义词解释正文。与正文同样的词组还有同音甲 23A48；合编甲 09.072 等。该字又见同义 29A3。

24A34 𘁩𘟣 zjij 1.36 kjiwr 2.79 楦头

[背隐] 𘟣𘟣／𘟣𘟣

　　　　做楦／使成

[按语] 背隐的内容是对正文的解释。与正文同样的词组还有同音甲 23A51；纂要 09A4 等。该字又见同义 17B6。

24A35 𘁩𘟣 la 1.17 kjiwr 2.79 织结

[背隐] 𘟣𘟣

　　　　夺时（khjwɨ 1. 30 bjij 2. 33）

[按语] 背隐的内容意义不明（反切注音？）。与正文同样的词组还有同音甲 23A52。该字又见同义 12B5。

24A36 㦟㪾㩰 。kjiwr 2.79 mjɨ 1.30 wji 1.10 蔑：莫为

　　[背隐] 㦟㩰㩰

　　　　　不敬畏

　　[按语] 背隐的内容是对正文的解释。同音甲23A53 与丁种本正文表述相同。该字又见同
　　　　　义03A5。

24A37 㩰㪾 dja 2.17 khia 2.15 巧善

　　[背隐] 㪾㪾

　　　　　巧善

　　[按语] 背隐以同义词解释正文。与正文同样的词组还有同音甲23A54；文海刻①23B11；
　　　　　合编甲07.121 等。

24A38 㩰㪾 lo 1.49 khia 2.15 犁铧

　　[背隐] 㪾㪾㪾

　　　　　耕地用

　　[按语] 背隐的内容是对正文的解释，指出其用途。与正文同样的词组还有同音乙48A52；
　　　　　同音甲23A57、47B58；文海刻①56B72；掌中珠甲27A12（正文后该词的汉语译释
　　　　　即来源于此）；同义15A3 等。

24A41 㪾㪾 siwə 2.26 khia 2.15 绚丽

　　[背隐] 㪾㪾

　　　　　绚丽

　　[按语] 背隐以同义词解释正文。与正文同样的词组还有同音乙42A12；同音甲23A58、
　　　　　39A41；文海刻①26A32；同义16A6 等。

24A42 㪾㪾 khia 2.15 zji 1.11 男鬼

　　[背隐] 㪾㪾㪾㪾

　　　　　害者鬼名

　　[按语] 背隐的内容是对正文的解释。与正文同样的词组还有同音甲23A55。该字又见同
　　　　　义32B2。

24A43 㪾㪾 。khia 2.15　·jow 2.48 鹊鸟

　　[背隐] 㪾

　　　　　鸟

　　[按语] 背隐音义指出正文的类别为一 "鸟名"（简化）。该字又见杂字乙09B3；掌中珠甲
　　　　　17A12（正文后该词的汉语译释即来源于此）；同义27B4 等。

24A44 㪾㪾 ŋwuu 2.05 ljaa 2.18 口语

　　[背隐] 㪾㪾㪾㪾

　　　　　说话食用

　　[按语] 背隐的内容是对正文大字的解释，指出其用途。该字又见同义03B5。聂Ⅰ552 录
　　　　　背隐内容。

24A45 㪾㪾 。ŋwuu 2.05 lji 2.09 芬芳

  [背隐] 𗊢𗏹𗍳𗐯

    乳物谷饼

  [按语] 背隐的内容是对正文的解释，可能指这些食物散发出的气味比较香。与正文同样
    的词组还有同音_甲23A61。该字又见同义12A2。

24A46 𗾈𗙈 ŋwər 1.84 ŋwuu 1.05 圣旨

  [背隐] 𗱈𗙈𗱈𗹦

    帝谕势敕

  [按语] 背隐的内容是对正文的解释。与正文同样的词组还有同音_甲23A65；文海_刻①
    69A61 等。该字又见杂字_甲02B5；同义02B4；碎金03B5 等。文海_刻①11B12 有该
    字的详细材料。

24A47 𗥻𗾈 ŋwəə 1.31 ŋwuu 1.05 咒颂

  [背隐] 𗗾𗾈𗗿𗹦

    语解颂说

  [按语] 背隐的内容是对正文大字的解释。参见下文同音_丁25A31 及其背隐。与正文同样
    的词组还有同音_甲23A62、24A46；文海_刻①11B21 等。

24A48 𗾈𗗾 ŋwuu 1.05 njij 2.33 语言

  [背隐] 𗹦𗗾𗹦𗾈

    谚语所说

  [按语] 背隐的内容是对正文的解释。参见上文同音_丁14B36 及其背隐。与正文同样的词
    组还有同音_甲16A35、23A63；文海_刻①11B22；合编_甲13.052；同义20B4 等。

24A51 𗹦𗸦 。nja 1.20 ŋwuu 1.05 归伏

  [背隐] 𗻩𗸦𗻪𗹦

    归伏离弃

  [按语] 背隐的内容是对正文的解释。与正文同样的词组还有同音_甲23A66。该字又见同
    义30B2。文海_刻①11B31 有该字的详细材料。

24A52 𗹦𗏵 mjii 1.14 go 1.49 房屋

  [背隐] 𗏵𗏻𗹦

    住宿处

  [按语] 背隐的内容是对正文的解释。与正文同样的词组还有同音_甲23A67；合编_甲07.114
    等。该字又见杂字_乙22B7；掌中珠_甲22A12；同义13B6；碎金07A4 等。文海_刻①
    56B21 有该字的详细材料。

24A53 𗏵𗏻 。go 1.49 wji 1.10 牵扯

  [背隐] 𗭧𗹦𗍹𗏵

    鞍上辔绳

  [按语] 背隐的内容是对正文的解释。与正文同样的词组还有同音_甲23A68。该字又见同
    义15A7。文海_刻①56B31 有该字的详细材料。

24A54 𗅉𗏻 we 2.07 gjwi 2.10 土地

[背隐] 𗄊𗟲
　　　　土地

[按语] 背隐以同义词解释正文。参见上文同音丁 10B33 及其背隐。与正文同样的词组还
　　　　有同音甲 09B43、23A71；文海刻①28A51；杂字乙 04B5；合编甲 07.082；同义
　　　　25A4 等。

24A55 𗜓 gjwi 2.10 gjwi 2.10 穿着

[背隐] 𗜓𗜓𗟲𗟲
　　　　所穿遮蔽

[按语] 背隐的内容是对正文的解释。与正文同样的词组还有同音甲 23A72；合编乙 04 上
　　　　11 等。

24A56 𗜓𗜓 gjwi 2.10 lew 2.38 衣服

[背隐] 𗟲𗟲
　　　　衣服

[按语] 背隐以同义词解释正文。与正文同样的词组还有同音甲 23A75；文海刻①10B12；
　　　　杂字乙 06A2；掌中珠甲 24A32（正文后该词的汉语译释即来源于此）；合编英
　　　　03.042 等。

24A57 𗟲 pə 1.27 gjwi 2.10 （鬼名）

[背隐] 𗟲𗟲
　　　　鬼名

[按语] 背隐指出正文的类别为一"鬼名"。参见上文同音丁 03B25 及其背隐。与正文同
　　　　样的词组还有同音甲 02B26、23A73；文海刻①40B51；合编甲 09.121；同义 32A7
　　　　等。

24A58 𗟲𗟲 khwa 2.14 gjwi 2.10 汉汉

[背隐] 𗟲
　　　　汉

[按语] 背隐以同义词解释正文。参见下文同音丁 25B33 及其背隐。与正文同样的词组还
　　　　有同音甲 23A74、24B54；文海刻①84A42；同义 07B1 等。

24A61 𗟲𗟲 we 2.07 gjwi 2.10 野兽

[背隐] 𗟲𗟲
　　　　野兽

[按语] 背隐以同义词解释正文。参见上文同音丁 10B34 及其背隐。与正文同样的词组还
　　　　有同音甲 09B42、23A76；文海刻①72A61；合编甲 02.193；同义 27A3 等。

24A62 𗟲𗟲 tsu 2.01 gjwi 2.10 起立

[背隐] 𗟲𗟲
　　　　起立

[按语] 背隐以同义词解释正文。与正文同样的词组还有同音乙 35A61；同音甲 23A77、
　　　　30B64；文海刻①90B52；合编甲 17.181；同义 19A4 等。

24A63 𗾊𗥤 。gjwi 2.10 da 2.56 语词
　　　[背隐] 𗾊𗥤
　　　　　　所说
　　　[按语] 背隐的内容是对正文的解释。与正文同样的词组还有同音_甲23A78。该字又见同
　　　　　　义20B6；碎金06B4等。

24A64 𗾐𗈬 kjij 1.36 ɣu 1.04 蛮夷
　　　[背隐] 𗾐𗈬𗾐𗈬
　　　　　　汉兴起处
　　　[按语] 背隐的内容是对正文的解释。与正文同样的词组还有同音_甲23B11；杂字_乙14A7；
　　　　　　同义07B1等。

24A65 𗡪𗾑 tow 1.54 kjij 1.36 虫虫
　　　[背隐] 𗾑𗾑
　　　　　　虫虫
　　　[按语] 背隐以同义词解释正文。参见上文同音_丁13B45及其背隐。与正文同样的词组还
　　　　　　有同音_甲12B58、23B12；文海_刻①63B62；杂字_乙10B1；同义28A2等。

24A66 𗾒𗟣 kjij 1.36 dzji 2.61 聚集
　　　[背隐] 𗾒𗟣
　　　　　　语助
　　　[按语] 背隐指出正文的类别为一"语气助词"。与正文同样的词组还有同音_甲23B15。该
　　　　　　字又见掌中珠_甲18B24；同义21B2；碎金10A4等。

24A67 𗣫𗾓 。gjiiw 1.47 kjij 1.36 （树名）
　　　[背隐] 𗾓𗟣
　　　　　　树名
　　　[按语] 背隐指出正文的类别为一"树名"。参见下文同音_丁27A63及其背隐。与正文同
　　　　　　样的词组还有同音_甲23B13、26B35；文海_刻①55A23；杂字_乙07A3；同义09B1
　　　　　　等。

24A68 𗾔𗭎 dzji 1.30 kjij 1.42 表皮
　　　[背隐] 𗾔𗭎𗾔𗭎
　　　　　　皮膜硬有
　　　[按语] 背隐的内容是对正文的解释。与正文同样的词组还有同音_甲23B16；文海_刻①
　　　　　　52A52等。该字又见同义04A7。文海_刻①52A52有该字的详细材料。

24A71 𗾕𗥤 。le 2.07 kjij 1.42 惊慌
　　　[背隐] 𗾕𗥤𗾕
　　　　　　惊心坠
　　　[按语] 背隐的内容是对正文的解释。与正文同样的词组还有同音_甲23B17。该字又见同
　　　　　　义30B1。文海_刻①52A61有该字的详细材料。

24A72 𗾖𗾗 mjiij 2.35 khjii 2.29 名列

[背隐] 㳙㳽㭲

显明列

[按语] 背隐的内容是对正文的解释。与正文同样的词组还有同音甲23B18。该字又见同义03A4。

24A73 㳩㲧 low 2.47 khjɨɨ 2.29 陡坡

[背隐] 㲲㲩㵶㳩㳟

边安稳坡置

[按语] 背隐的内容是对正文的解释。与正文同样的词组还有同音甲23B21。该字又见同义03A4。

24A74 㲥㲢 。 ɣju 1.03 khjɨɨ 2.29 烟洞

[背隐] 㲜㲠㲤㲫

烟洞窗孔

[按语] 背隐先是该词的汉语对音；然后同义词解释正文。与正文同样的词组还有同音甲23B23；杂字乙18A3 等。该字又见杂字乙18A3；掌中珠甲23A22（正文后该词的汉语译释即来源于此）；同义16B5 等。

24A75 㳫㳬 zju 1.02 khjar 1.82 耿直

[背隐] 㳭㳮㳯㳰

为忠正者

[按语] 背隐的内容是对正文的解释。与正文同样的词组还有同音乙52B75；同音甲23B24、52B28；文海刻①85A73；同义02A6 等。

24A76 㳵㳶 。 khjar 1.82 khjar 1.82 重复

[背隐] 㳷㳸

重复

[按语] 背隐以同义词解释正文。与正文同样的词组还有同音甲23B25。该字又见同义17B4。文海刻①85B11 有该字的详细材料。

24A77 㳹㳺 dʑɨ 2.28 kjwɨɨr 1.92 狄骨（匈奴）

[背隐] 㳻㳼

族姓

[按语] 背隐指出正文的类别为一"族姓"。参见上文同音丁14A64 及其背隐。与正文同样的词组还有同音甲13B22、23B26；文海刻①92A42；同义07A7 等。

24A78 㳽㳾㳿 dʑɨ 2.28 kjwɨɨr 1.92 we 1.08（鸟名）

[背隐] 㴀

鸟

[按语] 背隐指出正文的类别为一"鸟名"（简化）。参见上文同音丁14A65 及其背隐。与正文同样的词组还有同音甲13B21、23B27；文海刻①92A51；杂字乙09B7；同义27B6 等。

24B11 㴁㴂 。 kjwɨɨr 1.92 kjiir 2.86 偷盗

[背隐] 𗣼𗦲𗐴𗭲
　　　不见取拿

[按语] 背隐的内容是对正文的解释。参见下文同音_丁26A76 及其背隐。与正文同样的词组还有同音_甲23B28、25B34；文海_刻①92A52；合编_英02.011；同义29B4 等。

24B12 𗒹𗂅 gjij 2.33 ŋewr 2.78 鬼怪

[背隐] 𗏰𗆀𗴮
　　　魑魅鬼

[按语] 背隐以同义词解释正文。参见上文同音_丁23B18 及其背隐。与正文同样的词组还有同音_甲22B36、23B31；文海_刻①40B51；同义32A7 等。

24B13 𗱕𗂅 du 1.58 gjij 2.33 旷野

[背隐] 𗆀𗪙
　　　昊大

[按语] 背隐的内容是对正文的解释。参见上文同音_丁19B52 及其背隐。与正文同样的词组还有同音_甲19A35、23B32；文海_刻①63A43；合编_甲06.174 等。聂Ⅰ485 录背隐内容。

24B14 𗤻𗂅 dzjo 2.44 gjij 2.33 诗赋

[背隐] 𗦗𗦲
　　　礼仪

[按语] 背隐的内容是对正文的解释。与正文同样的词组还有同音_甲23B33；杂字_甲01B2 等。该字又见同义03A2。

24B15 𗂅𗵤 gjij 2.33 dji 2.60 缔结

[背隐] 𗥾𗦲𗣼𗤖
　　　亲近切浅

[按语] 与正文同样的词组还有同音_甲23B38。该字又见同义05A7。

24B16 𗦲𗂅 la 1.17 gjij 2.33 经纬

[背隐] 𗇋𗦲𗏱𗤖
　　　织结纬线

[按语] 背隐的内容是对正文的解释。与正文同样的词组还有同音_甲23B37。该字又见掌中珠_甲31A22；同义12B5 等。

24B17 𗴮𗂅 khjɨ 1.30 gjij 2.33 脚胫

[背隐] 𗥫𗸦
　　　脚胫

[按语] 背隐以同义词解释正文。参见下文同音_丁25B22 及其背隐。与正文同样的词组还有同音_甲23B41、24B43；掌中珠_甲19A12（正文后该词的汉语译释即来源于此）等。

24B18 𗴴𗂅 tji 1.67 gjij 2.33 残食

[背隐] 𗤖𗴴𗤻𗵀

分食剩余

[按语] 背隐的内容是对正文的解释。与正文同样的词组还有同音甲23B35。该字又见同义10B6。

24B21 ㄇㄩ sjɨ 2.28 gjij 2.33 桎梏

　　[背隐] ㄇㄩㄆ

　　　　　桎梏揉

[按语] 背隐的内容是对正文的解释。参见下文同音丁31A28及其背隐。与正文同样的词组还有同音甲23B42、30A63；文海刻①07B51；杂字乙00B2；同义15A7等。

24B22 ㄆㄩ sjwɨ 1.30 gjij 2.33 旋风

　　[背隐] ㄆㄩ

　　　　　旋风

[按语] 背隐以同义词解释正文。参见下文同音丁32B64及其背隐。与正文同样的词组还有同音甲23B43、32A47；文海刻①40B12；杂字乙04A8；掌中珠甲07B22（正文后该词的汉语译释即来源于此）；同义07B7等。

24B23 ㄌㄜ ◦le 2.07 gjij 2.33 晦雾

　　[背隐] ㄌㄜㄜ

　　　　　聚集

[按语] 背隐的内容是对正文的解释。与正文同样的词组还有同音甲23B36；同义08A1等。其他辞书未见。

24B24 ㄫㄜ ŋwe 2.07 gjij 1.36（族姓）

　　[背隐] ㄫㄜㄜ

　　　　　族姓

[按语] 背隐指出正文的类别为一"族姓"。与正文同样的词组（即此西夏复姓）还有文海刻①47B31；杂字乙11B1等。同音甲23B34：ㄫㄜㄜ gjij 1.36 mjɨr 1.86 mə 2.25（gjij：族姓）。该字又见杂字乙11B1；同义07A2。文海刻①47B31有该字的详细材料。

24B25 ㄍㄧ gjij 1.36 rjijr 1.74 午马

　　[背隐] ㄍㄧㄆ

　　　　　马马

[按语] 背隐以同义词解释正文。"午"乃"十二地支"之一，代表"马"。与正文同样的词组还有同音乙48A37；同音甲23B44、47B47；文海刻①47B32；杂字乙08B2；同义28A6等。

24B26 ㄨㄜ we 2.07 gjij 1.36 张开

　　[背隐] ㄨㄜㄜ

　　　　　领口张

[按语] 背隐的内容是对正文的解释。与正文同样的词组还有同音甲23B45；文海刻①86A21等。文海刻①47B41有该字的详细材料。

24B27 􀀀􀀀 。gjij 1.36 ku 1.04 岩峪

[背隐] 􀀀􀀀

川岔

[按语] 背隐的内容是对正文的解释。与正文同样的词组还有同音甲23B46；杂字乙05A4；掌中珠甲12A22（正文后该词的汉语译释即来源于此）；同义25B1 等。

24B28 􀀀􀀀 ŋur 1.75 tśhjaa 1.21 烙饼

[背隐] 􀀀􀀀􀀀􀀀

所烧未熟

[按语] 背隐的内容是对正文的解释。与正文同样的词组还有同音甲23B53。该字又见掌中珠甲33A22；同义12A2 等。文海刻①80B61 有该字的详细材料。

24B31 􀀀􀀀 ŋur 1.75 wji 1.10 烙烤

[背隐] 􀀀􀀀􀀀􀀀

火上烧烤

[按语] 背隐的内容是对正文的解释。与正文同样的词组还有同音甲23B54；文海刻①80B62 等。该字又见同义18B6。文海刻①80B62 有该字的详细材料。

24B32 􀀀􀀀 low 2.47 ŋur 1.75 丘陵

[背隐] 􀀀􀀀􀀀􀀀

梁柱脊棱

[按语] 背隐的内容是对正文的解释。与正文同样的词组还有同音甲23B51。该字又见同义25A7。文海刻①80B71 有该字的详细材料。

24B33 􀀀􀀀 ŋur 1.75 śjow 1.56 鍮铁

[背隐] 􀀀􀀀􀀀􀀀

熔铜撒药

[按语] 背隐的内容是对正文的解释。与正文同样的词组还有碎金09A3。该字又见杂字乙05B3；掌中珠甲12B22（正文后该词的汉语译释即来源于此）；同义18A4 等。文海刻①80B72 有该字的详细材料。

24B34 􀀀􀀀 ɣu 1.04 ŋur 1.75 头头

[背隐] 􀀀􀀀􀀀􀀀

头集结合

[按语] 背隐的内容是对正文的解释。与正文同样的词组还有同音甲23B47；合编17.021 等。该字又见杂字乙18B6；掌中珠甲33B12（正文后该词的汉语译释即来源于此）；同义10B5 等。

24B35 􀀀􀀀 。nər 2.76 ŋur 1.75 指抄

[背隐] 􀀀􀀀􀀀􀀀

计量用抄

[按语] 背隐的内容先是对正文的解释；然后注出了该字的汉语读音。与正文同样的词组还有同音甲23B48。该字又见同义21B3。文海刻①81A12 有该字的详细材料。

24B36 𗥏𗥧 khow 1.54 khie 1.09 厌恶

[背隐] 𗥋𗧺𗩈𗩂
心中不爱

[按语] 背隐的内容是对正文的解释。与正文同样的词组还有同音甲23B55；文海刻①60A31 等。该字又见同义 31A4。文海刻①60A31 有该字的详细材料。聂Ⅱ605 录背隐内容。

24B37 𗥎𗧺 khow 1.54 khiəj 1.41 坑沟

[背隐] 𗩌𗮥𗧀𗩉
坑沟地险

[按语] 背隐的内容是对正文的解释。参见下文同音丁26B33 及其背隐。与正文同样的词组还有同音甲23B56、25B63；文海刻①60A32；合编甲12.071；同义 25B3 等。

24B38 𗪛𗪤𗪈 ｡khow 1.54 mjir 1.86 mə 2.25 khow：族姓

[背隐] 未注

[按语] 背隐对正文未作解释。其实正文中小字对大字的注释已经非常清楚，故无需再作背隐音义。同音甲23B57 与丁种本正文表述相同。该字又见杂字乙14B3；同义 07B2 等。文海刻①60A41 有该字的详细材料。

24B41 𗩮𗧻 wji 1.67 ŋja 2.57 油饼

[背隐] 𗧻
饼

[按语] 背隐注明了该词的汉语读音。与正文同样的词组还有同音甲23B58；掌中珠甲33A22（正文后该词的汉语译释即来源于此）等。该字又见杂字乙18B6；同义 11B1 等。

24B42 𗫤𗧾 ｡ŋja 2.57 ·o 1.49 疤痕

[背隐] 𗫸𗪻
恶疮

[按语] 背隐的内容是对正文的解释。与正文同样的词组还有同音甲23B61；文海刻①72B21；合编甲02.212 等。

24B43 𗥐𗧽 zjij 1.36 ŋja 1.64 广阔

[背隐] 𗪭𗥐𗧽
下宽阔

[按语] 背隐的内容是对正文的解释。与正文同样的词组还有同音甲23B62。该字又见同义 04B6。文海刻①71A21 有该字的详细材料。

24B44 𗫥𗧼 ｡phji 1.11 ŋja 1.64 失意

[背隐] 𗪮𗧩𗪰𗪲𗩖
昏迷语莫得

[按语] 背隐的内容是对正文的解释。与正文同样的词组还有同音甲23B63。该字又见同义 31B1。文海刻①71A22 有该字的详细材料。

24B45 𘟞𘟠 gu 1.01 rjir 2.77 嫁妆

[背隐] 𘟞𘟠𘟞𘟠

　　　　送女圆房

[按语] 背隐的内容是对正文的解释。与正文同样的词组还有同音乙48A68；同音甲23B66、51A66；文海刻①06A41；同义14A7等。

24B46 𘟞𘟠 dja 2.17 gu 1.01 协议

[背隐] 𘟞𘟠𘟞𘟠

　　　　议和合和

[按语] 背隐的内容是对正文的解释。与正文同样的词组还有同音甲23B68。该字又见同义23B6。文海刻①06A42有该字的详细材料。

24B47 𘟞𘟠 gu 1.01 sjwo 1.48 起行

[背隐] 𘟞

　　　起

[按语] 背隐以同义词解释正文。与正文同样的词组还有同音乙37A72。该字又见同义19A4。文海刻①06A51有该字的详细材料。聂Ⅱ274录背隐内容。

24B48 𘟞𘟠 gu 1.01 sji 1.11 檩木

[背隐] 𘟞𘟠

　　　屋舍

[按语] 背隐的内容是对正文的解释。与正文同样的词组还有同音甲23B67。该字又见同义14A1。文海刻①06A52有该字的详细材料。

24B51 𘟞𘟠 。gu 1.01 dzjaa 2.18 劳苦

[背隐] 𘟞𘟠𘟞𘟠

　　　　劳苦色衰

[按语] 背隐的内容是对正文的解释。与正文同样的词组还有同音乙41B48；同音甲23B65、37A33；文海刻①06A53；合编乙01右12；同义16B2等。

24B52 𘟞𘟠 gju 2.52 gjij 2.54 身体

[背隐] 𘟞𘟠

　　　身体

[按语] 背隐以同义词解释正文。参见上文同音丁22A76及其背隐。与正文同样的词组还有同音甲21B27、23B71；文海刻①55B41；合编甲12.112；同义03B1等。

24B53 𘟞𘟠 gju 2.03 gju 2.52 疲倦

[背隐] 𘟞𘟠𘟞

　　　辛苦

[按语] 背隐的内容是对正文的解释。与正文同样的词组还有同音甲23B72；同义30B4等。

24B54 𘟞𘟠 gju 2.52 dzjwi 2.09 床腿

[背隐] 疏隙
　　　 祐助

[按语] 背隐的内容是对正文的解释，指出了床腿所起的支撑作用。该字又见同义 06A3。

24B55 蕧藬 gju 2.52 ljwu 1.59 壁柎

[背隐] 脪硃蕤嫩纤瓶
　　　 屋舍木植壁柎

[按语] 背隐先是对正文的解释；然后注明了该词的汉语读音。该字又见同义 13B7。

24B56 㿂嫩皮 。gju 2.52 ·wu 2.51 khju 2.03 㞘：雄根

[背隐] 蕱儸
　　　 㞘睾

[按语] 背隐的内容是对正文的解释。同音甲28B42 与丁种本正文表述相同。该字又见杂字乙17A6；同义 04B1 等。

24B57 緋緩 khə 2.25 phe 1.08 （族姓）

[背隐] 彰縳
　　　 族姓

[按语] 背隐指出正文的类别为一"族姓"。参见上文同音丁07B25 及其背隐。与正文同样的词组（即此西夏复姓）还有同音甲06B45；文海刻①12B63；杂字乙13B1；合编丙B33；同义 06B5；碎金 04B2 等。

24B58 孖杨 khə 2.25 swẽ 1.15 猢狲

[背隐] 㣧
　　　 兽

[按语] 背隐指出正文的类别为一"兽名"（简化）。参见下文同音丁32A64 及其背隐。与正文同样的词组还有同音甲23B76、31B37；文海刻①20B62；杂字乙10A5；同义 27A5 等。

24B61 巍㣲 。khə 2.25 dzu 2.01 马病

[背隐] 虮朧緵
　　　 马患病

[按语] 背隐的内容是对正文的解释。参见下文同音丁33A38 及其背隐。与正文同样的词组还有同音甲23B77、32B23；文海刻③15B51；杂字乙08B6；同义 27A5 等。

24B62 㸓瓶 khə 1.27 sow 1.54 屁股

[背隐] 縦㾹䓵
　　　 粪过用

[按语] 背隐的内容是对正文的解释，指出其用途。参见下文同音丁30B18 及其背隐。与正文同样的词组还有同音甲24A11、29B53；文海刻①60B22；杂字乙17A6；合编甲03.072；同义 04A3 等。

24B63 㿂新 khə 1.27 rar 2.73 肉馅

[背隐] 㿔䂵蕤蕤

肉肠烂碎

[按语] 背隐的内容是对正文的解释。与正文同样的词组还有同音_乙_46B77；同音_甲_24A12、46A68；文海_刻_①34A51；合编_甲_19.084；同义11A5等。

24B64 𗅮𗤀 。khə 1.27 lej 2.30 对歌

[背隐] 𗥦𗙿𗧵𗥃𗥃

行走语合词

[按语] 背隐的内容是对正文的解释。与正文同样的词组还有同音_乙_50B54；同音_甲_24A13、50A67；文海_刻_①34A52等。

24B65 𗅮𗳆 kjɨr 2.85 ·jɨj 2.37 屋舍

[背隐] 𗧥𗧵

室屋

[按语] 背隐以同义词解释正文。与正文同样的词组还有同音_乙_43A61；同音_甲_24A14；文海_刻_①56B21；合编_甲_07.062等。

24B66 𗧥𗳆 tshjwu 1.03 kjɨr 2.85 天霄

[背隐] 𗥃𗧵

皇天

[按语] 背隐以同义词解释正文。与正文同样的词组还有同音_甲_24A16；合编_甲_07.204等。该字又见杂字_甲_02B4；掌中珠_甲_04B12（正文后该词的汉语译释即来源于此）等。

24B67 𗥃𗤀 thu 2.01 kjɨr 2.85 拦势

[背隐] 𗧵𗥃

拦势

[按语] 背隐以同义词解释正文。正文大字文献少见，是否可以认为背隐音义二字就是其字形构造来源（𗧵𗥃𗤀𗅮阴全栏左），即大字由背隐音义二字会意形成。与正文同样的词组还有同音_甲_24A17。该字又见同义14A6。聂Ⅰ197录背隐内容。

24B68 𗥃𗤀 thjɨ 1.30 kjɨr 2.85 （地名）

[背隐] 𗧥𗧵/𗳆

地名/川

[按语] 背隐指出正文的类别为一"地名"。背隐音义中"𗳆"字，与正文"𗥃𗤀"共同组成地名"𗥃𗤀𗳆"（地斤川），该地名又见文海_刻_①37B73。参见上文同音_丁_13B11及其背隐。与正文同样的词组还有同音_甲_12B24、24A18；文海_刻_①37B73；合编_甲_06.153；同义25B6等。

24B71 𗥃𗤀 kjɨr 2.85 sjo 2.44 胆囊

[背隐] 𗥃𗧵𗥃𗧵

肝上有乎

[按语] 背隐的内容是对正文的解释。与正文同样的词组还有杂字_乙_17A6。该字又见掌中珠_甲_18B32；同义04A2等。

24B72 𗥃𗤀 。kjɨr 2.85 tju 2.03 锤

[背隐] 𗹦𗢛
　　　 断用

[按语] 背隐的内容是对正文的解释。与正文同样的词组还有同音_甲 24A15；纂要 09A1 等。该字又见同义 15A1。

24B73 𗹦𗤜𗹦 kji 2.61 mjir 1.86 mə 2.25 kji：族姓

[背隐] 𗤜𗹦
　　　 rjur 甥

[按语] 背隐第一个"𗤜"字，与大字"𗹦"组成复姓"𗹦𗤜"，该西夏复姓又见杂字_乙 13A4。背隐音义第二个字可译释为"甥"，是否表明此族姓与西夏皇族可能为甥舅关系？同音_甲 24A21 与丁种本正文表述相同。该字又见同义 07A2。

24B74 𗹦𗫂 thji 1.11 kji 2.61 饮食

[背隐] 𗫂𗹦𗧯𗎩
　　　 能多饮食

[按语] 背隐的内容是对正文的解释。与正文同样的词组还有同音_甲 24A22；文海_刻① 41A52；同义 11B6 等。

24B75 𗤓𗢵 mji 1.30 kji 2.61 不合

[背隐] 𗤓𗢵𗤓𗹦
　　　 买卖不成

[按语] 背隐的内容是对正文的解释。与正文同样的词组还有同音_甲 24A24。该字又见同义 23B6。

24B76 𗾧𗤜 kji 2.61 wju 1.02 焦糊

[背隐] 𗤜𗾧𗸊𗏇
　　　 火中使糊

[按语] 背隐的内容是对正文的解释。参见上文同音_丁 11A43 及其背隐。与正文同样的词组还有同音_甲 10A37、24A23；文海_刻①07A61；同义 20A7 等。正文大字及"𗸊"字，此前各书均隶定为"𗾧、𗸊"，均误。应该为"𗾧、𗸊"，字的下部或左下部应当写为"𗸊"而非"𗾧"[1]。

24B77 𗹦𗧷 dzjij 1.35 kji 2.61 寒冷

[背隐] 𗹦𗧷𗋽
　　　 变寒冷

[按语] 背隐的内容是对正文的解释。与正文同样的词组还有同音_甲 27A28。该字又见同义 31A3。

24B78 𗧷𗫂 。kji 2.61 ɣie 2.59 损害

[背隐] 𗤜/𗫂
　　　 者/灾

〔1〕 贾常业：《西夏文字佚失字形结构的复原（一）》，载《西夏研究》2010 年第 2 期。

[按语] 背隐中"㾌"字，与正文"㱁㱁"二字共同组成词组"㱁㱁㾌"（损害者）。背隐音义中"㾌"字与大字"㱁"为同义词。与正文同样的词组还有同音乙44A56；同音甲27A31、43B53；文海刻①71A51；合编甲12.152；同义30B7等。

25A11 㪯㣲 ku 1.04 ku 1.58 宽松
　　[背隐] 㸷㪯㦪
　　　　　使宽松
　　[按语] 背隐的内容是对正文的解释。参见下文同音丁29B22 及其背隐。与正文同样的词组还有同音甲24A25。该字又见同义19B2。文海刻①63B41 有该字的详细材料。

25A12 㥯㣲 。 nioow 1.57 ku 1.58 背后
　　[背隐] 㣲㥯
　　　　　背后
　　[按语] 背隐以同义词解释正文。参见上文同音丁18A68 及其背隐。与正文同样的词组还有同音甲17B36、21A46；文海刻①63B42；同义23B6 等。

25A13 㲲㲨 rjir 2.72 kwar 1.80 压制
　　[背隐] 㲲㲨㲲㲨
　　　　　压破嗔怒
　　[按语] 背隐的内容是对正文的解释。与正文同样的词组还有同音甲24A27。该字又见同义26A7。文海刻①84A71 有该字的详细材料。

25A14 㼡㼡 。 kwar 1.80 sji 1.11 观察
　　[背隐] 㹡㼡㹡㼡
　　　　　所见变化
　　[按语] 背隐的内容是对正文的解释。参见下文同音丁30B35 及其背隐。与正文同样的词组还有同音甲24A28、29B68；文海刻①17B61；同义16A2 等。

25A15 㳠㳠 sjwo 2.44 kjwɨj 1.62 帝后
　　[背隐] 㳠㳠㳠㳠
　　　　　为帝名义
　　[按语] 背隐的内容是对正文的解释。与正文同样的词组还有同音甲24A33。该字又见同义02B4。文海刻①68B62 有该字的详细材料。

25A16 㮣㮣 。 kjwɨj 1.62 dzjo 2.64 纸墨
　　[背隐] 㮣㮣㮣㮣㮣
　　　　　麻丝树皮造
　　[按语] 背隐的内容是对正文的解释，指出了纸的原料来源构成。与正文同样的词组还有同音甲24A34；同义18A6 等。该字又见杂字乙21B3；掌中珠甲27A22（正文后该词的汉语译释即来源于此）等。文海刻①68B71 有该字的详细材料。

25A17 㣲㣲 · ji 2.60 kjwɨj 2.55 重复
　　[背隐] 㣲㣲
　　　　　重复

[按语] 背隐以同义词解释正文。与正文同样的词组还有同音﹝甲﹞24A32；文海﹝刻﹞①21B32 等。该字又见同义17B4。

25A18 𗗙𘀄 。 tjij 1.61 kjwɨj 2.55 独自

[背隐] 𘀄𗗙

另行

[按语] 背隐的内容是对正文的解释。与正文同样的词组还有同音﹝甲﹞24A31。该字又见同义29A7。

25A21 𘀅𗗙𘀆 kjwɨ 1.69 mjɨr 1.86 mə 2.25 kjwɨ：族姓

[背隐] 𗗙𘀆﹝三﹞

kur 1.75 ljwɨ 1.69﹝三﹞ （反切）

[按语] 背隐注明了该字的反切音。反切之下的汉字"三"字，表明以下3字用同一个反切音，为同音字。同音﹝甲﹞24A35与丁种本正文表述相同。该字又见杂字﹝乙﹞11B6；同义06B4；碎金04B5 等。文海﹝刻﹞①76B52 有该字的详细材料。

25A22 𗗙𗗚 kjwɨ 1.69 kju 1.59 礼拜

[背隐] 𘀇𗗙𘀈𘀉

技艺行礼

[按语] 背隐的内容是对正文的解释。参见上文同音﹝丁﹞21B66 及其背隐。与正文同样的词组还有同音﹝甲﹞21A16；文海﹝刻﹞①39A41；杂字﹝乙﹞16A8；同义03A3 等。

25A23 𗗛𗗜 。 kjwɨ 1.69 yu 2.04 结合

[背隐] 𗗝𗗞𗗟𗗠

互相依靠

[按语] 背隐的内容是对正文的解释。与正文同样的词组还有同音﹝乙﹞42A52；同音﹝甲﹞24A37、41B31；文海﹝刻﹞①76B62；合编﹝甲﹞15.033；同义12A5 等。聂Ⅰ449录背隐内容。

25A24 𗗡𗗢 kwə 1.68 le 2.07 骨勒（族姓）

[背隐] 𘀊𘀋

族姓

[按语] 背隐指出正文的类别为一"族姓"。与正文同样的词组（即此西夏复姓）还有同音﹝甲﹞24A41；文海﹝刻﹞①75A11；杂字﹝乙﹞11B6；掌中珠﹝乙﹞01B8 等。在《掌中珠》的汉文序中，相对应的西夏文"𗗡𗗢"正对译为汉文"骨勒"（掌中珠﹝乙﹞02B8）。

25A25 𗗣𗗤 。 kwə 1.68 dzjɨj 2.37 砖墼

[背隐] 𗗣

墼

[按语] 背隐注明了该词的汉语读音。参见下文同音﹝丁﹞32B56 及其背隐。与正文同样的词组还有同音﹝甲﹞24A42、32A41；杂字﹝乙﹞17B6 等。文海﹝刻﹞①75A12 有该字的详细材料。

25A26 𗗥𘀌𘀍 kew 1.43 mjɨr 1.86 mə 2.25 kew：族姓

[背隐] 未注

[按语] 背隐对正文未作解释。其实正文中小字对大字的注释已经非常清楚,故无需再作背隐音义。同音_甲24A43 与丁种本正文表述相同。该字又见杂字_乙14A7;掌中珠_甲12B14;同义 07B1;碎金 06A1 等。文海_刻①53A13 有该字的详细材料。

25A27 𗾴𗾴 kew 1.43 rjar 1.82 田畴

[背隐] 𗾴𗾴𗾴𗾴

田畴农耕

[按语] 背隐的内容是对正文的解释。与正文同样的词组还有同音_甲24A45;同义 26A1 等。该字又见同义 26A1。文海_刻①53A21 有该字的详细材料。

25A28 𗾴𗾴 。 kew 1.43 lja 1.64 北斗

[背隐] 𗾴𗾴

七星

[按语] 背隐的内容是对正文的解释,指出"北斗"星是由 7 颗星组成的星座。与正文同样的词组还有同音_乙52A32;同音_甲51B36 等。该字又见同义 16B4。文海_刻① 53A22 有该字的详细材料。

25A31 𗾴𗾴 ŋwəə 1.31 ŋwuu 1.05 咒颂

[背隐] 𗾴𗾴𗾴𗾴𗾴𗾴

当安乐寿当长

[按语] 背隐的内容是对正文的解释。参见上文同音_丁24A47 及其背隐。与正文同样的词组还有同音_甲23A62、24A46;文海_刻①11B21 等。

25A32 𗾴𗾴 。 ŋwəə 1.31 lo 1.49 𗾴𗾴

[背隐] 𗾴𗾴/𗾴𗾴

喉大/多食

[按语] 背隐的内容是对正文的解释。与正文同样的词组还有同音_乙48A54;同音_甲24A47、47B61;文海_刻①57A11;同义 11B6 等。

25A33 𗾴𗾴 ·u 2.01 khjiij 1.39 嬉戏

[背隐] 𗾴𗾴

嬉戏

[按语] 背隐以同义词解释正文。与正文同样的词组还有同音_甲24A51。该字又见同义 26B5。文海_刻①50A41 有该字的详细材料。

25A34 𗾴𗾴 。 khjiij 1.39 wji 1.10 难为

[背隐] 𗾴𗾴𗾴𗾴

做事艰难

[按语] 背隐的内容是对正文的解释。与正文同样的词组还有同音_甲24A48;文海_刻① 50A42 等。该字又见同义 30B3。文海_刻①50A42 有该字的详细材料。

25A35 𗾴𗾴 tshja 1.19 ko 1.49 车车

[背隐] 𗾴𗾴𗾴

运输用

[按语] 背隐的内容是对正文的解释，指出其用途。与正文同样的词组还有同音$_乙$35B44；同音$_甲$24A52、35A15；同义14A3等。文海$_刻$①56A63有该字的详细材料。

25A36 㑣㧖 la 1.63 ko 1.49 手掬

[背隐] 㳒㲈㧖㧖㧖㧖

掌边合为坑洼

[按语] 背隐的内容是对正文的解释。与正文同样的词组还有同音$_甲$24A53。该字又见掌中珠13B34；同义03B7等。文海$_刻$①56A71有该字的详细材料。

25A37 㧖㧖㧖 。ko 1.49 mjir 1.86 mə 2.25 ko：族姓

[背隐] 未注

[按语] 背隐对正文未作解释。其实正文中小字对大字的注释已经非常清楚，故无需再作背隐音义。同音$_甲$24A54与丁种本正文表述相同。该字又见杂字$_乙$12A2；同义06B2等。文海$_刻$①56A72有该字的详细材料。

25A38 㧖㧖 kio 1.71 lhju 2.52 歌唱

[背隐] 㧖㧖

歌唱

[按语] 背隐以同义词解释正文。与正文同样的词组还有同音$_乙$48B25；同音$_甲$24A57、48A32；文海$_刻$①78A41；合编$_甲$13.012等。

25A41 㧖㧖 kio 1.71 sji 1.11（树名）

[背隐] 㧖㧖

树名

[按语] 背隐指出正文的类别为一"树名"。与正文同样的词组还有同音$_甲$24A56；文海$_刻$①78A42；杂字$_乙$06B8等。该字又见杂字$_乙$06B8；同义09A3等。文海$_刻$①78A42有该字的详细材料。

25A42 㧖㧖 tshjii 1.14 kio 1.71 观察

[背隐] 㧖㧖㧖㧖

观察使明

[按语] 背隐的内容是对正文的解释。与正文同样的词组还有同音$_乙$39A64；同音$_甲$24A58、38B73；文海$_刻$①78A51；合编$_甲$10.010；同义16A1等。

25A43 㧖㧖 。kjir 2.72 kio 1.71 能敢

[背隐] 㧖𠃊㧖㧖

作为完成

[按语] "𠃊"代表该字与前一字重复。背隐音义的内容是对正文的解释。与正文同样的词组还有同音$_甲$24A55；同义17B4等。文海$_刻$①78A52有该字的详细材料。

25A44 㧖㧖 koo 2.45 ŋwə 2.25 口腔

[背隐] 㧖㧖

食腔

[按语] 背隐以同义词解释正文。参见下文同音丁29A77及其背隐。与正文同样的词组还有同音甲24A62、26A76等。该字又见同义11B7。

25A45 薣蓡 dzwə 1.27 koo 2.45 镊子铃

[背隐] 薣緂蕐蕍/衊

打铁持用/铃

[按语] 背隐的内容是对正文的解释，指出其用途；然后注明了该词的汉语读音。与正文同样的词组还有掌中珠甲22B22（正文后该词的汉语译释即来源于此）；纂要09A2；同义15A2等。

25A46 薤薤 lji 1.29 koo 2.45（牲畜病）

[背隐] 薤薤

牲畜

[按语] 背隐的内容是对正文的解释。与正文同样的词组还有同音甲24A64。该字又见同义14A3。

25A47 薤薤 yju 1.03 koo 2.45 扇子

[背隐] 薣蕍

扇子

[按语] 背隐注明了该词的汉语读音。与正文同样的词组还有同音甲24A63。该字又见同义14B4。

25A48 薣薣 。koo 2.45 rjur 1.76 坩埚

[背隐] 薤薤薤薤

熔囊坩埚

[按语] 背隐的内容是对正文的解释；然后注明了该词的汉语读音。与正文同样的词组还有同音乙51B22；同音甲24A61、51A33；文海刻①81B11；纂要09A2；同义18B6等。

25A51 薤薤 khie 2.08 kwo 1.49 米糜

[背隐] 薤薤

谷物

[按语] 背隐指出正文的类别为一"谷物"。参见下文同音丁27A11及其背隐。与正文同样的词组还有同音甲24A72、26A44等。该字又见杂字乙08A6；掌中珠甲15B22（正文后该词的汉语译释即来源于此）；同义11A3；碎金09A2等。文海刻①57A31有该字的详细材料。

25A52 薣薣 kwo 1.49 mjir 1.86 mə 2.25 kwo：族姓

[背隐] 薣

njaa

[按语] 背隐中"薣"字，与大字"薣"组成复姓"薣薣"，该西夏复姓又见文海刻①57A32。同音甲24A66与丁种本正文表述相同。该字又见杂字乙11B6；掌中珠甲15B14；同义07B3；碎金06A4等。文海刻①57A32有该字的详细材料。

25A53 𗾟𗟚 bji 1.67 kwo 1.49 尿床

   [背隐] 𗠁𗟚𗿀𗴲𗿀

      不觉遗尿

   [按语] 背隐的内容是对正文的解释。该字又见同义 32A2。文海刻①57A33 有该字的详细材料。

25A54 𗰖𗟚 lji 2.27 kwo 1.49 松鼠

   [背隐] 𗰖𗟚𗰏𗾟𗴴

      鼠居山险处

   [按语] 背隐的内容是对正文的解释。与正文同样的词组还有同音乙 49A28；同音甲 24A67、48B47；同义 27A6 等。

25A55 𗝰𗴆 。tshjij 2.33 kwo 1.49 （树名）

   [背隐] 𗴆𗴳

      树名

   [按语] 背隐指出正文的类别为一"树名"。参见下文同音丁 30B71 及其背隐。与正文同样的词组还有同音甲 24A71、30A36；文海刻①57A41；杂字乙 06B7；同义 09A5 等。

25A56 𗹡𗴱 gjeej 1.38 rowr 1.91 干瘦

   [背隐] 𗠁𗳅𗴄

      肉干瘦

   [按语] 背隐的内容是对正文的解释。与正文同样的词组还有同音甲 24A73；文海刻①49A72 等。该字又见同义 31A7。文海刻①49A72 有该字的详细材料。

25A57 𗼑𗴱 rjir 1.86 gjeej 1.38 骨骼

   [背隐] 𗼑𗳅𗾅

      骨酥虚

   [按语] 背隐的内容是对正文的解释。与正文同样的词组还有同音甲 24A74；文海刻①49B11 等。该字又见同义 03B4。文海刻①49B11 有该字的详细材料。

25A58 𗐽𗴱 gjeej 1.38 low 2.47 安居

   [背隐] 𗳅𗾟𗴲𗴲

      所居已安

   [按语] 背隐的内容是对正文的解释。与正文同样的词组还有同音乙 50A46；同音甲 24A76、49B47；文海刻①49B12；同义 05A3 等。

25A61 𗫂𗴱 。tha 2.14 gjeej 1.38 （地名）

   [背隐] 𗫂𗿀/𗿁𗴳

      tha tśju/地名

   [按语] 背隐指出正文的类别为一"地名"。参见上文同音丁 13B75 及其背隐。与正文同样的词组还有同音甲 13A18、24A75；文海刻①49B13 等。

25A62 𗟑𗪾 ŋewr 1.87 khwu 2.51 界斗

[**背隐**] 𗙴𗥀𗪊𗜓

切割断绝

[按语] 背隐的内容是对正文的解释，指出"界斗"的作用。与正文同样的词组还有纂要 09A5（正文后该词的汉语译释即来源于此）。该字又见同义 26B2；碎金 03A1 等。

25A63 𗩾𗙓 sjo 1.72 khwu 2.51 锯

[**背隐**] 𗩾𗙴𗫩𗫨/𗥐

铁齿断裂/锯

[按语] 背隐的内容是对正文的解释；然后注明了该词的汉语读音。与正文同样的词组还有纂要 08B4。该字又见杂字乙 17B5；掌中珠甲 22B22（正文后该词的汉语译释即来源于此）；同义 15A2 等。

25A64 𗩱𗫴 lji 1.29 khwu 2.51 扇鞴

[**背隐**] 𗩱𗫨𗫴𗫩

使风吹打

[按语] 背隐的内容是对正文的解释。与正文同样的词组还有纂要 09A3（正文后该词的汉语译释即来源于此）。该字又见同义 15A1。

25A65 𗩾𗫨 ₒ tsar 1.80 khwu 2.51 生熟

[**背隐**] 𗥐𗫘𗥐𗫨

生熟使熟

[按语] 背隐的内容是对正文的解释。与正文同样的词组还有同音甲 24B12；同义 12A3 等。

25A66 𗩾𗞞 lji 1.67 kã 1.24 箭杆

[**背隐**] 𗞞𗦻𗮔

选细木

[按语] 背隐的内容是对正文的解释。与正文同样的词组还有同音甲 24B22；杂字乙 23A4 等。该字又见杂字乙 23A4；同义 18B2 等。文海刻①31A52 有该字的详细材料。

25A67 𗩸𗩾 kã 1.24 wji 1.10 驱赶

[**背隐**] 𗪊𗫨𗫜

逼迫趋

[按语] 背隐的内容是对正文的解释。与正文同样的词组还有同音甲 24B23；文海刻① 10A72；合编甲 18.091 等。

25A68 𗩴𗩾 ₒ kã 1.24 tśjiw 1.45 甘州

[**背隐**] 𗰖𗫨

地名

[按语] 背隐指出正文的类别为一"地名"。与正文同样的词组还有同音甲 24B21。该字又见掌中珠甲 07B24；同义 25B6 等。

25A71 𗩾𗫰 śjə 1.28 ku 2.04 黎明

[**背隐**] 𗫨𗫜

黎明

[按语] 背隐以同义词解释正文。与正文同样的词组还有同音乙36B18；同音甲24B24、35B61；文海刻①35B21；杂字乙19B4；同义13A1 等。

25A72 𗀪𗀭 ku 2.04 məə 1.31 盲瞎

[背隐] 𗀪𗀭

不见

[按语] 背隐的内容是对正文的解释。参见上文同音丁04A17 及其背隐。与正文同样的词组还有同音甲24B26；文海刻①40B61 等。

25A73 𗀭𗀭 bu 2.01 ku 2.04（虫名）

[背隐] 𗀭

虫

[按语] 背隐指出正文的类别为一"虫名"（简化）。参见上文同音丁05B22 及其背隐。与正文同样的词组还有同音甲04B21、24B25；杂字乙10B3；同义27A7 等。

25A74 𗀭𗀭 。·jij 2.33 ku 2.04 服饰

[背隐] 𗀭𗀭

粗线

[按语] 背隐的内容是对正文的解释。与正文同样的词组还有同音乙44B52；同音甲27A54、44A46；杂字乙06A5；同义12A5 等。

25A75 𗀭𗀭 · jɨ 2.28 ku 1.04 衣服

[背隐] 𗀭𗀭

兽皮

[按语] 背隐的内容是对正文的解释，指出这种衣服是兽皮作成的。与正文同样的词组还有同音乙42B45；同音甲24B27、42A25；文海刻①10B12；同义12A4 等。

25A76 𗀭𗀭 gjɨ 2.28 ku 1.04 狭谷

[背隐] 𗀭𗀭

狭地

[按语] 背隐的内容是对正文的解释。参见上文同音丁23A22 及其背隐。与正文同样的词组还有同音甲22A43、24B28 等。

25A77 𗀭𗀭 ku 1.04 kiej 1.34 凤凰

[背隐] 𗀭𗀭𗀭

鸟天子

[按语] 背隐的内容是对正文的解释。参见上文同音丁22B32 及其背隐。与正文同样的词组还有同音甲21B53、24B32；文海刻①44B41；杂字乙09B1；掌中珠甲16B22（正文后该词的汉语译释即来源于此）；同义27B2 等。

25A78 𗀭𗀭 。ku 1.04 kiej 1.34 犁弯

[背隐] 𗀭𗀭

·犁颈

　　[按语] 背隐的内容是对正文的解释。参见上文同音丁22B31及其背隐。与正文同样的词组还有同音甲21B52、24B31；文海刻①44B32；同义15A3等。

25B11 ⿰⿰ gjiw 1.45 ·iejr 2.67 弯曲

　　[背隐] ⿰⿰
　　　　　弯曲

　　[按语] 背隐以同义词解释正文。与正文同样的词组还有同音甲24B34。该字又见同义04B7。文海刻①54A52有该字的详细材料。

25B12 ⿰⿰ gjiw 1.45 ·iejr 2.67 （树名）

　　[背隐] ⿰⿰⿰⿰
　　　　　屋舍中用

　　[按语] 背隐的内容是对正文的解释。与正文同样的词组还有同音乙44B22；同音甲24B33、44A18；文海刻①54A53；同义14A1等。

25B13 ⿰⿰ 。gjiw 1.45 bəj 1.40 宽阔

　　[背隐] ⿰⿰⿰
　　　　　地稳阔

　　[按语] 背隐的内容是对正文的解释。参见上文同音丁08B37及其背隐。与正文同样的词组还有杂字乙04B7；合编甲23.094等。

25B14 ⿰⿰ gjiw 2.40 dʑia 2.15 残缺

　　[背隐] ⿰⿰⿰⿰
　　　　　残缺不全

　　[按语] 背隐先以同义词解释正文，再以反义词解释正文。与正文同样的词组还有同音乙38B66；同音甲24B36、38A64；文海刻③18B21；合编甲10.151；同义26B3等。

25B15 ⿰⿰ 。ljwu 1.59 gjiw 2.40 降落

　　[背隐] ⿰⿰⿰厶
　　　　　先后巍巍（而下）

　　[按语] "厶"代表该字与前一字重复。背隐音义的内容是对正文的解释。与正文同样的词组还有同音甲24B37。该字又见同义23A3。

25B16 ⿰⿰ khji 2.28 mej 2.30 （鸟名）

　　[背隐] ⿰
　　　　　鸟

　　[按语] 背隐指出正文的类别为一"鸟名"（简化）。参见上文同音丁05A77及其背隐。与正文同样的词组还有同音甲04B13、24B41；杂字乙09B5等。

25B17 ⿰⿰ tu 1.58 khji 2.28 千万

　　[背隐] ⿰⿰
　　　　　数百

　　[按语] 背隐的内容是对正文的解释。参见上文同音丁17B77及其背隐。与正文同样的词组还有同音甲17A36、24B38等。

25B18 𗂼𗰛 khjɨ 2.28 ·jwar 1.82 劳苦

[背隐] 𗓳𗓼𗫚𗟲

无利色衰

[按语] 背隐的内容是对正文的解释。与正文同样的词组还有同音乙46A47；同音甲24B42、45B56；文海刻①86B12；合编甲17.103；同义30B5等。

25B21 𗥦𗖽 。ɣa 1.17 khjɨ 2.28 家室

[背隐] 𗥫𗖼

家室

[按语] 背隐以同义词解释正文。与正文同样的词组还有同音甲24B44；杂字乙15A7等。该字又见杂字乙15A7；同义14B4等。

25B22 𗰗𗄻 khjɨ 1.30 gjij 2.33 脚胫

[背隐] 𗱕𗄼

脚胫

[按语] 背隐以同义词解释正文。参见上文同音丁24B17及其背隐。与正文同样的词组还有同音甲23B41、24B43；掌中珠甲19A12（正文后该词的汉语译释即来源于此）等。

25B23 𗎰𗬵 khjɨ 1.30 khjij 1.36 侄子

[背隐] 𗎱𗫡𗬶

下辈人

[按语] 背隐的内容是对正文的解释。参见上文同音丁22B51及其背隐。与正文同样的词组还有同音甲22A11、24B45；文海刻①38B41；杂字乙14B8；同义05B3等。

25B24 𗎲𗯭 。khjɨ 1.30 wer 1.77 （地名）

[背隐] 𗤧𗫜𗆫

地名山

[按语] 背隐指出正文的类别为一"地名"。背隐音义最后一字"𗆫"（山）与正文一起组成地名"𗎲𗯭𗆫"（祁㠪山），这与文海刻①38B42中所说的"𗎲𗯭𗯱"（祁㠪山）仅换了一个字而已。"祁㠪山"是指祁连山，还是三危山，抑或指其他山，无从查考。参见上文同音丁11A56及其背隐。与正文同样的词组还有同音甲10A56、24B46等。

25B25 𗫟𗧃 wja 1.64 khwa 1.17 花园

[背隐] 𗰤𗰥𗫠𗧄𗧅

围圈围花园

[按语] 背隐以同义词解释正文。与正文同样的词组还有同音甲24B47；同义16B1等。文海刻①24B22有该字的详细材料。

25B26 𗌖𗧆 njij 1.36 khwa 1.17 远近

[背隐] 𗫢𗌗

不近

[按语] 背隐以反义词解释正文。与正文同样的词组还有同音_甲24B48。该字又见杂字_乙05A7；掌中珠_甲36A12（正文后该词的汉语译释即来源于此）；同义19B1等。文海_刻①24B31有该字的详细材料。

25B27 𦧃𦨭 khwa 1.17 dʑij 1.61 回还

　　[背隐] 𦨭/𦧃𦧃

　　　　　戏/设宴

　　[按语] 背隐的内容是对正文的解释，但其义不明。与正文同样的词组还有同音_甲24B51。

25B28 𦧃𦨭 。khwa 1.17 lə 1.27 坑坑

　　[背隐] 𦧃𦨭𦨭

　　　　　咒鬼处

　　[按语] 背隐的内容是对正文的解释。与正文同样的词组还有同音_甲24B53。该字又见同义32B2。文海_刻①24B32有该字的详细材料。

25B31 𦨭𦧃 noo 2.45 khwa 2.14 褐布

　　[背隐] 𦨭𦧃𦧃

　　　　　麻毛织

　　[按语] 背隐的内容是对正文的解释。与正文同样的词组还有掌中珠_甲26A22；同义18A5等。该字又见杂字_乙05B7；掌中珠_甲24B22（正文后该词的汉语译释即来源于此）；碎金08A4等。

25B32 𦧃𦨭 khwa 2.14 njij 2.33（草名）

　　[背隐] 𦨭

　　　　　草

　　[按语] 背隐指出正文的类别为——"草名"（简化）。参见上文同音_丁14B28及其背隐。与正文同样的词组还有同音_甲13B35、24B56；杂字_乙07B6；同义10A1等。

25B33 𦨭𦧃 khwa 2.14 gjwi 2.10 汉汉

　　[背隐] 𦨭𦧃

　　　　　东汉

　　[按语] 背隐的内容是对正文的解释。参见上文同音_丁24A58及其背隐。与正文同样的词组还有同音_甲23A74、24B54；文海_刻①84A42；同义07B1等。

25B34 𦧃𦨭 。njijr 1.74 khwa 2.14 围猎

　　[背隐] 𦨭𦧃𦨭𦧃

　　　　　围杀野兽

　　[按语] 背隐的内容是对正文的解释。与正文同样的词组还有同音_甲24B52。该字又见同义14A6。

25B35 𦨭𦧃 kjwi 1.11 bjuu 1.07 尊贵

　　[背隐] 𦧃𦨭

　　　　　尊贵

　　[按语] 背隐以同义词解释正文。与正文同样的词组还有同音_甲24B57。该字又见杂字_乙

14A6；掌中珠_甲05B34；同义 07B5；碎金 05B3 等。文海_刻①18A61 有该字的详细材料。

25B36 綖幰 kjwi 1.11 sjiw 1.46 新旧

[背隐] 㞕巍

破衣

[按语] 背隐的内容是对正文大字的解释。与正文同样的词组还有同音_乙34B16；同音_甲24B58、34A13；碎金 03A2 等。

25B37 㪤荓 phie 2.08 kjwi 1.11 锁

[背隐] 縊幂

户枢

[按语] 背隐注明了该词的汉语读音。与正文同样的词组还有同音_甲24B61；纂要 09B1〔1〕等。该字又见同义 15A1。文海_刻①18A71 有该字的详细材料。

25B38 㪤㿯 。kjwɨ 1.30 kjwi 1.11（鸟名）

[背隐] 蓏秠

颈白

[按语] 背隐的内容是对正文的解释，指出这种鸟颈部有特点。参见下文同音_丁26A66 及其背隐。与正文同样的词组还有同音_甲24B62、25B25；文海_刻①39B51；杂字_乙09B3；同义 27B6 等。

25B41 㪤罷 mee 2.11 gjwii 1.14 神枪

[背隐] 藗觚绽猵

军行显现

[按语] 背隐的内容是对正文的解释。与正文同样的词组还有同音_甲24B63。该字又见杂字_乙23A2；同义 18B1 等。文海_刻①20A61 有该字的详细材料。

25B42 荓祸 。ze 1.08 gjwii 1.14 褴褛

[背隐] 祾茶蘢猋

婴儿衣服

[按语] 背隐的内容是对正文的解释。与正文同样的词组还有同音_甲24B64。该字又见杂字_乙15B6；同义 12B4 等。文海_刻①20A62 有该字的详细材料。

25B43 祇綖 kio 2.43 ŋa 2.14 到来

[背隐] 蘞㫣

到来

[按语] 背隐以同义词解释正文。与正文同样的词组还有同音_甲24B66。该字又见掌中珠_甲24A24；同义 25A2 等。

---

〔1〕 纂要 09B1：㪤荓：祾彤㪤㪤（汉语锁谓）。纂要 09B2：荓㪤：祾彤猋髟（汉语户枢）。可见二字顺序颠倒后，指的是两种东西。根据纂要 09B1，"㪤荓"译为"锁"，无疑是正确的，然而背隐音义中却译为"户枢"。应该说是背隐音义作者没有区分清楚这两个东西。

25B44 䩮䖱 。kie 2.08 kio 2.43 厌恶

　　[背隐] 䋶䖱䖱

　　　　　心不爱

　　[按语] 背隐的内容是对正文的解释。参见下文同音丁26B21及其背隐。与正文同样的词
　　　　　组还有同音甲24B67、25B51；合编甲11.151；同义30B3等。

25B45 䏏䍰 kjiw 1.45 kho 1.49 九曲

　　[背隐] 䏏䍰

　　　　　九曲

　　[按语] 背隐以同义词解释正文。参见上文同音丁23B28及其背隐。与正文同样的词组还
　　　　　有同音甲22B44、24B68；文海刻①54A51、56B11；同义25B2等。

25B46 䌷䖱 kja 2.57 kho 1.49 歌一首

　　[背隐] 䌷䌷

　　　　　歌一首

　　[按语] 背隐以同义词解释正文。与正文同样的词组还有同音甲24B71等。该字又见同义
　　　　　20B6。文海刻①56B12有该字的详细材料。

25B47 䌷䋶 。kho 1.49 tśji 1.10 普遍

　　[背隐] 䋶厶䌷䋶

　　　　　诸处皆到

　　[按语] "厶"代表该字与前一字重复。背隐音义的内容是对正文的解释。与正文同样的
　　　　　词组还有同音乙36A34；同义甲24B72、35A78等。该字又见同义28B6。文海刻①
　　　　　56B13有该字的详细材料。

25B48 䋶䋶 ŋwej 2.30 ·ji 1.11 和尚

　　[背隐] 䋶䋶䋶

　　　　　依顺和

　　[按语] 背隐的内容是对正文大字的解释。与正文同样的词组还有同音甲24B73；文海刻③
　　　　　09A21；杂字戊04A7等。该字又见杂字乙22B3；掌中珠甲06A12（正文后该词的
　　　　　汉语译释即来源于此）；同义23B5；碎金02A5等。

25B51 䋶䋶 nja 1.20 ŋwej 2.30 和睦

　　[背隐] 䋶䋶

　　　　　爱慕

　　[按语] 背隐以同义词解释正文。与正文同样的词组还有同音甲24B75。该字又见同义
　　　　　23A7。

25B52 䋶䋶 。lju 2.52 ŋwej 2.30 齐头

　　[背隐] 䋶䋶䋶䋶

　　　　　平无差别

　　[按语] 背隐的内容是对正文的解释。与正文同样的词组还有同音甲24B74。该字又见同
　　　　　义22B5。

25B53 𗩾𗹭 djij 2.55 khwə 1.27 云中

  [背隐] 𗹭𗺉𗹭𗺱/𗹧

      二者之间/虚

  [按语] 背隐的内容是对正文的解释。背隐音义中"𗹧"（虚）字，指云所处的空间位置。与正文同样的词组还有同音甲25A11；合编甲03.143 等。该字又见掌中珠甲07A12；同义19B1 等。文海刻①34B61 有该字的详细材料。

25B54 𗩉𗼋 khwə 1.27 niej 2.53 昏晕

  [背隐] 𗼰𗼩𗼰𗼏

      死至回醒

  [按语] 背隐的内容是对正文的解释。参见上文同音丁16B38 及其背隐。与正文同样的词组还有同音甲15B58、24B77；文海刻①60B43 等。

25B55 𗸒𗸕 · a ? khwə 1.27 一半

  [背隐] 𗹭𗸵𗺱𗼩𗹧

      限未满不全

  [按语] 背隐的内容是对正文的解释。与正文同样的词组还有同音甲24B76；文海刻①72A21；合编丙A45 等。

25B56 𗲀𗭾𗼰 。khwə 1.27 dźjwij 2.32 naa 2.19 半春菜

  [背隐] 𗹧𗸵𗻫

      半春菜

  [按语] 背隐注明了该词的汉语读音。与正文同样的词组还有同音乙39B48；同音甲24B78、39A62；杂字乙07B3；掌中珠甲15A12（正文后该词的汉语译释即来源于此）；同义09B5 等。参阅合编甲18.114。

25B57 𗸰𗹧 khjwɨ 1.30 kiwej 1.34 臂腕

  [背隐] 𗼋𗸓

      手腕

  [按语] 背隐以同义词解释正文。参见下文同音丁26B41 及其背隐。与正文同样的词组还有同音甲25A14、25B73；文海刻①27B22；杂字乙16B7；同义03B7 等。

25B58 𗸵𗹧 。khjwɨ 1.30 ljwo 1.48 弯曲

  [背隐] 𗸲𗸘𗼩𗺁

      曲斜不正

  [按语] 背隐先以同义词解释正文，再以反义词解释正文。与正文同样的词组还有同音甲25A21、54B52；文海刻①39B61；合编甲10.081；同义29A3 等。

25B61 𗹭𗸲 khjwɨ 1.30 gjwɨ 1.30 折砍

  [背隐] 𗸲𗹧

      使砍

  [按语] 背隐的内容是对正文的解释。参见下文同音丁29B25 及其背隐。与正文同样的词组还有合编甲24.011。该字又见杂字乙21B4；掌中珠甲33A12（正文后该词的汉

语译释即来源于此）；同义 26A6；碎金 08A3 等。文海$_{刻}$①39B62 有该字的详细材料。

25B62 ⟨字⟩ khjwɨ 1.30 ljɨɨ 1.32 狼狗

　　［背隐］⟨字⟩

　　　　　护家者

　　［按语］背隐的内容是对正文大字的解释。与正文同样的词组还有同音$_{乙}$52A22；同音$_{甲}$25A16、51B23 等。该字又见杂字$_{乙}$10B5；掌中珠$_{甲}$16A32（正文后该词的汉语译释即来源于此）；同义 28B3；碎金 07A4 等。文海$_{刻}$①39B63 有该字的详细材料。

25B63 ⟨字⟩ 。khjwɨ 1.30 njwɨ 1.11 恩功

　　［背隐］⟨字⟩

　　　　　恩功

　　［按语］背隐以同义词解释正文。参见上文同音$_{丁}$19A14 及其背隐。与正文同样的词组还有同音$_{甲}$18A46、25A22；文海$_{刻}$①18B41；合编$_{甲}$23.071；同义 02A3 等。

25B64 ⟨字⟩ khjwɨ 2.28 wja 1.64（草名）

　　［背隐］⟨字⟩

　　　　　草名

　　［按语］背隐指出正文的类别为一"草名"。参见上文同音$_{丁}$11B56 及其背隐。与正文同样的词组还有同音$_{甲}$10B56、25A17；文海$_{刻}$①70A61；杂字$_{乙}$08A3；同义 10A5 等。

25B65 ⟨字⟩ khjwɨ 2.28 me 2.07 肮脏

　　［背隐］⟨字⟩

　　　　　肮脏不净

　　［按语］背隐先以同义词解释正文，再以反义词解释正文。参见上文同音$_{丁}$05A71 及其背隐。与正文同样的词组还有同音$_{甲}$07B76、25A18；文海$_{刻}$①12B42；同义 32A1 等。

25B66 ⟨字⟩ khjwɨ 2.28 ·jɨj 2.37 牢狱

　　［背隐］⟨字⟩

　　　　　受苦处居

　　［按语］背隐的内容是对正文的解释。与正文同样的词组还有同音$_{乙}$43A62；同音$_{甲}$25A23、42B37；掌中珠$_{甲}$30B22（正文后该词的汉语译释即来源于此）等。

25B67 ⟨字⟩ 。khjwɨ 2.28 dzwew 1.43 筋腱

　　［背隐］⟨字⟩

　　　　　筋

　　［按语］背隐以同义词解释正文大字。与正文同样的词组还有同音$_{乙}$34A18；同音$_{甲}$25A15；杂字$_{乙}$16B7；同义 03B7 等。

25B68 ⟨字⟩ lju 2.02 ŋa 1.17 散撒

　　［背隐］⟨字⟩

颠散使过

[按语] 背隐的内容是对正文的解释。与正文同样的词组还有同音甲25A28。该字又见同义24A7。文海刻①23A61 有该字的详细材料。

25B71 眺㲠　。tsho 2.62 ŋa 1.17 虚空

[背隐] 㲠散㲠绢

色无所见

[按语] 背隐的内容是对正文的解释。参见下文同音丁30A18 及其背隐。与正文同样的词组还有同音甲25A27、29A55；文海刻①23A62；杂字甲02B6；掌中珠甲04B12（正文后该词的汉语译释即来源于此）；同义20A3 等。

25B72 㵼㺉 ŋa 2.14 lju 1.59 夜晚

[背隐] 㵼㵼彡

夜晚晚

[按语] "彡"代表该字与前一字重复。背隐音义以同义词解释正文。与正文同样的词组还有同音乙51B41；同音甲25A25、51A45；文海刻①65B33；合编甲06.011；同义31A2 等。

25B73 㲠㲠　。ŋa 2.14 zji 1.11 卵子

[背隐] 㵼㵼

孵化

[按语] 背隐的内容是对正文的解释。与正文同样的词组还有同音甲25A26；文海刻①52B52 等。该字又见同义28A1。

25B74 㵻㲆 kju 1.59 guu 1.05 宝宝

[背隐] 㵻㲆㲆㲆

宝物共名

[按语] 背隐的内容是对正文的解释。参见上文同音丁21B65 及其背隐。与正文同样的词组还有同音甲21A14、25A35；文海刻①64B32 等。

25B75 㲠㲆 kju 1.59 guu 1.05 黑黑

[背隐] 㲆

黑

[按语] 背隐以同义词解释正文。参见上文同音丁21B55 及其背隐。与正文同样的词组还有同音甲20B75、25A34；文海刻①11A61；同义16A5 等。

25B76 㵻㲆 guu 1.05 dzjij 1.35 巡行

[背隐] 㵼㵼㵼㲆

绕行绕行

[按语] 背隐以同义词解释正文。与正文同样的词组还有同音甲25A32；文海刻①11A62 等。该字又见同义19B5。文海刻①11A62 有该字的详细材料。

25B77 㲠㲆 guu 1.05 tśhjiw 1.46 神全

[背隐] 㵼㵼㵻㵻

　　　　　灾害鬼骇

　　〔按语〕背隐的内容是对正文的解释。与正文同样的词组还有同音﹐25A33；合编﹐06.172
　　　　　等。该字又见同义29B3。文海﹐①11A71 有该字的详细材料。

25B78 𗆀 𗥃𗣀 。guu 1.05 mjir 1.86 mə 2.25 guu：族姓
　　〔背隐〕𗥃𗣀
　　　　　族姓
　　〔按语〕背隐指出正文的类别为一"族姓"。同音﹐25A31 与丁种本正文表述相同。该字
　　　　　又见杂字﹐11A1；同义06B5；碎金05A3 等。文海﹐①11A72 有该字的详细材料。

26A11 𗤒𗤗 guu 2.05 thej 1.33 五台
　　〔背隐〕𗢯𗆂𗅉
　　　　　地地名
　　〔按语〕背隐指出正文的类别为一"地名"。与正文同样的词组还有同音﹐25A37。该字又
　　　　　见杂字﹐11B2；掌中珠﹐06B24；同义25A6 等。

26A12 𗤘𗤙 。rjijr 2.68 guu 2.05 苦罚
　　〔背隐〕𗥤𗣀
　　　　　受苦
　　〔按语〕背隐以同义词解释正文。与正文同样的词组还有同音﹐25A36 等。该字又见同义
　　　　　30B6。

26A13 𗤝 𗣀𗤞 khjow 2.48 njiij 1.39 dzjwɨ 1.69 恭：心敬
　　〔背隐〕𗤟𗤠𗤡／𗤢𗤣 ₌
　　　　　巧技算／khji 1.11 ・jow 2.48 ₌（反切）
　　〔按语〕背隐的内容先是对正文的解释；然后背隐音义注明了该字的反切音。反切之下的
　　　　　汉字"二"字，表明以下 2 字用一个反切音，为同音字。同音﹐25A41 与丁种
　　　　　本正文表述相同。该字又见杂字﹐14B1；掌中珠﹐11B24；同义20B5 等。

26A14 𗤤𗤥 。khjow 2.48 tsji 2.10 箩筐
　　〔背隐〕𗤦𗤧𗤨𗤩𗤪
　　　　　物有袋瓶盘
　　〔按语〕背隐的内容是对正文的解释。参见下文同音﹐30B45 及其背隐。与正文同样的词
　　　　　组还有同音﹐25A38、29B77；同义14B5 等。

26A15 𗤫𗤬 khjow 1.56 be 1.65 力量
　　〔背隐〕𗤭𗤮𗤯𗤰
　　　　　膂力威力
　　〔按语〕背隐以同义词解释正文。参见上文同音﹐07B41 及其背隐。与正文同样的词组还
　　　　　有同音﹐06B62。

26A16 𗤱𗤲 。mjii 1.14 khjow 1.56 赐给
　　〔背隐〕𗤳𗤴𗤵
　　　　　馈赠

［按语］背隐以同义词解释正文。参见上文同音丁06B53 及其背隐。与正文同样的词组还有同音甲05B66、25A43；文海刻①12B32 等。

26A17 𗏵𗏵 njij 1.36 ŋwe 2.07 亲戚

［背隐］𗏵𗏵

至亲

［按语］背隐以同义词解释正文。与正文同样的词组还有同音甲25A44。该字又见同义05B3。

26A18 𗏵𗏵𗏵 ŋwe 2.07 mjɨr 1.86 mə 2.25 ŋwe：族姓

［背隐］𗏵𗏵

族姓

［按语］背隐指出正文的类别为一"族姓"。同音甲25A45 与丁种本正文表述相同。该字又见杂字乙11A1；同义06A5；碎金03A5 等。

26A21 𗏵𗏵 ŋwe 2.07 wor 2.80 母牛

［背隐］𗏵𗏵

母牛

［按语］背隐以同义词解释正文。与正文同样的词组还有同音甲25A47。该字又见杂字乙09A3；同义28B1 等。

26A22 𗏵𗏵 zjɨr 2.85 ŋwe 2.07 （鸟名）

［背隐］𗏵

鸟

［按语］背隐指出正文的类别为一"鸟名"（简化）。从正文注字来看，应该是一种生活于水上的鸟类。与正文同样的词组还有同音甲25A46；杂字乙09B4 等。该字又见杂字乙09B4；同义27B5 等。

26A23 𗏵𗏵 kjɨ 1.30 ŋwe 2.07 所作

［背隐］𗏵𗏵

所为

［按语］背隐以同义词解释正文。与正文同样的词组还有同音甲25A48。该字又见同义23A5。

26A24 𗏵𗏵 sej 1.33 ŋwe 2.07 净誓

［背隐］𗏵𗏵𗏵𗏵

净出信用

［按语］背隐的内容是对正文的解释。与正文同样的词组还有同音甲25A51。该字又见同义02B3。

26A25 𗏵𗏵 。tshew 2.38 ŋwe 2.07 辔辔

［背隐］𗏵𗏵𗏵𗏵

乘者所持

［按语］背隐的内容是对正文的解释。参见下文同音丁33A45 及其背隐。与正文同样的词

组还有同音_甲25A52；同义 15A5 等。

26A26 𗙏𗙟 kjɨ 1.30 lji 2.09 溺爱

    [背隐] 𗫦𗀩𗣼

        子不教

    [按语] 背隐的内容是对正文的解释。与正文同样的词组还有同音_乙 50A13；同音_甲 49A78；同义 28B2 等。文海_刻①38A71；合编_甲 09.021 等有该字的详细材料。

26A27 𗙐𗙞 kjɨ 1.30 ljij 2.37 缸瓶

    [背隐] 𗷋𗷌𗙞

        盛汲用

    [按语] 背隐的内容是对正文的解释，指出其用途。与正文同样的词组还有同音_乙 52B21；同音_甲 25A57、52A43；文海_刻①38A72；杂字_乙 18B2；同义 14B5 等。

26A28 𗙑𗙝 kjɨ 1.30 ze 2.07 （族姓）

    [背隐] 𗱟𗾔

        族姓

    [按语] 背隐指出正文的类别为一"族姓"。与正文同样的词组（即此西夏复姓）还有同音_甲 25A56；文海_刻①38A73；杂字_乙 11B8 等。该字又见同义 07A5。文海_刻① 38A73 有该字的详细材料。

26A31 𗙒𗙜 kjɨ 1.30 ·o 1.49 公公

    [背隐] 𗤙𗣜𗧯𗫲

        媳婿等之

    [按语] 背隐的内容是对正文的解释。与正文同样的词组还有同音_甲 25A53；文海_刻① 38B11；杂字_乙 15A5；同义 05B1；碎金 07A2 等。

26A32 𗙛𗙚 wa 2.14 kjɨ 1.30 已问

    [背隐] 𗾊𗣼

        语助

    [按语] 背隐指出正文的类别为一"语气助词"。与正文同样的词组还有同音_甲 25A54；文海_刻①40A12 等。该字又见杂字_乙 15B2；掌中珠_甲 34B32（正文后该词的汉语译释即来源于此）；同义 21A5；碎金 03A6 等。文海_刻①38B12；合编_甲 09.032等有该字的详细材料。

26A33 𗙘𗙙 kjɨ 1.30 bji 1.30 高上

    [背隐] 𗫲𗫲𗧱𗣏𗬝

        所莫到高处

    [按语] 背隐的内容是对正文的解释。该字又见同义 02A1。文海_刻①38B21；合编_甲 09.033 等有该字的详细材料。

26A34 𗙗𗙖 kjɨ 1.30 kjow 2.48 鼠鼠

    [背隐] 𗚫𗚱𗚲

        沙红鼠

［按语］背隐的内容是对正文的解释。参见下文同音丁29A55 及其背隐。与正文同样的词组还有同音甲22B24、25A65；文海刻①38B22；同义27A7 等。该字又见同义27A7。文海刻①38B22；合编甲09.041 等有该字的详细材料。

26A35 𗥀𗥉 kjɨ 1.30 kji 1.10 歌唱

［背隐］𗥀𗥉𗤇𗤽

歌唱声音

［按语］背隐的内容是对正文的解释。参见下文同音丁29A68 及其背隐。与正文同样的词组还有同音甲25A55、25B38；文海刻①38B23；合编甲02.111；同义20B7 等。文海刻①38B23；合编甲09.042 等有该字的详细材料。

26A36 𗧨𗣛𗤋 。kjɨ 1.30 ·a ? nja 2.17 禁止

［背隐］𗧨𗣛𗤏𗤽

不拒禁止

［按语］背隐的内容是对正文的解释。同音甲25A63 与丁种本正文表述相同。该字又见同义25A1。文海刻①38B31；合编甲09.043 等有该字的详细材料。

26A37 𗧺𗤽𗤊 kjɨ 2.28 rjar 2.74 kju 1.03 吃兜芽

［背隐］𗤊𗤽/𗣛𗤽三

菜名/kju 1.03 sjɨ 2.28三 （反切）

［按语］背隐指出正文的类别为一"菜名"；然后背隐音义注明了该字的反切音。反切之下的汉字"三"字，表明以下3字用同一个反切音，为同音字。与正文同样的词组还有同音甲26B58；文海刻①09A21；杂字乙07B3；掌中珠甲15A22（正文后该词的汉语译释即来源于此）；同义10A4 等。

26A38 𗤽𗤊 njijr 1.74 kjɨ 2.28 麂皮

［背隐］𗤽𗤏

麂皮

［按语］背隐注明了该词的汉语读音。该字又见同义27A6。合编甲09.052 有该字的详细材料。

26A41 𗣛𗤊 。kjɨ 2.28 mjaa 1.23 橘子

［背隐］𗣛𗤏

橘子

［按语］背隐注明了该词的汉语读音。与正文同样的词组还有同音甲25A66；掌中珠甲14A32（正文后该词的汉语译释即来源于此）等。该字又见杂字乙07A4；同义09B3 等。

26A42 𗧺𗤏 kheej 1.37 ·u 2.01 嬉戏

［背隐］𗤊𗤏

心喜

［按语］背隐的内容是对正文的解释。与正文同样的词组还有同音乙45A11；同音甲25A67、44B22；文海刻①49A33；合编甲02.134；同义26B5 等。

26A43 𗏟𗣭 。kjiir 2.85 kheej 1.37 室屋

　　[背隐] 𗏟𗣭

　　　　　室屋

　　[按语] 背隐以同义词解释正文。与正文同样的词组还有同音甲25A68；文海刻①16A51；同义13B4 等。

26A44 𗤅𗤅 dzu 1.01 kowr 2.82 爱要

　　[背隐] 𗤅𗤅

　　　　　需用

　　[按语] 背隐的内容是对正文的解释。与正文同样的词组还有同音甲25A72。该字又见同义23A7。合编甲09.071 有该字的详细材料。

26A45 𗣭𗤅 kowr 2.82 kejr 2.66 歪斜

　　[背隐] 𗣭𗤅

　　　　　不正

　　[按语] 背隐以反义词解释正文。参见下文同音丁28B66 及其背隐。与正文同样的词组还有同音甲25A74、28A61；文海刻①48A23；合编甲18.132；同义29A3 等。

26A46 𗣭𗤅 。sjwi 1.10 kowr 2.82 牙齿

　　[背隐] 𗣭𗤅

　　　　　咬用

　　[按语] 背隐的内容是对正文的解释，指出其用途。与正文同样的词组还有同音乙39B74；同音甲25A73、39B26；文海刻①15B42；杂字乙16B6；掌中珠甲18A32（正文后该词的汉语译释即来源于此）；合编甲12.102；同义03B5；碎金09B6 等。

26A47 𗣭𗣭 kiew 2.39 tshia 1.18 差别

　　[背隐] 𗣭ㄥ𗣭

　　　　　见差别

　　[按语] "ㄥ"代表该字与前一字重复。背隐音义的内容是对正文的解释。与正文同样的词组还有同音乙37A74；同音甲25A77、36B44；文海刻①25B71；同义29A3 等。

26A48 𗣭𗣭 dzjij 2.37 kiew 2.39 突凸

　　[背隐] 𗣭𗣭

　　　　　突出

　　[按语] 背隐以同义词解释正文。参见下文同音丁32B55 及其背隐。与正文同样的词组还有同音甲25A75；同义16B3 等。合编甲09.082 有该字的详细材料。

26A51 𗣭𗣭 。gjwā 1.26 kiew 2.39 （族姓）

　　[背隐] 𗣭𗣭𗣭𗣭

　　　　　族姓地名

　　[按语] 背隐指出正文的类别为一"族姓、地名"。参见下文同音丁29B16 及其背隐。与正文同样的词组（即此西夏复姓）还有同音甲25A76、26B65；文海刻①32B41；杂字乙04B8 等。

26A52 䏶㿾 gjɨ 2.61 we 1.08（族姓）

    [背隐] 㿾㿾㿾㿾

        先人族姓

    [按语] 背隐指出正文的类别为一"族姓"，且为一"先人族姓"。与正文同样的词组
        （即此西夏复姓）还有同音甲 25A78；合编甲 09.091 等。该字又见同义 08A1。合
        编甲 09.091 有该字的详细材料。

26A53 㿾㿾 。gjɨ 2.61 gjij 1.61 星宿

    [背隐] 㿾㿾

        天上

    [按语] 背隐的内容是对正文的解释，指出其所处的方位。参见下文同音丁 27A26 及其背
        隐。与正文同样的词组还有同音甲 25B11、26A62；文海刻①68A12；杂字乙 19B3；
        掌中珠甲 04B32（正文后该词的汉语译释即来源于此）；同义 13A3 等。

26A54 㿾㿾 lə 1.27 gjur 2.70 沟堑

    [背隐] 㿾㿾

        沟堑

    [按语] 背隐以同义词解释正文。与正文同样的词组还有同音乙 50A68；同音甲 25B15、
        49B76；文海刻①34B22；合编甲 17.142；同义 25B2 等。

26A55 㿾㿾 lu 1.58 gjur 2.70 欢乐

    [背隐] 㿾㿾

        安乐

    [按语] 背隐以同义词解释正文。与正文同样的词组还有同音乙 49B57；同音甲 25B16、
        49A61；文海刻①63B72；同义 22B6 等。

26A56 㿾㿾 。nja 1.20 gjur 2.70 躺卧

    [背隐] 㿾㿾㿾㿾厶㿾

        卧不坐斜斜置

    [按语] "厶"代表该字与前一字重复。背隐音义的内容是对正文的解释。与正文同样的
        词组还有同音甲 25B13。该字又见同义 05A4。合编甲 09.103 有该字的详细材料。

26A57 㿾㿾 gjur 1.76 dzja 2.16 一岁羊

    [背隐] 㿾㿾

        一岁羊

    [按语] 背隐的内容是对正文的解释。与正文同样的词组还有同音乙 38B72；同音甲
        25B12、38A68；文海刻①90B11；杂字乙 09A6；同义 13B2 等。

26A58 㿾㿾 。gjur 1.76 khiwa 1.18 腹肋

    [背隐] 㿾㿾

        腹肋

    [按语] 背隐以同义词解释正文。参见下文同音丁 28A47 及其背隐。与正文同样的词组还
        有同音甲 25B14、27B31；文海刻①26A51；杂字乙 17A1；同义 04A1 等。

26A61 𗧓𗄊 khiar 1.81 ·ju 1.02 鬼怪

　　[背隐] 𗤒𗄊𗄊
　　　　　有独肢

　　[按语] 背隐的内容是对正文的解释。与正文同样的词组还有同音甲25B18；文海刻①
　　　　　86A51；合编甲11.071 等。

26A62 𗧓𗄊 。khiar 1.81 we 2.07 阳焰

　　[背隐] 𗤒𗄊𗄊𗄊𗄊
　　　　　眼如有雾障目

　　[按语] 𗄊原文误为𗄊。背隐音义的内容是对正文的解释。与正文同样的词组还有同音甲
　　　　　25B17；文海刻①85A11；掌中珠甲07B22（正文后该词的汉语译释即来源于此）
　　　　　等。文海刻①85A11；合编甲09.122 等有该字的详细材料。

26A63 𗧓𗄊 lo 1.49 kjwi 1.16 郎君

　　[背隐] 𗤒𗄊/𗄊𗄊𗄊𗄊
　　　　　君子/汉语与同

　　[按语] 背隐的内容是对正文的解释。与正文同样的词组还有同音乙48A51；同音甲
　　　　　25B21、47B62；文海刻①56B71；同义07B5 等。

26A64 𗧓𗄊 。tshiã 1.25 kjwi 1.16 棚舍

　　[背隐] 𗤒𗄊𗄊𗄊
　　　　　木草以为帐

　　[按语] 背隐的内容是对正文的解释。与正文同样的词组还有同音乙41A78；同音甲
　　　　　25B22、41A34；文海刻①21B31；同义13B7 等。

26A65 𗧓𗄊 dja 2.17 kjwɨ 1.30 砍伐

　　[背隐] 𗤒𗄊
　　　　　砍伐

　　[按语] 背隐以同义词解释正文。该字又见同义26A6。文海刻①39B43；合编甲09.132等有
　　　　　该字的详细材料。

26A66 𗧓𗄊 kjwɨ 1.30 kjwi 1.11（鸟名）

　　[背隐] 𗤒𗄊𗄊
　　　　　鸟颈白

　　[按语] 背隐的内容是对正文的解释，指出了该鸟颈部的特征。参见上文同音丁25B38 及
　　　　　其背隐。与正文同样的词组还有同音甲24B62、25B25；文海刻①39B51；杂字乙
　　　　　09B3；同义27B6 等。

26A67 𗧓𗄊 。kjwɨ 1.30 gjaa 2.21 愚笨

　　[背隐] 𗤒𗄊𗄊
　　　　　不巧善

　　[按语] 背隐以反义词解释正文。参见上文同音丁22A63 及其背隐。与正文同样的词组还
　　　　　有同音甲21B14、25B24；同义30B4 等。

26A68 𗥍𗄊 tshji 1.10 kjij 1.61 根茎

　　[背隐] 𗀖𗥍𗄲𗄊

　　　　　根本语言

　　[按语] 背隐的内容是对正文的解释。与正文同样的词组还有同音乙 37B11；同音甲 25B26、36B52；文海刻①67B41；同义 21A4 等。

26A71 𗿦𗄊 wjuu 1.07 kjij 1.61 朽烂

　　[背隐] 𗄲𗄳𗿦𗄊

　　　　　寿限已过

　　[按语] 背隐的内容是对正文的解释。参见上文同音丁 11A53 及其背隐。与正文同样的词组还有同音甲 10A52、25B27；文海刻①67B42；同义 13A7 等。

26A72 𗩽𗄊 lji 2.09 kjij 1.61 祭祀

　　[背隐] 𗩽𗄳

　　　　　香食

　　[按语] 背隐的内容是对正文的解释。与正文同样的词组还有文海刻①48B52。该字又见同义 01A4。文海刻①67B51；合编甲 09.152 等有该字的详细材料。

26A73 𗥍𗄊 。tjij 1.62 kjij 1.61 闭塞

　　[背隐] 𗄲𗄳

　　　　　洞坏

　　[按语] 背隐的内容是对正文的解释。与正文同样的词组还有文海刻①34B12。该字又见同义 29A1。文海刻①67B61；合编甲 09.161 等有该字的详细材料。

26A74 𗥍𗄊 lhju 1.03 kjiir 2.86 喂乳

　　[背隐] 𗄲𗄳

　　　　　奶黄

　　[按语] 背隐的内容是对正文的解释。与正文同样的词组还有同音甲 25B32。该字又见同义 11B5。合编甲 09.162 有该字的详细材料。

26A75 𗥍𗄊 kjiir 2.86 lu 2.51 障塞

　　[背隐] 𗀖𗄲𗄳𗄊

　　　　　交配根障

　　[按语] 背隐的内容是对正文的解释。从背隐音义的内容来看，应该是指男性生殖器方面的疾病，是包皮过长？阳痿？还是其他原因？不得而知。与正文同样的词组还有同音甲 25B33。该字又见同义 04A4。

26A76 𗥍𗄊 。kjwiir 1.92 kjiir 2.86 偷盗

　　[背隐] 𗀖𗄲𗄳

　　　　　不见拿

　　[按语] 背隐的内容是对正文的解释。参见上文同音丁 24B11 及其背隐。与正文同样的词组还有同音甲 23B28、25B34；文海刻①92A52；合编英 02.011；同义 29B4 等。

26A77 𗥍𗄊 khja 2.17 lə 1.27 井坑

［背隐］ 𘃉𘋻𘗽𘟞
无水处用

［按语］背隐的内容是对正文的解释，指出其用途。与正文同样的词组还有文海_刻①53B72；合编_甲11.041 等。该字又见掌中珠_甲12A12；同义 08B7；碎金 09B2 等。合编_甲09.172 有该字的详细材料。

26A78 𘋻𘃉 zjiir 2.85 khja 2.17 汲水

［背隐］ 𘋻𘗽𘟞
取水用

［按语］背隐的内容是对正文的解释，指出其用途。与正文同样的词组还有文海_刻①31B71。该字又见掌中珠_甲07A12、07A14；同义 14B5 等。合编_甲09.181 有该字的详细材料。

26B11 𘃉𘃫 。khja 2.17 ljij 1.61（虫名）

［背隐］ 𘃫𘃉
虫虫

［按语］背隐指出正文的类别为"昆虫"之一种。与正文同样的词组还有同音_乙52A54；同音_甲25B37、51B67；文海_刻①68A22；杂字_乙10B5；合编_甲09.182；同义 28A3 等。

26B12 𘏚𘃫 kjii 1.14 rjir 2.72 草草

［背隐］ 𘏚𘃫
草蔬

［按语］背隐以同义词解释正文。与正文同样的词组还有同音_乙47A54；同音_甲25B42、46B26；文海_刻①20A11；杂字_乙07B5；同义 09B4 等。

26B13 𘃫𘏚 rjijr 1.74 kjii 1.14 磨刀

［背隐］ 𘋻𘟞𘃉𘃫
研磨刃出

［按语］背隐的内容是对正文的解释。与正文同样的词组还有同音_甲25B44。该字又见同义 18B1。文海_刻①20A12；合编_甲09.191 等有该字的详细材料。

26B14 𘏚𘃫 。kjii 1.14 rjir 2.72 商贸

［背隐］ 𘏚𘃫
买卖

［按语］背隐以同义词解释正文。与正文同样的词组还有同音_乙47A35；同音_甲25B43、46B38；文海_刻①59A41；合编_甲04.181；同义 24A5 等。

26B15 𘏚𘃫 khiwə 1.28 pjij 1.62 角角

［背隐］ 𘃉𘃫𘟞
头上出

［按语］背隐的内容是对正文的解释。参见上文同音_丁06A62 及其背隐。与正文同样的词组还有同音_甲05A68；同义 03B6 等。

26B16 㣍𫞩 khiwə 1.28 khiwe 1.09 （族姓）

[背隐] 𫞩𫟈/𫟈

族姓/刚

[按语] 背隐先指出正文的类别为一"族姓"；然后解释其还有第二层意思"刚强"之义。参见下文同音丁 28B35 及其背隐。与正文同样的词组还有同音甲 25B48、28A28；文海刻①35B52；杂字乙 12A1；同义 07A3 等。

26B17 𫞩𫞩𫞩 rjar 2.74 tshjɨ 2.28 khiwə 1.28 （菜名）

[背隐] 𫞩𫞩

菜名

[按语] 背隐指出正文的类别为一"菜名"。参见下文同音丁 33A58 及其背隐。与正文同样的词组还有同音甲 25B47、32B41；文海刻①35B61；杂字乙 07B3 等。该字又见同义 10A4。文海刻①35B61 有该字的详细材料。

26B18 𫞩𫞩 。śiwə 1.28 khiwə 1.28 珊瑚

[背隐] 𫞩𫞩

珠名

[按语] 背隐指出正文的类别为一"珠名"。与正文同样的词组还有同音乙 39B31；同音甲 25B46、39A43；文海刻①35B62；杂字乙 05B3；掌中珠甲 12B32 （正文后该词的汉语译释即来源于此）；同义 18A3；碎金 07B1 等。

26B21 𫞩𫞩 kio 2.43 kie 2.08 厌恶

[背隐] 𫞩𫞩𫞩𫞩

心中不爱

[按语] 背隐的内容是对正文的解释。参见上文同音丁 25B44 及其背隐。与正文同样的词组还有同音甲 24B67、25B51；合编甲 11.151；同义 30B3 等。

26B22 𫞩𫞩 。ka 2.14 kie 2.08 危险

[背隐] 𫞩𫞩

岭地

[按语] 背隐的内容是对正文的解释。与正文同样的词组还有同音甲 25B52；文海刻①51A22；杂字乙 04B7；合编甲 19.123；同义 25A7 等。

26B23 𫞩𫞩 kiə 1.28 kie 1.09 呼唤

[背隐] 𫞩𫞩𫞩𫞩

声音高喊

[按语] 背隐的内容是对正文的解释。参见下文同音丁 29A63 及其背隐。与正文同样的词组还有同音甲 24B13、25B54；文海刻①14A32；合编甲 03.132；同义 08A5 等。

26B24 𫞩𫞩𫞩 。kie 1.09 tswər 1.84 rar 2.73 诅：咒骂

[背隐] 𫞩𫞩𫞩𫞩

以声咒骂

[按语] 背隐的内容是对正文的解释。参见下文同音丁 31B41 及其背隐。与正文同样的词

组还有同音_乙47A12；同音_甲31A13、46A66；文海_刻①14A41、30A62、88A31；合编_甲12.152；同义29B4 等。

26B25 𗰜𗋽 kier 1.78 kar 2.73 咬啮

[背隐] 𗰜𗋽𗰜𗋽

使牙迅雷

[按语] 背隐的内容是对正文的解释。参见下文同音_丁28A38 及其背隐。与正文同样的词组还有同音_甲25B55、27B18；文海_刻①82B72；杂字_乙19A8；同义08A2 等。

26B26 𗖔𗱽 kier 1.78 deew 2.41 压迫

[背隐] 𗖔𗱽

嬉闹

[按语] 背隐的内容是对正文的解释。参见上文同音_丁18B45 及其背隐。与正文同样的词组还有同音_甲18A22、25B56 等。该字又见同义30B7。

26B27 𗖔𗱽 。tsju 1.59 kier 1.78 伤害

[背隐] 𗖔𗱽

着魔

[按语] 背隐的内容是对正文的解释。参见下文同音_丁32A45 及其背隐。与正文同样的词组还有同音_甲5B57、31B15；同义29A4 等。

26B28 𗖔𗱽 kie 1.09 dzjii 2.29 戒律

[背隐] 𗖔𗱽𗖔𗱽𗖔

学习不违用

[按语] 背隐的内容是对正文的解释。与正文同样的词组还有同音_甲25B58；文海_刻③02A32 等。该字又见掌中珠_甲29A22；同义03A3；碎金03A4 等。文海_刻③02A32 有该字的详细材料。

26B31 𗖔𗱽 。thjuu 1.07 kie 1.09 观察

[背隐] 𗖔𗱽𗖔𗱽

观察观看

[按语] 背隐以同义词解释正文。参见上文同音_丁19B57 及其背隐。与正文同样的词组还有同音_甲19A43、25B61；文海_刻①12A21；合编_甲10.010；同义16A1 等。聂Ⅱ666 录背隐内容。

26B32 𗖔𗱽 sji 2.10 khiəj 1.41 肝坑

[背隐] 𗖔𗱽

股腹

[按语] 背隐的内容是对正文的解释。与正文同样的词组还有同音_甲25B62。该字又见同义04A4。文海_刻①51A21 有该字的详细材料。

26B33 𗖔𗱽 khow 1.54 khiəj 1.41 坑沟

[背隐] 𗖔𗱽

坑壑

[按语] 背隐以同义词解释正文。参见上文同音丁24B37 及其背隐。与正文同样的词组还
有同音甲23B56、25B63；文海刻①60A32；合编甲12.071；同义25B3 等。

26B34 뀳뀳 。 tsu 2.51 khiəj 1.41 伤风
[背隐] 뀳뀳
伤风

[按语] 背隐以同义词解释正文。与正文同样的词组还有同音甲25B64；同义31A5 等。该
字又见同义31A5。

26B35 뀳뀳 kjwi 2.60 kjaar 2.75 收割
[背隐] 뀳뀳/뀳
谷物/拔

[按语] 背隐的内容是对正文的解释。背隐音义中"뀳"（拔）字，表明当时收割庄稼尤
其是谷物之类，可能以用手拔的方式为主。参见下文同音丁28A15 及其背隐。与
正文同样的词组还有同音甲25B65、27B33 等。该字又见同义26A5；碎金08A3
等。

26B36 뀳뀳 。 mja 1.20 kjwi 2.60 镫
[背隐] 뀳뀳뀳뀳
脚依靠处

[按语] 背隐的内容是对正文的解释，指出其用途。参见上文同音丁04A41 及其背隐。与
正文同样的词组还有同音甲03A44、25B66；文海刻①28A61；掌中珠甲33B32（正
文后该词的汉语译释即来源于此）；同义15A7 等。

26B37 뀳뀳 gjwɨr 2.77 wa 1.63 肩膀
[背隐] 뀳뀳
脊背

[按语] 背隐以同类词解释正文。参见上文同音丁12A57 及其背隐。与正文同样的词组还
有同音甲11A56；同义03B7 等。

26B38 뀳뀳 。 ·jɨj 2.37 gjwɨr 2.77 天窗
[背隐] 뀳뀳뀳뀳
天神有处

[按语] 背隐的内容是对正文的解释。与正文同样的词组还有同音甲25B68；合编甲07.191
等。该字又见同义14A2。参阅同音丁22A35 及其背隐。

26B41 뀳뀳 khjwɨ 1.30 kiwej 1.34 臂腕
[背隐] 뀳뀳
手腕

[按语] 背隐以同义词解释正文。参见上文同音丁25B57 及其背隐。与正文同样的词组还
有同音甲25A14、25B73；文海刻①27B22；杂字乙16B7；同义03B7 等。

26B42 뀳뀳 。 nja 1.20 kiwej 1.34 遗失
[背隐] 뀳뀳뀳

失变无

[按语] 背隐的内容是对正文的解释。与正文同样的词组还有同音_甲25B74。该字又见同义20A6。文海_刻①45A42 有该字的详细材料。

26B43 莀𥻝 dʑ- ? kiwej 2.31 真假

[背隐] 𥻌𥻞/𥻐

真实/不

[按语] 背隐先以同义词解释正文，再以反义词解释正文。因为背隐音义的最后一字"𥻐"（不），可与正文注字组成词组"𥻐莀"（不虚）。与正文同样的词组还有同音_甲25B75。该字又见杂字_乙07A3；同义18A1；碎金07B3 等。

26B44 繆𥻟 。tshā 1.24 kiwej 2.31 骏骥

[背隐] 𥻡𥻢𥻣

马中巧

[按语] 背隐的内容是对正文的解释。与正文同样的词组还有同音_乙35A55；同音_甲25B76、29B26；文海_刻①07A63；杂字_乙08B2；同义28A6 等。

26B45 㑌𥻤 kjir 1.79 kur 1.75 愚笨

[背隐] 𥻥𥻦𥻧

愚俗愚

[按语] 背隐以同义词解释正文。参见下文同音_丁29A75 及其背隐。与正文同样的词组还有同音_甲25B77、26A28；文海_刻①80A53；同义08A2 等。

26B46 𥻨𥻩 lhjwij 1.61 kjir 1.79 观察

[背隐] 𥻪𥻫𥻬𥻭

观看皆见

[按语] 背隐的内容是对正文的解释。与正文同样的词组还有同音_甲25B78。该字又见同义28B6。文海_刻①83A41；合编_甲10.010 等有该字的详细材料。

26B47 𥻮𥻯 。kjir 1.79 lji 2.60 勇猛

[背隐] 𥻰𥻱

刚健

[按语] 背隐以近义词解释正文。与正文同样的词组还有同音_乙53A36；同音_甲26A11、52B61；文海_刻①58A31；杂字_乙16A1；合编_甲08.014；同义10B1；碎金05A6 等。

26B48 𥻲𥻳 dʑiw 1.45 kjir 2.72 腰腰

[背隐] 𥻴𥻵𥻶𥻷

身中系置

[按语] 背隐的内容是对正文的解释。与正文同样的词组还有同音_乙38A65；同音_甲26A12、37B53 等。该字又见杂字_乙06A4；同义04A3；碎金03B2 等。合编_甲10.012有该字的详细材料。

26B51 𥻸𥻹 。kjir 2.72 tsju 2.52 敢能

[背隐] 𥻺𥻻

能得

[按语] 背隐的内容是对正文的解释。与正文同样的词组还有同音乙39A52；同音甲38B61
等。该字又见掌中珠甲29A32；同义17B4等。合编甲10.021有该字的详细材料。

26B52 𗫡𗫡 khju 2.03 rjijr 2.68 唤请

[背隐] 𗫡𗫡𗫡𗫡
唤请使来

[按语] 背隐的内容是对正文的解释。与正文同样的词组还有同音甲26A16。该字又见掌
中珠甲32A24；同义23A3等。合编甲10.022有该字的详细材料。

26B53 𗫡𗫡 tshji 2.27 khju 2.03 肉馅

[背隐] 𗫡𗫡𗫡𗫡𗫡
使肉破碎（成圆）粒

[按语] 背隐的内容是对正文的解释。与正文同样的词组还有同音乙40A25；同音甲
26A15、39B43；文海刻①34A51；杂字乙19A5；合编23.023；同义11A5等。

26B54 𗫡𗫡 khju 2.03 sjij 2.54 诏书

[背隐] 𗫡𗫡𗫡𗫡𗫡𗫡
帝于臣民行文

[按语] 背隐的内容是对正文的解释。与正文同样的词组还有同音甲26A17。该字又见同
义02B4。合编甲10.032有该字的详细材料。

26B55 𗫡𗫡 khju 2.03 thu 2.01 阴根

[背隐] 𗫡𗫡𗫡
男女根

[按语] 背隐的内容是对正文的解释。参见上文同音丁14A54及其背隐。与正文同样的词
组还有同音甲13A72、26A14；杂字乙17A6；同义04A4等。

26B56 𗫡𗫡 ·ju 1.02 khju 2.03 （树名）

[背隐] 𗫡𗫡
梵树

[按语] 背隐指出正文的类别为一"树名"，而且是原产于印度的一种树木。与正文同样
的词组还有同音乙44A65；同音甲26A21；同义09A6等。合编甲10.042有该字的
详细材料。

26B57 𗫡𗫡 kwej 1.33 ŋwər 1.84 四四

[背隐] 𗫡𗫡
数四

[按语] 背隐的内容是对正文的解释。参见上文同音丁22A44及其背隐。与正文同样的词
组还有同音甲21A65、26A22；文海刻①43B61；同义21B7等。

26B58 𗫡𗫡 dzji 2.60 kwej 1.33 坟墓

[背隐] 𗫡𗫡𗫡𗫡
人尸焚处

[按语] 背隐的内容是对正文的解释。参见下文同音丁29B63 及其背隐。与正文同样的词组还有同音甲26A24、29A26；文海刻①43B62；合编甲06.163；同义32A3 等。

26B61 𗥺𗤋 kwej 1.33 tjwɨ 1.30 捣打
   [背隐] 𗤋𗤋𗥺𗤈
   肉骨捣捶
   [按语] 背隐的内容是对正文的解释。与正文同样的词组还有同音甲26A23。该字又见同义11B4。文海刻①43B71；合编甲10.053 等有该字的详细材料。

26B62 𗥺𗤈 khjɨ 1.30 kwej 1.33 蹄脚
   [背隐] 𗤈𗤈
   牲畜
   [按语] 背隐的内容是对正文的解释。与正文同样的词组还有同音甲26A26。该字又见同义04A6。文海刻①44A11；合编甲10.061 等有该字的详细材料。

26B63 𗤋𗥺 rjar 2.74 kwej 1.33（虫名）
   [背隐] 𗤈𗤈
   毒虫
   [按语] 背隐指出正文的类别为一"虫名"，而且是一种有毒的虫子。与正文同样的词组还有同音乙53B64；同音甲26A25、53B31；文海刻①43B72；合编甲10.062；同义28A4 等。

26B64 𗥺𗤈 。kwej 1.33 bjij 2.33 敬上
   [背隐] 𗤈𗤈𗤋𗤈
   敬畏尊敬
   [按语] 背隐以同义词解释正文。该字又见同义30B1。文海刻①44A12；合编甲10.063等有该字的详细材料。

26B65 𗤋𗤈 ·o 2.42 ŋa 1.17 酒曲
   [背隐] 𗤋𗤈𗤋𗤈
   酿酒中撒
   [按语] 背隐的内容是对正文的解释。与正文同样的词组还有同音甲26A33。该字又见同义11B1。文海刻①25A11；合编甲10.071 等有该字的详细材料。

26B66 𗤋𗤈 。naa 2.19 ŋa 1.17 红菜
   [背隐] 𗤈𗤈𗤈
   染红用
   [按语] 背隐的内容是对正文的解释，指出其用途。与正文同样的词组还有同音甲26A32；文海刻①25A12 等。该字又见同义09B7。文海刻①25A12；合编甲10.072 等有该字的详细材料。

26B67 𗤈𗤈 ljɨ 2.61 kiow 2.48 岬地
   [背隐] 𗤈𗤈𗤈𗤈
   沟沟斜岔

［按语］背隐的内容是对正文的解释。与正文同样的词组还有同音甲26A34。该字又见杂
字乙16B6；掌中珠甲12A14；同义25B4；碎金06A1 等。合编甲10.081 有该字的
详细材料。

26B68 㗊㗊 。kiow 2.48 gju 2.03 家什

［背隐］㗊㗊㗊㗊

种种器具

［按语］背隐的内容是对正文的解释。与正文同样的词组还有同音甲26A35；文海刻①
56B72；纂要09B1（正文后该词的汉语译释即来源于此）；合编甲17.152 等。

26B71 㗊㗊 pe 1.08 ŋwer 2.71 肮脏

［背隐］㗊㗊

不净

［按语］背隐以反义词解释正文。参见上文同音丁09A73 及其背隐。与正文同样的词组还
有同音甲08B44、26A37；文海刻①12B42；合编甲04.073；同义32A1 等。

26B72 㗊㗊 ŋwer 2.71 mej 1.33 跪拜

［背隐］㗊㗊㗊㗊㗊

使腿胫节连

［按语］背隐的内容是对正文的解释。参见上文同音丁06B46 及其背隐。与正文同样的词
组还有同音甲05B61、26A41；文海刻①43B22 等。

26B73 㗊㗊 。niej 2.53 ŋwer 2.71 幼苗

［背隐］㗊㗊㗊

草蔬活

［按语］背隐的内容是对正文的解释。与正文同样的词组还有同音甲26A38。该字又见同
义08B3。合编甲10.093 有该字的详细材料。

26B74 㗊㗊 mej 1.33 ŋwer 1.77 眼色

［背隐］㗊㗊㗊

眼内示

［按语］背隐的内容是对正文的解释。与正文同样的词组还有同音甲26A42。该字又见同
义16B1。合编甲10.101 有该字的详细材料。

26B75 㗊㗊 。ŋwer 1.77 tjij 2.33 等同

［背隐］㗊㗊㗊㗊

等无差别

［按语］背隐的内容是对正文的解释。参见上文同音丁16B18 及其背隐。与正文同样的词
组还有同音甲15B38、27B43；文海刻③04B62；同义22B5 等。

26B76 㗊㗊㗊 gaa 1.22 mjɨr 1.86 mə 2.25 gaa：族姓

［背隐］㗊㗊三

guu 1.05 laa 1.22三（反切）

［按语］背隐注明了该字的反切音。反切之下的汉字"三"字，表明以下 3 字用同一个反

切音，为同音字。同音甲26A47 与丁种本正文表述相同。该字又见杂字乙12B1；同义06B1；碎金05A3 等。合编甲10.103 有该字的详细材料。

26B77 𗟈𗟈 ɣa 1.17 gaa 1.22 消瘦

[背隐] 𗟈𗟈𗟈

瘦脂薄

[按语] 背隐的内容是对正文的解释。与正文同样的词组还有同音乙43A18；同音甲26A46 等。该字又见同义20A7。文海刻①30A32；合编甲10.111 等有该字的详细材料。

26B78 𗟈𗟈 。 kja 1.64 gaa 1.22 畏忧

[背隐] 𗟈𗟈𗟈𗟈

思念疑虑

[按语] 背隐的内容是对正文的解释。该字又见同义30B1。文海刻①30A33；合编甲10.112 等有该字的详细材料。

27A11 𗟈𗟈 khie 2.08 kwo 1.49 米糜

[背隐] 𗟈𗟈𗟈𗟈

谷皮除去

[按语] 背隐的内容是对正文大字的解释。参见上文同音丁25A51 及其背隐。与正文同样的词组还有同音甲24A72、26A44 等。

27A12 𗟈𗟈 rjar 2.74 khie 2.08 骏马

[背隐] 𗟈𗟈𗟈

颜色美

[按语] 背隐的内容是对正文的解释。与正文同样的词组还有同音甲26A43。该字又见杂字乙08B4；同义16A4 等。合编甲10.121 有该字的详细材料。

27A13 𗟈𗟈 。 khie 2.08 gur 1.75 牦牛

[背隐] 𗟈𗟈

山居

[按语] 背隐的内容是对正文的解释，指出"牦牛"生活的习性。与正文同样的词组还有同音甲26A45；掌中珠甲16B22（正文后该词的汉语译释即来源于此）；碎金09B3 等。该字又见杂字乙09A3；同义28B1 等。合编甲10.122 有该字的详细材料。

27A14 𗟈𗟈 tshjɨ 1.30 gja 2.17 羊羊

[背隐] 𗟈𗟈𗟈𗟈

羊畜岁足

[按语] 背隐的内容是对正文的解释。与正文同样的词组还有同音甲26A52。该字又见杂字乙09A7；同义28B2 等。合编甲10.131 有该字的详细材料。

27A15 𗟈𗟈 。 gja 2.17 mji 2.10 我吾

[背隐] 𗟈𗟈𗟈𗟈

非他己也

[按语] 背隐的内容是对正文的解释。参见上文同音丁05B26 及其背隐。与正文同样的词

组还有同音_甲04B32、26A53；文海_刻①48A32；同义29A6 等。

27A16 𘂸 dzjwo 2.44　gja 1.20 结巴

[背隐]　𘂸𘄷𘃫𘃵𘃥
　　　　迅速语莫得

[按语]　背隐的内容是对正文的解释。与正文同样的词组还有同音_甲26A51。该字又见同
　　　　义31B1。文海_刻①28B33；合编_甲10.133 等有该字的详细材料。

27A17 𗏆𗥱　○ gja 1.20　rjijr 1.74 军马

[背隐]　𗥱𗥱𗏆𗥱
　　　　人集军聚

[按语]　背隐的内容是对正文的解释。与正文同样的词组还有同音_甲26A54；碎金 04A1
　　　　等。该字又见杂字_乙21B1；掌中珠_甲28A12（正文后该词的汉语译释即来源于
　　　　此）；同义30A2；碎金04A1 等。文海_刻①28B41；合编_甲10.141 等有该字的详细
　　　　材料。

27A18 𗤋𗦎 ljii 2.29　khjiw 2.40 嫌弃

[背隐]　𗤋𗦎
　　　　厌弃

[按语]　背隐以同义词解释正文。与正文同样的词组还有同音_乙52A25；同音_甲26A55、
　　　　51B27；文海_刻①06A32；合编_甲07.161；同义30B4 等。

27A21 𗥑𗥱 wji 2.27　khjiw 2.40 裂开

[背隐]　𗥑𗥱𗦎
　　　　开使破

[按语]　背隐的内容是对正文的解释。与正文同样的词组还有同音_甲26A56。该字又见同
　　　　义26B3。合编_甲10.151 有该字的详细材料。

27A22 𗏇𗏈　sioow 1.57　khjiw 2.40（族姓）

[背隐]　𗥱𗏈
　　　　族姓

[按语]　背隐指出正文的类别为一"族姓"。与正文同样的词组（即此西夏复姓）还有同
　　　　音_乙35B65；同音_甲26A57、35A35；杂字_乙13A3 等。该字又见杂字_乙13A3；掌中
　　　　珠_乙20B14；同义07B2；碎金06A4 等。合编_甲10.152 有该字的详细材料。

27A23 𗥱𗏈　○ khju 2.03　khjiw 2.40 来塞

[背隐]　𗥱𗥱𗏈𗥱𗥱𗥱
　　　　喉塞浊音出塞塞

[按语]　背隐的内容是对正文的解释。与正文同样的词组还有同音_甲26A58。该字又见同
　　　　义31A5。合编_甲10.161 有该字的详细材料。

27A24 𗦎𗦎 gjij 1.61　tsar 1.80 逆逃

[背隐]　𗦎𗥱𗥱
　　　　不善良

[按语] 背隐以反义词解释正文大字。参见下文同音丁33A27 及其背隐。与正文同样的词组还有同音甲32B14；同义 19B4 等。

27A25 𗰉𗄻 za 1.17 gjij 1.61 赤面

[背隐] 𗄻𗰉
赤面

[按语] 背隐以同义词解释正文。与正文同样的词组还有同音乙52B11；同音甲26A63、52A28；文海刻①24A62；同义 17A3 等。

27A26 𗄻𗰉 。gjɨ 2.61 gjij 1.61 星宿

[背隐] 𗄻𗰉
天上

[按语] 背隐的内容是对正文的解释。参见上文同音丁26A53 及其背隐。与正文同样的词组还有同音甲25B11、26A62；文海刻①68A12；杂字乙19B3；掌中珠甲04B32（正文后该词的汉语译释即来源于此）；同义 13A3 等。

27A27 𗄻𗰉 gjiw 1.45 gji 2.60 宽背

[背隐] 𗄻𗰉𗄻𗰉
背后彼岸

[按语] 背隐的内容是对正文大字的解释。与正文同样的词组还有同音甲26A64。该字又见杂字乙21B7；同义 16B7 等。合编甲10.172 有该字的详细材料。

27A28 𗄻𗰉 。gjwɨ 1.30 gji 2.60 依靠

[背隐] 𗄻𗰉𗄻𗰉
遮蔽覆盖

[按语] 背隐的内容是对正文的解释。与正文同样的词组还有同音甲26A65；文海刻①54B12；合编甲20.041 等。该字又见同义 06A3。合编甲10.181 有该字的详细材料。

27A31 𗄻𗰉 kie 1.66 ŋwo 2.42 金银

[背隐] 𗄻𗰉𗄻𗰉
矿藏中出

[按语] 背隐的内容是对正文的解释。参见下文同音丁28B16 及其背隐。与正文同样的词组还有同音甲26A71、27B76；文海刻①31A12；杂字乙05B3；掌中珠甲12B22（正文后该词的汉语译释即来源于此）；合编甲01.194；碎金07B3 等。

27A32 𗄻𗰉 njwɨ 2.28 ŋwo 2.42 辩才

[背隐] 𗄻𗰉𗄻𗰉
言语词合

[按语] 背隐的内容是对正文的解释。参见上文同音丁14A24 及其背隐。与正文同样的词组还有同音甲13A38、26A67；文海刻③15B61；同义 20B4 等。

27A33 𗄻𗰉 。khjã 2.24 ŋwo 2.42 香象

[背隐] 𗄻𗰉

香象

[按语] 背隐的内容是对正文的解释。参见上文同音丁23B41及其背隐。与正文同样的词组还有同音甲22B56、26A68；文海刻①07A22；同义28A7等。从背隐音义的内容来看，该词应该译释为"香象"或"大香象"。但是关于"𦙃𦙀"一词在《合编》中却有另外一种解释。合编甲10.191：𦙃𦙀 𦙃𦙀𦙃𦙀 𦙃𦙀𦙃𦙀𦙃𦙀𦙃𦙀𦙃 𦙃𦙀𦙃𦙀𦙃𦙀𦙃𦙀𦙃𦙀𦙃𦙀（犀牛：象中 ŋwo 右；象象象象大象与牛类似比牛威力大 汉语犀牛）。综合《同音》、《文海》和《合编》对此词语的解释可以看出，随着环境的变迁，西夏人对这些动物已经变得陌生，就连能编纂辞典的这些高级知识分子都无法准确区分它们之间的细微差别了。

27A34 𦙃𦙀 · a ? kjiwr 2.79 一点

[背隐] 𦙀

果实

[按语] 背隐的内容是对正文的解释。与正文同样的词组还有同音甲26A72。该字又见杂字乙03B6；同义04B5；碎金07A6等。合编甲10.192有该字的详细材料。

27A35 𦙃𦙀 。 kjiwr 2.79 · ju 2.02 寻觅

[背隐] 𦙃𦙀𦙃𦙀𦙀

寻神使语

[按语] 背隐的内容是对正文的解释。与正文同样的词组还有同音甲26A73。合编甲11.011有该字的详细材料。

27A36 𦙃𦙀 ŋər 1.84 njaa 1.21 黑山

[背隐] 𦙃𦙀

山山

[按语] 背隐以同义词解释正文。与正文同样的词组还有同音甲26A74。该字又见杂字乙05A1；掌中珠甲12A12（正文后该词的汉语译释即来源于此）；同义25A6；碎金03A6等。文海刻①87A52；合编甲11.012等有该字的详细材料。

27A37 𦙃𦙀 。 tshjwa 1.20 ŋər 1.84 火炉鏊

[背隐] 𦙃𦙀𦙃𦙀/𦙀

烤花饼用/鏊

[按语] 背隐的内容是对正文的解释，指出其用途；然后注明了该词的汉语读音。参见下文同音丁33B25及其背隐。与正文同样的词组还有同音甲26A75、33A13；文海刻①29A42、87A61；杂字乙18B1；掌中珠甲23B12（正文后该词的汉语译释即来源于此）；同义15A3等。

27A38 𦙃𦙀 ljiir 1.92 ŋwə 1.27 四五

[背隐] 𦙃𦙀

多数

[按语] 背隐的内容是对正文的解释。与正文同样的词组还有同义22A1。该字又见杂字乙19B7；掌中珠甲20A12（正文后该词的汉语译释即来源于此）等。文海刻①

34B72；合编甲11.022 等有该字的详细材料。

27A41 㒈㒈 ŋwə 1.27 ljij 2.37 瓶瓶

　　[背隐] 𗣼𗋽𗉇𗋽
　　　　　离撒食用
　　[按语] 背隐的内容是对正文的解释，指出其用途。与正文同样的词组还有同音甲26B11；
　　　　　文海刻①34B73；杂字乙18B1；合编甲03.022 等。

27A42 𗈼𗈼 。ŋwə 1.27 djij 1.36 神圣

　　[背隐] 𗈼𗈼
　　　　　神圣
　　[按语] 背隐以同义词解释正文。参见上文同音丁15A15 及其背隐。与正文同样的词组还
　　　　　有同音甲14A24、26A77；文海刻①35A11；杂字甲02B5；同义02A4 等。

27A43 𗋖𗋖 ŋər 1.84 kwã 1.24 鞍索

　　[背隐] 𗋖𗋖
　　　　　骑驮
　　[按语] 背隐的内容是对正文的解释。与正文同样的词组还有同音甲26B15。该字又见杂
　　　　　字乙00B4；同义15A5 等。文海刻①31B62；合编甲11.033 等有该字的详细材料。

27A44 𗉇𗉇 zjiir 2.85 kwã 1.24 水管

　　[背隐] 𗉇𗉇𗋽
　　　　　汲水用
　　[按语] 背隐的内容是对正文的解释，指出其用途。与正文同样的词组还有同音甲26B12。
　　　　　该字又见杂字乙21A2；掌中珠甲32B14；同义14B5；碎金07A3 等。文海刻①
　　　　　31B71；合编甲11.041 等有该字的详细材料。

27A45 𗉇𗉇 。khja 2.17 kwã 1.24 汲罐

　　[背隐] 未注
　　[按语] 背隐对正文未作解释，原因不详，估计属于遗漏所致。同音甲26B13：𗉇𗈼瓶 kwã
　　　　　1.24 mji 1.11 dzjij 1.61（罐：不行）。该字又见掌中珠甲22B32；同义14B4 等。
　　　　　合编甲11.042 有该字的详细材料。

27A46 𗋖𗋖 kji 1.16 mjir 1.86 mə 2.25 kji：族姓

　　[背隐] 𗈼/𗈼
　　　　　地/泽
　　[按语] 背隐中"𗈼"字，与大字"𗋖"组成地名"𗈼𗋖"，该西夏地名又见文海刻①
　　　　　21A41；合编甲11.051。背隐音义中的最后一字为"泽"的意思，那么前边的地
　　　　　名"地斤"正好与其组成"地斤泽"这个地名。同音甲26B17 与丁种本正文表述
　　　　　相同。该字又见杂字乙14A6；掌中珠甲04B34；同义07B2；碎金05B5 等。文海刻
　　　　　①21A41；合编甲11.051 等有该字的详细材料。

27A47 𗋖𗋖 。kji 1.16 dzjwo 2.44 mjiij 2.35 kji：人名

　　[背隐] 未注

[按语] 背隐对正文未作解释。其实正文中小字对大字的注释已经非常清楚，故无需再作背隐音义。同音甲26B16 与丁种本正文表述相同。该字又见同义07B3。文海刻①21A42；合编甲11.052 等有该字的详细材料。

27A48 𗫗𗢍 tswər 1.84 khjuu 1.06 挤挤

　　[背隐] 𗫗𗢍𗨏𗯨
　　　　　挤乳

　　[按语] 背隐的内容是对正文的解释。参见下文同音丁31B42 及其背隐。与正文同样的词组还有同音甲26B21、31A12 等。该字又见同义11B5。文海刻①11B33；合编甲11.061等有该字的详细材料。

27A51 𗢍𗫗 。khjuu 1.06 lhjij 1.61 迎接

　　[背隐] 𗨏𗢍𗫗
　　　　　前往

　　[按语] 背隐的内容是对正文的解释。与正文同样的词组还有同音甲26B18；文海刻①11B41；杂字乙16A8 等。

27A52 𗫊𗢍 khjwar 1.82 sju 2.03 老牛

　　[背隐] 𗭊𗫊𗨒𗢍
　　　　　种牛岁大

　　[按语] 背隐的内容是对正文的解释。与正文同样的词组还有同音甲26B22。该字又见同义28B1。文海刻①86A42；合编甲11.063 等有该字的详细材料。

27A53 𗫏𗢍 。khjwar 1.82 ·jij 2.37 圈舍

　　[背隐] 𗫏𗢍𗪺𗰲𗫊𗫮/𗽻𗬩𗦻
　　　　　屋舍人不居/鬼及苦

　　[按语] 背隐的内容是对正文的解释。与正文同样的词组还有同音甲26B23。该字又见掌中珠甲22A32、22A34；同义13B7 等。文海刻①86A51；合编甲11.071 等有该字的详细材料。文海刻①86A51：𗫏𗢍𗫏𗢍𗪺𗰲𗫊𗫮𗭞𗫗𗽻𗬩𗦻𗨞𗥔（圈者房舍内人不住则鬼魔依附作祟之谓）。合编甲11.071：𗫏𗢍𗪺𗰲𗫊𗫮𗫗𗽻𗬩𗦻𗨞（屋舍内人不居鬼鬼及苦成）。

27A54 𗫆𗫇 njaa 1.21 kiwe 1.09 黑漆漆

　　[背隐] 𗩉𗬩_／𗫆ㄥ
　　　　　kju 1.03 tśiwe 1.09_（反切）／黑漆漆

　　[按语] "ㄥ"代表该字与前一字重复。背隐音义注明了该字的反切音；然后是对正文的进一步解释。反切之下的汉字"二"字，表明以下2 字用同一个反切音，为同音字。与正文同样的词组还有同音甲26B24；文海刻①14B12；合编甲11.072 等。该字又见同义16A5。文海刻①14B12；合编甲11.072 等有该字的详细材料。

27A55 𗫈𗫇 。da 2.56 kiwe 1.09 冷飕飕

　　[背隐] 𗫈𗫇ㄥ
　　　　　冷飕飕

[按语] "ㄠ"代表该字与前一字重复。背隐音义的内容是对正文的解释。与正文同样的词组还有同音甲26B26；文海刻①14B13；同义31A3 等。文海刻①14B13；合编甲11.081等有该字的详细材料。

27A56 𘈲𘊊 dzjwow 1.56 kiwəj 1.41 （鸟名）
　　[背隐] 𘈲𘊊/𘈲𘊊𘊊
　　　　ku 2.04 ɣiwəj 1.41 （反切）/鸟目黑
　　[按语] 背隐注明了该字的反切音；然后是对正文的进一步解释，指出此鸟眼部的特点。与正文同样的词组还有同音甲26B25；文海刻①51A42 等。该字又见杂字乙09B7；同义27B4 等。文海刻①51A42；合编甲11.082 等有该字的详细材料。

27A57 𘈲𘊊 。dzjwo 2.44 kiwəj 1.41 笨人
　　[背隐] 𘈲𘊊𘊊
　　　　不灵笨
　　[按语] 背隐先以反义词解释正文，再以同义词解释正文。与正文同样的词组还有同音甲26B27。该字又见同义32A4。文海刻①51A43；合编甲11.083 等有该字的详细材料。

27A58 𘈲𘊊 tshja 1.64 kwow 2.47 嗔怒
　　[背隐] 𘈲𘊊
　　　　不乐
　　[按语] 背隐以反义词解释正文。与正文同样的词组还有同音乙35B17；同音甲26B32、33A67；文海刻①71A31；合编甲08.011；同义26B7 等。

27A61 𘈲𘊊 。dja 2.17 kwow 2.47 破裂
　　[背隐] 𘊊𘈲
　　　　破裂
　　[按语] 背隐以同义词解释正文。与正文同样的词组还有同音甲26B33；文海刻①66B23 等。该字又见同义26A7。合编甲11.091 有该字的详细材料。

27A62 𘈲𘊊𘊊 gjiiw 1.47 mjɨr 1.86 mə 2.25 gjiiw：族姓
　　[背隐] 𘈲𘊊二
　　　　gjii 1.14 ·jiiw 1.47二 （反切）
　　[按语] 背隐注明了该字的反切音。反切之下的汉字"二"字，表明以下2字用同一个反切音，为同音字。同音甲26B34：𘈲𘊊𘊊 gjiiw 1.47 dzjwo 2.44 mjiij 2.35 （gjiiw：人名）。该字又见杂字乙14A7；掌中珠甲05A24；同义07B3；碎金06A6 等。文海刻①55A22；合编甲11.092 等有该字的详细材料。

27A63 𘈲𘊊 。gjiiw 1.47 kjij 1.36 （树名）
　　[背隐] 𘊊𘈲
　　　　树名
　　[按语] 背隐音义指出正文的类别为一"树名"。参见上文同音丁24A67 及其背隐等内容。与正文同样的词组还有同音甲23B13、26B35；文海刻①55A23；杂字乙07A3；同

义 09B1 等。

27A64 𗣼𗆜 wju 2.02 kha 2.14 大肠

    [背隐] 𗣼𗆜

        大肠

    [按语] 背隐以同义词解释正文。参见上文同音丁11A37 及其背隐。与正文同样的词组还有同音甲10A43、26B36；杂字乙17A4；同义04A3 等。

27A65 𗆜𗥦 kha 2.14 bu 2.01 （虫名）

    [背隐] 𗆜𗥦

        水虫

    [按语] 背隐指出正文的类别为一"虫名"，而且是一种生活于水中的昆虫。参见上文同音丁05B23 及其背隐。与正文同样的词组还有同音甲04B22、26B37；杂字乙10B4；合编甲11.103；同义28A1 等。

27A66 𗆜𗣼 kha 2.14 niaa 2.20 结巴

    [背隐] 𗣼𗆜𗣼𗆜

        快语莫得

    [按语] 背隐的内容是对正文的解释。参见上文同音丁15B12 及其背隐。与正文同样的词组还有同音甲14B24、26B38；文海刻①71A22；合编甲10.133；同义30B4 等。

27A67 𗆜𗣼 。kha 2.14 rewr 1.87 苦苣

    [背隐] 𗣼

        菜

    [按语] 背隐音义中指出正文的类别为一"菜名"（简化）。与正文同样的词组还有同音乙53B71；同音甲26B42、53B37；文海刻①90A51；杂字乙07B1；掌中珠甲15A12（正文后该词的汉语译释即来源于此）；合编甲11.152；同义10A4 等。

27A68 𗣼𗆜 kja 1.64 tho 1.70 琴瑟

    [背隐] 𗣼𗆜

        乐器

    [按语] 背隐指出正文的类别为一"乐器名"。参见上文同音丁16B68 及其背隐。与正文同样的词组还有同音甲16A16、26B43；文海刻①77B51 等。

27A71 𗣼𗆜 。kja 1.64 tho 1.70 （草名）

    [背隐] 𗣼𗆜

        草名

    [按语] 背隐指出正文的类别为一"草名"。参见上文同音丁16B65 及其背隐。与正文同样的词组还有同音甲16A13、26B44；文海刻①70A41；杂字乙07B5；同义10A1 等。

27A72 𗣼𗆜 bieej 1.38 gjuu 2.06 （虫名）

    [背隐] 𗣼

        虫

［按语］背隐指出正文的类别为一"虫名"（简化）。参见上文同音丁08B61及其背隐。与正文同样的词组还有同音甲08A43、26B51；文海刻①49B22；杂字乙10B6；同义28A4等。

27A73 𗊢𗊣 gjuu 2.06 ljij 2.54 大吉
［背隐］𗊤𗊥𗊦𗊧
　　　　使安乐者
［按语］背隐的内容是对正文的解释。与正文同样的词组还有同音甲26B46。该字又见杂字乙11A2；掌中珠甲09A12（正文后该词的汉语译释即来源于此）；同义02A4；碎金04B2等。合编甲11.131有该字的详细材料。

27A74 𗊨𗊩𗊪 gjuu 2.06 phio 2.43 rar 2.73 蛇：蛇蝎
［背隐］𗊫
　　　虫
［按语］背隐指出正文的类别为一"虫名"（简化）。同音甲26B47与丁种本正文表述相同。该字又见杂字乙10B6；同义27B1等。合编甲11.132有该字的详细材料。

27A75 𗊬𗊭 。pjwiir 1.92 gjuu 2.06 劝护
［背隐］𗊮𗊯
　　　守护
［按语］背隐以同义词解释正文大字。参见上文同音丁07B26及其背隐。与正文同样的词组还有同音甲06B47、26B45；文海刻①92A32；合编丙B34；同义02B5等。

27A76 𗊰𗊱 sioo 1.53 khjii 1.32 集结
［背隐］𗊲𗊳𗊴
　　　混合连
［按语］"𗊳"代表该字与前一字重复。背隐音义的内容是对正文的解释。与正文同样的词组还有同音甲26B52；合编英02.073等。该字又见杂字乙20A5；掌中珠甲28A32；同义11A6；碎金04A3等。文海刻①42A71；合编甲11.141等有该字的详细材料。

27A77 𗊵𗊶 。khjii 1.32 rewr 1.87 颤抖
［背隐］𗊷𗊸
　　　敬畏
［按语］背隐的内容是对正文的解释。与正文同样的词组还有同音乙53B73；同音甲26B53、53B36；文海刻①42A72；同义31A3等。

27A78 𗊹𗊺 khie 1.09 khio 1.50 厌恶
［背隐］𗊻𗊼𗊽𗊾
　　　心中不爱
［按语］背隐的内容是对正文的解释。参见下文同音丁29B11及其背隐。与正文同样的词组还有同音甲26B28、26B54；文海刻①57A71等。

27B11 𗊿𗋀 tshjwir 2.77 khie 1.09 酸苦

[背隐] 蒻縬猴毢

犹如莴苣

[按语] 背隐的内容是对正文的解释。与正文同样的词组还有文海_刻①12B31；同义 11B1（颠倒）等。该字又见杂字_乙 19A1。文海_刻①14A43；合编_甲 11.152 等有该字的详细材料。

27B12 菔揆 。 rejr 2.66 khie 1.09 柏树

[背隐] 蕤髒薐黼

皴柏柏树

[按语] 背隐的内容是对正文的解释。我们发现背隐音义中的最后二字比较特殊。按照字面意思可直译为"树疮"，倒过来变为"疮树"，根本看不出与柏树有什么联系。查"黼"字的字音为"po"，发现其通"柏"。这样"薐黼"二字中，第一个字取其义，第二个字取其音，译为"树柏"即"柏树"。这种以义音结合的形式来表达一个概念的现象，在背隐音义中比较少见。与正文同样的词组还有同音_甲 26B55。该字又见同义 09B3。合编_甲 11.153 有该字的详细材料。

27B13 猕訊 sjij 1.36 kju 1.03 （族姓）

[背隐] 翂繡

族姓

[按语] 背隐指出正文的类别为一"族姓"。与正文同样的词组（即此西夏复姓）还有同音_甲 26B57。该字又见掌中珠_甲 19A24；同义 29B2；碎金 06A1 等。文海_刻① 09A12；合编_甲 11.161 等有该字的详细材料。

27B14 黼艛 kji 2.28 kju 1.03 兜芽

[背隐] 蔬

菜

[按语] 背隐音义中指出正文的类别为一"菜名"（简化）。与正文同样的词组还有同音_甲 25A61；同义 10A4 等。参阅同音_丁 26A37 及其背隐。该字又见杂字_乙 07B3；掌中珠_甲 15A22（正文后该词的汉语译释即来源于此）；同义 10A4 等。文海_刻① 09A21；合编_甲 11.162 等有该字的详细材料。

27B15 麁訊 。 nju 1.03 kju 1.03 耳珰

[背隐] 麁淅絋

耳小砾

[按语] 背隐的内容是对正文的解释。与正文同样的词组还有同音_甲 26B61。该字又见同义 03B3。文海_刻①09A22；合编_甲 11.171 等有该字的详细材料。

27B16 祀羝 bee 2.11 khwar 2.73 眉眶

[背隐] 祀漱绎叝

眉下有处

[按语] 背隐的内容是对正文的解释。与正文同样的词组还有同音_甲 26B63；文海_刻① 71A32；同义 03B3 等。合编_甲 11.172 有该字的详细材料。

27B17 𗟲𗟻 。zji 1.67 khwar 2.73 靴勒
    [背隐] 𗟻
        脚
    [按语] 背隐的内容是对正文的解释。与正文同样的词组还有同音甲26B62；同义12A7
        等。该字又见掌中珠甲25A12。合编甲11.173有该字的详细材料。

27B18 𗟲𗟺 kji 1.30 gjow 2.49 计谋
    [背隐] 𗟺𗟾𗟿𗟲𗠀
        无计语莫得
    [按语] 背隐的内容是对正文的解释。与正文同样的词组还有同音甲26B66。该字又见同
        义31B1。合编甲11.181有该字的详细材料。

27B21 𗠁𗠂 。gjiw 1.45 gjow 2.49 弯曲
    [背隐] 𗠃𗠂𗠄𗠅
        领围腰曲
    [按语] 背隐的内容是对正文的解释。与正文同样的词组还有同音甲26B67。该字又见同
        义04B7。合编甲11.182有该字的详细材料。

27B22 𗠆𗠇 khieej 1.38 mjaa 1.23 果实
    [背隐] 𗠈𗠉𗠊𗠋
        好坏分离
    [按语] 背隐的内容是对正文的解释。参见上文同音丁05B61及其背隐。与正文同样的词
        组还有同音甲04B66、26B68；文海刻①73B42；合编甲13.141等。聂Ⅱ377录背隐
        内容。

27B23 𗠌𗠍𗠎 。khieej 1.38 sjow 1.56 ɣie 2.59 铮：铁声
    [背隐] 𗠏𗠐
        响铁
    [按语] 背隐注出了该词的汉语读音。同音甲26B71与丁种本正文表述相同。该字又见同
        义15A1。文海刻①49A71；合编甲11.191等有该字的详细材料。

27B24 𗠑𗠒𗠓 kiwa 1.18 lji 2.61 mjiij 2.35 kiwa：地名
    [背隐] 𗠔/𗠕/𗠖
        tśjiw/biaa/泽
    [按语] 背隐中的三个字分别与正文大字组成三个不同的地名。其中地名"𗠑𗠔"（瓜
        州）《天盛律令》中常见，如律令⑰35A3；地名"𗠑𗠕"（瓜马），又见文海刻①
        26A42；地名"𗠑𗠖"（瓜泽），其他文献中不见。同音甲26B72与丁种本正文表
        述相同。该字又见掌中珠甲06B24；同义25B6等。文海刻①26A42有该字的详细
        材料。

27B25 𗠗𗠘 。kiwə 1.28 kiwa 1.18 踩踏
    [背隐] 𗠙/𗠚
        踩/踏

[按语] 背隐以同义词解释正文。参见下文同音丁29A16 及其背隐。与正文同样的词组还有同音甲26B73、28B12；文海刻①26A43；合编甲07.171；同义26A7 等。

27B26 𗼐𗾔 ɣjwɨ 1.69 kjɨ 1.32 搏斗

[背隐] 𗼐𗾔𗼐

互争斗

[按语] 背隐的内容是对正文的解释。与正文同样的词组还有同音乙44A31；同义甲26B76、43A76；同义30A1 等。文海刻①41A62 有该字的详细材料。

27B27 𗾔𗫂 kjɨ 1.32 zeew 2.41 镇压

[背隐] 𗾔𗫂

镇压

[按语] 背隐以同义词解释正文。与正文同样的词组还有同音乙51B53；同音甲26B74、51A62；文海刻①41A63；合编甲08.063；同义02B2 等。

27B28 𗾔𗫲 ○ kjɨ 1.32 xu 1.96 斑驳

[背隐] 𗫲𗾔𗫲

色混杂

[按语] 背隐的内容是对正文的解释。与正文同样的词组还有杂字乙08B4；同义16A7 等。文海刻①41A71 有该字的详细材料。

27B31 𗫶𗿈 giee 1.13 wji 1.10 膃脮

[背隐] 𗫶𗿈𗫶𗿈

口拙不说

[按语] 背隐的内容是对正文的解释。与正文同样的词组还有同音甲26B78。该字又见同义03A5。文海刻①19A41 有该字的详细材料。

27B32 𗫶𗿈 ○ giee 1.13 gioo 1.53 呆傻

[背隐] 𗿈𗫶𗿈𗫶

愚笨不往

[按语] 背隐的内容是对正文的解释。参见下文同音丁28B77 及其背隐。与正文同样的词组还有同音甲26B77、28A72；文海刻①32A62；同义32A5 等。

27B33 𗍫𗫂 ŋa 2.56 niow 2.48 好坏

[背隐] 𗫂𗿈𗍫

坏没有

[按语] 背隐的内容是对正文大字的解释。参见上文同音丁21A15 及其背隐。与正文同样的词组还有同音甲20A27、27A11；文海刻①16A62；合编甲01.033 等。

27B34 𗍫𗾔 ○ ŋa 2.56 ɣiej 1.34 众多

[背隐] 𗍫𗾔

众多

[按语] 背隐以同义词解释正文。与正文同样的词组还有同音乙43B46；同义甲27A12、43A24；文海刻①45A21；同义10B3 等。

27B35 𗰖𗾕·jịr 1.74 kha ? 无息

　　[背隐] 𗾕/𗰖

　　　　　而/已

　　[按语] 背隐的内容是对正文的解释。背隐音义中"𗾕"字指向正文大字,二者组成词组"𗾕𗰖"(无息)。背隐音义中"𗰖"字指向正文小字,二者组成词组"𗰖𗾕"(无息)。参阅同音甲27A13。该字又见掌中珠甲31A14;同义08A4等。

27B36 𗧊𗆀 。sji 1.11 kha 2.56 匣子

　　[背隐] 𗆀𗧊

　　　　　梳匣

　　[按语] 背隐注明了该词的汉语读音。与正文同样的词组还有同音甲27A14;掌中珠甲24A22(正文后该词的汉语译释即来源于此)等。该字又见同义14B5。

27B37 𗦇𗢳 kjịr 1.92 ɣjịr 1.86 巧匠

　　[背隐] 𗦇𗢳

　　　　　巧匠

　　[按语] 背隐以同义词解释正文。与正文同样的词组还有同音甲27A17;文海刻①89A72;合编甲05.051;同义17B5等。

27B38 𗦇𗪢 kjịr 1.92 lej 2.30 使劲

　　[背隐] 𗦇𗪢

　　　　　绷紧

　　[按语] 背隐的内容是对正文的解释。与正文同样的词组还有同音甲27A16;杂字乙08B6等。该字又见同义31B3。文海刻①91B53有该字的详细材料。

27B41 𗦇𗒾 kjịr 1.92 dəə 1.31 急趋

　　[背隐] 𗒾𗦇𗢳𗯼

　　　　　前面捕捉

　　[按语] 背隐的内容是对正文的解释。与正文同样的词组还有同音甲27A18;文海刻①91B61等。该字又见同义19A5。文海刻①91B61有该字的详细材料。

27B42 𗦇𗥦 。kjịr 1.92 ? ? 舍弃

　　[背隐] 𗥦𗦇

　　　　　舍弃

　　[按语] 背隐以同义词解释正文。与正文同样的词组还有同音乙53A77;同义甲27A15、53A41;文海刻①91B62等。该字又见同义20A4。文海刻①91B62有该字的详细材料。

27B43 𗤻𗊱 gjwow 1.56 njwi 1.11 强胜

　　[背隐] 𗤻𗊱

　　　　　强胜

　　[按语] 背隐以同义词解释正文。参见上文同音丁19A13及其背隐。与正文同样的词组还有同音甲18A45、27A22;文海刻①18B32;杂字乙16A1;合编甲18.081;同义

10B1 等。

27B44 𗫸𗰛 。gjwow 1.56 wier 1.78 投掷

  [背隐] 𗫸𗰛

  投掷

  [按语] 背隐以同义词解释正文。参见上文同音丁 12B41 及其背隐。与正文同样的词组还有同音甲 11B35、27A21 等。文海刻①82B52 有该字的详细材料。

27B45 𗐩𗟲 dja 2.17 khə 1.68 语无伦次

  [背隐] 𗗙𗫸𗫸𗤛

  言语莫得

  [按语] 背隐的内容是对正文的解释。与正文同样的词组还有同音甲 27A23。该字又见同义 26B2。文海刻①74B42 有该字的详细材料。

27B46 𗥽𗟲 ljwu 1.59 khə 1.68 伸缩

  [背隐] 𗭁𗱾𗰚𗑾

  卷皱收缩

  [按语] "𗱾" 代表该字与前一字重复。背隐音义的内容是对正文的解释。与正文同样的词组还有同音甲 27A24。该字又见同义 12B3。文海刻①74B51 有该字的详细材料。

27B47 𗋒𗟷𗰟 kew 2.38 dzjwo 2.44 mjiij 2.35 kew：人名

  [背隐] 𗗙𗟷三

  ku 2.04 tsew 2.38三（反切）

  [按语] 背隐注明了该字的反切音。反切之下的汉字 "三" 字，表明以下 3 字用同一个反切音，为同音字。同音甲 27A25 与丁种本正文表述相同。该字又见杂字乙 14A2；掌中珠甲 16A34；同义 07B2 等。

27B48 𗫜𗰟 kjij 1.36 kew 2.38（虫名）

  [背隐] 𗳾𗘼𗗙/𗤙𗫜𗭁𗑼

  虫柔软/臃圆头亮

  [按语] 背隐的内容是对正文的解释。与正文同样的词组还有同音甲 27A27；杂字乙 10B5 等。该字又见同义 28A2。

27B51 𗋒𗐩 。kew 2.38 khji 2.10 枸杞

  [背隐] 𗗢𗗙

  有刺

  [按语] 背隐的内容是对正文的解释，指出这种树的特点。参见上文同音丁 23A28 及其背隐。与正文同样的词组还有同音甲 22A51、27A26；杂字乙 06B7；同义 09A7 等。

27B52 𗰛𗄑 lo ？kiər 1.85 富有

  [背隐] 𗫸𗰚𗤙𗰛

  宝物多有

  [按语] 背隐音义的内容是对正文的解释。与正文同样的词组还有同音甲 27A34；同义

10B3 等。该字又见杂字乙 15A2。文海刻①88A51 有该字的详细材料。聂Ⅱ534 录背隐内容。

27B53 眼後 bja 1.64 kiər 1.85 锉
　　[背隐] 𥹖
　　　　　锉
　　[按语] 背隐注明了该词的汉语读音。与正文同样的词组还有同音甲 07B25、27A32；纂要 08B5 等。该字又见同义 15A2。文海刻①88A52 有该字的详细材料。

27B54 𥾆後 yie 1.09 kiər 1.85 无力
　　[背隐] 𥾆𦉪/𦉾
　　　　　力竭/无（力）
　　[按语] 背隐的内容是对正文的解释。背隐音义中"𦉾"（无）字，与正文小字连用组成"𥾆𦉾"（无力）。与正文同样的词组还有同音甲 27A33。该字又见同义 30A1。

27B55 𥾆绎 。 kiər 1.85 ·o 1.49 有心
　　[背隐] 绎𥾆
　　　　　心上
　　[按语] 背隐的内容是对正文的解释。与正文同样的词组还有同音甲 27A35。该字又见同义 29B6。

27B56 𥯤䀑 kaar 1.83 ka 2.56 称
　　[背隐] 𥯤/𥯤𥯤𥯤𥯤
　　　　　称/轻重显用
　　[按语] 背隐注明了该词的汉语读音；然后是对正文的解释，指出其用途。该字又见掌中珠甲 07A22、28A22；纂要 09B2；同义 14B6；碎金 09A3 等。文海刻①86B61 有该字的详细材料。

27B57 𦉾𥯤 pju 1.59 kaar 1.83 计量
　　[背隐] 𥯤𥯤
　　　　　论策
　　[按语] 背隐以近义词解释正文。与正文同样的词组还有同音甲 27A37。该字又见杂字乙 20A4；同义 21B4 等。

27B58 𥯤𥯤 。 kaar 1.83 mej 1.33 眼目
　　[背隐] 𥯤𥯤𥯤
　　　　　观看用
　　[按语] 背隐的内容是对正文的解释，指出其用途。参见上文同音丁 06B44 及其背隐。与正文同样的词组还有同音甲 05B57、27B54；同义 03B3 等。

27B61 𥾆𥯤 zier 1.78 khiwə ？骂詈
　　[背隐] 𥯤/𥯤𥯤𥯤
　　　　　骂詈/公平失

［按语］背隐的内容是对正文的解释，指出"骂詈"的原因是有失公平。背隐音义第一字"燚"与正文大字组成词组"祇燚"（骂詈）。与正文同样的词组还有同音甲27A38。该字又见同义29B3。

27B62 □□ 。khiwə ? we 1.08 笨龙

［背隐］□□

　　　　笨龙

［按语］背隐以同义词解释正文。与正文同样的词组还有同音甲27A41；同义27B2 等。

27B63 □□ zjɨɨr 2.85 kiwee 1.13 灌水

［背隐］□□□□

　　　　穴内注水

［按语］背隐的内容是对正文的解释。与正文同样的词组还有同音甲27A42。该字又见杂字乙09B6；同义11B2 等。文海刻①19A62 有该字的详细材料。

27B64 □□ dʑjwow 1.56 kiwee 1.13（鸟名）

［背隐］□□

　　　　kwã tshew

［按语］背隐注明了该词的汉语读音。与正文同样的词组还有同音甲27A43。该字又见杂字乙09B6；同义27A7 等。

27B65 □□ tsor 2.80 kjwij 2.33 驹崽

［背隐］□□□□□

　　　　驴马骆驼子

［按语］背隐的内容是对正文的解释。参见下文同音丁33A13 及其背隐。与正文同样的词组还有杂字乙08B3；同义13B2（颠倒）等。聂Ⅱ289 录背隐内容。

27B66 □□ tja 1.20 kjwij 2.33 笨巧

［背隐］□□□

　　　　巧善义

［按语］背隐的内容是对正文大字的解释。参见上文同音丁14A28 及其背隐。与正文同样的词组还有同音甲13A46、27A46；合编甲09.142；同义22B4 等。

27B67 □□ rjar 1.82 ŋo 2.42 病患

［背隐］□□□□

　　　　四大不合

［按语］背隐的内容是对正文的解释。与正文同样的词组还有同音乙51A62；同音甲27A47、50B66；文海刻①54B22；掌中珠甲19A32（正文后该词的汉语译释即来源于此）；合编甲23.144；同义31A4 等。

27B68 □□ 。ŋo 2.42 wji 1.10 悲痛

［背隐］□□

　　　　悲痛

[按语] 背隐以同义词解释正文。与正文同样的词组还有同音_甲 27A48。该字又见同义 30A7。

27B71 繍 bjɨj 1.42 gju 2.73 利益

[背隐] 祸舫沈羝

利颇多得

[按语] 背隐的内容是对正文的解释。参见上文同音_丁 10A38 及其背隐。与正文同样的词组还有同音_甲 08A17、27A56；同义 10B6 等。

27B72 祗旆 。·jɨ 2.28 gju 2.73 困睡

[背隐] 祗旆

沉睡

[按语] 背隐的内容是对正文的解释。与正文同样的词组还有同音_甲 27A55。该字又见杂字_乙 15B1；同义 05A4 等。

27B73 薇羝 khu 1.04 wju 1.59 碗勺

[背隐] 羝新

器皿

[按语] 背隐指出正文的类别为一"器皿"。参见上文同音_丁 11A48 及其背隐。与正文同样的词组还有同音_甲 10A48、27A57；同义 14B1；碎金 08A5 等。

27B74 菽旇羝 。khu 1.04 dźjɨ 1.30 zwew 1.43 入：鞣皮

[背隐] 艀

入

[按语] 背隐以同义词解释正文。同音_甲 27A58：菽旇羝 khu 1.04 mji 1.11 dźjij 1.61 （入：不行）。该字又见同义 14B2。合编_甲 12.021 有该字的详细材料。

27B75 訳扇 kieej 1.38 kioo 1.53 咬啮

[背隐] 訛殤

咬啮

[按语] 背隐以同义词解释正文。参见下文同音_丁 28A76 及其背隐。与正文同样的词组还有同音_甲 27A61、27B65；文海_刻①59A21；杂字_乙 19A7；合编_甲 14.021；同义 11B6 等。

27B76 䜁譯 。wee 1.12 kieej 1.38 欠债

[背隐] 蒜鞣羢

债持留

[按语] 背隐的内容是对正文的解释。与正文同样的词组还有同音_甲 27A62；同义 24B2 等。合编_甲 12.031 有该字的详细材料。

27B77 敩媛 kjur 1.76 kjo 1.72 盛入

[背隐] 形䍓愊敛

取物内盛

[按语] 背隐的内容是对正文的解释。参见上文同音丁23B36及其背隐。与正文同样的词组还有同音甲22B53、27B41；文海刻①78B22；杂字乙19A6 等。

27B78 𗥦𗤁 。 kju 1.59 kjo 1.72 供求

[背隐] 𗥦𗤁
　　　供求

[按语] 背隐以同义词解释正文。该字又见同义24A3。合编甲12.033 有该字的详细材料。

28A11 𗥦𗤁 kor 1.89 njwij 1.36 咽喉

[背隐] 𗥦𗤁𗥦𗤁
　　　气息出处

[按语] 背隐的内容是对正文的解释，指出其作用。参见上文同音丁18A64 及其背隐。与正文同样的词组还有同音甲17B33、27B23；文海刻①48B41；杂字乙16B6；掌中珠甲18B12（正文后该词的汉语译释即来源于此）；同义03B5 等。

28A12 𗥦𗤁 。 mjiij 1.39 kor 1.89 末骭

[背隐] 𗥦𗤁
　　　手脚

[按语] 背隐的内容是对正文的解释。与正文同样的词组还有同音甲27B22。该字又见同义04A5。文海刻①90B62；合编Ⅲ12.042 等有该字的详细材料。聂Ⅰ394 录背隐内容。

28A13 𗥦𗤁 gji 1.11 khjɨ 2.29 清口

[背隐] 𗥦𗤁𗥦
　　　口腔食

[按语] 背隐的内容是对正文大字的解释。与正文同样的词组还有杂字乙19A7。该字又见杂字乙08A7；同义03B5 等。合编甲12.043 有该字的详细材料。

28A14 𗥦𗤁 。 khjɨɨ 2.29 ku 2.51 口腔

[背隐] 𗥦𗤁
　　　口内

[按语] 背隐的内容是对正文的解释。参见上文同音丁22A36 及其背隐。与正文同样的词组还有同音甲21A56、28A18；文海刻③11A22；同义03B4 等。

28A15 𗥦𗤁 kjwi 2.60 kjaar 2.75 收割

[背隐] 𗥦
　　　拔

[按语] 背隐的内容是对正文的解释。参见上文同音丁26B35 及其背隐。与正文同样的词组还有同音甲25B65、27B33 等。

28A16 𗥦𗤁 。 wjɨ 2.27 kjaar 2.75 穷尽

[背隐] 𗥦𗤁𗥦
　　　已变无

[按语] 背隐的内容是对正文的解释。与正文同样的词组还有同音甲28A77。该字又见同义20A3。合编甲12.061有该字的详细材料。

28A2A 𗈁𗈁𗈁𗈁
牙音独字

28A31 𗈁𗈁 khã 1.24 tśhjaa 1.21 坎上

[背隐] 𗈁𗈁𗈁�1�1�1

地无旁山间悬

[按语] 背隐的内容是对正文的解释。与正文同样的词组还有同音甲27B11。该字又见掌中珠甲10A24；同义26A1等。文海刻①31A63；合编甲12.071等有该字的详细材料。

28A32 𗈁𗈁 dja 2.17 khar 1.80 干涸

[背隐] 𗈁�1�1

水涸处

[按语] 背隐的内容是对正文的解释。与正文同样的词组还有同音甲27B12。该字又见同义20A6。文海刻①83B62；合编甲12.081等有该字的详细材料。

28A33 �1�1�1 geej 2.34 mə 2.25 djɨr 2.77 geej：表姓

[背隐] �1�1�1/�1�1

类不同/guu 2.05 neej 2.34（反切）

[按语] 背隐的内容先是对正文的解释；然后注明了该字的反切音。同音甲27B13：�1�1�1 geej 2.34 mjɨr 1.86 mə 2.25（geej：族姓）。从正文与背隐音义的内容综合分析，可能此姓人与番人有表亲关系。该字又见同义05B3。合编甲12.082有该字的详细材料。

28A34 �1�1 mjij 1.36 gjwar 2.74 腿胫

[背隐] �1�1

腿胫

[按语] 背隐以同义词解释正文。参见上文同音丁04B47及其背隐。与正文同样的词组还有同音甲03B68、27B14；文海刻①70B31；杂字乙17A2；同义04A5等。

28A35 �1�1 tśji 2.60 kjaa 1.21 骑驭

[背隐] �1�1

骑驭

[按语] 背隐以同义词解释正文。与正文同样的词组还有同音甲27B15；文海刻①29A61；文海刻①29A61等。

28A36 �1�1 mej 1.33 khioo 1.53 瞪眼

[背隐] �1�1�1

目坏为

[按语] 背隐的内容是对正文的解释。与正文同样的词组还有同音甲27B16；文海刻①

59A22 等。该字又见同义 27A1。文海_刻①59A22；合编_甲12.092 等有该字的详细材料。

28A37 □□ · jɨ 2.28 ŋwə 1.27 困睡

　　[背隐] □□□

　　　　困所逼

　　[按语] 背隐的内容是对正文的解释。与正文同样的词组还有同音_甲27B17；杂字_乙15B7 等。该字又见杂字_乙15B7；同义 05A5 等。文海_刻③02A51；合编_甲12.101 等有该字的详细材料。

28A38 □□ kier 1.78 kar 2.73 咬啮

　　[背隐] □□□□

　　　　使牙迅雷

　　[按语] 背隐的内容是对正文的解释。参见上文同音_丁26B25 及其背隐。与正文同样的词组还有同音_甲25B55、27B18；文海_刻①82B72；杂字_乙19A8；同义 08A2 等。

28A41 □□ tsəj 1.40 khwej 2.30 大小

　　[背隐] □□□

　　　　大大大

　　[按语] 背隐以同义词解释正文大字。与正文同样的词组还有同音_乙34A63；同音_甲27B21；碎金 03B1 等。

28A42 □□ kwər 1.84 khiow 1.55 身体

　　[背隐] □□

　　　　身体

　　[按语] 背隐音义以同义词解释正文。与正文同样的词组还有同音_甲27B24。该字又见同义 03B1。文海_刻①61A62；合编_甲12.112 等有该字的详细材料。聂Ⅰ201 录背隐内容。

28A43 □□□ kjã 1.26 da 2.56 ɣiej 1.34 kjã：真言

　　[背隐] □□/□□

　　　　音 kjɨ 1.30/kju 1.03 · jã 1.26（反切）

　　[按语] 背隐先是对正文的解释，指出了其字形构造来源；然后注明了该字的反切音。同音_甲27B25：□□□ kjã 1.26 ɣie 2.59 kjɨ 1.30（kjã：音 kjɨ）。从背隐及《同音》甲种本来看，kjã（1.26）≈kjɨ（1.30），音近相转。该字又见同义 01A6。文海_刻①32A73；合编_甲12.121 等有该字的详细材料。

28A44 □□□ kẽ 1.15 ɣie 2.59 kə 1.27 kẽ：音 kə

　　[背隐] □□□□

　　　　真言韵脚

　　[按语] 背隐的内容是对正文的解释，指出其用途。kə（1.27）≈kẽ（1.15），音近相转。同音_甲27B26 与丁种本正文表述相同。该字又见掌中珠_甲19A24；同义 01A6 等。文海_刻①20B13；合编_甲12.122 等有该字的详细材料。

28A45 � geej 2.34 ɣie 2.59 geej 2.34 geej：音 geej

    [背隐] �990

          真言

    [按语] 背隐指出正文的类别为一"真言"。同音甲27B27 与丁种本正文表述相同。该字又见掌中珠甲27B14。合编甲12.123 有该字的详细材料。

28A46 㺯 lji 2.61 kjwã 1.26 卷卷

    [背隐] 㺯㺯㺯

          汉同语

    [按语] 背隐的内容是对正文的解释，指出该词在西夏语和汉语中的读音和意思是一样的。与正文同样的词组还有同音甲54B31；同义12B4 等。该字又见掌中珠甲17A14；碎金05B3 等。文海刻①32B31；合编甲12.131 等有该字的详细材料。

28A47 㑩㺯 gjur 1.76 khiwa 1.18 腹肋

    [背隐] 冬㺯㺯㺯

          与腰侧旁

    [按语] 背隐的内容是对正文的解释。参见上文同音丁26A58 及其背隐。与正文同样的词组还有同音甲25B14、27B31；文海刻①26A51；杂字乙17A1；同义04A1 等。

28A48 㺯㺯 gji 1.16 tɕjiw 1.45 银州

    [背隐] 㺯㺯

          地名

    [按语] 背隐指出正文的类别为一"地名"。与正文同样的词组还有同音甲27B32；文海刻①21A52 等。该字又见杂字乙14A8；掌中珠甲12B24；同义25B5；碎金05B5 等。文海刻①21A52、合编甲12.141 等有该字的详细材料。

28A51 㺯㺯 goor 1.94 kiej 2.31 君子

    [背隐] 㺯㺯㺯㺯

          男男人巧

    [按语] 背隐的内容是对正文的解释。参见上文同音丁22B33 及其背隐。与正文同样的词组还有同音甲21B46、27B34；文海刻①92B41；合编甲17.151；同义17A4 等。

28A52 㺯㺯 kji 1.69 ŋa 2.14 畏惧

    [背隐] 㺯㺯

          惊恐

    [按语] 背隐的内容是对正文的解释。与正文同样的词组还有同音甲27B35。该字又见同义30B1。文海刻①76A52；合编甲12.143 等有该字的详细材料。

28A53 㺯㺯 dja 2.17 khwa 2.19 朽坏

    [背隐] 㺯㺯㺯㺯

          内朽变阔

    [按语] 背隐的内容是对正文的解释。与正文同样的词组还有同音甲27B37。该字又见同

义 13B1。合编_甲12.151 有该字的详细材料。

28A54 �㺉 · ju 1.02 khwaa 1.22 咒鬼

[背隐] 㺉䉆䊊䉜

以声诅咒

[按语] 背隐的内容是对正文的解释。与正文同样的词组还有同音_甲27B38；文海_刻①
24B32 等。该字又见同义 29B4。文海_刻①30A62；合编_甲12.152 等有该字的详细
材料。

28A55 㺉㺉 tsjo 1.72 kja 2.57 丑疤

[背隐] 䉜䊊

疤痕

[按语] 背隐以同义词解释正文。与正文同样的词组还有同音_甲27B42、38B33；文海_刻①
78B32 等。该字又见同义 31B2。合编_甲12.162 有该字的详细材料。

28A56 㺉㺉 khuu 2.05 wjijr 2.68 翻掘

[背隐] 㺉㺉㺉

无寻找

[按语] 背隐的内容是对正文的解释，指出"翻掘"的原因是因为东西没有了，需要来回
地寻找。与正文同样的词组还有同音_甲27B44；文海_刻①11A22；合编_甲03.071 等。
聂Ⅱ382 录背隐内容。

28A57 㺉㺉 ŋewr 1.87 khiee 1.13 杂乱

[背隐] 㺉㺉㺉㺉

松散懈退

[按语] 背隐的内容是对正文的解释。参见上文同音_丁23B15 及其背隐。与正文同样的词
组还有同音_甲22B32、27B45；文海_刻①90A31；合编_甲06.072；同义 29A4 等。

28A58 㺉㺉 dʑji 2.60 gur 1.75 牦牛

[背隐] 㺉㺉/㺉㺉

牲畜/ŋjir 1.79 rur 1.75 （反切）

[按语] 背隐指出正文的类别为一"牲畜"；然后注明了该字的反切音。与正文同样的词
组还有同音_乙36B24；同音_甲35B66 等。该字又见杂字_乙18A2；掌中珠_甲16A32
（正文后该词的汉语译释即来源于此）；同义 28B1；碎金 09B3 等。文海_刻①
80A73；合编_甲12.173 等有该字的详细材料。

28A61 㺉㺉 khjow 1.56 khjɨj 1.42 给予

[背隐] 㺉㺉㺉

给予

[按语] 背隐以同义词解释正文。与正文同样的词组还有文海_刻①18A41；合编_甲17.042
等。该字又见同义 24A2。文海_刻①52A62；合编_甲12.181 等有该字的详细材料。

28A62 㺉㺉 dja 2.17 ŋwo 2.42 受伤

[背隐] 㺉㺉

破裂

[按语] 背隐以同义词解释正文。与正文同样的词组还有同音_甲27B48。该字又见杂字_乙04A1；掌中珠_甲29B32（正文后该词的汉语译释即来源于此）；同义26A7等。合编_甲12.182有该字的详细材料。

28A63 绖雍 gji̭ 1.30 no 2.42 童子

[背隐] 羸骇愧𤲃
男女出生

[按语] 背隐的内容是对正文的解释。参见上文同音_丁15B74及其背隐。与正文同样的词组还有同音_甲15A14、27B51；文海_刻①66B52等。

28A64 缀䶊霞 ŋji̭r 2.77 gjwā 2.24 tji̭j 2.33 羊：顽羊

[背隐] 𦘔
兽

[按语] 背隐音义指出正文的类别为一"兽名"（简化）。同音_甲27B52与丁种本正文表述相同。该字又见杂字_乙10A6；同义27A4等。合编_甲13.011有该字的详细材料。

28A65 缬袴 kja 2.57 wji̭ 1.10 修歌

[背隐] 蒲𦘔
修歌

[按语] 背隐以同义词解释正文。与正文同样的词组还有同音_甲27B53。该字又见杂字_乙16A5；同义20B4等。合编_甲13.012有该字的详细材料。

28A66 缀緻 khju 2.06 rji̭jr 2.68 观看

[背隐] 𤲃缕
观看

[按语] 背隐以同义词解释正文。与正文同样的词组还有文海_刻①12A21；合编_甲17.211等。该字又见杂字_乙21A5；掌中珠_甲28B32；同义16A1等。合编_甲13.022有该字的详细材料。

28A67 𦘔𦙾 rji̭r 2.77 khjoo 2.46 所看

[背隐] 缀缕
看见

[按语] 背隐以同义词解释正文。与正文同样的词组还有同音_甲27B55、47B18等。该字又见同义16A1。合编_甲13.031有该字的详细材料。

28A68 䕷藕 rji̭r 2.77 khjuu 1.07 铠糊

[背隐] 蘿𦘔靐绢
物连干腻

[按语] 背隐的内容是对正文大字的解释。与正文同样的词组还有同音_甲27B57。该字又见同义11B4。文海_刻①12A61；合编_甲13.032等有该字的详细材料。

28A71 花𦘔 ŋa 1.17 njaa 1.21 黑痢疾

[背隐] 𦘔𦘔𦘔𦙾

骆驼痢疾

[按语] 背隐的内容是对正文的解释。与正文同样的词组还有同音甲27B58；杂字乙09A1 等。该字又见杂字乙09A1；同义31A7 等。合编甲13.041 有该字的详细材料。

28A72 溉泺 nja 1.20 kwow 1.54 俯身

[背隐] 溦死蕤

腿下趋

[按语] 背隐的内容是对正文的解释。该字又见同义04B7。文海刻①60B52；合编甲13.042 等有该字的详细材料。

28A73 夌毢 dʑi 1.30 gjwi 1.11 皮裘

[背隐] 夌毢絖裮

所穿皮作

[按语] 背隐的内容是对正文的解释。与正文同样的词组还有同音甲27B62；掌中珠甲25A22（正文后该词的汉语译释即来源于此）等。该字又见同义12A4；碎金08A1 等。文海刻①18B21；合编甲13.051 等有该字的详细材料。

28A74 絖毢 gjwi 1.11 da 2.56 说事

[背隐] 脰髯絖絖

言语所说

[按语] 背隐的内容是对正文的解释。与正文同样的词组还有同音甲27B63。该字又见同义21A3。文海刻①18B12；合编甲13.052 等有该字的详细材料。

28A75 毢髯 kja 1.64 ŋjwi 1.30 畏惧

[背隐] 悿騅髯凝

惊恐惊慌

[按语] 背隐的内容是对正文的解释。与正文同样的词组还有同音甲27B64；文海刻①90A21；合编甲12.143 等。

28A76 毢帚 kieej 1.38 kioo 1.53 咬啮

[背隐] 乿殉

咬啮

[按语] 背隐以同义词解释正文。参见上文同音丁27B75 及其背隐。与正文同样的词组还有同音甲27A61、27B65；文海刻①59A21；杂字乙19A7；合编甲14.021；同义11B6 等。

28A77 毢隁 na 2.56 ŋwu 1.58 誓骂

[背隐] ××絑髯潽

××传誓言

[按语] 背隐的内容是对正文的解释。看不清的字是由原件打褶皱引起的。与正文同样的词组还有同音甲27B66。该字又见同义02B3。文海刻①63B31；合编甲13.071 等有该字的详细材料。

28A78 毢厎 nju 1.03 kiẽ 1.15 耳根

[背隐] 𗰲𗰬
　　　　耳朵

[按语] 背隐的内容是对正文的解释。与正文同样的词组还有同音甲27B67；文海刻①21A11；杂字乙16B5；同义03B3 等。

28B11 𗰲𗰬 ljwɨ 1.69 gjaa 1.23 奔跳

[背隐] 𗰲𗰬𗰬𗰬
　　　　跳跃突破

[按语] 背隐以同义词解释正文。该字又见同义19A7。文海刻①30B12；合编甲13.073等有该字的详细材料。

28B12 𗰲𗰬 gie 1.09 ljɨ 2.27 难易

[背隐] 𗰲𗰬
　　　　不易

[按语] 背隐以反义词解释正文大字。与正文同样的词组还有同音乙56A65；同义甲49B18等。该字又见杂字乙18A5；掌中珠甲18B14；同义29A3；碎金09B3 等。文海刻①14A51；合编甲13.081 等有该字的详细材料。

28B13 𗰲𗰬 kjwɨɨr 1.92 noo 2.45 褐袋

[背隐] 𗰲𗰬
　　　　粗毛料

[按语] 背隐的内容是对正文的解释，指出其所用的原料。与正文同样的词组还有同音甲27B72；碎金08A2 等。该字又见同义14A7。文海刻①92A61；合编甲13.082等有该字的详细材料。

28B14 𗰲𗰬 dzuu 2.05 gjwɨr 1.86 坐卧

[背隐] 𗰲𗰬𗰬𗰬𗰬
　　　　不坐斜斜置

[按语] "𗰬"代表该字与前一字重复。背隐音义的内容是对正文大字的解释。参见下文同音丁31B27 及其背隐。与正文同样的词组还有同音甲27B74；文海刻①90B52；杂字乙16A1；合编甲12.063 等。

28B15 𗰲𗰬 ŋjɨr 2.77 dzjwaa 1.21 捶拍

[背隐] 𗰲𗰬
　　　　攥拳

[按语] 背隐的内容是对正文大字的解释。与正文同样的词组还有同音乙40A58；同音甲27B75、41A62；杂字乙00B7；同义30A3 等。

28B16 𗰲𗰬 kie 1.66 ŋwo 2.42 金银

[背隐] 𗰲𗰬
　　　　金兑

[按语] 背隐以同义词解释正文大字。参见上文同音丁27A31 及其背隐。与正文同样的词组还有同音甲26A71、27B76；文海刻①31A12；杂字乙05B3；掌中珠甲12B22（正

文后该词的汉语译释即来源于此）；合编_甲 01.194；碎金 07B3 等。

28B17 　　 kjo 1.51　kjo 1.51　舅舅
　　[背隐] 　　　
　　　　　母之兄弟
　　[按语] 背隐的内容是对正文的解释。与正文同样的词组还有同音_甲 27B77；杂字_乙 15B1
　　　　　等。该字又见同义 05B3。文海_刻①57B41；合编_甲 13.122 等有该字的详细材料。

28B18 　　 dja 2.17　kwu 2.51　停息
　　[背隐] 　　　
　　　　　时慢下
　　[按语] 背隐的内容是对正文的解释。与正文同样的词组还有同音_甲 27B78。该字又见同
　　　　　义 32A5。合编_甲 13.131 有该字的详细材料。

28B21 　　 khiew 1.44　tsji 1.29　摧毁
　　[背隐] 　　　　
　　　　　破坏破坏
　　[按语] 背隐以同义词解释正文。与正文同样的词组还有同音_乙 40A37；同音_甲 28A11、
　　　　　39B63；文海_刻①36A61；同义 26B1 等。

28B22 　　 kə 1.68　bju 1.03　满胀
　　[背隐] 　　　　
　　　　　满溢吐出
　　[按语] 背隐的内容是对正文的解释。参见上文同音_丁 04B34 及其背隐。与正文同样的词
　　　　　组还有同音_甲 03B41、28A12；文海_刻①08A61；同义 12A1 等。

28B23 　　 phjo 2.44　kar 2.73　分离
　　[背隐] 　　　
　　　　　使分离
　　[按语] 背隐的内容是对正文的解释。参见上文同音_丁 06A14 及其背隐。与正文同样的词
　　　　　组还有同音_甲 05A21、28A14；文海_刻①06B22；同义 22B1 等。

28B24 　　 tji 1.67　kuu 2.05　吃食
　　[背隐] 　　　　　
　　　　　共传食饮食
　　[按语] 背隐的内容是对正文的解释。与正文同样的词组还有同音_甲 28A15。该字又见同
　　　　　义 11B7。文海_刻③13B10；合编_甲 13.142 等有该字的详细材料。

28B25 　　 ljiij 2.35　ŋjir 1.79　灾祸
　　[背隐] 　　　　
　　　　　为损害者
　　[按语] 背隐的内容是对正文的解释。与正文同样的词组还有同音_乙 53A54；同音_甲
　　　　　28A16、53A15；文海_刻①40B51；同义 32B2 等。

28B26 ⿰⿰ yur 1.75 khja 2.21 围绕

    [背隐] ⿰⿰⿰⿰

        围绕转圈

    [按语] 背隐的内容是对正文的解释。与正文同样的词组还有同音甲28A17。该字又见同义14A6。合编甲13.152有该字的详细材料。

28B27 ⿰⿰ kiew 2.39 wji 1.10 挑刺

    [背隐] ⿰⿰⿰⿰⿰

        分离喉刺骨

    [按语] 背隐的内容是对正文的解释。与正文同样的词组还有同音甲28A21。该字又见同义30A5。文海刻③13B11；合编甲13.161等有该字的详细材料。

28B28 ⿰⿰ rjar 1.82 gjij 1.36 特殊

    [背隐] ⿰乡⿰⿰

        种种已过

    [按语] "乡"代表该字与前一字重复。背隐音义的内容是对正文的解释。与正文同样的词组还有同音乙51A52；同音甲28A22、50B56；文海刻①47B23；合编甲01.072等。

28B31 ⿰⿰ ·jij 1.36 khwej 1.60 扩张

    [背隐] ⿰⿰⿰⿰

        使变宽阔

    [按语] 背隐的内容是对正文的解释。与正文同样的词组还有同音甲28A23。该字又见同义17B6。文海刻①65B61；合编甲13.171等有该字的详细材料。

28B32 ⿰⿰ po 1.49 ko 2.42 锹镢

    [背隐] ⿰⿰⿰⿰⿰

        凿掘用锹

    [按语] 背隐的内容是对正文的解释，指出其用途。虽然背隐音义给出了汉语读音，却是"镢"的同类词"锹"的汉语读音。可见背隐音义作者"镢、锹"不分。参见同音丁16A76关于"豌豆"注"黑豆"的类似注音。与正文同样的词组还有同音甲28A24。该字又见杂字乙23A3；掌中珠甲26B32（正文后该词的汉语译释即来源于此）；同义15A1等。合编甲13.172有该字的详细材料。

28B33 ⿰⿰ tjɨj 1.62 kor 1.94 绫锦

    [背隐] ⿰⿰⿰⿰⿰

        丝有种种花

    [按语] 背隐的内容是对正文大字的解释。与正文同样的词组还有同音甲28A26；文海刻①68B52；同义18A4等。参阅掌中珠甲25B32。

28B34 ⿰⿰ kuu 1.05 dzjɨj 2.37 雕刻

    [背隐] ⿰⿰/⿰⿰

        雕刻/凿刻

［按语］背隐以同义词解释正文。参见下文同音$_{\text{丁}}$ 30A16 及其背隐。与正文同样的词组还有同音$_{\text{甲}}$ 29A52。该字又见杂字$_{\text{乙}}$ 24A4；同义 26A4 等。文海$_{\text{刻}}$①11A52；合编$_{\text{甲}}$ 14.012 等有该字的详细材料。

28B35 [illegible] khiwə 1.28 khiwe 1.09（族姓）

［背隐］ [illegible]

族姓又刚强

［按语］背隐先指出正文的类别为一“族姓”；然后是对正文另外一层意思“刚强”的解释。参见上文同音$_{\text{丁}}$ 26B16 及其背隐。与正文同样的词组还有同音$_{\text{甲}}$ 25B48、28A28；文海$_{\text{刻}}$①35B52；杂字$_{\text{乙}}$ 12A1；同义 07A3（族姓）等。

28B36 [illegible] gjii 1.14 gioo 1.53 咬嚼

［背隐］ [illegible]

以齿咬

［按语］背隐的内容是对正文的解释。与正文同样的词组还有同音$_{\text{甲}}$ 28A31；文海$_{\text{刻}}$①59A42；杂字$_{\text{乙}}$ 19A8；合编$_{\text{甲}}$ 13.062；同义 11B6 等。

28B37 [illegible] khu 2.04 ljɨ̣ 2.61 mjiij 2.35 khu：地名

［背隐］ [illegible]

khja tśhjwã khã mu

［按语］背隐中“[illegible]、[illegible]”二字之间有一个半拉字，很可能是写“[illegible]”字时写错了，又重写。背隐音义的内容是对正文的解释，与背隐音义类似的地名又见合编$_{\text{甲}}$ 14.022。同音$_{\text{甲}}$ 28A32 与丁种本正文表述相同。该字又见同义 26A1。合编$_{\text{甲}}$ 14.022有该字的详细材料。

28B38 [illegible] tśhjwi 1.10 kiã 1.25 咸碱

［背隐］ [illegible]

如咸盐

［按语］背隐的内容是对正文的解释。与正文同样的词组还有同音$_{\text{乙}}$ 39A31；同音$_{\text{甲}}$ 28A33；文海$_{\text{刻}}$①32A31 等。

28B41 [illegible] kwəə 1.31 bjij 1.36 bjij 1.36 齃：鸣响

［背隐］ [illegible]

使鼻响

［按语］背隐的内容是对正文的解释。同音$_{\text{甲}}$ 28A34 与丁种本正文表述相同。该字又见同义 05A5。文海$_{\text{刻}}$①41A42；合编$_{\text{甲}}$ 14.032 等有该字的详细材料。

28B42 [illegible] ljwi̠ 2.60 kjwã 2.24 堡垒

［背隐］ [illegible]

包围往围

［按语］背隐的内容是对正文的解释。与正文同样的词组还有同音$_{\text{甲}}$ 28A35。该字又见同义 14A6。

28B43 [illegible] khjwã 1.26 mjɨr 1.86 mə 2.25 khjwã：族姓

[背隐] 𗏁𗀔

khjwi 1.11 ɣjwã 1.26（反切）

[按语] 此二字之上又有一𗏁字，疑为上面的这个字写得不清楚，后面又重新写。背隐音义注明了该字的反切音。同音甲28A36 与丁种本正文表述相同。该字又见杂字乙14B2；掌中珠甲28B14；同义 14A2；碎金 06B1 等。文海刻①32B32 有该字的详细材料。

28B44 𗗐𗀖 kjwi 1.67 zjijr 1.74 饱满

[背隐] 𗗐𗗱

腹满

[按语] 背隐的内容是对正文的解释。背隐音义恰恰为大字的构字。与正文同样的词组还有同音甲28A37、54B23；文海刻①79B72；同义 12A1 等。

28B45 𗏁𗀔𗀖 khji 1.16 da 2.56 ɣiej 1.34 khji：真言

[背隐] 𗏁𗀔

khji 1.11 lji 1.16（反切）

[按语] 背隐注明了该字的反切音。同音甲28A38 与丁种本正文表述相同。该字又见同义 01A5。文海刻①21A51 有该字的详细材料。

28B46 𗏁𗀔𗀖 khji 1.16 da 2.56 ɣiej 1.34 khji：真言

[背隐] 𗏁𗀔

khji 2.10 lwã 1.24（反切）

[按语] 背隐注明了该字的反切音。同音甲28A41 与丁种本正文表述相同。该字又见掌中珠甲16B24；同义 01A5 等。文海刻①21A43 有该字的详细材料。

28B47 𗏁𗀔 dja 2.17 khjwi 1.11 苦罚

[背隐] 𗏁𗀔𗀖𗀗

苦罚辛苦

[按语] 背隐以同义词解释正文。与正文同样的词组还有同音甲28A42。该字又见掌中珠甲24A14；同义 30B6 等。文海刻①18B11 有该字的详细材料。

28B48 𗏁𗀔 · io 1.71 khwe 2.60 圆圈

[背隐] 𗏁𗀔𗀖𗀗

围绕围绕

[按语] 背隐以同义词解释正文。与正文同样的词组还有同音甲28A43。该字又见掌中珠甲05A34；同义 14A6 等。

28B51 𗏁𗀖 thji 1.30 khjwi 2.10 山坳

[背隐] 𗏁𗀔𗀖

没有角

[按语] 背隐的内容是对正文的解释。参见上文同音丁13B12 及其背隐。与正文同样的词组还有同音甲12B25、28A44；文海刻①38A11；合编甲06.154 等。

28B52 𗏁𗀖 wji 2.27 khwa 1.63 已远

　　　　[背隐] 〼〼〼〼〼

　　　　　　 不近使远居

　　　　[按语] 背隐的内容是对正文的解释。与正文同样的词组还有同音甲28A45。该字又见同义19B1。文海刻①70A12 有该字的详细材料。

28B53 〼〼 wa 2.14 kja 1.20 问何

　　　　[背隐] 〼〼〼

　　　　　　 问语助

　　　　[按语] 背隐先以同义词解释正文；然后指出正文的类别为一"语气助词"。与正文同样的词组还有文海刻①28B32。该字又见同义21A5。文海刻①28B32 有该字的详细材料。

28B54 〼〼 bjuu 1.07 kja 1.64 敬畏

　　　　[背隐] 〼〼

　　　　　　 惊恐

　　　　[按语] 背隐以同义词解释正文。参见上文同音丁08B68 及其背隐。与正文同样的词组还有同音甲08A53、28A47；文海刻①87B12；合编甲04.082 等。

28B55 〼〼· wio 1.71 go 2.42 清除

　　　　[背隐] 〼〼〼〼

　　　　　　 天面好清

　　　　[按语] 背隐的内容是对正文的解释，指天气晴朗？与正文同样的词组还有同音乙45A43；同音甲28A48、44B53；碎金04A2 等。

28B56 〼〼 khia 1.18 wej 2.30 射飞

　　　　[背隐] 〼〼〼〼

　　　　　　 射箭中的

　　　　[按语] 背隐的内容是对正文的解释。与正文同样的词组还有同音甲28A51。该字又见同义19A7；碎金09B3 等。文海刻①25B51；合编甲15.012 等有该字的详细材料。

28B57 〼〼 dzu 1.01 ŋwej 2.30 喜爱

　　　　[背隐] 〼〼

　　　　　　 赞扬

　　　　[按语] 背隐的内容是对正文的解释。与正文同样的词组还有同音乙34A55；同音甲28A52、33B45；文海刻③13B12；同义23A7 等。

28B58 〼〼 gjwi 1.67 gjo 1.72 穿穿

　　　　[背隐] 〼〼〼

　　　　　　 使穿衣

　　　　[按语] 背隐的内容是对正文的解释。参见下文同音丁28B61 及其背隐。与正文同样的词组还有同音甲28A53、28A54；文海刻①74A22；合编甲15.141；同义12B1 等。

28B61 〼〼 gjwi 1.67 gjo 1.72 穿穿

[背隐] 𗧤𗇜𗇜
　　　　使穿衣

[按语] 背隐的内容是对正文的解释。参见上文同音丁28B58及其背隐。与正文同样的词组还有同音甲28A53、28A54；文海刻①74A22；合编甲15.141；同义12B1等。

28B62 𗇜𗇜 ŋwe 1.08 lji 2.60 欢乐

[背隐] 𗇜𗇜𗇜
　　　　心欢乐

[按语] 背隐的内容是对正文的解释。与正文同样的词组还有同音乙53A38；同音甲28A55、52B64；文海刻①13B51；合编甲08.013；同义23B5等。

28B63 𗇜𗇜 tshjow 1.56 kə 2.25 连缀

[背隐] 𗇜𗇜𗇜𗇜𗇜
　　　　表里互相缝

[按语] 背隐的内容是对正文的解释。与正文同样的词组还有同音甲28A56。该字又见同义12A5。合编甲15.033有该字的详细材料。

28B64 𗇜𗇜 nja 1.20 kiew 1.44 摧毁

[背隐] 𗇜𗇜𗇜𗇜
　　　　毁坏塌毁

[按语] 背隐以同义词解释正文。与正文同样的词组还有同音甲28A57；文海刻①84B12等。该字又见掌中珠甲12B12；同义26B2等。

28B65 𗇜𗇜 kiaa 2.20 wji 1.10 增补

[背隐] 𗇜𗇜𗇜𗇜𗇜
　　　　增语衣遮处

[按语] 背隐的内容是对正文的解释。与正文同样的词组还有同音甲28A58。该字又见同义10B6。合编甲15.042有该字的详细材料。

28B66 𗇜𗇜 kowr 2.82 kejr 2.66 歪斜

[背隐] 𗇜𗇜
　　　　曲斜

[按语] 背隐以同义词解释正文。参见上文同音丁26A45及其背隐。与正文同样的词组还有同音甲25A74、28A61；文海刻①48A23；合编18.132；同义29A3等。

28B67 𗇜𗇜 ·a ? kjir 1.86 倾斜

[背隐] 𗇜𗇜𗇜
　　　　侧落曲

[按语] 背隐的内容是对正文的解释。与正文同样的词组还有同音甲28A62。文海刻①88B32；合编甲15.052等有该字的详细材料。

28B68 𗇜𗇜 djii 1.14 kiwej 1.60 雷鸣

[背隐] 𗇜𗇜𗇜

雷声出

［按语］背隐的内容是对正文的解释。与正文同样的词组还有同音甲28A63。该字又见同
　　　　义08A2。文海刻①66A43；合编甲15.061等有该字的详细材料。

28B71 𘕼𘈩 lwu 1.58 kwar 1.80 哭泣

［背隐］𘈩𘕼𘊒𘊒

　　　　心忧泪出

［按语］背隐的内容是对正文的解释。与正文同样的词组还有同音乙47B47；同音甲
　　　　28A64、47A56；文海刻①20A41等。

28B72 𘉅𘈩 kwa 2.56 pie 1.09 锄

［背隐］𘈩/𘉅𘈩𘊒𘊒

　　　　锄/草薅除用

［按语］背隐先注明了该词的汉语读音；然后是对正文的解释，指出其用途。与正文同样
　　　　的词组还有同音甲28A65；掌中珠甲26B32（正文后该词的汉语译释即来源于此）；
　　　　纂要08B2等。

28B73 𘈩𘉅 thew 2.38 khie 2.59 除去

［背隐］𘉅𘈩𘊒𘊒

　　　　杀罚使亡

［按语］背隐的内容是对正文的解释。参见上文同音丁13B67及其背隐。与正文同样的词
　　　　组还有同音甲13A13、28A66等。该字又见同义24B6。

28B74 𘈩𘉅 ·a ? khej 1.33 茂盛

［背隐］𘊒𘉅𘈩𘊒

　　　　众多茂盛

［按语］背隐的内容是对正文的解释。同音甲28A67与丁种本正文表述相同。该字又见文
　　　　海抄①15A1.06。文海刻①43A11有该字的详细材料。

28B75 𘈩𘉅 bā 1.24 ŋiaa 2.20 鹅

［背隐］𘊒

　　　　禽

［按语］背隐指出正文的类别为一"禽名"（简化）。参见上文同音丁08A43及其背隐。与
　　　　正文同样的词组还有同音甲07A75、28A68；文海刻①31A11；杂字乙09B2；掌中
　　　　珠乙16B32（正文后该词的汉语译释即来源于此）；同义27B5等。

28B76 𘈩𘉅 kiej 1.34 khew 2.38 缺口

［背隐］𘊒𘉅𘈩𘊒

　　　　家门地边

［按语］背隐的内容是对正文大字的解释。与正文同样的词组还有同音甲28A71。该字又
　　　　见杂字乙17B6；掌中珠甲18A34；同义25B4；碎金06B1等。合编甲15.091有该
　　　　字的详细材料。

28B77 𘈩𘉅 giee 1.13 gioo 1.53 呆傻

［背隐］[illegible]

愚笨不作

［按语］背隐的内容是对正文的解释。参见上文同音$_{丁}$ 27B32 及其背隐。与正文同样的词组还有同音$_{甲}$ 26B77、28A72；文海$_{刻}$①32A62；同义 32A5 等。

28B78 [illegible] ljɨ 1.29 khiej 1.34 朔风

［背隐］[illegible]

寒冷

［按语］背隐的内容是对正文的解释。与正文同样的词组还有同音$_{甲}$ 28A73；文海$_{刻}$①44B42；杂字$_{乙}$ 04A8；掌中珠$_{甲}$ 08B22（正文后该词的汉语译释即来源于此）等。

29A11 [illegible] kiwa 1.18 tśhju 1.02 剩余

［背隐］[illegible]/[illegible]

择优汰劣/kiwej 1.34 bia 1.18$_{合}$（反切）

［按语］背隐的内容先是对正文的解释；然后注明了该字的反切音。与正文同样的词组还有同音$_{甲}$ 28A74。该字又见同义 31B7。文海$_{刻}$①26B11；合编$_{甲}$ 15.101 等有该字的详细材料。

29A12 [illegible] gaar 1.83 ljɨ 1.29 顽劣

［背隐］[illegible]/[illegible]

不笨打不食/gjuu 1.07 saar 1.83（反切）

［按语］背隐的内容先是对正文的解释；然后注明了该字的反切音。与正文同样的词组还有同音$_{甲}$ 28A75。该字又见同义 19B1。文海$_{刻}$①86B62；合编$_{甲}$ 15.102 等有该字的详细材料。

29A13 [illegible] kjwa 1.19 ɣju 1.03 曲沟

［背隐］[illegible]/[illegible]

kjwi 1.11 śjwa 1.19（反切）/斜曲不正

［按语］背隐先注明了该字的反切音；然后是对正文的解释。与正文同样的词组还有同音$_{甲}$ 28A76。该字又见同义 03B7。文海$_{刻}$①27A62；合编$_{甲}$ 15.111 等有该字的详细材料。

29A14 [illegible] ŋuər 2.76 njijr 2.68 脸面

［背隐］[illegible]/[illegible]

脸/ŋwer 1.77 zər 2.76（反切）

［按语］背隐先以同义词解释正文大字；然后注明了该字的反切音。与正文同样的词组还有同音$_{甲}$ 28A78。该字又见同义 03B2。合编$_{甲}$ 15.112 有该字的详细材料。

29A15 [illegible] śjow 1.56 gjo 2.44 绒衰

［背隐］[illegible]/[illegible]

色美无绒/gji 1.11 śjwo 2.44（反切）

［按语］背隐的内容先是对正文的解释；然后注明了该字的反切音。与正文同样的词组还有同音$_{甲}$ 28B11。该字又见同义 20A3。合编$_{甲}$ 15.121 有该字的详细材料。

29A16 𗏵𗤁 kiwə 1.28　kiwa 1.18　踩踏

　　[背隐] 𗍱𗦆

　　　　　破裂

　　[按语] 背隐的内容是对正文的解释。参见上文同音丁27B25 及其背隐。与正文同样的词组还有同音甲26B73、28B12；文海刻①26A43；合编甲07.171；同义26A7 等。

29A17 𗾉𗅋 kji 1.30　gioo 1.53　咬啮

　　[背隐] 𗅋𗤁/𗏵𗤵

　　　　　咬啮/gjii 1.14　śjoo 1.53（反切）

　　[按语] 背隐的内容先是对正文的解释；然后注明了该字的反切音。与正文同样的词组还有同音甲28B13。该字又见杂字乙19A8；同义11B6 等。文海刻①59A42；合编甲15.131 等有该字的详细材料。

29A18 𗋽𗤵 ku 1.01　da 2.56　bjiir 2.86　则：语助

　　[背隐] 𗏵𗾉𗤵

　　　　　何所然

　　[按语] 背隐以同类词解释正文大字。同音甲28B14 与丁种本正文表述相同。该字又见掌中珠甲19A14；同义21B1；碎金10A2 等。文海刻①06A11；合编甲15.132 等有该字的详细材料。

29A21 𗖊𗤁 ljij 1.61　khwej 1.33　茂盛

　　[背隐] 𗖊𗖊𗤵𗤵

　　　　　增长变大

　　[按语] 背隐的内容是对正文的解释。与正文同样的词组还有同音甲28B15；合编甲03.152；同义28B5 等。

29A22 𗏵𗾅 gjwi 2.10　gjwo 2.44　穿着

　　[背隐] 𗏵𗏵

　　　　　衣服

　　[按语] 背隐的内容是对正文的解释。与正文同样的词组还有合编甲15.031；同义12B1 等。该字又见杂字乙06A3。合编甲15.141 有该字的详细材料。

29A23 𗾅𗖊 ɣa 1.17　gaa 2.19　瘦弱

　　[背隐] 𗾅𗤵

　　　　　膔丢

　　[按语] 背隐的内容是对正文的解释。该字又见杂字乙14A1；掌中珠甲23B14；同义20A7 等。合编甲15.142 有该字的详细材料。

29A24 𗤵𗅋 wji 2.27　kjuu 1.07　停止

　　[背隐] 𗅋𗤁𗤵

　　　　　穷变无

　　[按语] 与正文同样的词组还有同音甲28B18。该字又见同义20A3。文海刻①12A52；合

编甲16.011 等有该字的详细材料。

29A25 𗼲 ·a ？ kia 2.20（地名）

[背隐] 𗼲𗦴
地名

[按语] 背隐指出正文的类别为一"地名"。该字又见同义 25B7。合编甲16.012 有该字的详细材料。聂 I 527 录背隐内容。

29A26 𗟻𗑌 śji 1.29 gjwar 1.82 往奔

[背隐] 𗟻𗟱𗦴𗦪
迅速前往

[按语] 背隐的内容是对正文的解释。与正文同样的词组还有同音甲28B22；合编甲12.062 等。该字又见同义 19A2。文海刻①86A52；合编甲16.021 等有该字的详细材料。

29A27 𗫻𗼳 dzjij 1.42 kja 2.17 时节

[背隐] 𗏵𗫻𗈍𗼴
算时日用

[按语] 背隐的内容是对正文的解释。与正文同样的词组还有同音甲28B23 等。该字又见掌中珠甲06A34；同义 13A7 等。合编甲16.022 有该字的详细材料。

29A28 𗦴𗟱𗑌 khjoor 1.95 xiwã 1.25 ŋwuu 1.05 khjoor：梵语

[背隐] 𗟵/𗫰𗥩
蕃/khji 1.11 njoor 1.95（反切）

[按语] 背隐的内容先是对正文的解释，指出该词藏语同梵语；然后注明了该字的反切音。同音甲28B24 与丁种本正文表述相同。该字又见同义 01B1。文海刻①93A21；合编甲16.031 等有该字的详细材料。

29A31 𗧘𗣼 kjaa 1.21 khjaa 1.21（梵语）

[背隐] 𗟱𗑌𗟻𗫮
梵语字母

[按语] 背隐指出正文的类别为一"梵语字母"。参见下文同音丁29A33 及其背隐。与正文同样的词组还有同音甲28B25、28B27 等。该字又见同义 01B1。文海刻①29A62；合编甲16.032 等有该字的详细材料。

29A32 𗣭𗈉 kwaa 1.22 tsji 1.30 钵子

[背隐] 𗣼𗦪/𗣼𗈉
钵子/钵子

[按语] 背隐注明了该词的汉语读音。与正文同样的词组还有同音甲28B26。该字又见杂字乙18B3；掌中珠甲23B12（正文后该词的汉语译释即来源于此）；同义 14B3 等。文海刻①30A61；合编甲16.033 等有该字的详细材料。

29A33 𗧘𗣼 kjaa 1.21 khjaa 1.21（梵语）

[背隐] 𗟱𗫮𗧘/𗼴
梵字迦/kji 1.11

［按语］ 背隐指出正文大字为梵语字母。背隐音义中"𮂻"字作为反切上字与正文注释小字（切下字）共同构成正文大字的反切注音。参见上文同音丁 29A31 及其背隐。与正文同样的词组还有同音甲 28B25、28B27 等。

29A34 𮂻偽形 ka 2.14 xiwã 1.25 ŋwuu 1.05 ka：梵语

　　　［背隐］ 𮂻徘

　　　　　　 kji 1.11 ŋa 2.14（反切）

　　　［按语］ 背隐注明了该字的反切音。同音甲 28B28 与丁种本正文表述相同。该字又见同义 01B1。合编甲 16.042 有该字的详细材料。

29A35 㡆愬爨 khã 2.22 khji 1.30 rã 2.22（切身字）

　　　［背隐］ 鹢嫠耕㹇

　　　　　　 真言中用

　　　［按语］ 背隐的内容是对正文的解释，指出其用途。同音甲 28B31 与丁种本正文表述相同。该字又见同义 01B2。合编甲 16.051 有该字的详细材料。

29A36 㧸秠㲰 khjiw 1.45 khji 1.11 pjiw 1.45（切身字）

　　　［背隐］ 未注

　　　［按语］ 背隐对正文未作解释，可能与上下文有关。因为从同音丁 29A35 开始，以下这些字均为切身字，行文格式一致，故只在同音丁 29A35 下解释，以下略而不注。同音甲 28B32 与丁种本正文表述相同。该字又见杂字乙 14B2；掌中珠甲 18B14；同义 01B2 等。

29A37 㡭骹薆 gã 1.24 guu 1.05 kã 1.24（切身字）

　　　［背隐］ 未注

　　　［按语］ 背隐对正文未作解释，其原因参见同音丁 29A36 下的按语部分。同音甲 28B33 与丁种本正文表述相同。该字又见同义 01B2。

29A38 㺍㲰㹇 khja 2.17 khja 2.17 ·ja 2.17（切身字）

　　　［背隐］ 未注

　　　［按语］ 背隐对正文未作解释，其原因参见同音丁 29A36 下的按语部分。同音甲 28B34 与丁种本正文表述相同。该字又见同义 01B4。

29A41 㹐㲰㹇 gji 1.16 gji 1.11 ·ji 1.16（切身字）

　　　［背隐］ 未注

　　　［按语］ 背隐对正文未作解释，其原因参见同音丁 29A36 下的按语部分。同音甲 28B35 与丁种本正文表述相同。该字又见同义 01B4。

29A42 㹐㲰㹇 gja 2.17 gji 2.10 ·ja 2.17（切身字）

　　　［背隐］ 未注

　　　［按语］ 背隐对正文未作解释，其原因参见同音丁 29A36 下的按语部分。同音甲 28B36 与丁种本正文表述相同。该字又见掌中珠甲 19B34；同义 01B4 等。

29A43 㧸靴 ŋwu 1.01 thji 1.30 说话

　　　［背隐］ 㹇鹢㲰

词语说

[按语] 背隐的内容是对正文的解释。与正文同样的词组还有同音_甲28B37；文海_刻①13A22 等。该字又见同义 21A2。文海_刻①06B52 有该字的详细材料。

29A44 𗯿𗥃 rjar 2.74 kiwəj 2.36 骏马

[背隐] 𗀚𗥃𗥃

颜色美

[按语] 背隐的内容是对正文的解释。与正文同样的词组还有同音_甲28B38。该字又见杂字_乙11A3；同义 16A4 等。

29A45 𗥃𗥃 dzjɨ 1.30 khow 2.47 糠皮

[背隐] 𗥃𗥃𗥃

果种种

[按语] 背隐的内容是对正文的解释。与正文同样的词组还有同音_甲28B41。该字又见杂字_乙18B5；同义 31B7 等。

29A46 𗥃𗥃 gjwɨr 1.86 wejr 1.73 茂盛

[背隐] 𗥃𗥃

茂盛

[按语] 背隐以同义词解释正文。参见上文同音_丁11B41 及其背隐。与正文同样的词组还有同音_甲11B27、28B43；合编_甲01.031 等。

29A47 𗥃𗥃 ɣja 2.16 kej ？覆盖

[背隐] 𗥃𗥃𗥃𗥃

上置物处

[按语] 背隐的内容是对正文的解释。与正文同样的词组还有同音_甲28B44。该字又见掌中珠_甲06A24。

29A48 𗥃𗥃 kjwi 2.60 kjo 2.64 收割

[背隐] 𗥃𗥃

谷物

[按语] 背隐的内容是对正文的解释，指出"收割"的对象。与正文同样的词组还有同音_甲28B45；文海_刻③08A31；合编_甲21.142；同义 26A5 等。

29A51 𗥃𗥃 kwər 1.84 lju 2.52 身体

[背隐] 𗥃𗥃

骨架

[按语] 背隐的内容是对正文的解释。与正文同样的词组还有同音_乙47B58；同音_甲21A54；文海_刻①61A62；合编_甲08.053 等。

29A52 𗥃𗥃 ŋwər 1.84 ·jiw 2.40 老四

[背隐] 𗥃𗥃𗥃

第四个兄弟

[按语] 背隐的内容是对正文的解释。与正文同样的词组还有同音 甲 21A68；文海 刻 ①
87B52；杂字 乙 15A1；合编 甲 10.051 等。

29A53 𗋒𗯁 tsjiir 1.93 gjii 2.29 选注

[背隐] 𗜓𗊪𗋒𗥫
好坏选择

[按语] 背隐的内容是对正文的解释。与正文同样的词组还有同音 甲 22A24。该字又见同
义 22B4。

29A54 𗍂𗍂 khiə 1.28 khiə 1.28 清净

[背隐] 𗱍𗫸𗰔𗰲𗍂
清洁清净

[按语] 背隐的内容是对正文的解释。与正文同样的词组还有同音 甲 22A74；文海 刻 ①
35A51 等。该字又见同义 17B3。文海 刻 ①35A51 有该字的详细材料。

29A55 𗤁𗋅 kji 1.30 kjow 2.48 鼠鼠

[背隐] 𗤁
鼠

[按语] 背隐以同义词解释正文。参见上文同音 丁 26A34 及其背隐。与正文同样的词组还
有同音 甲 22B24、25A65；文海 刻 ①38B22；同义 27A7 等。

29A56 𗠟𗏹 mjij 1.61 kiej 1.60 女妹

[背隐] 𗥦𗳦
女妹

[按语] 背隐以同义词解释正文。与正文同样的词组还有同音 甲 22B68；文海 刻 ①65B73；
掌中珠 乙 20A32（正文后该词的汉语译释即来源于此）；碎金 07A1 等。

29A57 𗢟𗂃 kjij 2.33 tshja 2.16 威仪

[背隐] 𗆧𗧲
威仪

[按语] 背隐以同义词解释正文。与正文同样的词组还有同音 乙 35B42；同音 甲 23B14、
35A12；文海 刻 ①39A62；合编 甲 03.043；同义 03A6 等。

29A58 𗗜𗖊 sjwi 1.10 khjii 1.32 磨齿

[背隐] 𗖊𗗜𗋅𗖊
使磨出齿

[按语] 背隐的内容是对正文的解释。与正文同样的词组还有同音 甲 23B22。该字又见同
义 11B6。文海 刻 ①41A72 有该字的详细材料。

29A61 𗗙𗗿 ŋwər 1.84 gju 1.59 天柱

[背隐] 𗋅𗵠𗖊
靠坐用

[按语] 背隐的内容是对正文的解释，指出其用途。与正文同样的词组还有同音 甲 23B74；

文海刻③13B33 等。该字又见同义 25A4。文海刻①64B51 有该字的详细材料。

29A62 𗀧𗲤 kjwɨ 1.69 rjir 2.72 获得

    [背隐] 𗲤𗘊𗤻𗀧𗤼

    迅速语获集

    [按语] 背隐的内容是对正文的解释。与正文同样的词组还有同音乙 47A66；同音甲 24A38、46B57；同义 24B2 等。

29A63 𗀭𗴴 kiə 1.28 kie 1.09 呼唤

    [背隐] 𗴴𗤖𗤻𗀭

    以高声喊

    [按语] 背隐的内容是对正文的解释。参见上文同音丁 26B23 及其背隐。与正文同样的词组还有同音甲 24B13、25B54；文海刻①14A32；合编甲 03.132；同义 08A5 等。

29A64 𗀵𗱕 djɨ 2.28 kio 1.50 驱赶

    [背隐] 𗱶𗰝𗱕𗱘

    逼迫使来

    [按语] 背隐的内容是对正文的解释。与正文同样的词组还有同音甲 24B65；杂字乙 21A3 等。该字又见掌中珠甲 33B14；同义 25A2 等。文海刻①57A63 有该字的详细材料。

29A65 𗀠𗀡 lo 2.62 kjir 2.72 双两

    [背隐] 𗤻𗰌

    双双

    [按语] 背隐以同义词解释正文。同音甲 25A12：𗀡𗒛𗗺 kjir 2.72 mjɨr 1.86 mə 2.25 (kjir：族姓)。该字又见杂字乙 12A4；同义 21B7；碎金 04B2 等。

29A66 𗀢𗲤 kowr 1.91 zjɨ 1.69 (族姓)

    [背隐] 𗒛𗗺

    族姓

    [按语] 背隐指出正文的类别为一"族姓"。与正文同样的词组（即此西夏复姓）还有文海刻①91B11；杂字乙 12B2 等。同音甲 25A71：𗀢𗒛𗗺 kowr 1.91 mjɨr 1.86 mə 2.25 (kowr：族姓)。该字又见同义 07A4。文海刻①91B11 有该字的详细材料。

29A67 𗀤𗱳 lew 2.38 kjir 1.79 毛料

    [背隐] 𗤻𗗘

    织褐

    [按语] 背隐的内容是对正文的解释。与正文同样的词组还有同音甲 25A13。该字又见同义 15B5；碎金 08A2 等。文海刻①83B32 有该字的详细材料。

29A68 𗀩𗲩 kjɨ 1.30 kji 1.10 歌唱

    [背隐] 𗤿𗰑𗤻𗲩

    歌唱歌唱

    [按语] 背隐以同义词解释正文。参见上文同音丁 26A35 及其背隐。与正文同样的词组还

有同音_甲25A55、25B38；文海_刻①38B23；合编_甲02.111；同义20B7 等。

29A71 𤺄 wji 2.09 khju 1.03 以下

[背隐] 𤻘𦀟

底下

[按语] 背隐以同义词解释正文。参见上文同音_丁10B77 及其背隐。与正文同样的词组还有同音_甲09B76、26A18；文海_刻①37B52；同义16B6 等。

29A72 𦀊 · ji 1.16 kji 1.11（族姓）

[背隐] 𦀟/𦀌𦀍

姓/记载

[按语] 背隐先指出正文的类别为一"族姓"（简化）；然后又解释正文还有另外一层"记载"的意思。与正文同样的词组（即此西夏复姓）还有同音_甲25B41。该字又见杂字_乙12B1；掌中珠_甲08A24；同义07A6；碎金06A4 等。文海_刻①17A41 有该字的详细材料。

29A73 𦀎 kur 2.69 -u 2.51 冰冷

[背隐] 𦀏𦀐

冰冷慄

[按语] 背隐以同义词解释正文。与正文同样的词组还有同音_甲26A31；文海_刻①78A11；合编_甲24.051；同义31A6 等。

29A74 𦀑 dzjwo 2.44 kiow 1.55 犟人

[背隐] 𦀒𦀓𦀔

性刚顽

[按语] 背隐的内容是对正文的解释。与正文同样的词组还有同音_甲26A36。该字又见同义32A4。文海_刻①61A61 有该字的详细材料。

29A75 𦀕 kjir 1.79 kur 1.75 愚笨

[背隐] 𦀖𦀗

矜愚

[按语] 背隐以近义词解释正文。参见上文同音_丁26B45 及其背隐。与正文同样的词组还有同音_甲25B77、26A28；文海_刻①80A53；同义08A2 等。

29A76 𦀘 ŋo 2.42 gji 1.67 呻吟

[背隐] 𦀙𦀚𦀛𦀜

病不安呻吟

[按语] 背隐的内容是对正文的解释。该字又见同义31A6。文海_刻①72B22 有该字的详细材料。

29A77 𦀝 koo 2.45 ŋwə 2.25 口腔

[背隐] 𦀞𦀟

吃食

[按语] 背隐的内容是对正文的解释。参见上文同音_丁25A44 及其背隐。与正文同样的词

组还有同音_甲24A62、26A76 等。

29A78 𗇁 𗇁 kiwā 1.25 lji̱ 2.61 mjiij 2.35 kiwā：地名

[背隐] 𗈁𗈁𗈁

　　关隘处

[按语] 背隐的内容是对正文另一层意思的解释。该字通常作为译音字用于地名等；后来
　　又通"关隘"的"关"，形成汉语借词。同音_甲26B14 与丁种本正文表述相同。

29B11 𗈁𗈁 khie 1.09 khio 1.50 厌恶

[背隐] 𗈁𗈁𗈁�1

　　心中不爱

[按语] 背隐的内容是对正文的解释。参见上文同音_丁27A78 及其背隐。与正文同样的词
　　组还有同音_甲26B28、26B54；文海_刻①57A71 等。

29B12 �1�1 njiij 1.39 kha 1.17 心中

[背隐] �1�1�1�1

　　中间二间

[按语] 背隐的内容是对正文的解释。参见上文同音_丁13A65 及其背隐。与正文同样的词
　　组还有同音_甲26B41 等。该字又见杂字_乙13A2；同义 16B5 等。

29B13 �1�1 khio 2.43 njwi 2.10 巧善

[背隐] �1�1

　　计巧

[按语] 背隐以同义词解释正文。参见上文同音_丁18B65 及其背隐。与正文同样的词组还
　　有同音_甲18A44、26B31；文海_刻①58A52；合编_甲08.022；同义 17B3 等。

29B14 �1�1 gjuu 1.07 zji 2.10 （真言）

[背隐] �1�1�1�1

　　真言诸名

[按语] 背隐的内容是对正文的解释。与正文同样的词组还有同音_乙47B67；同音_甲
　　26B48、47B11；文海_刻①12A62 等。该字又见杂字_乙14B2；掌中珠_甲08B14；同
　　义 07A2；碎金 06B1 等。文海_刻①12A62 有该字的详细材料。

29B15 �1�1 gjwā 2.24 tjiij 2.33 顽羊

[背隐] �1�1

　　野兽

[按语] 背隐指出正文的类别为一"野兽"。参见上文同音_丁16B17 及其背隐。与正文同
　　样的词组还有同音_甲15B35、26B64；杂字_乙10A6；掌中珠_甲16B12（正文后该词
　　的汉语译释即来源于此）；同义 27A4；碎金 09B5 等。

29B16 �1�1 gjwā 1.26 kiew 2.39 （族姓）

[背隐] �1�1�1�1

　　族姓地名

[按语] 背隐指出正文的类别为一"族姓、地名"。参见上文同音_丁26A51 及其背隐。与

正文同样的词组（即此西夏复姓）还有同音甲25A76、26B65；文海刻①32B41；杂字乙04B8 等。

29B17 㑋𦮔 la 1.63 kjwij 1.36 痉挛

　　[背隐] 㑋㑋缉绵
　　　　　手脚圆粒

　　[按语] 背隐的内容是对正文的解释。与正文同样的词组还有同音甲27A44。该字又见同义31B3。文海刻①48B12 有该字的详细材料。

29B18 粃𤏪 ·a？ŋə 1.27 闹气

　　[背隐] 绛粃𤏪𤏪
　　　· 心愁不食

　　[按语] 背隐的内容是对正文的解释。与正文同样的词组还有同音甲27A51。该字又见同义12A1。文海刻①34A53 有该字的详细材料。

29B21 㣲蒜 gjɨ 1.30 dwuu 2.05 秘密

　　[背隐] 𤏪㑻
　　　　莫穿

　　[按语] 背隐的内容是对正文的解释。参见上文同音丁19B44 及其背隐。与正文同样的词组还有同音甲19A27、25B71；文海刻①86A71 等。

29B22 㪚㣲 ku 1.04 ku 1.58 宽松

　　[背隐] 禰㪚凧秖
　　　　使宽广平

　　[按语] 背隐的内容是对正文的解释。参见上文同音丁25A11 及其背隐。与正文同样的词组还有同音甲24A25。该字又见同义19B2。文海刻①63B41 有该字的详细材料。

29B23 㴪蒜 ŋə 1.27 zji 1.11 我男

　　[背隐] 㴪㴪粃
　　　　子悲谦

　　[按语] 背隐的内容是对正文的解释。与正文同样的词组还有同音甲27A52。该字又见同义22B4。

29B24 㪚𤏪薇 khjo 2.44 khji 2.10 ·jo 2.44（切身字）

　　[背隐] 瞓㶤
　　　　字母

　　[按语] 背隐指出正文的类别为一"（梵语）字母"。该字又见掌中珠甲29B34；同义01B5 等。

29B25 㑋㪚 khjwɨ 1.30 gjwɨ 1.30 割砍

　　[背隐] 蒴㑋㴪
　　　　已割之（谓）

　　[按语] 背隐以同义词解释正文。参见上文同音丁25B61 及其背隐。与正文同样的词组还有合编甲24.011。

29B3A 𗤁𗅮𗤇𗥹𗘂
齿头音六品

29B41 𗤁𗅮 tsjij 2.33 ljij 1.61 解悟

　　[背隐] 𗤁𗅮𗤁𗥹

　　　　　醒悟明白

　　[按语] 背隐以同义词解释正文。与正文同样的词组还有同音乙52A55；同音甲28B71、
　　　　　51B71；文海刻①68A31 等。

29B42 𗘂𗅮 pjo 1.51 tsjij 2.33 诽谤

　　[背隐] 𗤇𗤁𗅮

　　　　　厌恶厌

　　[按语] 背隐以同义词解释正文。参见上文同音丁08A76 及其背隐。与正文同样的词组还
　　　　　有同音甲07B46、28B73；文海刻①58A11；同义29B1 等。

29B43 𗤇𗒱 。 tsjij 2.33 gju 2.03 茶白

　　[背隐] 𗤇𗥹𗘂𗥹𗅮

　　　　　花茶捣捶用

　　[按语] 背隐的内容是对正文的解释，指出其用途。与正文同样的词组还有同音甲28B74；
　　　　　杂字乙18B3；掌中珠甲23B22（正文后该词的汉语译释即来源于此）等。

29B44 𗤁𗅮 pji 1.30 sjij 1.36 今朝

　　[背隐] 𗥹𗒱

　　　　　晨朝

　　[按语] 背隐以同义词解释正文。参见上文同音丁07B67 及其背隐。与正文同样的词组还
　　　　　有同音甲07A26、28B75；文海刻①17B71；同义13A2；碎金02B3 等。

29B45 𗅮𗒱 sjij 1.36 wji 1.10 来年

　　[背隐] 𗥹𗘂𗘂

　　　　　所来年

　　[按语] 背隐的内容是对正文的解释。与正文同样的词组还有同音甲28B77；文海刻①
　　　　　47B73；杂字乙19B8；掌中珠甲11A22（正文后该词的汉语译释即来源于此）等。

29B46 𗥹𗒱 sjij 1.36 rjur 1.76 启明星

　　[背隐] 𗤇𗥹

　　　　　明星

　　[按语] 背隐的内容是对正文的解释。与正文同样的词组还有同音乙51B21；同音甲
　　　　　28B76、51A35；文海刻①48A11；杂字甲03A5；同义13A3 等。

29B47 𗒱𗅮 pə 1.68 sjij 1.36 脓血

　　[背隐] 𗅮𗤇

　　　　　脉内

　　[按语] 背隐的内容是对正文大字的解释。参见上文同音丁07B13 及其背隐。与正文同样

的词组还有同音_甲06B34、28B78；文海_刻①39B42 等。合编_丙B15 有该字的详细材料。

29B48 𗾢𗾱 sjij 1.36 tsjiir 2.86 性情

[背隐] 𗾱𗾢

私行

[按语] 背隐的内容是对正文的解释，所谓"私行"，大概是指性情应该是各人自己的事情。参见下文同音_丁32B33 及其背隐。与正文同样的词组还有同音_甲29A13、32A13；文海_刻①48A21；合编_甲06.061；同义 08B1 等。

29B51 𗾤𗾽 sjij 1.36 lwo 1.49 潮湿

[背隐] 𗾽𗾱𗾤

潮湿水

[按语] 背隐的内容是对正文的解释。与正文同样的词组还有同音_乙49B23；同音_甲29A14、49A24；文海_刻①48A22；杂字_乙05B1；同义 08B7 等。

29B52 𗾬𗾮 。 lhjwij 1.35 sjij 1.36 偏斜

[背隐] 𗾸𗾮𗾺𗾹

曲斜不正

[按语] 背隐先以同义词解释正文，再以反义词解释正文。与正文同样的词组还有同音_甲29A11。该字又见杂字_乙19B5；掌中珠_甲32B24；同义 29A3 等。文海_刻①48A23 有该字的详细材料。

29B53 𗾴𗾵 dzjiij 1.39 dzji 2.60 站住

[背隐] 𗾺𗾻𗾼

不行走

[按语] 背隐以反义词解释正文。与正文同样的词组还有同音_乙41B28；同音_甲29A33、41A57 等。该字又见杂字_乙21B2；掌中珠_甲28B32；同义 05A3；碎金 10A6 等。文海_刻③13B32 有该字的详细材料。

29B54 𗾶𗾷 gju 1.59 dzji 2.60 立柱

[背隐] 𗾸𗾹/𗾺/𗾻

地座/天/风

[按语] 背隐的内容是对正文的解释。背隐音义中"𗾺、𗾻"二字均指向正文小字，分别与之组成词组。与正文同样的词组还有同音_甲29A17。该字又见掌中珠_甲27A32；同义 25A4 等。文海_刻③13B33 有该字的详细材料。

29B55 𗾸𗾹 sji 1.11 dzji 2.60 木叉

[背隐] 𗾺𗾻𗾸𗾹

叉用木叉

[按语] 背隐的内容先是对正文的解释，指出其用途；然后以义音结合的方式注出该词的汉语读音。与正文同样的词组还有同音_甲29A18。该字又见杂字_乙18B1；同义 14B3 等。文海_刻③13B41 有该字的详细材料。

29B56 蕺㱮 dzji 2.60 kjaa 1.21 柱驮

[背隐] 羁

柱

[按语] 背隐注明了该词的汉语读音。与正文同样的词组还有同音甲29A21；杂字乙17B5；
合编甲12.091 等。

29B57 绝䌷绣 dzji 2.60 mjɨr 1.86 mə 2.25dzji 族姓

[背隐] 㱮豕

覆盖

[按语] 正文解释该词为一"族姓"。背隐音义解释了该词的另外一层意思"覆盖"。同
音甲29A23 与丁种本正文表述相同。该字又见杂字乙11B5；同义05A2；碎金
04B5 等。文海刻③13B51 有该字的详细材料。

29B58 努愁 lwu 1.58 dzji 2.60 哭泣

[背隐] 稙/努祅

鼻/哭也

[按语] 背隐的内容是对正文的解释。与正文同样的词组还有同音甲29A22；文海刻③
13B52；合编甲24.073；同义30A5 等。

29B61 蕺蕍 phjoo 2.46 dzji 2.60 支架

[背隐] 靮㱮

蹄脚

[按语] 背隐的内容是对正文的解释。与正文同样的词组还有同音甲29A25；文海刻③
13B61 等。该字又见同义14A1。文海刻③13B61 有该字的详细材料。

29B62 幢瓶 · jar 1.82 dzji 2.60 媳妇

[背隐] 努㺃俙努

圣旨之谓

[按语] 背隐的内容是对正文的解释。从背隐音义的内容来看，是不是指"奉旨完婚"？
与正文同样的词组还有同音甲29A24。该字又见同义19B6。文海刻③13B62 有该
字的详细材料。

29B63 傈㽰 dzji 2.60 kwej 1.33 坟墓

[背隐] 絹蕍努

焚尸处

[按语] 背隐的内容是对正文的解释。参见上文同音丁26B58 及其背隐。与正文同样的词
组还有同音甲26A24、29A26；文海刻①43B62；合编甲06.163；同义32A3 等。

29B64 㴙㴙 we 1.08 dzji 2.60 （疤名）

[背隐] 㱮祅绌㮊缪/爾

疤也舌为义/唆

[按语] 背隐的内容是对正文的解释。说明这个词有两层意思：其一，疤痕，名词；其

二，唆使，动词。参见上文同音丁10B47及其背隐。与正文同样的词组还有同音甲09B48；文海刻①13A51；合编甲02.121；同义31B5等。文海刻③13B72有该字的详细材料。背隐音义中"𘚭"笔误为"𘚭"。

29B65 𗥃𗊱 。dzji 2.60 so 2.42 高上

[背隐] 𗥃𘆾𗄺𗏹
高上义是

[按语] 背隐的内容是对正文的解释。与正文同样的词组还有同音甲29A27；杂字乙05A4；合编甲02.031；同义02A2等。

29B66 𗥃𗐩 noo 1.52 dzji 1.67 指爪

[背隐] 𗥃𘏨
手脚

[按语] 背隐的内容是对正文的解释。与正文同样的词组还有同音甲29A32。该字又见掌中珠甲19A22；同义04A6等。文海刻③02A72有该字的详细材料。

29B67 𗥃𗈃 dzjij 1.61 dzji 1.67 渡过

[背隐] 𗥃𘑞
满后

[按语] 背隐的内容是对正文大字的解释。参见下文同音丁32A28及其背隐。与正文同样的词组还有同音甲29A31、31A68；文海刻①05A72；同义19A5等。

29B68 𗥃𗐰 ljwi 2.60 dzji 1.67 马齿齐

[背隐] 𗥃𘓨𘏨
马齿齐

[按语] 背隐音义的内容是对正文的解释。与正文同样的词组还有同音甲29A34。该字又见杂字乙08B3；同义13B1等。文海刻③02B11有该字的详细材料。聂Ⅱ291录背隐内容。

29B71 𗥃𗤄 yu 1.04 dzju 2.03 头主

[背隐] 𗥃𘆾𗏹𘏨ㄠ𗤄
镇压属者主人

[按语] 此处"ㄠ"代表《同音》正文中的大字，而非表示与前一字重复。背隐的内容是对正文的解释。与正文同样的词组还有同音甲29A35；文海刻③04A61等。该字又见杂字乙21B1；掌中珠甲28B22（正文后该词的汉语译释即来源于此）；同义02B1；碎金03A6等。文海刻③14A12有该字的详细材料。

29B72 𗥃𘈩 dzju 2.03 njij 2.33 兵器

[背隐] 𗥃𘈩𘏨
守护用

[按语] 背隐的内容是对正文的解释，指出其用途。参见上文同音丁14B37及其背隐。与正文同样的词组还有同音甲16A36、29A36；文海刻①68B32；杂字乙22B8；合编甲10.141；同义18B4等。

29B73 􀀀􀀀 dzju 2.03 dji 2.10 全具

    [背隐] 􀀀􀀀􀀀

        眼前合

    [按语] 背隐的内容是对正文的解释。参见上文同音丁18A42 及其背隐。与正文同样的词组还有同音甲17A74、29A37；文海刻③14A22；同义22B7 等。

29B74 􀀀􀀀 。 sju 2.03 dzju 2.03 牲畜

    [背隐] 􀀀􀀀

        畜牧

    [按语] 背隐的内容是对正文大字的解释。参见下文同音丁31A71 及其背隐。与正文同样的词组还有同音甲29A38、30B44；文海刻③14A31；合编甲06.113；同义28A5 等。

29B75 􀀀􀀀 dzju 1.02 bji 2.10 指挥

    [背隐] 􀀀􀀀􀀀􀀀

        使学技艺

    [按语] 背隐的内容是对正文的解释。背隐音义的内容是对正文的解释。参见上文同音丁03A52 及其背隐。与正文同样的词组还有同音甲02A53；文海刻③02B12；掌中珠甲28B32（正文后该词的汉语译释即来源于此）；合编甲24.053；同义20B5；碎金10A3 等。

29B76 􀀀􀀀 dzju 1.02 mjiij 1.39 梦幻

    [背隐] 􀀀􀀀􀀀􀀀

        睡（中）见精神

    [按语] 背隐的内容是对正文的解释。参见上文同音丁06B27 及其背隐。与正文同样的词组还有同音甲05B41、29A42；文海刻①49B61；同义08B1 等。

29B77 􀀀􀀀 dzu 1.01 dzju 1.02 爱惜

    [背隐] 􀀀􀀀�

        需用爱

    [按语] 背隐以同义词解释正文。与正文同样的词组还有同音甲29A44；文海刻①91A31；合编甲05.072 等。

29B78 􀀀􀀀 。 rjur 1.76 dzju 1.02 世婿

    [背隐] 􀀀􀀀���

        女居处父舅

    [按语] 背隐的内容是对正文的解释。上门女婿？既是父亲，又是舅舅？与正文同样的词组还有同音甲29A43。该字又见同义05B5。文海刻③02B31 有该字的详细材料。

30A11 􀀀􀀀 dzjij 1.42 sej 1.33 卜算

    [背隐] 􀀀􀀀��

        语知明说

　　　　[按语] 背隐的内容是对正文的解释。与正文同样的词组还有同音_甲29A45。该字又见同
　　　　　　　义 03A4。文海_刻③02B32 有该字的详细材料。

30A12 𗥦𗍴 kie 1.09 dzjɨj 1.42 戒律

　　　　[背隐] 𗒩𗒼𗰜𗰰
　　　　　　　礼不违用

　　　　[按语] 背隐的内容是对正文的解释。与正文同样的词组还有同音_甲29A46；同义 03A3
　　　　　　　等。文海_刻③02B41 有该字的详细材料。

30A13 𗀔𗍴 。dzjɨj 1.42 wja 1.19 父姻

　　　　[背隐] 𗣼𗟟
　　　　　　　姻亲

　　　　[按语] 背隐的内容是对正文的解释。与正文同样的词组还有同音_甲29A47；文海_刻①
　　　　　　　89A61；杂字_乙15A3 等。

30A14 𗧓𗰜 tju 2.52 dzjɨj 2.37 交配

　　　　[背隐] 𗒩𗟍
　　　　　　　男女

　　　　[按语] 背隐的内容是对正文的解释。参见上文同音_丁18B13 及其背隐。与正文同样的词
　　　　　　　组还有同音_甲17B52、29A53；文海_刻①19B12；合编_甲02.104 等。

30A15 𗤇𗍴 ŋwej 2.30 dzjɨj 2.37 和合

　　　　[背隐] 𗤆𗒼
　　　　　　　和顺

　　　　[按语] 背隐以同义词解释正文。与正文同样的词组还有同音_甲29A51。该字又见同义
　　　　　　　22B6。文海_刻③14A41 有该字的详细材料。

30A16 𗤓𗍴 kuu 1.05 dzjɨj 2.37 雕刻

　　　　[背隐] 𗒼𗤇
　　　　　　　合宜

　　　　[按语] 背隐的内容是对正文的解释。参见上文同音_丁28B34 及其背隐。与正文同样的词
　　　　　　　组还有同音_甲29A52。文海_刻③14A42 有该字的详细材料。

30A17 𗥦𗍴 。phja 1.20 dzjɨj 2.37 判断

　　　　[背隐] 𗉃/𗉜
　　　　　　　判/断

　　　　[按语] 背隐以同义词解释正文。背隐音义中"𗉃"字与正文大字连用组成词组"𗉃𗍴"
　　　　　　　（判断）。背隐音义中"𗉜"字与正文小字连用组成词组"𗉜𗥦"（判断）。与正
　　　　　　　文同样的词组还有同音_甲29A48；掌中珠_甲32A12 等。该字又见杂字_乙00A7；同义
　　　　　　　02B4；碎金 04A2 等。文海_刻③14A51 有该字的详细材料。

30A18 𗥃𗰰 tsho 2.62 ŋa 1.17 虚空

　　　　[背隐] 𗵃𗰰𗟟
　　　　　　　所见无

　　　　[按语] 背隐以同义词解释正文。参见上文同音丁25B71及其背隐。与正文同样的词组还
　　　　　　　　有同音甲25A27、29A55；文海刻①23A62；杂字甲02B6；掌中珠甲04B12（正文后
　　　　　　　　该词的汉语译释即来源于此）；同义20A3等。

30A21 𗅁𗰆 。 tsjiir 2.85 tsho 2.62 惊恐

　　　　[背隐] 𗽉𗷭
　　　　　　　　惊恐

　　　　[按语] 背隐以同义词解释正文。与正文同样的词组还有同音甲29A54、35B52；文海刻①
　　　　　　　　39B21等。

30A22 𗣴𗮔 tshow 1.54 dzjir 1.86 斩断

　　　　[背隐] 𗊬𗉺𗮔𗛛
　　　　　　　　斩割切断

　　　　[按语] 背隐以同义词解释正文。参见下文同音丁33B44及其背隐。与正文同样的词组还
　　　　　　　　有同音甲29A56、33A35；文海刻①60A52；合编甲23.023；同义26A5等。

30A23 𗣴𗆞 tshow 1.54 rjij 2.37 指示

　　　　[背隐] 𗋽𗆞𗋽𗆞
　　　　　　　　指挥指示

　　　　[按语] 背隐以同义词解释正文。与正文同样的词组还有同音乙47B38；同音甲29A58、
　　　　　　　　47A32；文海刻①60A61；同义20B5等。同音丁0B21与此相关可参阅。

30A24 𗣴𗸯 tshow 1.54 ba 2.56 空旷

　　　　[背隐] 𗻫𗋽𗓽𗸯／𗻫𗸥
　　　　　　　　无人地阔／族姓

　　　　[按语] 背隐先以同义词解释正文；然后又指出正文的另外一层意思，还可作为"族姓"。
　　　　　　　　与正文同样的词组还有同音甲29A61。该字又见杂字乙12A7；掌中珠乙27B24；同
　　　　　　　　义02A2；碎金05A1等。文海刻①60A62有该字的详细材料。

30A25 𗣴𗆦 tshow 1.54 dzjwu 1.02 乐人

　　　　[背隐] 𗆦𗆦
　　　　　　　　戏者

　　　　[按语] 背隐的内容是对正文的解释。与正文同样的词组还有同音甲29A64；文海刻①
　　　　　　　　60A71；杂字乙16A5；掌中珠甲33A12（正文后该词的汉语译释即来源于此）；碎
　　　　　　　　金08B5等。

30A26 𗝘𗣴 。 wə 1.68 tshow 1.54 老老

　　　　[背隐] 𗝘𗣴／𗶷𗣴𗚞
　　　　　　　　岁大／鹿鹰羊

　　　　[按语] 背隐的内容是对正文的解释，指飞禽、牲畜中的老者。与正文同样的词组还有同
　　　　　　　　义13B1。该字又见杂字乙09B8。文海刻①60A72有该字的详细材料。

30A27 𗣷𗣴 tshow 2.47 tshjiij 1.39 宣说

　　　　[背隐] 𗣷𗣷

宣说

[按语] 背隐以同义词解释正文。与正文同样的词组还有同音_甲 29A57；文海_刻①50A71
等。该字又见同义21A1。

30A28 䓬䓬 tshow 2.47 zjuu 1.06 荆棘

[背隐] 䓬䓬

木草

[按语] 背隐的内容是对正文的解释。与正文同样的词组还有同音_乙 50B65；同音_甲
29A62、50A77；杂字_乙 07A3；同义10A3 等。聂Ⅰ498 录背隐内容。

30A31 䎃䓬 。 rjɨr 2.77 tshow 2.47 铠鼎

[背隐] 䎃䓬䎃

有三足

[按语] 背隐的内容是对正文的解释，指出其足部的特点。与正文同样的词组还有同音_乙
48A73；同音_甲 29A63、51A68；杂字_乙 18A8；掌中珠_甲 23B12（正文后该词的汉
语译释即来源于此）；同义15A3；碎金08A5 等。

30A32 䍩䍩 tsə 1.68 laa 1.22 颜色

[背隐] 䍩䍩

颜色

[按语] 背隐以同义词解释正文。与正文同样的词组还有同音_甲 29A66；文海_刻①52A71；
杂字_乙 19B1；合编23.152；同义16A3 等。

30A33 䓬䓬 tsə 1.68 sji 1.11 （树名）

[背隐] 䓬䓬

树名

[按语] 背隐指出正文的类别为一"树名"。与正文同样的词组还有同音_甲 29A71；文海_刻
①75A31；杂字_乙 07A3 等。

30A34 䍩䍩 sju 2.03 tsə 1.68 药药

[背隐] 䍩䍩

甘露

[按语] 背隐的内容是对正文的解释。参见下文同音_丁 31A72 及其背隐。与正文同样的词
组还有同音_甲 29A68、30B45；文海_刻①75A32；同义11A5 等。聂Ⅱ318 录背隐内
容。

30A35 䓬䓬 tsə 1.68 ze 1.08 茶苗

[背隐] 䓬䓬/䓬䓬

饮料/绿茶

[按语] 背隐的内容是对正文的解释。与正文同样的词组还有同音_甲 29A67；文海_刻①
75A41 等。该字又见杂字_乙 18B3；掌中珠_甲 23B22（正文后该词的汉语译释即来
源于此）；同义11B3；碎金08A6 等。文海_刻①75A41 有该字的详细材料。

30A36 䍩䓬 。 tsə 1.68 dwu 2.01 箸

[背隐] 𗥦𗣿𗤦
饮食用

[按语] 背隐的内容是对正文的解释，指出其用途。参见上文同音丁 16A78 及其背隐。与正文同样的词组还有同音甲 15B24、29A72；文海刻①75A42；杂字乙 18B1；掌中珠甲 23A32（正文后该词的汉语译释即来源于此）；同义 14B1；碎金 08A5 等。

30A37 𗤣𗣿 njwɨ 2.28 tsə 1.68 春秋

[背隐] 𗅳𘜶𗣹𗤦𗤣𗤦/𗣹𗤦𗥦𗤦𗥦
七八九三个月/谷种种结果

[按语] 背隐的内容是对正文大字的解释。与正文同样的词组还有同音乙 37A54；同音甲 29A74；文海刻①62A32 等。

30A38 𗤣𗣿 。tsə 1.68 sji 2.10 肺肝

[背隐] 𗤧𗥦𗤦
心有处

[按语] 背隐的内容是对正文的解释。参见下文同音丁 30B51 及其背隐。与正文同样的词组还有同音甲 29A73、30A25；文海刻①75A51；同义 04A2 等。参阅掌中珠甲 18B32。

30A41 𗤣𗣿 tshji 1.11 śjwi 2.09 餐食

[背隐] 𗥦𗣿𗤦𗤦
饮食共名

[按语] 背隐的内容是对正文的解释。与正文同样的词组还有同音乙 38B45；同音甲 29A75、38A43；文海刻①17B12；同义 11A2 等。

30A42 𗤣𗣿 tshji 1.11 no 2.42 需用

[背隐] 𗤣𗥦𗤥𗤦
需求爱惜

[按语] 背隐以同义词解释正文。参见上文同音丁 15B76 及其背隐。与正文同样的词组还有同音甲 29B11；文海刻①17B21；同义 23A7 等。

30A43 𗤣𗣿 tshji 1.11 tji 1.67 御置

[背隐] 𗤦𗤦
气降

[按语] 背隐的内容是对正文的解释。与正文同样的词组还有同音甲 29A78。该字又见同义 14B5。

30A44 𗤣𗣿𗤦 tshji 1.11 mjɨr 1.86 mə 2.25 tshji；族姓

[背隐] 𗤦
汉

[按语] 背隐指出正文的类别为一"汉族姓"。该字又见同义 07B5。

30A45 𗤣𗣿 。tshji 1.11 ŋjow 2.48 东海

　　　　[背隐] 㴱㳡
　　　　　　　东海
　　　　[按语] 背隐以同义词解释正文。与正文同样的词组还有同音甲29B12；文海刻①17B22；
　　　　　　　杂字乙05A8 等。

30A46 㩆 tshji 2.10 ljij 1.61 侍奉
　　　　[背隐] 㩆㣻
　　　　　　　恭敬
　　　　[按语] 背隐的内容是对正文的解释。与正文同样的词组还有同音甲29A76；文海刻①
　　　　　　　68A33 等。该字又见同义 17A7；碎金 08B5 等。

30A47 㴜 。 tshji 2.10 thwo 1.49 普遍
　　　　[背隐] 㾊㵮㴜㴝
　　　　　　　皆到普遍
　　　　[按语] 背隐的内容是对正文的解释。参见上文同音丁 13A34 及其背隐。与正文同样的词
　　　　　　　组还有同音甲12A38、29A77；文海刻①57A12；同义 28B6 等。

30A48 㣼㣽 tśja 1.19 tshji 1.67 道路
　　　　[背隐] 㰅㳰㲇㳬
　　　　　　　野外撒土
　　　　[按语] 背隐的内容是对正文的解释。与正文同样的词组还有同音甲29B13。该字又见同
　　　　　　　义 17A4。

30A51 㪶㪷 · jij 1.36 tshji 1.67 自窃
　　　　[背隐] 㵸㵱㵲
　　　　　　　正直威升
　　　　[按语] 背隐的内容是对正文的解释。与正文同样的词组还有同音甲29B14。该字又见同
　　　　　　　义 03A4。

30A52 㵴㵵 。 tshji 1.67 mjij 2.33 土地
　　　　[背隐] 㵶㵷
　　　　　　　土地
　　　　[按语] 背隐以同义词解释正文。参见上文同音丁 04B57 及其背隐。与正文同样的词组还
　　　　　　　有同音甲03B58、33B62；文海刻①73B22；杂字乙04B6；同义 25A5 等。

30A53 㴲㴳 dzjiw 1.45 twe 1.08 堆积
　　　　[背隐] 㴴㴵㴶
　　　　　　　互上置
　　　　[按语] 背隐以同义词解释正文。参见上文同音丁 17B62 及其背隐。与正文同样的词组还
　　　　　　　有同音甲17A22、29B15 等。该字又见杂字乙14A1；同义 14A5 等。

30A54 㵸㵹 phjoo 2.46 dzjiw 1.45 桌柜
　　　　[背隐] 㵺㵻㵼㵽／×㵾

食馔置处/柜子

[按语] 背隐的内容是对正文的解释，指出其用途。但是与汉语"柜"字相对应的西夏字看不清楚。参见上文同音丁08A54及其背隐。与正文同样的词组还有同音甲07B16、29B21；文海刻③02B52；杂字乙17B6等。聂Ⅰ481录背隐内容。

30A55 𗧥𗣁 tser 1.77 dzjiw 1.45 土土

[背隐] 𗧥𗣁

尘土

[按语] 背隐的内容是对正文的解释。与正文同样的词组还有同音甲29B17等。该字又见掌中珠甲12A22；同义25B4等。文海刻③02B53有该字的详细材料。

30A56 𗭠𗣁 。lji 2.27 dzjiw 1.45（草名）

[背隐] 𗭠/𗭠𗭡

蒲/蒲苫

[按语] 背隐以同义词解释正文。与正文同样的词组还有同音乙49A31；同音甲29B16、48B46；杂字乙18A3；同义15A6等。

30A57 𗬉𗨆 sju 1.02 dzjiw 2.40 桎梏

[背隐] 𗫽𗩂𗬉𗫼

束缚手脚

[按语] 背隐的内容是对正文的解释。与正文同样的词组还有同音乙36B68；同音甲29B18、36A41；杂字乙00B2；同义15A7等。

30A58 𗡪𗣴 noo 1.52 dzjiw 2.40 一指宽

[背隐] 𗡪𗫶𗧱

一指窄阔

[按语] 背隐的内容是对正文的解释。与正文同样的词组还有同音甲29B24。该字又见杂字乙23A1；同义22A5等。文海刻③14A61有该字的详细材料。

30A61 𗪛𗤓 twew 1.43 dzjiw 2.40 粘连

[背隐] 𗪛𗪺𗤓

连不断

[按语] 背隐的内容是对正文的解释。与正文同样的词组还有同音甲29B23；文海刻①89A22等。该字又见同义14A4。文海刻③14A62有该字的详细材料。

30A62 𗫠𗤀 wier 1.78 dzjiw 2.40 爱惜

[背隐] 𗫠𗤀𗤀

爱惜惜

[按语] 背隐以同义词解释正文。与正文同样的词组还有同音甲29B25；文海刻③14A63；合编07.071等。

30A63 𗧦𗣁 。tser 1.77 dzjiw 2.40 疮药

[背隐] 𗣁𗧦𗨂

疮疤用

[按语] 背隐的内容是对正文的解释，指出其用途。与正文同样的词组还有同音_甲_29B22。该字又见同义31B6。文海_刻_③14A71 有该字的详细材料。

30A64 𗤙𗣫 tsha 2.14 dzow 1.54 智慧

[**背隐**] 𗤙𗣫

巧智

[按语] 背隐以同义词解释正文。参见下文同音_丁_32A37 及其背隐。与正文同样的词组还有同音_甲_29B27、31B11；文海_刻_③04A73；合编_甲_07.151 等。

30A65 𗀼𗉎 。tsha 2.14 ze 2.07（族姓）

[**背隐**] 𗉎𗀼

族姓

[按语] 背隐指出正文的类别为一"族姓"。与正文同样的词组（即此西夏复姓）还有杂字_乙_11B7；碎金 05A4 等。该字又见同义 07A5。同音_甲_29B28：𗀼𗉎𗀼 tsha 2.14 mjir 1.86 mə 2.25（tsha：族姓）。

30A66 𗼃𗤙 sjɨ 2.28 sa 2.14 连接

[**背隐**] 𗤙𗼃

系连

[按语] 背隐以同义词解释正文。参见下文同音_丁_31A24 及其背隐。与正文同样的词组还有同音_甲_29B33、30A66；文海_刻_①71B71；同义 15B3 等。

30A67 𗤙𗼃 tji 2.60 sa 2.14 干涸

[**背隐**] 𗼃𗤙

渗干

[按语] 背隐的内容是对正文的解释。参见上文同音_丁_15B34 及其背隐。与正文同样的词组还有同音_甲_14B37、29B34 等。该字又见同义 20A6。

30A68 𗤙𗼃 sa 2.14 sa 2.14 计谋

[**背隐**] 𗤙𗼃

谋略

[按语] 背隐以同义词解释正文。与正文同样的词组还有同音_甲_29B35；文海_刻_①76A22 等。该字又见掌中珠_甲_36A24；同义 21A3；碎金 09B5 等。

30A71 𗤙𗼃 。sjɨɨ 2.29 sa 2.14 细语

[**背隐**] 𗤙𗼃

细语

[按语] 背隐以同义词解释正文。与正文同样的词组还有同音_乙_35B28；同音_甲_29B36、30A58；文海_刻_①27B12；合编_甲_21.101；同义 21A2 等。

30A72 𗤙𗼃 njijr 1.74 sa 1.17 网兽

[**背隐**] 𗤙𗼃𗤙𗼃𗤙

网捕兽鸟用

[按语] 背隐的内容是对正文大字的解释，指出其用途。与正文同样的词组还有同音_甲29B32。该字又见杂字_乙14B4；同义15B2等。文海_刻①23B21有该字的详细材料。

30A73 𦉪辫 。lio 1.50 sa 1.17 串缗

[背隐] 𦉪𦉪

钱串

[按语] 背隐的内容是对正文的解释。与正文同样的词组还有同音_甲29B37、55B26等。该字又见同义15B1；碎金07A6等。文海_刻①23B22有该字的详细材料。

30A74 𦉪𦉪 so 2.42 we 2.07 奴仆

[背隐] 𦉪𦉪

奴仆

[按语] 背隐以同义词解释正文。参见上文同音_丁10B26及其背隐。与正文同样的词组还有同音_甲09B26、29B38；文海_刻①11A41；同义25A2等。

30A75 𦉪𦉪 we 1.08 so 2.42 雀子

[背隐] 𦉪

鸟

[按语] 背隐音义中指出正文的类别为一"鸟名"（简化）。与正文同样的词组还有同音_甲29B43；杂字_乙09B5；掌中珠_甲17A22（正文后该词的汉语译释即来源于此）；合编_甲11.103等。

30A76 𦉪𦉪 so 2.42 lu 1.58 君子

[背隐] 𦉪𦉪𦉪𦉪

君子巧人

[按语] 背隐以同义词解释正文。与正文同样的词组还有同音_乙49B53；同义_甲29B42、49A64；文海_刻①63B53；合编_甲22.094；同义17A4等。

30A77 𦉪𦉪 so 2.42 bjij 2.33 高上

[背隐] 𦉪𦉪𦉪𦉪𦉪

不低所莫到

[按语] 背隐的内容是对正文的解释。参见上文同音_丁03B36及其背隐。与正文同样的词组还有同音_乙30A77；同音_甲02B41、29B46等。

30A78 𦉪𦉪 so 2.42 po 1.49 均匀

[背隐] 𦉪𦉪𦉪𦉪

驴马足短

[按语] 背隐的内容是对正文的解释，在这里可能指驴马的足和身体相比，较为匀称，比例和谐。参见上文同音_丁04B71及其背隐。与正文同样的词组还有同音_甲03B76、29B44；文海_刻①55B41等。

30B11 𦉪𦉪 so 2.42 kwo 1.49 粟糜

[背隐] 𦉪𦉪

　　　　谷物

　　[按语] 背隐指出正文的类别为一"谷物"。与正文同样的词组还有同音_甲29B47；文海_刻
　　　　　①57A31；杂字_乙08A6；同义 11A3；碎金 09A2 等。

30B12 綵絒 tow 1.54 so 2.42（草名）

　　[背隐] 綵絲

　　　·草果

　　[按语] 背隐的内容是对正文的解释，重点指其果实。参见上文同音_丁13B38 及其背隐。
　　　　　与正文同样的词组还有同音_甲12B53、29B48；杂字_乙08A7；同义 09B7 等。

30B13 絅貒 so 2.42 rer 2.71 混丝

　　[背隐] 綵絲

　　　混丝

　　[按语] 背隐注明了该词的汉语读音。与正文同样的词组还有杂字_乙05B8。该字又见同义
　　　　　18A5。聂 Ⅰ 420 录背隐内容。

30B14 絲龐 。de 1.65 so 2.42 阴阳

　　[背隐] 絲絅絅胀綫廖

　　　吉凶测验者

　　[按语] 背隐的内容是对正文的解释。参见上文同音_丁17A61 及其背隐。与正文同样的词
　　　　　组还有掌中珠_甲08B12；同义 21B3 等。

30B15 絑禳 sow 1.54 swej 1.33 清洁

　　[背隐] 殇貀

　　　清洁

　　[按语] 背隐以同义词解释正文。与正文同样的词组还有同音_乙35A17；同音_甲29B51、
　　　　　34B18；文海_刻①60B11；同义 22B2 等。

30B16 苪蕤 sow 1.54 sji 1.11 桑树

　　[背隐] 蕤绚

　　　树名

　　[按语] 背隐指出正文的类别为一"树名"。与正文同样的词组还有同音_甲29B52；文海_刻
　　　　　①60B12；杂字_乙06B8 等。

30B17 苪絭 sow 1.54 swej 1.33 碎粒

　　[背隐] 綪絭

　　　圆粒

　　[按语] 背隐以同义词解释正文。与正文同样的词组还有同音_甲29B54；文海_刻①34A51；
　　　　　合编_甲17.043 等。

30B18 雞絖 。khə 1.27 sow 1.54 屁股

　　[背隐] 飛絖絖

　　　尾末尾

　　　　[按语] 背隐的内容是对正文的解释。参见上文同音丁24B62 及其背隐。与正文同样的词组还有同音甲24A11、29B53；文海刻①60B22；杂字乙17A6；合编甲03.072；同义04A3 等。

30B21 𗃎𗏪 lju 2.02　su 2.01　图谋

　　　　[背隐] 𗏪𗃎
　　　　　　　谋诱

　　　　[按语] 背隐的内容是对正文的解释。与正文同样的词组还有同音甲29B55、50A12；同义29B5 等。

30B22 𗃋𗷒 su 2.01　yie 1.09　帮助

　　　　[背隐] 𗷒𗈪𗃋
　　　　　　　互祐助

　　　　[按语] 背隐的内容是对正文的解释。与正文同样的词组还有同音甲29B57。该字又见同义24B5。

30B23 𗃊𗷘 su 2.01　dzu 1.01　我爱

　　　　[背隐] 𗷘𗈽𗴩𗴦
　　　　　　　非他我我

　　　　[按语] 背隐先以反义词解释正文大字，再以同义词解释正文大字。与正文同样的词组还有同音甲29B56。该字又见同义29A6。

30B24 𗻱𗷀 。pə 1.68　su 2.01　脓脉

　　　　[背隐] 𗻱𗷀𗫶
　　　　　　　疮脓出

　　　　[按语] 背隐的内容是对正文的解释。与正文同样的词组还有同音甲29B58。该字又见同义31B5。

30B25 𗷒𗅉𗷒 su 1.01　mjir 1.86　mə 2.25　su；族姓

　　　　[背隐] 𗓽𗰖二
　　　　　　　sji 1.11　lu 1.01二（反切）

　　　　[按语] 背隐注明了该字的反切音。反切之下的汉字"二"字，表明以下2 字用同一个反切音，为同音字。同音甲34B41 与丁种本正文表述相同。该字又见杂字乙14A8；同义06B1；碎金06A5 等。文海刻①06B12 有该字的详细材料。

30B26 𗲱𗅉 。nja 2.17　su 1.01　如你

　　　　[背隐] 𗴩
　　　　　　　我

　　　　[按语] 背隐的内容是对正文的解释。背隐音义中"我"，即"如我"，"如你、如我"同类。与正文同样的词组还有同音甲29B61；文海刻①06B13 等。该字又见掌中珠甲37A12；同义21A6 等。文海刻①06B13 有该字的详细材料。

30B27 𗏰𗀔 rejr 2.66　sji 1.11　树木

　　　　[背隐] 𗏰𗀔𗏰𗀔

种种树名

[按语] 背隐的内容是对正文的解释。与正文同样的词组还有同音甲29B63。该字又见杂
字乙18B2；掌中珠甲08A12（正文后该词的汉语译释即来源于此）；同义09A3；
碎金09B1 等。文海刻①17B32 有该字的详细材料。

30B28 紪薾 kiwej 2.31 sji 1.11 纯紫

[背隐] 辰辣苁/绵𥿓

染青用/色殊

[按语] 背隐的内容是对正文的解释。与正文同样的词组还有同音甲29B67；杂字乙07A3
等。该字又见同义09A6。文海刻①17B41 有该字的详细材料。

30B31 藏蕕 ·jar 2.74 sji 1.11 巧匠

[背隐] 琉𦩘𥿓绚

巧匠之名

[按语] 背隐的内容是对正文的解释。与正文同样的词组还有同音乙43B56；同义甲
29B64、43A35；文海刻①17B42；同义17B1 等。

30B32 獬花 mjiij 1.39 sji 1.11 末尾

[背隐] 獬绎叕

有尾处

[按语] 背隐的内容是对正文的解释。与正文同样的词组还有同音甲29B66；文海刻①
17B51；杂字乙17A3；同义04A5 等。

30B33 薾绵 sji 1.11 lu 1.58 （族姓）

[背隐] 𩑶绣

族姓

[按语] 背隐指出正文的类别为一"族姓"。与正文同样的词组（即此西夏复姓）还有同
音乙49B51；同音甲29B62、49A56；文海刻①17B52；杂字乙12B3；同义07A1 等。

30B34 蕤耗 khjwi 1.30 sji 1.11 臂力

[背隐] 蘱𥿓

威力

[按语] 背隐以同义词解释正文。与正文同样的词组还有同音甲29B65；文海刻①17B53
等。该字又见同义24B5。文海刻①17B53 有该字的详细材料。

30B35 辰𦩘 。kwar 1.80 sji 1.11 观察

[背隐] 叕𥿓𦩘绵𥿓薾

所见变化出现

[按语] 背隐的内容是对正文的解释。参见上文同音丁25A14 及其背隐。与正文同样的词
组还有同音甲24A28、29B68；文海刻①17B61；同义16A2 等。

30B36 𥿓𦩘 sji 1.67 kheej 1.37 宫廷

[背隐] 未注

［按语］背隐对正文未作解释，原因不详，估计属于遗漏所致。与正文同样的词组还有同音$_{甲}$ 29B74。该字又见杂字$_{乙}$ 17B3；同义 13B4 等。文海$_{刻}$①73B31 有该字的详细材料。

30B37 [illegible] sji 1.67 biər 1.85 瘪瘪

［背隐］[illegible]

鼻疮

［按语］背隐的内容是对正文的解释，指出“瘪”这种疾病发病的部位。参见上文同音$_{丁}$ 09B78 及其背隐。与正文同样的词组还有同音$_{甲}$ 09A58、29B71；同义 31A5 等。

30B38 [illegible] o phji 1.11 sji 1.67 簸箕

［背隐］[illegible]

分离果实用

［按语］背隐的内容是对正文的解释，指出其用途。参见上文同音$_{丁}$ 09B58 及其背隐。与正文同样的词组还有同音$_{甲}$ 09A34、29B72；文海$_{刻}$①16A62；杂字$_{乙}$ 18B5；掌中珠$_{甲}$ 26B22（正文后该词的汉语译释即来源于此）；同义 22B1 等。

30B41 [illegible] tsji 2.10 mjɨr 1.86 mə 2.25 tsji：族姓

［背隐］[illegible]/[illegible]

tsju 1.03 zji 2.10（反切）/low

［按语］背隐先注明了该字的反切音。背隐音义中“[illegible]”字，与大字“[illegible]”组成复姓“[illegible]”。该西夏复姓又见杂字$_{乙}$ 12B1；同义 07A2；碎金 04B4 等。

30B42 [illegible] tsji 2.10 tsjij 2.33 解悟

［背隐］[illegible]

心中慧悟

［按语］背隐的内容是对正文的解释。与正文同样的词组还有同音$_{甲}$ 30A11。该字又见同义 08B2。

30B43 [illegible] ŋjow 2.48 tsji 2.10（虫名）

［背隐］[illegible]

蛇类

［按语］背隐的内容是对正文的解释，指出此种虫子为一蛇类。参见上文同音$_{丁}$ 21B51 及其背隐。与正文同样的词组还有同音$_{甲}$ 20B63、29B76；同义 27B1 等。

30B44 [illegible] tsji 2.10 lhji 2.10 潮湿

［背隐］[illegible]

水湿

［按语］背隐的内容是对正文的解释。与正文同样的词组还有同音$_{甲}$ 29B78、47A28；文海$_{刻}$①93A11；合编$_{甲}$ 20.032；同义 09A1 等。

30B45 [illegible] khjow 2.48 tsji 2.10 箩筐

［背隐］[illegible]

传递物用

[按语] 背隐的内容是对正文的解释，指出其用途。参见上文同音丁26A14 及其背隐。与
正文同样的词组还有同音甲25A38、29B77；同义14B5 等。

30B46 齹蘼 xu 2.04 tsji 2.10（树名）

　[背隐] 蘼绚

　　　树名

　[按语] 背隐指出正文的类别为一"树名"。与正文同样的词组还有同音乙43B32；同音甲
30A12、42B78；杂字乙06B8；同义09A6 等。

30B47 襕菥 bia 2.15 tsji 2.10 棉帽

　[背隐] 骹燊

　　　棉帽

　[按语] 背隐注明了该词的汉语读音。参见上文同音丁07A77 及其背隐。与正文同样的词
组还有同音甲06B28、30A14；杂字乙06A8；掌中珠甲25A32（正文后该词的汉语
译释即来源于此）；合编丙B11；同义12A4 等。

30B48 纓燹 。 mə 2.25 tsji 2.10 蝇

　[背隐] 夒燊

　　　蛆虫

　[按语] 背隐指出正文的类别为一"蛆虫"。参见上文同音丁03B63 及其背隐。与正文同
样的词组还有同音甲02B65、30A15；杂字乙10B3；掌中珠甲17A32（正文后该词
的汉语译释即来源于此）；同义28A2 等。

30B51 襕雔 tsə 1.68 sji 2.10 肺肝

　[背隐] 懕焻

　　　西内

　[按语] 背隐的内容是对正文的解释，但所指不明。"西内"或"内西"指什么？笔者如
坠烟海。参见上文同音丁30A38 及其背隐。与正文同样的词组还有同音甲29A73、
30A25；文海刻①75A51；同义04A2 等。

30B52 襕襕 。 yar 1.80 sji 2.10 死亡

　[背隐] 鶒褌毈

　　　如死亡

　[按语] 背隐的内容是对正文的解释。与正文同样的词组还有同音乙45B12；同音甲
30A26、43B36；文海刻③20B41；同义20B1 等。

30B53 絁襕纃 sji 2.10 mjɨr 1.86 mə 2.25 sji：族姓

　[背隐] 纃

　　　gju

　[按语] 背隐中"纃"字，与大字"絁"组成复姓"絁纃"，该西夏复姓又见杂字乙
11A3；同义06B2 等。同音甲30A16 与丁种本正文表述相同。该字又见碎金04B1。
可参阅同音丁24A14 及其背隐。

30B54 纓亜 rjar 2.74 sji 2.10 母亲

　　　　[背隐]　𗑾𗑾
　　　　　　　母姨
　　　　[按语]　背隐以同义词解释正文。与正文同样的词组还有同音_甲30A17、53B26；文海_刻①
　　　　　　　28B11 等。

30B55 𗑾𗑾 sji 2.10 mjij 1.61 妇女
　　　　[背隐]　𗑾𗑾
　　　　　　　女媳
　　　　[按语]　背隐的内容是对正文的解释。与正文同样的词组还有同音_甲30A18。该字又见杂
　　　　　　　字_乙06A7；掌中珠_甲34B12；同义 17A4；碎金 06B6 等。

30B56 𗑾𗑾 lji 2.61 sji 2.10 地祇
　　　　[背隐]　𗑾𗑾
　　　　　　　天地
　　　　[按语]　背隐的内容是对正文的解释。与正文同样的词组还有同音_甲30A21；文海_刻①
　　　　　　　67B51；掌中珠_乙20B32（正文后该词的汉语译释即来源于此）；合编_甲07.112
　　　　　　　等。

30B57 𗑾𗑾𗑾 sji 2.10 da 2.56 bjiir 2.86 用：语助
　　　　[背隐]　𗑾𗑾𗑾
　　　　　　　断行句
　　　　[按语]　背隐的内容是对正文的解释。同音_甲30A22 与丁种本正文表述相同。该字又见同
　　　　　　　义 21B1。

30B58 𗑾𗑾 khjā 2.24 sji 2.10 敌寇
　　　　[背隐]　𗑾𗑾
　　　　　　　敌寇
　　　　[按语]　背隐以同义词解释正文。参见上文同音_丁23B38 及其背隐。与正文同样的词组还
　　　　　　　有同音_甲22B55、30A23；文海_刻①77A71；合编_甲02.221；同义 30A2 等。聂Ⅱ613
　　　　　　　录背隐内容。

30B61 𗑾𗑾 。tsjij 1.61 sji 2.10 年岁
　　　　[背隐]　𗑾𗑾𗑾𗑾
　　　　　　　年日算处
　　　　[按语]　背隐的内容是对正文的解释。与正文同样的词组还有同音_甲30A24、35B35；文
　　　　　　　海_刻①54A32；同义 13A5 等。

30B62 𗑾𗑾 sji 1.11 ŋjow 2.48 西海
　　　　[背隐]　𗑾𗑾
　　　　　　　西海
　　　　[按语]　背隐以同义词解释正文。与正文同样的词组还有同音_甲30A27；文海_刻①17B23；
　　　　　　　杂字_乙05A8 等。

30B63 𗑾𗑾 。dzjwɨr 1.86 sji 1.11 绝尽

[背隐] 綿狷絹

穷尽无

[按语] 背隐以同义词解释正文。与正文同样的词组还有同音_甲30A28；合编_甲12.061等。该字又见同义20A7。文海_刻①17B31有该字的详细材料。

30B64 聽薙 sjij 2.33 sjo 2.44 知悉

[背隐] 綠綍

面熟

[按语] 背隐的内容是对正文的解释。与正文同样的词组还有同音_甲30A32。该字又见掌中珠_甲03A34；同义08B3等。

30B65 裿儱 bji 1.67 sjo 2.44 膀胱

[背隐] 裿猴

尿囊

[按语] 背隐的内容是对正文的解释。与正文同样的词组还有同音_甲30A33。该字又见杂字_乙17A6；同义04A3等。聂Ⅰ450录背隐内容。

30B66 縠絅 。thjij 2.33 sjo 2.44 云何

[背隐] 縦舔幑絜絁

问惑明不明

[按语] 背隐的内容是对正文的解释。参见上文同音_丁13B27及其背隐。与正文同样的词组还有同音_甲19B47、30A31；文海_刻①40A31；合编_甲04.202；同义21A5等。

30B67 籠薆 sju 1.03 sjo 1.51 贮藏

[背隐] 薆猻薆罱

所藏贮藏

[按语] 背隐以同义词解释正文。与正文同样的词组还有同音_乙35A57；同义_甲30A34、30B42；合编_甲02.142等。该字又见同义14A5。文海_刻①58A62有该字的详细材料。

30B68 貌瓻 。sjo 1.51 dzjo 1.51 细长

[背隐] 綴殊絒蔙

尖细条尖

[按语] 背隐以同义词解释正文。与正文同样的词组还有同音_甲30A35。该字又见同义12A6。文海_刻①58A71有该字的详细材料。

30B71 薒蘿 tshjij 2.33 kwo 1.49（树名）

[背隐] 蕤翎

树名

[按语] 背隐指出正文的类别为一"树名"。参见上文同音_丁25A55及其背隐。与正文同样的词组还有同音_甲24A71、30A36；文海_刻①57A41；杂字_乙06B7；同义09A5等。

30B72 緂薒 phə 2.25 tshjij 2.33（草名）

[背隐] 𗼃𗤁𗥖𗢲
蒲草根出

[按语] 背隐的内容是对正文的解释。与正文同样的词组还有同音甲30A37。该字又见同义09B3。

30B73 𗢲𗤁𗥖 。tshjij 2.33 tshji 1.30 ·jij 2.33 羊：殺羊

[背隐] 𗧀𗣿
共名

[按语] 背隐的内容是对正文的解释，指出这个名称是羊的通称。同音甲30A38 与丁种本正文表述相同。该字又见杂字乙09A5；同义28B2 等。

30B74 𗹙𗤁 tshjij 1.36 bio 1.50 分析

[背隐] 𗷉𗹙𗧃𗣿
说话使明

[按语] 背隐的内容是对正文的解释。与正文同样的词组还有同音甲30A41；文海刻①47B51；掌中珠甲31B12（正文后该词的汉语译释即来源于此）等。

30B75 𗢟𗹦 po 1.49 tshjij 1.36 锹

[背隐] 𗼁𗥖𗣍𗢟
掘地用锹

[按语] 背隐的内容是对正文的解释，指出其用途；然后注明了该词的汉语读音。参见上文同音丁04B75 及其背隐。与正文同样的词组还有同音甲04A12、30A42；文海刻①55B61；杂字乙23A3；掌中珠乙26B32（正文后该词的汉语译释即来源于此）；纂要08B1；同义15A4 等。

30B76 𗳈𗤁 tshjij 1.36 dzji 2.61 聚集

[背隐] 𗴡𗴲
聚集

[按语] 背隐以同义词解释正文。与正文同样的词组还有同音甲30A44；杂字乙00B3；同义10B5 等。

30B77 𗤁𗭃𗥯 。tshjij 1.36 mji 1.86 mə 2.25 tshjij：族姓

[背隐] 𗤢
wjij

[按语] 背隐中“𗤢”字，与大字“𗤁”组成复姓“𗤢𗤁”，该西夏复姓又见文海刻①47B62；杂字乙12A3 等。同音甲30A43 与丁种本正文表述相同。该字又见同义07A1；碎金04B6 等。文海刻①47B62 有该字的详细材料。

30B78 𗤂𗥯 tshjij 1.42 ·wo 1.70 粗细

[背隐] 𗤂𗪚𗥯𗢟𗷉
细细所不粗

[按语] 背隐的内容是对正文大字的解释。与正文同样的词组还有同音甲30A45。该字又见杂字乙17B5；同义04B5；碎金09B6 等。文海刻①52A72 有该字的详细材料。

31A11 𘝞𘜈 。sew 2.38 tshjij 1.42 亲近

　　[背隐] 𘝞𘜈𘜈𘝞𘝞

　　　　　亲近不分离

　　[按语] 背隐的内容是对正文的解释。参见下文同音丁 32B26 及其背隐。与正文同样的词
　　　　　组还有同音甲 30A46、31B72；文海刻①52A73；同义 06A2 等。

31A12 𘜈𘝞 tsjɨɨr 1.92 sji 1.11 荔枝树

　　[背隐] 𘝞𘜈二

　　　　　tsjir 1.79 ljɨɨr 1.92二 （反切）

　　[按语] 背隐注明了该字的反切音。反切之下的汉字"二"字，表明以下 2 字用同一个反
　　　　　切音，为同音字。与正文同样的词组还有文海刻①91B72。该字又见同义 09B1。
　　　　　文海刻①91B72 有该字的详细材料。参阅掌中珠甲 14A22；杂字乙 07A5 等。

31A13 𘜈𘝞 。tsjɨɨr 1.92 ·jiw 2.40 老五

　　[背隐] 𘜈𘝞𘝞

　　　　　第五个兄弟

　　[按语] 背隐的内容是对正文的解释。与正文同样的词组还有文海刻①92A11；杂字乙
　　　　　15A1；合编甲 11.022 等。

31A14 𘝞𘜈 tsjɨɨr 1.92 pju 2.03 （虫名）

　　[背隐] 𘜈

　　　　　虫

　　[按语] 背隐指出正文的类别为一"虫名"　（简化）。与正文同样的词组还有同音甲
　　　　　30A52；文海刻①92A12；杂字乙 10B2 等。

31A15 𘜈𘝞 。tsjɨɨr 1.92 gja 1.20 口吃

　　[背隐] 𘜈𘝞𘝞𘝞

　　　　　言语莫得

　　[按语] 背隐的内容是对正文的解释。与正文同样的词组还有同音甲 30A51。该字又见同
　　　　　义 31A6。

31A16 𘜈𘝞 tsə 1.68 dze 1.08 油漆

　　[背隐] 𘝞𘜈

　　　　　油漆

　　[按语] 背隐的内容是对正文的解释。与正文同样的词组还有同音甲 30A53。该字又见同
　　　　　义 14A4。文海刻③02B61 有该字的详细材料。

31A17 𘜈𘝞 ɣwej 1.33 dze 1.08 争斗

　　[背隐] 𘝞𘜈𘝞

　　　　　互不让

　　[按语] 背隐的内容是对正文的解释。与正文同样的词组还有同音甲 30A54。该字又见同
　　　　　义 30A3。文海刻③02B62 有该字的详细材料。

31A18 𗟲𗥿 dze 1.08 mjaa 1.23 疮疤

[背隐] 𗢤𗥿𗥾

蕃马癞

[按语] 背隐的内容是对正文的解释，指出这种"疮癞"是青藏高原上特有的，只存在于"蕃马"身上。笔者发现背隐音义中的最后一字是一个纯粹表音的字，音"lej 1.33"即"来、赖"，其正与"癞"同音，故笔者将其翻译为"癞"。将之理解为汉语借词，仅此一例；按音处理，显然又不合乎背隐音义所要表达的意思。笔者将此种背隐音义的形式称之为"义音结合"的形式。与正文同样的词组还有同音_甲 30A55。该字又见同义 31B5。文海_刻③02B71 有该字的详细材料。

31A21 𗰀𗟲 。lji 2.61 dze 1.08 险地

[背隐] 𗰔／𗟲

山／险

[按语] 背隐的内容是对正文的解释。背隐音义中"𗰔"字与正文大字连用组成词组"𗰔𗟲"（险山）。背隐音义中"𗟲"字与正文小字连用组成词组"𗟲𗰀"（险地）。与正文同样的词组还有同音_甲 30A56。该字又见杂字_乙 05A8；同义 25A3 等。

31A22 𗮔𗉧 sji 1.30 sji 2.60 草蔬

[背隐] 𗤳𗮔

种种

[按语] 背隐的内容是对正文的解释，指出该词为"草"的通称。与正文同样的词组还有同音_乙 40B24；同音_甲 30A57、40A44；文海_刻① 20A11；杂字_乙 07B5；合编_甲 10.093；碎金 09A6 等。

31A23 𗮔𗫧 。sji 1.30 sjwu 2.52 死生

[背隐] 𗤳𗴖𗫧

如死亡

[按语] 背隐的内容是对正文大字的解释。与正文同样的词组还有掌中珠_甲 19B12。该字又见杂字_乙 22B1；同义 20B1；碎金 09B3 等。文海_刻①39A31 有该字的详细材料。

31A24 𗸒𗫧 sji 2.28 sa 2.14 连接

[背隐] 𗱕𗮈𗟭

互相碍

[按语] 背隐的内容是对正文的解释。参见上文同音_丁 30A66 及其背隐。与正文同样的词组还有同音_甲 29B33、30A66；文海_刻①71B71；同义 15B3 等。

31A25 𗹙𗫧 sji 2.28 sjij 2.33 知识

[背隐] 𗤓𗥺／𗹙

面熟／物

[按语] 背隐的内容是对正文的解释。背隐音义中"𗹙"字指向正文大字，二字组成词组"𗹙𗥺"（识物）。参见下文同音_丁 32A77 及其背隐。与正文同样的词组还有同音_甲 30A61、31B53；同义 08B3 等。该字又见掌中珠_甲 27A34。

31A26 𗆧𗙫𗏇 sjɨ 2.28 mjir 1.86 mə 2.25 sjɨ：族姓

    ［背隐］𗙫

        pji

    ［按语］背隐中"𗙫"字，与大字"𗆧"组成复姓"𗆧𗙫"。该西夏复姓又见文海_刻①
        16A23；杂字_乙12B1；同义07A4；碎金04B4 等。同音_甲30A64 与丁种本正文表述
        相同。该字又见掌中珠_甲05A14。

31A27 𗸦𗆉 sjɨ 2.28 lhjwi 1.11 择新

    ［背隐］𗗿𗴟𗗿𗦓𗽸

        日爱日不过

    ［按语］背隐的内容是对正文的解释。与正文同样的词组还有同音_乙54A44；同音_甲
        30A65、54A15；文海_刻①27A72；同义22B1 等。

31A28 𗸍𗟍 。sjɨ 2.28 gjij 2.33 桎梏

    ［背隐］𗢍𗙸𗙐

        揉桎梏

    ［按语］背隐以同义词解释正文。参见上文同音_丁24B21 及其背隐。与正文同样的词组还
        有同音_甲23B42、30A63；文海_刻①07B51；杂字_乙00B2；同义15A7 等。

31A31 𗆧𗙫 dzjiij 2.35 no 2.42 师傅

    ［背隐］𗽻𗱲𗦇

        指教者

    ［按语］背隐的内容是对正文的解释。与正文同样的词组还有同音_甲32A58；杂字_乙16A2
        等。该字又见同义03A2。文海_刻③15B11 有该字的详细材料。

31A32 𗽻𗆧 dzju 1.02 dzjiij 2.35 指教

    ［背隐］𗙸𗷖𗴟

        使学艺

    ［按语］背隐的内容是对正文的解释。与正文同样的词组还有同音_甲29A41；文海_刻①
        22B12 等。该字又见同义03A3。文海_刻③15B12 有该字的详细材料。

31A33 𗸳𗆉 。kjir 1.79 dzjiij 2.35 结织

    ［背隐］𗴜𗷖

        结织

    ［按语］背隐以同义词解释正文。该字又见同义12B5。

31A34 𗸦𗟍 sjwi 1.11 ljwu 1.59（屋舍木名）

    ［背隐］𗆧𗸦𗴟

        屋舍木名

    ［按语］背隐的内容是对正文的解释。与正文同样的词组还有同音_甲30A72；文海_刻①
        18B51 等。该字又见同义14A1。文海_刻①18B51 有该字的详细材料。

31A35 𗸦𗟍 sjwi 1.11 lo 1.49 束缚

[背隐] 𗾖𗾣𗆍
系缚缚

[按语] 背隐以同义词解释正文。与正文同样的词组还有同音乙48A48；同音甲47B66；杂字乙09A1 等。该字又见同义15B2。文海刻①18B52 有该字的详细材料。

31A36 𗾩𗆍 zjir 1.86 sjwi 1.11 美妙

[背隐] 𗆍𗆍𗆍
美丽妙

[按语] 背隐以同义词解释正文。与正文同样的词组还有同音乙52B33；同音甲30A77、52A51；文海刻①18B53；同义22B3 等。

31A37 𗾖𗆍 。 sjwi 1.11 sjwo 2.44 穷尽

[背隐] 𗾖𗆍𗆍𗆍
穷尽变无

[按语] 背隐的内容是对正文的解释。参见下文同音丁32A36 及其背隐。与正文同样的词组还有同音甲30B11、31A77；文海刻①30B11；合编甲04.193；同义20A7 等。

31A38 𗆍𗆍 sjwi 2.10 mjijr 2.68 领导

[背隐] 𗆍𗆍𗆍
前面引

[按语] 背隐的内容是对正文的解释。与正文同样的词组还有同音甲30A74。该字又见杂字乙22B6；同义15B3 等。

31A41 𗆍𗆍 sjwi 2.10 thwo 1.49 梦幻

[背隐] 𗆍𗆍𗆍𗆍𗆍
梦中物吃为

[按语] 背隐的内容是对正文的解释。参见上文同音丁13A35 及其背隐。与正文同样的词组还有同音甲12A41、30A78；文海刻①57A21；同义30B7 等。

31A42 𗆍𗆍 wji 1.29 sjwi 2.10 铁匠

[背隐] 𗆍𗆍
铁匠

[按语] 背隐以同义词解释正文。参见上文同音丁12B55 及其背隐。与正文同样的词组还有同音甲10B42、30A75 等。该字又见文海刻①36A12。

31A43 𗆍𗆍 。 sjwi 2.10 djiij 2.35 巧匠

[背隐] 𗆍𗆍𗆍𗆍
巧匠巧匠

[按语] 背隐以同义词解释正文。参见上文同音丁13B16 及其背隐。与正文同样的词组还有同音甲12B28、30A76；同义17B1 等。

31A44 𗆍𗆍 ŋwər 1.84 dzow 1.54 皇后

[背隐] 𗆍𗆍𗆍

帝妻眷

[按语] 背隐的内容是对正文的解释。与正文同样的词组还有同音_甲30B12；文海_刻③
03A11；碎金 03B4 等。

31A45 𗏁𗋽 yji· 1.69 dzow 1.54 琉璃

[背隐] 𗎁𗊱𗜓𗰖𗺩/𗉇𗸪

帝宫寺上置/唐瓦

[按语] 背隐的内容是对正文的解释，指出其用途；然后注明了该词的汉语读音。笔者将
其汉语读音译为"唐瓦"，是言其很可能由汉地传入，而非西夏本土原有^{〔1〕}。
与正文同样的词组还有同音_甲30B14；文海_刻③03A12；杂字_乙17B6；同义 14A2
等。掌中珠_甲13A12 用字不同。

31A46 𗖢𗏹 dzow 1.54 rjij 2.37 鞍桥

[背隐] 𗼩𗄒

马鞍

[按语] 背隐的内容是对正文大字的解释。与正文同样的词组还有同音_乙47B34；同音_甲
30B15、47A36；文海_刻③03A21；同义 15A5 等。

31A47 𗜓𗏹 nji· 2.61 dzow 1.54 鼻腔

[背隐] 𗍫

鼻

[按语] 背隐的内容是对正文的解释。参见上文同音_丁18B47 及其背隐。与正文同样的词
组还有同音_甲18A24、30B16；文海_刻③03A22；合编_甲06.203；同义 03B4 等。

31A48 𗙏𗫸 gju 1.03 dzow 1.54 渡桥

[背隐] 𗉆𗰖𗴽𗰖𗰷

水上过置盖

[按语] 背隐的内容是对正文的解释。该字又见同义 14A3。文海_刻③03A31 有该字的详细
材料。

31A51 𗼯𗏹 dzow 1.54 mja 1.20 挂钩

[背隐] 𗗣𗢾𗚜𗯆

挂持用钩

[按语] "𗢾"代表该字与前一字重复。背隐音义的内容先是对正文的解释，指出其用途；
然后注出该字的汉语读音。参见上文同音_丁04A26 及其背隐。与正文同样的词组
还有同音_甲03A31；文海_刻①28A12 等。

31A52 𗏹𗤋 dzow 1.54 dzwej 1.33 病苦

[背隐] 𗤋𗤋𗤋

患病中

---

〔1〕 李范文：《西夏陵出土琉璃建筑材料考释》，载李范文主编《第二届西夏学国际学术研讨会论文集》（即李范文主编《西
夏研究》第 3 辑）第 49~52 页，中国社会科学出版社 2006 年版。

[按语] 背隐的内容是对正文的解释。与正文同样的词组还有同音乙34B73；同音甲30B18、34A75；文海刻③03A41；同义31B1 等。

31A53 罷𦪙𦪙 dzow 1.54 mjɨr 1.86 mə 2.25 dzow：族姓

[背隐] 𦱃

ljɨ

[按语] 背隐中"𦱃"字，与大字"罷"组成复姓"𦱃罷"，该西夏复姓又见文海刻③03A42；杂字乙11A1 等。同音甲30B21 与丁种本正文表述相同。该字又见同义06B3；碎金04B2 等。文海刻③03A42 有该字的详细材料。

31A54 絹𦱃 dzjɨ 2.61 dzow 1.54 顷亩

[背隐] 𦱃𦱃棍𦱃𦱃

围绕二百尺

[按语] 背隐的内容是对正文的解释，指出"一亩地"到底应有多大。与正文同样的词组还有掌中珠甲26B12；同义22A6（颠倒）等。文海刻③03A51 有该字的详细材料。

31A55 𦱃𦱃 。dzow 1.54 ŋwej 2.30 和合

[背隐] 𦱃𦱃𦱃𦱃

依顺和合

[按语] 背隐的内容是对正文的解释。与正文同样的词组还有同音甲30B22；文海刻③05B52；掌中珠甲19B32（正文后该词的汉语译释即来源于此）；合编甲18.062；同义23B5 等。

31A56 𦱃𦱃 bə 1.27 dzjɨ 1.30 抛弃

[背隐] 毛ㄣ

一半

[按语] "ㄣ"代表该字与前一字重复。背隐音义的内容是对正文的解释。参见上文同音丁04A55 及其背隐。与正文同样的词组还有同音甲03A56、30B24；文海刻①33B32；杂字乙21B6；合编甲17.174；同义20A6；碎金04A3 等。

31A57 𦱃𦱃 dzjɨ 1.30 dji 2.28 准备

[背隐] 𦱃𦱃𦱃

使全具

[按语] 背隐的内容是对正文的解释。参见上文同音丁14A61 及其背隐。与正文同样的词组还有同音甲13A75、30B25；文海刻①57B12；杂字乙21B4；掌中珠甲34A12（正文后该词的汉语译释即来源于此）；合编甲17.192；同义12B6；碎金10A3 等。

31A58 𦱃𦱃 kja 1.64 dzjɨ 1.30 敬畏

[背隐] 𦱃𦱃

畏惧

[按语] 背隐以同义词解释正文。与正文同样的词组还有同音甲30B27。该字又见同义30A7。文海刻③03A62 有该字的详细材料。

31A61 𦱃𦱃 rjir 2.72 dzjɨ 1.30 虎虎

　　　　[背隐] 𰀤𰀤
　　　　　　　豹虎
　　　　[按语] 背隐以同义词解释正文。与正文同样的词组还有同音乙47A38；同音甲30B28、
　　　　　　　46B51；文海刻③03A71；同义27A3等。

31A62 𰀤𰀤 。dzji̵ 1.30 ？？齐全
　　　　[背隐] 𰀤𰀤
　　　　　　　皆全
　　　　[按语] 背隐以同义词解释正文。与正文同样的词组还有同音乙34B35；同音甲34A35；文
　　　　　　　海刻③03B11；杂字乙16B1；同义22B6；碎金06B4等。聂Ⅱ279录背隐内容。

31A63 𰀤𰀤 bjij 2.33 dzju 1.59 高高
　　　　[背隐] 𰀤
　　　　　　　高
　　　　[按语] 背隐以同义词解释正文。与正文同样的词组还有同音甲30B34。该字又见同义
　　　　　　　02A1。文海刻③03B12有该字的详细材料。

31A64 𰀤𰀤 low 2.47 dzju 1.59 丘陵
　　　　[背隐] 𰀤𰀤
　　　　　　　高地
　　　　[按语] 背隐的内容是对正文的解释。与正文同样的词组还有同音甲30B35、49B51等。该
　　　　　　　字又见杂字乙04B7；同义25A6等。文海刻③03B21有该字的详细材料。

31A65 𰀤𰀤 。tśhio 1.50 dzju 1.59（人名）
　　　　[背隐] 𰀤𰀤𰀤𰀤
　　　　　　　先祖人名
　　　　[按语] 背隐指出正文的类别为一"人名"，而且还是一个"先祖人名"。与正文同样的
　　　　　　　词组还有同音乙36A21；同音甲30B36、35A56；文海刻③03B22等。该字又见同义
　　　　　　　02A5。文海刻③03B22有该字的详细材料。

31A66 𰀤𰀤 dzju 2.52 we 1.08（鸟名）
　　　　[背隐] 𰀤𰀤
　　　　　　　鸟名
　　　　[按语] 背隐指出正文的类别为一"鸟名"。与正文同样的词组还有同音甲30B33；文海刻
　　　　　　　③14A72；杂字乙09B7等。该字又见同义27B5。文海刻③14A72有该字的详细材
　　　　　　　料。

31A67 𰀤𰀤 dzju 2.52 wer 2.71 雨泽
　　　　[背隐] 𰀤𰀤
　　　　　　　天中
　　　　[按语] 背隐的内容是对正文大字的解释。与正文同样的词组还有同音甲11B56、30B31；
　　　　　　　文海刻③02B61；掌中珠甲07B22（正文后该词的汉语译释即来源于此）；同义
　　　　　　　08B7等。

31A68 𗣫𗰖 。dzju 2.52 sjij 1.35 粳米

    [背隐] 𗣜𗾔𗏁𗤘

        谷名粳米

    [按语] 背隐先指出正文的类别为一"谷物名";然后注明了该词的汉语读音。与正文同
        样的词组还有同音甲30B32;文海刻③14B12;杂字乙08A7;同义11A3 等。掌中
        珠甲15B22 用字不同。

31A71 𗣓𗳦 sju 2.03 dzju 2.03 牲畜

    [背隐] 𗣘𗼆〻

        一切畜

    [按语] "〻"代表该字与前一字重复。背隐音义的内容是对正文的解释。参见上文同
        音丁29B74 及其背隐。与正文同样的词组还有同音甲29A38、30B44;文海刻③
        14A31;合编甲06.113;同义28A5 等。

31A72 𗣐𗵹 sju 2.03 tsə 1.68 药药

    [背隐] 𗤒𗵹𗕊𗩱

        医治病用

    [按语] 背隐的内容是对正文的解释,指出其用途。参见上文同音丁30A34 及其背隐。与
        正文同样的词组还有同音甲29A68、30B45;文海刻①75A32;同义11A5 等。

31A73 𗣋𗳶 thji 2.28 sju 2.03 如此

    [背隐] 𗤙𗤺𗧤𗤟

        物中类比

    [按语] 背隐的内容是对正文大字的解释。与正文同样的词组还有同音甲30B37;掌中珠甲
        32A22（正文后该词的汉语译释即来源于此）等。该字又见同义21B1。

31A74 𗤡𗳶 tshjiw 2.40 sju 2.03 （族姓）

    [背隐] 𗥹𗥻

        族姓

    [按语] 背隐指出正文的类别为一"族姓"。与正文同样的词组（即此西夏复姓）还有同
        音乙37A44;同音甲30B41、36B12;同义06B7 等。

31A75 𗣒𗳶 sju 2.03 źji 2.60 表亲

    [背隐] 𗤡𗔣𗤯𗤢

        亲人母舅

    [按语] 背隐的内容是对正文的解释。与正文同样的词组还有同音乙54A15;同音甲
        30B38、53B53;杂字乙15A8;同义05B5 等。

31A76 𗣃𗸷 。sji 1.11 sju 2.03 柜子

    [背隐] 𗷖

        柜

    [按语] 背隐注明了该词的汉语读音。与正文同样的词组还有同音甲30B43;掌中珠乙

24A12（正文后该词的汉语译释即来源于此）等。该字又见同义 14A7。

31A77 𗰊𗥃 dzji 1.11 ɣwej 1.33 争斗

　　[背隐] 𗥃𗰊

　　　　　不合

　　[按语] 背隐以反义词解释正文。与正文同样的词组还有同音甲30B46；文海刻①24B62；合编甲23.104；同义30A2 等。

31A78 𗰊𗤃 dzjwi 1.11 dzji 1.11 安静

　　[背隐] 𗰊𗤃𗰊

　　　　　使心静

　　[按语] 背隐的内容是对正文的解释。参见下文同音丁33B51 及其背隐。与正文同样的词组还有同音甲30B51、33A42；同义22B7 等。

31B11 𗰊𗤃 rjijr 2.68 dzji 1.11 胀窄

　　[背隐] 𗤃𗰊 𗥃𗤃

　　　　　使减变小

　　[按语] 背隐的内容是对正文的解释。与正文同样的词组还有同音甲30B52。该字又见同义20A5。文海刻③03B33 有该字的详细材料。

31B12 𗰊𗤃 dzji 1.11 da 2.56 错误

　　[背隐] 𗤃𗰊 𗥃𗤃

　　　　　迷惑作错

　　[按语] 背隐的内容是对正文的解释。参见上文同音丁16A35 及其背隐。与正文同样的词组还有同义32A6。

31B13 𗰊𗤃 。dzji 1.11 djij 2.33 苦罚

　　[背隐] 𗤃𗰊 𗥃𗤃

　　　　　辛苦苦罚

　　[按语] 背隐以同义词解释正文。参见上文同音丁15A11 及其背隐。与正文同样的词组还有同音甲14A34、30B47；文海刻①77A23；合编甲17.103；同义30B6 等。

31B14 𗰊𗤃 tsẽ 1.15 dzji 2.10 黥罪

　　[背隐] 𗤃𗰊 𗥃𗤃

　　　　　脸手写字

　　[按语] 背隐的内容是对正文的解释。与正文同样的词组还有同音乙34B38；同音甲30B53、34A41；文海刻①20B21；同义29B2 等。

31B15 𗰊𗤃 dzji 2.10 dźjwij 2.32 粮食

　　[背隐] 𗤃𗰊

　　　　　食物

　　[按语] 背隐以同义词解释正文。与正文同样的词组还有同音甲30B54、39A66 等。该字又见杂字乙18A7；同义11B4；碎金06B6 等。文海刻③14B22 有该字的详细材料。

31B16 [字] dzji 2.10 to 2.42 哭泣

  [背隐] [字][字][字]

    哭哭泣

  [按语] 背隐以同义词解释正文。参见上文同音_丁13B48 及其背隐。与正文同样的词组还有同音_甲12B62、30B56；文海_刻①37A51；同义 30A6 等。

31B17 [字][字] 。·jij 2.33 dzji 2.10 拒绝

  [背隐] [字][字][字][字]

    面传无缘

  [按语] 背隐以同义词解释正文。与正文同样的词组还有同音_乙44B46；同音_甲30B55；同义 11B4 等。文海_刻③14B32 有该字的详细材料。

31B18 [字][字] dzjwɨ 1.69 phe 1.08 墙壁

  [背隐] [字][字]

    城堡

  [按语] 背隐的内容是对正文的解释。参见上文同音_丁07B22 及其背隐。与正文同样的词组还有同音_甲06B44、30B57；文海_刻①12B52；杂字_乙17B2；合编_丙B26；同义 13B6 等。

31B21 [字][字] dzjwɨ 1.69 ·jijr 1.74 迅速

  [背隐] [字][字][字][字][字]

    他比时我过

  [按语] 背隐的内容是对正文的解释。与正文同样的词组还有同音_乙44B11；同音_甲30B58、43B77；文海_刻①41A11；同义 17A7 等。

31B22 [字][字] dzjwɨ 1.69 rejr 2.66 恭敬

  [背隐] [字][字]

    敬畏

  [按语] 背隐以同义词解释正文。与正文同样的词组还有同音_乙50A23；同音_甲30B61、49B27；文海_刻①44A12；合编_甲10.063；同义 03A5 等。

31B23 [字][字] dzjij 1.61 dzjwɨ 1.69 舟船

  [背隐] [字][字][字][字]

    渡水用漂

  [按语] 背隐的内容是对正文的解释。参见下文同音_丁32A27 及其背隐。与正文同样的词组还有同音_甲30B63、31A67；文海_刻③03B72；同义 14A3 等。

31B24 [字][字] 。·jij 1.36 dzjwɨ 1.69 身旁

  [背隐] [字][字][字][字]

    面旁倾斜

  [按语] 背隐的内容是对正文的解释。与正文同样的词组还有同音_甲30B62；文海_刻③03B73 等。该字又见同义 05A4。文海_刻③03B73 有该字的详细材料。

31B25 㮣珍 kwər 1.84 dzar 1.80 体量

　　[背隐] 㺉㺏

　　　　大小

　　[按语] 背隐的内容是对正文的解释。与正文同样的词组还有同音甲30B66。该字又见同
　　　　义22A5。文海刻③04A11有该字的详细材料。

31B26 㳺耀 。dzar 1.80 lhjïj 1.42 魔术

　　[背隐] 㿀㺲㺱㺷

　　　　同样同谁

　　[按语] 背隐的内容是对正文的解释。与正文同样的词组还有同音乙50B72；同音甲
　　　　30B67、50B14；同义32A7等。文海刻③04A12有该字的详细材料。

31B27 㲳㲸 dzuu 2.05 gjwir 1.86 坐卧

　　[背隐] 㹢㹤

　　　　休息

　　[按语] 背隐的内容是对正文的解释。参见上文同音丁28B14及其背隐。与正文同样的词
　　　　组还有同音甲27B74；文海刻①90B52；杂字乙16A1；合编甲12.063等。

31B28 㺫绕 gu 1.01 dzuu 2.05 协同

　　[背隐] 㺷㾦㾧㾨

　　　　所作相同

　　[按语] 背隐的内容是对正文的解释。与正文同样的词组还有同音甲30B71。该字又见同
　　　　义23B6。文海刻③14B52有该字的详细材料。

31B31 㲵㲷 。dzuu 2.05 dzjuu 2.06 植栽

　　[背隐] 㽎㾥㿃㿄

　　　　使陷地下

　　[按语] 背隐的内容是对正文的解释。参见下文同音丁32B36及其背隐。与正文同样的词
　　　　组还有同音甲30B72、32A16；文海刻①43A12；同义15B4等。

31B32 㺾㺼 zjo 2.64 dze 1.08 寿命

　　[背隐] 㺪㺬

　　　　年长

　　[按语] 背隐的内容是对正文的解释。与正文同样的词组还有同音乙52A45；同音甲
　　　　30B73、51B58等。该字又见同义13B1。文海刻③04A21有该字的详细材料。聂
　　　　Ⅱ067录背隐内容。

31B33 㺼㺽 。dze 1.08 kia 2.15 雁鸭

　　[背隐] 㺧㺦

　　　　水鸟

　　[按语] 背隐指出正文的类别为一"水鸟名"。参见上文同音丁22A11及其背隐。与正文
　　　　同样的词组还有同音甲21A27、30B74；杂字乙09B2；掌中珠甲16B32（正文后该

词的汉语译释即来源于此）；同义 27B5 等。

31B34 𗾍𗆆 dze 2.07 dza 2.14 测量

　　[背隐] 𗆆𗾍

　　　　论量

　　[按语] 背隐中间有一字可能写错成为墨蛋。背隐音义以同义词解释正文。与正文同样的
　　　　　 词组还有同音甲 30B75；同义 21B5 等。文海刻③14B61 有该字的详细材料。

31B35 𗱴𗾍 。kə 1.27 dze 2.07 荆棘

　　[背隐] 𗾍𗱪

　　　　有刺

　　[按语] 背隐的内容是对正文的解释，指出这种植物的特征。参见上文同音丁 23A57 及其
　　　　　 背隐。与正文同样的词组还有同音甲 22A75、30B76；文海刻①34A12；杂字乙
　　　　　 06B8；同义 09A6 等。

31B36 𗕞𗯟 sjij 2.54 ʑjir 1.86 智慧

　　[背隐] 𗕞𗯟𗤌𗙵

　　　　智慧根本

　　[按语] 背隐的内容是对正文的解释。与正文同样的词组还有同音乙 52B52；同音甲
　　　　　 30B78、52A76；文海刻①71B62；杂字乙 16A2 等。

31B37 𗣗𗣗 sjwɨ 2.28 sjij 2.54 作祟

　　[背隐] 𗉜𗋽𗌮𗈍

　　　　欲爱好为

　　[按语] 背隐的内容是对正文的解释。参见下文同音丁 32B45 及其背隐。与正文同样的词
　　　　　 组还有同音甲 31A11、32A26；同义 32B1 等。

31B38 𗦲𗣄 。rjar 1.82 sjij 2.54 书写

　　[背隐] 𗍳𗣄

　　　　文字

　　[按语] 背隐的内容是对正文的解释。与正文同样的词组还有同音乙 56B23；同音甲
　　　　　 30B77、53B33；同义 03A3 等。

31B41 𗏇𗋰𗆀 kie 1.09 tswər 1.84 rar 2.73 诅：咒骂

　　[背隐] 𗧓𗆀𗋰𗏇

　　　　坑端骂声

　　[按语] 背隐的内容是对正文的解释。参见上文同音丁 26B24 背隐音义。与正文同样的词
　　　　　 组还有同音乙 47A12；同音甲 31A13、46A66；文海刻①14A41、30A62、88A31；合
　　　　　 编甲 12.152；同义 29B4 等。

31B42 𗋰𗬁 。tswər 1.84 khjuu 1.06 挤挤

　　[背隐] 𗋰𗬁𗬁𗣄𗌮

　　　　挤乳乳释放

[按语] 背隐的内容是对正文的解释。参见上文同音丁27A48 及其背隐。与正文同样的词组还有同音甲26B21、31A12 等。

31B43 𗈪𗢏 dzjwir 1.86 saar 1.83 震动

[背隐] 𗢏𗣼

动摇

[按语] 背隐以同义词解释正文。与正文同样的词组还有同音乙34A66；同音甲31A16、33B63 等。该字又见掌中珠甲12B12；同义19B3 等。文海刻①86B71 有该字的详细材料。

31B44 𗤷𗤺 ŋo 2.42 saar 1.83 扎针

[背隐] 𗥦𗙾𗤜𗤺𗰖/𗤖𗣼

病处刺血释/扎针

[按语] 背隐的内容是对正文的解释。与正文同样的词组还有同音甲31A15。该字又见同义26B3。文海刻①87A11 有该字的详细材料。

31B45 𗤗𗤼 。saar 1.83 kjur 1.76 灌溉

[背隐] 𗤽𗣼

灌溉

[按语] 背隐以同义词解释正文。与正文同样的词组还有同音甲31A14。该字又见同义24A7。文海刻①87A12 有该字的详细材料。

31B46 𗦩𗦆 tsjwi 1.30 ku 1.01 然则

[背隐] 𗥦𗰹𗣜𗤛

问何语助

[按语] 背隐先以同义词解释正文；然后指出其类别为一"语气助词"。与正文同样的词组还有同音甲31A17；文海刻①06A11；同义21B1 等。

31B47 𗤩𗤟 。njir 2.77 tsjwi 1.30 搓揉

[背隐] 𗤎𗤟

揉搓

[按语] 背隐以同义词解释正文。与正文同样的词组还有同音甲31A18；文海刻①40A21 等。该字又见同义17B7。文海刻①40A21 有该字的详细材料。

31B48 𗥾𗦆 tjij 2.55 dzjo 2.44 礼仪

[背隐] 𗦅𗤺

礼仪

[按语] 背隐以同义词解释正文。参见上文同音丁15B38 及其背隐。与正文同样的词组还有同音甲14B51、31A21；文海刻①11A21；合编甲01.161 等。

31B51 𗤗𗥺 。dzjo 2.44 kja 2.57 诗歌

[背隐] 𗤾𗥎

格言

[按语] 背隐以同义词解释正文。与正文同样的词组还有同音甲31A22。该字又见同义20B3。文海刻③14B72 有该字的详细材料。

31B52 𗾋𗾋 tsja 1.20 ljwa 1.20 抽拔

[背隐] 𗀔𗾋𗾋
迅速做

[按语] 背隐的内容是对正文的解释。与正文同样的词组还有同音甲31A25；同义19A4等。文海刻①28B51 有该字的详细材料。

31B53 𗾋𗾋 tsja 1.20 njij 2.33 （族姓）

[背隐] 𗾋𗾋
族姓

[按语] 背隐指出正文的类别为一"族姓"。与正文同样的词组（即此西夏复姓）还有同音甲31A23；杂字乙13A7 等。该字又见同义07A3。文海刻①28B52 有该字的详细材料。

31B54 𗾋𗾋 tsja 1.20 low 2.47 热暖

[背隐] 𗾋𗾋𗾋𗾋
烫晒不冷

[按语] 背隐先以同义词解释正文，再以反义词解释正文。与正文同样的词组还有同音乙49B13；同音甲31A24、49A27；文海刻①13A61；杂字乙18A6 等。

31B55 𗾋𗾋 tsja 1.20 tsji 1.30 妹子

[背隐] 𗾋𗾋𗾋𗾋
姑妹大姐

[按语] 背隐的内容是对正文的解释。与正文同样的词组还有同音甲31A26；文海刻①28B61；杂字乙15A8 等。

31B56 𗾋𗾋 。tsja 1.20 tshjij 2.54 吊死鬼

[背隐] 𗾋𗾋𗾋𗾋𗾋𗾋
上吊死鬼魑魅

[按语] 背隐的内容是对正文的解释。参见下文同音丁32B75 及其背隐。与正文同样的词组还有同音甲31A27、32A63；文海刻①28B62；同义20B2 等。

31B57 𗾋𗾋𗾋𗾋 dzjo 2.42 mjir 1.86 mə 2.25 dzjo：族姓

[背隐] 𗾋
·jij

[按语] 背隐中"𗾋"字，与大字"𗾋"组成复姓"𗾋𗾋"，该西夏复姓又见杂字乙12A2。同音甲31A28 与丁种本正文表述相同。该字又见同义07A1。文海刻③15A11 有该字的详细材料。

31B58 𗾋𗾋 。rjar 2.74 dzjo 2.42 马厩

[背隐] 𗾋𗾋𗾋𗾋𗾋𗾋𗾋
牲畜饮食水吃草用

[按语] 背隐的内容是对正文的解释，指出其用途。与正文同样的词组还有同音_甲 31A31。该字又见同义 14B6。文海_刻③15A12 有该字的详细材料。聂 I 471 录背隐内容。

31B61 𗁾𗀕 tshjaa 2.18 tshjwi 1.16 尺寸

[背隐] 𗁾𗀕𗣼

指节之（寸）

[按语] 背隐的内容是对正文的解释。与正文同样的词组还有同音_乙 40B67；同音_甲 31A33、40B21；碎金 09A4 等。

31B62 𗖵𗣼。 tsa 1.17 tshjwi 1.16（地名）

[背隐] 𗣼𗥃/𗆧

地名/泽

[按语] 背隐指出正文的类别为一"地名"。参见下文同音_丁 33B31 及其背隐。正文大小字与背隐音义中"𗆧"连用为地名"𗖵𗣼𗆧"（寨村泽），该地名又见文海_刻① 23A72。与正文同样的词组还有同音_甲 31A32、33A22；文海_刻①21B62；同义 25B6 等。文海_刻①21B62 有该字的详细材料。

31B63 𗔔𗣜 zewr 1.87 tser 1.77 斑点

[背隐] 𗥃𗤼ㄣ𗤼

白点点有

[按语] "ㄣ"代表该字与前一字重复。背隐音义的内容是对正文的解释。与正文同样的词组还有同音_甲 31A35。该字又见杂字_乙 10A7；同义 16A5 等。文海_刻①81B72 有该字的详细材料。

31B64 𗤔𗩳 tser 1.77 ·ji 1.11（虫名）

[背隐] 𗤼𗼕

咬畜

[按语] 背隐的内容是对正文的解释，指这些虫子是专门叮咬牲畜的小虫子。与正文同样的词组还有同音_乙 43A51；同音_甲 31A34、42B25；文海_刻①82A11；杂字_乙 10B3；同义 28A3 等。

31B65 𗥃𗩳 we 2.07 tser 1.77 土地

[背隐] 𗩳𗐾

土地

[按语] 背隐以同义词解释正文。参见上文同音_丁 10B35 及其背隐。与正文同样的词组还有同音_甲 09B33、31A36；文海_刻①73B22；杂字_乙 04B5；合编_甲 07.082 等。

31B66 𗤔𗫡𗫡 tser 1.77 lji 2.61 ·o 2.42 卯：兔

[背隐] 𗤔

兽

[按语] 背隐指出正文的类别为一"兽名"（简化）。"卯"乃"十二地支"之一，代表"兔"。该字又见掌中珠_甲 10A12；同义 27A5；碎金 02B1 等。文海_刻①82A22 有该字的详细材料。

31B67 糤糩 。lwə 2.25 tser 1.77 买卖

[背隐] 儸糩

　　　　販卖

[按语] 背隐以同义词解释正文。与正文同样的词组还有同音_甲 31A38；文海_刻①82A31；同义 24A5 等。该字又见同义 24A5。文海_刻①82A31 有该字的详细材料。

31B68 糩蘂 tser 1.77 dji 2.60 医治

[背隐] 糩胧

　　　　吃药

[按语] 背隐的内容是对正文的解释。该字又见同义 11A5。文海_刻①82A32 有该字的详细材料。

31B71 糤衔 。njaa 2.18 tser 1.77 屎粪

[背隐] 烛糩胧

　　　　不净粪

[按语] 背隐先以反义词解释正文，再以同义词解释正文。与正文同样的词组还有同音_甲 31A42；同义 32A1 等。该字又见杂字_乙 15B6；同义 32A1 等。文海_刻①82A41 有该字的详细材料。

31B72 糤纾 tsjiir 1.93 tsjir 1.79 选择

[背隐] 糩糤糩毵

　　　　好坏分离

[按语] 背隐的内容是对正文的解释。与正文同样的词组还有同音_甲 31A43。该字又见杂字_乙 03A4；同义 22B1 等。文海_刻①83A62 有该字的详细材料。

31B73 糩蒡 dji 2.28 tsjir 1.79 檠子

[背隐] 糩糩糩荒糩汤

　　　　酒宴盛用檠子

[按语] 背隐的内容是对正文的解释，指出其用途；然后注明了该词的汉语读音。与正文同样的词组还有同音_甲 31A44；掌中珠_甲 23A32（正文后该词的汉语译释即来源于此）等。该字又见掌中珠_甲 23A32；同义 14B1 等。文海_刻①83A71 有该字的详细材料。

31B74 糩糩 。dzjij 1.42 tsjir 1.79 妻子

[背隐] 糩糩糩糩

　　　　唤女之名

[按语] 背隐的内容是对正文的解释。与正文同样的词组还有同音_甲 31A45；文海_刻① 83A72；杂字_乙 15A6 等。

31B75 糩蘂 dzja 1.20 dji 2.60 发髻

[背隐] 糩糩糩糩

　　　　滤发缠绕

[按语] 背隐的内容是对正文的解释。参见上文同音丁16A68 及其背隐。与正文同样的词组还有同音甲15B13、31A46；文海刻③04A32；合编丙B56；同义03B2 等。

31B76 𗣼𗤁 dzja 1.20 tho 2.62 长大

[背隐] 𗣼𗤁𗤒
长茂盛

[按语] 背隐以同义词解释正文。参见上文同音丁19B66 及其背隐。与正文同样的词组还有同音甲19A54、31A47；文海刻①15A42；掌中珠甲34A22（正文后该词的汉语译释即来源于此）；合编甲22.082；同义28B5 等。

31B77 𗣝𗤭 。piej 1.60 dzja 1.20 腹肚

[背隐] 𗣝𗤭
腹肠

[按语] 背隐以同义词解释正文。参见上文同音丁09B37 及其背隐。与正文同样的词组还有同音甲09A13、31A48 等。该字又见同义04A2。文海刻①65B52 有该字的详细材料。聂Ⅱ221 录背隐内容。

31B78 𗣫𗤙𗤖 dzjwɨ 1.30 mjɨr 1.86 mə 2.25dzjwɨ 族姓

[背隐] 𗤕
ŋwəə

[按语] 背隐中"𗤕"字，与大字"𗣫"组成复姓"𗤕𗣫"，该西夏复姓又见文海刻③04A51；杂字乙11A5 等。同音甲31A57 与丁种本正文表述相同。该字又见同义07A5。文海刻③04A51 有该字的详细材料。

32A11 𗤩𗤕 。ŋwər 1.84 dzjwɨ 1.30 皇帝

[背隐] 𗤪𗤚𗥀𗥁
国主天子

[按语] 背隐的内容是对正文的解释。与正文同样的词组还有同音甲31A62；文海刻③04A43 等。该字又见杂字甲02B6；同义02B1；碎金03A4 等。文海刻③04A43 有该字的详细材料。

32A12 𗥂𗤙𗤖 tshja 2.17 mjɨr 1.86 mə 2.25 tshja 族姓

[背隐] 𗥃
gjuu

[按语] 背隐中"𗥃"字，与大字"𗥂"组成复姓"𗥂𗥃"，该西夏复姓又见杂字乙11B8。同音甲31A52：𗥂𗤁 tshja 2.17 śioow 1.57（族姓）。该字又见掌中珠甲36B14；同义06B2；碎金04B1 等。

32A13 𗥄𗥅 tshja 2.17 wja 2.57（菜名）

[背隐] 𗥆
菜

[按语] 背隐指出正文的类别为一"菜名"（简化）。参见上文同音丁12A11 及其背隐。与正文同样的词组还有同音甲10B78、31A51；杂字乙07B2；同义10A3 等。

32A14 𰀀𰀀 tshja 2.17 zjiw 1.46 凌辱

    [背隐] 𰀀𰀀

        凌辱

    [按语] 背隐以同义词解释正文。与正文同样的词组还有同音甲31A53；文海刻①55A11；合编甲01.151；同义30B2 等。

32A15 𰀀𰀀 tshja 2.17 lew 2.38 （鬼名）

    [背隐] 𰀀

        鬼

    [按语] 背隐单注一"鬼"字，是指正文的类别为一"鬼名"（简化）。与正文同样的词组还有同音乙48B54；同音甲31A54、48A64；同义32B1 等。

32A16 𰀀𰀀 tshja 2.17 lew 2.38 技巧

    [背隐] 𰀀𰀀𰀀𰀀

        技艺巧乐

    [按语] 背隐的内容是对正文的解释。与正文同样的词组还有同音乙48B52；同音甲31A55、48A58；文海刻①75B32；合编甲03.202；同义17A4 等。

32A17 𰀀𰀀 。-ju 2.03 tshja 2.17 还债

    [背隐] 𰀀𰀀𰀀

        还价

    [按语] 背隐的内容是对正文大字的解释。与正文同样的词组还有同音甲31A56；文海刻①18B41 等。该字又见掌中珠甲37A12；同义24A3 等。

32A18 𰀀𰀀 dzjwɨ 2.28 dzjij 1.35 行走

    [背隐] 𰀀𰀀𰀀𰀀

        行走来往

    [按语] 背隐的内容是对正文的解释。与正文同样的词组还有同音乙38A68；同音甲31A61、37B57；文海刻③06B52；同义19A2 等。

32A21 𰀀𰀀 dzjwɨ 2.28 dzjij 2.37 判断

    [背隐] 𰀀𰀀𰀀𰀀

        公事判断

    [按语] 背隐的内容是对正文的解释。从背隐音义的内容来看，此词似乎专指处理"公事"而言。与正文同样的词组还有同音甲31A58；文海刻③14A51；同义02B4 等。

32A22 𰀀𰀀 dzjwɨ 2.28 dji 2.60 修造

    [背隐] 𰀀𰀀𰀀𰀀

        作造修正

    [按语] 背隐的内容是对正文的解释。参见上文同音丁16A64 及其背隐。与正文同样的词组还有同音甲15B12、31A63；文海刻①89A72；掌中珠甲21B32（正文后该词的汉语译释即来源于此）；同义17B4 等。

32A23 𗏁𗥃 。dzjwi̱ 2.28 dzjiw 1.46 洗涤

    [背隐] 𗥃𗏁

         洗涤

    [按语] 背隐以同义词解释正文。与正文同样的词组还有同音乙 34B48；同音甲 31A64、
         34A52；文海刻③15A41；杂字乙 15B5；合编丙 A13；同义 09A2 等。

32A24 𗱕𗼋 tha 2.14 dzjwi̱ 1.69 柱杖

    [背隐] 𗱕𗼋

         坐用

    [按语] 背隐的内容是对正文的解释，指出其用途。参见上文同音丁 13B72 及其背隐。与
         正文同样的词组还有同音甲 13A16；同义 25A4（颠倒）等。该字又见杂字乙
         13B3；掌中珠甲 14A14 等。

32A25 𗿒𗼊 lhjij 1.61 dzjwi̱ 1.69 巫祝

    [背隐] 𗼊𗿒 / 𗿒

         头主 / 绳

    [按语] 背隐的内容是对正文的解释。背隐音义最后一字"绳"，应该是指巫祝作法时所
         用的工具。与正文同样的词组还有同音甲 31A66；合编甲 21.181 等。该字又见同
         义 32B1。文海刻③04A61 有该字的详细材料。

32A26 𗊈𗥁 。lu 2.51 dzjwi̱ 1.69 把柄

    [背隐] 𗋡𗥁

         刀箭

    [按语] 背隐的内容是对正文的解释。与正文同样的词组还有同音甲 34A15；同义 18B2
         等。该字又见同义 18B2。文海刻③04A62 有该字的详细材料。

32A27 𗱕𗥀 dzjij 1.61 dzjwi̱ 1.69 舟船

    [背隐] 𗥀𗥁𗱕𗥀

         渡水用划

    [按语] 背隐的内容是对正文的解释，指出其用途。背隐音义的最后一字应该是音译词，
         可与正文大字组成词组"划船"。参见上文同音丁 31B23 及其背隐。与正文同样
         的词组还有同音甲 30B63、31A67；文海刻③03B72；同义 14A3 等。

32A28 𗥀𗏒 。dzjij 1.61 dzji 1.67 渡过

    [背隐] 𗥀𗏒

         没渡

    [按语] 背隐以同义词解释正文。参见上文同音丁 29B67 及其背隐。与正文同样的词组还
         有同音甲 29A31、31A68；文海刻①05A72；同义 19A5 等。

32A31 𗏺𗥃 seew 2.41 sjiij 2.35 察思

    [背隐] 𗋡𗊨𗏺𗥃

         审查观象

[按语] 背隐的内容是对正文的解释。与正文同样的词组还有同音甲31A72；文海刻①88B61 等。该字又见同义 05A6。

32A32 㸚㪙 。 sjij 2.32 seew 2.41 索求

[背隐] 㸚㪙㿉

寻找取

[按语] 背隐的内容是对正文的解释。与正文同样的词组还有同音甲31A71。该字又见同义 23A6。

32A33 㽵㽼 tshə 1.27 ·jɨj 2.37 寺院

[背隐] 㽼㽼

寺院

[按语] 背隐以同义词解释正文。与正文同样的词组还有同音甲31A73；同义 13B5 等。该字又见掌中珠甲20B34。文海刻①34A61 有该字的详细材料。

32A34 㽵㼿 。 tshə 1.27 ·jow 2.48（草名）

[背隐] 㽼㼿

草根

[按语] 背隐的内容是对正文的解释，重在这种草的根部。与正文同样的词组还有同音乙43A76；同义甲31A74、42B47；文海刻①34A62；杂字乙07B6；同义 10A5 等。

32A35 㼵㼺 sjwo 2.44 sjwij 1.36 研磨

[背隐] 㿀㽼

磨石

[按语] 背隐的内容是对正文的解释。"磨石" 即 "磨刀石"。与正文同样的词组还有同音乙35B13；同义甲31A76、33A18；文海刻①48B72；合编宁01.010；同义 17B7 等。

32A36 㼸㽟 。 sjwi 1.11 sjwo 2.44 穷尽

[背隐] 㼸㽟㽟㽟

穷尽变无

[按语] 背隐的内容是对正文的解释。参见上文同音丁31A37 及其背隐。与正文同样的词组还有同音甲30B11、31A77；文海刻①30B11；合编甲04.193；同义 20A7 等。

32A37 㼻㼿 tsha 2.14 dzow 1.54 智慧

[背隐] 㼻㼿㼿㼿

知晓智慧

[按语] 背隐的内容是对正文的解释。参见上文同音丁30A64 及其背隐。与正文同样的词组还有同音甲29B27、31B11；文海刻③04A73；合编甲07.151 等。

32A38 㽮㽦 。 dzji 2.60 dzow 1.54 罪犯

[背隐] 㽮㽦㽦㽦

监狱入有

[按语] 背隐的内容是对正文的解释。与正文同样的词组还有同音_甲_31A78。该字又见杂字_乙_21A5；掌中珠_甲_28B32；同义30B6 等。文海_刻_③04B11 有该字的详细材料。

32A41 𗥦𗥦 tsju 1.59 phjij 1.36 打击

[背隐] 𗥦𗥦

动摇

[按语] 背隐的内容是对正文的解释。参见上文同音_丁_05A34 及其背隐。与正文同样的词组还有同音_甲_04A42、31B12；同义17B7 等。

32A42 𗥦𗥦 tsju 1.59 tsju 1.59 讨价

[背隐] 𗥦𗥦

（商）量价（钱）

[按语] 背隐的内容是对正文的解释。与正文同样的词组还有同音_甲_31B14；文海_刻_①65B11 等。该字又见同义24A6。文海_刻_①65B11 有该字的详细材料。

32A43 𗥦𗥦 kjij 1.36 tsju 1.59 蜘蛛

[背隐] 𗥦𗥦

虫虫

[按语] 下一字的背隐音义误写此字之下，然后又涂抹掉。本书称这种错位的注释为"上下错位"，参见同音_丁_06A25 中的相关解释。背隐音义指出"蜘蛛"乃虫子之一种。与正文同样的词组还有同音_甲_31B16。该字又见杂字_乙_10B4；掌中珠_甲_17A32（正文后该词的汉语译释即来源于此）；同义27A6 等。文海_刻_①65B12 有该字的详细材料。

32A44 𗥦𗥦 dzur 1.75 tsju 1.59 踢踹

[背隐] 𗥦𗥦

以脚

[按语] 下一字的背隐音义误写此字之下，然后又涂抹掉。背隐音义的内容是对正文的解释。与正文同样的词组还有同音_甲_31B13；杂字_乙_00B7 等。该字又见同义29A5。

32A45 𗥦𗥦 。 tsju 1.59 kier 1.78 伤害

[背隐] 𗥦𗥦

侵扰

[按语] 下一字的背隐音义误写此字之下，然后又涂抹掉。背隐音义的内容是对正文的解释。参见上文同音_丁_26B27 及其背隐。与正文同样的词组还有同音_甲_5B57、31B15；同义29A4 等。

32A46 𗥦𗥦 tsewr 1.87 ɣa 1.63 关节

[背隐] 𗥦𗥦

亲近

[按语] 下一字的背隐音义误写此字之下，然后又涂抹掉。背隐音义的内容是对正文的解释。与正文同样的词组还有同音_乙_43B18；同音_甲_31B18、42B66；文海_刻_①90A32；杂字_乙_14B5；同义03B1 等。

32A47 薣酸 tsewr 1.87 ɣa 1.63 屠宰

　　[背隐] 縱暇縱薣
　　　　　骨断分离

　　[按语] 背隐的内容是对正文的解释。与正文同样的词组还有同音乙43B21；同音甲
　　　　　31B21、42B65；杂字乙19A3；同义26A6 等。

32A48 薷縄 tsewr 1.87 ·ji 1.11（草名）

　　[背隐] 孫纫
　　　　　草名

　　[按语] 背隐指出正文的类别为一"草名"。与正文同样的词组还有同音乙43A55；同音甲
　　　　　31B17、42B27；文海刻①90A42；杂字乙07B8；同义09B4 等。

32A51 薣俖 。tsə 1.68 tsewr 1.87 茶杯

　　[背隐] 鶑狨
　　　　　达子

　　[按语] 背隐注明了该词的汉语读音。与正文同样的词组还有同音甲31B22；文海刻①
　　　　　90A43；杂字乙18B4 等。

32A52 薣陔 rjar. 2.74 tsewr 2.78 马鞭

　　[背隐] 乩橺茿
　　　　　打马用

　　[按语] 背隐的内容是对正文的解释，指出其用途。与正文同样的词组还有同音甲31B23；
　　　　　掌中珠甲33B32（正文后该词的汉语译释即来源于此）；合编甲07.111 等。

32A53 薩薣 tsewr 2.78 wji 1.67 斤斧

　　[背隐] 薤僴茿
　　　　　削木用

　　[按语] 背隐的内容是对正文的解释，指出其用途。与正文同样的词组还有同音甲31B25；
　　　　　文海刻①72B12；掌中珠甲22B22（正文后该词的汉语译释即来源于此）；合编甲
　　　　　02.211；同义15A1；碎金08A3 等。

32A54 薣描 。tsewr 2.78 tjɨr 1.86 沉重

　　[背隐] 缽蚕
　　　　　沉重

　　[按语] 背隐以同义词解释正文。参见上文同音丁18A67 及其背隐。与正文同样的词组还
　　　　　有同音甲17B34、31B24；同义24B7 等。

32A55 薣薣 gji 1.11 sej 1.33 清净

　　[背隐] 鶑酹縱薐絗
　　　　　清洁无污染

　　[按语] 背隐先以同义词解释正文，再以反义词解释正文。参见上文同音丁23B55 及其背
　　　　　隐。与正文同样的词组还有同音甲22B73、31B27；文海刻①43A22；杂字乙18A5；

合编_甲 03.141 等。

32A56 𗇋𗅲 sej 1.33 bjii 2.12 计算

 [背隐] 𗇋𗋽𗅲𗐯

  有无使明

 [按语] 背隐的内容是对正文的解释。参见上文同音_丁 06B15 及其背隐。与正文同样的词组还有同音_甲 05B27、31B28；文海_刻①43A31；合编_甲 11.142；同义 21B6；碎金 09A4 等。

32A57 𗋽𗅲 ŋo 2.42 sej 1.33 浮肿

 [背隐] 𗋽𗅲𗐯𗋽𗐯

  羖羺得水病

 [按语] 背隐的内容是对正文的解释。与正文同样的词组还有同音_甲 31B26。该字又见同义 31A7。

32A58 𗋡 𗐬𗓱 。 sej 1.33 mjir 1.86 mə 2.25sej 族姓

 [背隐] 𗋡

  tju

 [按语] 背隐中"𗋡"字，与大字"𗋡"组成复姓"𗋡𗋡"，该西夏复姓又见杂字_乙 13A5。同音_甲 31B31 与丁种本正文表述相同。该字又见同义 07A6。

32A61 𗯨𗖻 kju 1.59 tshwew 1.43 供养

 [背隐] 𗳥𗐴𗐯

  于佛神

 [按语] 背隐的内容是对正文的解释。参见上文同音_丁 21B71 及其背隐。与正文同样的词组还有同音_甲 21A18、31B32；文海_刻①53B22；掌中珠_甲 21A32（正文后该词的汉语译释即来源于此）等。

32A62 𗴝𗓱 tshwew 1.43 ·juu 1.07 馈赠

 [背隐] 𗴝𗓱

  馈赠

 [按语] 背隐以同义词解释正文。与正文同样的词组还有同音_乙 43A46；同音_甲 31B34、42B22；文海_刻①18A41；合编_甲 17.042 等。

32A63 𗐯𗴝 。 tsja 1.19 tshwew 1.43 敬礼

 [背隐] 𗖔𗴝

  拜处

 [按语] 背隐的内容是对正文的解释。与正文同样的词组还有同音_甲 31B33。该字又见同义 01A5。文海_刻①53B32 有该字的详细材料。

32A64 𗝕𗇎 khə 2.25 swẽ 1.15 猢狲

 [背隐] 𗝕𗴝

  猫儿

[按语] 背隐以同类词解释正文。大概"猢狲"的体态类似于"猫儿"，故有如此背隐音义。参见上文同音丁24B58及其背隐。与正文同样的词组还有同音甲23B76、31B37；文海刻①20B62；杂字乙10A5；同义27A5等。

32A65 葧翩緉 。swē 1.15 mjɨr 1.86 mə 2.25 swē：族姓

[背隐] 緑

汉

[按语] 背隐指出正文的类别为一"汉族姓"。同音甲31B36与丁种本正文表述相同。该字又见杂字乙14A8；掌中珠甲14B14；同义07B2；碎金06A4等。文海刻①20B71有该字的详细材料。

32A66 殗彤 tshjɨ 1.29 dzeej 1.37 乘骑

[背隐] 毳緉

所骑

[按语] 背隐的内容是对正文的解释。与正文同样的词组还有同音乙40A23；同音甲31B38、39B45；文海刻①36B12；杂字乙00B3；合编甲12.091；同义19B6等。

32A67 薇殈 。ɣwej 1.33 dzeej 1.37 争斗

[背隐] 惚弱

不和

[按语] 背隐以反义词解释正文。与正文同样的词组还有同音甲31B41；文海刻①25B41等。该字又见杂字乙00B6；掌中珠甲35B12（正文后该词的汉语译释即来源于此）；同义30A1；碎金03A6等。文海刻③04B22有该字的详细材料。

32A68 叕徽 lwu 1.58 sjii 1.14 哭泣

[背隐] 繝滕叕縬

哭泣哭泣

[按语] 背隐以同义词解释正文。与正文同样的词组还有同音甲31B42。该字又见同义30A5。文海刻①20A41有该字的详细材料。

32A71 搿薇 。sjii 1.14 mej 1.33 观察

[背隐] 焱猵縗飛

查听看明

[按语] 背隐的内容是对正文的解释。参见上文同音丁06B48及其背隐。与正文同样的词组还有同音甲05B63、31B43；文海刻①59B72等。

32A72 翔儆 tsjɨ 1.30 ·jij 1.36 铢镒

[背隐] 貀憴荒

称算用

[按语] 背隐的内容是对正文的解释，指出其用途。与正文同样的词组还有同音乙42A78；同音甲31B46、45A62；同义22A4等。文海刻①38B51有该字的详细材料。

32A73 枡緒 tsjɨ 1.30 tsəj 1.40 小小

[背隐] 悕毼

小小

[按语] 背隐以同义词解释正文。与正文同样的词组还有同音甲31B47。该字又见杂字乙06A5；掌中珠甲17A24；同义21B1；碎金07A5 等。文海刻①38B61 有该字的详细材料。

32A74 㼟縿 kə 1.27 tsjɨ 1.30 lji 2.09 疥癞疮

[背隐] 㣙縼祇
使生疮

[按语] 背隐的内容是对正文的解释。参见上文同音丁23A54 及其背隐。与正文同样的词组还有同音乙49B65；同音甲22A78、31B48、49A76；文海刻①31A13、33B71；同义26B7 等。

32A75 㾛縼 。 tsjɨ 1.30 ba 1.63 铙钹

[背隐] 㹡㺌
铙钹

[按语] 背隐注明了该词的汉语读音。参见上文同音丁09A36 及其背隐。与正文同样的词组还有同音甲08A76、31B51；文海刻①69A11；掌中珠甲21A22（正文后该词的汉语译释即来源于此）；合编甲07.174；同义01B5 等。

32A76 㼞縼 sjij 2.33 ·ju 2.02 民庶

[背隐] 㼟㺘㺈
地上人

[按语] 背隐的内容是对正文的解释。与正文同样的词组还有同音乙42B58；同音甲31B52、42A31；文海刻①33A61；掌中珠甲29A32（正文后该词的汉语译释即来源于此）；合编甲02.192；同义17A3 等。

32A77 㸚㦖 sjɨ 2.28 sjij 2.33 知识

[背隐] 㻌㺘㺊㺀㺃
能选择好坏

[按语] 背隐的内容是对正文的解释。参见上文同音丁31A25 及其背隐。与正文同样的词组还有同音甲30A61、31B53；同义08B3 等。

32A78 㺘㺚㺆 gjwɨ 1.30 sjij 2.33 龟甲

[背隐] 㦖/㺉㺇
角/坚兽

[按语] 背隐的内容是对正文的解释。与正文同样的词组还有同音甲31B55。该字又见杂字乙10A6；同义27A4 等。

32B11 㺈㺃 njij 2.33 sjij 2.33 芭罢

[背隐] 㻌㼟㺌㺀㺉㺚
为穿地头用耙

[按语] 背隐的内容是对正文的解释，指出其用途；然后注明了该词的汉语读音。参见上文同音丁14B38 及其背隐。与正文同样的词组还有同音甲16A33、31B58；掌中

珠_甲26B32（正文后该词的汉语译释即来源于此）；纂要08B1；同义15A3等。

32B12 𗣼𗦻 tswər 2.76 sjij 2.33 生疮

    ［背隐］𗾘𗡪

        生疮

    ［按语］背隐的内容是对正文的解释。与正文同样的词组还有同音_乙34B36；同音_甲
        31B57、34A36；同义17B7等。

32B13 𗣼𗦻 zju 2.02 sjij 2.33 鱼龟

    ［背隐］𗴚

        龟

    ［按语］背隐注明了大字的汉语读音。与正文同样的词组还有同音_甲31B56。该字又见杂
        字_乙10B4；掌中珠_甲17A32（正文后该词的汉语译释即来源于此）等。

32B14 𗣼𗣼𗣼 o sjij 2.33 mjir 1.86 mə 2.25 sjij：族姓

    ［背隐］𗣼𗣼

        蕃汉

    ［按语］背隐的内容是对正文的解释，表示藏人、汉人中也有这个姓氏。同音_甲29A12 与
        丁种本正文表述相同。该字又见杂字_乙13A6；同义07A6；碎金06B1等。

32B15 𗣼𗦻 sja 2.17 djij 1.36 后日

    ［背隐］𗣼𗣼𗣼

        算日用

    ［按语］背隐的内容是对正文的解释，指出其用途。与正文同样的词组还有同音_甲31B61；
        杂字_乙19B4；掌中珠_甲10B32（正文后该词的汉语译释即来源于此）等。

32B16 𗣼𗦻 phəə 1.31 sja 2.17 厌恶

    ［背隐］𗣼𗦻

        厌恶

    ［按语］背隐以同义词解释正文。参见上文同音_丁08B53 及其背隐。与正文同样的词组还
        有同音_甲08A32、31B62；文海_刻①40B41；同义29B1等。

32B17 𗣼𗦻𗣼 o sja 2.17 lja 2.16 tśjii 1.14 淫：交媾

    ［背隐］𗣼𗣼𗣼𗣼

        妇身释根

    ［按语］背隐的内容是对正文的解释。与正文同样的词组还有同音_乙41B38、49B37；同
        音_甲35A77；同义04A4等，可见此三字多以词组的形式出现。杂字_乙17A7 仅前
        二字。

32B18 𗣼𗦻 sew 1.43 sew 1.43 消息

    ［背隐］𗣼𗣼𗣼

        闻何物

    ［按语］背隐的内容是对正文的解释。与正文同样的词组还有同音_甲31B68；文海_刻①

53A33 等。该字又见同义 21A2。文海刻①53A33 有该字的详细材料。

32B21 㛒㹫 khjɨ 1.30 sew 1.43 蹄疮

[背隐] 㹫㸤㛒㸦㹙

驴马蹄生疮

[按语] 背隐的内容是对正文的解释。与正文同样的词组还有同音甲 31B71。该字又见同义 31B3。文海刻①53A41 有该字的详细材料。

32B22 㽵㸺 dja 2.17 sew 1.43 干肉

[背隐] 㸚㺉㺀

肉津无

[按语] 背隐的内容是对正文的解释。与正文同样的词组还有同音甲 31B73；杂字乙 19A2 等。该字又见同义 20A4。文海刻①53A42 有该字的详细材料。

32B23 㹁㺹 sew 1.43 tshji 1.10 羞愧

[背隐] 㺎㺡

羞愧

[按语] 背隐以同义词解释正文。与正文同样的词组还有同音乙 37A78；同音甲 31B77、36B48；文海刻①53A43；同义 03A5 等。

32B24 㺈㺏 。ɣiə 1.28 sew 1.43 妯娌

[背隐] 㺓㺔㺈㺕

夫共妯娌

[按语] 背隐的内容是对正文的解释。与正文同样的词组还有同音甲 31B74；文海刻①53A51 等。该字又见同义 05B7。文海刻①53A51 有该字的详细材料，并参阅文海刻①35B31。

32B25 㺖㺗 mjiij 2.35 sew 2.38 名小

[背隐] 㺘㺙/㺚

小人/防

[按语] 背隐的内容是对正文的解释，其中最后一字可能誊录有问题。与正文同样的词组还有同音甲 31B75。该字又见掌中珠甲 18A14；同义 07B3；碎金 05B5 等。

32B26 㺛校 sew 2.38 tshjij 1.42 亲近

[背隐] 㺜㺝㺞㺟

亲近不离

[按语] 背隐的内容是对正文的解释。参见上文同音丁 31A11 及其背隐。与正文同样的词组还有同音甲 30A46、31B72；文海刻①52A73；同义 06A2 等。

32B27 㺠㺡 。 sew 2.38 po 1.49 花斑

[背隐] 㺢㺣㺤

马有花

[按语] 背隐的内容是对正文的解释。参见上文同音丁 04B77 及其背隐。与正文同样的词

组还有同音_甲 04A14、31B76；文海_刻①55B71；杂字_乙08B5；合编_甲03.172等。

32B28 𗇃 dzjɨ ？ tsjiir 1.93 礼仪

[背隐] 𗇃𗇃𗇃𗇃𗇃
应学会礼往

[按语] 背隐的内容是对正文的解释。该字又见杂字_乙00A8；掌中珠_甲20B22；碎金08B4
等。文海_刻①92A72 有该字的详细材料。

32B31 𗇃 ɣwie 1.09 tsjiir 1.93 官势

[背隐] 𗇃𗇃
官职

[按语] 背隐以同义词解释正文。与正文同样的词组还有同音_甲32A11。该字又见掌中珠_甲
27B22；同义02B4；碎金04A1 等。文海_刻①92B11 有该字的详细材料。

32B32 𗇃𗇃 ○ tsjiir 1.93 gjij 1.61 选择

[背隐] 𗇃𗇃𗇃𗇃
好坏分离

[按语] 背隐的内容是对正文的解释。参见上文同音_丁22A67 及其背隐。与正文同样的词
组还有同音_甲21B18、31B78；文海_刻①67B62；杂字_乙16A2；同义22B1；碎金
07B1 等。

32B33 𗇃𗇃 sjij 1.36 tsjiir 2.86 性情

[背隐] 𗇃𗇃
言语

[按语] 背隐的内容是对正文的解释。参见上文同音_丁29B48 及其背隐。与正文同样的词
组还有同音_甲29A13、32A13；文海_刻①48A21；合编_甲06.061；同义08B1 等。

32B34 𗇃𗇃 tsowr 1.91 tsjiir 2.86 短叉

[背隐] 𗇃𗇃𗇃𗇃
田畴收谷

[按语] 背隐的内容是对正文的解释。参见下文同音_丁33B58 及其背隐。与正文同样的词
组还有同音_甲32A15、33A51 等。该字又见同义14B3。

32B35 𗇃𗇃 ○ gjwi 1.67 tsjiir 2.86 （族姓）

[背隐] 𗇃𗇃
族姓

[按语] 背隐指出正文的类别为一"族姓"。与正文同样的词组（即此西夏复姓）还有杂
字_乙13A1。该字又见同义06B7。同音_甲32A14：𗇃𗇃𗇃 tsjiir 2.86 mjɨr
1.86 mə 2.25（tsjiir：族姓）。

32B36 𗇃𗇃 dzuu 2.05 dzjuu 2.06 植栽

[背隐] 𗇃𗇃
地下

[按语] 背隐的内容是对正文的解释。参见上文同音ᴛ 31B31 及其背隐。与正文同样的词组还有同音甲 30B72、32A16；文海刻①43A12；同义 15B4 等。

32B37 㿟斋 。 dzjuu 2.06 ？？ 隐藏

[背隐] 㿟蕊

劫隐

[按语] 背隐以同义词解释正文。与正文同样的词组还有同音乙 34B45；同音甲 32A17、34A47；同义 29B5 等。

32B38 㿟祃 sjwɨ 1.30 ljɨ 1.29 谁也

[背隐] 㿟㿟㿟

问迷惑

[按语] 背隐的内容是对正文的解释。与正文同样的词组还有同音甲 32A18。该字又见同义 21A6；碎金 03A6 等。文海刻①40A31 有该字的详细材料。

32B41 㿟㿟 。 sjwɨ 1.30 wji 1.10 尿尿

[背隐] 㿟㿟㿟

把屎尿

[按语] 背隐的内容是对正文的解释。与正文同样的词组还有同音甲 32A23；杂字乙 15B6 等。该字又见同义 32A2。文海刻①40A32 有该字的详细材料。

32B42 㿟㿟 sjwɨ 2.28 ·jij 1.36 问之

[背隐] 㿟㿟㿟㿟

云何问语

[按语] 背隐的内容是对正文的解释。与正文同样的词组还有同音甲 32A21。该字又见同义 21A5。

32B43 㿟㿟 sjwɨ 2.28 rjijr 2.68（族姓）

[背隐] 㿟㿟

族姓

[按语] 背隐指出正文的类别为一"族姓"。与正文同样的词组（即此西夏复姓）还有同音甲 32A24；杂字乙 12B7 等。该字又见同义 07A5。

32B44 㿟㿟 sjwɨ 2.28 lju 1.03 毡毡

[背隐] 㿟㿟㿟㿟

如发毛发

[按语] 背隐的内容是对正文的解释。与正文同样的词组还有同音甲 32A25；文海刻① 31B62；合编甲 11.033；同义 14A7 等。

32B45 㿟㿟 sjwɨ 2.28 sjij 2.54 作祟

[背隐] 㿟㿟㿟

物所侵

[按语] 背隐的内容是对正文的解释。参见上文同音ᴛ 31B37 及其背隐。与正文同样的词

组还有同音_甲31A11、32A26；同义 32B1 等。

32B46 㞑_㞑 ｡ sjwɨ 2.28 ·ji 1.11 表亲

[背隐] 㞑㣇㣇㣇

妻舅姐夫

[按语] 背隐的内容是对正文的解释。与正文同样的词组还有同音_乙43A56；同音_甲
32A27、42B31；文海_刻①18A13；杂字_乙15A8；同义 05B5 等。

32B47 㣇_㣇 se 1.08 thu 1.01 语辞

[背隐] 㣇㣇㣇㣇㣇㣇

语辞语谓辞意

[按语] 背隐的内容是对正文的解释。参见上文同音_丁14A46 及其背隐。与正文同样的词
组还有同音_甲13A64、32A33；文海_刻①16A42；同义 20B4 等。

32B48 㣇㣇 śji 2.09 se 1.08 谷麻

[背隐] ××㣇㣇

××作布

[按语] 背隐的内容是对正文的解释，前边二字看不清楚。与正文同样的词组还有同音_甲
32A32。该字又见杂字_乙08A6；掌中珠_甲16A12（正文后该词的汉语译释即来源于
此）；同义 11A3 等。

32B51 㣇㣇 ｡ se 1.08 naa 2.19 芥菜

[背隐] 㣇㣇

芥菜

[按语] 背隐注明了该词的汉语读音。与正文同样的词组还有同音_甲32A34；杂字_乙07A8；
掌中珠_甲14B22（正文后该词的汉语译释即来源于此）等。该字又见同义 09B5。

32B52 㣇㣇 śie 2.08 se 2.07 噬咬

[背隐] 㣇㣇

以齿

[按语] 背隐的内容是对正文的解释。与正文同样的词组还有同音_乙39B41；同音_甲
32A36、39A54；同义 08A4 等。

32B53 㣇㣇 ｡ śja 1.19 se 2.07 紧绳

[背隐] 㣇㣇㣇

做毛料

[按语] 背隐的内容是对正文的解释。与正文同样的词组还有同音_甲32A35；合编_甲17.144
等。该字又见杂字_乙05B6；掌中珠_甲25B32（正文后该词的汉语译释即来源于
此）；同义 15B1 等。

32B54 㣇㣇 kjɨ 1.30 dzjij 2.37 已入

[背隐] 㣇㣇㣇

贯穿钻

[按语] 背隐以同义词解释正文。与正文同样的词组还有同音甲32A37；文海刻①24B42
等。该字又见同义26B3。文海刻③15A61 有该字的详细材料。

32B55 𗼷𗀝 dzjɨj 2.37 kiew 2.39 突凸

　　[背隐] 𗼷
　　　　　突

　　[按语] 背隐以同义词解释正文。参见上文同音丁26A48 及其背隐。与正文同样的词组还
　　　　　有同音甲25A75；同义16B3 等。

32B56 𗼷𗀝 。kwə 1.68 dzjɨj 2.37 砖墼

　　[背隐] 𗼷𗀝
　　　　　砖墼

　　[按语] 背隐注明了该词的汉语读音。参见上文同音丁25A25 及其背隐。与正文同样的词
　　　　　组还有同音甲24A42、32A41；杂字乙17B6 等。

32B57 𗼷𗀝 dzjɨj 1.42 war 2.73 钱物

　　[背隐] 𗼷𗀝𗀝
　　　　　量价用

　　[按语] 背隐的内容是对正文大字的解释。与正文同样的词组还有同音甲32A42。该字又
　　　　　见掌中珠甲13B22；同义18A4；碎金10A5 等。文海刻③04B23 有该字的详细材
　　　　　料。

32B58 𗼷𗀝 dzjɨj 1.42 nej 2.30 安稳

　　[背隐] 𗼷𗀝𗀝𗀝
　　　　　安稳安定

　　[按语] 背隐以同义词解释正文。参见上文同音丁18A52 及其背隐。与正文同样的词组还
　　　　　有同音甲17B18、32A43；合编甲11.131；同义22B7 等。

32B61 𗼷𗀝 。·jaar 2.75 dzjɨj 1.42 时日

　　[背隐] 𗼷𗀝𗀝𗀝
　　　　　日期算用

　　[按语] 背隐的内容是对正文的解释，指出其用途。与正文同样的词组还有文海刻③
　　　　　04B32；同义13A5 等。该字又见杂字乙19B3；掌中珠甲09B22（正文后该词的汉
　　　　　语译释即来源于此）；碎金03A1 等。文海刻③04B32 有该字的详细材料。

32B62 𗼷𗀝 dzjɨj 2.33 rjijr 2.68 彼方

　　[背隐] 𗼷𗀝
　　　　　差异

　　[按语] 背隐的内容是对正文的解释。与正文同样的词组还有同音乙47B78；同音甲32A45
　　　　　等。该字又见杂字乙20A2；同义29A7 等。文海刻③15A71 有该字的详细材料。

32B63 𗼷𗀝 。·a？dzjij 2.33 独一

　　[背隐] 𗼷𗀝
　　　　　独一

[按语] 背隐以同义词解释正文。与正文同样的词组还有同音_甲 32A46。该字又见同义 21B6。文海_刻③15A72 有该字的详细材料。

32B64 𗧜𗣈 sjwɨ 1.30 gjij 2.33 旋风

[背隐] 𗀔𗾪𘔞

风旋转

[按语] 背隐的内容是对正文的解释。参见上文同音_丁 24B22 及其背隐。与正文同样的词组还有同音_甲 23B43、32A47；文海_刻①40B12；杂字_乙 04A8；掌中珠_甲 07B22（正文后该词的汉语译释即来源于此）；同义 07B7 等。

32B65 𗫉𗧜 dzju 2.02 sjwɨ 1.30 根种

[背隐] 𗫉𗆐

根本

[按语] 背隐以同义词解释正文。与正文同样的词组还有同音_乙 38A34；同音_甲 32A51、37B16；文海_刻③18A41 等。

32B66 𗴟𗧜 nju 1.03 sjwɨ 1.30 耳耳

[背隐] 𗴟𗱈𗄥

听闻用

[按语] 背隐的内容是对正文的解释，指出其用途。与正文同样的词组还有同音_甲 32A48；文海_刻①40B22 等。该字又见同义 03B3。文海_刻①40B22 有该字的详细材料。

32B67 𗥦𗧜 sjwɨ 1.30 tjwi 1.11 噎呛

[背隐] 𗷂𗤀

闭塞

[按语] 背隐的内容是对正文的解释。参见上文同音_丁 20A25 及其背隐。与正文同样的词组还有同音_甲 19B13、32A52；文海_刻①40B23 等。

32B68 𗧜𗇋 。·jar 1.82 sjwɨ 1.30 新娘

[背隐] 𗇋𗧜

新娘

[按语] 背隐以同义词解释正文。与正文同样的词组还有同音_甲 32A53；合编_甲 02.081；同义 05B6 等。该字又见杂字_乙 15A6。

32B71 𗱲𗤓 dzu 1.01 sjuu 1.07 爱慕

[背隐] 𗱲𗤓𘝆𗥃

爱欲需求

[按语] 背隐的内容是对正文的解释。与正文同样的词组还有同音_甲 32A54；文海_刻① 38B72 等。该字又见同义 23A7。文海_刻①12A71 有该字的详细材料。

32B72 𗸖𗤓 ŋwo 2.42 sjuu 1.07 银银

[背隐] 𗥃𗤓𗸖𘝲

矿藏中出

[按语] 背隐的内容是对正文的解释。与正文同样的词组还有同音甲32A55。该字又见杂
字甲03A4；同义18A2等。文海刻①12A72有该字的详细材料。

32B73 𗅤𗘞 。sjuu 1.07 lha 1.20 鹿鹿
[背隐] 𗉛𗰔𗹟𗘞
角节有处
[按语] 背隐的内容是对正文的解释。与正文同样的词组还有同音甲32A56。该字又见同
义27A4。文海刻①12B11有该字的详细材料。

32B74 𗣈𗰀 mja 1.20 tshjij 2.54 万万
[背隐] 𗣱𗰀
数万
[按语] 背隐的内容是对正文的解释。参见上文同音丁04A31及其背隐。与正文同样的词
组还有同音甲03A33、32A64；文海刻①28A23；同义22A2等。

32B75 𗣈𗣗 tsja 1.20 tshjij 2.54 吊死鬼
[背隐] 𗰈𗰔𗹟𗜔𗤁𗜔
他杀吊死鬼
[按语] 背隐的内容是对正文的解释。参见上文同音丁31B56及其背隐。与正文同样的词
组还有同音甲31A27、32A63；文海刻①28B62；同义20B2等。

32B76 𗣉𗾰 zewr 1.87 tshjij 2.54 绚丽
[背隐] 𗤁𗙴𗰔𗥃𗤁
色不同有花
[按语] 背隐的内容是对正文的解释。与正文同样的词组还有同音甲32A65、53A35等。
该字又见同义16A6。

32B77 𗝠𗤆 。·jar 1.82 tshjij 2.54 八山
[背隐] 𗝠𗣴𗰔𗆧𗢭𗘯
八山天柱皇帝
[按语] 背隐的内容是对正文的解释，但内容突兀，意义不明。与正文同样的词组还有杂
字乙05A3。该字又见杂字乙05A3；同义25A6等。

32B78 𗱕𗤁 tsew 2.38 du 2.04 限量
[背隐] 𗾰𗱕𗤁𗥃
测量使明
[按语] 背隐的内容是对正文的解释。与正文同样的词组还有同音甲30A68；文海刻①
30A72；同义22A5；碎金03A3等。

33A11 𗼻𗬃 。tsew 2.38 tji 1.67 斋食
[背隐] 𗤷𗞊𗬃
连续食
[按语] 背隐的内容是对正文的解释。与正文同样的词组还有同音甲30A71。该字又见杂

字乙19B5；同义12A1；碎金08B3等。

33A12 𗾫𗟲 mər 2.76 tsor 2.80（地名）

[背隐] 𗏁𗣀/𗣼𗤋

地名/黑山

[按语] 背隐指出正文的类别为一"地名"；然后指出其所在的地区。与正文同样的词组还有同音甲32A62；杂字乙05A2等。该字又见杂字乙05A2；同义25A6等。

33A13 𗏝𗟲 。kjwij 2.33 tsor 2.80 驹崽

[背隐] 𗤋𗣼

牲畜

[按语] 背隐的内容是对正文的解释。参见上文同音丁27B65及其背隐。与正文同样的词组还有杂字乙08B3；同义13B2（颠倒）等。该字又见文海抄②46A7.02。

33A14 𗊢𗖠 tsow 1.54 kiej 1.34 残缺

[背隐] 𗗡𗑉𗖠

不全具

[按语] 背隐以反义词解释正文。参见上文同音丁22B25及其背隐。与正文同样的词组还有同音甲21B62、32A71；文海刻①60A51；同义31B3等。

33A15 𗤋𗟲 。rjir 2.72 tsow 1.54 汁汤

[背隐] 𗣼

肉

[按语] 背隐的内容是对正文的解释。与正文同样的词组还有同音甲32A68；同义11B3等。该字又见杂字乙19A1。

33A16 𗖼𗟭 sji 1.10 dzjwo 2.44 仙人

[背隐] 𗾫𗟲𗤋𗟭𗏁

山（中）求长寿者

[按语] 背隐的内容是对正文的解释。与正文同样的词组还有同音乙35B56；同音甲32A72、35A26；文海刻③15B21；同义02A4等。

33A17 𗣼𗟭 。dzjwu 1.02 dzjwo 2.44 人人

[背隐] 𗣀𗤋

庶民

[按语] 背隐的内容是对正文的解释。与正文同样的词组还有同音乙37B52；同音甲32A73；合编甲02.192等。

33A18 𗏁𗟲 tśja 1.19 sə 1.27（族姓）

[背隐] 𗑉𗤋

族姓

[按语] 背隐指出正文的类别为一"族姓"。与正文同样的词组（即此西夏复姓）还有同音甲32A75；杂字乙12A1等。该字又见掌中珠甲11A34；同义07B6；碎金05B6

等。文海_刻①34A63 有该字的详细材料。

33A21 㣼㣼 。thji 2.10 sə 1.27 末尾

　　［背隐］ 㣼㣼
　　　　　　末尾

　　［按语］ 背隐以同义词解释正文。参见上文同音_丁 17B78 及其背隐。与正文同样的词组还
　　　　　　有同音_甲 17A41、32A76 等。

33A22 㣼㣼 sə 2.25 dzej 1.33 私自

　　［背隐］ 㣼㣼㣼㣼
　　　　　　不与他共

　　［按语］ 背隐的内容是对正文的解释。与正文同样的词组还有同音_乙 34A68；同音_甲
　　　　　　32A74、33B65；文海_刻③16A42；同义 29A6 等。

33A23 㣼㣼 。sə 2.25 rur 2.69 清洁

　　［背隐］ 㣼㣼
　　　　　　清净

　　［按语］ 背隐以同义词解释正文。与正文同样的词组还有同音_乙 50B68；同音_甲 32A77、
　　　　　　50B13；文海_刻①60B11；杂字_乙 18A4；合编_甲 03.142；同义 22B2 等。

33A24 㣼㣼 njijr 1.74 tsar 1.80 野兽

　　［背隐］ 㣼㣼㣼
　　　　　　兽种种

　　［按语］ 背隐的内容是对正文的解释，指出此词乃“兽”的通称。该字又见同义 27A4；
　　　　　　杂字_乙 13B7 等。文海_刻①84B41 有该字的详细材料。

33A25 㣼㣼 tsar 1.80 sji 2.60（草名）

　　［背隐］ 㣼㣼㣼/㣼
　　　　　　草名/zar

　　［按语］ 背隐指出正文的类别为一“草名”；然后注明了该词的汉语读音。与正文同样的
　　　　　　词组还有同音_甲 32B11；文海_刻①84B42；杂字_乙 07B6 等。该字又见同义 09B4。文
　　　　　　海_刻①84B42 有该字的详细材料。

33A26 㣼㣼 tsar 1.80 zar 1.80 干姜

　　［背隐］ 㣼㣼㣼/㣼㣼
　　　　　　食中撒/干姜

　　［按语］ 背隐的内容是对正文的解释；然后注明了该词的汉语读音。与正文同样的词组还
　　　　　　有同音_甲 32B13。该字又见杂字_乙 07A5；掌中珠_甲 15B12（正文后该词的汉语译释
　　　　　　即来源于此）；同义 11B4；碎金 08B1 等。文海_刻①84B51 有该字的详细材料。

33A27 㣼㣼 gjij 1.61 tsar 1.80 逆逃

　　［背隐］ 㣼㣼
　　　　　　惊慌

[按语] 背隐的内容是对正文大字的解释。参见上文同音丁27A24及其背隐。与正文同样
的词组还有同音甲32B14；同义19B4等。

33A28 𗷓𗷓 。śiəj 1.41 tsar 1.80 生扎

[背隐] 𗷓𗷓𗷓𗷓
番语汉语

[按语] 背隐的内容是对正文的解释，指出在西夏语、汉语中这个词汇是相同的。该字又
见同义12A3。

33A31 𗷓𗷓 tshu 1.01 bja 1.64 粗糙

[背隐] 𗷓𗷓
不软

[按语] 背隐以反义词解释正文。参见上文同音丁10A31及其背隐。与正文同样的词组还
有同音甲32B15；同义05A2等。

33A32 𗷓𗷓 tshu 1.01 tshju 1.03 锅铲

[背隐] 𗷓𗷓
翻锅

[按语] 背隐的内容是对正文的解释，指出其用途。与正文同样的词组还有同音乙34A42；
同音甲32B16、33B32；同义24B1等。文海刻①06A71有该字的详细材料。

33A33 𗷓𗷓 。ŋwer 2.71 tshu 1.01 踟跌

[背隐] 𗷓𗷓𗷓𗷓
回膝坐卧

[按语] 背隐的内容是对正文的解释。与正文同样的词组还有同音甲32B17。该字又见同
义05A4。文海刻①06B11有该字的详细材料。

33A34 𗷓𗷓 γie 1.09 dzu 2.01 强胜

[背隐] 𗷓𗷓
强胜

[按语] 背隐以同义词解释正文。与正文同样的词组还有同音甲32B25；文海刻③15B31
等。该字又见同义24B5。文海刻③15B31有该字的详细材料。

33A35 𗷓𗷓 dzu 2.01 tshjij 1.42 尖细

[背隐] 𗷓𗷓
尖刺

[按语] 背隐的内容是对正文的解释。与正文同样的词组还有同音甲32B22；文海刻③
15B41；碎金09B6等。

33A36 𗷓𗷓 meej 2.34 dzu 2.01 马马

[背隐] 𗷓
马

[按语] 背隐以同义词解释正文，"𗷓𗷓"乃马的一种。参见上文同音丁07B36及其背隐。

与正文同样的词组还有同音甲06B57、32B21；文海刻①47B32；杂字乙08B2；合
编丙B46；同义28A6 等。

33A37 𗖻𗘶 meej 2.34　dzu 2.01　东方

　　［背隐］𗘶𗷗𗤅𗤋

　　　　　东日来处

　　［按语］背隐的内容是对正文的解释。参见上文同音丁07B35 及其背隐。与正文同样的词
　　　　　组还有同音甲06B55、32B18；文海刻①72B11；合编丙B45；同义25A5 等。

33A38 𗓽𗋽 khə 2.25　dzu 2.01　马病

　　［背隐］𗼩𗖻𗊱

　　　　　马患病

　　［按语］背隐的内容是对正文的解释。参见上文同音丁24B61 及其背隐。与正文同样的词
　　　　　组还有同音甲23B77、32B23；文海刻③15B51；杂字乙08B6；同义27A5 等。

33A41 𗱕𗦇 。rer 2.71　dzu 2.01　条带

　　［背隐］𗘼𗰖

　　　　　衣服

　　［按语］背隐的内容是对正文的解释，指出“𗦇”乃衣服上所用的“条带”。与正文同样
　　　　　的词组还有同音乙48B66；同音甲32B24 等。该字又见同义12A6。文海刻③15B52
　　　　　有该字的详细材料。

33A42 𗦮𗦲 thu 2.01　tshew 2.38　亲近

　　［背隐］𗦮𗥃𗤿

　　　　　亲近

　　［按语］背隐以同义词解释正文。与正文同样的词组还有同音甲32B26。该字又见同义
　　　　　23A5。

33A43 𗖻𗦳 lu 1.58　tshew 2.38　碎石

　　［背隐］𗖻𗦲 × 𗌭/𗏵

　　　　　石蕨 × 粗/一

　　［按语］背隐的内容是对正文的解释，其中有一字看不清楚。与正文同样的词组还有同
　　　　　音甲32B28。该字又见同义25B4。

33A44 𗫨𗦯 tshew 2.38　sju 2.02　坚固

　　［背隐］𗫸𗦯

　　　　　坚固

　　［按语］背隐以同义词解释正文。与正文同样的词组还有同音乙36B74；同音甲32B27、
　　　　　36A44；文海刻①39B72；同义18B3 等。

33A45 𗦱𗗣 tshew 2.38　ŋwe 2.07　辔辔

　　［背隐］𗼩𗦱𗰭

　　　　　骑马用

[按语] 背隐的内容是对正文的解释，指出其用途。参见上文同音丁26A25及其背隐。与正文同样的词组还有同音甲25A52；同义15A5等。参阅掌中珠甲33B32。

33A46 𗐴𗐴𗐴 tshew 2.38 we 2.07 rjar 2.74（草名）

    [背隐] 𗐴𗐴
        草名

    [按语] 背隐指出正文的类别为一"草名"。与正文同样的词组还有同音甲32B33，可见此三字多以词组的形式出现。该字又见杂字乙08A4；同义09B6等。

33A47 𗐴𗐴 。pjij 1.42 tshew 2.38（草名）

    [背隐] 𗐴
        草

    [按语] 背隐指出正文的类别为一"草名"（简化）。参见上文同音丁06B36及其背隐。与正文同样的词组还有同音甲05B51、32B34；文海刻①51B63；杂字乙08A1；同义09B6等。

33A48 𗐴𗐴 tshji 1.30 ·jij 2.33 羖羳羊

    [背隐] 𗐴𗐴
        羊羊

    [按语] 背隐以同义词解释正文。与正文同样的词组还有同音乙44B47；同义甲32B35、44A48；文海刻①53B21；掌中珠甲16B12（正文后该词的汉语译释即来源于此）；碎金09B3等。同音丁30B73与此相关可参阅。

33A51 𗐴𗐴 tshji 1.30 no 2.42 喜爱

    [背隐] 𗐴𗐴𗐴𗐴𗐴
        喜爱喜爱物

    [按语] 背隐的内容是对正文的解释。与正文同样的词组还有同音甲15A21、32B36；文海刻①91A31；合编甲09.071等。

33A52 𗐴𗐴 tshji 1.30 phji 1.69 妙语

    [背隐] 𗐴𗐴
        妙语

    [按语] 背隐以同义词解释正文。参见上文同音丁08B36及其背隐。与正文同样的词组还有同音甲08A13、32B37；文海刻①70A32；合编甲11.113；同义21A4等。

33A53 𗐴𗐴 tshji 1.30 bo 1.49 攒昴

    [背隐] 𗐴𗐴
        星名

    [按语] 背隐指出正文的类别为一"星名"。与正文同样的词组还有同音甲32B44；文海刻①39A12；掌中珠甲08A32（正文后该词的汉语译释即来源于此）等。

33A54 𗐴𗐴 tshji 1.30 mur 1.75 晚夕

    [背隐] 𗐴𗐴𗐴𗐴
        日没成夜

[按语] 背隐的内容是对正文的解释。与正文同样的词组还有同音_甲32B42；文海_刻①
65B33；合编_甲06.011 等。

33A55 𗏁𗏂 zjiir 2.85 tshjɨ 1.30（鸟名）

[背隐] 𗏁𗏂
鸟名

[按语] 背隐指出正文的类别为一"鸟名"。从正文注字来看还应该是一种生活于水上的
鸟。与正文同样的词组还有同音_甲32B43；文海_刻①39A21；杂字_乙09B4 等。

33A56 𗏃𗏄 。rar 1.80 tshjɨ 1.30 山羊

[背隐] 𗏄𗏂
兽名

[按语] 背隐指出正文的类别为一"兽名"。与正文同样的词组还有同音_甲32B38；文海_刻
①39A22；杂字_乙10A8；掌中珠_甲16B12（正文后该词的汉语译释即来源于此）；
碎金 09B1 等。

33A57 𗏅𗏆 tshjɨ 2.28 ·u 2.01 盐

[背隐] 𗏆𗏇
盐池内

[按语] 背隐的内容是对正文的解释。与正文同样的词组还有同音_乙45A12；同音_甲
32B45、44B17；文海_刻①15B41；杂字_乙19A5；掌中珠_甲15A32（正文后该词的汉
语译释即来源于此）；同义 11B1；碎金 08B1 等。

33A58 𗏈𗏉𗏊 。rjar 2.74 tshjɨ 2.28 khiwə 1.28（菜名）

[背隐] 𗏋𗏂
菜名

[按语] 背隐指出正文的类别为一"草名"。参见上文同音_丁26B17 及其背隐。与正文同
样的词组还有同音_甲25B47、32B41；文海_刻①35B61；杂字_乙07B3 等。

33A61 𗏌𗏍 dzju 2.52 ljwu 2.02 妙语

[背隐] 𗏌𗏎
言语

[按语] 背隐的内容是对正文的解释。与正文同样的词组还有同音_甲32B46；文海_刻①
65B53；合编_甲11.113；同义 20B7 等。文海_刻③15B61 有该字的详细材料。

33A62 𗏏𗏐 。dzju 1.59 dzju 2.52 混合

[背隐] 𗏑𗏒𗏓𗏔
聚集变厚

[按语] 背隐的内容是对正文的解释。与正文同样的词组还有同音_甲32B47。该字又见同
义 28B5。文海_刻③15B62 有该字的详细材料。

33A63 𗏕𗏖 dzju 2.03 dzjɨ 2.61 聚集

[背隐] 𗏗𗏘
聚集

［按语］背隐以同义词解释正文。与正文同样的词组还有文海$_{刻}$①68A52 等。该字又见杂字$_{乙}$ 08B8；掌中珠$_{甲}$ 34B22（正文后该词的汉语译释即来源于此）；同义 10B5；碎金 10A4。

33A64 [illegible] ljɨ̣ 2.61 dzjɨ̣ 2.61 一顷地

［背隐］ [illegible]

集百亩一（顷）

［按语］背隐的内容是对正文的解释。与正文同样的词组还有同音$_{甲}$ 32B51。该字又见掌中珠$_{甲}$ 26B12；同义 22A6 等。文海$_{刻}$③15B72 有该字的详细材料。

33A65 [illegible] tsjiir 1.93 dzjɨ̣ 2.61 官爵

［背隐］ [illegible]

威风字增

［按语］背隐的内容是对正文的解释。与正文同样的词组还有同音$_{甲}$ 32B53；同义 02B4；碎金 04A1 等。文海$_{刻}$③16A11 有该字的详细材料。

33A66 [illegible] ○ dzjɨ̣ 2.61 tshow 1.54 gju 2.03 拍板：乐器

［背隐］ [illegible]

拍板

［按语］背隐注明了该词的汉语读音。与正文同样的词组还有同音$_{甲}$ 32B52。该字又见掌中珠$_{甲}$ 32B32（正文后该词的汉语译释即来源于此）；纂要 10A4；同义 15A1 等。

33A67 [illegible] tsə̣ 1.68 tshjwu 1.03 染色

［背隐］ [illegible]

染色

［按语］背隐的内容是对正文的解释。与正文同样的词组还有同音$_{甲}$ 32B56。该字又见同义 16A3。文海$_{刻}$①09B62 有该字的详细材料。

33A68 [illegible] tshjwu 1.03 ŋwər 1.84 天乾

［背隐］ [illegible]

天

［按语］背隐以同义词解释正文。“乾”为八卦之一，代表天。参见上文同音$_{丁}$ 22A43 及其背隐。与正文同样的词组还有同音$_{甲}$ 21A63、32B54 等。

33A71 [illegible] ŋwər 1.84 tshjwu 1.03 青青

［背隐］ [illegible]

青

［按语］背隐以同义词解释正文。参见上文同音$_{丁}$ 22A46 及其背隐。与正文同样的词组还有同音$_{甲}$ 21A73、32B55 等。

33A72 [illegible] lhjạ 1.64 tshjwu 1.03 闪电

［背隐］ [illegible]

天雷

[按语] 背隐的内容是对正文的解释，指出"闪电"乃由天上的雷发出。与正文同样的词
组还有同音甲32B58；文海刻③11B42；掌中珠甲09A22（正文后该词的汉语译释
即来源于此）；同义13A4 等。

33A73 𗒹𗢁 khjow 1.56 tshjwu 1.03 馈赠
[背隐] 𗒹𗢁
馈赠
[按语] 背隐以同义词解释正文。与正文同样的词组还有同音甲32B61。该字又见掌中珠甲
27B14；同义24A1 等。文海刻①10A11 有该字的详细材料。

33A74 𗒹𗢁 tśja 1.19 tshjwu 1.03 礼拜
[背隐] 𗒹𗢁
礼拜
[按语] 背隐以同义词解释正文。与正文同样的词组还有同音甲32B62。该字又见掌中珠甲
16B34；同义01A5 等。文海刻①10A12 有该字的详细材料。

33A75 𗒹𗢁 tshjwu 1.03 naa 2.19 盟誓
[背隐] 𗒹𗢁
咒骂
[按语] 背隐的内容是对正文的解释。参见上文同音丁18A31 及其背隐。与正文同样的词
组还有同音甲17A63、32B57；文海刻①63B31；合编甲13.071；同义20B2 等。

33A76 𗒹𗢁 lhju 1.03 tshjwu 1.03 煮奶
[背隐] 𗒹𗢁𗢁𗢁
煮奶使熟
[按语] 背隐的内容是对正文的解释。与正文同样的词组还有同音甲32B64。该字又见同
义18B6。文海刻①10A21 有该字的详细材料。

33A77 𗒹𗢁 tshjɨɨ 1.32 tshjwu 1.03 虹霓
[背隐] 𗒹𗢁
雨后
[按语] 背隐的内容是对正文的解释，指出"虹霓"产生于"雨后"。与正文同样的词组
还有同音乙34A12；同音甲32B63、33B11；掌中珠甲09A22（正文后该词的汉语译
释即来源于此）；同义13A4 等。

33A78 𗒹𗢁 。tshjwu 1.03 bə 2.25 蝗虫
[背隐] 𗒹𗢁𗢁
为天灾
[按语] 背隐的内容是对正文的解释。看来蝗灾由来已久。与正文同样的词组还有同音甲
32B65。该字又见同义27B7。

33B11 𗒹𗢁 sjo 2.64 swa 1.17 （草名）
[背隐] 𗒹𗢁
草名

［按语］背隐指出正文的类别为一"草名"。与正文同样的词组还有同音乙34B23；同音甲
32B72、34A22；文海刻①24B51；杂字乙07B7；同义09B4 等。

33B12 㒼㒼 swa 1.17 rjijr 2.68 毛发

［背隐］㒼㒼㒼

额上有

［按语］背隐的内容是对正文的解释。与正文同样的词组还有同音甲32B68；文海刻①
24B52 等。该字又见同义03B2。文海刻①24B52 有该字的详细材料。

33B13 㒼㒼 。nju 1.03 swa 1.17 耳坠

［背隐］㒼㒼

耳坠

［按语］背隐注明了该词的汉语读音。与正文同样的词组还有同音甲32B71；掌中珠甲
25A32（正文后该词的汉语译释即来源于此）等。该字又见同义18A3。

33B14 㒼㒼 dzjii 2.12 dzjiij 2.35 教学

［背隐］㒼㒼㒼

使学艺

［按语］背隐的内容是对正文的解释。与正文同样的词组还有同音甲32B73。该字又见同
义03A5。文海刻③16A12 有该字的详细材料。

33B15 㒼㒼 tsjwar 1.82 dzjii 2.12 知晓

［背隐］㒼㒼㒼㒼

知见显明

［按语］背隐的内容是对正文的解释。与正文同样的词组还有同音乙34A77；同音甲
32B75、33B74；文海刻①86B11；同义16A2 等。

33B16 㒼㒼 。śjo 2.64 dzjii 2.12 覆盖

［背隐］㒼㒼㒼㒼

覆盖依靠

［按语］背隐的内容是对正文的解释。与正文同样的词组还有同音乙40B72；同音甲
32B74、40B24；文海刻③16A22；合编甲10.181；同义06A2 等。

33B17 㒼㒼 tsur 1.75 zji 1.69 冬日

［背隐］㒼㒼

寒冷

［按语］背隐的内容是对正文的解释。与正文同样的词组还有同音甲32B78；文海刻①
72A71；杂字乙20A1；合编甲02.194 等。

33B18 㒼㒼 tsur 1.75 njaa 1.21 黑垢

［背隐］㒼㒼㒼㒼

手脚污垢

［按语］背隐的内容是对正文的解释。与正文同样的词组还有同音甲32B76。该字又见同

义 31B6。文海_刻①80A71 有该字的详细材料。

33B21 𗥑𗥟。tsur 1.75 be 1.08 病患

[背隐] 𗥑𗥟

病患

[按语] 背隐以同义词解释正文。参见上文同音_丁08A47 及其背隐。与正文同样的词组还有同音_甲07B11、32B77；文海_刻①86A12；同义 31A5 等。

33B22 𗤁𗤘 tshe 2.07 lho ? 下贱

[背隐] 𗤘𗤁

下贱

[按语] 背隐以同义词解释正文。与正文同样的词组还有同音_甲33A12。该字又见掌中珠_甲19B12；同义 32A6 等。

33B23 𗤀𗣠。tshe 2.07 śjow 1.56 锡铁

[背隐] 𗣠𗣠𗤀

与银类（似）

[按语] 背隐的内容是对正文的解释，指出"锡"质地和颜色与"银"类似。与正文同样的词组还有同音_乙37A53；同音_甲33A11；杂字_乙05B3；掌中珠_甲12B32（正文后该词的汉语译释即来源于此）等。

33B24 𗤃𗤄。tshjwa 1.20 bjij 1.61 烤晒

[背隐] 𗤃𗤄𗤅𗤆

使冷变热

[按语] 背隐的内容是对正文的解释。与正文同样的词组还有同音_甲33A14。该字又见同义 18B7。文海_刻①29A41 有该字的详细材料。

33B25 𗤉𗤊。tshjwa 1.20 ŋər 1.84 火炉鏊

[背隐] 𗤉𗤊𗤋

火炉鏊

[按语] 背隐注明了该词的汉语读音。参见上文同音_丁27A37 及其背隐。与正文同样的词组还有同音_甲26A75、33A13；文海_刻①29A42、87A61；杂字_乙18B1；掌中珠_甲23B12（正文后该词的汉语译释即来源于此）；同义 15A3 等。

33B26 𗤌𗤍 ɣu 1.04 tswa 1.17 头髻

[背隐] 𗤌𗤍𗤎𗤏𗤐

顶髻上毛发

[按语] 背隐的内容是对正文的解释。与正文同样的词组还有同音_甲33A14；文海_刻①24B33 等。该字又见同义 03B2。文海_刻①24B33 有该字的详细材料。

33B27 𗤑𗤒。tswa 1.17 tswa 1.17 （族姓）

[背隐] 𗤑𗤒

官姓

[按语] 背隐指出正文的类别为一"族姓"，而且是一个官姓。与正文同样的词组（即此西夏复姓）还有文海_刻①24B41。该字又见同义06A6。文海_刻①24B41 有该字的详细材料。

33B28 絺絺 tsa 1.17 ɣu 2.04（草名）

[背隐] 絺絺

草名

[按语] 背隐指出正文的类别为一"草名"。与正文同样的词组还有同音_乙42A53；同音_甲33A23、41B32；文海_刻①23A71；杂字_乙08A2；同义10A1 等。

33B31 絺絺 tsa 1.17 tshjwi 1.16（地名）

[背隐] 絺絺

地名

[按语] 背隐指出正文的类别为一"地名"。参见上文同音_丁31B62 及其背隐。与正文同样的词组还有同音_甲31A32、33A22；文海_刻①21B62；同义25B6 等。该字又见杂字_乙13B5。文海_刻①23A72 有该字的详细材料。

33B32 絺絺 。 tswa 1.17 kia 1.18 牢好

[背隐] 絺絺絺

已牢好

[按语] 背隐的内容是对正文的解释。参见上文同音_丁21B74 及其背隐。与正文同样的词组还有同音_甲21A26、33A21；文海_刻①23B11；同义17B3 等。

33B33 絺絺 sjwu 2.52 sja 1.20 生杀

[背隐] 絺絺絺絺

使死命断

[按语] 背隐的内容是对正文的解释。与正文同样的词组还有同音_甲33A24；文海_刻①59A51；合编_甲19.042 等。

33B34 絺絺 。 tsju 1.02 sja 1.20 做事

[背隐] 絺絺絺絺絺

作办不停止

[按语] 背隐的内容是对正文的解释。与正文同样的词组还有同音_甲33A25；文海_刻①42B42 等。该字又见同义17B2。文海_刻①29A11 有该字的详细材料。

33B35 絺絺 tsju 1.03 zji 1.11（族姓）

[背隐] 絺絺

族姓

[按语] 背隐指出正文的类别为一"族姓"。同音_甲33A27：絺絺絺 tsju 1.03 mjir 1.86 mə 2.25（tsju：族姓）。该字又见杂字_乙13A1；同义07A4 等。文海_刻①09A62 有该字的详细材料。

33B36 絺絺 tshja 1.64 tsju 1.03 怨恨

[背隐] 絺絺絺

　　　　胀毒气

　　[按语] 背隐的内容是对正文的解释。与正文同样的词组还有同音﹖33A26。该字又见掌
　　　　中珠﹖06B34；同义 27A1 等。文海﹖①09A63 有该字的详细材料。

33B37 ㊟ 。 tsju 1.03 tsji 1.30 根子

　　[背隐] ㊟㊟㊟㊟

　　　　婴儿阴根

　　[按语] 背隐的内容是对正文的解释。与正文同样的词组还有同音﹖33A28。该字又见杂
　　　　字乙17A7；同义 04A4 等。文海﹖①09A71 有该字的详细材料。

33B38 ㊟㊟ sa 1.17 khjow 1.56 受惊

　　[背隐] ㊟㊟㊟㊟

　　　　惊病使停

　　[按语] 背隐的内容是对正文的解释。与正文同样的词组还有同音﹖33A31；文海﹖①
　　　　25A31 等。该字又见同义 21A4。文海﹖①25A31 有该字的详细材料。

33B41 ㊟㊟ 。khji 2.10 sa 1.17 气胀

　　[背隐] ㊟㊟㊟㊟㊟

　　　　受风气胀

　　[按语] 背隐的内容是对正文的解释。与正文同样的词组还有同音﹖33A32。该字又见同
　　　　义 20A5。文海﹖①25A32 有该字的详细材料。

33B42 ㊟㊟ dju 1.03 sjwu 2.52 有生

　　[背隐] ㊟㊟㊟㊟

　　　　血活动摇

　　[按语] 背隐的内容是对正文大字的解释。与正文同样的词组还有同音﹖33A33。该字又
　　　　见掌中珠﹖19B12；同义 23B3 等。

33B43 ㊟㊟ 。·a？ sjwu 2.52 苏醒

　　[背隐] ㊟㊟㊟

　　　　昏迷复（苏）

　　[按语] 背隐的内容是对正文大字的解释。与正文同样的词组还有同音﹖33A34。该字又
　　　　见掌中珠﹖28A24；同义 23A1 等。

33B44 ㊟㊟ tshow 1.54 dzjir 1.86 斩断

　　[背隐] ㊟㊟㊟㊟

　　　　切断判凭

　　[按语] 背隐的内容是对正文的解释。参见上文同音丁30A22 及其背隐。与正文同样的词
　　　　组还有同音﹖29A56、33A35；文海﹖①60A52；合编﹖23.023；同义 26A5 等。

33B45 ㊟㊟ 。dzjir 1.86 bow 2.47 迅速

　　[背隐] ㊟㊟

　　　　迅速

[按语] 背隐以同义词解释正文。参见上文同音丁07A63 及其背隐。与正文同样的词组还
有同音甲06B13、33A36；文海刻①67A62；合编丙A41；同义19A3 等。

33B46 𗣴𗥃 dzji 1.10 dzjo 1.51 吃食

[背隐] 𗅉𗥃𗣴

吞咽食

[按语] 背隐的内容是对正文的解释。与正文同样的词组还有同音乙34A58；同义甲
33A37、33B48；文海刻③21A31；杂字乙19A7；合编甲08.021；同义11B5 等。

33B47 𗥽𗣴 khwu 2.51 dzji 1.10 切断

[背隐] 𗣴𗥽𗄻

互切断

[按语] 背隐的内容是对正文的解释。与正文同样的词组还有同音甲33A38；文海刻③
04B61 等。该字又见同义30A3。文海刻③04B61 有该字的详细材料。

33B48 𗣴𗴪 ｡ ŋwer 1.77 dzji 1.10 齐等

[背隐] 𗴪𗣴𗥽

等同合

[按语] 背隐以同义词解释正文。与正文同样的词组还有同音甲33A41。该字又见同义
22B5。文海刻③04B62 有该字的详细材料。

33B51 𗥖𗣵 dzjwi 1.11 dzji 1.11 安静

[背隐] 𗣵𗥖𗗙

使心安

[按语] 背隐的内容是对正文的解释。参见上文同音丁31A78 及其背隐。与正文同样的词
组还有同音甲30B51、33A42；同义22B7 等。

33B52 𗣆𗣵 ｡ rjijr 1.74 dzjwi 1.11 马瘦

[背隐] 𗣆𗣀𗣵𗘂

腹减膘失

[按语] 背隐的内容是对正文的解释。与正文同样的词组还有同音甲33A43。该字又见同
义20A5。文海刻③04B71 有该字的详细材料。

33B53 𗣚𗣹 tshej 1.33 ·jir 1.79 财禄

[背隐] 𗩰𗣹𗣚

人福禄

[按语] 背隐的内容是对正文的解释。与正文同样的词组还有同音甲33A44。该字又见杂
字乙14B4；掌中珠甲14B14；同义07B6；碎金06A1 等。

33B54 𗤛𗣚 ｡ tshwa 1.17 tshej 1.33 侵扰

[背隐] 𗣴𗅉𗣴𗣵𗗙

使互击不停

[按语] 背隐的内容是对正文的解释。与正文同样的词组还有同音乙34B43；同音甲

33A44；文海_刻①24B42；同义 26B3 等。

33B55 㣇𢇻 lhji 2.10 sji̱ 1.69 死亡

[背隐] 𩾰𤖼𩾟𧃊
如死亡死

[按语] 背隐的内容是对正文的解释。与正文同样的词组还有同音_甲33A46。该字又见杂
字_乙08B5；同义 20B2；碎金 08B5 等。文海_刻①76B22 有该字的详细材料。

33B56 𩇕𦘺 。sji̱ 1.69 nji 2.10 清洁

[背隐] 𥻵𦘺𥺋𧃎
清洁清净

[按语] 背隐以同义词解释正文。参见上文同音_丁15A18 及其背隐。与正文同样的词组还
有同音_甲14A37、33A47；文海_刻①76B31；同义 22B2 等。

33B57 𦵰𧅫 tsowr 1.91 dzjwi̱r 1.86 碓磑

[背隐] 𥻵𤕣𥾛𧃎𧅫
谷皮去掉用

[按语] 背隐的内容是对正文的解释，指出其用途。与正文同样的词组还有掌中珠_甲
27A12；碎金 08B2 等。该字又见杂字_乙18B4；同义 14B7 等。文海_刻①91B12 有该
字的详细材料。

33B58 𧃎𧇊 。tsowr 1.91 tsjiir 2.86 短叉

[背隐] 𩇙𧃎
刺用

[按语] 背隐的内容是对正文的解释，指出其用途。参见上文同音_丁32B34 及其背隐。与
正文同样的词组还有同音_甲32A15、33A51 等。

33B61 𦘺𦆃 lew 2.38 swu 2.01 同类

[背隐] 𦵰𥾛
父子

[按语] 背隐的内容是对正文的解释。与正文同样的词组还有同音_乙53B37；同音_甲
33A53、53A72 等。该字又见同义 04B2。

33B62 𧁏𧃐 。sə 1.27 swu 2.01 满足

[背隐] 𧁏𢇻
满足

[按语] 背隐以同义词解释正文。与正文同样的词组还有同音_甲33A54、33B41 等。该字
又见同义 28B7。

33B63 𩾰𩇄 tsju 2.52 dzjwi̱ 2.28 羽翼

[背隐] 𣭊𦯧𧃎
飞翔用

[按语] 背隐的内容是对正文的解释，指出其用途。与正文同样的词组还有同义 28A1。

该字又见杂字乙09B8。文海刻③14B41 有该字的详细材料。

33B64 蘽蘽 。sjwu 2.02 dzjwɨ 2.28 回廊

[背隐] 𗀚𗼺

屋舍

[按语] 背隐的内容是对正文的解释。与正文同样的词组还有同音乙38A14；同音甲 33A56、37A54；文海刻③14B42；杂字乙17B3；掌中珠甲22A12（正文后该词的 汉语译释即来源于此）；同义13B5 等。

33B65 𗀡𗀡 tji 1.67 tsjwu 1.03 饮壶

[背隐] 𗀡𗀞𗴿𗴿

做饮料一（壶）

[按语] 背隐的内容是对正文的解释。与正文同样的词组还有同音甲33A61。该字又见同 义22A6。文海刻①09B52 有该字的详细材料。

33B66 蘽蘽 。tsə 1.68 tsjwu 1.03 茶铫

[背隐] 𗀢𗼺

铫子

[按语] 背隐注明了该词的汉语读音。与正文同样的词组还有同音甲33A62；文海刻① 64A31；掌中珠甲23B22（正文后该词的汉语译释即来源于此）等。

33B67 蘽蘽 sjow 1.56 dzwə 1.27 镊子

[背隐] 𗴿𗀣

镊子

[按语] 背隐注明了该词的汉语读音。与正文同样的词组还有同音甲33A64。该字又见掌 中珠甲22B22；同义15A2 等。文海刻③04B72 有该字的详细材料。

33B68 蘽蘽 zow 2.47 dzwə 1.27 捉拿

[背隐] 𗴿𗼺𗼺𗼺

巧捕不放

[按语] 背隐的内容是对正文的解释。与正文同样的词组还有同音甲33A63。该字又见同 义24B1；碎金09B6 等。文海刻③05A11 有该字的详细材料。

33B71 蘽蘽 dzjwɨ 1.30 dzwə 1.27 筹划

[背隐] 𗴿𗼺𗼺𗴿

设计陷害

[按语] 背隐的内容是对正文的解释。与正文同样的词组还有同音甲33A66。该字又见同 义29B3。文海刻③05A12 有该字的详细材料。

33B72 蘽骰 。dzjo 2.44 dzwə 1.27 诗册

[背隐] 𗼺𗀣𗴿𗼺骰/𗀣𗴿𗀣𗴿

又十卷一册/词行足够

[按语] 背隐的内容是对正文的解释。与正文同样的词组还有同音甲33A65。该字又见同

义 22A6。文海_刻③05A21 有该字的详细材料。聂Ⅱ427 录背隐内容。

33B73 𗱕 tja 1.64 dzjwɨ 1.30 罪恶

[背隐] 𗱕𗙤𗼃𗗊
连续获罪

[按语] 背隐的内容是对正文的解释。从背隐音义的内容来看，应该指"贯犯"。参见上文同音_丁 16B71 及其背隐。与正文同样的词组还有同音_甲 16A24、33A74；文海_刻③03B51；同义 29B3 等。

33B74 𗗊 。 khjɨɨ 2.29 dzjwɨ 1.30 谗言

[背隐] 𗒉𗤋𗳉𗘂
舌恶学坏

[按语] 背隐的内容是对正文的解释。与正文同样的词组还有同音_甲 33A73。该字又见同义 29B1。文海_刻③03B52 有该字的详细材料。

33B75 𗼃 kjɨ 1.30 tshwu 2.01 着迷

[背隐] 𗒋𗤋𗦯𗗊
专心致志

[按语] 背隐的内容是对正文的解释。与正文同样的词组还有同音_甲 33A75。该字又见同义 03A2。

33B76 𗼃 。 dja 2.17 tshwu 2.01 肥壮

[背隐] 𗗗𗤋
出膘

[按语] 背隐的内容是对正文的解释。该字又见同义 22B4。

33B77 𗰛 · wo 1.70 tshjɨj 1.62 削粗

[背隐] 𗰛𗼃𗱕𗗊
削粗使细

[按语] 背隐的内容是对正文的解释。与正文同样的词组还有同音_甲 33B14。该字又见同义 20A5。文海_刻①68B61 有该字的详细材料。

33B78 𗋆 。 ɣa 1.17 tshjɨj 1.62 门户

[背隐] 未注

[按语] 背隐对正文未作解释，原因不详，估计属于遗漏所致。与正文同样的词组还有同音_甲 33B15；杂字_乙 18A1 等。该字又见杂字_乙 18A1；同义 20A7 等。

叁.结　语

　　因为《同音文海宝韵合编》残卷和《同音背隐音义》残本当时均没有文献题名，聂夫斯基无法准确标示其出处，而绝大多数人又看不到原件，所以致使大家不知所宗，只能照录。通过仔细比对，发现聂夫斯基对背隐的摘录还是相当有特点的。由于背隐的内容一般比较简短、字数少，聂夫斯基在采入其字典时，往往将其抄写于紧靠字头的后边，而且以圆括号括起来并给出汉译文（当然也有例外）。聂夫斯基《西夏语词典》所录内容大都是背隐中比较清晰的，容易辨识的。所录265条背隐内容[1]，占全部背隐音义（3270条）的8.1%。下面我们以具体例证，简要介绍背隐音义的特点。

一　《同音背隐音义》的特点

(一)背隐音义的形式

1.位置

　　墨书小字注释均写于每页正文背面的相应位置，故名之曰"背隐音义"。由于是在背面作注，时间稍长，如果注意力不集中的话，往往容易盯错位置。仔细审读背隐的内容，错位的注释，具体可分为以下两种情况，即上下错位和左右错位[2]。

　　(1)上下错位

　　即指将注释错写于与正文相邻的上一个字或下一个字的背面位置。例如同音丁06A26、同音丁06A27：此2字背隐的内容均是先写在上一个大字之背面，发现写错后又涂改掉，重新写于正确位置。再例如同音丁32A43～32A46：此4字的背隐同上。

　　(2)左右错位

　　是指盯错了行，将应该写于正确位置的注释，错写于相邻的字行中了。与同音丁06B22正文内容相配的西夏文字无疑是正确的背隐音义，但是，我们在同音丁06B32背面的左侧发现有相同的内容，只是字迹上有涂抹的痕迹。可见作注者误将同音丁06B22的背隐写此，发现盯错了行，将之涂掉，又在正确的位置重新书写。同音丁12A58之背面错写同音丁12A48的背隐音义内容，与上文所讲类似。

　　总体上来看，作注的人还是非常认真的，以上这两种情况不是很多，左右错位仅发现以上所举2处，上下错位稍多，亦仅10处。

　　与错位书写一样，对于背隐中写错的字，作注者往往亦随手涂改成黑墨蛋，然后重写。有的

---

[1]　其中包括聂夫斯基《西夏语发音研究的有关材料》一文中简要介绍该文献时所举的12个例证。这12个例证，有3例见于聂氏《西夏语词典》，其余9例未被录入。

[2]　注释写错之后，作注者往往将错处涂改成黑墨蛋或用重笔将错处涂黑，于旁边或下边重新书写。

写到一半时，发现写错了，甚或留下一个半拉字，径直重新书写下去。例如同音丁11B77、同音丁17A12的背隐中均有未成形的半拉字；同音丁24A74、同音丁25A22背隐中均是将写错的字涂掉，然后于右侧重写。这些情况亦不是很多。

2.特定符号

由于是随手作注，为了方便，作注者使用了一些特定的书写代替符号。主要有两种常用符号：即"𠄌"和"……"。

(1)"𠄌"多数情况下代表该字与前一字重复，有时则代表《同音》正文中的大字。

背隐中往往用"𠄌"表示重复的符号。①多数情况下表示对前一字的重复。例如同音丁14A61、同音丁19A15。②有时则代表《同音》正文中的大字，共发现5处。例如同音丁18A48、同音丁21B11。

(2)"……"表示指向

背隐中往往用"……"线将背隐与正文中的大、小字相连，用于指向。①指示位置。背隐的内容写得离正文稍远，用"……"指向该字所在的位置，以免误解。例如同音丁06B41、同音丁06B42和同音丁10B54、同音丁10B55。②指向大字。指背隐的内容是解释大字的。例如同音丁09B44、同音丁11B45。③指向小字。(a)解释小字。例如同音丁08B56、同音丁17A67。(b)指背隐内容与小字连用，用于解释大字。例如同音丁11B26、同音丁26B43。④指向大、小字。指背隐内容与大、小字均可形成词组，用于解释正文。例如同音丁09B45、同音丁22B34。⑤指示连接。可能由于正文透墨等原因，注中文字在此空开一段距离，以"……"将空开的文字相连，指示它们的内容应该连起来，是不可分割的一个整体。例如同音丁24A25、同音丁30B68。

(3)其他符号

另外，我们还发现一些其他特殊符号。计有代表《同音》正文中的大字的"｜"（发现一处），即同音丁03A77；代表《同音》正文中的大字的"—"（亦仅此一处），即同音丁22B41。这些特殊情况均已在按语中给予了说明。

3.无背隐音义原因分析

《同音》丁种本背面不作注的，大致分为以下三种情况：第一种，正文中注字已经注明了词义，故背面不作解释。例如同音丁05A62、同音丁11B43。第二种，前后文中已经有总的解释。例如同音丁09B47～09B55，先未作注，在最后一字下进行总体解释"皆真言中用"。再如同音丁20A46～20A56，在第一字下注出"真言中用"，后面与之类似的内容不再作注。第三种，有10处不作注者，原因不详（无规律）。估计属于遗漏所致。例如同音丁11A42，前文未作注，同样词语的同音丁19A15处却有背隐音义。

(二)背隐音义的内容

背隐音义的内容以释义为主，部分族姓、人名以及译音字下标注反切注音，部分背隐中直接标注汉语对音或以"汉语××"标注汉语对音，只有个别地方涉及字形构造的解释。

1.释义

(1)名词

普通名词多以同义词、近义词解释，例如同音丁04B57；或指出其用途，例如同音丁16A31。专有名词情况复杂：①族姓：《同音》全书中，正文注字注明"族姓"二字的，是汉族姓氏，则背隐单注一个"汉"字，例如同音丁10B41；是番姓，背面要么不作注（例如同音丁05A62），要么注出与大字相结合组成族姓的另一个字，因为党项人多为复姓，例如同音丁06A22。正文中大小字相连组成族姓的，背隐中多以"族姓"二字作注，例如同音丁04B56。②地名：多在背隐中注明"地名"二字，例如同音丁11B13、同音丁29A25。③人名：背隐中亦注以"人名"，与地名注法类似，例如同音丁21A16、同音丁31A65。④其他诸如草名（同音丁05A76），树名（同音丁05B41），虫名（同音丁06A54），鸟名（同音丁13B43），菜名（同音丁12A48），鬼名（同音丁04B68），兽名（同音丁06A12），星名（同音丁33A53），珠名（同音丁26B18），疤名（同音丁04A74）等注法大体相似。

(2)其他词类

①动词多以同义词解释，或对这个动作进行描述，例如同音丁03A55、同音丁07A66。②形容词或以同义词解释，或指示其所属类别。例如同音丁05A78、同音丁08A65。③代词多以同类词互相解释。例如同音丁04B22、同音丁23B22。④数词一般以"数某"解释，或直接以同义词解释。例如同音丁24A12、同音丁26B57。⑤副词以同义词解释。例如同音丁11B44、同音丁14A14。⑥助词背隐中往往注以"语助"二字。例如同音丁04B63、同音丁05A16。

2.注音

(1)反切：多在族姓、人名、外来借音字的背隐中注出反切注音。例如同音丁09A58、同音丁09B43。经统计，背隐中的反切注音共有66例。

(2)对音：背隐的一大特点就是给出了许多词语的汉语对音，有明确以"汉语××"表示，更多的则是直接以对音字出注。少数词的背隐仅标以汉语对音，例如同音丁26A38。多数情况下不但给出汉语对音，而且常常还要解释正文的词义，例如同音丁28B72。经统计，标示"汉语××"者24例；对音71例（直接标示对音者45例，既标示对音又释义者26例）；音义或义音结合者9例。

二 《同音背隐音义》书名的拟定及其成书年代

(一)《同音背隐音义》书名的拟定

《同音背隐音义》在拟定这个名称之前，是没有书名的。《俄藏黑水城文献》第7册为正面文献定题为"《音同》（丁种本）"，因为属于是新发现的文献，故编号为"俄X1"。《同音背隐音义》由于是在《同音》丁种本的背面，故当时拟题为"背注"，文献编号为"俄X1V"。

中国自古以来文献浩如烟海，由此而发展起来的文字、音韵、训诂之学，更是成为中国传统文化的基础。所谓"注释"，或称"注解"，或单称作"注"，是人们在阅读前人留下来的书籍文字时产生了疑惑，对书上的文字、词语所作的疏导或解释。它的产生，可能因为语言有古今之别，地域之分，雅俗不同，需要明白究竟者予以说明。所以说，自古以来，所谓的"传、注、疏、笺、说、解、释、诂、诠、校、证、考、微、隐、音、音义、章句、集解、集释、训诂、解诂、疏证、义疏、正义"等，都是不同形式的"注释"。

"音义"类注释，由来已久。它是以经传中字词的读音、含义以及文字的正误为主要注释对象的一种注解形式。这种注释形式的出现，应当与反切注音法的应用关系密切。南北朝时期，为儒家众经作"音义"的著述就很多，其形式多样，有单独刊出的，如北周沈重《周礼音》、晋徐邈《毛诗音》；有书之于侧的，如敦煌写本S.5705《周颂》残卷；而书之于卷背的，如梁干氏

《毛诗音隐》、佚名《说文音隐》等。到了唐代的陆德明，其所撰《经典释文》博采汉魏六朝以来有关典籍音韵、训诂资料，纂为一书，成为汉魏以来群经音义的总汇。其实"音义"类著作在佛经的注释上也很多。注者往往作音于佛经各卷之中，或书之于侧，或书之于端，或书之于卷末。其后录出结集而成为一部专门的经音，如《大般涅槃经音义》、《佛本行集经音义》等。到后来便形成了《众经音义》、《一切经音义》等集大成的佛学训诂经典著作[1]。

在中国古代传统文献中，与我们要研究的西夏文《同音》丁种本背面的注释有密切关系的注释类著作，是被冠以"隐"的这类著述，计有"隐义、背隐义、表隐、音隐、音义隐"等不同名称，例如《隋书·经籍志》就记载前朝人撰有：《丧服经传隐义》、《毛诗背隐义》、《毛诗表隐》、《毛诗音隐》、《说文音隐》、《礼记音义隐》等[2]。所谓"隐"，就是将释义隐于卷背的意义。清人姚振宗《隋书经籍志考证》卷三："按齐、梁时隐士何胤注书，于卷背书之，谓为隐义。背隐义之义盖如此。由是推寻，则凡称音隐、音义隐之类，大抵皆从卷背录出，皆是前人隐而未发之意。当时别无书名，故即就本书加隐字以明之。"[3]

以是推之，所以我们将此前所称的"《音同》（丁种本）背注"这个文献题名，改拟为"同音背隐音义"。之所以如此，理由有三：其一，我们称"音义"，而不单称"音"，是因为《同音》丁种本背面的这份注释以释义为主，注音次之；其二，称"隐"，是言明《同音》丁种本背面的注释正好是对正面相应字词的解释，类似于汉文文献中的"音隐"类著作；其三，称"背"，一是就其注释形式而言，一是与前述所称的"背注"呼应，便于大家理解。

（二）《同音背隐音义》的成因及作者文化背景的推测

1.背隐音义的成因

从背隐音义的内容来看，作注的目的可能是因为《同音》的正文太过简略，不能满足学习或使用的需要，注者便以《同音》正文为基础，参考《文海宝韵》等书的内容，并结合自己所掌握的西夏文知识，在这个《同音》版本的背面进行了补充注释。

2.背隐音义作者文化背景的推测

背隐音义的作者虽然没有留下自己的姓名，但是我们可以根据背隐音义的若干特点，分析考证其所处的文化背景。

（1）作背隐音义的人对西夏文化非常熟悉

背隐音义的主要内容是对正文词义的诠释，通过背隐音义完全可以看出，作注者对西夏语文非常熟悉，因为背隐音义中所选的与正文有关的同义词或近义词，对正文这些词给与了相当准确的解释。背隐音义中无论是指出某个名词的用途，还是对某个动作的描写，都相当到位，并且简明扼要。另外，背隐中还出现大量的反切注音。如果不是对西夏语相当熟悉或精通，大概不可能会给出此等注释的[4]。

[1] 郑阿财：《论敦煌文献展现的六朝隋唐注释学——以〈毛诗音隐〉为例》，载《敦煌学集刊》2005年第4期。
[2] [唐]魏征等撰：《隋书》卷32《经籍志》第916～943页，中华书局1973年版。不过上述著作，在当时著录的时候均已亡佚。
[3] 二十五史刊行委员会编：《二十五史补编》第4册第5088页，中华书局1955年版。
[4] 由西夏韵书《文海宝韵》（即通常所说的刻本《文海》或《文海》甲种本）略抄而来的《文海宝韵》抄本（即通常所说的抄本《文海宝韵》或《文海》乙种本），竟然省略了原书全部的反切注音。是抄录者对反切注音不感兴趣呢，还是抄者不懂音韵呢？今人不得而知，但是这个缺失对我们今天的研究留下的诸多遗憾不言自明。比较而言，背隐中如此众多的反切资料无疑具有非常重要的学术价值。

(2)作背隐音义的人对汉文化亦相当熟悉

同样地，通过背隐音义亦完全可以看出，作注者对汉语亦相当熟悉。因为背隐中有大量的汉语对音材料，这对于我们了解当时的番汉语互译等情况，是非常难得的史料。另外，一些反切注音的下面还用汉字"二、三、四"等直接标记该组（纽）同音字的字数。这些均说明了作注者的汉语和汉文化的修养。

总而言之，背隐音义的作者如果不是熟悉西夏文的汉人，那至少也是对汉语相当精通的番人。其作注的目的，很可能是给初通西夏文的汉人看的，或者是给懂一些汉语的西夏人看的。为什么会出现这种情况呢？西夏人骨勒茂才在《番汉合时掌中珠》的序言中似乎早已给出了答案："不学番言，则岂和番人之众；不会汉语，则岂入汉人之数。番有智者，汉人不敬；汉有贤士，番人不崇。若此者，由语言不通故也。"[1]

(三)《同音背隐音义》成书年代的推定

1.《同音》乙种本的成书年代

《同音》乙种本成书的年代当在公元1176年之前。关于这一点聂夫斯基早已论证过了[2]。因为在《谚语》的跋尾中，曾记述在乾祐七年（公元1176年）时，番学士梁德养已经将《谚语》大体纂集起来了，然未及彻底完成便不幸亡故。在《同音》乙种本的《同音重校序》中则记述梁德养本人看到过去刊印的《同音》（甲种本即所谓的旧版），书中问题很多，所以他用《文海宝韵》、《手镜》、《集韵》等书对之认真校对，匡正疏失，增加新字，使之成为新的版本。依此推断，新版《同音》应该在梁德养在世时就已经刊印出来了，所以其成书的年代应该在其去世之前，即公元1176年之前。

2.《同音》丁种本的成书年代

那么《同音》丁种本又是什么时候复刻的呢？我们认为应该离《同音》乙种本成书的时间不会太远，因为它们大同小异。

所谓"大同"，是指两个版本在绝大多数地方是一致的。通查两个本子前33页的内容，仅发现一处大字在笔画上稍有变化。即同音丁14B58大字为"𗧘"，同样位置《同音》乙种本该字左下部"刻"的左边写成了"彡"，即下边一小画不该出头却写出了头。不过从总体上来看，这种笔误在《同音》各种版本中均经常出现，属于常见现象。举一个最为常见的例子，如"𗻨"字，各版本将"刻"的左边写成"彡"的情况随处可见，例如同音甲06B23（大字）、30B31（注字）；同音乙07A72（大字）、40B78（注字）；同音丙26B76（注字）、30B53（注字）；同音丁07A72（大字）、32A12（注字）。倒是写正确的不多（尚未通查），例如同音甲10B44（注字）、42A63（注字）；同音乙25B78（注字）、35A77（注字）；同音丙30A44（注字）；同音丁12A67（注字）、13A37（注字）。

所谓"小异"，是指两个版本在某些注字上稍有变化。具体可以归纳为以下三个方面。

(1)字体刻印错误。有4处。同音丁08A58注字为"𗯨"，而在《同音》乙种本中该字中部"艹"则变成了"亻"；同音丁29B73注字为"𗴒"，而在《同音》乙种本则错为"𗴒"。同音乙23B65注字为"𗫷"，而在丁种本则错为"𗫷"；同音乙28B11注字为"𘀝"，而在丁种本该字左

〔1〕 ［西夏〕骨勒茂才撰，黄振华等整理：《番汉合时掌中珠》第5~6页，宁夏人民出版社1989年版。

〔2〕 聂夫斯基：《西夏语发音研究的有关资料》，载聂氏所著《西夏语文学》第78~79页，中国社会科学出版社2007年版。

部则错为"骨"。

(2)笔误。不该出头的出头，该出头的不出头，有 3 处。同音丁13B76 注字为"豸"，而在《同音》乙种本中该字下部"釼"的左边写成了"彡"；同音乙25B67 注字为"靴"，而在丁种本中该字左下部"干"的上面写出了头。同音乙23B42 注字为"縤"，而在丁种本中该字右下部则成了"干"。

(3)印刷错误。有 4 处。可能是有些笔画刻得太浅，印刷的次数多了就变得模糊不清，甚或消失了。同音乙15B34 注字为"絹"，而在丁种本中该字右上部全部变成了一横。同音乙15B43 注字为"窥"，而在丁种本中该字右上部变成了两横。同音乙19A68 注字为"祓"，而在丁种本中该字左部上面少了一横。同音丁30A23 注字为"縃"，而在《同音》乙种本中该字右部"肴"的左下角"勹"不见了。

为什么说《同音》丁种本（包括丙种本）是《同音》乙种本的复刻本呢？笔者在拙作《西夏文韵书〈同音〉残片的整理》（待刊）一文中已有讨论。不妨转述如下："从总体上来看，俄藏《同音》丙种本的字体在笔画的清晰程度和运笔方面似乎要优于《同音》乙种本，但是《同音》丙种本多处遗漏分纽符号，例如同音丙26B73；27A63；27B64；31A33 等处。《同音》丙种本所缺可用《同音》乙、丁种本校补。在字体的相似度以及各个细节上来看，《同音》丙种本更加接近于《同音》丁种本，因为除了上面所举与《同音》乙种本互异的例证之外，凡《同音》丙种本所缺的，《同音》丁种本皆有。也就是说相比《同音》丙种本来说，《同音》丁种本要更为清晰、准确。"

3.《同音背隐音义》形成的年代

《同音背隐音义》的内容所透露的信息表明，作注者主要参考旧版《同音》和刻本《文海宝韵》。抄本《文海宝韵》和《同音文海宝韵合编》中有关入声、去声字等内容，背隐中根本就没有涉及，所以《同音》丁种本形成的时间应该早于以上二书。

根据《同音》丁种本刊印的年代，结合背隐的内容，我们推断《同音背隐音义》形成的年代应该在《同音》丁种本刊印后不久，即公元 12 世纪中晚期。其相对年代应该在《同音》乙种本之后，《文海》抄本和《合编》之前。我们对内容有关联的几部西夏韵书的先后时代排列如下：㊀《同音》甲种本→㊁《文海》刻本→㊂《同音》乙种本→㊃《同音》丁种本→㊄《文海》抄本→㊅《合编》。

三　《同音背隐音义》的学术价值

(一)背隐音义与相关西夏文辞书

1.背隐音义与《同音》

背隐音义内容是对《同音》正文的补充解释，其自然与《同音》的关系最为密切。尤其是《同音》丁种本对《同音》甲种本有改动的内容，背隐往往加以利用，这些对我们研究《同音》的不同版本提供了难得的新材料。例如同音丁04B64：韼徬（族姓）——背隐：翩綀族姓——同音甲03B71：韼翩綀 mjij：族姓。在此《同音背隐音义》正与《同音》甲种本的正文内容相一致。再例如同音丁10A66：磁翩綀 phej：族姓——背隐：豮（tśja，该字与正文大字"磁"组成复姓"磁豮"）——同音甲06B72：磁豮正是如此。

2.背隐音义与《文海宝韵》

背隐音义的内容简捷明了，对比发现，其往往好像是从《文海》释文中截取出来的，这一部分恰恰最能代表该字的意义或本质。例如同音丁03A67（相关西夏字下加了着重号）：□□丙丁——背隐：□□□□十干中有；文海刻①16B41：□□□□□□□□□□丙者十干中有与十二支相配。再例如同音丁08A28：□□辅主——背隐：□□□□□□正军之祐助者；文海刻①32A22：□□□□□□□□□□□□辅者辅军也辅主也正军之佑助者也。这样的例子还有很多，此不多举，下面重点就背隐音义结合《文海》刻本和抄本校证今人研究成果的作用多举数例。

(1)背隐音义和《文海》刻本配合校证《夏汉字典》背隐录文之错。例如同音丁25A52：□□□ kwo 1.49 mjir 1.86 mə 2.25kwo：族姓——背隐：□ njaa（背隐中用"……"线将此字与正文大字相连，意思是它们共同组成族姓"□□"）；文海刻①57A32：□□□□□□□□ kwo 者族姓 kwo njaa 之谓。《夏汉字典》（修订本）1034："□ □…（□）〔郭〕：宗姓…〔郭〕(同音丁25A52背隐)"。可以看出，《夏汉字典》（修订本）不但将背隐的内容誊录错了，而且将同音丁25A52的"郭"理解成了汉族姓氏的"郭"。其实不然，于党项姓氏而言，只有"郭那"这个复姓，而无"郭"这个单姓。

(2)背隐音义和《文海》刻本配合校证《文海研究》、《夏汉字典》等之错。例如同音丁04A21：□□ yu 1.04 mə 1.27 神仙——背隐：□□□□□□□□□贵富战三神仙守护者神；文海刻①33A61：□□□□□□□□□□□□□□□□□□□□□□□神者神仙也贵神仙也富神仙也战神仙也庶民争相供养之守护者神是也。《夏汉字典》（修订本）1977："□□□□□□□神仙：帝富，大战神仙(同音丁04A21背隐)"。比较背隐与《文海》可以看出，显然背隐中的"贵富战"三字是"贵神仙、富神仙、战神仙"的缩写（"□"与"□"为同义词）。《夏汉字典》（修订本）对背隐的誊录相去甚远。《文海研究》誊录时将"□"字写为"□"，但不曾确认，并在西夏字旁打有问号（在译文中直接为问号）。而《夏汉字典》（第一版）径用"□"。《夏汉字典》（修订本）则改正之。另外，《夏汉字典》两个版本均将"□"（争）字誊录为"□"（净）字，非也。如改为"□"字译文也就可以通顺了。

(3)背隐音义和《文海》刻本和抄本配合检讨《文海研究》、《夏汉字典》等之错。例如同音丁05B16：□□ bu 1.01 tja 1.64 畦埂——背隐：□□□□□先一种耕田；文海刻①05A71：□□□□□□□□□埂者先未种先一种耕田之谓；文海抄①07.402：□□□□□□□□埂者先一种耕田也。誊录背隐内容的时候笔者曾翻遍手头所见研究《文海》的著作，如克平等所著《文海》、史金波等《文海研究》、李范文编著《夏汉字典》两种版本、史金波等《电脑处理〈文海宝韵〉研究》、李范文著《〈五音切韵〉与〈文海宝韵〉比较研究》等均与背隐不同。经过仔细辨识，《文海》刻本和抄本原文中的相应部分应与背隐内容相合，故以上各种著作均当改过。

3.背隐音义与《同音与文海宝韵合编》

虽然《合编》要晚于《同音》丁种本及其背隐形成的时间，但是《合编》毕竟是《同音》与《文海》二书的合抄，《合编》的内容对于《同音》丁种本及其背隐的研究无疑可以提供非常重要的佐证。

(1)《同音背隐音义》和《合编》可以互相衬托印证。例如同音丁07B44：□□ dzjwa 1.19 be

1.65 钗錍——背隐：□□□□汉语錍子；合编丙B56：□□□□□□□□□□□□□錍者钗錍拴发髻用汉语錍。两份材料中均有从汉语对音角度对该字的解释，可以互证。

（2）《背隐》和《合编》在某些类似的内容上不尽相同。例如同音丁11A36：□□□ wju 2.02 mjɨr 1.86 mə 2.25wju 族姓——背隐：□□ wji 1.10 ljwu 1.03三；合编甲02.233：□□ □ wji 1.10 śju 2.02；上。可以看出，《背隐》与《合编》关于此字的反切注音不尽相同，显然《合编》要更为精确。

（二）背隐音义与西夏文字研究

1.字形

(1)字形构造

有些西夏字字形方面的材料很少，然而却在背隐中出现，甚或背隐中还有字形构造解说的材料，这些都为我们了解相关西夏字的正确写法或字形构造提供了新的例证和材料。例如同音丁08B56：□□ mjo 2.64 rjɨr 2.77 孤独——背隐：□□□□/□□□□独者子无/孤者子亡。背隐中对正文大、小字的解释，正是对它们字形构造来源的解释。其中背隐中对注释小字的解释，正与合编甲17.191对该字的字形构造的解释相合（□＝□□□□孤：子左亡右）。可见□＝□□□□（独：子左无右）亦当成立。

(2)异体字

调查字形时发现，个别字存在异体字情况。对于异体字的界定，我们认为凡改变了原来的字体结构的异写字体，都应该算是异体字。例如□（同音丁12A52 背隐）——□（同音丁03B26 背隐）、□（同音丁33B45 大字）——□（同音丁27A16 背隐）、□（同音丁27A28 大字）——□（同音丁11B28 背隐），明显地将原来的上下结构变为左右结构；□（同音丁05B51 背隐）——□（同音丁29B12 大字），字体的右部笔画多少发生了变化。

2.字音

(1)反切

背隐中提供了大约66例反切材料，完全可以之验证已经发现的相关音韵材料。例如上文讨论《背隐》与《合编》的关系时所举之同音丁11A36。而有些字尤其是各品中一些独字的反切材料则为首次发现，对于解决这些字音具有极大的参考价值。例如同音丁09B43：□□□ mjiw：人名——背隐：□□ mjijr 2.68 gjiw 2.40。该字为重唇音独字（Ⅰ-67），是上声字（2.40），没有保留下反切材料，背隐正可弥补此不足。

(2)对音

背隐中还提供了大量的对音材料，为我们了解该字的汉语对音有所帮助。背隐中注有“汉语××”者即有24例。例如同音丁08A54：□□桌柜——背隐：□□□□汉语桌子。统计发现，背隐中标有“汉语××”者，仅出现于《同音》丁种本的前10页中，后面则直接给出该词的汉语对音。

还有一批对音注释，虽然没有标明“汉语××”，但是，一看便知是以汉语对音的形式作注，这样的注释更多，有71例。例如同音丁24B41：□□油饼——背隐：□饼。背隐直接注明了正文大字的汉语对音。再例如同音丁16A22：□□ kheej 1.37 da 1.63 棋牌——背隐：□□□双陆牌。合编甲17.122：□□□□□□□□□□□□□□棋牌博弈撒洞算移汉打双陆谓。“双陆”是中国古代的一种赌博游戏，从古印度传入。此博戏始行于曹魏，盛行于唐宋，辽金元时期在各少数民族和汉族中广泛传播[1]。《背隐》与《合编》对类似的西夏文词语解释虽然有别，但是可以看出"双陆"这种游戏在西夏亦相当流行。

另外，还有一些背隐的内容是属于义音结合或音义结合的方式，不过这样的背隐内容不是太多，仅发现 9 例。例如同音丁19A35：荔羂灯草——背隐：後摵灯草。背隐的内容既不是释义，也不是对音。而是采取了义音结合的形式进行注释。即背隐第一个字用的是意思，而第二个字却用的是音译，二者结合起来表达了"灯草"这个概念。再例如同音丁05B44：綝阉青玄——背隐：綐虒橘青。此处背隐则采取了音义结合的形式。前一字用音表示"橘"这个概念，后一字用字义表达"青"的意思，二者结合指出这种颜色就像橘子未成熟时的颜色。

3.字义

在《同音》正文中，虽然各个大字的排列以声类为纲，但是注字通常情况下与大字是同义词，或者大字与小字连用构成双音节词。由于正文往往只有一个注字，如果我们对大字和注字的意义都不清楚的时候，这样注字就完全失去了提供字义信息的作用。对于这些意义不明的字，背隐的存在无疑不啻为前进道路上的一座灯塔，可以使我们将以往无法联系起来的点串连起来，解决一批字的意义。例如同音丁15B18：衾俞·jir 2.77 niaa 2.20 唐呢——背隐：綧巍唐呢。此字少见，《夏汉字典》译为"纱"。今据背隐，当译为"唐呢"更为准确。翻开《掌中珠》甲种本第 26 页（乙种本该页 A 面残缺），我们发现该页 A 面第一栏承接上一页最后一栏，这两栏的内容全部与丝织品有关。掌中珠甲26A1"俞"字右注汉字音"那"（残），左边注汉语意思"縠子"（西夏语音"綖黐"）。该词之下的词语残，但仍有字迹残留。根据《掌中珠》残存的字迹，结合《同音背隐音义》的内容，我们可以尝试将掌中珠甲26A1 相关内容复原如下（从右到左）："拿 俞 唐堲 綧巍"。

总之，《同音背隐音义》的学术价值是多方面的，十分有必要对其加以整理，也一定会吸引更多的西夏语言文字研究者的目光。

---

[1] 宋德金：《双陆与民族文化的交流和融合》，载《历史研究》2003 年第 2 期。

肆. 参考文献

一　西夏文原始文献（附研究成果）

[01] [西夏] 义长整理. 同音（甲种本）[A]. 俄罗斯科学院东方学研究所圣彼得堡分所等编. 俄藏黑水城文献（07）[C]. 上海: 上海古籍出版社, 1997.1~28.

[02] [西夏] 梁德养校勘. 同音（乙种本）[A]. 俄罗斯科学院东方学研究所圣彼得堡分所等编. 俄藏黑水城文献（07）[C]. 上海: 上海古籍出版社, 1997.29~55.

[03] [西夏] 梁德养校勘. 同音（丙种本）[A]. 俄罗斯科学院东方学研究所圣彼得堡分所等编. 俄藏黑水城文献（07）[C]. 上海: 上海古籍出版社, 1997.55~57.

[04] [西夏] 梁德养校勘. 同音（丁种本）[A]. 俄罗斯科学院东方学研究所圣彼得堡分所等编. 俄藏黑水城文献（07）[C]. 上海: 上海古籍出版社, 1997.58~121.

[05] [西夏] 佚名. 同音（丁种本）背注 [A]. 俄罗斯科学院东方学研究所圣彼得堡分所等编. 俄藏黑水城文献（07）[C]. 上海: 上海古籍出版社, 1997.61~121.

[06] 岳邦湖, 陈炳应. 我国发现的西夏文字典《音同》残篇的整理复原与考释 [A]. 中国民族古文字学会编. 中国民族古文字 [C]. 北京: 中国社会科学出版社, 1984.169~185.

[07] 李范文著. 同音研究 [M]. 银川: 宁夏人民出版社, 1986.

[08] 史金波, 黄振华. 黑城新出西夏文辞书《音同》初探 [J]. 文物. 1987 (7): 24~35.

[09] 史金波. 简介英国藏西夏文献 [J]. 国家图书馆学刊. 2002 (增刊·西夏研究专号): 122.

[10] 西北第二民族学院编. 英藏黑水城西夏文献（5）[M]. 银川: 内部资料, 2003.128~130.

[11] 韩小忙. 西夏文韵书《同音》残片的整理（待刊稿）. 2009.

[12] [西夏] 佚名. 文海宝韵（甲种本）[A]. 俄罗斯科学院东方学研究所圣彼得堡分所等编. 俄藏黑水城文献（07）[C]. 上海: 上海古籍出版社, 1997.122~176.

[13] [西夏] 佚名. 文海宝韵（乙种本）[A]. 俄罗斯科学院东方学研究所圣彼得堡分所等编. 俄藏黑水城文献（07）[C]. 上海: 上海古籍出版社, 1997.177~232.

[14] Кепинг К. В., В. С. Колоколов, Е. И. Кычанов, н А. П. Терентьев-Катанский. *Море письмен: Факсимиле тангутских ксилографов, перевоб с тангутскозо, вступительные статьи и приложения*. Т. 1, 2. Москва: Издатепьство《Наука》1969.

[15] 史金波, 白滨, 黄振华著. 文海研究 [M]. 北京: 中国社会科学出版社, 1983.

[16] 史金波等编著. 电脑处理《文海宝韵》研究 [M]. 东京: 东京外国语大学, 2000.

[17] 李范文著.《五音切韵》与《文海宝韵》比较研究 [M]. 北京: 中国社会科学出版社, 2006.

[18] 韩小忙编译.《文海》刻本校译（电脑稿）. 2007.

[19] [西夏] 佚名. 同音文海宝韵合编（甲种本）[A]. 俄罗斯科学院东方学研究所圣彼得堡分

所等编.俄藏黑水城文献（07）［C］.上海：上海古籍出版社，1997.233～256.

［20］［西夏］佚名.同音文海宝韵合编（乙种本）［A］.俄罗斯科学院东方学研究所圣彼得堡分
所等编.俄藏黑水城文献（07）［C］.上海：上海古籍出版社，1997.257.

［21］［西夏］佚名.同音文海宝韵合编（丙种本）［A］.俄罗斯科学院东方学研究所圣彼得堡分
所等编.俄藏黑水城文献（07）［C］.上海：上海古籍出版社，1997.258.

［22］韩小忙.《同音文海合编》及其中所见新字考［A］.林英津等编辑.汉藏语研究：龚煌城先
生七秩寿庆论文集［C］.台北："中央研究院"语言学研究所，2004.515～529.

［23］韩小忙.《同音文海宝韵合编》整理与研究［M］.北京：中国社会科学出版社，2008.

［24］［西夏］佚名.五音切韵（甲种本）［A］.史金波，Е.И.克恰诺夫.俄藏黑水城文献（07）
［C］.上海：上海古籍出版社，1997.258～278.

［25］西田龙雄.西夏语韵图《五音切韵》の研究Ⅰ，Ⅱ，Ⅲ.文学部纪要20，21，22.京都：京
都大学.1981～1983.

［26］西田龙雄著，史金波译.西夏语韵图《五音切韵》的研究（上）［A］.民族语文研究情报资
料集（5）［C］.1985.102～117.

［27］西田龙雄著，史金波译.西夏语韵图《五音切韵》的研究（中、下）［A］.民族语文研究情
报资料集（6）［C］.1985.21～40.

［28］［西夏］梁习宝撰.同义（甲种本）［A］.俄罗斯科学院东方学研究所圣彼得堡分所等编.俄
藏黑水城文献（10）［C］.上海：上海古籍出版社，1999.70～101.

［29］克恰诺夫（E.I.Kychanov）.《义同一类》初探［A］.林英津等编辑.汉藏语研究：龚煌城
先生七秩寿庆论文集［C］.台北："中央研究院"语言学研究所，2004.451～455.

［30］李范文，韩小忙.同义研究［M］.北京：中国社会科学出版社，2005.

［31］韩小忙.刻本《同义》残片的发现及其学术价值［J］.宁夏社会科学，2009（4）：84～87.

［32］［西夏］骨勒茂才撰.番汉合时掌中珠（甲种本）［A］.俄罗斯科学院东方学研究所圣彼得
堡分所等编.俄藏黑水城文献（10）［C］.上海：上海古籍出版社，1999.1～19.

［33］［西夏］骨勒茂才撰.番汉合时掌中珠（乙种本）［A］.俄罗斯科学院东方学研究所圣彼得
堡分所等编.俄藏黑水城文献（10）［C］.上海：上海古籍出版社，1999.20～36.

［34］Kwanten，Luc.The Timely Pearl.A 12th Century Tangut Chinese Glossary.Bloomington：Indiana
University.1982.

［35］［西夏］骨勒茂才撰，黄振华，聂鸿音，史金波整理.番汉合时掌中珠［M］.银川：宁夏人
民出版社，1989.

［36］李范文著.宋代西北方音——《番汉合时掌中珠》对音研究［M］.北京：中国社会科学出
版社，1994.

［37］［西夏］佚名.三才杂字（乙种本）［A］.俄罗斯科学院东方学研究所圣彼得堡分所等编.俄
藏黑水城文献（10）［C］.上海：上海古籍出版社，1999.44～52.

［38］［西夏］佚名.圣立义海［A］.俄罗斯科学院东方学研究所圣彼得堡分所等编.俄藏黑水城
文献（10）［C］.上海：上海古籍出版社，1999.243～267.

［39］克恰诺夫、李范文、罗矛昆著.圣立义海研究［M］.银川：宁夏人民出版社，2005.

［40］甘肃省博物馆.甘肃武威发现的一批西夏遗物［J］.考古，1974（3）：200～204.

［41］聂鸿音，史金波. 西夏文《三才杂字》考［J］. 中央民族大学学报，1995（6）：81~88.

［42］李范文等编著. 电脑处理西夏文《杂字》研究［M］. 东京：东京外国语大学，1997.

［43］［西夏］佚名. 纂要［A］. 俄罗斯科学院东方学研究所圣彼得堡分所等编. 俄藏黑水城文献（10）［C］. 上海：上海古籍出版社，1999.38~39.

［44］史金波，聂鸿音. 西夏文《纂要》释补［A］. 李晋有等主编. 中国少数民族古籍论（2）［C］. 成都：巴蜀书社，1998.144~155.

［45］西北第二民族学院等编. 法藏敦煌西夏文文献［C］. 上海：上海古籍出版社，2007.79.

［46］［西夏］嵬名地暴等. 天盛律令［A］. 俄罗斯科学院东方学研究所圣彼得堡分所等编. 俄藏黑水城文献（08）［C］. 上海：上海古籍出版社，1998.335.

［47］史金波，聂鸿音，白滨. 天盛改旧新定律令［M］. 北京：法律出版社，2000.545.

［48］［西夏］息齐文智撰. 新集碎金置掌文（甲种本）［A］. 俄罗斯科学院东方学研究所圣彼得堡分所等编. 俄藏黑水城文献（10）［C］. 上海：上海古籍出版社，1999.108~112.

［49］史金波，聂鸿音. 西夏文本《碎金》研究［J］. 宁夏大学学报1995（2）：8~17.

［50］西北第二民族学院等编. 英藏黑水城文献（1~4）［C］. 上海：上海古籍出版社，2005.（内含多种西夏文辞书残片）

［51］宁夏大学西夏学研究中心等编. 中国藏西夏文献（16~17）［C］. 兰州：甘肃人民出版社、敦煌文艺出版社，2005.（内含多种西夏文辞书残片）

二　其他文献

［52］［清］姚振宗. 隋书经籍志考证［A］. 二十五史刊行委员会编. 二十五史补编（4）［C］. 北京：中华书局，1955.5088.

［53］Невский Н. А. *Тангутская филология：Исслебования и словарь*. Т. 1，2. Москва：Издательство восточной литературы，1960.

［54］［俄］聂历山著，马忠建、文志勇、崔红芬等译. 西夏语文学［M］. 北京：中国社会科学出版社，2007.

［55］З. И. Горбачева и Е. И. Кычанов. *Тангутские рукописи и ксилографы*. Москва：Издательство восточной литературы，1963.

［56］中国社会科学院民族研究所历史研究室. 西夏文写本和刊本［M］. 北京：内部资料，1978.

［57］Софронов М. В. *Граммамика манзумскозо языка*. Т. 1，2. Москва：Издатепьство《Наука》1968.

［58］［唐］魏征等撰. 隋书［M］. 北京：中华书局，1973.916~943.

［59］商务印书馆编辑部等编. 辞源（1）［M］. 北京：商务印书馆，1979.0189.

［60］辞海编辑委员会编. 辞海［M］. 上海：上海辞书出版社，1980.228.

［61］陈炳应. 西夏文物研究［M］. 银川：宁夏人民出版社，1985.208~224.

［62］李范文编著. 夏汉字典［M］. 北京：中国社会科学出版社，1997.

［63］韩小忙.《夏汉字典》补证之三：字义补识（一）［J］. 宁夏社会科学，2005（3）：81~84.

[64] 韩小忙. 《夏汉字典》补证之四：字义补识（二）[J]. 宁夏社会科学，2006（2）：102～105.

[65] 韩小忙. 《夏汉字典》补证之二：字音订补 [J]. 宁夏社会科学，2008（1）：91～95.

[66] 李范文编著，贾常业增订. 夏汉字典（修订本）[M]. 北京：中国社会科学出版社，2008.

[67] [西夏] 佚名. 杂字（汉文本）[A]. 俄罗斯科学院东方学研究所圣彼得堡分所等编. 俄藏黑水城文献（06）[C]. 上海：上海古籍出版社，2000.137～146.

[68] 史金波. 西夏汉文本《杂字》初探 [A]. 白滨等编. 中国民族史研究（2）[C]. 北京：中央民族学院出版社，1989.167～185.

[69] 王力主编. 王力古汉语字典 [M]. 北京：中华书局，2000.22.

[70] 龚煌城. 西夏语文研究论文集 [M]. 台北："中央研究院"语言学研究所筹备处，2002.

[71] 黄振华. 西夏语同义词词源研究刍议 [J]. 民族语文，2002（5）：29～33.

[72] 宋德金. 双陆与民族文化的交流和融合 [J]. 历史研究，2003（2）：32～43.

[73] 龚煌城. 西夏语文辞典 [M]. 台北："中央研究院"语言学研究所（手稿）.2004.

[74] 郑阿财. 论敦煌文献展现的六朝隋唐注释学——以《毛诗音隐》为例 [J]. 敦煌学集刊，2005（4）：1～7.

[75] E. I. Kychanov, S. Arakawa. *Tangut Dictionary——Tangut-Russian-English-Chinese Dictionary*. 京都大学文学部，2006.

[76] 李范文. 西夏陵出土琉璃建筑材料考释 [A]. 李范文主编. 第二届西夏学国际学术研讨会论文集 [C]. 北京：中国社会科学出版社，2006.49～52.

[77] 聂鸿音. 西夏的佛教术语 [A]. 李范文主编. 第二届西夏学国际学术研讨会论文集 [C]. 北京：中国社会科学出版社，2006.387～391.

[78] 贾常业. 西夏词典的注字及构字特点 [J]. 宁夏社会科学，2007（5）：86～89.

[79] 孙伯君. 西夏佛经翻译的用字特点与译经时代的判定 [A]. 《中华文史论丛》编辑部. 中华文史论丛 [C]. 总第86辑. 上海：上海古籍出版社，2007.307～326.

[80] 陈兴龙. 羌族释比文化研究 [M]. 成都：四川民族出版社，2007.67.

[81] 谭宏姣. 古汉语植物命名研究 [M]. 北京：中国社会科学出版社，2008.55.

[82] 孙伯君. 西夏番姓译正 [J]. 民族研究，2009（5）：83～90.

[83] 韩小忙. 《同音》丁种本背注初探 [J]. 西夏研究，2010（1）：75～80.

[84] 贾常业. 西夏文字佚失字形结构的复原（一）[J]. 西夏研究，2010（2）：77～85.

[85] 韩小忙. 西夏文中特殊的汉语形声字 [A]. 聂鸿音，孙伯君编. 中国多文字时代的历史文献研究 [C]. 北京：社会科学文献出版社，2010.196～205.

伍. 附录: 西夏文总索引

一　体例说明

1. 本索引以西夏文笔画部首的左偏旁分类检字,提供检索《同音》丁种本正文及其背隐中出现的所有西夏文字(统计西夏文字时,从《同音》丁种本第 3 页第 4 行 "重唇音一品" 开始,不包括前面的序言和九品音分类所占的字数),经统计总字数 17574 个、正文大字 3329 个、注字 3559 个,背隐中 10686 个。为了便于读者前后对比和查找,我们在每个西夏字后亦标明该字的声类(《同音》乙种本)、韵调(《文海宝韵》)和龚煌城先生的拟音。

2. 部首次序按部首笔画数目多少排列,同画数的,按起笔(即书写时的第一笔)横(一)、竖(丨)、撇(丿)、点(丶)、折(乛)的顺序排列。同一部首的字,除去部首外,按剩余部分的笔画数多少排列,同画数的,仍按起笔横(一)、竖(丨)、撇(丿)、点(丶)、折(乛)的顺序排列。

3. 由于西夏字笔画较多,难于检索,故笔者仿照汉字的检索方法,拟订了西夏字的主、附笔形。主笔形先于附笔形,附笔形较多的,亦有先后顺序。主、附笔形及其先后顺序("→"箭头前为主笔形,后为附笔形,多种附笔形的,其在主笔形之后的排列顺序即其检字时的先后顺序笔形):

   横(一)→ ⌒(龶)
   竖(丨)→ 丶、丿(𠂉、艹、䒑等中的竖笔)
   撇(丿)→ ⌒、丿(禾、彳等中的撇笔)
   点(丶)→ ソ(羊、冫等中的点笔)
   折(乛)→横折 ㇆(𠃌)、乛(赤)、乙(弓)、ろ(齐)、ろ(乃)
   　　　　竖折 ㄴ(朱)、乚(毛)、丩(𫃓)
   　　　　撇折 𡿨(乡)

4. 检字分两个步骤:第一步,先按笔画多少查出该字左偏旁部首的位置;第二步,以该部首之后所给的页码号(即本书的页码号),在相应的页码中查找该部首的字。同部首的字按笔画多少先后排列。例如 "𣱛" 字,先查部首 "二",知其在二画;部首 "二" 之后标有 529,表明该部首的字在索引中从这一页开始出现。依笔画多少向后查找,即知 "𣱛" 在 529 页。根据不同的符号,可知该字在《同音》丁种本及其背隐中不同位置出现的次数。

5. 索引中前附 "★" 号,表示该字为《同音》丁种本正文中的大字;"♡" 号,表示该字为正文中的注字;"◇" 号,表示该字出现于背隐中。

二　左偏旁部首 (435个)

三　左偏旁索引

一画

一部

□（Ⅲ55 1.49 do）
　★15A32
　◇04A76
　13A72
　21A15
　26B63
　33B36

□（Ⅵ-3 2.00 ?）
　◇13A55

□（Ⅶ14 1.21 tśhjaa）
　♡13B66

□（Ⅴ1 2.01 ŋwu）
　★21A65
　♡06A52
　15A37
　◇06A55
　07A48
　09B37
　10A62
　14B47
　23A37
　23B43
　24B26
　27B21
　31B41

□（Ⅸ118 2.73 zar）
　◇04A67
　08A16
　18A64
　24B62
　31A27
　33B41

□（Ⅴ144 2.77 gjwir）
　★26B37
　♡12A57

□（Ⅴ189 1.56 gjwow）
　★27B43
　♡11B22

　19A13

□（Ⅵ106 1.54 tsow）
　★33A14
　♡22B25
　◇09A77

□（Ⅴ23 2.31 kiej）
　★22B34
　◇09B61

□（Ⅰ134 2.43 phio）
　★08A67
　♡09B65
　10B57
　15A32
　15A75
　27A74
　◇07A32
　15A75
　30B43

□（Ⅶ91 2.43 śio）
　♡23A46

□（Ⅶ2 1.19 tśhja）
　♡25A35
　◇18A56

□（Ⅸ16 2.68 rjijr）
　♡03B38
　◇06A76
　14B42

□（Ⅶ-107 1.35 dźjij）
　♡06B73
　24B77
　◇06B52
　06B73
　16A36
　21B63
　24A31
　24B77
　28B78
　29A73
　31B54
　33B17

□（Ⅸ127 2.33 ljij）

　◇05A41
　05B45
　24A55

□（Ⅶ14 1.21 tśhjaa）
　★20B7A
　21A3A
　♡24B28
　28A31
　◇03A77
　03B48
　04A65
　06A53
　06B28
　09A63
　10A44
　10A54
　10B31
　10B44
　10B57
　11A45
　11A68
　11B14
　11B63
　13A56
　13A68
　14A13
　14B47
　15B36
　18B61
　21A78
　22A71
　23A76
　23B37
　24B31
　29A47
　30A48
　30A53
　31A45
　31A48
　32A76
　33B12

　33B26

□（Ⅸ118 2.73 zar）
　♡11A41

□（Ⅴ-23 1.13 khiee）
　★28A57
　♡09B64
　23B15
　◇10A71
　12A44

□（Ⅲ162 1.30 thjwɨ）
　★18B18
　◇04B16

□（Ⅰ153 1.31 phəə）
　★08B53
　♡32B16
　◇29B42

□（Ⅴ37 1.11 khji）
　★23A37

□（Ⅴ1 2.01 ŋwu）
　★21A67

□（Ⅱ-2 1.89 wor）
　★12B22
　♡04A71

□（Ⅲ83 1.70 to）
　★16A43

□（Ⅰ152 1.31 phəə）
　★08B52
　♡21A78
　◇12B21

□（Ⅶ-155 1.50 śio）
　♡06B71
　◇04B14
　06B71
　07A24
　08A66
　08B43
　10B32
　11A34
　14A11
　16A22

26A26

31A38

屟（Ⅷ-25 1.80 xar）

⊕24B26

屝（Ⅴ1 2.01 ŋwu）

★21A66

屟（Ⅲ125 1.43 tew）

★17B36

♡07A32

12B22

⊕07A32

25B73

屟（Ⅲ15 2.35 djiij）

★13B17

⊕33B71

屟（Ⅶ91 2.43 śio）

♡23A47

屟（Ⅲ164 2.03 thjwu）

★18B24

♡18B18

18B22

屟（Ⅲ15 2.35 djiij）

★13B21

⊕03B66

屟（Ⅰ-27 1.52 phoo）

★09A63

♡10A54

⊕10A54

10B31

屟（Ⅲ163 2.38 thew）

★18B23

♡18B21

18B25

屟（Ⅲ163 2.38 thew）

★18B22

♡18B24

屟（Ⅲ164 2.03 thjwu）

★18B25

♡18B23

屟（Ⅲ162 1.30 thjwɨ）

★18B21

丨 部

屟（Ⅸ195 1.69 lhjɨ）

反（Ⅰ134 2.43 phio）

★08A66

屟（Ⅶ39 2.40 tshjiw）

⊕29B21

32B54

屟（Ⅴ149 2.03 khju）

★26B55

♡14A54

24B56

⊕08A61

20A38

24B67

26A75

32B17

33B37

屟（Ⅲ6 1.54 thow）

★13A38

屟（Ⅲ-59 1.37 theej）

★19B63

♡20B15

屟（Ⅸ15 1.11 zji）

⊕06A45

27B15

32A73

屟（Ⅵ64 1.16 tshjwɨ）

★31B61

屟（Ⅴ21 2.56 ka）

★22B24

屟（Ⅲ125 1.43 tew）

★17B27

⊕26B61

29B43

屟（Ⅵ79 1.87 tsewr）

★32A51

屟（Ⅴ91 1.49 ko）

★25A36

⊕14B72

33A26

屟（Ⅱ9 2.32 wjij）

★11A33

♡13A41

20A53

⊕10B56

10B64

15A73

16B64

16B75

18A55

24A73

屟（Ⅲ124 2.76 nər）

★17B26

♡17B41

17B75

22A26

24B35

⊕18B43

22A26

31B61

屟（Ⅵ18 2.40 dzjiw）

★30A57

⊕24B21

31A28

屟（Ⅴ5 1.59 kju）

★21B67

屟（Ⅰ76 2.42 mo）

★06B62

屟（Ⅸ162 1.63 la）

♡16B51

19A38

24A32

25A36

29B17

⊕04B54

06A24

07B11

08A12

08B54

15B13

17B26

17B75

18B26

20B53

22B13

22B22

22B34

23A48

25B57

26B41

28A12

28B15

29B17

29B66

30A57

31B14

33B18

屟（Ⅰ11 1.61 bjij）

★03B46

♡05A54

屟（Ⅰ-81 1.61 phjij）

★09B61

⊕15B56

屟（Ⅰ-113 1.64 bja）

★10A31

♡27B53

33A31

⊕07B42

33A43

屟（Ⅲ-66 1.21 tjaa）

★19B72

♡16B28

屟（Ⅰ55 1.02 bju）

★06A22

⊕11B45

屟（Ⅶ23 2.60 dźji）

♡28A58

⊕08B21

屟（Ⅴ-38 1.53 kioo）

★28A76

♡27B75

⊕29A17

屟（Ⅰ154 2.64 mjo）

★08B57

⊕15B34

30A67

屟（Ⅸ16 2.68 rjijr）

♡04A67

31B11

⊕08B76

526《同音背隐音义》整理与研究

33B36	□ (Ⅸ- 2.20 lhiaa)	18A74	♡27B21
33B41	◈11A67	□ (Ⅶ45 1.10 tshji)	□ (Ⅰ-79 1.39 phjiij)
□ (Ⅲ102 1.63 ta)	20B27	★	★09B57
★16B63	□ (Ⅵ46 1.30 dzji)	♡15A67	□ (Ⅴ-78 1.18 khia)
◈13A42	★31A58	16A72	★28B56
16B63	□ (Ⅵ46 1.30 dzji)	◈05A45	◈03B11
□ (Ⅲ123 2.64 djo)	★31A61	07B14	12A76
★17B24	□ (Ⅰ11 1.61 bjij)	08A13	23A42
□ (Ⅰ28 2.33 mjij)	★03B47	10B47	28B56
★04B56	◈05A55	11B57	□ (Ⅲ161 ? tha)
□ (Ⅴ80 2.85 kjiir)	10B44	18B57	★18B17
★24B67	12B54	19A78	◈28A37
□ (Ⅸ163 1.63 la)	13B13	23A51	05B55
♡19A41	25B35	23B68	□ (Ⅴ147 1.79 kjir)
□ (Ⅱ42 1.90 wjor)	26B23	24B63	★26B45
★12A21	29A63	25A56	♡29A75
♡04B31	30A51	26B53	◈20A14
05B78	□ (Ⅲ125 1.43 tew)	26B61	□ (Ⅸ54 2.54 lhjij)
◈04A65	★17B28	32B22	♡04B37
06A25	♡20A54	33A15	□ (Ⅰ8 2.33 bjij)
06A53	□ (Ⅲ26 2.38 thew)	□ (Ⅴ39 2.26 khiə)	★03B34
11A45	★13B68	★23A45	◈28B16
12A34	◈05A51	□ (Ⅰ37 2.30 mej)	□ (Ⅵ133 1.33 tshej)
14A75	08B63	★05A75	★33B54
22A65	11A38	♡06A16	◈16B73
24B32	16A76	09B73	32A45
□ (Ⅲ165 2.84 dccr)	17A43	11A63	□ (Ⅰ67 2.12 bjii)
★18B26	20A68	13B57	★06B21
♡20B53	21B38	14B48	□ (Ⅷ101 2.25 xə)
□ (Ⅶ-47 2.18 tshjaa)	33B66	16A24	♡13A28
♡31B61	□ (Ⅵ108 1.27 sə)	22B11	□ (Ⅴ-126 1.86 gjiir)
◈31A54	★33A21	◈05A75	★29A46
□ (Ⅴ5 1.59 kju)	♡17B78	05B76	♡11B41
★21B65	◈04A33	06B17	□ (Ⅲ102 1.63 ta)
♡25B74	□ (Ⅲ6 1.54 thow)	10A66	★16B62
◈06A73	★13A37	11A63	♡17B63
□ (Ⅱ-24 2.47 wow)	◈14A71	14B48	◈18B37
★12B48	15B18	19B78	31A78
□ (Ⅰ-80 1.11 phji)	16A16	32B44	33B38
★09B58	24A74	□ (Ⅷ82 2.33 ·jij)	33B51
♡09B47	31A45	♡25A74	□ (Ⅴ91 1.49 ko)
30B38	□ (Ⅶ66 1.48 dzjwo)	□ (Ⅴ100 1.45 gjiw)	★25A37
◈09B13	◈04A33	★25B11	

33A48	□（Ⅴ51 1.39 gjiij）	亻部	20B26
◇04A48	★23B46	□（Ⅰ89 2.03 mju）	23B17
14A51	♡17B42	★07A45	24B18
16A21	□（Ⅱ19 2.68 wjijr）	□（Ⅷ92 2.42 ·o）	29A11
□（Ⅰ75 2.42 mo）	★11A68	◇14A36	33B34
★06B61	♡12B27	20A78	□（Ⅰ31 2.11 mee）
♡04B68	◇12B27	28B62	★05A23
□（Ⅲ82 1.03 tju）	□（Ⅴ115 1.17 ŋa）	□（Ⅰ25 1.03 bju）	□（Ⅴ40 1.27 kə）
★16A41	★25B68	★04B35	★23A54
♡04B18	□（Ⅷ43 1.74 ·jijr）	□（Ⅶ47 1.41 dźiəj）	♡32A74
◇12A12	♡07B57	◇25A33	◇16B31
16A41	◇08B27	□（Ⅲ-167 2.34 neej）	□（Ⅴ40 1.27 kə）
□（Ⅰ-71 2.17 phja）	13B66	★20B57	★14A72
★09B47	16B33	□（Ⅰ-124 2.20 biaa）	◇19A72
□（Ⅴ190 1.68 khə）	20B62	★10A44	□（Ⅴ70 2.33 gjij）
★27B45	23A78	□（Ⅸ142 2.60 lji）	★24B18
□（Ⅵ-69 1.30 tsjwɨ）	24A68	♡28B62	□（Ⅸ5 2.72 rjir）
◇31B47	25A34	◇22A58	♡05A23
□（Ⅱ17 1.77 wer）	26B16	□（Ⅰ25 1.03 bju）	□（Ⅰ-65 1.45 pjiw）
★11A64	26B47	★04B28	★09B41
♡16B74	28B35	□（Ⅴ40 1.27 kə）	♡29A36
◇09B18	29A74	★23A56	□（Ⅸ136 2.07 le）
□（Ⅸ50 1.19 lja）	□（Ⅰ88 1.49 pho）	♡17A68	♡23B14
♡03A55	★07A43	□（Ⅴ40 1.27 kə）	24A71
05A33	♡10A16	★23A53	◇09B68
08A35	◇10A16	□（Ⅴ62 1.05 ŋwuu）	13A35
14B22	□（Ⅴ-128 2.64 kjo）	★24A51	17A75
18B62	★29A48	□（Ⅲ-168 2.34 neej）	23B14
20A43	亅部	★20B58	28A52
◇04B72	□（Ⅲ125 1.43 tew）	◇28A33	28A75
05A33	★17B31	□（Ⅰ143 2.52 pju）	28B54
33A27	♡23A62	★08B23	30A21
□（Ⅷ45 1.82 ·jar）	◇22A26	♡06B16	31A58
♡29B62	23A62	◇04A22	□（Ⅳ4 2.48 dźiow）
32B68	□（Ⅸ66 1.27 lə）	08B23	★21A17
◇10B31	♡25B28	15B37	♡19B48
17A58	26A54	27A28	□（Ⅴ168 1.06 khjuu）
26A31	26A77	29B57	★14A74
30B55	□（Ⅲ125 1.43 tew）	33B16	♡15A17
32B68	★17B37	□（Ⅸ5 2.72 rjir）	□（Ⅷ-119 1.33 xej）
□（Ⅵ101 1.30 sjwɨ）	□（Ⅵ80 2.78 tsewr）	◇09B58	◇21B43
★32B68	★32A53	19B16	21B52
◇10B31	◇17B31		22A28

□（Ⅴ168 1.06 khjuu）
★27A48
♡31B42
□（Ⅰ25 1.03 bju）
★04B31
⊕04B31
04B31
04B31
□（Ⅰ143 2.52 pjụ）
★08B24
⊕03A65
31A45
□（Ⅰ31 2.11 mee）
★05A24
□（Ⅴ39 2.26 khiə）
★23A48
□（Ⅷ-66 1.28 xiə）
⊕24A51
□（Ⅲ171 2.61 njɨ̣）
★18B46
⊕17B34
□（Ⅵ128 1.17 sa）
★33B38
□（Ⅴ40 1.27 kə）
★23A55
♡17A66
□（Ⅱ-9 1.80 war）
★12B31
♡09B41
⊕09A74
□（Ⅲ171 2.61 njɨ̣）
★18B47
♡31A47
□（Ⅱ23 1.65 wẹ）
★11B22

二画

二部

□（Ⅶ43 1.48 śjwo）
♡15B26
24B47
⊕03B66
04B23
□（Ⅸ14 2.10 zji）
♡29B14
⊕11B34
□（Ⅸ14 2.10 zji）
♡13B52
16B78
22A55
⊕03A74
05B48
06B35
09B55
13A34
15A47
16B78
19A62
25B47
26B46
30A47
31A62
□（Ⅸ- 1.10 źji）
⊕33B13
□（Ⅸ142 2.60 lji）
♡26B47
⊕06A11
21A64
22A61
23B33
□（Ⅴ16 2.82 ŋowr）
★22A55
⊕13B52
13B52
16B78
19A15
21B42
31A71
□（Ⅶ43 1.48 śjwo）
♡11B35
⊕12B42
□（Ⅶ-79 1.10 dźji）
⊕06A24
07B11
□（Ⅴ127 2.61 gjɨ̣）
★26A53
♡27A26
⊕29B46
□（Ⅰ-99 2.71 ber）
★10A13
⊕04A14
10A13
11A57
18B18
18B22
18B24
18B43

厂部

□（Ⅴ-40 1.15 kiẽ）
★28A78
□（Ⅱ32 1.69 wjɨ̣）
★11B61
⊕13A16
□（Ⅴ1 2.01 ŋwu）
★21A68
□（Ⅸ- 2.25 lə）
♡11B25
⊕07B76
08B74
□（Ⅴ81 2.61 kjɨ̣）
★24B76
♡11A43
□（Ⅴ1 2.01 ŋwu）
★21A64
□（Ⅴ93 2.45 koo）
★25A48
□（Ⅸ- 1.61 lhjịj）
♡11B61
32A25
⊕13A16
□（Ⅸ45 2.01 lu）
⊕08A37

刂部

□（Ⅰ106 1.65 bẹ）
★07B41
♡26A15
⊕17A77
□（Ⅲ156 1.01 nu）
★18A73
□（Ⅸ153 ？ la）
⊕14B22
29A74
□（Ⅵ117 2.61 dzjɨ̣）
★33A63
♡24A66
30B76
⊕05A73
08B62
09B76
15A71
20A31
21A74
29B68
31A57
33A62
33A64
□（Ⅴ158 1.20 gja）
★27A16
♡31A15
⊕15B12
□（Ⅰ73 1.33 mej）
★06B47
⊕06B47
08B14
12B33
□（Ⅰ35 2.25 phə）
★05A45
⊕23B68
23B68
□（Ⅰ50 1.23 mjaa）
★05B63
⊕22A26
30B78
□（多音多义字）
①（Ⅲ-27 2.11 twee）
★19B23
⊕09B77
29A65
②（Ⅴ17 2.21 gjaa）
★22A63
♡26A67

悏（Ⅶ154 1.44 tshiew）
♡06B66
✧06B66
16B33
28B21

愓（Ⅷ-98 1.41 ɣiwəj）
♡15A42
✧27A56

悗（Ⅰ13 2.25 mə）
★03B62
♡12A17
✧04B28
22B75
23B76
28A63

悧（Ⅰ45 1.36 pjij）
★05B44
♡06A56

悩（Ⅵ7 1.42 dzjɨj）
★30A13
♡31B74
✧18B13

悕（Ⅶ1 2.16 tshja）
♡29A57
✧03B77
08B25
11A61

悛（Ⅰ39 2.01 bu）
★05B23
♡27A65
✧05B23

恍（Ⅲ-25 1.27 nwə）
★19B21
✧19B48
22A16
30A11
32A37
33B15

恬（Ⅶ-169 1.25 śiã）
✧25B24
27A36

悽（Ⅵ81 1.33 sej）
★32A56

♡06B15
30A11
✧06B42
07B67
13A62
17A61
23B12
24B35
26A13
29A27
30B61
32A72
32B15
32B61

悗（Ⅸ- 1.20 lja）
✧03B74
04B45
05A74
06B73
07B13
07B18
07B35
07B57
08A12
09A12
10A13
10A28
10A53
10B64
10B68
10B76
11A16
11A65
12A33
13B24
13B34
14A33
14B71
15A73
15B33
17A23
17B47
18B47
18B52

20B36
22A71
22B28
26B52
29A64
29B45
30B24
32A18
33A37

恨（Ⅸ56 2.51 lu）
♡18A65
26A75
✧10A33
13B74
18A65
26A75
29A78
31A24

悆（Ⅸ93 1.76 rjur）
♡29B46

悁（Ⅷ91 2.01 ·u）
✧04B34
07A26
07B13
07B18
07B54
08A27
08B13
08B47
09B23
10A16
10A33
10B61
11B31
11B76
12B46
12B48
13A28
17A56
17B56
18A77
18B15
18B66
19A75

19B26
19B71
20B11
20B37
21A43
21B13
22A36
22B13
22B34
23B36
26B74
27B63
27B77
28A14
28A53
29B47
33A57

悢（Ⅸ95 1.59 ljwu）
♡25B15
27B46
✧25B15
29B22

悢（Ⅸ162 1.63 la）
♡15B47
✧08A26
16A15
19A38
27B72
33A62

悌（Ⅲ134 2.37 djij）
★17B64
♡13A42
✧13A41
14A43
14B62
32B58

悌（Ⅲ70 2.55 tjɨj）
★15B41

悌（Ⅲ70 2.55 tjɨj）
★15B37

恼（Ⅲ155 1.57 nioow）
★18A68
♡07B63

07B73	03B38	11A76	17B11
25A12	03B44	11B15	17B37
✧03B48	03B45	11B21	17B43
04A66	04A17	12A24	17B63
04B14	04A68	12A35	17B64
04B51	04B16	12A41	18A41
06A21	04B27	12A46	18A57
06B28	04B71	12B33	18A61
06B71	05A26	12B38	18A77
07A12	05A44	12B61	18B17
07B63	05B63	13A18	18B32
07B72	06A43	13A23	18B43
07B73	06A44	13A42	18B48
10A34	06A55	13A45	18B55
10A41	06B52	13A46	19A16
10A63	06B58	13A56	19A36
11B11	06B64	13A67	19B55
13A11	06B68	13B17	19B77
13A64	07A13	13B37	20A23
14B15	07A24	13B71	20A28
15A74	07A35	14A21	20A34
15A78	07B47	14A28	20B12
16B11	08A48	14A36	20B38
17A13	08B38	14A78	20B57
21B11	08B41	14B68	21A15
22A32	08B51	15A24	21A42
25B15	08B78	15A25	21A43
27A27	09A51	15A34	21A45
28B35	09A52	15A36	21B17
29B67	09A65	15A42	21B33
33B72	09A73	15A66	21B47
㓕（IX- 2.59 lhie）	09A77	15A73	21B77
✧18B56	09B21	15A77	22A56
19B78	09B61	15B23	22A57
㣉（I 40 1.11 mji）	09B74	15B25	22A63
★05B24	10A24	15B56	22A75
♡04B63	10A31	15B61	22B18
08B72	10A55	16A11	22B23
13A56	10A56	16A55	22B25
17B43	10A68	16A63	23A61
✧03A55	10B24	16A67	23B35
03B32	10B46	16A67	24A33
03B36	11A18	16B51	24A36
03B37	11A54	16B62	24B11

Col 1	Col 2	Col 3	Col 4
24B36	31A17	05B26	04B43
25A53	31A27	08A46	04B43
25A72	31A77	13A47	04B61
25B14	31B54	14A17	06A31
25B26	31B71	16A58	06A31
25B52	32A67	16B67	08A17
25B55	32B26	17B38	08A18
25B58	32B76	23A18	08B16
25B65	33A14	23B61	08B21
26A26	33A22	27A15	12A53
26A36	33A31	30B23	16B12
26A45	33B34	31B12	20B42
26A56	33B54	〔字〕（Ⅰ73 1.33 mej）	27A52
26A67	33B68	★06B46	〔字〕（Ⅴ137 1.28 khiwə）
26A76 〔字〕（Ⅷ21 2.80 ɣor）		♡26B72	★26B15
26B28	◈25B11	〔字〕（Ⅴ-1 1.24 khã）	♡06A62
26B43	27B21	★28A31	◈06A62
26B71	29A13	◈21B23	17B35
26B75 〔字〕（Ⅸ- 1.62 ljwɨj）		28B37	32A78
27A24	♡17B34	〔字〕（Ⅰ27 1.36 mjij）	32B73
27A53	◈22A63	★04B51	〔字〕（Ⅵ74 2.41 seew）
27A57	27B32	◈25A12	★32A31
27A58	28B77	〔字〕（Ⅰ11 1.61 bjij）	♡09A75
27A78 〔字〕（Ⅴ137 1.28 khiwə）		★03B48	11A74
27B31	★26B18	〔字〕（Ⅸ124 2.37 ljɨj）	◈09A75
27B32	〔字〕（Ⅸ8 2.14 la）	♡17A35	15A33
27B33	♡03B73	〔字〕（Ⅴ159 2.40 khjiw）	17A61
27B67	◈14B44	★27A18	30B14
28A33	〔字〕（Ⅰ78 1.61 mjij）	◈06B11	〔字〕（Ⅸ93 1.76 rjur）
28B12		22A22	♡16B22
28B14	★06B72	〔字〕（Ⅰ11 1.61 bjij）	〔字〕（Ⅰ-17 2.73 mar）
28B51	♡10B46	★03B45	★09A51
28B52	◈25A71	◈16B23	◈27A53
28B77 〔字〕（Ⅵ-48 1.17 dzwa）		〔字〕（Ⅸ168 1.87 rewr）	〔字〕（Ⅷ91 2.01 ·u）
29A12	♡22B27	♡03A64	♡03B32
29A12	◈12B53	〔字〕（Ⅴ-24 1.75 gur）	〔字〕（Ⅴ56 2.03 gju）
29A13	18B63	★28A58	★24A18
29B52 〔字〕（Ⅲ105 2.33 njij）		♡08B21	◈16A27
29B53	★17A14	21A12	25B67
30A12 〔字〕（Ⅲ180 2.18 njaa）		27A13	27B38
30A61	★18B73	◈03B67	〔字〕（Ⅲ-138 2.03 tju）
30A77	♡21B63	04A64	★20B22
30B78	◈04A51	04A64	♡24B72
31A11	04B22		

□（Ⅰ80 2.54 mjij）
★06B75
◇04B48
08B17

□（Ⅸ- 1.54 lwow）
◇12B34

□（Ⅴ145 1.34 kiwej）
★26B42

□（Ⅴ59 2.79 kjiwr）
★24A36

□（Ⅴ43 1.87 ŋewr）
★23B13
♡25A62
◇09B11
14B57
16A27
30A22
32A47
33B44

□（Ⅲ151 1.03 dju）
★18A61
◇14B63
20A65

□（Ⅴ122 1.30 kji）
★26A36

□（Ⅲ70 2.55 tjij）
★15B42

□（Ⅲ70 2.55 tjij）
★15B38
♡12A62
31B48
◇04A56
04A63
05B11
10A37
21B66
24B14
25A22
30A12
32B28

□（Ⅴ-3 2.34 geej）
★28A33
♡28A45

□（Ⅸ139 2.53 liej）
♡03B21
20A72
◇03B21
20B55

□（Ⅰ28 2.33 mjij）
★04B57
♡30A52

□（Ⅲ-26 1.68 twə）
★19B22
◇12A48

□（Ⅴ11 2.25 kwə）
★22A27
◇13A32

□（Ⅷ22 1.20 ·ja）
♡11B62

□（Ⅵ114 1.30 tshji）
★33A56

□（Ⅵ114 1.30 tshji）
★33A48
♡03B27
20B42
27A14
30B73
◇03B27
14A12
19B41
19B62
19B74
26A57
27A14

□（Ⅲ76 1.72 tjo）
★16A14

□（Ⅲ125 1.43 tew）
★17B34

□（Ⅲ88 1.49 no）
★16A72
♡16A27
◇10A45

□（Ⅷ91 2.01 ·u）
♡33A57
◇06B11
12A16

28B38

□（Ⅰ109 1.33 phej）
★07B47
♡08A74
◇03A61
10A36
10B62
11A76
11B33

□（Ⅰ139 2.51 pu）
★08B13
◇08B13
24B16

□（Ⅰ144 1.59 pju）
★08B28
♡27B57
◇06B11
08B28
21B72
32A17
32A42
32B57

□（Ⅶ125 2.32 dźjwij）
♡04A34

□（Ⅴ171 1.41 kiwəj）
★27A57
◇27B62
29A74

□（Ⅴ15 2.76 ŋwər）
★22A53

□（Ⅴ161 2.60 gji）
★27A27

□（Ⅴ-140 1.50 kio）
★29A64
♡22B28

□（Ⅴ6 1.18 kia）
★21B77

□（Ⅰ39 1.01 bu）
★05B14
◇10B74

□（Ⅵ34 2.33 tshjij）
★30B73
◇04A23

17A63
19B62
33A48

□（Ⅶ116 2.52 tśju）
◇33A48

□（Ⅸ- 1.61 ljij）
◇22B38
25B43

□（Ⅴ17 2.21 gjaa）
★22A62
◇33B46

□（Ⅸ47 2.47 low）
◇13A45
15A61

□（Ⅰ28 2.33 mjij）
★04B62

□（Ⅴ21 2.56 ka）
★22B16
◇03A67
06B28
10B56
18A55

□（Ⅲ146 1.11 dji）
★18A34
◇30B51

□（Ⅸ89 1.82 rjar）
♡16B76
25A27
◇05B16
23B75
25A27

□（Ⅴ22 1.34 kiej）
★22B27

□（Ⅴ190 1.68 khə）
★27B46

□（Ⅸ154 1.14 lhjii）
★33B24

□（Ⅵ20 2.14 sa）
★30A66
♡19B41
31A24
◇17A37
24A32

26B72	✧04A32	𗟲（Ⅷ99 2.40 ·jiw）	15B73
𗟲（Ⅵ110 1.80 tsar）	07B34	✧11B51	32B48
★33A27	15B26	26B78	𗟲（Ⅲ17 2.33 thjij）
♡27A24	𗟲（Ⅱ16 1.77 wer）	𗟲（Ⅴ160 1.61 gjij）	★13B32
𗟲（Ⅰ28 2.33 mjij）	★11A61	★27A24	✧27B23
★04B65	♡08B25	♡33A27	𗟲（Ⅰ5 2.68 mjijr）
𗟲（Ⅰ41 1.11 mji）	✧03A76	✧13A23	★03A77
★05B25	03B77	18B55	♡11B48
♡07B52	08B53	𗟲（Ⅰ-84 1.81 phiar）	22B78
✧04B62	16B56	★09B64	31A38
𗟲（Ⅸ153 ? la）	17B53	𗟲（Ⅰ35 2.25 phə）	✧03A54
♡27B42	20A31	★05A44	04A13
✧08A48	29A57	✧04A55	04A16
09A65	33A65	𗟲（Ⅵ-50 2.73 sar）	04A21
𗟲（Ⅰ38 1.01 bu）	𗟲（Ⅸ- 1.48 lhjwo）	✧05A31	05A28
★05B13	♡10A41	09B64	05B72
♡12B43	10A41	28A57	06B38
✧24A51	✧03B75		06B78
𗟲（Ⅷ12 2.02 ·ju）	09B64	冂 部	08A15
✧05A18	15A37	𗟲（Ⅷ-121 2.14 xwa）	08A16
𗟲（Ⅴ137 1.28 khiwə）	25B54	✧13A28	08A28
★26B17	28A57	22B53	10A43
♡33A58	𗟲（Ⅴ151 1.17 ŋa）	𗟲（Ⅰ54 2.58 me）	11A78
𗟲（Ⅶ122 2.60 dźji）	★13B74	★06A18	13A15
✧03B73	𗟲（Ⅵ115 2.28 tshjɨ）	♡09B28	14A11
𗟲（Ⅴ-19 2.19 khwaa）	★33A58	✧05A31	17A34
★28A53	♡26B17	09B15	17A35
𗟲（Ⅰ80 2.54 mjij）	𗟲（Ⅷ69 1.39 ·jiij）	15B78	17A61
★06B76	♡20B52	15B78	20B46
𗟲（Ⅰ35 2.25 phə）	✧20B13		21A26
★05A46	𗟲（Ⅸ167 2.74 rjar）	几 部	24A42
♡16A53	♡05A43	𗟲（Ⅶ150 1.29 tshjɨ）	24A75
𗟲（Ⅲ146 1.11 dji）	18B53	✧08B41	24B78
★18A35	26A37	11B15	25B62
𗟲（Ⅵ-38 1.46 sjiw）	26B17	30A58	26A25
♡05A27	33A58		27A73
25B36	𗟲（Ⅸ162 1.63 la）	亻 部	28B25
✧03B44	✧11A46	𗟲（Ⅴ105 2.14 khwa）	29B71
11A63	𗟲（Ⅰ40 2.01 bu）	★25B33	30A25
22B18	★05B22	♡24A58	30B14
32B68	♡25A73	✧25B33	31A31
𗟲（Ⅸ- 2.85 ljiir）	𗟲（Ⅷ61 1.17 ·a）		33A16
	♡12B24	亠 部	𗟲（Ⅸ127 2.33 ljij）
		𗟲（Ⅴ105 2.14 khwa）	✧04A44
		★25B31	
		✧12A44	

04A44	♡32A64	★16A64	[西夏字]（Ⅴ-157 2.24 gjwā）
[西夏字]（Ⅱ21 2.54 wjij）	[西夏字]（Ⅰ108 2.58 be）	♡31B68	★29B15
★11A76	★07B45	32A22	♡16B17
[西夏字]（Ⅷ16 1.19 śja）	◇13B65	◇31A72	28A64
♡07B47	19A37	[西夏字]（Ⅸ- 2.22 lwā）	[西夏字]（Ⅲ58 2.47 dow）
08B64	[西夏字]（Ⅴ3 2.14 ka）	◇23B15	★15A46
11A76	★21B35	[西夏字]（Ⅴ3 2.14 ka）	[西夏字]（Ⅲ53 1.36 djij）
32B53	♡23A66	★21B33	★15A17
◇03A61	[西夏字]（Ⅴ108 2.43 kio）	[西夏字]（Ⅲ61 2.14 da）	♡14A74
07A14	★25B44	★15A61	[西夏字]（Ⅱ15 1.07 wjuu）
08A74	♡26B21	♡13A45	★11A52
10A36	[西夏字]（Ⅷ-18 ? ?）	[西夏字]（Ⅰ17 1.20 mja）	♡11B47
10B62	◇09B61	★04A32	◇04B23
11A76	24A33	♡07B34	17A17
11B33	25B58	[西夏字]（Ⅴ116 2.14 ŋa）	29B23
15B37	[西夏字]（Ⅸ108 1.64 lja）	★25B73	[西夏字]（Ⅸ58 1.29 lji）
20A63	◇24B78	[西夏字]（Ⅴ-153 1.50 khio）	♡23B17
22B62	[西夏字]（Ⅴ78 2.25 khə）	★29B11	◇16A25
26B48	★24B61	♡27A78	17B32
31B56	♡33A38	[西夏字]（Ⅵ45 1.54 dzow）	23A36
32A25	[西夏字]（Ⅴ94 1.49 kwo）	★31A52	23B58
32B75	★25A52	[西夏字]（Ⅸ- 2.10 lhjwi）	27B61
[西夏字]（Ⅸ- 1.77 zer）	[西夏字]（Ⅴ94 1.49 kwo）	◇03B44	[西夏字]（Ⅴ3 2.14 ka）
◇08A74	★25A53	04A73	★21B32
15B37	[西夏字]（Ⅴ94 1.49 kwo）	22B18	[西夏字]（Ⅵ102 1.07 sjuu）
22B62	★25A54	[西夏字]（Ⅴ21 2.56 ka）	★32B73
[西夏字]（Ⅸ27 2.38 lhew）	[西夏字]（Ⅰ17 1.20 mja）	★22B18	[西夏字]（Ⅲ143 2.29 njɨɨ）
♡07A14	★04A33	[西夏字]（Ⅸ132 1.69 zji）	★18A21
◇07B47	♡17A13	♡33B17	♡13A43
08B64	◇17B78	◇11A16	[西夏字]（Ⅵ103 2.54 tshjij）
11A75	30B18	[西夏字]（Ⅴ-64 1.25 kiā）	★32B75
11A76	33A21	★28B38	♡31B56
11B78	[西夏字]（Ⅰ125 2.36 piəj）	[西夏字]（Ⅳ-3 2.36 niəj）	[西夏字]（Ⅸ108 1.64 lja）
[西夏字]（Ⅸ44 2.76 lwər）	★08A36	★21A43	♡25A28
♡11A71	♡14A53	♡17B11	[西夏字]（Ⅶ33 2.23 dźiā）
ソ部	[西夏字]（Ⅰ124 2.36 piəj）	◇07B13	♡17B36
[西夏字]（Ⅲ92 2.33 tjij）	★08A35	12B28	[西夏字]（Ⅲ-51 ? ?）
★16B22	◇05A33	16A52	★19B53
[西夏字]（Ⅷ109 1.97 ·jwar）	12A58	21A45	♡19A32
◇03A71	[西夏字]（Ⅲ87 2.60 dji）	22B77	[西夏字]（Ⅵ121 1.75 tsur）
冖部	★16A68	27A23	★33B17
[西夏字]（Ⅴ78 2.25 khə）	♡31B75	[西夏字]（Ⅵ47 1.59 dzju）	◇04A13
★24B58	[西夏字]（Ⅲ87 2.60 dji）	★31A65	11A16

	22B17	07B26	**歹部**	07B33

字（Ⅲ52 2.33 djij）　★15A12
字（Ⅵ62 1.20 tsja）　★31B56　♡32B75
字（Ⅲ-132 2.01 tu）　★20B14
字（Ⅲ52 2.33 djij）　★15A11　♡31B13
字（Ⅰ142 1.68 mə）　★08B17　♡04B48　◇04B48　06B75
字（Ⅵ50 1.11 dzji）　★31B13　♡15A11
字（Ⅴ59 2.79 kjiwr）　★24A32
字（Ⅴ3 2.14 ka）　★21B34　♡16B15
字（Ⅲ118 2.11 dee）　★17B11　♡21A43
字（Ⅷ49 2.13 xwẽ）　♡07A62
字（Ⅶ-39 1.07 tśjuu）　◇26B24　28A54
字（Ⅴ55 1.03 gju）　★23B76
字（V̇55 1.03 gju）　★23B77
字（Ⅴ3 2.14 ka）　★21B31　♡09A44　22A22　◇04B33　04B54

07B26　09B58　09B63　10A51　13B67　18A14　22A22　22A67　22B77　23B54　27A18　27A41　27B22　28B23　28B27　30B38　31A11　31B72　32A47　32B26　32B32
字（Ⅵ-56 1.15 tsẽ）　♡31B14
字（Ⅲ92 2.33 tjij）　★16B17　♡28A64　29B15
字（Ⅵ50 1.11 dzji）　★31B12　♡16A35
字（Ⅵ-7 1.01 tshu）　◇29A75
字（Ⅴ59 2.79 kjiwr）　★24A33　◇29A13
字（Ⅸ- 2.57 lhja）　♡06B12　09B24　◇04B27　31B12
字（Ⅶ101 1.61 śjij）　◇31B56

歹部

字（Ⅶ156 1.55 tśiow）　♡08B62　11B74　◇08A54　08B62　15B53　17B62　21A74　27A17　30B76　33A63
字（Ⅰ126 2.03 pju）　★08A41　♡06A54　31A14
字（Ⅰ-48 1.60 biej）　★09B18　♡07B53
字（Ⅵ72 1.69 dzjwɨ）　★32A24　♡07A34　13B72
字（Ⅰ30 1.11 phji）　★05A17　♡23B34
字（Ⅶ-152 1.45 tśjiw）　♡06B65　25A68　28A48　◇13B32　27B24
字（Ⅶ20 2.85 tśjɨir）　◇23B32　29B62
字（Ⅵ36 1.42 tshjɨj）　★30B78　♡10B54　33A35　◇03A64　05B63　06A38

07B33　10B54　16A71　25A66　30B68　33B77
字（Ⅰ32 2.11 mee）　★05A25
字（Ⅲ86 1.67 dji）　★16A58　♡16B67　◇08A46
字（Ⅲ47 1.03 thju）　★14B45　♡15A52　◇03B68　06A32　09A64　20B16　20B21　26A17
字（Ⅸ- 1.67 zji）　♡18A18　◇23A52
字（Ⅴ-34 1.54 kwow）　★28A72　◇21B33
字（Ⅵ84 1.37 dzeej）　★32A67　◇13A47　21B77　23B32
字（Ⅶ-12 2.60 śji）　♡08A52　09A46　09B22　13A25　15A35　18A24　19A35　31A22　33A25　◇03B23

04A76	32A34	⊕07A44	★09A73
05A75	32A48	26B26	♡12A35
05B15	33A25 殑 (Ⅴ57 1.36 gjwij)		12B62
05B52	33A46	★24A23	26B71
05B53	33A47	♡15B31	⊕05A71
05B58	33B11	⊕16A13	孩 (Ⅸ- 1.64 lhjwa)
05B61	33B28	殑 (Ⅶ-151 1.42 tśjɨj)	⊕07A37
06A25 殇 (Ⅶ34 1.02 tśju)		♡21A18	11B77
06A26	♡05B38	⊕05A14	孩 (Ⅵ-6 1.20 tshja)
06B36	⊕14A68	13B31	⊕06A67
07A16 殘 (Ⅶ37 1.19 śjwa)		19B44	31B54
08A52	⊕29A13	21A18	孩 (Ⅵ123 1.20 tshjwa)
08A78 殘 (Ⅴ126 2.39 kiew)		23A14	★33B24
09A45	★26A47	30A68	⊕24B31
09A46	♡21A77	30B21	鼍 (Ⅷ105 1.66 ɣie)
09B22	⊕29B55	殑 (Ⅴ6 1.18 kia)	⊕05A51
10A32 殑 (Ⅰ30 1.11 phji)		★21B78	07A76
10B27	★05A14	殑 (Ⅶ149 1.29 tśhjɨ)	07B74
11B56	♡13B31	♡22B72	後 (Ⅲ108 1.36 tjij)
13B38	24A44	殑 (Ⅴ57 1.36 gjwij)	★17A38
13B44	30A68	★24A24	⊕19A35
14A32	⊕05B78	殘 (Ⅴ-90 2.56 kwa)	剡 (Ⅵ62 1.20 tsja)
14A38	08B45	★28B72	★31B54
14A52	09B33	殑 (Ⅶ151 2.27 tśhjɨ)	♡16A36
14B28	11A74	♡26B53	⊕03B26
15B48	27B18	殑 (Ⅱ6 2.09 wji)	07B54
15B52	32B47	★10B75	覆 (Ⅵ62 1.20 tsja)
16B13 殑 (Ⅶ150 1.29 tśhjɨ)		♡04B67	★31B52
16B65	♡32A66	⊕04B67	忄部
18A24	⊕28A35	10B75	恨 (Ⅴ28 1.54 kow)
18B41		20B33	★22B65
18B53 殘 (Ⅷ22 1.20 ·ja)		殨 (Ⅰ13 2.25 mə)	♡21B23
23A73	♡08A15	★03B64	彐部
24A17	⊕32A64	⊕22A65	殘 (Ⅰ56 1.02 bju)
25B32 殘 (Ⅵ142 1.62 tshjɨj)		殘 (Ⅶ-58 2.06 tśhjuu)	★06A23
25B64	★33B78	⊕25B68	♡09A48
26A64 殞 (Ⅴ-103 1.53 gioo)		彡部	死 (Ⅶ84 1.18 śia)
26B12	★29A17	死 (Ⅶ64 1.44 tśiew)	⊕06A28
26B73	♡28B36	⊕31B44	07B42
27A71	⊕27B75	殘 (Ⅰ126 2.03 pju)	14A34
28B72	28A76	★08A38	殘 (Ⅵ35 1.36 tshjij)
30A28 殯 (Ⅴ124 1.37 kheej)		♡09A72	★30B74
30B12	★26A42	殘 (Ⅰ-35 1.08 pe)	殘 (Ⅵ109 2.25 sə)
31B58	♡16A22		

★33A23
⊕11B35
15A18
23B55
29A54
30B15
32A55
33B56
〇（Ⅶ35 1.81 śiar）
　⊕06A23
〇（Ⅷ7 1.03 ɣju）
　♡29A13
　⊕26B67
〇（Ⅲ66 2.20 niaa）
　★15B17
〇（Ⅵ52 1.69 dzjwɨ）
　★31B23
　♡32A27
〇（Ⅰ66 1.75 mur）
　★06B13
　♡13A27
〇（Ⅲ108 1.42 tjɨj）
　★17A37
〇（Ⅲ147 2.10 dji）
　★18A38
　♡14B77
〇（Ⅲ111 2.63 nio）
　★17A52
〇（Ⅵ20 2.14 sa）
　★30A67
　♡08B57
　15B34
　20A28
　⊕08B57
　25A56
　28A32
〇（Ⅲ-16 1.72 njo）
　★19A78
　♡07A74
　18B57
　⊕03B78
　05A45
　16A43

25A57
28A68
32B22
〇（Ⅸ- 1.70 lo）
　♡05B15
〇（Ⅵ28 2.10 tsji）
　★30B44
　♡22A52
　⊕16A75
　17A48
　17A53
　19A23
　19B61
　20A27
　29A32
　29B51
　33B66
〇（Ⅲ107 1.03 nju）
　★17A27
〇（Ⅴ195 1.13 kiwee）
　★27B64
〇（Ⅲ-111 2.47 -ow）
　★20A57
　⊕28A71
〇（Ⅲ110 2.60 nji）
　★17A44
　♡21B52
　22A15
　23A31
　⊕13A66
　15B15
　23A31
　26B18
〇（Ⅸ86 2.76 zər）
　♡04B61
〇（Ⅰ85 1.64 pja）
　★07A28
〇（Ⅰ-16 2.15 bia）
　★09A48
　♡06A23
〇（Ⅰ13 2.25 mə）
　★03B74
〇（Ⅷ92 2.42 ·o）

♡07A28
15B22
16A12
26B65
⊕06B13
13A27
20A61
26B65
31B73
〇（Ⅷ49 2.13 xwẽ）
　⊕23A72
　30B13
〇（Ⅲ110 2.60 nji）
　★17A45
〇（Ⅵ-143 1.43 tshew）
　⊕04B75
　27B64
　28B32
　30B75
〇（Ⅶ54 1.21 dźjaa）
　♡23B72
　⊕23B72
〇（Ⅴ53 1.11 gji）
　★23B56
〇（Ⅵ-34 1.52 soo）
　♡23B11
　⊕03B43
　13B37
　15B25
　17B41
　20A33
　28B41
〇（Ⅴ71 1.36 gjij）
　★24B24
〇（Ⅷ-123 1.17 xa）
　♡20A46
〇（Ⅸ106 1.32 ljɨ）
　★03A4A
　09A2A
　⊕22B23
　27B56
　32A54
〇（Ⅴ13 2.51 ku）

★22A36
♡28A14
〇（Ⅰ13 2.25 mə）
　★03B78
〇（Ⅲ112 2.29 djɨ）
　★17A53
　♡16A75
　⊕14B66
〇（Ⅶ-33 1.26 tśhjwã）
　⊕13B11
　16B64
　24B27
　24B68
　28B37
〇（Ⅲ113 1.68 tə）
　★17A55
　⊕07A65
　11B24
　33B18
〇（Ⅸ47 2.47 low）
　♡24A13
〇（Ⅲ66 2.20 niaa）
　★15B16
〇（Ⅴ13 2.51 ku）
　★22A38
　♡16B11
　⊕10B31
　16A15
　16B34
　28B63
〇（Ⅵ81 1.33 sej）
　★32A57
〇（Ⅴ135 2.17 khja）
　★26A77
　⊕28B37
〇（Ⅸ68 2.02 lju）
　♡20A61
〇（Ⅵ61 2.44 dzjo）
　★31B51
　♡24B14
　33B72
〇（Ⅵ2 1.36 sjij）
　★29B47

⬦09A12
21B18

□（Ⅷ95 1.71 ·wio）
⬦25B25
25B34
25B76

□（Ⅲ125 1.43 tew）
★17B32

□（Ⅰ164 1.49 pho）
★09A13

□（Ⅲ85 1.67 dji）
★16A54
⬦07A27
08B57
09A67
16A15
20B55

□（Ⅶ-57 1.09 tśhie）
♡08A58
⬦19B68

□（Ⅴ70 2.33 gjij）
★24B14

□（Ⅴ15 2.76 ŋwər）
★22A52

□（Ⅲ89 2.12 djii）
★16A75
♡17A53

□（Ⅴ166 1.24 kwā）
★27A44
⬦27B64
31B45

□（Ⅵ24 2.01 su）
★30B22

□（Ⅱ28 2.27 wji）
★11B43
♡17B16
21B33
27A21
28A16
28B52
29A24
⬦04A43
05A35

07A75
11A53
14B23
15B13
17B74
20B47
23B48
26A48
26A71
27B11
28A16
28B28

□（Ⅵ28 2.10 tsji）
★30B43
♡21B51

□（Ⅰ17 1.20 mja）
★04A42

□（Ⅲ111 2.63 nio）
★17A48
⬦17A27

□（Ⅴ195 1.13 kiwee）
★27B63

□（Ⅵ45 1.54 dzow）
★31A48

□（Ⅸ174 2.85 zjïïr）
♡10B25

□（Ⅸ174 2.85 zjïïr）
♡07B78
09A12
11B68
18A32
18A47
18A55
19A23
19B31
20A27
20B61
23B75
26A22
26A78
27A44
27B63
33A55
□（Ⅸ134 2.02 źju）

⬦03B74
04A26
04A38
04B31
05B23
06A66
07A43
07B18
07B78
08A27
09A12
09A48
11B68
14A77
14B66
15B16
16B28
17A27
17B32
18A32
18A47
18A76
19B31
19B61
19B72
20B61
21B42
22A11
23B75
26A77
26A78
27A44
27A65
27B63
28A32
29B51
30B44
31A48
31B23
31B33
31B58
32A27
32A57

♡32B13
⬦04A45
05A51
13B36

□（Ⅷ37 1.76 ·jur）
♡22B52
⬦14A26

□（Ⅲ85 1.67 dji）
★16A53
♡05A46

□（Ⅲ-34 1.96 tũ）
★19B32

□（Ⅰ66 1.75 mur）
★06B12

□（Ⅲ175 1.73 nejr）
★18B56

□（Ⅷ76 2.14 xa）
♡13B77

□（Ⅲ149 1.21 njaa）
★18A47

□（Ⅲ85 1.67 dji）
★16A55

□（Ⅷ36 2.70 ·jur）
♡05B35
⬦05A15
10B26

□（Ⅴ81 2.61 kji）
★24B75

□（Ⅶ59 2.81 tśior）
♡15B14
⬦07A73

□（Ⅲ-4 2.22 thwā）
★19A64

□（Ⅲ-41 2.74 -jar）
★19B41
⬦16A74
16A74

□（Ⅴ55 1.03 gju）
★23B72
♡31A48

□（Ⅲ84 1.30 njwi）
★16A48

□（Ⅵ49 2.03 sju）
★31A73
♡05A61
✿08B65
08B76
11B46
14B62
17A27
17B25
17B31
17B32
17B74
19B68
20A13
20B61
23B46
26A62
27B11
28B38

□（Ⅴ177 1.32 khjɨɨ）
★27A76
✿09A68
16A43

□（Ⅲ45 2.33 njij）
★14B26
♡05A64

□（Ⅴ188 1.92 kjɨɨr）
★27B42

□（Ⅵ65 1.77 tser）
★31B66

□（Ⅵ49 2.03 sju）
★31A74

□（Ⅴ-65 1.16 khjĩ）
★28B45

□（Ⅴ177 1.32 khjɨɨ）
★27A77

□（Ⅸ145 2.78 rewr）
♡23B61

□（Ⅴ188 1.92 kjɨɨr）
★27B41

□（Ⅴ188 1.92 kjɨɨr）
★27B38

□（Ⅱ1 2.07 we）
★23A76
★10B24
♡13A11
✿04A15
10B24
10B24
12B44

□（Ⅰ61 1.20 pja）
★06A56
♡05B44

□（Ⅱ1 2.07 we）
★10B31

□（Ⅸ120 1.80 zar）
✿32B23

□（Ⅰ60 1.20 pja）
★06A54
♡08A41

□（Ⅰ61 1.20 pja）
★06A55
♡16B14
16B15
✿18B48

□（Ⅴ-138 1.69 kjwɨ）
★29A62

□（Ⅴ89 1.31 ŋwəə）
★25A32

□（Ⅲ40 2.28 dji）
★14A62

□（Ⅴ-70 1.16 khjĩ）
★28B46

□（Ⅵ49 2.03 sju）
★31B75

□（Ⅰ29 1.49 po）
★04B75
♡28B32
30B75

扌部

□（Ⅰ59 2.17 bja）
★06A48
♡06A74
✿06A48
09A61

30A61

乇部

□（Ⅲ61 2.14 da）
★15A58
♡04A54
✿12B51

工部

□（Ⅷ9 1.69 yjɨ）
♡03B24

艹部

□（Ⅷ-52 2.27 xjɨ）
✿13A35
31A41

扌部

□（Ⅵ36 1.42 tshjɨɨj）
★31A11
♡32B26

□（Ⅲ-42 1.32 njɨɨ）
★19B42
10B1A
♡20B64
✿03B16
05B75
07A71
07B48
07B48
08A64
08B54
09B63
09B77
10B37
13B64
15A21
18B28
19B42
21B21
23A25
23B24
25B53
25B53
29B12
31A54

□（Ⅸ72 2.49 ljow）

✿12A22

□（Ⅲ15 1.87 dewr）
★17A63
♡19B62

□（Ⅰ-22 2.64 pjo）
★09A56

□（Ⅸ50 1.19 lja）
♡07B48

□（Ⅲ54 2.10 nji）
★15A22
♡14B35

□（Ⅲ165 2.84 deer）
★18B28

冂部

□（Ⅶ-36 1.18 tśiwa）
♡10A53

□（Ⅵ8 2.37 dzjɨj）
★30A16
♡28B34

□（Ⅰ129 2.73 par）
★08A53

□（Ⅵ8 2.37 dzjɨj）
★30A17
♡32A21

□（Ⅵ80 2.78 tsewr）
★32A52
♡07A55
✿21B68

□（Ⅶ27 1.19 tśja）
♡11B32
32A63
33A74

□（Ⅶ102 2.16 dźja）
♡26A57
✿17A63

□（Ⅱ9 2.32 wjij）
★11A28

□（Ⅵ118 1.03 tshjwu）
★33A74

□（Ⅱ9 2.32 wjij）
★11A31

□（Ⅸ- 1.43 lew）

（第一栏）

23B34
23B52
24B65
25B21
25B62
26A43
28B76

□（II13 2.52 wju）
★11A46

□（II11 2.02 wju）
★11A36

□（VI92 2.86 tsjiir）
★32B35

□（V174 2.14 kha）
★27A64
♡11A37
19A43

片部

□（III94 1.11 tji）
★16B27
♡17A71

巾部

□（II-1 2.06 wjuu）
★12B21
♡06B41
♢20B52

□（VII27 1.19 tśja）
♢12A61
12B21

□（VII28 2.16 tśja）
♡05A11

□（I72 2.06 bjuu）
★06B41
♡12B21
♢20B52

□（II53 1.17 wa）
★12A61

贝部

□（V46 1.45 kjiw）
★23B28
♡25B45

（第二栏）

亻部

□（I36 2.07 me）
★05A65
♡05A67
♢03B28
05A67
09A44
12A74

□（I29 1.49 po）
★04B77
♡32B27

□（I37 2.07 me）
★05A67

□（V165 1.27 ŋwə）
★27A38
21A5A
♢21B28
23B23
31A13

□（I37 2.07 me）
★05A66

□（I37 2.07 me）
★05A64
♡14B26

□（VIII5 1.36 ·jij）
♡32A72

□（V165 1.27 ŋwə）
★27A41

□（VIII-116 1.32 ·jwɨɨ）
♢24B67

□（VIII-55 1.25 xiwā）
♡20A41
20A42
29A28
29A34
♢09A11
09B46
12B62
15A65
20A35
20B63
26B56

（第三栏）

29A31
29A33

彡部

□（III147 2.10 dji）
★18A41
09A2A
12B1A
19A5A
21A3A
28A2A
♡20B64
♢03B55
14A73
14A73
15A33
21B48
29A31
29A33
29B24
31B14
31B38
33A65

□（V1 2.01 ŋwu）
★21A61

夂部

□（VIII87 1.75 ɣur）
♡28B26

□（I59 2.17 bja）
★06A51
♡16A15
♢05A52
09B37
16B16
26B32

□（III77 2.51 du）
★16A15

□（IX142 2.60 lji）
♢24A76
25A17

□（III53 1.36 djij）
★15A15
♡27A42

□（III137 1.52 noo）

（第四栏）

★17B74
♡19A33
♢03A64
08B77
09A35
32A14

□（IX16 2.68 rjiijr）
♡07B62
17A33
32B43

□（VII-111 1.00 dź-）
♡26B43
♢06B48
14B68

□（VIII108 2.73 ɣar）
♢04A78
11A68
13A53
14A13
15B36

□（VI-41 1.86 dzjwɨr）
♡30B63
♢09B62
32A36

□（II39 1.15 wẽ）
★12A14

□（I-63 1.60 piej）
★09B37
♡31B77

□（IX21 1.49 lo）
♡31A35

□（VIII108 2.73 ɣar）
♡03A56
♢09B74

□（V82 1.58 ku）
★25A12
♡06B28
18A68
♢04B51
06B28
17A13
33A77

□（IX16 2.68 rjiijr）

♡14A17

28A66

32B62

⊕07B35

11B11

13A11

13A22

13A77

13A77

14A17

15A34

15A47

18B75

19A24

22B15

𦋍（Ⅲ161 ? tha）

★18B16

⊕08B27

14B32

15A26

16B73

22B28

22B38

25A67

𦋍（Ⅰ59 2.17 bja）

★06A53

⊕18B33

31A46

𦋍（Ⅷ87 1.75 ɣur）

⊕09A61

17B55

18B34

23A17

28A42

𦋍（Ⅰ22 2.25 bə）

★04A78

♡13A53

𦋍（Ⅸ56 2.51 lu）

♡32A26

⊕24B55

𦋍（Ⅴ202 1.89 kor）

★28A12

♡23B42

𦋍（Ⅴ204 2.75 kjaar）

★28A16

𦋍（Ⅰ17 1.20 mja）

★04A36

⊕05B77

12B32

𦋍（Ⅵ103 2.54 tshjij）

★32B77

𦋍（Ⅲ29 2.54 tjij）

★14A13

♡15B36

𦋍（Ⅸ3 2.60 lji）

♡20B45

⊕14A61

17B62

21B11

24B34

𦋍（Ⅰ-142 2.30 phej）

★10A66

𦋍（Ⅶ69 1.02 dźju）

⊕03A71

03B56

04B22

06A14

06A28

06B15

06B44

06B47

11A62

14A41

15A24

20B57

24A72

25B41

30A11

30B74

33B15

𦋍（Ⅰ52 1.51 phjo）

★05B78

♡11B21

⊕03B23

05B78

12A57

21A26

𦋍（Ⅰ17 1.20 mja）

★04A34

♡13A77

𦋍（Ⅴ34 2.28 gjɨ）

★23A17

♡18B34

𦋍（Ⅰ17 1.20 mja）

★04A35

𦋍（Ⅸ16 2.68 rjijr）

⊕10A48

𦋍（Ⅲ23 1.30 njwɨ）

★13B62

𦋍（Ⅸ51 2.16 lja）

♡15A24

⊕12A73

𦋍（Ⅲ69 2.60 tji）

★15B36

♡14A13

⊕12B27

夂部

𦋍（Ⅰ92 2.65 piəj）

★07A56

⊕05B76

07A55

07A56

08B35

09B17

09B73

15B37

16A24

16A68

23B77

31B75

32B44

33B26

𦋍（Ⅰ10 1.36 bjij）

★03B44

♡04A73

22B18

⊕05A27

𦋍（Ⅶ111 1.72 tśjo）

♡28A55

⊕10A53

𦋍（Ⅸ- 2.62 lho）

⊕03B44

04A73

22B18

25B36

𦋍（Ⅰ10 1.36 bjij）

★03B42

𦋍（Ⅰ92 2.65 piəj）

★07A57

♡06B23

⊕06B23

𦋍（Ⅰ-91 1.82 mjar）

★09B73

⊕07B62

09B17

09B73

33B26

久部

𦋍（Ⅱ35 1.17 wa）

★11B71

♡13B76

𦋍（Ⅴ-127 ? kej）

★29A47

⊕31A48

𦋍（Ⅰ113 1.30 pjɨ）

★07B71

♡06A58

𦋍（Ⅷ-102 1.56 xjow）

⊕16A62

27B23

𦋍（Ⅵ101 1.30 sjwɨ）

★32B67

♡20A25

𦋍（Ⅷ108 2.73 ɣar）

♡19A17

𦋍（Ⅰ-137 2.33 pjij）

★10A61

⊕11A25

𦋍（Ⅸ- 2.52 lhju）

⊕16B71

27A16

27A66

□ （Ⅴ109 1.49 kho）

29A62
33B73
★25B47

□ （Ⅲ65 2.05 duu）
★15B11

□ （Ⅸ84 2.81 rjor）
◇15B22

□ （Ⅶ11 1.10 tśji）
♡25B47

□ （Ⅷ56 2.16 ɣja）
♡29A47
◇09A63
11B28
16A12
17A64
19A77

十部

□ （Ⅶ141 1.09 śie）
◇03B55
09A33

广部

□ （Ⅸ45 2.01 lu）
♡22A33

□ （Ⅶ152 1.29 tśji）
◇14B31
26A16
28A61

□ （Ⅸ45 2.01 lu）
◇14B31
26A16
28A61

□ （Ⅲ105 2.33 njij）
★17A11
◇14A72

□ （Ⅲ41 1.30 dji）
★14A73
◇14A73

□ （Ⅱ21 2.54 wjij）
★11A77
♡04B33
◇08A45

14B31
16A65
22B36

□ （Ⅴ12 1.27 kwə）
★22A33

□ （Ⅸ45 2.01 lu）
◇24B45

□ （Ⅲ45 2.33 njij）
★14B31

丷部

□ （Ⅴ119 2.48 khjow）
★26A13

□ （Ⅱ25 2.30 wej）
★11B32

□ （Ⅴ-83 2.25 kə）
★28B63

□ （Ⅶ37 1.19 śjwa）
◇30A71

□ （Ⅴ52 2.53 kiej）
★23B53
◇04A38
05B37
10A44

□ （Ⅰ35 2.25 phə）
★05A48

□ （Ⅲ54 2.10 nji）
★15A21
♡22B67

□ （Ⅰ21 1.27 bə）
★04A62
♡05A78
◇11B46

□ （Ⅲ107 1.03 nju）
★17A28
♡04A37
05B31
08B78
13B34
17B53
27B15
28A78
32B66
33B13

◇04A37
04A37
04A52
07A65
11A55
15A23
22A31
27B15
28A78

□ （Ⅵ134 1.69 sji）
★33B56
♡15A18

□ （Ⅵ81 1.33 sej）
★32A58

□ （Ⅰ-8 1.15 mẽ）
★09A38

□ （Ⅷ11 2.28 ·ji）
♡25A75

□ （Ⅶ160 1.21 dźjwaa）
♡28B15

□ （Ⅵ10 1.54 tshow）
★30A25
♡33A66
◇16B68
27A68

□ （Ⅵ83 1.15 swẽ）
★32A65

□ （Ⅴ121 2.07 ŋwe）
★26A17

□ （Ⅶ23 2.60 dźji）
♡21B33
◇22B42

□ （Ⅷ31 2.48 ·jow）
♡03B76
◇23A11
26A13

□ （Ⅱ46 2.76 wər）
★12A36

□ （Ⅴ127 2.61 gji）
★26A52

□ （Ⅲ-5 1.32 tjɨ）
★19A65
◇17A45

22B24

□ （Ⅵ117 2.61 dzjɨ）
★33A66

□ （Ⅰ73 1.33 mej）
★06B44
♡04B16
07A58
07B18
08A14
12A36
17B56
18A77
19A65
23A76
26B74
27B58
28A36
◇04A17
06A28
07A58
07B18
13B58
17B56
18A77
21A21
23A76
26A62
26B74
27A56
27B58
28A36
29B73

□ （Ⅴ116 2.14 ŋa）
★25B72

□ （Ⅴ119 2.48 khjow）
★26A14
♡30B45

□ （Ⅴ22 1.34 kiej）
★22B25
♡28B76
33A14
◇04A38
09A77

♡11B55
13A31
16A25
◇15B61
16A25
23B32
24A46
29B62
☐（Ⅵ82 1.43 tshwew）
★32A61
♡21B71
◇15B31
☐（Ⅲ148 1.64 nja）
★18A45
☐（Ⅵ6 1.02 dzju）
★29B77
◇12B38
25B51
30A42
☐（Ⅸ9 2.18 ljaa）
♡20B63
◇04A15
09A78
11B12
24A51
☐（Ⅷ-8 2.15 xiwa）
◇29B43
32A27
☐（Ⅲ-58 1.43 nwew）
★19B62
☐（Ⅶ47 1.41 dźiəj）
♡12A16
◇12A16
33A57
☐（Ⅸ7 1.17 la）
◇05A48
☐（Ⅵ71 2.28 dzjwi）
★32A21
◇30A17
☐（Ⅷ31 2.48 ·jow）
◇28A65
☐（Ⅷ-31 1.34 ɣiwej）
◇11B48

21A64
22B12
23B64
☐（Ⅰ36 2.07 me）
★05A73
☐（Ⅶ44 1.18 tśhia）
◇24A41
☐（Ⅴ4 2.48 ŋjow）
★21B44
☐（Ⅴ25 1.36 khjij）
★22B51
♡25B23
☐（Ⅷ41 1.34 ɣiej）
♡08A23
08A57
09B13
09B25
09B72
23B44
28A43
28A45
28B46
◇03B52
09A11
09A41
09B42
09B55
09B72
13B53
14B68
16B47
19B12
19B13
20A46
20B48
21A48
21B26
26B43
28A44
28A45
29A35
29B14
☐（Ⅷ41 1.34 ɣiej）

♡27B34
◇17B61
18B58
☐（Ⅸ98 1.61 ljwij）
◇20A63
22B31
22B35
23A67
25A78
25B38
26A66
31B56
32B75
☐（Ⅰ21 1.27 bə）
★04A63
♡05B11
◇19B43
☐（Ⅶ50 1.19 dźjwa）
♡15B73
☐（Ⅰ-9 1.16 mjĩ）
★09A41
☐（Ⅲ145 2.19 naa）
★18A28
♡07B58
21B64
25B56
26B66
32B51
◇03B58
04A72
04A76
05A43
07B58
12A11
12A48
17A32
26A37
26B17
27A67
27B14
32A13
33A58
☐（Ⅲ-61 2.44 -jo）

★19B65
☐（Ⅴ23 2.31 kiej）
★22B35
♡23A67
☐（Ⅵ71 2.28 dzjwi）
★32A18
◇24B64
☐（Ⅰ-93 2.60 bji）
★09B75
♡07B46
☐（Ⅴ129 1.76 gjur）
★26A57
♡17A63
☐（Ⅲ145 2.19 naa）
★18A26
☐（Ⅷ-104 2.49 ·jow）
◇12B54
☐（Ⅲ145 2.19 naa）
★18A27
♡06A15
☐（Ⅷ34 1.63 ɣa）
♡32A47
☐（Ⅰ-6 1.63 ba）
★09A36
♡32A75
☐（Ⅲ107 1.03 nju）
★17A33
☐（Ⅱ22 2.56 wa）
★11B17
☐（Ⅴ173 1.47 gjiiw）
★27A62
☐（Ⅴ103 1.30 khji）
★25B23
♡22B51
☐（Ⅴ-113 1.21 khjaa）
★29A31
♡29A33
☐（Ⅴ37 1.11 khji）
★23A36
♡23B58
29A36
◇26A13

♡12B47	14A78	★30B67	□（Ⅸ29 2.52 lhju）
15A54	18A47	◈15A71	♡16B37
31A42	□（Ⅲ93 1.36 tjij）	□（Ⅷ98 2.51 ·u）	◈22B46
◈04B58	★16B25	♡11A78	□（Ⅲ184 2.72 njir）
06B25	♡19A26	◈10B61	★19A18
□（Ⅲ-44 2.05 dwuu）	□（Ⅰ150 1.49 bo）	11A78	♡11B17
★19B44	★08B44	11B31	14B62
♡29B21	□（Ⅲ2 1.17 na）	15A71	19B73
◈07B53	★13A21	15B72	□（Ⅵ79 1.87 tsewr）
09A76	◈17B28	22A13	★32A47
15A66	26B77	22B13	□（Ⅵ113 2.38 tshew）
32A78	29A23	30B67	★33A42
33A44	33B52	□（Ⅶ-126 1.25 tśiā）	□（Ⅱ44 1.19 wja）
□（Ⅰ147 1.40 bəj）	33B76	◈14B55	★12A25
★08B37	□（Ⅴ-67 1.26 khjwā）	20A61	♡09A64
♡09B67	★28B43	□（Ⅰ-130 1.54 bow）	11A26
25B13	□（Ⅲ145 2.19 naa）	★10A52	18B11
□（Ⅰ55 2.58 me）	★18A31	♡06A33	30A13
★06A15	♡33A75	□（Ⅸ- 2.60 zji）	◈04A58
♡18A27	□（Ⅱ45 1.27 wə）	◈05B54	06A35
□（Ⅰ36 2.07 me）	★12A27	10A11	06B64
★05A74	♡05B74	21B18	10A61
♡15B35	□（Ⅴ130 1.81 khiar）	□（Ⅴ4 2.48 ŋjow 4986）	14B17
◈05A25	★26A62	★21B47	14B56
06B27	□（Ⅴ121 2.07 ŋwe）	♡20B25	15A53
26A56	★26A24	□（Ⅲ174 2.52 nju）	15A56
27B72	◈09A32	★18B55	18B13
29B76	18A31	◈27A24	21B73
□（Ⅰ47 1.01 phu）	33A75	□（Ⅴ21 2.56 ka）	29B78
★05B51	□（Ⅵ-124 1.11 tsji）	★22B17	33B61
□（Ⅸ- 1.33 lwej）	♡14A67	□（Ⅱ45 1.27 wə）	□（Ⅰ19 1.51 mjo）
♡20A73	◈33B67	★12A28	★04A52
□（Ⅱ24 2.66 wejr）	□（Ⅰ98 2.15 bia）	◈03B65	◈17A15
★11B27	★07A76	07B23	□（Ⅵ30 2.10 sji）
□（Ⅰ-77 2.17 mja）	♡07B74	09A37	★30B56
★09B55	◈04B46	12B24	♡16A47
□（Ⅲ2 1.17 na）	07B74	32B24	17A57
★13A18	07B74	32B46	◈16A47
♡08B18	□（Ⅴ126 2.39 kiew）	□（Ⅸ- ? ?）	16A47
14A78	★26A48	♡19B43	17A57
18B48	♡32B55	◈12A18	□（Ⅰ35 2.25 phə）
◈06A55	◈18A34	13B51	★05A53
11B68	□（Ⅵ33 1.51 sjo）		◈09B16

巍（Ⅴ64 2.10 gjwi)
　　★24A55
　　♡29A22
　　♢05B51
　　09B35
　　25B36

巍（Ⅴ126 2.39 kiew)
　　★26A51
　　♡29B16

巍（Ⅰ96 1.86 mjɨr)
　　★07A71

巍（Ⅳ2 1.82 njar)
　　★21A13

巍（Ⅵ-127 1.03 sju)
　　♡10B61
　　11B31
　　30B67
　　♢04A77
　　17B51
　　30B67

巍（Ⅸ88 1.69 ljɨ)
　　♡11B12

巍（Ⅲ67 1.67 tji)
　　★15B22
　　♢26B65

巍（Ⅴ172 2.47 kwow)
　　★27A58
　　♢03B32
　　12B48
　　18B78
　　22A56
　　25A13

巍（Ⅴ170 1.09 kiwe)
　　★27A54

巍（Ⅵ39 1.08 dze)
　　★31A17

巍（Ⅰ5 2.68 mjijr)
　　★03B11
　　♡14A31

巍（Ⅶ121 1.14 tshjii)
　　♡25A42
　　♢26B31

巍（Ⅵ49 2.03 sju)

　　★31A76

巍（Ⅶ-74 2.26 tśiə)
　　♢08B65

巍（Ⅷ-26 2.53 ɣiej)
　　♢25A35

巍（Ⅲ106 1.59 dju)
　　★17A23

巍（Ⅱ2 2.07 we)
　　★10B41

巍（Ⅴ44 2.78 ŋewr)
　　★23B17

巍（Ⅴ4 2.48 ŋjow)
　　★21B53

巍（Ⅵ50 1.11 dzji)
　　★31A77

巍（Ⅲ174 2.52 nju)
　　★18B54
　　♡13A55
　　19B11

巍（Ⅵ113 2.38 tshew)
　　★33A44

巍（Ⅴ-88 1.60 kiwej)
　　★28B68

巍（Ⅰ112 2.56 ba)
　　★07B62

巍（Ⅴ5 1.59 kju)
　　★21B62

巍（Ⅴ-142 1.91 kowr)
　　★29A66

巍（Ⅷ44 2.74 ·jar)
　　♡30B31

巍（Ⅷ14 1.33 ɣwej)
　　♡21B46
　　31A17
　　32A67
　　♢04A21
　　05B51
　　07B26
　　07B43
　　21B46

イ部

巍（Ⅴ137 1.28 khiwə)

　　★26B16
　　♡28B35

巍（Ⅸ44 2.76 lwər)
　　♡04A56
　　♢15B38
　　31B48

巍（Ⅴ56 2.03 gju)
　　★24A15
　　♡26B68
　　♢05A11
　　07B43
　　14B37
　　17A73
　　23A75

ᐯ部

巍（Ⅵ106 1.54 tsow)
　　★33A15
　　♢08A11

巍（Ⅸ5 2.72 rjir)
　　♡07A27
　　33A15
　　♢07A27
　　07B13
　　08A11
　　16A52

巍（Ⅰ117 1.34 miej)
　　★08A11

巍（Ⅲ157 1.01 nu)
　　★18A76
　　♢21A42

二部

巍（Ⅲ3 2.41 neew)
　　★13A24
　　♢12A65

巍（Ⅶ-102 2.77 tśjɨr)
　　♡05A55
　　♢07A53

巍（Ⅴ-18 1.69 kjɨ)
　　★28A52

巍（Ⅲ-71 2.60 dji)
　　★19B77
　　♢15B61
　　18B62

巍（Ⅴ102 2.28 khjɨ)
　　★25B17
　　♡17B77
　　♢04A31
　　06B21
　　12A75
　　32B74

巍（Ⅲ179 1.11 nji)
　　★18B68
　　♡20A74

巍（Ⅲ-67 1.33 thej)
　　★19B73
　　♡26A11
　　♢11B17
　　14B62
　　19A18

巍（Ⅰ35 1.27 phə)
　　★05A58
　　♢05A58

巍（Ⅴ92 1.71 kio)
　　★25A42
　　♢26B31

巍（Ⅴ-163 1.27 ŋə)
　　★29B23

巍（Ⅰ34 1.27 phə)
　　★05A55
　　♡07A53
　　♢07A53
　　13B13

巍（Ⅰ17 1.20 mja)
　　★04A31
　　♡32B74

巍（Ⅲ-82 1.33 tej)
　　★20A22
　　♡18B32
　　♢22B27

巍（Ⅱ53 1.17 wa)
　　★12A58
　　♢31A45

巍（Ⅰ146 1.69 phjɨ)
　　★08B35
　　♢08B35

巍（Ⅵ-32 2.45 dzoo)

⊕09A56	23B65	17B65	★31A38
羸（Ⅲ121 2.61 tjɨ）	24B45	19B46	誹（Ⅴ60 2.15 khia）
★17B17	28A63	21B32	★24A37
羸（Ⅴ102 2.28 khjɨ）	29B78	21B75	⊕16A35
★25B16	30B55	23A65	21B74
♡05A77	31B74	23B36	33B32
羸（Ⅵ-151 1.64 tshja）	羸（Ⅶ143 1.86 tɕjwɨr）	24A21	弱（Ⅴ95 1.38 gieej）
♡27A58	⊕06B12	24B33	★25A58
33B36	20A14	25B68	弸（Ⅰ-15 1.23 phjaa）
⊕03B32	26B45	26B65	★09A47
18B78	29A75	27A41	弼（Ⅲ103 1.70 tho）
19A11	羸（Ⅸ33 1.70 lo）	27B63	★16B67
19A65	♡08B26	27B77	♡16A58
22A56	羸（Ⅶ143 1.86 tɕjwɨr）	30A48	⊕08A46
25A13	♡23B73	31B73	弸（Ⅵ8 2.37 dzjij）
羸（Ⅰ68 2.12 bjii）	羸（Ⅶ52 1.69 śjɨ）	33A26	★30A15
★06B17	⊕11B64	弸（Ⅲ81 2.56 da）	⊕11A54
♡17A52	16A73	★16A34	11B18
羸（Ⅲ14 1.30 thjɨ）	**弓部**	♡04B27	30A16
★13B13	弱（Ⅷ35 2.56 ɣa）	20B33	弸（Ⅵ95 2.28 sjwɨ）
⊕05A55	♡08A46	⊕09B24	★32B42
羸（Ⅲ90 2.01 dwu）	弱（Ⅴ110 2.30 ŋwej）	30B66	♡13B35
★16A77	★25B52	32B38	弱（Ⅴ34 2.28 gjɨ）
羸（Ⅸ95 1.59 ljwu）	弸（Ⅲ104 1.64 tja）	弸（Ⅴ179 1.03 kju）	★23A16
⊕14A44	★16B72	★27B13	⊕23A25
27A76	♡19B56	⊕16A37	33A43
羸（Ⅴ109 1.49 kho）	⊕31B17	25A63	弸（Ⅴ52 2.53 kiej）
★25B46	弸（Ⅴ61 2.05 ŋwuu）	26A37	★23B54
羸（Ⅰ78 1.61 mjij）	★24A44	27A54	弸（Ⅲ100 2.44 njwo）
★06B74	弸（Ⅴ109 1.49 kho）	28A43	★16B54
♡05B33	★25B45		♡07B66
09A37	♡23B28	弸（Ⅲ105 2.33 njij）	⊕03A51
21A25	弸（Ⅸ68 2.02 lju）	★17A17	03B11
29A56	♡11B14	♡11A52	04A44
30B55	25B68	⊕11A52	06A33
⊕05A68	⊕04B54	11B47	07A18
05B33	06B18	弸（Ⅵ47 1.59 dzju）	10A22
09A37	07A43	★31A63	15B75
14B25	07B74	弸（Ⅲ182 1.11 njwi）	弸（Ⅰ25 1.03 bju）
16B63	08B13	★19A14	★04B34
17A58	15A72	♡25B63	♡28B22
17B13	16A16	⊕04A24	弸（Ⅲ81 2.56 da）
21A25	16A48	22B66	★16A35
	弸（Ⅵ44 2.10 sjwɨ）		

第一栏

♡05B47

彳部

□（V4 2.48 ŋjow）
★21B43

□（Ⅷ69 1.39 ·jiij）
♡22B22
◈09B67

□（Ⅸ105 2.55 ljij）
♡04A76

□（Ⅷ69 1.39 ·jiij）
◈14B54

□（Ⅸ105 2.55 ljij）
♡11A18
19B68
◈30A34

□（Ⅷ5 1.36 ·jij）
♡17A41
32B42
◈03A54
04A15
04A58
04B48
05A58
05B33
06A28
06A62
07A38
07A45
08A28
08A76
08B46
09A37
09A64
09B36
11B18
11B21
12A32
14A54
14B35
15A53
15A54
16A25
16B72

第二栏

17A46
19A21
19B55
19B56
20A76
21B28
26A31
28B17
29B25
29B62
30A37
30B31
31B61
31B74

□（V4 2.48 ŋjow）
★21B42
♡05B71
22A28
30A45
30B62
◈05B71
08B18
18A47
30A45
30B62

□（Ⅲ-77 2.83 thjowr）
★20A15
♡08B22
◈09A35
16A28

□（Ⅸ71 1.60 liej）
◈06A21

□（Ⅸ105 2.55 ljij）
◈09A73
25B65

□（Ⅲ16 1.36 thjij）
★13B25
♡23A35

羊部

□（V153 2.71 ŋwer）
★26B71
♡09A73
◈05A71

第三栏

09B64
28A57

□（V20 1.63 ka）
★22B14
♡22A45

□（V4 2.48 ŋjow）
★21B52

□（V14 1.84 ŋwər）
★22A46
♡04B11
33A71
◈05A28
05B44
06A56
15B78
22A15

□（V14 1.84 ŋwər）
★22A45
♡22B14

□（V150 1.33 kwej）
★26B63

□（Ⅰ22 2.25 bə）
★04B11
◈04B11

□（V150 1.33 kwej）
★26B62
♡22A64
◈22A64

□（Ⅵ118 1.03 tshjwu）
★33A75
♡18A31

□（V14 1.84 ŋwər）
★22A47

□（Ⅷ38 2.04 xu）
◈29B61

□（Ⅵ118 1.03 tshjwu）
★33A77

□（V15 2.76 ŋwər）
★22A54
♡14B18

□（V4 2.48 ŋjow）
★21B51
♡30B43

第四栏

□（Ⅵ118 1.03 tshjwu）
★33A71
♡15B78
22A46

□（Ⅵ118 1.03 tshjwu）
★33A67
◈26B66
30B28

□（V17 2.21 gjaa）
★22A64

矛部

□（Ⅸ140 1.20 lha）
♡03A74
◈03B15
05A21

□（Ⅸ16 2.68 rjijr）
♡15A44
◈17A26
22B53
25B22

□（Ⅶ109 1.42 tshjij）
◈06B12
24B43

□（Ⅷ79 1.86 ·jwir）
◈15B43
16A77
32A31

厶部

□（Ⅲ124 2.76 nər）
★17B25
♡14B13
◈04A15

□（Ⅸ28 1.43 lhew）
◈03B56

□（Ⅸ138 1.07 ljuu）
◈11A67
20B27

□（Ⅲ27 2.14 tha）
★13B76
♡11B71

□（Ⅲ-75 1.84 nər）
★20A13

牜部

牀（Ⅱ9 2.32 wjij）
　★11A32
　◇16A66
　25A31

四画

丰部

耗（Ⅸ10 2.37 rjij）
　♡13A44

报（Ⅲ-151 2.06 djuu）
　★20B37
　♡17A77
　18A74
　◇28B27
　31B44

拼（Ⅰ142 2.06 mjuu）
　★08B22
　◇07A46
　12B28
　18B26
　32A41

搀（Ⅴ36 2.10 khji）
　★23A34
　♡22B48

示部

祁（Ⅴ31 1.32 gjɨɨ）
　★22B74
　♡20A58
　◇23B11
　26B25
　28A38

祝（Ⅴ50 1.26 khjã）
　★23B44

祸（Ⅰ-145 1.36 mjij）
　★10A71
　◇17B64

祥（Ⅲ-117 1.72 djo）
　★20A65
　♡14B63
　◇17A22

祓（Ⅴ-156 1.07 gjuu）
　★29B14

◇11B34
29A12

祓（Ⅲ-156 1.30 thjwɨ）
　★20B44

祐（Ⅴ11 2.25 kwə）
　★22A28

祧（Ⅰ29 1.49 po）
　★04B71
　♡20A22
　30A78
　◇22B27

祿（Ⅰ73 2.06 bjuu）
　★06B43

祢（Ⅰ13 2.25 mə）
　★03B61
　◇26A35
　26B23

祸（Ⅲ-91 1.87 dewr）
　★20A33
　♡20A32

祥（Ⅸ- 1.16 ljɨ̃）
　♡09A41
　◇09B13
　09B25
　12A22
　16B43
　28B45

祓（Ⅷ-65 1.18 xia）
　◇27A23
　27A23

祸（Ⅸ73 2.38 zew）
　♡22A27
　◇13A32

祼（Ⅱ31 1.64 wja）
　★11B55
　◇14A46

祔（Ⅶ-1 1.25 dźiã）
　◇09A36

祿（Ⅵ45 1.54 dzow）
　★31A55
　◇04B32
　06B23
　08A55

24B46
25B48

祸（Ⅴ-139 1.28 kiə）
　★29A63
　♡26B23

祓（Ⅴ194 ? khiwə）
　★27B61

祓（Ⅵ89 1.43 sew）
　★32B18
　♡32B18

祇（Ⅷ65 2.59 ɣie）
　★03A4A
　09A2A
　10B1A
　12B1A
　12B7A
　19A5A
　20B7A
　21A3A
　21A5A
　28A2A
　29B3A
　♡03B61
　12A65
　27B23
　28A44
　28A45
　◇03B43
　03B61
　04A52
　05B31
　07A23
　08A51
　08B78
　09B76
　10B44
　11A55
　11B62
　14B63
　15A23
　15B25
　17A28
　20A32

20A33
20A58
20B44
20B51
22B74
23B11
26A35
26B23
26B24
27A23
28A43
28A54
28B68
29A63
31B41

福（Ⅵ97 2.07 se）
　★32B52

祓（Ⅰ121 1.24 phã）
　★08A23

祇（Ⅲ80 2.56 da）
　★16A31

祇（Ⅷ65 2.59 ɣie）
　♡16A31

祺（Ⅴ-12 1.15 kẽ）
　★28A44

祼（Ⅰ-43 1.16 phjɨ）
　★09B13

襦（Ⅴ187 2.56 kha）
　★27B35

祓（Ⅴ194 ? khiwə）
　★27B62

禠（Ⅴ-13 2.34 geej）
　★28A45
　◇27A37
　33B25

襦（Ⅷ65 2.59 ɣie）
　◇03B75
　05B55
　06B31
　13B34
　18A64
　18B47
　20B34

23A32

28A11

𘓐（Ⅱ55 2.22 wã）

★12A65

⊕16A76

𘓐（Ⅰ-53 1.16 pjĩ）

★09B25

♡09B53

𘓐（Ⅴ-89 1.80 kwar）

★28B71

⊕13B48

31B16

32A68

𘓐（Ⅲ49 1.61 djij）

★14B63

♡20A65

⊕17A22

𘓐（Ⅰ-78 1.74 mjijr）

★09B56

⊕11B41

𘓐（Ⅷ71 1.74 ·jijr）

♡20B44

31B21

𘓐（Ⅴ-11 1.26 kjã）

★28A43

卅部

𘓐（Ⅶ5 1.57 śioow）

♡27A22

𘓐（Ⅸ21 1.49 lo）

⊕31B75

示部

𘓐（Ⅸ12 2.72 zjir）

♡12A34

⊕12A21

26B37

𘓐（Ⅸ2 1.80 rar）

♡18A26

𘓐（Ⅴ40 1.27 kə）

★23A58

⊕09B65

32A43

𘓐（Ⅴ40 1.27 kə）

★23A66

♡21B35

𘓐（Ⅸ37 2.71 rer）

♡17B76

𘓐（Ⅴ40 1.27 kə）

★23A61

⊕06A28

07B38

25A63

𘓐（Ⅸ2 1.80 rar）

♡10B23

⊕03B56

豸部

𘓐（Ⅸ5 2.72 rjir）

⊕08A31

13B58

14B52

27A51

27B41

29B73

31A38

𘓐（Ⅵ-89 1.42 tsjɨj）

⊕21A21

𘓐（Ⅷ12 2.02 ·ju）

⊕16A31

𘓐（Ⅲ60 1.30 njɨ）

★15A51

𘓐（Ⅴ-124 2.36 kiwəj）

★29A44

⊕27A12

29A44

𘓐（Ⅷ12 2.02 ·ju）

♡14A62

𘓐（Ⅲ152 2.03 dju）

★18A62

𘓐（Ⅵ32 2.44 sjo）

★30B64

艹部

𘓐（Ⅴ41 2.26 kiə）

★23A75

𘓐（Ⅲ55 1.49 do）

★15A31

𘓐（Ⅷ12 2.02 ·ju）

♡03A77

10A65

32A76

⊕03A54

03A77

06B21

18A17

33A17

𘓐（Ⅶ11 1.10 tśji）

⊕09A66

11B75

𘓐（Ⅵ26 1.11 sji）

★30B32

𘓐（Ⅶ-29 1.26 dźjwã）

⊕16A71

16B43

𘓐（Ⅷ47 2.47 xow）

♡08B67

𘓐（Ⅶ84 1.18 śia）

♡06B32

𘓐（Ⅸ71 1.60 liej）

♡09A35

⊕17B74

𘓐（Ⅲ55 1.49 do）

★15A28

𘓐（Ⅲ82 1.03 tju）

★16A37

⊕32A58

𘓐（Ⅵ71 2.28 dzjwɨ）

★32A23

⊕07A43

𘓐（Ⅴ149 2.03 khju）

★26B56

𘓐（Ⅸ57 2.09 lji）

★13A51

𘓐（Ⅲ78 1.63 da）

★16A18

𘓐（Ⅵ67 1.79 tsjir）

★31B73

𘓐（Ⅲ4 2.42 thwo）

★13A28

𘓐（Ⅸ73 2.38 zew）

⊕25B57

26B41

𘓐（Ⅰ89 2.03 mju）

★07A46

♡16A28

⊕03A72

05A34

08A38

08B22

15A46

15A58

17B64

18A33

19B75

20A15

21B61

31B43

33B42

𘓐（Ⅰ13 2.25 mə）

★03B71

𘓐（Ⅰ125 2.03 pju）

★08A37

♡08A75

12A52

⊕03B23

07B14

12A52

14A22

24B28

24B31

24B31

𘓐（Ⅵ56 2.07 dze）

★31B35

♡23A57

⊕33A43

𘓐（Ⅴ166 1.24 kwã）

★27A45

𘓐（Ⅴ8 2.01 khu）

★22A13

𘓐（Ⅰ70 1.18 phia）

★06B33

♡07A37

□（I 66 1.20 phja）
　★06A77
　♡22B45
□（III82 1.03 tju）
　★16A38
　♡16A38
□（I 13 2.25 mə）
　★03B72
□（VI17 1.45 dzjiw）
　★30A54
　♡08A54
□（IX60 2.66 rejr）
　⬦09A72
□（I 127 1.08 be）
　★08A45
　♡16A65
□（II 26 1.40 wəj）
　★11B38
□（VIII20 1.89 ɣor）
　♡15A28
□（IX- 1.33 lej）
　⬦29A78
□（VI37 1.92 tsjɨɨr）
　★31A12
□（IX140 1.20 lha）
　♡18A51
□（V99 1.04 ku）
　★25A78
　♡22B31
□（I -5 1.28 biə）
　★09A35
　⬦09A31
　17B74
□（IX78 1.06 źjuu）
　♡30A28
　⬦23A57
　27B51
　31B35
□（VII149 1.29 tśhjɨ）
　♡16B35
□（VII89 1.10 tśhjwi）
　♡24A26

□（VII-25 1.25 śiwã）
　♡11B28
　⬦17A37
□（VI28 2.10 tsji）
　★30B45
　♡26A14
□（III-50 1.58 du）
　♡16A17
　⬦16A17
□（III-50 1.58 du）
　★19B52
　♡13B22
　24B13
　⬦30A24
□（V94 1.49 kwo）
　★25A55
　♡30B71
□（III142 2.29 njɨɨ）
　★18A17
□（IX95 1.59 ljwu）
　♡23A23
　24B55
　31A34
□（III77 2.51 du）
　★16A16
□（II 37 2.73 war）
　★11B75
　⬦06A18
　06A18
　09A66
　09B21
□（VII86 1.10 śjwi）
　♡12B51
□（V24 1.36 khjij）
　★22B45
　♡06A77
□（VII71 1.64 śja）
　♡18B75
□（V7 2.15 kia）
　★22A12
　♡04B12
□（V121 2.07 ŋwe）

　★26A23
　⬦14B74
　18A37
□（III79 1.63 da）
　★16A27
□（VI63 2.42 dzjo）
　★31B58
□（III78 1.63 da）
　★16A21
□（VII101 1.61 śjij）
　⬦09B66
　28A62
□（I 160 1.07 bjuu）
　★08B71
□（IX47 2.47 low）
　♡03B71
□（V40 1.27 kə）
　★23A57
　♡31B35
□（I 159 2.20 biaa）
　★08B67
□（V8 2.01 khu）
　★22A14
□（VI73 1.61 dzjij）
　★32A27
　♡31B23
□（V13 2.51 ku）
　★22A35
□（IX60 2.66 rejr）
　♡27B12
　30B27
□（III40 2.28 dji）
　★14A66
□（II 3 1.08 we）
　★10B58
　♡06B11
□（VIII2 2.04 ɣu）
　♡14A66
□（V41 2.26 kiə）
　★23A72
　⬦27B11
□（V36 2.10 khji）

　★23A28
　♡27B51
□（V178 1.09 khie）
　★27B12
□（IX96 1.59 lju）
　♡20A15
　⬦03A62
　10A63
　16A28
　31B23
□（III-69 2.73 -ar）
　★19B75
　♡18A33
　⬦15B23
　16A11
　16A67
□（II 42 1.90 wjor）
　★12A22
　♡16B43
□（VIII21 2.80 ɣor）
　⬦32A23
□（III8 2.04 du）
　★13A51
　♡08A21
□（II -19 1.31 wəə）
　★12B43
　♡05B13
　⬦18A61
　24A51
□（II 15 1.07 wjuu）
　★11A53
　♡26A71
　⬦28A53
□（IX60 2.66 rejr）
　♡24A12
□（IX- 2.49 ljow）
　⬦04A15
　06A76
　07A18
　07B68
□（III96 2.53 niej）
　★16B36
　♡26B73

蕤（Ⅵ3 2.60 dzji）
　★29B61

蘒（Ⅱ12 1.02 wju）
　★11A43
　♡24B76

蘨（Ⅰ71 1.18 phia）
　★06B32
　♦32B11

蕿（Ⅵ10 1.54 tshow）
　★30A24
　♦14A55

蕗（Ⅲ-45 1.84 twər）
　★19B45
　♡22A23

蕜（Ⅴ25 1.36 khjij）
　★22B46
　♡16A45

蕛（Ⅵ-126 1.43 tsew）
　♦07A28

蕢（Ⅴ92 1.71 kio）
　★25A38

蕝（Ⅶ-22 2.64 dźjo）
　♡21A61
　25A16

蕞（Ⅲ20 2.42 to）
　★13B51
　♡12A18

蕟（Ⅱ11 2.02 wju）
　★11A38
　♡17A43

蕠（Ⅸ- 1.61 lhjij）
　♦08A34
　23A71

蕡（Ⅴ76 1.01 gu）
　★24B48

蕣（Ⅸ69 2.47 zow）
　♡17A56
　23B67
　33B68
　♦04A26
　07A26
　10A18

11A68
11B14
11B21
12A31
13B33
13B33
14A13
15B36
18B28
22B11
22B13
25A45
26A25
27B76
31A51

蕤（Ⅷ-101 1.30 ·ji）
　♦08B67

蕥（Ⅴ4 2.48 njow）
　★21B45

蕦（Ⅵ126 1.20 sja）
　★33B33
　♡17B55
　♦09A32
　17B55
　20A63
　21A14
　23B67
　25B34
　28B73
　31B56
　32B75

蕧（Ⅵ-53 ？？）
　♡31A62

蕨（Ⅰ87 1.18 pia）
　★07A38
　♦13B16
　31A43

蕩（Ⅰ63 1.31 məə）
　★06A67
　♡19A28
　20A26
　♦03B26
　04B18

06A68
06B33
10A48
10B52
11A43
12A12
12A52
13B18
16A41
17A38
18A12
19A34
20A26
21A44
23B37
24B76
29B63

蕫（Ⅶ17 2.16 sja）
　♡18A78
　♦07A35
　08A33
　12A46
　13A16
　13B46
　20A64
　25A47
　30B35

蕬（Ⅶ100 2.15 dźia）
　♦12A44
　13A32

蕭（Ⅴ22 1.34 kiej）
　★22B31
　♡25A78
　♦22B31

蕮（Ⅰ-146 1.12 bee）
　★10A72

蕯（Ⅶ94 1.50 dźio）
　♡23A44

蕰（Ⅰ9 2.33 bjij）
　★03B38
　♦06A76
　14B42

蕱（Ⅸ72 2.49 ljow）

♡08B42
♦10B58

蕲（Ⅰ130 2.73 par）
　★08A52
　♦05B53
　08A52

蕳（Ⅷ90 2.44 ·jo）
　♡29B24
　♦19B17

蕴（Ⅴ19 2.54 gjij）
　★22A72

蕵（Ⅴ173 1.47 gjiiw）
　★27A63
　♡24A67

蕶（Ⅴ100 1.45 gjiw）
　★25B12

蕷（Ⅵ11 2.47 tshow）
　★30A28

蕸（Ⅲ35 2.71 ner）
　★14A34

蕹（Ⅲ71 1.01 tu）
　★15B51
　♡14A37

蕺（Ⅸ96 1.59 lju）
　♡25B72

蕻（Ⅴ46 1.45 kjiw）
　★23B27

蕼（Ⅴ65 1.36 kjij）
　★24A67
　♡27A63

蕽（Ⅸ81 1.67 ljwi）
　♦32A38

蕾（Ⅰ73 1.33 mej）
　★06B51
　♦06B51

蕿（Ⅰ13 2.25 mə）
　★04A11
　♦12B45

薇（Ⅸ164 1.43 lew）
　♦13A44
　17A62
　22B22

14A37
14A66
15A28
15B51
16A18
16A46
16A62
18A51
19B45
21B45
21B57
22A12
22A23
22A72
22B45
23A28
23A41
23A44
23A78
23B27
24A67
24B55
25A16
25A41
25A55
25A66
26A64
27A63
27B12
29B55
30A28
30A33
30B16
30B25
30B46
30B71
31A34
32A53
蘻（IX64 1.22 laa）
♡11B24
23B37
⊕17A55
32A55
蘻（III78 1.63 da）

★16A22
蘻（IX37 2.71 rer）
♡16A74
蘻（IX43 2.49 lhjow）
♡08A42
蘻（I66 1.75 mur）
★06B11
♡10B58
蘻（VI26 1.11 sji）
★30B28
蘻（VI34 2.33 tshjij）
★30B72
蘻（VI34 2.33 tshjij）
★30B71
♡25A55
蘻（III83 1.70 to）
★16A45
♡22B46
蘻（VI77 1.54 dzow）
★32A38
蘻（V97 1.24 kā）
★25A66
♡29A37
⊕22A66
蘻（V38 2.39 khiew）
★23A41
♡05B41
⊕09B21
11B75
蘻（II25 2.30 wej）
★11B33
蘻（VI87 2.33 sjij）
★32B11
♡14B37
蘻（I87 1.18 pia）
★07A37
♡06B33
蘻（I124 1.83 maar）
★08A32
蘻（II24 2.66 wejr）
★11B26
蘻（I23 2.28 mjɨ）

★04B12
♡22A12
蘻（III149 1.21 njaa）
★18A51
蘻（II-21 1.58 wu）
★12B45
⊕12A48
蘻（V11 2.25 kwə）
★22A23
♡19B45
蘻（III87 2.60 dji）
★16A62
蘻（I131 2.46 phjoo）
★08A54
♡29B61
30A54
蘻（III32 1.62 tjij）
★14A21
⊕22B72
蘻（VII88 1.35 tshjij）
⊕17A76
20B24
23B35
24B11
26A76
蘻（VI3 2.60 dzji）
★29B56
⊕22A78
蘻（III91 2.77 djɨ）
★16B13
⊕16B13
蘻（III48 1.31 dəə）
★14B53
蘻（VII-26 1.26 tśjwā）
⊕32B56
蘻（V35 2.01 gu）
★23A23
蘻（I127 1.24 bā）
★08A42
蘻（I83 2.08 bie）
★07A15
蘻（VI26 1.11 sji）

★30B31
蘻（I163 1.05 puu）
★08B76
♡08B76
蘻（II8 1.67 wji）
★11A21
蘻（III-86 1.58 nwu）
★20A26
蘻（IX98 1.61 ljwij）
♡10B53
蘻（IX176 1.28 źiwə）
⊕21B17
22B23
25B52
26B75
蘻（III84 1.30 njɨ）
★16A46
蘻（VII15 1.19 śja）
⊕03B17
23B41
27A33
蘻（I-129 2.34 pheej）
★10A51
蘻（II-20 1.16 xjwĭ）
★12B44
⊕12B44
蘻（IX23 2.77 rjɨr）
♡24B45
蘻（III-113 1.36 tjwij）
★20A61
♡14B55
蘻（V95 1.38 gieej）
★25A56
蘻（V70 2.33 gjij）
★24B13
♡19B52
⊕04A66
06A36
13B22
蘻（III-10 2.17 dja）
★19A72
♡10A56

轙（Ⅰ-18 1.71 pio）
★09A52
◇08A67

开部

珜（Ⅴ54 2.10 gji）
★23B66
◇06B43
23B66

秙（Ⅲ31 1.61 tjij）
★14A16
♡15B32
◇08A26

耿（Ⅰ-131 1.24 mã）
★10A53

豥（Ⅸ182 1.11 lhjwi）
◇09B26
13B51
16B63
16B72
19B56
19B65
23B66
24B75
26A78
27B77
32A32

毗（Ⅴ54 2.10 gji）
★23B68

甄（Ⅲ184 2.72 njir）
★19A21
◇11B62
12A18
13B51

㳠（Ⅸ97 2.54 ljwij）
♡12A63

豩（Ⅱ54 2.42 wo）
★12A63
◇18A72

瓹（Ⅴ134 2.86 kjiir）
★26A76
♡24B11

豵（Ⅸ182 1.11 lhjwi）
♡31A27

而部

䎶（Ⅰ113 1.30 pji）
★07B67
♡29B44
◇13A13

彤（Ⅴ62 1.05 ŋwuu）
★24A48
♡14B36
16A32
20A41
20A42
29A28
29A34
◇03B55
03B61
04B16
04B75
05A38
05A48
05A51
05B45
06A61
06A65
06B11
07A28
07B44
08A32
08A54
08B44
08B63
08B65
09A11
09A13
09A36
09B46
10A46
10A72
10A73
10B67
12A72
12B62
14A24
14A46
15A65

16B53
17A67
18A36
19B24
20A35
20B51
20B63
24A47
26A63
27A32
28A46
28A74
29A31
31A15
32B33
32B47
33A28
33A61

瓶（Ⅴ-123 1.01 ŋwu）
★29A43
♡17B54
◇11B55
19B24
21B16

䏶（Ⅴ203 2.29 khjii）
★28A14
♡22A36
33B74
◇06A46
15A13
25A44
28A13

䏲（Ⅷ-46 1.79 ·jir）
♡06B26
33B53
◇08A32
12A56

瓶（Ⅰ113 1.30 pji）
★07B66
♡16B54
◇03A51
15B75

祿（Ⅴ2 1.17 ka）

★21B13

祕（Ⅲ45 2.33 njij）
★14B36
♡24A48
◇20A11

祿（Ⅰ-59 1.69 pji）
★09B33

祕（Ⅰ30 1.11 phji）
★05A16
♡06A13
◇03B28
04A53
04B45
04B67
05A25
05A34
05B32
05B76
06A67
06A68
06B15
06B48
07A43
07B47
08A12
08A37
08A75
08B22
08B26
08B33
08B64
09A42
09A44
09A54
09A56
09B35
09B75
10A28
11A12
11A43
11A75
11A76
11A77
11B35

11B78	20B12	31A57	★21B24
12A43	20B13	31A78	♡22B73
12A55	20B23	31B11	⊕11A48
12A74	20B26	31B31	𭑥（V31 1.32 gjɨɨ)
12B42	20B43	32A56	★22B73
13A34	20B44	32A74	♡21B24
13A36	22A74	32B41	⊕11A48
13A47	22B28	32B78	𭑤（I 128 1.50 pio)
13A62	22B42	33A76	★08A51
13A67	22B52	33B14	♡07A23
13A68	22B68	33B24	𭑦（III 68 1.67 tji)
13A76	23A36	33B33	★15B27
13B24	23B12	33B38	♡04B46
13B33	23B54	33B51	06A41
14A48	24A34	33B54	07A76
14B43	24B76	33B77	15B28
14B71	25A11	𥙝（III 146 1.11 dji)	20B54
15A25	25A42	★18A36	24B18
15A26	25A64	⊕11B32	28B24
15A64	25A65	17B54	33A11
15B28	25B61	𥙪（I -47 2.81 mior)	33B65
16A11	25B68	★09B17	⊕04B54
16A12	26A38	⊕18B56	06A41
16A14	26B25	𥙫（V2 1.17 ka)	06A71
16A75	26B52	★21B14	08A42
16B38	26B53	𥙬（I 31 1.11 phji)	11A48
16B71	26B72	★05A15	11A51
16B74	27A21	♡22B37	13B23
17A45	27A35	𥙭（VI 139 1.27 dzwə)	15A64
17A53	27A73	★33B71	18A64
17A77	28A38	𥙮（I 138 2.05 buu)	18B44
17B38	28B23	★08A77	19A25
17B41	28B31	⊕08A32	21B24
17B57	28B41	11B38	21B32
18A33	28B52	27B71	22B73
18A74	28B58	30B28	22B78
18B54	28B61	𥙯（IX 37 2.71 rer)	24A21
19A28	28B73	♡20B51	27A41
19B11	29A58	**反部**	28B24
19B16	29A64	𭑧（III 160 1.59 tju)	30A41
19B47	29B22	★18B15	30A54
19B57	29B75	♡19A75	33A26
19B71	30B74	𭑨（V2 1.17 ka)	𭑩（VI -16 1.51 dzjo)
20A21	31A32		

♡33B46	♡08A51	♡20B24	20A61
□（Ⅰ-19 1.84 mər）	□（Ⅴ81 2.61 kji）	⊕08B73	21B75
★09A53	★24B74	□（Ⅱ-8 1.19 wja）	22A62
03A4A	⊕29B18	★12B28	24A44
09A2A	□（Ⅰ-96 1.85 biər）	⊕28B22	24B74
10B1A	★09B78	□（Ⅲ68 1.67 tji）	25A32
12B1A	♡30B37	★15B28	28A13
♡09B14	⊕09B78	♡16A14	28B24
18B12	□（Ⅲ-122 2.53 thiej）	⊕26A72	29A77
⊕21B56	★20A72	31B68	30A35
□（Ⅲ160 1.59 tju）	□（Ⅸ29 2.52 lhju）	□（Ⅴ81 2.61 kji）	30A36
★18B14	♡22A62	★24B73	31B58
□（Ⅴ79 1.27 khə）	⊕33B46	□（Ⅰ42 1.11 mji）	33A11
★24B63	□（Ⅰ1 2.10 bji）	★05B32	33B46
□（Ⅴ93 2.45 koo）	★03A53	♡04A53	33B65
★25A44	⊕22A27	⊕15A64	□（Ⅲ16 1.36 thjij）
♡29A77	□（Ⅲ178 2.10 njwi）	□（Ⅰ1 2.10 bji）	★13B24
⊕25A48	★18B66	★03A52	□（Ⅶ132 2.08 śie）
□（Ⅲ65 2.05 duu）	♡19B26	♡29B75	♡32B52
★15A74	□（Ⅶ-49 1.53 śjoo）	⊕30A23	□（Ⅰ110 2.56 pa）
□（Ⅴ-8 2.73 kar）	⊕29A17	□（Ⅷ42 2.18 ·jaa）	★07B54
★28A38	□（Ⅲ-164 2.45 doo）	♡10B44	□（Ⅸ178 1.32 źjɨ）
♡26B25	★20B54	⊕05B57	⊕16A26
□（Ⅰ58 1.30 bji）	⊕31B73	26A35	□（Ⅰ53 2.44 phjo）
★06A43	□（Ⅰ57 2.62 bo）	29A68	★06A14
♡26A33	★06A41	□（Ⅵ-27 1.82 tshjar）	♡28B23
⊕05A18	□（Ⅰ58 1.30 bji）	⊕09B75	⊕09A75
10A45	★06A44	□（Ⅲ-153 1.11 thji）	□（Ⅲ112 2.29 djɨ）
10A64	♡03A58	★20B41	★17A54
20B36	⊕03A58	♡20A71	♡19B38
21B13	03A58	20A72	□（Ⅲ4 2.42 thwo）
□（Ⅰ-115 2.57 bja）	06A44	20B63	★13A32
★10A33	10B77	24B74	□（Ⅵ120 2.12 dzjii）
□（Ⅰ54 2.44 phjo）	14B33	⊕05B32	★33B14
★06A13	29A71	13B63	□（Ⅲ-163 1.52 doo）
♡05A16	□（Ⅰ-20 1.32 phjɨ）	14B77	★20B53
⊕12B25	★09A54	15B28	♡18B26
□（Ⅲ-121 2.17 thja）	⊕08A57	16A14	□（Ⅲ-161 1.83 thaar）
★20A71	10A43	18A64	★20B51
□（Ⅷ107 1.80 γar）	□（Ⅵ51 2.10 dzji）	18B66	□（Ⅸ146 2.35 ljiij）
⊕33B71	★31B17		⊕20B54
□（Ⅰ83 1.11 pji）	□（Ⅲ117 1.53 djoo）		□（Ⅴ2 1.17 ka）
★07A23	★17A76		★21B15

♡11A73
25B62

㺿（Ⅶ95 2.43 dźio）
⊕03B54

㺿（Ⅲ1 1.17 na）
★13A15

㺿（Ⅲ1 1.17 na）
★13A16

㺿（Ⅵ104 2.38 tsew）
★32B78
⊕03A66
04B52
05B61
09A47
10B55
11A53
12B37
15A48
16B24
22A48
22A74
26A71
27B47
29A52
31A13
32B78

㺿（Ⅱ35 1.17 wa）
★11B67
♡24A11
⊕24A11

㺿（Ⅲ116 1.17 ta）
★17A68
♡23A56

㺿（Ⅴ191 2.38 kew）
★27B48

㺿（Ⅴ113 1.30 khjwɨ）
★25B62
⊕09A32
12A23
13A15
14B34
17A63
17A68

23A56

㺿（Ⅲ1 1.17 na）
★13A17
♡13A75
⊕04B15
23A33

㺿（Ⅲ116 1.17 ta）
★17A66
♡23A55

㺿（Ⅴ55 1.03 gju）
★24A11
♡11B67
13A15

㺿（Ⅴ191 2.38 kew）
★27B47

云部

㺿（Ⅶ-76 2.32 śjij）
♡14A56
19A21
19B65
32A32
⊕14A56
18B68

㺿（Ⅲ-124 1.14 njii）
★20A74
♡18B68
⊕19B25

片部

㺿（Ⅰ12 2.86 bjiir）
★03B55

㺿（Ⅸ- 1.29 lji）
♡12A53
⊕06A51
10A24
11A47
12A53
20A17
20A23
20A57
22A75
31B71

㺿（Ⅰ12 2.86 bjiir）
★03B54

♡04B24
06B58
09B32
11A32
11B43
14A27
14A63
15A21
17B47
19A72
20B36
21A62
29A18
30B57
⊕03B54
03B54
04A42
04B63
05A16
05B24
06A13
07B61
08A28
09B32
10B75
12A26
12B64
15B33
16B25
16B26
16B48
17A41
19A26
20B31
24A66
24B54
26A32
28B53
30B22
31B46

㺿（Ⅶ-122 2.36 tśiwəj）
⊕08B58

㺿（Ⅲ75 2.42 no）
★15B76

♡30A42
33A51
⊕23A13
23B51
32B71
33A51

爿部

㺿（Ⅵ119 1.17 swa）
★33B13

㺿（Ⅵ119 1.17 swa）
★33B12

爿部

㺿（Ⅶ-113 2.24 śjwā）
♡04A15
10A62
⊕06A76
09A78
10A47
28B67

㺿（Ⅲ54 2.10 nji）
★15A18
♡33B56

爿部

㺿（Ⅱ13 2.52 wju）
★11A47
♡10A24

㺿（Ⅰ-108 1.15 pɛ̃）
★10A24
♡11A47

㺿（Ⅲ54 2.10 nji）
★15A24
⊕12A73

彳部

㺿（Ⅷ107 1.80 ɣar）
♡30B52

㺿（Ⅵ29 2.10 sji）
★30B52

㺿（Ⅷ-122 1.01 xu）
⊕12B34

㺿（Ⅸ5 2.72 rjir）
♡05A24

㺿（Ⅵ112 2.01 dzu）

〇（Ⅸ- 2.18 ljaa）
♡09A53
21A71
21B13
24A44
⬦07A67
07B13
07B46
07B54
08B13
09A53
10A16
18B12
18B15
19B36
21B13
22A36
24B26
27B31
28A13
28A14

〇（Ⅲ1 1.17 na）
★13A14

〇（Ⅸ5 2.72 rjir）
♡15B75
⬦07B66

〇（Ⅰ37 2.07 me）
★05A62

〇（Ⅸ36 2.54 zjij）
⬦16B21
16B33

〇（Ⅴ85 2.55 kjwɨj）
★25A18
⬦18B36

〇（Ⅵ64 1.16 tshjwǐ）
★31B62
♡33B31

〇（Ⅸ16 2.68 rjijr）
♡16B21
⬦11B72
23B66

〇（Ⅸ34 1.30 lhjɨ）
⬦24B45

〇（Ⅴ64 2.10 gjwi）
★24A63
♡12A56
16B53
23B54
⬦15A51
24B64
27A32
29A43
30B57
33B72

〇（Ⅲ4 2.42 thwo）
★13A31

〇（Ⅵ70 2.17 tshja）
★32A12

〇（Ⅴ4 2.48 ŋjow）
★21B41
♡23B57
⬦27A31
32B72

〇（Ⅰ41 2.10 mji）
★05B26
♡23A18
27A15
⬦30B23

〇（Ⅴ49 2.24 khjā）
★23B38
♡30B58
⬦11A27

〇（Ⅰ41 2.10 mji）
★05B28

〇（Ⅰ13 2.25 mə）
★03B66
⬦05A37
21B14

〇（Ⅸ1 2.73 rar）
♡03B74

〇（Ⅲ119 1.69 tjɨ）
★17B14
♡14A14
⬦07A63
12A37
20B17

31B52
33B45

〇（Ⅲ8 2.04 du）
★13A48
♡06A47

〇（Ⅴ-42 1.09 gie）
★28B12
⬦03B21
24B37
25A34
25A54
31A21

〇（Ⅸ61 2.47 low）
♡04A68
⬦09A55
13B14
13B28
15A76
19B45
22A23
29B17

〇（Ⅱ8 1.67 wji）
★11A14

〇（Ⅲ25 1.43 thew）
★13B66
⬦16B33

〇（Ⅰ74 1.33 mej）
★06B45
♡16B45

〇（Ⅴ88 1.43 kew）
★25A26
⬦04A26
19B41
31A51

〇（Ⅲ46 2.03 thju）
★14B42
♡17A42

〇（Ⅵ58 1.84 tswər）
★31B42
♡27A48

〇（Ⅱ20 1.74 wjijr）
★11A74
⬦21A26

〇（Ⅲ12 2.28 thjɨ）
★13A74

〇（Ⅲ49 1.61 djij）
★14B61

〇（Ⅵ17 1.45 dzjiw）
★30A56

〇（Ⅵ14 1.11 tshji）
★30A41
⬦15B27

〇（Ⅰ113 1.30 pjɨ）
★07B68
⬦18B12

〇（Ⅲ75 2.42 no）
★15B63
♡15B63
⬦17B12
17B12

〇（Ⅴ4 2.48 ŋjow）
★21B54
♡23A11

〇（Ⅰ88 1.49 pho）
★07A42
♡16B34

〇（Ⅲ16 1.36 thjij）
★13B26

〇（Ⅲ27 2.14 tha）
★13B72
♡32A24
⬦04A41
07A34
14B47
15A31
22A78
25A23
26B36
29A61
32A51

〇（Ⅷ-12 1.26 ɣjwā）
⬦28B43

〇（Ⅰ-112 1.67 bji）
★10A28
♡25A53
⬦32B41

【西夏字】（多音多义字）
① （Ⅴ1 2.01 ŋwu）
★21A72
♡28A41
② （Ⅵ-19 1.40 tsəj）
♡32A73
⊕04B71
06A45
07A68
07B55
10A68
12A32
13B75
14B24
16A51
17B22
18B32
19B67
20A22
22B27
31B11
31B25
32B25

【西夏字】（Ⅱ-35 1.51 wjo）
★12B63
♡12B52
⊕21A62

【西夏字】（Ⅷ5 1.36 ·jij）
♡15B68
⊕31B57

【西夏字】（Ⅲ49 1.61 djij）
★14B54
⊕08B37
09B67
19B73

【西夏字】（Ⅵ3 2.60 dzji）
★29B57

【西夏字】（Ⅰ-107 1.50 bio）
★10A23
♡30B74
⊕07A11
11B74
24A72

【西夏字】（Ⅵ57 2.54 sjij）
★31B38
♡26B54
⊕15B42
21A61

【西夏字】（Ⅴ-27 1.30 gji）
★28A63
♡15B74
⊕03B62
04B28
18A63
22B55
22B75

【西夏字】（Ⅸ- ? lhə）
⊕05B61
06A64
07A32
07B15
11B65
18A66
22A57
23A12
27A14
33B62
33B72

【西夏字】（Ⅰ-101 1.34 biej）
★10A15

【西夏字】（Ⅲ10 1.39 njiij）
★13A64
♡14B15

【西夏字】（Ⅵ28 2.10 tsji）
★30B41

【西夏字】（Ⅸ1 2.73 rar）
♡27A74

【西夏字】（Ⅸ57 2.09 lji）
⊕27B48
30A42

【西夏字】（Ⅶ1 2.16 tśhja）
♡17B71
⊕18A72
19A12
23B56
24A75

27B61

【西夏字】（Ⅴ34 2.28 gji）
★23A15
♡21B21
⊕13A65
29B12

【西夏字】（Ⅸ24 1.61 lhjwij）
♡18B74
⊕29A14
30B64
31A25

【西夏字】（Ⅲ71 1.01 tu）
★15B46
♡19B12
19B13
19B25
20B48
⊕16A42
20A42

【西夏字】（Ⅶ-115 1.46 tśhjiw）
★29B3A
♡25B77
⊕06B42
10B51
10B55
19B62

【西夏字】（Ⅲ66 2.20 niaa）
★15B12
♡27A66

【西夏字】（Ⅰ70 1.39 mjiij）
★06B26

【西夏字】（Ⅷ-125 1.86 ·jɨr）
⊕03A73
05B78
11A74
12B33
13A31
13B27
18B31
28B53
32B42

【西夏字】（Ⅲ71 1.01 tu）
★15B47

【西夏字】（Ⅸ40 2.27 lji）
⊕31A53

【西夏字】（Ⅶ5 1.57 śioow）
♡10B66
⊕05B13
10B66
12B43
25A65
30B64
31A25

【西夏字】（Ⅸ36 2.54 zjij）
♡22B41
⊕13B66
14B74
18A37
22B41
25A58
26A23

【西夏字】（Ⅲ51 2.38 dew）
★14B67
⊕15B24

【西夏字】（Ⅲ147 2.10 dji）
★18A42
♡22A57
29B73
⊕07A36
09A77
11A24
13A57
13B18
22B25
25B14
27A46
33A14

【西夏字】（Ⅴ32 1.14 gjii）
★22B75

【西夏字】（Ⅰ8 2.33 bjij）
★03B32

【西夏字】（Ⅵ59 1.83 saar）
★31B45

【西夏字】（Ⅴ45 2.14 ŋa）
★23B23

【西夏字】（Ⅰ27 1.36 mjij）

25B78	08B51	09A61	◇09A58
26A18	08B74	33B33	綱（Ⅸ144 1.92 ljɨɨr）
26A28	11B51	縦（Ⅸ31 2.28 lhjwɨ）	★20B7A
26A51	12A38	◇06B14	♡27A38
26A52	13A56	11B61	◇22A44
26B16	13A68	18B31	26B57
27A22	14A25	21B26	27B67
27B13	14A36	縦（Ⅱ31 1.64 wja）	29A52
28B35	14B62	★11B52	31A12
29A66	16A63	♡25B25	繡（Ⅲ119 1.69 tjɨ）
29A72	16A72	◇06B17	★17B12
29B16	17A17	08A53	♡23B71
30A24	17B34	13B44	◇19A26
30A65	18A34	25B25	綠（Ⅰ5 2.68 mjiir）
30B33	18B27	27A37	★03B16
31A74	18B46	28B33	繡（Ⅲ119 1.69 tjɨ）
31B53	18B72	32B76	★17B13
32B35	19A68	縦（Ⅲ1 1.17 na）	♡23B65
32B43	20A78	★13A11	◇12B57
33A18	21A15	♡10B24	14A12
33B27	21B46	22B63	15B74
33B35	23B47	◇05B36	17A68
綱（Ⅸ10 2.37 rjɨj）	23B51	06A78	21A22
♡05A14	23B56	23A21	23A56
◇13B31	24A71	25B72	紙（Ⅲ36 2.34 deej）
19B44	24B36	33A54	★14A36
21A18	25B44	絹（Ⅸ53 2.44 ljo）	◇08B53
23A14	26A42	♡20B21	29B42
繃（Ⅵ11 2.47 tshow）	26B21	◇06A32	32B16
★30A27	27A78	07A38	繃（Ⅲ72 1.27 thə）
◇19B24	27B55	07A45	★15B53
純（Ⅶ-16 1.86 tɕjɨr）	28B62	11A26	頷（Ⅴ51 1.39 gjiij）
♡22B62	28B71	15A57	★23B45
絳（Ⅲ10 1.39 njiij）	29B11	20A12	紙（Ⅰ63 1.31 məə）
★13A63	29B18	20A76	★06A68
♡07B76	30A38	22A42	♡09B75
08B74	30B42	縁（Ⅸ57 2.09 lji）	◇12B42
23B51	31A78	♡23A54	22A28
23B56	33B51	32A74	25A64
26A13	33B75	◇16B31	緩（Ⅲ44 1.36 njij）
◇04A47	統（Ⅴ20 1.63 ka）	繃（Ⅴ124 1.37 kheej）	★14B12
07A44	★22A77	★26A43	縞（Ⅴ77 2.52 gju）
07B76	♡13A63	♡30B36	★24B54
	◇08A13		

◇12A38	10B24	06A21	28A73
□ (IX63 2.03 ljwu)	22A51	06A23	28A74
◇09B76	22B44	06A53	29A22
□ (IX10 2.37 rjij)	26B76	06B76	30A18
♡10B21	27A12	07A48	30A35
30A23	29A44	07A74	30B35
□ (VIII66 1.36 ·jij)	□ (V1 2.01 ŋwu)	07A77	31B15
★10B1A	★21A73	07A78	32A66
12B1A	♡21B14	08A33	32B28
♡08B51	◇32A68	08B13	33A41
◇08B51	□ (V89 1.31 ŋwəə)	08B13	33B65
08B76	★25A31	08B55	□ (III25 1.43 thew)
15B25	♡24A47	09B75	★13B65
22B23	◇31B78	10A11	♡07B45
27B56	□ (V34 2.28 gji)	10A22	19A37
□ (V47 2.70 kjur)	★23A14	10A44	◇07B41
★23B31	□ (I84 2.57 pja)	10A48	16B36
♡14A45	★07A24	13B26	19A37
◇05B44	♡10A43	14B16	32B54
06A56	◇07A24	14B36	□ (I8 2.33 bjij)
□ (V-80 1.67 gjwi)	□ (I-3 1.09 phie)	14B73	★03B31
★28B58	★09A33	16A32	♡23B63
♡28B61	◇33A66	16A58	◇15A54
◇29A22	□ (VI50 1.11 dzji)	16B53	18B68
□ (IX51 2.16 lja)	★31A78	16B67	22A47
♡15A68	♡33B51	17A44	31A44
□ (VI-24 1.33 dzej)	□ (III165 2.84 deer)	18A28	32B46
♡33A22	★18B27	18B76	□ (IX24 1.61 lhjwij)
◇29B48	◇24A71	20B23	♡04B65
□ (IX3 2.60 lji)	□ (V90 1.39 khjiij)	21A41	26B46
◇07A63	★25A34	21A65	◇28A67
29A26	□ (IX35 2.38 lew)	21B18	□ (III150 2.30 nej)
□ (I-106 2.13 pẽ)	♡24A56	21B64	★18A56
★10A22	◇03A74	21B75	□ (IX1 2.73 rar)
◇05B17	03B14	22A28	♡22B61
□ (V73 1.54 khow)	03B72	22B37	◇03A62
★24B38	04A37	23A48	04A43
□ (V78 2.25 khə)	05A15	24A22	05A35
★24B57	05A38	24A48	06B18
♡07B25	05B17	24A55	07A75
□ (IX64 1.22 laa)	05B51	24A63	08A68
♡30A32	05B54	25A14	10A63
◇10A27	05B64	25B71	10B64
		26A25	

13A13	〔字〕（Ⅵ10 1.54 tshow）	29B76	★05A33
14B23	★30A22	31A45	♦04B72
15A38	♡33B44	32A33	〔字〕（Ⅵ5 2.03 dzju）
15A73	♦06A74	〔字〕（Ⅲ182 1.11 njwi）	★29B71
18B37	14B57	★19A13	♡06B38
20B47	23B13	♡27B43	12A31
21A73	〔字〕（Ⅵ-44 2.76 dzər）	♦33A34	21A64
22B61	♦27A48	〔字〕（Ⅵ7 1.42 dzjɨj）	♦06B38
25B68	31B42	★30A11	12A28
31A48	〔字〕（Ⅲ66 2.20 niaa）	♦17A61	12A31
31B21	★15B13	〔字〕（Ⅳ1 1.00 ?）	22B12
〔字〕（Ⅸ34 1.30 lhjɨ）	〔字〕（Ⅴ86 1.69 kjwɨ）	★21A11	23B64
♡07B32	★25A22	♦06B41	32A11
〔字〕（Ⅷ67 1.01 xu）	♡21B66	〔字〕（Ⅲ-136 1.72 tjo）	32A25
♦06B47	♦33A74	★20B18	〔字〕（Ⅰ32 2.11 mee）
08B14	〔字〕（Ⅰ13 2.25 mə）	〔字〕（Ⅲ-162 1.69 thjɨ）	★05A22
10B24	★03B77	★20B52	♦05A22
12B33	♡03A76	♡21A11	〔字〕（Ⅰ6 1.27 pə）
〔字〕（Ⅴ-100 2.76 ŋwər）	〔字〕（Ⅱ30 1.31 wəə）	♦06B41	★03B17
★29A14	★11B51	18A22	♡04B43
〔字〕（Ⅲ42 1.30 djɨ）	〔字〕（Ⅵ-20 2.14 dza）	19A42	09B17
★14A76	♡04A42	27B46	♦28A41
〔字〕（Ⅵ22 2.42 so）	15B56	〔字〕（Ⅷ70 1.45 ·jiw）	〔字〕（Ⅸ22 1.46 źjiw）
★30A74	22B21	♡18A71	♡06A17
♡10B26	31B34	〔字〕（Ⅴ35 2.01 gu）	〔字〕（Ⅸ3 2.60 lji）
〔字〕（Ⅶ-112 1.25 tśhiã）	♦08B28	★23A24	♡03A51
♡26A64	08B45	♡19A36	〔字〕（Ⅲ18 2.12 njii）
♦29B55	09B33	♦03A63	★13B35
〔字〕（Ⅰ4 2.68 mjijr）	12A62	03B31	〔字〕（Ⅱ5 1.10 wji）
★03A74	14A21	03B57	★10B68
♦03B15	14A22	05A75	♦10B68
05A21	15A48	05B62	10B76
〔字〕（Ⅵ22 2.42 so）	15A72	11A18	〔字〕（Ⅰ121 1.24 phã）
★30A76	15B56	17B13	★08A22
〔字〕（Ⅴ-132 1.28 khiə）	18A35	20B18	♦08A42
★29A54	27B57	23A27	09A36
♡29A54	32B78	25B74	26A14
〔字〕（Ⅵ-121 1.67 sji）	33B71	28B24	32A75
♡11B34	〔字〕（Ⅷ31 2.48 ·jow）	30A41	〔字〕（Ⅰ112 2.35 mjiij）
〔字〕（Ⅵ32 2.44 sjo）	♡09B48	30B73	★07B64
★30B66	〔字〕（Ⅰ4 2.68 mjijr）	32B24	♡09A38
♡13B27	★03A75	33A22	09B43
♦32B42	♦06B27	〔字〕（Ⅰ33 1.36 phjij）	11B66

12A15	05A43	08B42	16B44
12A72	05A66	08B54	16B65
12A75	05A75	08B61	17A32
12B44	05A75	09A31	17A66
13A22	05A77	09A35	17B13
19B18	05B15	09A45	18A51
20A24	05B22	09A46	18B41
20B64	05B34	09B22	19A61
22A65	05B41	10A32	19B32
24A72	05B52	10A72	21A16
27A47	05B57	10B27	21B45
27B24	05B58	10B47	21B57
27B47	05B62	10B67	22B45
28B37	06A12	11A18	23A27
29A78	06A26	11A56	23A28
32B25	06A34	11B13	23A31
◈03A63	06A52	11B26	23A41
03B11	06A54	11B27	23A44
03B12	06A77	11B38	23A78
03B23	06B11	11B56	23B25
03B25	06B25	12A11	23B27
03B31	06B32	12A16	23B62
03B42	06B36	12A48	24A17
03B53	07A15	13A37	24A25
03B58	07A18	13A38	24A42
03B63	07A22	13A51	24A57
03B71	07A25	13A66	24A67
04A16	07A41	13A78	24B68
04A18	07A54	13B11	25A15
04A28	07A61	13B32	25A41
04A44	07B16	13B35	25A55
04A58	07B32	13B43	25A61
04A71	07B51	13B44	25A68
04A72	07B58	13B75	25B24
04A74	07B64	14A37	25B64
04A76	07B65	14A38	25B74
04B12	07B65	14A66	26A11
04B35	08A21	14B76	26A37
04B36	08A36	15A28	26A51
04B53	08A41	15A62	26B17
04B68	08A43	16A18	26B18
04B73	08A58	16A46	27A63
04B78	08A73	16A62	27A71
05A42	08A78	16B13	28A48

29A25	26B31	12B45	䍃（ I 82 2.08 bie）
29B14	26B46	14B63	★07A14
29B16	28A66	15B55	◇07A32
30A33	30B14	16B12	11A75
30A41	32A31	17A12	11B55
30B16	32A71	17A14	11B78
30B27	䍃（ V54 2.10 gji）	18B53	19B24
30B31	★23B64	19B35	24A47
30B46	◇22B12	20A58	䍃（ I -83 1.18 phia）
30B71	䍃（ VIII8 1.86 yjɨr）	20A64	★09B63
30B73	♡03B33	21B41	䍃（ V45 2.14 ŋa）
31A34	䍃（ III34 1.20 tja）	22B74	★23B22
31A65	★14A28	23B11	♡17B46
31A66	♡27B66	23B57	25B43
31A68	䍃（ II6 2.09 wji）	26B13	28A52
31B62	★10B73	26B15	◇04B22
31B74	◇11B65	27A31	09B36
32A48	14A45	28A11	12B64
33A12	22B33	28B68	29A34
33A25	23A14	28B71	30B26
33A46	23B31	29A58	31B21
33A53	25A22	30B72	䍃（ IX55 1.58 lu）
33A55	29B75	32B21	♡30B33
33A56	䍃（ III20 2.42 to）	32B72	䍃（ VII-98 2.48 tśiow）
33A58	★13B46	33B76	◇05B68
33B11	◇03B37	䍃（ I 68 2.14 ba）	䍃（ II54 2.42 wo）
33B28	03B43	★06B23	★12A62
33B31	03B61	♡07A57	♡17B38
䍃（ I -127 1.42 pjij）	04A11	◇06B23	◇04B41
★10A47	04A34	䍃（ VI94 1.30 sjwɨ）	07A74
◇24B41	04B18	★32B41	08B17
䍃（ III1 1.17 na）	05B31	♡10A28	11B15
★13A12	06B72	䍃（ III75 2.42 no）	11B18
♡19A74	07A23	★15B64	12B45
䍃（ VIII25 1.07 ·juu）	07B57	䍃（ V28 1.54 kow）	13B17
◇08A14	08A51	★22B64	15B78
08A16	09A34	䍃（ V -134 1.60 kiej）	16A25
15A33	09B76	★29A56	16B21
15A43	10B46	♡15A53	19B52
17B38	11A22	◇05A68	21A75
18B73	11A63	05A68	25A15
19A38	11B57	14B25	27B66
19B57	12A36	31B55	29B64
25A42			

29B65	♦11A17	♡31B76	♡18A42
[字]（IX- 2.27 lji）	21B46	♦09A66	33A63
♡28B12	31A11	09B31	♦05A73
♦13B62	32B26	09B56	20A31
28B12	33A42	[字]（III147 2.10 dji）	31A57
[字]（V18 1.61 gjij）	[字]（III1 1.17 na）	★18A44	[字]（VI-148 2.82 tsowr）
★22A67	★13A13	♡09B38	♦03B43
♡32B32	[字]（I65 1.20 phja）	♦09B38	03B61
♦29A53	★06A74	32B34	13B37
[字]（VIII65 2.59 γie）	♡06A48	[字]（V24 1.36 khjij）	20A58
♡24B78	30A17	★22B42	22B74
♦04A16	♦06A48	♡23A37	[字]（III12 2.28 thjɨ）
08A57	14B57	♦23A37	★13A73
10A43	23B54	[字]（VI95 2.28 sjwɨ）	♦32B77
14B11	24B72	★32B43	[字]（I36 2.07 me）
17B45	25A62	[字]（V-54 2.21 khjaa）	★05A72
18B45	30A22	★28B26	♡07A73
20B51	30B57	[字]（III46 2.03 thju）	♦15B14
23B18	32A21	★14B43	[字]（I-140 2.03 phju）
24A42	33B33	[字]（VI59 1.83 saar）	★10A64
25B77	33B44	★31B44	♦03B47
28B25	[字]（IX12 2.72 zjir）	♦29A12	05A18
[字]（I18 2.44 mjo）	♦31B32	[字]（III54 2.10 nji）	06A43
★04A47	[字]（IX- 1.39 ljiij）	★15A25	11B62
[字]（VI28 2.10 tsji）	♦14B71	♡15A25	21B33
★30B42	27B76	[字]（IX36 2.54 zjij）	23B52
♦29B41	[字]（V34 2.28 gji）	♦05B68	03B47
[字]（IX178 1.32 źjɨ）	★23A18	09B27	[字]（VIII4 2.40 ·jiw）
♦28A54	[字]（IX57 2.09 lji）	10A38	♡17A46
[字]（V52 2.53 kiej）	♡26A26	18A57	♦11B18
★23B51	[字]（I86 2.42 bo）	18B58	[字]（VII-150 2.36 śiəj）
♦15A46	★07A33	28B74	♡23A48
21B46	[字]（I114 1.33 pej）	[字]（V-53 1.79 ŋjir）	[字]（I-98 1.77 ber）
31B37	★07B72	★28B25	★10A12
32B71	♡12A42	♦20B42	♦11B63
[字]（IX60 2.66 rejr）	19A16	28A58	[字]（III54 2.10 nji）
♦25B76	♦08B63	30B14	★15A23
[字]（III40 2.28 dji）	[字]（I135 2.43 phio）	33A78	♡16A63
★14A64	★08A68	[字]（III6 1.54 thow）	21A75
♡24A77	♦07B37	★13A36	♦07B31
[字]（III-130 2.01 thu）	24A74	♡19A71	17A15
★20B12	[字]（III-62 2.62 tho）	[字]（VI5 2.03 dzju）	21A75
♡33A42	★19B66	★29B73	22A31

32A71	𦥼（Ⅰ87 1.18 pia）	𦣚（Ⅴ76 1.01 gu）	𦥷（Ⅸ- 1.61 ẓjij）
32B66	★07A35	★24B46	◇07A16
𦤙（Ⅴ80 2.85 kjiir）	𦧋（Ⅵ54 2.05 dzuu）	♡31B28	20B14
★24B71	★31B28	𦥦（Ⅵ60 1.30 tsjwi）	26B34
𦥒（Ⅲ23 1.30 njwi）	𦤱（Ⅴ-58 2.42 ko）	★31B46	31B44
★13B57	★28B32	◇29A18	𦥼（Ⅲ172 1.42 djij）
◇13A25	𦧐（Ⅷ77 1.17 ·a）	𦥆（Ⅰ22 2.25 bə）	★18B51
𦤳（Ⅷ-6 1.18 xiwa）	♡04B58	★04A68	𦦶（Ⅴ-29 2.57 kja）
◇04B77	06B25	♡18A43	★28A65
11B54	10A61	◇09A55	♡25B46
15A38	29A25	09B28	31B51
22A66	◇27A35	13B14	◇08A66
32B27		13B28	08A66
𦤣（Ⅴ43 1.87 ŋewr）	𦧌（Ⅸ54 2.54 lhjij）	15A76	10B32
★23B12	♡27A51	19B45	25A38
♡14A41	◇26A12	22A23	25B46
𦤺（Ⅶ7 1.56 dźjow）	𦤎（Ⅸ23 2.77 rjir）	26B53	29A68
◇08B57	◇04A12	29B17	𦧧（Ⅶ20 2.85 tśjiir）
𦥍（Ⅸ60 2.66 rejr）	04A57	30B17	◇10B73
♡12A38	11A35	𦣛（Ⅸ59 2.80 ror）	𦥚（Ⅲ9 2.03 nju）
31B22	12A17	♡09B36	★13A56
◇08B68	12A25	◇12B21	◇03B32
26B64	12B55	20B45	27A58
𦤐（Ⅰ115 1.33 pej）	19A22	23A61	𦥇（Ⅲ67 1.67 tji）
★07B74	24A64	25B76	★15B24
◇07B74	𦧀（Ⅵ55 1.08 dze）	27B21	◇14B67
𦤡（Ⅵ21 1.17 sa）	★31B32	28B26	𦣜（Ⅴ86 1.69 kjwi）
★30A72	𦧅（Ⅶ-7 1.66 dźie）	28B42	★25A21
◇21B11	♡09B61	28B48	𦥗（Ⅲ20 2.42 to）
𦣨（Ⅲ173 1.43 new）	◇05B45	31A54	★13B48
★18B52	09B61	𦦁（Ⅴ132 1.30 kjwi）	♡31B16
♡08A61	21B54	★26A67	𦦢（Ⅱ2 2.07 we）
14A33	23A11	♡22A63	★10B38
◇08B47	24A33	◇26A41	◇05B13
08B47	25B58	𦧎（Ⅰ117 1.17 pa）	05B23
13A55	26B67	★07B77	05B36
18B54	𦣝（Ⅲ49 1.61 djij）	𦦥（Ⅴ123 2.28 kji）	07B27
19B11	★14B55	★26A41	08B32
31B42	𦧇（Ⅵ61 2.44 dzjo）	𦦷（Ⅷ2 2.04 ɤu）	09B62
𦤤（Ⅰ-4 2.46 bioo）	★31B48	♡21A68	09B63
★09A34	♡15B38	𦥸（Ⅸ- 1.75 rur）	11B22
♡19B35	◇04A56	♡18B17	11B35
◇30A63	10A37	◇25A76	11B41
	24B14		

12B43	★24A54	♡14B37	♡06B44
17B18	♡10B33	◇06A63	繖（Ⅶ13 1.59 śju)
19A66	繖（Ⅱ40 1.15 wẽ)	13B25	♡05A31
20A77	★12A15	23A35	繖（Ⅰ1 2.10 bji)
20B35	繖（Ⅰ72 2.06 bjuu)	24A15	★03A51
21B35	★06B38	26B68	♡09B42
23B46	◇21B36	繖（Ⅵ7 1.42 dzjij)	繖（Ⅵ27 1.67 sji)
24A34	繖（Ⅵ27 1.67 sji)	★30A12	★09B42
26B42	★30B36	繖（Ⅰ46 1.01 phu)	繖（Ⅰ32 2.11 mee)
28A16	繖（Ⅴ69 1.92 kjwiir)	★05B46	★05A26
28A53	★24A78	◇08B44	繖（Ⅵ12 1.68 tsə)
28B31	♡14A65	繖（Ⅲ7 1.04 du)	★30A32
29A21	繖（Ⅵ105 2.80 tsor)	★13A41	♡04B44
29A24	★33A12	♡11A33	07A17
31A37	繖（Ⅱ30 1.31 wəə)	15A65	10A57
31B11	★11B48	◇05A41	11B53
32A36	♡10B38	20A67	22A51
33A54	◇03B65	26A62	31A16
33A62	07B23	繖（Ⅷ-11 1.42 ·jij)	33A67
33B24	10B38	◇10A38	◇04B11
繖（Ⅲ168 1.82 tjwar)	12A28	繖（Ⅲ75 2.42 no)	04B44
★18B37	14A73	★15B62	05A36
◇15A66	20B24	◇30A27	05A53
繖（Ⅰ3 1.11 bji)	23A24	繖（Ⅵ66 1.77 tser)	05A61
★03A65	29B71	★31B68	07A17
◇10A15	繖（Ⅲ73 2.41 teew)	♡30A63	07B24
繖（Ⅸ35 2.38 lew)	★15B56	◇07A16	08A65
♡32A16	◇18B65	繖（Ⅰ3 1.11 bji)	08B72
繖（Ⅰ4 2.68 mjijr)	29B13	★03A66	09B16
★03A76	繖（Ⅴ35 2.01 gu)	◇03A66	10A27
♡03B77	★23A27	28B18	10A57
◇03A76	◇03B31	繖（Ⅰ61 1.62 pjij)	10B24
繖（Ⅰ-1 1.66 bie)	繖（Ⅴ-52 2.05 kuu)	★06A62	11A73
★09A31	★28B24	♡26B15	11B52
♡05B12	繖（Ⅴ83 1.80 kwar)	◇06A62	14B13
◇09A31	★25A13	繖（Ⅶ18 1.61 tsjij)	15B64
09A35	繖（Ⅰ36 2.07 me)	♡23B24	17B25
繖（Ⅸ- ? ?)	★05A61	30B61	17B68
♡08A56	◇05A61	繖（Ⅰ111 2.56 ba)	20A13
◇10A72	繖（Ⅰ5 2.68 mjijr)	★07B55	22A15
繖（Ⅲ55 1.49 do)	★03A78	♡16A51	22A46
★15A27	繖（Ⅵ5 2.03 dzju)	繖（Ⅴ193 1.83 kaar)	22B44
繖（Ⅴ64 2.10 gjwi)	★29B72	★27B58	25B18

25B71	32A71	21A45	◈05B18
27A12	32B78	32A55	05B36
27B28	33B15	▢（Ⅸ34 1.30 lhjɨ)	32A28
29A15	▢（Ⅴ27 1.17 kwa)	◈13A24	33A54
29A44	★22B61	17A24	▢（Ⅸ177 1.67 zjwi)
30B28	▢（Ⅲ178 2.10 njwi)	24A73	♡06B63
32B76	★18B65	▢（Ⅸ14 2.10 zji)	◈06B63
▢（Ⅰ44 1.32 mjɨɨ)	♡29B13	♡10A64	13B41
★05B33	◈05A21	◈15A57	24B73
♡32B35	12B23	30B41	▢（Ⅲ54 2.10 nji)
◈06B74	12B63	▢（Ⅵ30 2.10 sji)	★15A26
▢（Ⅴ65 1.36 kjij)	13A56	★30B53	◈14B32
★24A64	14A28	◈06A22	▢（Ⅵ26 1.11 sji)
▢（Ⅵ-146 1.36 sjwij)	22A63	24A14	★30B33
♡06B47	24A37	▢（Ⅴ-30 2.06 khjuu)	▢（Ⅴ23 2.31 kiej)
◈03A71	26A67	★28A66	★22B33
03A78	27B66	◈03B48	♡28A51
04B65	▢（Ⅱ6 2.09 wji)	11A78	◈26A63
06A14	★10B76	15B72	30A76
06A28	▢（Ⅲ3 2.41 neew)	19B57	▢（Ⅰ16 1.27 mə)
06B15	★13A23	25A14	★04A25
06B47	♡12A65	25B41	♡21A76
06B48	13A61	27B58	◈04A25
09A67	18B55	28A67	▢（Ⅴ169 1.82 khjwar)
10B38	◈05B13	30B35	★27A53
11B48	12B43	▢（Ⅴ-47 1.51 kjo)	▢（Ⅴ13 2.51 ku)
12A28	21A15	★28B17	★22A37
13A47	27A24	♡28B17	♡11B16
13A62	▢（Ⅰ22 2.25 bə)	▢（Ⅲ37 1.01 thu)	◈08B24
13B27	★04A66	★14A42	20B58
14A41	▢（Ⅶ133 1.42 tshwɨj)	♡14B51	▢（Ⅴ67 2.29 khjɨɨ)
17B38	♡20B32	▢（Ⅵ-21 1.32 sjwɨɨ)	★24A72
18A78	▢（Ⅷ26 1.11 ·ji)	◈04A32	◈07A11
19B57	♡31B64	06A71	10A23
20B57	▢（Ⅴ68 1.82 khjar)	07B34	11B74
23B12	★24A75	10A14	30B57
23B71	▢（Ⅶ62 1.48 tśjwo)	13B21	33B72
24A72	♡23B66	26B78	▢（Ⅴ69 1.92 kjwɨɨr)
25A42	▢（Ⅸ64 1.22 laa)	▢（Ⅰ13 2.25 mə)	★24A77
27B56	♡06B22	★03B67	♡14A64
29B41	◈30A62	▢（Ⅰ38 1.01 bu)	▢（Ⅰ16 1.27 mə)
30B66	▢（Ⅶ59 2.81 tśior)	★05B18	★04A24
30B66	◈21A43	♡09A67	▢（Ⅵ70 2.17 tshja)
32A56			

★32A16

繩（Ⅰ67 2.12 bjii）

　★06B15

　♡32A56

繗（Ⅵ-22 1.86 dzjwɨr）

　♡31B43

　⊕16A28

繎（Ⅶ4 1.10 śji）

　♡05A35

　⊕03A56

　04A43

　04A44

　04A58

　04B78

　05B16

　07A45

　07A75

　07B15

　07B72

　10B68

　14B14

　14B78

　16B54

　21B62

　23B61

　24A25

　26A52

　31A65

繎（Ⅰ-141 1.75 mur）

　★10A65

　♡03B45

　15B46

　⊕03B45

　12A47

　13B61

　16A42

　16B23

繎（Ⅲ7 1.04 du）

　★13A42

　♡17B64

　⊕14B64

　32B58

繎（Ⅲ185 1.95 njoor）

★19A22

　⊕11B63

繎（Ⅷ-17 1.60 ɣiwej）

　♡20B43

繎（Ⅷ68 1.02 ·ju）

　⊕06B57

　07A64

　15A51

　32B23

繎（Ⅷ33 1.04 ɣu）

　⊕07B72

　15A14

繎（Ⅷ1 1.04 ɣu）

　⊕18A54

繎（Ⅴ-106 2.44 gjwo）

　★29A22

繎（Ⅵ68 1.20 dzja）

　★31B75

　♡16A68

繎（Ⅰ91 2.47 phow）

　★07A53

繎（Ⅱ9 2.32 wjij）

　★11A25

　⊕30B77

繎（Ⅶ114 1.67 tśji）

　⊕33B22

繎（Ⅰ87 1.18 pia）

　★07A36

　⊕08A32

　09A13

　09A34

　11A24

　16A22

　28A55

繎（Ⅰ-110 2.31 miej）

　★10A26

繎（Ⅰ62 1.62 pjɨj）

　★06A64

繎（Ⅱ59 2.23 wiã）

　★12A75

繎（Ⅶ60 1.02 śjwu）

　♡22B77

繎（Ⅴ28 1.54 kow）

　★22B63

　⊕25B72

繎（Ⅲ48 1.31 dəə）

　★14B52

繎（Ⅰ32 2.11 mee）

　★05A27

繎（Ⅴ54 2.10 gji）

　★23B63

　♡03B31

　12A28

　⊕03B65

　07B23

　15A54

　18B68

　22A47

　31A44

繎（Ⅰ21 1.27 bə）

　★04A61

繎（Ⅷ26 1.11 ·ji）

　♡04B25

　⊕11B44

繎（Ⅱ1 2.07 we）

　★10B21

繎（Ⅲ51 2.38 dew）

　★14B66

　♡19B61

繎（Ⅶ-146 1.34 tśiej）

　⊕08B23

繎（Ⅲ40 2.28 djɨ）

　★14A65

　♡24A78

繎（Ⅵ63 2.42 dzjo）

　★31B57

繎（Ⅷ64 1.09 ɣie）

　♡03A68

　06B76

　15A77

　27B54

　30B22

　33A34

　⊕04B43

　06A31

15B53

18B16

21B25

24A16

26A15

27B54

30B34

繎（Ⅰ-2 1.80 mar）

　★09A32

　⊕09A32

繎（Ⅴ82 1.58 ku）

　★25A11

　♡29B22

　⊕16B64

　25B13

繎（Ⅰ156 1.75 bur）

　★08B62

　⊕17B62

　27A17

　30B76

　33A63

繎（Ⅲ185 1.95 njoor）

　★19A25

繎（Ⅲ70 2.55 tjɨj）

　★15B43

繎（Ⅲ34 1.20 tja）

　★14A27

　⊕08B56

　08B56

繎（Ⅰ90 1.54 phow）

　★07A47

繎（Ⅵ69 1.30 dzjwi）

　★31B78

繎（Ⅲ173 1.43 new）

　★18B53

　♡05A43

繎（Ⅶ13 1.59 śju）

　⊕17B55

繎（Ⅰ-100 1.38 bieej）

　★10A14

　♡22B57

　⊕04B67

　05A73

15A31	★25B36	□（Ⅵ124 1.17 tswa）	★33A72	
26A41	⊕15A46	★33B27	□（Ⅸ- 1.64 lhja）	
27B22	17B24	♡33B27	♡33A72	
⊕04A11	29A13	□（Ⅲ134 2.37 djij）	**夂部**	
08B67	□（Ⅸ169 2.01 lwu）	★17B63	□（Ⅴ56 2.03 gju）	
10B65	♡07A35	♡09A47	★24A22	
13B38	12A46	16B62	**介部**	
17A47	12A58	18B37	□（Ⅲ144 2.83 njowr）	
23A76	15A66	⊕08A48	★18A25	
27A34	⊕16B41	09B41	□（Ⅲ66 2.20 niaa）	
29A45	17A51	13A18	★15B18	
30A37	18B62	13A42	□（Ⅲ35 2.71 ner）	
30B12	32B37	14A78	★14A35	
30B38	□（Ⅶ-128 1.39 dźjiij）	14A78	□（Ⅴ-59 1.94 koor）	
□（Ⅴ140 1.78 kier）	♡29B53	16A63	★28B33	
★26B26	⊕03B38	18B37	♡08B44	
♡18B45	03B64	22A53	□（Ⅷ-13 2.77 ·jɨr）	
□（Ⅲ52 2.33 djij）	05A17	33B54	♡14A35	
★14B75	06B54	□（Ⅱ-30 1.80 war）	15B18	
⊕19A31	08B24	★12B56	24A22	
27B35	09A51	⊕11A37	⊕14B18	
27B61	10A71	□（Ⅵ96 1.08 se）	15A41	
□（Ⅲ52 2.33 djij）	10B76	★32B47	15B73	
★14B76	11A34	♡14A46	20B27	
□（Ⅷ39 2.60 ·ji）	12A23	⊕12A44	22A54	
♡24A76	13A67	□（Ⅰ50 1.23 mjaa）	24A22	
25A17	14B15	★05B62	25A16	
⊕05B55	15A56	□（Ⅰ101 1.08 phe）	28B33	
07B65	16A61	★07B25	□（Ⅸ10 2.37 rjɨj）	
07B65	16A72	♡24A57	♡14A23	
14A74	17B63	□（Ⅸ8 2.14 la）	18A25	
15A17	18B36	♡10B32	□（Ⅰ157 1.75 bur）	
15A17	18B51	□（Ⅱ1 2.07 we）	★08B63	
17B24	18B67	★10B32	□（Ⅵ22 2.42 so）	
33B43	20B26	□（Ⅵ96 1.08 se）	★30B13	
□（Ⅴ26 2.33 khjij）	21B73	★32B51	□（Ⅲ32 1.62 tjɨj）	
★22B58	24A52	**夕部**	★14A23	
□（Ⅸ159 2.61 lji）	25A54	□（Ⅵ108 1.27 sə）	♡28B33	
♡10B43	25A58	★33A18	**冬部**	
31B66	25B66	⊕14A35	□（Ⅱ1 2.07 we）	
⊕04B77	27A13	24A22	★10B34	
21A14	27A53	30B13	♡07A71	
□（Ⅴ106 1.11 kjwi）	28B52	□（Ⅵ118 1.03 tshjwu）		
	29B78			

24A61	⊕03B18	★20A47	〔字〕（Ⅶ70 2.12 śjii）
〔字〕（Ⅱ1 2.07 we）	〔字〕（Ⅲ53 1.36 djij）	〔字〕（Ⅰ115 1.33 pej）	⊕18B64
★10B33	★15A14	★07B73	〔字〕（Ⅴ70 2.33 gjij）
♡24A54	♡20A47	〔字〕（Ⅸ- 1.40 ləj）	★24B21
父部	32B15	⊕18B32	♡31A28
〔字〕（Ⅲ-116 1.32 njɨɨ）	〔字〕（Ⅱ50 1.68 wə）	18B32	〔字〕（Ⅷ66 1.36 ·jij）
★20A64	★12A52	20A22	♡15A48
⊕13A22	〔字〕（Ⅷ-110 2.38 xew）	〔字〕（Ⅶ81 1.56 dźjwow）	⊕25A58
31B54	⊕18A25	♡07A65	〔字〕（Ⅶ31 1.02 śju）
〔字〕（Ⅴ201 1.72 kjo）	〔字〕（Ⅰ6 1.27 pə）	⊕03B51	♡13B74
★27B77	★03B21	07A65	30A57
♡23B36	〔字〕（Ⅴ141 1.09 kie）	10B28	⊕24B21
⊕23B36	★26B28	28A31	31A28
〔字〕（Ⅸ37 2.71 rer）	♡30A12	**乞部**	〔字〕（Ⅴ103 1.30 khjɨ）
♡24A15	⊕09A47	〔字〕（Ⅴ183 1.18 kiwa）	★25B22
⊕14B37	15B38	★27B25	♡09A78
〔字〕（Ⅰ11 1.61 bjij）	15B45	♡29A16	10A34
★03B52	〔字〕（Ⅲ91 2.77 djɨr）	**亠部**	15A63
♡33B24	★16B11	〔字〕（Ⅲ102 1.63 ta）	17A26
〔字〕（Ⅰ163 1.17 ba）	♡22A38	★16B64	22B34
★09A11	28A33	〔字〕（Ⅰ1 2.10 bji）	22B53
〔字〕（Ⅰ-75 1.16 bjɨ）	⊕07B73	★03A62	24B17
★09B53	12A52	♡10A63	26B62
〔字〕（Ⅴ-161 1.30 gjwɨ）	16B11	〔字〕（Ⅶ138 2.29 tśjii）	29A35
★29B21	18A68	⊕18B64	32B21
♡19B44	22B34	〔字〕（Ⅶ152 1.29 tśji）	⊕04A41
27A28	28B63	♡08A53	04B17
32A78	〔字〕（Ⅲ52 2.33 djij）	〔字〕（Ⅲ58 2.47 dow）	05A11
⊕03A75	★14B74	★15A44	08A53
03B76	♡18A37	〔字〕（Ⅴ70 2.33 gjij）	08A67
04A22	⊕03A56	★24B17	08B54
06B16	09B74	♡25B22	09A78
07B53	〔字〕（Ⅴ11 2.25 kwə）	⊕15A44	09B46
09A76	★22A31	26B72	10A34
10A67	♡11A55	〔字〕（Ⅶ-145 1.61 dźjij）	12A61
13B57	〔字〕（Ⅳ5 2.09 dźji）	♡25B27	12B62
15A66	★21A22	⊕10B57	13A33
16B75	〔字〕（Ⅸ135 1.02 źju）	10B71	15A75
33A44	♡24A75	12B58	16A56
33B16	〔字〕（Ⅲ-141 2.77 djɨr）	13B18	16A66
冬部	★20B25	25A22	17B26
〔字〕（Ⅰ6 1.27 pə）	♡21B47	25B41	17B75
★03B18	〔字〕（Ⅲ-103 2.20 diaa）	26B54	18B64

20A41	★08B32	08A57	20A61
22A64	♡09A77	08A66	20B42
26B36	◇22B25	09B11	21A17
27B17	25B14	09B76	21A61
28A12	□（Ⅰ-39 2.74 pjar）	10A46	21A71
28A44	★09A77	10B32	21B32
29B17	♡08B32	11A11	21B75
29B66	◇12A43	11A23	21B78
30A31	22B25	11A48	22A31
30A57	25B14	11A48	23A42
30A78	**亥 部**	11A51	24A21
32A44	□（Ⅵ44 2.10 sjwi）	11A55	24A38
32B21	♡13A35	11A62	24A44
33B18	◇31A41	11A71	24B35
□（Ⅷ40 1.34 ɣiej）	□（Ⅱ23 1.65 we）	11B21	24B62
♡10A11	★11B25	11B61	24B72
□（Ⅸ75 2.30 lej）	◇03B45	11B72	25A35
♡16A56	10A65	12A12	25A45
◇13B55	12A47	13A53	26A24
□（Ⅴ102 2.28 khji）	22A63	13A78	26A27
★25B21	□（Ⅵ30 2.10 sji）	13B72	26A46
□（Ⅰ-97 2.26 piə）	★30B57	14B38	26A77
★10A11	♡14B74	14B71	26A78
□（Ⅵ41 2.28 sji）	◇03A61	15A24	26B28
★31A28	03A66	15A72	26B66
♡24B21	03B23	15B38	27A37
□（Ⅶ-105 2.20 dʑiaa）	03B41	15B43	27A41
♡18B64	03B55	15B44	27A44
□（Ⅲ4 2.42 thwo）	03B56	15B52	27B56
★13A33	04A37	16A41	27B58
□（Ⅰ1 2.10 bji）	04B22	16A45	28B32
★03A57	04B75	17A16	28B72
◇06B42	05B45	17A28	29A27
32A18	06A48	17A37	29A61
□（Ⅴ-117 2.22 khā）	06A65	17B65	29B43
★29A35	06B33	17B72	29B55
□（Ⅵ-40 1.86 tsjwir）	06B44	17B76	29B72
◇08B43	06B66	18A35	30A12
□（Ⅲ-31 1.49 thwo）	07A16	18A41	30A36
★19B27	07A34	18A75	30A63
♡20A45	07A37	18B14	30A72
兀 部	07B64	18B73	30B28
□（Ⅰ144 1.59 pju）	07B67	19B28	30B38
		19B46	30B45

30B75	♡24B67	16B61	11A66
31A51	𗫤（Ⅸ16 2.68 rjijr)	㴑（Ⅰ56 1.02 bju)	12A76
31A72	♡05A75	★06A27	28B56
31B23	07A56	◈12A38	𤀾（Ⅲ-90 1.79 djir)
31B58	33B12	15B15	★20A32
31B73	◈07A56	16B45	♡20A33
32A24	16A24	㳒（Ⅰ52 1.51 phjo)	㳊（Ⅳ-6 ? nja)
32A27	32B44	★06A11	★21A46
32A52	𤀷（Ⅴ-101 2.44 gjo)	♡07B21	♡12A33
32A53	★29A15	㳊（Ⅰ91 2.47 phow)	㴽（Ⅸ- 2.12 ljii)
32A72	𗱇（Ⅲ-68 1.77 ner)	★07A52	◈22A22
32B11	★19B74	㴑（Ⅸ60 2.66 rejr)	㵽（Ⅰ53 1.51 phio)
32B15	◈30A26	♡05B68	★06A12
32B57		09B27	♡05A42
32B61	**彳部**	17B61	㵾（Ⅴ-55 2.39 kiew)
32B66	㳉（Ⅰ-94 1.80 bar)	18B58	★28B27
33A45	★09B76	◈06A71	◈28A77
33B57	㳈（Ⅰ-37 1.86 pjir)	09B27	㴹（Ⅷ26 1.11 ·ji)
33B58	★09A75	09B27	♡32B46
33B63	◈20A32	10A38	㴢（Ⅵ51 2.10 dzji)
	20A33	13B63	★31B14
𗱎（Ⅰ83 1.11 pji)	㳂（Ⅸ- 2.35 ljiij)	14A56	㴻（Ⅶ75 1.92 dźjiir)
★07A21	◈05B21	17B51	◈13B23
◈20A25	㳆（Ⅵ-132 1.43 swew)	17B61	㴼（Ⅴ51 1.39 gjiij)
31A26	♡03A71	18A57	★23B48
32B67	17A38	18B58	◈04B52
𗱏（Ⅰ83 1.11 pji)	◈03A71	18B63	11A53
★07A22	05B72	19A25	12B37
◈26B11	15B15	22A74	㴉（Ⅰ24 1.30 mji)
	16A25	23B16	★04B27
亍部	16B22	24B74	♡16A34
𗱓（Ⅲ122 1.69 dji)	17A35	25A32	◈09B24
★17B22	17A38	27B34	30B66
	18A16	27B52	32B38
彳部	29B46	27B71	㵧（Ⅸ107 2.29 ljii)
㳋（Ⅸ- 1.56 śjow)	㳇（Ⅲ-147 2.58 de)	28B74	♡27A18
♡29A15	★20B33	㴺（Ⅸ4 1.67 lji)	㵿（Ⅲ39 1.05 thuu)
◈29A15	㳅（Ⅰ56 1.02 bju)	♡08A62	★14A56
𗱔（Ⅴ157 2.17 gja)	★06A28	12A76	㴲（Ⅰ43 1.32 mjii)
★27A14	♡07B38	16A23	★05B36
♡19B74	10A51	25A66	**彳部**
㳍（Ⅲ38 2.01 thu)	◈06A28	◈06A37	㴏（Ⅶ93 2.09 śjwi)
★14A53	㳀（Ⅸ184 2.54 zjwij)	08A62	
♡08A36	◈10B66		
㳍（Ⅲ38 2.01 thu)			
★14A51			

⟡20A43

⿰倄（Ⅶ93 2.09 śjwi）

♡30A41

⟡15B27

⿰（Ⅶ-156 1.10 śjwi）

⟡30A71

亻部

⿰（Ⅰ121 1.67 bji）

★08A27

♡30B65

⟡10A28

25A53

30B65

⿰（Ⅶ156 1.55 tśiow）

⟡21B24

⿰（Ⅸ157 2.48 lhiow）

⟡23B68

⿰（Ⅰ59 1.30 bjɨ）

★06A46

♡15A13

⿰（Ⅰ56 1.02 bju）

★06A25

⟡06A25

06A25

⿰（Ⅲ38 2.01 thu）

★14A54

♡26B55

⿰（Ⅰ23 2.28 mjɨ）

★04B15

♡23A33

⟡10A45

13A17

13A75

⿰（Ⅶ-136 1.14 tśjii）

♡32B17

⿰（Ⅸ- 2.08 źie）

♡16B31

⟡09A34

23A54

30B37

32A74

32B12

⿰（Ⅴ36 2.10 khji）

★23A33

♡04B15

⟡10A45

13A17

13A75

⿰（Ⅵ24 2.01 su）

★30B24

⿰（Ⅸ107 2.29 ljɨɨ）

♡06A25

⟡06A25

06A25

⿰（Ⅲ18 2.12 njii）

★13B34

♡17A28

⟡11B28

11B67

18B47

19A75

24A11

28B41

29B58

30B37

31A47

⿰（Ⅶ73 1.21 śjwaa）

♡07A48

⟡04B73

⿰（Ⅵ29 2.10 sji）

★30B51

♡09B23

26B32

30A38

⟡24B71

30B24

⿰（Ⅵ88 2.17 sja）

★32B17

⿰（Ⅴ19 2.54 gjij）

★22A74

⿰（Ⅴ129 1.76 gjur）

★26A58

♡28A47

⿰（Ⅰ49 1.23 mjaa）

★05B65

♡04B73

08A73

18A15

31A18

⟡04A74

04B73

07B13

08A73

10A21

10B47

11B57

16B12

23B42

29B64

30B24

32B21

⿰（Ⅷ2 2.04 ɣu）

♡25A23

⟡08B52

21A78

22A38

⿰（Ⅰ-51 2.85 pjwɨɨr）

★09B23

⿰（Ⅵ32 2.44 sjo）

★30B65

♡24B71

⟡08A27

⿰（Ⅵ13 1.68 tsə）

★30A38

♡30B51

⟡16A72

18A34

⿰（Ⅰ56 1.02 bju）

★06A26

⿰（Ⅰ-125 2.54 pjij）

★10A45

⟡10A45

26A58

⿰（Ⅰ99 1.68 pə）

★07B13

♡16A52

29B47

30B24

⟡16A52

⿰（Ⅲ35 2.71 ner）

★14A33

♡18B52

⿰（Ⅴ86 1.69 kjwɨ）

★25A23

⟡08B52

21A78

22A38

⿰（Ⅱ-22 1.41 wiəj）

★12B46

⿰（Ⅴ-21 2.57 kja）

★28A55

♡07A36

⿰（Ⅶ115 2.40 śjiw）

⟡17B55

⿰（Ⅵ-86 1.01 swu）

♡05A45

⿰（Ⅰ162 2.61 mjɨ）

★08B75

⿰（Ⅸ- 1.37 leej）

⟡17A36

24B56

⿰（Ⅱ8 1.67 wji）

★11A24

⟡07A36

⿰（Ⅸ107 2.29 ljɨɨ）

♡06A26

⿰（Ⅴ49 2.24 khjã）

★23B42

⟡24B42

25A45

⿰（Ⅰ8 2.33 bjij）

★03B35

♡19B34

⟡24B56

⿰（Ⅵ-92 2.07 tshwe）

♡12B46

14B53

⿰（Ⅲ-36 1.69 tjwɨ）

★19B34

♡03B35

⿰（Ⅰ-105 1.31 bəə）

★10A21

⺶部

粆（Ⅸ75　2.30　lej）
　◇05A57
　06A48
　13B63
　29B18

粁（Ⅸ-　2.25　lwə）
　♡31B67
　◇05A57
　06A75
　10A58
　12A45
　26B14

粆（Ⅸ172　2.60　ʑji）
　♡05A57
　21B72
　◇05A57
　06A75
　12A45
　12B25
　26B14
　32A42

粆（Ⅰ35　1.27　phə）
　★05A57
　♡16B63
　16B63
　◇21B72
　24B75
　32B57

粧（Ⅴ96　2.51　khwu）
　★25A62
　♡14B57
　33B47
　◇06A48
　23B54
　28B73
　30A17
　30A22
　32A21
　33B44
　33B47

粨（Ⅷ77　1.17　·a）

　♡03B47
　06B68
　07B65
　09B21
　11A45
　13B65
　14A32
　14B48
　15A41
　16B24
　16B46
　17B17
　17B23
　18A13
　18B28
　20B34
　23A16
　23A25
　25B55
　26A36
　27A34
　28B67
　28B74
　29B18
　32B63
　33A62
　33B43
　◇05B16
　06B42
　07A67
　07B67
　08B43
　08B62
　09B45
　09B74
　10B37
　12A61
　15A74
　15B35
　15B53
　16A17
　16A66
　16B66
　17A23

　18A62
　19A11
　19A12
　19A31
　19A62
　20B35
　20B45
　21A64
　21A68
　22A55
　23A25
　23B24
　25B46
　26A33
　29B23
　29B65
　33A11
　33A64
　33B65
　33B72

粘（Ⅸ97　2.54　ljwij）
　♡21B28
　◇21B28

粔（1Ⅸ75　2.30　lej）
　♡27B38

粕（Ⅴ104　1.17　khwa）
　★25B27

粏（Ⅷ-62　1.78　yier）
　◇04B55
　08B56
　33B33

粗（Ⅴ6　1.18　kia）
　★21B72

粒（Ⅲ127　2.74　njar）
　★17B43

粙（Ⅸ89　1.82　rjar）
　◇12A57
　18A34
　24A32

粚（Ⅴ104　1.17　khwa）
　★25B26
　◇03B38
　04B65

　15A36
　16A67
　20B12
　28B52

粛（Ⅸ172　2.60　ʑji）
　♡31A75

糊（Ⅰ65　1.20　phja）
　★06A75
　♡10A58
　◇31B67

糌（Ⅴ136　1.14　kjii）
　★26B14

糍（Ⅵ40　1.30　sjɨ）
　★31A23
　♡04B55
　09A61
　19A62
　◇03B75
　04B55
　11B23
　12A41
　13A64
　15A32
　20A63
　23B46
　25B54
　32B75
　33B55

糒（Ⅵ65　1.77　tser）
　★31B67
　◇10A58

糈（Ⅴ44　2.78　ŋewr）
　★23B18
　♡24B12

糉（Ⅸ62　1.03　ljwu）
　◇07B48
　21B21
　25B53
　29B12

糇（Ⅶ65　1.56　tśhjow）
　♡28B63

糈（Ⅵ85　1.14　sjii）
　★32A71

□ ♡06B48
□ ⊕15A43
□ 21A75

糯（Ⅲ66 2.20 niaa）
★15B21

扌部

獬（Ⅵ19 2.14 tsha）
★30A65
⊕14B55
19A35

□（Ⅵ-15 1.51 dzjo）
⊕17B47

乂部

□（Ⅰ10 1.36 bjij）
★03B43
♡28B41
28B41

□（Ⅴ1 2.01 ŋwu）
★21A75
⊕32A71

□（多音多义字）
①（Ⅴ-165 1.30 gjwɨ）
★29B25
♡25B61
⊕12B45
16B66
25B61
26A65
②（Ⅲ127 2.74 njar）
⊕11A67
18B27
24A71
28B67
29A23
33B22

□（Ⅴ118 2.05 guu）
★26A12

□（Ⅴ132 1.30 kjwɨ）
★26A65

丷部

□（Ⅸ124 2.37 ljɨj）
♡08A66

□（Ⅸ124 2.37 ljɨj）

□ ♡12A14
□ 18B38

□（Ⅸ124 2.37 ljɨj）
♡10A37

□（Ⅴ67 2.29 khjɨj）
★24A74

□（Ⅸ93 1.76 rjur）
♡23B53
29B78

□（Ⅸ124 2.37 ljɨj）
♡10A22

艹部

□（Ⅲ136 1.58 twu）
★17B72
⊕10A71
10B38
11B21
11B48
20B24
23B74
25A54
28B65
31B44
32B73

□（Ⅲ82 1.03 tju）
★16A42
♡16B23
⊕03B45
15B46
20A14
26B45

□（Ⅱ24 2.66 wejr）
★11B28

□（Ⅱ-28 1.33 wej）
★12B54

□（Ⅲ190 1.05 thwuu）
★19A36
♡23A24
⊕08B45
13A36

□（Ⅲ92 2.33 tjij）
★16B23
♡16A42

□ ⊕03B45
□ 15B46
□ 20A14
□ 26B45

□（Ⅲ139 2.10 thji）
★17B78
♡33A21

□（Ⅸ190 2.03 lju）
⊕09A62
26B27
32B45

□（Ⅲ84 1.30 njwɨ）
★16A51
♡07B55

□（Ⅴ-145 1.03 khju）
★29A71
♡04A36
10B77
⊕03A58
05B23
05B77
06A44
09A52
09A67
12B32
12B46
13B44
16A54
16B36
18A76
20A45
27B16
28A72
31B31
32B36

□（Ⅰ-36 2.73 mar）
★09A74

□（Ⅴ84 1.62 kjwɨj）
★25A15

□（Ⅰ-92 1.24 pā）
★09B74
⊕25B56

□（Ⅸ189 2.03 lju）

□ ⊕06B18
□ 08A15
□ 08B15
□ 13B17
□ 17B76
□ 18B14
□ 21A14
□ 27B41
□ 30A72
□ 33B68

□（Ⅲ63 1.82 djwar）
★15A66

□（Ⅶ54 1.21 dźjaa）
♡03A65
18A12
19A34
20B23
⊕19A28
20B23

□（Ⅰ124 1.83 maar）
★08A33

□（Ⅶ152 1.29 tśjɨ）
♡28B21
⊕28B64

□（Ⅱ27 1.73 wejr）
★11B41
♡11B72
29A46
⊕09B56
19B66
28B74
29A46
31B76

□（Ⅲ190 1.05 thwuu）
★19A37
⊕16A55

□（Ⅶ131 2.50 dźjoow）
⊕08A33
11B22
19A13
27B43

□（Ⅷ-54 2.42 xwo）
♡13B78

⊕14A34	17B14	15B45	21B55
14A35	27A16	23B48	25A52
33B25	29A62	23B72	25B75
氵（Ⅵ115 2.28 tshji̱）	𗤟（Ⅸ102 2.64 ljo）	26A71	27A54
★33A57	⊕32B38	26B28	27A56
⊕12A16	𗤟（Ⅷ4 2.40 ·jiw）	28B28	33A12
28B38	♡14B61	30A12	𗤟（Ⅷ74 2.10 ·jwi）
𗤟（V57 1.36 gjwij）	𗤟（Ⅶ-157 1.53 śioo）	31B23	♡13B55
★24A25	♡27A76	32A27	𗤟（V3 2.14 ka）
歹部	⊕06B46	𗤟（Ⅰ14 2.76 mər）	★21B27
𗤟（Ⅸ140 1.20 lha）	08B43	★04A12	𗤟（V17 2.21 gjaa）
♡23B21	21B42	♡19A22	★22A65
32B73	24B34	33A12	𗤟（Ⅸ8 2.14 la）
⊕30A26	33A62	⊕16A44	♡08B14
𗤟（Ⅵ110 1.80 tsar）	𗤟（Ⅷ35 2.56 γa）	22B47	⊕23B54
★33A24	⊕03A67	26A68	𗤟（V104 1.17 khwa）
𗤟（Ⅵ110 1.80 tsar）	03B16	31B36	★25B25
★33A28	06B42	32B65	又部
♡25A65	07A51	𗤟（Ⅰ-85 1.66 pie）	𗤟（Ⅲ21 1.49 to）
𗤟（Ⅵ110 1.80 tsar）	10B56	★09B65	★13B53
★33A25	16A17	♡08A67	⊕18A48
𗤟（Ⅶ55 1.44 dźiew）	17B77	⊕23A58	𗤟（Ⅲ21 1.49 to）
⊕23A52	18A55	𗤟（Ⅲ149 1.21 njaa）	★13B54
32A75	23B24	★18A48	♡13B54
𗤟（Ⅷ97 1.58 ·u）	33B72	♡06A78	彐部
⊕23B21	𗤟（Ⅷ91 2.01 ·u）	07A54	𗤟（Ⅱ47 1.84 wər）
彐部	★	08A13	★12A41
𗤟（Ⅰ28 2.33 mjij）	♡07A44	08A65	彑部
★04B55	23B47	10A44	𗤟（Ⅸ32 1.30 lhji̱）
𗤟（Ⅰ28 2.33 mjij）	25A33	13B53	⊕18B42
★04B54	26A42	15A45	20B32
⊕11A51	⊕07A44	16A76	𗤟（V-141 2.72 kjir）
21B32	30A25	18A76	★29A65
丰部	𗤟（V-72 2.60 khjwi）	27A36	𗤟（V76 1.01 gu）
𗤟（Ⅲ154 1.86 tjir）	★28B48	27A54	★24B47
★18A67	⊕04A38	28A71	⊕04A54
♡32A54	08A44	33B18	10B57
彐部	12B56	⊕04A58	11A35
𗤟（Ⅰ94 2.47 bow）	25B25	06A78	14A47
★07A63	𗤟（Ⅵ73 1.61 dzjij）	10B58	21B54
♡33B45	★32A28	13B22	23A11
⊕14A14	♡29B67	13B53	24A62
	⊕07A12	17B68	
		21A42	

24A64
24B75

□（Ⅸ32 1.30 lhji）
⊕15A45

□（Ⅴ76 1.01 gu）
★24B51

□（Ⅴ76 1.01 gu）
★24B45

手部

□（Ⅸ- 1.84 zwər）
⊕32A23

□（Ⅴ113 1.30 khjwɨ）
★25B61
♡29B25
⊕05B74
08B53
11A23
11A71
11B61
16B56
17A78
18A24
21B67
22B48
23A34
24A35
26A65
27A11
28B72
29A16
29B25
33B52
33B57

□（Ⅵ52 1.69 dzjwɨ）
★31B21

□（Ⅸ- 2.10 lhji）
⊕09A54
20B44

□（Ⅵ52 1.69 dzjwɨ）
★31B18
♡07B22
10B22
15A55

□（Ⅲ110 2.60 nji）
★17A46

□（Ⅷ93 1.49 ·o）
♡08A28
09B42
10B76
11A46
⊕06B63
10B42
11A46
13A64
14B46
22A33

□（Ⅲ13 1.30 thji）
★13A78
♡29A43
⊕11B55
14A46
14A48
31B74

□（Ⅵ26 1.11 sji）
★30B34
⊕03A68
24A18
26A15

□（Ⅲ13 1.30 thji）
★13A77
♡23A17

□（Ⅸ103 2.60 lhji）
⊕13A58
19A18

□（Ⅴ121 2.07 ŋwe）
★26A21
⊕04B61
08A17
08B21
12A66

□（Ⅸ136 2.07 le）
♡07A18
25A24
⊕31A61

□（Ⅲ167 2.61 thji）
★18B35

□（Ⅲ38 2.01 thu）
★14A48

□（Ⅲ39 1.05 thuu）
★14A55

艹部

□（Ⅶ-179 1.18 tśia）
♡23A75

□（Ⅰ49 1.01 pu）
★05B55
⊕20B34

□（Ⅲ43 2.45 thoo）
★14A77

□（Ⅶ83 2.40 tśjiw）
⊕11A43
24B76

□（Ⅴ95 1.38 gieej）
★25A61
♡13B75

□（Ⅸ-76 1.86 źjɨr）
⊕03B73
06B48
09B72
14B68
26B43
32A54

□（Ⅲ-76 1.87 tewr）
★20A14
♡15B25

□（Ⅷ58 1.24 xā）
⊕22A17

□（Ⅸ93 1.76 rjur）
⊕15A47
22B78
25B47

□（Ⅸ188 2.02 źjwu）
♡05A48

□（Ⅴ-149 1.75 kur）
★29A75
♡26B45
⊕20A14

25A21

□（Ⅵ93 2.06 dzjuu）
★32B37
♡18B51
19A77
⊕03A55
07A35
08A35
12A46
12A58
15A25
19A77
19B77

□（Ⅰ13 2.25 mə）
★03B76
♡03A75
⊕21B54
23A11

□（Ⅸ90 1.24 lā）
♡23A64

□（Ⅵ-61 ? ?）
♡32B37

□（Ⅸ187 2.02 źjwu）
♡13B32

□（Ⅱ49 1.14 wjii）
★12A46
♡19B77

□（Ⅶ19 2.54 tśjij）
♡10A46

□（Ⅸ- 2.10 lhji）
♡30B44
⊕16A75
17A48
17A53
19A23
19B61
22A52
29B51

□（Ⅴ40 1.27 kə）
★23A64
♡28A44

□（Ⅰ105 2.34 meej）
★07B34

𧖤（Ⅰ6 1.27 pə）
　　★03B24

𧖤（Ⅴ115 1.17 ŋa）
　　★25B71
　　♡30A18
　　◈11B36

𧖤（Ⅰ-29 1.71 bio）
　　★09A65
　　◈28B11

𧖤（Ⅸ55 1.58 lu）
　　♡04A75
　　10A21
　　◈03B67
　　04B42
　　13B45
　　14B41
　　21B51
　　24A65
　　30B48

𧖤（Ⅲ72 1.27 thə）
　　★15B52

𧖤（Ⅵ1 2.33 tsjij）
　　★29B43

𧖤（Ⅱ49 1.14 wjii）
　　★12A47

𧖤（Ⅰ105 2.34 meej）
　　★07B35
　　♡33A37

𧖤（Ⅰ-31 ? bə）
　　★09A67
　　◈16A54

𧖤（Ⅴ-109 2.20 kiaa）
　　★29A25

𧖤（Ⅱ50 1.68 wə）
　　★12A48
　　♡04A72
　　17A32

𧖤（Ⅸ150 2.67 źiejr）
　　◈21B17
　　22B23
　　25B52
　　26B75

𧖤（Ⅴ150 1.33 kwej）

★26B61

𧖤（Ⅶ-9 2.77 dźjwɨr）
　　♡11A11
　　33B57

𧖤（Ⅵ60 1.30 tsjwɨ）
　　★31B47
　　♡16B61

𧖤（Ⅴ61 2.05 ŋwuu）
　　★24A45

𧖤（Ⅲ120 2.61 tjɨ）
　　★17B16
　　◈03A74
　　03B15
　　05A12
　　07B21
　　10B78
　　15B12
　　22A61
　　24B44
　　26B51
　　27B18
　　27B45
　　31A15
　　33B34

𧖤（Ⅸ138 1.07 ljuu）
　　◈06B22
　　21B53

𧖤（Ⅶ32 2.02 śju）
　　♡33A44

𧖤（Ⅲ128 1.22 thaa）
　　★17B44

丰部

𧖤（Ⅵ83 1.15 swẽ）
　　★32A64
　　♡24B58

丗部

𧖤（Ⅰ38 2.30 mej）
　　★05B12

𧖤（Ⅰ37 2.30 mej）
　　★05A78
　　♡04A62
　　◈11B46

𧖤（Ⅰ38 2.30 mej）

★05B11
♡04A63
◈19B43

乕部

𧖤（Ⅰ121 1.67 bji）
　　★08A25
　　◈09A72

𧖤（Ⅴ80 2.85 kjɨɨr）
　　★24B66

𧖤（Ⅱ1 2.07 we）
　　★10B28
　　♡03B51
　　23B43
　　24B26

𧖤（Ⅸ- 2.44 lhjo）
　　◈08B15
　　10A57
　　12B26
　　19A27
　　24B51
　　25A53
　　25B18
　　26B42

𧖤（Ⅵ47 1.59 dzju）
　　★31A64

乙部

𧖤（Ⅲ16 1.36 thjij）
　　★13B22
　　♡16B47

𧖤（Ⅶ6 1.56 tśjow）
　　◈30A48

𧖤（Ⅴ71 1.36 gjij）
　　★24B26

𧖤（Ⅲ31 1.61 tjij）
　　★14A17
　　◈06A28
　　07B45
　　17A42
　　18A73
　　27A27

𧖤（Ⅵ43 2.64 sjo）
　　♡33B11

𧖤（Ⅵ26 1.11 sji）

★30B35
♡25A14

𧖤（Ⅲ98 1.42 thjɨj）
　　★16B47

𧖤（Ⅸ89 1.82 rjar）
　　♡11A22
　　17A12

飞部

𧖤（Ⅵ125 1.17 tsa）
　　★33B31
　　♡31B62

𧖤（Ⅵ125 1.17 tsa）
　　★33B32
　　♡21B74

亥部

𧖤（Ⅴ-82 1.08 ŋwe）
　　★28B62
　　♡22A58
　　◈22A58
　　23B74

𧖤（Ⅴ2 1.17 ka）
　　★21B23
　　♡22B65

𧖤（Ⅴ2 1.17 ka）
　　★21B22
　　♡15A62

𧖤（Ⅸ- 1.14 lhjii）
　　♡09B26
　　◈09B26
　　23B61

𧖤（Ⅷ93 1.49 ·o）
　　♡21B12

𧖤（Ⅱ26 1.40 wəj）
　　★11B37

𧖤（Ⅰ67 2.12 bjii）
　　★06B18

𧖤（Ⅶ93 2.09 śjwi）
　　◈11B73
　　15B76
　　29B77

𧖤（Ⅷ40 ? dźji）
　　◈10A33

18A65	15B32	✛08A25	**齐部**
□（Ⅰ67 2.12 bjii）	**赤部**	□（V3 2.14 ka）	□（Ⅲ58 2.47 dow）
★06B16	□（V-14 1.26 kjwã）	★21B37	★15A45
♡08B23	★28A46	♡26B22	□（Ⅰ110 1.33 phej）
10A67	✛14A35	✛23A68	★07B48
✛04A22	15A37	□（Ⅵ22 2.42 so）	**牛部**
10B67	**羊部**	★30A77	□（Ⅷ-40 1.80 ɣar）
17A65	□（Ⅲ109 2.17 thja）	♡03B36	✛05A32
17A73	★17A41	29B65	18B16
27A28	□（Ⅶ22 1.28 śiə）	✛03B36	24A26
29B57	✛08B43	03B47	□（V142 1.41 khiəj）
31A68	□（Ⅶ-56 1.09 tśhie）	06A43	★26B32
33B16	✛18B35	31A63	□（V-76 1.64 kja）
□（Ⅸ31 2.28 lhjwɨ）	□（Ⅶ-54 1.59 tśhju）	□（V3 2.14 ka）	★28A54
♡06A63	✛28B72	★21B28	♡08B68
□（Ⅰ-54 2.59 mie）	29B56	♡08A38	26B78
★09B26	□（Ⅲ109 2.17 thja）	□（Ⅰ133 1.55 phiow）	28A75
□（V2 1.17 ka）	★17A43	★08A65	31A58
★21B17	♡11A38	♡05A36	✛08B68
✛08A56	□（Ⅲ109 2.17 thja）	18A48	12A38
16B18	★17A42	✛04A15	24A36
18B63	♡14A42	08A53	26B64
22B21	✛18A35	10A34	27A77
25B52	□（Ⅶ27 1.19 tśja）	10B25	31B22
26B75	♡22B68	11A28	□（Ⅸ5 2.72 rjir）
□（Ⅷ93 1.49 ·o）	□（V101 2.40 gjiw）	25B38	♡31A61
♡06B55	★25B15	26A66	□（Ⅰ60 1.20 pja）
23A45	**孑部**	31B63	★06A57
□（Ⅸ128 2.71 zer）	□（Ⅸ61 2.47 low）	□（Ⅰ133 1.55 phiow）	♡05B43
✛23B75	♡08A25	★08A64	□（Ⅱ9 2.32 wjij）
26A77	15A16	♡05B75	★11A27
31B17	16B64	□（Ⅷ3 2.77 ·jɨr）	✛06A42
□（Ⅲ132 2.03 djwu）	21B37	♡23B52	23B38
★17B58	24A73	□（V138 2.08 kie）	30B58
□（Ⅶ100 2.15 dźia）	24B32	★26B22	□（Ⅰ45 1.36 pjij）
♡25B14	31A64	✛23A68	★05B43
✛07A31	✛08A25	□（Ⅸ97 2.54 ljwij）	♡06A57
08B32	19B73	✛26B22	□（V-37 1.30 ŋjwɨ）
□（Ⅷ81 2.68 ·jijr）	21B41	**矛部**	★28A75
✛09B26	23A68	□（Ⅲ19 1.54 tow）	□（Ⅰ45 1.36 pjij）
14A16	24A73	★13B43	★05B42
	□（Ⅶ120 2.20 tśhiaa）	□（Ⅲ19 1.54 tow）	♡19B76
		★13B44	□（Ⅶ-6 2.49 tśjwow）

♡22A18	★33B55	**五画**	♡04B26
犕（Ⅰ60 1.20 pja）	♡04B54	丣部	12A25
★06A58	11A51	丣（V-158 1.26 gjwã）	⬦04B58
♡07B71	⬦11A51	★29B16	04B58
柳（Ⅲ70 2.55 tjĩj）	21B32	♡26A51	05A26
★15B45	绵（Ⅰ-90 1.90 mjor）	贾（Ⅸ84 2.81 rjor）	15A54
犅（V155 1.22 gaa）	★09B72	⬦10B22	15A56
★26B78	⬦08B28	罷（Ⅶ134 2.32 dźjwij）	21B73
犍（Ⅰ159 1.07 bjuu）	11A46	⬦05A28	28B17
★08B68	13B35	聂（Ⅲ75 2.42 no）	29A31
♡20B64	13B37	★15B68	29B24
25B35	22A51	罜（Ⅸ60 2.66 rejr）	30B54
28B54	23B73	⬦18B42	罻（Ⅰ73 1.33 mej）
⬦05B43	缪（Ⅰ-60 2.77 -jɨr）	20B32	★06B52
06A57	★09B34	罶（Ⅸ60 2.66 rejr）	罬（V159 2.40 khjĩw）
09A58	缑（V-144 1.10 kji）	♡10A14	★27A22
12A38	★29A68	⬦05A73	罗（Ⅸ-？ lo）
16B36	♡26A35	10B36	♡27B52
24A36	絫（Ⅶ34 1.02 tśju）	11B26	⬦03B46
25B35	♡21B32	13A24	04A21
26B64	縻（Ⅵ136 2.01 swu）	15B71	05A54
27A77	★33B61	18A52	22B57
30A46	♡16A77	25A31	罪（Ⅱ25 2.30 wej）
31B22	⬦04B17	26A55	★11B31
犨（Ⅱ47 1.84 wər）	04B43	27A73	⬦30B67
★12A38	06A31	罧（Ⅸ13 2.52 lju）	罥（V5 1.59 kju）
幺部	19A36	♡05A18	★21B71
幼（Ⅰ-67 2.40 mjiw）	22B46	15B66	♡27B78
★09B43	23A62	25B52	32A61
绿（Ⅱ7 2.60 wji）	31A73	⬦05A22	⬦08B55
★11A13	31B26	07A77	11A48
绰（V-104 1.01 ku）	33B23	罦（Ⅸ8 2.14 la）	15B31
★29A18	缢（Ⅲ49 1.61 djij）	⬦30B54	16A13
♡31B46	★14B56	罜（Ⅵ124 1.17 tswa）	22B78
⬦07A12	⬦03B56	★33B26	24A23
07B64	03B57	⬦24B35	27B78
13A13	04B43	33B26	33A16
13B17	07B32	罜（Ⅲ75 2.42 no）	罠（Ⅱ36 1.54 wow）
13B65	18B77	★15B66	★11B73
14B58	28A33	⬦07A28	♡12B31
17B77	30B43	罜（Ⅰ17 1.20 mja）	23A13
19B62		★04A46	⬦23B51
绯（Ⅵ134 1.69 sjɨ）			26A44

蔽（V9 1.01 khu）

　　★22A15

蔽（Ⅱ3 1.08 we）

　　★10B57

　　♡27B62

　　◈27B62

蔽（Ⅶ98 1.42 śjij）

　　◈11B18

　　12B23

　　23A25

　　25A43

蔽（Ⅵ16 1.67 tshji）

　　★30A48

蔽（Ⅸ37 2.71 rer）

　　♡15A38

蔽（Ⅲ57 1.54 dow）

　　★15A38

蔽（Ⅰ142 2.06 mjuu）

　　★08B21

　　♡08A17

　　◈26A21

蔽（Ⅳ4 2.48 dźiow）

　　★21A18

　　◈05A14

　　30A68

蔽（Ⅶ98 1.42 śjij）

　　◈06A41

蔽（Ⅰ56 1.02 bju）

　　★06A32

　　♡22A42

蔽（Ⅲ150 2.30 nej）

　　★18A52

　　♡15B71

　　32B58

　　◈05A23

　　08B37

　　10A14

　　16B21

　　25B13

　　29A76

　　32B58

蔽（V-46 1.66 kie）

　　★28B16

　　♡13B14

　　16B32

　　◈03B34

　　17B25

　　20A13

　　27A31

蔽（Ⅲ158 1.83 thaar）

　　★18A78

蔽（Ⅸ47 2.47 low）

　　♡11B27

　　◈15B47

　　25A11

　　29B22

蔽（Ⅷ93 1.49 ·o）

　　♡26A31

　　◈04A58

　　10A61

　　18B11

　　21B62

　　24A25

　　31A65

蔽（Ⅰ20 1.27 bə）

　　★04A57

　　♡05A13

　　◈05A22

　　19A27

蔽（Ⅵ-58 1.16 tsjwĩ）

　　♡06B45

蔽（Ⅶ27 1.19 tśja）

　　♡07A13

　　30A48

　　◈07A13

　　08B65

　　11B27

　　13B71

蔽（Ⅰ56 1.02 bju）

　　★06A31

蔽（Ⅸ13 2.52 lju）

　　◈05A13

　　05A22

蔽（Ⅸ44 2.76 lwər）

　　♡14A47

蔽（Ⅶ5 1.57 śioow）

　　♡15B27

　　◈05B61

　　08A42

　　10B44

　　11A11

　　13B55

　　14A22

　　18A24

　　22A68

　　25A51

　　26B35

　　29A48

　　30A54

　　30B11

蔽（Ⅸ47 2.47 low）

　　♡06B52

　　31B54

　　◈03B26

　　03B37

　　05B72

　　06A67

　　06B72

　　17A35

　　20A64

蔽（Ⅶ30 2.44 tśhjo）

　　♡09A62

　　◈03A53

　　05A72

　　07A26

　　09A62

　　09A63

　　09A75

　　10A46

　　10A54

　　10B37

　　11A72

　　12B64

　　15B26

　　16B58

　　17A56

　　17B44

　　17B45

　　17B56

　　18B14

　　18B45

　　19A66

　　20A28

　　20A45

　　21B77

　　23A53

　　23B32

　　23B36

　　27B77

　　28A68

　　29A47

　　31A41

　　31A73

　　32B18

　　32B45

蔽（Ⅶ-147 2.31 tśiej）

　　◈07A77

蔽（Ⅷ12 2.02 ·ju）

　　♡03B48

　　◈03B48

　　04B65

　　14A55

　　18A73

　　21B33

　　26A47

蔽（Ⅰ118 1.53 bioo）

　　★08A17

蔽（Ⅶ83 2.40 tśjiw）

　　◈33B26

蔽（Ⅵ2 1.36 sjij）

　　★29B48

　　♡32B33

蔽（Ⅲ38 2.01 thu）

　　★14A47

蔽（Ⅲ76 1.72 tjo）

　　★16A13

蔽（Ⅶ22 1.28 śiə）

　　♡25A71

　　◈10B46

蔽（Ⅲ15 2.35 djiij）

　　★13B14

蔽（Ⅶ134 2.32 dźjwij）

　　♡25B56

⬚（Ⅱ25 2.30 wej）
　　★11B34
⬚（Ⅴ201 1.72 kjo）
　　★27B78
⬚（Ⅴ160 1.61 gjij）
　　★27A26
　　♡03B16
　　04B35
　　05A66
　　26A53
　　♦04B35
　　05A66
　　25A28
　　33A53
⬚（Ⅲ68 1.67 tji）
　　★15B31
　　♡16A13
　　★24A23
⬚（Ⅲ114 1.65 de）
　　★17A57
⬚（Ⅴ147 1.79 kjir）
　　★26B46
⬚（Ⅲ-17 2.64 njo）
　　★19B11
　　♡18B54

弔部
⬚（Ⅵ68 1.20 dzja）
　　★31B77
　　♡09B37
　　♦11A37
⬚（Ⅵ78 1.59 tsju）
　　★32A43
⬚（Ⅷ-72 2.33 xjij）
　　♦06A55
　　16B14
　　24B43
⬚（Ⅶ-44 1.35 śjij）
　　♦09B58

黹部
⬚（Ⅰ24 1.30 mjɨ）
　　★04B23
　　♡05A37

　　♦11A52
韦部
⬚（Ⅱ52 1.63 wa）
　　★12A56
爻部
⬚（Ⅷ62 1.28 ɣiə）
　　♡32B24
　　♦32B24
⬚（多音多义字）
①（Ⅶ-34 2.44 śjwo）
　　♡08A33
　　10B42
　　13B58
　　15B64
　　19B64
　　21A21
　　25A15
　　♦03B53
　　05A38
　　05A61
　　08A32
　　08A33
　　10A73
　　10B36
　　11A64
　　11B52
　　11B53
　　15B64
　　19B64
　　29A15
　　29A15
　　31A36
②（Ⅸ91 2.06 ljuu）
　　♦03B53
　　08A32
　　08A33
　　10B36
　　11B52
　　31A36
⬚（Ⅰ98 2.15 bia）
　　★07A78
　　♡13A54
⬚（Ⅰ93 2.11 bee）

　　★07A58
　　♡27B16
　　♦27B16
⬚（多音多义字）
①（Ⅴ79 1.27 khə）
　　★24B64
②（Ⅶ17 2.16 śja）
　　♡10B36
⬚（Ⅶ40 ? dźji）
　　♡09B74
　　23B45
⬚（Ⅰ54 2.58 me）
　　★06A21
⬚（多音多义字）
①（Ⅵ-134 1.36 sjij）
　　♡27B13
　　♦09B15
　　10B54
　　30B78
②（Ⅵ28 2.10 tsji）
　　★30B47
　　♡07A77
⬚（Ⅸ75 2.30 lej）
　　♡24B64
⬚（Ⅰ44 2.29 mjɨɨ）
　　★05B38
　　♦14A68
⬚（Ⅶ-67 1.59 tśju）
　　♦04A21
　　13B57
　　14A62
　　20B46
　　27A75
　　29B72
⬚（Ⅷ46 1.17 ɣwa）
　　♡17A58
⬚（Ⅲ114 1.65 de）
　　★17A61
　　♡30B14
⬚（Ⅶ12 2.09 tśji）
　　♡19B32
⬚（Ⅲ114 1.65 de）
　　★17A58

⬚（Ⅸ126 1.86 zjir）
　　♡31A36
⬚（Ⅲ45 2.33 njij）
　　★14B25
　　♡05A68
　　♦29A56
⬚（Ⅵ67 1.79 tsjir）
　　★31B74
　　♦31A12
　　32A51
⬚（Ⅰ93 2.11 bee）
　　★07A62
⬚（Ⅶ51 1.30 dźjwɨ）
　　♦32B24
⬚（Ⅲ-40 1.39 djiij）
　　★19B38
　　♡17A54
　　19A68
⬚（Ⅶ3 1.35 śjij）
　　♡04B32
　　♦04B32
　　08A55
　　10A42
　　10B38
　　11B47
　　15B42
　　25B48
　　31A55
⬚（Ⅰ37 2.07 me）
　　★05A68
　　♡14B25
　　♦29A56
⬚（Ⅰ93 2.11 bee）
　　★07A61
　　♡04A28
　　♦07A61
⬚（Ⅰ98 2.15 bia）
　　★07A77
　　♡30B47
⬚（Ⅳ3 2.48 niow）
　　★21A16
⬚（Ⅵ30 2.10 sji）
　　★30B55

♡07B17
◇07A77
07A78
07B17
11B58
21A16
21A41
26B55

□（Ⅴ125　2.82　kowr）
★26A44
◇33A51

□（Ⅷ-113　2.24　·jã）
♡09B51

ヰ部

□（Ⅲ-134　1.36　njij）
★20B16
♡10B37
25B26
26A17
◇06A76
10B37
11A17
11A41
14B42
14B45
15A36
15A52
21B46
24B15
25B26
28B52
31A11
32A46
32B26
33A42

□（Ⅵ95　2.28　sjwɨ）
★32B46

卅部

□（Ⅶ24　?　dźjɨ）
◇23B23

□（Ⅴ1　2.01　ŋwu）
★21A74
♡17A16

□（Ⅵ54　2.05　dzuu）
★31B27
♡12A61
28B14
◇04A54
06B46
11B74
15A58
26A56
28B14
32A24
33A33

□（Ⅲ181　2.68　njijr）
★18B78
♡22A56

□（Ⅰ-119　1.05　buu）
★10A37

□（Ⅰ37　2.07　me）
★05A63

□（Ⅷ-106　1.04　xu）
♡14B14
◇18A25

□（Ⅸ193　1.03　lju）
♡32B44
◇15B54

□（Ⅴ-84　1.44　kiew）
★28B64

□（Ⅶ-62　2.09　dźjwi）
♡24B54
◇13B72
29A61
29B54

□（Ⅲ-9　1.80　dar）
★19A71
♡23B74

□（Ⅲ139　2.10　thji）
★18A11
◇15B42
26A11

□（Ⅲ22　1.71　tio）
★13B55
◇10B44
15B52

□（Ⅴ21　2.56　ka）
★22B21
◇15A72
31B26

□（Ⅸ74　2.40　ljiw）
◇06A48
09B62
31A37

□（Ⅱ37　2.73　war）
★11B74

□（Ⅶ15　1.19　śja）
♡18A56

□（Ⅴ-41　1.23　gjaa）
★28B11
◇08B75
09B71

□（Ⅲ105　2.33　njij）
★17A16
♡21A74

艹部

□（Ⅲ116　1.17　ta）
★17A75
♡06A36
20A18
◇10A35

□（Ⅴ-31　2.46　khjoo）
★28A67
◇03A55

□（Ⅷ-53　1.17　xa）
♡12B42

□（Ⅶ105　1.29　śjɨ）
♡29A26
◇03A57
04A66
05A17
05B23
06A36
06B78
07A13
08A35
08B33
09A67
10A33

11A12
11A75
11A77
11B78
13A24
13A56
13A68
13B62
13B71
15A26
16A54
16A67
17A75
17B56
17B63
18A65
18B62
18B66
19A66
19A71
19B26
20A18
21A25
21B54
23A11
23B74
24A16
27A51
27B32
28B42
29A26
32B28

□（Ⅸ-　2.44　źjo）
◇12B25

□（Ⅶ10　2.09　śji）
◇06B78
14B58

□（Ⅱ-18　1.02　xju）
★12B42

□（Ⅶ-84　2.40　śjwiw）
◇15A78
16B52

□（Ⅶ105　1.29　śjɨ）

♡07A22
♢26B11

蘿 （Ⅶ106 2.27 śɨ）
♡21A66

藢 （Ⅶ161 2.54 dźjij）
♡19B55

薇 （Ⅶ106 2.27 śɨ）
♡10B31

蘿 （Ⅰ145 1.14 phjii）
★08B33
♡22B36
♢05A15
06B76
14B16
15A68
18B76
22B37
23A48
30A74

藕 （Ⅰ151 2.12 phjii）
★08B48
♡10A17

藿 （Ⅲ-97 1.27 tə）
★20A41

薤 （Ⅵ145 1.22 dzaa）
♡24A24
♢24A24

蘸 （Ⅲ-80 1.08 te）
★20A18
♡17A75
♢20A41

薅 （Ⅴ-51 2.73 kar）
★28B23
♡06A14
♢09A75

藪 （Ⅰ25 1.03 bju）
★04B33
♡11A77
♢08A45
16A65
22B36

蘿 （Ⅰ151 2.12 phjii）
★08B51

♢27A57

藨 （Ⅵ82 1.43 tshwew）
★32A62
♢06B53
28A72
33A73

目部

䀏 （Ⅴ22 1.34 kiej）
★22B28
♢17B44
29A64

眴 （Ⅸ82 2.60 ljwi）
♡29B68

䀏 （Ⅸ- 2.07 le）
♡19B58
24B23
♢20B56
26A62

䁗 （Ⅴ23 2.31 kiej）
★22B38

眊 （Ⅲ87 2.60 dji）
★16A65
♡08A45

䀮 （Ⅰ28 2.33 mjij）
★04B63
♡05B24
♢03A56
03B52
06B72
07B15
13B51
14A51
16B36
17B36
19B53
24B28
25B18
25B55
30B47

矒 （Ⅸ57 2.09 lji）
♡07B15

瓦部

瓵 （Ⅴ134 2.86 kjiir）

★26A74

爿部

牀 （Ⅲ65 2.05 duu）
★15A76
♡19B15

牂 （Ⅲ65 2.05 duu）
★15A78
♡16B52

牁 （Ⅰ-139 1.30 bji）
★10A63
♡03A62
♢28B22

牃 （Ⅲ65 2.05 duu）
★15A75

牉 （Ⅷ28 2.37 ·jij）
♡16A61
25B66
♢32A38

牀 （Ⅲ65 2.05 duu）
★15A77

牏 （Ⅲ143 2.29 njɨɨ）
★18A18

爿部

牁 （Ⅴ111 1.27 khwə）
★25B55
♢07A67
14A16
15B32
16B66
31A56

牋 （Ⅴ155 1.22 gaa）
★26B76

牗 （Ⅷ-7 1.18 xiwa）
♢04A55
06A17
07B28

牐 （Ⅵ130 1.86 dzjɨr）
★33B44
♡30A22
♢06A74
14B57
23B13
25A62

牅 （Ⅵ-91 1.86 tshjɨr）
♢25A62

牉 （Ⅴ155 1.22 gaa）
★26B77
♢25A56

牋 （Ⅴ111 1.27 khwə）
★25B54
♡16B38
♢03B75
06B31
17B42
23B46
24B44
33B43

牌 （Ⅴ111 1.27 khwə）
★25B56

牍 （Ⅲ96 2.53 niej）
★16B38
♡25B54

爿部

牒 （Ⅶ-40 2.80 tśhjwor）
♢05A15
05B35
10B26
15A68
30A74

牓 （Ⅴ167 1.16 kjĩ）
★27A46

牔 （Ⅱ-12 1.54 wow）
★12B34

牕 （Ⅴ140 1.78 kier）
★26B25
♡28A38

牖 （Ⅲ-92 ？ ？）
★20A34
♢10A43
18A58
26A36

牗 （Ⅶ47 1.41 dźiəj）
♡17A24

牘 （Ⅴ-16 1.16 gjĩ）
★28A48

牙 （Ⅲ8 2.04 du）

★13A47
♡32B78
◈09A47
15A48
⬚（Ⅲ140 2.76 dwər）
★18A13
◈19B63
20B15
⬚（Ⅲ121 2.61 tji）
★17B18
◈06B62
17A21
20A77
⬚（Ⅸ- 2.60 lhji）
◈17B15
17B17
22A25
29A16
⬚（Ⅷ4 2.40 ·jiw）
♡10B55
22A48
29A52
31A13
◈28A51
⬚（Ⅵ-5 1.75 dzur）
♡32A44
◈15A63
⬚（Ⅰ17 1.20 mja）
★04A43
⬚（Ⅲ92 2.33 tjij）
★16B18
♡26B75
◈33B48
⬚（Ⅸ188 ? nji）
★19A32
♡19B53
◈06B66
10A35
32A14
⬚（Ⅸ113 1.61 ljij）
♡14B12
30A46
◈05B43

06A57
08B68
14B12
⬚（Ⅰ17 1.20 mja）
★04A44
⬚（Ⅱ3 1.08 we）
★10B56
♡03A67
⬚（Ⅶ-69 1.16 tśhjwi）
◈25B56
⬚（Ⅴ120 1.56 khjow）
★26A15
♡07B41
21B25
◈17A24
⬚（Ⅲ49 1.61 djij）
★14B62
♡19A18
⬚（Ⅲ188 ? nji）
★19A33
⬚（多音多义字）
①（Ⅲ131 1.03 djwu）
★17B55
②（Ⅲ-172 1.11 djwi）
★20B64
⬚（Ⅶ47 1.41 dźiəj）
♡14A75
⬚（Ⅵ80 2.78 tsewr）
★32A54
♡18A67
◈14A21
⬚（Ⅱ-3 2.64 wjo）
★12B23
♡10B78
⬚（Ⅴ11 2.25 kwə）
★22A25
◈25A13
⬚（Ⅷ3 2.77 ·jɨr）
♡16A33
◈15A77
20B25
32A21
⬚（Ⅵ25 1.01 su）

★30B26
◈04B43
06A31
07A12
10A61
15A21
17A63
19A32
21B15
31B21
⬚（Ⅲ-155 1.84 dwər）
★20B43

亥部

⬚（Ⅶ53 1.02 dźjwu）
♡11A14
18A17
30A25
33A17
⬚（Ⅴ14 1.84 ŋwər）
★22A48
⬚（Ⅸ80 1.42 lhjɨj）
♡15A23
◈07B31
17A15
⬚（Ⅱ45 1.27 wə）
★12A32
⬚（Ⅱ45 1.27 wa）
★12A31
♡23B64
◈22B12
⬚（Ⅲ19 1.54 tow）
★13B41
⬚（Ⅲ75 2.42 no）
★15B74
♡28A63
31A31
◈03B62
04B28
14A73
18A63
22B75

豕部

⬚（Ⅲ24 2.28 njwɨ）

★13B64
♡17A21
30A37
⬚（Ⅶ41 1.56 śjow）
♡13B64

矛部

⬚（Ⅸ25 2.54 lhjwij）
◈33B38
⬚（Ⅲ-55 1.07 thjuu）
★19B57
♡26B31
◈06B44
08A14
32A31

言部

⬚（Ⅵ41 2.28 sjɨ）
★31A26
♡07A21
◈10A26
26A37
⬚（Ⅵ95 2.28 sjwɨ）
★32B44
♡06B37
◈22A34
⬚（Ⅶ57 2.50 tśjoow）
◈04B48
06B75
08B17
⬚（Ⅲ-72 ? ?）
★19B78
⬚（Ⅰ-135 1.84 bər）
★10A57
⬚（Ⅷ97 1.58 ·u）
◈08B77
⬚（Ⅰ-70 1.82 mjar）
★09B46
⬚（Ⅴ181 2.49 gjow）
★27B18
⬚（Ⅵ76 2.44 sjwo）
★32A36
♡31A37
⬚（Ⅵ41 2.28 sjɨ）

絹 (Ⅰ22 2.25 bə)
　★04A76
　♡16B13
纁 (Ⅵ72 1.69 dzjwɨ)
　★32A25
絣 (Ⅱ1 2.07 we)
　★10B27
　♡33A46
絾 (Ⅷ2 2.04 ɣu)
　♡33B28
緌 (Ⅶ130 1.28 śiwə)
　♡12B36
　◇08A15
　15B77
　17A51
　25A54
　26A34
　29A55
綴 (Ⅸ57 2.09 lji)
　♡14A52
絿 (Ⅱ38 2.57 wja)
　★12A12
　♡03B23
綃 (Ⅵ22 2.42 so)
　★30B12
　♡13B38
紪 (Ⅲ103 1.70 tho)
　★16B66
　◇06A74
絁 (Ⅷ-108 1.43 xew)
　♡09A45
絻 (Ⅵ96 1.08 se)
　★32B48
　◇25A16
　25B31
緞 (Ⅷ106 1.18 xia)
　♡10A32
絅 (Ⅰ110 2.56 pa)
　★07B51
紨 (Ⅸ167 2.74 rjar)
　♡08A78
　10B27

　33A46
繡 (Ⅰ110 2.56 pa)
　★07B52
絙 (Ⅱ37 2.73 war)
　★11B76
繩 (Ⅲ36 2.34 deej)
　★14A38
　♡15B48
緪 (Ⅲ15 2.35 djiij)
　★13B18
　♡13A57
緑 (Ⅸ61 2.47 low)
　◇15A35
綱 (Ⅴ131 1.16 kjwɨ)
　★26A64
縖 (Ⅶ17 2.16 śja)
　♡23B26
綾 (Ⅰ48 1.01 pu)
　★05B58
緻 (Ⅲ56 2.42 do)
　★15A35
　♡19A67
　◇14A52
　19A67
絁 (Ⅵ75 1.27 tshə)
　★32A34
縫 (Ⅰ38 1.01 bu)
　★05B15
　◇09A13
　30A56
　30A56
緅 (Ⅴ175 1.64 kja)
　★27A71
　♡16B65
繩 (Ⅸ35 2.38 lew)
　♡32A15
繻 (Ⅸ190 1.75 rur)
　◇08B67
　28A58
綯 (Ⅷ31 2.48 ·jow)
　♡32A34
緇 (Ⅸ5 2.72 rjir)

　★26B12
綴 (Ⅵ70 2.17 tshja)
　★32A13
　♡12A11
縲 (Ⅲ-7 2.63 nio)
　★19A67
縱 (Ⅴ46 1.45 kjiw)
　★23B26
絣 (Ⅰ-14 2.31 phiej)
　★09A46
繹 (Ⅸ158 2.13 zě)
　♡23A73
絿 (Ⅴ56 2.03 gju)
　★24A17
緮 (Ⅰ138 2.05 buu)
　★08A78
纈 (Ⅷ59 2.13 xě)
　◇19A63
緷 (Ⅷ26 1.11 ·ji)
　♡32A48
繅 (Ⅵ113 2.38 tshew)
　★33A47
　♡06B36
縱 (Ⅴ105 2.14 khwa)
　★25B32
　♡14B28
緌 (Ⅶ130 1.28 śiwə)
　♡26B18
繹 (Ⅸ158 2.13 zě)
　♡23A72
　◇27B11
統 (Ⅶ3 1.35 śjij)
　♡31A68
繹 (Ⅸ158 2.13 zě)
　♡23A74
編 (Ⅲ3 2.41 neew)
　★13A25
絼 (Ⅱ43 2.81 wjor)
　★12A24
　♡12A23
繅 (Ⅵ113 2.38 tshew)
　★33A46

繸 (Ⅵ79 1.87 tsewr)
　★32A48
繸 (Ⅵ-12 1.68 tswə)
　◇06A51
縩 (Ⅸ5 2.72 rjir)
　♡06B21
繽 (Ⅰ72 1.42 pjɨj)
　★06B36
　♡33A47
纖 (Ⅲ103 1.70 tho)
　★16B65
　♡27A71
緩 (Ⅴ5 1.59 kju)
　★21B64
纙 (Ⅷ19 1.17 ɣa)
　♡07A16
緰 (Ⅲ38 2.01 thu)
　★14A52
繼 (Ⅱ38 2.57 wja)
　★12A11
　♡32A13

彡部

紓 (Ⅶ78 1.41 śiəj)
　♡33A28
　◇25A65
繩 (Ⅰ154 1.17 ba)
　★08B54
綢 (Ⅱ12 1.02 wju)
　★11A41
縐 (Ⅵ-139 1.30 sjwɨ)
　♡13B37
絼 (Ⅴ64 2.10 gjwi)
　★24A61
　♡10B34
繃 (Ⅱ12 1.02 wju)
　★11A42
　♡19A15
　◇10B34
　11A15
　20A16
　24A61
　25B34

29B15

□（Ⅰ154 1.17 ba）
★08B55

引部

引（Ⅶ104 2.37 śjij）
♡05A21
⊕03A74
03A78
15A15
27A42

□（Ⅶ-173 1.78 tśier）
⊕07A12
08A77
09B18
10A38
10A42
12A56
19B53
25B18

□（Ⅲ23 1.30 njwɨ）
★13B58
⊕05A61

□（Ⅰ41 2.10 mji）
★05B27
⊕04B21
07A45
12B48
18B71
33A28

□（Ⅲ-158 1.64 nja）
★20B46
⊕04A21
04A23
06B61
11A78
11B18
11B34
21B71
22A18
22A35
23B18
24A23
26B38

27A35
32A61

□（Ⅵ89 1.43 sew）
★32B23

□（Ⅵ52 1.69 dzjwɨ）
★31B22
♡26A13
⊕05B43
06A57
08B68
12A38
26B64
30A46

□（Ⅴ2 1.17 ka）
★21B25

□（多音多义字）
①（Ⅷ1 1.04 ɣu）
♡04A21
⊕04A21
②（Ⅵ-29 1.22 saa）
⊕10B37

□（Ⅰ23 2.28 mjɨ）
★04B21
♡05B27
18B71
⊕05B27

□（Ⅰ29 1.49 po）
★04B74
♡03B22

□（Ⅴ-152 1.25 kiwā）
★29A78
⊕13B74

□（Ⅸ103 2.60 lhji）
♡05B72
07A51
15A14
⊕08B71
13B46
13B64
15A14
17A14
21B12
22B61

23B24
30A37

□（Ⅴ9 1.01 khu）
★22A18
⊕03B47

□（Ⅸ132 1.69 zjɨ）
⊕03B33
08B24
11B16
13A73
17A11
22A37
22B32
22B67
25A77
32A11

□（Ⅸ171 1.51 ljo）
⊕33B53

□（Ⅲ172 1.42 djɨj）
★18B48
♡13A18
19A66
⊕04A63
05B11
06A55
16B14
19A66
20B35
24B15

□（Ⅰ90 1.54 phow）
★07A51
⊕23B24

□（Ⅴ29 2.47 kow）
★22B67
⊕11B63
17A31
22B54
33B27

□（Ⅷ2 2.04 ɣu）
♡13A73

□（Ⅷ-111 2.08 ɣie）
♡09B35
⊕13B42

□（Ⅸ171 1.51 ljo）
♡04A61

□（Ⅶ61 2.02 śjwu）
♡11B18

□（Ⅴ113 1.30 khjwɨ）
★25B63
♡19A14
⊕04A24
22B66

□（Ⅰ-123 1.61 pjij）
★10A43
♡07A24
21A26
⊕07A24
17A46

□（Ⅸ86 2.76 zər）
⊕04B62

□（Ⅱ36 1.54 wow）
★11B72

□（Ⅴ2 1.17 ka）
★21B16
⊕04B41

□（Ⅵ48 2.52 dzju）
★31A68

□（Ⅴ121 2.07 ŋwe）
★26A18
♡24B24
⊕04B62

□（Ⅲ87 2.60 dji）
★16A63
♡24B15

□（Ⅵ49 2.03 sju）
★31A72
♡30A34

□（Ⅰ127 1.24 bā）
★08A44
⊕16A68
31B75

□（Ⅵ48 2.52 dzju）
★31A66

□（Ⅵ48 2.52 dzju）
★31A67

◈06B37	20B11	10B33	25A27
08B55	26A73	10B35	25A61
10B57	27B63	11A56	25A68
11A65	32B11	11B13	25A76
33A77	綌（Ⅵ54 2.05 dzuu）	11B18	25B13
夕部	★31B31	11B27	25B24
刹（Ⅲ104 1.64 tjȧ）	♡10A48	11B27	26A11
★16B76	32B36	13A37	26A51
♡05B16	◈19B62	13B11	26B22
紬（Ⅰ73 2.06 bjuu）	21A12	13B75	28A31
★06B42	23B67	14B38	28A48
夗（Ⅵ17 1.45 dzjiw）	綰（Ⅸ159 2.61 lji̇）	14B54	28B76
★30A55	♡04A58	14B65	29A25
♡07B42	05B77	14B76	29B16
◈05A65	06B42	15A16	30A24
07B42	08A72	15A62	30A52
11B77	09A38	15B42	30B75
17A62	12A71	15B52	31A64
30A48	12B44	15B78	31B31
30A55	13A22	16A47	31B62
夅（Ⅱ37 2.73 war）	15B42	16B36	31B65
★11B77	18A11	16B41	32B11
殇（Ⅸ83 1.61 ljij）	19B18	16B44	32B36
♡16B36	20A24	16B64	33A12
殇（Ⅷ24 2.49 xjow）	22A65	17A46	33B31
◈32B25	26B67	17A51	
译（Ⅴ72 1.75 ŋur）	27B24	17A57	猇（Ⅴ-63 2.04 khu）
★24B32	28B37	17A61	★28B37
◈24B32	29A78	19A17	猕（Ⅵ90 2.38 sew）
夗（Ⅷ19 1.17 ɣa）	30B56	19A61	★32B25
◈06A45	31A21	19B31	猝（Ⅲ-24 1.15 nẽ）
21B23	33A64	19B32	★19B18
27B15	◈03B51	21B23	♡19B12
32A73	04A36	21B37	猗（Ⅲ96 2.53 niej̇）
夗（Ⅸ166 2.60 ljwi）	04B57	21B58	★16B41
♡28B42	04B75	22A52	♡17A51
殇（Ⅶ67 2.44 dźjwo）	05A23	22B65	猻（Ⅸ- 2.28 lhji̇）
♡07B37	05B47	23B25	♡05A65
16A26	06A52	23B52	05A67
◈06B51	06B25	23B75	11B77
11B12	08B11	24A38	◈03B28
16A26	08B37	24A54	05A67
18A42	09B67	24B37	09A44
	10B28	24B68	12A74

★31B43	23A64	♡05A28	★14B17
⊕07A46	27A42	𗀓（Ⅲ75 2.42 no）	𗀔（Ⅶ85 1.51 tśjo）
16A28	𗀕（Ⅵ90 2.38 sew）	★15B65	⊕05A67
𗀖（Ⅵ112 2.01 dzu）	★32B26	𗀗（V-17 1.94 goor）	𗀘（Ⅵ88 2.17 sja）
★33A35	♡31A11	★28A51	★32B15
⊕09B14	𗀙（Ⅰ26 2.03 bju）	♡22B33	⊕19A72
19B15	★04B36	⊕26A63	𗀚（Ⅲ180 2.18 njaa）
30B68	♡14B27	26B55	★18B71
𗀛（Ⅵ112 2.01 dzu）	𗀜（Ⅱ21 2.54 wjij）	30A76	♡04B21
★33A34	★11A78	𗀝（Ⅱ21 2.54 wjij）	⊕05B27
𗀞（V99 1.01 ku）	⊕15B72	★11B11	𗀟（Ⅰ14 2.76 mər）
★25A76	𗀠（Ⅲ-79 1.65 te）	♡22A32	★04A13
♡23A22	★20A17	𗀡（Ⅲ9 2.03 nju）	♡11A58
24B27	𗀢（Ⅱ27 1.73 wejr）	★13A58	𗀣（Ⅷ-91 1.26 xjwā）
𗀤（V-2 1.80 khar）	★11B42	𗀥（Ⅰ76 2.42 mo）	⊕24A34
★28A32	♡05B34	★06B63	𗀦（Ⅲ180 2.18 njaa）
炎部	𗀧（V64 2.10 gjwi）	𗀨（Ⅸ- 1.47 zjiiw）	★18B72
𗀩（V176 2.06 gjuu）	★24A62	⊕10B62	♡14A25
★27A74	𗀪（V106 1.11 kjwi）	𗀫（Ⅲ142 2.29 njɨ）	⊕13A63
𗀬（V176 2.06 gjuu）	★25B38	★18A16	𗀭（Ⅵ-120 2.35 sjiij）
★27A73	♡26A66	♡04A43	♡32A31
♡04B56	𗀮（Ⅱ16 1.77 wer）	23A21	⊕04A32
⊕15A24	★11A58	⊕07B67	07B34
15A24	♡04A13	13A13	26B78
30B14	𗀯（Ⅰ51 2.07 be）	22B61	𗀰（Ⅷ13 2.40 ɣjiw）
32A12	★05B72	32B61	⊕05A28
𗀱（V176 2.06 gjuu）	⊕03B37	𗀲（Ⅱ22 2.56 wa）	𗀳（Ⅲ45 2.33 njij）
★27A72	04A34	★11B15	★14B27
♡08B61	05B18	⊕18A47	♡14B27
夊部	05B36	24A13	15B65
夊（Ⅶ77 1.45 dźjiw）	06B72	28B31	𗀴（Ⅸ132 1.69 zjɨ）
♡26B48	07B35	𗀵（Ⅰ133 1.91 bowr）	♡20B47
⊕27B21	10B46	★08A58	𗀶（Ⅰ57 2.62 bo）
28A47	11A22	𗀷（Ⅵ22 2.42 so）	★06A37
𗀸（Ⅰ127 1.08 be）	13B44	★30A75	𗀹（Ⅲ45 2.33 njij）
★08A46	13B46	⊕05B23	★14B37
𗀺（Ⅰ31 2.11 mee）	17A12	𗀻（Ⅵ3 2.60 dzji）	♡29B72
★05A21	17A35	★29B65	⊕06A63
♡03B15	18A16	𗀼（Ⅷ6 1.03 ɣju）	13B25
25B41	20A64	♡04B45	23A35
⊕03A74	33A37	25A47	24A15
03A78	33A54	⊕26B52	26B68
15A15	𗀽（Ⅸ5 2.72 rjir）	𗀾（Ⅲ44 1.36 njij）	𗀿（Ⅵ114 1.30 tshjɨ）

⊕07A16
07A74
15A32
20A61
24B33
31A72
31B68

▢（Ⅴ171 1.41 kiwəj）
★27A56

▢（Ⅵ88 2.17 sja）
★32B16
♡08B53
⊕29B42

▢（Ⅴ132 1.30 kjwɨ）
★26A66
♡25B38

▢（Ⅰ43 1.32 mjɨɨ）
★05B34
♡11B42

▢（Ⅲ85 1.67 dji）
★16A57

▢（Ⅰ6 1.27 pə）
★03B22
♡04B74

▢（Ⅲ85 1.67 dji）
★16A56
⊕13B55

▢（Ⅴ52 2.53 kiej）
★23B52

▢（Ⅰ28 2.33 mjij）
★04B58

▢（Ⅵ99 1.42 dzjɨj）
★32B61
♡03B41
29A27
⊕03B41
12A33
13B64
17B12
19A16
23B71
28B18
29A27

▢（Ⅰ132 1.91 bowr）
★08A61

▢（Ⅶ48 2.32 dźjij）
⊕03A76
03B13
03B46
04A24
05A21
10A55
10B45
14B76
15A15
17A34
17B16
17B61
22A16
22B33
22B66
27B52
32A37
32B73

▢（Ⅱ1 2.07 we）
★10B23
♡07B64
⊕03B56

▢（Ⅷ31 2.48 ·jow）
♡17A74
24A43

▢（Ⅴ99 1.04 ku）
★25A77
♡22B32

▢（Ⅰ17 1.20 mja）
★04A28
♡07A61

▢（Ⅶ81 1.56 dźjwow）
♡08B34
10B48
20A17
20A75
21B56
22A21
22B56
27A56

27B64
⊕04A25
04A28
04A71
04B36
05A77
05B21
05B34
05B57
06A34
06A54
07A25
07A32
07A61
08A43
08B34
10B42
11A66
11B42
11B77
12A23
12B22
13A38
13A58
13B43
13B77
14A65
14B27
15B65
16A38
16B15
17A74
17B36
17B76
19B28
20A17
21A14
21B34
22A11
22B32
24A27
24A43
24A78
25A77

25B16
26A22
26A66
27A56
28B75
30A72
30A75
31A66
31B33
33A55
33B63

▢（Ⅲ-129 1.07 njuu）
★20B11

▢（Ⅱ8 1.67 wji）
★11A22
⊕05A13

歺部

▢（Ⅲ141 1.84 dwər）
★18A14
♡18B44
20A77
⊕15A77
17B43
21B47
22A22
27A18

▢（Ⅲ-127 1.49 thwo）
★20A77
♡18A14

▢（Ⅴ10 1.01 khu）
★22A22
⊕18A14

肯部

▢（Ⅲ45 2.33 njij）
★14B35
♡15A22

▢（Ⅸ22 1.46 źjiw）
♡32A14

▢（Ⅰ46 1.01 phu）
★05B47
♡21B58

▢（Ⅵ65 1.77 tser）
★31B64

□（Ⅰ141 1.68 mə）
★08B16
♡12A66

□（Ⅰ64 1.03 phju）
★06A72
⊕06A72
09A33
11B28

□（Ⅴ49 2.24 khjã）
★23B41
♡27A33

□（Ⅷ11 2.28 ·ji）
⊕14B52

□（Ⅶ52 1.69 śji）
♡09A52

□（Ⅴ162 2.42 ŋwo）
★27A33
♡23B41

□（Ⅳ1 1.82 njar）
★21A12

□（Ⅸ30 1.69 ljwi）
♡08B16

竹部

□（Ⅴ12 1.27 kwə）
★22A32
♡11B11
18B63
⊕06B71
07B63
18A68
27A27

□（Ⅴ12 1.27 kwə）
★22A34

□（Ⅶ50 1.19 dźjwa）
★12B7A
19A5A
29B3A
♡10A25
⊕14A32
15A16
15A37
17A47
20B37

21A64
□（Ⅸ132 1.69 zji）
♡04B14

□（Ⅵ5 2.03 dzju）
★29B74
♡31A71
⊕06B18
07A71
10B43
12A65
13A61
23A46
23B42
25A46
26B62
28A58
33A13

□（Ⅶ39 2.40 tsʰjiw）
⊕05B33
06B74

□（Ⅲ10 1.39 njiij）
★13A65
♡22A78
29B12
⊕19B31
21B21
23A15
23A26

□（Ⅷ30 2.25 ɣwə）
⊕08A31
08A74
13A14
14B52
15B13
17A23
18B73
26A47
27A51
27B41
31A38

□（Ⅷ61 1.17 ·a）
♡18B36

□（Ⅲ26 2.38 thew）

★13B71
□（Ⅲ92 2.33 tjij）
★16B15

□（Ⅲ92 2.33 tjij）
★16B16

□（Ⅲ56 2.42 do）
★15A34
⊕06B67
09B57
10A13
17B72
19A36
19B33
21B31
26A56
28B14
32B62

□（Ⅰ38 1.01 bu）
★05B17

□（Ⅴ125 2.82 kowr）
★26A45
♡28B66
⊕17B73

□（Ⅸ132 1.69 zji）
♡05B62

□（Ⅲ10 1.39 njiij）
★13A66

□（Ⅲ92 2.33 tjij）
★16B14
♡06A55
⊕18B48

□（Ⅷ30 2.25 ɣwə）
♡22A47

□（Ⅸ132 1.69 zji）
♡29A66

□（Ⅵ4 1.67 dzji）
★29B66
⊕17B55
20A66

□（Ⅸ81 2.60 ljwi）
♡24A18

□（Ⅴ20 1.63 ka）
★22A78

⊕24A32
□（Ⅲ170 2.41 deew）
★18B42
⊕20B32
30A51

□（Ⅵ46 1.30 dzji）
★31A62

□（Ⅵ1 2.33 tsjij）
★29B42
♡08A76
⊕08A76

开部

□（Ⅲ14 1.30 thji）
★13B11
♡24B68

艹部

□（Ⅰ22 2.25 bə）
★04A64
♡04B38
⊕04B38

□（Ⅰ119 1.53 bioo）
★08A15
⊕32A64

□（Ⅰ26 2.03 bju）
★04B38
♡04A64
⊕06A72
08B21

□（Ⅰ26 2.03 bju）
★04B42
♡04A18

□（Ⅸ60 2.66 rejr）
♡06A31

□（Ⅰ26 2.03 bju）
★04B41

□（Ⅰ22 2.25 bə）
★04A72
♡12A48
17A32

爿部

□（Ⅵ53 1.80 dzar）
★31B25

□（Ⅲ116 1.17 ta）
　★17A74
□（Ⅵ86 1.30 tsji̵）
　★32A74
　♡23A54
　◈16B31
□（Ⅰ7 1.84 pər）
　★03B27
□（Ⅶ41 1.56 śjow）
　♡08B75
□（Ⅰ-144 1.63 pa）
　★10A68
　♡10A68
　◈10A68
□（Ⅸ49 2.62 lo）
　♡09B77
　19B42
　29A65
　◈08A64
　19B23
　19B42
□（Ⅵ122 2.07 tshe）
　★33B22
□（Ⅸ119 1.80 zar）
　◈03B55
　04B75
　05A48
　05A51
　05B45
　06A61
　06A65
　06B11
　07A28
　07B44
　08A32
　08A54
　08B44
　08B63
　08B65
　09A13
　09A36
　10A46
　10A72

10A73
10B41
10B67
12A13
12A15
12A72
12B34
13B68
17A67
19A63
19A64
23B28
24A58
24A64
26A63
28A46
30A44
32A65
32B14
33A28
□（Ⅶ50 1.19 dźjwa）
　♡07B44
□（Ⅲ50 1.43 dew）
　★14B65
　◈14B65
　28B32
　28B34
□（Ⅸ- 1.54 low）
　◈30B41
□（Ⅰ46 1.36 pjij）
　★05B45
　♡06A61
□（Ⅵ70 2.17 tshja）
　★32A15
□（Ⅷ58 1.24 xã）
　♡21A44
□（Ⅴ-154 1.17 kha）
　◈03A67
　04A23
　04A64
　04B37
　04B61
　05A51

05B51
05B54
06A25
06A68
06B61
07A71
07B74
08B65
09A72
09B46
09B55
10A21
10B27
10B56
10B57
11A34
11A43
11B57
15A57
16A48
17A58
18A24
18A55
18A72
20A46
21A27
21B21
23A15
23A26
24B76
25B12
26B44
26B65
29A35
33A26
（□）★29B12
　♡13A65
□（Ⅴ1 2.01 ŋwu）
　★21A76
　♡04A25
□（Ⅰ-24 1.37）
　★09A58
氺部
□（Ⅶ10 2.09 śji）

♡03A64
彡部
彡（Ⅵ100 2.33 dzjij）
　★32B63
　◈04B47
　04B47
□（Ⅱ34 1.69 wji̵）
　★11B64
　♡11A13
　16A73
　◈03B15
　07A62
　11A13
□（Ⅶ94 1.49 ・o）
　♡10B62
　24B42
　27B55
　◈04A37
　04A44
　04A46
　04A68
　04B13
　04B77
　05A41
　05B45
　07A36
　07A78
　07B46
　08A13
　08A53
　08A72
　08B51
　08B54
　09B16
　09B17
　09B21
　10B62
　11A28
　11B53
　12A68
　12B31
　13A21
　13B28

祢 （IX39 1.29 lji）	27B31	10A23	16B32
♡29A12	27B68	10A42	17A35
32B38	28A65	10A54	17A36
◈03B52	28B27	10A56	17A78
04B43	28B65	11A11	17B23
06A51	32B41	11A36	17B24
07A53	◈03A54	11A71	17B45
07A61	03A74	11B63	17B52
07B72	03B15	12A24	17B71
10B31	03B55	12A54	18A58
13A31	04A16	12A64	18A66
14A73	04A26	12A65	18B13
21A27	04A41	12B23	18B16
21A64	04A56	12B63	19A14
27A15	04B54	12B64	19A21
29B58	05A12	13A35	19A27
29B64	05A31	13A43	19A67
裓 （III64 1.05 duu）	05A41	13A46	19B27
★15A71	05B45	13A67	19B74
♡17B51	05B64	13B14	19B77
◈17B51	05B72	13B23	20A36
襨 （II-26 1.10 wji）	05B74	13B31	20A37
★12B52	06A13	13B35	20A45
♡08A26	06A21	13B47	20B33
10A42	06A24	13B48	21A18
12B63	06A64	13B61	21A23
13A24	06A71	14A16	21A47
13A47	06B48	14A26	21A71
13A78	06B58	14A42	21B11
13B17	06B58	14A43	21B54
14B11	07A34	14A73	22A26
14B67	07A52	14A74	22A61
15A46	07B21	14B38	22B12
15A63	07B27	14B47	23A37
15A64	07B46	14B51	23A47
16B26	08A44	14B62	23B61
17B27	08B53	14B65	23B67
19A11	09A47	14B74	23B68
20A57	09A63	15A17	23B78
24A36	09B26	15B24	24A22
24A53	09B38	15B32	24A26
24B31	09B62	15B38	24A34
25A34	10A12	16A64	24A44
25A67	10A16	16A68	24A75

24B11	31B16	★28B77	▯（Ⅵ76 2.44 sjwo）
24B45	31B24	♡27B32	★32A35
24B77	31B28	▯（Ⅷ8 1.86 yjɨr）	♢18B25
25A15	31B37	♡27B37	20B53
25A16	31B42	♢12B52	26B13
25A23	31B44	13B47	29A58
25A34	31B45	16A64	▯（Ⅲ107 1.03 nju）
25A36	31B52	17B23	★17A31
25A38	31B75	32A22	♡04B76
25A43	32A17	▯（Ⅴ87 1.68 kwə）	肙部
25A53	32A22	★25A25	▯（Ⅸ83 1.61 ljij）
25B27	32A22	♡15B41	♡09B56
26A16	32A77	32B56	29A21
26B36	32B11	▯（Ⅶ-142 1.19 dźjwa）	♢07A12
26B61	32B12	♡13B47	19B66
26B78	32B48	♢18B21	20A28
27A11	33A42	18B23	28B74
27A37	33A67	18B25	29A21
27A48	33A78	25A43	29A46
27B26	33B41	▯（Ⅴ-155 2.43 khio）	31B76
27B41	33B57	★29B13	▯（Ⅱ57 1.28 wiə）
28A36	33B65	♡18B65	★12A71
28A61	33B71	♢12B23	肙部
28A71	33B72	14A28	▯（Ⅰ44 2.29 mjɨɨ）
28A73	33B73	22A63	★05B37
28B25	33B75	26A67	♡09A42
28B26	▯（Ⅸ35 2.38 lew）	27B66	09A76
28B32	♡29A67	彐部	♢05B37
28B34	♢25B31	▯（Ⅴ-81 1.72 gjo）	▯（Ⅷ-21 1.16 ·jĭ）
28B42	32B53	★28B61	♡21A48
28B48	▯（Ⅱ6 2.09 wji）	♡28B58	29A41
28B77	★10B74	▯（Ⅵ146 1.43 dzwew）	29A72
29A26	♢05B14	♡21A65	▯（Ⅸ8 2.14 la）
29A47	▯（Ⅱ-32 1.51 wjo）	▯（Ⅵ146 1.43 dzwew）	♡14A71
29A54	★12B58	♡25B67	▯（Ⅷ92 2.42 ·o）
29A67	♡10B71	▯（Ⅱ51 1.61 wjij）	♢06A36
29A68	▯（Ⅲ130 1.07 djuu）	★12A55	13A26
29B41	★17B51	♡17B57	▯（Ⅶ34 1.02 tśju）
29B43	▯（Ⅸ- 1.32 ljii）	羊部	♡05B46
29B64	♢15B11	▯（Ⅴ46 1.45 kjiw）	♢03B55
30A57	15B35	★23B25	13B75
31A16	33B34	▯（Ⅸ23 2.77 rjɨr）	21B52
31A41	▯（Ⅴ-95 1.53 gioo）	♢03A58	25A61
31B12			

〓 (IX8 2.14 la)	04A36	29A41	★31B36
♡14A68	04B57	32A55	♡13A36
✿04B73	05B47	✿10B25	22A16
05B38	10B33	14B77	✿06A27
13B78	10B35	15A18	10B45
23B42	10B57	17B32	11B25
27B65	16A47	18A38	16B45
28A71	19A17	20A57	17A34
	21B58	20B41	30A64
〓 (V122 1.30 kji̵)	24A54	21A45	31B36
★26A34	29B54	22B77	
♡29A55	30A52	29A54	〓 (VIII-97 1.21 ·jaa)
	30B56	33A23	♡12B33
〓 (V32 1.14 gjii)	31B65	33B56	
★22B77	32A76		〓 (V9 1.01 khu)
✿12A38		〓 (I112 2.56 ba)	★22A16
	〓 (I69 2.14 ba)	★07B61	
〓 (IX3 2.60 lji)	★06B24	♡30A24	〓 (I146 1.69 phji̵)
♡14A12	✿05B73		★08B36
✿32A57	23B23	〓 (I-11 2.14 pa)	♡33A52
		★09A43	
〓 (IX15 1.11 zji)	〓 (IX- 1.10 lji)		〓 (VI57 2.54 sjij)
♡06B64	✿11B41	**亥部**	★31B37
12B57		〓 (VI109 2.25 sə)	♡32B45
20A76	〓 (VIII92 2.42 ·o)	★33A22	
24A42	✿12A42		〓 (III108 1.42 tjij)
25B73		〓 (III8 2.04 du)	★17A34
29B23	〓 (IX10 2.37 rji̵j)	★13A54	♡10B45
33B35	♡03A78	♡07A78	
✿03B11			〓 (VIII-86 2.20 ·iaa)
03B25	〓 (III29 2.54 tjij)	〓 (VI52 1.69 dzjwi̵)	♡20A47
06A11	★14A12	★31B24	20A48
07B21	✿32A57		
14A31		〓 (VIII-30 1.55 ɣiow)	**帚部**
17B13	〓 (VII146 2.02 dźju)	✿15B24	〓 (VI78 1.59 tsju)
20A74	♡10A13		★32A42
23B65	17A23	〓 (VIII25 1.35 tśjij)	♡32A42
28A63	✿04A14	♡04A65	
	11A57		〓 (VI78 1.59 tsju)
〓 (I-10 1.67 mji)	18B18	〓 (III8 2.04 du)	★32A41
★09A42	18B22	★13A53	♡05A34
♡05B37	18B24	♡04A78	✿08B22
✿09B76			09A72
26B23	〓 (VIII73 1.29 ɣji̵)	**肖部**	16A31
29A63	✿18A45	〓 (III75 2.42 no)	33B54
	20A74	★15B72	
〓 (I52 1.51 phjo)			〓 (IX16 2.68 rjijr)
★05B77	〓 (V53 1.11 gji)	**舁部**	✿05B42
✿03A77	★23B55	〓 (VI19 2.14 tsha)	14B48
	♡21A42	★30A64	17B27
	28A13	♡32A37	19B76
		✿24A25	20B22
		〓 (VI57 2.54 sjij)	

Column 1

◇33B12

□ (IX- 1.67 zji)
♡13A33
27B17

□ (III181 2.68 njijr)
★19A12

□ (IX167 2.74 rjar)
♡04B17
10A18
11A24
◇05B65
07A36
10A18
15B55
28A55

□ (III169 1.40 dəj)
★18B38

□ (V5 1.59 kju)
★21B66
♡25A22
◇32A63

□ (III89 2.12 djii)
★16A73
♡11B64
◇03B15
05A21
11A13
15B17
25A14
30B35

□ (III181 2.68 njijr)
★18B74
♡15A51
15B43
29A14
◇06A21
08A25
10B31
11A28
22A36
27A25
28B55
31B14

Column 2

31B17
31B24

□ (VI14 1.11 tshji)
★30A43

□ (VI111 1.01 tshu)
★33A33

□ (III81 2.56 da)
★16A33
♡28A74
◇32A21

□ (IX- 1.82 rjar)
♡23B13
31B38
◇15A48
18A35
21A61
31B14
33B44

□ (VI121 1.75 tsur)
★33B21
♡08A47

□ (V106 1.11 kjwi)
★25B35
◇32B13

□ (V-33 1.17 ŋa)
★28A71
◇08B32

□ (VII18 1.61 tśjij)
♡03A61
06B18
08A44
◇08A44

□ (III-93 1.17 ta)
★20A35

□ (III14 1.30 thji)
★13B12
♡28B51

□ (VI135 1.91 tsowr)
★33B57
◇09B14

□ (VI46 1.30 dzji)
★31A56
♡04A55

Column 3

◇06A17

□ (VIII33 1.04 ɣu)
♡24A64

□ (VII34 1.02 tśju)
♡33B34
◇12B52
25A34

□ (VI15 2.10 tshji)
★30A47
♡13A34

□ (VI14 1.11 tshji)
★30A44

□ (IX180 1.20 ljwa)
♡21B26
31B52
◇18B31

□ (III181 2.68 njijr)
★18B76
♡14B16

□ (IX- 1.14 ljii)
♡21A41

□ (III181 2.68 njijr)
★18B75

□ (III169 1.40 dəj)
★18B41

丰部

□ (I-34 1.59 bju)
★09A72

□ (II20 1.74 wjijr)
★11A73

□ (IX131 1.40 lwəj)
◇08B75
09B71
11B37

□ (I100 1.69 bji)
★07B16
♡09A72

□ (III59 2.28 nji)
★15A48
◇06B33
17B35
19B41

Column 4

26A31

□ (V3 2.14 ka)
★21B36

□ (IX127 2.33 ljij)
◇06B61

□ (IX55 1.58 lu)
♡30A76

□ (VIII-67 1.56 ɣjow)
◇21B27

弄部

□ (VIII111 1.70 ·wo)
♡05B63
30B78
33B77
◇05B63
06A38
18A78
19B45
27A64
33B77

□ (VI142 1.62 tshjij)
★33B77

耂部

□ (VI143 1.32 tshjɨ)
♡07A11
10A23
15A33
◇07A11
16B74
19A65

□ (VII-180 2.26 dźiə)
◇05B76
11B36
32B64

□ (V70 2.33 gjij)
★24B16
♡18A46
◇08B13

□ (VI114 1.30 tshjɨ)
★33A54
◇13A11
18A54

□ (V70 2.33 gjij)

★24B23	23A74	16A57	27A43
▢ (Ⅲ148 1.64 nja)	33A31	16B77	28A35
★18A46	▢ (Ⅴ161 2.60 gji)	22A64	32A66
▢ (Ⅵ143 1.32 tshjii)	★27A28	24B61	▢ (Ⅵ103 2.54 tshjij)
♡33A77	(▢) ◇03A75	26B44	★32B74
丑部	03B76	27B65	♡04A31
▢ (Ⅴ21 2.56 ka)	04A22	29B68	▢ (Ⅲ-142 2.10 tji)
★22B23	06B16	30A78	★20B26
♡27B56	08A35	32A52	♡19B16
◇17B71	09A76	32B21	20A48
▢ (Ⅴ104 1.17 khwa)	10A67	32B27	20A55
★25B28	11B28	33A36	20A56
◇31B41	13B57	33A38	◇11B23
▢ (Ⅴ-20 1.22 khwaa)	16B75	33A45	▢ (Ⅰ54 2.58 me)
★28A54	22A77	▢ (Ⅴ156 2.08 khie)	★06A16
◇25B28	33B16	★27A12	◇06A16
26B24	▢ (Ⅷ1 1.04 ɣu)	▢ (Ⅴ24 1.36 khjij)	▢ (Ⅲ-109 2.17 tja)
艹部	◇20B62	★22B44	★20A55
▢ (Ⅸ- 1.32 ljii)	26B47	♡07B24	▢ (Ⅲ108 1.42 tjij)
◇06B31	▢ (Ⅷ1 1.04 ɣu)	▢ (Ⅵ103 2.54 tshjij)	★17A36
10A41	◇11B21	★32B76	▢ (Ⅰ82 2.08 bie)
11B32	▢ (Ⅸ- 2.17 lhja)	◇10A73	★07A17
12A32	◇04A62	11A64	♡16A21
12A61	05A78	▢ (Ⅴ2 1.17 ka)	◇04A15
16B55	13A12	★21B21	04B38
17B44	19A74	♡23A15	07A17
17B54	27B48	23A26	▢ (Ⅶ-162 2.60 tśji)
18A36	▢ (Ⅰ-121 1.17 ba)	◇13A65	♡28A35
19A14	★10A41	29B12	◇27A43
19A21	**弄部**	▢ (Ⅲ104 1.64 tja)	▢ (Ⅵ3 2.60 dzji)
32A17	▢ (Ⅸ18 1.74 rjijr)	★16B77	★29B62
33A33	♡24B25	▢ (Ⅸ- ? ?)	▢ (Ⅴ196 2.33 kjwij)
▢ (Ⅴ-107 2.19 gaa)	27A17	◇04B55	★27B65
★29A23	33B52	17A24	♡33A13
♡17B28	◇04A15	24A73	◇12A42
▢ (Ⅸ154 1.14 lhjii)	04B73	30B52	▢ (Ⅵ-156 1.01 tshwu)
♡11B46	04B77	31A23	♡13A21
18B56	06A25	32B44	▢ (Ⅰ-33 1.13 biee)
◇04A62	07B36	33B55	★09A71
05A78	08A18	▢ (Ⅵ84 1.37 dzeej)	♡17B48
10A31	08A53	◇09A56	▢ (Ⅵ22 2.42 so)
13A12	11A47	19A18	★30A78
19A74	16A21	26A25	♡04B71

✧04B71	★07B24	23B41	★06A63
殺（Ⅳ6 1.10 dźji）	♡22B44	27A33	♡11A23
★21A23	✧12A36	毿（Ⅲ-104 2.20 tiaa）	**弁部**
✧08B34	磷（Ⅰ14 2.76 mər）	★20A48	轙（Ⅰ-61 2.12 mjii）
09A44	★04A15	辤（Ⅵ132 1.11 dzjwi）	★09B35
殺（Ⅴ196 2.33 kjwij）	殺（Ⅵ113 2.38 tshew）	★33B52	✧12A64
★27B66	★33A45	毿（Ⅷ78 2.51 ·wu）	13A56
♡14A28	♡26A25	♡06A72	14A26
殺（Ⅵ49 2.03 sju）	✧24A53	✧14A51	毿（Ⅱ55 2.22 wã）
★31A71	33A45	17A36	★12A64
♡16B77	殺（Ⅴ146 2.31 kiwej）	19B37	✧03A54
22B17	★26B44	27A14	09B35
27A52	殺（Ⅴ71 1.36 gjij）	**卅部**	12A24
29B74	★24B25	毈（Ⅱ-33 1.78 wier）	**弁部**
✧04A27	蝙（Ⅵ4 1.67 dzji）	★12B61	弁（Ⅰ51 2.07 be）
06A53	★29B68	♡12B38	★05B73
06B18	解（Ⅴ35 2.01 gu）	30A62	♡06B24
07A71	★23A26	✧06B22	批（Ⅴ67 2.29 khjïï）
09B78	♡06A38	09A43	★24A73
10B43	19B31	21B53	殺（Ⅰ-95 2.73 bar）
11B33	✧05A18	28B57	★09B77
12A65	06A38	29B77	✧19B23
12A68	10A13	30A62	殺（Ⅰ51 2.07 be）
13A61	11B36	毈（Ⅱ-16 1.90 wior）	★05B75
19B35	13A35	★12B38	♡08A64
23A46	16B16	磁（Ⅵ-37 1.23 dzjaa）	殺（Ⅰ51 2.07 be）
23B42	16B64	✧30A62	★05B74
25A46	17A18	毿（Ⅵ18 2.40 dzjiw）	♡12A27
26B62	20B45	★30A62	**亥部**
28A58	26B48	**亥部**	毿（Ⅲ37 1.01 thu）
31B58	31A41	毿（Ⅸ45 2.01 lu）	★14A43
31B64	31A67	♡22A34	✧11A33
33A13	殺（Ⅸ62 1.03 ljwu）	磷（Ⅸ45 2.01 lu）	18A46
殺（Ⅲ-110 1.82 tjar）	♡07B28	♡22A24	24B16
★20A56	殺（Ⅵ105 2.80 tsor）	✧06B18	磷（Ⅲ37 1.01 thu）
毿（Ⅳ-7 ？？）	★33A13	08A44	★14A44
★21A47	♡03B18	21B11	**幸部**
✧15B13	27B65	22B16	幸（Ⅰ-116 2.62 pho）
27B27	✧03B18	絣（Ⅸ10 2.37 rjij）	★10A34
解（Ⅰ34 1.36 phjij）	殺（Ⅰ26 2.03 bju）	♡21B11	毿（Ⅴ84 1.62 kjwïj）
★05A41	★04B43	**弁部**	★25A16
✧21A47	♡03B17	殺（Ⅰ61 1.62 pjij）	♡08B65
殺（Ⅰ101 1.08 phe）	✧03B17		

◇08B65

□（Ⅳ6 1.10 dźji）
★21A24

□（Ⅰ-109 2.43 bio）
★10A25
◇21A13

禾部

□（Ⅲ60 1.30 nji）
★15A52
♡14B45
◇03B68
06A32
09A64
20B16
20B21
26A17

□（Ⅵ-31 1.82 tsjwar）
♡33B15

□（Ⅵ43 1.11 sjwi）
★31A35
♡10A36
◇17B21
22A41

□（Ⅲ61 2.14 da）
★15A55

□（Ⅲ18 2.12 njii）
★13B36
♡04A45

禾部

□（Ⅰ110 2.56 pa）
★07B53
♡09B18

□（Ⅱ4 1.08 we）
★10B65
◇04B52
08A37
08A75
10B65
12B37
22A74
24B28
25A65
33A76

□（Ⅰ49 1.23 mjaa）
★05B66
◇05B66

□（Ⅱ4 1.08 we）
★10B66

□（Ⅶ-178 2.27 tshji）
◇30B72

□（Ⅱ4 1.08 we）
★10B67

□（Ⅴ96 2.51 khwu）
★25A65

爻部

□（Ⅶ22 1.28 śiə）
◇13B56
25A74

□（Ⅰ-28 1.03 mju）
★09A64
◇28B17
29B78
31A75
31B55
32B46

□（Ⅴ70 2.33 gjij）
★24B15

□（Ⅲ135 2.45 noo）
★17B67
♡23A65
25B31
◇05A47
15A41
29A67

□（Ⅶ23 2.60 dźji）
♡06B74
◇05B33
06B74

□（Ⅳ6 1.10 dźji）
★21A25

□（Ⅱ48 1.82 wjar）
★12A44
◇06A21

□（Ⅸ68 2.02 lju）
◇24B16

□（Ⅸ89 1.82 rjar）
♡13B13
28B28
◇05A55
08A77

□（Ⅲ135 2.45 noo）
★17B68

爻部

□（Ⅴ51 1.39 gjiij）
★23B47

彳部

□（Ⅸ2 1.80 rar）
◇11B58

□（Ⅰ74 1.14 mjii）
★06B53
♡06B43
26A16
◇33A73

□（Ⅵ118 1.03 tshjwu）
★33A73
◇32A62

六画

襾部

□（Ⅰ-136 2.33 phjij）
★10A58
♡06A75
◇31B67

□（Ⅱ49 1.14 wjii）
★12A45
♡12B25

□（Ⅱ-5 1.53 wjoo）
★12B25
♡12A45

□（Ⅰ28 2.33 mjij）
★04B52
♡12B37

□（Ⅰ27 1.36 mjij）
★04B46

耒部

□（Ⅲ-137 2.64 tjo）
★20B21
◇06A32

10B55
20A12
22A42
22A48
29A52
31A13

□（Ⅸ1 2.73 rar）
♡23A61
◇06A28
07B38
25A68

□（Ⅷ44 2.74 ·jar）
♡06B62
17B18
◇06B62
08B77
17B43
20A77

□（Ⅰ96 1.86 mjir）
★07A72
♡03B56
05A62
05B14
05B25
05B56
05B73
06A22
06B34
06B77
07A33
07A45
07A47
07B77
08A18
08A22
08B66
09A33
09A58
09A74
10A15
10A26
10A55
10A66
10B41

10B63	27A46	13A74	30B33
10B74	27A62	13B32	31A74
11A25	28B43	13B54	31B53
11A31	29B57	13B73	32B35
11A36	30A44	13B76	32B43
11B37	30B25	14A64	33A18
11B45	30B41	14A76	33B35
12A13	30B53	14B14	骸（Ⅵ100 2.33 dzjij）
12A67	30B77	14B61	★32B62
12B34	31A26	15A62	♡06B67
12B48	31A53	15A68	✧15A34
13A14	31B57	15B68	骸（Ⅸ1 2.73 rar）
13A37	31B78	16B35	♡23A58
13B41	32A12	17A31	✧09B65
13B68	32A58	17A33	32A43
14B21	32A65	18B11	鬻（Ⅰ1 2.10 bji）
14B64	32B14	18B38	★03A55
15A27	✧04B56	19B32	亥部
16A37	04B64	20A43	覡（Ⅶ43 1.48 śjwo）
16A66	04B76	21A72	✧09A54
16B44	05A63	21B22	17B48
17A25	05B46	21B44	25A67
17B33	06A33	23A43	骸（Ⅱ2 2.07 we）
18A53	06A47	23A45	★10B37
19A63	06A52	24A77	✧08B62
19A64	06B24	24B24	09B46
20A67	06B45	24B57	10A34
20B55	06B55	25A24	10B37
21A13	06B65	25B78	12B62
21B62	07A21	26A18	20A41
22B43	07B25	26A28	20B45
22B76	07B52	26A51	24B15
23A77	07B61	26A52	28A44
23B23	07B62	26B16	骸（Ⅶ49 1.29 śjwɨ）
24A14	07B72	27A17	✧15B63
24B38	07B75	27A22	骸（Ⅴ97 1.24 kã）
24B73	08A38	27A53	★25A67
25A21	10A25	27B13	✧13A46
25A26	10A52	28B35	13A67
25A37	10B23	29A66	18A58
25A52	11B66	29B16	23A47
25B78	11B71	30A24	予部
26A18	12A14	30A24	雅（Ⅲ53 1.36 djij）
26B76	13A48	30A65	

★15A16

♦15A16

彖部

彖（Ⅴ34 2.28 gji）

★23A21

♡18A16

♦22B63

豩（Ⅲ5 1.49 thwo）

★13A35

♡31A41

豩（Ⅲ5 1.49 thwo）

★13A34

♡30A47

豩（Ⅶ43 1.48 śjwo）

♦22B63

23A21

貒（Ⅰ69 1.39 mjiij）

★06B27

♡29B76

♦13A35

耳部

骫（Ⅸ147 1.27 lə）

♦19B13

24A55

骵（Ⅴ133 1.61 kjij）

★26A73

骮（Ⅴ-10 1.55 khiow）

★28A42

♦29A51

反部

剅（Ⅵ8 2.37 dzjɨj）

★30A14

♡16A57

18B13

♦06A35

08A17

16B77

23A46

26A75

骫（Ⅲ-98 1.17 twa）

★20A42

骫（Ⅲ-19 1.27 tə）

★19B13

羼（Ⅲ-18 1.15 tẽ）

★19B12

羼（Ⅲ159 2.52 tju）

★18B13

♡30A14

♦06A35

08A17

16A57

26A75

囚部

雕（Ⅵ128 1.17 sa）

★33B41

耳部

骰（Ⅸ52 1.07 lhjuu）

♡04A44

骰（Ⅲ-54 1.37 deej）

★19B56

♡15B53

16B72

♦10A54

20B18

28B24

30B45

骰（Ⅲ-81 1.75 nur）

★20A21

♡16B57

♦03A52

10B21

17B72

26B74

30A23

剗部

剗（Ⅸ164 1.43 lew）

★03A4A

♡20B64

♦14A15

14B64

23A16

32B63

豩（Ⅲ34 1.20 tja）

★14A31

♡03B11

豕部

豩（Ⅲ15 2.35 djiij）

★13B16

♡31A43

♦27B37

異部

戠（Ⅶ47 1.41 dźiəj）

♦22A64

骰（Ⅰ22 2.25 bə）

★04A74

♡11B57

16B12

骰（Ⅰ70 1.39 mjiij）

★06B31

♡03B75

骰（Ⅰ22 2.25 bə）

★04A73

♡03B44

系部

稲（Ⅰ154 2.64 mjo）

★08B56

♦08B56

褝（Ⅴ-122 2.17 gja）

★29A42

褝（Ⅲ-126 2.60 nji）

★20A76

褝（Ⅸ23 2.77 rjɨr）

♡08B56

♦06B64

08B56

骰（Ⅴ54 2.10 gji）

★23B65

♡04B28

17B13

29A42

♦08B12

08B26

08B56

08B56

12B57

14A12

14A31

14B56

14B58

15B74

17A68

20A76

21A22

21B28

23A56

25B42

26A26

27B65

29B23

33B61

肩部

鼠（Ⅱ47 1.84 wər）

★12A42

♡07B72

骰（Ⅰ97 2.14 ma）

★07A75

♡14B23

♦07A75

骰（Ⅲ-159 1.03 dju）

★20B47

肩部

骰（Ⅵ91 1.93 tsjiir）

★32B31

♡33A65

♦10A55

14A73

骪（Ⅰ74 1.14 mjii）

★06B56

♦03B47

06B56

11B17

骰（Ⅵ-79 1.42 dzjɨj）

♦26A54

肃部

褥（Ⅵ116 2.52 dzju）

★33A61

♦08B36

09B18

33A52

褥（Ⅸ- 2.02 ljwu）

♡33A61

◇08B36
09B18
33A52
祢（Ⅵ147 1.17 dza）
♡14B58
◇03B57
03B57
09B72
18B77
27B28
祥（Ⅵ-122 1.17 tsha）
◇03B57
27B53
褷（Ⅵ-18 2.38 dzew）
◇21A24

　　丱部

丱（Ⅰ112 2.56 ba）
★07B57
丱（Ⅰ112 2.56 ba）
★07B58

　　夗部

夗（Ⅷ45 1.82 ·jar）
♡32B77
◇30A37
32B77
夗彡（Ⅸ86 2.76 zər）
◇06A25
19A23
21A46
29A14
30A34
夗攵（Ⅰ3 1.11 bji）
★03A71
♡09A11
09B52
09B53
◇05A61
16A25
夗刂（Ⅲ176 2.14 dwa）
★18B58
夗匕（Ⅵ9 2.62 tsho）
★30A18
♡25B71

◇25B53
陳（Ⅷ32 1.57 ·ioow）
♡04A24
22B66
◇19A12
19A14
25B63
殴（Ⅰ24 1.30 mji）
★04B22
◇04A51
05B26
07B27
08B26
08B48
11A13
14B35
14B58
15A22
16B58
17B46
17B66
19A32
20A63
21A25
23A18
23B67
27A15
30B23
31B21
32B75
33A22
殴（Ⅰ75 2.42 mo）
★06B57
♡07A64
殍（Ⅰ-74 2.17 bja）
★09B52
殡（Ⅲ176 2.14 dwa）
★18B61
殯（Ⅰ102 1.92 pjwiir）
★07B27
殯（Ⅲ17 2.33 thjij）
★13B31
◇05A14

殯（Ⅲ176 2.14 dwa）
★18B62
殲（Ⅲ-1 1.24 dwā）
★19A61
殲（Ⅵ9 2.62 tsho）
★30A21
♡09B68
◇28A75
33A27

　　夗部

夗（Ⅲ129 2.17 nja）
★17B48
♡09A71
夗（Ⅲ129 2.17 nja）
★17B47
♡26A36
◇03B38
09A71
21A62

　　乑部

乑（Ⅰ145 1.59 pju）
★08B27
乑（Ⅵ16 1.67 tshji）
★30A51
乑（Ⅰ144 1.59 pju）
★08B25
♡11A61
◇03A76
03B77
04B43
06A31
17B53
20A31
29A57
30A51
33A65
乑（Ⅲ-89 1.61 djwij）
★20A31
乑（Ⅰ145 1.59 pju）
★08B26

　　长部

长（Ⅱ16 1.77 wer）

★11A57
♡04A14
◇10A13

　　肖部

肖（Ⅶ54 1.21 dźjaa）
◇04B27
肖（Ⅶ-144 2.18 dźjaa）
♡24B51
肖（Ⅵ139 1.27 dzwə）
★33B72
◇33B72

　　ヨ部

ヨ（Ⅸ74 2.40 ljiw）
◇22B11

　　彡部

彡（Ⅴ65 1.36 kjij）
★24A65
♡13B45
27B48
32A43
◇07A41
07A54
07B32
08A41
08A58
08B61
彡（Ⅴ65 1.36 kjij）
★24A66
彡（Ⅲ75 2.42 no）
★15B77
♡07A41
彡（Ⅴ-133 2.48 kjow）
★29A55
♡26A34
彡（Ⅸ153 ? ?）
♡13A72
彡（Ⅶ125 2.13 dźě）
♡23A38
彡（Ⅶ125 2.13 dźě）
♡23A43
彡（Ⅰ87 1.18 pia）
★07A41

♡15B77	◈04A13	28B21	★28A35
纜（Ⅴ58 1.88 kjiwr）	05A28	靴（Ⅰ77 1.17 pha）	♡29B56
★24A28	**𦘒部**	★06B68	◈29B61
綵（Ⅰ92 2.65 piəj）	龓（Ⅵ22 2.42 so）	◈03B51	甒（Ⅲ-139 2.28 njwɨ）
★07A54	★30B14	09B63	★20B23
緩（Ⅰ13 2.25 mə）	♡17A61	10B28	甐（Ⅲ60 1.30 njɨ）
★03B63	**亥部**	21B13	★15A54
♡30B48	豣（Ⅲ47 1.03 thju）	28A31	◈06B25
𠂤部	★14B47	28A47	甤（Ⅲ-123 1.33 thwej）
鮊（Ⅱ3 1.08 we）	豮（Ⅲ26 2.38 thew）	31B24	★20A73
★10B55	★13B67	鞁（Ⅰ160 2.20 phiaa）	甒（Ⅲ-3 2.13 thẽ）
冬部	♡28B73	★08B73	★19A63
纻（Ⅲ-22 2.44 tjo）	◈21A23	◈17A76	甌（Ⅴ-115 1.21 kjaa）
★19B16	豗（Ⅶ-117 ？？）	**市部**	★29A33
♡20B26	◈09A44	彭（Ⅰ150 1.49 bo）	♡29A31
夂部	21A23	★08B43	◈29A33
絹（Ⅵ-17 1.72 dzjo）	豩（Ⅲ47 1.03 thju）	♡33A53	甊（Ⅰ68 2.14 ba）
♡08B28	★14B48	◈21A74	★06B22
◈26B58	豨（Ⅳ-4 2.40 dźjiw）	**皮部**	**𦘒部**
31A73	★21A44	皴（Ⅲ37 1.01 thu）	甩（Ⅴ128 2.70 gjur）
絹（Ⅴ36 2.10 khji）	豩（Ⅲ47 1.03 thju）	★14A46	★26A55
★23A31	★14B51	♡05A38	甪（Ⅰ64 1.03 phju）
綫（Ⅲ155 1.57 nioow）	豭（Ⅶ52 1.69 śjɨ）	20A73	★06A71
★18A71	♡06A37	32B47	♡13B23
◈16B52	**韋部**	◈03B21	甭（Ⅶ89 1.10 tśhjwi）
綵（Ⅷ52 2.72 ·jir）	鞁（Ⅰ77 1.17 pha）	10A73	◈15B21
◈06B42	★06B65	13B61	24B33
17B77	鞍（Ⅰ-30 1.17 sa）	15B42	25A48
25B17	♡09B57	19A63	甬（Ⅰ65 1.03 phju）
31A54	19B33	19A64	★06A73
33A64	鞴（Ⅲ-100 1.82 tjar）	31A33	◈06A73
綳（Ⅲ155 1.57 nioow）	★20A44	彪（Ⅲ60 1.30 njɨ）	**亥部**
★18A72	鞯（Ⅲ-85 1.11 tjwi）	★15A53	豛（Ⅶ7 1.56 dźjow）
綼（Ⅴ162 2.42 ŋwo）	★20A25	◈05A68	◈25A33
★27A31	♡20A44	皵（Ⅲ37 1.01 thu）	豝（Ⅲ132 2.03 djwu）
♡13B14	32B67	★14A45	★17B57
28B16	鞡（Ⅵ-54 2.76 -ər）	♡23B31	♡07A31
32B72	♡32B12	皷（Ⅲ-29 1.58 nu）	**麦部**
◈33B23	鞺（Ⅰ76 1.17 pha）	★19B25	麶（Ⅴ166 1.24 kwã）
綹（Ⅸ36 2.54 zjij）	★06B66	皺（Ⅰ69 2.14 ba）	★27A43
♡21A22	◈06B66	★06B25	**麦部**
綌（Ⅸ45 2.01 lu）	19B53	◈04B58	麲（Ⅲ150 2.30 nej）
		皲（Ⅴ-5 1.21 kjaa）	

★18A54

犭（Ⅷ17 1.17 γa）

♡03B37

⟡29B44

犭（Ⅴ-97 1.18 kiwa）

★29A11

⟡24B18

犭（Ⅴ30 1.32 gjii）

★22B72

犭（Ⅴ-131 2.29 gjii）

★29A53

犭（Ⅸ139 2.53 liej）

⟡18A54

爿部

爿（Ⅷ25 1.07 ·juu）

⟡14B54

17B71

犭（Ⅸ37 2.71 rer）

♡17A47

犭（Ⅸ- 1.36 zjij）

♡11B15

24A34

24A43

⟡04A66

05A52

18B17

22B68

24A43

25A11

28A53

28B31

29B22

犭（Ⅴ3 2.14 ka）

★21B38

犭（Ⅷ25 1.07 ·juu）

⟡09B67

17B71

27B61

犭（Ⅴ94 1.49 kwo）

★25A51

♡27A11

30B11

犭（Ⅴ100 1.45 gjiw）

★25B13

♡08B37

27A27

⟡09B67

犭（Ⅴ-N7 2.04 ku）

★17A47

犭（Ⅴ151 1.17 ŋa）

★26B65

犭（Ⅶ10 2.09 śji）

♡10B65

32B48

⟡05B61

09B38

10B44

10B67

11A11

11A71

13B55

14A22

17A47

18A24

22A68

24A45

25A51

26B35

27A11

29A48

30A37

30B11

31A68

32B34

33B57

犭（Ⅴ156 2.08 khie）

★27A11

♡25A51

⟡07A76

15B22

犭（Ⅵ22 2.42 so）

★30B11

♡10B67

犭（Ⅴ29 2.47 kow）

★22B68

犭（Ⅴ-125 2.47 khow）

★29A45

⟡27A11

犭（Ⅶ-83 2.50 dźioow）

♡06A66

⟡06A66

11A11

犭（Ⅴ59 2.79 kjiwr）

★24A34

犭（Ⅷ85 1.54 γow）

♡18B41

犭（Ⅲ90 2.01 dwu）

★16A76

♡21B38

犭（Ⅸ66 1.27 lə）

⟡18B17

犭（Ⅰ148 1.09 pie）

★08B41

♡28B72

⟡27B12

犭（Ⅵ13 1.68 tsə）

★30A37

⟡12A33

并部

犭（Ⅴ25 1.36 khjij）

★22B47

♡16A44

犭（Ⅵ112 2.01 dzu）

★33A36

♡07B36

⟡24B25

犭（Ⅴ108 2.43 kio）

★25B43

犭（Ⅸ5 2.72 rjir）

♡29A62

犭（Ⅵ112 2.01 dzu）

★33A37

♡07B35

犭（Ⅰ-120 1.42 bjii）

★10A38

♡27B71

⟡09B27

12A56

犭（Ⅸ89 1.82 rjar）

♡27B67

⟡05A24

24B61

31A52

33A38

33B21

米部

犭（Ⅸ118 2.73 zar）

⟡06B57

07A64

犭（Ⅸ145 2.78 rewr）

⟡08B28

23B72

25B55

27A27

犭（Ⅰ13 2.25 mə）

★03B57

♡18B77

⟡05A12

05A21

05A53

05A72

07A17

10B48

14A57

14B18

15B27

21A68

21B41

23B57

26B68

28B28

28B33

29A45

29B14

30A37

30B27

31A22

33A24

犭（Ⅰ30 1.11 phji）

★05A12

犭（Ⅰ13 2.25 mə）

Column 1

♡11A12

𦀗（Ⅴ60 2.15 khia）
　　★24A42

𦃖（Ⅰ35 2.25 phə）
　　★05A42
　　♡06A12

𦃰（Ⅵ4 1.67 dzji）
　　★29B67
　　♡32A28

𦂚（Ⅸ- 1.45 źjiw）
　　◇06A73

𦂋（Ⅱ1 2.07 we）
　　★10B36

𦃇（Ⅸ138 1.07 ljuu）
　　♡05B18
　　◇32A28

𦄀（Ⅲ83 1.70 to）
　　★16A44
　　♡22B47

𦃊（Ⅸ- 1.69 lhji）
　　♡12A37

𦃜（Ⅰ101 1.08 phe）
　　★07B22
　　♡31B18

𦃠（Ⅸ40 2.27 lji）
　　◇27B48

𦃡（Ⅲ12 2.28 thji）
　　★13A71
　　♡11B44
　　31A73
　　◇04B25
　　14A17
　　18A35

𦃢（Ⅰ-55 1.81 biar）
　　★09B27

𦃣（Ⅰ101 1.08 phe）
　　★07B21
　　♡06A11

𦃤（Ⅸ6 1.17 la）
　　♡13B71
　　◇07B77
　　26B26

Column 2

𦃥（Ⅰ18 2.44 mjo）
　　★04A48

𦃦（Ⅴ139 1.09 kie）
　　★26B24
　　♡31B41

𦃧（Ⅴ-110 1.82 gjwar）
　　★29A26

𦃨（Ⅴ60 2.15 khia）
　　★24A43

𦃩（Ⅲ73 2.41 teew）
　　★15B55
　　◇33B47

𦃪（Ⅰ101 1.08 phe）
　　★07B23
　　♡03B65

长部

𦃫（Ⅷ92 2.42 ·o）
　　♡31B66

羊部

羔（Ⅸ179 1.01 zu）
　　♡17B21
　　◇17B21

𦒉（Ⅲ122 1.69 dji）
　　★17B21

𦒊（Ⅰ136 1.33 bej）
　　★08A74

羊部

𦒋（Ⅸ16 2.68 rjijr）
　　♡24A16
　　26A12
　　◇06B62
　　10A57
　　14A58
　　15A11
　　17B18
　　24B51
　　24B53
　　28B47
　　31B13

𦒌（Ⅸ125 1.42 ljij）
　　◇14A23
　　22A17

Column 3

23B26

𦒍（Ⅵ-83 1.33 dzwej）
　　♡31A52
　　◇16A61

𦒎（Ⅴ114 2.28 khjwɨ）
　　★25B66
　　◇32A38

𦒏（Ⅶ114 1.67 tśji）
　　♡08B15
　　08B38
　　◇03A53
　　04B67
　　09A51
　　10A57
　　15A11
　　25B66
　　26A12
　　28B47
　　31B13

𦒐（Ⅷ-63 1.82 ·jwar）
　　♡25B18

𦒑（Ⅴ56 2.03 gju）
　　★24A16
　　♡24B53
　　◇24B53
　　31B13

𦒒（Ⅰ147 1.40 bəj）
　　★08B38
　　◇21B35
　　23A66

𦒓（Ⅴ77 2.52 gju）
　　★24B53

𦒔（Ⅰ162 1.05 puu）
　　★08B77

彡部

𦒕（Ⅴ-61 1.09 khiwe）
　　★28B35
　　♡26B16

𦒖（Ⅵ44 2.10 sjwi）
　　★31A43
　　♡13B16
　　◇27B37

𦒗（Ⅵ44 2.10 sjwi）

Column 4

★31A42
♡12B55

肖部

𦒘（Ⅴ-56 1.36 gjij）
　　★28B28
　　♡08A77
　　◇08A32
　　08A77
　　10A12
　　27B71

𦒙（Ⅸ4 1.67 lji）
　　◇04A35
　　07A67
　　11B76
　　18B47
　　20A38
　　20A62
　　23A32
　　27B74

𦒚（Ⅱ3 1.08 we）
　　★10B45
　　♡17A34

𦒛（Ⅲ31 1.61 tjij）
　　★14A18

𦒜（Ⅰ31 1.11 phji）
　　★05A13
　　♡04A57
　　◇05A22
　　19A27

𦒝（Ⅱ3 1.08 we）
　　★10B46
　　♡06B72
　　26A52
　　◇25A71

𦒞（Ⅸ50 1.19 lja）
　　◇03B33
　　14A18

𦒟（Ⅱ3 1.08 we）
　　★10B51

𦒠（Ⅱ3 1.08 we）
　　★10B52
　　♡03B26

𦒡（Ⅴ54 2.10 gji）

★23B71

♡17B12

⊕17B12

19A26

骸（Ⅱ3 1.08 we）

★10B47

♡29B64

骹（Ⅳ2 1.82 njar）

★21A14

⊕30A26

髈（Ⅰ31 1.11 phji）

★05A18

骿（Ⅱ3 1.08 we）

★10B48

♡07A25

21A14

24A78

30A75

31A66

⊕05B23

11B37

14A65

15A27

髋（Ⅱ16 1.77 wer）

★11A55

♡22A31

⊕09B74

艹部

茘（Ⅶ51 1.30 dźjwɨ）

♡03B54

07B61

15A64

16B48

20B18

33B71

⊕03A54

03B64

04A26

07B61

08A71

08A76

08B53

10B42

11A34

11A54

13B17

13B42

16B42

16B72

16B73

16B77

17B52

18A13

18A67

18B61

19A21

19B47

19B56

21A78

25A23

25B15

27B26

28B63

30A53

30B22

31A17

31A24

33B47

33B54

蕌（Ⅰ-58 1.54 pow）

★09B32

藘（Ⅵ131 1.10 dzji）

★33B47

薅（Ⅸ- 1.52 lhoo）

♡16B75

蘢（Ⅵ136 2.01 swu）

★33B62

蕹（Ⅸ- 2.16 źja）

⊕18A15

21A67

33A67

薤（Ⅶ-66 2.53 tśiej）

♡16B42

⊕16B42

33A11

33B73

彡部

彡（Ⅲ116 1.17 ta）

★17A67

彣（Ⅴ112 1.30 khjwɨ）

★25B58

⊕17B73

25B11

刲（Ⅲ186 1.30 tjɨ）

★19A26

♡16B25

⊕07B67

14A27

彩（Ⅲ76 1.72 tjo）

★16A11

彪（Ⅱ47 1.84 wər）

★12A37

彪（Ⅱ35 1.17 wa）

★11B66

♡09A11

⊕20A42

彬（Ⅵ-78 1.33 swej）

♡17B22

30B17

⊕06A18

17B27

18A43

24B63

26B53

彣（Ⅵ-136 1.39 tshjiij）

♡03B55

19B24

30A27

⊕05B17

08A46

08B53

14B36

14B73

15B62

16A32

16A58

16B53

16B67

19B24

23B73

24A47

24A48

24A63

26A68

27B31

27B45

28A74

29A43

30A11

30B74

彪（Ⅴ-146 1.11 kji）

★29A72

⊕15B41

25A25

26A38

29A34

32B56

彬（Ⅴ143 2.60 kjwi）

★26B35

♡22A68

28A15

29A48

⊕09B38

18A44

21B67

32B34

彬（Ⅰ150 1.67 pji）

★08B45

♡09B33

⊕20A11

24B46

彪（Ⅲ-170 1.69 njwɨ）

★20B62

⊕13A45

彬（Ⅴ204 2.75 kjaar）

★28A15

♡26B35

彡（Ⅲ117 1.53 djoo）

★17A77

♡20B37

彣（Ⅶ-123 2.32 tśjwij）

⊕03B47

𗹭（Ⅸ- 1.04 lhu）
　　⊕09B18
　　11A64
　　28B65

𗋽（Ⅱ41 1.12 wee）
　　★12A17
　　♡03B62
　　18A63
　　22B75
　　⊕04A46
　　04B28
　　10A21
　　19A43
　　19B34
　　22B75
　　23B76
　　28A63

𗥨（Ⅴ20 1.63 ka）
　　★22B11

𗸛（Ⅴ11 2.25 kwə）
　　★22A26
　　⊕18B64

𗌣（Ⅲ189 2.61 njwɨ）
　　★19A35

𗱠（Ⅲ104 1.64 tja）
　　★16B74
　　♡11A64

𗦻（Ⅲ64 1.05 duu）
　　★15A72

𗁀（Ⅲ118 2.11 dee）
　　★17A78
　　⊕12A43

𗒹（Ⅷ103 1.29 sʲɨ）
　　⊕12A43

𗍫（Ⅲ13 1.30 thjɨ）
　　★13A76
　　♡14B43
　　⊕09A32
　　14A48
　　14B43
　　18A31
　　18B16
　　28A77

31B42
31B44
32B17

𗾬（Ⅴ-49 1.44 khiew）
　　★28B21
　　⊕28B64

𗄊（Ⅴ-25 1.42 khjɨj）
　　★28A61
　　⊕14A63

𗊱（Ⅴ-116 2.25 kə）
　　★29A34

𗴎（Ⅲ49 1.61 djij）
　　★14B57
　　♡16B66
　　⊕06A48
　　06A74
　　25A62
　　30A22

𗤛（Ⅴ-159 1.36 kjwij）
　　★29B17
　　⊕09A57

𗜓（Ⅴ-50 1.68 kə）
　　★28B22
　　♡04B34
　　15A74
　　⊕12B28
　　15A74

𗾔（Ⅸ5 2.72 rjir）
　　♡17B44
　　25A13

𗐤（Ⅲ68 1.67 tji）
　　★15B32
　　♡14A16

𗒱（Ⅵ-42 1.72 sjo）
　　♡17A78
　　25A63
　　⊕12A43
　　16B76
　　25A27

𗸢（Ⅸ37 2.71 rer）
　　♡06B56
　　10A73
　　⊕06B56

𗴿（Ⅱ52 1.63 wa）
　　★12A57
　　♡26B37
　　⊕03B48
　　11B14

𗘟（Ⅶ36 1.48 tśhjwo）
　　⊕13B65
　　16A26
　　18A74
　　18A75
　　32B54

𗪙（Ⅴ48 1.76 kjur）
　　★23B36
　　♡27B77
　　31B45
　　⊕06A65
　　06B33
　　07A26
　　07A37
　　10A46
　　11A51
　　14A77
　　16A16
　　17B65
　　21B24
　　26A27

𗥨（Ⅴ20 1.63 ka）
　　★22B13
　　♡07A26
　　⊕07A26
　　16B61
　　17A56

𗒷（Ⅵ-9 1.27 sə）
　　♡10B64
　　14B47
　　15A73
　　20B35
　　33B62
　　⊕03A62
　　06A64
　　15B57
　　18A66
　　20A41

20B35
25B55
28B22
28B44
33B62

𗠗（Ⅵ93 2.06 dzjuu）
　　★32B36
　　♡31B31

𗍫（Ⅲ186 1.30 tjɨ）
　　★19A27

𗾊（Ⅷ-60 1.09 ɣiwe）
　　♡21B16
　　32B31
　　⊕04A21
　　04B41
　　11B72
　　24A46

𗰖（Ⅰ46 1.01 phu）
　　★05B48
　　♡06B35
　　⊕13A34
　　16A25
　　30A47

𗱔（Ⅰ157 2.08 phie）
　　★08B64
　　♡25B37
　　⊕07A14
　　13A76
　　14A48
　　14A48
　　14B43

𗆍（Ⅵ87 2.33 sjij）
　　★32B12

𗰖（Ⅰ-12 1.84 phər）
　　★09A44
　　♡03B28
　　12A74
　　⊕03B28
　　13B67

𗃪（Ⅱ-17 1.78 wier）
　　★12B41
　　♡27B44

𗍬（Ⅲ-148 2.55 tjɨj）

21B65
23B57
25B74
27B52

□（Ⅱ-10 2.55 xjwɨj）
★12B32

□（Ⅲ-165 2.53 diej）
★20B55

□（Ⅷ-23 2.15 ?）
✧13A58
20B56
30A43

□（Ⅴ193 1.83 kaar）
★27B56
♡22B24
✧32A72

□（Ⅶ152 1.29 tśjɨ）
✧22B11

□（Ⅵ90 2.38 sew）
★32B27
♡04B77

□（Ⅵ91 1.93 tsjiir）
★32B32
♡22A67
29A53
31B72
✧25A66
29A11
29A53
32A77

□（Ⅷ21 2.80 γor）
♡06B51
19B47
✧06B51
17A37
18A75

□（Ⅶ-20 2.16 -ja）
✧04B33
08A45
11A77
13B62
16A65
21B48

□（Ⅲ-65 1.43 twew）
★19B71
♡13B33
30A61
✧19B47

□（Ⅲ-140 1.14 djii）
★20B24
♡08B73
15A72
17A76
✧08B73
15A72
21B24
22B73
24B18

□（Ⅶ22 1.28 śiə）
✧16A33

□（Ⅵ12 1.68 tsə）
★30A36
♡16A78

□（Ⅲ-52 1.80 tar）
★19B54
♡19B14

□（Ⅸ92 2.70 rjur）
✧17A25
24B73

□（Ⅴ20 1.63 ka）
★22B12

□（Ⅰ35 1.27 phə）
★05A56
✧05A56
08B46
29A28
31A18
32B14

□（Ⅲ189 2.61 njwɨ）
★19A34
✧12A12
19A28

□（Ⅲ101 2.34 neej）
★16B61
✧31B47

□（Ⅸ-1.20 lhja）

✧09A13
17B67

□（Ⅴ185 1.13 giee）
★27B32
♡28B77

□（Ⅱ28 2.27 wjɨ）
★11B44
♡13A71
✧04B25
13A71

□（Ⅸ-1.17 la）
✧07B76
08B74
09A32
15B44
18A41
21A17
29A72

□（Ⅱ38 2.57 wja）
★11B78
♡11A75
✧07A14
08B64
11A12
20B11
28B56
31A17
33B68

□（Ⅴ-99 1.19 kjwa）
★29A13
✧29B52
28B66

□（Ⅵ111 1.01 tshu）
★33A31
♡10A31
✧25A74
28B13

□（Ⅱ14 1.59 wju）
★11A48
♡27B73

□（Ⅶ110 1.10 tśhjwi）
✧17B57

□（Ⅰ151 1.67 pji）

★08B47
✧08B47

□（Ⅲ67 1.67 tji）
★15B23
♡07A52
16A11
30A43
✧08A42
09A61
09A63
10B61
11B17
11B31
11B33
13A41
14A43
16B58
18A23
22B42
26A56
26B48
28B14
30A38
30A53
30A54
31A45
31A48

□（Ⅰ136 1.64 mja）
★08A71
✧05B65
19B37

□（Ⅷ102 2.86 ·jiir）
♡19A12
19A12

□（Ⅲ-143 2.57 tja）
★20B27
♡11A67

□（Ⅵ82 1.43 tshwew）
★32A63
✧33A74

□（Ⅶ83 2.40 tśjiw）
✧28B26

□（Ⅲ113 1.68 tə）

★17A56

𘞌（Ⅴ-60　1.05　kuu）

★28B34

♡30A16

𘞍（Ⅵ139　1.27　dzwə）

★33B68

𘞎（Ⅸ88　1.69　 lji）

♦14A63

𘞏（Ⅶ78　1.41　śiəj）

♦07B72

𘞐（Ⅴ121　2.07　ŋwe）

★26A25

♡33A45

♦24A53

𘞑（Ⅲ99　2.57　nja）

★16B51

𘞒（Ⅴ-26　2.42　ŋwo）

★28A62

♦09B66

𘞓（Ⅴ185　1.13　giee）

★27B31

𘞔（Ⅰ34　2.25　phə）

★05A43

♡18B53

30B72

𘞕（Ⅱ14　1.59　wju）

★11A51

♦26A14

𘞖（Ⅰ151　1.67　pji）

★08B46

♡05A56

𘞗（Ⅰ103　1.30　phji）

★07B28

♦04A55

06A17

06B33

07A37

07A67

27B42

𘞘（Ⅴ37　1.11　khji）

★23A35

♡13B25

𘞙（Ⅰ86　2.42　bo）

★07A34

𘞚（Ⅴ63　1.49　go）

★24A53

𘞛（Ⅴ-102　1.28　kiwə）

★29A16

♡27B25

𘞜（Ⅲ51　2.38　dew）

★14B68

𘞝（Ⅸ-2.27　lji）

♡28A46

♦33B72

𘞞（Ⅴ-45　2.77　ŋjir）

★28B15

♡31B47

𘞟（Ⅰ104　2.28　phji）

★07B33

𘞠（Ⅶ67　2.44　dźjwo）

♦08B55

12B41

27B44

𘞡（Ⅴ193　1.83　kaar）

★27B57

♡18A72

♦19A41

31B34

𘞢（Ⅰ158　2.08　phie）

★08B65

𘞣（Ⅴ2　1.17　ka）

★21B11

𘞤（Ⅸ33　1.70　lho）

♡08B27

𘞥（Ⅴ184　1.32　kjii）

★27B27

♦06B38

17A64

17A72

20B13

29B71

𘞦（Ⅲ120　2.61　tji）

★17B15

♦27B25

𘞧（Ⅲ7　1.04　du）

★13A46

♡18A58

♦20A34

26A36

𘞨（Ⅴ184　1.32　kjii）

★27B26

𘞩（Ⅰ104　2.28　phji）

★07B32

𘞪（Ⅴ6　1.18　kia）

★21B76

♡05A52

♦05A52

𘞫（Ⅴ-22　2.05　khuu）

★28A56

𘞬（Ⅸ103　2.60　lhji）

♡17B15

♦27B25

𘞭（Ⅲ104　1.64　tja）

★16B75

𘞮（Ⅸ16　2.68　rjijr）

♦24B35

𘞯（Ⅴ40　1.27　kə）

★23A65

𘞰（Ⅶ136　1.21　tśjaa）

♦11A23

𘞱（Ⅸ108　1.64　lja）

♡18A75

𘏲部

𘞲（Ⅸ55　1.58　lu）

♡17A15

♦07B28

𘞳（Ⅴ38　2.39　khiew）

★23A42

♡08A63

𘞴（Ⅴ38　2.39　khiew）

★23A38

𘞵（Ⅵ18　2.40　dzjiw）

★30A61

𘞶（Ⅸ-1.14　ljii）

♦15B67

𘞷（Ⅴ38　2.39　khiew）

★23A43

𘞸（Ⅱ21　2.54　wjij）

★11B12

♦17B57

𘞹（Ⅸ-1.69　lhji）

♡14A42

♦06A64

08A63

14A42

14B51

23A42

𘞺（Ⅶ137　1.13　śiee）

♦07B12

𘞻（Ⅲ192　2.56　ta）

★19A43

𘞼（Ⅵ27　1.67　sji）

★30B37

♡09B78

♦09B78

𘞽（Ⅲ-13　1.63　na）

★19A75

♡18B15

♦13B34

18B47

𘞾（Ⅶ-8　2.20　śiaa）

♦28B56

𘞿（Ⅵ27　1.67　sji）

★30B38

♡09B58

𘟀（Ⅲ75　2.42　no）

★15B67

♡05A26

♦05A32

07B14

𘏳部

𘟁（Ⅶ44　1.18　tśhia）

♡26A47

𘟂（Ⅶ44　1.18　tśhia）

♦09B74

𘏴部

𘟃（Ⅰ17　1.20　mja）

★04A45

♡13B36

ㄠ部

䵻（Ⅴ114 2.28 khjwɨ）
　★25B67

虥（Ⅵ2 1.36 sjij）
　★29B52
　✧31B24

虥（Ⅰ28 2.33 mjij）
　★04B61

焱（Ⅰ23 2.28 mjɨ）
　★04B13
　♡14B33

䎃（Ⅱ56 2.80 wor）
　★12A66
　♡26A21

䎃（Ⅱ56 2.80 wor）
　★12A67

䲷（Ⅴ112 1.30 khjwɨ）
　★25B57
　♡15B13
　26B41
　30B34
　✧03A68
　04B73
　24A18
　24A32
　26A15

蘱（Ⅵ87 2.33 sjij）
　★32B14

肩部

祇（Ⅲ-57 ？？）
　★19B61

龎（Ⅶ112 1.02 tśhju）
　♡04B53

艮部

啓（Ⅵ89 1.43 sew）
　★32B21

䧹（Ⅵ89 1.43 sew）
　★32B22

疏（Ⅷ78 2.51 ·wu）
　✧03B54
　07B61
　08A28

09B32
13B42
16B21
16B48
24B54
30B22

眉部

䫜（Ⅴ111 1.27 khwə）
　★25B53
　✧03B51
　10B28
　28A31

眉部

虎（Ⅴ97 1.24 kã）
　★25A68
　✧25A48
　33A26

骸（Ⅲ74 2.78 dwewr）
　★15B58
　♡17B58
　18B46
　19B21
　✧04B67
　05B31
　06B27
　09A42
　10A56
　15A25
　15B67
　19B48
　19B48
　23B61
　25A53

骰（Ⅷ91 2.01 ·u）
　♡08B63

骸（Ⅲ131 1.03 djwu）
　★17B53

骸（Ⅲ74 2.78 dwewr）
　★15B61

ㄠ部

虥（Ⅸ161 2.82 lhowr）
　♡23A53

虥（Ⅲ-95 1.32 thjɨɨ）

★20A37

䶏（Ⅵ-119 1.36 tsjij）
　✧15A22
　17B46

魏（Ⅵ-81 2.57 -ja）
　✧07B12
　18B65
　24A37
　29B13

䴭（Ⅸ- 1.91 rowr）
　♡03B52
　25A56
　✧03B52
　07B54
　15B34
　16A36
　19B31
　22B42
　23A51
　28A68

毵（Ⅲ87 2.60 dji）
　★16A67

毵（Ⅲ87 2.60 dji）
　★16A66
　✧22B43

蘱（Ⅸ14 2.10 zji）
　✧20A37

ㄠ部

䢠（Ⅲ106 1.59 dju
　★17A22

䢔（Ⅸ72 2.49 ljow）
　♡23A14

䢠（Ⅲ106 1.59 dju）
　★17A21

䢼（Ⅲ106 1.59 dju）
　★17A18
　✧12A57
　15A66

冃部

蘱（Ⅸ76 1.33 lej）
　✧20A67

31A18

ㄠ部

䉤（Ⅷ106 1.18 xia）
　✧20A68
　27B36

冃部

骹（Ⅸ46 1.01 lu）
　♡21B78
　✧33B25

西部

䔽（Ⅶ9 1.50 tśhio）
　✧18A15

䔽（Ⅶ9 1.50 tśhio）
　♡08B43
　✧08B43
　14A61

膌（Ⅸ184 2.27 źjɨ）
　♡16A67

襄（Ⅲ177 1.33 twej）
　★18B63
　✧10A12

襃（Ⅵ15 2.10 tshji）
　★30A46
　✧05B43
　06A57

襦（Ⅵ35 1.36 tshjij）
　★30B76

藏（Ⅰ58 2.62 bo）
　★06A38

蘪（Ⅲ133 1.08 twe）
　★17B61

蘱（Ⅴ158 1.20 gja）
　★27A17
　♡10A35
　15B45
　✧06B38
　08A16
　08A28
　08B68
　14A73
　25B41

31A32
◇10B21
16B57
30A23
31A31

□（Ⅲ130 1.07 djuu）
★17B52
♡17B52

麦部

□（Ⅸ100 2.41 zeew）
◇08B33

□（Ⅸ100 2.41 zeew）
♡20B13
21A47
27B27
◇06B38
16A56
17A64
17A72
19B14
19B54
20B13
29B71

□（Ⅲ22 1.71 tio）
★13B56
◇13B56

□（Ⅲ116 1.17 ta）
★17A73
♡17A65

□（Ⅲ-20 1.84 tər）
★19B14
♡19B54

□（Ⅲ116 1.17 ta）
★17A72
♡17A64
◇08B23
08B23

□（Ⅲ-131 2.63 tio）
★20B13
◇19B14
19B54
27B27

甬部

□（Ⅱ58 1.29 wji）
★12A72
♡14A11
◇12B36

□（Ⅱ58 1.29 wji）
★12A74

□（Ⅱ58 1.29 wji）
★12A73

表部

□（Ⅸ185 1.08 lwe）
◇26A62

靠部

□（Ⅸ87 1.69 lji）
◇04A42
06A25
06B21
06B25
07A12
07B61
09A35
10A34
10B31
27A53

□（Ⅸ87 1.69 lji）
◇04B55
30B52
33B55

□（Ⅴ102 2.28 khji）
★25B18
◇14A58
17B18
28B47
31A23

□（Ⅸ88 1.69 lji）
◇08B45
09B33
27B57
31B34

□（Ⅸ87 1.69 lji）
◇03A78
06B62

10A57
15A11
24B51

□（Ⅶ68 2.02 dźju）
♡32B65

疥部

□（Ⅸ28 1.43 lhew）
♡14A26
◇04A13
05A28
29B74

□（Ⅸ- 1.92 zjiir）
◇03A63
05A31
06A45
14B24
23B16
23B77

羅部

□（Ⅲ-11 2.73 nar）
★19A73
♡12A51
◇11B58
21B73

□（Ⅴ169 1.82 khjwar）
★27A52

靠部

□（Ⅵ30 2.10 sji）
★30B58
♡23B38
◇11A27

□（Ⅵ43 1.11 sjwi）
★31A36

佯部

□（Ⅸ93 1.76 rjur）
♡17A22

□（Ⅵ107 2.44 dzjwo）
★33A17
♡09B43
12A15
12A75
14A36
27A16

27A47
27A57
27B47
29A74
◇03A77
03B11
04A27
04A44
04A58
04B17
04B21
04B78
05B27
06A33
06B38
07A18
07A72
07A77
07B26
09A34
09B78
10A53
11A14
13A64
14B15
14B58
15A38
16A21
16A61
16A66
18A17
18B71
19B35
21A16
21A24
21A41
23A24
23B25
23B52
23B63
24A25
25B23
26A52
26B58

28A51
29B71
30A76
31A65
31A75
32A76
32B25
33B53
〼（Ⅷ-34 1.25 ɣiwā）
◇27A57
27B32
28B77
29A12
〼（Ⅶ20 2.85 tśjɨ̈r）
♡30A21
◇09B68
17A75
23B14
28A52
28A75
28B54
〼（Ⅱ29 1.31 wəə）
★11B47
◇19B55
〼（Ⅰ162 2.61 mjɨ̇）
★08B74
◇18A41
〼（Ⅴ28 1.54 kow）
★22B66
◇16A33
〼（Ⅴ55 1.03 gju）
★23B78
◇27B68
〼（Ⅸ93 1.76 rjur）
♡03B67
〼（Ⅵ132 1.11 dzjwi）
★33B51
♡31A78
〼（Ⅶ50 1.11 dzji）
★31B11
〼（Ⅸ93 1.76 rjur）
♡03B66
◇05A37

21B14
〼（Ⅲ68 1.67 tji）
★15B26
〼（Ⅶ-87 2.31 dźiej）
♡15B44
21A17
◇03A65
09A32
11B21
13A68
15B44
18A41
21A17
21A63
26A24
〼（Ⅷ19 1.17 ɣa）
◇13B21
14A55
28B71
〼（Ⅸ93 1.76 rjur）
♡21B53
〼（Ⅵ-67 2.34 dzeej）
♡09A56
◇09A56
32A66

韋部
〼（Ⅰ158 2.20 biaa）
★08B66
◇05B45
06A61
08B44
23B26
27B24
〼（Ⅱ22 2.56 wa）
★11B21
〼（Ⅷ98 2.51 ·u）
◇04A65
16B32

七画
青部
〼（Ⅸ113 1.61 ljij）
♡29B41

弄部
〼（Ⅸ59 2.80 ror）
♡17A55
◇07A65
11B24
33B18
〼（Ⅰ-45 2.04 mu）
★09B15

苗部
〼（Ⅰ11 1.61 bjij）
★03B53

夏部
〼（Ⅶ25 1.35 tśjij）
◇07A38

頁部
〼（Ⅴ118 2.05 guu）
★26A11
◇28A33
〼（Ⅲ147 2.10 dji）
★18A37
〼（Ⅴ120 1.56 khjow）
★26A16
♡06B53
14B31
28A61
33A73
33B38
◇06B43
06B53
10A12
11A41
14A73
14B31
16B72
19B56
30B45
32A62
〼（Ⅸ79 2.69 rur）
♡33A23
◇11B35
15A18
23B55
29A54

30B15
32A55
33B56
〼（Ⅴ165 1.27 ŋwə）
★05A28
〼（Ⅴ165 1.27 ŋwə）
★27A42
♡15A15
〼（Ⅴ15 2.76 ŋwər）
★22A51
♡17B68
◇33A71
〼（Ⅷ8 1.86 ɣjɨr）
♡06A35
◇30A13
〼（Ⅴ16 2.82 ŋowr）
★22A57
◇04B65
06B68
09A77
11B65
25B55
31A62
33A14
〼（Ⅷ8 1.86 ɣjɨr）
♡22B55
◇07A24
〼（Ⅴ77 2.52 gju）
★24B52
♡22A76
〼（Ⅴ-129 1.84 kwər）
★29A51
♡28A42
31B25
◇03A75
03B76
22A76
22B27
22B64
24B52
〼（Ⅷ8 1.86 ɣjɨr）
♡06A34
◇21A76

□（Ⅱ22 2.56 wa）	★03A67	♡31B53	♡18B76
★11B16	♡10B56	□（Ⅶ-95 1.09 tśiwe）	□（Ⅲ45 2.33 njij）
♡08B24	□（Ⅵ138 1.03 tsjwu）	◇27A54	★14B18
20B58	★33B65	□（Ⅲ45 2.33 njij）	♡22A54
22A37	□（Ⅸ156 2.70 zjur）	★14B28	□部
◇08B24	◇17A38	♡25B32	□（Ⅴ5 1.59 kju）
20B58	□（Ⅸ- 1.17 lha）	◇14B28	★21B55
□（Ⅴ14 1.84 ŋwər）	◇21A44	□（Ⅲ45 2.33 njij）	♡25B75
★22A43	□（Ⅲ141 1.84 dwər）	★14B33	□（Ⅴ5 1.59 kju）
♡04A22	★18A15	♡04B13	★21B56
24A46	□（Ⅲ140 2.76 dwər）	□（Ⅳ-8 1.16 njĩ）	□部
29A61	★18A12	★21A48	□（Ⅸ37 2.71 rer）
31A44	□部	□（Ⅷ-96 1.96 xũ）	◇11B22
32A11	□（Ⅰ-46 1.28 piə）	♡27B28	□部
33A68	★09B16	□（Ⅲ-160 1.01 nu）	□（Ⅴ-137 1.59 gju）
◇14A73	□部	★20B48	★29A61
16A25	□（Ⅲ-43 2.03 thjwu）	□（Ⅲ45 2.33 njij）	♡29B54
16A47	★19B43	★14B41	◇13B72
24B66	♡32A17	□（Ⅲ44 1.36 njij）	22A78
26A53	□（Ⅷ25 1.07 ·juu）	★14B13	32B77
27A26	♡32A62	♡17A62	□（Ⅲ45 2.33 njij）
29B54	□部	17B25	★14B32
30B56	□（Ⅲ62 1.24 dā）	19B78	♡16B73
31A67	★15A64	20B48	18B16
32B77	□（Ⅴ-74 1.63 khwa）	21A48	◇08B27
□部	★28B52	◇07A18	15A26
□（Ⅰ6 1.27 pə）	♡20A34	07B42	20B42
★03B26	□（Ⅲ128 1.22 thaa）	11A73	22B28
♡06A67	★17B45	11B27	22B38
10B52	□（Ⅰ106 1.65 be）	17A62	25A67
□（Ⅷ-112 1.26 ·jã）	★07B42	21B56	29A64
◇24A74	◇10B27	22A72	□（Ⅲ-154 2.76 dwər）
28A43	17A66	26A34	★20B42
□（Ⅱ-15 2.08 wie）	23A55	26B66	□部
★12B37	26A34	27A25	□（Ⅵ99 1.42 dzjij）
♡04B52	□（Ⅴ151 1.17 ŋa）	□（Ⅶ139 1.16 tshjĩ）	★32B58
22A74	★26B66	♡14B76	♡18A52
◇22A74	□（Ⅲ44 1.36 njij）	◇16A62	□（Ⅸ- 2.51 lu）
33A76	★14B15	27B56	◇12B31
□（Ⅱ12 1.02 wju）	♡13A64	□（Ⅲ45 2.33 njij）	□（Ⅰ2 1.11 bji）
★11A44	□（Ⅲ45 2.33 njij）	★14B22	★03A63
◇10B68	★14B21	□（Ⅲ44 1.36 njij）	♡14A57
□（Ⅰ3 1.11 bji）		★14B16	

□（Ⅰ29 1.49 po）
　　★04B68
　　♡06B61
□（Ⅰ132 1.82 phjar）
　　★08A57

彖部

□（Ⅰ-25 1.39 mjiij）
　　★09A61
　　⊕16B38
　　29B63
□（Ⅸ- 1.43 lwew）
　　♡23A32
　　⊕19B58
□（Ⅰ61 1.20 pja）
　　★06A61
　　♡05B45
□（Ⅲ152 2.03 dju）
　　★18A63
　　⊕03B62
　　06B64
　　12A17
□（Ⅴ-65 1.31 kwəə）
　　★28B41
□（Ⅴ96 2.51 khwu）
　　★25A64
□（Ⅰ22 2.25 bə）
　　★04A67
　　⊕08B76
　　33B36
　　33B41
□（Ⅴ36 2.10 khji）
　　★23A32
　　♡06A68
　　29B24
　　33B41
　　⊕05B55
　　08B51
　　11B54
　　20B34
　　28A11
　　28B46
　　30A43
□（Ⅵ2 1.36 sjij）

　　★29B51
□（Ⅴ-164 2.44 khjo）
　　★29B24

肴部

□（Ⅸ161 2.82 lhowr）
　　♡13B44
□（Ⅸ161 2.82 lhowr）
　　♡13B43

豸部

□（Ⅵ120 2.12 dzjii）
　　★33B15

庂部

□（Ⅱ-34 1.08 xjwe）
　　★12B62
□（Ⅱ-14 1.10 xjwi）
　　★12B36
　　♡12B62
□（Ⅲ111 2.63 nio）
　　★17A51
　　♡16B41

肯部

□（Ⅸ126 1.86 zjir）
　　⊕15B44
　　29A72

亥部

□（Ⅶ79 1.35 dźjij）
　　♡20A62
　　25B76
　　32A18
　　⊕03A57
　　06A25
　　06B78
　　08A67
　　20A62
　　22B68
　　24B64
　　25A18
　　25B76
　　29B53
□（Ⅶ79 1.35 dźjij）
　　♡08B45
□（Ⅲ95 1.24 tā）

　　★16B33
□（Ⅲ95 1.24 tā）
　　★16B31
　　⊕23A54
　　32A74
□（Ⅲ95 1.24 tā）
　　★16B32
　　⊕16A45

亥部

□（Ⅶ152 1.29 tśji）
　　♡04A47
　　05B28
　　⊕05B28
　　07B31
　　15B58
　　29B41
　　30B42

刻部

□（Ⅱ8 1.67 wji）
　　★11A18
　　♡23A51
　　24B41
□（Ⅴ39 2.26 khiə）
　　★23A51

苷部

□（Ⅸ148 2.25 lə）
　　♡15A12
　　⊕19A77
□（Ⅴ-162 1.04 ku）
　　★29B22
　　♡25A11
　　⊕05A23
　　28A57
□（Ⅲ135 2.45 noo）
　　★17B66
　　♡16B58
　　⊕07A52
□（Ⅴ98 2.04 ku）
　　★25A74
□（Ⅸ147 1.27 lə）
　　♡21A67
□（Ⅵ-33 1.70 so）

　　★12B7A
　　⊕04A21
　　06B42
　　07A51
　　13B64
　　24A12
　　30A31
　　30A37
□（Ⅱ21 2.54 wjii）
　　★11A75
　　♡11B78
　　⊕11A12
□（Ⅵ-110 1.27 tsə）
　　⊕14A71
　　18A25
　　18A25
□（Ⅲ101 2.34 neej）
　　★16B58
　　♡17B66

羊部

□（Ⅶ122 2.60 dźji）
　　♡32A38
　　⊕13A43
　　15A12
　　16B71
　　33B73

斤部

□（Ⅲ-152 2.51 twu）
　　★20B38
□（Ⅲ136 1.58 twu）
　　★17B73
　　♡05A41
　　⊕09B61
　　21A47
　　23B73
　　24A33
　　25B58
　　26A45
　　29A13
　　29B52

羊部

□（Ⅴ43 1.87 ŋewr）
　　★23B15

31A58	𣬚（Ⅴ56 2.03 gju）	11B62	★11B18
髭（Ⅰ3 1.11 bji）	★24A14	16B12	彡部
★03A72	⊕30B53	16B46	𣬎（Ⅴ79 1.27 khə）
♡21B61	𣬊（Ⅴ56 2.03 gju）	17A41	★24B62
耒部	★24A13	17A42	♡30B18
耒（Ⅰ47 2.01 phu）	㸒部	17A44	⊕11A73
★05B53	𣬆（Ⅲ181 2.68 njijr）	17B44	羊部
⊕06B11	★18B77	17B75	𦎡（Ⅲ75 2.42 no）
08B71	♡03B57	18A13	★15B78
10A66	⊕05B16	18A67	𦎢（Ⅲ75 2.42 no）
26B56	10B48	18A73	★15B73
30B27	14A57	18B53	艹部
耚（Ⅴ13 2.51 ku）	14B18	18B74	蔌（Ⅶ41 1.56 śjow）
★22A41	15B27	19A71	♡17A17
⊕30A66	21B41	19B47	⊕11A52
31A35	23B57	22A73	11B47
耞（Ⅴ13 2.51 ku）	26B68	22B31	荓（Ⅴ106 1.11 kjwi）
★22A42	28B33	24A53	★25B37
♡06A32	29A45	24B36	莀（Ⅴ192 1.85 kiər）
耛（Ⅵ98 2.37 dzjij）	30A37	24B71	★27B52
★32B55	30B27	25A23	蕩（Ⅰ107 1.65 be）
♡26A48	31A22	26A53	★07B43
⊕28B51	33A24	26B15	⊕05B66
耡（Ⅶ-65 1.44 śiew）	耒部	26B21	蕑（Ⅴ192 1.85 kiər）
♡07B33	𣬿（Ⅷ18 2.14 ɣa）	27A26	★27B54
11B75	♡04A66	27A31	蔏（Ⅴ53 1.11 gji）
⊕06A18	20B18	27A78	★23B58
06B11	⊕04A11	27B55	♡23A36
07B33	04A26	28B63	⊕05A37
09A35	04A37	29B11	蒢（Ⅴ192 1.85 kiər）
耢（Ⅰ-143 1.07 phjuu）	04A47	30B42	★27B55
★10A67	05A11	31A24	蕎（Ⅴ182 1.38 khieej）
⊕10B22	05A72	31A52	★27B23
耤（Ⅰ-57 2.83 pjowr）	06A21	31A73	莚（Ⅵ-82 1.80 tswar）
★09B31	06B35	32B17	⊕18A22
♡09A66	07A36	32B72	19A42
彡部	07B27	耛（Ⅵ30 2.10 sji）	21A11
𣬛（Ⅲ104 1.64 tja）	07B45	★30B61	27B12
★16B78	08A13	彡部	27B46
𣬉（Ⅴ55 1.03 gju）	08A13	𣬍（Ⅴ44 2.78 ŋewr）	蘢（Ⅲ192 2.56 ta）
★23B75	08A53	★23B21	★19A42
𣬡（Ⅴ56 2.03 gju）	11A13	青部	♡18A22
★24A12	11A24	𩑶（Ⅱ22 2.56 wa）	

䶌（Ⅶ147 2.52 dźju）
　　♡14B71
　　✣30B21
䶒（Ⅸ116 1.94 ljoor）
　　✣21A24
䶓（Ⅲ51 2.38 dew）
　　★14B72
䶔（Ⅶ147 2.52 dźju）
　　✣25B27
䶕（Ⅲ51 2.38 dew）
　　★14B71

㸤部
㸥（Ⅲ75 2.42 no）
　　★15B71
　　✣10A14
　　13A24
　　18A52
　　32B58

㸦部
㸧（Ⅴ148 2.72 kjir）
　　★26B48
㸨（Ⅸ167 2.74 rjar）
　　♡26B63
㸩（Ⅸ167 2.74 rjar）
　　♡17A36
　　19B37
　　27A12
　　29A44
　　31B58
　　32A52
　　✣03B18
　　17A36
　　19B37
　　21B68
　　31A18
㸪（Ⅳ-1 1.29 njɨ）
　　★21A41

㺰部
㺱（Ⅱ4 1.08 we）
　　★10B64
㺲（Ⅱ2 2.07 we）
　　★10B44

　　✣26A35
　　29A68
㺳（Ⅱ1 2.07 we）
　　★10B35
　　♡31B65
　　✣18A11

㼂部
㼃（Ⅴ73 1.54 khow）
　　★24B37
　　♡26B33
㼄（Ⅴ73 1.54 khow）
　　★24B36
㼅（Ⅴ142 1.41 khiəj）
　　★26B33
　　♡24B37

㾊部
㾋（Ⅰ28 2.33 mjij）
　　★04B53
㾌（Ⅲ86 1.67 dji）
　　★16A61
㾍（Ⅵ58 1.84 tswər）
　　★31B41
　　♡26B24

㿧部
㿨（Ⅸ111 2.64 zjo）
　　♡31B32
　　✣11A53
　　12A41
　　16A66
　　25A31
　　26A71
　　33A16

䀤部
䀥（Ⅴ-62 1.14 gjii）
　　★28B36
　　✣15A74
　　26A46
　　27B75
　　28A76
　　29A17
　　31B64
䀦（Ⅶ144 1.10 śjwi）

　　♡05A58
　　08A31
　　26A46
　　29A58
　　✣04B13
　　05A58
　　05B66
　　08A31
　　08A72
　　14B33
　　20B37
　　21A12
　　25A63
　　26B13
　　28B36
　　29A58
　　29B25
　　29B68
　　32B52
䀧（Ⅴ200 1.38 kieej）
　　★27B75
　　♡28A76
　　✣29A17
䀨（Ⅶ144 1.10 śjwi）
　　♡22A14
䀩（Ⅴ200 1.38 kieej）
　　★27B76

㐃部
㐄（Ⅱ17 1.77 wer）
　　★11A62
　　♡03A73
　　12B35
　　✣03A73
　　11B26
㐅（Ⅶ3 1.35 śjij）
　　♡11A62
　　✣03A73
㐆（Ⅱ17 1.77 wer）
　　★11A63
㐇（Ⅴ-105 1.33 khwej）
　　★29A21
　　✣31B76
㐈（Ⅱ-13 1.75 wur）

　　★12B35
㐉（Ⅸ3 2.60 lji）
　　✣04A24
　　11B72
　　25B63
㐊（Ⅵ21 1.17 sa）
　　★30A73

㞢部
㞣（Ⅵ42 2.35 dzjiij）
　　★31A31
　　✣13B27
㞤（Ⅴ88 1.43 kew）
　　★25A28
㞥（Ⅵ42 2.35 dzjiij）
　　★31A32
　　♡33B14
　　✣14A11
　　16B57
　　26B28
　　33B74
㞦（Ⅴ2 1.17 ka）
　　★21B12
㞧（Ⅸ121 1.17 za）
　　♡06A42
㞨（Ⅰ-62 2.45 poo）
　　★09B36
㞩（Ⅸ121 1.17 za）
　　♡27A25

㝵部
㝶（Ⅶ157 1.30 dźjɨ）
　　♡17A45
　　24A68
　　27B74
　　28A73
　　29A45
　　✣05B74
　　07A65
　　11A71
　　12A27
　　15A67
　　17A52
　　17B35
　　20A36

23A76	□（V123 2.28 kji）	◇11A73	18A73
24A68	★26A38	□（II-36 1.51 wjo）	21A62
25A16	□（III19 1.54 tow）	★12B64	23B47
25A75	★13B42	◇32B53	30B67
28A73	◇19A14	□（II-31 1.78 wier）	31B28
33B57	22B52	★12B57	□（I14 2.76 mər）
□（VIII10 1.30 ·ji）	□（IX133 2.61 zji）	□（V33 2.12 gjii）	★04A14
♡12A26	♡05A73	★23A12	♡11A57
13A32	□（I1 2.10 bji）	◇05B48	◇10A13
◇04A15	★03A61	06B35	□（V66 1.42 kjij）
04B48	◇22A24	□（V122 1.30 kji）	★24A68
05A51	□（II7 2.60 wji）	★26A28	♡16B47
05A58	★10B78	□（V122 1.30 kji）	◇18A56
05B33	♡12B23	★26A26	□（IX- 2.58 lwe）
05B45	◇07B76	□（I67 1.75 mur）	◇13A45
05B61	32A77	★06B14	15A61
05B66	□（I18 2.44 mjo）	□（III-94 1.83 taar）	28B18
06A25	★04A51	★20A36	33B67
06A28	◇23B22	□（I121 1.67 bji）	□（III63 1.82 djwar）
06A61	□（VIII19 1.17 ɣa）	★08A24	★15A67
06A62	♡26B77	◇08A24	◇24A68
06B61	29A23	□（VI-112 2.30 -ej）	□（IX41 1.77 rer）
07A12	◇17A21	◇24B21	◇14A42
07B65	17B28	31A28	14B51
07B65	□（V23 2.31 kiej）	□（VIII-99 2.36 ɣiwəj）	□（V122 1.30 kji）
07B74	★22B41	◇12A24	★26A32
08B46	◇22B41	17B28	♡06B14
09B36	□（VII56 1.82 śjar）	26B77	13A26
12B64	◇07A66	□（V5 1.59 kju）	13A67
14A73	08A26	★21B68	13B42
14B35	09B11	□（II57 2.26 wiə）	14B66
14B36	20A36	★12A68	16A43
15B62	□（VI33 1.51 sjo）	◇08B47	20B12
16A32	★30B68	13A21	23A12
16A58	□（V33 2.12 gjii）	□（IX23 2.77 rjir）	26A23
16B21	★23A11	♡11A35	27B18
16B67	♡21B54	12B64	29A17
17A46	□（V189 1.56 gjwow）	15A26	32B54
20B38	★27B44	15A47	33B75
29B62	♡12B41	17A18	◇03B65
32B47	□（VI23 1.54 sow）	28A67	04A12
□（V2 1.17 ka）	★30B18	◇12A37	06B14
★21B18	♡24B62	12A66	08A77
♡05B54			

08B31	★17B35	□（Ⅶ145 1.14 śjii）	31B28
08B62	⊕19B71	♡07A66	32B76
09A62	21B78	20A36	□（Ⅰ156 1.38 bieej）
10A44	□（Ⅴ123 2.28 kjɨ）	□（Ⅰ13 2.25 mə）	★08B58
12A63	★26A37	★03B65	**角部**
14A18	♡27B14	♡07B23	□（Ⅶ-129 1.51 dźjo）
14B58	□（Ⅴ122 1.30 kjɨ）	□（Ⅵ87 2.33 sjij）	♡12B53
16B32	★26A27	★32A78	30B68
18A37	□（Ⅸ15 1.11 zji）	⊕15A27	⊕08B58
18A44	⊕12A62	□（Ⅸ- 2.10 lhji）	16A66
19A14	□（Ⅴ122 1.30 kjɨ）	⊕13A24	25A31
21A67	★26A35	□（Ⅴ-35 1.11 gjwi）	33A16
21B27	♡29A68	★28A73	□（Ⅱ51 1.61 wjij）
24B28	□（Ⅸ- 2.10 lhji）	**弄部**	★12A54
26A33	⊕03B24	□（Ⅶ-50 2.64 śjo）	□（Ⅴ202 1.89 kor）
28A37	04A46	♡33B16	★28A11
28A43	04A57	⊕10A67	♡18A64
29A18	12A17	27A28	⊕28B27
29B45	12A25	**甬部**	□（Ⅵ112 2.01 dzu）
30A77	12B55	甬（Ⅲ19 1.54 tow）	★33A41
30B78	14A47	★13B45	□（Ⅸ37 2.71 rer）
32B45	19A22	♡24A28	♡30B13
□（Ⅸ- 1.59 lhju）	□（Ⅸ- 1.43 zwew）	⊕24A65	33A41
♡21B68	♡27B74	□（Ⅸ160 2.38 lew）	⊕10A23
□（Ⅵ-140 1.72 tsjo）	⊕10B66	♡13A66	15A41
♡08B47	16B61	□（Ⅰ155 1.38 bieej）	17A78
12A68	17A52	★08B61	30B68
13B63	□（Ⅵ18 2.40 dzjiw）	♡27A72	□（Ⅸ45 2.01 lu）
⊕12A68	★30A63	□（Ⅸ160 2.38 lew）	⊕12A54
12A71	□（Ⅲ-37 1.68 nə）	♡14B56	□（Ⅸ- 1.50 lio）
13A21	★19B35	33B61	♡30A73
13B63	♡09A34	⊕06B41	□（Ⅰ-44 1.04 mu）
23B68	⊕30A63	12A72	★09B14
23B68	□（Ⅸ130 1.86 źjɨr）	13A36	⊕09B14
23B68	⊕03A72	15A34	28B37
□（Ⅱ44 1.19 wja）	16A55	16A77	33A35
★12A26	29B47	17A67	**夋部**
□（Ⅰ95 1.66 pie）	□（Ⅸ42 2.63 lhio）	19A36	□（Ⅶ38 1.45 tshjiw）
★07A65	⊕16A38	23B28	♡20A13
⊕07A65	□（Ⅴ-148 1.55 kiow）	26A63	**亥部**
□（Ⅰ95 1.66 pie）	★29A74	28A33	□（Ⅸ127 2.33 ljij）
★07A66	□（Ⅰ164 1.17 ba）	28A46	⊕07A24
□（Ⅲ125 1.43 tew）	★08B78	31B26	

八画

胃部

□（IX192 1.24 lhā）
♡06B17
◇06B17
27B48

□（III106 1.59 dju）
★17A24

□（V122 1.30 kji）
★26A33

夋部

□（III159 2.52 tju）
★18B12

□（II-4 1.72 wjo）
★12B24
◇23A48

□（III159 2.52 tju）
★18B11

豕部

□（III-74 1.71 nio）
★20A12
♡03B68
◇09A64
15A53
31A75
31B55
32B46

苳部

□（V103 1.30 khji）
★25B24
♡11A56

□（VI-64 1.46 dzjiw）
♡32A23
◇07A43

茗部

□（VI23 1.54 sow）
★30B16

□（VI23 1.54 sow）
★30B17
◇18A43
24B63
26B53

□（VI23 1.54 sow）
★30B15

莘部

□（II22 2.56 wa）
★11B14

青部

□（IX60 2.66 rejr）
◇23B17
33B34

肙部

□（IX47 2.47 low）
♡20B16
◇10B37
11A41
14B45
15A52
24B15
32A46

□（IX48 1.49 lwo）
♡29B51

层部

□（I113 2.35 mjiij）
★07B63

戾部

□（VII-88 2.31 dźiej）
♡05B76
◇08A44
11B36
11B68
12B56
32B64

□（V70 2.33 gjij）
★24B22
♡32B64

肩部

□（III187 1.84 thwər）
★19A31

艮部

□（I59 2.17 bja）
★06A47
♡13A48

豕部

□（IX143 2.02 lhu）
◇33A65

韭部

□（V-96 1.34 khiej）
★28B78

□（VI3 2.60 dzji）
★29B54

□（VIII95 1.71 ·wio）
♡28B55

□（V93 2.45 koo）
★25A46

□（IX38 1.29 lji）
♡24A17

□（IX40 2.27 lji）
♡09A13
30A56

□（VII-168 1.25 śiā）
◇30A56

□（IX40 2.27 lji）
♡25A54

□（V93 2.45 koo）
★25A47

□（IX38 1.29 lji）
♡25A46
25A64
28B78
◇04A67
04B34
05A64
06A68
07B78
12B46
14B26
20A38
20B14
24B22
25A64
26B34
29B54
32B64
33B41

□（IX38 1.29 lji）
♡04A61

□（VI3 2.60 dzji）
★29B55

□（VI101 1.30 sjwi）
★32B64
♡24B22

□（V142 1.41 khiəj）
★26B34

夊部

□（III-8 2.07 de）
★19A68
◇17A54
19B38

肯部

□（IX30 1.69 ljwi）
♡28B11
◇09A71
09A71
17B48
25A21

□（III-135 1.31 dəə）
★20B17
♡27B41
◇09A71

辛部

□（I28 2.33 mjij）
★04B64

青部

□（I81 2.35 bjiij）
★06B77

□（I80 2.35 bjiij）
★07A11

□（I80 2.35 bjiij）
★06B78
♡10B68
◇03A57
20A62
29B53

齐部

□（IX45 2.01 lu）
♡14A73

◇03B13	**肯部**	◇05B13	★11A56
32B31	□（Ⅴ174 2.14 kha）	**肯部**	♡25B24
□（Ⅵ117 2.61 dzjɨ）	★27A67	□（Ⅵ2 1.36 sjij）	◇04A68
★33A65	□（Ⅸ168 1.87 rewr）	★29B45	24B32
◇32B31	♡27A67	**艮部**	□（Ⅵ2 1.36 sjij）
亥部	**炎部**	□（Ⅴ184 1.32 kjɨɨ）	★29B46
□（Ⅴ56 2.03 gju）	□（Ⅲ108 1.42 tjɨj）	★27B28	**羊部**
★24A21	★17A35	**夌部**	□（Ⅴ26 2.33 khjij）
♡21B43	**萧部**	□（Ⅶ24 ? dźjɨ）	★22B57
21B75	□（Ⅸ- 1.08 ze）	♡10B73	◇31B73
29B43	♡22A13	11B65	□（Ⅴ117 1.05 guu）
33A66	25B42	32B28	★25B78
◇16B68	30A35	◇04A56	♡29A37
21B76	◇05A25	10B73	◇26B76
23A71	09B28	11B65	□（Ⅴ26 2.33 khjij）
27A68	17B22	14A45	★22B55
27B73	20A26	15B57	◇07A24
□（Ⅴ6 1.18 kia）	33B37	21B66	□（Ⅴ-119 1.24 gā）
★21B75	□（Ⅵ127 1.03 tsju）	22B33	★29A37
♡24A21	★33B37	23A14	□（Ⅴ117 1.05 guu）
◇27B73	**养部**	23B31	★25B76
□（Ⅴ6 1.18 kia）	□（Ⅲ96 2.53 niej）	25A22	□（Ⅸ112 2.14 la）
★21B74	★16B37	29B48	◇32A16
♡33B32	◇09A57	29B75	□（Ⅴ117 1.05 guu）
茶部	**後部**	31A32	★25B77
□（Ⅲ-12 1.01 nwu）	□（Ⅶ-132 1.67 dźji）	32A16	◇13A57
★19A74	◇04A63	33B14	13B18
♡13A12	05B11	33B75	**豸部**
20A46	13B23	□（Ⅰ119 1.53 bioo）	□（Ⅸ13 2.52 lju）
20A54	25B27	★08A16	★29A51
◇08A56	**衣部**	◇08A16	◇03A75
23A73	□（Ⅰ-133 1.74 mjiijr）	**羊部**	03B76
23A74	★10A55	□（Ⅸ124 2.37 ljij）	04A51
25B42	◇14A73	♡26A27	08A13
33B37	□（Ⅶ15 1.19 śja）	27A41	17A44
□（Ⅲ-108 1.43 new）	♡11B13	□（Ⅴ-114 1.22 kwaa）	22A76
★20A54	◇04A77	★29A32	22B64
□（Ⅲ-102 1.17 na）	13A52	**菁部**	24B52
★20A46	**菁部**	□（Ⅰ1 2.10 bji）	26B48
麦部	□（Ⅸ93 1.76 rjur）	★03A56	28A42
□（Ⅰ82 1.39 bjiij）	♡25A48	◇09B74	□（Ⅸ13 2.52 lju）
★07A13	□（Ⅸ94 1.76 rjur）	**夌部**	♡06A21
		□（Ⅱ16 1.77 wer）	□（Ⅴ19 2.54 gjij）

★22A76
♡24B52
⊕10A22

□ 部

□（Ⅰ96 1.86 mjɨr）
★07A68
♡19B67
⊕07B55
16A51

□（Ⅵ62 1.20 tsja）
★31B55

□ 部

□（Ⅵ131 1.10 dzji）
★33B48

□（Ⅴ154 1.77 ŋwer）
★26B75
♡16B18
33B48
⊕03B33
08B31
14A18
14A73
16B18
29A14
33B48

□ 部

□（Ⅰ-134 2.10 phji）
★10A56
♡09B48
09B51
09B54
⊕10A46
18A62
27B42

□（Ⅰ-76 1.82 phjar）
★09B54

□（Ⅰ-73 2.24 phjã）
★09B51

□（Ⅰ-72 2.48 phjow）
★09B48

□ 部

□（Ⅷ54 2.75 ·jaar）
♡32B61

⊕05B61
07A32
07A51
07B15
07B67
15A14
29A27
30B61
31A27
31A27
32B15
32B61

□ 部

□（Ⅸ127 2.33 ljij）
⊕12A62

□（Ⅲ126 1.82 njar）
★17B38

□ 部

□（Ⅰ116 1.17 pa）
★07B78
⊕29A32
29A32

□（Ⅴ44 2.78 ŋewr）
★23B16
♡13A62
22B71
23B48
⊕04A31
06A28
13A62
14A15
17B77
18A26
19B42
22A44
22A45
22B14
22B71
23B12
23B48
24A12
25B17
26B57

27A38
32B74

□（Ⅴ148 2.72 kjir）
★26B51
♡25A43
⊕05A46
15B11
16A53
18B44
24B74

□（Ⅲ65 2.05 duu）
★15A73

□（Ⅰ51 2.21 mjaa）
★05B68

□（Ⅸ- 1.79 rjir）
⊕06B26
09B27
09B35
10A38
10B78
12A42
12A56
13B42
18A62
18B43
22B52
22B66
26B51
27B71

□（Ⅶ116 2.52 tśju）
♡26B51

□（Ⅴ92 1.71 kio）
★25A43

□ 部

□（Ⅰ-64 2.31 biej）
★09B38
♡18A44
⊕09B38
32B34

□（Ⅵ92 2.86 tsjiir）
★32B34
♡33B58

□ 部

□（Ⅰ59 1.30 bjɨ）
★06A45
♡06A45
⊕17A48
18B63
23A24

□ 部

□（Ⅷ84 1.19 xja）
⊕06A65
20A18
27A66

□（Ⅴ-48 2.51 kwu）
★28B18

九画

□ 部

□（Ⅲ43 2.45 thoo）
★14A78

□ 部

□（Ⅷ71 1.74 ·jijr）
♡27B35

□ 部

□（Ⅴ23 2.31 kiej）
★22B37
♡05A15

□（Ⅴ23 2.31 kiej）
★22B36
♡08B33
⊕04B33
06B76
08A45
11A77
13B62
16A65
21B48

□ 部

□（Ⅴ72 1.75 ŋur）
★24B34
⊕08B43
21A74

□（Ⅴ72 1.75 ŋur）
★24B35

□部

□（Ⅷ39 2.60 ·jị）
♡06A53
27A43
⊕07A55
18B33
22A73
24A53
31A46

□（Ⅴ19 2.54 gjịj）
★22A73
♡18B33

□（Ⅲ167 2.61 thjɨ̣）
★18B33
♡22A73

□部

□（Ⅶ31 1.02 śju）
⊕27B36

□（Ⅰ50 2.21 mjaa）
★05B67
⊕28A41

□（Ⅲ27 2.14 tha）
★13B75
♡25A61
⊕13B75
25A61

□（多音多义字）
①（Ⅲ27 2.14 tha）
★13B77
②（Ⅸ67 2.54 ljịj）
♡27A73
⊕03A63
03B17
03B46
04A25
05A54
05B67
06B11
08B18
12B45
14A73
15A55
17A57
17A64
17A72
19B52
23B41
24B13
27B67
28A41

□（Ⅰ51 2.07 be）
★05B71

□（Ⅵ75 1.27 tshə）
★32A33

□（Ⅵ45 1.54 dzow）
★31A44

□部

□（Ⅸ- 2.10 lhji）
♡21A72

□（Ⅰ99 1.68 pə̣）
★07B14

□（Ⅰ99 1.68 pə̣）
★07B15

□（Ⅸ- 2.10 lhji）
♡07B32

□（Ⅸ24 1.61 lhjwịj）
⊕05A22

□（Ⅸ- 2.10 lhji）
♡20B62
⊕13A45

□部

□（Ⅰ71 1.18 phia）
★06B34
⊕14B38
22B22

□（Ⅰ130 2.46 phjoo）
★08A55
⊕14A24
23A25
29A11
31A55

□（Ⅴ10 1.01 khu）
★22A21

□（Ⅴ22 1.34 kiej）
★25A77
♡22B32

□（Ⅰ145 1.14 phjii）
★08B34
♡11B36
⊕08A12
08B34
08B72
19B28
33B63

□（Ⅲ-32 2.25 -ə）
★19B28
♡11A66
19B13
⊕04A37
04B31
06A16

□（Ⅵ28 2.10 tsji）
★30B48
♡03B63

□（Ⅱ18 2.71 wer）
★11A66
♡19B28
⊕06A65

□（Ⅸ- 1.63 lạ）
⊕04A25
21A76

□（Ⅶ129 2.12 śjwii）
♡08A55
⊕11A54
13B58
14A24
16B18
16B74
19B64
21A21
24B64
25A36
27A32
29B73
30A15
30A16
31A55
33B48

□（Ⅶ122 2.60 dźjị）
♡04A16
⊕24B12

□（Ⅰ-52 2.71 mer）
★09B24
♡09A51
⊕04B27
31B12

□（Ⅵ137 2.28 dzjwɨ̣）
★33B63

□（Ⅸ- 1.62 ljɨ̣j）
♡20A63
⊕31B56

□（Ⅶ116 2.52 tśjụ）
♡33B63

□（Ⅱ18 2.71 wer）
★11A67
♡20B27

□（Ⅶ146 2.02 dźju）
♡24A27
⊕04A13
04A13
11A58

□部

□（Ⅷ40 1.34 ɣiej）
♡20A37

□部

□（Ⅵ-100 1.12 tswee）
⊕06B46

□（Ⅶ60 1.02 śjwu）
⊕31B27

□（Ⅶ60 1.02 śjwu）
⊕25A35

□部

□（Ⅲ150 2.30 nej）
★18A53

□（Ⅷ60 1.45 ·jiw）
⊕31A16

□（Ⅷ60 1.45 ·jiw）
⊕08A47

□部

□（Ⅴ69 1.92 kjwɨɨr）

萧部

萧 （Ⅰ-41　1.86　bjir）

★09B11
◇05B65
06A63
13B25
23A35
23B62
32A26

糇 （Ⅴ25　1.36　khjij）

★22B48
♡23A34

瀛部

瀛 （Ⅵ-13　1.01　dzu）

♡11A54
12B61
26A44
28B57
29B77
30B23
32B71
◇08B26
09A43
11B53
11B73
12B38
14B12
24B36
25B44
25B51
26B21
27A78
29B11
30A42

31A27
31B37
32B71
33A51

瀛 （Ⅸ-　2.44　zjo）

♡08A11
◇03B78
05A51
07B74
08A11
13B63
16A43
17B32
18B57
19A78
19B68

瀛 （Ⅱ2　2.07　we）

★10B42

瀛部

瀛 （Ⅲ151　1.03　dju）

★18A57
♡33B42
◇06B63
12B26
14A11
19A25
32A56

瀛 （Ⅵ129　2.52　sjwu）

★33B42
♡31A23
33B33
◇16B38
21B61
22A77

十三画

夔部

夔 （Ⅰ22　2.25　bə）

★04A75
♡03B42
33A78
◇03B42
03B63
03B67
04A18
04B42
05B22
06A54
07A22
10A21
13A72
13B45
14B41
16B22
17A66
21B51
23A38
24A28
24A65
25A73
26B63
27A65
27A72
27A74
27B48
30B48
31A14

夔 （Ⅰ22　2.25　bə）

★04A71

瀛部

瀛 （Ⅲ144　2.83　njowr）

★18A22
♡19A42

蓬部

瀛 （Ⅲ70　2.55　tjij）

★15B44

十六画

瀛部

瀛 （Ⅶ41　1.56　śjow）

♡15B21
17A37
24B33
27B23
33B23
33B67
◇03B24
11A44
25A45
25A63
31A42

瀛 （Ⅷ34　1.63　ɣa）

♡09B11
◇05B65
05B66
06A63
13B25
20B43
23A35
23B62

瀛 （Ⅱ8　1.67　wji）

★11A23
♡32A53

陆·后　　记

　　本书是教育部人文社会科学重点研究基地2006年度重大项目（06JJD740016）和陕西师范大学人文社会科学基金2008年度重点项目（08SZD09）的终期成果。如果算上前期准备工作的时间，历时八年，六易其稿，终于可以暂时告一段落了。

　　这是笔者继俄藏黑水城文献西夏文辞书《同音文海宝韵合编》的整理研究之后，就西夏文原始文献整理方面的又一项成果。之所以要先整理这些文献，是为了正字的目的，至少西夏文辞书方面的重要文献不能遗漏，因为这些文献里面有许多新的东西，促使我对其率先进行系统整理。西夏文正字时所用的原始材料，首先是辞书，其次是其他世俗文献，最后才是佛经等宗教方面的文献。

　　由于这些文献大多模糊不清，所以整理的难度可想而知，非得经过多次辨认，方可更为接近原义，否则，"牛头马嘴"之类的誊录定会随处可见。这份文献虽然我已尽全力进行了整理，但囿于自己的西夏文字形辨识的水平，错讹之处可能还很多，许多地方可能真正是"差之毫厘，谬以千里"。希望能有更细心的同行，在我的基础上再前进一步，使这份珍贵的原始文献更加准确地为学术界所用。

　　在此，我首先要感谢教育部人文社会科学重点研究基地2006年度重大项目申报时的原工作单位宁夏大学西夏学研究院为我提供的诸多方便。同时，宁夏大学科技处管理社会科学研究的几位同志，在课题申报、管理方面亦提供了许多关照，这些都是我应当感谢的。敦煌研究院杨富学研究员、宁夏社会科学院贾常业副研究员等，在《同音背隐音义》西夏文的誊录、有关细节问题的讨论以及资料的查找等方面，亦给了许多建设性的建议和帮助，使我受益匪浅。本书英文提要的翻译，得到宁夏大学西夏学研究院彭向前博士的帮助，并由中国社会科学院民族学与人类学研究所聂鸿音先生审定。对于他们长期无私的帮助，我亦表示由衷的谢意！

　　调入陕西师范大学后，社会科学处又将该课题纳入学校人文社会科学基金2008年度重点项目，使得像西夏文这样的死文字的研究能够有充裕的经费支持，这反映了各级领导对学术研究的期许，无疑是我前进的巨大动力！本书能够得以顺利出版，有赖于陕西师范大学2010年度优秀学术著作出版基金的资助。在此对萧正洪副校长、社会科学处马瑞映处长、历史文化学院贾二强院长等领导，表示衷心的感谢！

韩小忙

2011年3月20日

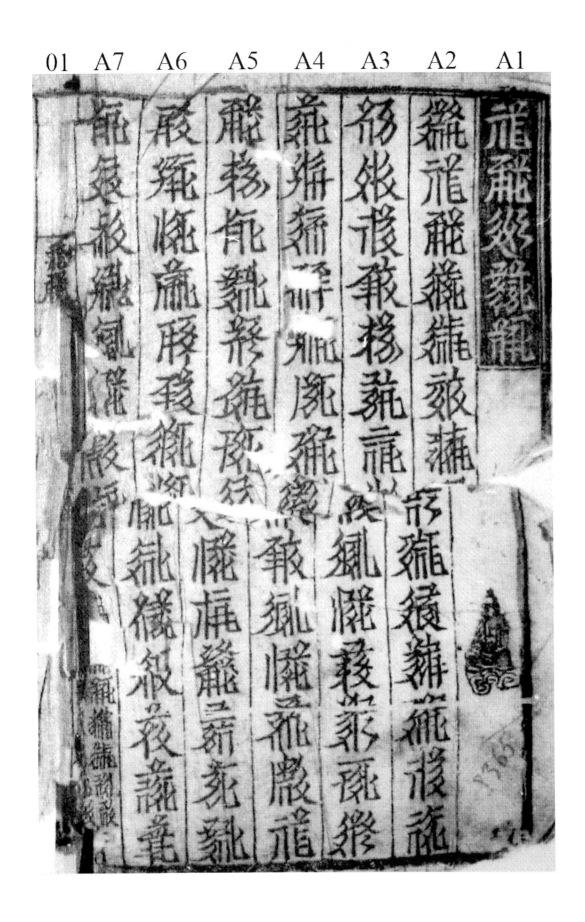

图版一 《同音》丁种本 01A

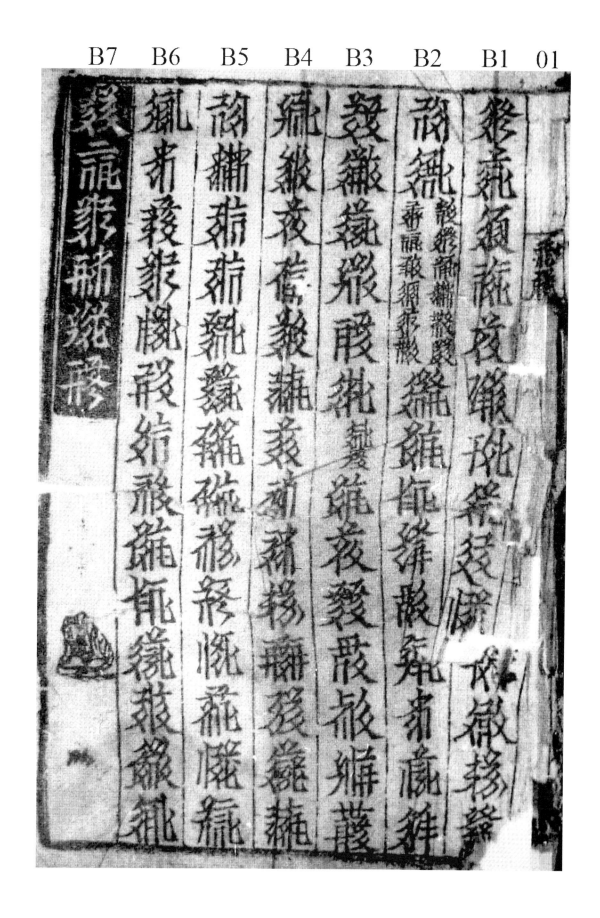

图版二 《同音》丁种本 01B

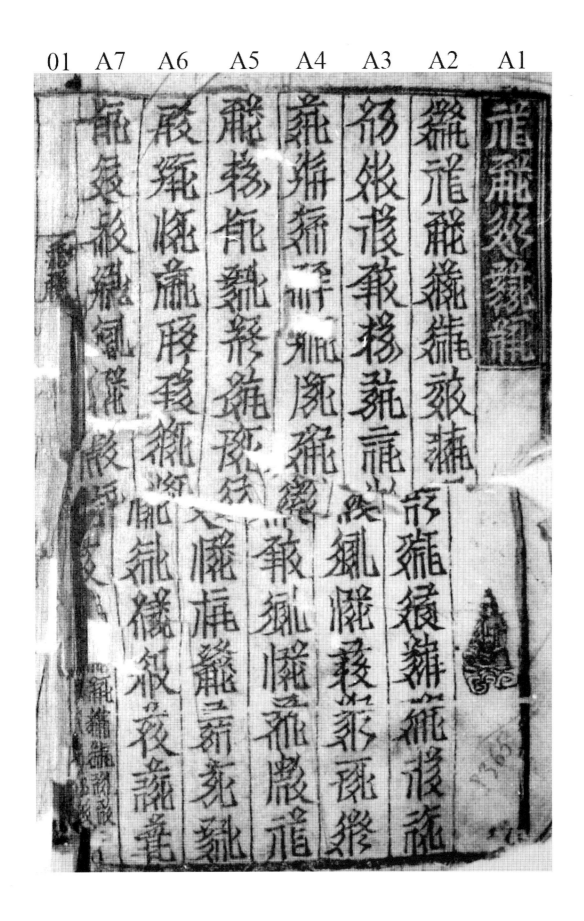

图版一 《同音》丁种本 01A

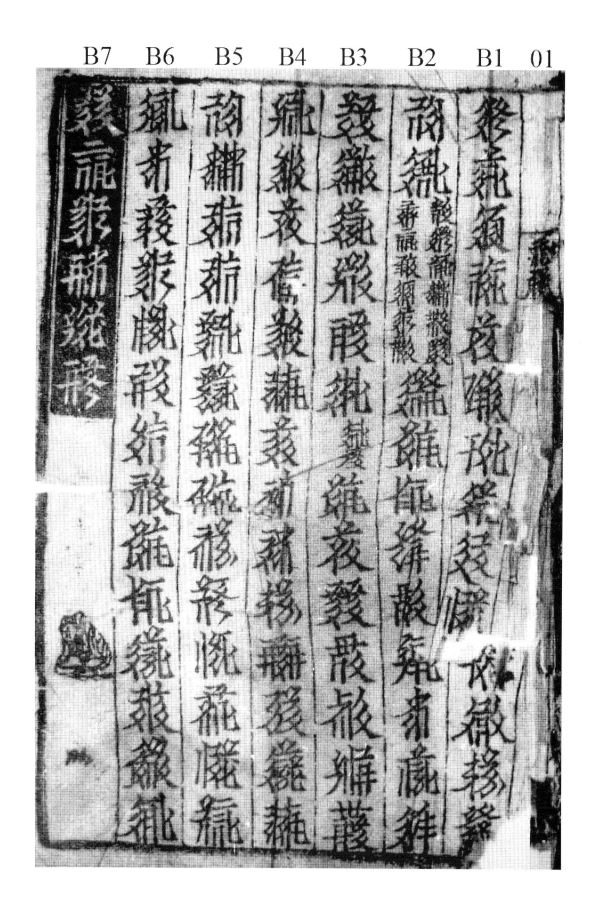

图版二 《同音》丁种本 01B

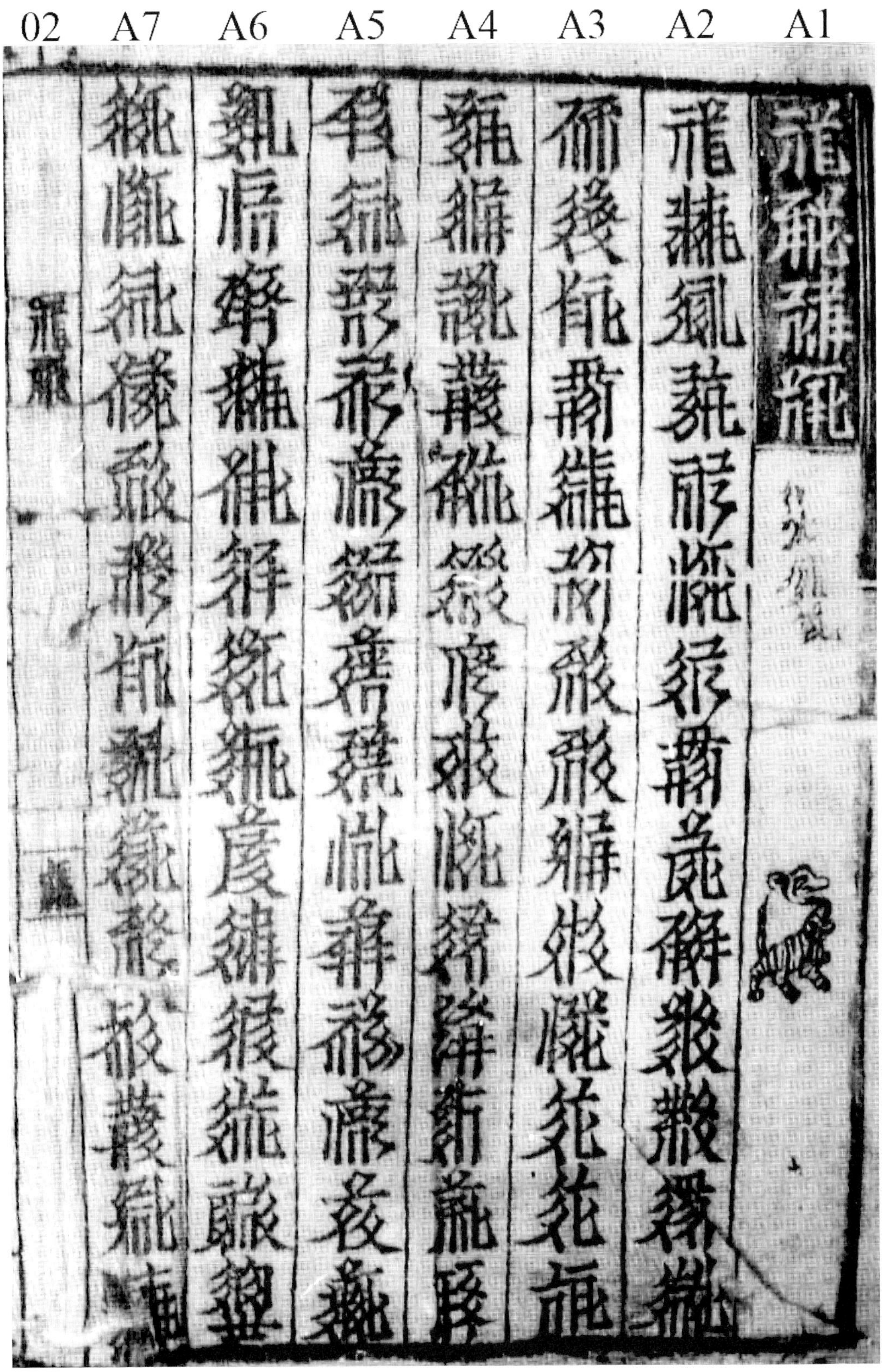

图版三　《同音》丁种本 02A

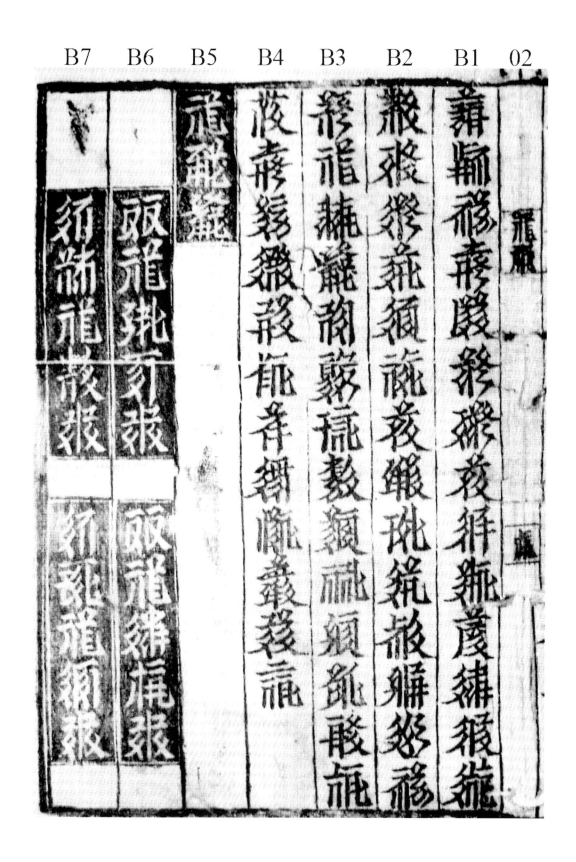

图版四 《同音》丁种本 02B

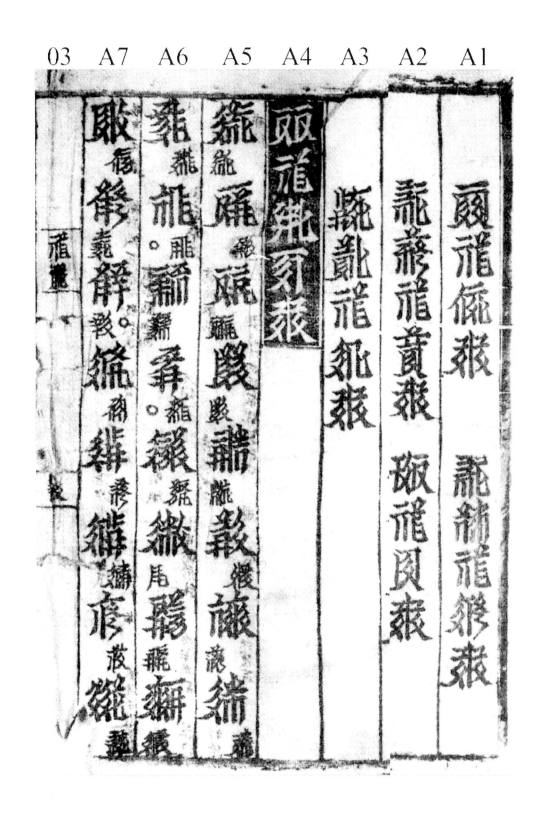

图版五 《同音》丁种本 03A

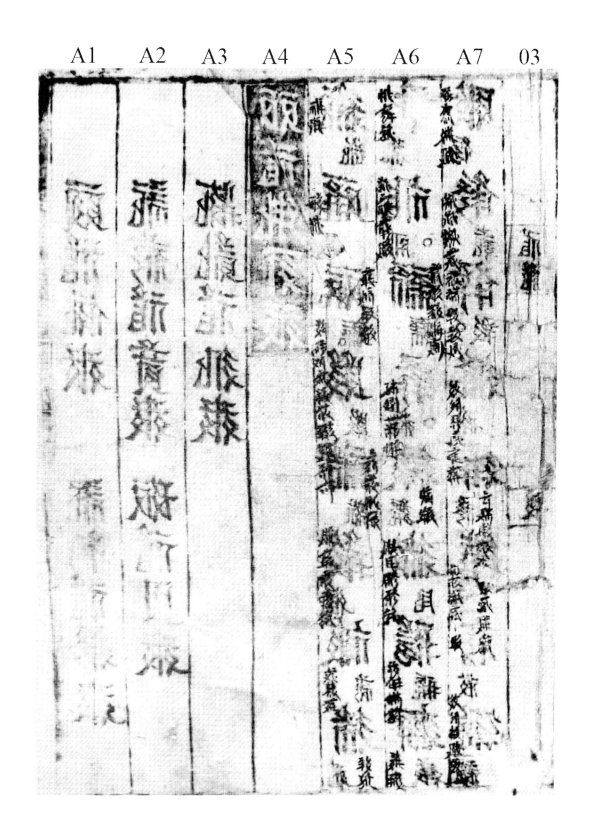

图版六 《同音》丁种本 03A 背隐音义

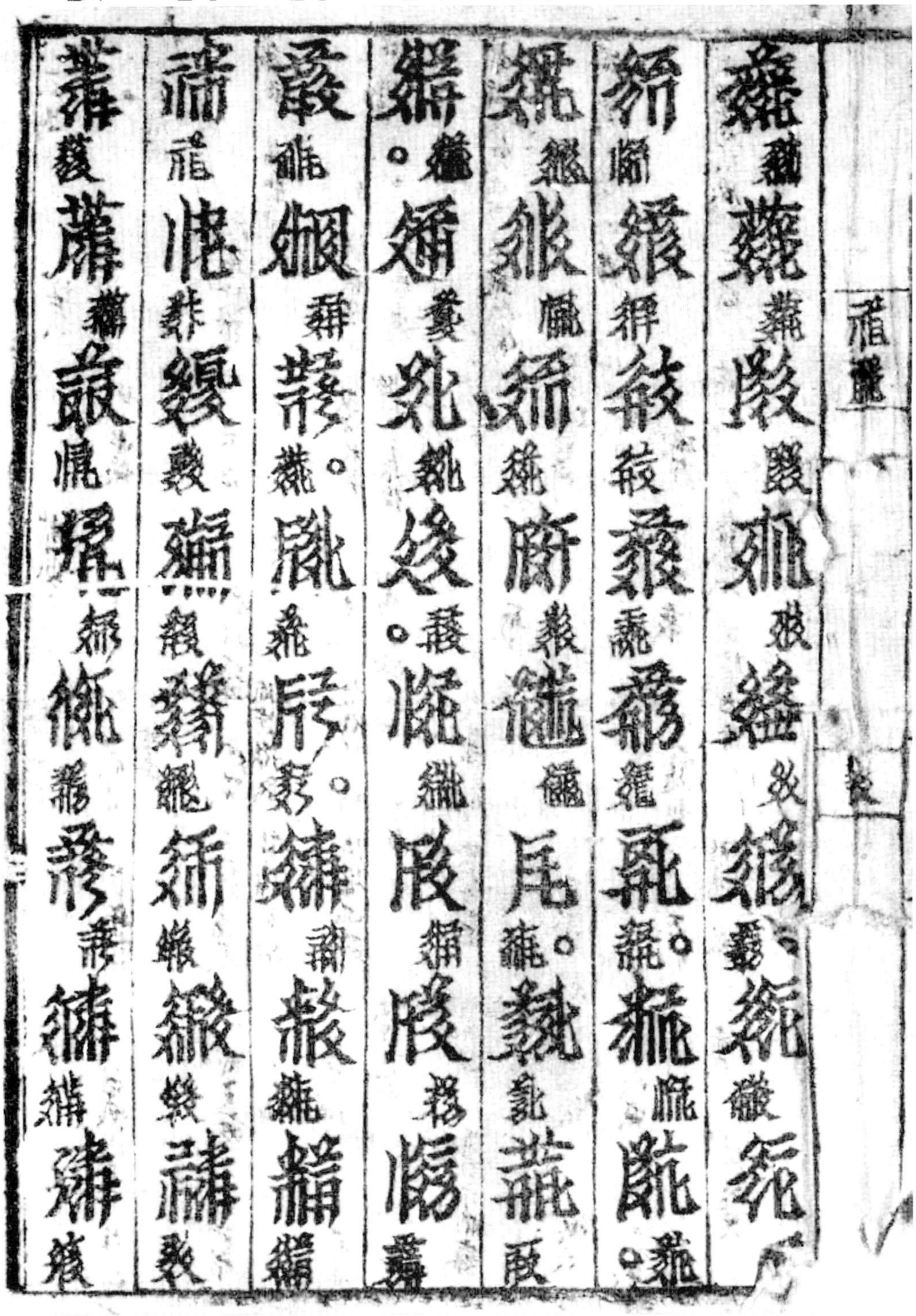

图版七　《同音》丁种本 03B

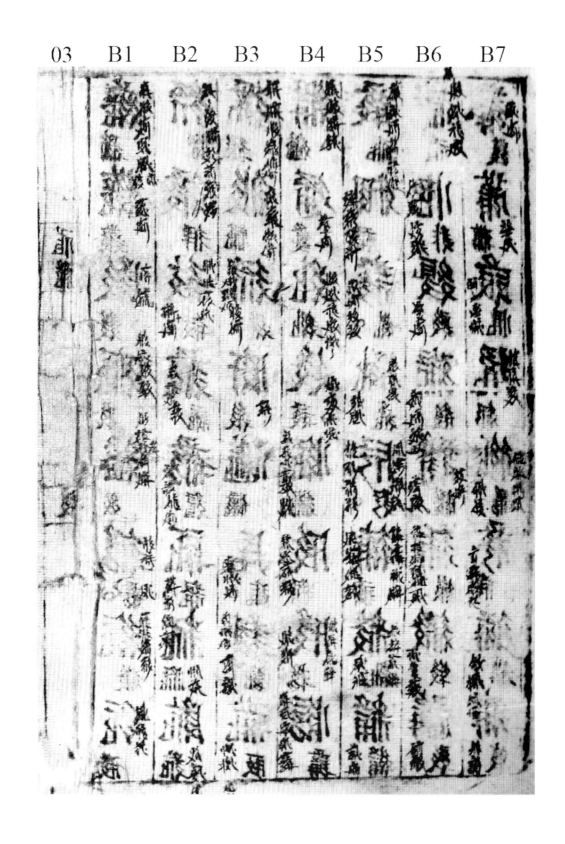

图版八 《同音》丁种本 03B 背隐音义

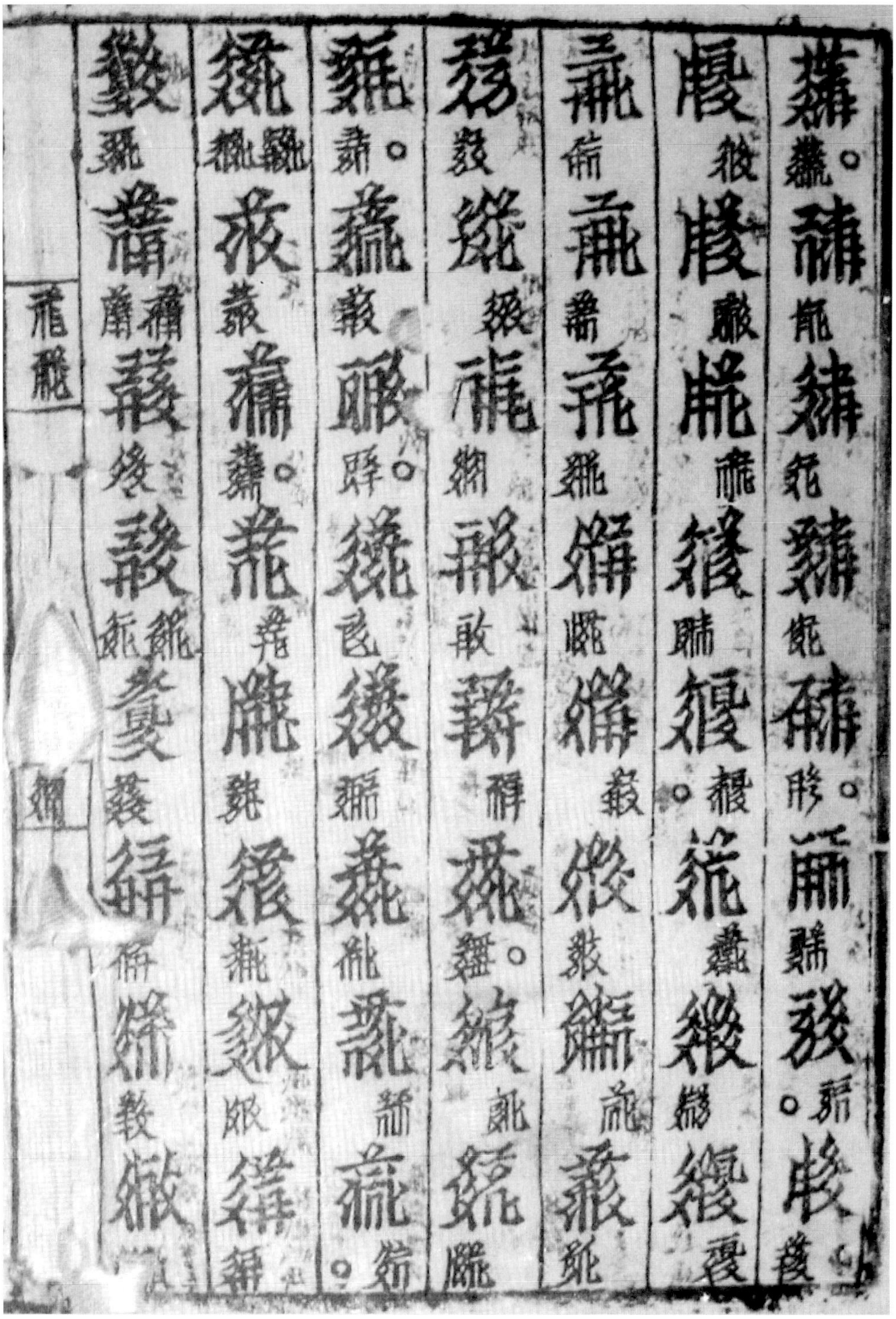

图版九 《同音》丁种本 04A

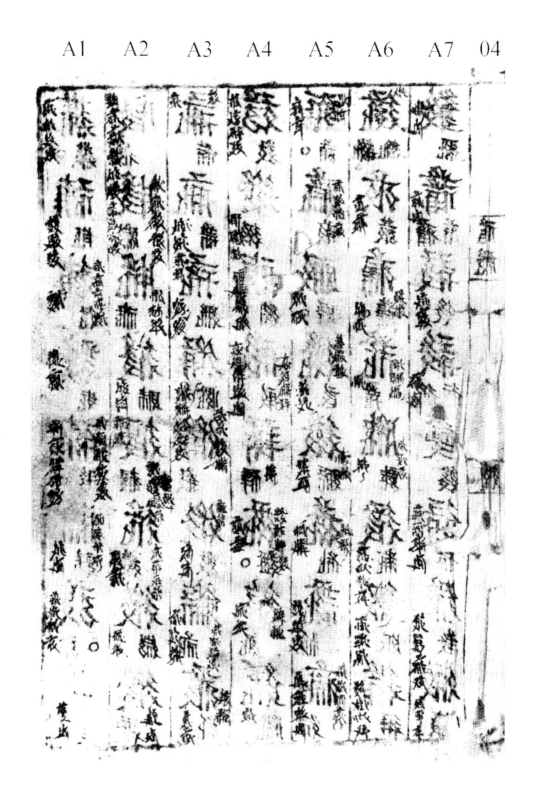

图版一〇 《同音》丁种本 04A 背隐音义

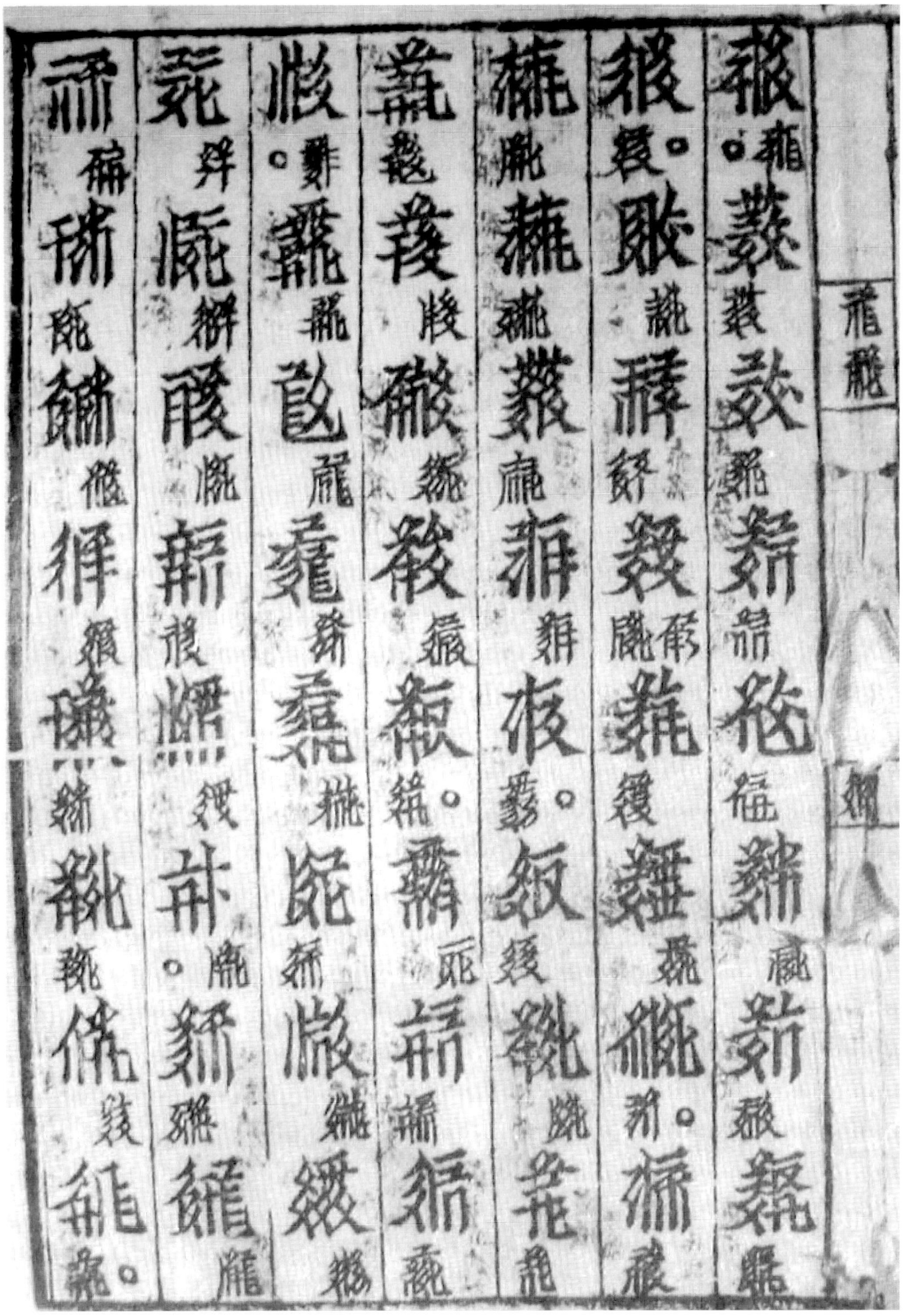

图版一一　《同音》丁种本 04B

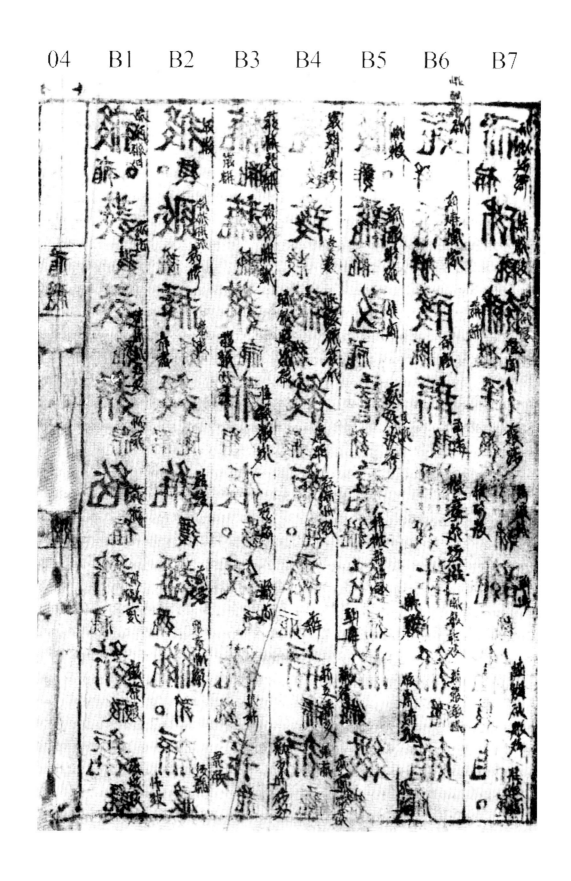

图版一二　《同音》丁种本 04B 背隐音义

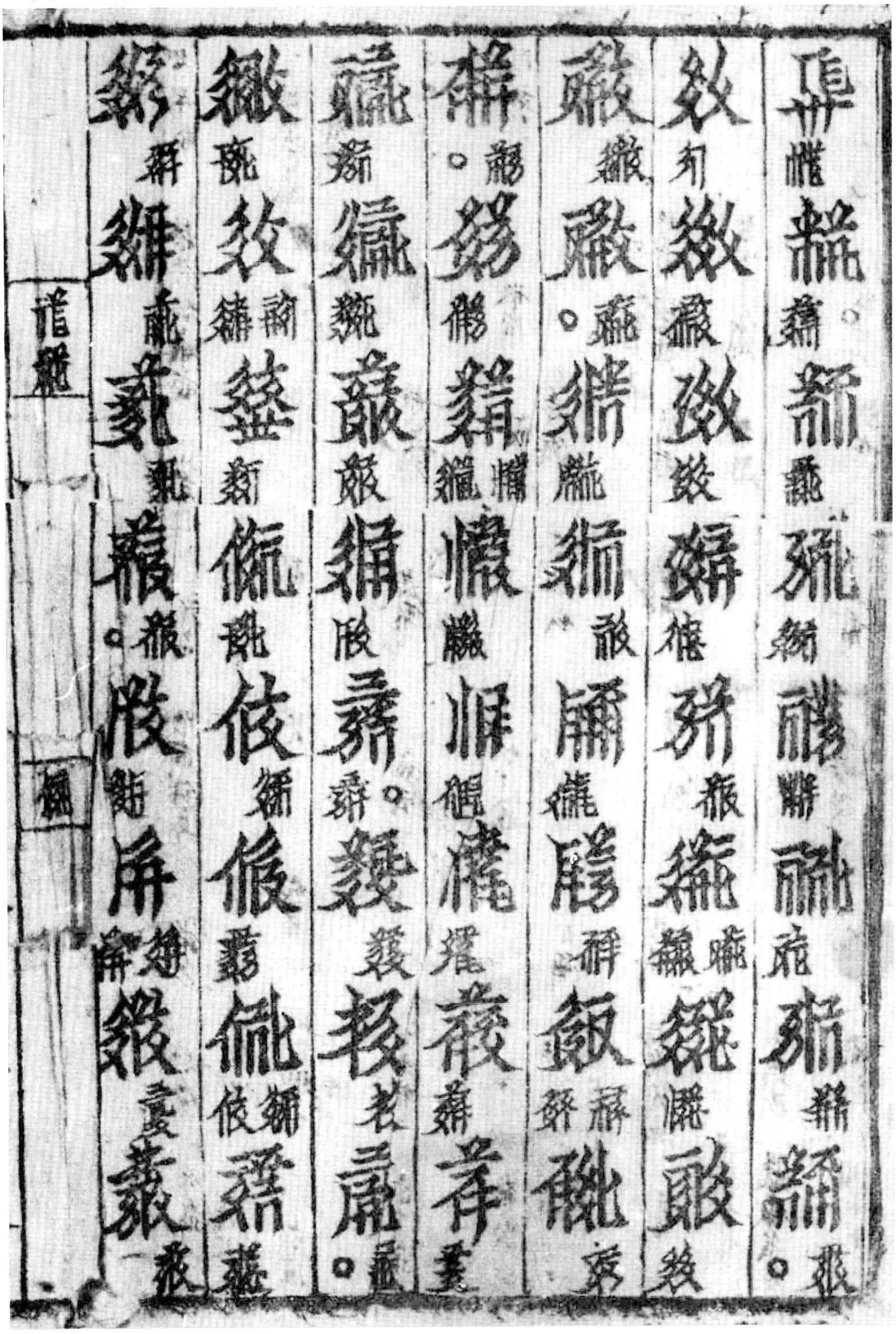

图版一三　《同音》丁种本 05A

图版一四 《同音》丁种本 05A 背隐音义

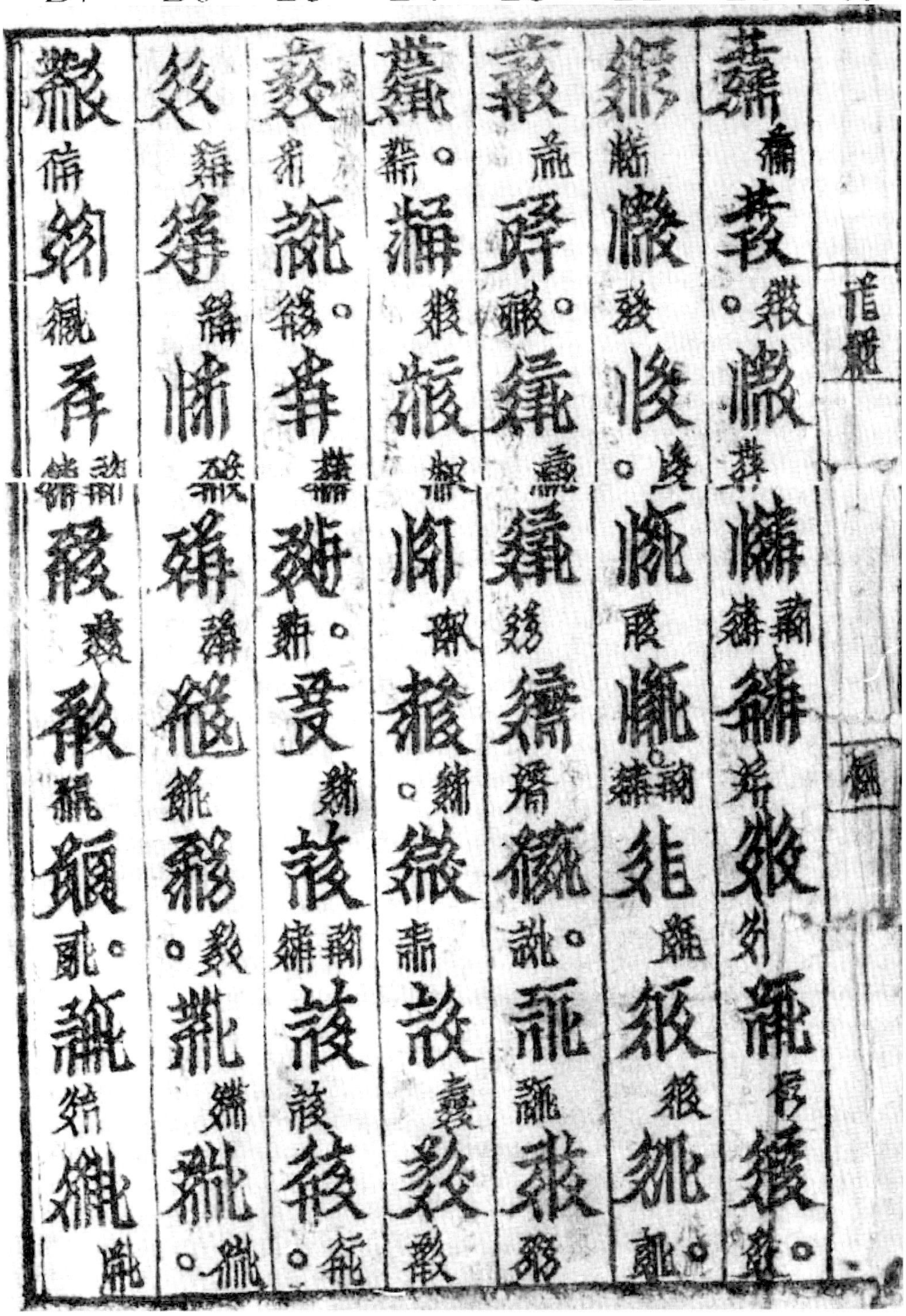

图版一五　《同音》丁种本 05B

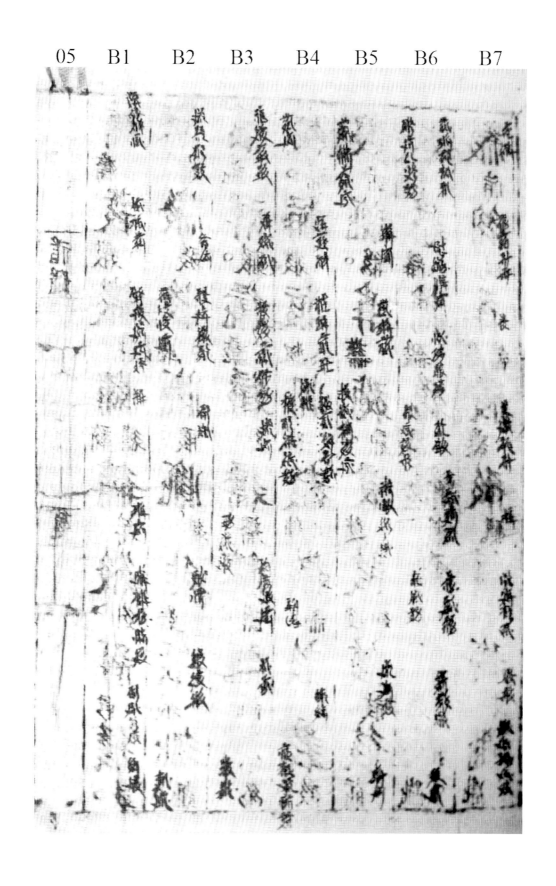

图版一六　《同音》丁种本 05B 背隐音义

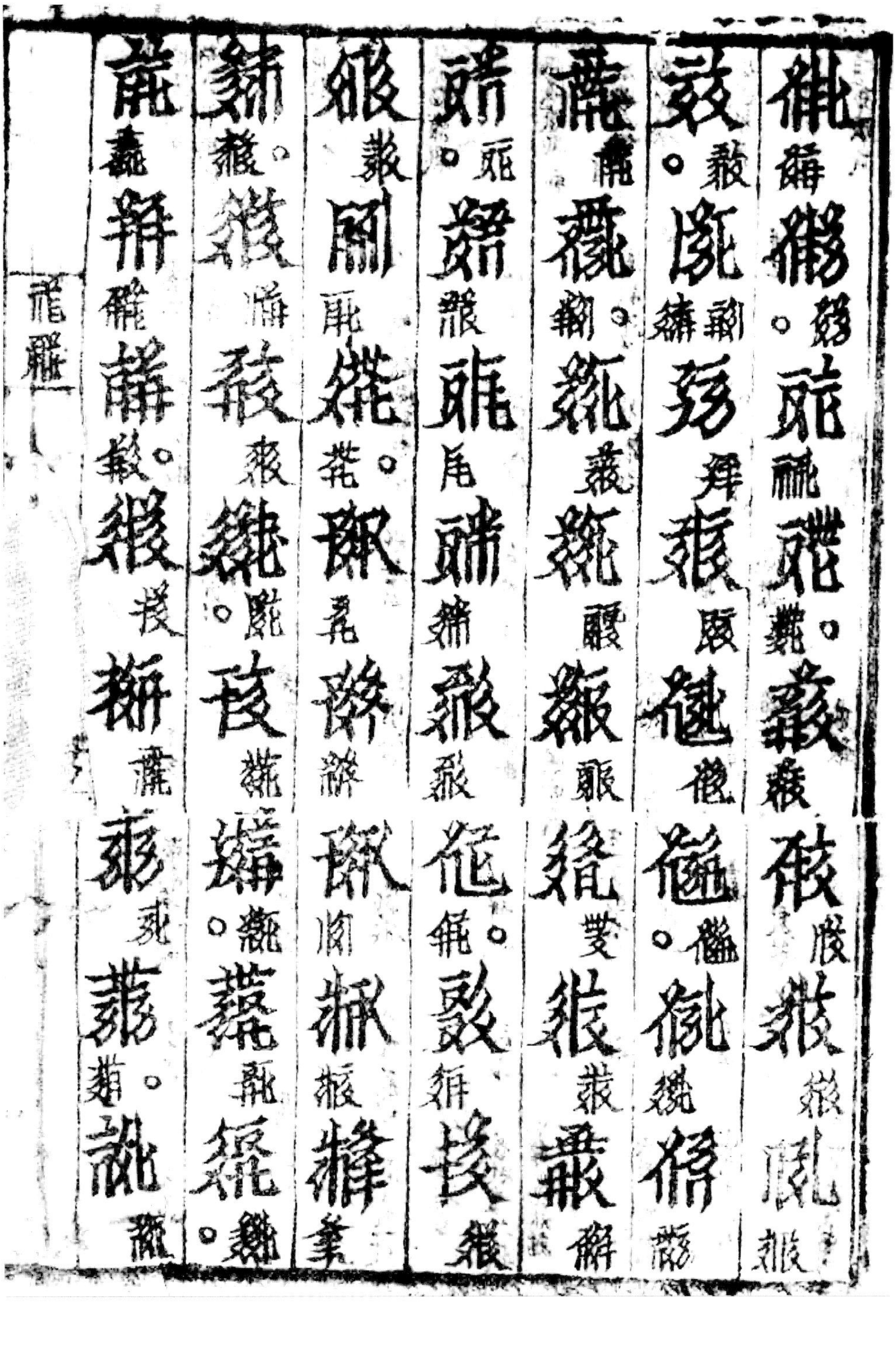

图版一七　《同音》丁种本 06A

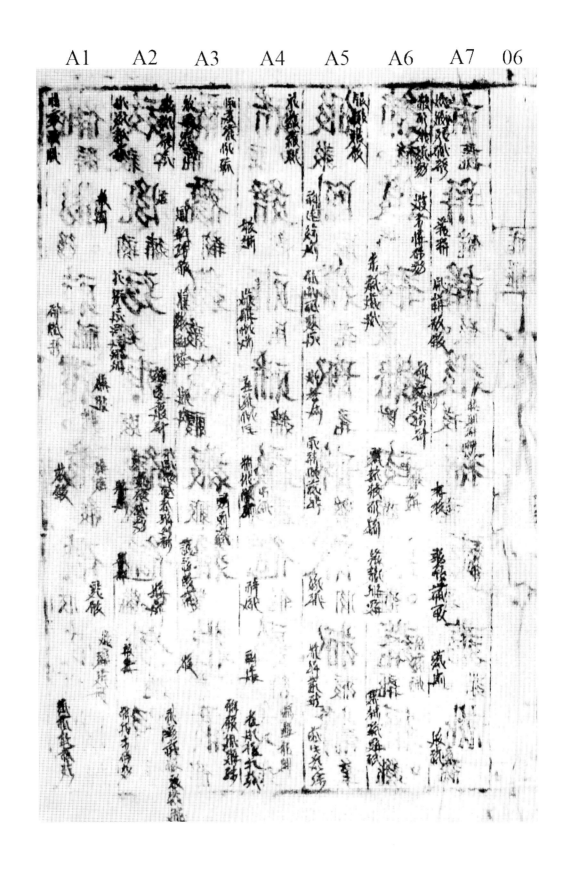

图版一八 《同音》丁种本 06A 背隐音义

B7 B6 B5 B4 B3 B2 B1 06

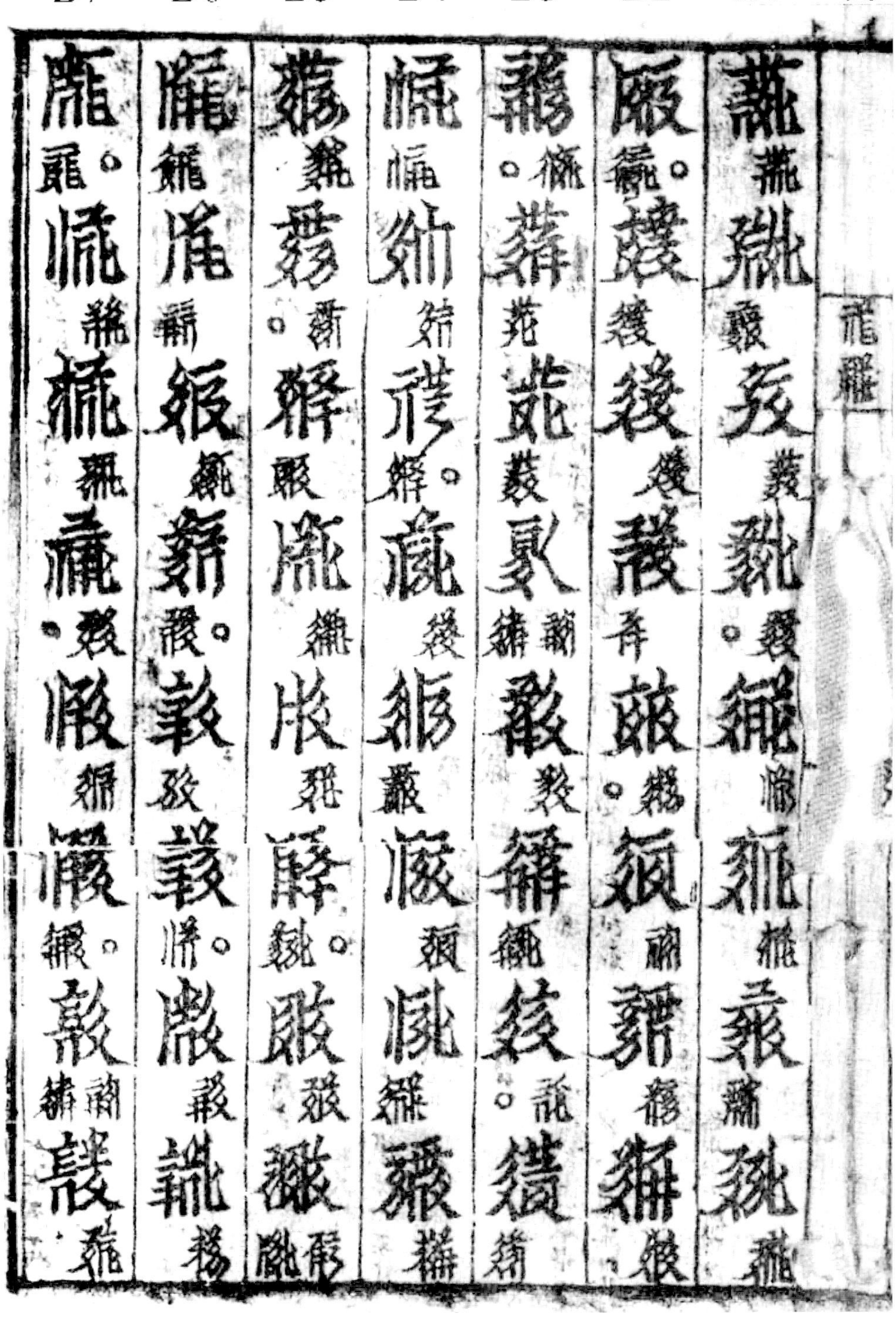

图版一九 《同音》丁种本 06B

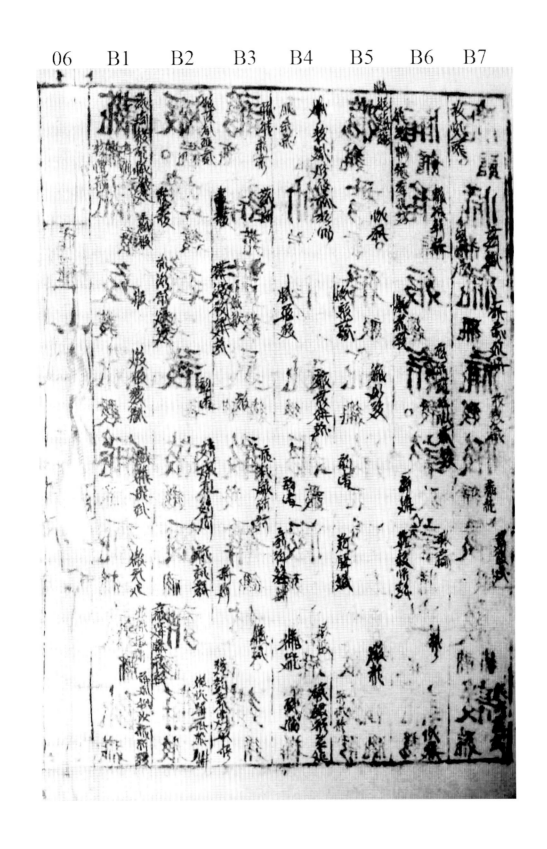

图版二〇　《同音》丁种本 06B 背隐音义

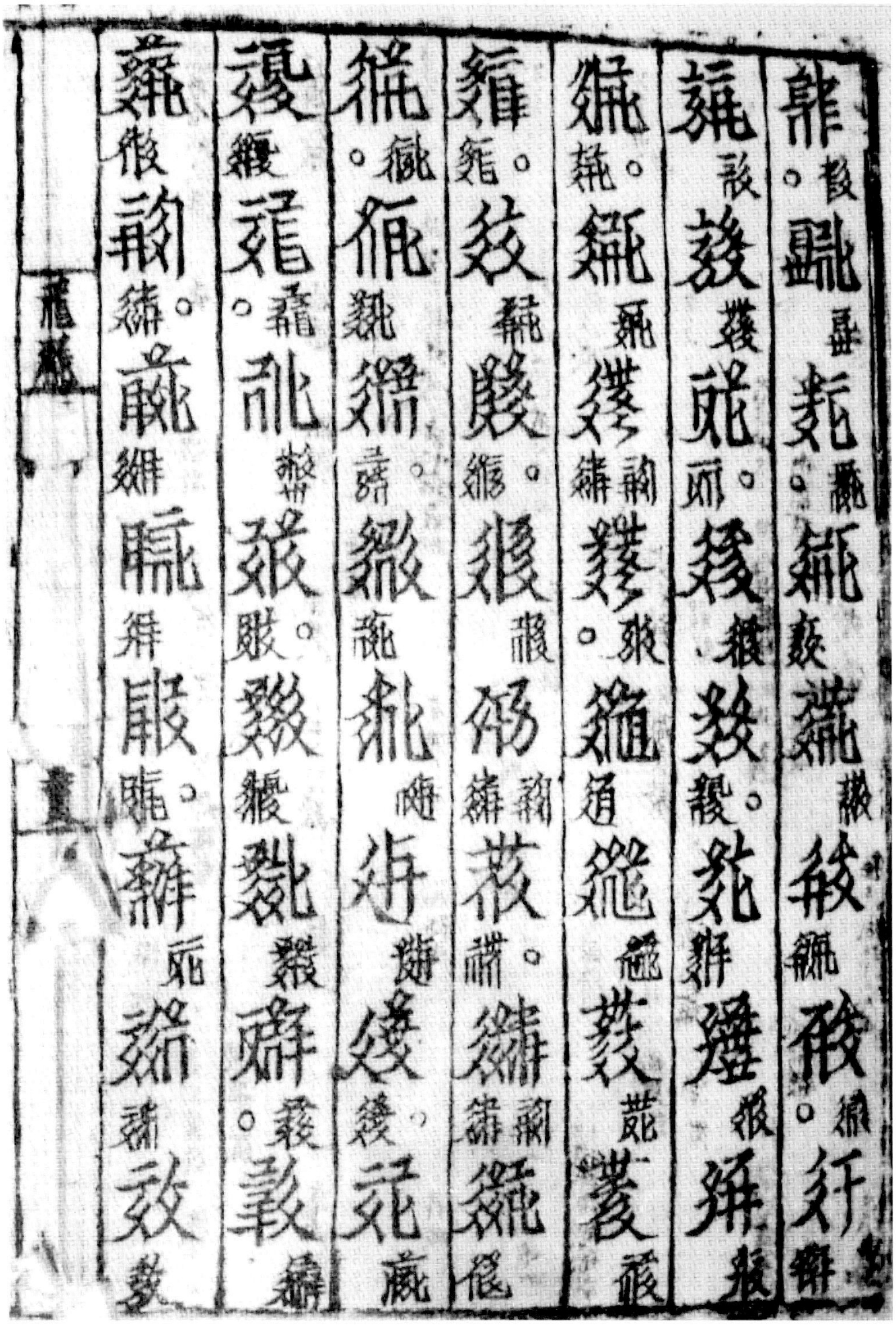

图版二一　《同音》丁种本 07A

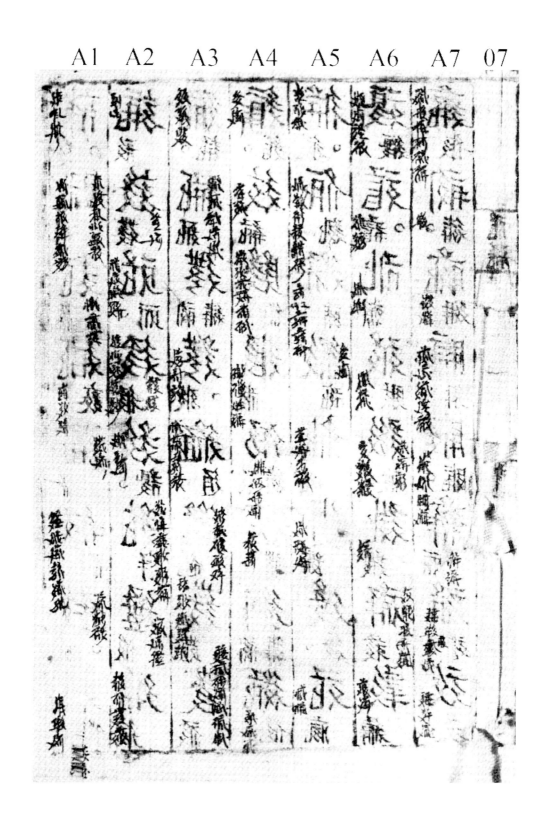

图版二二　《同音》丁种本 07A 背隐音义

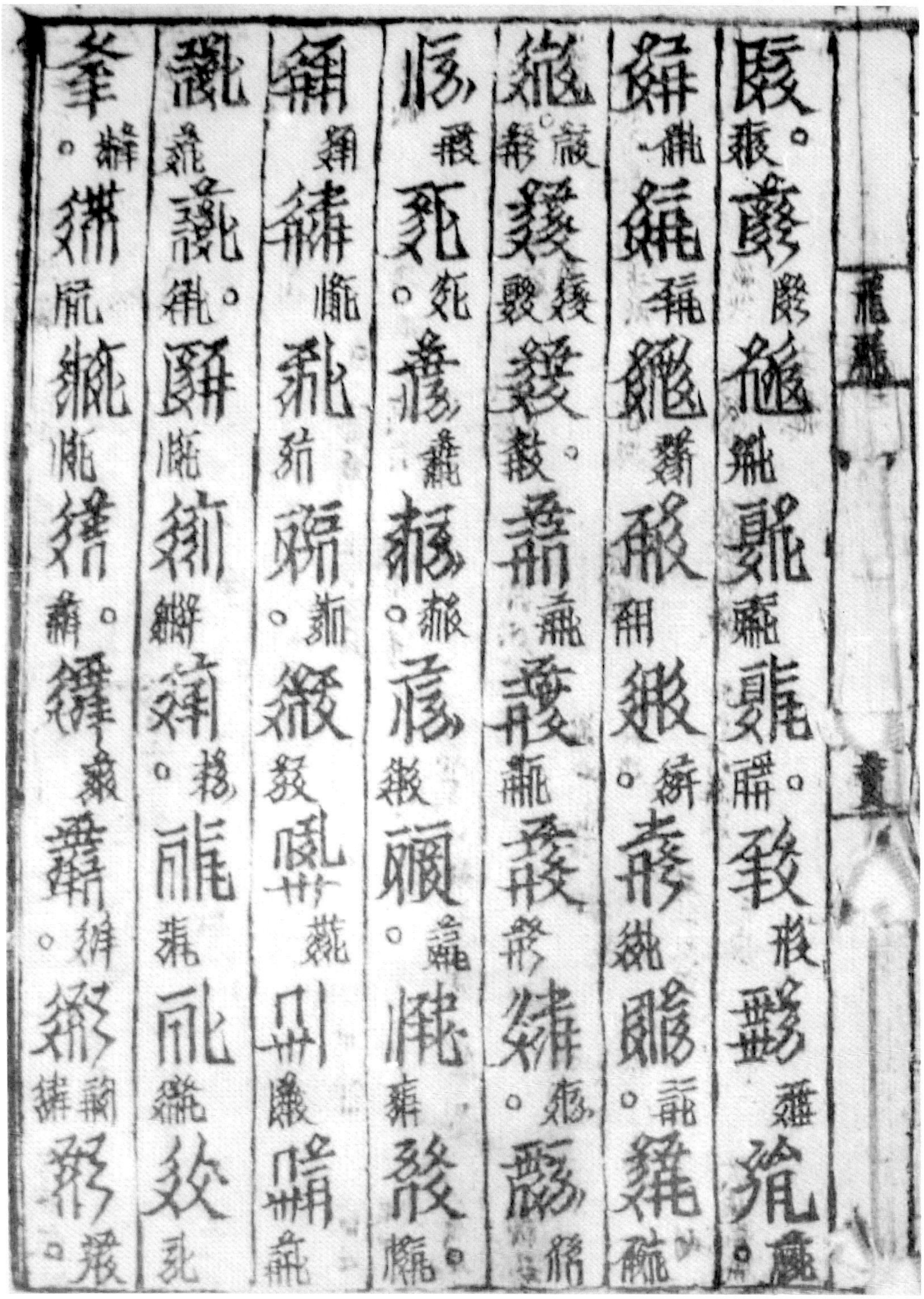

图版二三 《同音》丁种本 07B

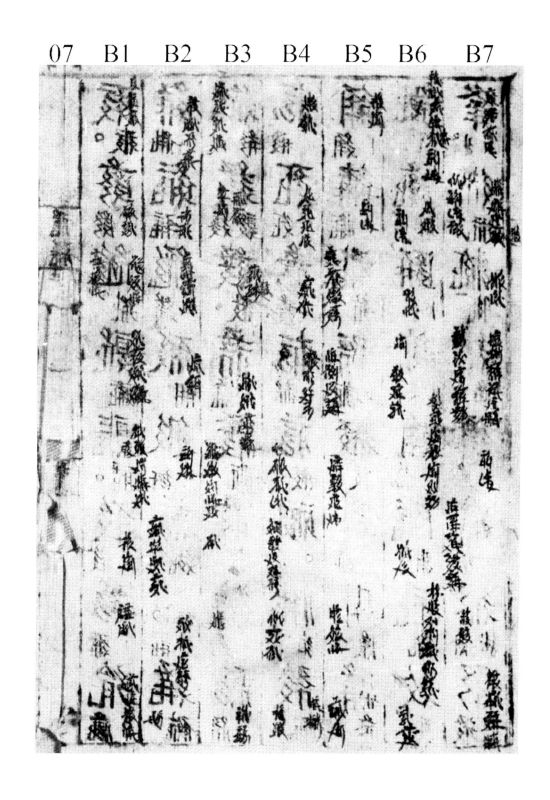

图版二四 《同音》丁种本07B背隐音义

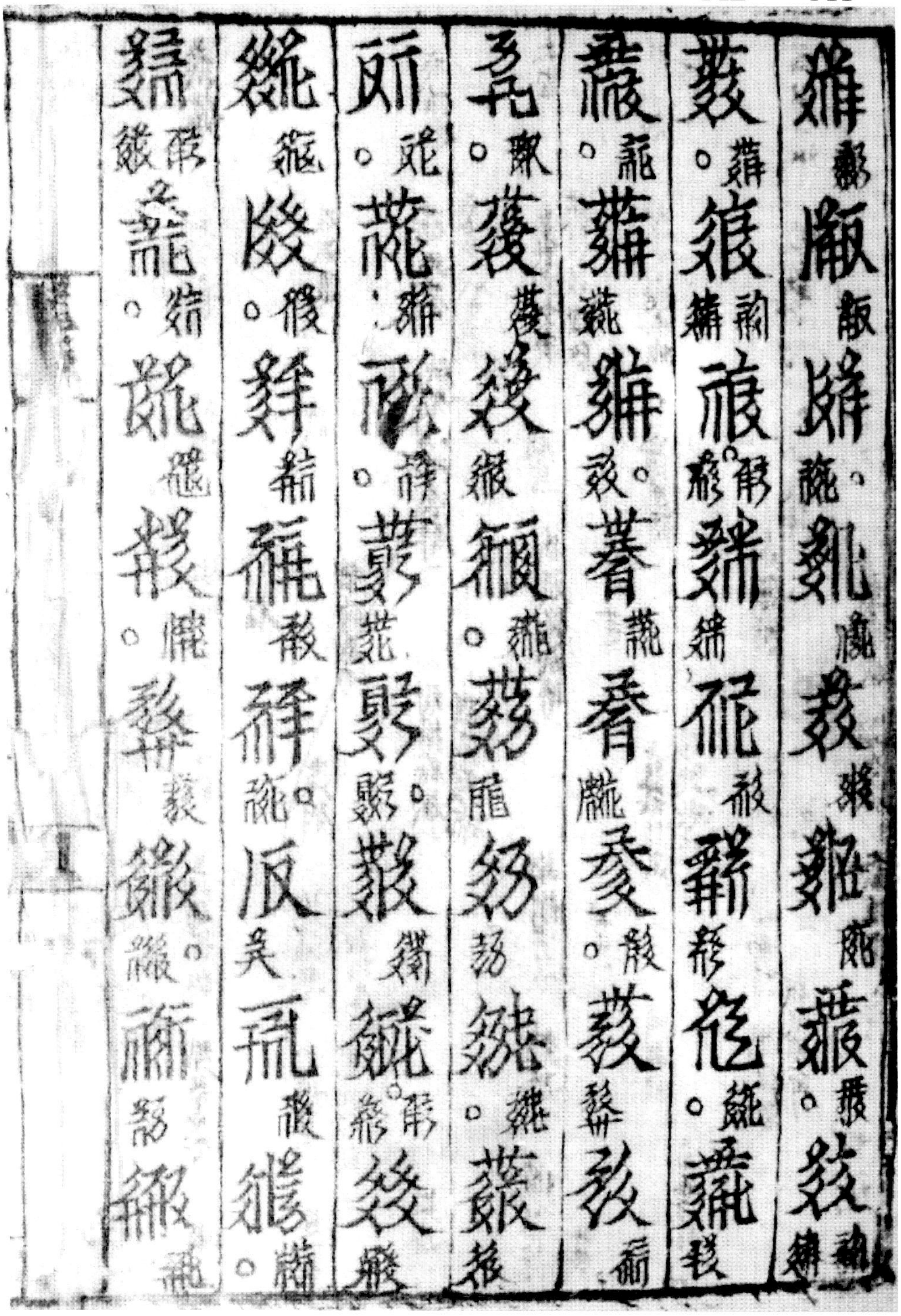

图版二五　《同音》丁种本 08A

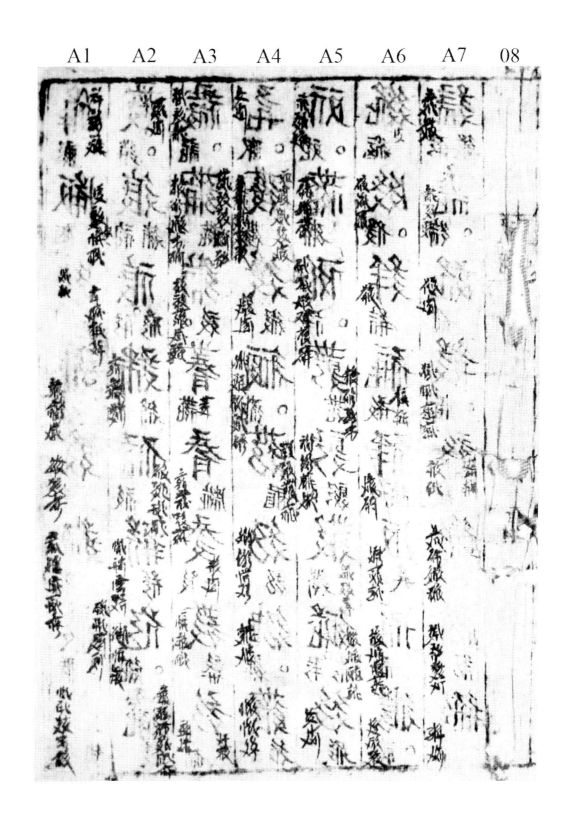

图版二六 《同音》丁种本 08A 背隐音义

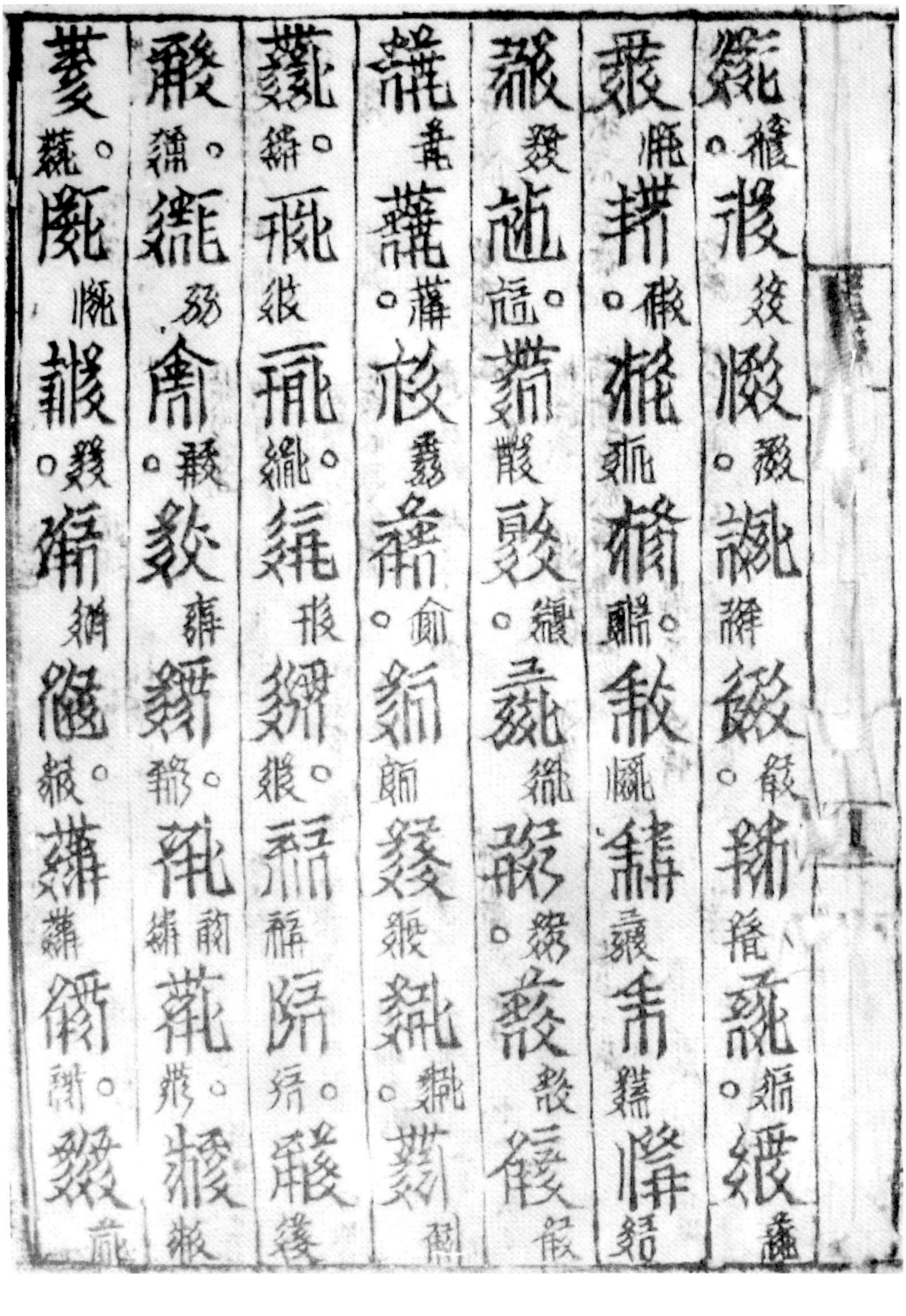

图版二七　《同音》丁种本 08B

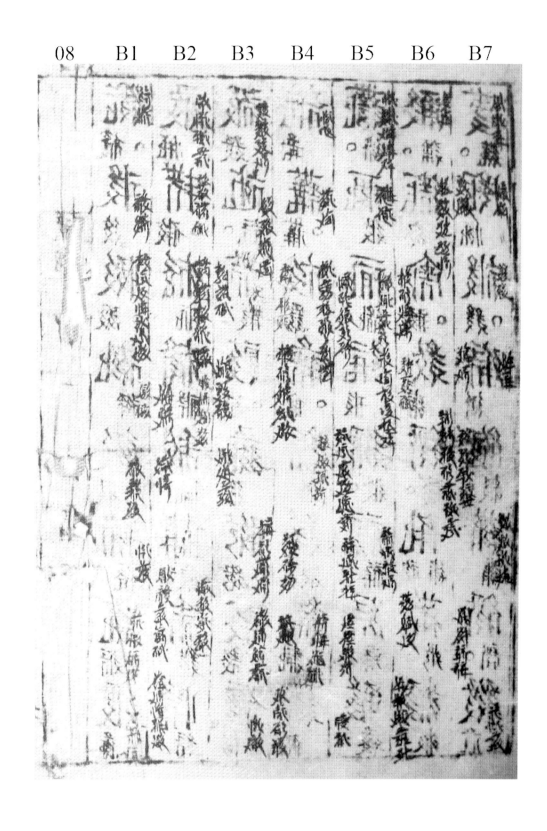

图版二八 《同音》丁种本 08B 背隐音义

09   A7   A6   A5   A4   A3   A2   A1

图版二九　《同音》丁种本 09A

图版三〇 《同音》丁种本 09A 背隐音义

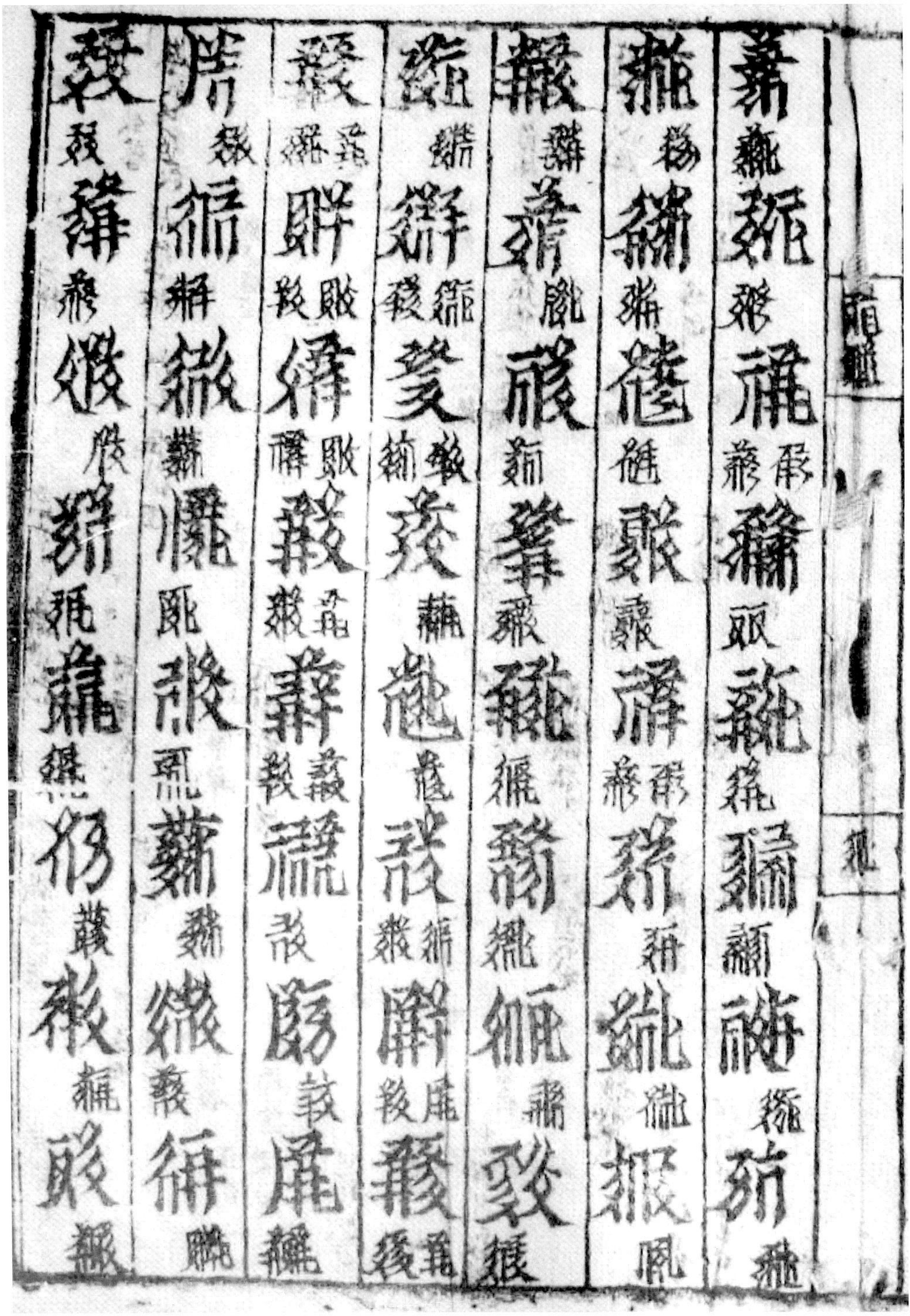

图版三一 《同音》丁种本 09B

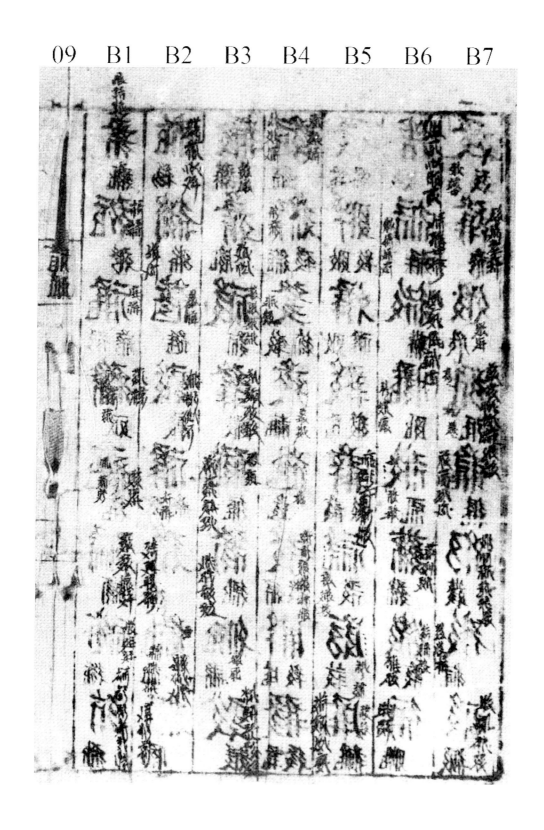

图版三二 《同音》丁种本 09B 背隐音义

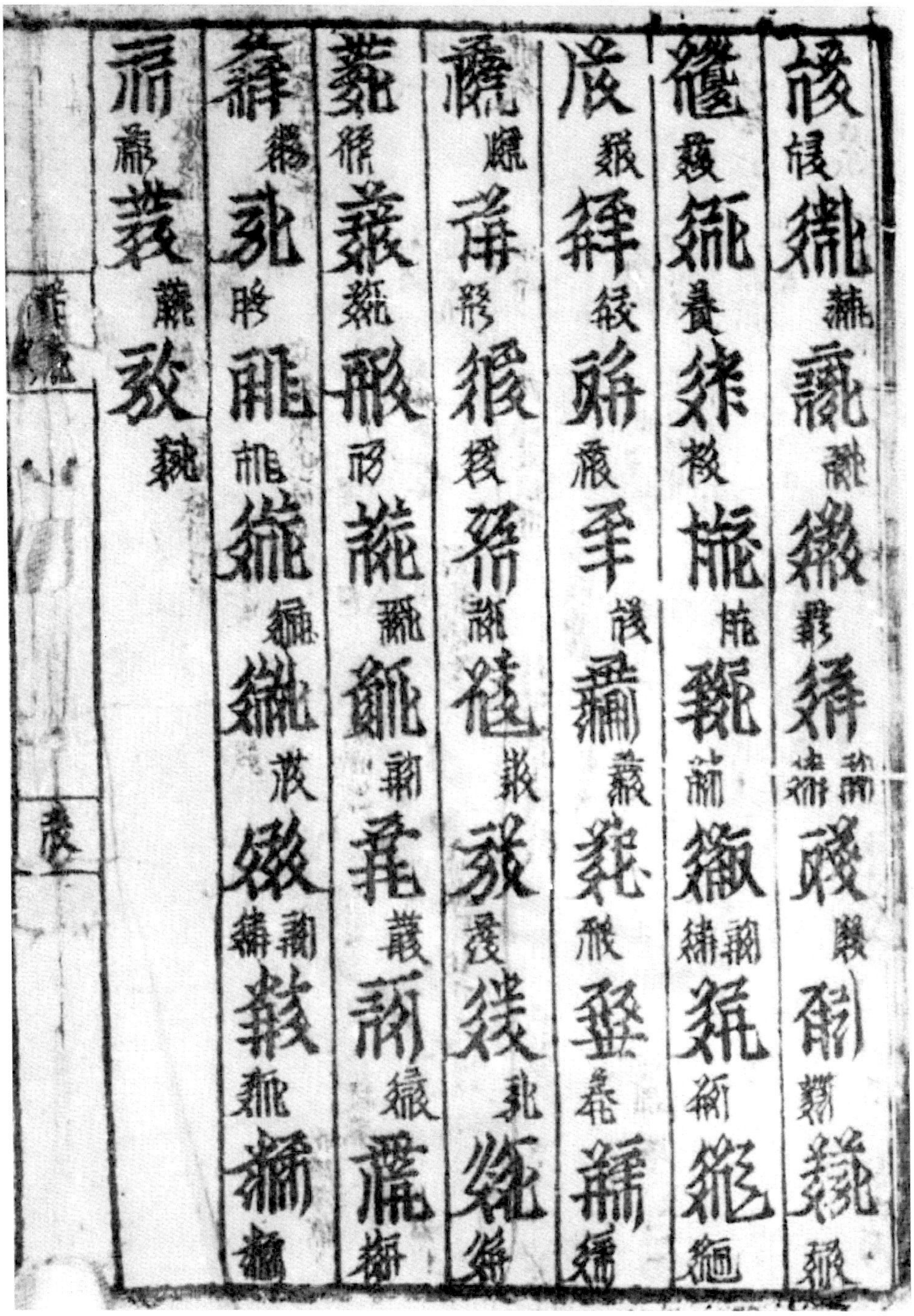

图版三三 《同音》丁种本 10A

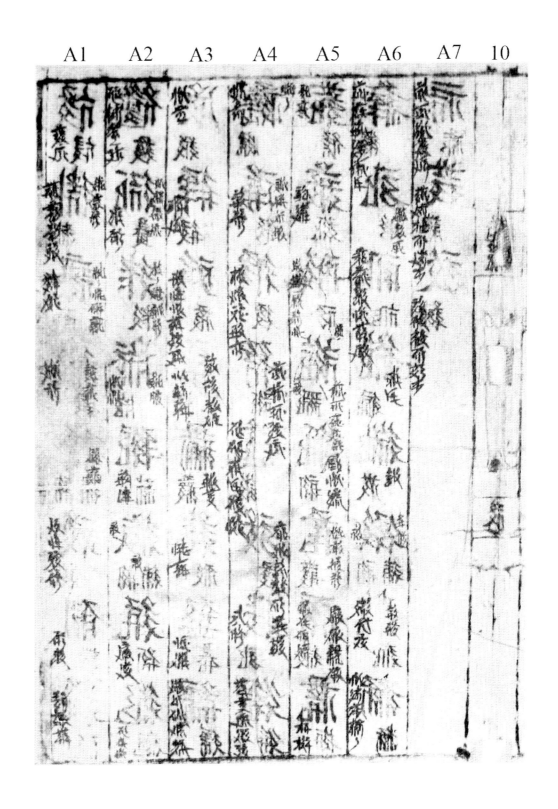

図版三四　《同音》丁种本 10A 背隐音义

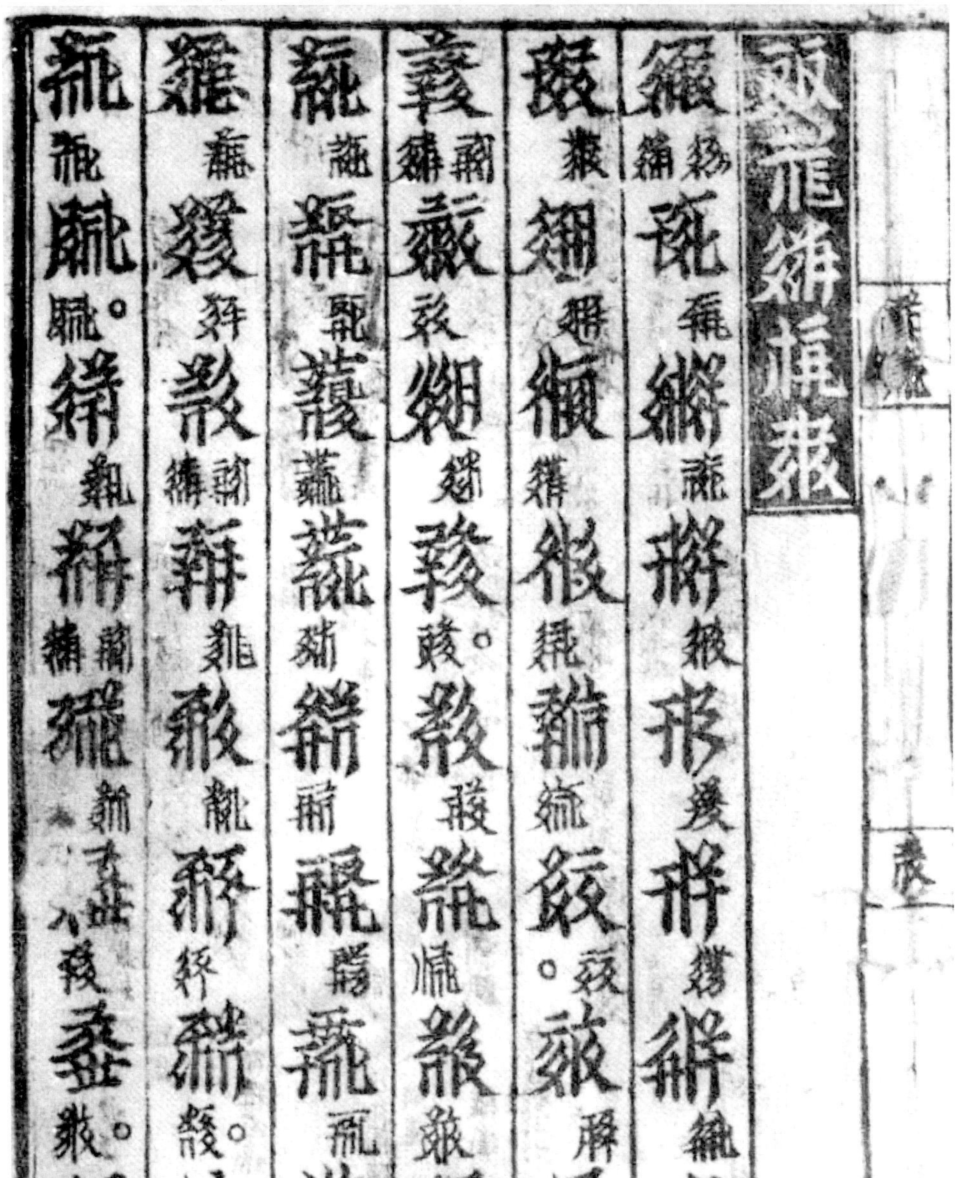

图版三五　《同音》丁种本 10B

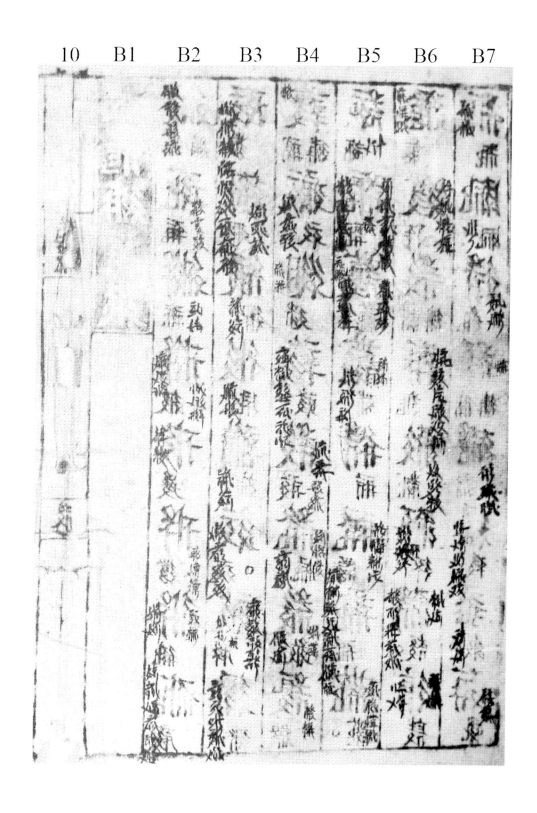

图版三六 《同音》丁种本 10B 背隐音义

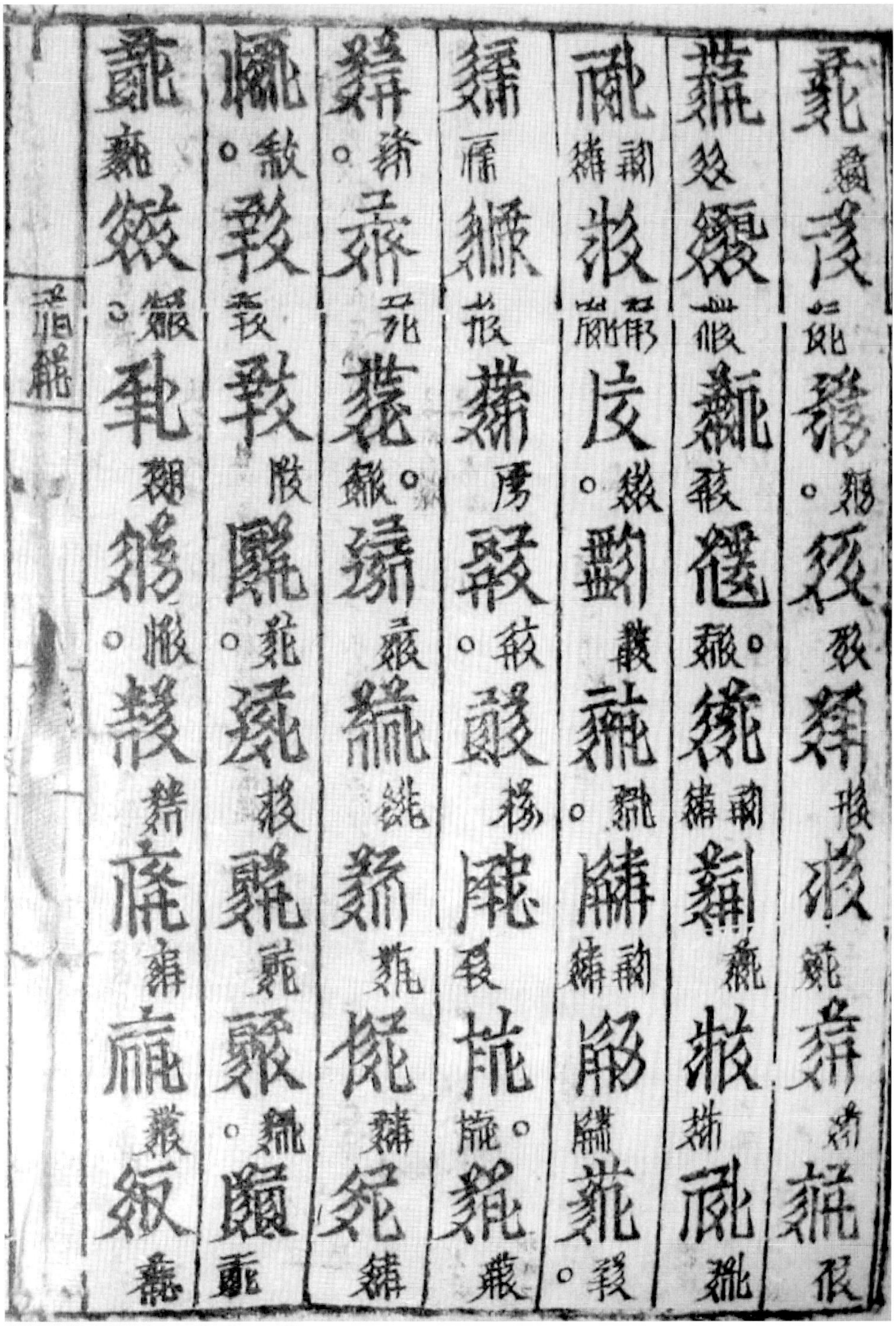

图版三七　《同音》丁种本 11A

图版三八 《同音》丁种本 11A 背隐音义

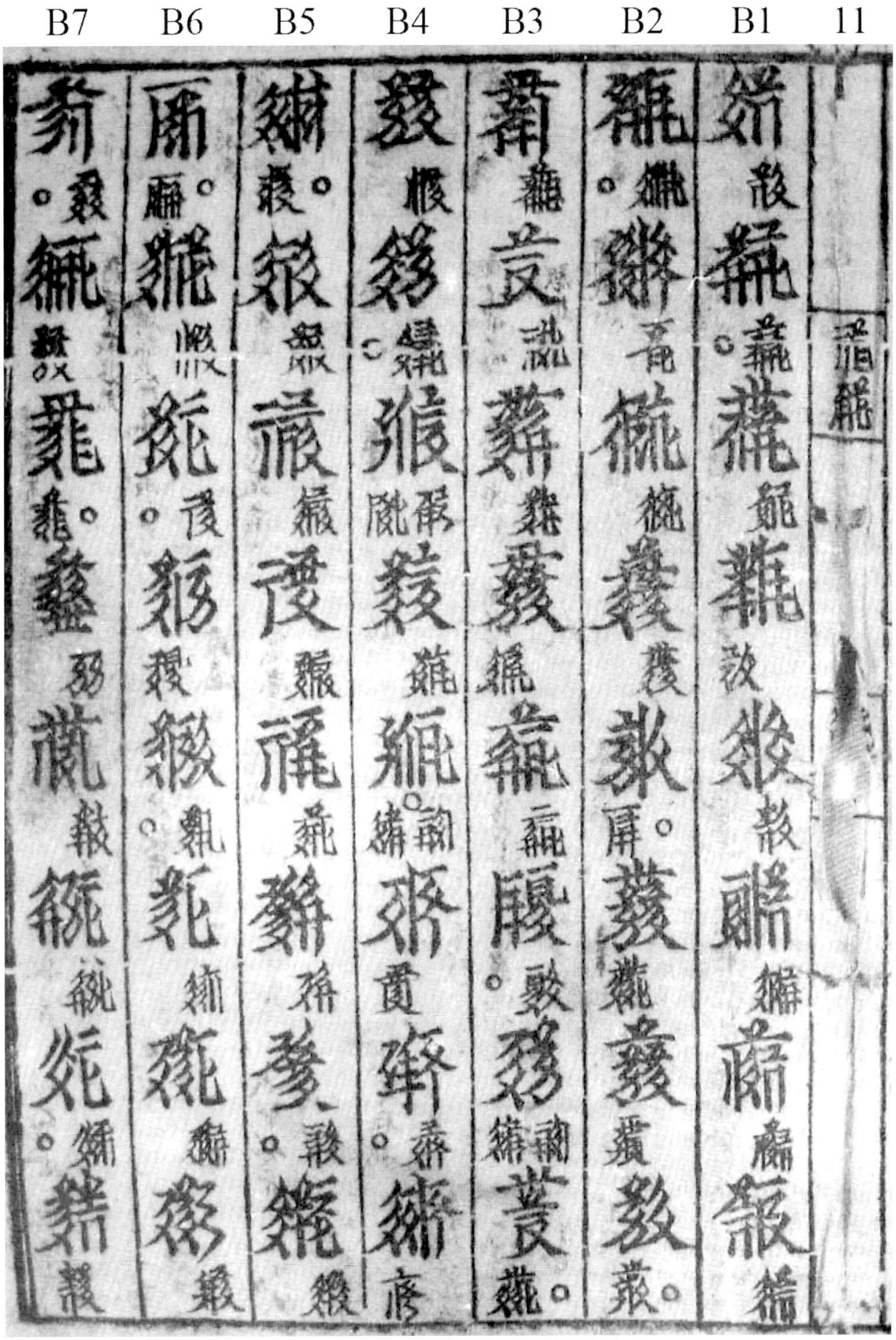

图版三九　《同音》丁种本 11B

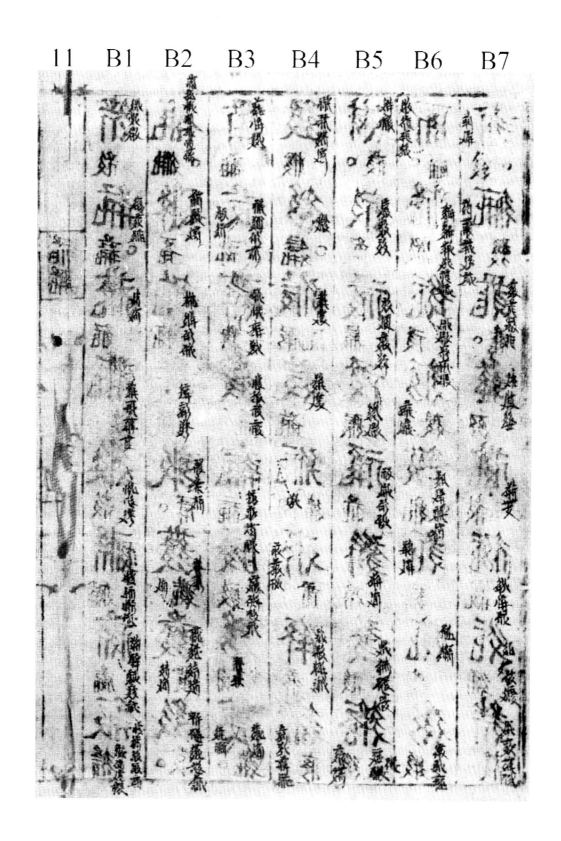

图版四〇 《同音》丁种本 11B 背隐音义

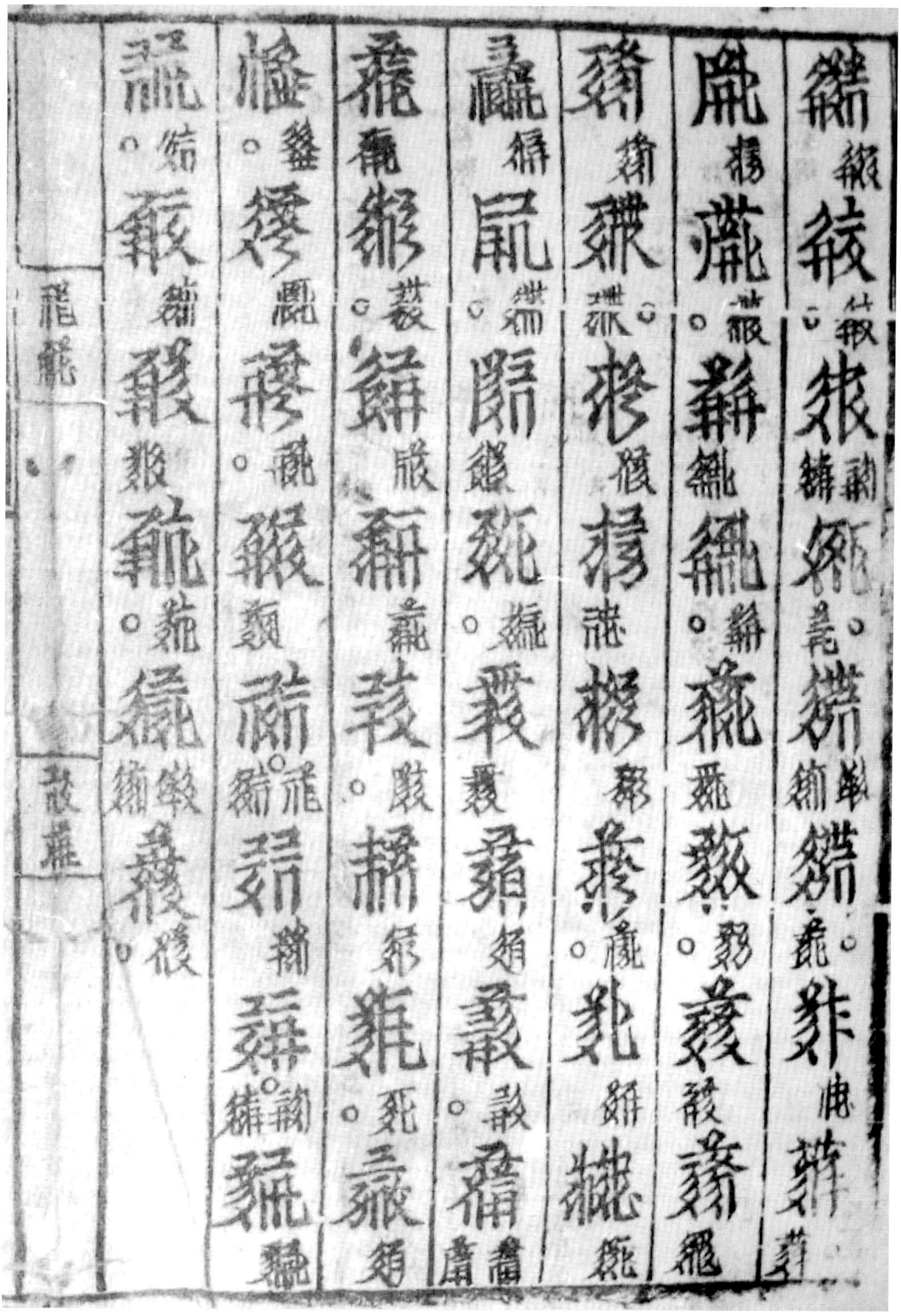

图版四一 《同音》丁种本 12A

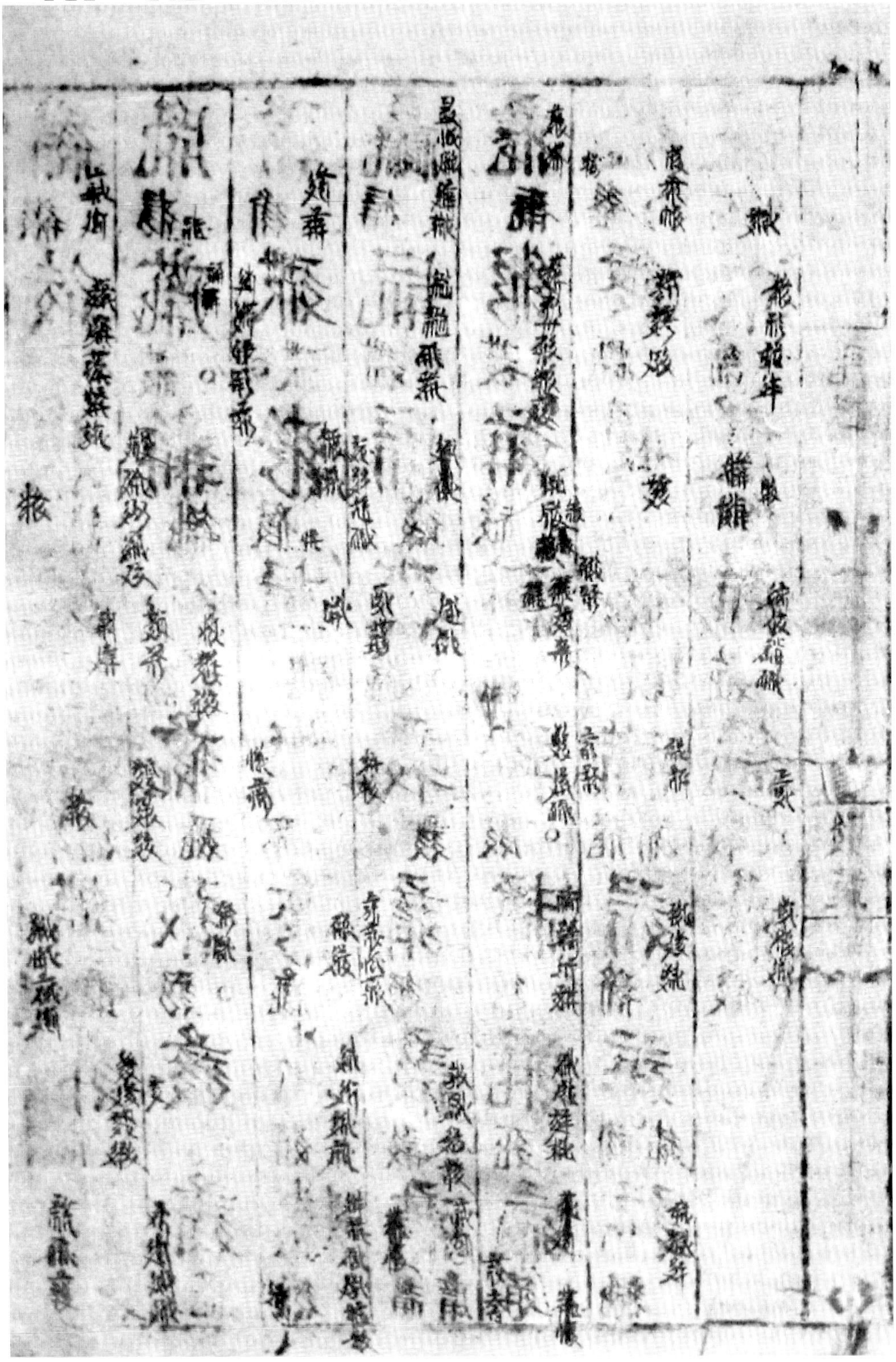

图版四二 《同音》丁种本 12A 背隐音义

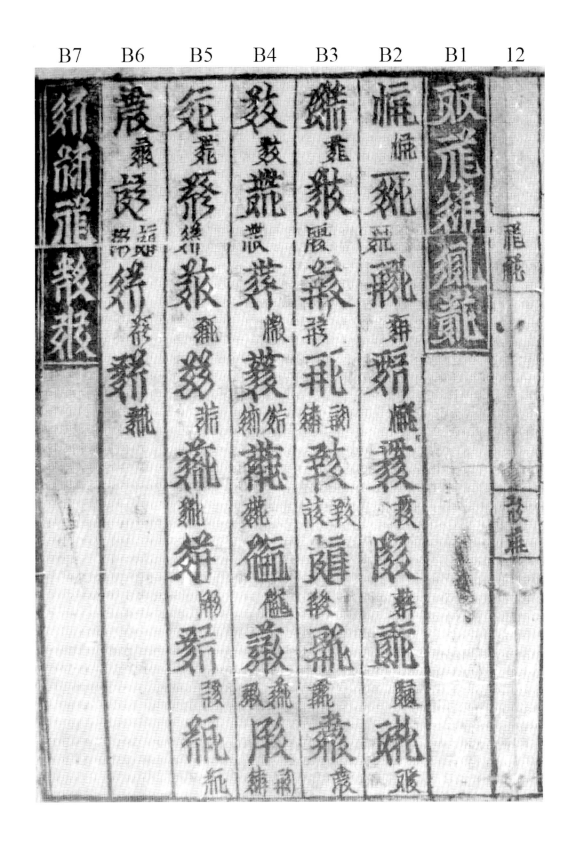

图版四三 《同音》丁种本 12B

图版四四 《同音》丁种本 12B 背隐音义

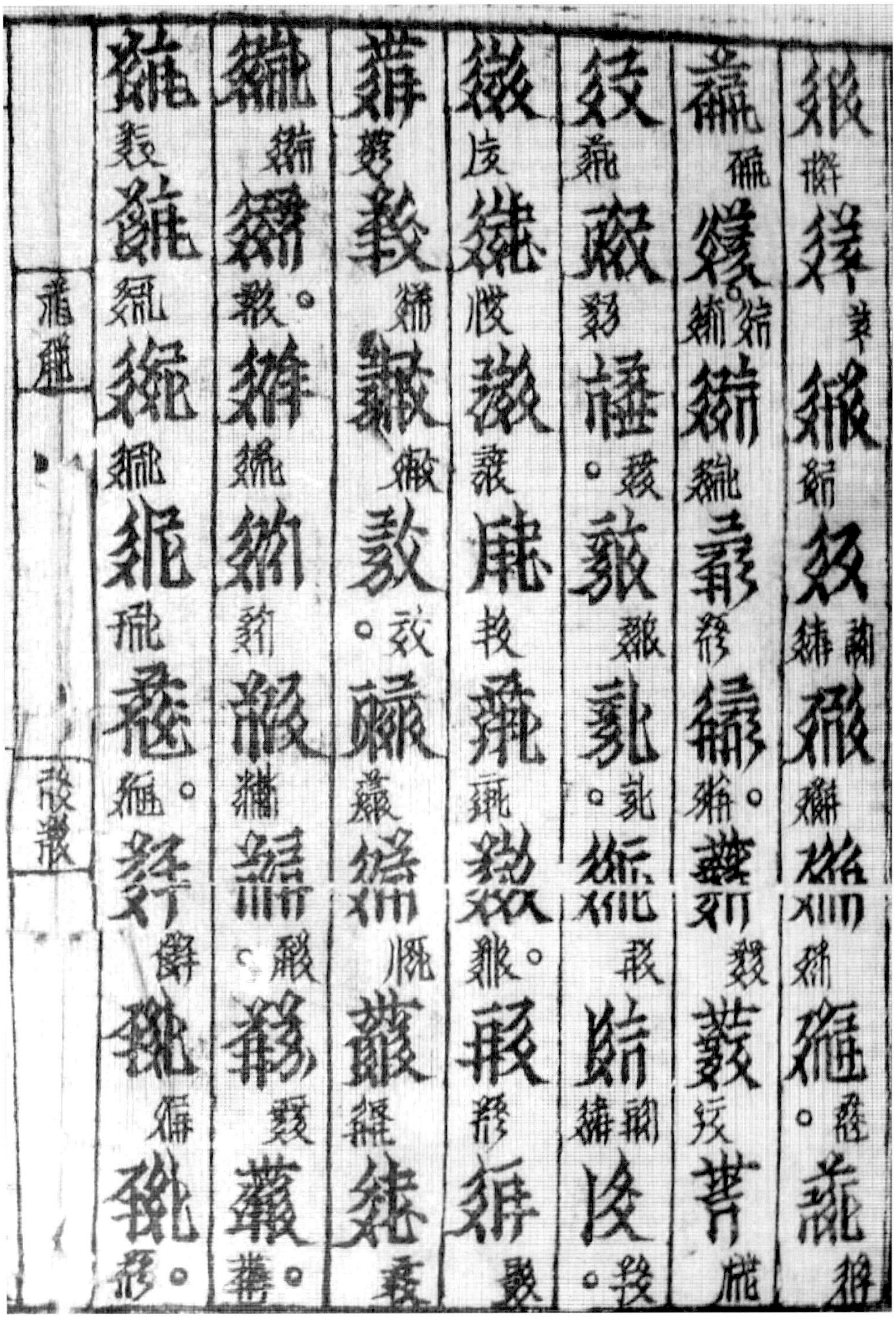

图版四五　《同音》丁种本 13A

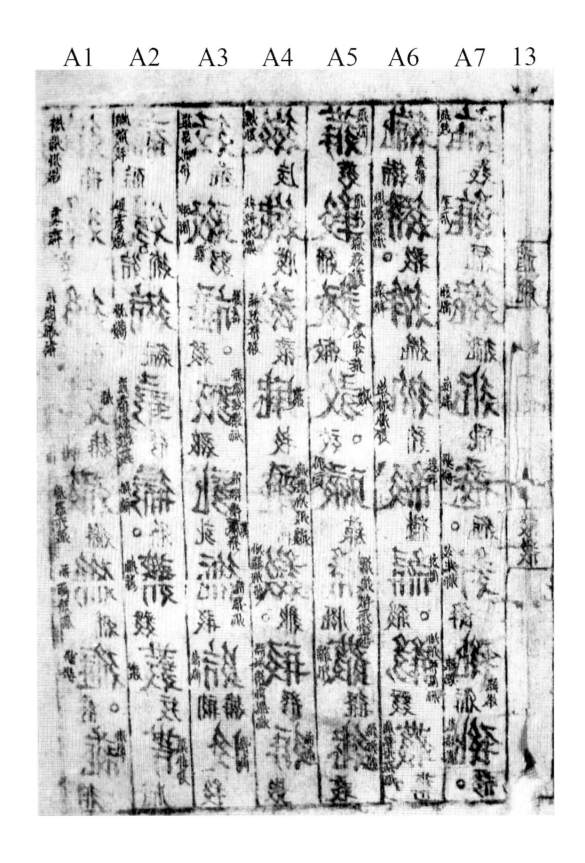

图版四六 《同音》丁种本 13A 背隐音义

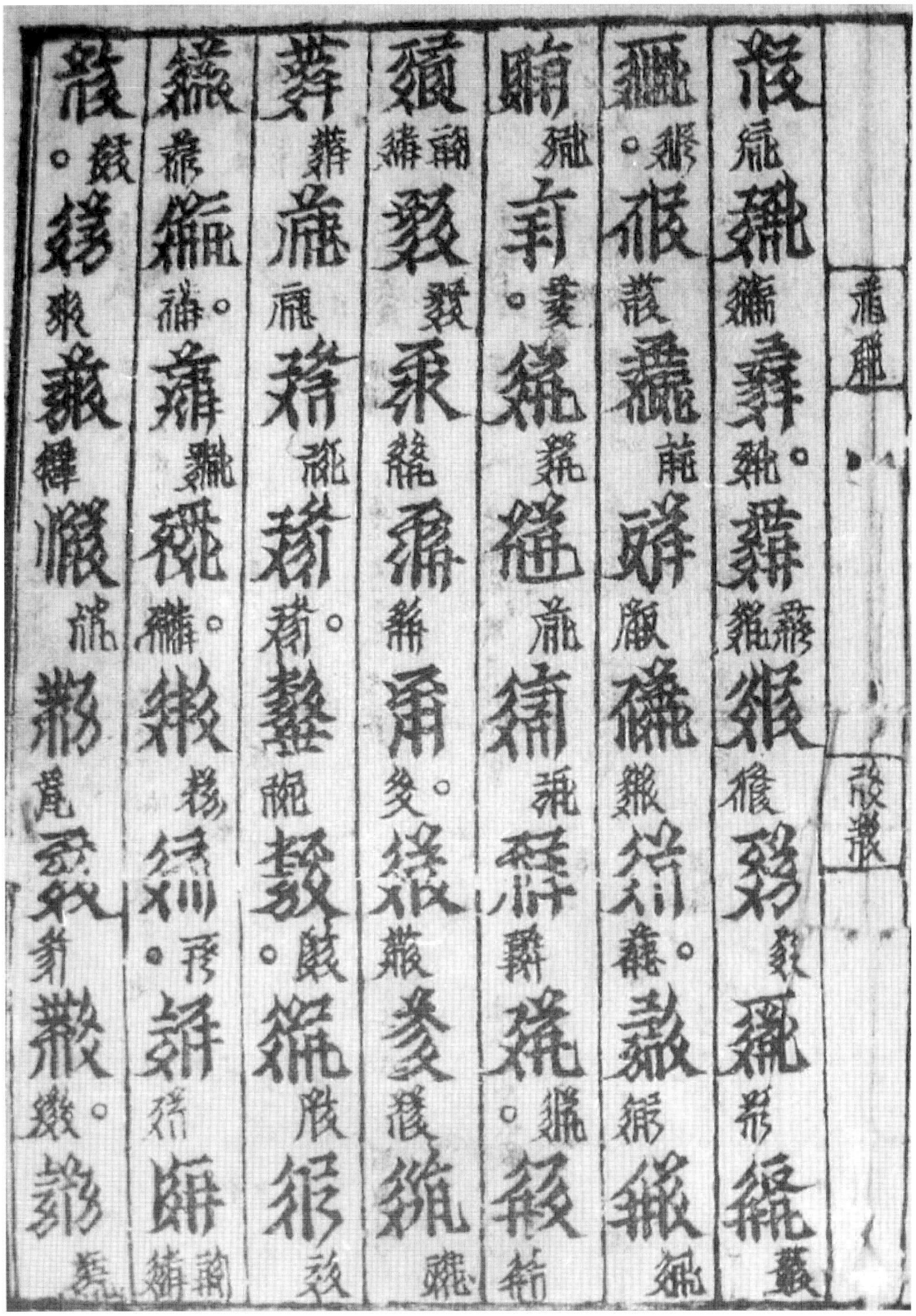

图版四七 《同音》丁种本 13B

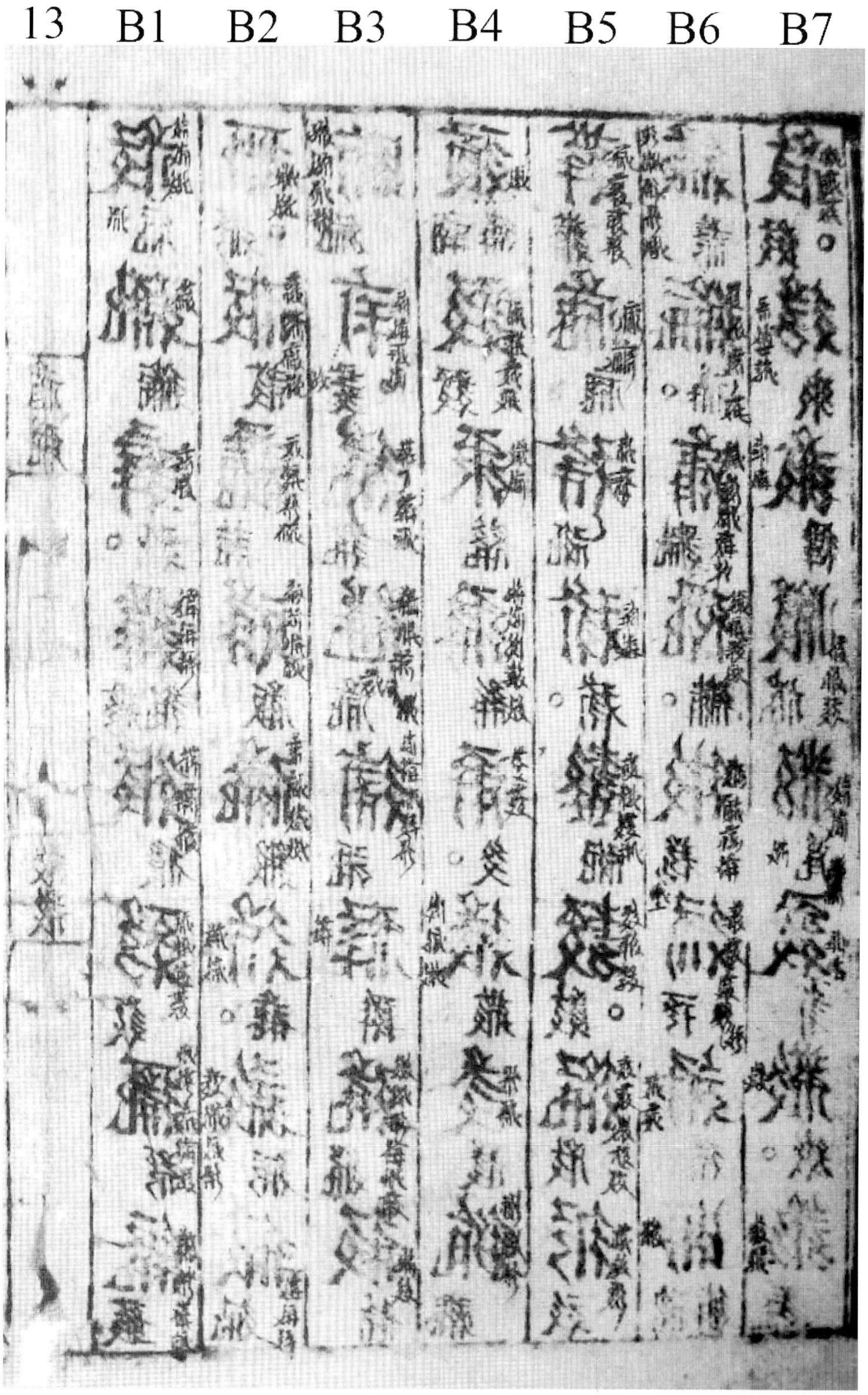

图版四八 《同音》丁种本 13B 背隐音义

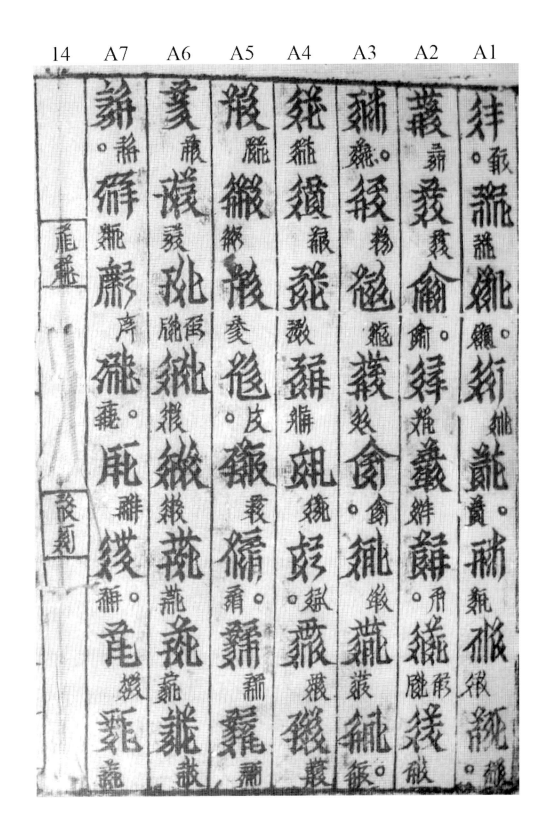

图版四九 《同音》丁种本 14A

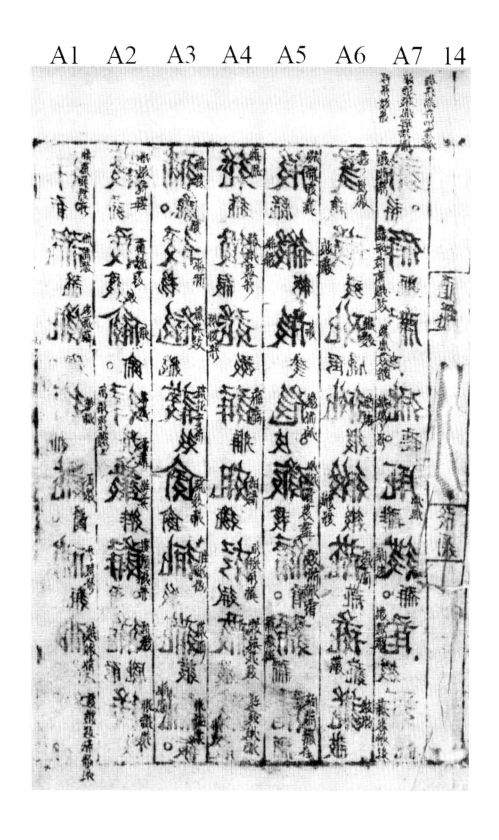

图版五〇　《同音》丁种本 14A 背隐音义

图版五一 《同音》丁种本 14B

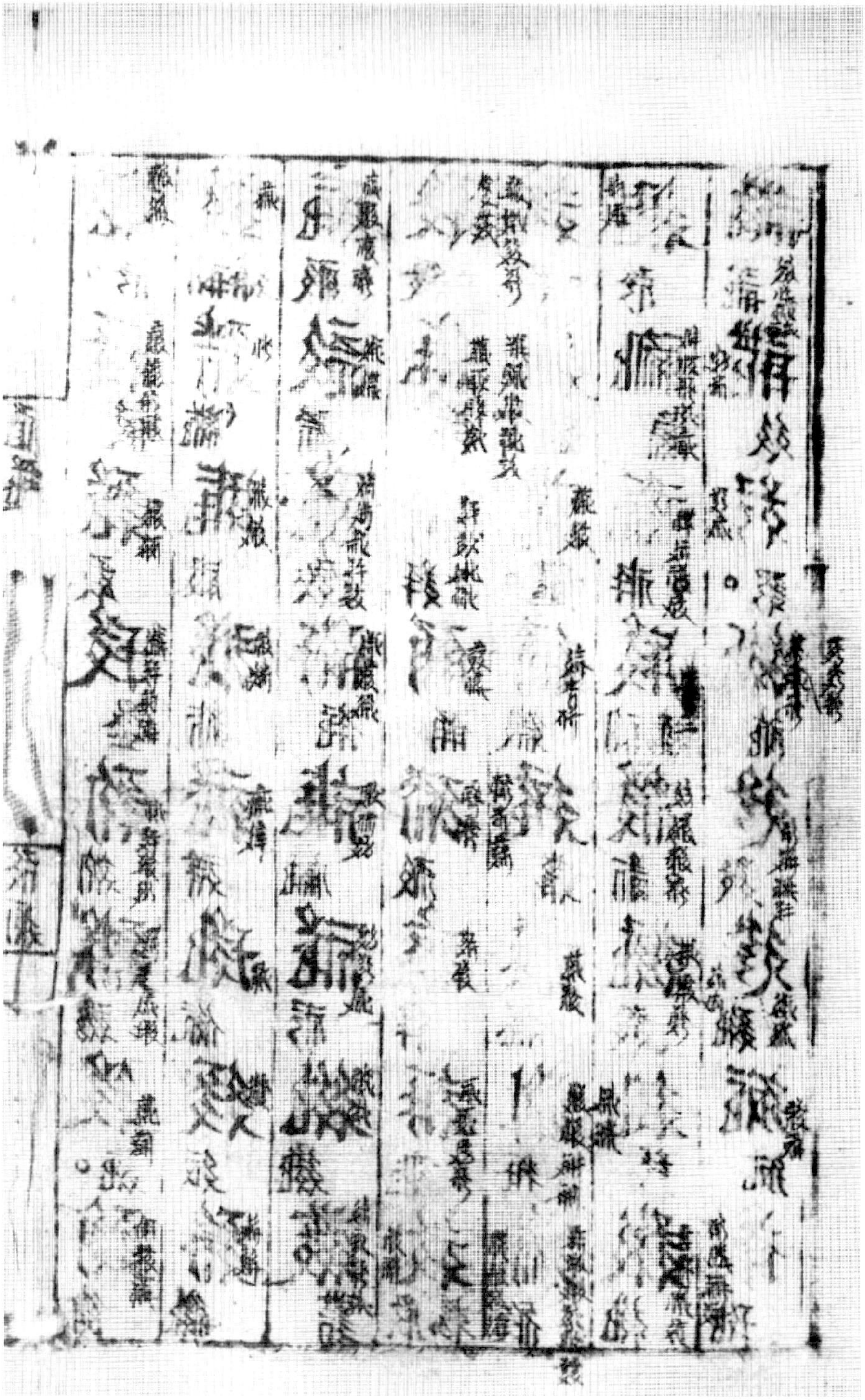

图版五二　《同音》丁种本 14B 背隐音义

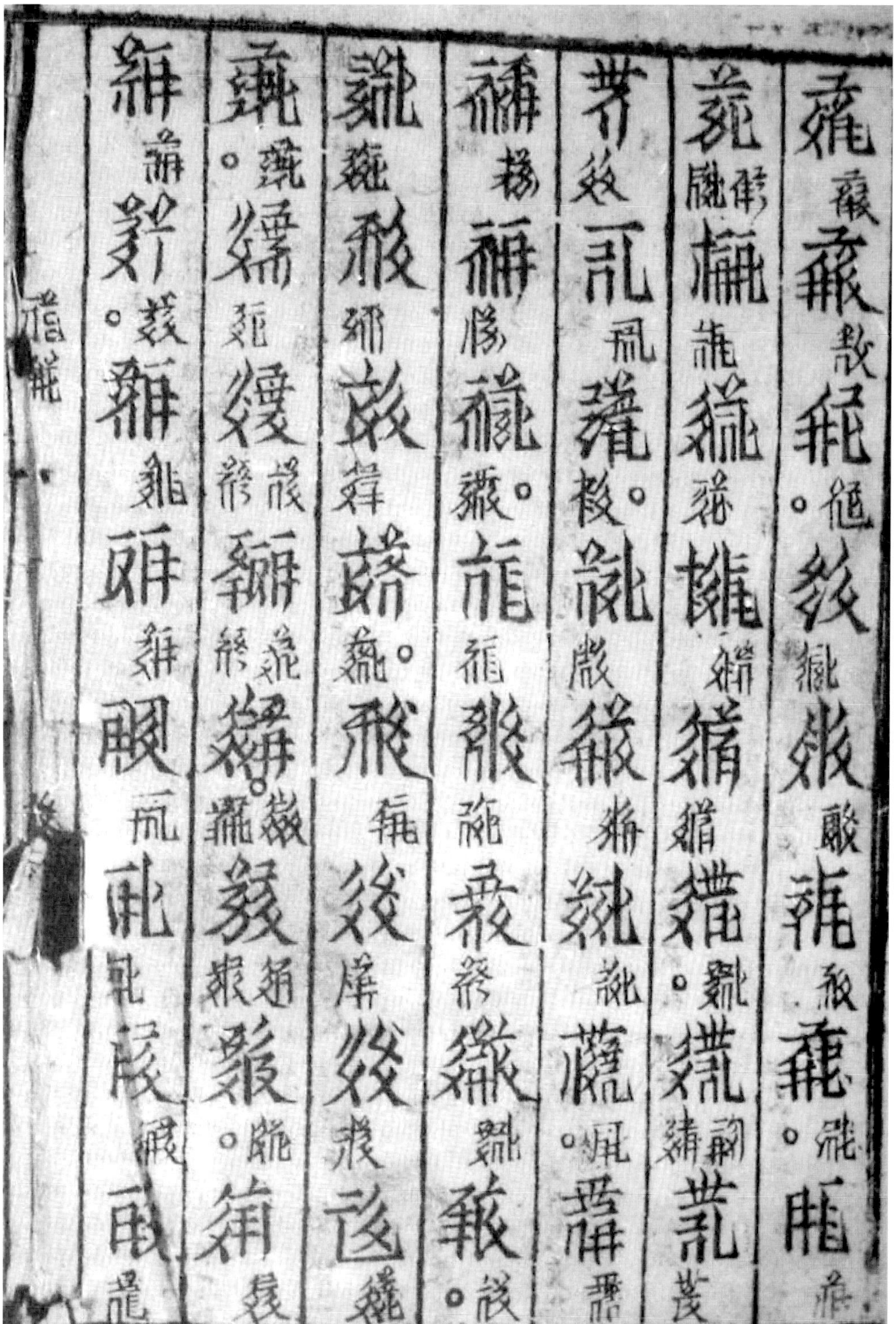

图版五三　《同音》丁种本 15A

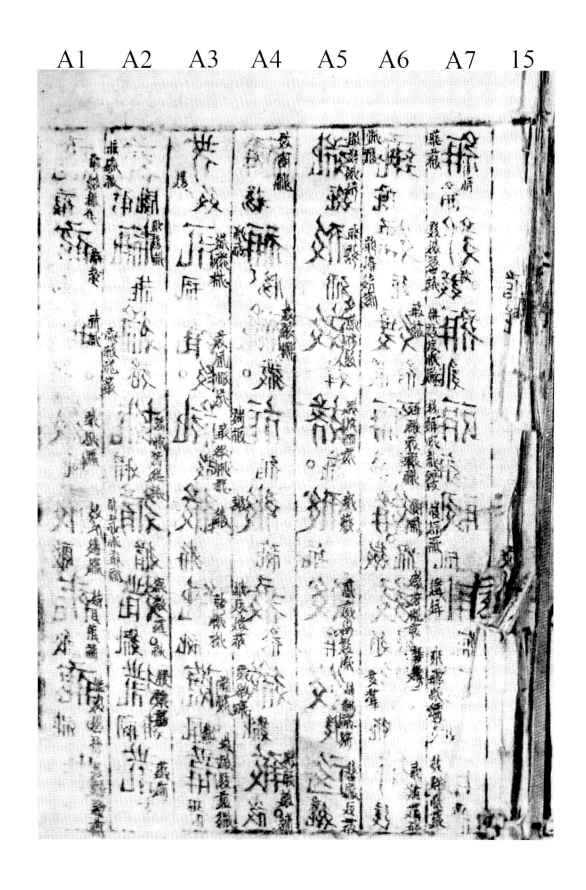

图版五四 《同音》丁种本 15A 背隐音义

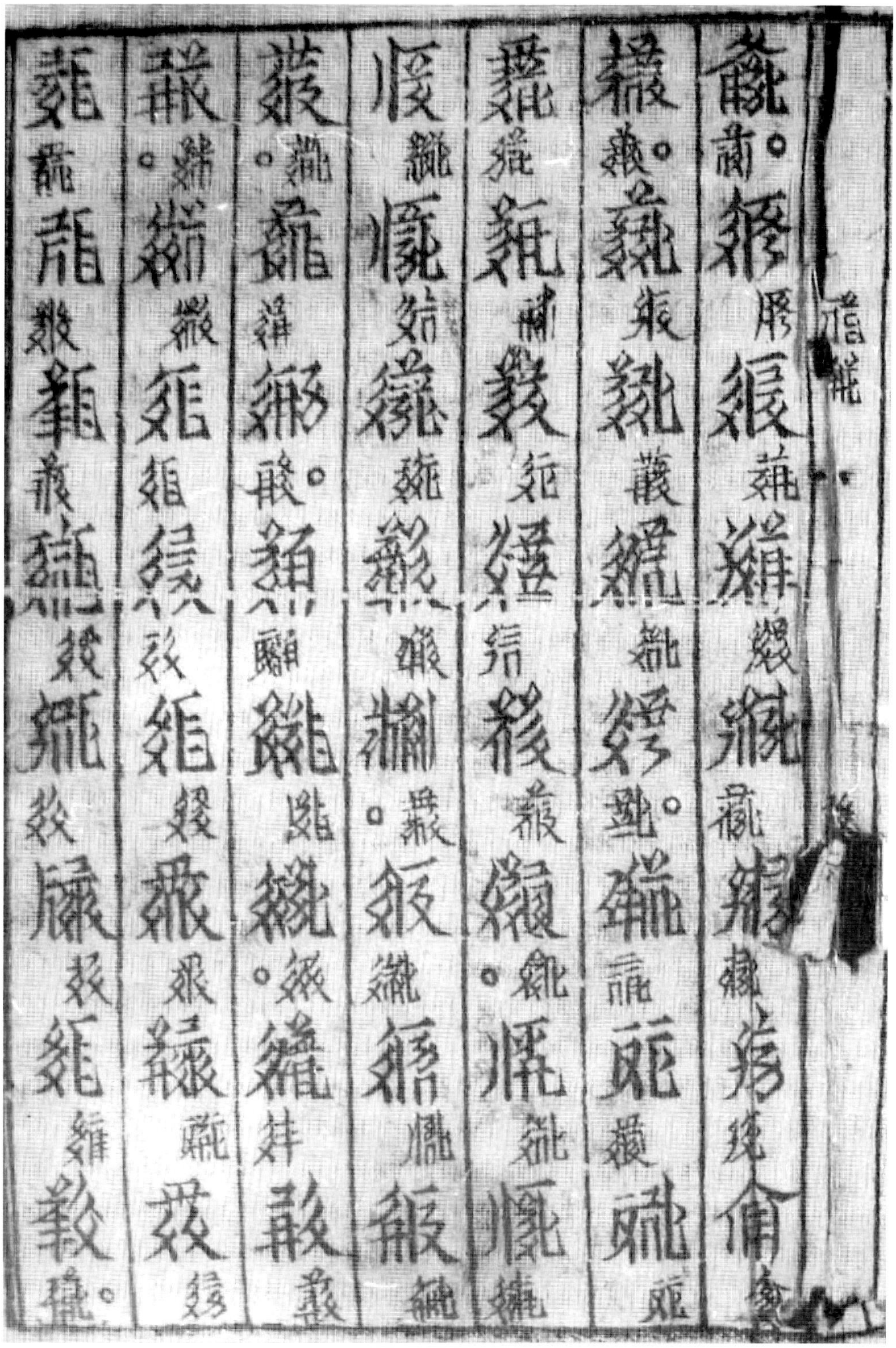

图版五五 《同音》丁种本 15B

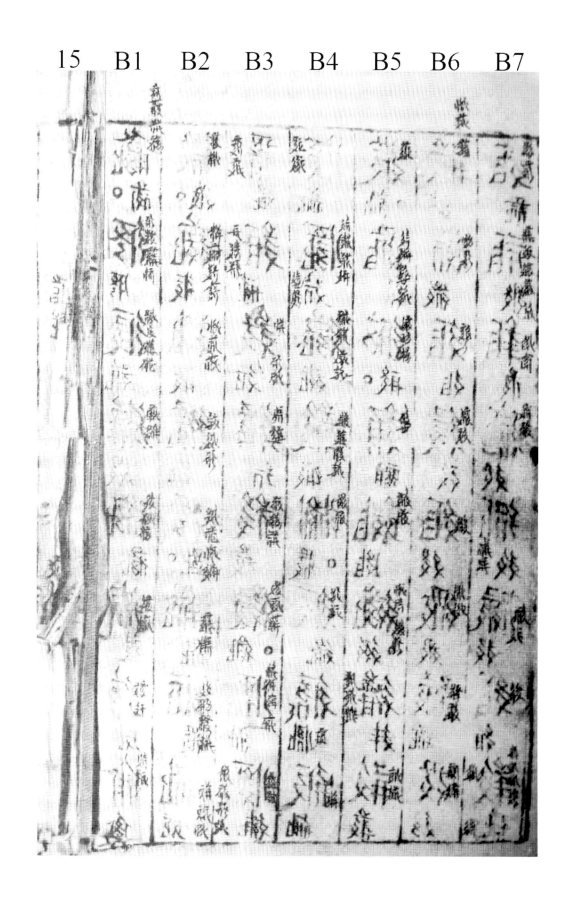

图版五六 《同音》丁种本 15B 背隐音义

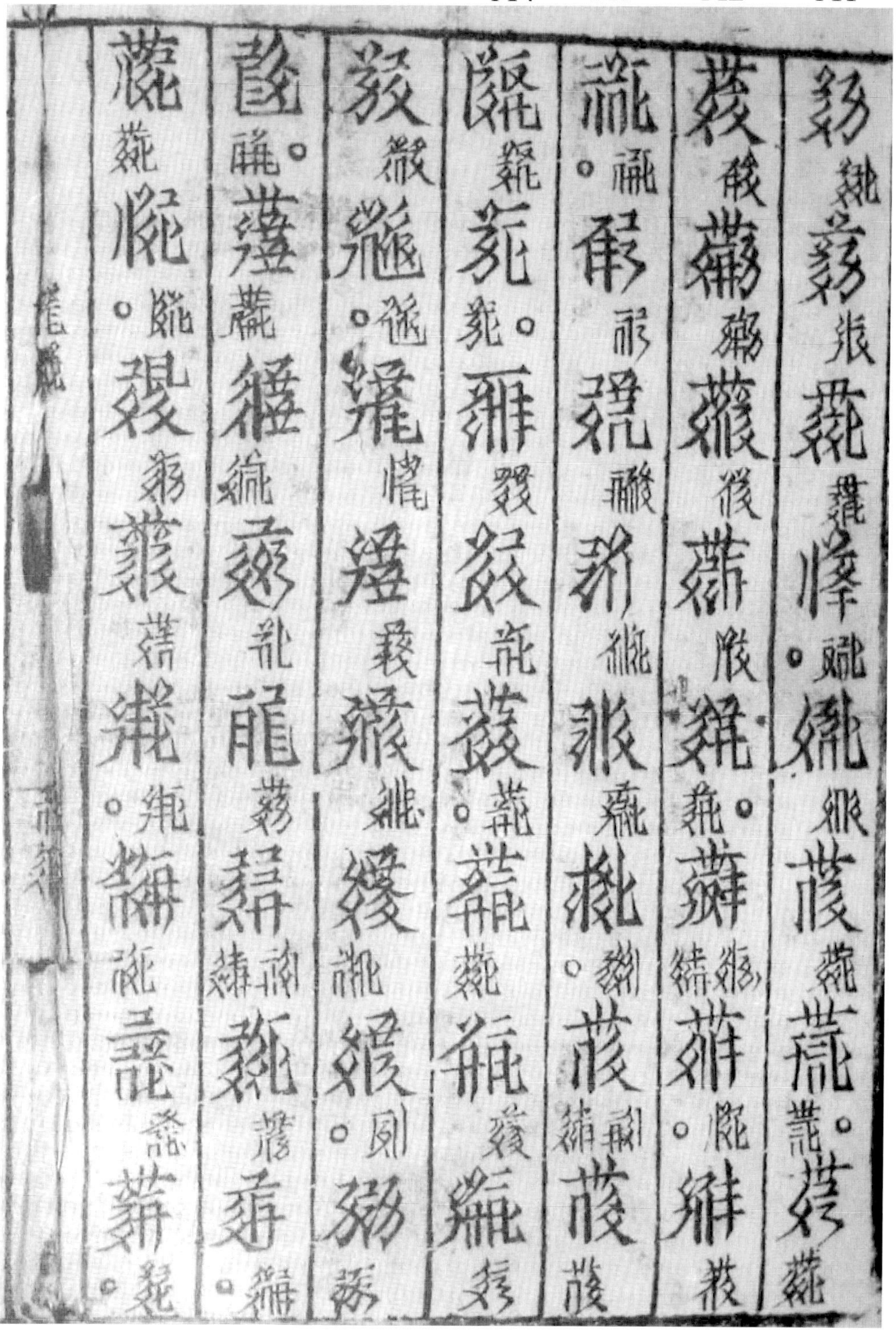

图版五七　《同音》丁种本 16A

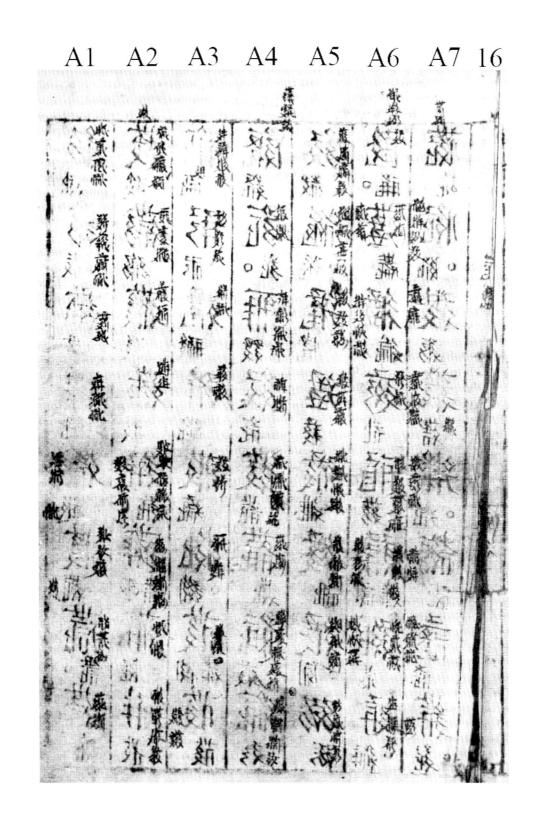

图版五八 《同音》丁种本 16A 背隐音义

图版五九　《同音》丁种本 16B

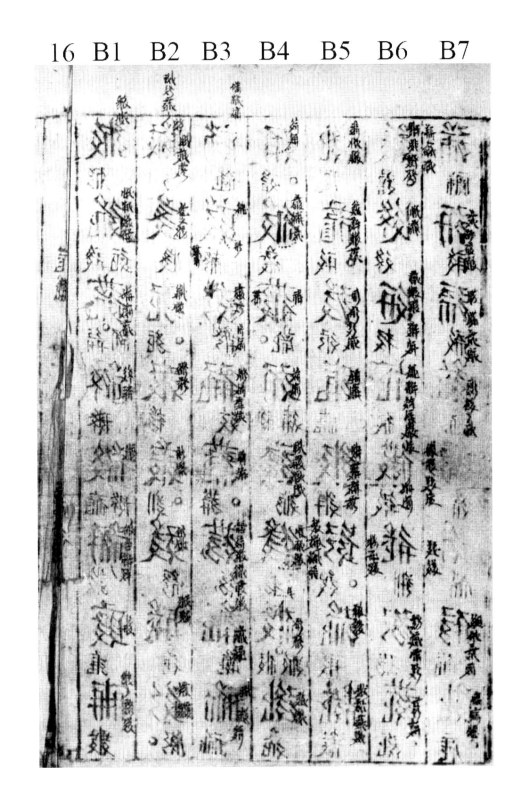

图版六〇 《同音》丁种本 16B 背隐音义

图版六一 《同音》丁种本 17A

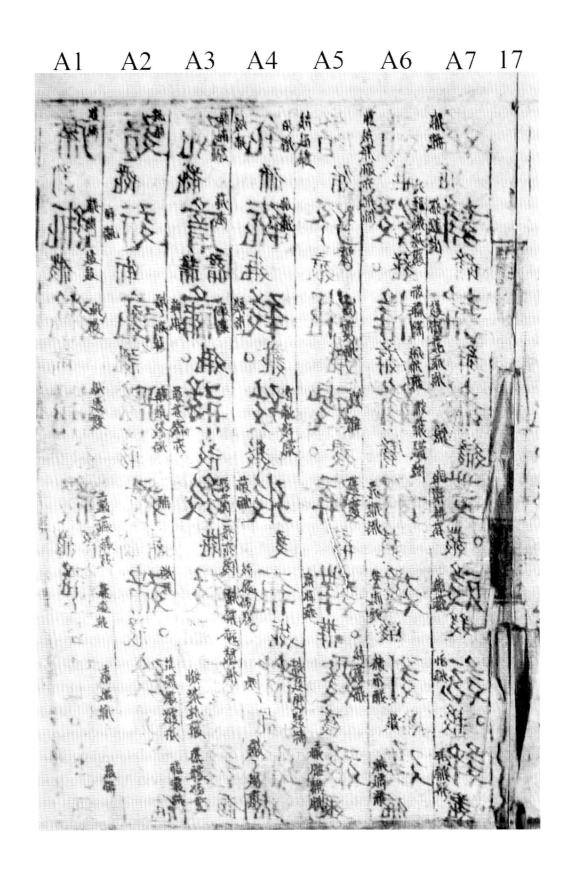

图版六二 《同音》丁种本 17A 背隐音义

B7　B6　B5　B4　B3　B2　B1　17

图版六三　《同音》丁种本 17B

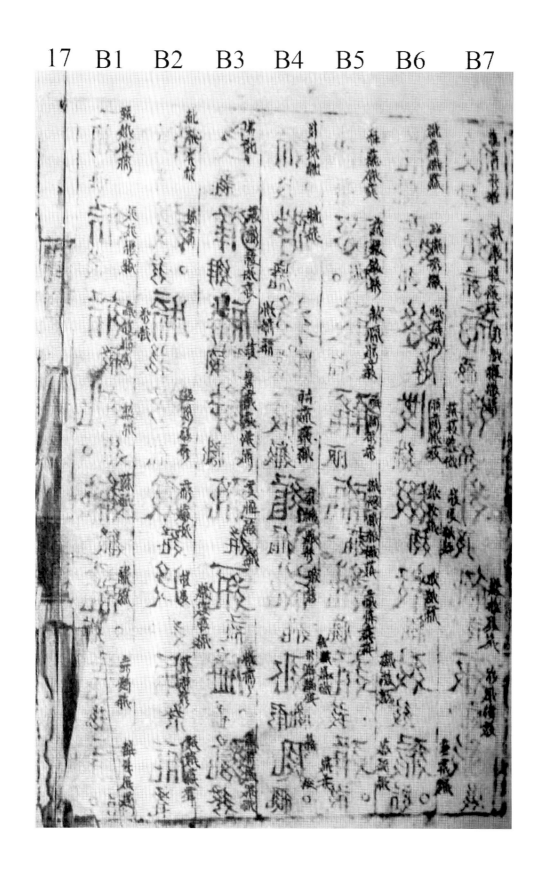

图版六四 《同音》丁种本 17B 背隐音义

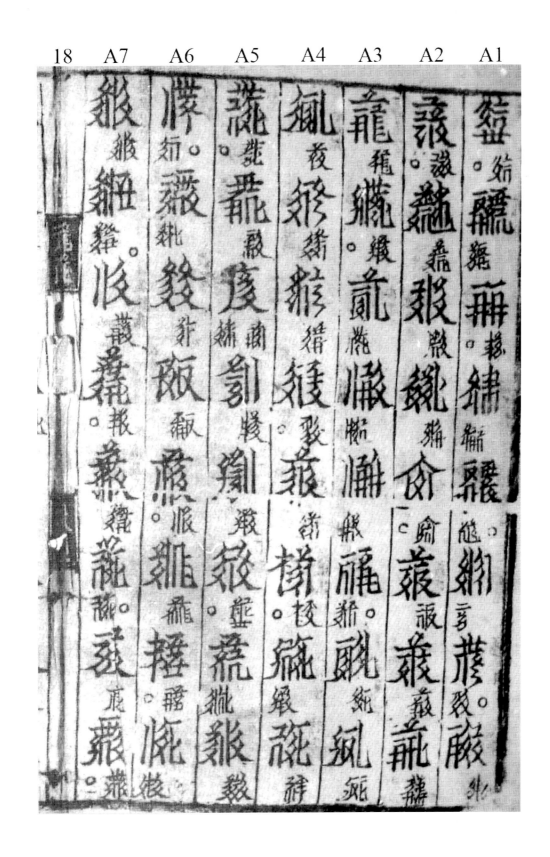

图版六五 《同音》丁种本 18A

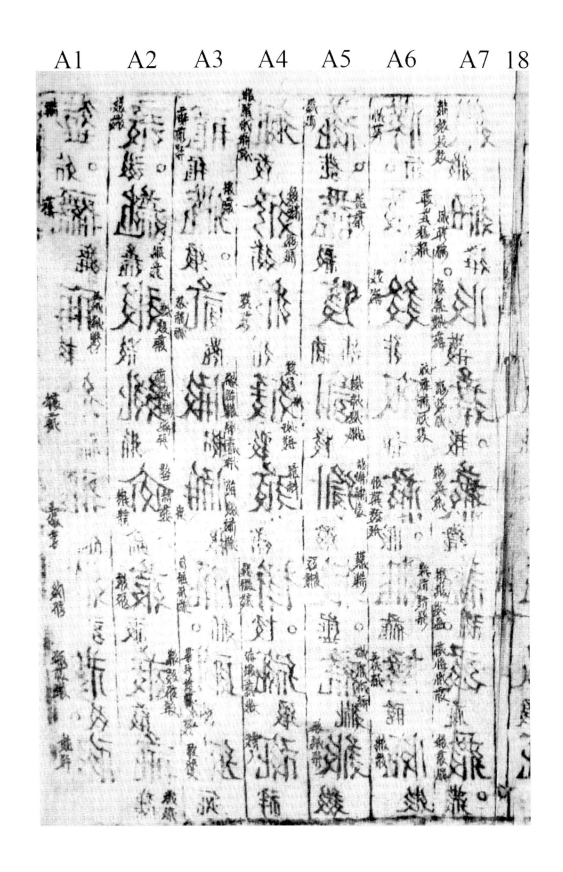

图版六六 《同音》丁种本 18A 背隐音义

图版六七 《同音》丁种本 18B

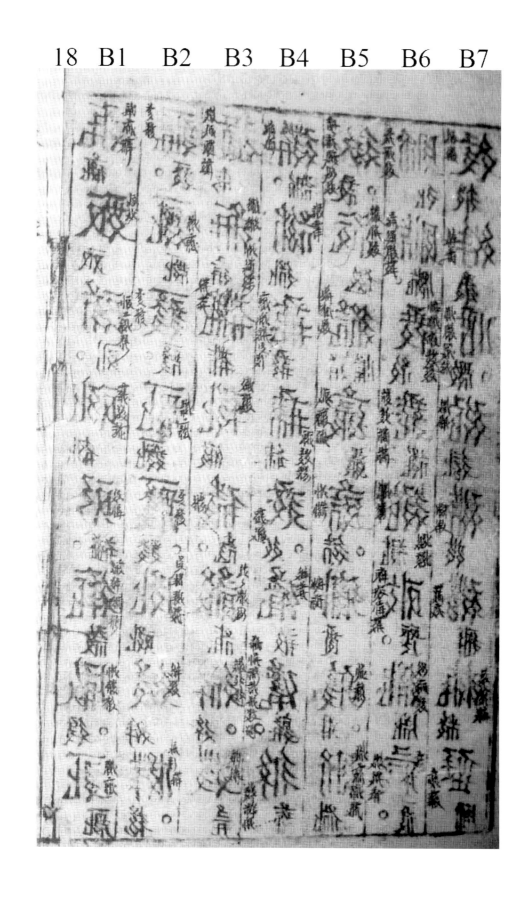

图版六八　《同音》丁种本 18B 背隐音义

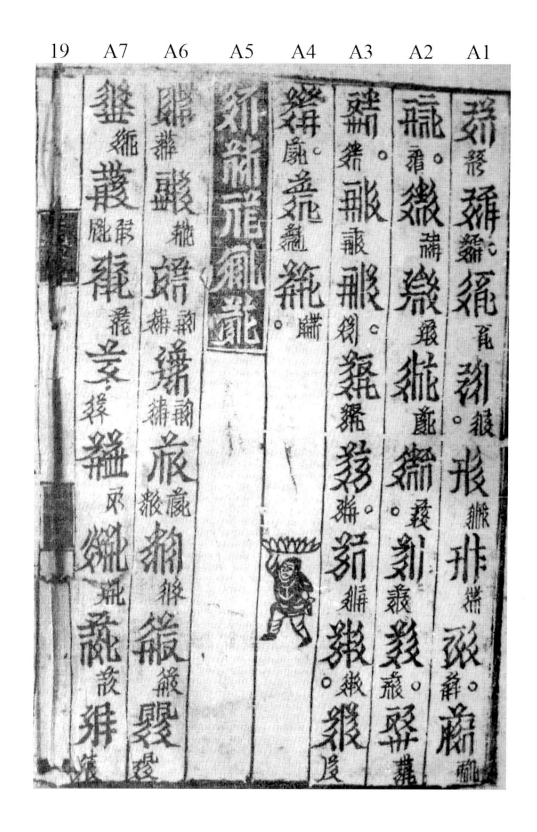

图版六九 《同音》丁种本 19A

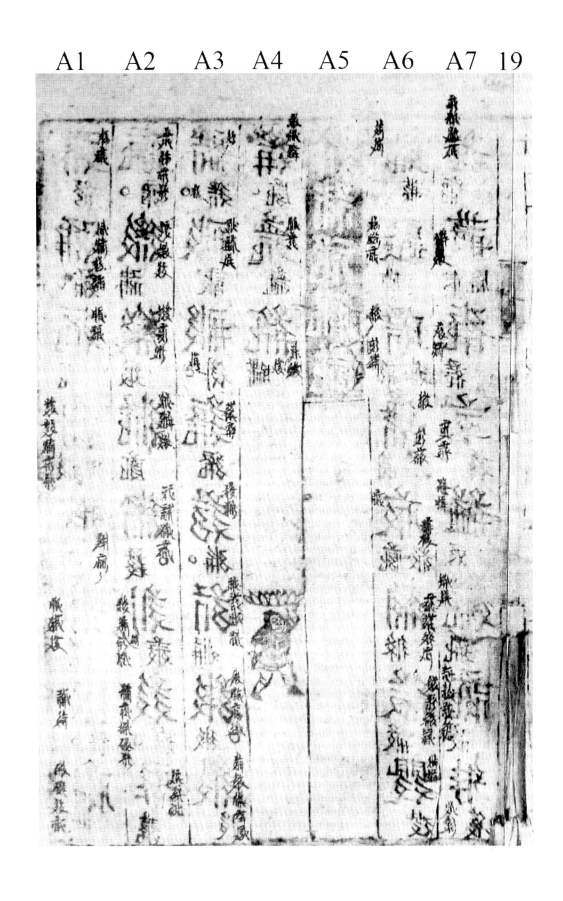

图版七〇 《同音》丁种本 19A 背隐音义

B7　B6　B5　B4　B3　B2　B1　19

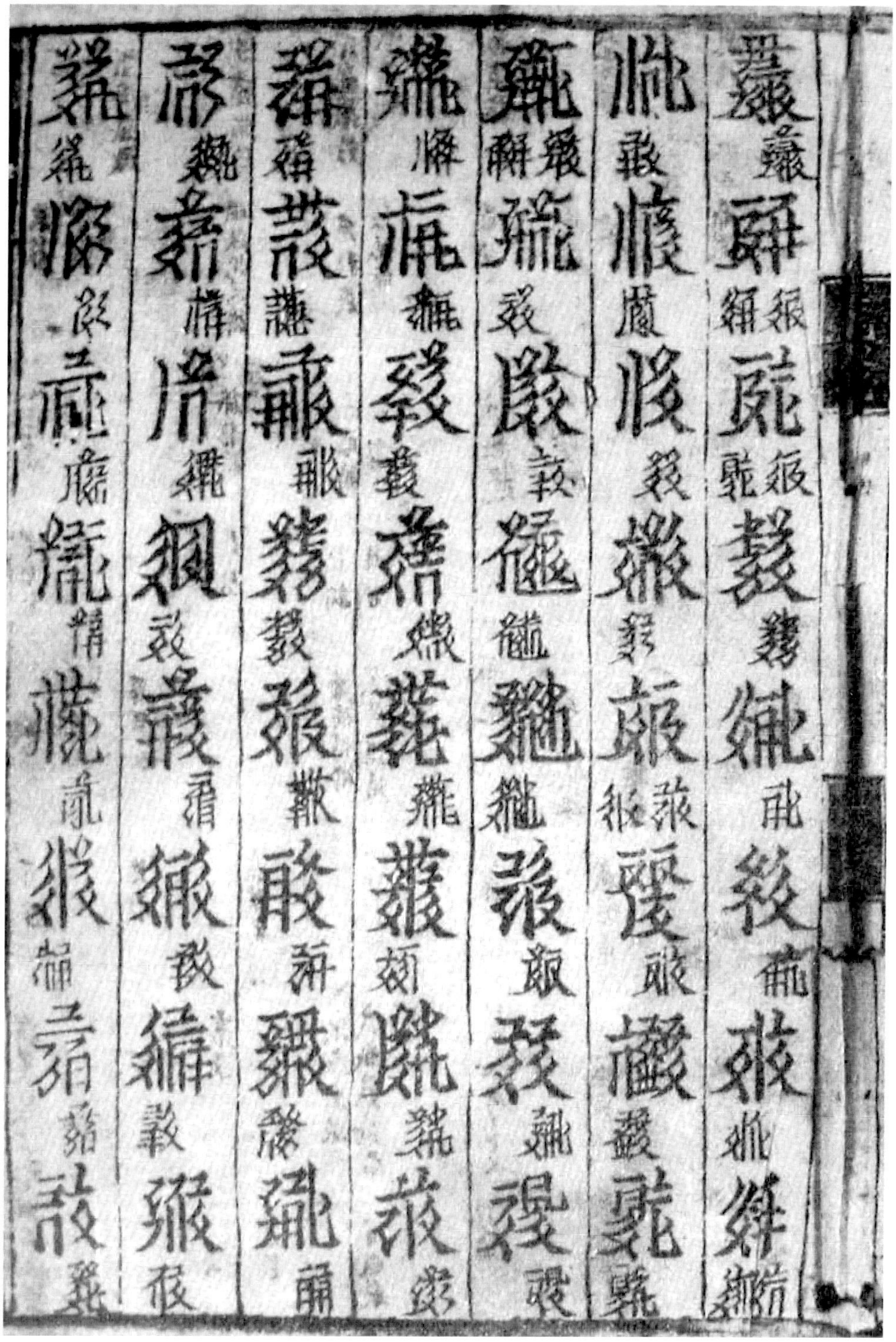

图版七一　《同音》丁种本 19B

图版七二　《同音》丁种本 19B 背隐音义

图版七三 《同音》丁种本 20A

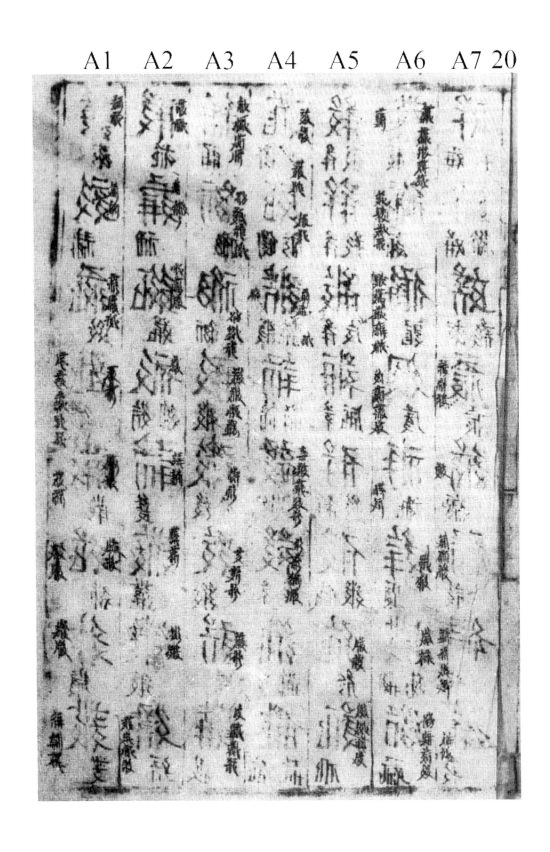

图版七四　《同音》丁种本 20A 背隐音义

图版七五 《同音》丁种本 20B

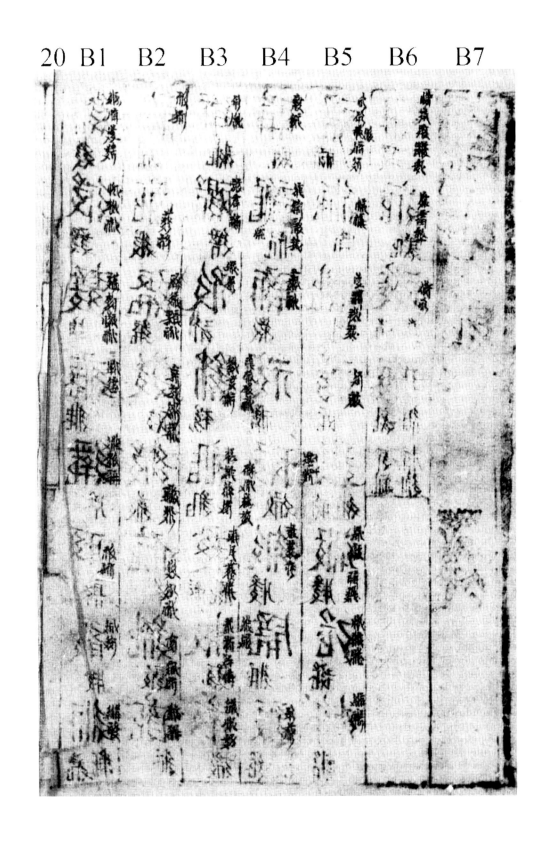

图版七六 《同音》丁种本 20B 背隐音义

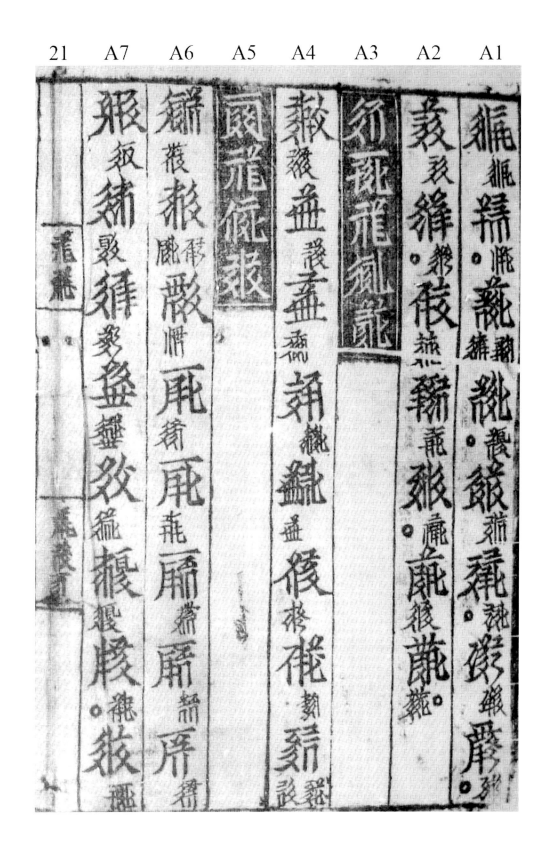

图版七七　《同音》丁种本 21A

A1　A2　A3　A4　A5　A6　A7 21

图版七八　《同音》丁种本 21A 背隐音义

图版七九　《同音》丁种本 21B

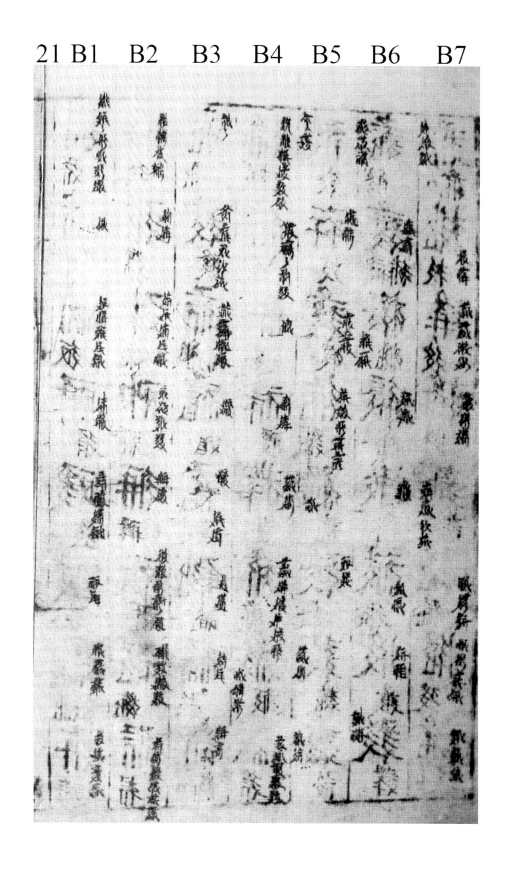

图版八〇　《同音》丁种本 21B 背隐音义

图版八一　《同音》丁种本 22A

A1　A2　A3　A4　A5　A6　A7 22

图版八二　《同音》丁种本 22A 背隐音义

图版八三 《同音》丁种本 22B

图版八四 《同音》丁种本 22B 背隐音义

图版八五　《同音》丁种本 23A

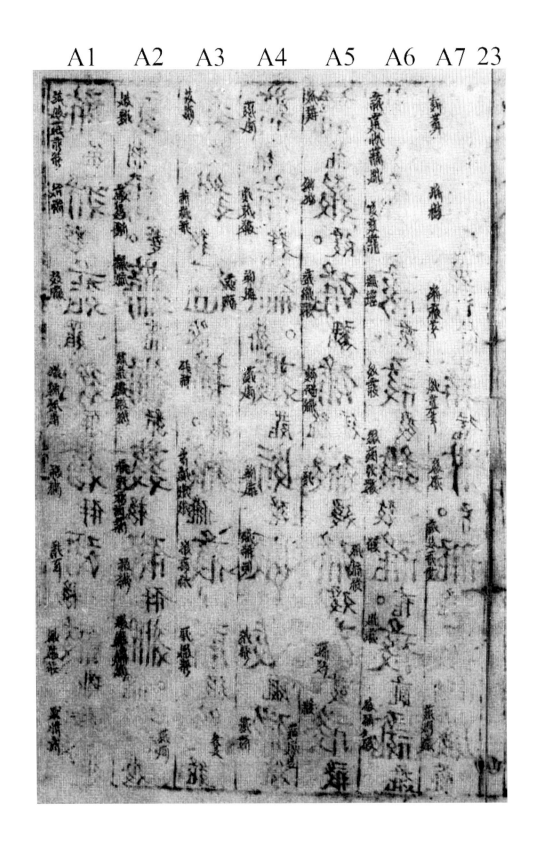

图版八六 《同音》丁种本 23A 背隐音义

图版八七　《同音》丁种本 23B

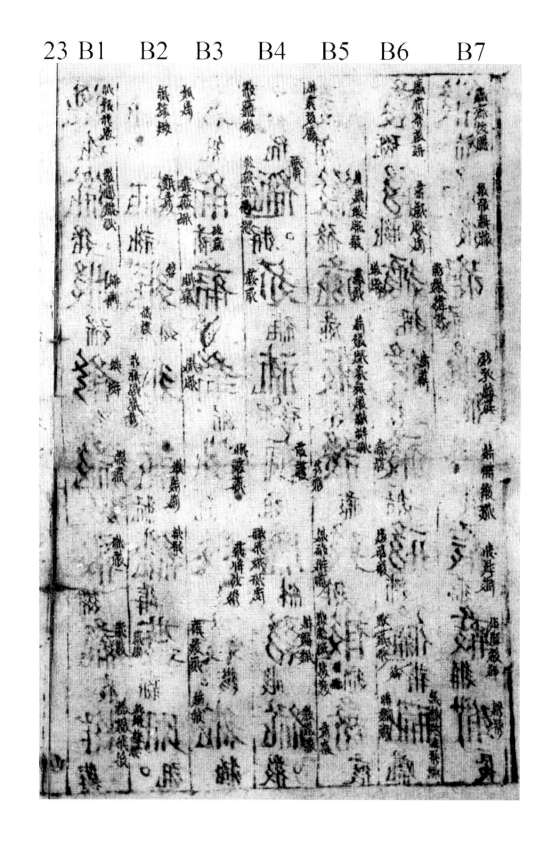

图版八八 《同音》丁种本 23B 背隐音义

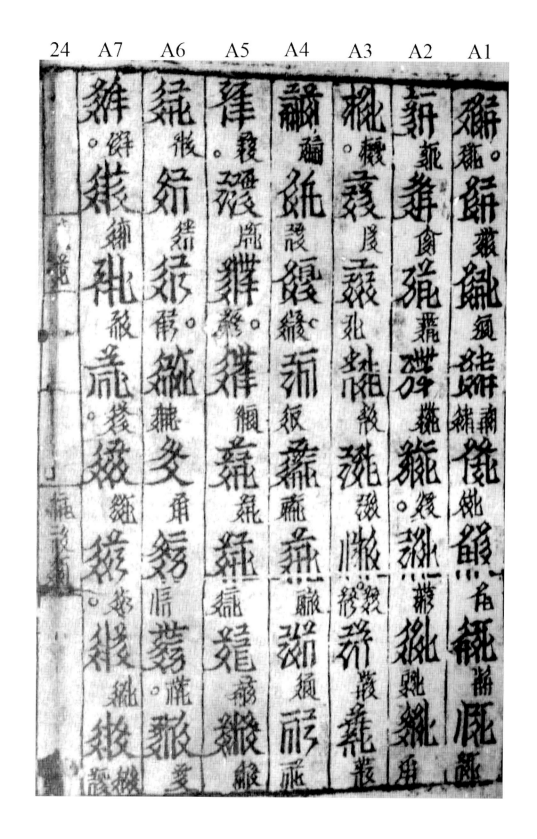

图版八九　《同音》丁种本 24A

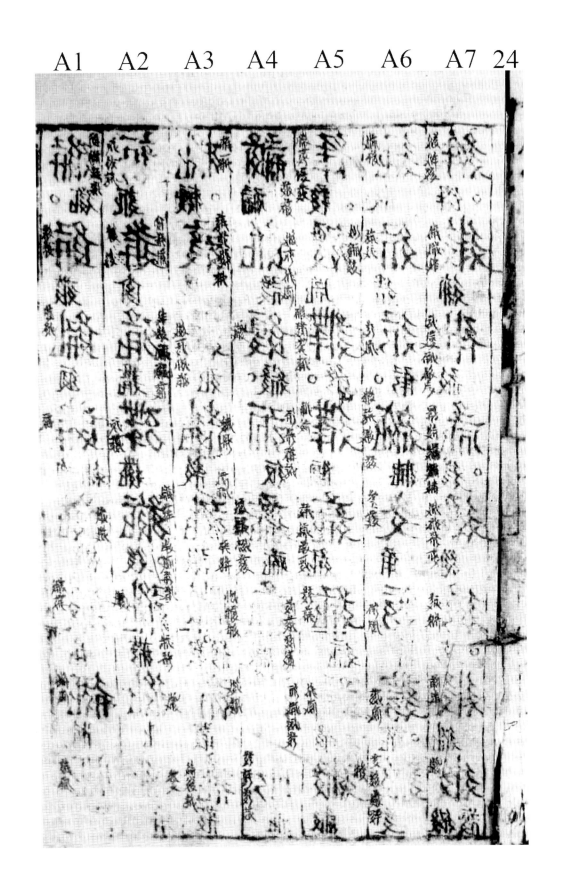

图版九〇　《同音》丁种本 24A 背隐音义

图版九一　《同音》丁种本 24B

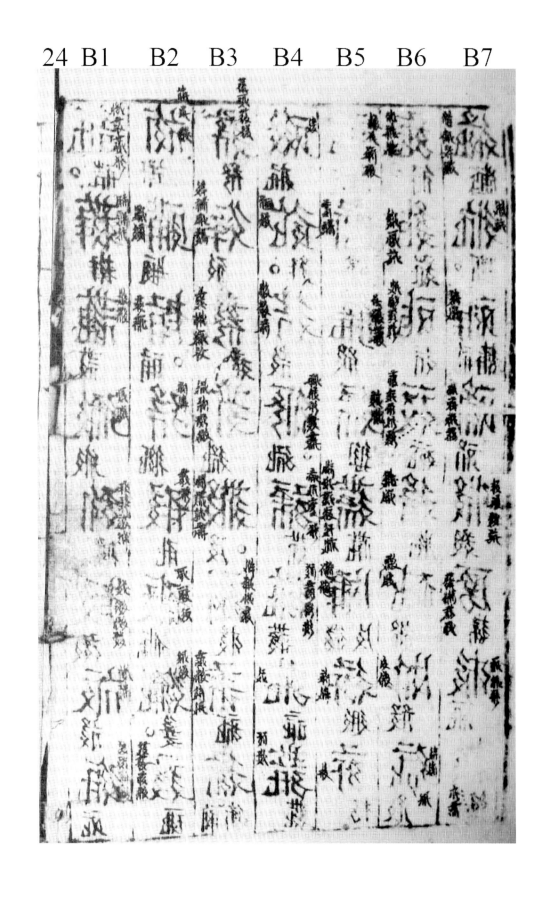

图版九二 《同音》丁种本 24B 背隐音义

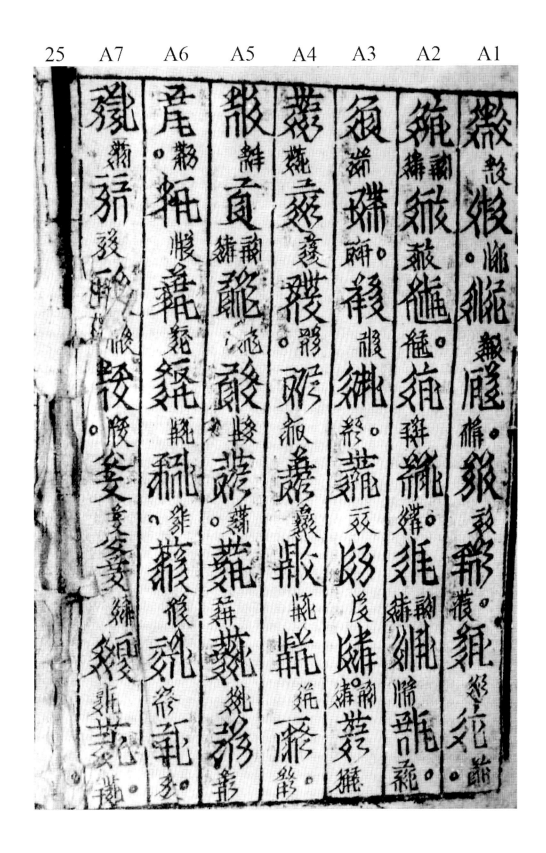

图版九三 《同音》丁种本 25A

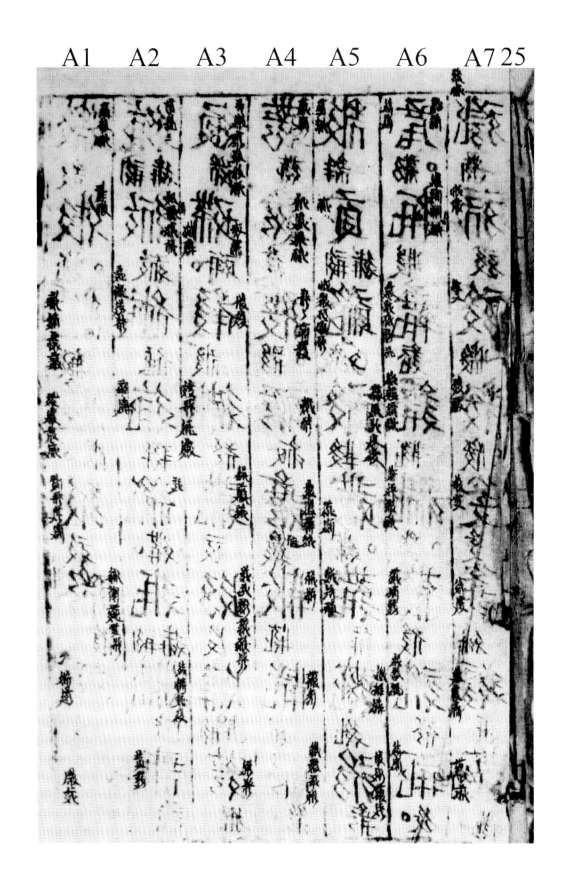

图版九四 《同音》丁种本 25A 背隐音义

图版九五 《同音》丁种本 25B

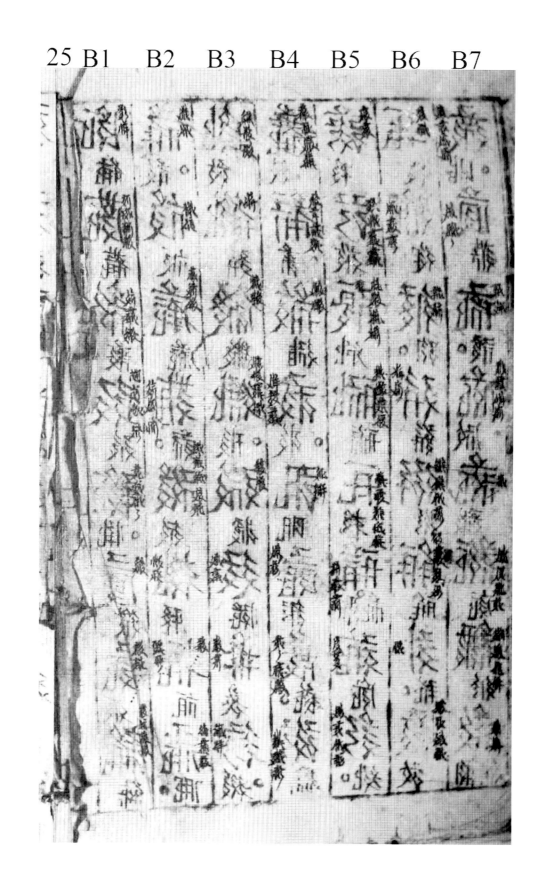

图版九六 《同音》丁种本 25B 背隐音义

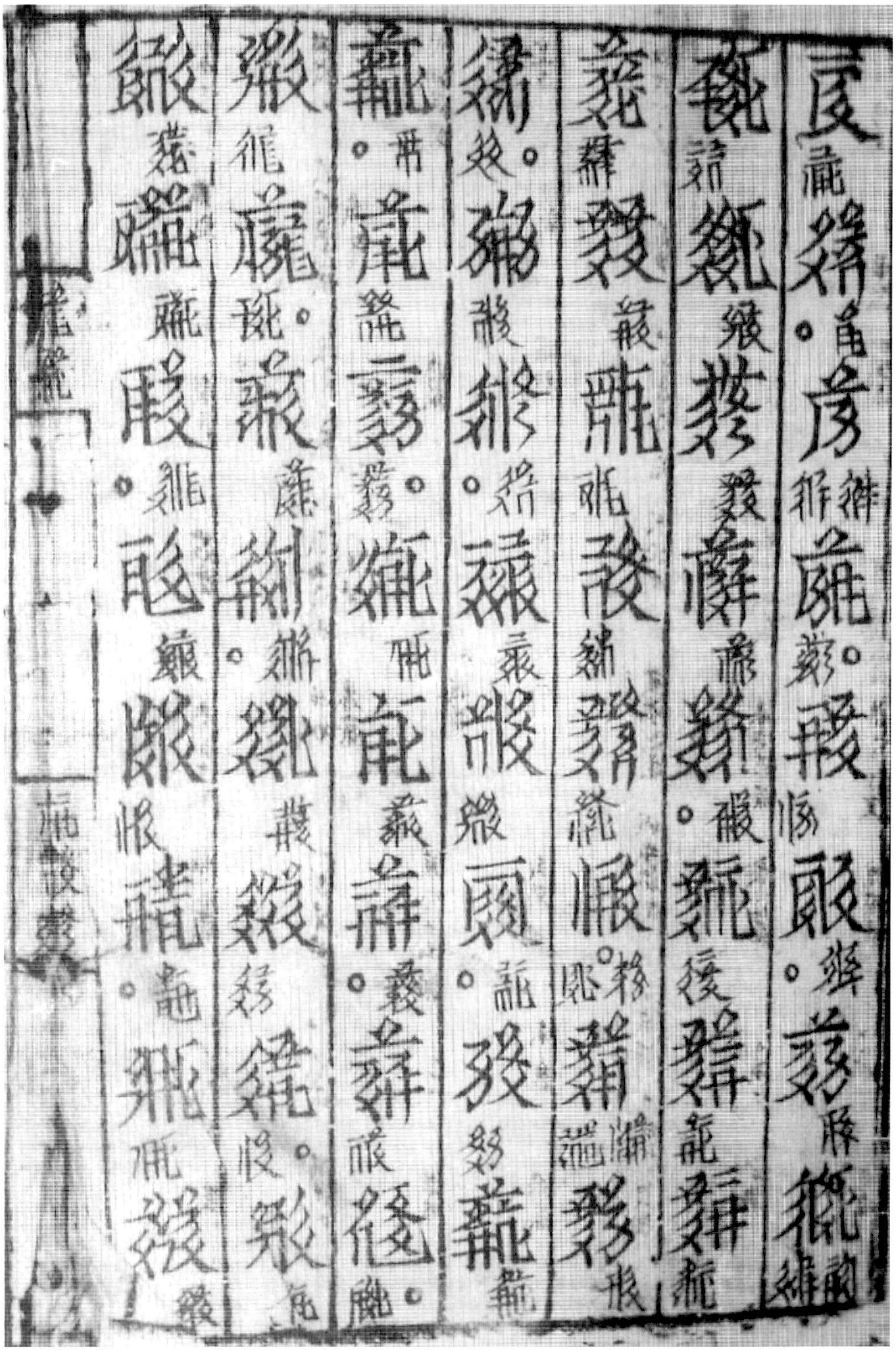

图版九七　《同音》丁种本 26A

A1　A2　A3　A4　A5　A6　A7　26

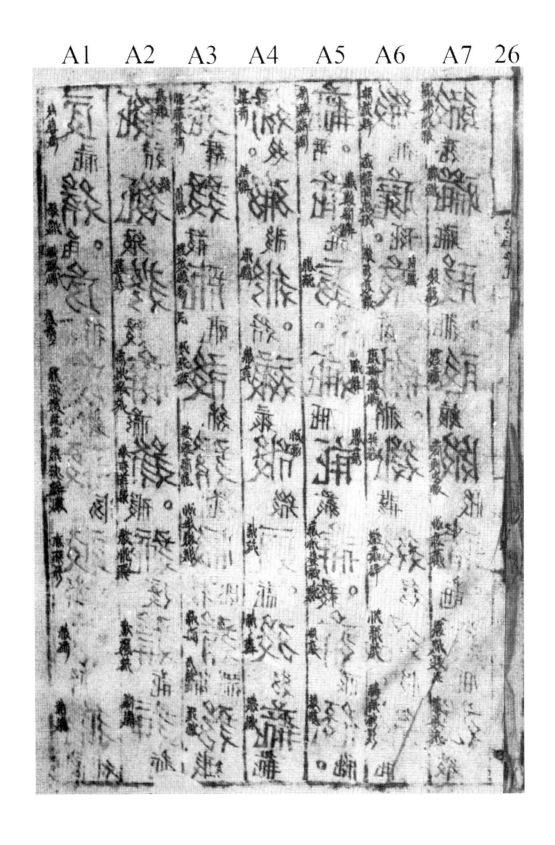

图版九八　《同音》丁种本 26A 背隐音义

图版九九 《同音》丁种本 26B

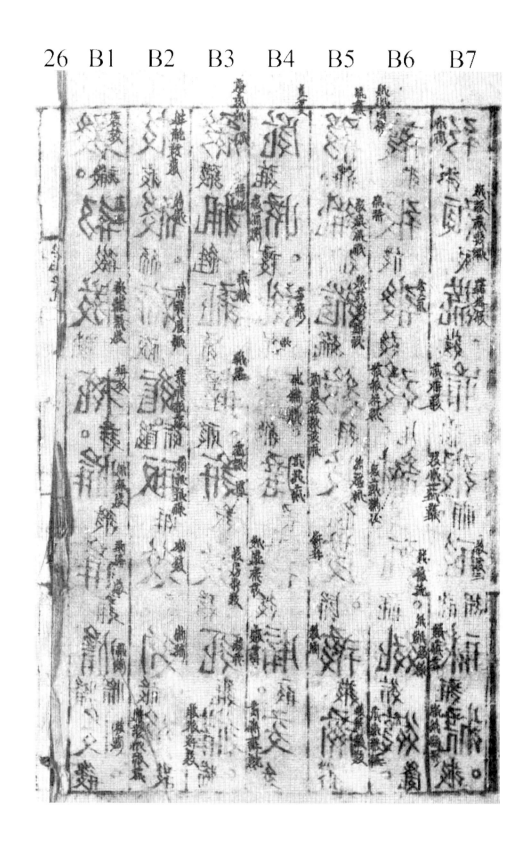

图版一〇〇 《同音》丁种本 26B 背隐音义

图版一〇一　《同音》丁种本 27A

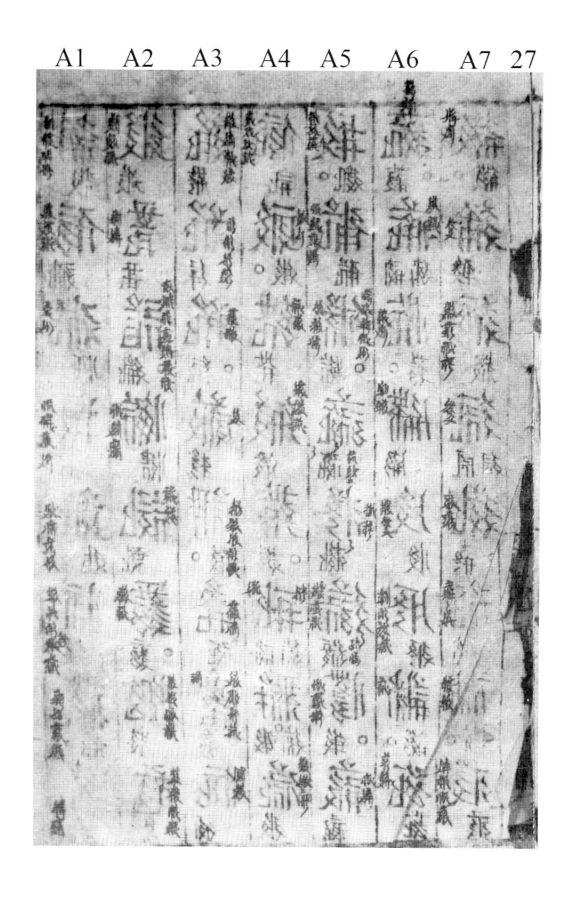

图版一〇二　《同音》丁种本 27A 背隐音义

图版一〇三　《同音》丁种本 27B

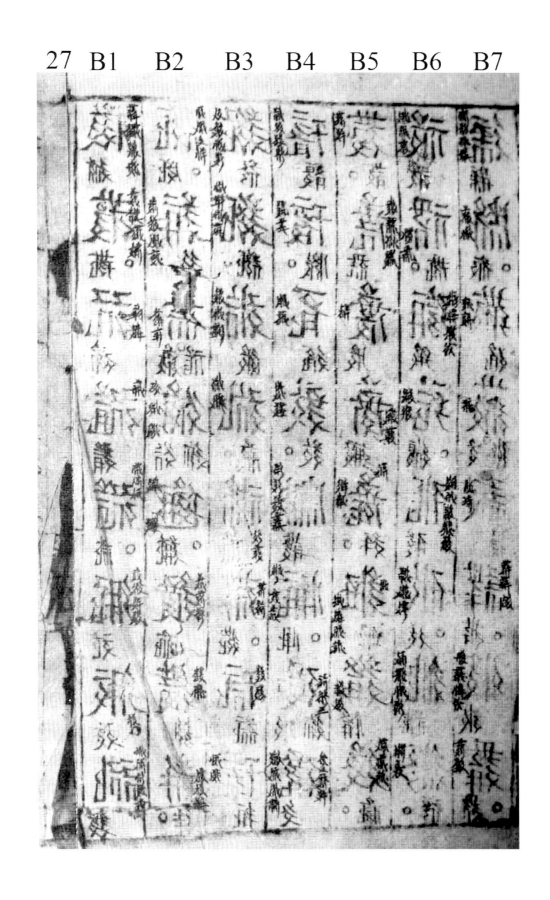

图版一〇四 《同音》丁种本 27B 背隐音义

图版一〇五　《同音》丁种本 28A

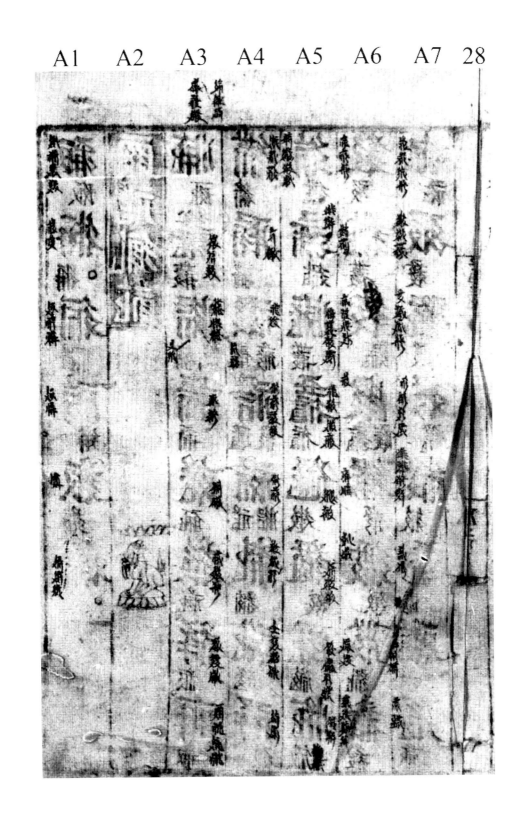

图版一〇六　《同音》丁种本 28A 背隐音义

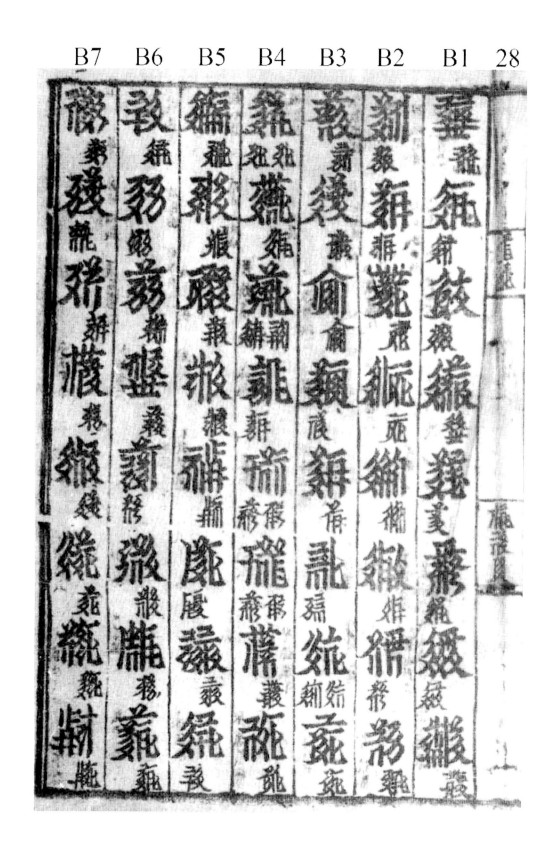

图版一〇七　《同音》丁种本 28B

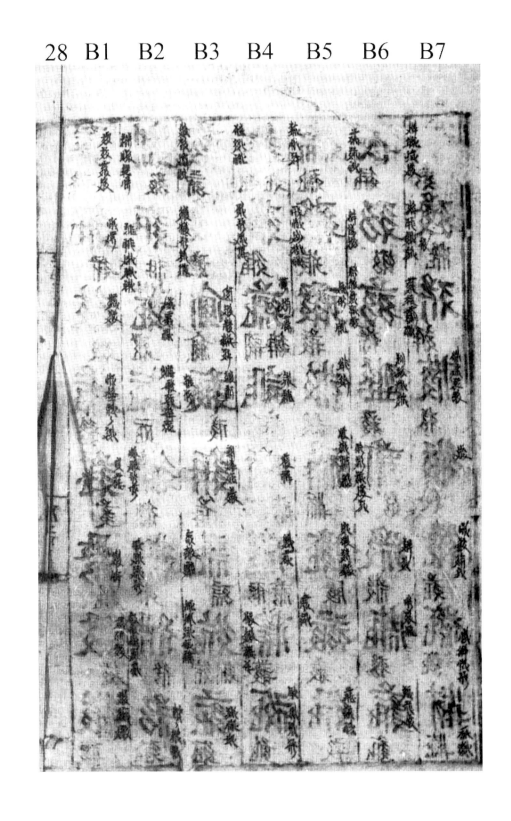

图版一〇八 《同音》丁种本 28B 背隐音义

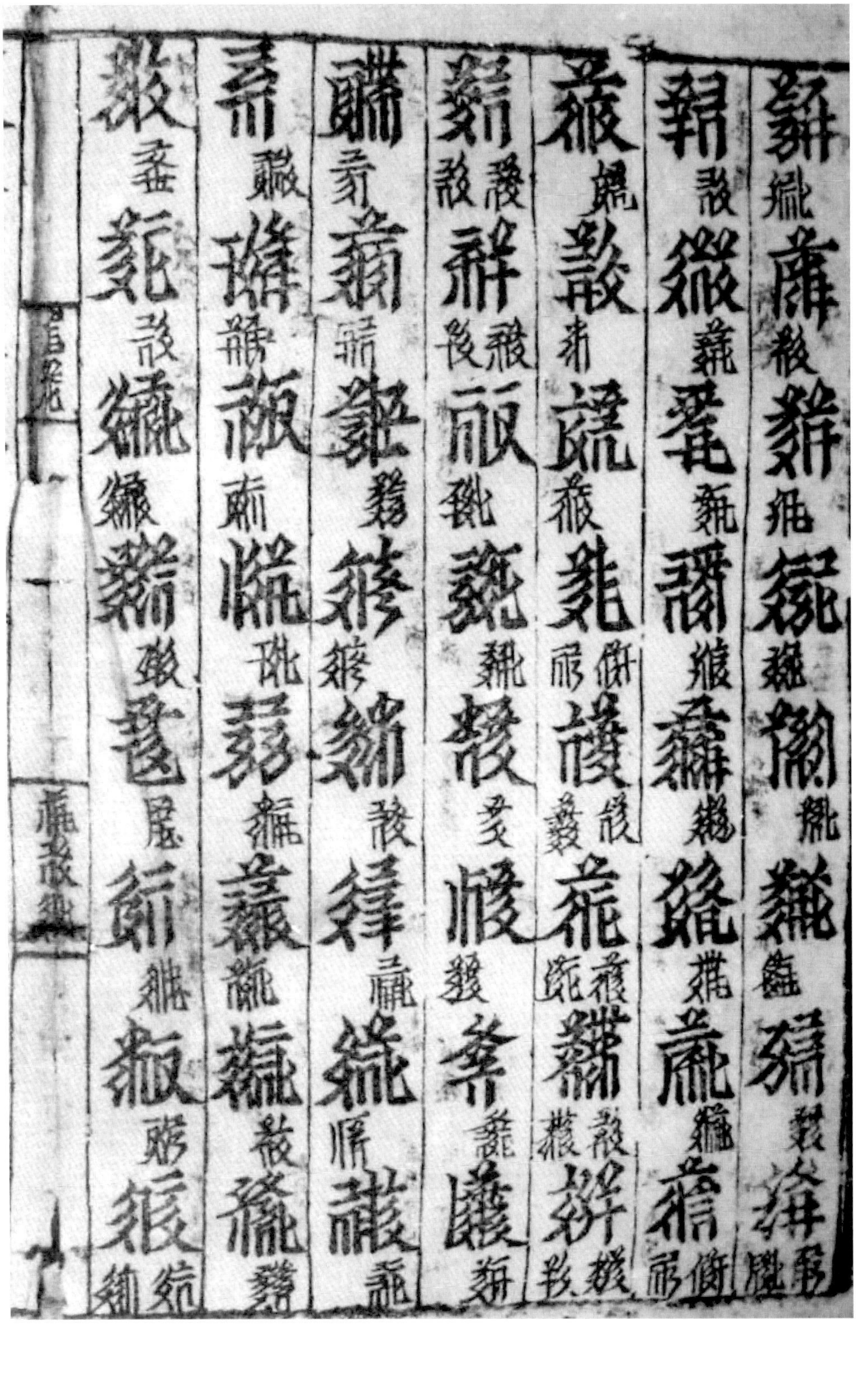

图版一〇九　《同音》丁种本 29A

图版一一〇 《同音》丁种本 29A 背隐音义

B7　　B6　　B5　　B4　　B3　　B2　　B1　　29

图版一一一　《同音》丁种本 29B

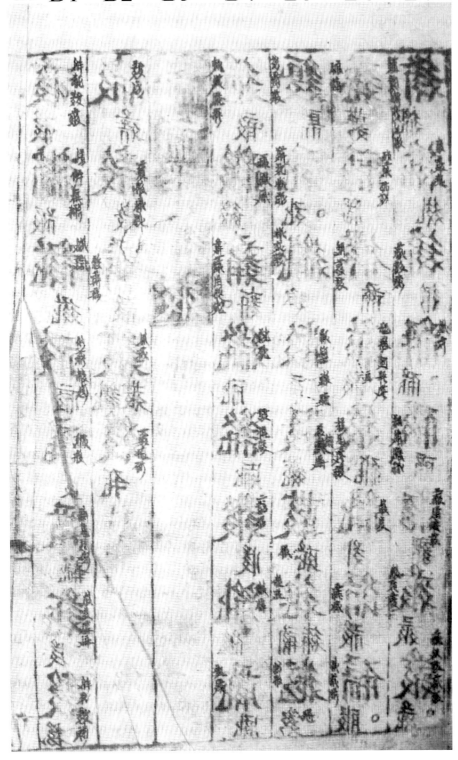

图版一一二　《同音》丁种本 29B 背隐音义

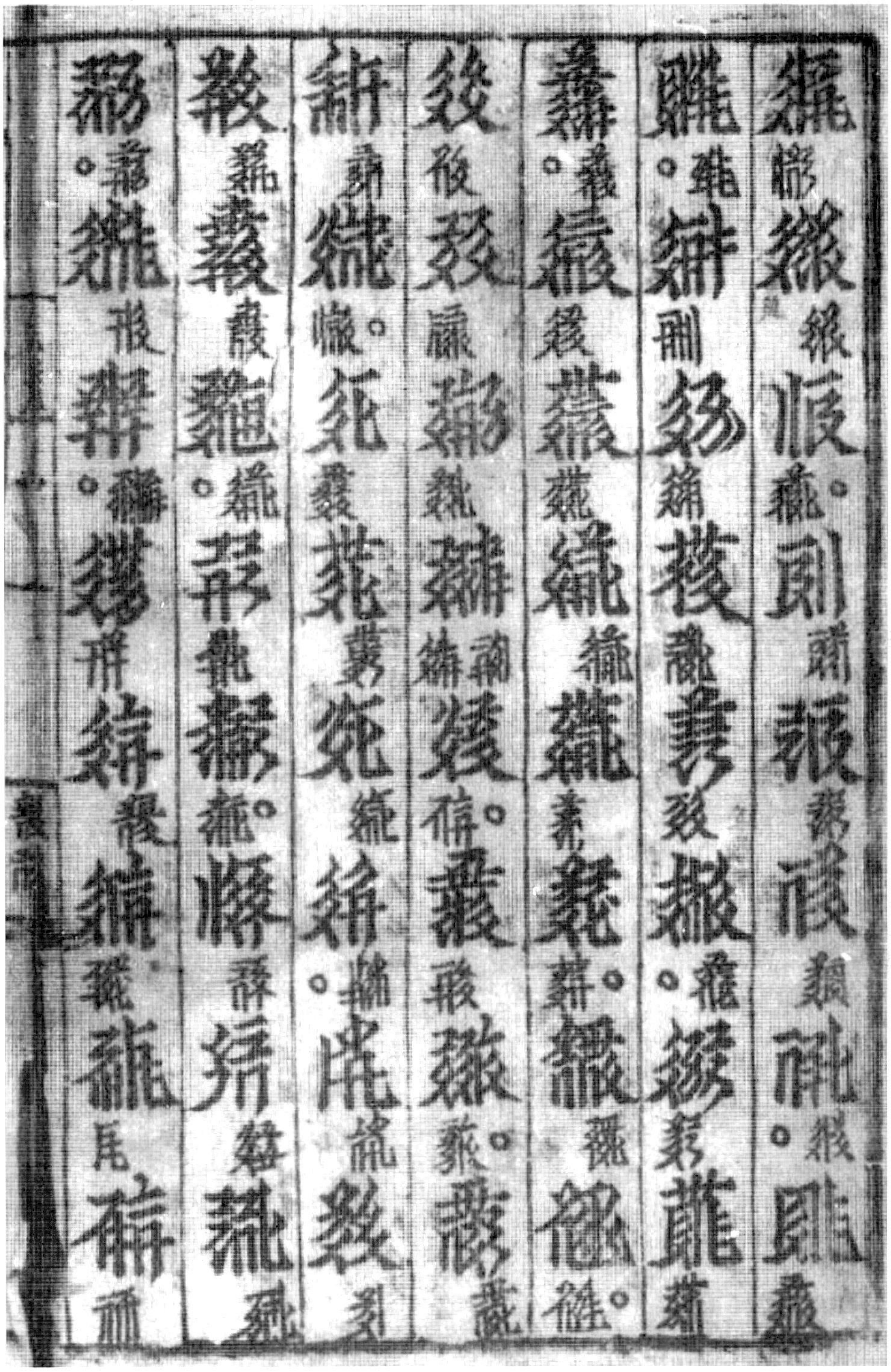

图版一一三　《同音》丁种本 30A

图版一一四 《同音》丁种本30A背隐音义

图版一一五　《同音》丁种本 30B

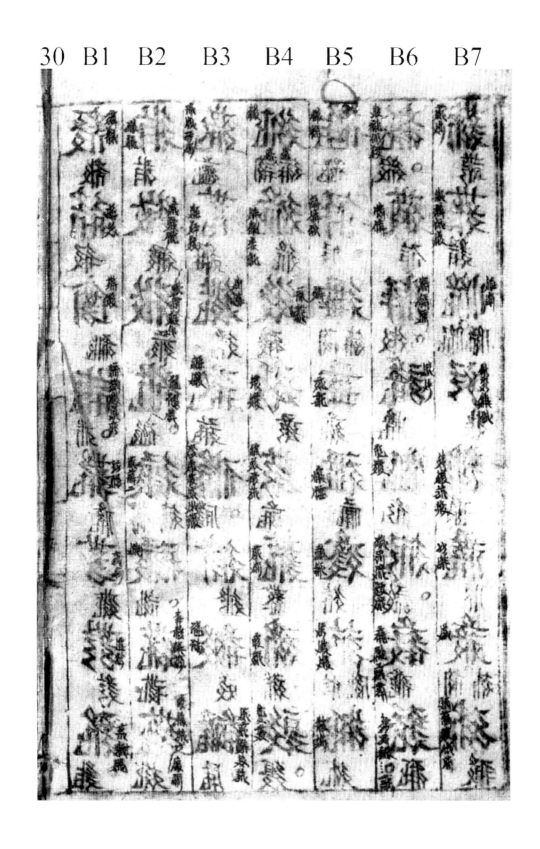

图版一一六 《同音》丁种本 30B 背隐音义

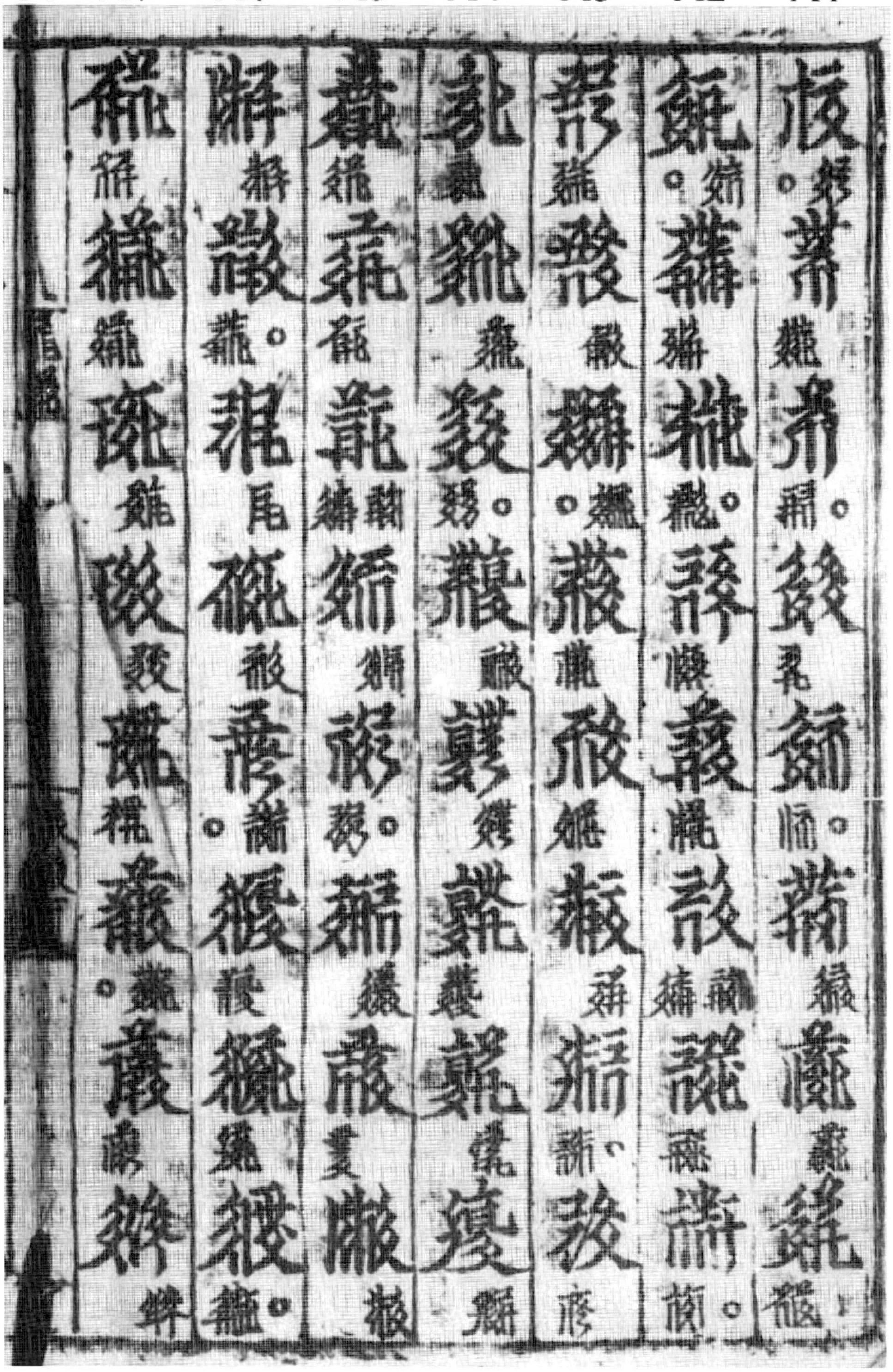

图版一一七　《同音》丁种本 31A

图版一一八 《同音》丁种本31A背隐音义

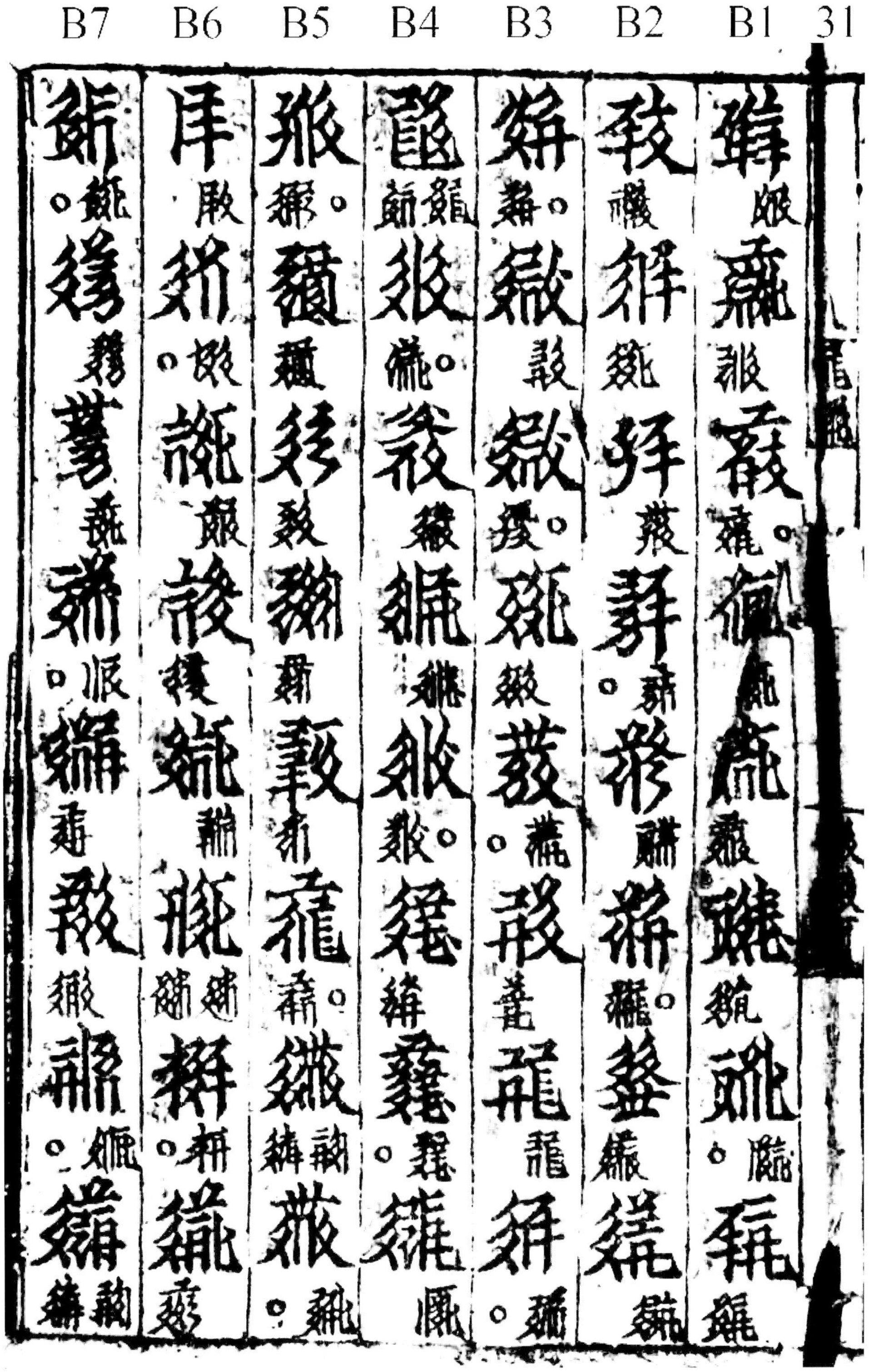

图版一一九　《同音》丁种本 31B

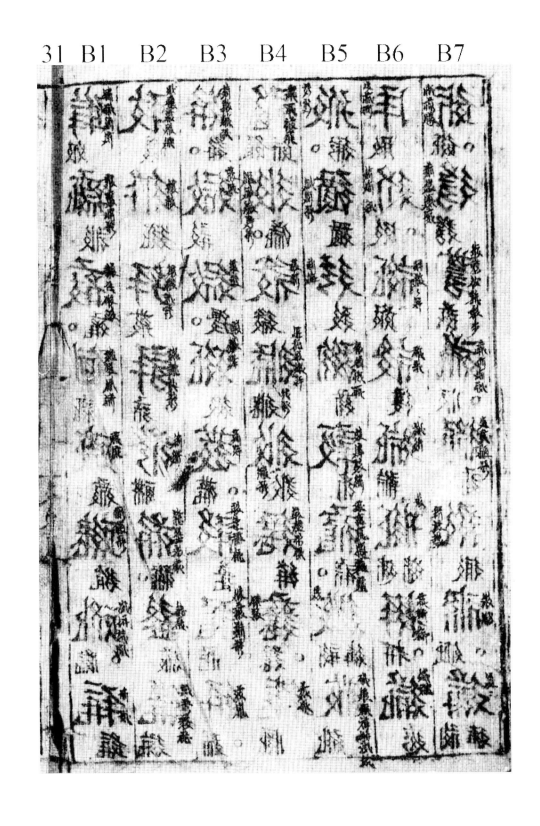

图版一二〇 《同音》丁种本 31B 背隐音义

图版一二一 《同音》丁种本 32A

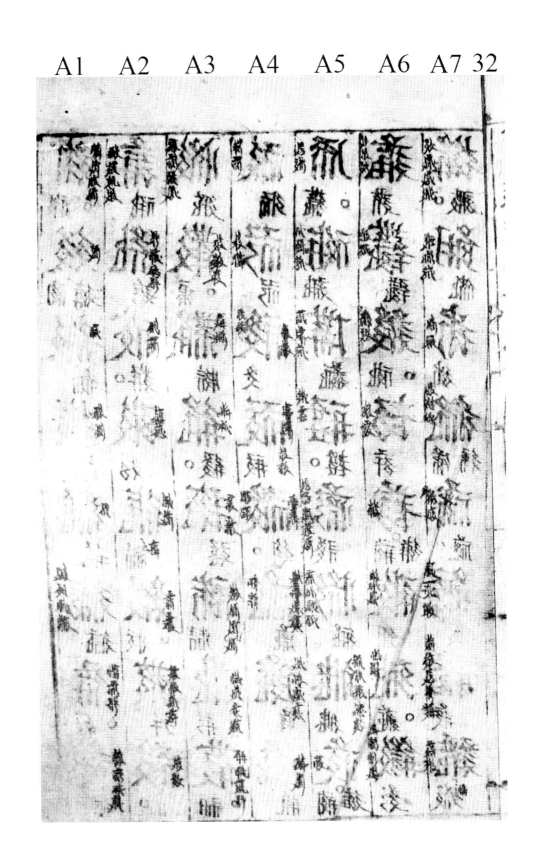

图版一二二 《同音》丁种本 32A 背隐音义

图版一二三　《同音》丁种本 32B

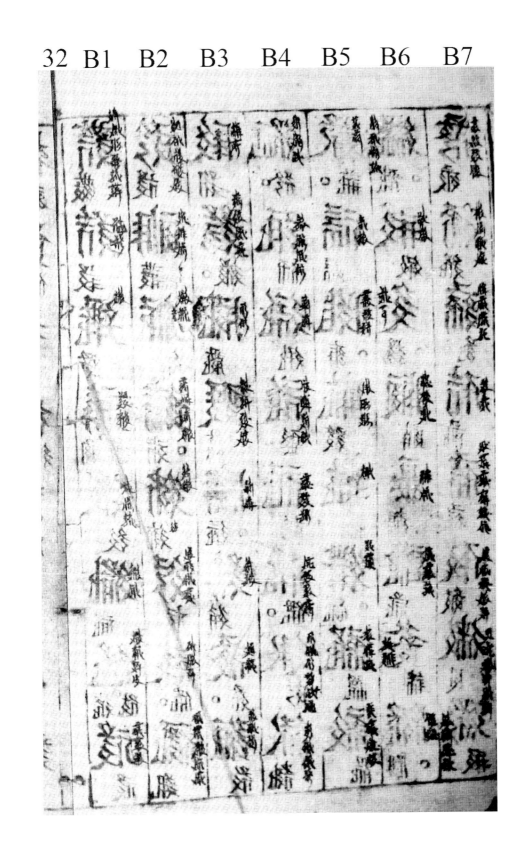

图版一二四　《同音》丁种本 32B 背隐音义

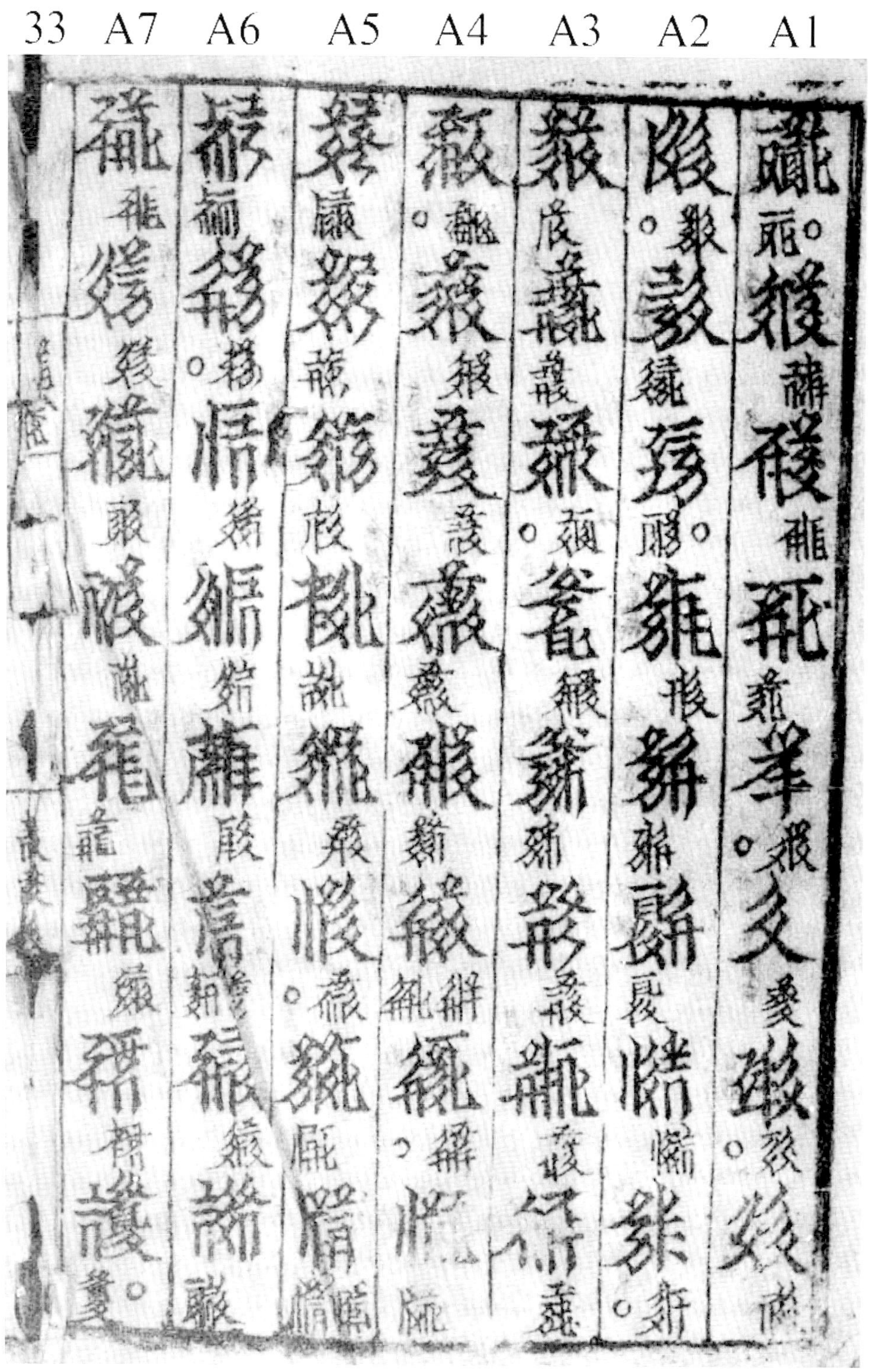

图版一二五　《同音》丁种本 33A

A1　　A2　　A3　　A4　　A5　　A6　　A7　33

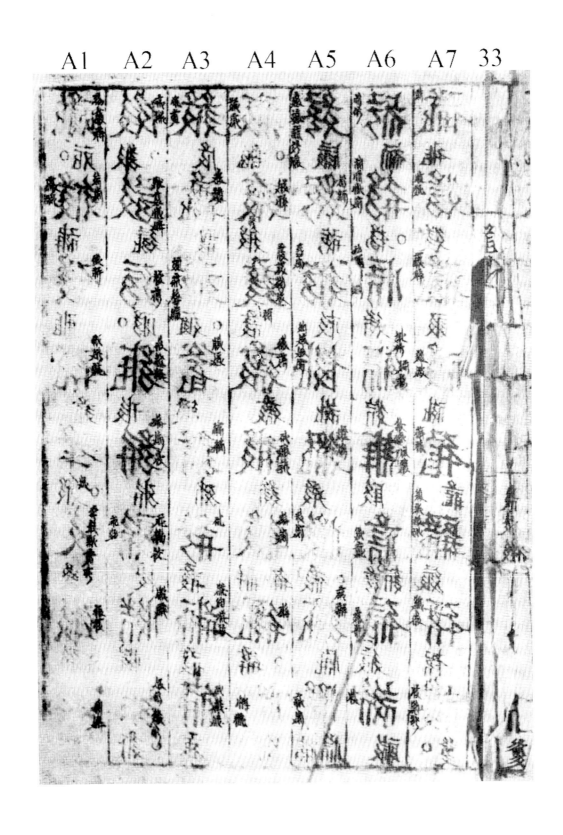

图版一二六　《同音》丁种本 33A 背隐音义

图版一二七　《同音》丁种本 33B

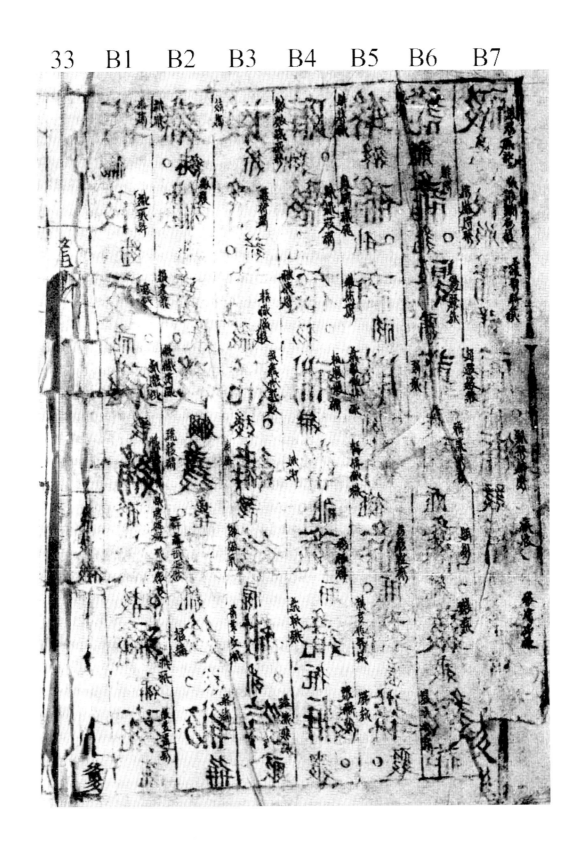

图版一二八 《同音》丁种本 33B 背隐音义